Key to map pages

1:200 000 map pages – these are
shown in greater detail on pages
VIII – XI

| 79 | 80 |

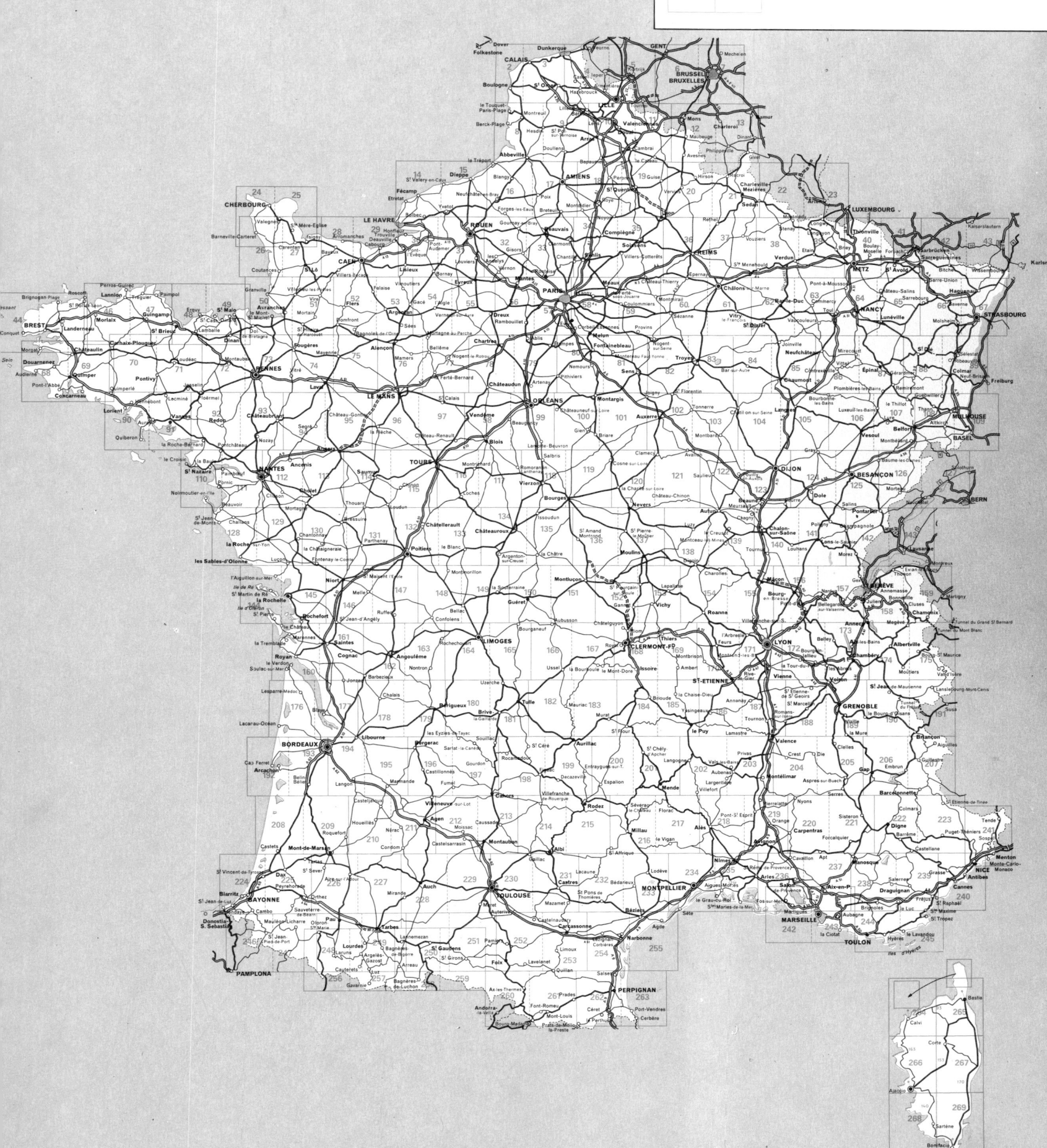

MICHELIN

Road Atlas of
France

MICHELIN
Road Atlas of
France

MICHELIN
touring services

PAUL HAMLYN

MICHELIN maps and guides

MICHELIN, the world's leading manufacturer of radial tyres, is also a well known name in the field of tourist publications; its annual sales of maps and guides exceed 16m in over 70 countries.

Acting on the belief that motoring would have a great future, the Michelin brothers decided to offer the motorist a touring service, an innovative step at the turn of the century: free or inexpensive publications designed to provide information, assistance and encouragement.

At the wheel, touring, on holiday – these three aspects of travel were met by a simple response – a trio of complementary publications to be used together.

The first of these, the Red Guides, which are published annually, present a selection of hotels and restaurants, with a wide range of prices and facilities. It is, however, probably their award of the stars for good cooking that has established their international reputation; as well as the wealth of essential touring information included in them. There are several guides covering Europe, including the Red Guide to France which alone has sold over 20m copies to date. Readers have such faith in their reliability that the Red Guides are foremost among reference books in this field.

MICHELIN
maps and guides
complement one another:

First published 1987 by
The Hamlyn Publishing Group Limited
Bridge House, 69 London Road
Twickenham, Middlesex TW1 3SB

All maps and index
Copyright © Michelin et Cie Propriétaires-Éditeurs 1987
Creation, graphic arrangement and text pages I-XVI
Copyright © The Hamlyn Publishing Group Limited 1987

Second impression 1987

The role of the Michelin Green Guides is to provide tourists with an introduction to the regions of France and other foreign countries. The guides describe the sights, the countryside and picturesque routes; they also contain maps, plans and practical information as well as illustrations and photographs which whet one's appetite for travel. There are over 70 titles covering Europe and North America, which are published in French and other European languages and are revised regularly.

This Motoring Atlas of France is composed of the series of detailed maps originally published in 1910; they have benefited from the evolution of technical processes and have kept up to date with changes in the road network and the needs of the modern motorist. Over the years new symbols have been devised to facilitate the 'reading' of the map.

To improve their service to the customer, Michelin call upon the latest techniques in the compilation and production of their maps and guides. Because of their practical approach, their regular revision and their common concepts, these publications will continue to be an indispensable aid to travel.

use them together!

ISBN 0 600 33389 2

Printed in Spain

Front endpapers
Keys to symbols
Town plans   1:200 000 maps
Key to map pages

IV   Michelin maps and guides
VI   Introduction
           Traffic information
           Road signs
VIII   **Route planning**
X   Motoring in France
XII   **Paris area** at a scale of 1:105 000
XVI   Snow affected roads

1   **Key** to 1:200 000 map symbols
2   **Maps of France** at a scale of 1:200 000

270   **Index** to 1:200 000 maps
311   **Paris** street plan

Back endpapers
Distances in France
Distances in Europe

Plans of cities and principal towns

268 ● Ajaccio	14 ● Dieppe	307 ● Orléans
271 ● Aix-en-Provence	287 ● Dijon	308 ● Pau
272 ● Angers	292 ● Grenoble	263 ● Perpignan
273 ● Annecy	29 ● Le Havre	68 ● Quimper
273 ● Avignon	296 ● Lille	317 ● Reims
264 ● Bastia	297 ● Limoges	318 ● Rennes
276 ● Besançon	90 ● Lorient	319 ● Rouen
255 ● Béziers	298 ● Lyon	144 ● La Rochelle
224 ● Biarritz	299 ● Le Mans	48 ● St-Brieuc
192 ● Bordeaux	242 ● Marseille	322 ● St-Etienne
2 ● Boulogne	301 ● Metz	49 ● St-Malo
277 ● Bourges	302 ● Monte Carlo	330 ● Strasbourg
44 ● Brest	303 ● Montpellier	245 ● Toulon
28 ● Caen	304 ● Mulhouse	331 ● Toulouse
2 ● Calais	305 ● Nancy	332 ● Tours
282 ● Chartres	110 ● Nantes	333 ● Troyes
25 ● Cherbourg	240 ● Nice	
283 ● Clermont-Ferrand	306 ● Nîmes	

Introduction

The first maps

André Michelin published his first guide book in 1900, to provide 'information which will be useful to a motorist travelling in France', and logically this led to the first Michelin road map, in 1907, and then to the first 1:200 000 series which covered the whole of France.

The first edition of this series, published between 1910 and 1913, was the forerunner of the modern series of Michelin sheet maps, still published at the scale decided by André Michelin early in the century. These maps in turn are the basis of this atlas, which, like the first Michelin maps and guides, is a thoroughly practical companion for travellers using the roads of France; it also looks beyond the roads to many of the topographical and man-made features of this varied country.

The roads of France

In European terms France is a large country, and it is still predominantly rural, characterized more by open country and villages or small towns than sprawling urban areas – outside Paris, only the conurbations of Lyon and Marseille have populations of more than a million. It is thus a country where the road network has traditionally been important, and it has become steadily more important through the last three decades.

There are more than 1.5 million kilometres (930 000 miles) of roads. The network includes over 6500 km (over 4000 miles) of motorways, some 800 000 km (almost 500 000 miles) of main roads, and around 700 000 km (around 435 000 miles) of minor roads. The main roads are either 'N' roads, which are regarded as part of the international or national routes network, or 'D' roads which are inter-regional; these are the red and yellow roads on the maps. Other roads are shown in white on the maps.

Many of the trunk roads, most logically those which do not duplicate motorway routes, have been uprated. Often superbly aligned, sometimes still lined with the poplar trees that were once traditional, these can make for enjoyable driving and overall journey speeds very near to the governing legal speed limit. From a driver's point of view the motorways are less interesting, but they do provide straightforward routes between main centres. Most are *autoroutes à péage*, or toll roads. The charge per kilometre varies from motorway to motorway and the toll payments on a long journey can be high. Different rates apply to coaches, goods and utility vehicles, cars towing caravans or trailers, motorcycles, and so on.

Overall, congestion is not a feature of motoring in France, though city rush hours are best avoided. The routes out of Paris or back into the capital can be very congested at weekends or holiday periods, while the almost perpetual congestion on the *périphérique* has become notorious. This ring road does, however, offer quick and easily understood routes from one side of the capital to another, or between suburban districts, and it links the motorways radiating out to the provinces. At peak holiday periods routes through Lyon can be very crowded but are difficult to avoid. Other traffic trouble spots are predictable – for example, parts of the south coast during the summer, or routes to winter sports resorts early in the year.

Using this atlas

The Michelin maps in this atlas provide the best possible guidance for drivers in France, from route pre-planning to on-the-spot selection to avoid a delay. Each spread of two pages in this atlas covers an area of approximately 61 by 92 kilometres (38 by 57 miles), displaying a sizeable area of country. Through routes are obvious and the painstaking work of the cartographers also ensures that the detail of road widths can be seen in advance. Diversions can be devised quickly, perhaps using the yellow or white minor roads.

The yellow roads are often used in signposted alternative routes, with signs frequently directing drivers to good 'D' roads; these can be particularly useful in avoiding built-up areas and often provide good, less congested long-distance routes. This system uses green signs which incorporate the word *Bis* since the routes are known as *Itinéraires Bis* in France.

Many of the 'D' roads are keys to intrinsic delights and the map symbols guide tourists to sites ranging from historic buildings to viewpoints. Many of the places picked out on the maps also merit entries in the renowned Michelin Green Guides, which cover regions of France with detailed descriptions of places of interest and suggestions for tours; the outline maps can be used in conjunction with this atlas. Picturesque roads are distinguished on the maps with green borders. More broadly, topography can be read off the maps, with hill shading, for example, fleshing out the bare bones of a named mountain pass or throwing into relief the sweep of one of the superb French river valleys which have provided routes for travellers since prehistoric times.

The maps are also related very directly to the Michelin Red Guide; places, not simply towns but villages and isolated hamlets, that merit entries in the Guide are underlined in red on the maps, while red frames pick out the towns with street plans included in the Guide.

This atlas has been planned as an end in itself, and as part of the Michelin tourist library, where it complements the series of well-established maps and guides. It does not take the place of the yellow sheet maps, which slip conveniently into a pocket or handbag with the local Green Guide, but, in combination, this atlas, the guides and the sheet maps are invaluable to travellers in France.

Traffic information

Centre de Renseignements Autoroutes (9-12h, 14-18h)
Monday-Friday (1) 47 05 90 01 **Minitel** 3614 Code ASFA
Centre National (0-24h) (1) 48 94 33 33
Minitel 3615 Code ROUTE

Centres Régionaux d'Information et de Coordination Routière

Bordeaux 56 96 33 33	Lyon 78 54 33 33
Ile de France/	Marseille 91 78 78 78
Centre (1) 48 99 33 33	Metz 87 63 33 33
Lille 20 47 33 33	Rennes 99 32 33 33

21 Number of *département*, listed on page 270

Road signs

The background colours of direction signs are appropriate to categories of roads:

blue - motorways
green - main roads
white - local roads

Yellow signs with black lettering are used for temporary routes, especially diversions (*déviations*).

The *Itinéraire Bis* road signs are used to indicate less congested alternative routes.

Sign indicating the start of a stretch of 'priority' road and sign indicating the end of a 'priority' stretch.

Sign indicating a roundabout where vehicles already on the roundabout have priority.

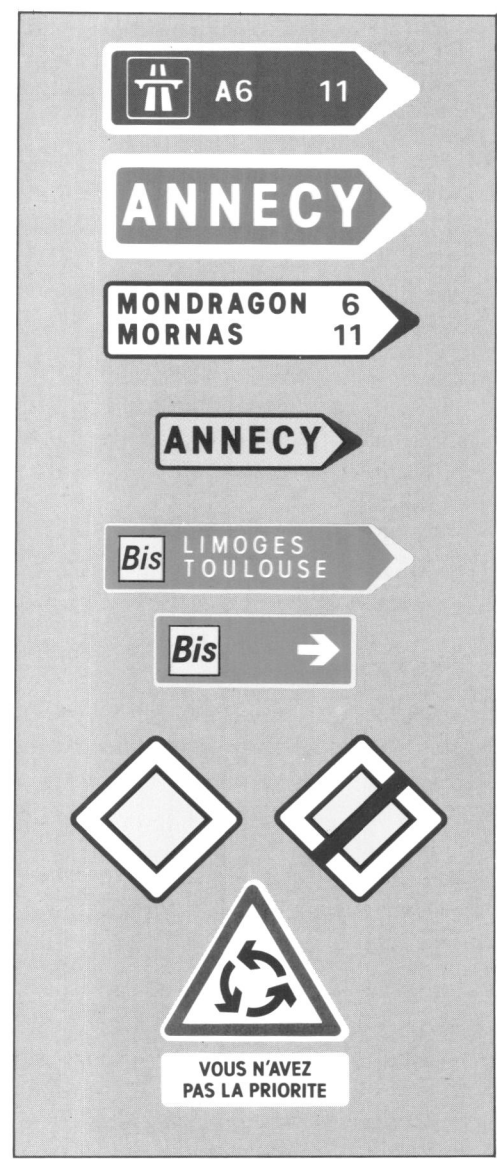

Speed limits

Urban areas: 60 kmh/37 mph

Single carriageway roads: 90 kmh/56 mph
(**on wet roads:** 80 kmh/50 mph)

Dual carriageway roads: 110 kmh/68 mph
(**on wet roads:** 100 kmh/62 mph)

Motorways: 130 kmh/80 mph
(**on wet roads:** 110 kmh/68 mph)
A *minimum* speed limit of 80 kmh/50 mph applies to the overtaking lane of motorways in daylight and good weather.

These limits apply to motor cycles over 81cc; light motor cycles (51–80cc) are subject to a 75 kmh/47 mph limit.

Local variations are indicated on speed limit road signs. The *rappel* sign indicates a continuing restriction.

Priority

The system giving priority to traffic entering a road from the right now applies in built-up areas only, and then not in every case; main roads outside built-up areas have priority. Visual confirmation of a 'priority' road is displayed in yellow and black signs; the same sign with a diagonal cancel stripe clearly indicates the end of a 'priority' stretch. Stop signs must be observed as such, with drivers bringing their vehicles to a standstill. In roundabouts with the approach sign illustrated drivers must give way to vehicles already on the roundabout.

Full information on motoring in France is available from French Government Tourist Offices or motoring organizations such as the Automobile Association or the Royal Automobile Club.

Route planning

Scale 1:2 200 000   1cm:22km   approx 35 miles:1 inch

═══	Motorway or equivalent
▬▬▬	Major road
━━━	Secondary through route
N 7	Motorway or road number
17	Intermediate distances in kilometres
◉	Regional prefecture
●	Prefecture
○	Other principal town

The blue rectangles outline the coverage of each page in the 1:200 000 maps sequence which starts on page 2. The blue numbers are map pages.

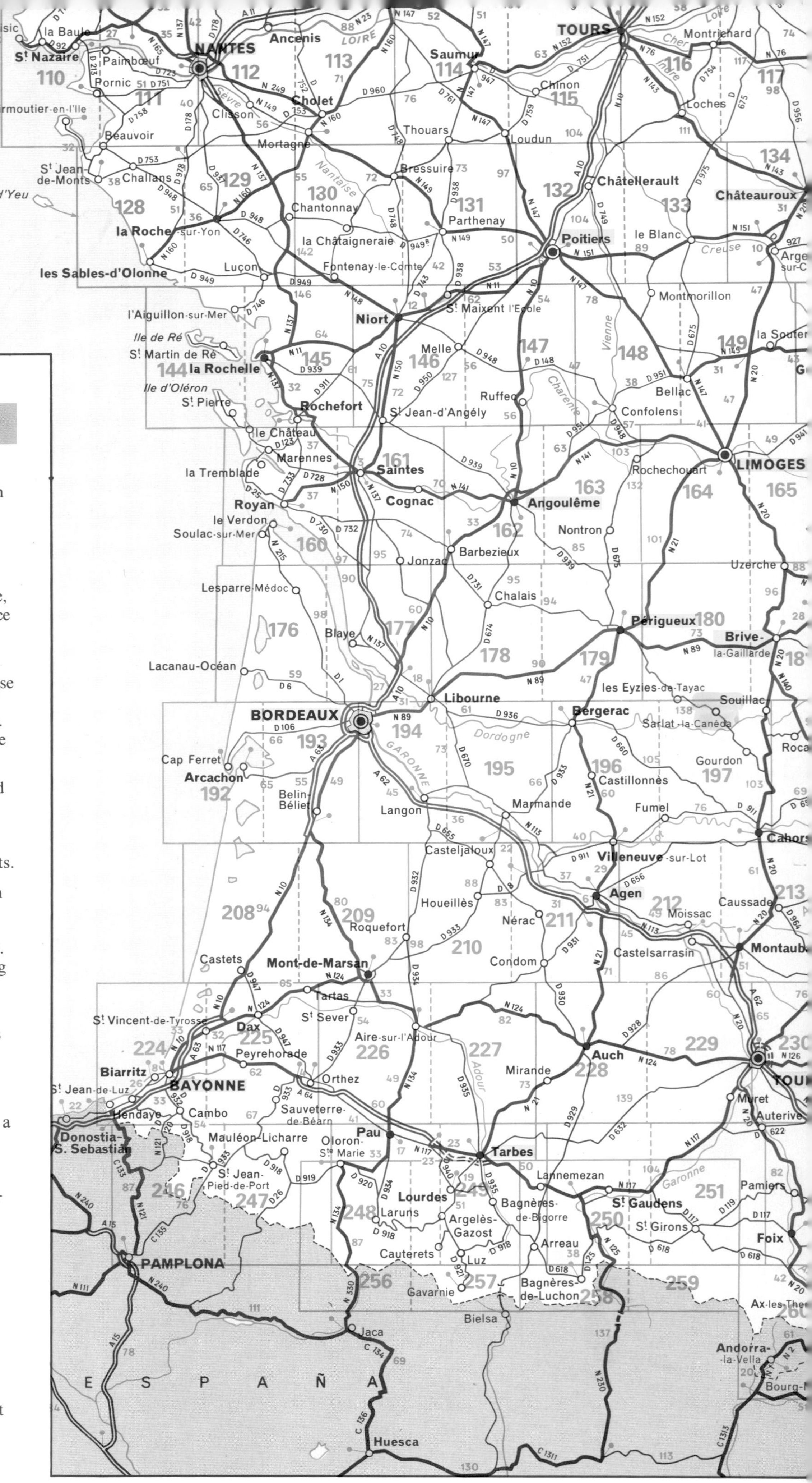

Motoring in France

- Driving in France is straightforward, with regulations and road signs generally similar to those in most West European countries. The basic rule is drive on the right, overtake on the left.

- Visitors should carry a full driving licence, vehicle registration document and evidence of insurance cover.

- Hazard warning lights or a red warning triangle must be carried, and used in a case of breakdown or accident. A spare set of light bulbs should be carried on a vehicle. Cars and commercial vehicles should have an external mirror on the left-hand side.

- Seat belts must be worn by the driver and front-seat passenger; children under ten may not travel in a front seat unless the car is a two-seater. Motor cyclists and pillion passengers must wear crash helmets.

- Full or dipped headlights must be used in poor visibility and at night and motor cyclists must use dipped headlights at all times, except when full beam is called for. Side lights should be used only as parking lights. Yellow-tinted headlights are preferred for tourist vehicles.

- Stop signs must be observed, with drivers bringing their vehicle to a standstill. On open roads, stopping vehicles must be driven completely off the road.

- Overtaking must not be attempted where a 'no overtaking' sign (a red vehicle and a black vehicle side by side) is displayed, where the manoeuvre would entail crossing an unbroken line on the road, or at the brow of a hill even if the road is not marked.

- Speeding or drink-driving offences are subject to on-the-spot fines, payable in cash, while a drink-driving offence may also result in the vehicle being immobilized on the spot.

- An accident causing injury must be reported to the police or gendarmerie. After an accident causing damage but not injury a Notice of Motoring Accident should be completed and signed by both parties.

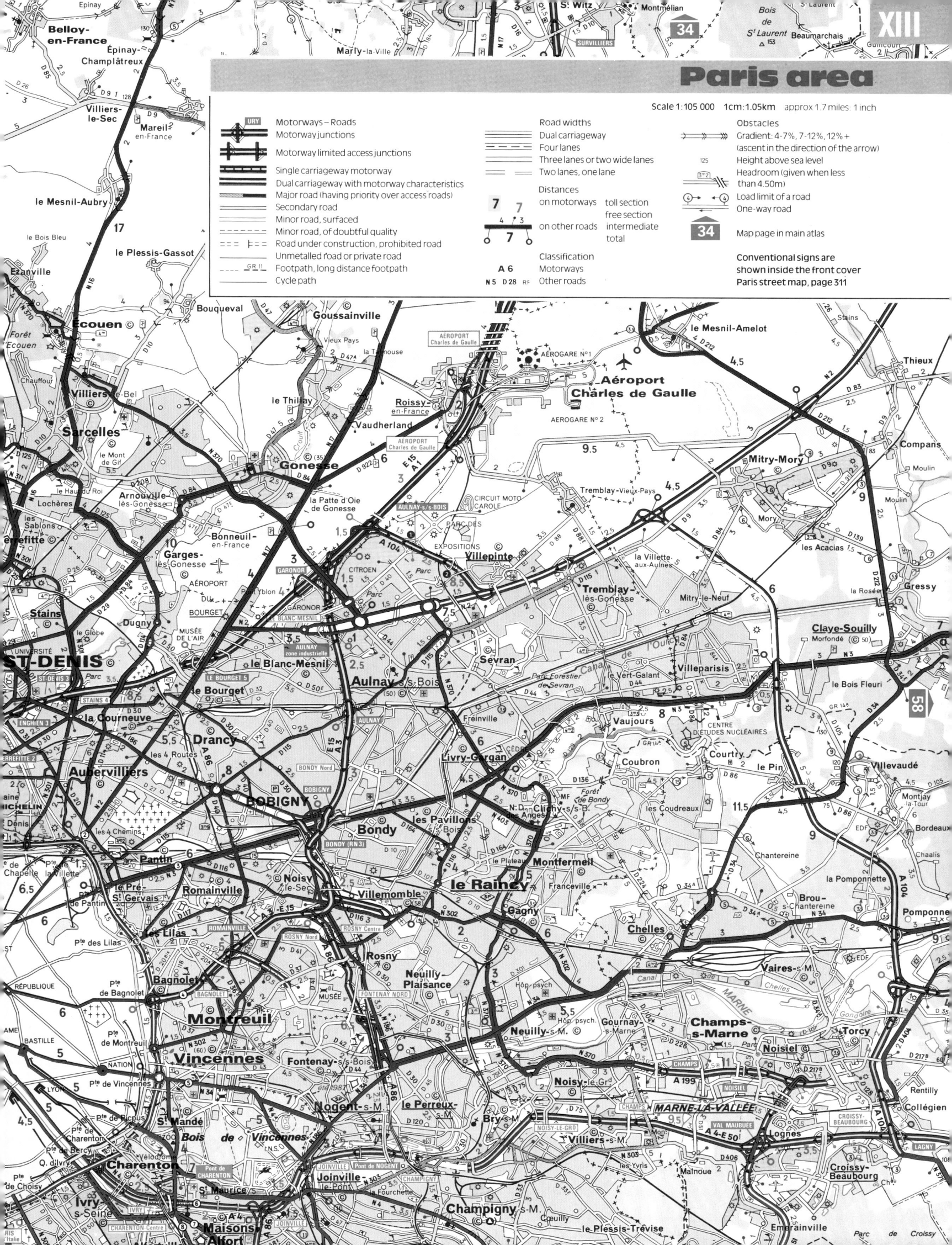

Snow affected roads

Snow cleared: within 24 hours

Snow cleared: delay indeterminate

12·3 Approximate period of closure

● Die 75.22.02.56 For local road conditions: telephone number

Snow chains can be hired or purchased at many garages, especially in mountain regions. Studded tyres may be used from the beginning of November to the end of March; vehicles with studded tyres are subject to a speed limit of 90 kmh/56 mph.

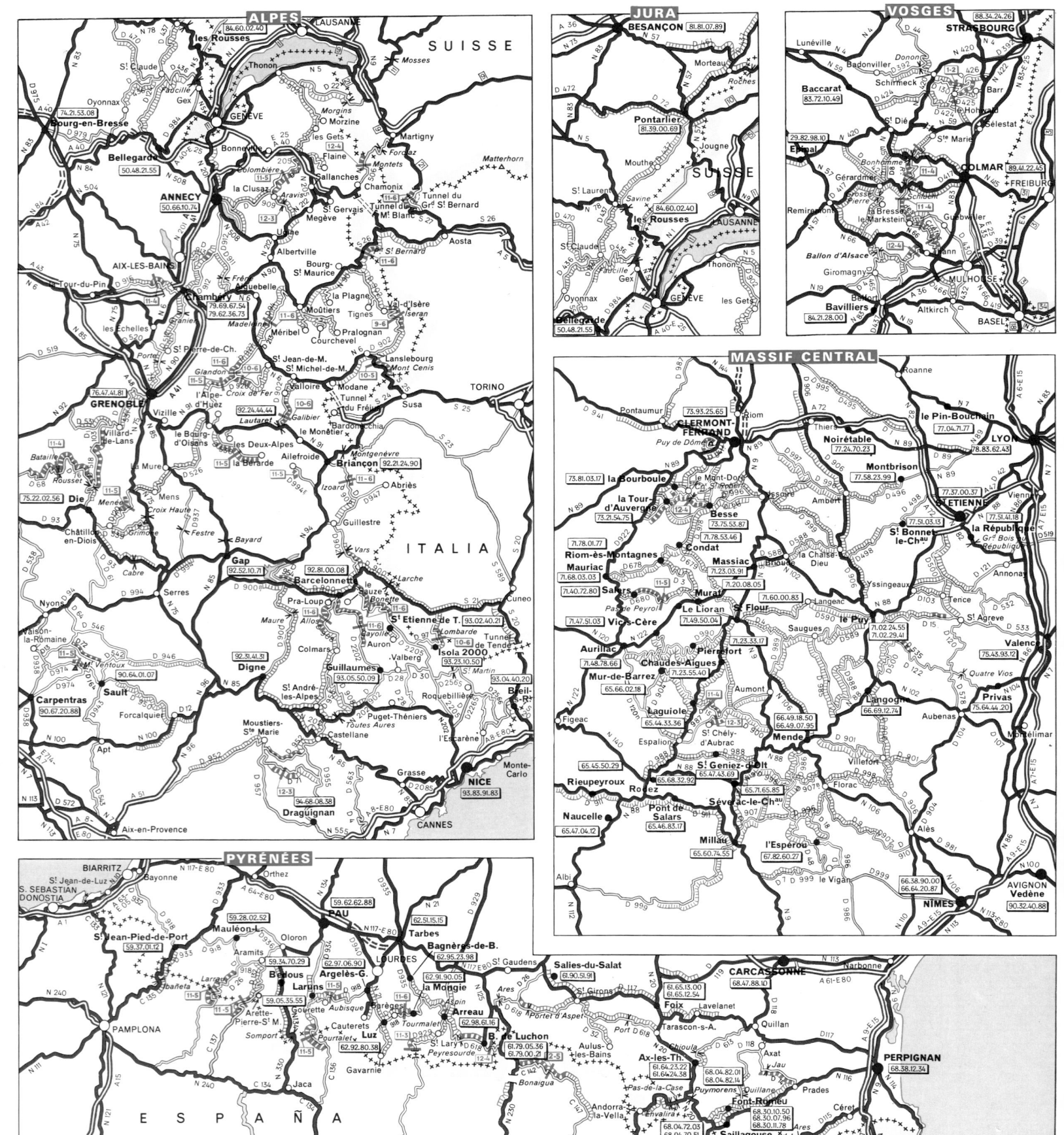

Verklaring van tekens
Zeichenerklärung
Légende
Key

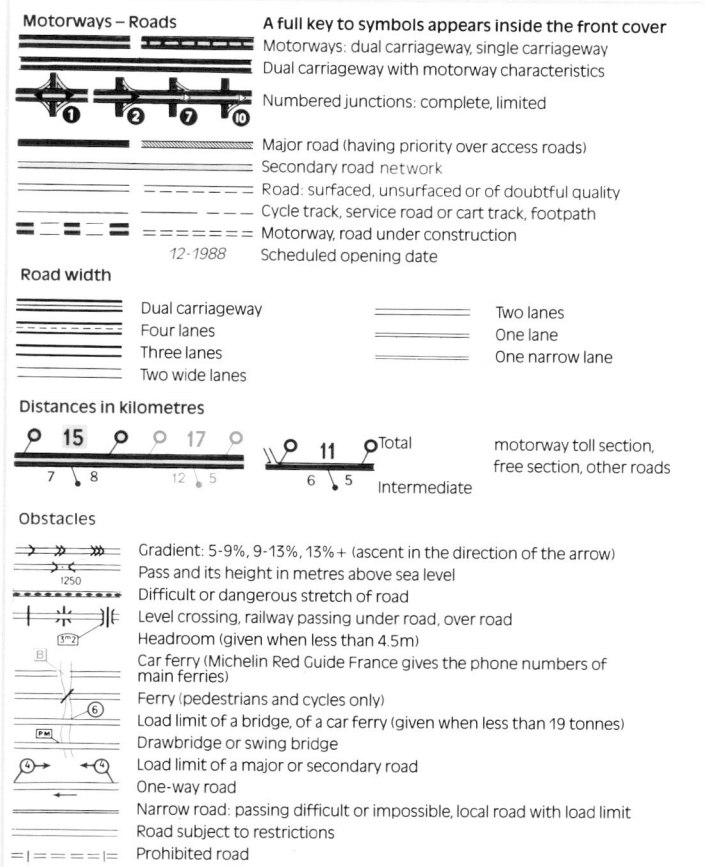

Motorways – Roads
A full key to symbols appears inside the front cover

Motorways: dual carriageway, single carriageway
Dual carriageway with motorway characteristics

Numbered junctions: complete, limited

Major road (having priority over access roads)
Secondary road network
Road: surfaced, unsurfaced or of doubtful quality
Cycle track, service road or cart track, footpath
Motorway, road under construction
12-1988 Scheduled opening date

Road width
Dual carriageway
Four lanes
Three lanes
Two wide lanes

Two lanes
One lane
One narrow lane

Distances in kilometres
15 17 11 Total — motorway toll section, free section, other roads
7 8 12 5 6 5 Intermediate

Obstacles
Gradient: 5-9%, 9-13%, 13%+ (ascent in the direction of the arrow)
Pass and its height in metres above sea level
Difficult or dangerous stretch of road
Level crossing, railway passing under road, over road
Headroom (given when less than 4.5m)
Car ferry (Michelin Red Guide France gives the phone numbers of main ferries)
Ferry (pedestrians and cycles only)
Load limit of a bridge, of a car ferry (given when less than 19 tonnes)
Drawbridge or swing bridge
Load limit of a major or secondary road
One-way road
Narrow road: passing difficult or impossible, local road with load limit
Road subject to restrictions
Prohibited road

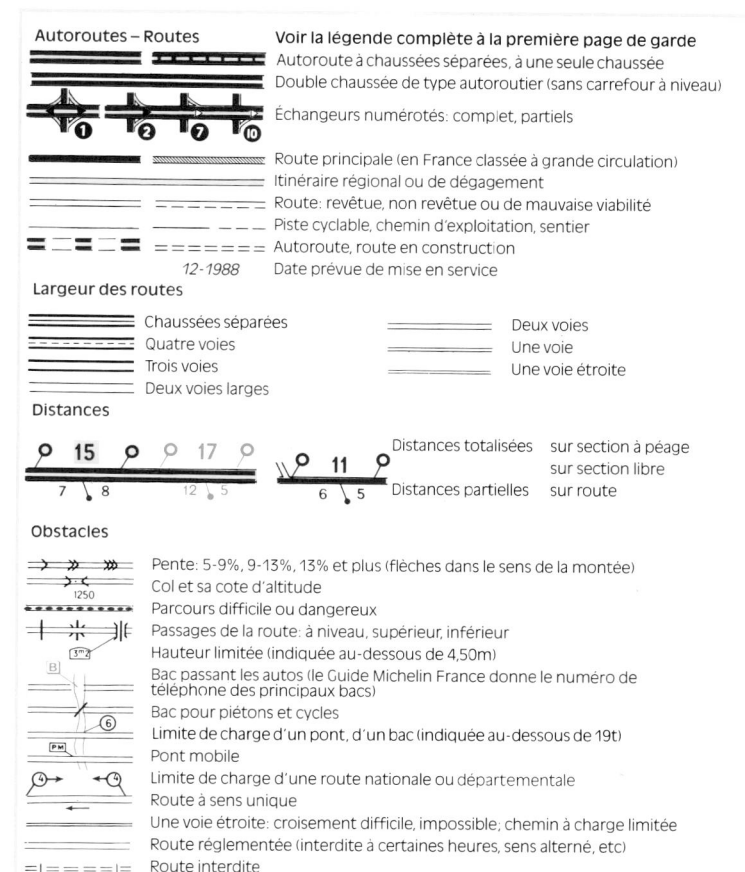

Autoroutes – Routes
Voir la légende complète à la première page de garde

Autoroute à chaussées séparées, à une seule chaussée
Double chaussée de type autoroutier (sans carrefour à niveau)

Échangeurs numérotés: complet, partiels

Route principale (en France classée à grande circulation)
Itinéraire régional ou de dégagement
Route: revêtue, non revêtue ou de mauvaise viabilité
Piste cyclable, chemin d'exploitation, sentier
Autoroute, route en construction
12-1988 Date prévue de mise en service

Largeur des routes
Chaussées séparées
Quatre voies
Trois voies
Deux voies larges

Deux voies
Une voie
Une voie étroite

Distances
15 17 11 Distances totalisées — sur section à péage, sur section libre
7 8 12 5 6 5 Distances partielles — sur route

Obstacles
Pente: 5-9%, 9-13%, 13% et plus (flèches dans le sens de la montée)
Col et sa cote d'altitude
Parcours difficile ou dangereux
Passages de la route: à niveau, supérieur, inférieur
Hauteur limitée (indiquée au-dessous de 4,50m)
Bac passant les autos (le Guide Michelin France donne le numéro de téléphone des principaux bacs)
Bac pour piétons et cycles
Limite de charge d'un pont, d'un bac (indiquée au-dessous de 19t)
Pont mobile
Limite de charge d'une route nationale ou départementale
Route à sens unique
Une voie étroite: croisement difficile, impossible; chemin à charge limitée
Route réglementée (interdite à certaines heures, sens alterné, etc)
Route interdite

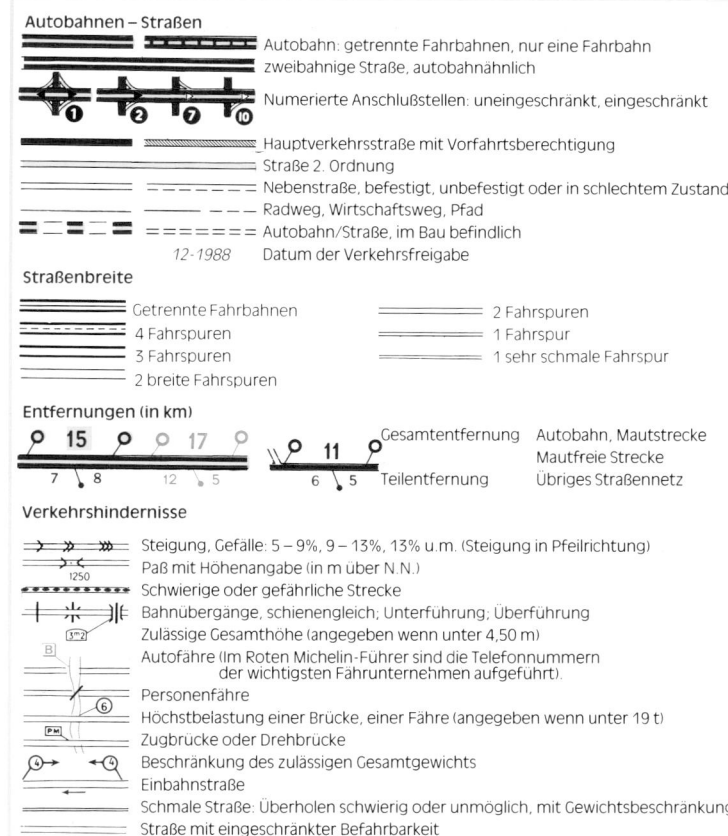

Autobahnen – Straßen
Autobahn: getrennte Fahrbahnen, nur eine Fahrbahn
zweibahnige Straße, autobahnähnlich

Numerierte Anschlußstellen: uneingeschränkt, eingeschränkt

Hauptverkehrsstraße mit Vorfahrtsberechtigung
Straße 2. Ordnung
Nebenstraße, befestigt, unbefestigt oder in schlechtem Zustand
Radweg, Wirtschaftsweg, Pfad
Autobahn/Straße, im Bau befindlich
12-1988 Datum der Verkehrsfreigabe

Straßenbreite
Getrennte Fahrbahnen
4 Fahrspuren
3 Fahrspuren
2 breite Fahrspuren

2 Fahrspuren
1 Fahrspur
1 sehr schmale Fahrspur

Entfernungen (in km)
15 17 11 Gesamtentfernung — Autobahn, Mautstrecke, Mautfreie Strecke
7 8 12 5 6 5 Teilentfernung — Übriges Straßennetz

Verkehrshindernisse
Steigung, Gefälle: 5 – 9%, 9 – 13%, 13% u.m. (Steigung in Pfeilrichtung)
Paß mit Höhenangabe (in m über N.N.)
Schwierige oder gefährliche Strecke
Bahnübergänge, schienengleich; Unterführung; Überführung
Zulässige Gesamthöhe (angegeben wenn unter 4,50 m)
Autofähre (Im Roten Michelin-Führer sind die Telefonnummern der wichtigsten Fährunternehmen aufgeführt).
Personenfähre
Höchstbelastung einer Brücke, einer Fähre (angegeben wenn unter 19 t)
Zugbrücke oder Drehbrücke
Beschränkung des zulässigen Gesamtgewichts
Einbahnstraße
Schmale Straße: Überholen schwierig oder unmöglich, mit Gewichtsbeschränkung
Straße mit eingeschränkter Befahrbarkeit
Gesperrte Straße

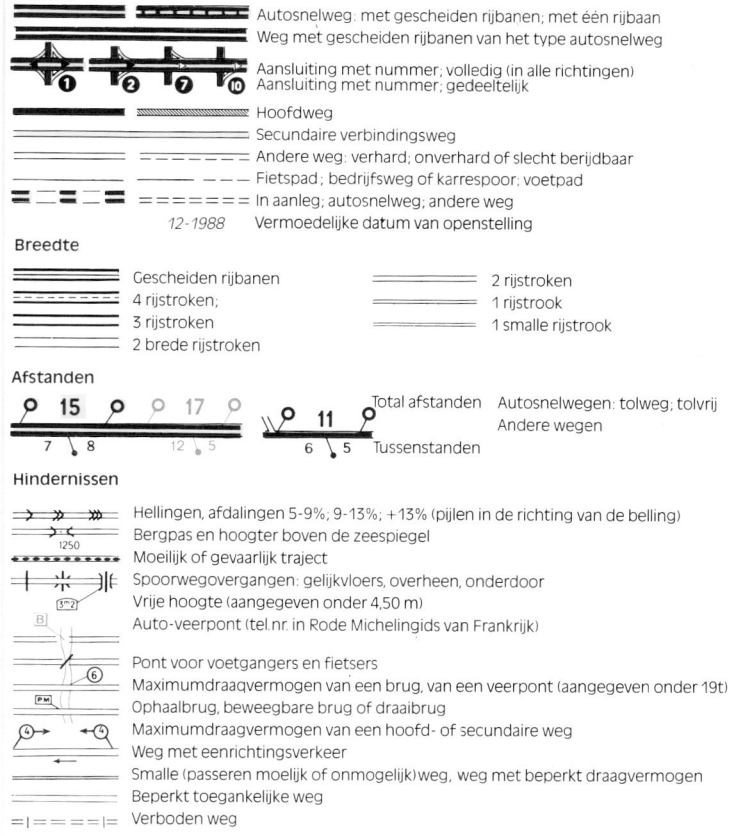

Wegen
Autosnelweg: met gescheiden rijbanen; met één rijbaan
Weg met gescheiden rijbanen van het type autosnelweg

Aansluiting met nummer; volledig (in alle richtingen)
Aansluiting met nummer; gedeeltelijk

Hoofdweg
Secundaire verbindingsweg
Andere weg: verhard; onverhard of slecht berijdbaar
Fietspad; bedrijfsweg of karrespoor; voetpad
In aanleg; autosnelweg; andere weg
12-1988 Vermoedelijke datum van openstelling

Breedte
Gescheiden rijbanen
4 rijstroken;
3 rijstroken
2 brede rijstroken

2 rijstroken
1 rijstrook
1 smalle rijstrook

Afstanden
15 17 11 Total afstanden — Autosnelwegen: tolweg; tolvrij, Andere wegen
7 8 12 5 6 5 Tussenstanden

Hindernissen
Hellingen, afdalingen 5-9%; 9-13%; +13% (pijlen in de richting van de belling)
Bergpas en hoogter boven de zeespiegel
Moeilijk of gevaarlijk traject
Spoorwegovergangen: gelijkvloers, overheen, onderdoor
Vrije hoogte (aangegeven onder 4,50 m)
Auto-veerpont (tel.nr. in Rode Michelingids van Frankrijk)
Pont voor voetgangers en fietsers
Maximumdraagvermogen van een brug, van een veerpont (aangegeven onder 19t)
Ophaalbrug, beweegbare brug of draaibrug
Maximumdraagvermogen van een hoofd- of secundaire weg
Weg met eenrichtingsverkeer
Smalle (passeren moeilijk of onmogelijk)weg, weg met beperkt draagvermogen
Beperkt toegankelijke weg
Verboden weg

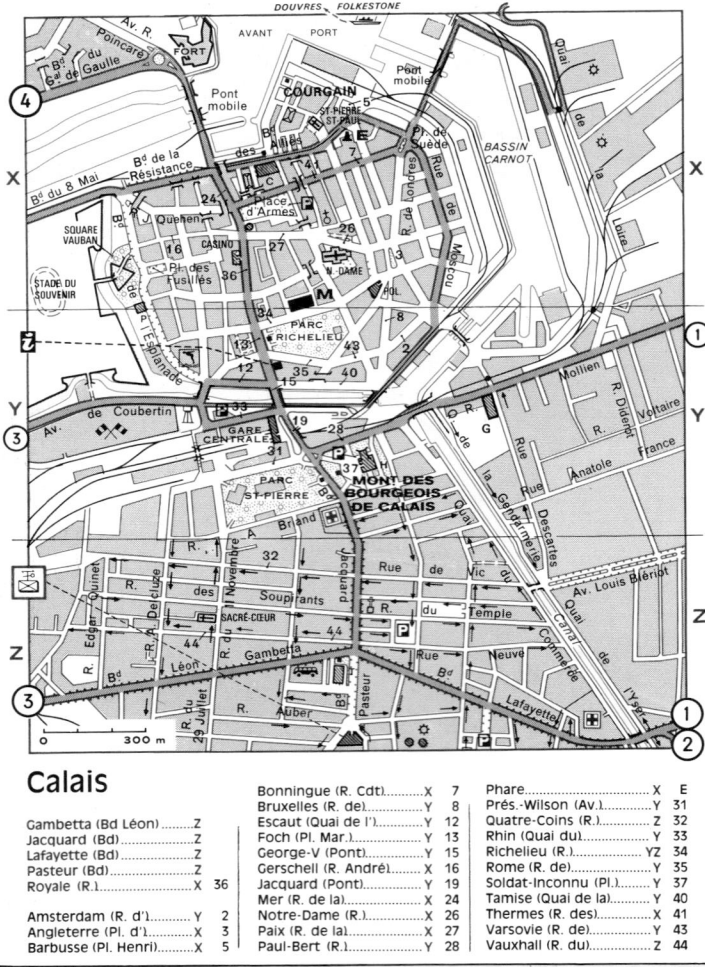

Calais

Gambetta (Bd Léon)	Z		Phare	X E
Jacquard (Bd)	Z		Prés.-Wilson (Av.)	Y 31
Lafayette (Bd)	Z		Quatre-Coins (R.)	Z 32
Pasteur (Bd)	Z		Rhin (Quai du)	Y 33
Royale (R.)	X 36		Richelieu (R.)	YZ 34
			Rome (R. de)	Y 35
Amsterdam (R. d'.)	Y 2		Soldat-Inconnu (Pl.)	Y 37
Angleterre (Pl. d')	X 3		Tamise (Quai de la)	Y 40
Barbusse (Pl. Henri)	X 5		Thermes (R. des)	X 41
Bonningue (R. Cdt)	X 7		Varsovie (R. de)	Y 43
Bruxelles (R. de)	Y 8		Vauxhall (R. du)	Z 44
Escaut (Quai de l')	Y 12			
Foch (Pl. Mar.)	Y 13			
George-V (Pont)	Y 15			
Gerschell (R. André)	X 16			
Jacquard (Pont)	Y 19			
Mer (R. de la)	X 24			
Notre-Dame (R.)	X 26			
Paix (R. de la)	X 27			
Paul-Bert (R.)	Y 28			

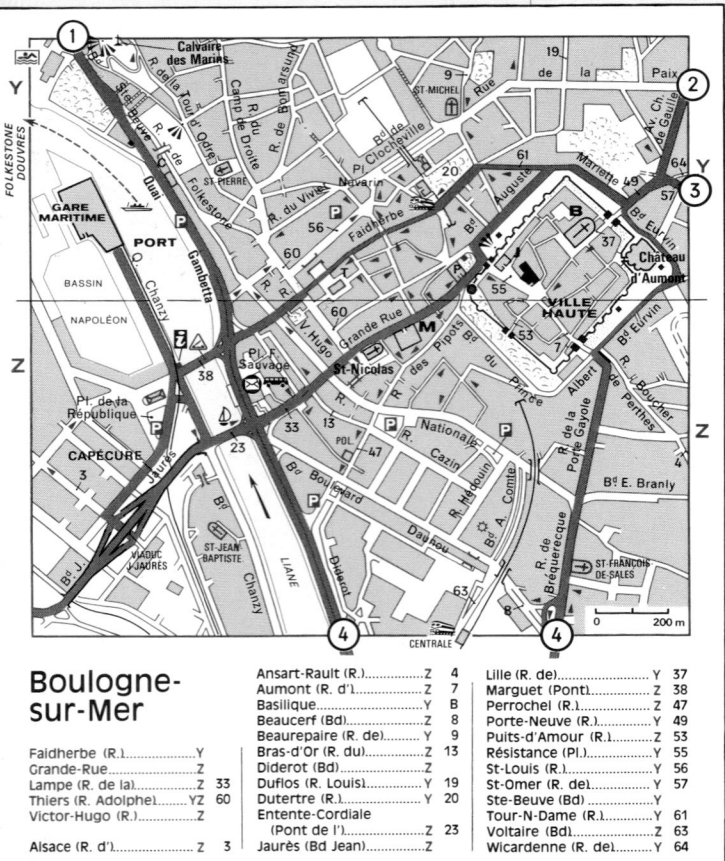

Boulogne-sur-Mer

Faidherbe (R.)	Y		Lille (R. de)	Y 37
Grande-Rue	Z		Marguet (Pont)	Z 38
Lampe (R. de la)	Z 33		Perrochel (R.)	Z 47
Thiers (R. Adolphe)	YZ 60		Porte-Neuve (R.)	Y 49
Victor-Hugo (R.)	Z		Puits-d'Amour (R.)	Y 53
			Résistance (Pl.)	Y 55
Alsace (R. d')	Z 3		St-Louis (R.)	Z 56
Ansart-Rault (R.)	Z 4		St-Omer (R. de)	Y 57
Aumont (R. d')	Z 7		Ste-Beuve (Bd)	Y
Basilique	Y B		Tour-N-Dame (R.)	Y 61
Beaucerf (Bd)	Z 8		Voltaire (Bd)	Z 63
Beaurepaire (R. de)	Y 9		Wicardenne (R. de)	Y 64
Bras-d'Or (R. du)	Z 13			
Diderot (Bd)	Z			
Duflos (R. Louis)	Y 19			
Dutertre (R.)	Y 20			
Entente-Cordiale (Pont de l')	Z 23			
Jaurès (Bd Jean)	Z			

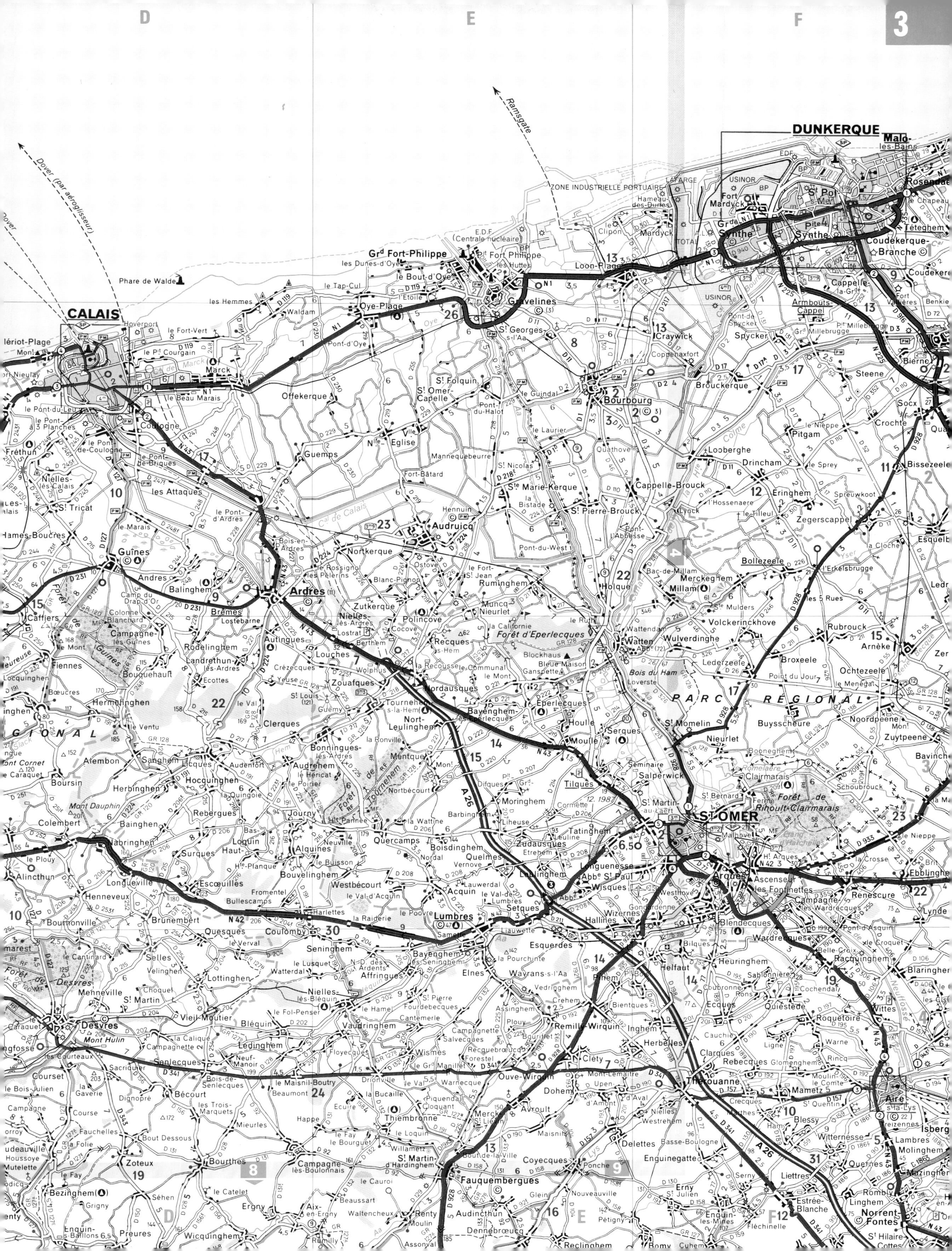

DUNKERQUE
Malo-les-Bains
Rosendaël
St Pol-sur-Mer
Grande-Synthe
Petite-Synthe
Coudekerque-Branche
Téteghem
Fort Mardyck
ZONE INDUSTRIELLE PORTUAIRE
USINOR
Loon-Plage
Mardyck
Cappelle-la-Grande

CALAIS
Blériot-Plage
Hoverport
le Beau Marais
Coulogne
Marck
Dover (par aéroglisseur)
Ramsgate
Phare de Walde
Oye-Plage
Grd Fort-Philippe
Fort-Philippe
les Huttes
Gravelines
le Bout-d'Oye
les Hemmes
Waldam
Offekerque

Bourbourg
Craywick
Coppenaxfort
Brouckerque
Steene
Bierne
Socx
Crochte
Spycker
Pitgam
Looberghe
Drincham
Cappelle-Brouck
St Pierre-Brouck
Eringhem
Zegerscappel
Bollezeele
Merckeghem
Millam
Holque
Watten
Wulverdinghe
Lederzeele
Volckerinckhove
Rubrouck
Arnèke
Broxeele
Ochtezeele
Noordpeene
Zuytpeene

St Omer-Capelle
Nouvelle-Eglise
Guemps
St Folquin
St Georges-sur-l'Aa
Ste Marie-Kerque
St Nicolas
Audruicq
Nortkerque
Zutkerque
Ardres
Brêmes
Nielles-lès-Ardres
Polincove
Recques
Eperlecques
Forêt d'Eperlecques
Ruminghem
Muncq-Nieurlet
Bayenghem-lès-Eperlecques
Serques
Moulle
Nieurlet
Clairmarais
St Momelin
Buysscheure
PARC REGIONAL

Guînes
Andres
Balinghem
Campagne-les-Guînes
Bouquehault
Fiennes
Caffiers
Hermelinghen
Licques
Audenfort
Zouafques
Tournehem-sur-la-Hem
Nort-Leulinghem
Bonningues-lès-Ardres
Audrehem
Clerques
Houlle
Salperwick
Tilques
Tatinghem
ST OMER
Arques
Clairmarais
Forêt de Rihoult-Clairmarais
Longuenesse
Wizernes
Wisques

Alembon
Boursin
Herbinghen
Hocquinghen
Rebergues
Journy
Quercamps
Boisdinghem
Quelmes
Zudausques
Moringhem
Difques
Leulinghem
Esquerdes
Helfaut
Heuringhem

Colembert
Bainghen
Surques
Alquines
Bouvelinghem
Escœuilles
Westbécourt
Acquin
le Val-de-Lumbres
Setques
Lumbres
Coulomby
Seninghem
Affringues
Elnes
Wavrans-sur-l'Aa
Blendecques
Wardrecques
Campagne-lès-Wardrecques
Renescure

Henneveux
Brunembert
Quesques
Selles
Velinghem
Lottinghen
Nielles-lès-Bléquin
St Pierre
Fourdebecques
Cléty
Ouve-Wirquin
Remilly-Wirquin
Inghem
Herbelles
Clarques
Rebecques
Thérouanne

Desvres
Mont Hulin
Campagnette
Senlecques
Vieil-Moutier
Bléquin
Vaudringhem
Wismes
Floyecques
Ledinghem
Campagne-lès-Boulonnais
Bécourt
Thiembronne
Merck-St Liévin
Avroult
Dohem
Mametz
Aire-sur-la-Lys

Bezinghem
Zoteux
Bourthes
le Catelet
St Martin-d'Hardinghem
Fauquembergues
Coyecques
Delettes
Enguinegatte
Witternesse
Lambres
Molinghem
Quernes
Norrent-Fontes

Preures
Ergny
Aix-en-Ergny
Renty
Audincthun
Dennebrœucq
Erny-St Julien
Estrée-Blanche
Linghem
Ligny-lès-Aire

A — B — C

DE Panne Koksijde Oostduinkerke Ramskapelle
DUNKERQUE Malo-les-Bains Furnes Veurne Diksmuide (Dixmude)
Bray-Dunes Zuydcoote Ghyvelde Adinkerke Pervijze
Fort-Mardyck St Pol Grande-Synthe Coudekerque-Branche Alveringem Woumen
Bergues Hondschoote Leisele Lo (Lo-Reninge)
Spycker Hoymille Killem Stavele Oostvleteren Westvleteren Reninge
Pitgam Quaëdypre Rexpoëde West-Cappel Roesbrugge Proven Woesten Boezinge
Esquelbecq Wormhout Herzeele Houtkerque Watou Poperinge Vlamertinge Ieper (Ypres)
Bollezeele Ledringhem Oudezeele Winnezeele Steenvoorde Reningelst Dikkebus
Arnèke Zermezeele Hardifort Cassel Godewaersvelde Mont des Cats Kemmel (Heuvelland) Wijtschate
Broxeele Ochtezeele Wemaers-Cappel Terdeghem Eecke Berthen Loker Mesen (Messines)
St OMER Zuytpeene Bavinchove Oxelaëre St Sylvestre-Cappel Ste Marie Cappel Flêtre St Jans Cappel Bailleul Wulvergem
Arques Renescure Lynde Hondeghem Caëstre Méteren Nieuwkerke (Neuve-Eglise) Ploegsteert
Wardrecques Wallon-Cappel Staple Strazeele Merris Steenwerck
Blendecques Sercus Hazebrouck Borre Outtersteene Nieppe
Heuringhem Blaringhem Morbecque la Motte-au-Bois V¹ Berquin Erquinghem-Lys
Ecques Steenbecque Thiennes Forêt de Nieppe Merville Neuf-Berquin Estaires Laventie
Roquetoire Boëseghem Haverskerque Sailly-sur-la-Lys
Aire-sur-la-Lys Isbergues Guarbecque St Venant Calonne-sur-la-Lys Lestrem Fleurbaix
Norrent-Fontes Busnes Robecq Richebourg Neuve-Chapelle Fromelles Aubers
Lillers

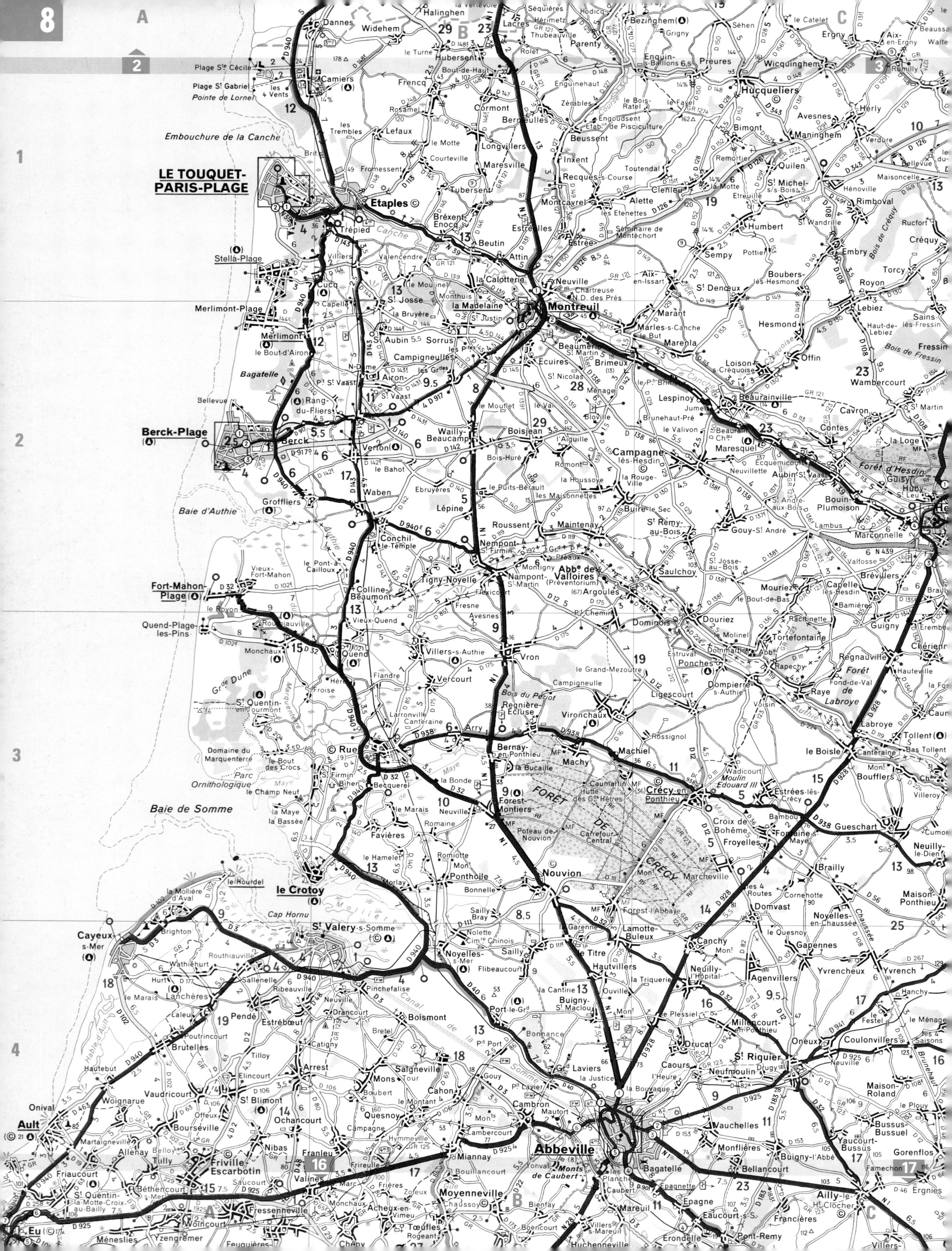
A
B
C
1
2
3
4
Dannes
Widehem
Halinghen
Lacres
Séquières
Hodicq
Hermetz
Thubeauville
Parenty
Bezinghem
Grigny
Séhen
le Catelet
Ergny
Aix-en-Ergny
Rumilly
Plage Ste Cécile
Plage St Gabriel
Pointe de Lornel
les 4 Vents
Camiers
Frencq
le Turne
Hubersent
Bout-de-Haut
Rolet
Enquin-s-Baillons
Preures
Wicquinghem
Hucqueliers
Enguinehaut
Cormont
Zérables
le Bois-Ratel
le Fayel
Herly
Avesnes
Maninghem
Verdure
Rosamel
les Trembles
Lefaux
Bernieulles
Etab. de Pisciculture
Beussent
Bimont
Embouchure de la Canche
le Motte
Longvilliers
Inxent
Courteville
Maresville
Recques-s-Course
Toutendal
Quilen
Bellevue
Maisoncelle
LE TOUQUET-PARIS-PLAGE
Fromessent
Tubersent
Montcavrel
Alette
Clenleu
la Motte
St Michel-s/s-Bois
Hénoville
Etaples
Bréxent-Enocq
Estréelles
les Etenettes
Séminaire de Montéchort
Humbert
St Wandrille
Rimboval
Rucfort
Créquy
Trépied
Canche
Beutin
Attin
Estrée
Sempy
Pottie
Embry
Stella-Plage
Villiers
Valencendre
la Calotterie
Neuville
Chartreuse N.D. des Prés
Aix-en-Issart
St Denœux
Boubers-lès-Hesmond
Torcy
Royon
Cucq
le Moulinel
Monthuis
la Madelaine
Montreuil
Lebiez
Merlimont-Plage
St Josse
Capelle
la Bruyère
St Justin
Marant
Marles-s-Canche
le But
Hesmond
Haut-de-Lebiez
Sains-lès-Fressin
Merlimont
le Bout-d'Airon
St Aubin
Sorrus
Beaumerie
St Martin
Brimeux
Marenla
Bois de Fressin
Fressin
Campigneulles
Ecuires
Loison-s-Créquoise
Offin
Bagatelle
N-Dame
Airon
les Gdes
St Nicolas
Ménage
Wambercourt
Pt St Vaast
Bellevue
Rang-du-Fliers
St Vaast
le Mouflet
le Val
Lespinoy
Jumel
Beaurainville
Cavron
St Martin
Berck-Plage
Berck
Verton
Wailly-Beaucamp
Boisjean
l'Aiguille
Bloville
Brunehaut-Pré
le Valivon
Beaurain Château
Maresquel
Contes
la Loge
Bois-Huré
Romont
Campagne-lès-Hesdin
Ecquemicourt
Neuvillette
Aubin St Vaast
Forêt d'Hesdin
Guisy
Huby-St Leu
le Bahot
Ebruyères
le Puits-Bérault
la Houssoye
la Rouge-Ville
Waben
Lépine
les Maisonnettes
Buire-le Sec
St André-aux-Bois
Bouin-Plumoison
Groffliers
Baie d'Authie
Roussent
Maintenay
St Rémy-au-Bois
Lambus
Gouy-St André
Marconnelle
Conchil-le-Temple
Nempont-St Firmin
Authie
Préaux
Montigny
Abbe de Valloires
(Préventorium)
Saulchoy
St Josse-au-Bois
Valfosse
Vieux-Fort-Mahon
le Pont-à-Cailloux
Tigny-Noyelle
Nampont-St Martin
Argoules
Fort-Mahon-Plage
Colline-Beaumont
Flexicourt
Pt Chemin
Mouriez
Capelle-lès-Hesdin
Brévillers
le Royon
Fresne
Dominois
Douriez
le Bout-de-Bas
Bamières
Quend-Plage-les-Pins
Routhiauville
Vieux-Quend
Avesnes
le Molinel
Tortefontaine
Guigny
Monchaux
Quend
Villers-s-Authie
Vron
Dommartin
Abbé
Rapechy
Regnauville
Chérienne
Hauteville
Flandre
Estruval
Ponches
le Grand-Mezoutre
Dompierre-s-Authie
Forêt de Labroye
Fond-de-Val
Raye
Gde Dune
Héré
Froise
Vercourt
Bois du Péccot
Campigneulle
Ligescourt
Voisin
St Quentin-en-Tourmont
Marquenterre
Larronville
Canteraine
Regnière-Ecluse
Vironchaux
Labroye
Arry
Rossignol
Tollent
Domaine du Marquenterre
Rue
Bernay-en-Ponthieu
Machy
Machiel
le Boisle
Canteraine
Bas Tollent
le Bout des Crocs
Parc Ornithologique
St Firmin
Bihen
la Bucaille
Wadicourt
Moulin Edouard III
Boufflers
le Champ Neuf
Becquerel
la Bonde
Forêt de Crécy
Caumartin
Hutte des Gds Hêtres
Crécy-en-Ponthieu
Estrées-lès-Crécy
Villeroy
Baie de Somme
la Maye
la Bassée
le Marais
Neuville
Forest-Montiers
Bambou
Gueschart
Romaine
Poteau de Nouvion
Carrefour Central
Croix de Bohême
Fontaine-s-Maye
Cumont
Favières
Froyelles
Neuilly-le-Dien
le Hamelet
Romiotte
Mont
Brailly
le Hourdel
la Mollière d'Aval
le Crotoy
Morlay
Ponthoile
Nouvion
Marcheville
les 4 Routes
Cornehotte
Maison-Ponthieu
Bonnelle
Domvast
Cap Hornu
Cayeux-s-Mer
Brighton
St Valery-s-Somme
Sailly-Bray
Nolette
Cimre Chinois
Forest-l'Abbaye
Noyelles-en-Chaussée
Chaussée
Garenne
Lamotte-Buleux
le Quesnoy
Canchy
Gapennes
Wathiéhurt
Routhiauville
Noyelles-s-Mer
Sailly
Flibeaucourt
le Titre
Hautvillers
Yvrencheux
Yvrench
Hurt
Lanchères
Sallenelle
Ribeauville
Pinchefalise
la Triquerie
Neuilly-l'Hôpital
Agenvillers
Hanchy
le Marais
Drancourt
Port-le-Grd
la Cantine
Buigny-St Maclou
Ouville
Pendé
Estrébœuf
Boismont
Le Plessiel
Millencourt-en-Ponthieu
le Festel
le Ménage
Brutelles
Pourtincourt
Bretel
Catigny
Pt Port
Bonnance
Drucat
Oneux
Coulonvillers
les 4 Saisons
Tilloy
Hautebut
Elincourt
Arrest
Mons
Saigneville
Boubert
Gouy
Grd Laviers
la Justice
l'Heure
Caours
la Bouvaque
Neufmoulin
St Riquier
Drugy
Neuville
Maison-Roland
Onival
Woignarue
Vaudricourt
St Blimont
Offeux
Ochancourt
Cahon
le Montant
Pt Laviers
Cambron
Mautort
Vauchelles
Le Plouy
Ault
Bourseville
Quesnoy
Campagne
Monts
Lambercourt
Hymmeville
Bussus-Bussuel
Martaigneville
Allenay
Belloy
Tully
Friville-Escarbotin
Nibas
Franleu
Miannay
Abbeville
Monflières
Buigny-l'Abbé
Yaucourt-Bussus
Gorenflos
Friaucourt
Béthencourt-s-Mer
Saucourt
Valines
St Marc
Frireulle
Bouillancourt
Yonval
Monts de Caubert
Bagatelle
Bellancourt
Famechon
St Quentin-la-Motte-Croix-au-Bailly
Moyenneville
Frières
Zoteux
Chaussoy
Bienfay
Caubert
Epagnette
Epagne
Ailly-le-Ht Clocher
Ergnies
Fressenneville
Woincourt
Monchaux
Acheux-en-Vimeu
Mareuil
Eaucourt-s-S.
Francières
Eu
Méneslies
Yzengremer
Feuquières
Tœufles
Rogeant
Boencourt
Villers-s-Mareuil
Hucheneville
Erondelle
Pont-Remy
Villers-sous-

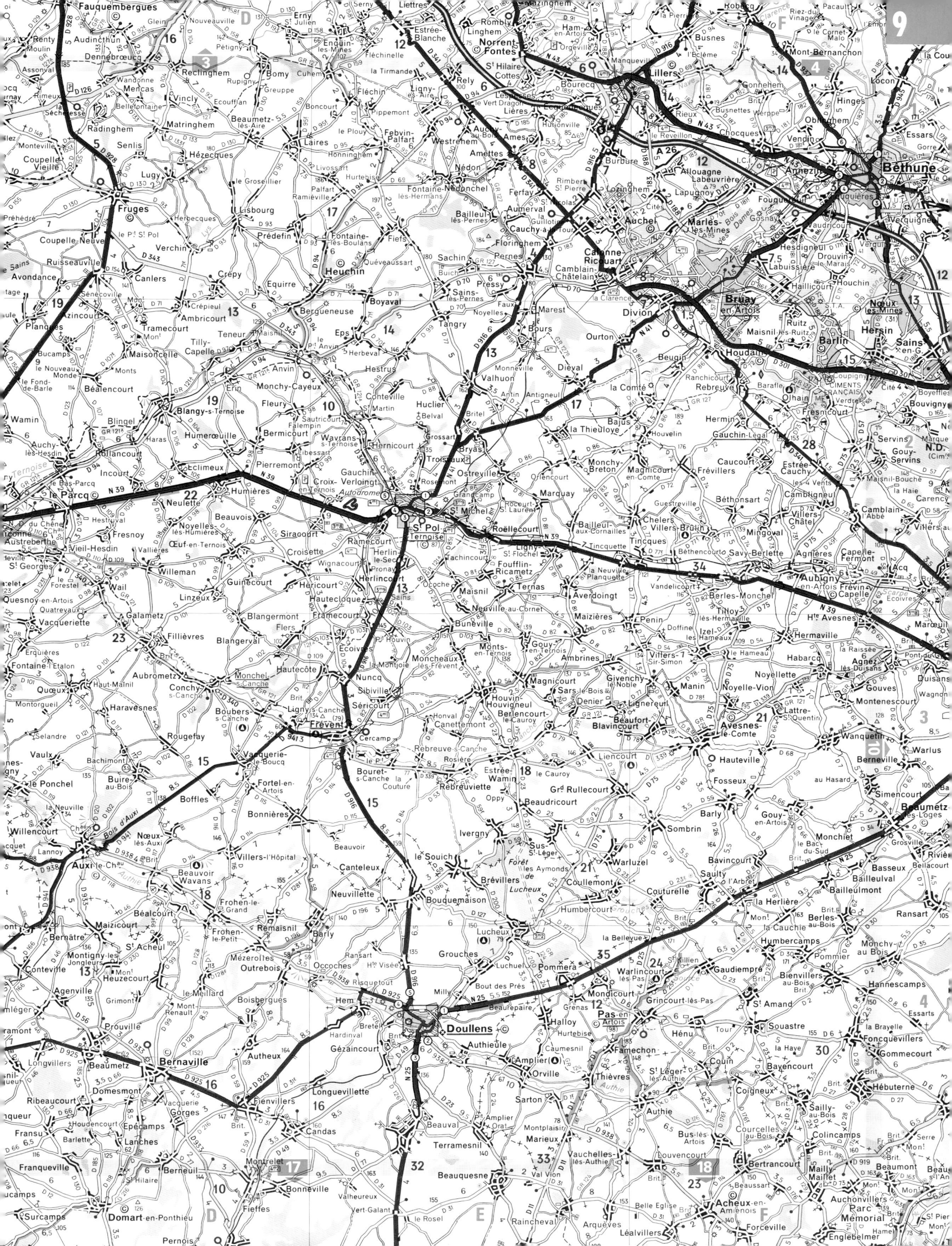

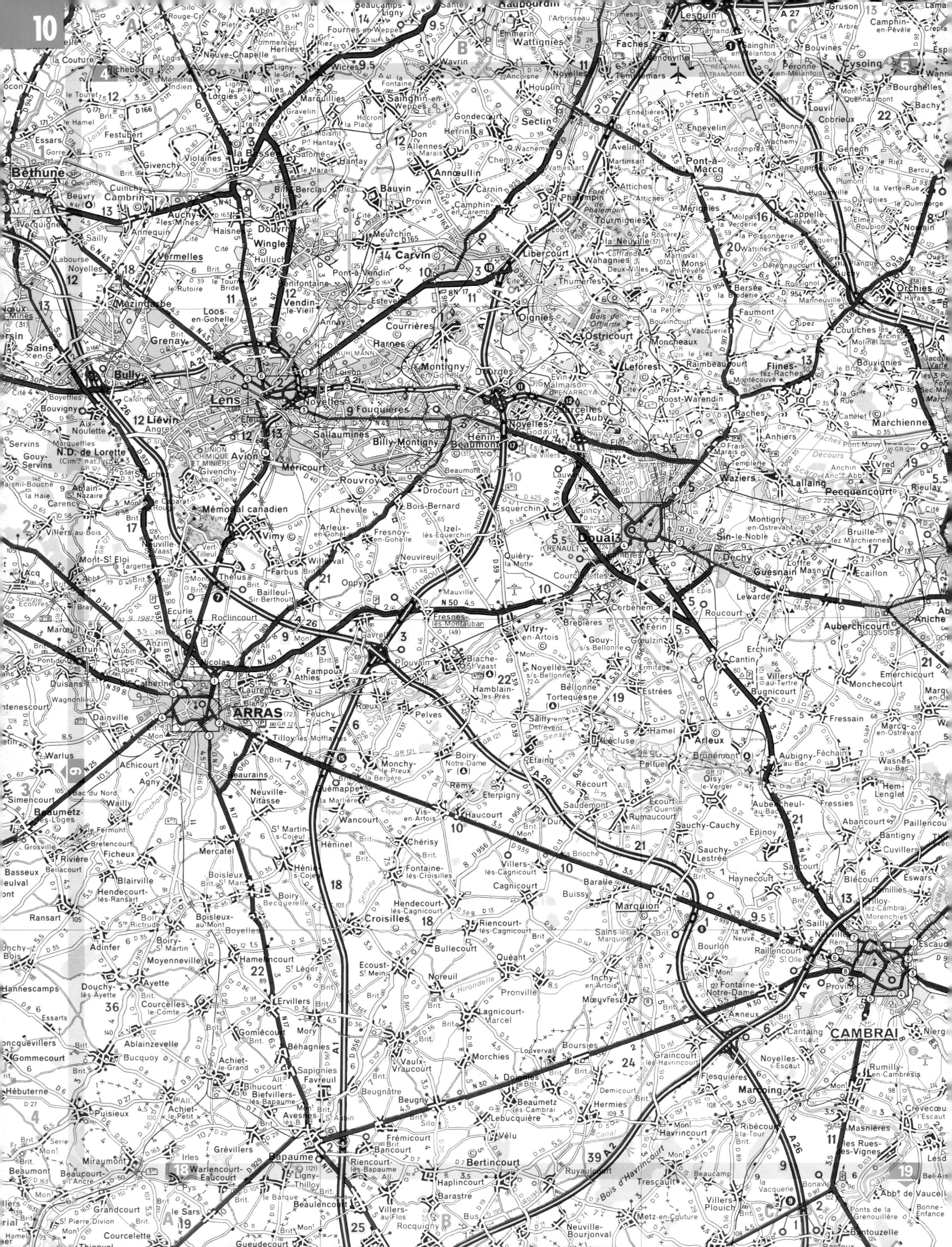

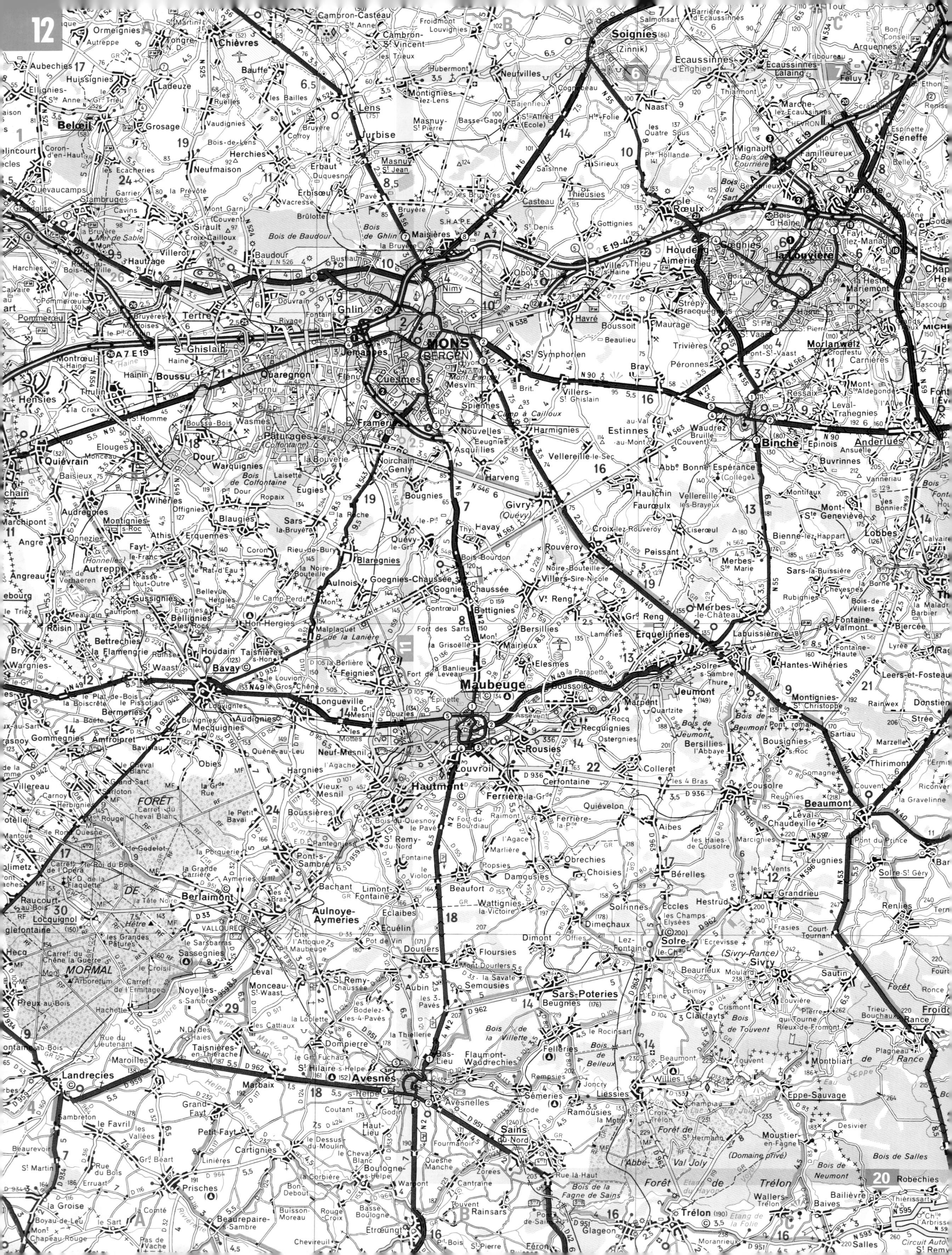
Ormeignies
Autreppe
Chièvres
Tongre
Cambron-Casteau
Ste Anne
Cambron-St Vincent
Froidmont
Louvignies
Soignies
(Zinnik)
Salmonsart
Barrière-d'Ecaussinnes
Ecaussinnes-d'Enghien
Ecaussinnes-Lalaing
Feluy
Arquennes
Bon-Conseil
Aubechies
Huissignies
Ellignies-Ste Anne
Ladeuze
Bauffe
les Ruelles
les Bailles
Lens
Montignies-lez-Lens
Hubermont
Neufvilles
Cognebeau
Naast
Thiarmont
Marche-lez-Ecaussinnes
Seneffe
Beloeil
Grosage
Vaudignies
Bruyère
Cofroy
Jurbise
Masnuy-St Pierre
Basse-Gage
St Alfred (Ecole)
Bajenrieux
Hte Folie
les Quatre Sous
Mignault
Bois de Courrière
Familleureux
Coron-d'en-Haut
Herchies
Bois-de-Lens
Neufmaison
les Ecacheries
Erbaut
Duquesnoy
Masnuy-St Jean
Saisinne
Sirieux
Pte Hollande
Quevaucamps
Stambruges
Garrier
la Prévoté
Mont Garni (Couvent)
Sirault
Croix-Cailloux
Erbisoeul
Vacresse
Pavé
les Bruyères
Casteau
Thieusies
le Roeulx
Bois du Sart
Manage
Grandglise
Cavins
Brûlotte
Bois de Baudour
Bois de Ghlin
Maisières
S.H.A.P.E.
St Denis
Gottignies
Bois-d'Haine
Fayt-lez-Manage
la Bruyère
Mer de Sable
Villerot
Baudour
Hautrage
Harchies
Rond-du-Bois-de-Ville
Bustiau
Ville-sur-Haine
Thieu
Houdeng-Aimeries
Houdeng-Goegnies
la Louvière
la Hestre
Mariemont
Ville-Pommeroeul
Pommeroeul
Bruyères
Tertre
Douvrain
Ghlin
Nimy
Obourg
Havré
Boussoit
Maurage
Strépy-Bracquegnies
Bois-du-Luc
Haine
Bascoup
le Pt Crépin
Montroises
Rivage
Fontaine
St Ghislain
Mons
Bergen
Jemappes
Beaulieu
St Symphorien
Trivières
Péronnes
Morlanwelz
Carnières
Montroeul-s-Haine
Haine
Hainin
Boussu
Quaregnon
Hornu
Flénu
Cuesmes
Mesvin
Mont Panisel
Brit.
Villers-St Ghislain
Bray
Pont-St-Vaast
Ressaix
Mont-Ste Aldegonde
Hensies
Thulin
la Croix
St Homme
Wasmes
Boussu-Bois
Ciply
Spiennes
Camp à Cailloux
Harmignies
Estinnes-au-Val
Estinnes-au-Mont
Waudrez
Bruille (Couvent)
Binche
Epinois
Leval-Trahegnies
Anderlues
Quiévrain
Elouges
Monceau
Dour
Pâturages
(Colfontaine)
Frameries
la Bouverie
Nouvelles
Eugeies
Asquillies
Vellereille-le-Sec
Abbe Bonne Espérance (Collège)
Ansuelle
Buvrinnes
Baisieux
Warquignies
Bois de Colfontaine
Laisette
Noirchain
Genly
Harveng
Haulchin
Faurœulx
Vellereille-les-Brayeux
Vanneriau
Montifaux
Wihéries
Offignies
Pt Dour
Ropaix
Eugies
Bougnies
Givry
(Quévy)
Mont-Ste Geneviève
Audregnies
Montignies-s-Roc
Blaugies
Sars-la-Bruyère
la Roche
Quévy-le-Pt
Thy
Havay
Croix-lez-Rouveroy
Liseroeul
Bienne-lez-Happart
Lobbes
Marchipont
Onnezies
Athis
Erquennes
Quévy-le-Gd
Bois-Bourdon
Rouveroy
Peissant
Angre
Fayt-le-Franc
Coron
Rieu-de-Bury
Mons de Verhaeren
(Honnelles)
Autreppe
le Rat-d'Eau
la Noire-Bouteille
Blaregnies
Noire-Bouteille
Villers-Sire-Nicole
Merbes-Ste Marie
Sars-la-Buissière
Angreau
Passe-tout-Outre
Aulnois
Goegnies-Chaussée
Gognies-Chaussée
Vx Reng
la Borne
Chevesnes
Bellevue
Hergies
le Camp-Perdu
Gontroeul
Battignies
Gd Reng
Merbes-le-Château
Rubignies
Bois-de-Villers
Gussignies
Bellignies
les Rocs
Eugnies
Hon-Hergies
Mon!
Fontaine-Valmont
la Maladrerie
Barbier
Le Triez
Roisin
Meaurain
Caufipont
Malplaquet
B. de la Lanière
Fort des Sarts
Bersillies
Lameries
Erquelinnes
Labuissière
Biercée
Bettrechies
la Flamengrie
Houdain
Taisnières-s-Hon
la Grisoëlle
Mairieux
Fontaine-Haute
Lyrée
Bry
Wargnies-le-Gd
St Waast
Bavay
la Banlieue
Elesmes
Solre-s-Sambre
Thure
Hantes-Wihéries
la Berlière
Feignies
Fort de Leveau
la Parapette
Leers-et-Fosteau
le Louvion
le Gros-Chêne
le Plat-de-Bois
la Boiscrète
le Pissotiau
Maubeuge
Boussois
Jeumont
Marpent
Quartzite
Montignies-St Christophe
Donstiennes
Bermeries
Longueville
la Crte Mesnil
Douzies
Epinette
Assevent
Rocq
Bois de Jeumont
Bois de Beaumont
Pont romain
Rainwex
Strée
la Boète
Louvignies
Buvignies
Mecquignies
Audignies
Recquignies
Ostergnies
Bersillies-l'Abbaye
Sartiau
Marzelle
Gommegnies
Amfroipret
Bavisiau
Obies
Quène-au-Leu
les Mottes
Neuf-Mesnil
Rousies
Colleret
Bousignies-s-Roc
Thirimont
Villereau
le Cheval Blanc
Grand Sart
la Grde Rue
Hargnies
l'Agache
Louvroil
Cerfontaine
les 4 Bras
Gomagne
Carnoy
Herbignies
Sarloton
Forêt
Carref du Cheval Blanc
le Petit Bavai
Vieux-Mesnil
Hautmont
Ferrière-la-Gde
Quiévelon
Cousolre
Reugnies
Beaumont
Ricon
la Gravelinne
Mr Rouge
Boussières
Bois-du-Quesnoy
le Pavé
Fort-du-Bourdiau
Raimont
Ferrière-la-Pte
Aibes
Leval-Chaudeville
Pont du Prince
le Rond Quesne
le Godelot
E.D.F. Pantegnies
St Remy-du-Nord
l'Agace
Marlière
les Haies-de-Cousolre
Marcignies
Mantoue
Carrefr de l'Opéra
Roi du Bois
la Porquerie
N.D. de la Flaquette
la Grande Carrière
Pont-s-Sambre
Fontaine
le Violon
Popsies
Obrechies
Choisies
Bérelles
les Vents
Leugnies
Solre-St Géry
Aymeries
Bachant
Limont-Fontaine
Beaufort
Damousies
Grandrieu
Raucourt-au-Bois
Locquignol
Hêtre
la Tête Noire
Berlaimont
les Bras
Aulnoye-Aymeries
Eclaibes
Wattignies-la-Victoire
Solrinnes
Eccles
Hestrud
Renlies
les Grandes Pâtures
Vallourec
Cité l'Attaque
Pt Maubeuge
Ecuélin
Dimechaux
les Champs-Elysées
Frasies
Court Tournant
Hecq
Carrefr du Chêne la Guerre
le Sarsbarras
Sassegnies
Pot de Vin
Dourlers
Floursies
Dimont
Offies
Lez-Fontaine
Solre-le-Chau
l'Ecrevisse
(Sivry-Rance)
Sivry
MORMAL
l'Arboretum
le Croisil
Carrefr de l'Ermitage
Leval
Monceau-St-Waast
St Remy-Chaussée
Mont-Dourlers
la Savate
Semousies
Beaurieux
Moulard
Sautin
Forêt
Ronce
Preux-au-Bois
Hachette
Noyelles-s-Sambre
St Aubin
les 3-Pavés
Sars-Poteries
Beugnies
l'Epine
Epinoy
Clairfayts
Crismont
Louvière
Pierre-qui-Tourne
Rieux-de-Fromont
Trieu-Bouchaux
Froidchapelle
Rance
Rue du Lieutenant
N.D. des Haies
les Cattiaux
les Bodelez-les-4-Pavés
la Loblette
Bois de la Villette
le Rocinsart
Bois de Touvent
Taisnières-en-Thiérache
Dompierre
la Thiellerie
Bois de Belleux
Maroilles
le Gd Fuchau
St Hilaire-s-Helpe
Bas-Lieu
Flaumont-Waudrechies
Fellerjes
Beaumont
Touvent
Montbliart
Plagneau
Landrecies
Marbaix
Avesnes-s-Helpe
Rempsies
Joncry
Willies
Liessies
Eppe-Sauvage
Sambreton
Grand Fayt
Avesnelles
Sémeries
Ramousies
Brode
Champiau
Croix Trélon
Moustier-en-Fagne
Desivier
le Favril
les Vallées
Coutant
Haut-Lieu
Sains-du-Nord
la Motte
Forêt de St Hermann
Bois de Salles
Beaurevoir
Petit-Fayt
Gr Beart
le Dessus-du-Moulin
le Cheval Blanc
Fourmanoir
l'Abbé-Val Joly
(Domaine privé)
Bois de Neumont
St Martin
Rue du Bois
Linières
Cartignies
Boulogne-s-Helpe
Quesne Manche
Zorées
Rue là-Haut
Robechies
Errouart
Prisches
la Corbière
Bon-Debout
Warnont
Cantraine
Bois de la Fagne de Sains
Forêt de Trélon
Etang du Hayon
Wallers-Trélon
Baileux
Baives
Thiérissart
la Groise
la Comté
Boyau-de-Leu
le Sart
Mon! Chapeau Rouge
Beaurepaire-s-Sambre
Pas de Vache
Buisson-Moreau
Rouge Croix
Basse Boulogne
Etroeungt
Chevireuil
Rainsars
Pont-de-Sains
Glageon
Trélon
Etang de la Folie
Moranrieux
Féron
St Pierre
St Bois
Salles
Ch!e l'Arbrisseau
Circuit Auto St Remy
E19-42
A7 E19
E19
Sambre
Helpe Majeure
Helpe Mineure
Solre
Thure
Haine
Canal du Centre
Hantes
Chap
Fontaine-l'Evêque
Calvaire
Charleroi

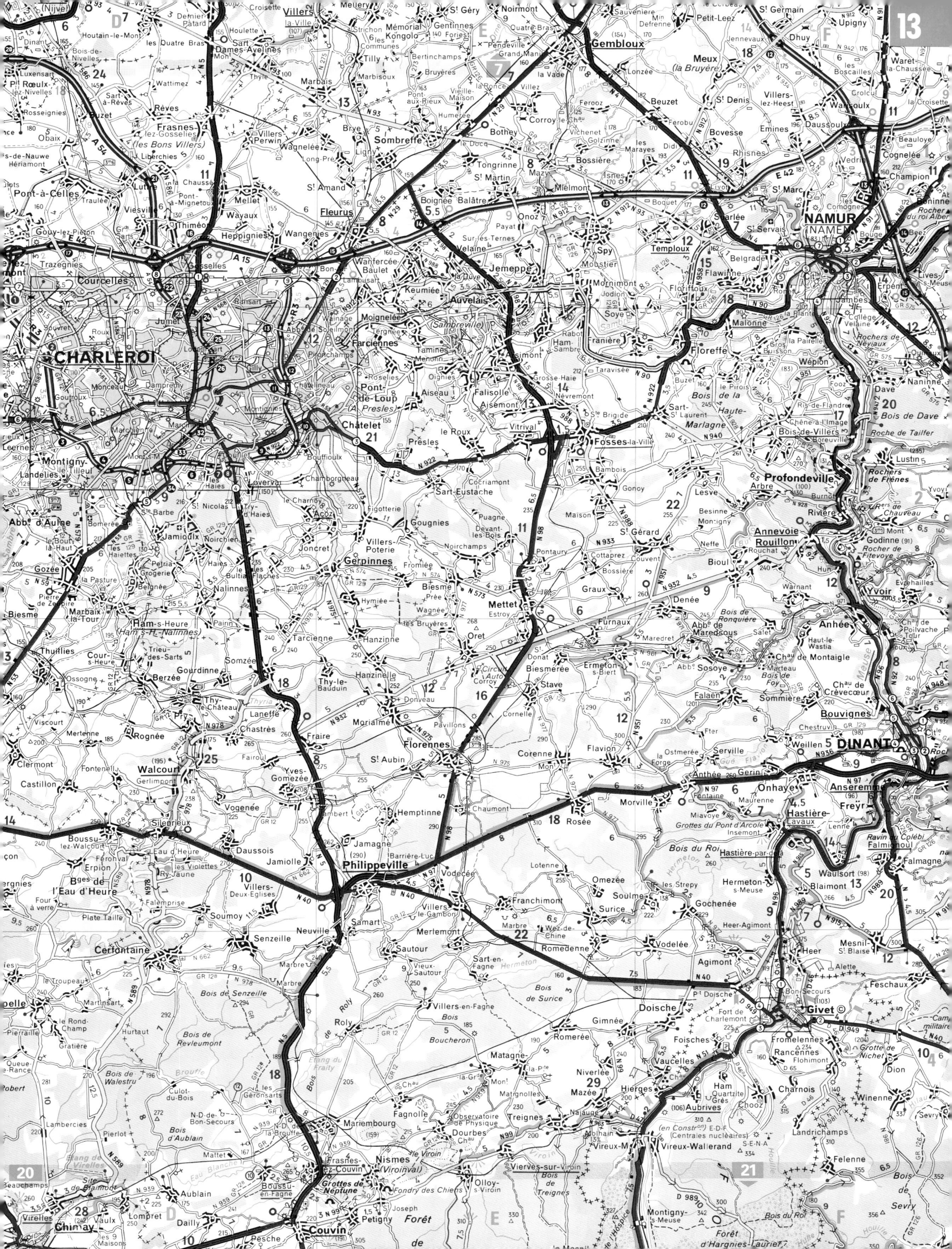

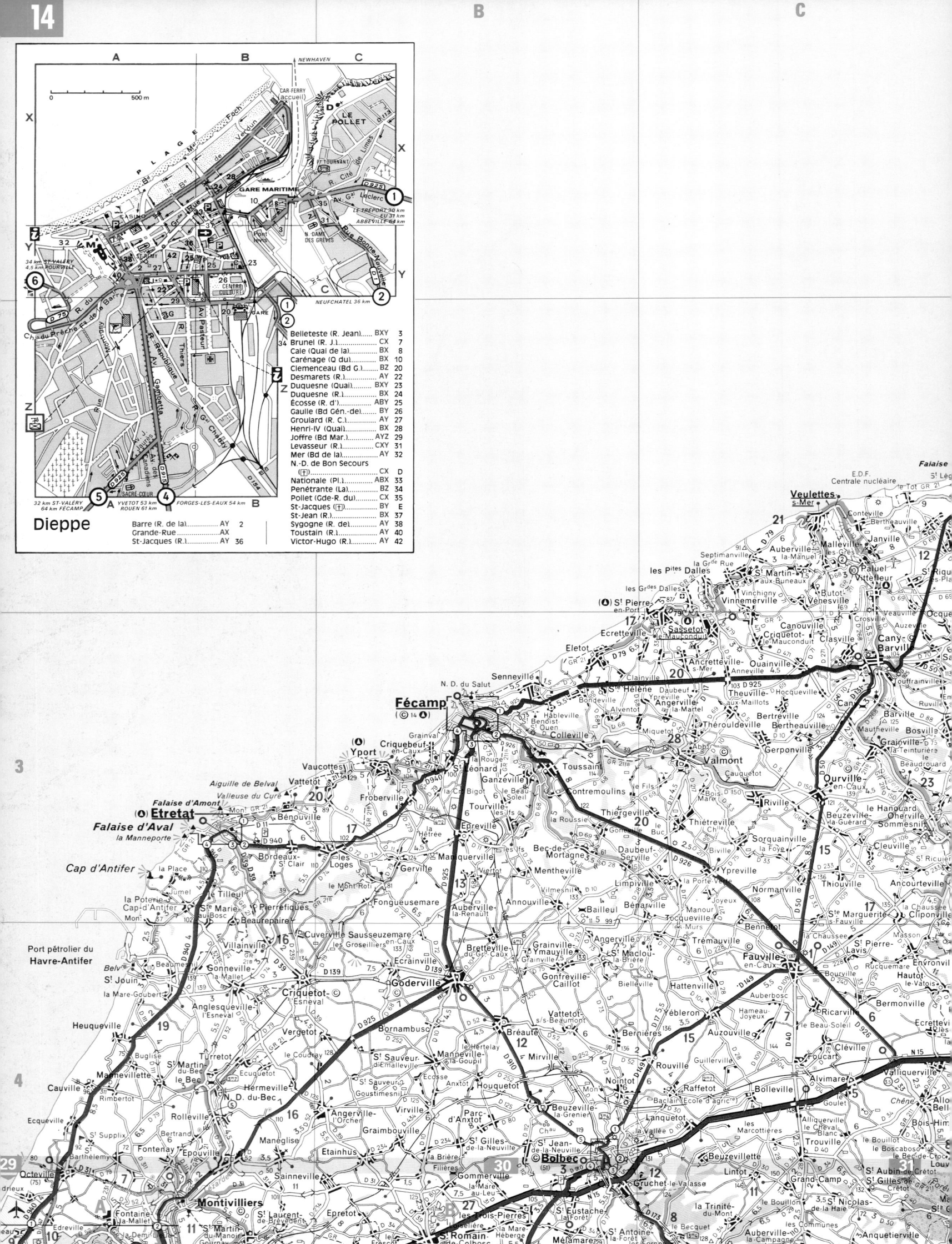

Mers-les-Bains
le Tréport
Calvaire des Terrasses
Mesnil-Val
Eu
Criel-Plage
Friaucourt
Escarbotin
Valines
Moyenneville
de Caubert
Béthencourt
Fressenneville
Woincourt
Méneslies
Yzengremer
Feuquières-en-Vimeu
Chépy
Acheux-en-Vimeu
Tœufles
Béhen
Mareuil
Epagne
Eaucourt
Erondelle
Huchenneville
Bray-lès-Mareuil
Flocques
Dargnies
Bouvaincourt
Embreville
Aigneville
Tours-en-Vimeu
Ercourt
Grébault-Mesnil
Huppy
Bailleul
Limeux
Incheville
Beauchamps
Buigny-lès-Gamaches
Maisnières
Vismes
Frettemeule
Martainneville
St Maxent
Doudelainville
Touffreville-sur-Eu
St Rémy
Triage
Gamaches
Tilloy
Fresnes-Tilloloy
Citerne
Hallencourt
Assigny
Baromesnil
Monchy-sur-Eu
Longroy
Biencourt
Vaux
Neuville-au-Bois
Canehan
le Mesnil-Réaume
Millebosc
Bouillancourt-en-Séry
Cerisy-Buleux
Ramburelles
Forceville-en-Vimeu
Mérélessart
Cuverville-sur-Yères
Guerville
Bazinval
le Translay
Framicourt
Wiry-au-Mont
Allery
Guilmécourt
Melleville
Oisemont
Woirel
Greny
Auquemesnil
Sept-Meules
Villy-le-Bas
Monchaux
Rieux
Rambures
Villeroy
Fontaine-le-Sec
HAUTE FORÊT D'EU
Blangy-sur-Bresle
Bouttencourt
Neslette
Cannessières
Vergies
St Quentin-au-Bosc
Gouchaupré
Avesnes-en-Val
Foucaucourt-Hors-Nesle
Mouflières
Aumâtre
Frettecuisse
Heucourt-Croquoison
Epaumesnil
Grandcourt
Bailly-en-Rivière
Nesle-Normandeuse
Nesle-l'Hôpital
Lignières-en-Vimeu
St Maulvis
St Ouen-sous-Bailly
Senarpont
Andainville
Avesnes
Fresneville
Dancourt
St Riquier-en-Rivière
Pierrecourt
Fresnoy
Puisenval
Preuseville
Fallencourt
Campneuseville
Douvrend
Mont-Landrin
Bailly-en-Campagne
Wanchy-Capval
Hodeng-au-Bosc
Inval-Boiron
St Aubin-Rivière
le Quesne
Villers-Campsart
Dromesnil
Liomer
Brocourt
N. D. d'Aliermont
Réalcamp
Beaucamps-le-Vieux
Smermesnil
Fouarmont
Villers-sous-Foucarmont
Londinières
Guibermesnil
Ste Agathe-d'Aliermont
Fréauville
Aubermesnil-aux-Erables
St Léger-aux-Bois
St Martin-au-Bosc
St Germain-sur-Bresle
Croixdalle
Osmoy-St Valery
Clais
Callengeville
Richemont
Aubéguimont
Beaucamps-le-Jeune
Bailleul
Lucy
Fesques
Basse Forêt d'Eu
Ellecourt
Bettembos
Morienne
Aumale
Gauville
Morvillers
Caulières
Bures-en-Bray
Ménonval
Vatierville
Nullemont
Marques
Fourcigny
Lignières-Châtelain
Mesnières-en-Bray
St Germain-sur-Eaulne
Ste Beuve-en-Rivière
Illois
Marlers
Fresles
Pommeréval
Bully
Quièvrecourt
Neufchâtel-en-Bray
Mortemer
Haudricourt
Quincampoix
Bouelles
Graval
Ronchois
Lannoy
Gourchelles
Esclavelles
Ventes-St Rémy
Neuville-Ferrières
Nesle-Hodeng
St Saire
Massy
Conteville
Abancourt
St Thibault
Sarcus
Maucomble
Beaussault
Criquiers
Blargies
St Saëns
Bosc-Mesnil
Mesnil-Mauger
Compainville
Gaillefontaine
Formerie
Broquiers
Moliens
Neufbosc
Sommery
Serqueux
Haucourt
Bouvresse
Boutavent
Hautbos
St Martin-Osmonville
Mathonville
Roncherolles-en-Bray
Forges-les-Eaux
Longmesnil
Campeaux
St Arnoult
Omécourt
Buchy
Mauquenchy
Pommereux
St Michel-d'Halescourt
Canny-sur-Thérain
Loueuse
St Deniscourt
Bosc-Roger
la Bellière
St Samson-la-Poterie
Hausssez
Villers-Vermont
Héricourt-sur-Thérain
Morvillers
Bosc-Edeline
Saumont
Doudeauville
Fontenay-Torcy
Escames
Songeons
Bois-Guilbert
Argueil
Mésangueville
Ménerval
Sully
Bazancourt
Gancourt
Hodenger
Forêt de Bray
Bois de l'Epinay

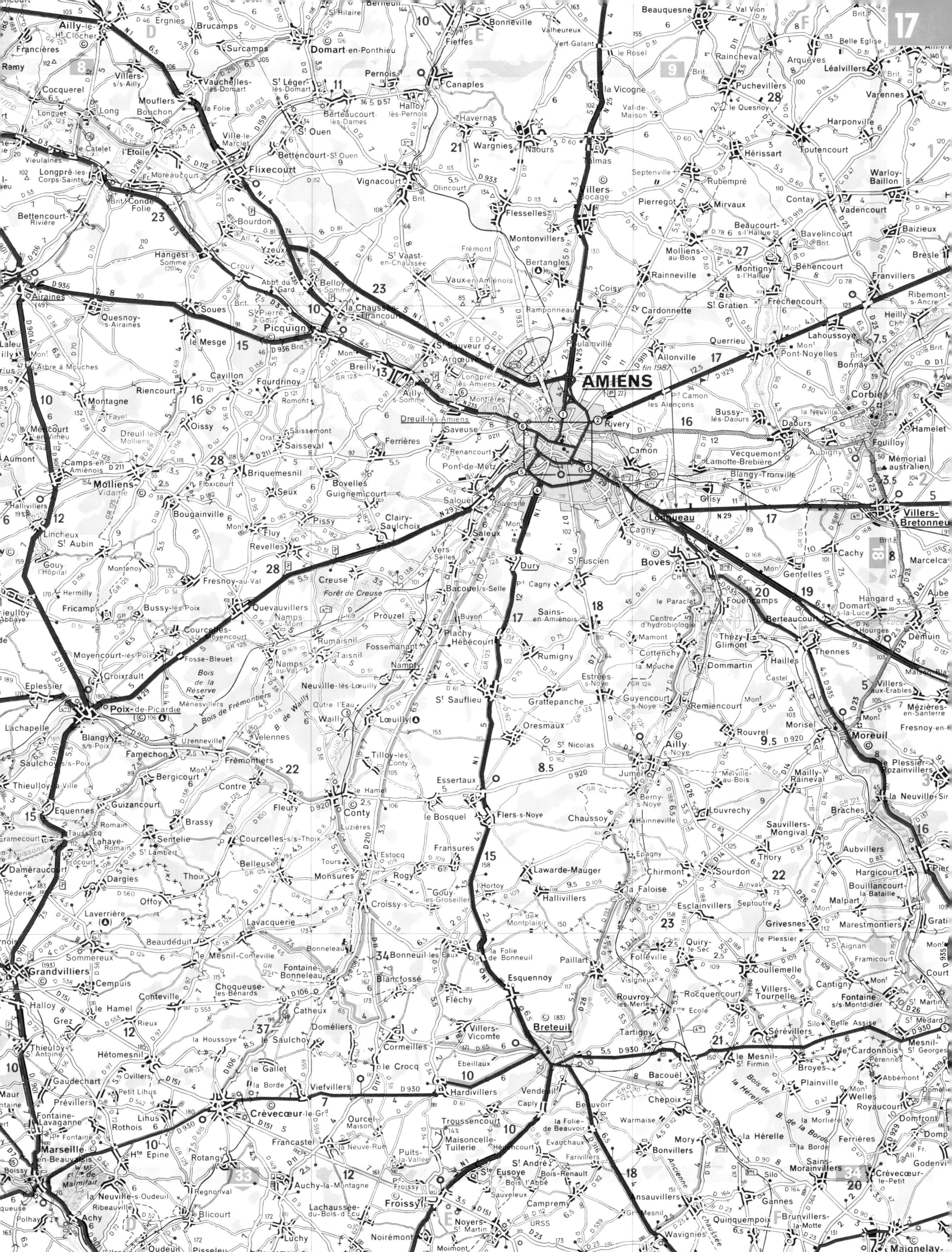

A B C

Major towns and places (map of the Somme / Oise region):

Albert, Péronne, Montdidier, Roye, Noyon, Ham, Nesle, Chaulnes, Rosières-en-Santerre, Villers-Bretonneux, Bray-s-Somme, Combles, Guiscard

Mailly-Maillet, Beaumont, Beaucourt-l'Ancre, Pys, Ligny-Thilloy, le Bapaume, Haplincourt, Barastre, Ruyaulcourt, Trescault, Villers-Plouich, Beaucamp

Beaussart, Auchonvillers, Grandcourt, le Sars, Courcelette, Brit., Rocquigny, Bus, Équancourt, Fins, Metz-en-Couture, Villers-Guislain

Acheux-en-Amiénois, Forceville, Mémorial, Parc, Englebelmer, Mesnil, Thiepval, Pozières, Martinpuich, Flers, Lesbœufs, Mesnil-en-Arrouaise, Étricourt-Manancourt, Sorel, Heudicourt, Guyencourt-Saulcourt, Épehy

Hédauville, Martinsart, Authuille, Ovillers, Bazentin, Longueval, Morval, Sailly-Saillisel, Bouchavesnes-Bergen, Moislains, Aizecourt-le-Bas, Villers-Faucon, Ste Émilie, Templeux-la-Fosse, Longavesnes, Templeux-le-Guérard

Bouzincourt, Aveluy, Contalmaison, Mametz, Guillemont, Ginchy, Rancourt, Nurlu, Liéramont, Aizecourt-le-Haut

Sénlis-le-Sec, Hénencourt, Millencourt, Bécourt, Montauban-de-Picardie, Carnoy, Hardecourt-aux-Bois, le Gouvernement, Feuillaucourt, Mont-St-Quentin, Driencourt, Marquaix, Roisel, Vermand

Lavieville, Dernancourt, Buire-s-l'Ancre, Méaulte, Fricourt, Bécordel, Maricourt, Maurepas, Bois-Marlière, Ste Radegonde, Biaches, Flaucourt, la Maisonnette, Doingt, Courcelles, Cartigny, Mesnil-Bruntel, Buire, Tincourt, Brusle, Bernes

Bresle, Ribemont-s-Ancre, Heilly, Treux, Morlancourt, Bray-s-Somme, Suzanne, Frise, Feuillères, Cléry-s-S., Omiécourt, Halles, Flamicourt, la Chapelette, Éterpigny, St Cren, Beaumetz, Bouvincourt-en-Vermandois, Vraignes-en-Vermandois, Pœuilly

Vaux-s-Somme, Sailly-Laurette, Cerisy, Chipilly, Étinehem, la Neuville-lès-Bray, Cappy, Herbécourt, Belloy-en-Santerre, Barleux, Pruslé, Estrées, Vauvillers, Bouvincourt

Hamelet, le Hamel, Morcourt, Méricourt-s-Somme, Chuignes, Chuignolles, Asseviller, Fontaine-lès-Cappy, Fay, Foucaucourt-en-Santerre, Berny-en-Santerre, Villers-Carbonnel, Brie, Mont, Misery, Cizancourt, St Christ, Athies, Montecourt, Monchy-Lagache, Tertry, Caulaincourt

Mémorial australien, Lamotte-Warfusée, le Bois du Sart, Raincourt, Herleville, Soyécourt, Vermandovillers, Fresnes-Mazancourt, Marchélepot, Licourt, Falvy, Molienaux, Quivières, Douvieux, Lanchy, Beauvois-en-Vermandois, Ugny-l'Équipée, Foreste

Villers-Bretonneux, Marcelcave, Bayonvillers, Harbonnières, Wiencourt-l'Équipée, Guillaucourt, Vauvillers, Ablaincourt-Pressoir, Hyencourt-le-Grd, Épénancourt, Pertain, Pargny, Villecourt, Croix, Morchain, Matigny, Douilly, Auroir, Douchy, Villers-Christophe

Aubercourt, Ignaucourt, Caix, Cayeux-en-Santerre, Lihons, Chaulnes, Méharicourt, Puzeaux, Hallu, Omiécourt, Potte, Béthencourt-s-Somme, Buny, Cuvilly, Aubigny-aux-Kaisnes, Tugny-et-Pont, Dury, Pithon

Démuin, Maison Blanche, Rosières-en-Santerre, Vrély, Maucourt, Chilly, Punchy, Dreslincourt, Mesnil-St Nicaise, le Grd, Rouy-le-Pt, Offoy, Ham

Villers-aux-Érables, Mézières-en-Santerre, Fresnoy-en-Chaussée, Beaucourt-en-Santerre, le Quesnel, Warvillers, Fouquescourt, Hattencourt, Fonches, Curchy, Languevoisin, Manicourt, Nesle, Hombleux, Canizy, Eppeville, Verlaines

Hangest-en-Santerre, le Plessier-Rozainvillers, la Neuville-Sire-Bernard, Folies, Bouchoir, Rouvroy-en-Santerre, Parvillers, Fransart, Étalon, Liancourt-Fosse, Herly, Quiquery, Viefville, Bacquencourt, Breuil, Grécourt

Contoire, Davenescourt, Arvillers, Erches, la Cambuse, Saulchoy, le Quesnoy, Fresnoy-lès-Roye, la Chavate, Damery, Goyencourt, Gruny, Rethonvillers, Billancourt, Marché-Allouarde, Buverchy, Cressy, Esmery-Hallon, Muille, Villette

Pierrepont-s-Avre, le Hamel, Boussicourt, Becquigny, Gratibus, Warsy, Guerbigny, Villers-lès-Roye, Andechy, Roye, Balâtre, Carrépuis, Biarre, Moyencourt, Lannoy, Ercheu, Bonneuil, Golancourt, Villeselve, Collery

Fignières, Courtemanche, Lignières, Marquivillers, St Mard, St Aurin, Roiglise, Champien, Solente, Margny-aux-Cerises, Ognolles, Libermont, Forêt de l'Hôpital, Flavy-le-Meldeux, Plessis-Patte-d'Oie

Montdidier, Féscamps, Piennes, Armancourt, Laucourt, Dancourt-Popincourt, Verpillières, le Pavé, Beaulieu-les-Fontaines, Beaugies-s-Bois, Fréniches, Frétoy, Rouvrel, Berlancourt, Beines

Mesnil-St Georges, Ayencourt, Assainvillers, Remaugies, Boulogne-la-Grasse, Grivillers, Beuvraignes, Amy, Avricourt, Catigny, Béhancourt, Muirancourt, Rimbercourt, Bussy, Maucourt, Quesmy, Guiscard, Buchoire

Rubescourt, Vaux, Onvillers, Tilloloy, Crapeaumesnil, Sébastopol, les Loges, Fresnières, Candor, Lagny, Haudival, Sermaize, Genvry, Grandru, Mondescourt

Domfront, Compassion, le Frestoy, Conchy-les-Pots, Roye-Matz, Canny-s-Matz, la Potière, Sceaucourt, Plessis-Cacheleux, Dives, Porquéricourt, Beaurains, Larbroye, Bussy, Salency, Crisolles, Behéricourt, Baboeuf

Dompierre, Godenvillers, Crèvecœur-le-Petit, le Ployron, Hainvillers, Orvillers, Laberlière, Gury, Lassigny, Plessis-de-Roye, Évricourt, Thiescourt, Cuy, Suzoy, Vauchelles, Noyon, Morlincourt, la Rosière, St Hubert

Tricot, Coivrel, Courcelles-Epayelles, Mortemer, Sorel, Belval, Ricquebourg, Cannectancourt, la Neuville-s-Ressons, les Méliques, Carlepont, Pontoise-lès-Noyon, Varesnes, Brétigny, Pont-l'Évêque, le Jonquoy, Passel, Sempigny

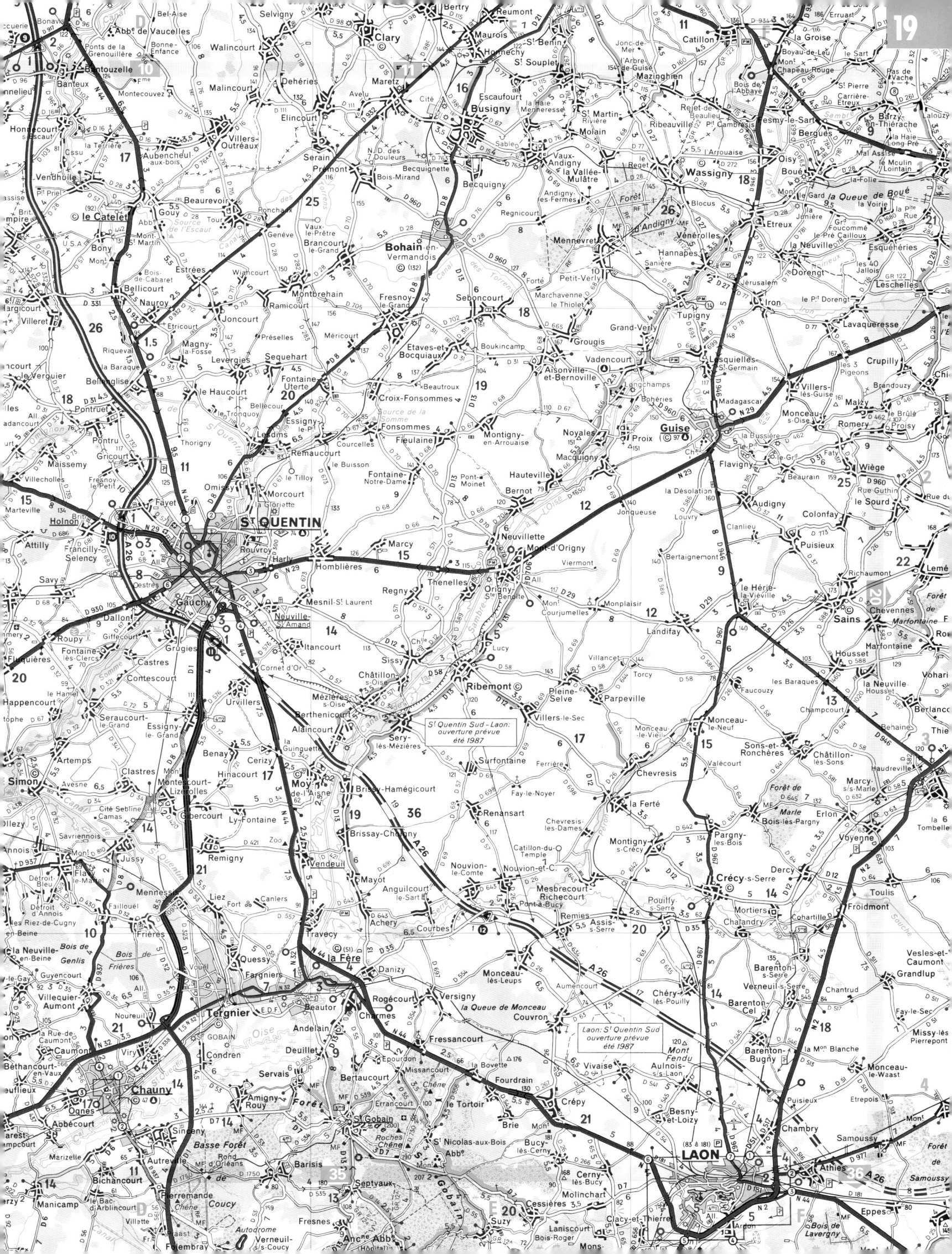

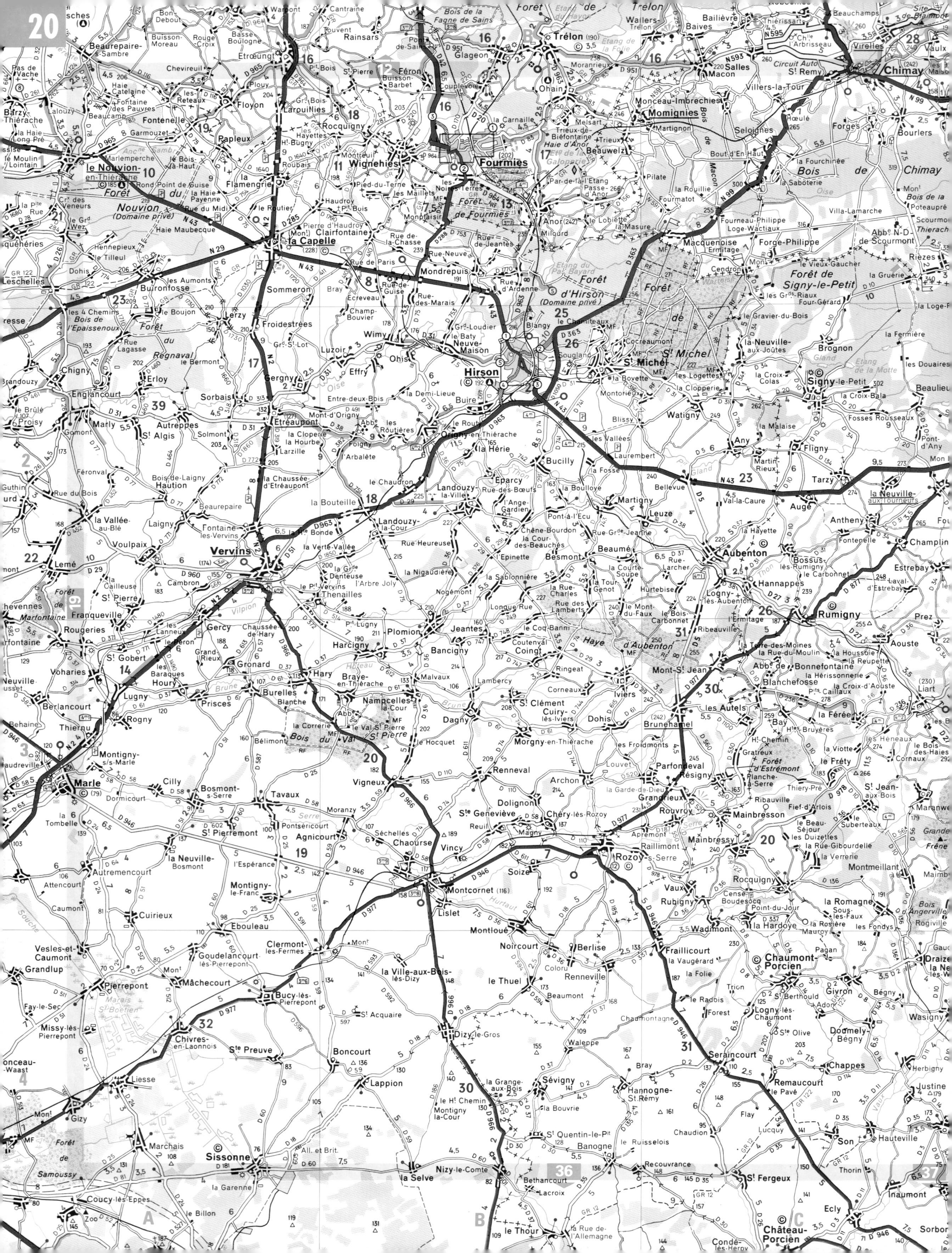

Trélon
Baives
Chimay
Virelles
Glageon
Salles
Macon
St Remy
Momignies
Fourmies
Wignehies
Beauwelz
Anor
Forêt de Fourmies
Forêt de Chimay
le Nouvion-en-Thiérache
Forêt du Nouvion (Domaine privé)
la Flamengrie
Papleux
Floyon
Fontenelle
Barzy-Thiérache
la Capelle
Clairfontaine
Mondrepuis
Macquenoise
Forêt d'Hirson (Domaine privé)
Forêt de St Michel
Forêt de Signy-le-Petit
Hirson
St Michel
Signy-le-Petit
Buironfosse
Leschelles
Sommeron
Froidestrées
Forêt du Regnaval
Gergny
Erloy
Englancourt
Sorbais
Etréaupont
Autreppes
St Algis
Marly
Proisy
Origny-en-Thiérache
Buire
Eparcy
Bucilly
Watigny
Any
Fligny
Tarzy
Landouzy-la-Ville
Landouzy-la-Cour
Martigny
Leuze
Aubenton
Vervins
Fontaine-lès-Vervins
Voulpaix
Lemé
Thenailles
Plomion
Jeantes
Besmont
Beaumé
Rumigny
Hannappes
Logny-lès-Aubenton
Franqueville
Rougeries
Gercy
Hary
Harcigny
Bancigny
Coingt
Haye d'Aubenton
Mont-St Jean
Iviers
Dohis
Brunehamel
St Clément
Cuiry-lès-Iviers
Burelles
Prisces
Lugny
Rogny
Marle
Montigny-s/s-Marle
Nampcelles-la-Cour
Bois du Val St Pierre
Dagny
Morgny-en-Thiérache
Renneval
Vigneux
Tavaux
Cilly
Bosmont-s-Serre
Parfondeval
Résigny
Grandrieux
Rouvroy
Mainbresson
Archon
Dolignon
Ste Geneviève
Chéry-lès-Rozoy
Rozoy-s-Serre
Vincy
Chaourse
Agnicourt
St Pierremont
la Neuville-Bosmont
Autremencourt
Montcornet
Lislet
Soize
Montloué
Noircourt
Berlise
Renneville
Mainbressy
Rocquigny
Rubigny
Vaux
Wadimont
Fraillicourt
Chaumont-Porcien
Montigny-le-Franc
Cuirieux
Ebouleau
Clermont-les-Fermes
Goudelancourt-lès-Pierrepont
Mâchecourt
Pierrepont
Grandlup
Vesles-et-Caumont
Bucy-lès-Pierrepont
la Ville-aux-Bois-lès-Dizy
le Thuel
Dizy-le-Gros
Chivres-en-Laonnois
Ste Preuve
Boncourt
Lappion
Liesse
Gizy
Sévigny
Hannogne-St Rémy
Seraincourt
Remaucourt
Chappes
Son
Hauteville
Marchais
Sissonne
Forêt de Samoussy
Nizy-le-Comte
la Selve
St Quentin-le-Pt
Banogne
Recouvrance
St Fergeux
Coucy-lès-Eppes
Château-Porcien
le Thour
Ecly
Inaumont

Map of the French Ardennes region

Major towns: **CHARLEVILLE-MÉZIÈRES**, **Sedan**, **Fumay**, **Haybes**, **Revin**, **Rocroi**, **Couvin**, **Gedinne**, **Signy-l'Abbaye**, **Novion-Porcien**, **Monthermé**, **Château-Regnault**, **Bogny-s-Meuse**, **Nouzonville**, **Renwez**, **Maubert-Fontaine**, **Poix-Terron**, **Vresse**, **Bohan**

Forests: Forêt de Nismes, Forêt du Franc Bois, Forêt de la Manise et des Heez d'Hargnies, Forêt des Potées, Forêt du Hailly, Forêt de Mortier, Forêt d'Elan, Triage du Omicourt, Forêt du Mont Dieu

Grid reference numbers visible: 13, 16, 21, 22, 23, 37, 38, 24, 26

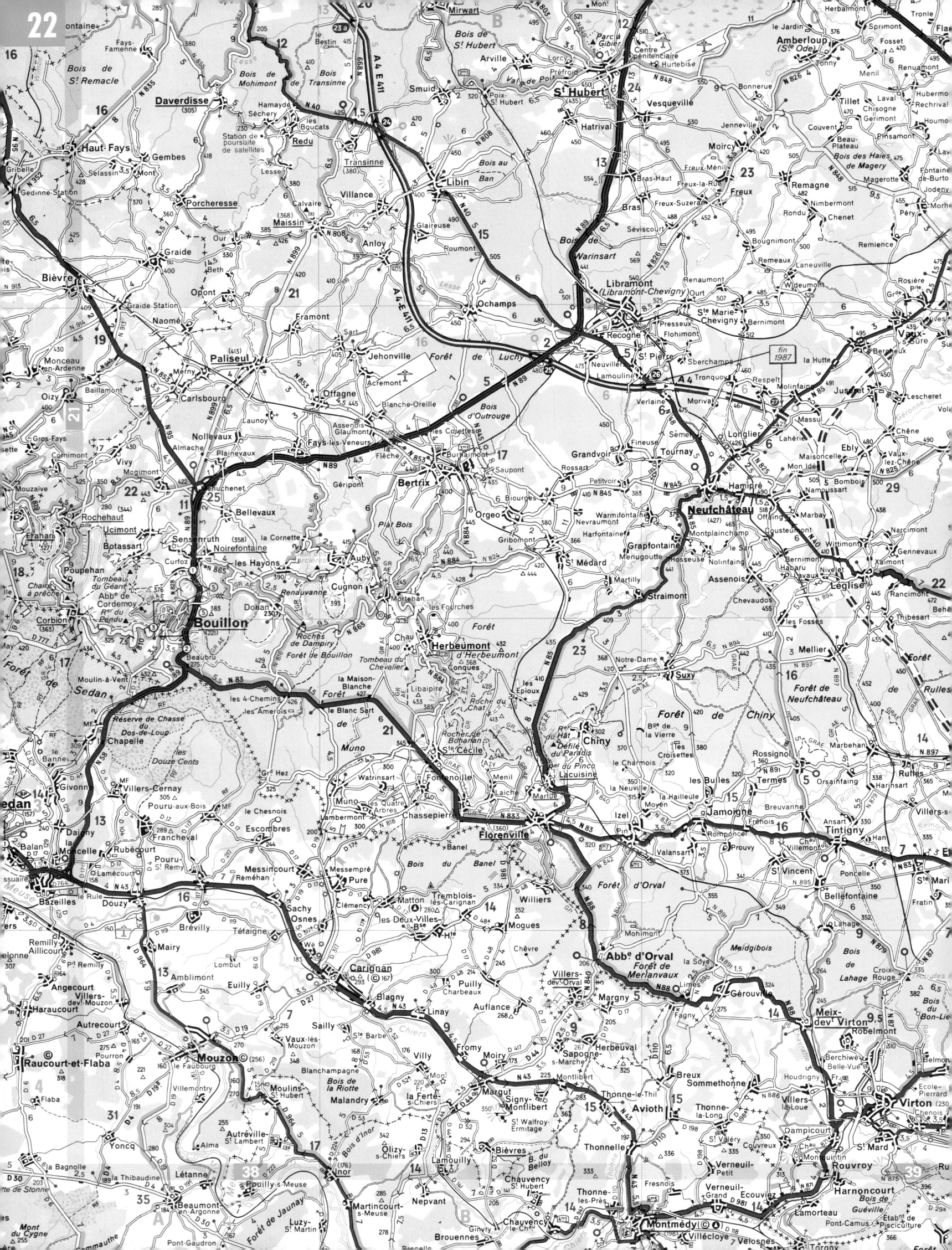

Cherbourg

Château (R. du)............BY	4	N.-D.-du-Roule (✝)........CZ		
Christine (R.)..............BX	5	N.-D.-du-Vœu (✝)..........AY		
Commerce (R. du)..........BY	6	Onglet (R. de l')...........BX	17
Foch (R. Mar.).............BY	7	St-Clément (✝)............CY	
Gambetta (R.)..............BY	9	Talluau (R. P.).............BX	19
Mahieu (R. Albert).........BY	14	Tocqueville (R. H.-de)....AX	20
Paix (R. de la).............BX	18	Tribunaux (R. des).........BY	22
Tour-Carrée (R.)...........BX	21	Trinité (✝)................BX	
Anc Arsenal (Q. de l').....CX	2			
Atlantique (Bd de l').......BY	3			
François-la-Ville (R.).......BX	8			
Grande-Vallée (R.).........BX	12			
Marine (R. de la)...........BX	15			

A B C

24

Relation maritime

passant les autos
ne les passant pas

Relation aérienne

ne passant pas les autos

car services
passenger services
air services (passengers only)

ALDERNEY
GUERNSEY
SARK
JERSEY
Cherbourg
Carteret
Portbail
Granville
Chausey
St Malo
St Brieuc
Dinard

Renonquet
Burhou
The Swinge
Guernsey-Sark-Jersey-St Malo
Braye Bay
Etoc
Brave
Longy Bay
Clonque Bay
Newtown
St Anne
Essex
Trois Vaux
Roche
Telegraph Bay

Alderney (Aurigny)

1 cm : 1,5 km
1 inch : 2,36 miles

Weymouth Portsmouth
Roches du Rit
Cap de Carteret
Guernsey (Saint Peter Port)
Jersey (Gorey)

Pembroke Bay
l'Ancresse Bay
Fort-Doyle
Beaucette Yacht Marina
Cherbourg Alderney Weymouth Portsmouth
Gr de Anfroque
Longue Pierre
Grand-Havre
Clos-du-Valle
Vale
Bordeaux
la Passée
Grande Rocque
Vale Castle
GUERNSEY (GUERNESEY)
Cobo Bay
Capelles
St Sampson
Herm
Vazon Bay
Cobo
Delancey Park
Brehon
Fort Saumarez
Saumarez
le Villocq
Perelle Bay
Richmond
Catel
Belle Grève Bay
Lihou
Cobo
Perelle
King's-Mills
St Peter-Port (St Pierre-Port)
Rocquaine Bay
St Saviour
St Andrew
Castle Cornet
les Boutiques
Pointe du Bec du Nez
Port-Pézeries
St Peter-in-the-Wood
St Martin
Fermain Bay
Grand Russel
les Hanois
Rocquaine
les Vauxbelets
Monument
Port du Moulin
la Seigneurie
Pointe de Pleinmont
Torteval
Forest
la Fosse
Jethou
Brecqhou
Mont Herault
Petit Bôt Bay
Moulin Huet Bay
Happy Valley
Creux Harbour
Creux Mahie
Gouffre
Jerbourg Point
Sark (Sercq)
Little Sark
Creux Derible
Moye Point
Icart Point
Port Gorey
la Coupée
Roches du Sac de Pirou
l'Etac de Sercq
Jersey-St Malo

1 cm : 2 km
1 inch : 3,15 miles

JERSEY

Plémont Pnt
Sorel Pnt
Grève au Lançon
Devil's Hole
Ronez Pnt
Grosnez Pnt
Grosnez Castle
Plémont
Bonne nuit Bay
Belle Hougue Pnt
Grève de Lecq
Portinfer
Tour
Puits-Leoville
St John
Hautes Croix
Bouley Bay
l'Etacq
St Mary
Trinity
Rozel Bay
la Coupe Pnt
Fliquet Bay
St Ouen's Bay
St Ouen
Zoo
Rozel
St Martin
St Catherine Bay
la Croix au Lion
St Lawrence
Archirondel Tour
la Rocco Tour
St Peter
Mont-Cambrai
Bécquet Vincent
Anne Port
Mont-Orgueil
Faldouet
Tumulus
Gorey
la Haule
Beaumont
Hougue-Bie
la Pulente
St Aubin
Ville-ès-Nouaux
St Aubin's
St Saviour
Ville-ès-Renauds
Grouville
Corbière Pnt
Red Houses
St Helier
Samares
Royal Bay of Grouville
Pnt la Moye
St Brelade
St Brelade's Bay
Victoria College
St Clément
la Rocque
Elizabeth
Noirmont
l'Hermitage
le Croc
Pontac
la Rocque Pnt
Portelet Bay
Noirmont Pnt
St Clément's Bay
Seymour Tour

Sark-Guernsey-Alderney Cherbourg
Portsmouth Weymouth
St Malo
Granville

1 cm : 2 km
1 inch : 3,15 miles

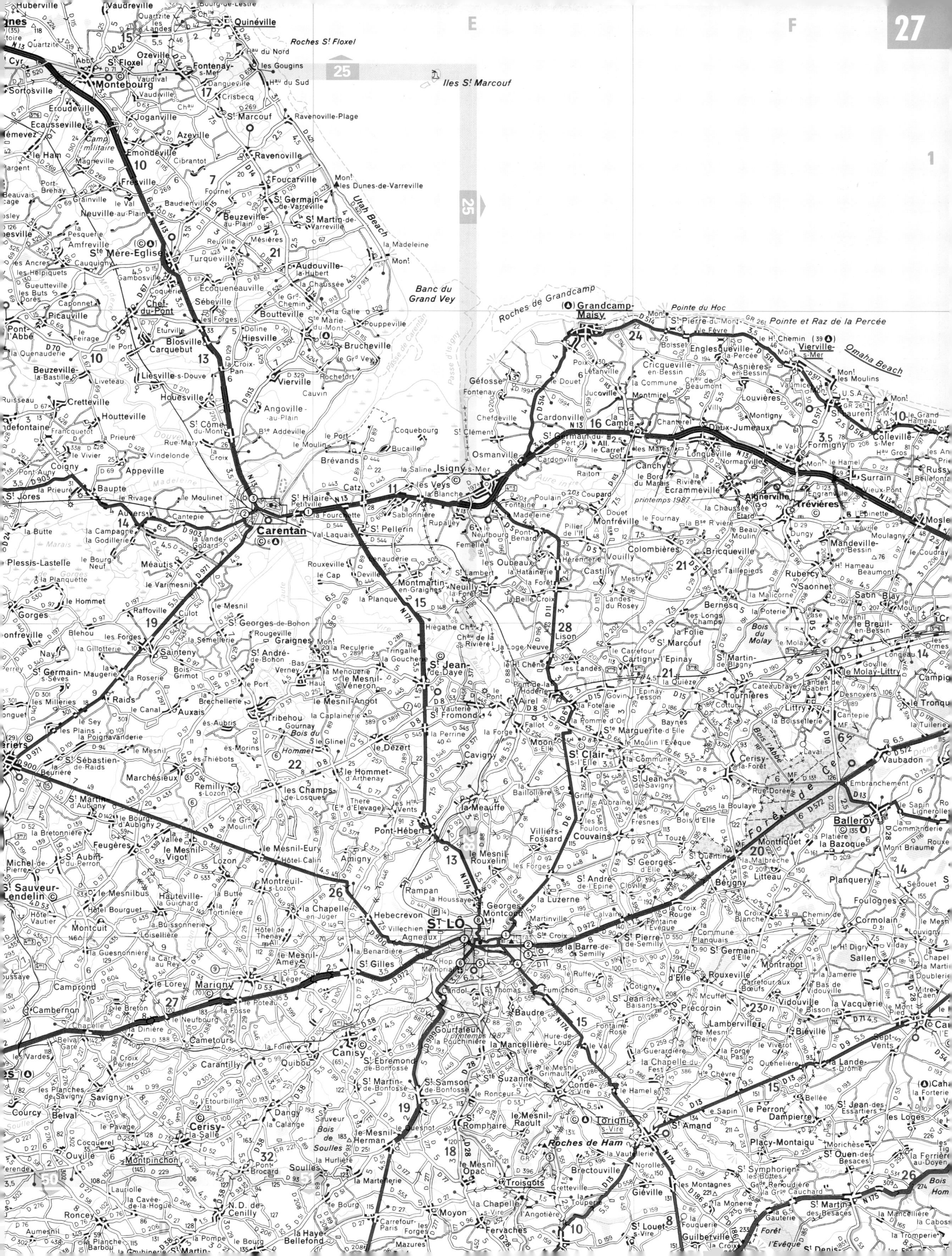

E   F

25   25

Iles St Marcouf

Roches St Floxel

Quinéville
Montebourg
Ste Mère-Eglise
Ozeville
Fontenay-sur-Mer
St Marcouf
Ravenoville-Plage
Foucarville
St Germain-de-Varreville
St Martin-de-Varreville
les Dunes-de-Varreville
Utah Beach
la Madeleine

Banc du Grand Vey

Roches de Grandcamp   Pointe du Hoc
Grandcamp-Maisy   St Pierre-du-Mont   Pointe et Raz de la Percée
Englesqueville-la-Percée   Vierville-s-Mer   Omaha Beach
Cricqueville-en-Bessin   Asnières-en-Bessin
la Cambe   St Laurent
Colleville-s-Mer

Picauville
Chef-du-Pont
Pont-l'Abbé
Blosville
Carquebut
Liesville-s-Douve
Houesville
Vierville
Ste Marie-du-Mont
Hiesville
Brucheville
Angoville-au-Plain
St Côme-du-Mont

Isigny-s-Mer
St Hilaire-Petitville
Carentan
St Pellerin
Osmanville
Cardonville
Deux-Jumeaux
Trévières
Aignerville
Surrain
Formigny

Méautis
St Georges-de-Bohon
Graignes
Montmartin-en-Graignes
Neuilly-la-Forêt
Colombières
Bricqueville
Saonnet
Rubercy

St Jean-de-Daye
Lison
Airel
St Fromond
Cavigny
Moon-s-Elle
St Clair-s-l'Elle
Ste Marguerite-d'Elle
Cerisy-la-Forêt
Balleroy
Vaubadon

Marchésieux
Remilly-s-Lozon
les Champs-s-Losques
Pont-Hébert
la Meauffe
Villiers-Fossard
Couvains
Bergny
Litteau
Planquery

Feugères
Montreuil-s-Lozon
la Chapelle-en-Juger
Hebécrevon
Agneaux
ST-LO
St Georges-Montcocq
St André-de-l'Epine
St Georges-d'Elle
Montfiquet

St Gilles
Marigny
Camprond
Cambernon

Canisy
St Ebremond-de-Bonfosse
St Martin-de-Bonfosse
St Samson-de-Bonfosse
Condé-s-Vire
Torigni-s-Vire
St Amand

Cerisy-la-Salle
le Mesnil-Herman
Soulles
Roches de Ham
Brectouville
Gourfaleur

N.D. de Cenilly
Moyon
Troisgots
la Chapelle-s-Vire
Guilberville
St Louet-s-Vire
St Martin-des-Besaces

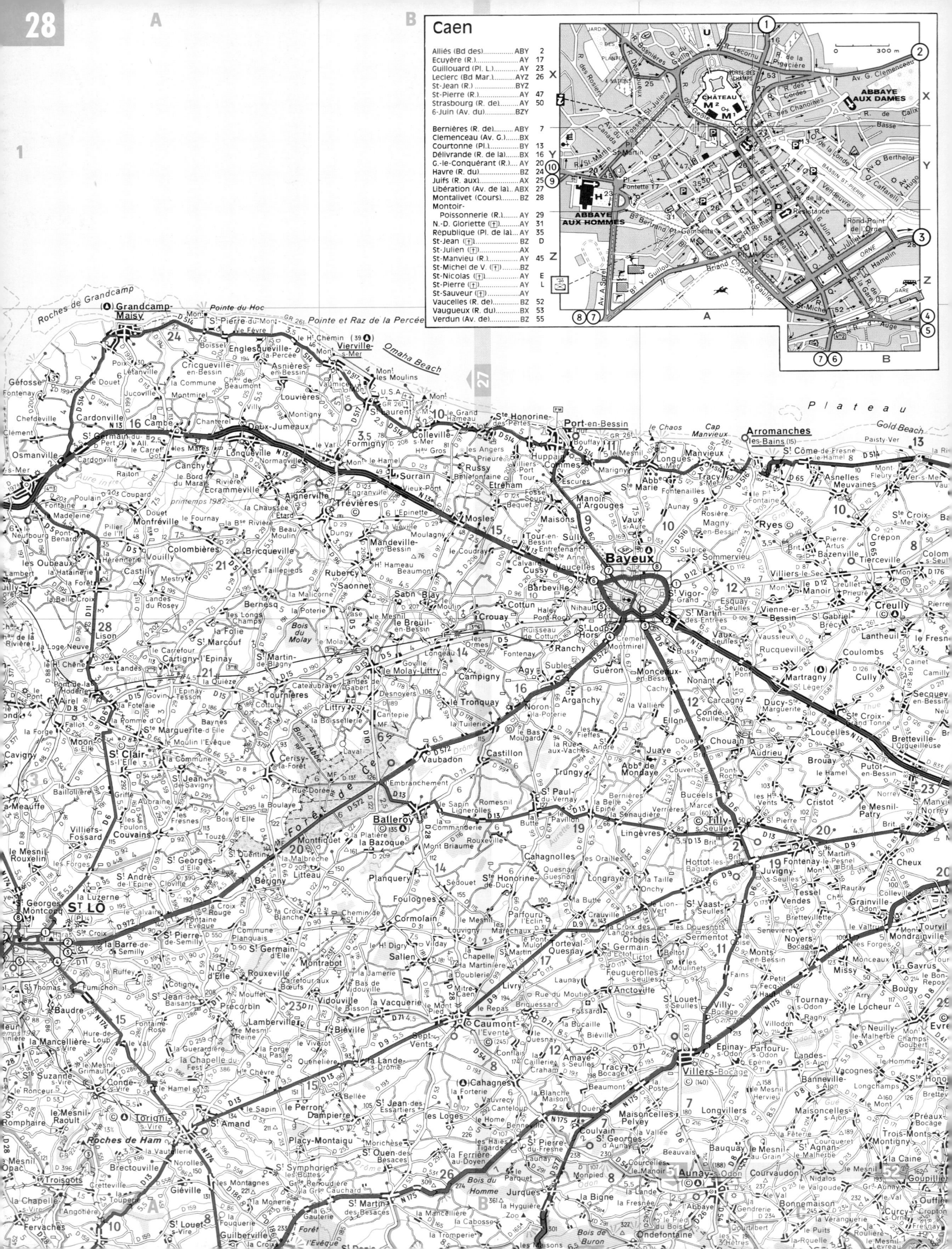

LE HAVRE

Le Havre

Delavigne (Quai C.)	FZ	25
Denis-Papin (R.)	GY	25
Faidherbe (R. Gén.)	FZ	30
Félix-Faure (R.)	EXY	
Féré (Quai Michel)	FZ	32
Foch (Av.)	EFY	
François-1er (Bd)	EFZ	
Gaulle (Pl. Gén. de)	FZ	36
Genestal (R. H.)	FY	39
George V (Quai)	FZ	42
Gobelins (R. des)	EFY	
Guillemard (R.)	EY	43
Hôtel de Ville (Pl.)	FY	
Ile (Quai de l')	FZ	46
Ingouville (R. d')	FY	
J.-J.-Rousseau (R.)	GY	
Kennedy (Chée J.)	FZ	47
Lafaurie (R. G.)	FX	
Laffitte (R. Ch.)	GY	
Lamblardie (R.)	FZ	49
Lecesne (R. J.)	FY	
Leclerc (Av. Gén.)	FY	52
Le Testu (Quai G.)	FZ	53
Marceau (R.)	GZ	
Marical (R. Cl.)	EX	
Michelet (R.)	GY	
Neustrie (R. de)	GY	
Niemeyer (Esp. O.)	FZ	58
N.-Dame (Quai)	FZ	59
Prés.-Wilson (R.)	F EY	69
Renan (R. E.)	FGY	
Séry (R.)	EFZ	79
St-Joseph (†)	EZ	E
Ste-Adresse (R. de)	FX	
Southampton (Q.)	F FZ	89
Strasbourg (Bd)	FGY	
Tellier (R. J.)	GY	
Victor-Hugo (R.)	FZ	
Videcoq (Quai)	FZ	94
Voltaire (R.)	FZ	
24e-Territorial (Ch.)	GZ	97

Anatole-France (R.)	FY	
Archinard (Av. Gén.)	FZ	5
Bellanger (R. Fr.)	EY	
Berthelot (R.)	GY	7
Braque (R. G.)	EFY	
Brindeau (R. L.)	FZ	12
Churchill (Bd W.)	GY	
Clemenceau (Bd)	EZ	
Clovis (R.)	GX	
Cochet (R.)	EX	21
Colbert (Quai)	GZ	22
Corbeaux (Av. L.)	FZ	
Coty (Av. René)	FY	
Joffre (R. Mar.)	GX	
Paris (R. de)	FZ	
République (Cours)	GY	
Albert-1er (Bd)	EY	
Briand (R. A.)	GX	
Delavigne (R. C.)	GY	
Etretat (R. d')	EY	

LE HAVRE
(SP)

BEAUVAIS

Séronville · Grémévillers · la Neuville-s-Oudeuil · Ribeauville · Regnonval · Auchy-la-Montagne · Froissy · Ste Eusoye · Bois-Renault · Bois l'Abbé · Sauveleux · Campremy · Quinquempoix · Brunville · la Motte

Balleux · Choqueuse · Polhay · Achy · Blicourt · Luchy · Noirémont · Noyers-St Martin · Moimont · Thieux · Bucamps · le Quesnel-Aubry · Catillon Fumechon · St Just-en-Chaussée

Longeons · Lachapelle-s-s-Gerberoy · Vrocourt · Martincourt · Crillon · Bonnières · St Omer-Chaussée · Monceaux · Muidorge · Juvignies · Abbeville-St Lucien · Maisoncelle-St Pierre · Reuil-Brèche · Montreuil-s-Brèche · Fresneaux · le Plessier · le Mesnil-s-Bulles · Rotibéquet · Valescourt · Plainval

Groscourt · Montperthuis · Glatigny · Hanvoile · Haucourt · Lhéraule · les Forges Milly · Herchies · Troissereux · Fontaine-St Lucien · Fourneuil · Guignecourt · Oroër · Lafraye · Coiseaux · Haudivillers · Essuiles · St Rimault · Hatton · le Plesseret · la Glorietté · St Remy-en-l'Eau · Fournival · les Carignons · le Metz · Argenlieu · Avrechy · Bizancourt

Villembray · la Place · le Détroit · Pierrefitte-en-Beauvaisis · Montmille · Fouquenies · Villers-St Lucien · Morlaine · Bonlier · Velennes · Fouquerolles · le Fay-St Quentin · Rémérangles · Wariville · Lorteil · Airion · Étouy · Erquery · Lamec

Hodenc-en-Bray · Savignies · St Germain-la-Poterie · le Mont-St Adrien · Forêt du Parc St Quentin · N.D. du Thil · Just-des-Marais · **BEAUVAIS** · Marissel · Therdonne · Laversines · Rieux · Bresles · la Rue-St Pierre · Litz · Ronquerolles

Armentières · la Frénoye · St Paul · le Vivier Danger · le Becquet · Goincourt · Aux Marais · Wagicourt · Villers-Thère · Rochy-Condé · Bailleul-s-Thérain · Mont César · la Neuville-en-Hez · Forêt · Gicourt · Ramecourt · Fitz-James

St Aubin-en-Bray · Ons-en-Bray · le Bois-de-la-Mare · Marconville · Bailly · Rainvillers · Allonne · Frocourt · Warluis · Merlemont · Épine Montreuil-s-Thérain · Villers-Sépulcre · Hermes · Froidmont · Forêt de Hez Froidmont · Agnetz · **Clermont**

Trou-Marot · le Ply · Troussures · St Léger-en-Bray · St Martin-le-Nœud · Vessencourt · le Val-de-l'Eau · les Godins · Mattencourt · Gros-Poirier · Pierrepont · Rothéleux · Canettecourt · Lierval · Breuil-le-Vert · Senecourt

Lalandelle · le Trou-Jumel · Villers-St Barthélemy · Auneuil · Tiersfontaine · Grumesnil · les Vivrots · St Sulpice · Royaucourt · Berthecourt · Ponchon · Caillouel · Butteaux-St Félix · Thury-s-s-Clermont · Auvillers · Neuilly-s-s-Clermont · Ansacq · Cambronne-lès-Clermont · Brivois

le Vauroux · Montcornet · les Plards · Neuville-s-Auneuil · Vaux · Hodenc-l'Évêque · Hauteville · Blainville · Friancourt · Heilles · Fondainville · Angy · Boisicourt · Uny-St Gobain

Maisonnettes · Labosse · la Houssoye · le Saussay · Mezenguy · Villotran · Chantoiseau · St Quentin-la-Vallée · Abbecourt · Silly · Tillard · Mouchy-la-Ville · Mérard · Mouy · Bury · Saulcy

le Vaumain · Pommereux · le Fayel Bocage · Porcheux · Jouy-la-Grange · les Landes · Malassise · Carville · Boncourt · Noailles · Fayel · Fercourt · Foulangues · St Epin

Jaméricourt · le Mesnil-Théribus · Jouy-s-s-Thelle · les Marettes · la Longue-Rue · la Rachie · le Bois-de-Molle · la Neuville-d'Aumont · Ressons · le Coudray-St Thelle · le Ht Silly · Mon Blanche · Bonvillers · Châteaurouge · Cousnicourt · Balagny-s-Thérain · Cires-lès-Mello · Flandre · St Claude · Laigneville

Thibivillers · Hardivillers-en-Vexin · Ormeteau · Tirmont · Valdampierre · le Déluge · Ste Geneviève · la Fusée · Novillers · Ully-St Georges · Fourneaux · Pérel · Martincourt · Barisseaux · Nogent

St Brice · la Roncière · Enencourt-le-Sec · Bachivillers · Montchevreul · Valereux · Parfondeval · Laboissière-en-Thelle · Novillers-Morel · Lachapelle-St Pierre · Moulincourt · le Tillet · Mello · St Vaast-lès-Mello · Montataire

Boissy-le-Bois · Fresneaux · Pouilly · Montherlant · St Crépin-Ibouvillers · Corbeil-Cerf · Angleterre · Mortefontaine-en-Thelle · Richemont · Cavillon · Bois-des-Cauches · Maysel · Thiverny

Chaumont-en-Vexin · Loconville · Fresne-Léguillon · Blequencourt · Senots · Lormaison · Lardières · Andeville · la Mare-d'Ovillers · la Lande · la Fosse-St Clair · Montchaverti · la Villeneuve · Cramoisy

Fay-les-Étangs · Liancourt-St Pierre · les Groux · Neuvillette · Haras · Gypseuil · Heulecourt · Haillancourt · Marivault · Villeneuve-les-Sablons · Méru · Harbonnières · Anserville · Dieudonné · Ercuis · Neuilly-en-Thelle · Blaincourt · St Leu-d'Esserent · Villers-St Le

Boubiers · Fleury · Monts · Marquemont · Monneville · Tumbrie · Hénonville · Esches · Fosseuse · Puiseux-le-Hauberger · Belle · Crouy-en-Thelle · Précy · Toutevoie · la Chaussée

le Fayel · le Boulleaume · Lavilletertre · Neuville-Bosc · Cresnes · le Fays-aux-Ânes · Sandricourt · Bornel · Belle-Église · Fresnoy-en-Thelle · Morangles · Gouvieux

Lierville · Romesnil · Berville · Chavençon · Quomam · Margicourt · Amblainville · Hamecourt · Courcelles · Montagny-Provaire · le Mesnil-en-Thelle · Boran-s-Oise · Lys-Chantilly · Ch

Boucconvillers · Neuilly-en-Vexin · le Ruel · Haravilliers · Arronville · Gandicourt · Renouval · les Tuileries · Chambly · Bernes-s-O. · Bruyères · Abbé de Royaumont · Baillon

Hardivilliers · Nucourt · Chars · le Heaulme · le Rosnel · Balincourt · Menouville · Théuville · Rhus · Messelan · Hodan · Ronquerolles · Persan · Beaumont-s-Oise · Viarmes · Seugy

le Bellay-en-Vexin · Bercagny · Brignancourt · Moussy · Marines · Breançon · Frouville · la Chapelle Biard · Hédouville · Champagne-s-Oise · Mours · Nointel · Noisy-Oise · Asnières-s-Oise · Lamorlaye · Coye-la-Forêt

Thillay · Santeuil · Commeny · Vigny · Us · Cormeilles-en-Vexin · le Héron · Grisy-les-Plâtres · Labbeville · Nesles-la-Vallée · Verville · Jouy-le-Comte · Parmain · Forêt de Carnelle · Pierre Turquaise · Luzarches

Gouzangrez · le Perchay · Frémécourt · Epiais-Rhus · Mezières · Hérouville · Valmondois · l'Isle-Adam · Forêt de l'Isle-Adam · St Martin-du-Tertre · Épinay-Champlâtreux

Théméricourt · le Bord-Haut-de-Vigny · Ablerges · Gérocourt · Livilliers · Auvers-s-Oise · Méry-s-Oise · Montsoult · Villaines-s-s-Bois · Jagny-s-s-Bois

Longuesse · Courcelles-s-Viosne · Villeneuve-St Martin · Génicourt · Boissy-l'Aillerie · Imbarmont · Butry · Méricl · Villiers-Adam · Baillet-en-France · la Croix-Verte · Attainville · Mareil-en-France · Châtenay-en-France

Rueil · Condécourt · Sagy · Osny · le Mesnil · Vaux · Bonneville · Béthemont-la-Forêt · Moisselles · le Plessis-Gassot

Seraincourt · Courdimanche · Ceroy · **Pontoise** · Pluches · Eragny · Mesnil · Puiseux-Pontoise · St Ouen · Chauvry · Frépillon · Bouffémont

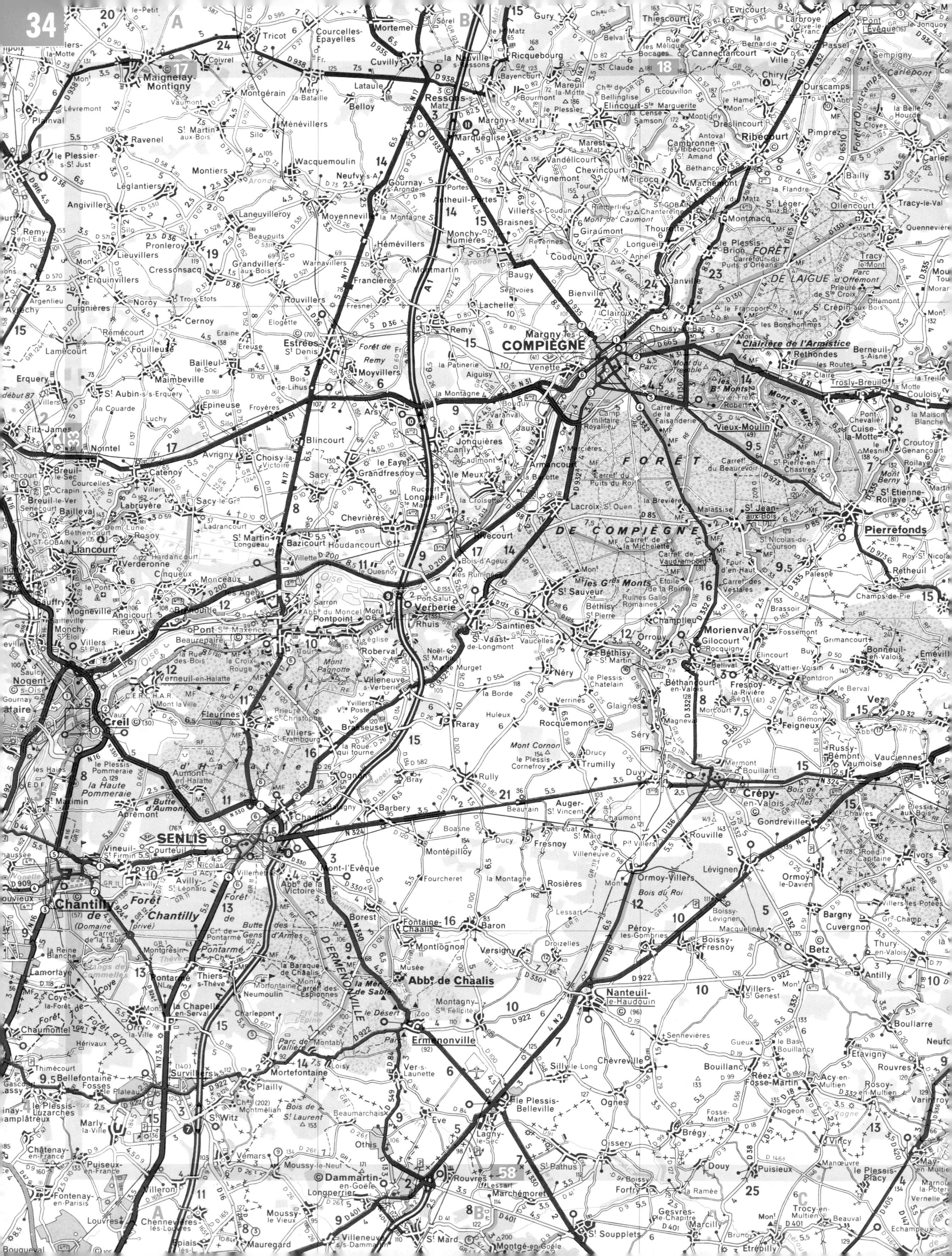
A
B
C
17
18
33
58
Maignelay-Montigny
Tricot
Courcelles-Epayelles
Mortemer
Ressons-s-Matz
Ricquebourg
Thiescourt
Evricourt
Lassigny
Ribécourt
Carlepont
Forêt d'Ourscamps
Ravenel
Wacquemoulin
Marqueglise
Montiers
Estrées St Denis
Compiègne
Margny-lès-C.
Venette
Clairoix
Forêt de Laigue
Clairière de l'Armistice
Rethondes
Choisy-au-Bac
Pierrefonds
Forêt de Compiègne
Forêt de Remy
Liancourt
Breuil-le-Vert
Nointel
Catenoy
Sacy-le-Gd
Verberie
Pont-Ste Maxence
Nogent-s-Oise
Creil
Verneuil-en-Halatte
Fleurines
Forêt d'Halatte
Senlis
Chantilly
Forêt de Chantilly
Coye
Orry-la-Ville
Chaumontel
Luzarches
Survilliers
Mortefontaine
Ermenonville
Abbaye de Chaalis
Mer de Sable
Forêt d'Ermenonville
Nanteuil-le-Haudouin
Crépy-en-Valois
Béthisy-St Pierre
Morienval
Vez
Betz
Dammartin-en-Goële
Le Plessis-Belleville
St Soupplets
Acy-en-Multien
Ognes
Brégy
Vaumoise
Gondreville
Rully
Barbery
Baron
Fontaine-Chaalis
Villers-St Genest
Lagny-le-Sec
Trocy-en-Multien
Chambly

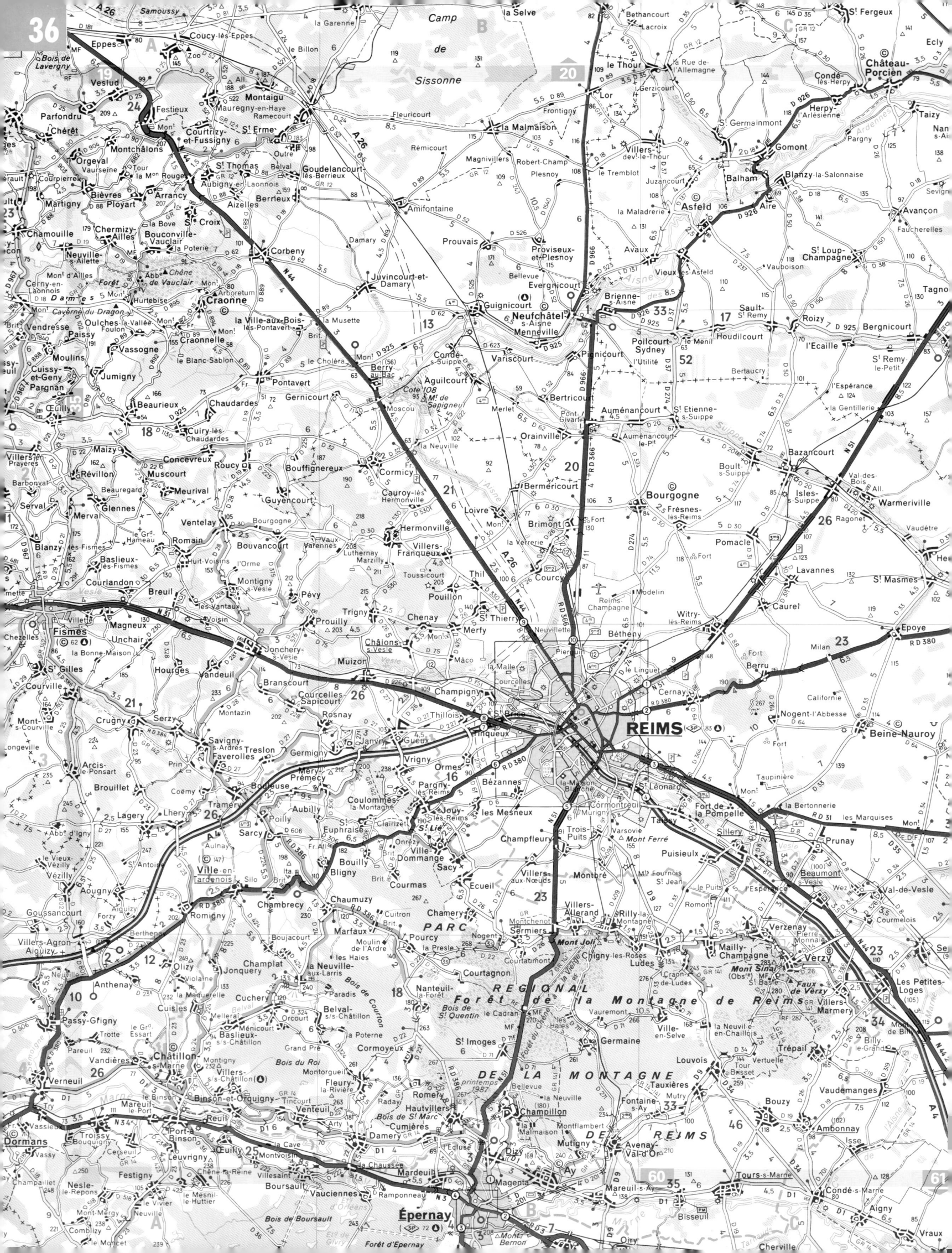

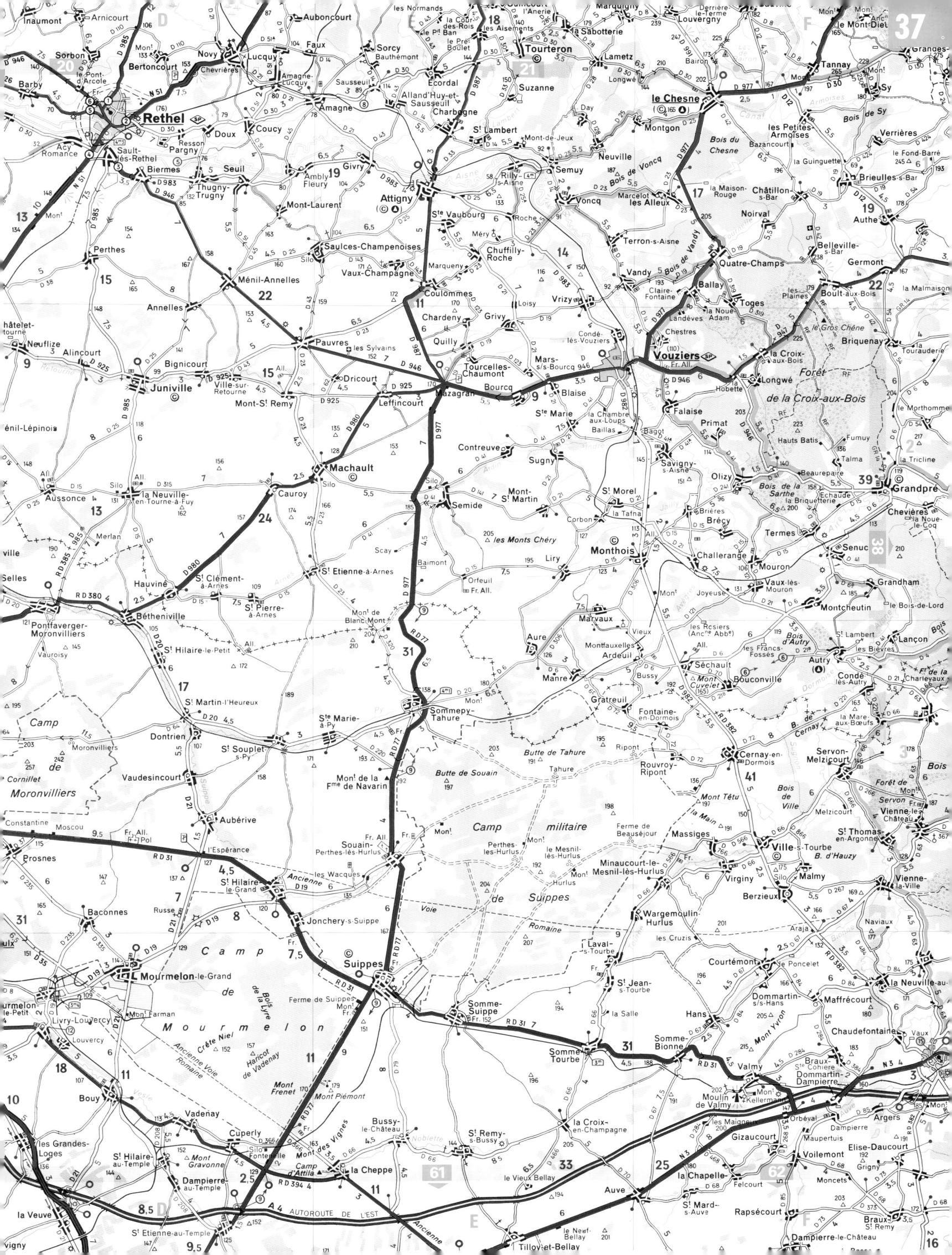

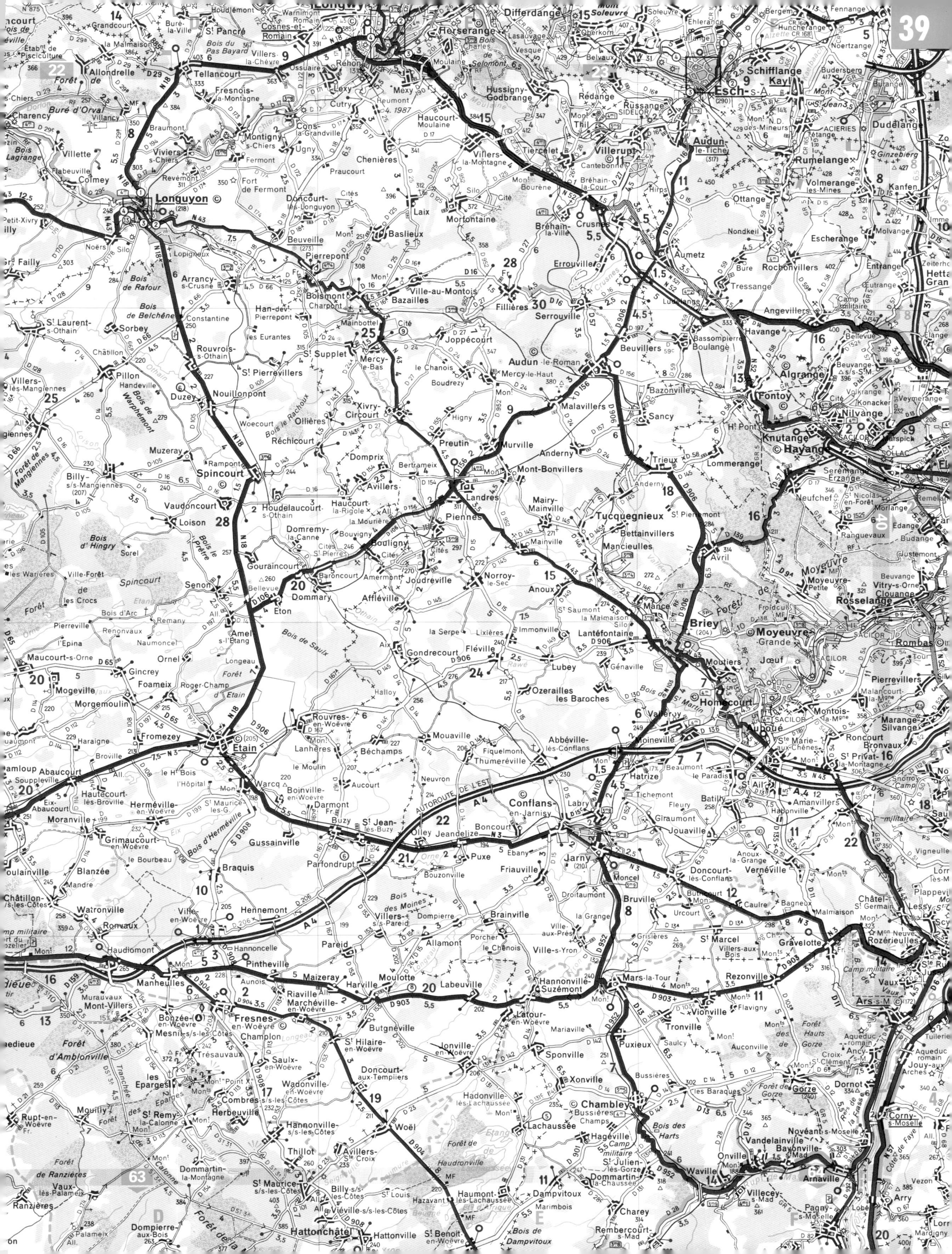

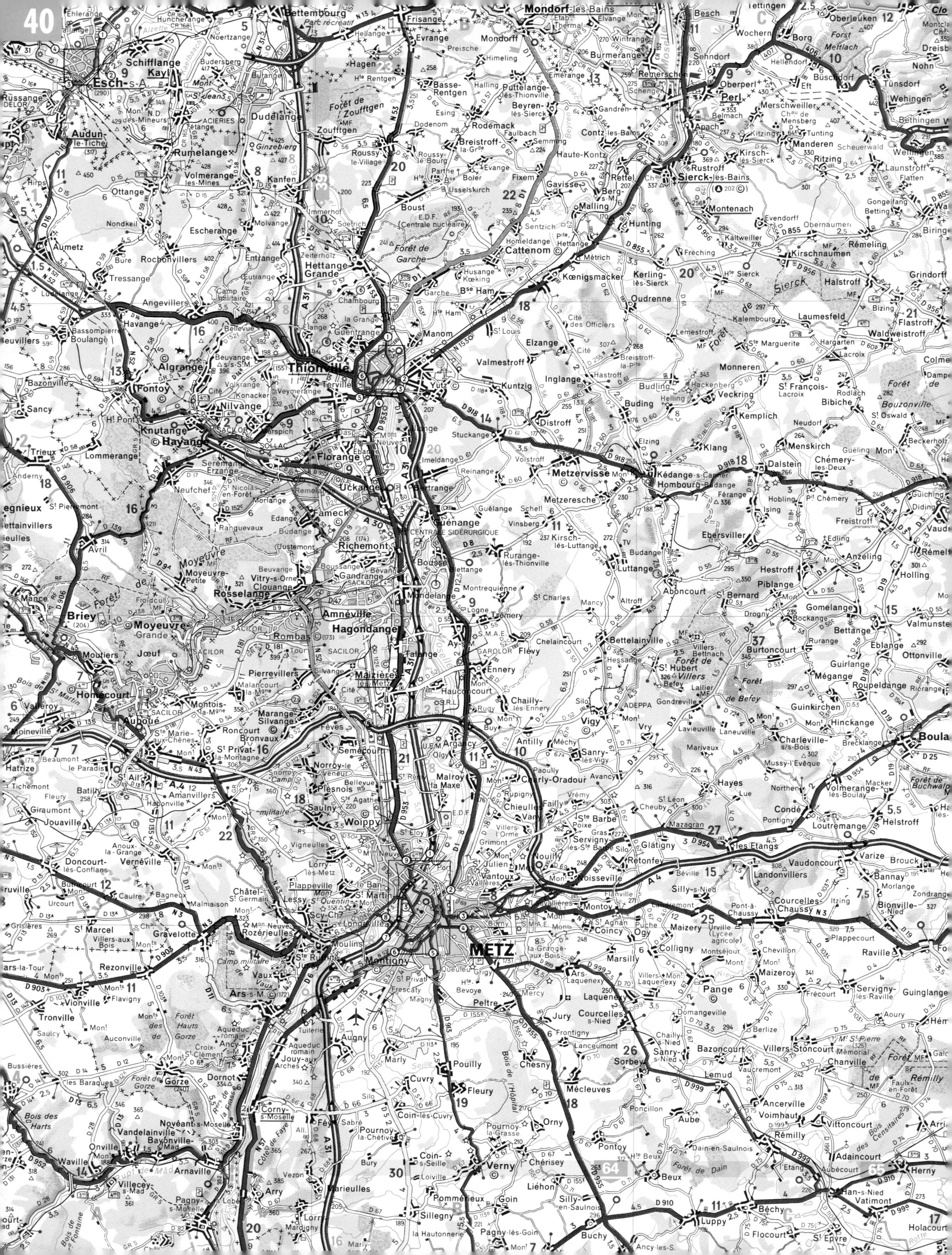

Mondorf-les-Bains

Bettembourg

Schifflange
Esch-s-A.
Kayl
Audun-le-Tiche
Rumelange
Dudelange
Aumetz

Thionville
Terville
Nilvange
Hayange
Florange
Uckange
Yutz
Cattenom
Sierck-les-Bains
Perl
Apach

Fontoy
Knutange
Hagange
Tameck

Briey
Moyeuvre-Grande
Rombas
Hagondange
Maizières-lès-Metz
Richemont
Guénange
Metzervisse

Homecourt
Jœuf
Moutiers
Pierrevillers

Montigny
METZ
Woippy
Ars-s-M.

Gravelotte
Rozérieulles
Vaux
Ars-s-M.

Gorze
Novéant-s-Moselle
Corny-s-Moselle
Marly
Pouilly
Verny

Vandelainville
Arnaville
Pagny-s-Moselle
Pommérieux
Silly-s-Nied

Winterbach
Urweiler
Marth
Pettersheim
Henschtal
Niedermohr
Steinwenden
Miesenbach
Ramstein-Miesenbach
St. Wendel
Niederkirchen im Ostertal
Bubach
Krottelbach
Ohmbach
Steinbach
Oberlinxweiler
Werschweiler
Frohnhofen
Altenkirchen
Brücken
Börsborn
Nanzdietschweiler
Landstuhler Bruch
Marpingen
Remmesweiler
Dörrenbach
Breitenbach
Dittweiler
Gries
Hütschenhausen
Landstuhl
Urexweiler
Niederlinxweiler
Lautenbach
Dunzweiler
Schönenberg-Kübelberg
Bruchmühlbach
Miesau
Bann
Dirmingen
Mainzweiler
Ottweiler
Fürth
Kübelberg
Hirzweiler
Steinbach
Höchen
Waldmohr
Mittelbrunn
Oberarnbach
Wustweiler
Welschbach
Münchwies
Frankenholz
Langwieden
Hosterhof
Stennweiler
Hangard
Jägersburg
Lambsborn
Kirchenarnbach
Hüttigweiler
Schiffweiler
Wiebelskirchen
Oberbexbach
Martinshöhe
Gerhardsbrunn
Illingen
Wemmetsweiler
Neunkirchen
Bexbach
Bechhofen
Rosenkopf
Zesselberg
Heiligenwald
Landsweiler-Reden
Kleinottweiler
Bruchhof
Wiesbach
Knopp-Labach
Hettenhausen
Merchweiler
Wellesweiler
Sanddorf
Krähenberg
Saalstadt
Hermersberg
Friedrichsthal
Niederbexbach
Altstadt
Käshofen
Biedershausen
Wallhalben
Quierschied
Ludwigsthal
HOMBURG
Bundenbach
Schmitshausen
Schauerberg
Herschberg
Hühnerfeld
Spiesen-Elversberg
Limbach
Beeden
Nasse Hecke
Winterbach
Höheinöd
Altenwald
Kirrberg
Mörsbach
Sulzbach
St. Ingbert
Rohrbach
Schwarzenbach
Battweiler
Reifenberg
Thaleischweiler-Fröschen
Wörschweiler
Schwarzenacker
Massweiler
Kirkel
Einöd
Oberauerbach
Hassel
Niederauerbach
Contwig
Dudweiler
Rentrisch
Bierbach
Rieschweiler-Mühlbach
Höhfröschen
Petersberg
Reichenbrunn
Niederwürzbach
Zweibrücken
Dellfeld
Blieskastel
Webenheim
Höheischweiler
Nünschweiler
Scheidt
Oberwürzbach
Mimbach
Heckendalheim
Wattweiler
Fehrbach
SAARBRÜCKEN
Ommersheim
Biesingen
Mittelbach
Rimschweiler
Hengstbach
Althornbach
Walshausen
Windsberg
Asweiler
Blickweiler
Brebach
Ensheim
Fechingen
Ormesheim
Breitfurt
Dietrichingen
Mauschbach
Steinhausen
Bottenbach
Ballweiler
Erfweiler-Ehlingen
Hornbach
Eschringen
Wittersheim
Rubenheim
Wolfersheim
Böckweiler
Altheim
Riedelberg
Rolbing
Vinningen
Bübingen
Mandelbachtal
Bliesdalheim
Herbitzheim
Seyweiler
Schweyen
Kröppen
Bliesransbach
Bebelsheim
Brenschelbach
Walschbronn
Kleinblittersdorf
Blies-Guersviller
Bliesmengen-Bolchen
Gersheim
Walsheim
Medelsheim
Peppenkum
Loutzviller
Waldhouse
Trulben
Reinheim
Breidenbach
Ormersviller
Auersmacher
Habkirchen
Niedergailbach
Utweiler
Volmunster
Schweix
Hilst
Eppenbrunn
Frauenberg
Blies-Ebersing
Obergailbach
Epping
Bousseviller
Liederschiedt
Bliesbruck
Erching
Lengelsheim
Hanviller
Roppeviller
Sarreguemines
Nousseviller-lès-Bitche
Haspelschiedt
Ippling
Rimling
Schorbach
Sarreinsming
Rémelfing
Wœlfling-lès-Sarreguemines
Bettviller
Hottviller
Camp militaire de Bitche
Zetting
Wiesviller
Guising
Neufgrange
Gros-Réderching
Petit-Réderching
Bitche
Hambach
Siltzheim
Wittring
Achen
Rohrbach-lès-Bitche
Reyersviller
Lambach
Siersthal
Stockbronn
Etting
Bining
Heiligenbronn
Glasenberg
Eguelshardt
Kalhausen
Enchenberg
Lemberg
Falkenstein
Herbitzheim
Schmittviller
Montbronn
Bannstein
Philippsbourg
Sarralbe
Oermingen
Rahling
St. Louis-lès-Bitche
Goetzenbruck
Mouterhouse
Baerenthal
Dehlingen
Butten
Meisenthal
Keskastel
Ratzwiller
Soucht
Hanau
Schopperten
Vœllerdingen
Volksberg
Lorentzen
Domfessel
Pierre des 12 Apôtres
PARC RÉGIONAL DES VOSGES DU NORD

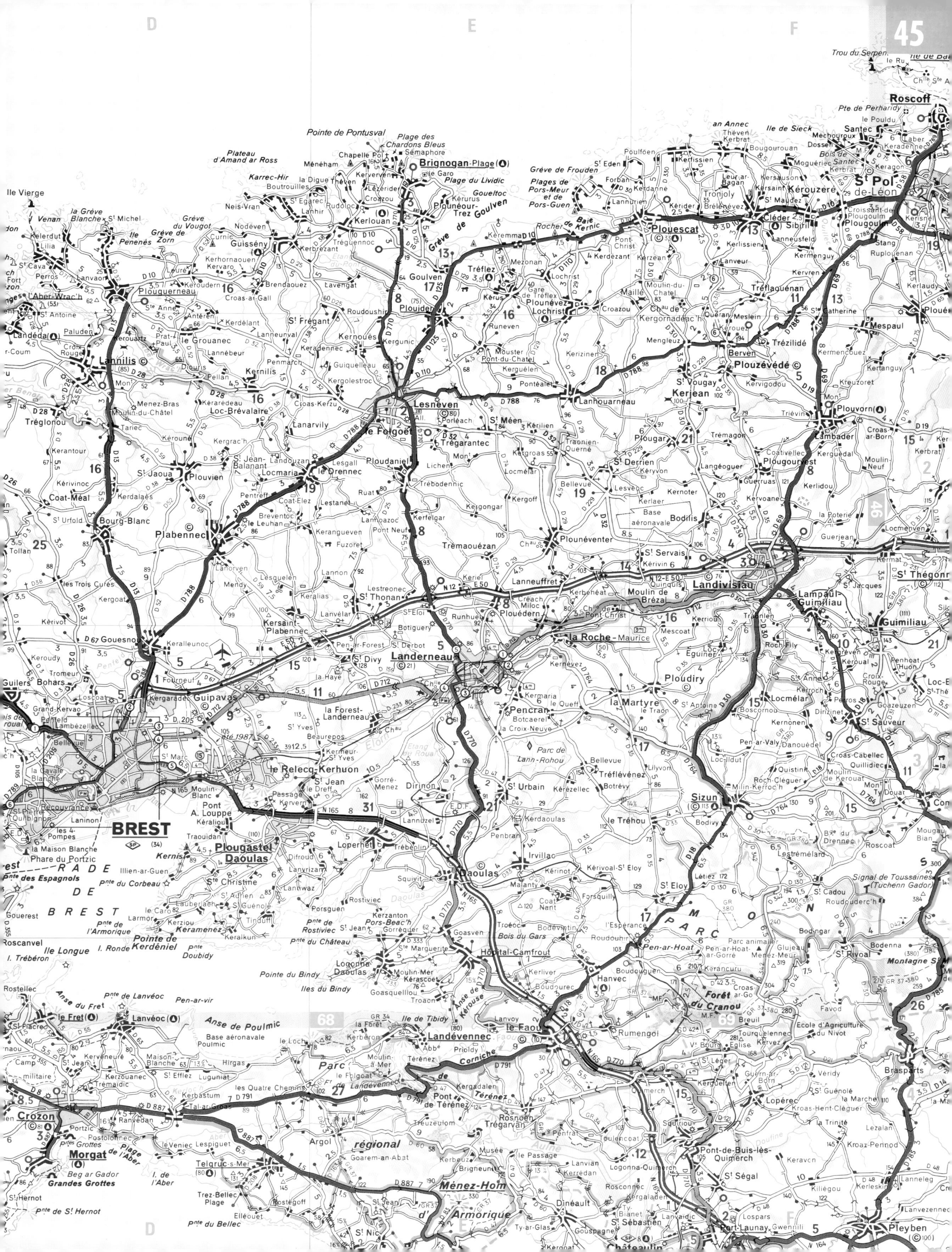
D
E
F
Roscoff
St Pol de-Léon
Santec
Pte de Perharidy
Ile de Sieck
Trou du Serpent
Pointe de Pontusval
Plage des Chardons Bleus
Sémaphore
Brignogan-Plage
Plage du Lividic
Plateau d'Amand ar Ross
Ménéham
Chapelle Pol
Karrec-Hir
Boutrouilles
Kerlouan
Goulven
Plouider
Plounéour-Trez
Grève de Goulven
Grève de Frouden
Plages de Pors-Meur et de Pors-Guen
Baie de Kernic
Plouescat
Cléder
Sibiril
Ile Vierge
La Grève Blanche
St Michel
Grève du Vougot
Ile Penenès
Grève de Zorn
Guissény
Plouguerneau
L'Aber-Wrac'h
Landéda
Lannilis
Kernilis
Lesneven
Le Folgoët
Ploudaniel
Le Drennec
Tréflez
Plounévez-Lochrist
Lanhouarneau
Plouzévédé
Berven
Trézilidé
Mespaul
Plouvorn
Lambader
Plougar
Plougourvest
St Derrien
Bodilis
Plounéventer
St Servais
Landivisiau
Lampaul-Guimiliau
Guimiliau
St Thégonnec
Plabennec
Bourg-Blanc
Coat-Méal
Plouvien
St Jaoua
Loc-Brévalaire
Tréglonou
Kersaint-Plabennec
St Thonan
Guipavas
Gouesnou
Bohars
Guilers
Landerneau
La Roche-Maurice
Ploudiry
La Martyre
Pencran
St Urbain
Dirinon
Tréflévénez
Sizun
Locmélar
St Sauveur
Le Relecq-Kerhuon
BREST
Plougastel Daoulas
Daoulas
Irvillac
Logonna Daoulas
Hôpital-Camfrout
Hanvec
Le Faou
Rumengol
Forêt du Cranou
Parc Naturel
Commana
Bodenna
Montagne St Michel
Brasparts
Lopérec
Pont-de-Buis-lès-Quimerch
St Ségal
Pleyben
Rade de Brest
Pte des Espagnols
Pte du Corbeau
Ile Longue
Roscanvel
Anse de Poulmic
Lanvéoc
Le Fret
Landévennec
Crozon
Morgat
Telgruc-s-Mer
Argol
Ménez-Hom
Dinéault
Châteaulin
Port-Launay
Pte de Dinan
St Hernot
Pte du Bellec
Pte de St Hernot
Grandes Grottes
Camaret
Ile de Tibidy
Rosnoën
Pont de Térénez
Corniche de Térénez
Armorique
68
69
46

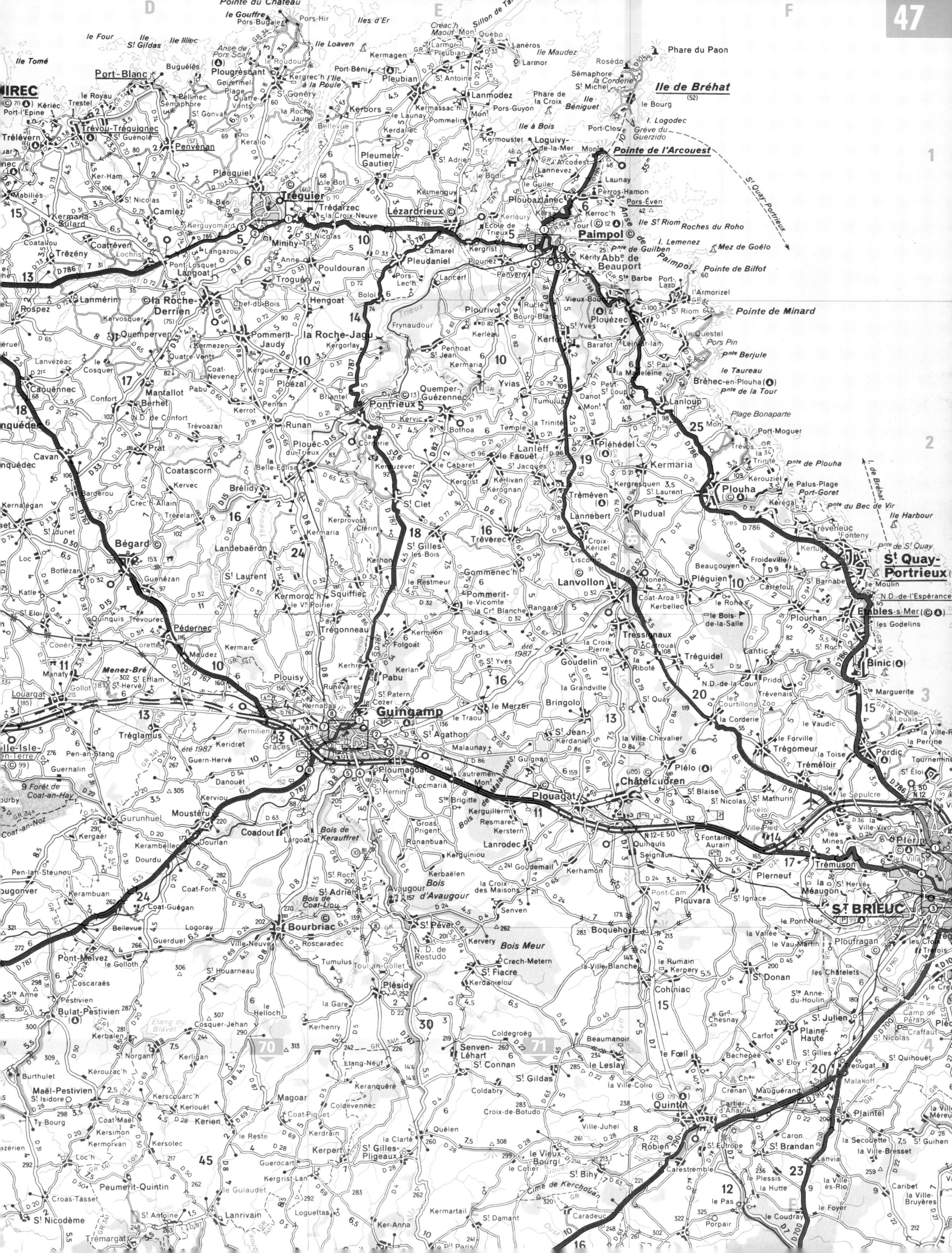

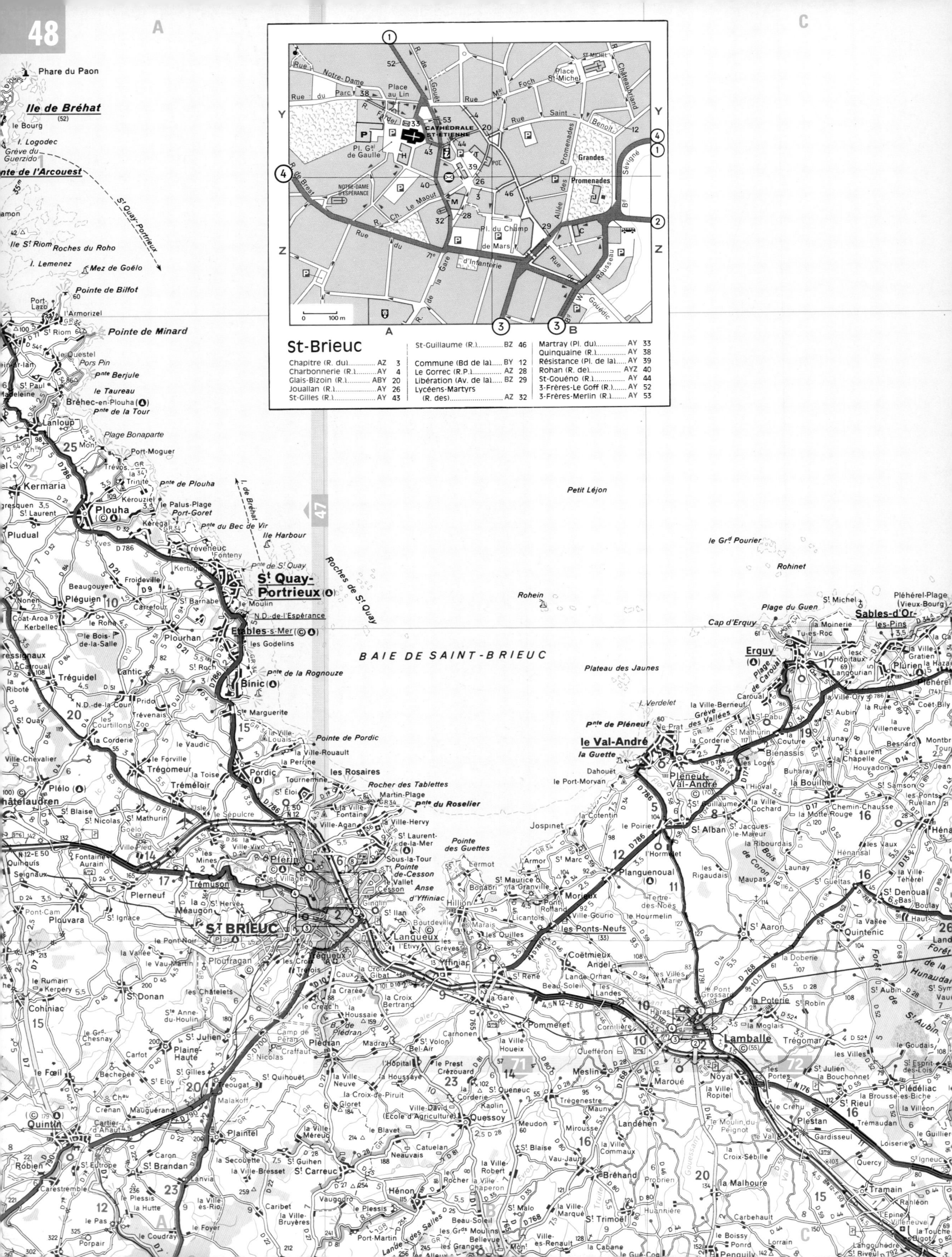

St-Brieuc

Rue	Réf.		Rue	Réf.		Rue	Réf.
Chapitre (R. du)	AZ 3		St-Guillaume (R.)	BZ 46		Martray (Pl. du)	AY 33
Charbonnerie (R.)	AY 4		Commune (Bd de la)	BY 12		Quinquaine (R.)	AY 38
Glais-Bizoin (R.)	ABY 20		Le Gorrec (R.P.)	AZ 28		Résistance (Pl. de la)	AY 39
Jouallan (R.)	AY 26		Libération (Av. de la)	BZ 29		Rohan (R. de)	AYZ 40
St-Gilles (R.)	AY 43		Lycéens-Martyrs (R. des)	AZ 32		St-Gouéno (R.)	AY 44
						3-Frères-Le Goff (R.)	AY 52
						3-Frères-Merlin (R.)	AY 53

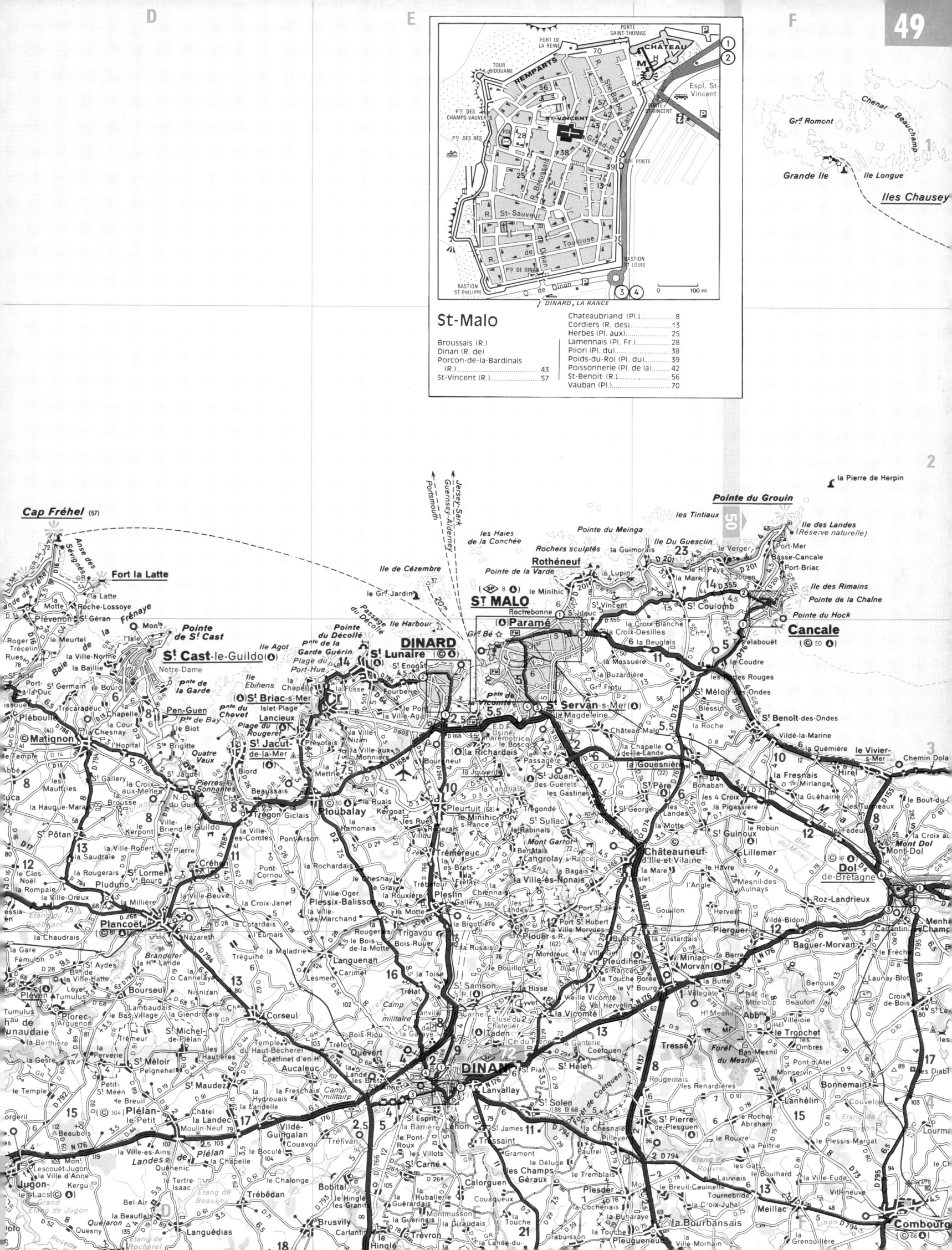

St-Malo

Broussais (R.)
Dinan (R. de)
Porcon-de-la-Bardinais
(R.).............................43
St-Vincent (R.)..................57

Chateaubriand (Pl.).............8
Cordiers (R. des)...............13
Herbes (Pl. aux)................25
Lamennais (Pl. Fr.).............28
Pilori (Pl. du).................38
Poids-du-Roi (Pl. du)..........39
Poissonnerie (Pl. de la).......42
St-Benoît (R.).................56
Vauban (Pl.)...................70

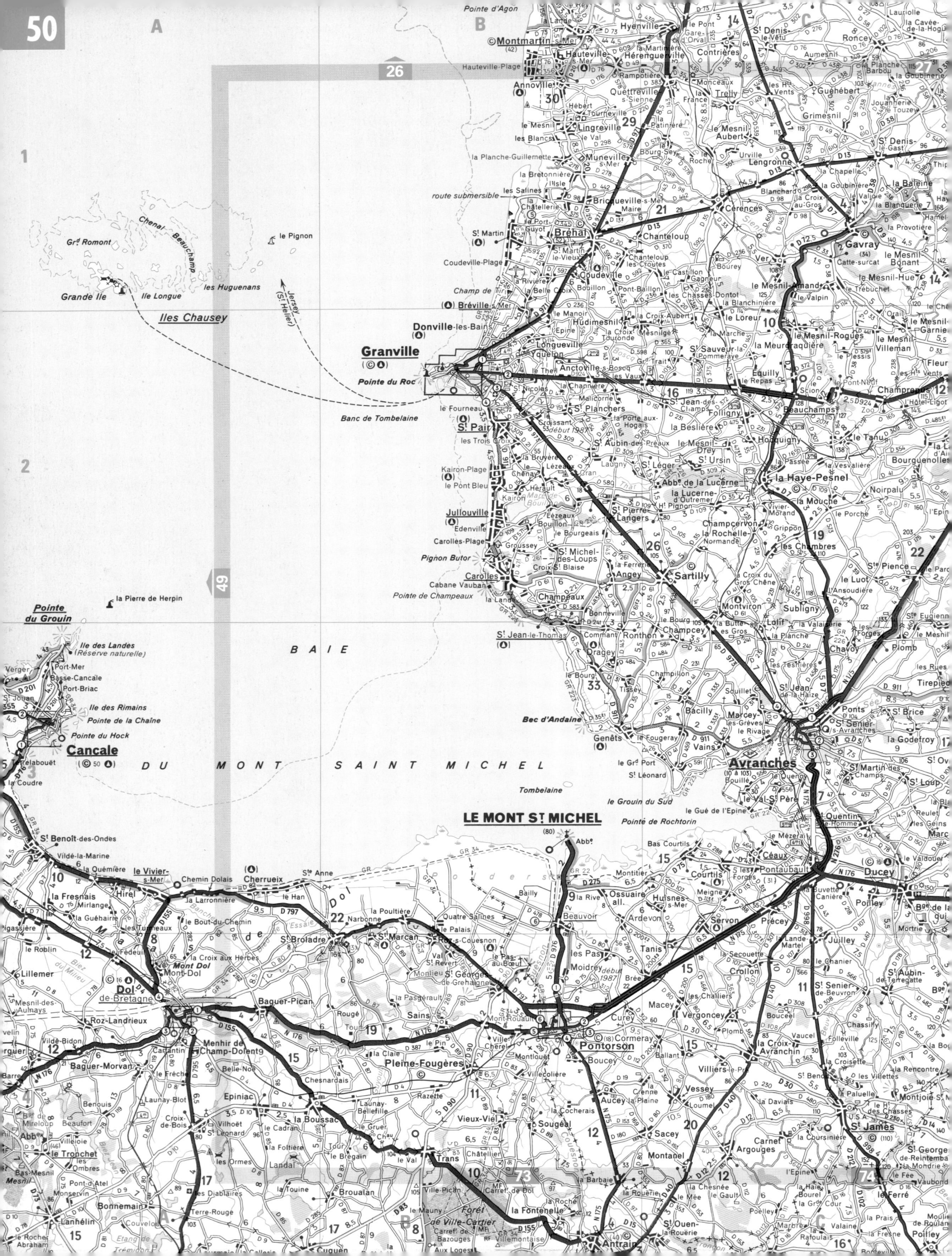

Falaise

Thury-Harcourt

Clécy

Condé-s-Noireau

Flers

Tinchebray

Domfront

Bagnoles-DE-L'ORNE

la Ferté-Macé

Briouze

Putanges
Pont-Ecrepin

Messei

Athis-de-l'Orne

Vassy

Pont-d'Ouilly

PARC RÉGIONAL NORMANDIE-MAINE

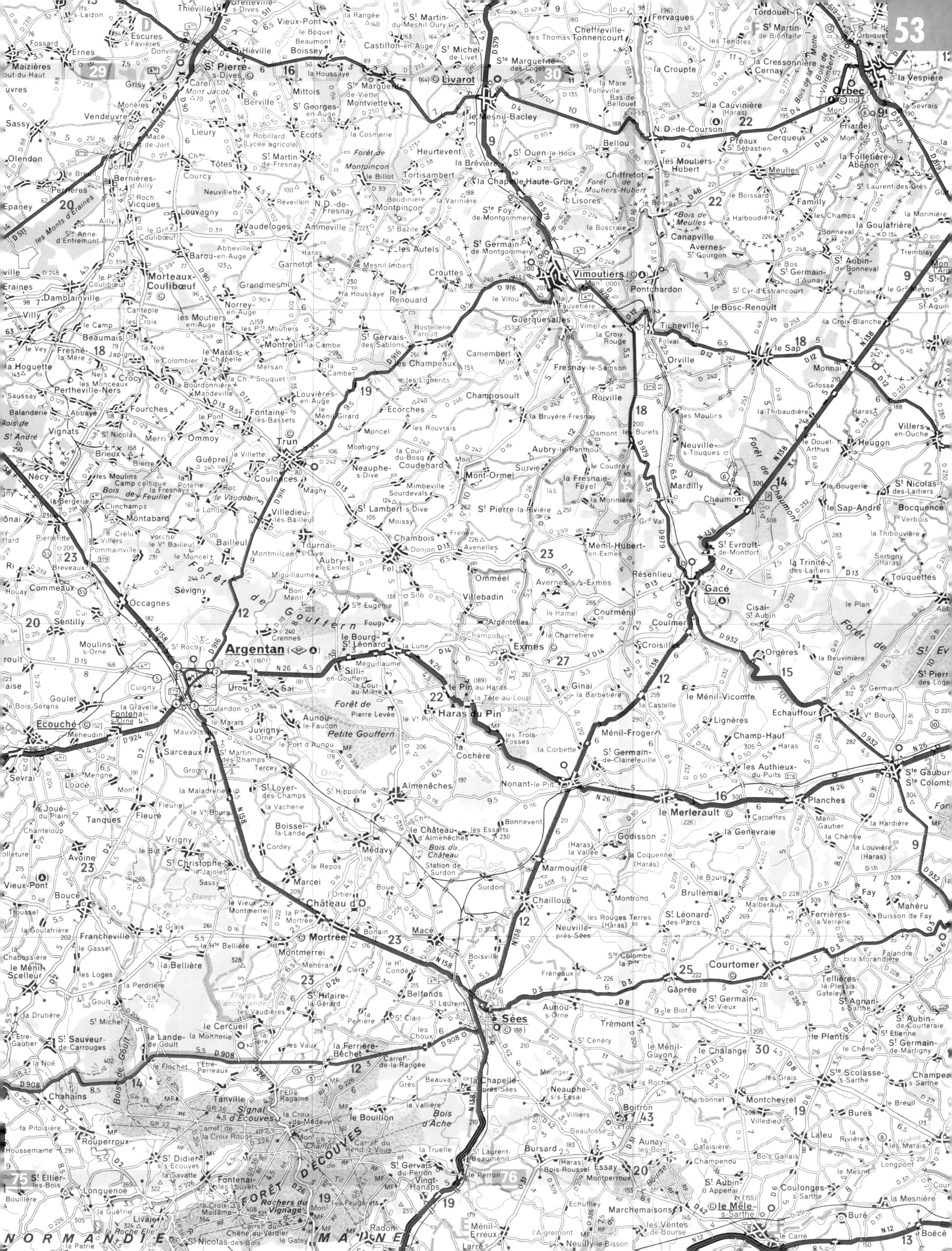

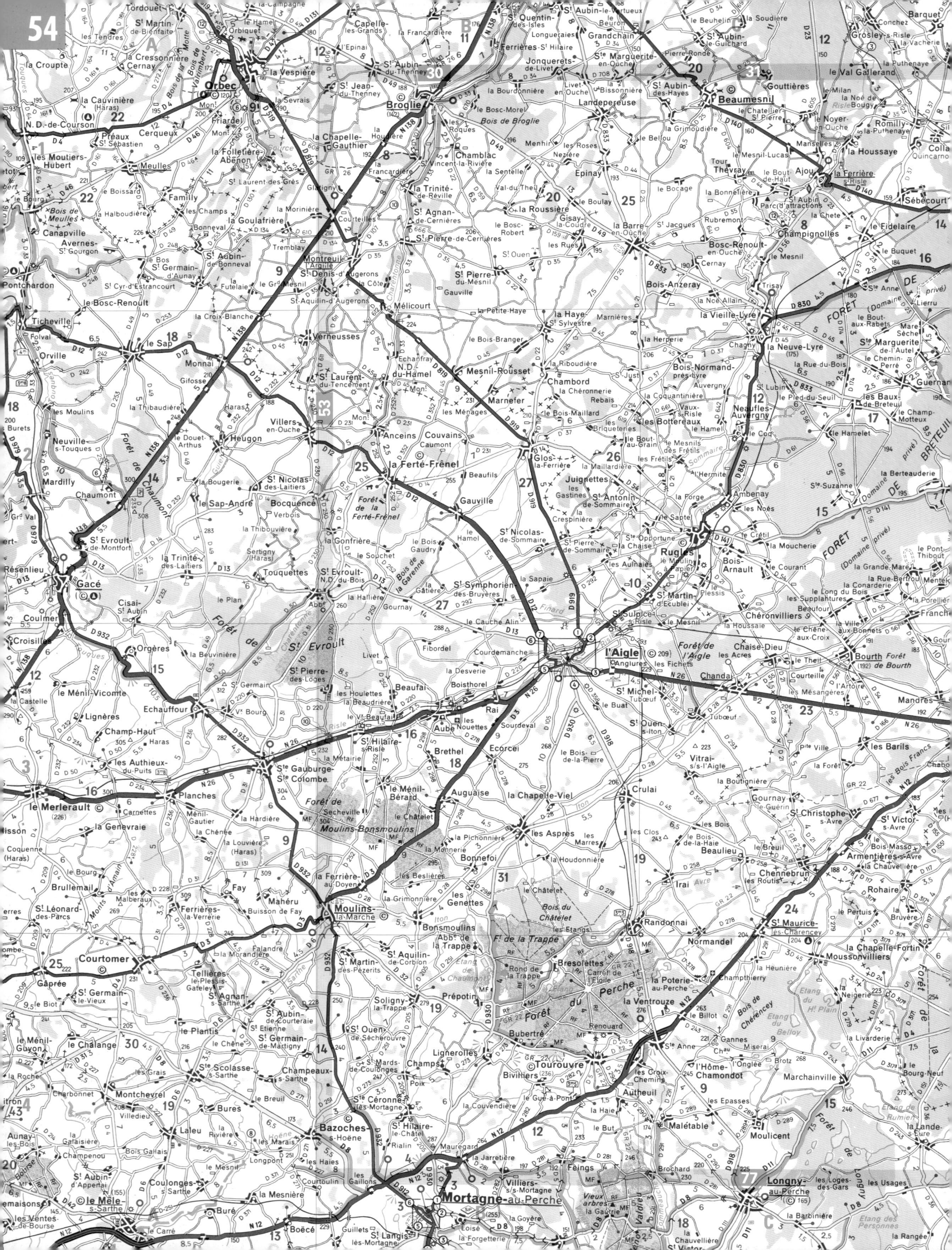

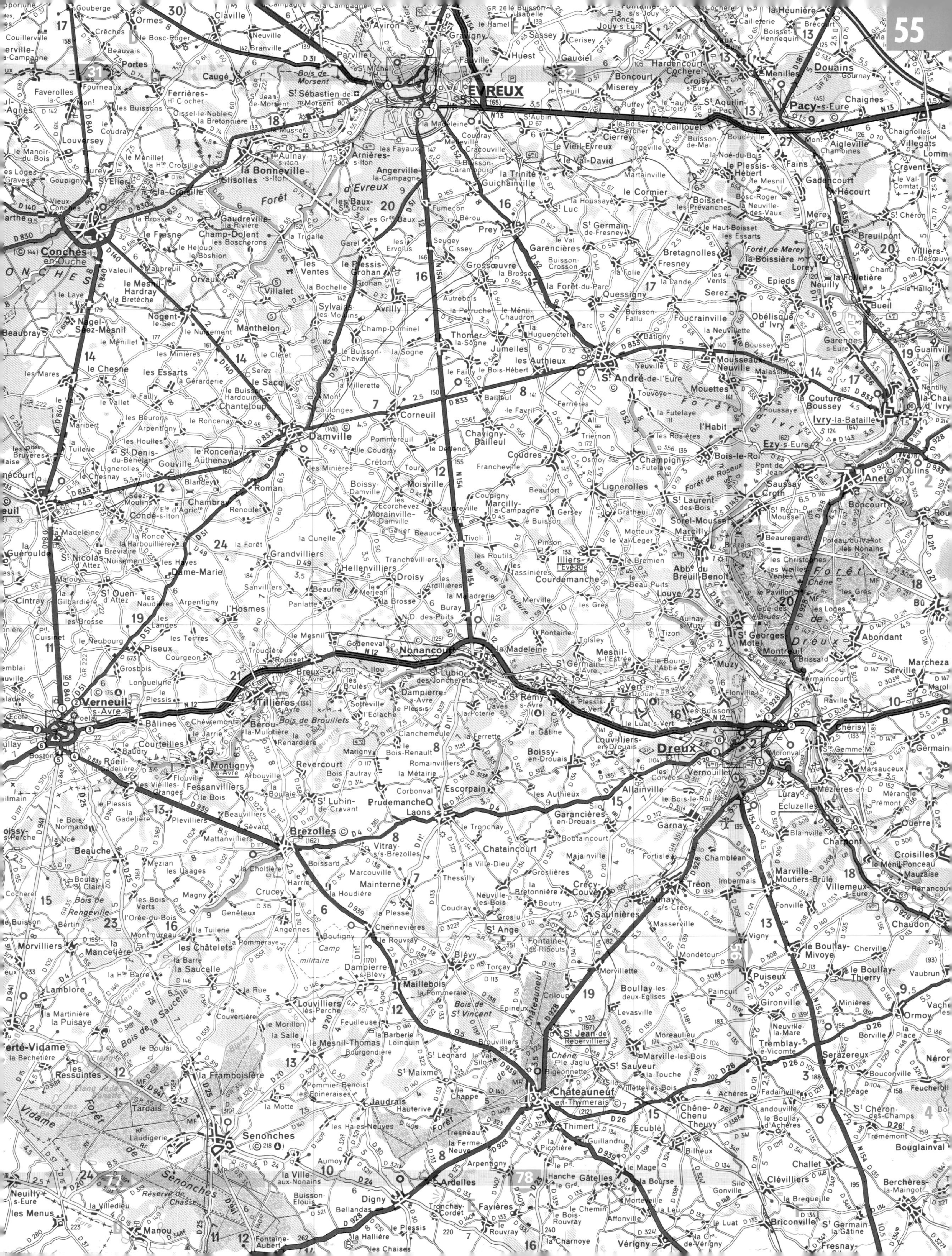

EVREUX

Conches-en-Ouche

Verneuil-sur-Avre

Dreux

Nonancourt

Damville

Anet

Ivry-la-Bataille

Pacy-s-Eure

Brezolles

Senonches

Châteauneuf-en-Thymerais

St André-de-l'Eure

Ezy-s-Eure

Acon

Tillières-s-Avre

Maillebois

Laons

Prudemanche

Vernouillet

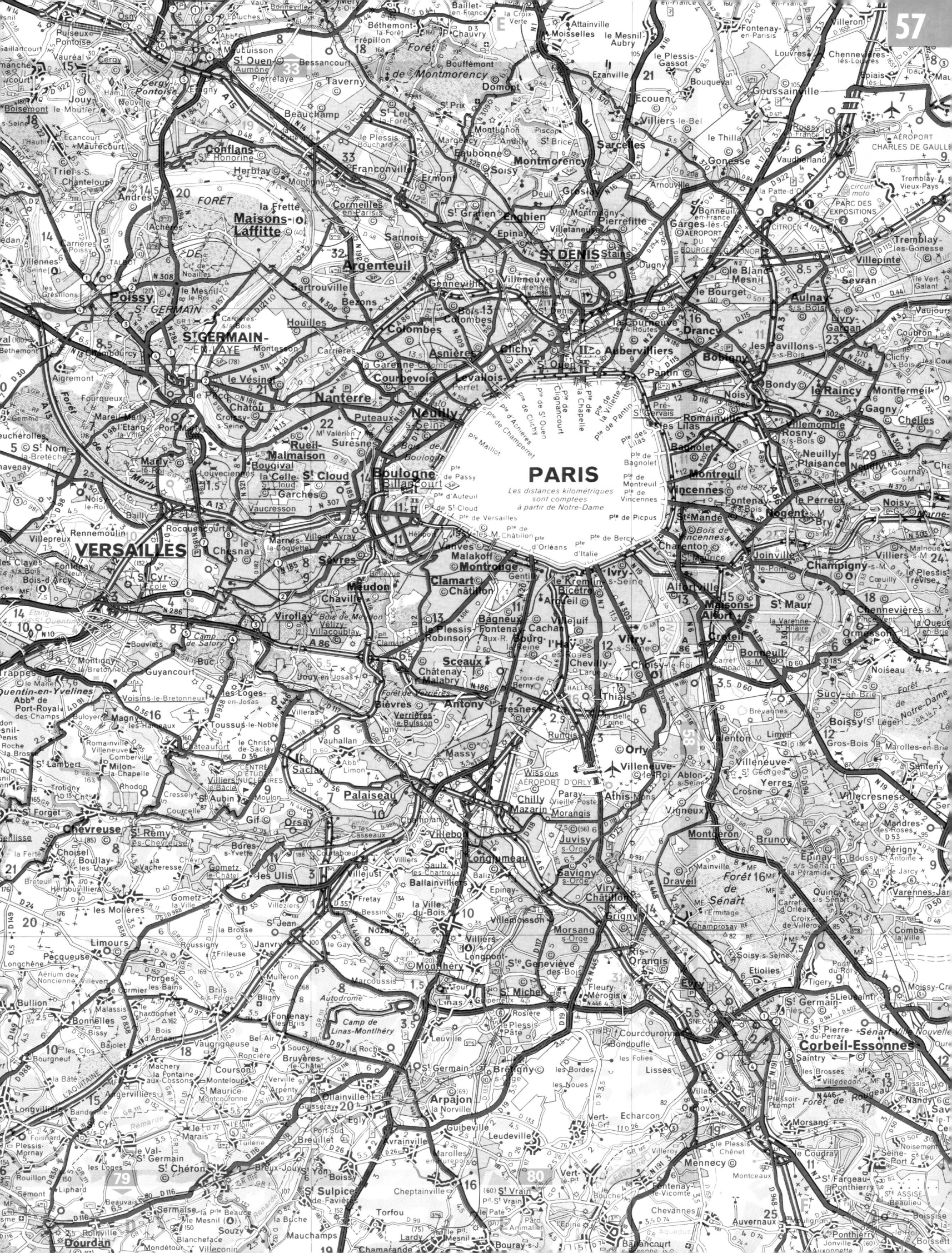

PARIS

Les distances kilométriques
sont comptées
à partir de Notre-Dame

VERSAILLES

Corbeil-Essonnes

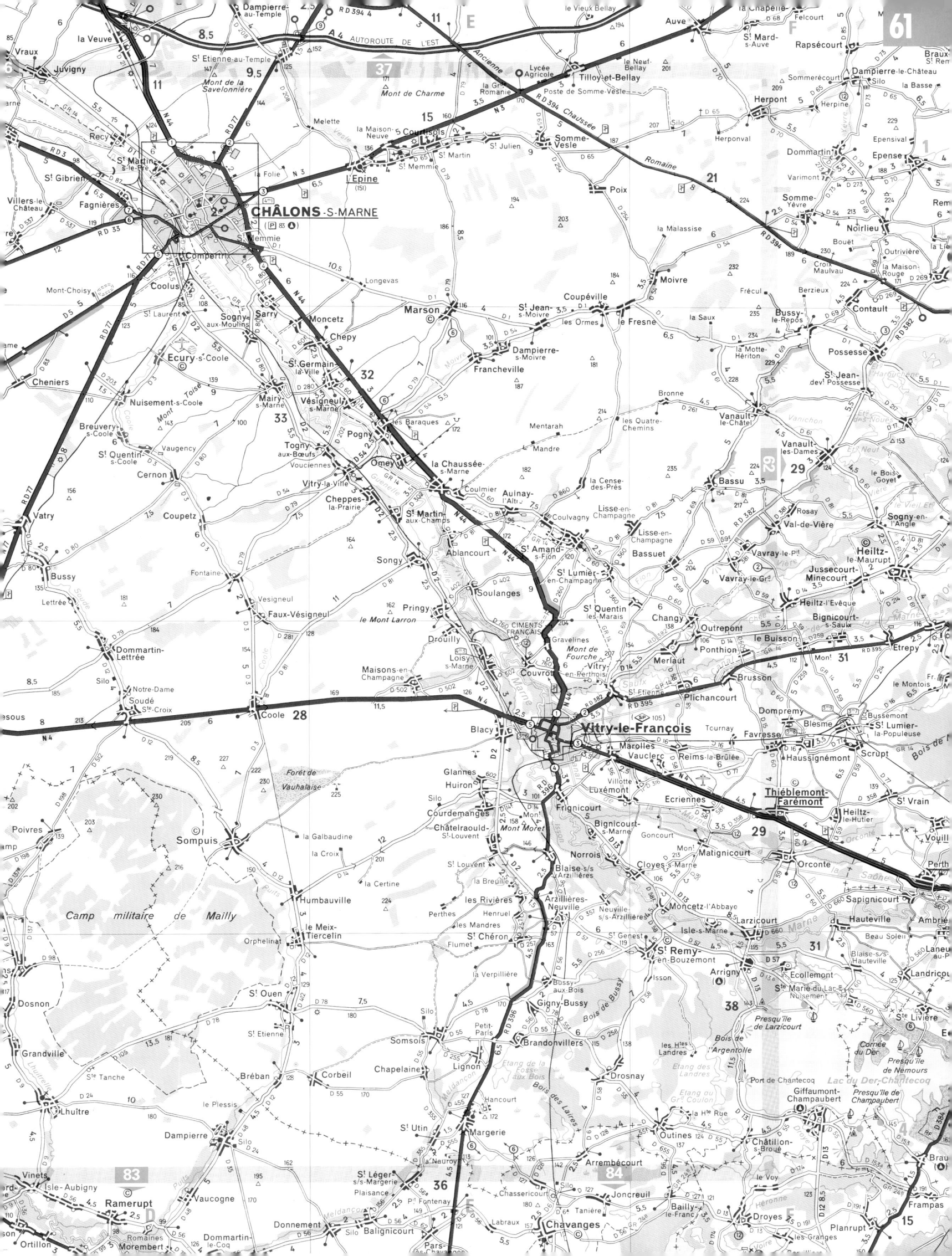

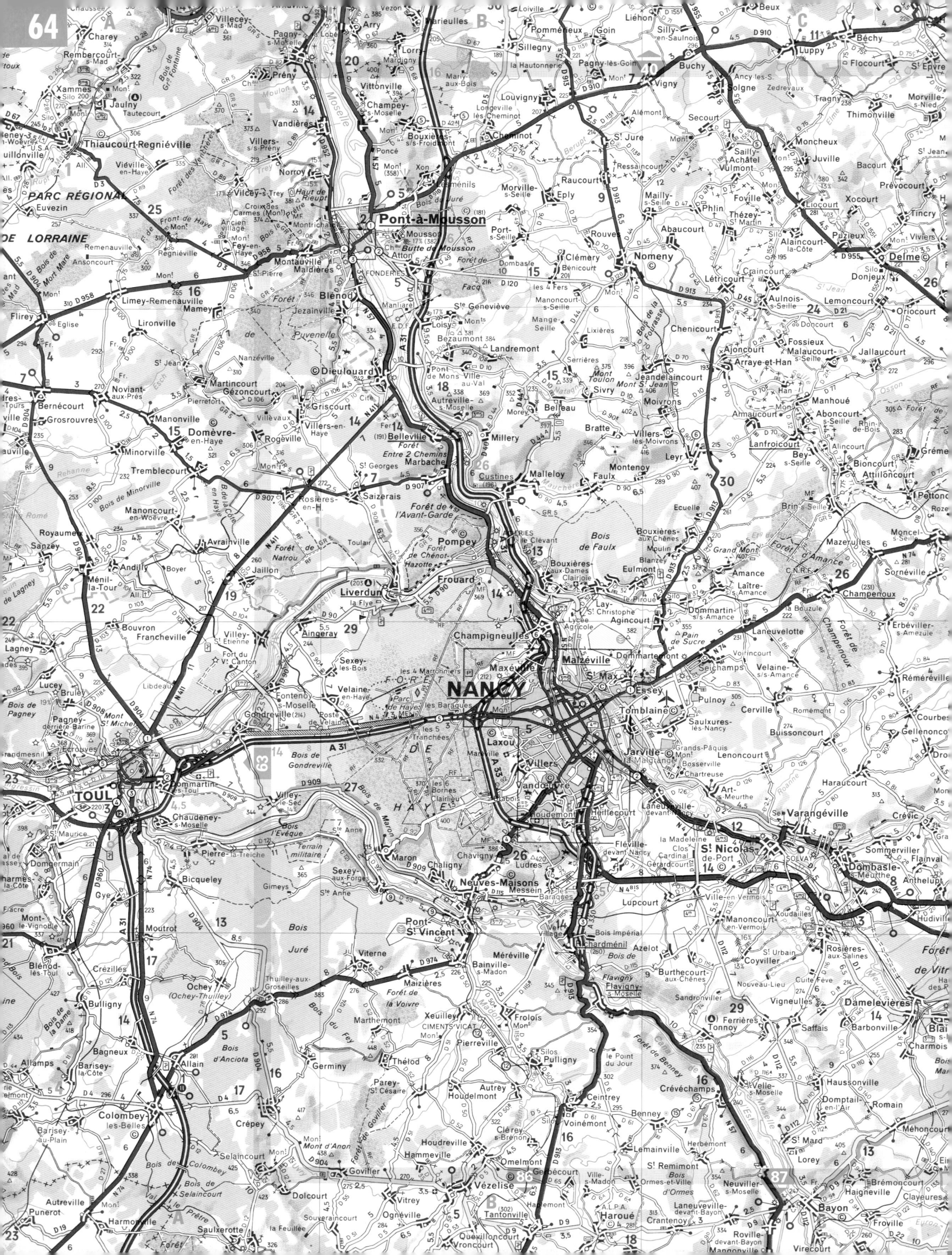

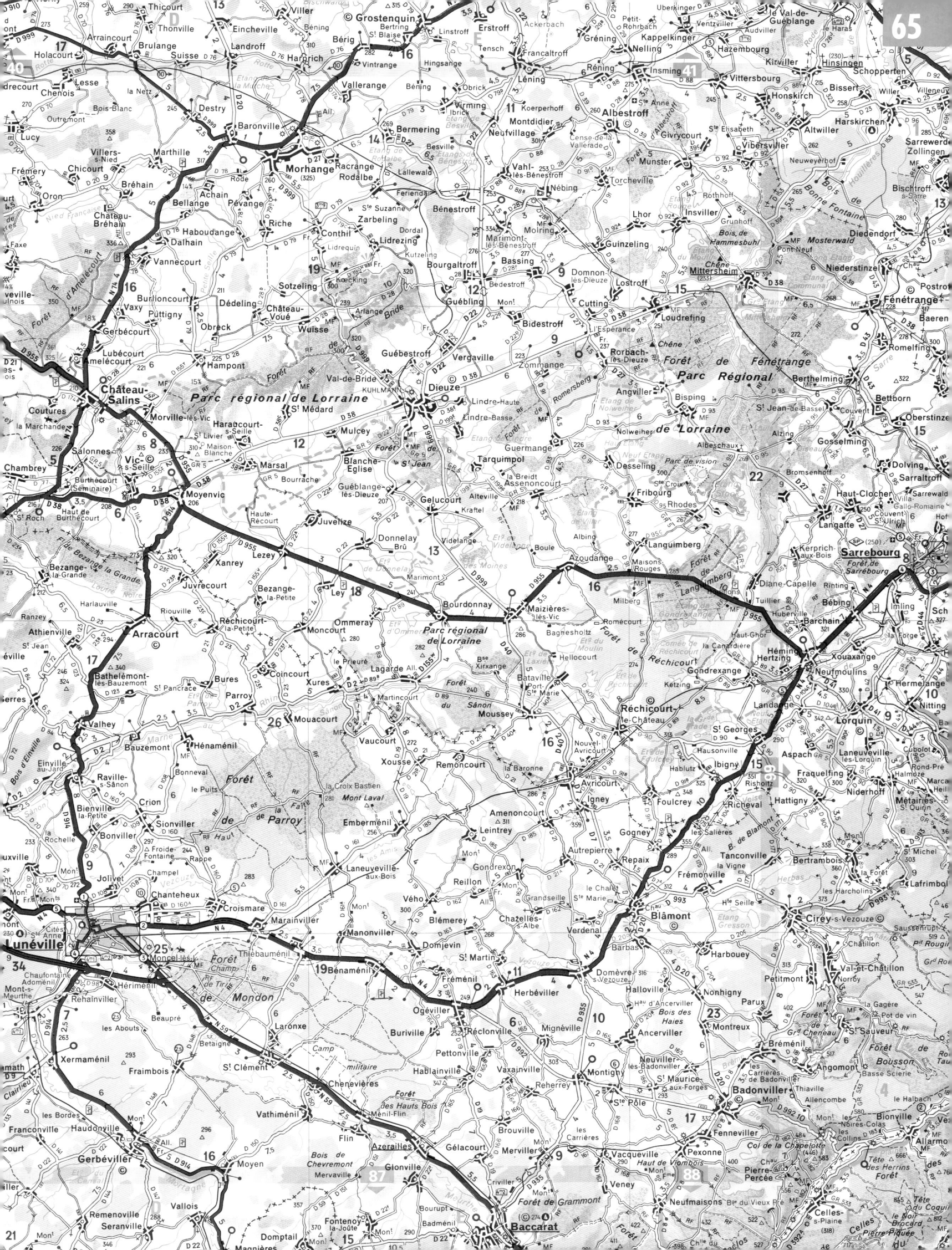

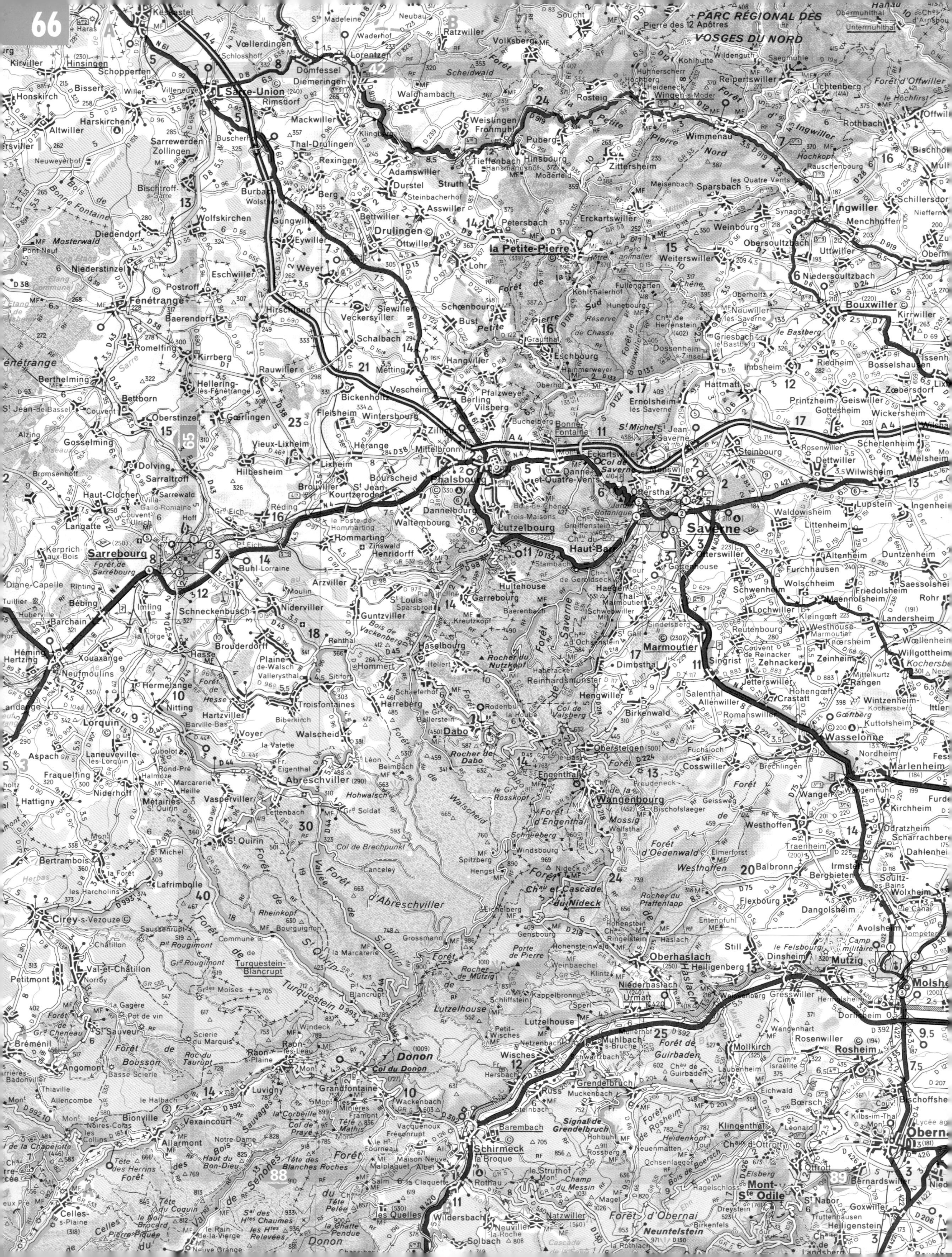

PARC RÉGIONAL DES
VOSGES DU NORD
Keskastel
Voellerdingen
Lorentzen
Sarre-Union
Diemeringen
Domfessel
Rimsdorf
Waldhambach
Harskirchen
Sarrewerden
Zollingen
Thal-Drulingen
Rexingen
Adamswiller
Tieffenbach
Puberg
Hinsbourg
Wingen-s-Moder
Wimmenau
Zittersheim
Lichtenberg
Ingwiller
Menchhoffen
Drulingen
Ottwiller
la Petite-Pierre
Weiterswiller
Obersoultzbach
Niedersoultzbach
Bouxwiller
Diedendorf
Niederstinzel
Fénétrange
Postroff
Eschwiller
Hirschland
Schalbach
Berthelming
Kirrberg
Rauwiller
Bickenholtz
Fleisheim
Wintersbourg
Berling
Vilsberg
Ernolsheim-lès-Saverne
Hattmatt
Imbsheim
Dossenheim-s-Zinsel
Oberstinzel
Gosselming
Vieux-Lixheim
Hilbesheim
Lixheim
Mittelbronn
Phalsbourg
St Jean-Kourtzerode
Brouviller
Réding
Haut-Clocher
Sarraltroff
Langatte
Sarrebourg
Hommarting
Henridorff
Lutzelbourg
Dannelbourg
Waltembourg
Haut-Barr
Saverne
Otterswiller
Steinbourg
Dettwiller
Wilwisheim
Monswiller
Ottersthal
St Jean-Saverne
St Michel
Eckartswiller
Buhl-Lorraine
Arzviller
Garrebourg
Hultehouse
Schneckenbusch
Niderviller
Imling
Bébing
Héming
Hertzing
Xouaxange
Neufmoulins
Hesse
Brouderdorff
Plaine-de-Walsch
Vallerysthal
Haselbourg
Dabo
Rocher de Dabo
Hermelange
Nitting
Hartzviller
Lorquin
Troisfontaines
Walscheid
Harreberg
Marmoutier
Dimbsthal
Reinhardsmunster
Hengwiller
Birkenwald
Romanswiller
Wasselonne
Marlenheim
Aspach
Laneuveville-lès-Lorquin
Fraquelfing
Niderhoff
Abreschviller
Vasperviller
Métairies-St Quirin
St Quirin
Obersteigen
Engenthal
Wangenbourg
Cosswiller
Westhoffen
Traenheim
Balbronn
Bergbieten
Dangolsheim
Flexbourg
Hattigny
Bertrambois
Lafrimbolle
Cirey-s-Vezouze
Val-et-Châtillon
Petitmont
Turquestein-Blancrupt
Forêt d'Abreschviller
Forêt d'Engenthal
Forêt d'Oedenwald
Chau et Cascade du Nideck
Oberhaslach
Niederhaslach
Urmatt
Heiligenberg
Dinsheim
Mutzig
Molsheim
Dorlisheim
Rosheim
Lutzelhouse
Muhlbach-s-Bruche
Wisches
Grendelbruch
Russ
Schirmeck
Barembach
la Broque
Rothau
Donon
Col du Donon
Grandfontaine
Raon-lès-Leau
Raon-s-Plaine
Luvigny
Vexaincourt
Allarmont
Bionville
Angomont
Bréménil
St Sauveur
Celles-s-Plaine
Klingenthal
Boersch
Ottrott
Obernai
Mont-Ste Odile
St Nabor
Bernardswiller
Goxwiller
Heiligenstein
Natzwiller
Neuviller-la-Roche
Wildersbach
Solbach
Forêt d'Obernai
Neuntelstein
les Quelles
Col de Prayé
Forêt de Turquestein
Forêt de St Quirin
42
65
88
89

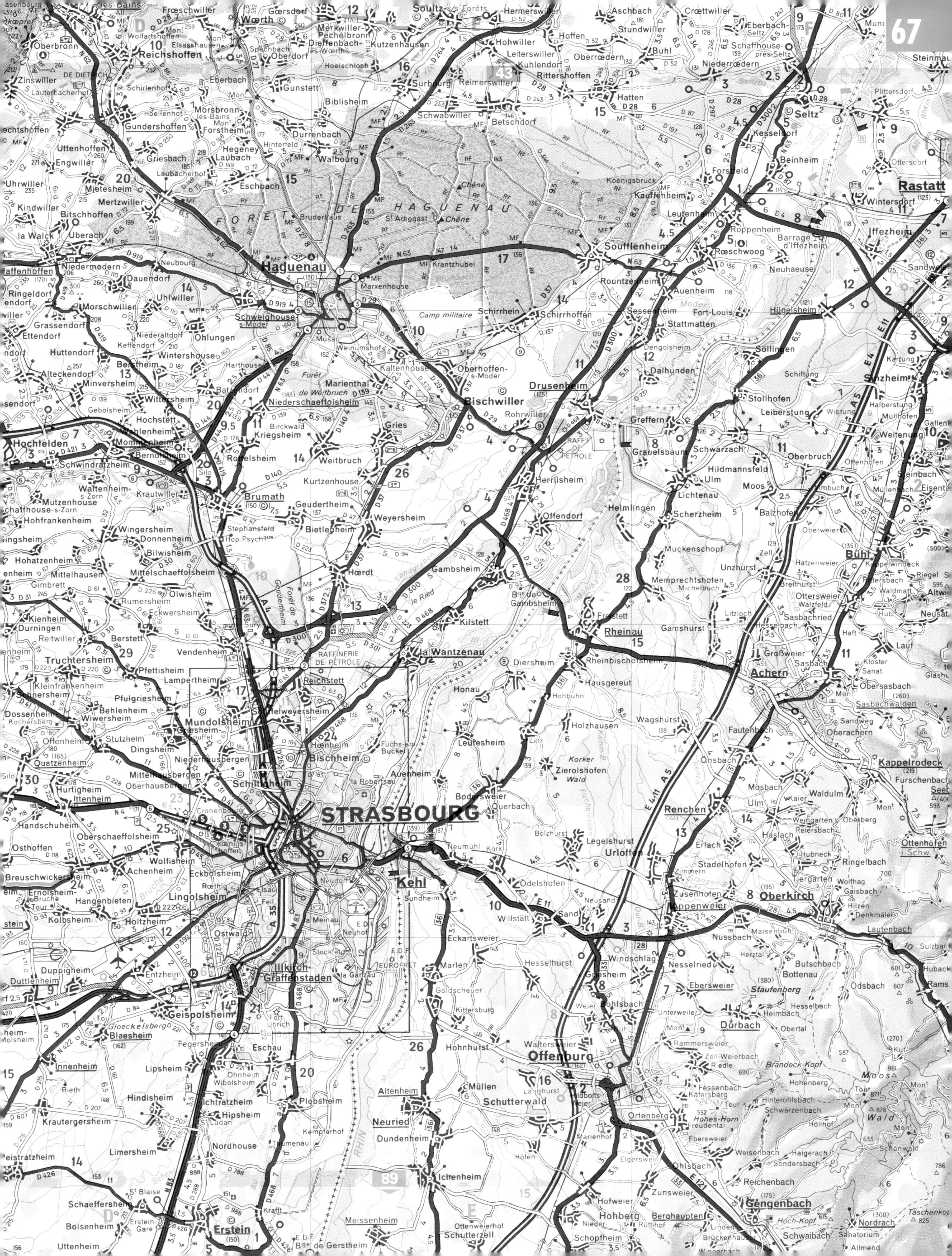
Haguenau
Forêt de Haguenau
Camp militaire
Bischwiller
Drusenheim
Soufflenheim
Seltz
Rastatt
Iffezheim
Hügelsheim
Sinzheim
Bühl
Achern
Rheinau
Brumath
Hochfelden
Truchtersheim
Mundolsheim
Schiltigheim
Bischheim
Hoenheim
Reichstett
La Wantzenau
Raffinerie de Pétrole
STRASBOURG
Kehl
Illkirch-Graffenstaden
Geispolsheim
Lingolsheim
Ostwald
Blaesheim
Erstein
Offenburg
Renchen
Appenweier
Oberkirch
Kappelrodeck
Sasbachwalden
Durbach
Gengenbach
Ortenberg
Schutterwald
Neuried
Willstätt
Urloffen
Rhin
Reichshoffen
Woerth
Soultz-s/s-Forêts
Gundershoffen
Niederschaeffolsheim
Wantzenau

Carhaix-Plouguer · Maël-Carhaix · Rostrenen · Plouguernével · Gouarec · St Nicolas-du-Pélem · Corlay · Plussulien · Laniscat · Caurel · Cléguérec · Gourin · Le Faouët · Guémené-s-Scorff · Locmalo · Guern · Melrand · Bubry · Plouay · Quimperlé · Arzano · Guilligomarc'h · Locunolé · Kernascléden · Inguiniel · Persquen · Séglien · Silfiac · Ploërdut · Priziac · Langonnet · Plouray · Glomel · Paule · Plévin · Motreff · Tréogan · Gouarec · Plélauff · Mellionnec · Lescouët-Gouarec · Perret · St Gelven · St Aignan

MONTAGNES NOIRES

Forêt de Quénécan · Lac de Guerlédan · Barrage de Guerlédan · Gorges du Daoulas · Gorges de Toul Goulic · Gorges du Corong · Roches du Diable

Grid references: 46 · 47 · 90 · 91

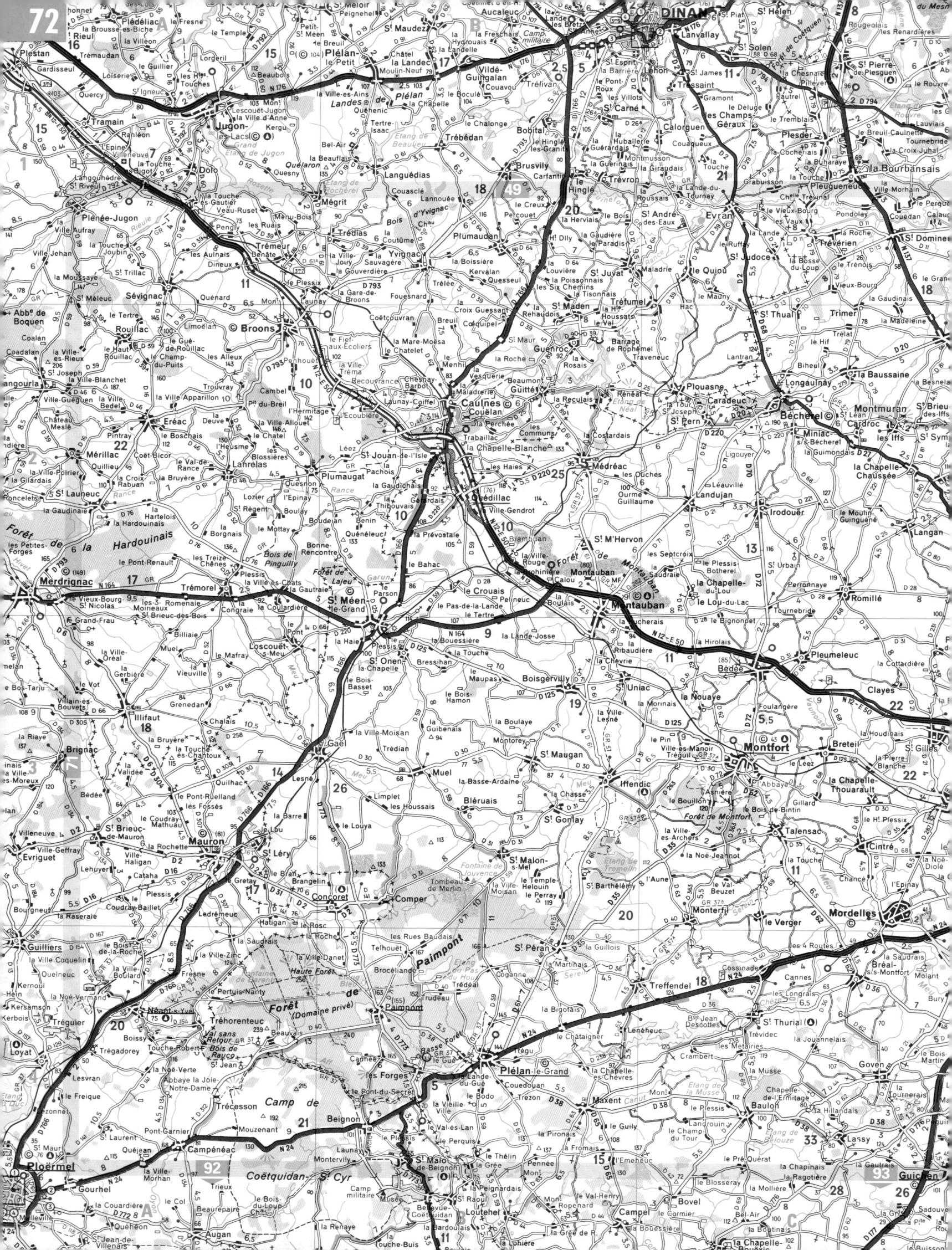

RENNES

Combourg · Antrain · St Brice-en-Coglès · St Germain-en-Coglès · Romagné · Vitré · Châteaubourg · Châteaugiron · Janzé · Liffré · St Aubin-du-Cormier · Betton · Cesson-Sévigné · Acigné · La Bouëxière · Dourdain · Champeaux · Marpiré · Val-d'Izé · Tremblay · Bazouges-la-Pérouse · Sens-de-Bretagne · Gahard · St Aubin-d'Aubigné · Melesse · Hédé · Dingé · Montreuil-sur-Ille · St Médard-sur-Ille · Chevaigné · Mouazé · St Sulpice-la-Forêt · Thorigné-Fouillard · Pacé · St Grégoire · Montgermont · St Jacques-de-la-Lande · Chartres-de-Br. · Noyal-sur-Vilaine · Servon-sur-Vilaine · Brécé · Domloup · Nouvoitou · Domagné · Louvigné-de-Bais · Piré-sur-Seiche · Amanlis · Corps-Nuds · Chanteloup · Bourgbarré · Orgères · Bruz · Laillé · Crevin

Forêt de Rennes · Forêt de Liffré · Forêt de Chevré · Forêt de St Aubin du Cormier · Forêt de Tanouarn · Forêt de Villecartier · Bois de Soubon · Lande d'Ouée

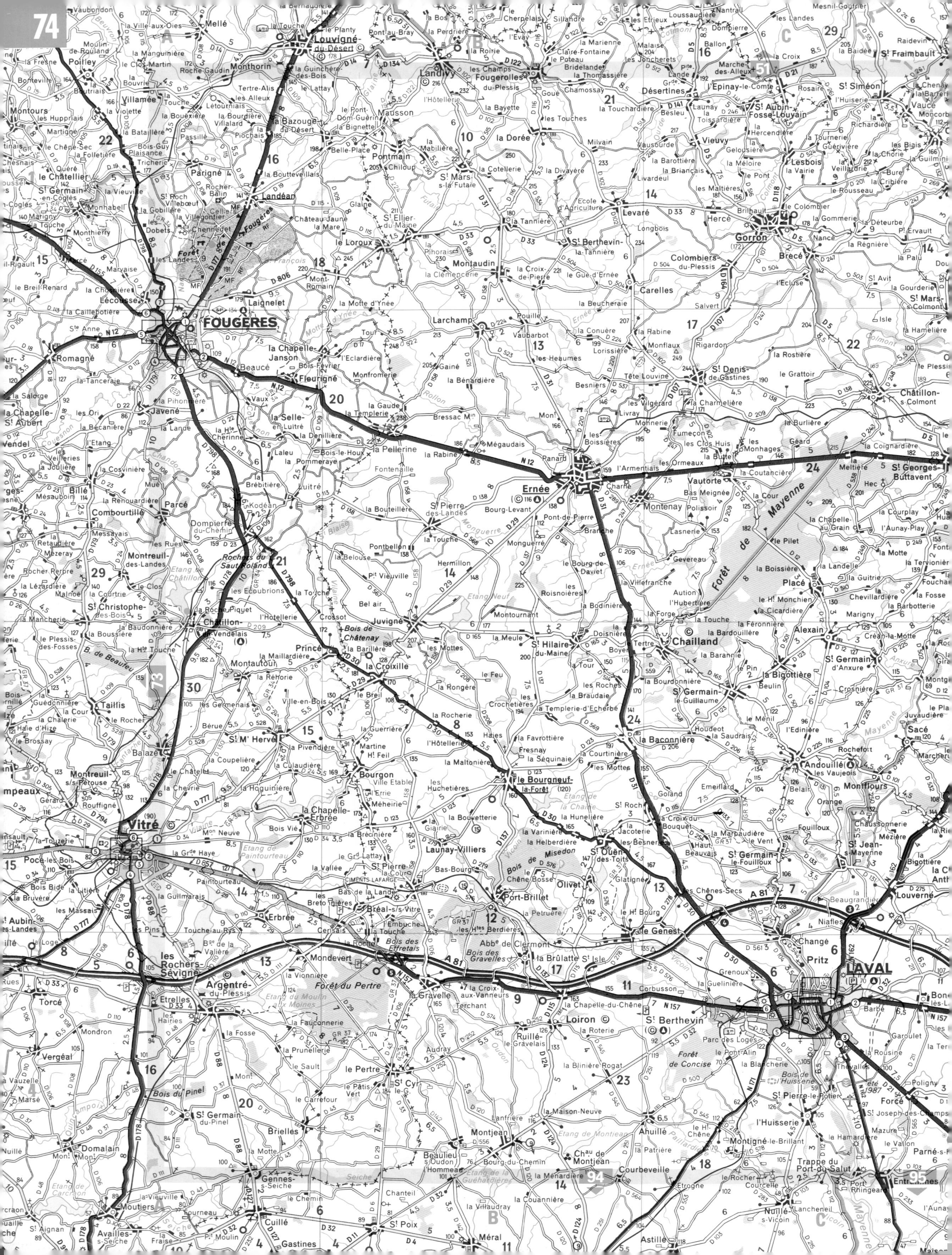

Louvigné-du-Désert

FOUGÈRES

Landivy

Landéan

Pontmain

St Mars-la-Futaie

la Dorée

Levaré

Gorron

Hercé

Brecé

Carelles

Larchamp

St Berthevin-la-Tannière

Montaudin

Colombiers-du-Plessis

St Denis-de-Gastines

Châtillon-s-Colmont

Ernée

Vautorte

St Georges-Buttavent

Forêt de Mayenne

Placé

Chailland

St Hilaire-du-Maine

Alexain

St Germain-d'Anxure

la Baconnière

Andouillé

le Bourgneuf-la-Forêt

St Ouen-des-Toits

St Germain-le-Fouilloux

Port-Brillet

le Genest

St Berthevin

LAVAL

Changé

Pritz

Loiron

Ruillé-le-Gravelais

Juvigné

Bourgon

Princé

la Croixille

St M. Hervé

Châtillon-en-Vendelais

Rochers du Saut Roland

Montreuil-des-Landes

Combourtillé

Parcé

Billé

Montreuil-s/s-Pérouse

Balazé

Taillis

Vitré

les Rochers-Sévigné

Argentré-du-Plessis

Etrelles

Torcé

Erbrée

Mondevert

Forêt du Pertre

Bréal-s/s-Vitré

Gennes-Seiche

Cuillé

St Germain-du-Pinel

Brielles

Domalain

Vergéal

St Poix

Méral

Cossé-le-Vivien

PARC RÉGIONAL NORMANDIE MAINE
Forêt de Monaye
Ceaucé
Lassay
Couptrain
Pré-en-Pail
Mont des Avaloirs
Javron
Ambrières-le-Grand
le Horps
Villaines-la-Juhel
Mayenne
Aron
Grazay
Bais
Hambers
Montaigu
Commer
Forêt de Bourgon
Montsûrs
Évron
Sillé-le-Guillaume
Forêt de Sillé
Ste Suzanne
Forêt de la Grande Charnie
Forêt de la Petite Charnie
Argentré
Vaiges
St Denis-d'Orques
Bazougers
Saulges
Loué
Chassillé
Mézangers
le Rocher
Neau
Assé-le-Bérenger
Voutré
Parennes
Torcé-Viviers-en-Charnie
Chammes
Blandouet
Thorigné-en-Charnie
Joué-en-Charnie
A 81
N 12
N 157
N 162
N 176
51
52
95

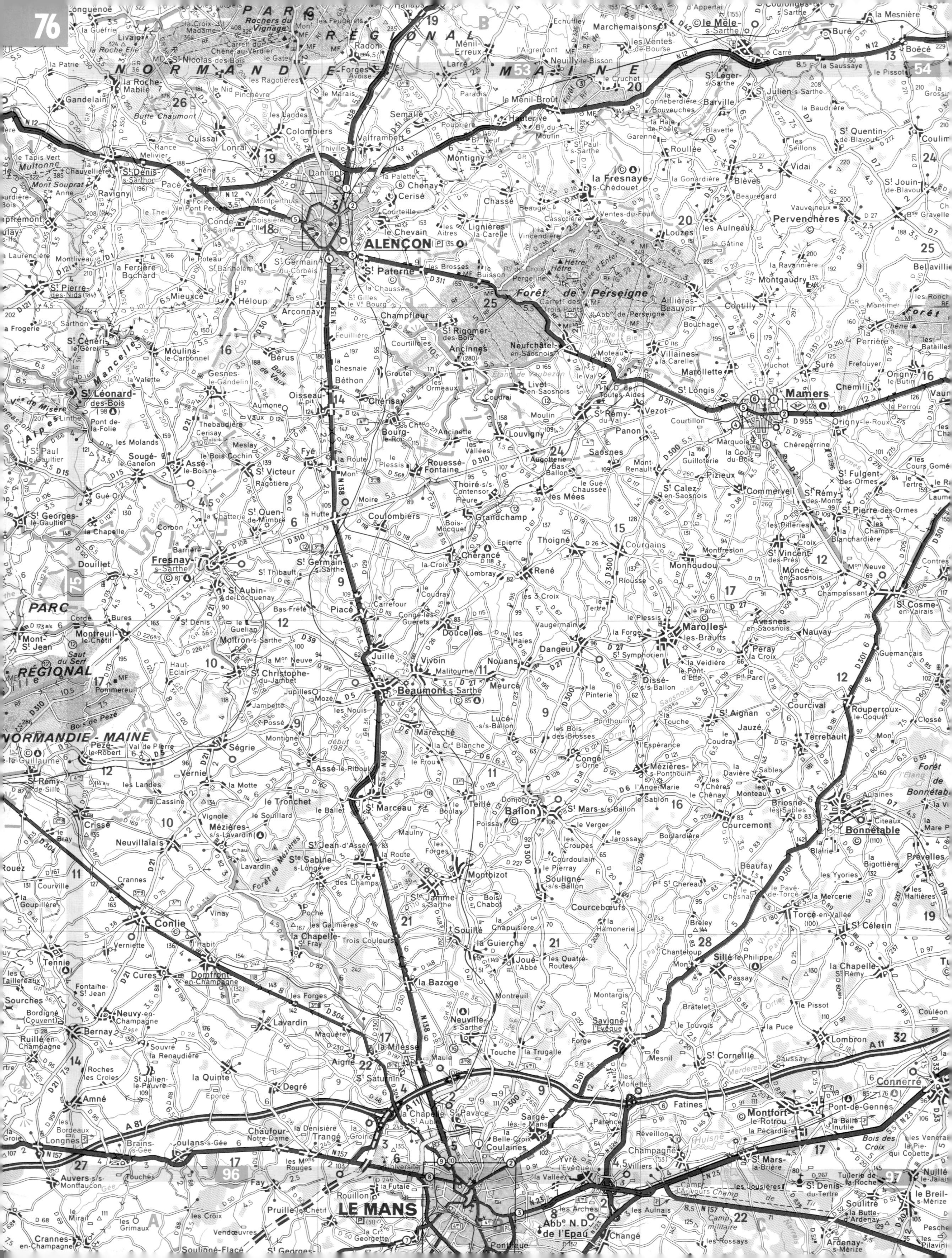

PARC RÉGIONAL NORMANDIE MAINE
ALENÇON
Forêt de Perseigne
Mamers
St Paterne
Neufchâtel-en-Saosnois
St Léonard-des-Bois
Alpes Mancelles
Fresnay-s-Sarthe
Beaumont-s-Sarthe
Ballon
Bonnétable
Marolles-les-Braults
Conlie
Domfront-en-Champagne
Sillé-le-Philippe
Savigné-l'Évêque
Connerré
Montfort-le-Rotrou
LE MANS
Coulaines
Yvré-l'Évêque
Abbe N.D. de l'Epau
Changé
Neuville-s-Sarthe
la Bazoge
la Milesse
Champfleur
Ancinnes
Fyé
Piacé
Juillé
Vivoin
Doucelles
Teillé
Montbizot
Souillé
Ste Jamme-s-Sarthe
Ségrie
Sougé-le-Ganelon
Assé-le-Boisne
St Georges-le-Gaultier
Pervenchères
le Mêle-s-Sarthe
la Fresnaye-s-Chédouet
St Cosme-en-Vairais
Courcemont
Torcé-en-Vallée
Lombron
St Corneille
Montreuil-le-Chétif
St Christophe-du-Jambet
Neuvy-en-Champagne
Bernay
Degré
Trangé
Chaufour-Notre-Dame
Coulans-s-Gée
Longnes
Auvers-s-s-Montfaucon
Rouillon
Pruillé-le-Chétif
Cérans-en-Champagne
Fay
la Chapelle-St Aubin
Sargé-lès-le-Mans
Champagné
St Mars-la-Brière
Nuillé
Ardenay-s-Mérize
Soulitré
Bois de Pezé
Saut du Serf
Forêt de Bonnétable
Camp militaire
Champ de Tir
N 12
N 138
N 157
N 23
D 300
D 301
D 304
D 310
D 311
A 11
A 81
53
54
75
96
97

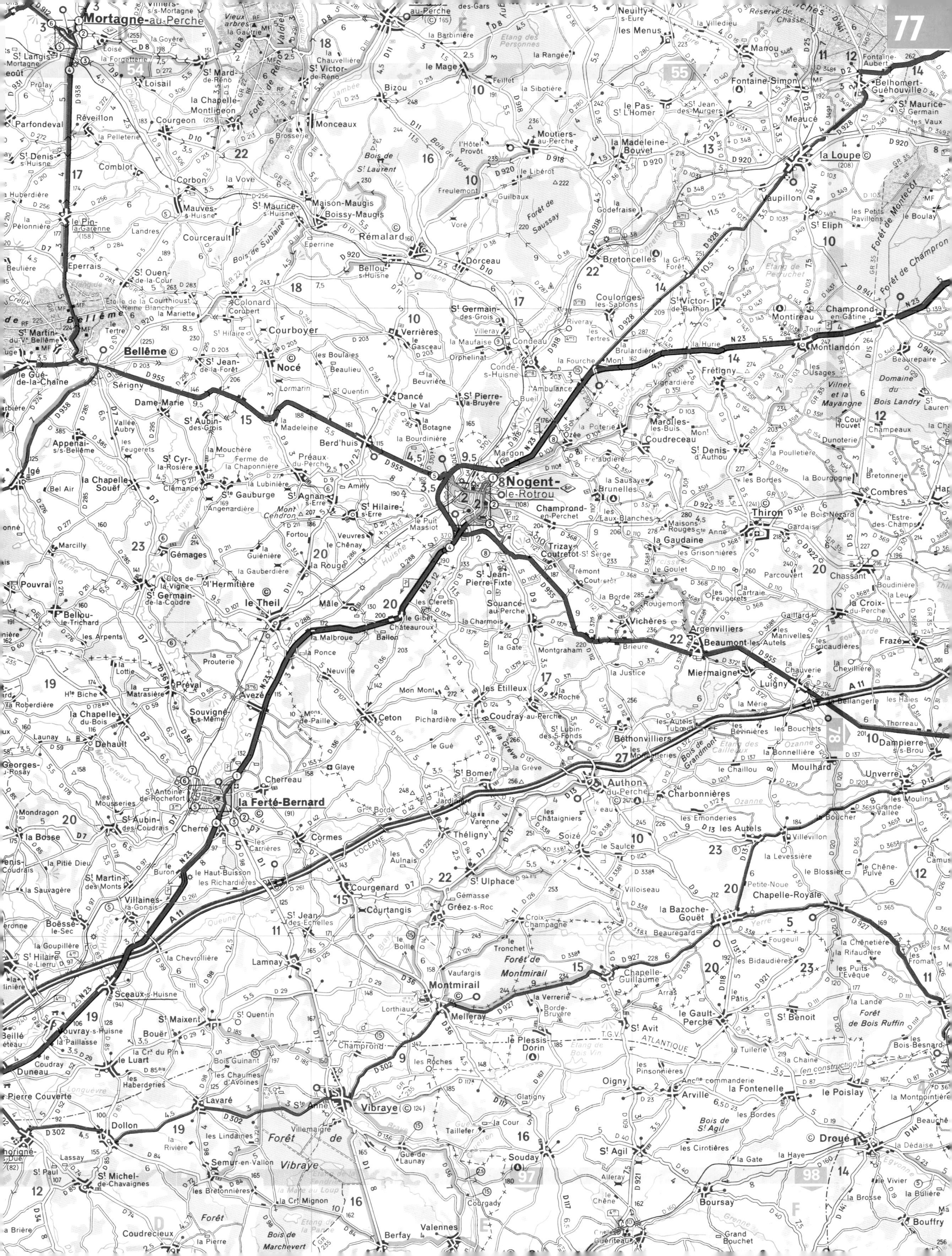

Mortagne-au-Perche

54 · 55

la Loupe

11 · 12

Bellême

Nogent-le-Rotrou

Thiron

la Ferté-Bernard

Montmirail

Vibraye

78

97 · 98

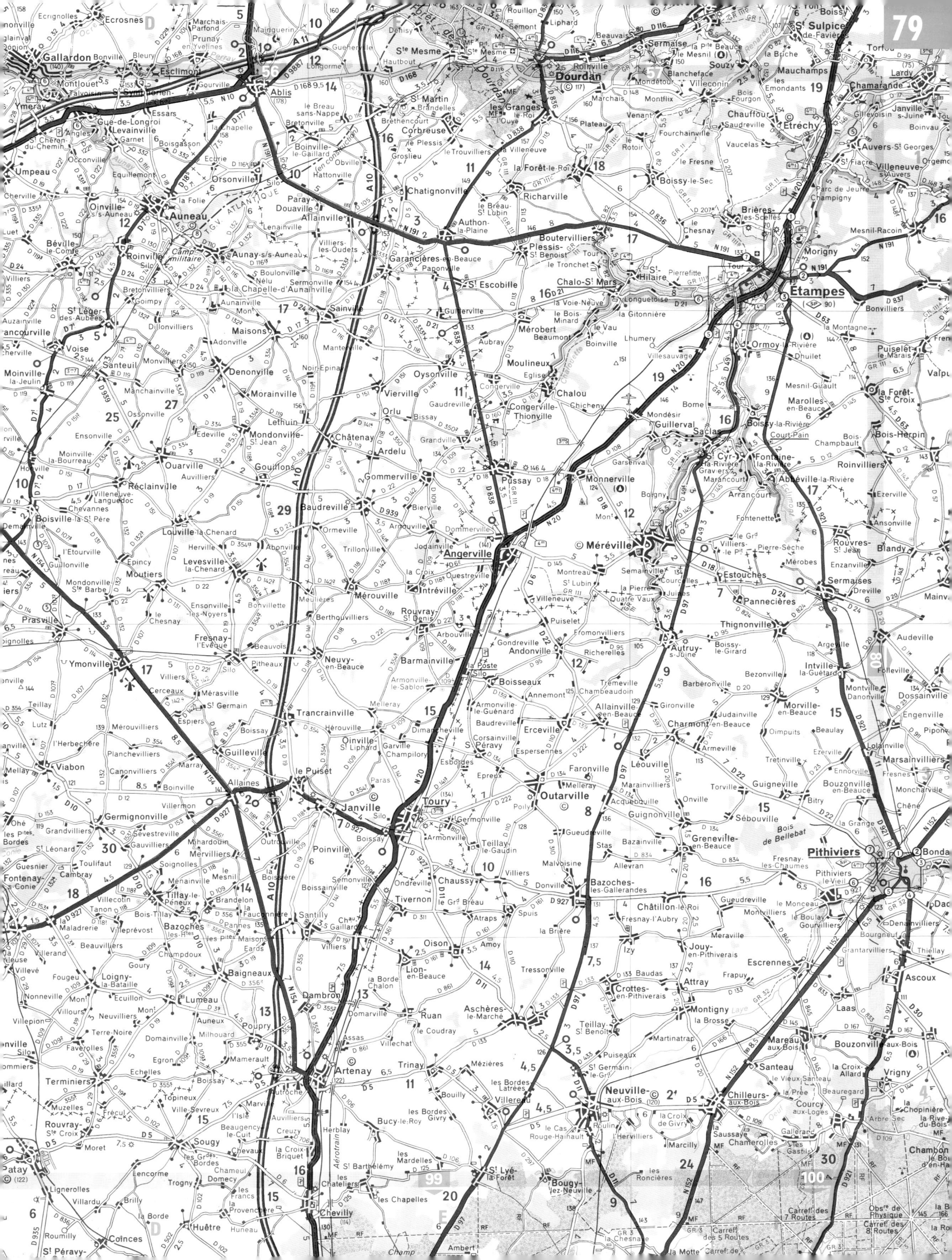

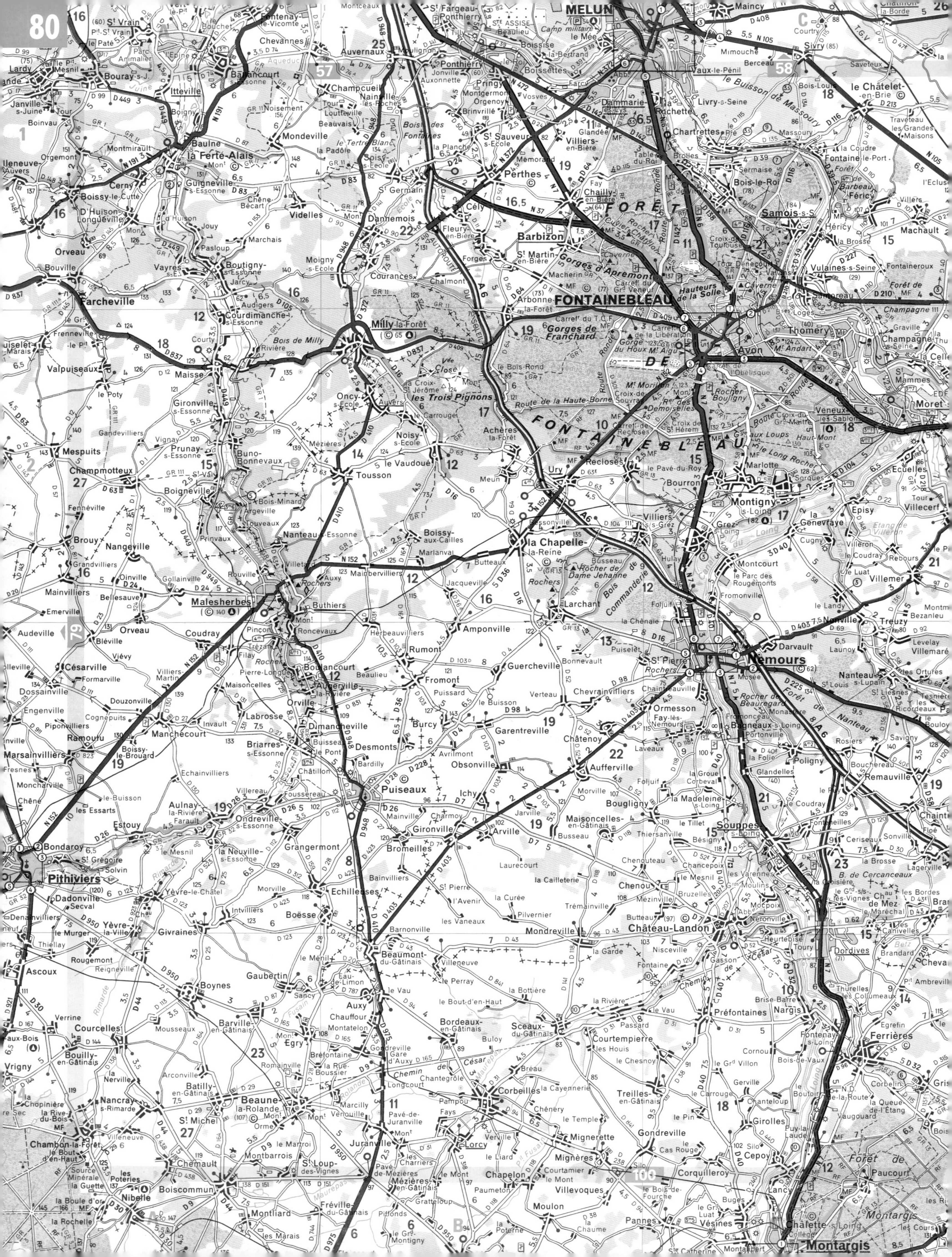
MELUN
St Fargeau-Ponthierry
le Mée
Maincy
Sivry
Lardy
Bouray-s-J.
Ballancourt
Itteville
Chevannes
Auvernaux
Ponthierry
Pringy
Boissise
Boissettes
Dammarie-les-Lys
Vaux-le-Pénil
le Châtelet-en-Brie
Janville-s-Juisne
Champcueil
Livry-s-Seine
Chartrettes
Mondeville
Baulne
la Ferté-Alais
Cerny
Guigneville-s-Essonne
Boissy-le-Cutté
D'Huison-Longueville
St Sauveur-s-Ecole
Villiers-en-Bière
Perthes
Chailly-en-Bière
Bois-le-Roi
Fontaine-le-Port
Samois-s-S.
Héricy
Machault
Fericy
Videlles
Dannemois
Cély
Barbizon
FORÊT DE FONTAINEBLEAU
Orveau
Bouville
Vayres
Boutigny-s-Essonne
Moigny-s-Ecole
Courances
St Martin-en-Bière
Gorges d'Apremont
Vulaines-s-Seine
Fontaineroux
Farcheville
Courdimanche-s-Essonne
Milly-la-Forêt
Arbonne-la-Forêt
FONTAINEBLEAU
Gorges de Franchard
Samoreau
Thomery
Champagne-s-Seine
Avon
Valpuiseaux
Maisse
Oncy-s-Ecole
Les Trois Pignons
St Mammès
Moret
Gironville-s-Essonne
Noisy-s-Ecole
Achères-la-Forêt
Veneux-les-Sablons
Mespuits
Prunay-s-Essonne
Buno-Bonnevaux
Tousson
le Vaudoué
Recloses
Ury
Bourron
Marlotte
Champmotteux
Boigneville
Ecuelles
Montigny-s-Loing
Villiers-s-Grez
Grez-s-Loing
Episy
la Genevraye
Villecerf
Brouy
Nangeville
Nanteau-s-Essonne
Boissy-aux-Cailles
la Chapelle-la-Reine
Rochers de Dame Jehanne
Bois de la Commanderie
Montcourt
Malesherbes
Buthiers
Larchant
Villemer
Treuzy
Audeville
Orveau
Coudray
Amponville
Herbeauvilliers
Rumont
Nemours
Darvault
Césarville
Boulancourt
Guercheville
St Pierre
Dossainville
Augerville-la-Rivière
Fromont
Chevrainvilliers
Ormesson
Nanteau-s-Lunain
Engenville
Orville
Labrosse
Dimancheville
Burcy
Garentreville
Bagneaux-s-Loing
Ramoulu
Manchecourt
Briarres-s-Essonne
Desmonts
Châtenoy
Marsainvilliers
Boissy-le-Brouard
Obsonville
Aufferville
Poligny
Remauville
Puiseaux
Ichy
Aulnay-la-Rivière
Ondreville-s-Essonne
Estouy
Gironville
Arville
Bougligny
Maisoncelles-en-Gâtinais
Souppes-s-Loing
Bondaroy
Pithiviers
Grangermont
Bromeilles
la Neuville-s-Essonne
Echilleuses
Chenou
Dadonville
Yèvre-le-Châtel
Yèvre-la-Ville
Boësse
Givraines
Mondreville
Château-Landon
Dordives
Beaumont-du-Gâtinais
Ascoux
Boynes
Gaubertin
Nargis
Préfontaines
Courcelles
Barville-en-Gâtinais
Auxy
Bordeaux-en-Gâtinais
Sceaux-du-Gâtinais
Courtempierre
Fontenay-s-Loing
Ferrières
Bouilly-en-Gâtinais
Egry
Corbeilles
Treilles-en-Gâtinais
Batilly-en-Gâtinais
Beaune-la-Rolande
Nancray-s-Rimarde
Girolles
St Michel
Juranville
Lorcy
Mignerette
Gondreville
Chambon-la-Forêt
Chemault
St Loup-des-Vignes
Chapelon
Mignères
Corquilleroy
Cepoy
Boiscommun
Mézières-en-Gâtinais
Villevoques
Paucourt
Nibelle
Montliard
Fréville-du-Gâtinais
Moulon
Pannes
Vésines
Châlette-s-Loing
Montargis
Forêt de Montargis
Forêt de Nanteau
Forêt de Barbeau
57
58
79
100

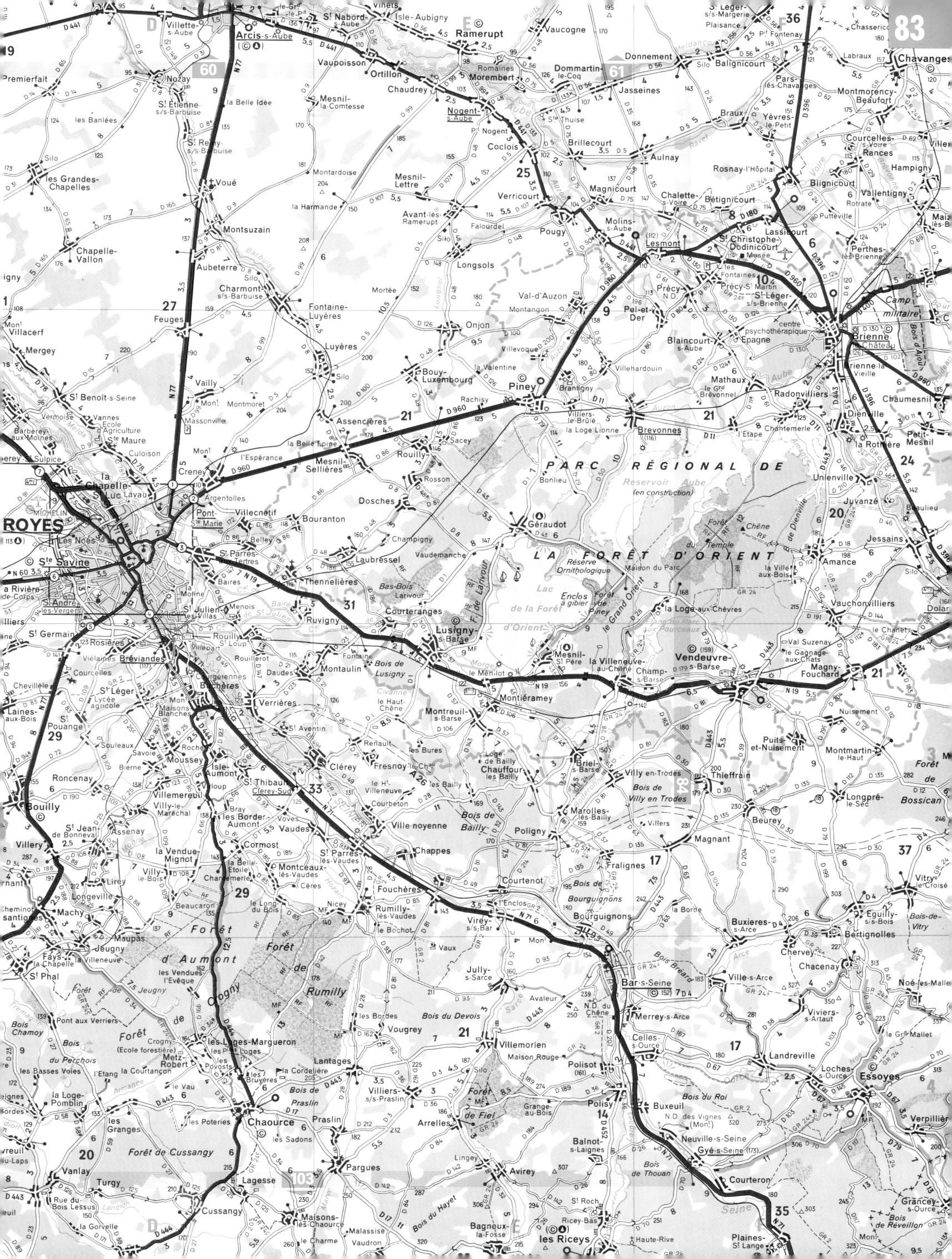

Neufchâteau · Châtenois · Mirecourt · VITTEL · Contrexéville · Bulgnéville · Darney · Bourmont · Lamarche · Monthureux-s-Saône · Domremy-la-Pucelle · Martigny-les-Bains

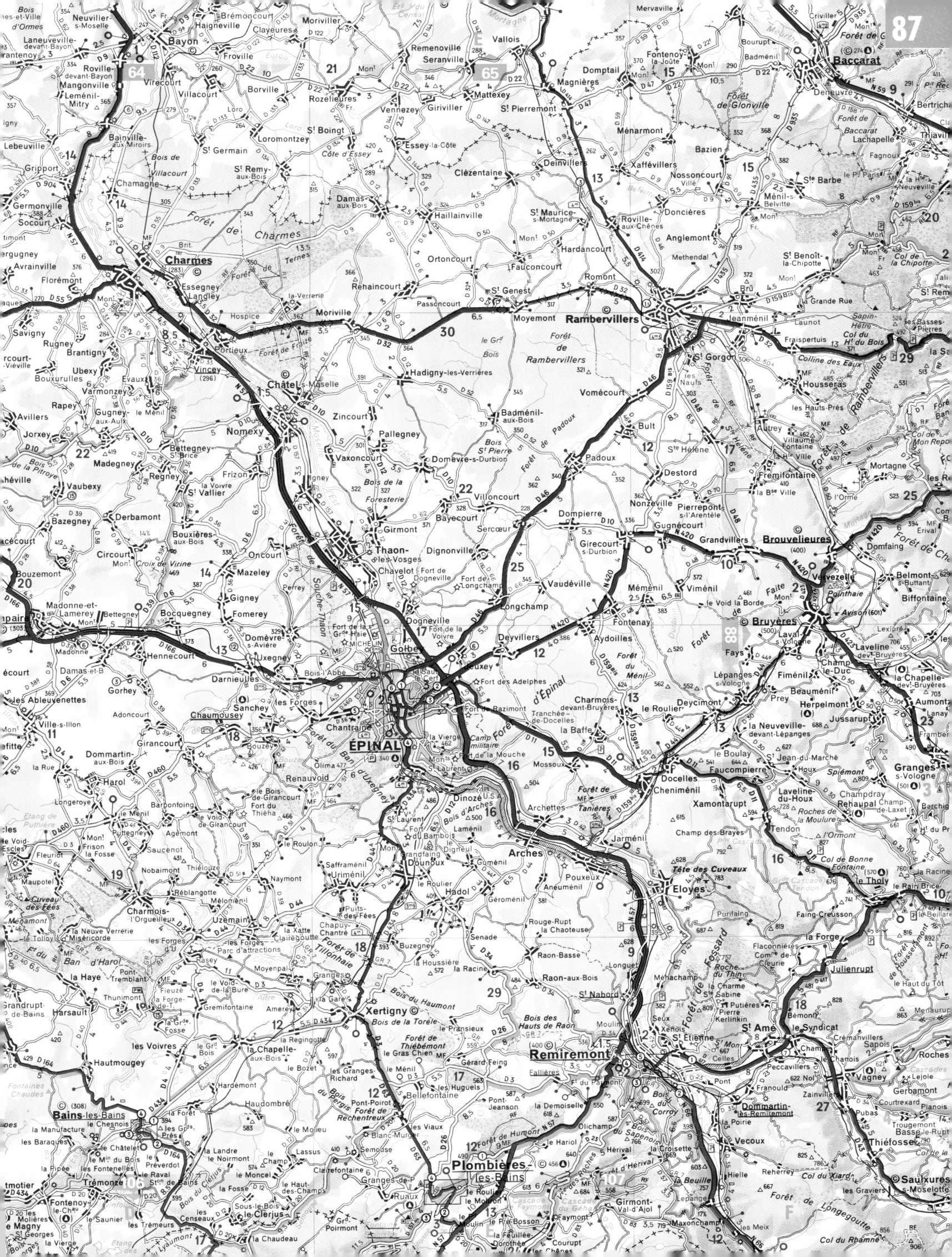

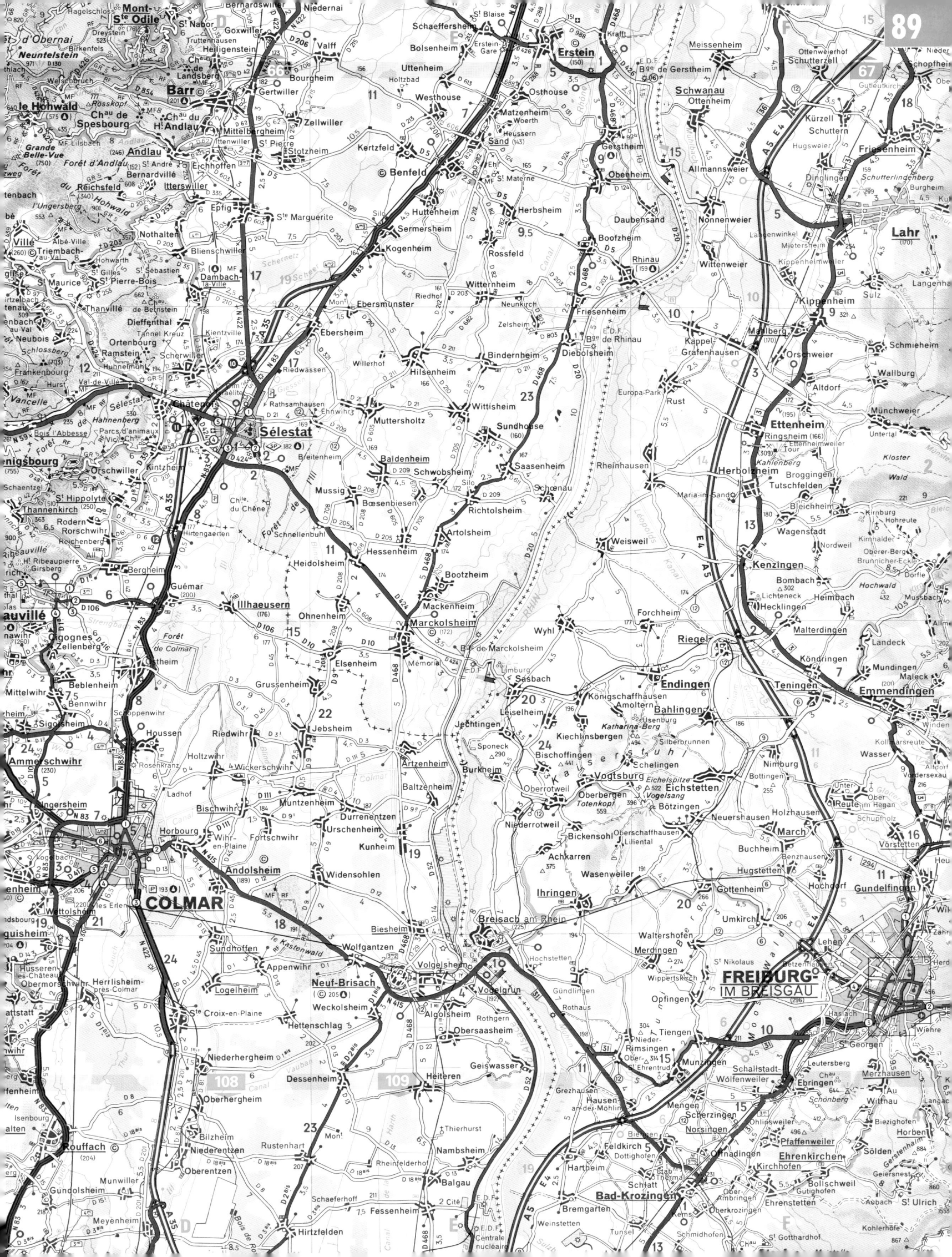

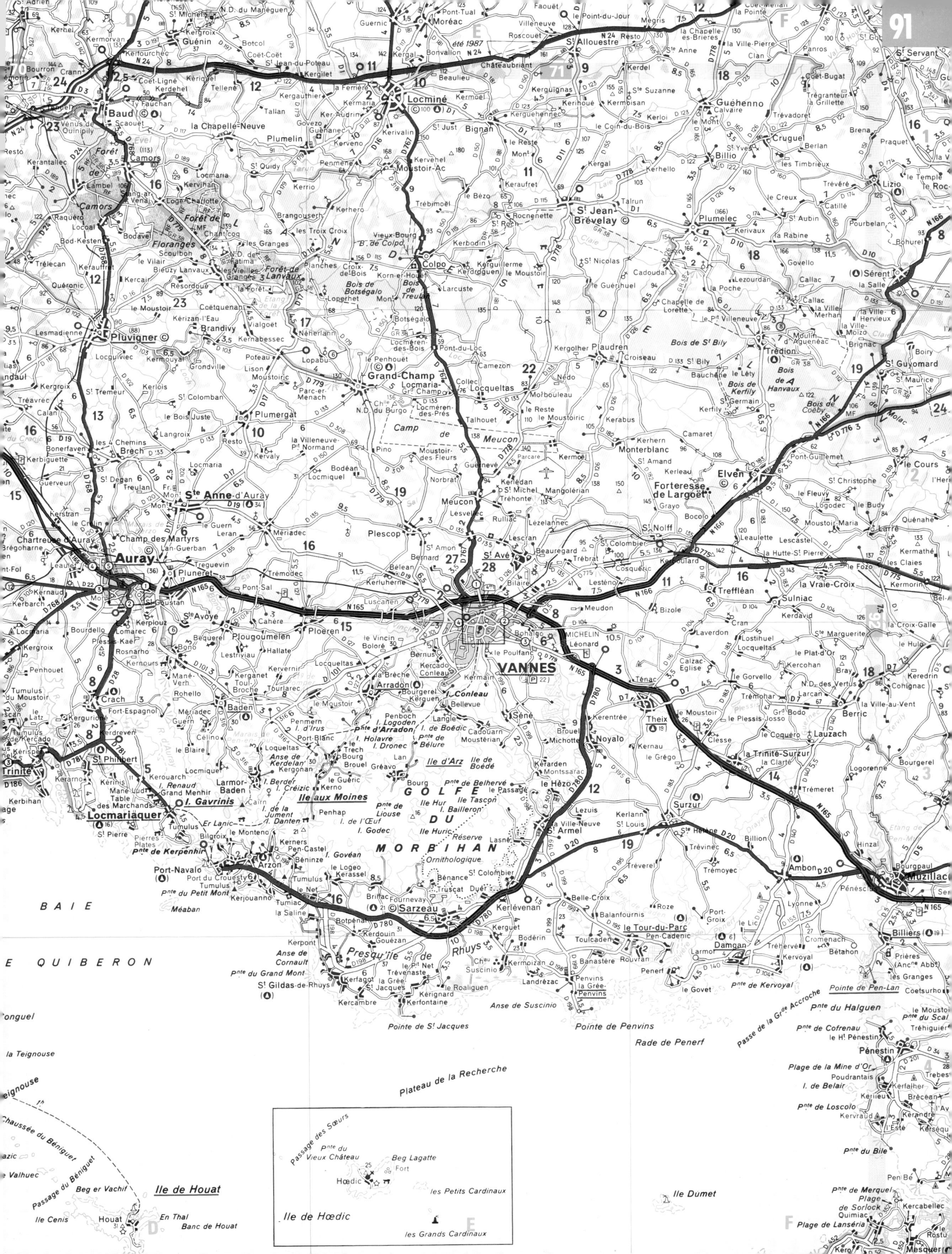

Guichen · Chanteloup · Janzé · Boistrudan · Marcillé-Robert · la Roche-aux-Fées · le Theil-de-Bretagne · Retiers · Crévin · Bourg-des-Comptes · Saulnières · le Sel-de-Bretagne · Coësmes · St Senoux · Pléchâtel · Poligné · Pancé · Lalleu · Thourie · la Bosse-de-Bretagne · Forêt du Theil · St Malo-de-Phily · la Bosse · Ste Colombe · Champagné · Messac · Bain-de-Bretagne · Ercé-en-Lamée · Lalleu · Beaumont · Soulvache · Martigné-Ferchaud · Guipry · la Noë-Blanche · Teillay · St Malo · Fercé · la Lande-d'Airaie · Noyal · Grand-Fougeray · la Dominelais · St Sulpice-des-Landes · Forêt de Teillay · Rougé · Soudan · Ste Anne-s-Vilaine · Langon · Sion-les-Mines · Ruffigné · St Aubin-des-Châteaux · Châteaubriant · Beslé · Mouais · Forêt de Domnaiche · Lusanger · Louisfert · Erbray · Pierric · Derval · St Vincent-des-Landes · Moisdon-la-Rivière · Guémené-Penfao · Conquereuil · Jans · Treffieux · Issé · Marsac-s-Don · Tournebride · Grd Auverné · Gâvre · Vay · Nozay · Abbaretz · la Meilleraye-de-Bretagne · Forêt de Vioreau · Forêt d'Ancenis · la Magdeleine · le Gâvre · Puceul · Abb. de Melleray · Ancenis-les-Bois · Forêt de la Groulaie · Saffré · Riaillé · Joué-s-Erdre · Blain · Canal de Nantes · Nort-s-Erdre · Trans-s-Erdre · Mouzeil

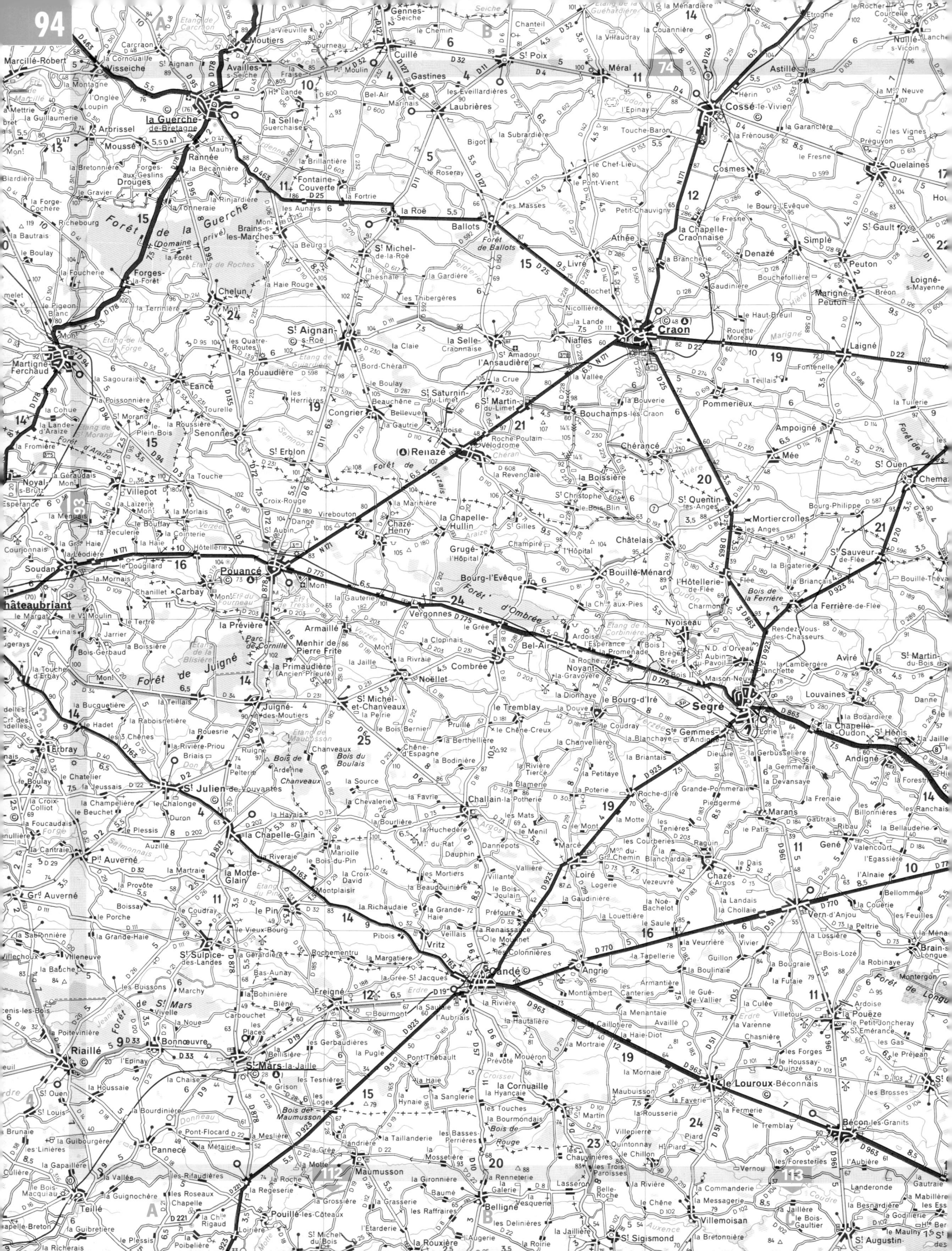

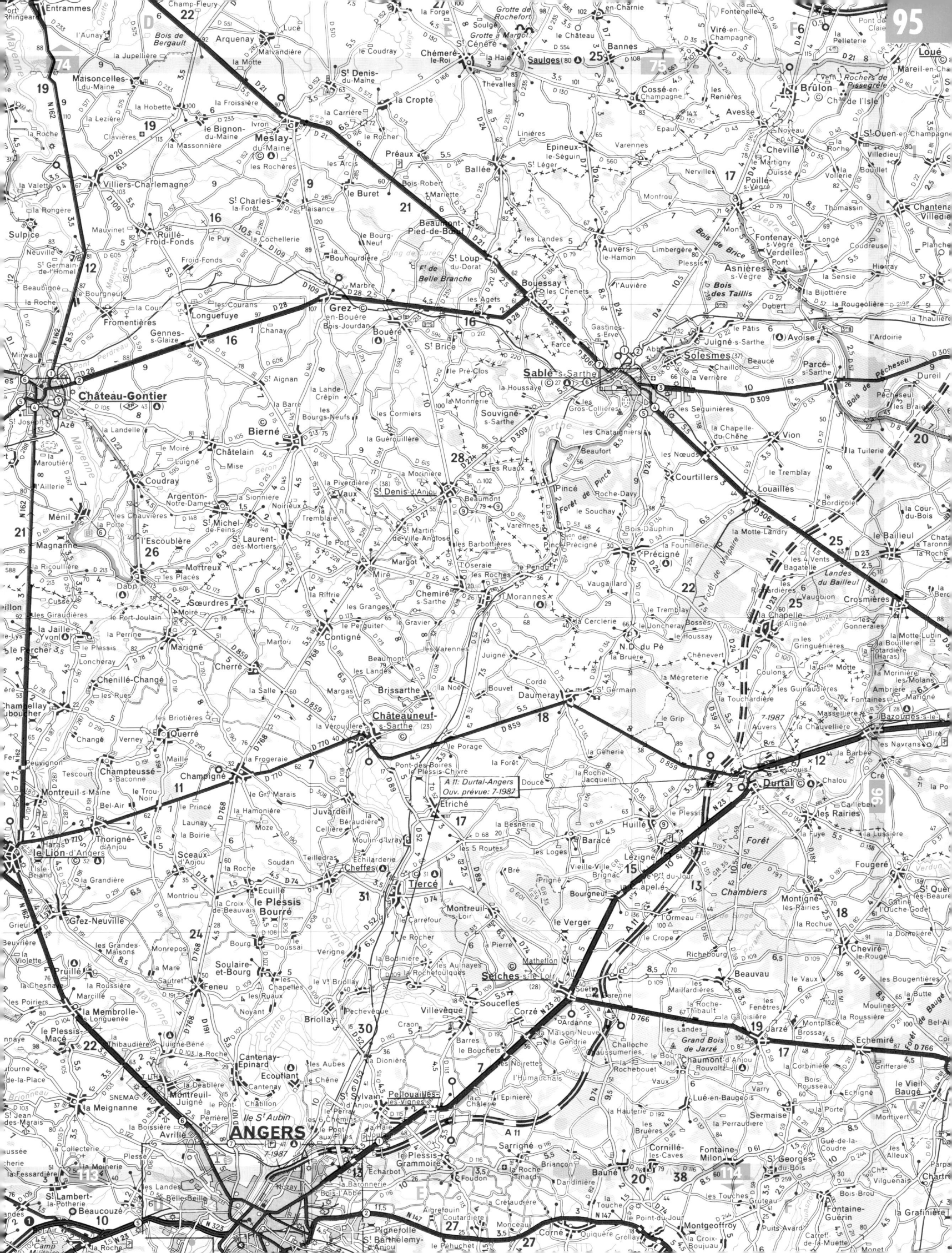

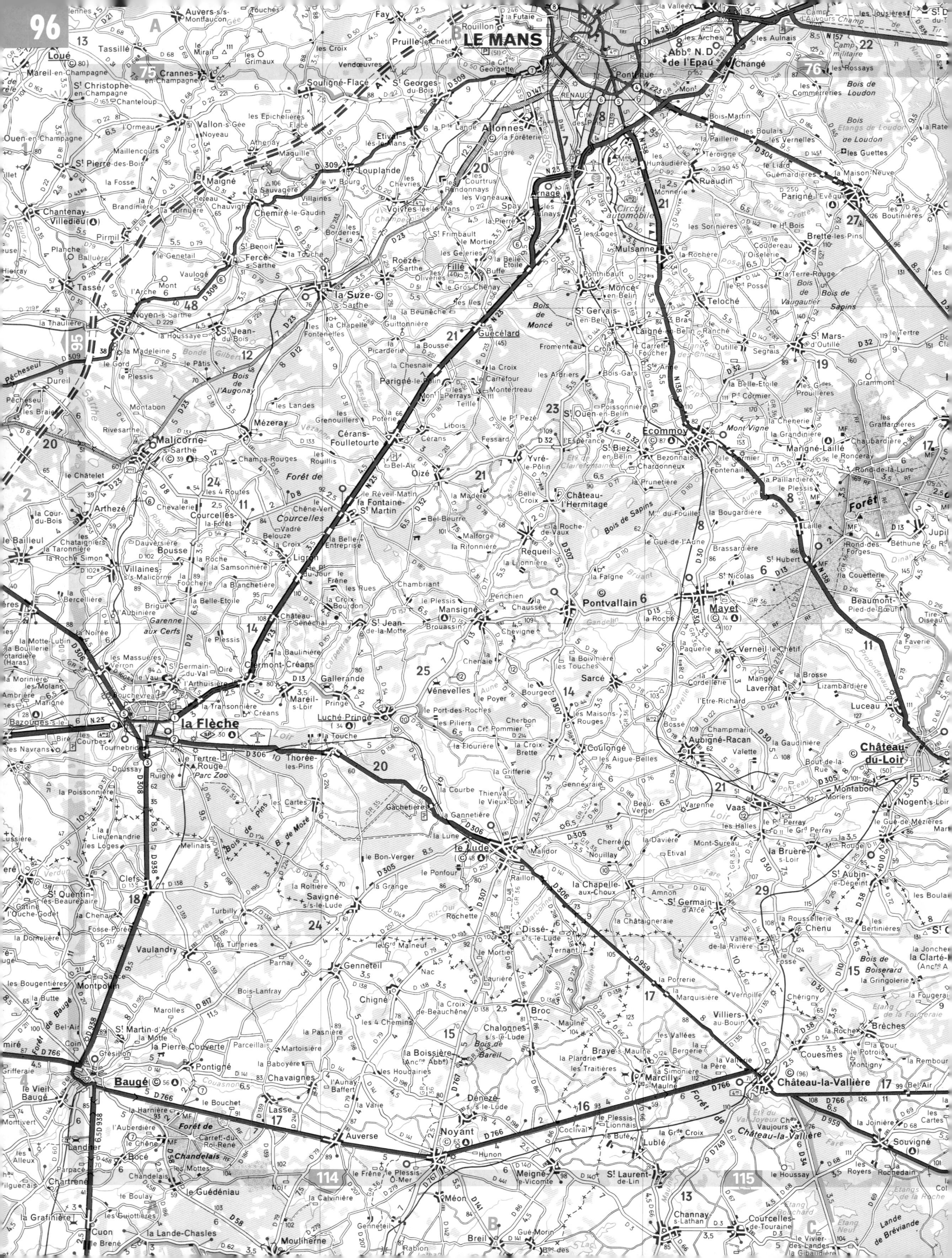

LE MANS
Rouillon
Pruillé-le-Chétif
Allonnes
Arnage
Spay
Changé
Pontlieue
Abbe N.D. de l'Epau
Ruaudin
Parigné-l'Évêque
Brette-les-Pins
Mulsanne
Moncé-en-Belin
Laigné-en-Belin
St Gervais-en-Belin
Teloché
St Mars-d'Outillé
Ecommoy
Marigné-Laillé
Guécélard
Parigné-le-Pôlin
St Ouen-en-Belin
St Biez-en-Belin
Yvré-le-Pôlin
Château-l'Hermitage
Requeil
Pontvallain
Mayet
St Hubert
Beaumont-Pied-de-Boeuf
Verneil-le-Chétif
Sarcé
Coulongé
Aubigné-Racan
Vaas
Château-du-Loir
Nogent-s-Loir
Montabon
La Bruère-s-Loir
St Aubin-le-Dépeint
Chenu
Luceau
la Flèche
Bazouges-s-le-Loir
Clermont-Créans
Mareil-s-Loir
Luché-Pringé
Thorée-les-Pins
le Lude
Vénevelles
Mansigné
Chéronne
St Jean-de-la-Motte
Cérans-Foulletourte
Oizé
Mézeray
Malicorne-s-Sarthe
Noyen-s-Sarthe
la Suze-s-Sarthe
Roëzé-s-Sarthe
Fillé
Voivres-lès-le-Mans
Louplande
Étival-lès-le-Mans
Souligné-Flacé
St Georges-du-Bois
Vallon-s-Gée
Maigné
Chemiré-le-Gaudin
Fercé-s-Sarthe
Tassé
Chantenay-Villedieu
St Pierre-des-Bois
Loué
Mareil-en-Champagne
St Christophe-en-Champagne
Cranne-en-Champagne
Tassillé
Auvers-s-Montfaucon
Fay
Arthezé
Courcelles-la-Forêt
Ligron
Villaines-s-Malicorne
Bousse
St Germain-du-Val
Clefs
St Quentin-lès-Beaurepaire
Vaulandry
Montpollin
Baugé
Le Vieil-Baugé
Pontigné
Chavaignes
Lasse
Auverse
Noyant
Genneteil
Chigné
Broc
Dissé-s-le-Lude
Savigné-s-le-Lude
la Chapelle-aux-Choux
St Germain-d'Arcé
Villiers-au-Bouin
Couesmes
Brèches
Château-la-Vallière
Souvigné
Marcilly-s-Maulne
Braye-s-Maulne
Chalonnes-s-le-Lude
Dénezé-s-le-Lude
Meigné-le-Vicomte
St Laurent-de-Lin
Lublé
Channay-s-Lathan
Courcelles-de-Touraine
Méon
Breil
Cuon
Chartrené
Bocé
Le Guédéniau
Forêt de Chandelais
Forêt de Château-la-Vallière
Forêt de Courcelles
Circuit automobile
Forêt de Bercé
Bois de Sapins
Bois de Loudon
Parc Zoo
Loir
Sarthe
75
76
95
114
115

la Chapelle-Vicomtesse

Boursay

Choué · les Souches · le Croc · St Marc-du-Cor

Mondoubleau · Cormenon · Baillou · le Clos-Boiteau · Romilly

Valennes · Berfay · Rahay · Coulonge · le Gravier · Beauchêne · les Cinq Vouges

Coudrecieux · Ste Marie-des-Bois · la Quentinière · les Chevrons · Sargé-s-B. · le Temple · Motteux

Bouloire · les Loges · Montaillé · Conflans-s-Anille · les Radrets · Rotsans

St Mars-de-Locquenay · Maisoncelles · Ecorpain · les 13 Vents · Taille-Fer Montmarin · Fief-Corbin · les Renaudières

le Cheval-Blanc · Pélonnières · la Fuye · l'Oiselière · St Calais · Marolles-lès-St Calais · Monplaisir · l'Etang · Epuisay

Tresson · le Mançais · Evaillé · la Maladrerie · la Haie-Bergerie · Danzé

Villaines · Montreuil-le-Henri · Ste Osmane · Ste Cérotte · les Landes · St Gervais-de-Vic · Savigny-s-Braye · Champ-Rond · Beaulieu · le Bois-Malon · Buissard

St Vincent-du-Lorouër · Cogners · la Blanchetière · la Chapelle-Huon · Glatigny · la Courcelle · la Poulinière · la Maslerie · Fosse-Landeau · Azé · l'Orgerie

Bercé · St Georges-de-la-Couée · Robert · Courtanvaux · Bessé-s-Braye · Cellé · les Fossés · la Vieille-Haie · la Belle-Etoile · Fortan · la Fosse-Courtin · les Bellezèveries · Forêt de Vendôme

Courdemanche · la Chênuère · St Fraimbault · Vancé · l'Antinière · le Chêne · le Brulon · les Pavillons · la Montellière · Mazangé · Bonaventure · Villiers-s-Loir

St Pierre-du-Lorouër · la Vallée · la Joubardière · la Chapelle-Gaugain · Bonneveau · Fontaine-les-Coteaux · Bois de Fargot · la Champlonnière · Clouseaux · le Gué-du-Loir · Rochambeau

Bénéhart · Lavenay · les Landes · le H! Chenillé · Troo · Valrond · Chalay · Habitations troglodytiques · Nonais · Thoré-la-Rochette · Naveil

Thoiré-s-Dinan · Poncé-s-le-Loir · Sougé · St Jacques-des-Guerets · St Quentin-lès-Troo · Ranay · la Madeleine · Fargot · les Roches-l'Evêque · St Rimay · Borde-Beurre

Chahaignes · Ruillé · Couture-s-Loir · l'Isle Verte · le Pin · Vieux-Bourg · Artins · St Oustille · Villavard · Houssay · Marcilly-en-Beauce · Villerable

Lhomme · la Maladrerie · Tréhet · Chevelu · la Possonnière · les Essarts · Montoire-s-le-Loir · Lavardin · Villierstaux

la Chartre-s-le-Loir · les Fontaines · Villedieu-le-Château · la Verrerie · Ternay · Prieuré Ste Madeleine · les Hayes · St Martin-des-Bois · St Georges-des-Bois · St Arnoult · Sasnières · Huisseau-en-Beauce

Marçon · la Moussardière · Beaumont-s-Dême · la Chaume · les Pins · Montrouveau · Roc-en-Tuf · Marcé · Drouilly · Croixval · Prunay · Casséreau · Amboly · le Plessis-St Amand

Yuovray-s-Loir · la Vallée · Auberderie · la Bouardière · Bois de Gâtines · le Casséreau · St Amand-Longpré

Dissay-s-Courcillon · Epeigné-s-Dême · Rorthe · les Grdes Maisons · les Hermites · le Houssay · la Fournerie · Villethiou · Longpré · St Gourgon

Villebourg · Bueil-en-Touraine · Chemillé-s-Dême · la Marchère · la Georgettière · Monthodon · Clairmarchais · Authon · Villechauve · les Haies

la Maison-Rouge · Pont-de-Moulinas · le Mortier · les Maisons-Neuves · Silo · la Loiterie · Neuville · Villeporcher

St Paterne-Racan · la Chenaye · Silo · Marray · la Ferrière · le Sentier · la Hersonnière · le Hêtre

la Roche-Racan · Neuvy-le-Roi · Fontenaille · la Brosse · les Forestières · la Roberderie · le Boulay · Forêt de Château-Renault · Morand

Neuillé-Pont-Pierre · Forêt de D766 · Chenusson · St Laurent-en-Gâtines · la Barbotinière · Château-Renault · Saunay · St Nicolas-des-Motets

Beaumont-la-Ronce · Champlonnière · Montifray · Bois de Nouzilly · la Boissière · la Commune · la Besnardière · Auzouer-en-Touraine · Morand

Sonzay · l'Espérance · l'Encloître · Nouzilly · I.N.R.A. · le Perroi · la Grd Vallée · Villedômer · le H!-Villaumay

Semblançay · St Antoine-du-Rocher · Monnaie · Crotelles · Beauregard · Villememe · Autrèche

Rouziers-de-Touraine · les Œufs-Durs · le Mortier · Forêt Bélier · la Borde · le Mée · Beaumarchais · Porcherieux

Langennerie · les Belles-Ruries · Baudry · Reugny · la Vallière · Montreuil-en-Touraine

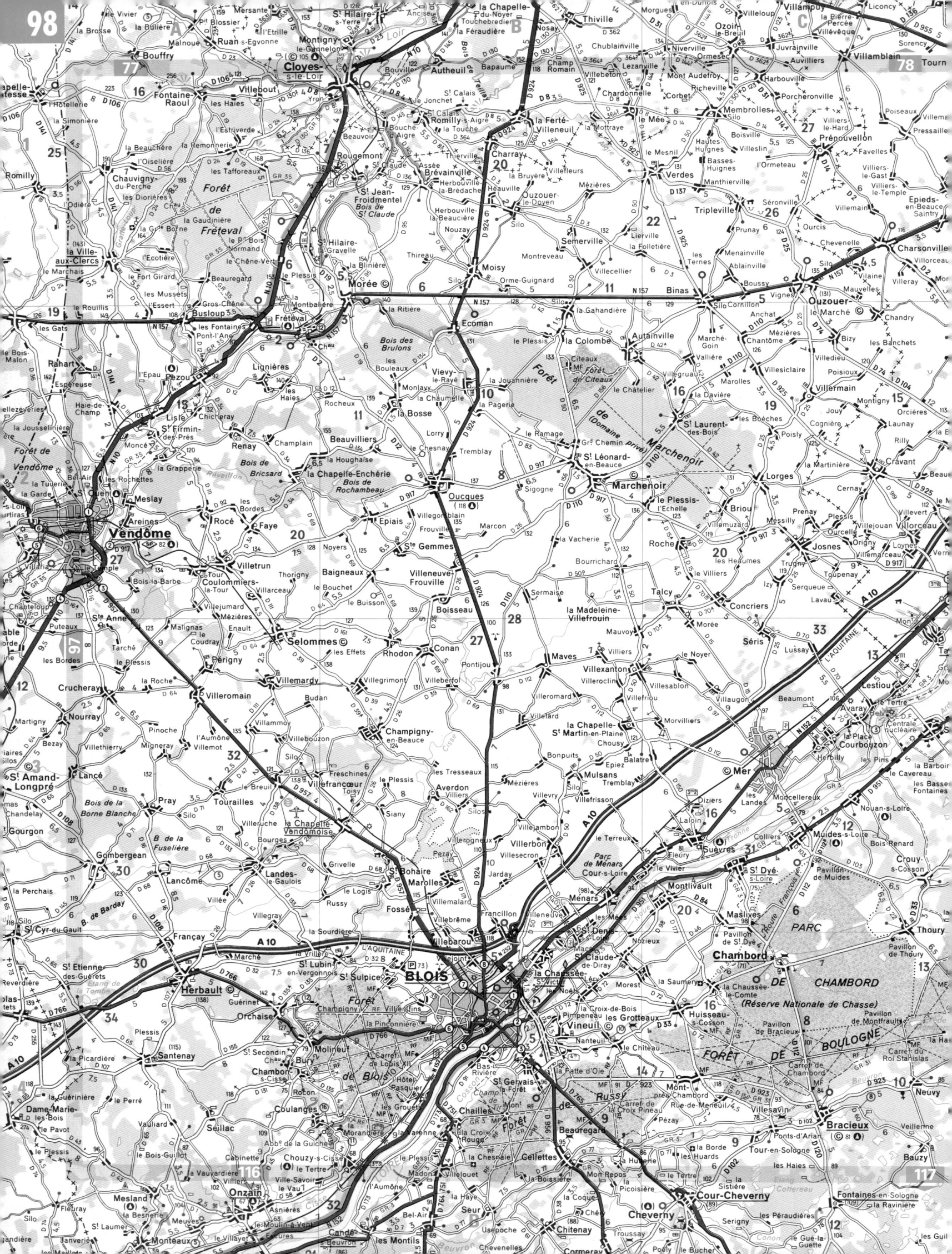

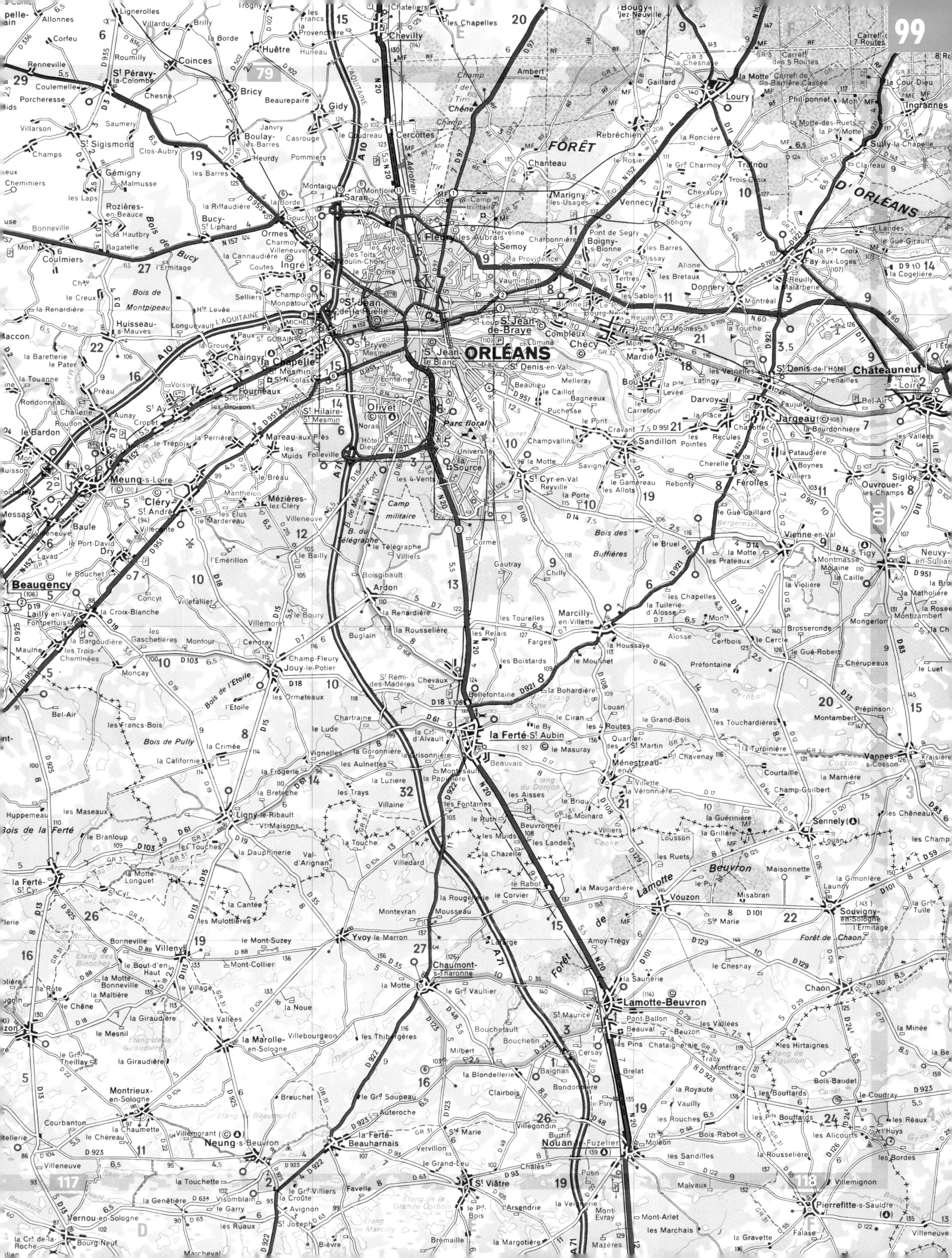

Thorailles
la Chapelle-St Sépulcre
la Selle-en-Hermoy
Chuelles
Quatre-Croix
St Martin d'Ordon
St Loup d'Ordon
Villevallier
Villecien
St Aubin-s-Yonne
Cézy
Joigny
Côte St Jacques
Montcorbon
Cudot
Précy-s-Vrin
la Celle-St Cyr
Chamvres
Paroy-s-Tholon
St Germain-des-Prés
St Firmin-des-Bois
Douchy
Villefranche
Triguères
Châteaurenard
Dicy
Sépeaux
St Romain-le-Preux
Champvallon
Prunoy
Chevillon
Volgré
Senan
Chêne-Arnoult
Fontenouilles
Charny
la Ferté-Loupière
Villiers-s-Tholon
Aillant-s-Tholon
Melleroy
la Chapelle-s-Aveyron
St Maurice-s-Aveyron
Chambeugle
Perreux
Sommecaise
les Ormes
Chassy
St Martin-s-Ouanne
Marchais-Beton
Malicorne
St Denis-s-Ouanne
Grandchamp
St Maurice-Thizouaille
St Aubin-Château-Neuf
St Martin-s-Ocre
Egleny
Merry-la-Vallée
Beauvoir
Châtillon-Coligny
Aillant-s-Milleron
Dammarie-s-Loing
Champignelles
Villiers-St Benoît
Ste Reine
la Villotte
Louesme
Parly
Pourrain
Rogny-les-7-Ecluses
Champcevrais
Tannerre-en-Puisaye
Dracy
Toucy
Villeneuve-les-Genêts
Diges
Bléneau
Septfonds
Mézilles
Moulins-s-Ouanne
Fontaines
Leugny
Breteau
Ouzouer-s-Trézée
St Privé
Ronchères
Champoulet
St Martin-des-Champs
St Fargeau
St Sauveur-en-Puisaye
Fontenoy
Lalande
Chastenay
Sementron
Levis
Dammarie-en-Puisaye
Batilly-en-Puisaye
Saints
Lain
Moutiers
Lavau
Thury
Thou
Faverelles
Ste Colombe-s-Loing
Bonny-s-Loire
Ratilly
Treigny
Lainsecq
Sougères-en-Puisaye
Beaulieu
Arquian
Annay
St Amand-en-Puisaye
Perreuse
Neuvy-s-Loire
Sainpuits
Etais-la-Sauvin
Dampierre-s-s-Bouhy

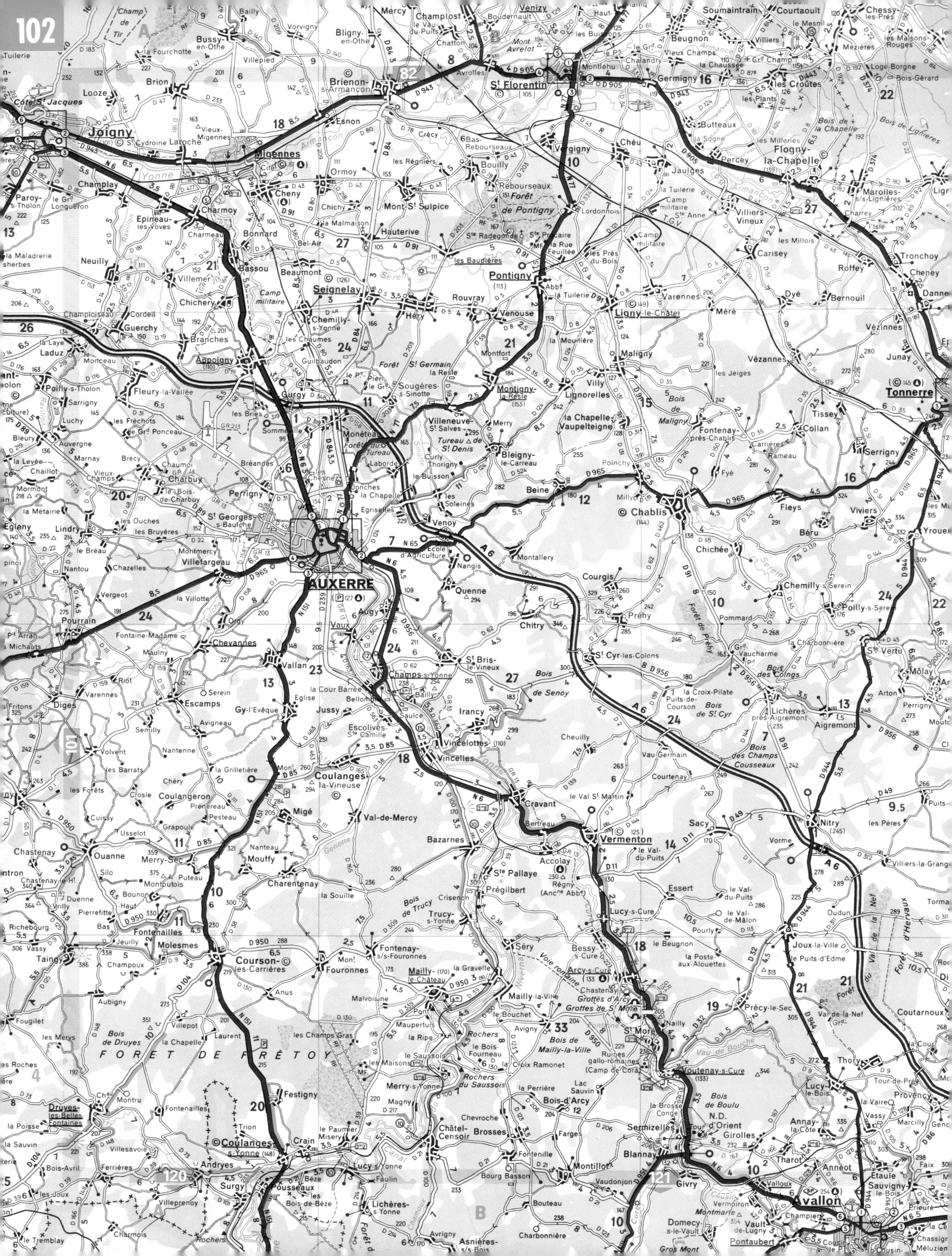

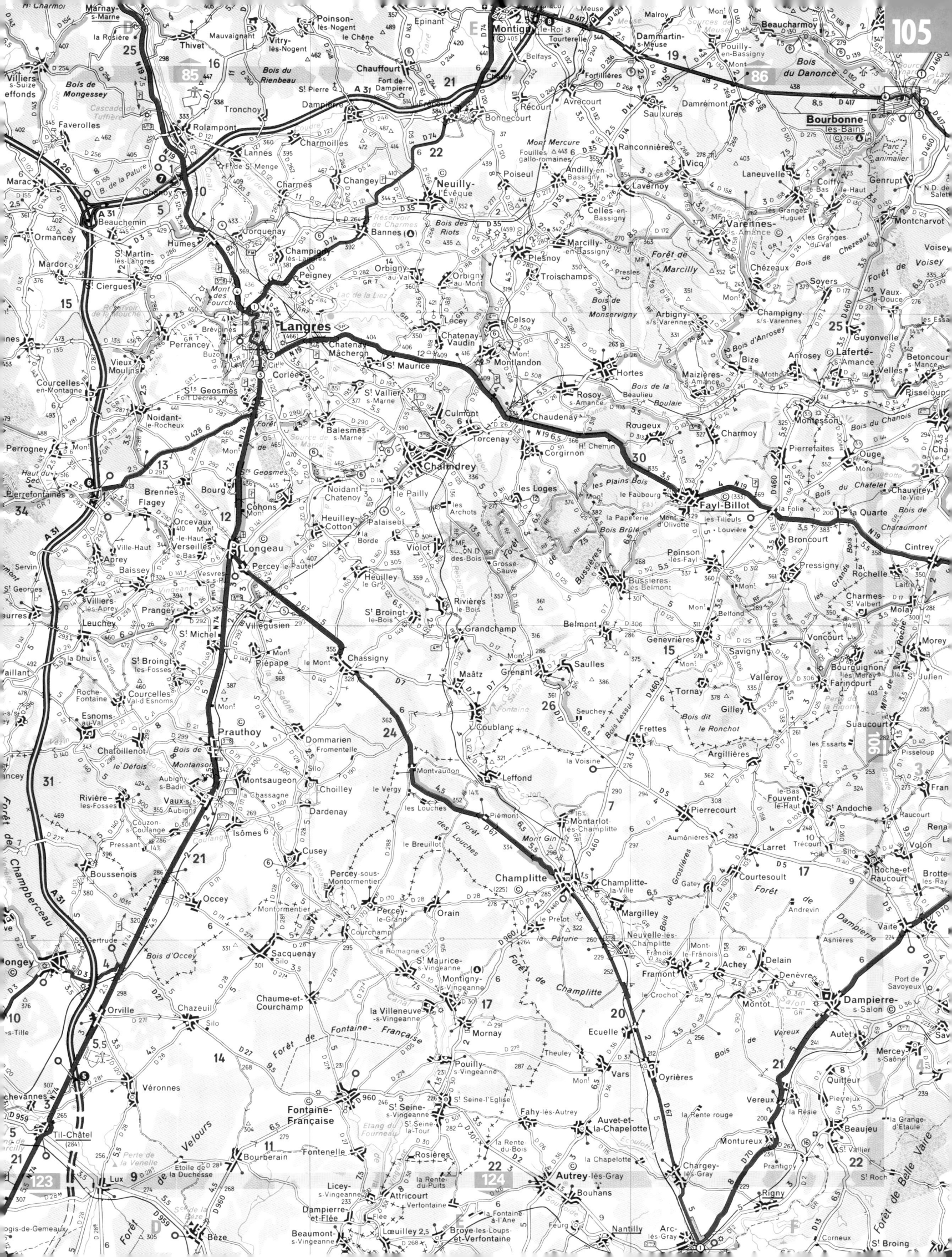

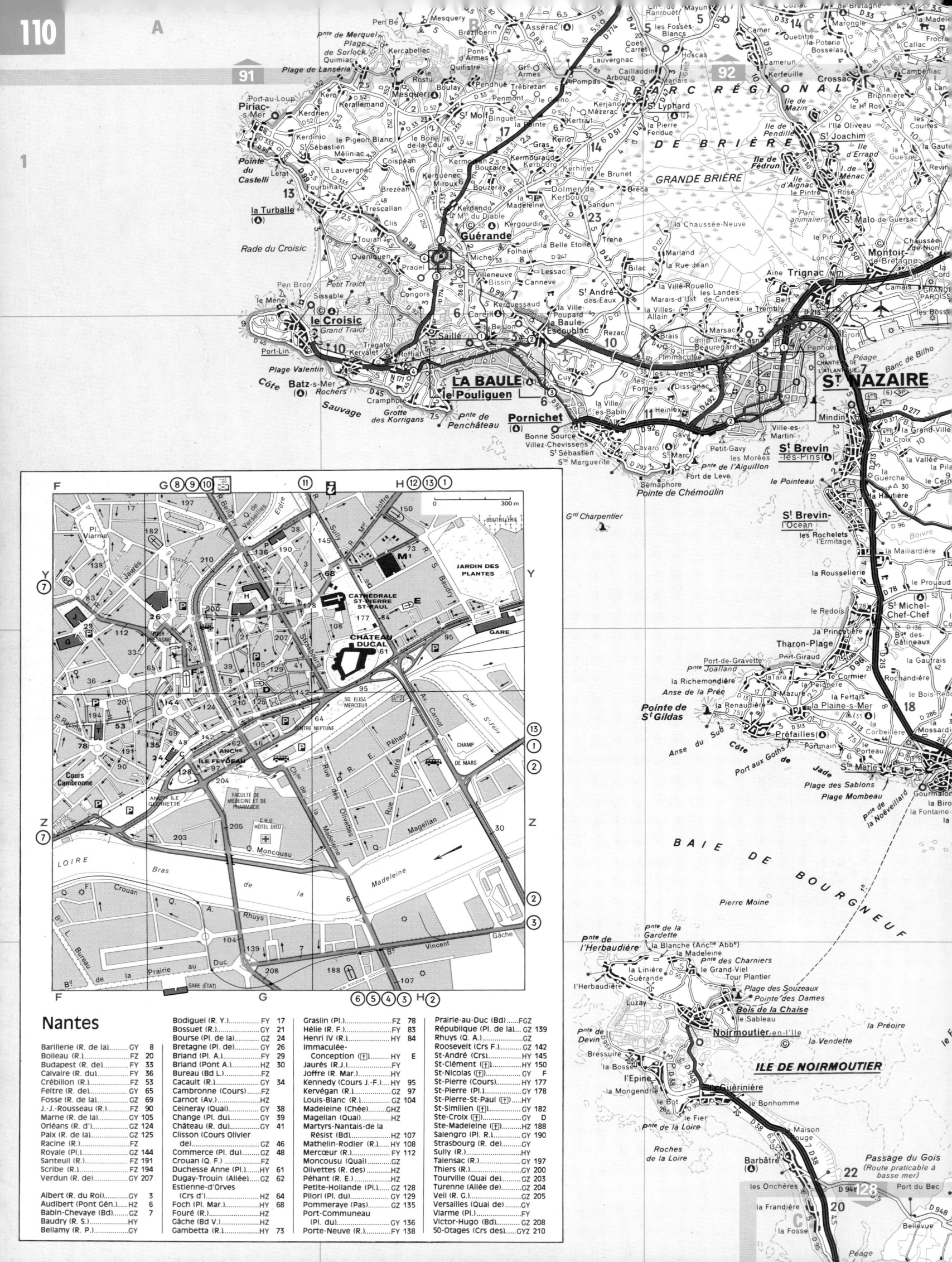

Nantes

Barillerie (R. de la)	GY	8
Boileau (R.)	FZ	20
Budapest (R. de)	FY	33
Calvaire (R. du)	FY	36
Crébillon (R.)	FZ	53
Feltre (R. de)	GY	65
Fosse (R. de la)	GZ	69
J.-J.-Rousseau (R.)	FZ	90
Marne (R. de la)	GY	105
Orléans (R. d')	GZ	124
Paix (R. de la)	GZ	125
Racine (R.)	FZ	
Royale (Pl.)	GZ	144
Santeuil (R.)	FZ	191
Scribe (R.)	FZ	194
Verdun (R. de)	GY	207
Albert (R. du Roi)	GY	3
Audibert (Pont Gén.)	HZ	6
Babin-Chevaye (Bd)	HZ	7
Baudry (R. S.)	HY	
Bellamy (R. P.)	GY	

Bodiguel (R. Y.)	FY	17
Bossuet (R.)	GY	21
Bourse (Pl. de la)	GZ	24
Bretagne (Pl. de)	FY	26
Briand (R. A.)	FY	29
Briand (Pont A.)	HY	30
Bureau (Bd L.)	FZ	
Cacault (R.)	GY	34
Cambronne (Cours)	FZ	
Carnot (Av.)	HZ	
Ceineray (Quai)	GY	38
Change (Pl. du)	GY	39
Château (R. du)	GY	41
Clisson (Cours Olivier de)	HZ	46
Commerce (Pl. du)	GZ	48
Crouan (Q. F.)	FZ	
Duchesse Anne (Pl.)	HY	61
Dugay-Trouin (Allée)	GZ	62
Estienne-d'Orves (Crs d')	HZ	64
Foch (Pl. Mar.)	HY	68
Fouré (R.)	HZ	
Gâche (Bd V.)	HZ	
Gambetta (R.)	HY	73

Graslin (Pl.)	FZ	78
Hélie (R. F.)	FY	83
Henri IV (R.)	HY	84
Immaculée-Conception (R.)	HY	E
Jaurès (R.J.)	FY	
Joffre (R. Mar.)	HY	
Kennedy (Cours J.-F.)	HY	95
Kervégan (R.)	GZ	97
Louis-Blanc (R.)	GZ	104
Madeleine (Chée)	GHZ	
Magellan (Quai)	HZ	
Martyrs-Nantais-de-la-Résist (Bd)	HZ	107
Mathelin-Rodier (R.)	HY	108
Mercœur (R.)	FY	112
Moncousu (Q.)	GZ	
Olivettes (R. des)	HZ	
Péhant (R. E.)	HZ	
Petite-Hollande (Pl.)	GZ	128
Pilori (Pl. du)	GY	129
Pommeraye (Pas)	GZ	135
Port-Communau (Pl. du)	HY	136
Porte-Neuve (R.)	FY	138

Prairie-au-Duc (Bd)	FGZ	
République (Pl. de la)	GZ	139
Rhuys (Q. A.)	GZ	
Roosevelt (Crs F.)	GZ	142
St-André (Crs)	HY	145
St-Clément (R.)	HY	150
St-Nicolas (R.)	GZ	F
St-Pierre (Cours)	HY	177
St-Pierre (R.)	HY	178
St-Pierre-St-Paul (R.)	HY	
St-Similien (R.)	GY	182
Ste-Croix (R.)	GZ	D
Ste-Madeleine (R.)	HZ	188
Salengro (Pl. R.)	GY	190
Strasbourg (R. de)	HY	
Sully (R.)	HY	
Talensac (R.)	GY	197
Thiers (R.)	GY	200
Tourville (Quai de)	GZ	203
Turenne (Allée de)	GZ	204
Veil (R. G.)	GZ	205
Versailles (Quai de)	GY	
Viarme (Pl.)	FY	
Victor-Hugo (Bd)	GZ	208
50-Otages (Crs des)	GYZ	210

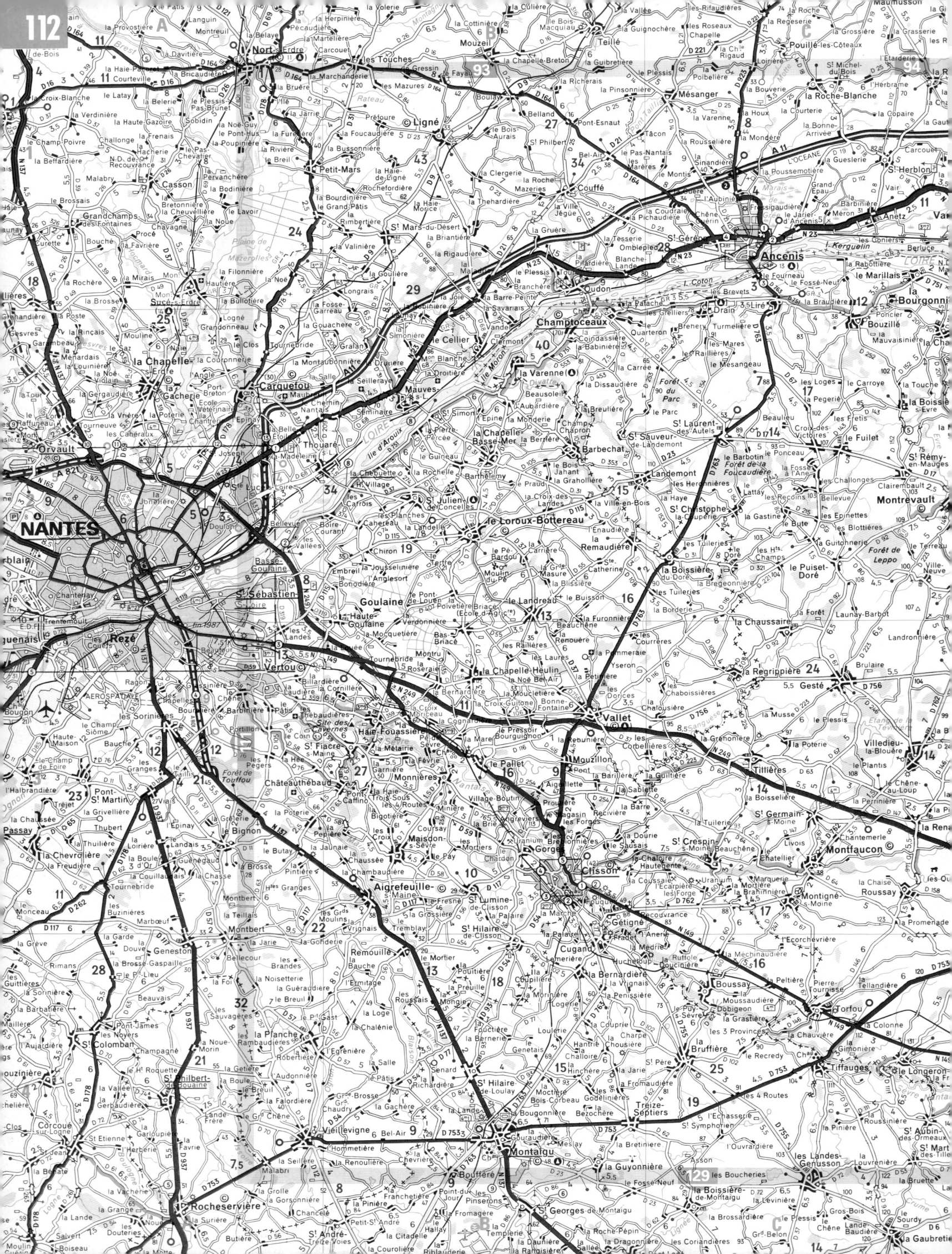

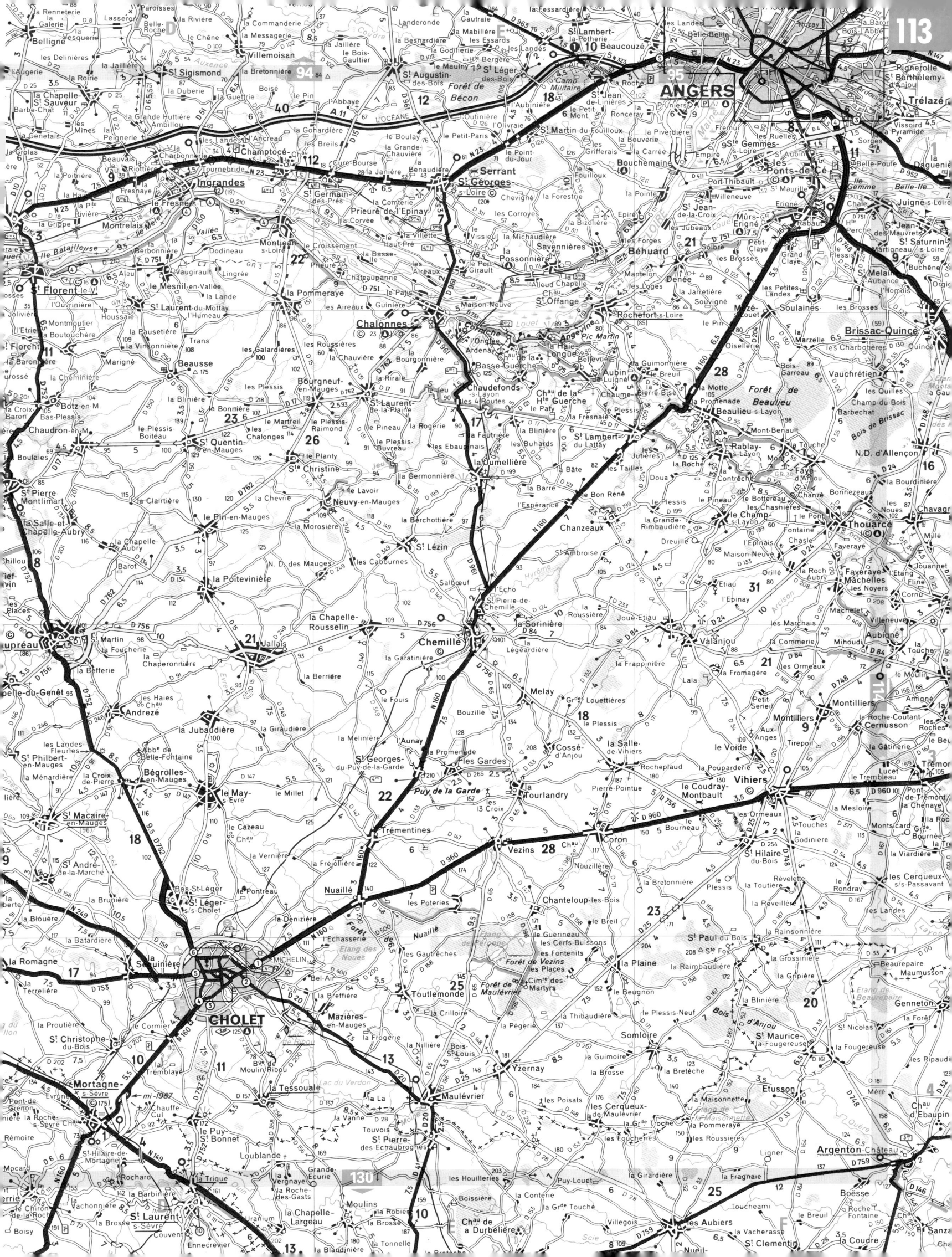

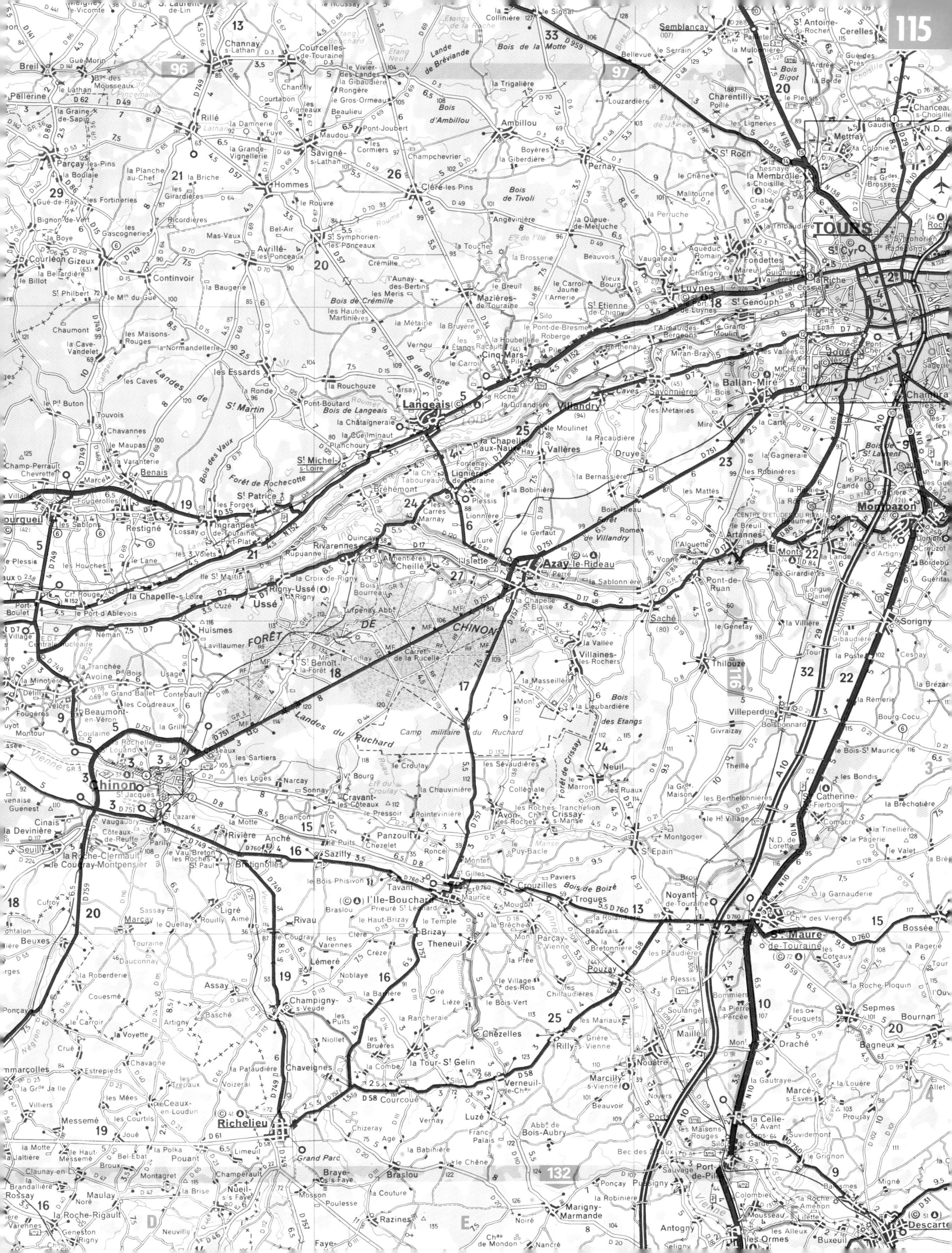

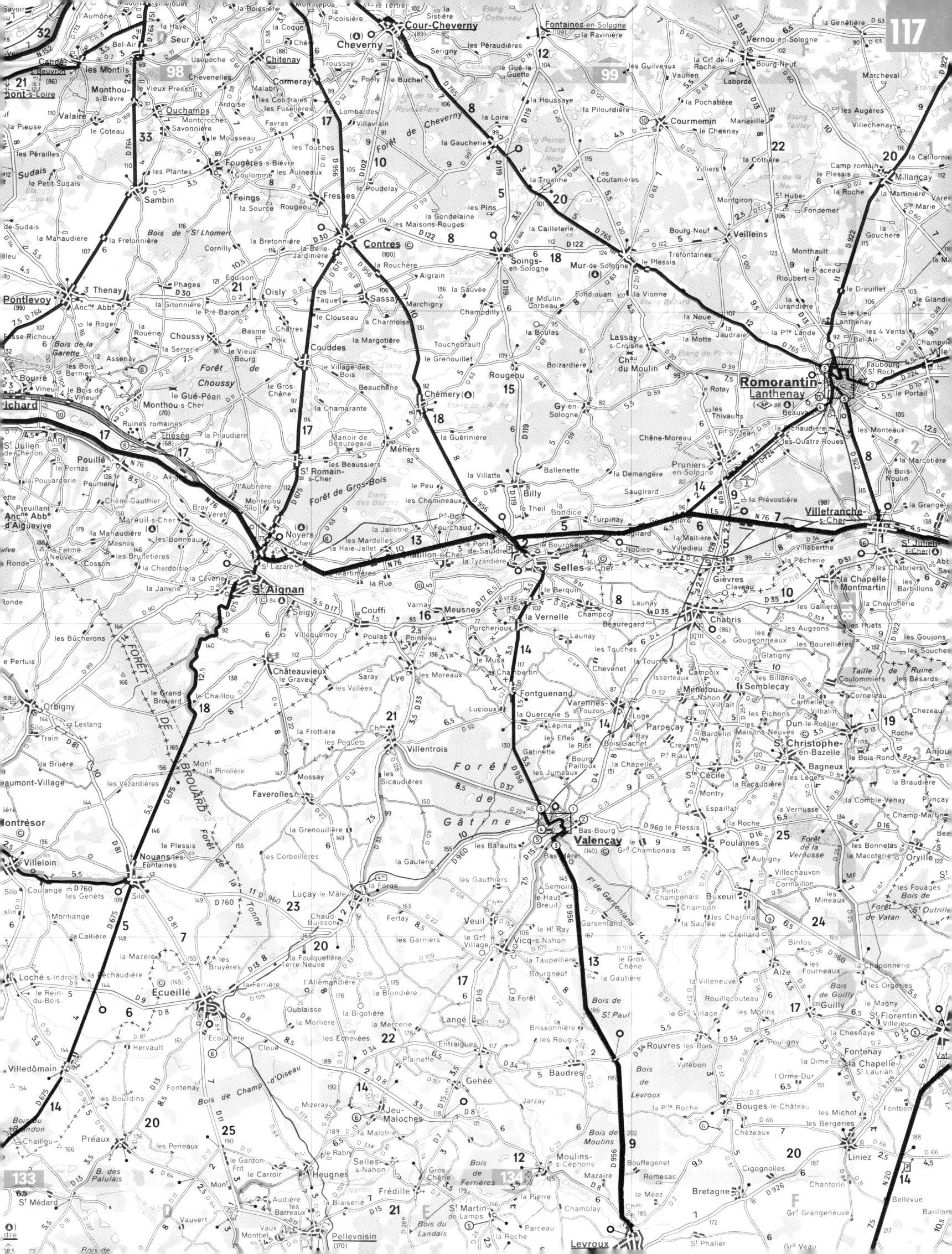

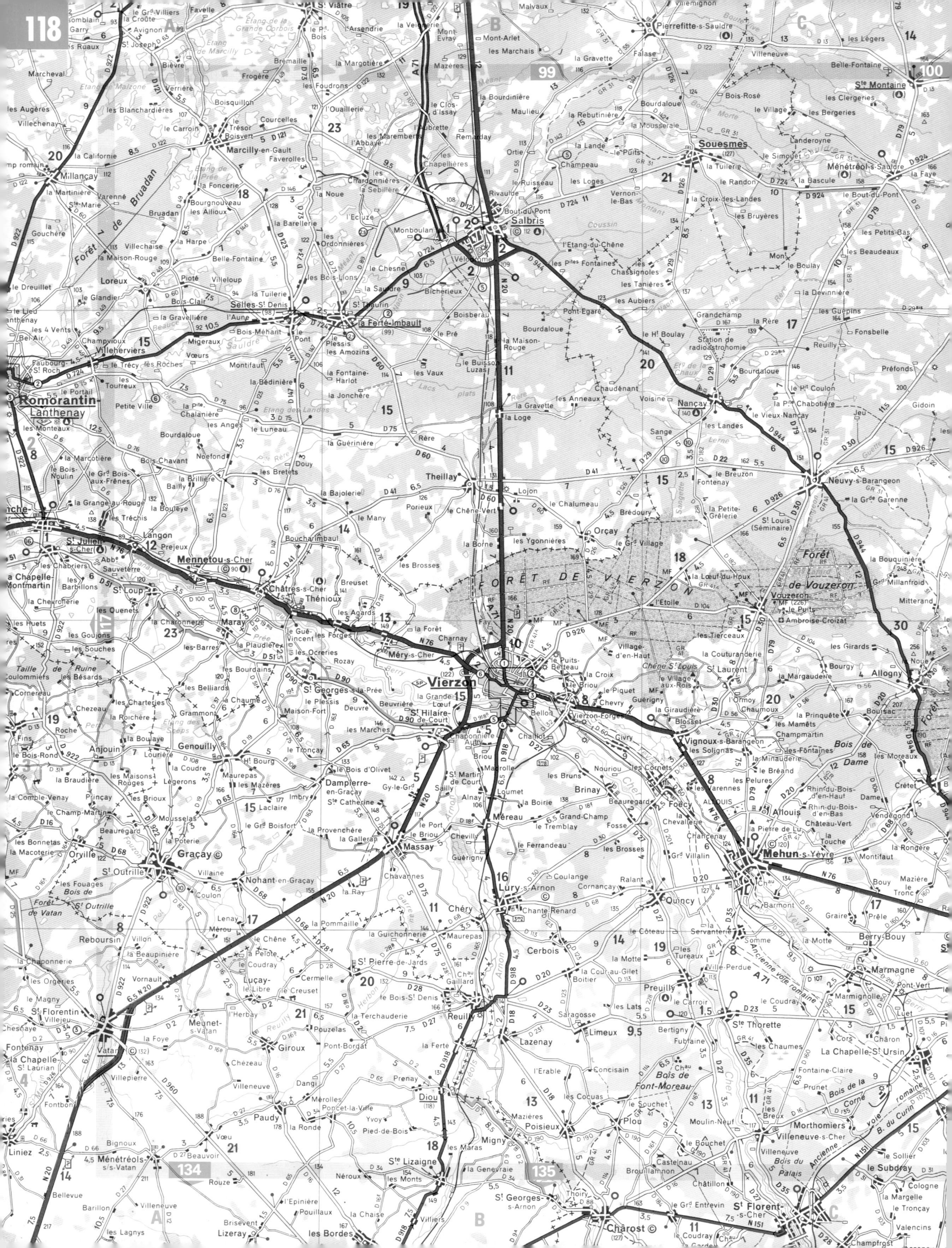

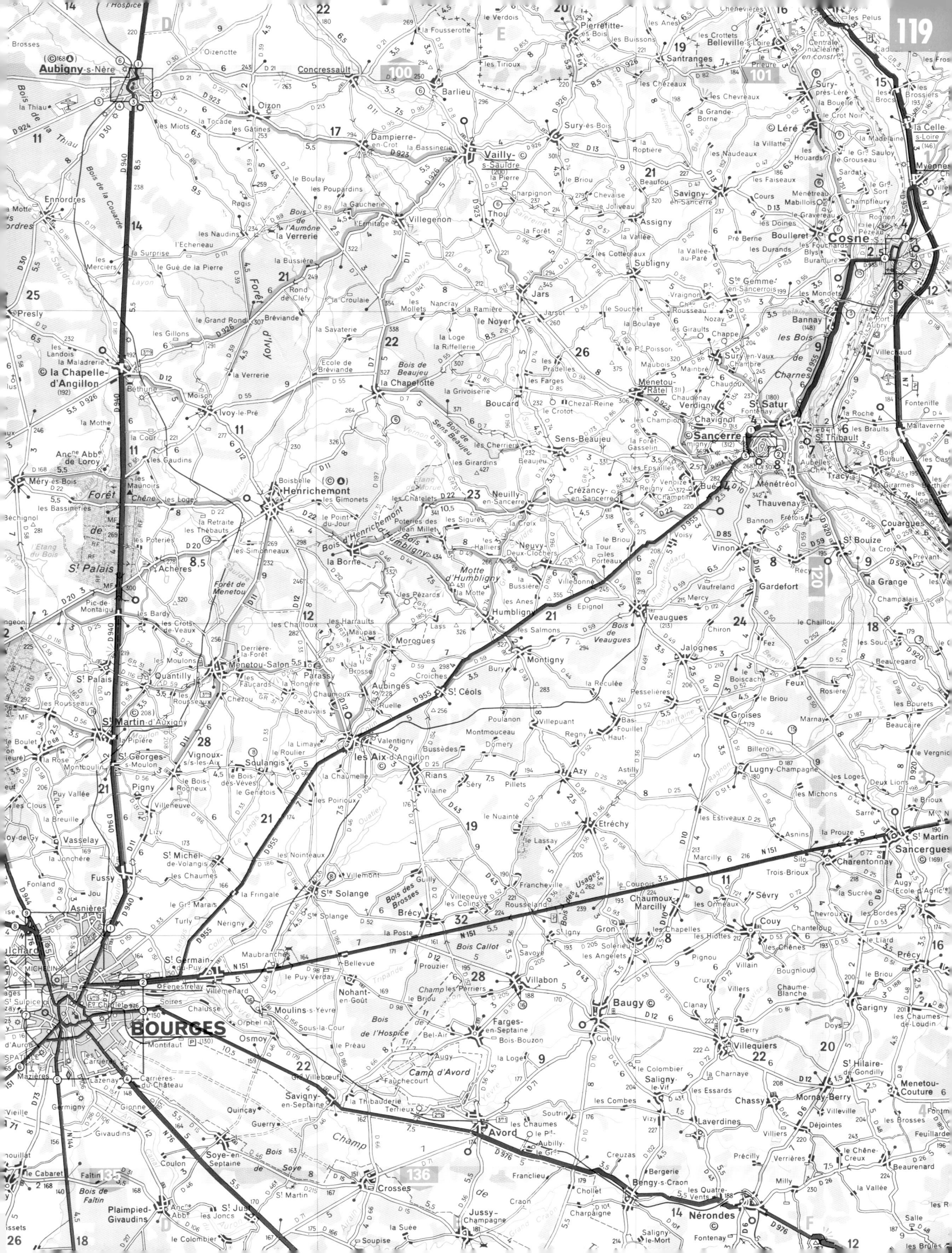

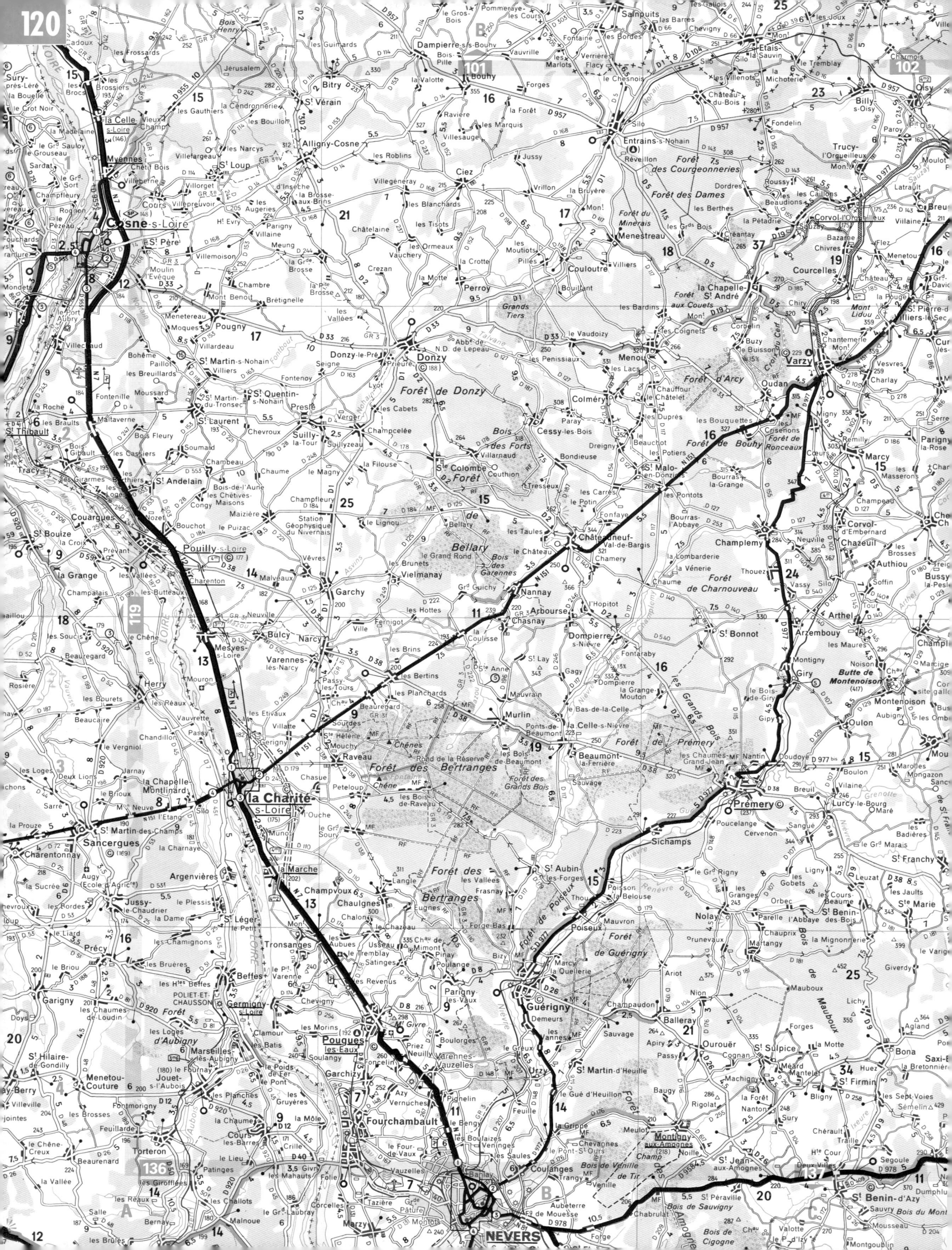

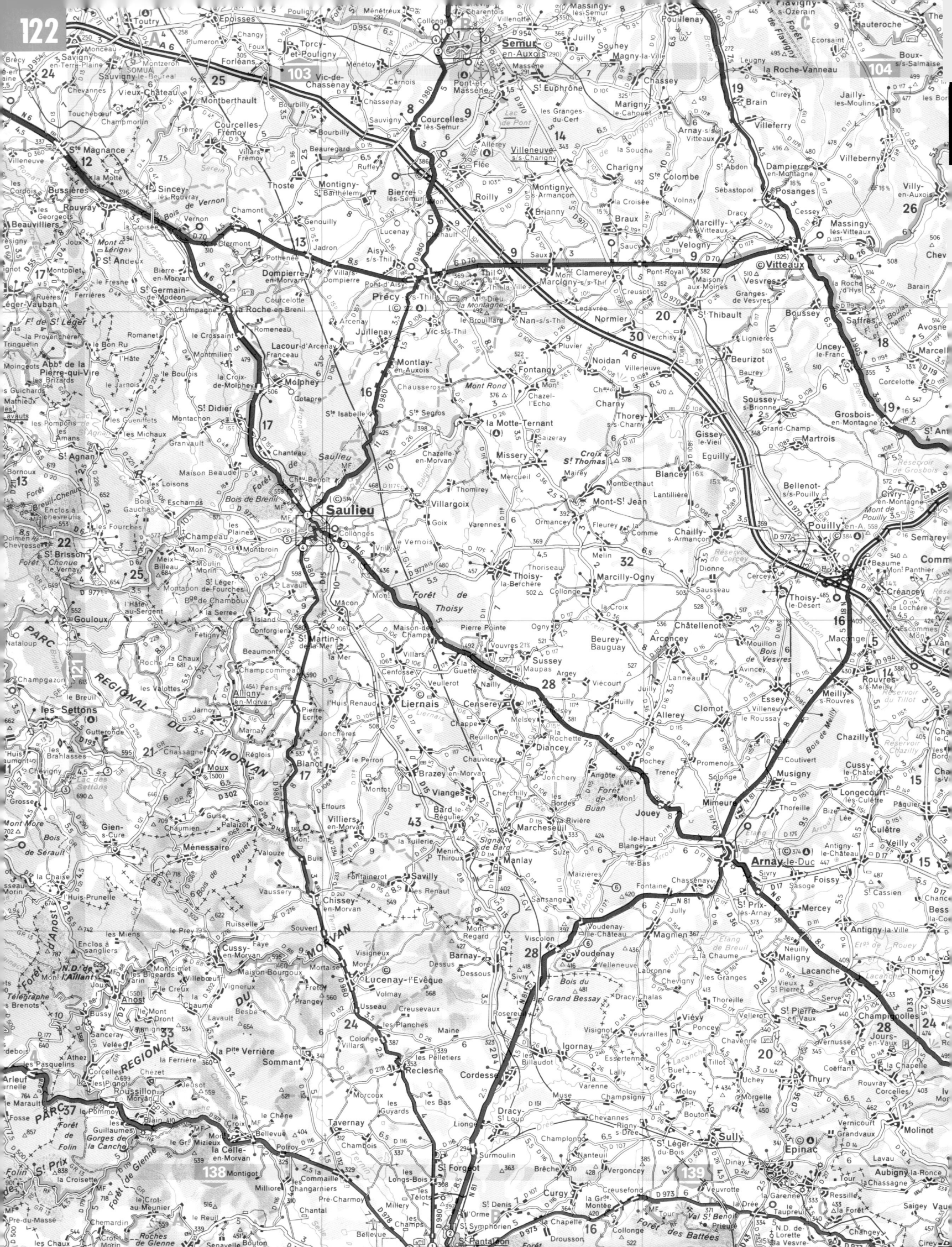

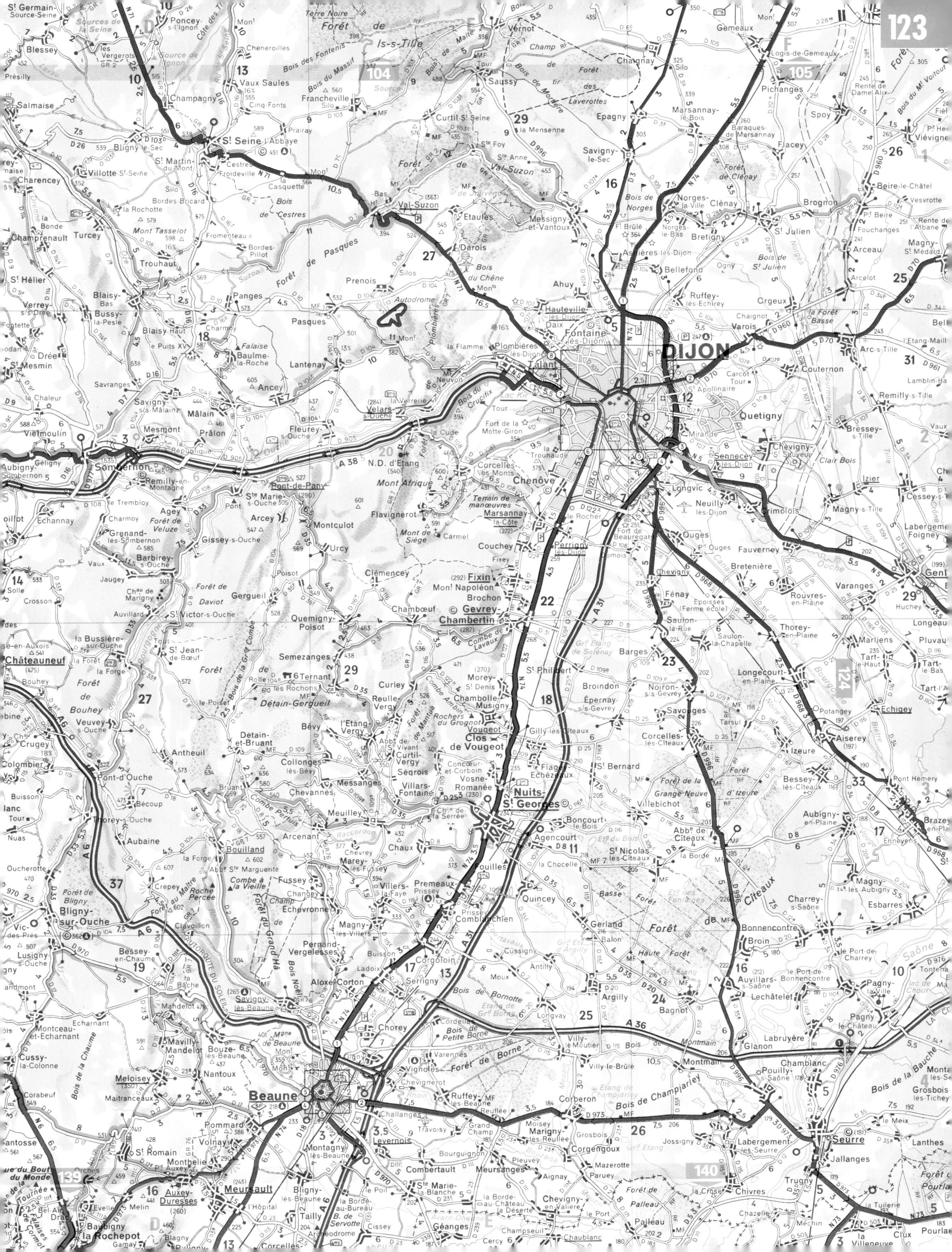

BESANÇON

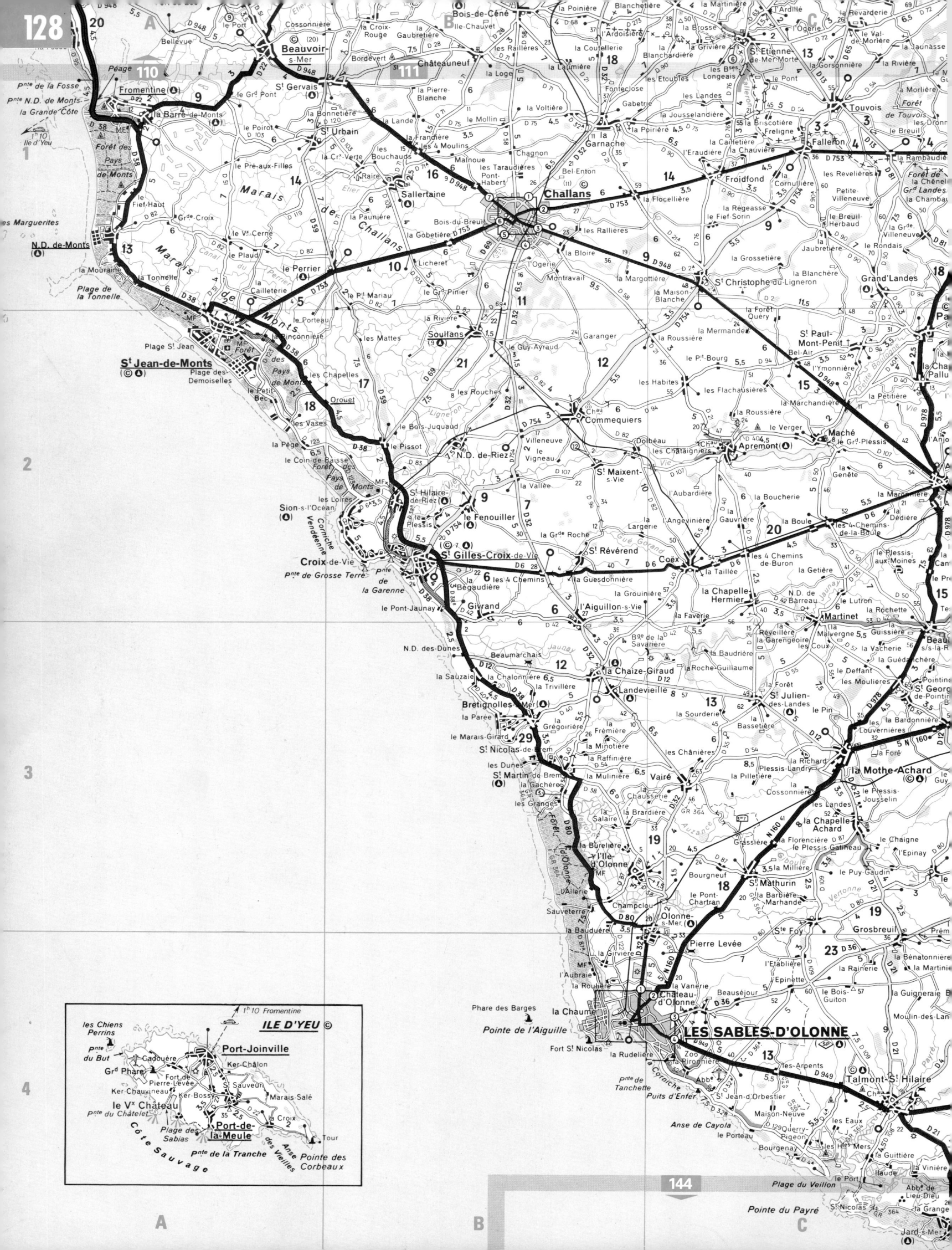

LA ROCHE-S-YON

Luçon · Chantonnay · les Herbiers · St Fulgent · les Essarts · la Ferrière · Mareuil-s-Lay · Ste Hermine · la Merlatière · Boulogne · Rocheservière · Legé · le Poiré-s-Vie · Venansault · les Clouzeaux · Aubigny · Nesmy · Chaillé-s-les-Ormeaux · St Florent-des-Bois · Moutiers-les-Mauxfaits · Avrillé · Mouilleron-le-Captif · Bournezeau · Chauché · Vendrennes · Mouchamps · St Vincent-Sterlanges · St Germain-de-Prinçay · Sigournais · Puybelliard · Thorigny · St Vincent-Puymaufrais · la Réorthe · St Juire-Champgillon · Bessay · St Aubin-la-Plaine · Ste Gemme-la-Plaine · Nalliers

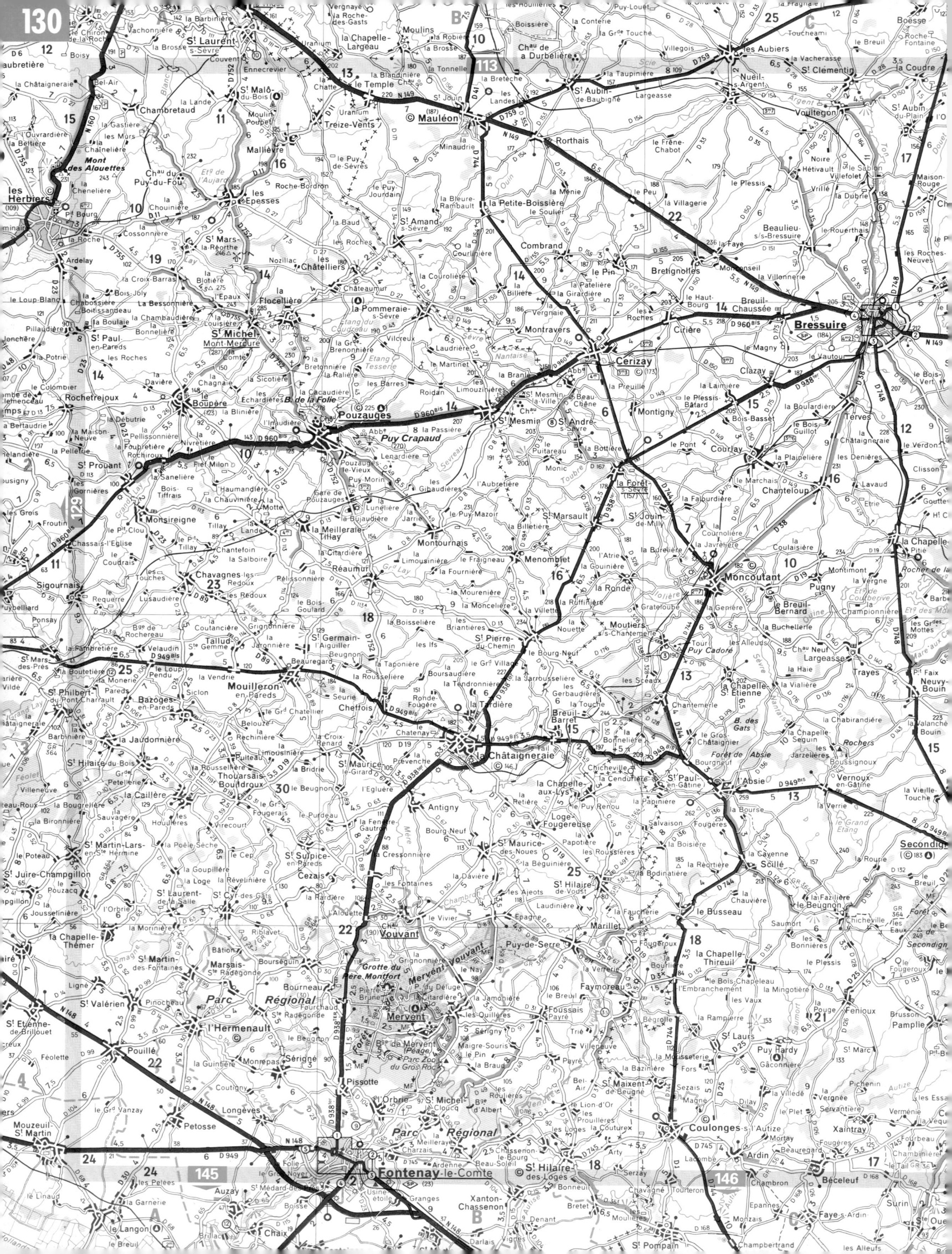

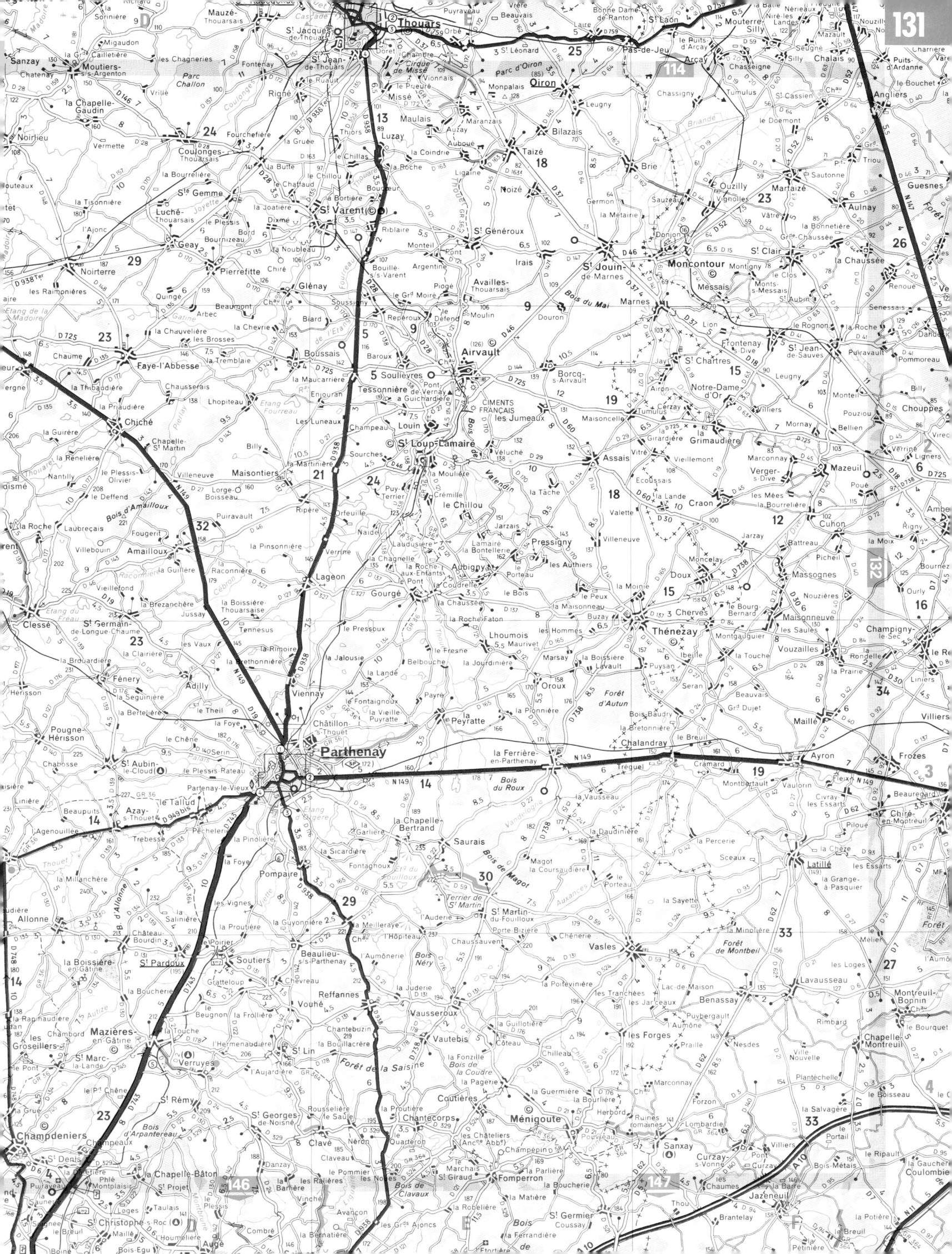

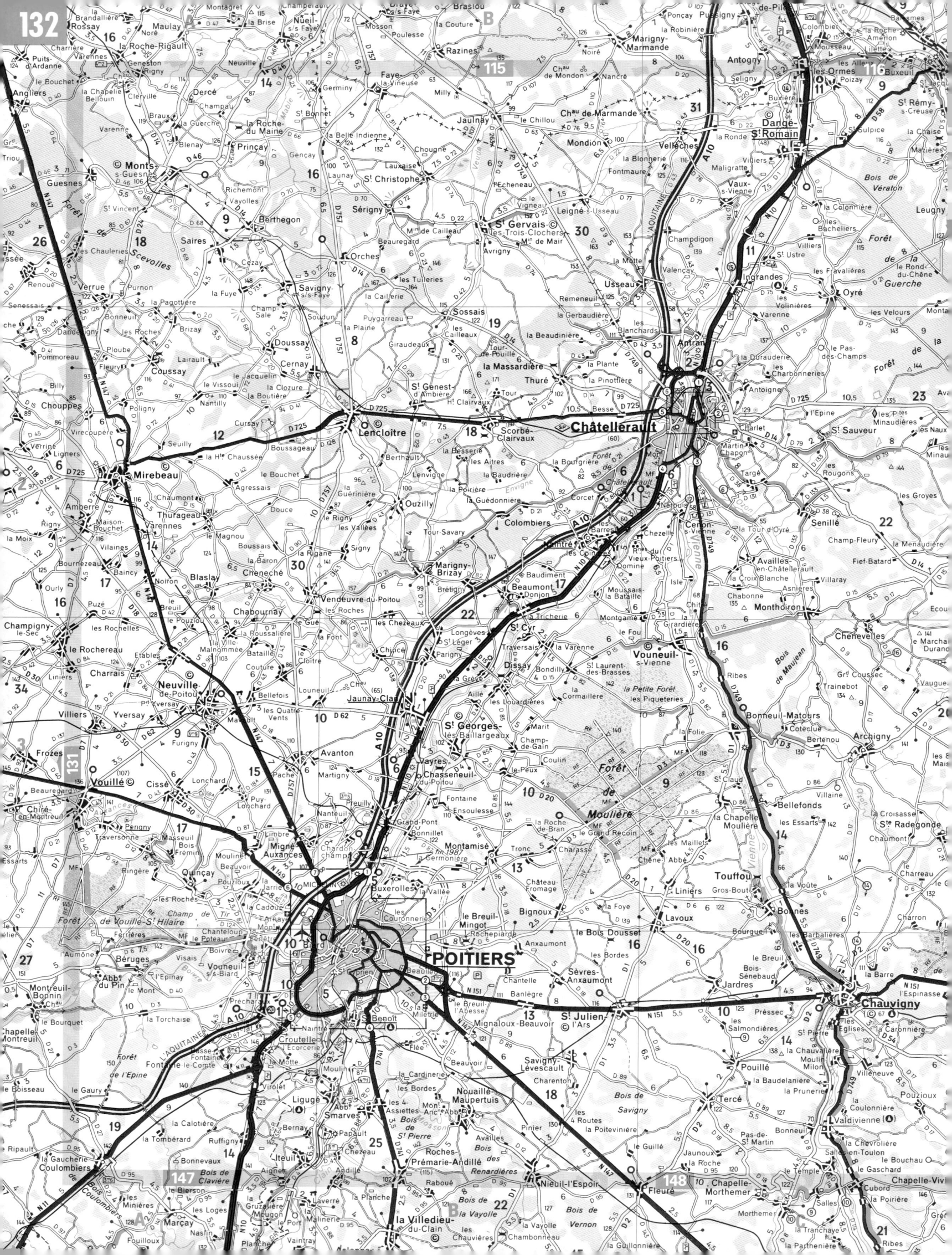

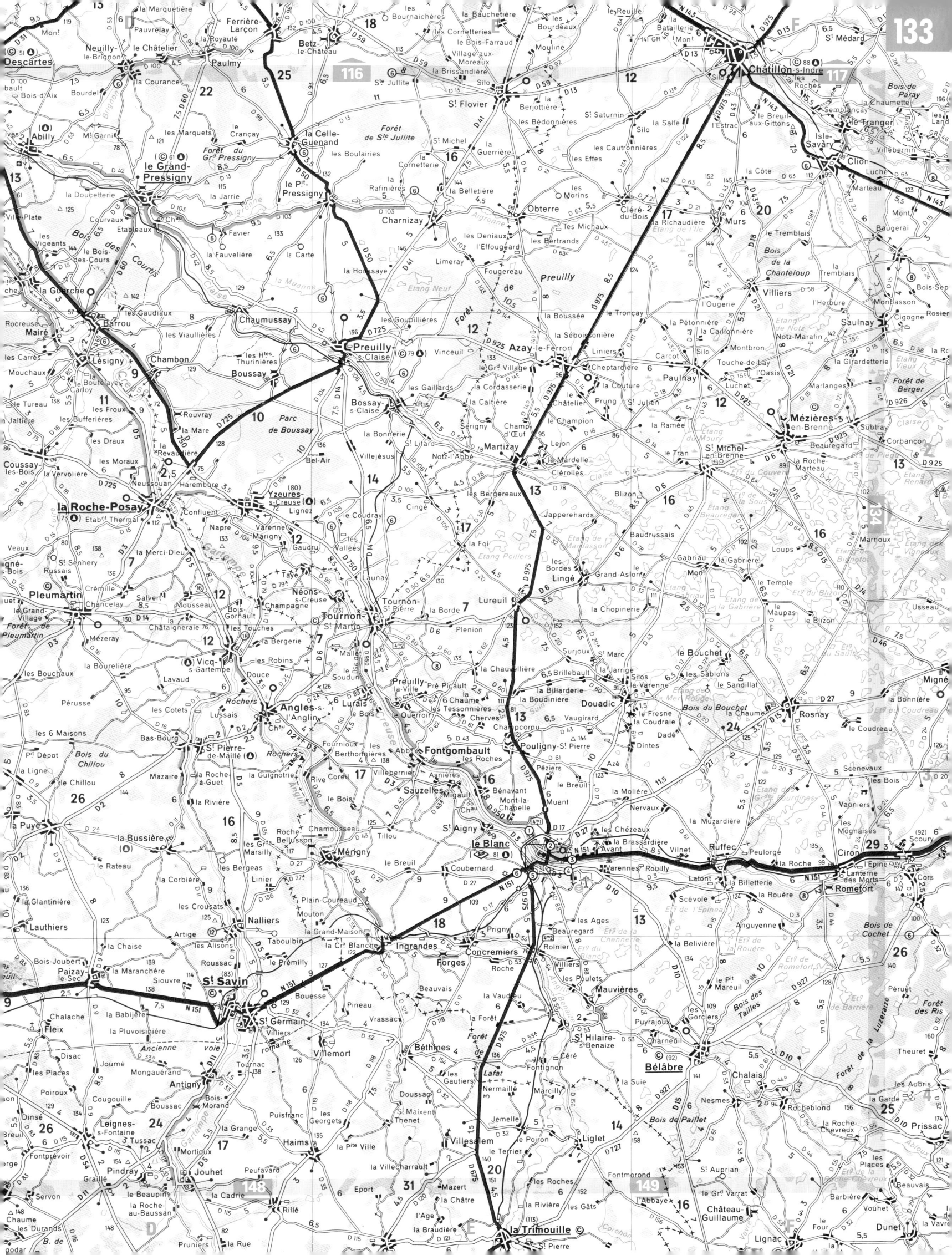

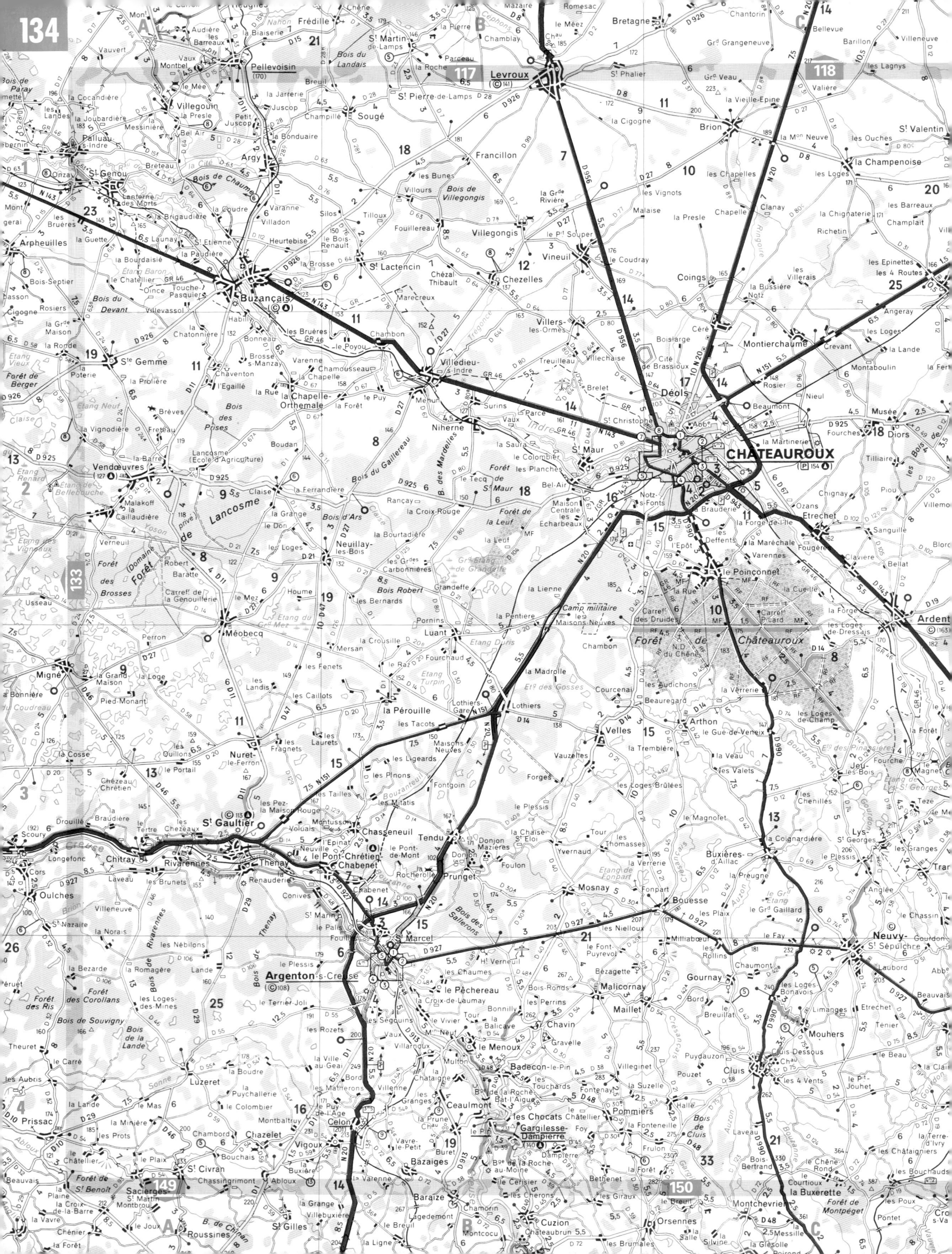

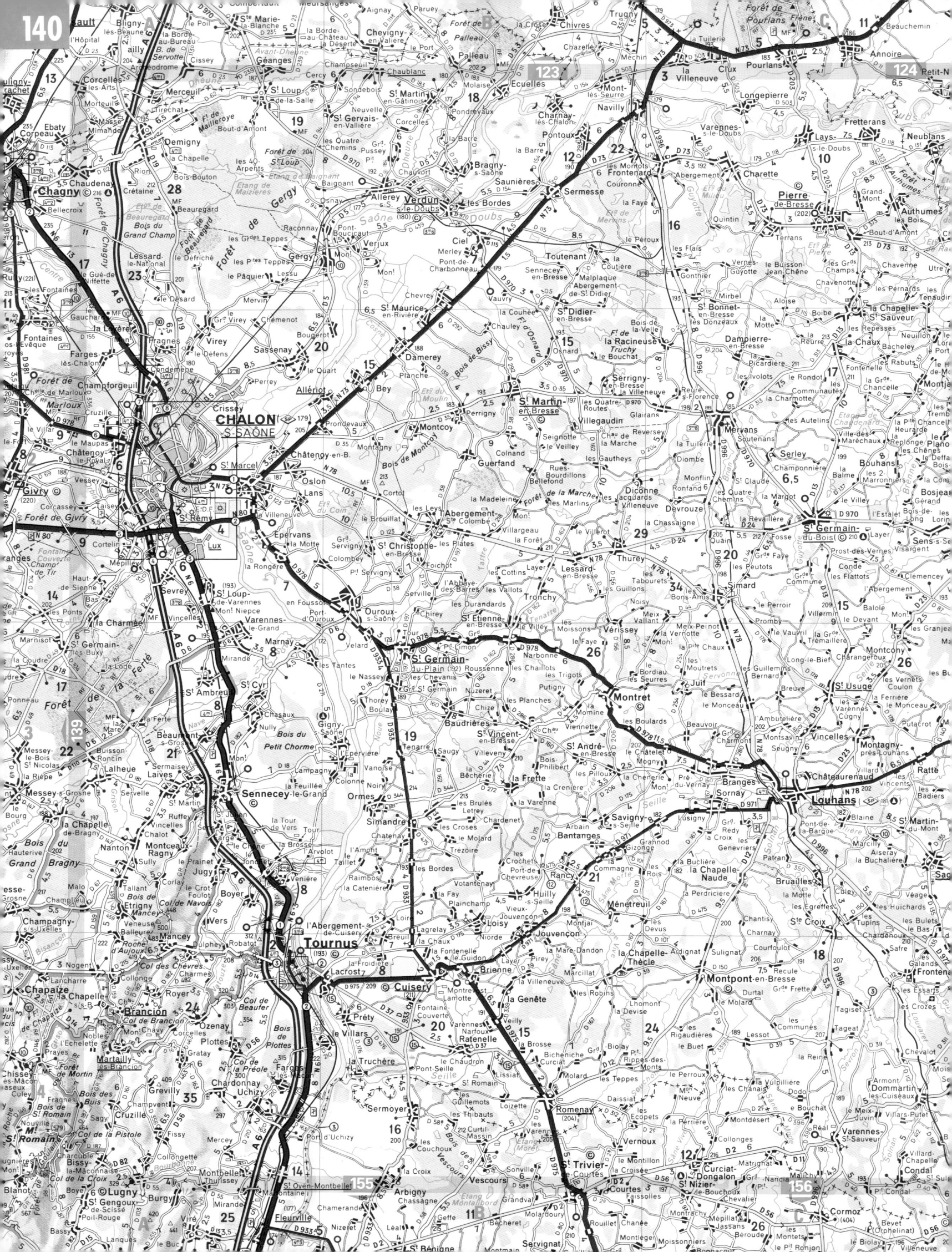

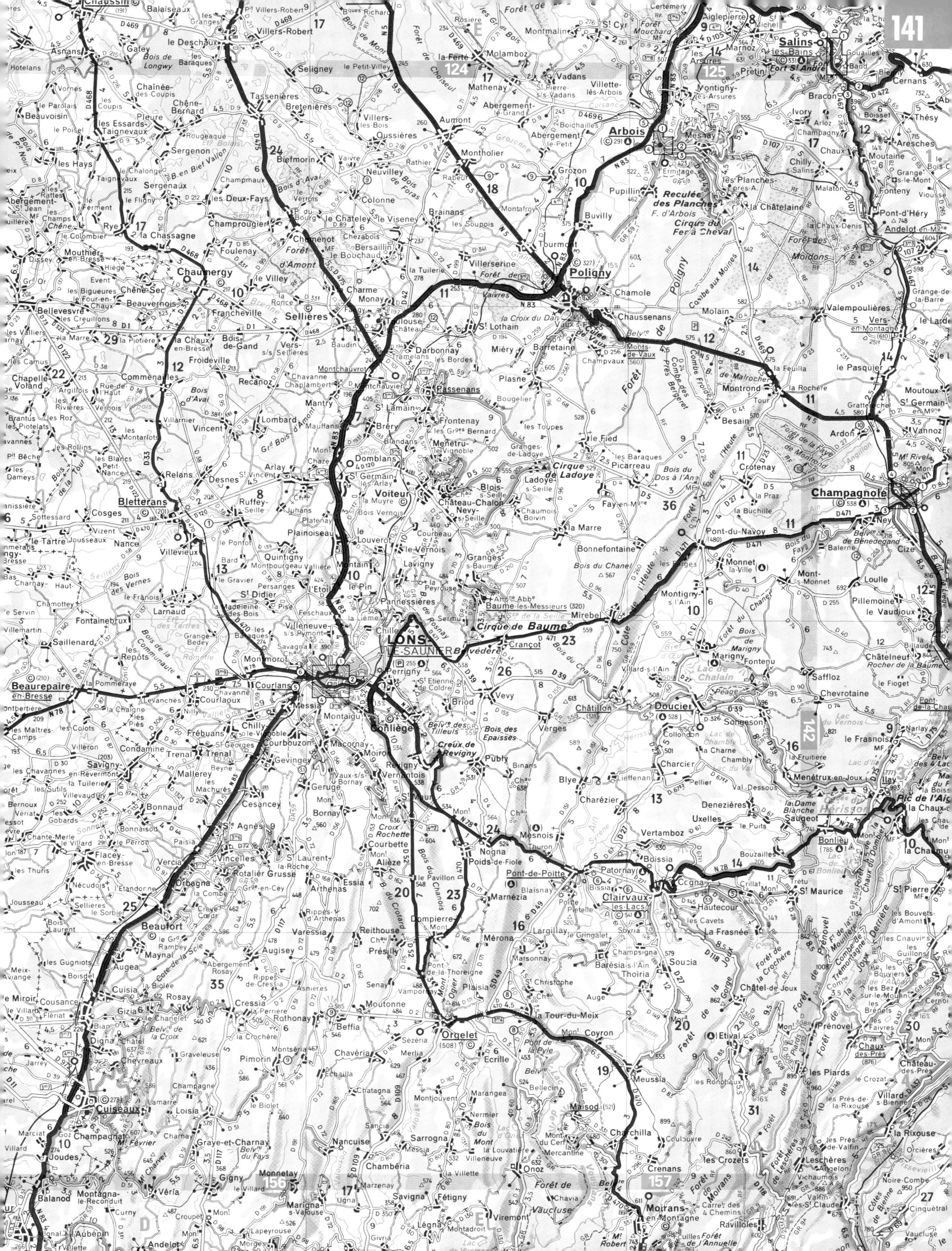

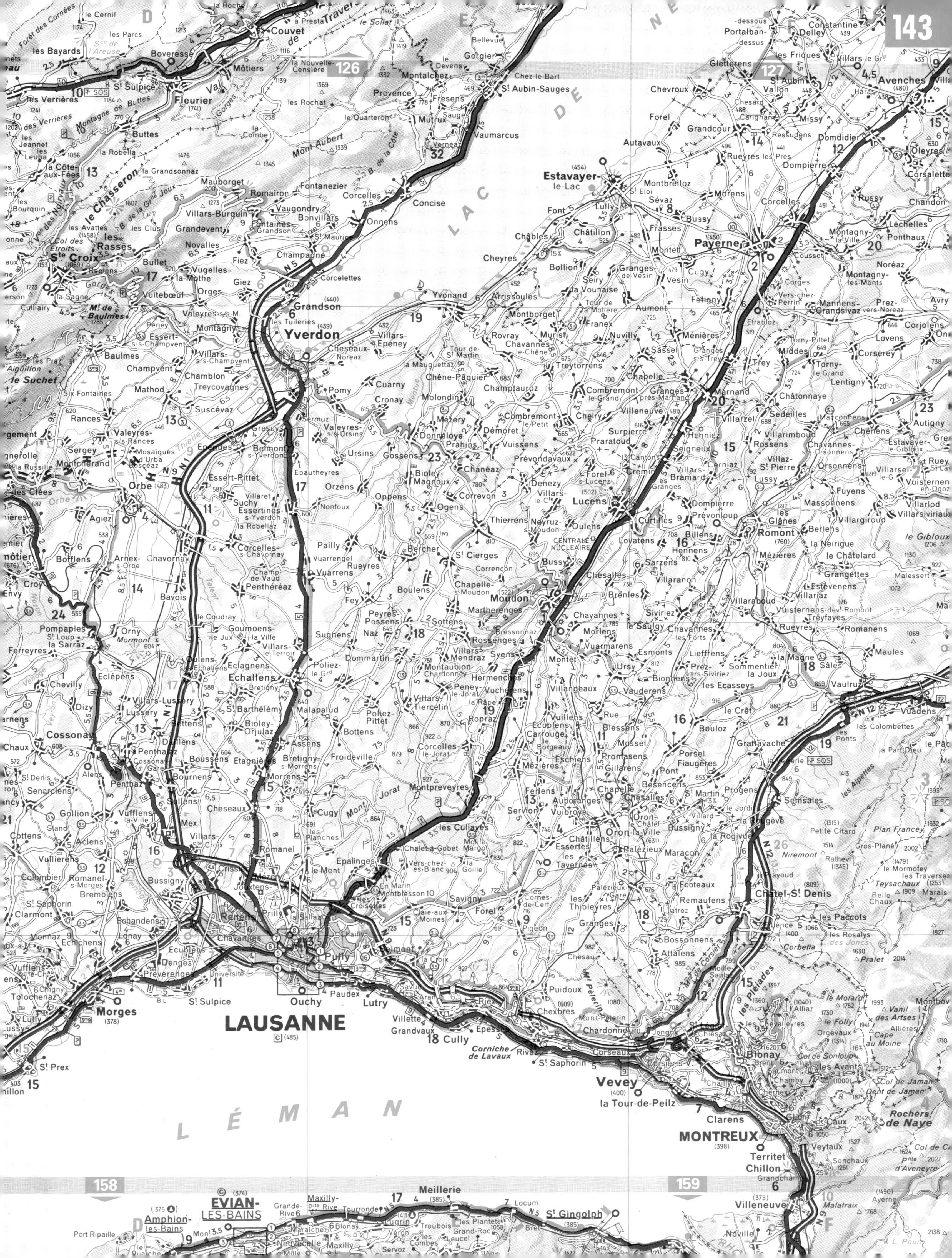

126
127
158
159
LAUSANNE
LÉMAN
LAC DE NEUCHÂTEL
Yverdon
Grandson
Estavayer-le-Lac
Payerne
Avenches
Moudon
Lucens
Romont
Orbe
Cossonay
Morges
Echallens
Vevey
MONTREUX
la Tour-de-Peilz
Clarens
Territet
Chillon
Villeneuve
Blonay
Châtel-St. Denis
Oron-la-Ville
Palézieux
Cully
Lutry
Pully
Ouchy
Renens
Prilly
Crissier
Bussigny
Penthalaz
La Sarraz
Pompaples
Eclépens
Baulmes
Ste Croix
les Rasses
le Chasseron
le Suchet
Mt. de Baulmes
Vuiteboeuf
Orges
Fleurier
Môtiers
Couvet
Boveresse
St. Sulpice
les Verrières
les Bayards
Buttes
la Côte-aux-Fées
Mauborget
Fontaines
Concise
Vaumarcus
Corcelles
Onnens
St. Aubin-Sauges
Gorgier
Provence
Montalchez
Fresens
Mutrux
Chevroux
Portalban
Gletterens
Dompierre
Domdidier
Corcelles
Cheyres
Yvonand
Chêne-Pâquier
Pomy
Cronay
Ursins
Orzens
Oppens
Bercher
St. Cierges
Boulens
Thierrens
Chapelle-s-Moudon
Sottens
Villars-Mendraz
Peney-le-Jorat
Ropraz
Corcelles-le-Jorat
Montpreveyres
les Cullayes
Epalinges
Savigny
Forel
Mézières
Carrouge
Servion
Puidoux
Chexbres
Epesses
Rivaz
St. Saphorin
Corseaux
Corsier-s-V.
Chardonne
Mont Pèlerin
Corniche de Lavaux
Grandvaux
Villette
Attalens
Bossonnens
Semsales
Vaulruz
Sâles
Vuadens
Siviriez
Rue
Ursy
Mont Jorat
Rochers de Naye
Caux
Glion
Les Avants
Col de Jaman
Dent de Jaman
Les Pléiades
Niremont
Teysachaux
Les Paccots
EVIAN-LES-BAINS
Amphion-les-Bains
Meillerie
St. Gingolph
Locum
Maxilly
Lugrin
Port Ripaille
Tourronde
Grande-Rive
Bret
St. Prex
St. Sulpice
Préverenges
Ecublens
Chavannes
Romanel
Le Mont
Cheseaux
Villars-Ste. Croix
Mex
Vufflens-la-Ville
Aclens
Gollion
Cottens
Colombier
Bremblens
Echandens
Lonay
Denges
Tolochenaz
Penthéréaz
Bavois
Chavornay
Arnex-s-Orbe
Agiez
Bofflens
Croy
Goumoens-la-Ville
Assens
Bottens
Poliez-Pittet
Froideville
Cugy
Bretigny-s-Morrens
Morrens
Etagnières
Bioley-Orjulaz
St. Barthélémy
Malapalud
Oulens
Villars-le-Terroir
Dommartin
Sugnens
Possens
Peyres-Possens
Naz
Fey
Vuarrens
Rueyres
Pailly
Ogens
Correvon
Denezy
Neyruz-s-Moudon
Bussy
Chesalles
Brenles
Villars-Bramard
Cerniaz
Seigneux
Granges-près-Marnand
Marnand
Villarzel
Sédeilles
Combremont-le-Grand
Combremont-le-Petit
Champtauroz
Treytorrens
Chavannes-le-Chêne
Rovray
Molondin
Mézery
Donneloye
Prahins
Démoret
Vuissens
Prévondavaux
Chanéaz
Bioley-Magnoux
Gossens
Valeyres-s-Ursins
Cuarny
Villars-Epeney
Cheseaux-Noréaz
Montagny
Valeyres-s-Montagny
Champvent
Mathod
Suscévaz
Treycovagnes
Chamblon
Rances
Valeyres-s-Rances
Sergey
L'Abergement
Montcherand
Essert-Pittet
Ependes
Belmont-s-Yverdon
Gressy
Suchy
Essertines-s-Yverdon
Corcelles-s-Chavornay
Villars-Lussery
Lussery
Dizy
Chevilly
Ferreyres
Moiry
Orny
Vullierens
Clarmont
Monnaz
Lully
Vufflens-le-Château
Senarclens
Alens
Sullens
Boussens
Bournens
Daillens
Bettens
Oulens
Eclagnens
Bretigny
Penthalaz
Cossonay-Gare
Hermenches
Vucherens
Syens
Rossenges
Martherenges
Chavannes
Vulliens
Montet
Vuarmarens
Esmonts
Morlens
Prez-vers-Siviriez
Bionnens
Les Ecasseys
Sommentier
La Joux
Vauderens
Le Crêt
Grattavache
Bouloz
Porsel
Fiaugères
Pont
Progens
Besencens
St. Martin
Remaufens
Maracon
Ecoteaux
Les Tavernes
Essertes
Châtillens
Vuibroye
Auboranges
Ferlens
Promasens
Blessens
Mossel
Gillarens
Villangeaux
Ecublens
Eschiens
Billens
Hennens
Lovatens
Sarzens
Villaraboud
Mézières
Berlens
La Neirigue
Le Châtelard
Grangettes
Estévenens
Villariaz
Vuisternens-devant-Romont
Romanens
Maules
Villargiroud
Villarsiviriaux
Massonnens
Fuyens
Villaz-St. Pierre
Lussy
Orsonnens
Chavannes-s-Orsonnens
Villarimboud
Rossens
Chénens
Autigny
Lentigny
Châtonnaye
Torny-le-Grand
Middes
Corserey
Trey
Ménières
Sassel
Granges-s-Trey
Nuvilly
Aumont
Murist
Franex
Montborget
Fétigny
Vesin
Cugy
Granges-de-Vesin
Seiry
La Vounaise
Bollion
Châtillon
Lully
Font
Châbles
Sévaz
Frasses
Montet
Bussy
Morens
Rueyres-les-Prés
Montbrelloz
St. Eloi
Autavaux
Forel
Grandcour
Missy
Ressudens
Vallon
Carignan
Chevroux
Dompierre
Léchelles
Montagny-la-Ville
Ponthaux
Noréaz
Montagny-les-Monts
Corjolens
Lovens
Rossens
Avry
Prez-vers-Noréaz
Mannens-Grandsivaz
Russy
Chandon
Corsalettes
Oleyres
Villars-le-Grand
Constantine
Delley
Les Friques
Haras
Estavayer-le-Gibloux
Villarsel-le-G.
Vuisternens-en-Ogoz
Villarlod
le Gibloux
Malessert
Treyfayes
La Magne
Moléson
les Alpettes
Plan Francey
Petite Cîtard
Gros-Plané
Rathevi
Le Mormotey
Belle Chaux
Marais
Corbetta
Les Rosalys des Joncs
Pralet
Le Molard
Vanil des Artses
Le Folly
Cape au Moine
Allières
Orgevaux
Col de Sonloup
Chamby
Chernex
Sonchaux
Col de Chaude
Pointe d'Aveneyre
Malatraix
Ayerne
Veytaux
Noville
L. Pourri
Thielle
Orbe
Broye
Glâne
Mentue
Talent
Venoge
Veyron
Nozon
Flon
CENTRALE NUCLEAIRE
Université
Belmont
Paudex
Riex
Aran
La Croix
Montblesson
En Marin
Vers-chez-les-Blanc
Chalet-à-Gobet
Mollie Margot
Les Croisettes
Claie-aux-Moines
La Goille
Les Cornes-de-Cerf
Pigeon
Granges
Chesau
Les Thioleyres
Palézieux-Gare
Oron-le-Châtel
Bussigny
Villard
La Rogivue
La Rougève
Le Jordil
Tatroz
Mollie-Saulaz
Jongny
Chailly
Brent
St. Légier
Corsier
Chauderon
Grandchamp
Romainmôtier
Envy
Premier
Les Clées
La Russille
Bretonnières
Lignerolle
Six-Fontaines
Aiguillon
Col des Etroits
Les Avattes
Bullet
Vugelles-la-Mothe
Giez
Fiez
Novalles
Grandevent
Villars-Burquin
Romairon
Vaugondry
Bonvillars
St. Maurice
Fontanezier
Champagne
Corcelettes
les Tuileries
Mont Aubert
B. de la Côte
la Robella
la Grandsonnaz
Les Cluds
le Soliat
la Nouvelle-Censière
Chez-le-Bart
Bellevue
Devens
Les Rochat
le Quarteron
la Combe
Travers
Val de Travers
Gorges de la Poëta-Raisse
Montagne de Buttes
Forêt des Cornées
le Cernil
les Parcs
Ste de l'Areuse
Grandson
Thierrens
Orny Mormont
Jorat
Lavaux

La Rochelle

Chaudrier (R.)	Y	14
Merciers (R. des)	Y	37
Minage (R. du)	Y	38
Palais (R. du)	Z	41

St-Yon (R.)	Y	55
Barentin (Pl.)	Z	5
Bonpland (R.)	Y	8
Bourse (Hôtel de la)	YZ	C
Carénage (Quai du)	Z	10
Cathédrale St-Louis	Y	12
Chaîne (Tour)	Z	E
Champ-de-Mars (R. du)	Y	13
Dames (Cours des)	Z	16
Dompierre (R. de)	Y	18
Dupaty (R.)	Y	20
Duperré (Quai)	Z	22
Escale (R. de l')	Z	23
Gargoulleau (R.)	Y	29
Glacière (R. de la)	Y	31
Grosse Horloge (Porte de la)	Z	F
Henri II (Maison)	Y	K
Lanterne (Tour de la)	Z	B
Marché (Pl. du)	Y	35
Maubec (Quai)	Z	36
Notre-Dame	Y	39
Noue (R. de la)	Y	40
Pernelle (R.)	Y	42
Rambaud (R.)	Y	45
St-Côme (R.)	Y	47
St-J.-du-Pérot (R.)	Z	49
St-Louis (R.)	Z	50
St-Nicolas (Tour)	Z	D
St-Sauveur (R.)	Z	54
Sur-les-Murs (R.)	Y	59
Valin (Quai)	Z	62
Vieljeux (R.-L.)	Z	63

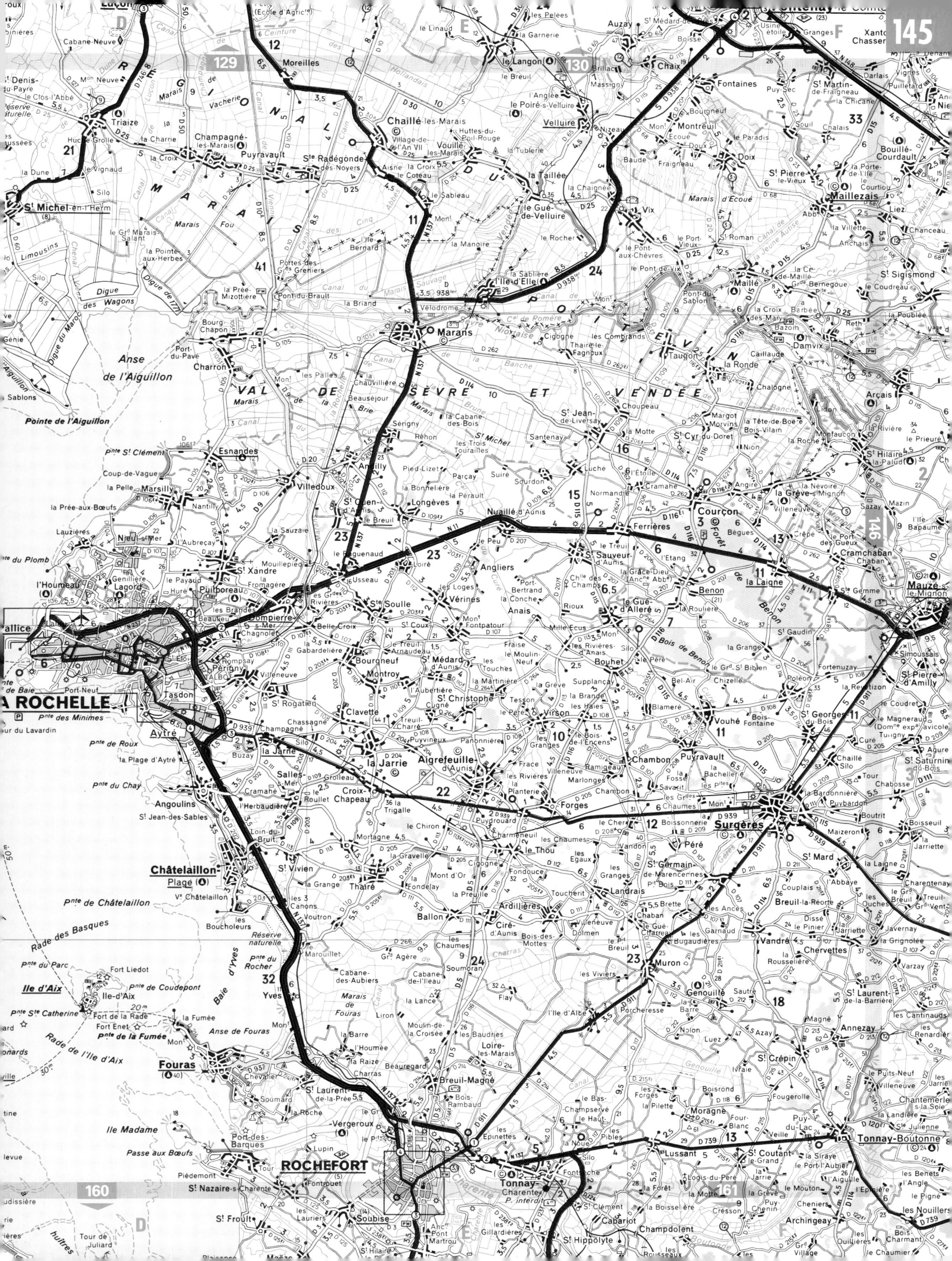

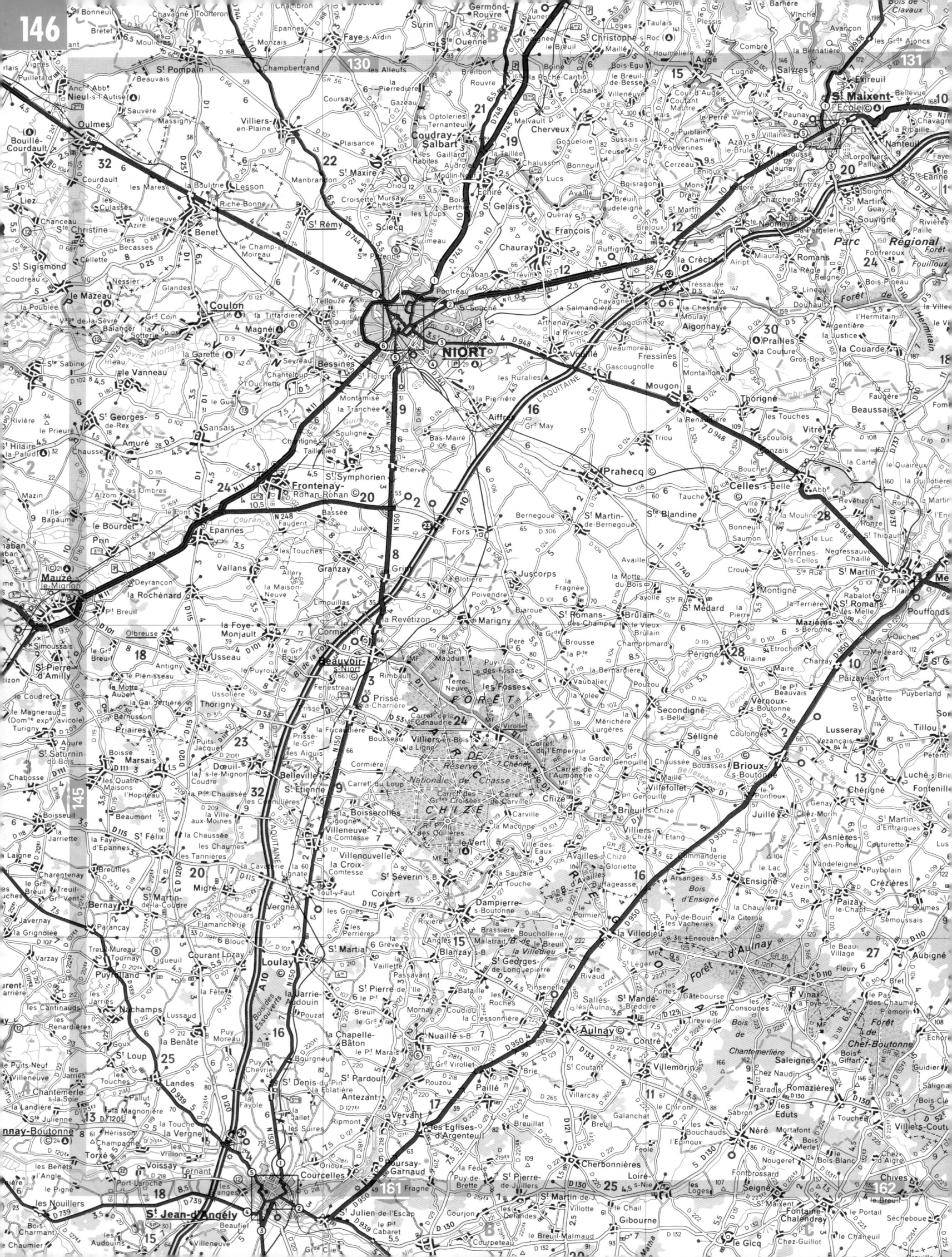

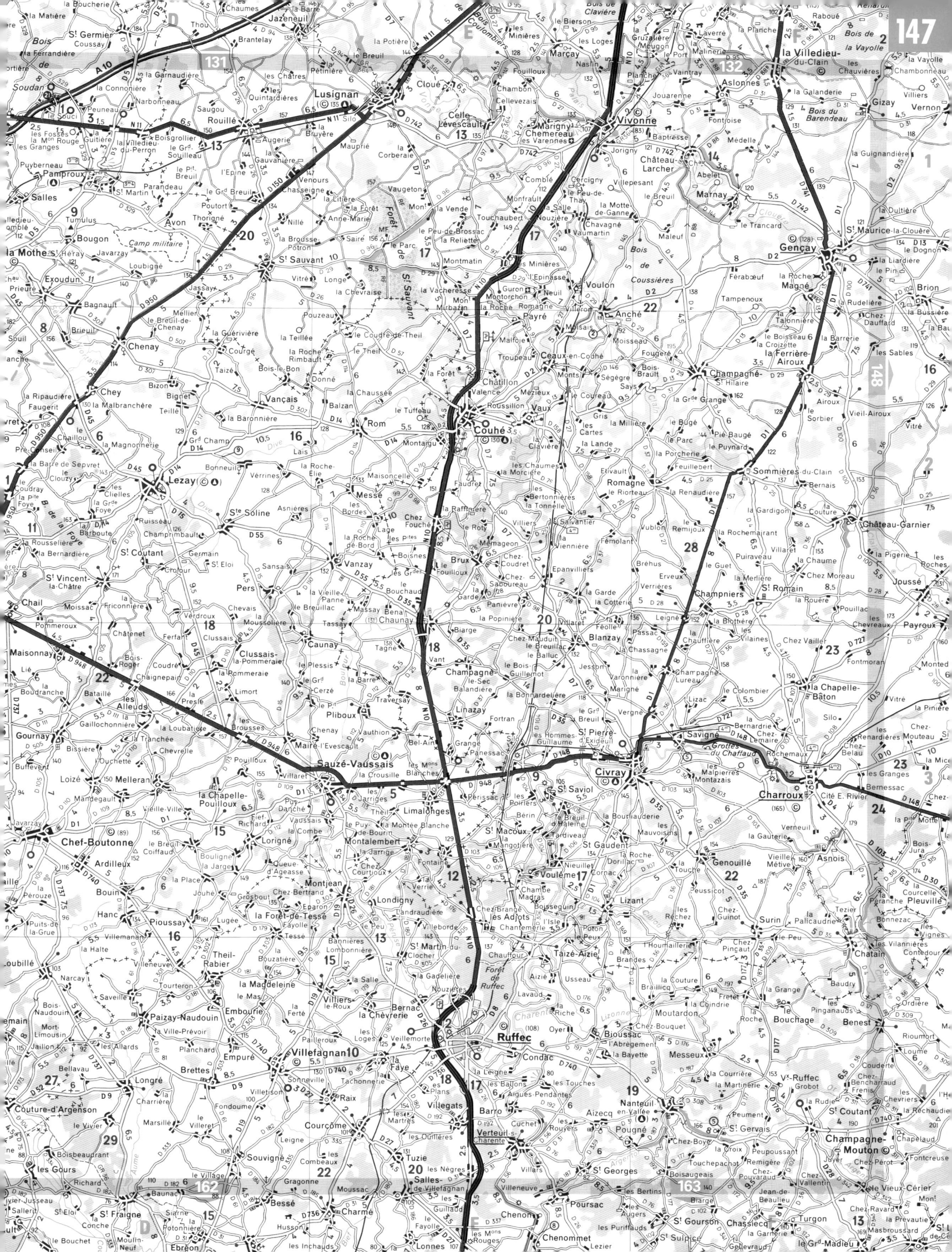

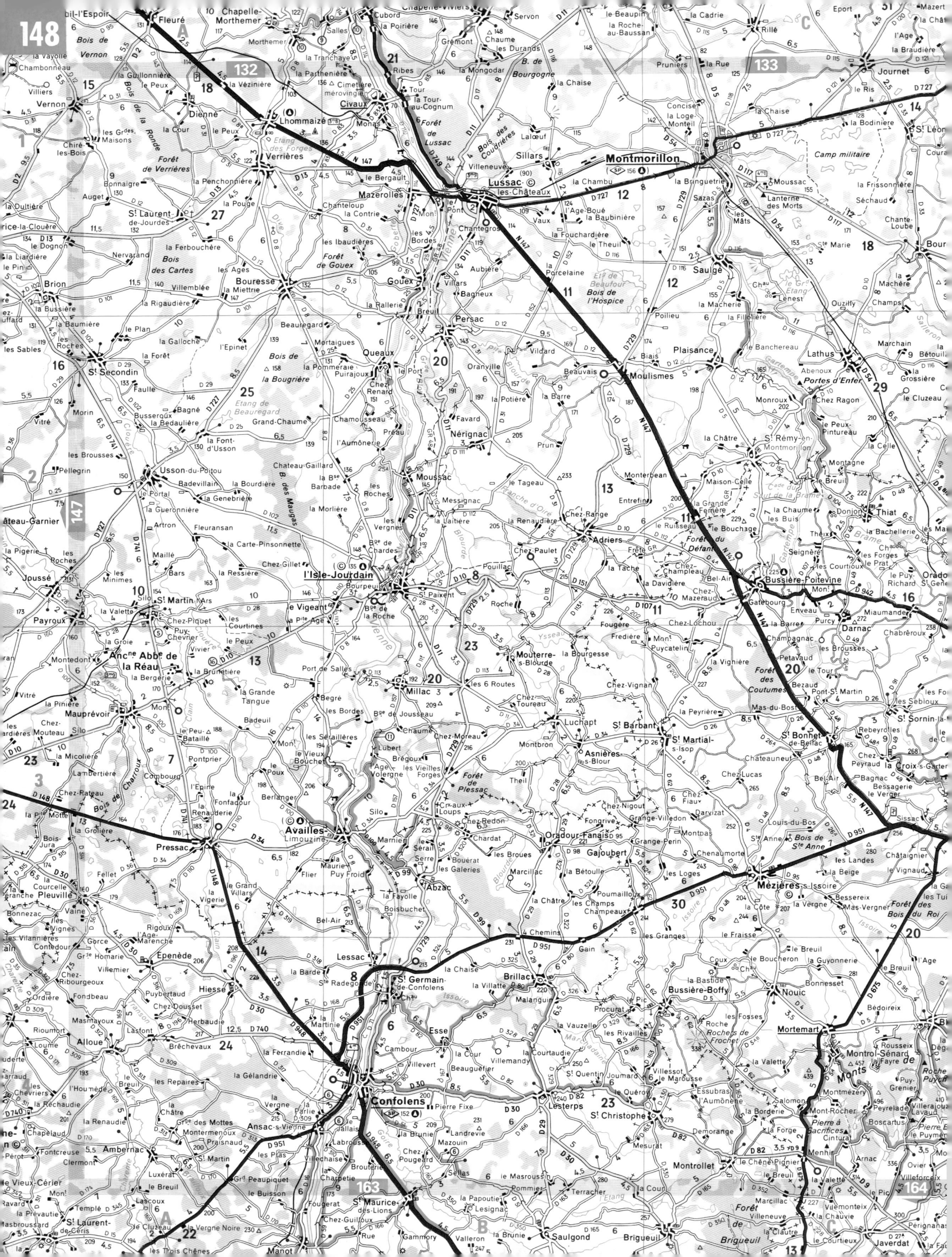

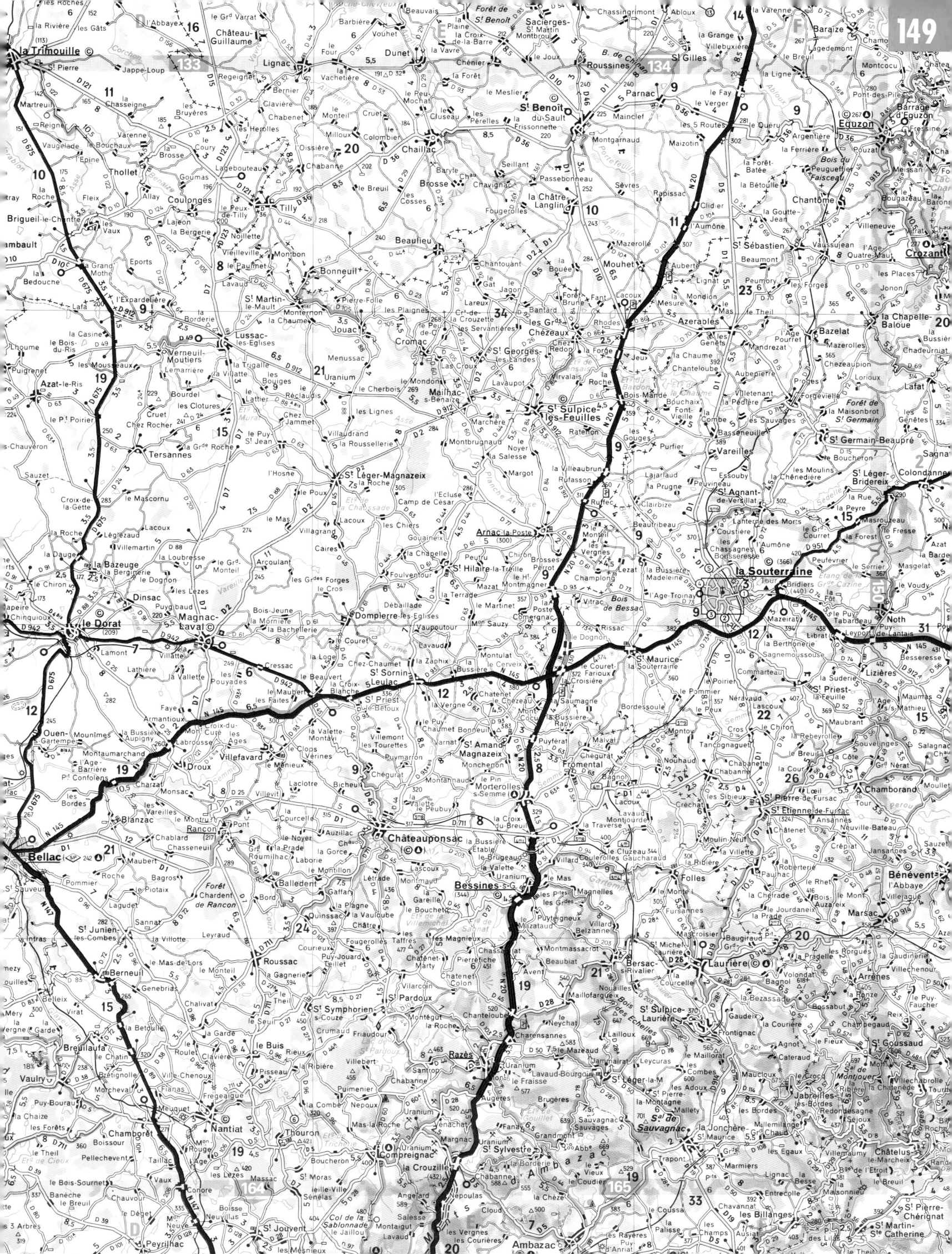

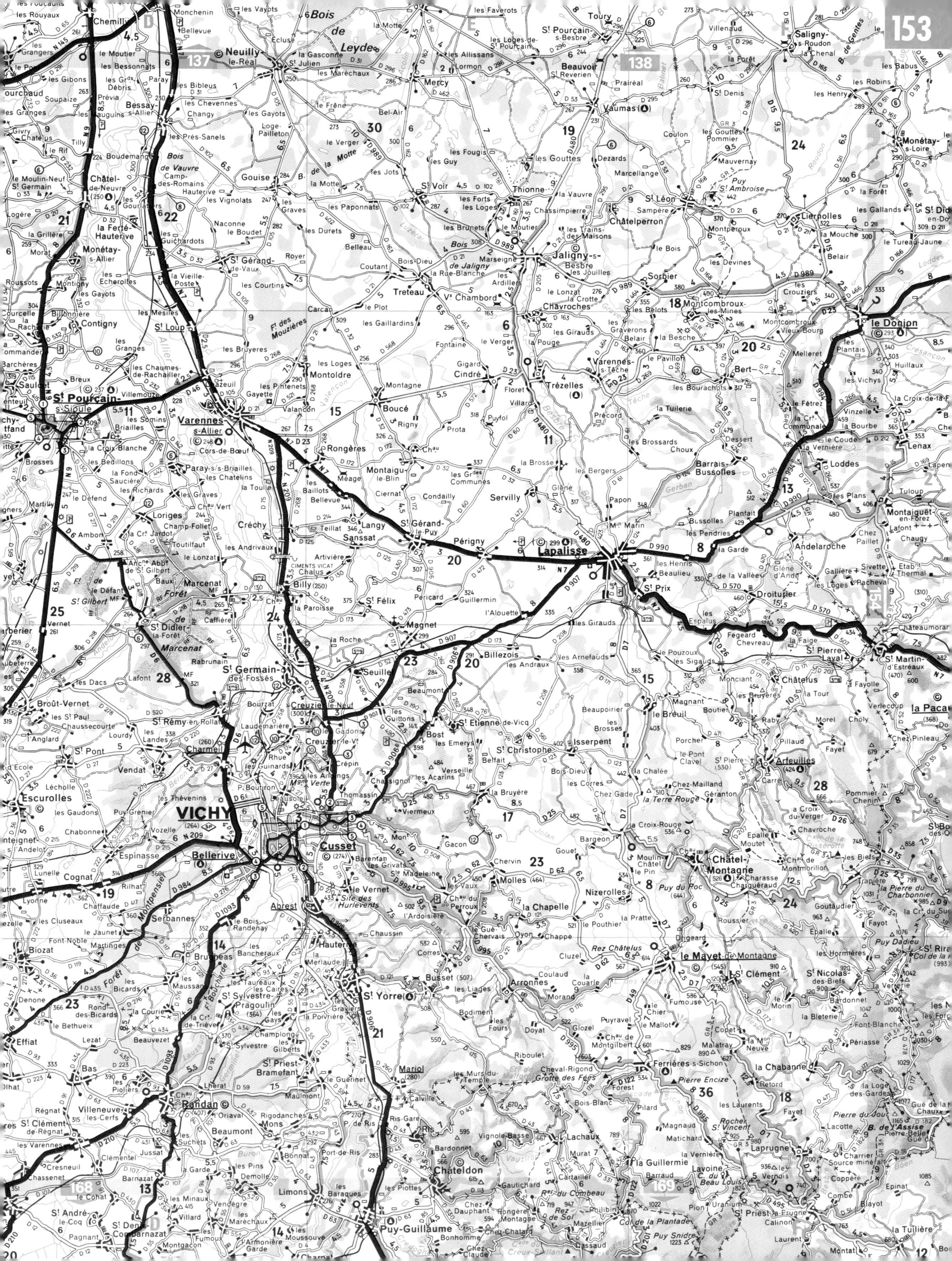

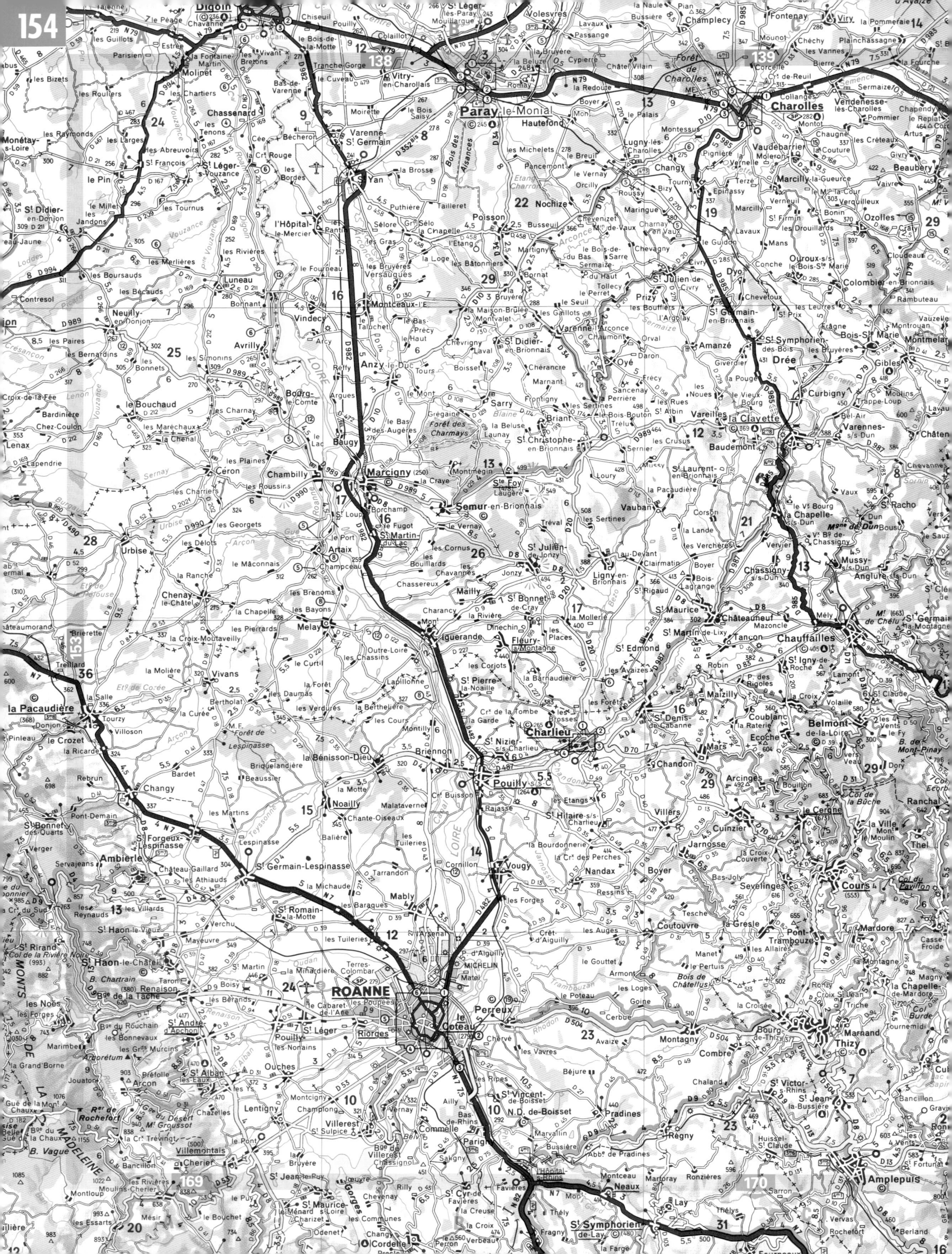

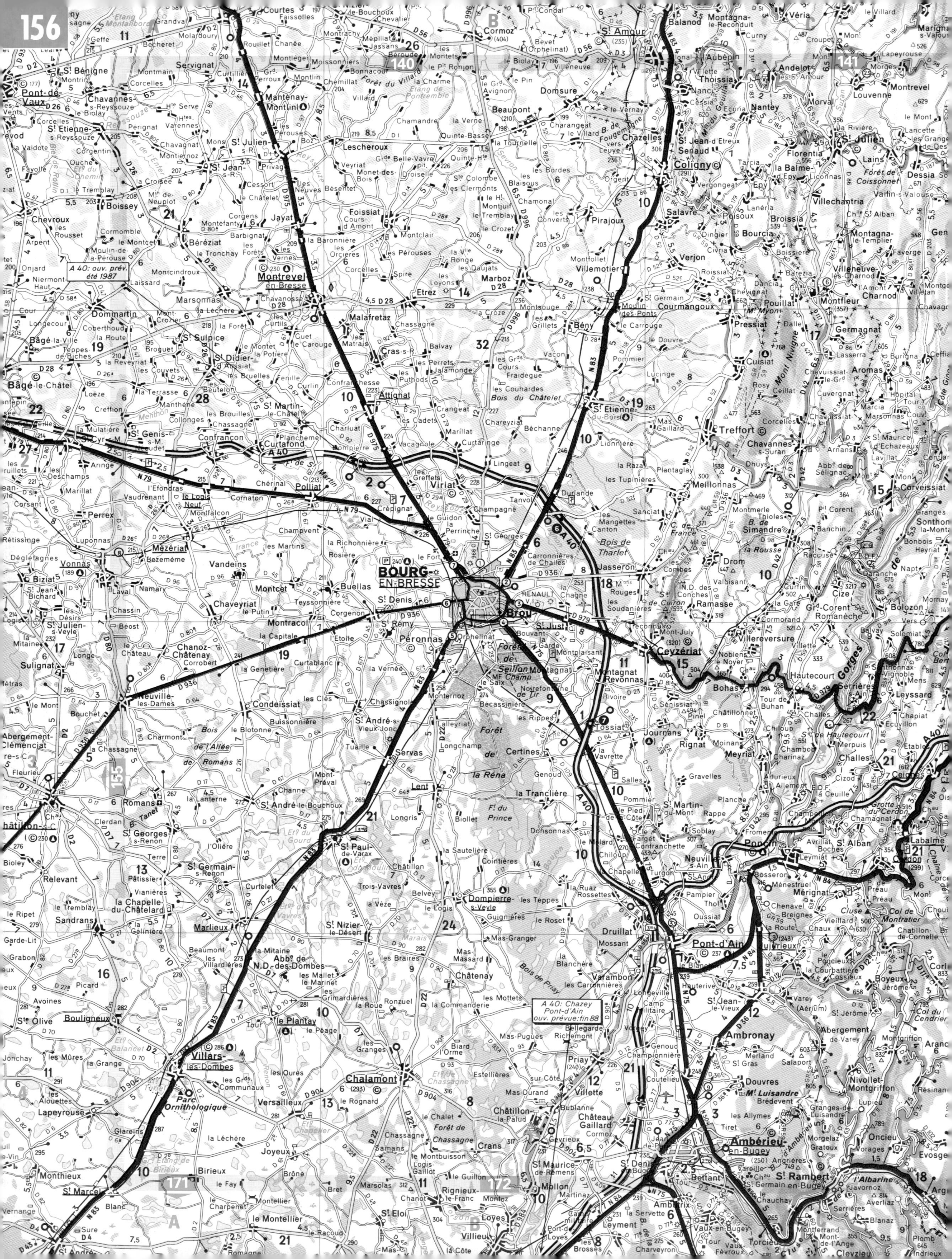

BOURG-EN-BRESSE
Brou
Péronnas
Viriat
St Denis
Montrevel-en-Bresse
Coligny
St Amour
Treffort
Ceyzériat
Pont-d'Ain
Ambérieu-en-Bugey
Villars-les-Dombes
Parc Ornithologique
Chalamont
St Paul-de-Varax
Pont-de-Vaux
Bâgé-le-Châtel
Attignat
Polliat
Mézériat
Vonnas
Marlieux
Dompierre-s-Veyle
Meximieux
Châtillon-la-Palud
Poncin
Neuville-sur-Ain
Ambronay
St Rambert-en-Bugey
Ambérieux
St Julien
Foissiat
Marboz
Etrez
Jasseron
Meillonnas
Drom
Bohas
Hautecourt
Gorges de l'Ain
Forêt de Seillon
Forêt de Certines
Forêt du Villard
Forêt de Chassagne
A 40: ouv. prév. été 1987
A 40: Chazey Pont-d'Ain ouv. prévue: fin 88
Bois de Tharlet
Bois des Couhardes
Bois du Châtelet
Mt Myon
Mont Nivigne
Mt Luisandre
N 83
N 75
N 79
N 84
D 936
D 975
D 996
D 28
A 40
140
141
155
171
172

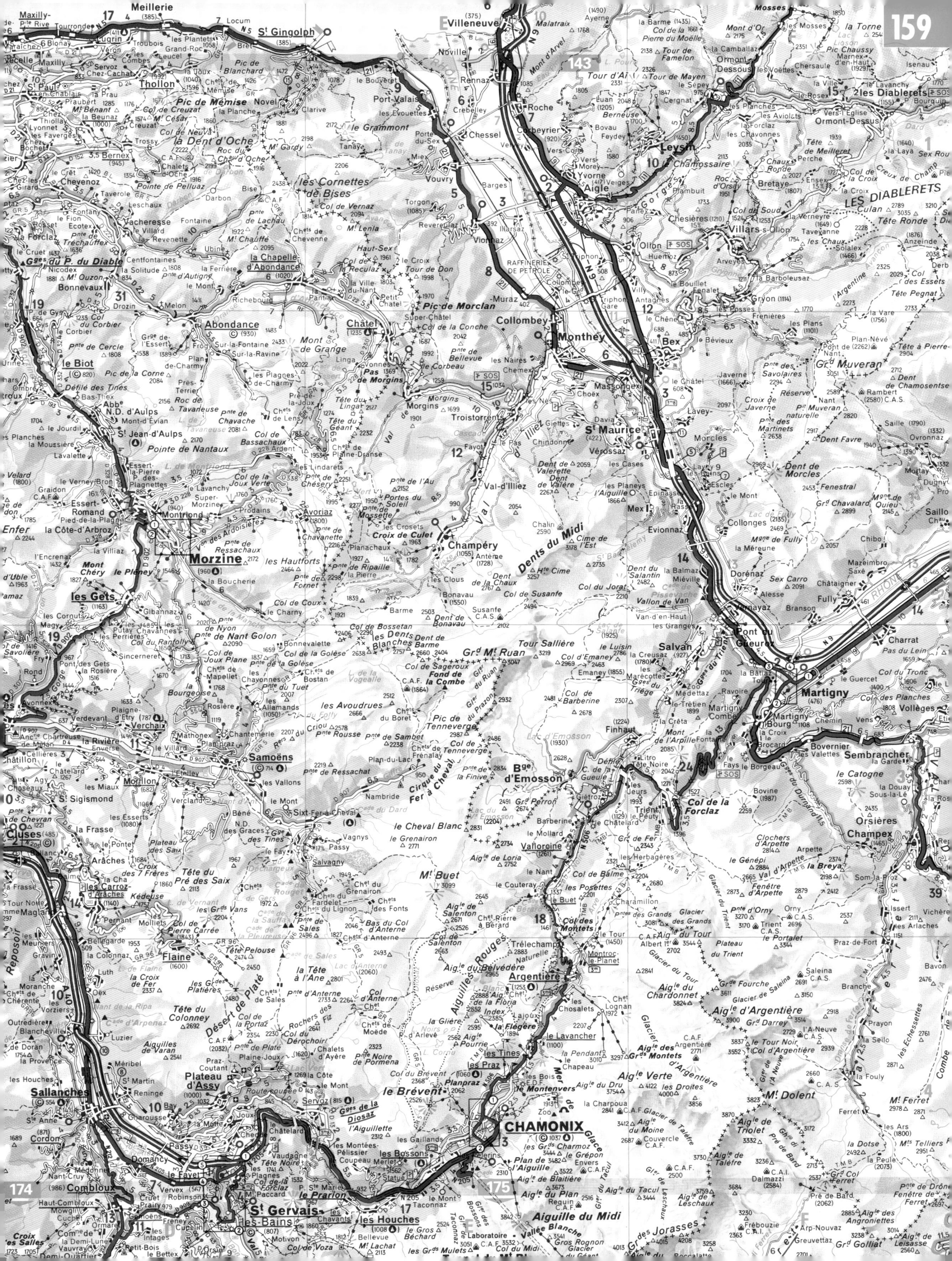

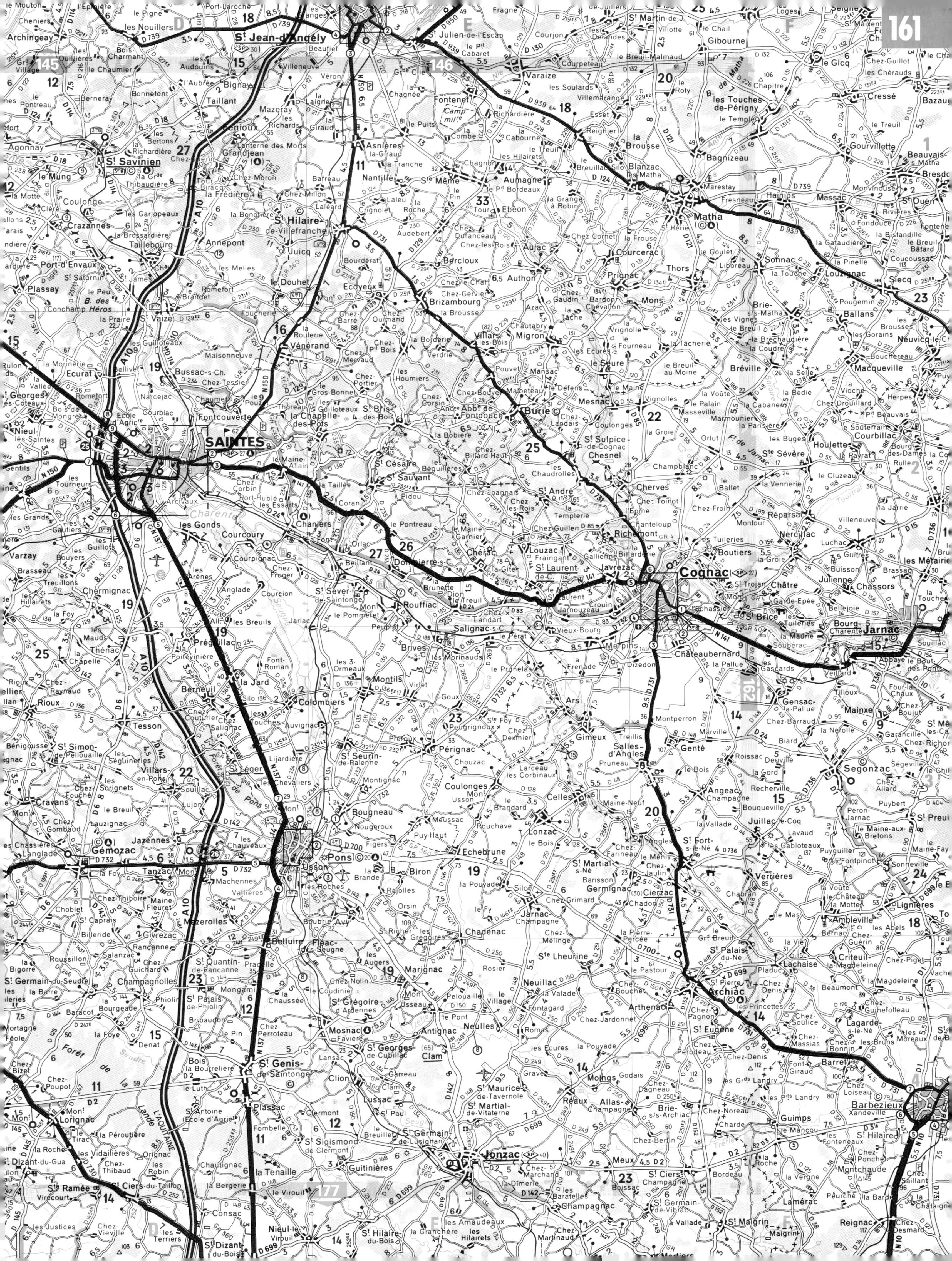

SAINTES

St Jean-d'Angély

Matha

Cognac

Jarnac

Segonzac

Pons

Jonzac

Archiac

Barbezieux

St Savinien

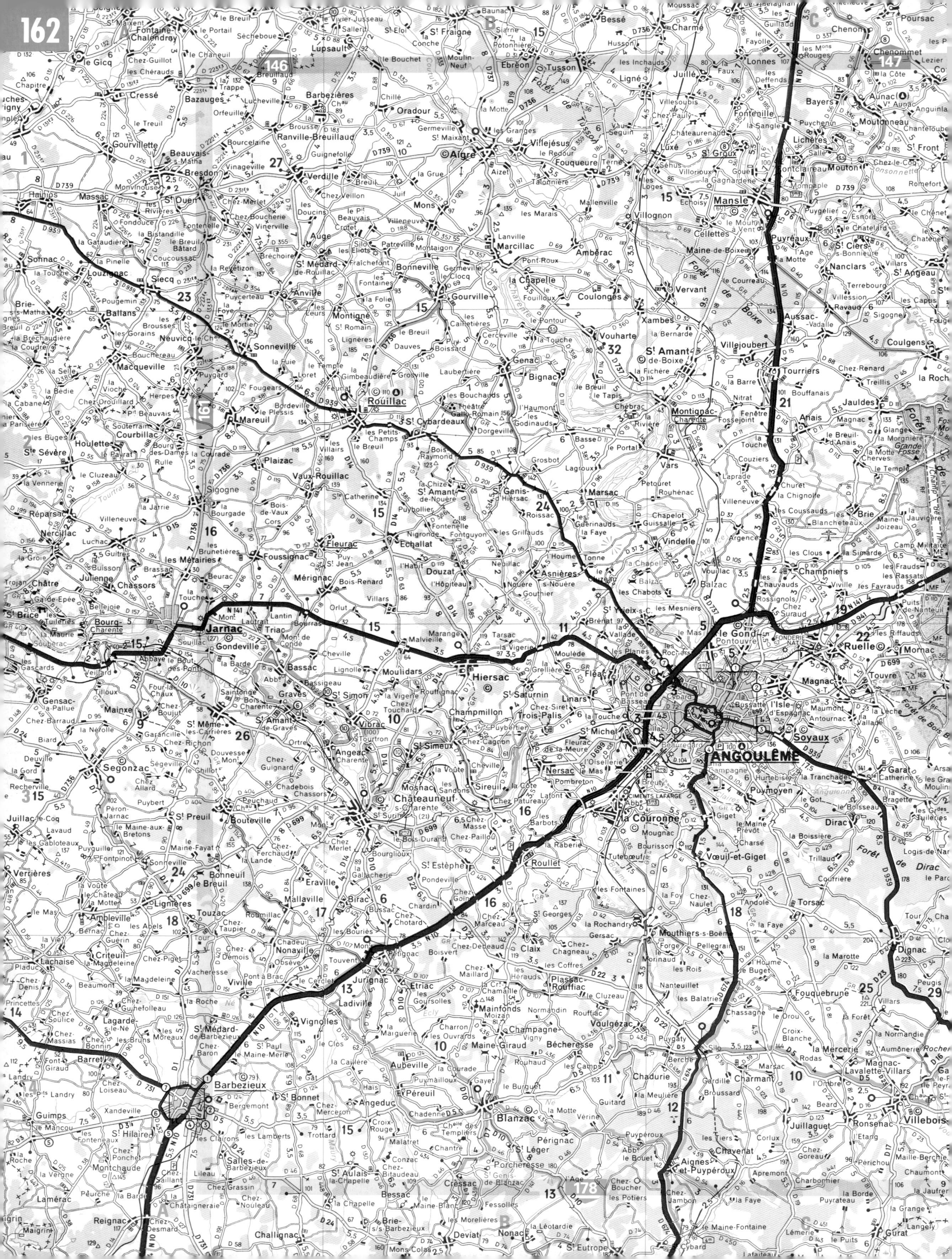
146
147
161
178
Fontaine-Chalendray
Lupsault
Barbezières
Oradour
Ebréon
Tusson
Charmé
Juillé
Lonnes
Chenon
Poursac
Cressé
Bazauges
Ranville-Breuillaud
Aigre
Villejésus
Fouqueure
Luxé
St Groux
Mansle
Aunac
Bayers
Moutonneau
Lichères
Gourvillette
Beauvais-s-Matha
Bresdon
Verdille
Mons
Marcillac-Lanville
Ambérac
Villognon
Cellettes
Puyréaux
Nanclars
St Angeau
Sonnac
Louzignac
Siecq
St Médard-de-Rouillac
Bonneville
Anville
Gourville
La Chapelle
Coulonges
Vervant
Aussac-Vadalle
Coulgens
Ballans
Sonneville
Neuvicq-le-Château
Montigné
Genac
Bignac
Vouharte
St Amant-de-Boixe
Xambes
Villejoubert
Tourriers
Macqueville
Rouillac
St Cybardeaux
Montignac-Charente
Anais
Jauldes
Mareuil
Houlette
Courbillac
Plaizac
Vaux-Rouillac
Vars
St Genis-d'Hiersac
Marsac
Brie
Sigogne
Réparsac
Nercillac
Foussignac
Fleurac
Échallat
Douzat
Asnières-s-Nouère
Vindelle
Balzac
Champniers
Châtre
Julienne
Chassors
Mérignac
Jarnac
Triac
Gondeville
Bourg-Charente
Hiersac
St Yrieix-s-C.
Le Gond-Pontouvre
Ruelle
Mornac
Magnac-s-T.
Gensac-la-Pallue
Mainxe
Bassac
Graves
St Simon
Vibrac
Champmillon
Trois-Palis
Fléac
Linars
St Michel
L'Isle-d'Espagnac
Soyaux
Segonzac
St Même-les-Carrières
Angeac-Charente
St Simeux
Nersac
ANGOULÊME
Puymoyen
Garat
Juillac-le-Coq
Bouteville
St Preuil
Châteauneuf-s-Charente
Sireuil
La Couronne
Dirac
Verrières
Bonneuil
Éraville
Roullet
Vœuil-et-Giget
Torsac
Lignières
Touzac
Mallaville
Birac
Mouthiers-s-Boëme
Dignac
Criteuil-la-Magdeleine
Lachaise
Nonaville
Claix
Viville
Jurignac
Plassac-Rouffiac
Fouquebrune
Ladiville
Vignolles
Mainfonds
Champagne-Vigny
Voulgézac
St Médard-de-Barbezieux
Maine-Giraud
Bécheresse
Barret
Barbezieux
St Bonnet
Péreuil
Chadurie
Charmant
Magnac-Lavalette-Villars
Angeduc
Blanzac
Juillaguet
Ronsenac
Villebois
Guimps
St Hilaire
Salles-de-Barbezieux
Pérignac
St Léger
Aignes-et-Puypéroux
St Aulais-la-Chapelle
Cressac
Bessac
Brie-s/s-Barbezieux
Reignac
Challignac
Nonac
Deviat
St Eutrope
Gurat
Forêt de Boixe
Forêt de Dirac
Charente

St Claud
Chasseneuil-s-Bonnieure
la Rochefoucauld
Chabanais
Rochechouart
Roumazières-Loubert
Nieuil
Montemboeuf
Massignac
Montbron
Bussière-Badil
St Mathieu
Oradour-s-Vayres
Piégut-Pluviers
Nontron
Mareuil
St Pardoux-la-Rivière
Javerlhac-et-la Chlle-St Robert
Marthon
Vouthon
Rancogne
Mazerolles
Verneuil
Videix
Chéronnac
Vayres
Cussac
Champniers-et-Reilhac
les Salles-Lavauguyon
Pressignac
Chassenon
Etagnac
Exideuil
Suris
Lézignac-Durand
Mouzon
Cherves-Châtelars
Vitrac-St Vincent
Taponnat
Agris
St Adjutory
Yvrac-et-Malleyrand
Marillac-le-Franc
Chazelles
Pranzac
St Sornin
Feuillade
Grassac
Souffrignac
Charras
Mainzac
Hautefaye
St Germain-de-Montbron
Rougnac
Combiers
la Rochebeaucourt-et-Argentine
Ste Croix-de-Mareuil
Vieux-Mareuil
Puyguilhem
Champeaux-et-la Chlle-Pommier
St Front-s-Nizonne
St Martial-de-Valette
Champs-Romain
St Saud-Lacoussière
St Barthélemy-de-Bussière
Marval
Pensol
Abjat-s-Bandiat
Augignac
St Estèphe
Roc Branlant
Busserolles
Ecuras
Orgedeuil
Rouzède
Roussines
Sauvagnac
Lussac
Suaux
Genouillac
Mazières
Chirac
Chabrac
Rochebrune
Saillat-s-V.
Chaillac-s-Vienne
Brigueuil
Saulgond
St Maurice-des-Lions
Manot
Turgon
Chassiecq
St Laurent-de-Céris
Parzac
Cellefrouin
Ventouse
St Mary
Grottes de Villars
St Martin-de-Fressengeas
Milhac-de-Nontron
St Front-la-Rivière
Savignac-de-Nontron
Sceau-St Angel
Lussas-et-Nontronneau
Connezac
Beaussac
les Graulges
Puyrenier
Rudeau-Ladosse
St Sulpice-de-Mareuil
Soudat
Varaignes
Teyjat
Etouars
le Bourdeix
St Martin-le-Pin
Vienne
147
148
179

Brigueuil
Forêt de Brigueuil
Javerdat
Oradour-s-Glane
Peyrilhac
Nieul
St Jouvent
Bonnac-la-Côte
Rochebrune
Saillat-s-V.
Chaillac-s-Vienne
St Junien
St Brice-s-Vienne
St Victurnien
Veyrac
St Gence
Couzeix
Rochechouart
Forêt de Rochechouart
St Auvent
St Cyr
Cognac-la-Forêt
St Priest-s/s-Aixe
Aixe-s-Vienne
LIMOGES
Isle
Feytiat
Condat-s-Vienne
Vayres
St Laurent-s-Gorre
Séreilhac
Beynac
Solignac
le Vigen
Oradour-s-Vayres
Gorre
St Martin-le-Vieux
Burgnac
Chalusset
St Bazile
Cussac
Champagnac
Champsac
Lavignac
Flavignac
Meilhac
Jourgnac
Pageas
Nexon
St Maurice-les-Brousses
St Jean-Ligoure
les Cars
Rilhac-Lastours
Châlus
Forêt des Cars
Forêt de Lastours
St Hilaire-les-Places
St Priest-Ligoure
la Chapelle-Montbrandeix
Montbrun
Dournazac
Bussière-Galant
Janailhac
Pensol
la Meyze
Firbeix
Ladignac-le-Long
la Roche-l'Abeille
St Nicolas
Forêt de Vieillecour
St Pierre-de-Frugie
Mialet
St Saud-Lacoussière
la Coquille
St Priest-les-Fougères
le Chalard
St Yrieix-la-Perche
Coussac-Bonneval
Chaleix
St Jory-de-Chalais
Jumilhac-le-Grand
St Paul-la-Roche
Glandon
St Julien-le-Vendômois
Grottes de Villars
St Martin-de-Fressengeas
Sarrazac
Sarlande
Angoisse
St Eloy-les-Tuileries
148
149
163
180

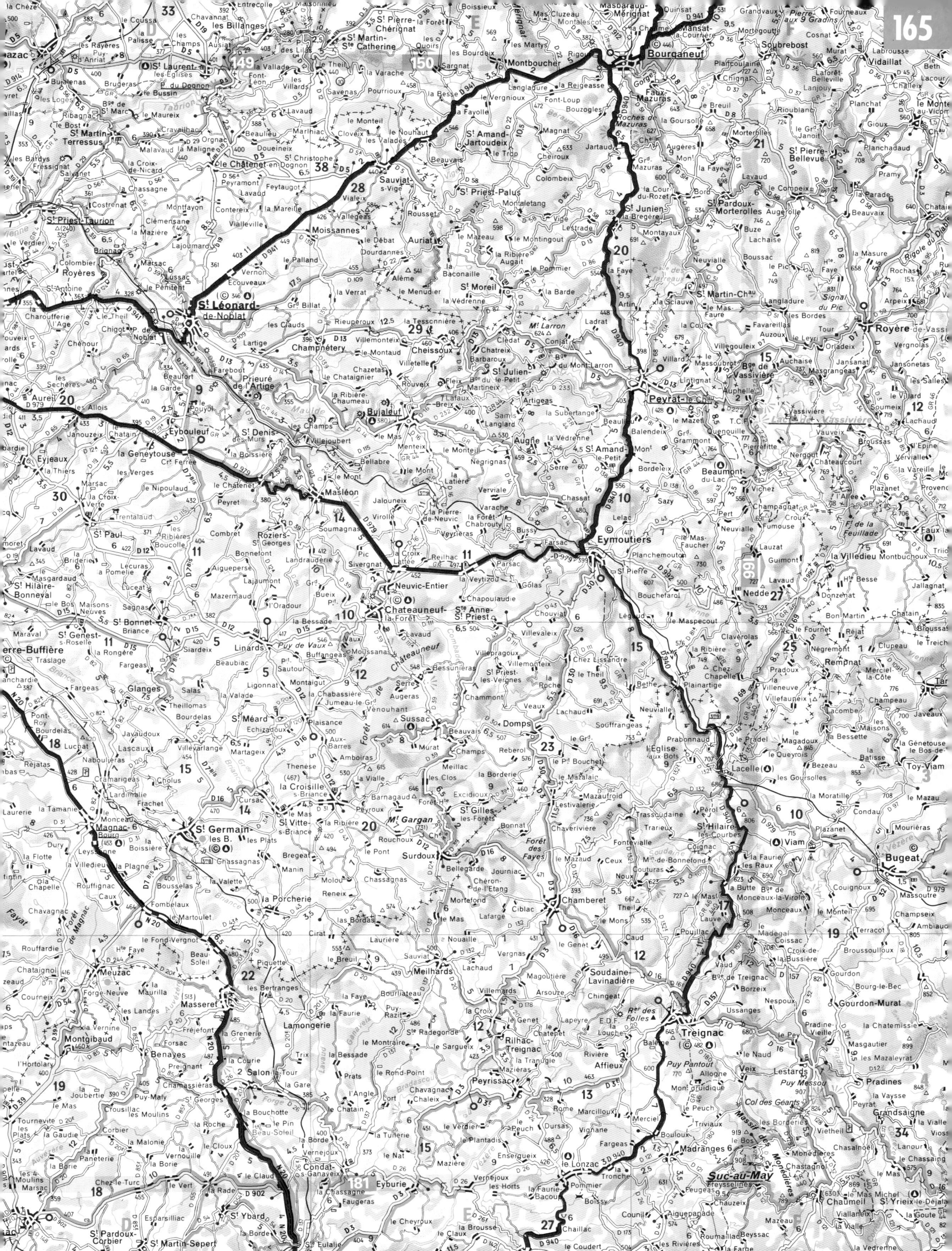

Aubusson
150
151
Felletin
Royère-de-Vassivière
Gentioux
Peyrelevade
Sornac
la Courtine
Camp de la Courtine
Bugeat
Meymac
Ussel
Millevaches
Tarnac
Toy-Viam
165
182
Crocq
Magnat-l'Etrange
Faux-la-Montagne
Vallières
St Yrieix-la-Montagne
la Nouaille
Moutier-R.
Néoux
Poussanges
Clairavaux
Féniers
St Merd-les-Oussines
Chavanac
Pérols-s-Vézère
St Sulpice-les-Bois
Alleyrat
Lignareix
St Angel
Davignac
Combressol
Maussac
Soudeilles
Chaumeil
Grandsaigne
Pradines
Lac de Vassivière
Forêt de Châteauvert
Forêt de Bellechassagne
Signal d'Audouze
Puy Pendu
Mt Bessou
Col du Massoubre
Forêt de Bonneval
Puy Messou
Col des Géants

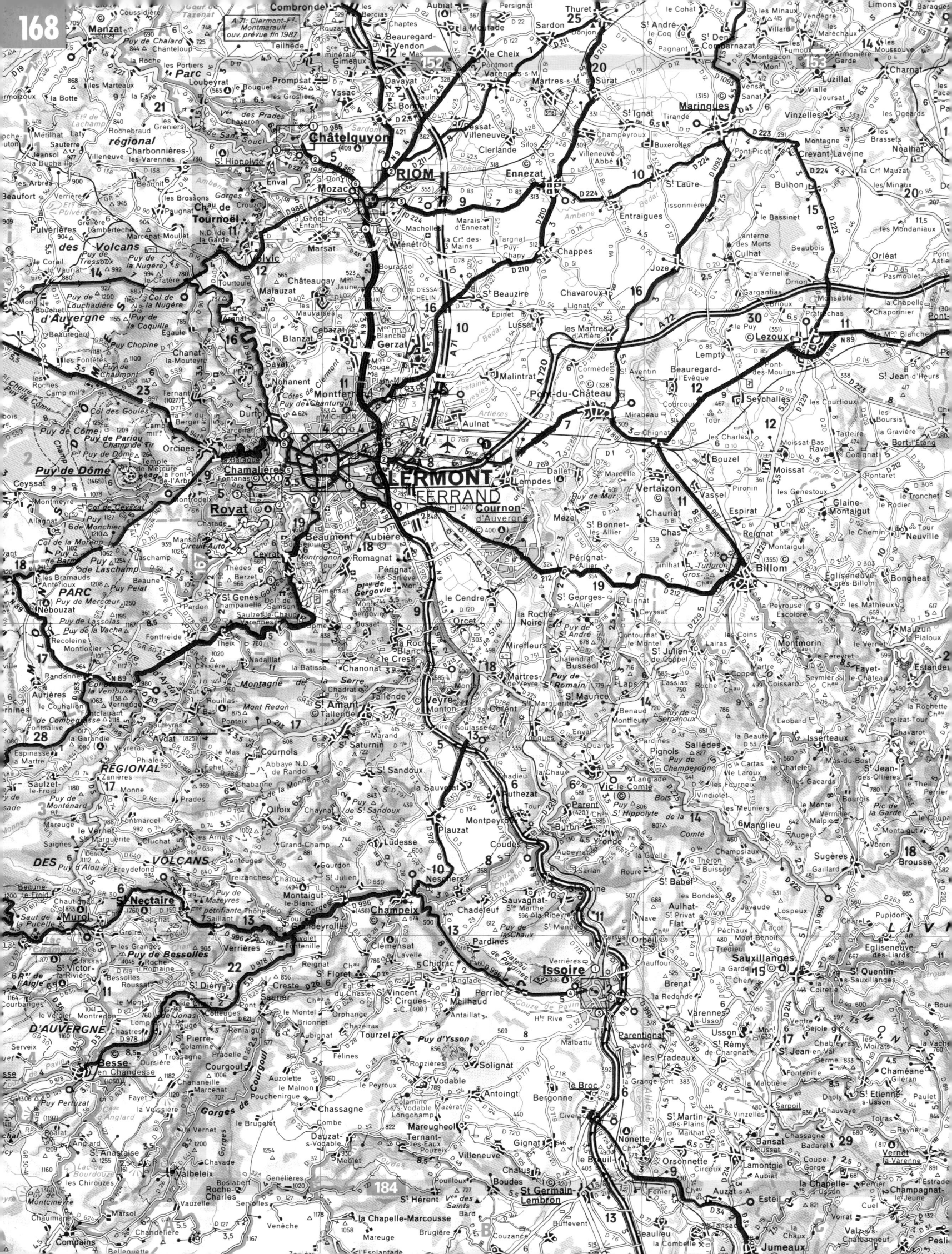

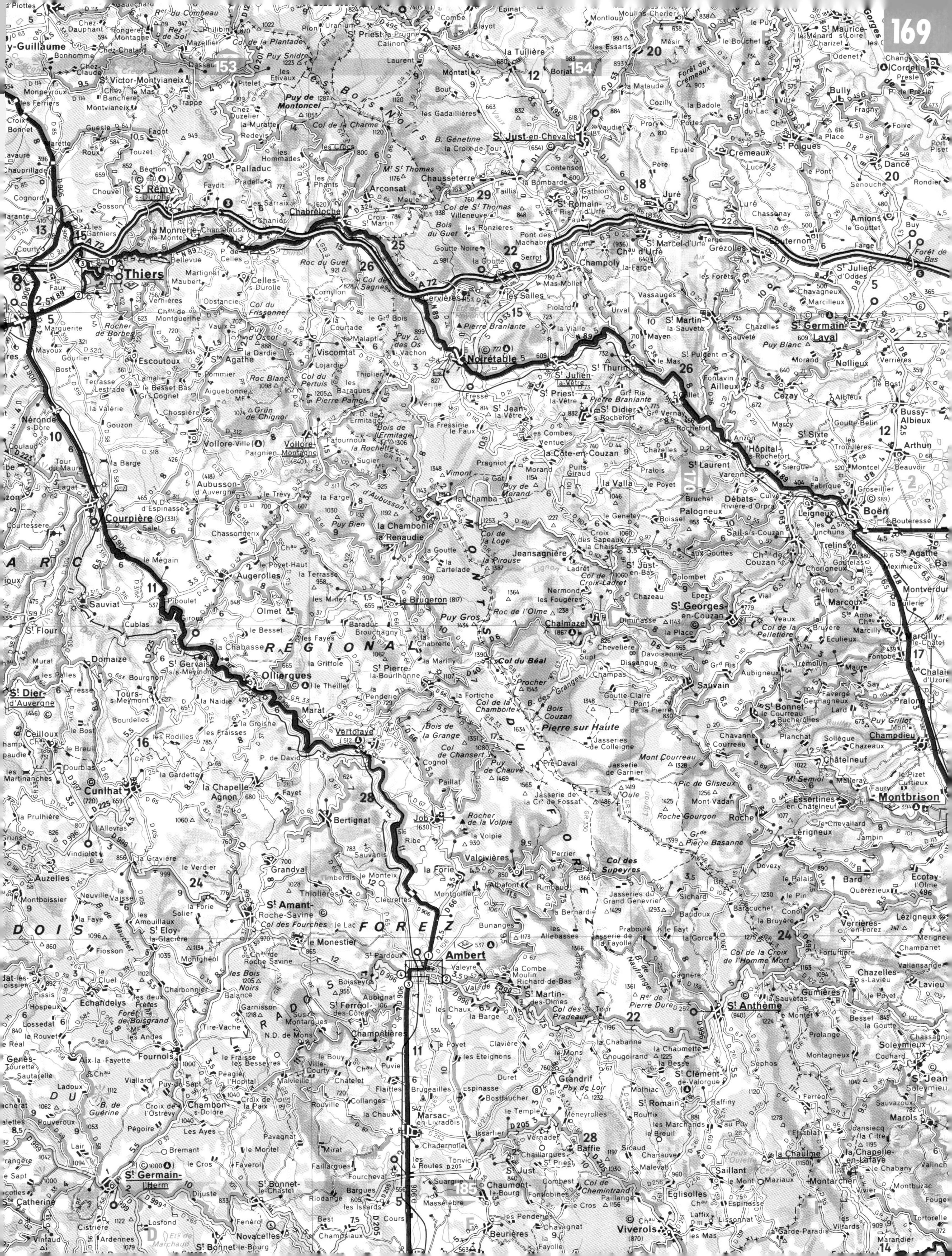

153
154
170
185
Thiers
Puy-Guillaume
St Victor-Montvianeix
Col de la Plantade
Puy Snidre
Puy de Montoncel
Col de la Charme
Les Bois Noirs
St Priest-la-Prugne
St Just-en-Chevalet
Crémeaux
St Polgues
Cordelle
Bully
Dancé
Palladuc
St Rémy s-Durolle
Arconsat
Chausseterre
Col de St Thomas
Chabreloche
St Romain-d'Urfé
Juré
La Monnerie-le-Montel
Celles-s-Durolle
Roc du Guet
Col des Sagnes
Champoly
St Marcel-d'Urfé
Grézolles
Souternon
St Julien-d'Oddes
St Germain-Laval
Les Salles
Cervières
Noirétable
Pierre Branlante
Col du Frissonnel
Escoutoux
Ste Agathe
Viscomtat
Puy des Os
St Julien-la-Vêtre
St Thurin
St Didier-s-Rochefort
Nollieux
Cezay
Courpière
Vollore-Ville
Vollore-Montagne
Bois de l'Ermitage
Aubusson-d'Auvergne
Puy Bien
la Chambonie
Col de la Loge
Jeansagnière
St Just-en-Bas
Col de Croix-Ladret
St Laurent
L'Hôpital-s-Rochefort
Débats-Rivière-d'Orpra
Boën
Leigneux
Sail-s-Couzan
Chau de Couzan
Trelins
Ste Agathe
Augerolles
le Brugeron
Puy Gros
Roc de l'Olme
Chalmazel
St Georges-en-Couzan
Col de la Pelletière
Marcoux
Sauviat
Olmet
Olliergues
St Gervais-s-Meymont
St Pierre-la-Bourlhonne
Col du Béal
Procher
Pierre sur Haute
Sauvain
St Bonnet-le-Courreau
Champdieu
Tours-s-Meymont
Vertolaye
Bois de la Grange
Col de Chansert
Puy de Chauvé
Jasseries de Colleigne
Mont Courreau
Châtelneuf
Mt Semiol
Montbrison
Cunlhat
la Chapelle-Agnon
Bertignat
Job
Rocher de la Volpie
Pic de Glisieux
Roche Gourgon
Essertines-en-Châtelneuf
Lérigneux
Roche
Grandval
Valcivières
Col des Supeyres
St Amant-Roche-Savine
Col des Fourches
Bard
Verrières-en-Forez
Lézigneux
St Eloy-la-Glacière
Ambert
St Martin-des-Olmes
Col des Pradeaux
Col de la Croix de l'Homme Mort
St Anthème
Forêt de Boisgrand
Champétières
St Ferréol-des-Côtes
Aix-la-Fayette
Fournols
Grandrif
Puy de Loir
St Clément-de-Valorgue
Chambon-s-Dolore
Marsac-en-Livradois
Baffie
la Chaulme
la Chapelle-en-Lafaye
St Germain-l'Herm
St Bonnet-le-Chastel
Chaumont-le-Bourg
Col de Chemintrand
Eglisolles
Viverols
Novacelles
Beurières
Marols
Soleymieux
Montarcher
PARC RÉGIONAL DU LIVRADOIS FOREZ
MONTS DU FOREZ

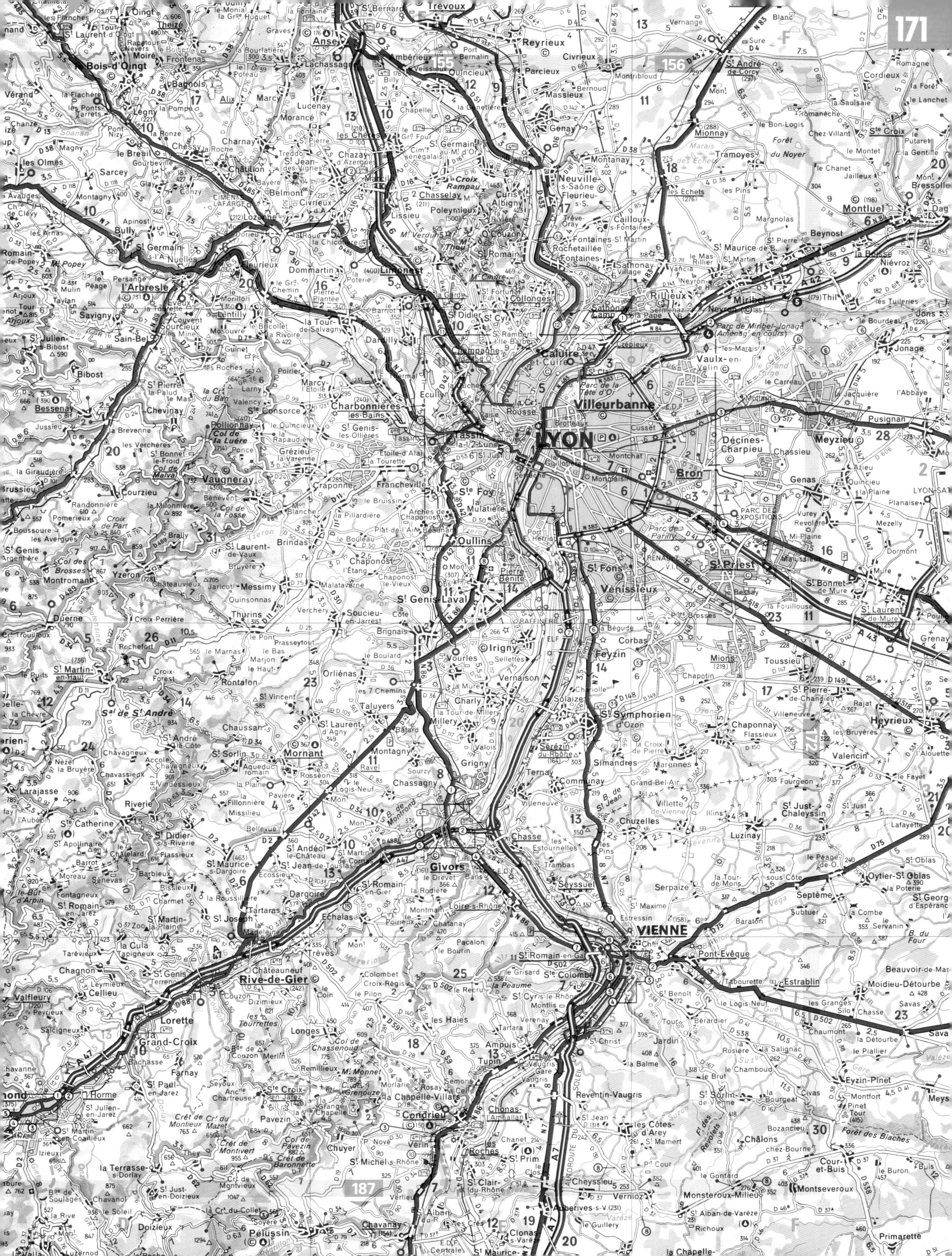

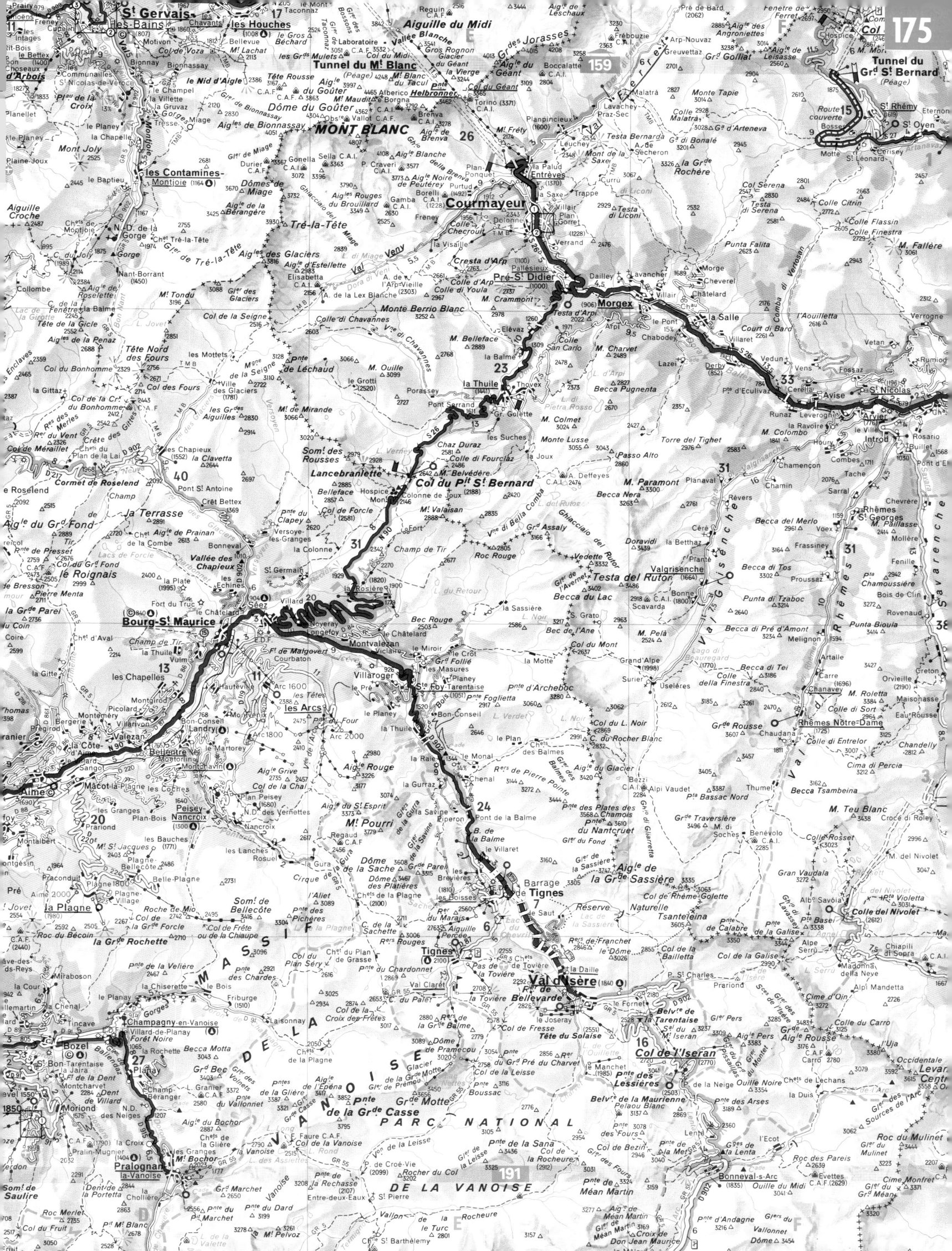

A
B
C
160
192
193
Montalivet-les-Bains
Lède de la Canillouse
la Courtrillade
le Mayne
Gaudin
Vensac
Dignac-et-Loirac
Noaillac
le Broustera
le Centre
Goulée
Port-de-Goulée
Valeyrac
Loirac
Sipian
les Arrestieux
le Gua
Mayan
Larnac
Mouva
la Hontane
la Verdasse
Troussas
Courbian
la Lagune
Port-de-By
By
Bégadanet
le Breuil
Périgueys
Sémian
Moulineyre
Vendays-Montalivet
Queyrac
Laujac
Meillan
Bégadan
St Christoly-Médoc
le Pion
Sarnac
Cap-du-Prat
Forêt de Vendays
Lescapon
Biail
Tremblaux
les Ormes
Coudessant
Houreau
Pey-du-Haut
les Ptes Granges
Couquèques
Civrac-en-Médoc
Prignac-en-M.
la Gorce
Queyzans
St Yzans-de-Médoc
Gaillan-en-M.
Blaignan
Peyressan
Cayrehours
Roudillac
Marais de Lespault
Bourgueyraud
Blanc
Lafon
la Cardonne
Potensac
Ancne Abbe de l'Ile
St Trelody
Lesparre-Médoc
Vernous
l'Hôpital
Plautignan
Ordonnac
Marque
Berganton
la Bresquette
Escot
Canquillac
St Germain d'Esteuil
Forêt du Junca
Rebichette
Bouries
Corneau
Miqueu
St Isidore
Plassan
Artiguillon
le Trale
le Pin-sec
Liard
St Gaux
St Corbian
Lille
Pez
Naujac-s-Mer
Magagnan
la Prise
Herreyrat
Lagune
Cazeaux
la Toudeille
Lugagnac
Vertheuil
Leyssac
Lisan
B. du Plantier
la Caussade
Hanteillan
Blanquet
Hourtin-Plage
le Pit Mont
le Contaut
Lande de Vignolles
Luc
Marais du Bléu
Louley
les Genêts
C.F.M.
Cartignac
les Reynals
Cissac-Médoc
le Breuil
Mouton-Rothschild
Lafite
Loubeyres
St Sauveur
Lescarjean
Fonpiqueyre
Piqueyrot
le Port
Hourtin
Bré
Lagunan
Labrousse
Fournas
Artigues
Forêt d'Hourtin
Dunes des Places
Haut-Bré
Pey-de-Camin
Lachanau
Sémignan
Villeneuve
Ballac
Grand-Puy
St Batailley
Lac d'Hourtin-Carcans
Berle de Caillova
Lupian
le Crohot-de France
la Gracieuse
Marcillan
Rionet
Mourlan
St Laurent-et-Benon
Phares d'Hourtin
Peintre
Ste Hélène-de-Hourtin
le Garthieu
Balaugué
Cartujac
Carnet
le Vivey
Craste Lambert
Bernos
Picard
Ste Hélène-de-l'Etang
Berdillan
Courbiac
le Crohot-des-Cavales
Pineyrous
Senajou
Benon
Couyras
Bombannes
St Queyran
Donissan
Carcans-Plage
Villeneuve
Couyrasseau
Forêt de Carcans
Fourcas
Devidas
Maubuisson
le Pouch
Carcans
Berron
Baudan
le Tris
Listrac-Médoc
Cap-de-Ville
Troussas
Pudos
Libardac
Mayne-Pauvre
Lestage
le Montaut
Craste Raouset
Bernones
Fon-Réaux
Réserve naturelle
l'Alexandre
Etang Cousseau
Brach
Touleron
la Lande
Barbat
Bouqueyran
Mauvesin
Devinas
le Pont
Avensan
Castelnau-de-Médoc
Lande de Ludey
les Lamberts
Landes de Méogas
Grd Ludey
Pit Ludey
Romefort
Laherre
Lacanau-Océan
le Huga
les Pins
Carreyre
le Moutchic
Talaris
Landes du Bourg
Méogas
Constantenins
Cordes
Foulon
le Tedey
Narsot
Lande
Taussac
Villeneuve de Taussac
Mongarni
la Providence
Leujean
Lac de Lacanau
Grande Escoure
le Port
Lacanau
Méjos
le Devès
Sadouillan
Pimbelin
le Lion
les Nerps
au Chalet
aux Andraux
Planque-Peyre
Ste Hélène
St Raphaël
Gémeillan
Longarisse
Bernos
Forêt de Lacanau
Tronquats
Lède du Grd Bernos
Mistre
Maubourguet
Etg de Batejin
le Grd Courgas
le Pit Courgas
Bedillor
le Plec
Salaunes
Landes de Lacousteyre
Landes du Gartiou-Croutat
Hourton
Dunes du Hughey
Etang de Batourtot
Saumos
Landes d'Eyron
le Bétout
la Rue
le Maine-d'Estève
Grd Bos
le Lignan
le Porge-Océan
le Gressier
Etang de Lède Basse
Maisonneuve
Pit Bos
Pilliole
Lescarran
Serigas
Sautuges
Issac
Vignas
Gleyse Vieille
le Temple
Camp militaire

Mirambeau

St Dizant-du-Bois

Montendre

Montlieu-la-Garde

Montguyon

St Martin-d'Ary

Baignes-Ste Radegonde

Chevanceaux

St Ciers-s-Gironde

St Palais

Étauliers

Reignac

Blaye

Cars

St Savin

St Mariens

Laruscade

Cavignac

Cézac

St André-de-Cubzac

Bourg

Pugnac

Margaux

Cantenac

Macau

Arcins

Lamarque

Pauillac

St Julien

Cussac

Bassens

Blanquefort

St Médard-en-Jalles

Carbon-Blanc

Ambarès-et-Lagrave

Libourne

Fronsac

St Michel-de-Fronsac

Guîtres

Pomerol

Aquitaine A 10

Reignac
Challignac
Deviat
Nonac
Montmoreau-St Cybard
Condéon
Brossac
Chillac
Passirac
Châtignac
Montboyer
Bors
Pillac
Palluaud
Guizengeard
St Vallier
Bardenac
Curac
Chalais
Yviers
Aubeterre-s-Dronne
Montguyon
St Aulaye
Parcoul
La Roche Chalais
St Aiguin
Les Eglisottes-et-Chalaures
Coutras
Guîtres
St Médard-de-Guizières
St Seurin-s-l'Isle
Montpon-Ménestérol
Lussac
Libourne
St Christophe-de-Double
St Antoine-s-l'Isle
Villefranche-de-Lonchat
Echourgnac
FORÊT DE LA DOUBLE
St Barthélemy-de-Bellegarde
St Michel-de-Double
Montagne
Puisseguin
Petit-Palais
Gours
Minzac
Ponteyraud
Festalemps
St Privat
Bonnes
Nabinaud
Bazac
Médillac
Boscamnant
Montpeyroux
St Méard-de-Gurçon
Fraisse
Beaupouyet
162
195
177

Mareuil · Montmoreau · Lusson · la Roussarie · le Chatenet · Croze · St Martin-de-Fressengeas · Razac

Vieux-Mareuil · Chancelans · Teillac · Labarde · le Cheyrou · Grottes de Villars · la Baine · le Cluzeau · Bourg-Vieux · la Bouline

Monsec · St Crépin-de-Richemont · St Pancrace · le Sablou · Quinsac Puyguilhem · Lavergne · St Jean-de-Côle · St Romain-et-St Clément

St Félix-de-Bourdeilles · aux Âges · Champagnac-de-Belair · Villars · Puytavard · la Boine · Boudeau · St Pierre-de-Côle

Richemont · Cantillac · les Bouriaux · Boschaud · la Barbinie · la Forêt · Poncet · Corneille

la Gonterie · Boulouneix · Doumen · Verneuil · Condats-s-Trincou · la Chapelle-Faucher · le Roc · Reynaud · la Rougerie · St Pierre-de-Côle

Légillac-de-Cercles · Belaygues · Arne Abbe Brantôme · Puymarteau · Valade · les Roches · Rochevideau · Lempzours · Vaunac · Négrondes

Verteillac · St Julien-de-B · les Fougères · Chambon · Subtéroches · la Rivarie · la Goulandie · Piras · St Front-d'Alemps

Bourg-des-Maisons · Chapdeuil · St Just · Paussac-et-St Vivien · Forge du Diable Rocher · Lasserre · la Besse · la Borie-Fricat · Eyvirat · Sorges

Coutures · Celles · St Vivien · Fonseigner · Valeuil · Bost-de-Sarazignac · Sencenac-Puy-de-Fourches · Puyblanc · Ligueux

Bertric-Burée · Creyssac · Bourdeilles · Biras · Mazel · Château-l'Évêque · Agonac · Savignac-les-Églises

St Victor · Montagrier · Lisle · Bussac · la Borde · St Martin · Cornille · les Pilles · Chauzanaud

Ribérac · St Méard-de-D · Tocane-St Apre · Mensignac · Ancien prieuré de Merlande · la Chapelle-Gonaguet · Champcevinel · Antonne-et-Trigonant · Sarliac-s-l'Isle

St Pardoux-de-Drône · Fayolle · Segonzac · Chancelade · PÉRIGUEUX · Trélissac · Bassillac · Boulazac

St Aquilin · Chantérac · Léguillac-de-l'Auche · Siorac · Marsac-s-l'Isle · Veyrier · Coulounieix-Chamiers · St Laurent-s-M · St Pierre-de-Chignac

St Astier · Annesse-et-Beaulieu · Razac-s-l'Isle · Montrem · Coursac · Atur · Ste Marie-de-Chignac · St Crépin-d'Auberoch

St Léon-s-l'Isle · St Germain-du-Salembre · Manzac · N.D.-de-Sanilhac · Marsaneix · la Chapelle

Neuvic · Douzillac · St Paul-de-Serre · Chalagnac · Église-Neuve-de-Vergt · Breuilh · la Douze

St Front-de-Pradoux · Sourzac · Vallereuil · Grignols · Creyssensac-et-Pissot · Grun · Bordas · Lacropte

Mussidan · Bournac · St Jean-d'Estissac · Villamblard · Jabaux · Vergt · Veyrines-de-Vergt

Bourgnac · Issac · St Hilaire-d'Estissac · Douville · St Amand-de-Vergt · St Michel-de-Villadeix · St Avit-de-Vialard

Montagnac-la-Crempse · Beauregard-et-Bassac · St Laurent-des-Bâtons · Cendrieux · Mauzens

Campsegret · St Georges-de-Montclard · Clermont-de-Beauregard · St Félix-de-Villadeix · Ste Alvère · Caverne de Bara-Bahau

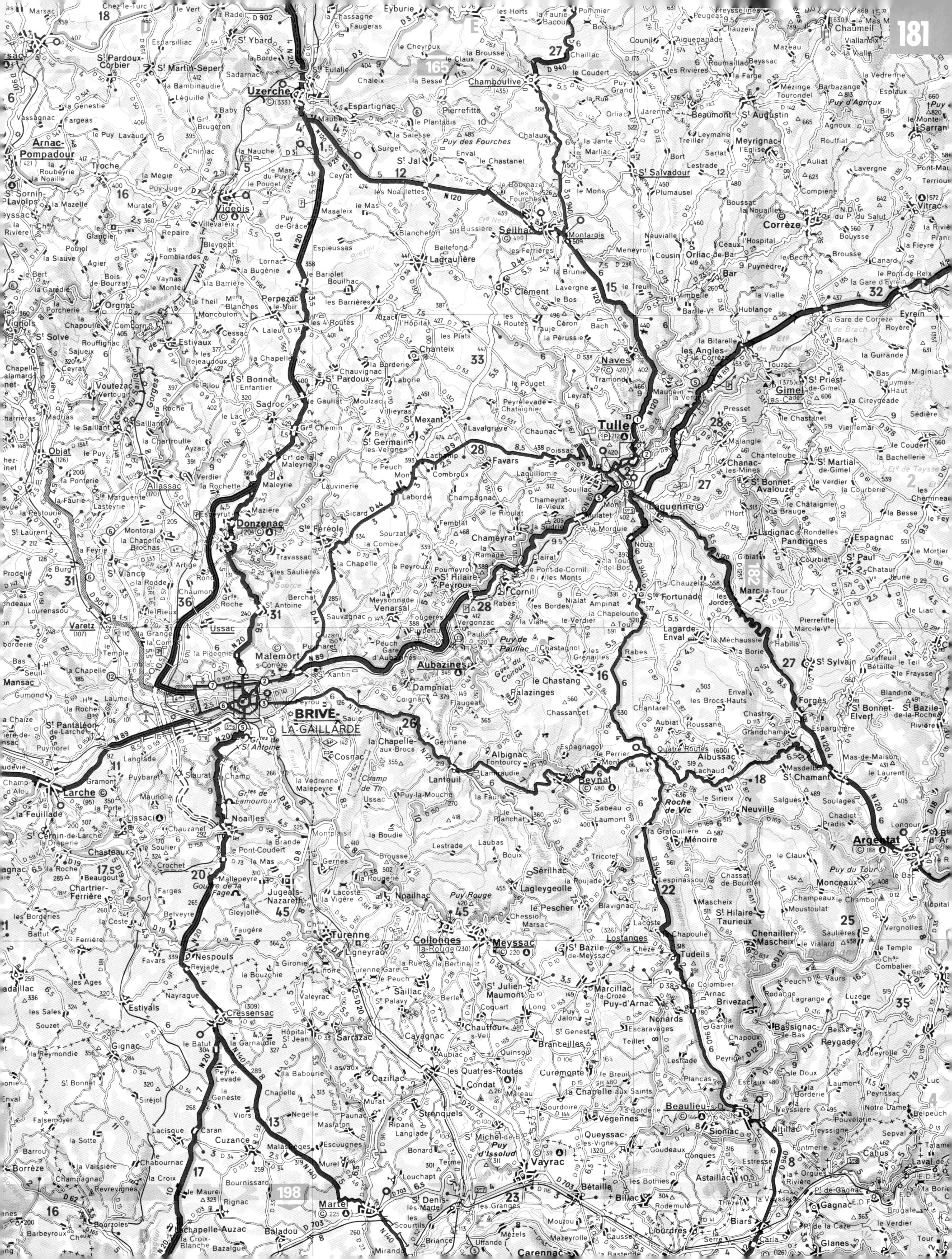
Uzerche
Chamboulive
Seilhac
Vigeois
Lagraulière
St Clément
Perpezac-le-Noir
Allassac
Donzenac
Naves
Tulle
Laguenne
Corrèze
Gimel
Chanteix
St Mexant
Favars
Objat
Voutezac
Ussac
Malemort-s-Corrèze
BRIVE-LA-GAILLARDE
Aubazines
Cornil
Beynat
Albussac
Forgès
Argentat
Larche
Noailles
Turenne
Collonges-la-Rouge
Meyssac
Lostanges
Tudeils
Beaulieu-s-D.
Sioniac
Vayrac
Martel
Cressensac
Nespouls
Cuzance
Arnac-Pompadour
Puy d'Issolud
Puy des Fourches
Roche de Vic
N 20
N 120
N 89
N 121
N 140
D 940

Bort-les-Orgues
Lanobre
Champs-s-Tarentaine
Eglisneuve-d'Entraigues
Compains
Espinchal
St Genès-Champespe
Trémouille
Condat
Montboudif
St Amandin
Chanterelle
la Godivelle
Marcenat
Riom-ès-Montagnes
Saignes
Menet
Trizac
Apchon
St Saturnin
Allanche
Pradiers
Cheylade
Ségur-les-Villas
Anglards-de-Salers
le Vaulmier
Salers
le Falgoux
Dienne
le Claux
Murat
Chalinargues
Pas de Peyrol
Puy Mary
le Lioran
Super-Lioran
Plomb du Cantal
Mandailles
St Jacques-des-Blats
Thiézac
Vic-s-Cère
Polminhac
AURILLAC
Pierrefort
Paulhac
Cézens
Brezons
Malbo
Valuéjols
Ussel
Neussargues-Moissac
Anjony
Girgols
Laroquevieille
Lascelle
St Cirgues-de-Jordanne
Lacapelle-Barrès
Pailherols
Neuvéglise
Oradour
St Martin-s-Vigouroux
PARC
RÉGIONAL
DES
VOLCANS
D'AUVERGNE
MONTS
DU
CANTAL
CÉZALLIER
Vallée du Falgoux
Col de Serres
Puy Violent
Puy Griou
Puy de Peyre-Arse
Col de Cabre
Plateau du Limon
Col d'Entremont
Pas de Compaing
Rocher des Pendus
Pas de Cère
Route des Crêtes

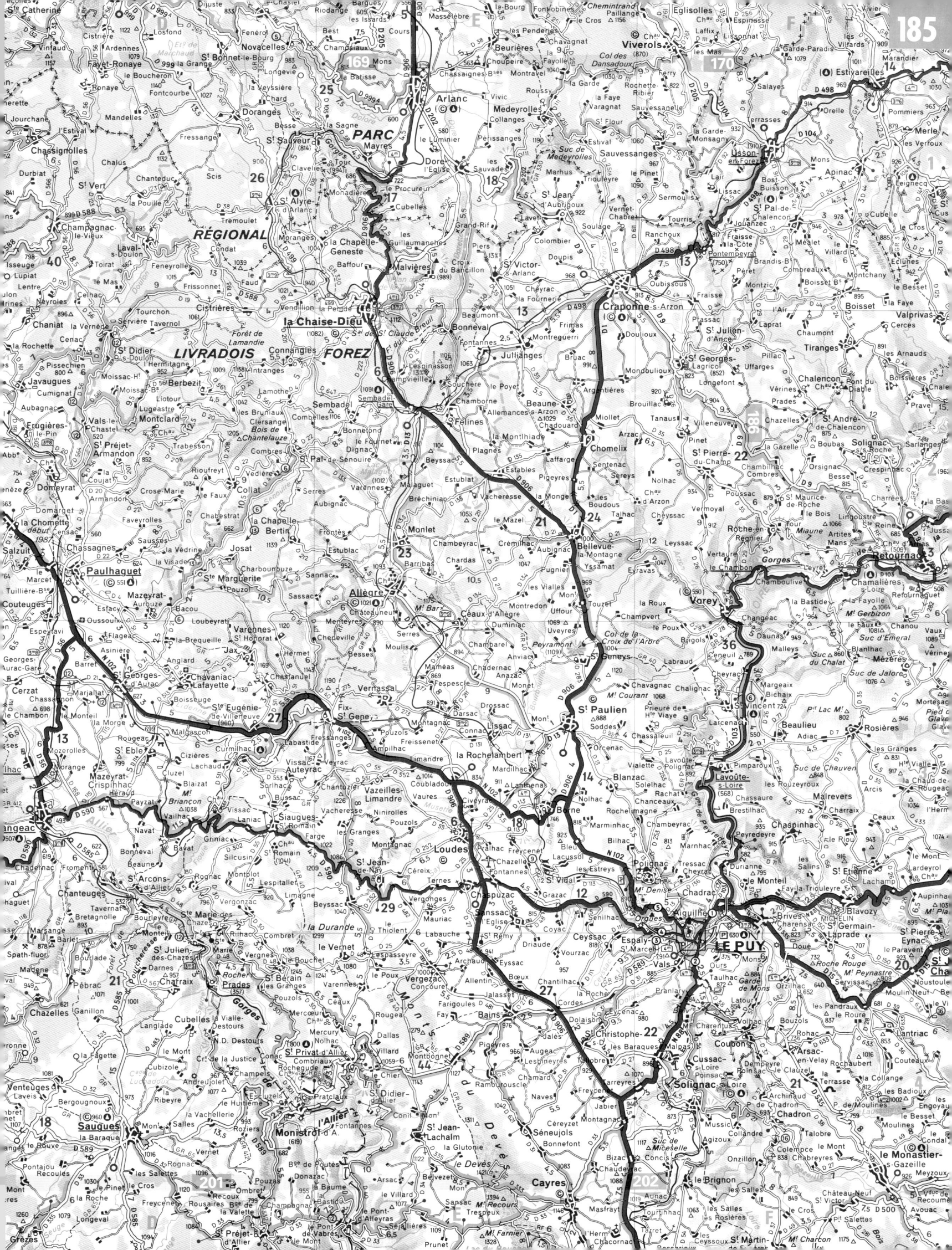

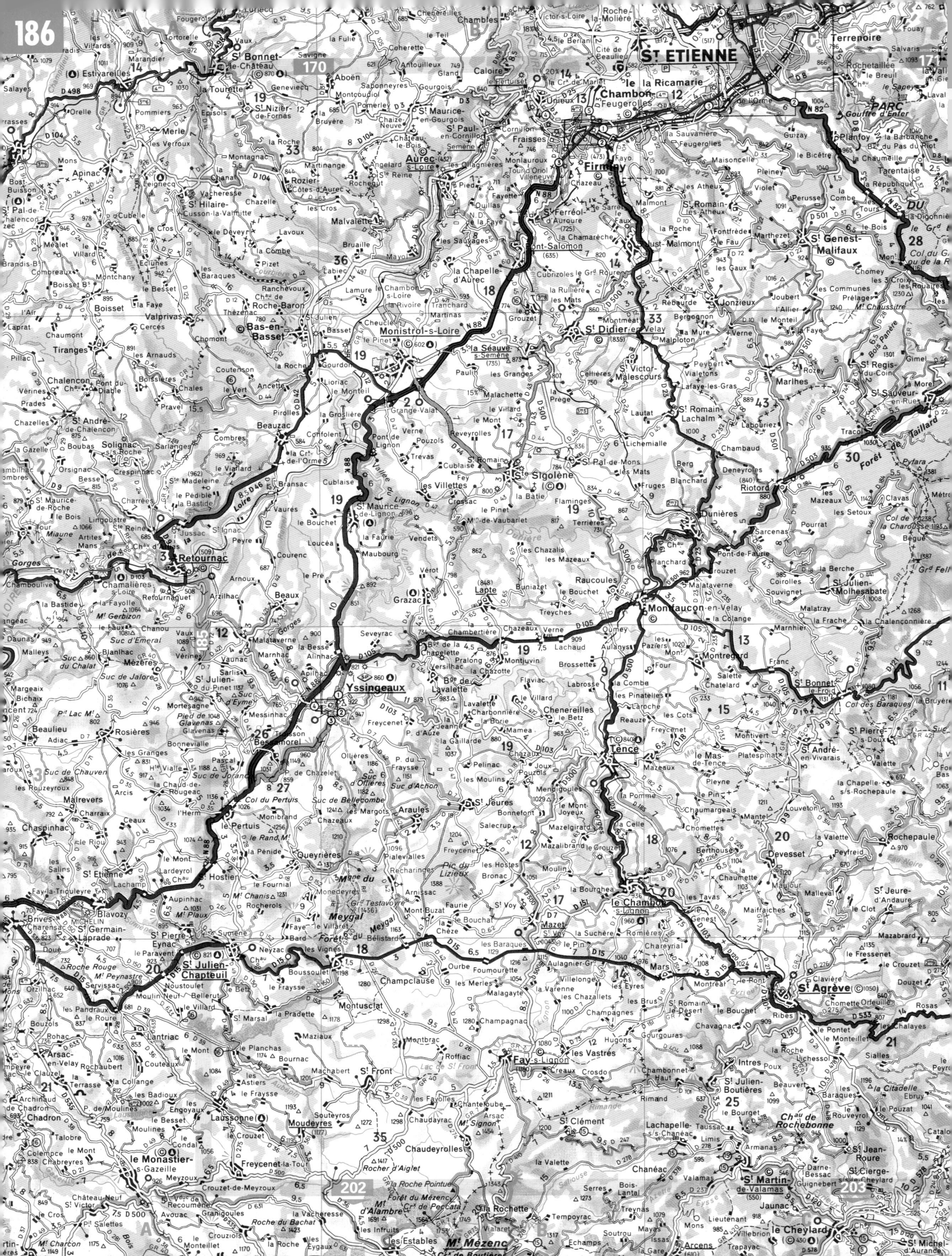

St Just-en-Doizieux
Chavanay
Pélussin
Crêt de l'Œillon
Mont Pilat
Clonas
St Maurice-l'Exil
St Pierre-de-Bœuf
Malleval
le Péage-de-Roussillon
Roussillon
Assieu
Monsteroux-Milieu
Montseveroux
Primarette
Revel-Tourdan
Bellegarde-Poussieu
Beaurepaire
St Barthélemy
Maclas
Limony
Salaise-s-Sanne
Agnin
Sonnay
Jarcieu
Lapeyrouse-Mornay
Colombier
St Appolinard
Brossainc
Félines
Serrières
Sablons
Chanas
Épinouze
Manthes
Moras-en-Valloire
St Rambert-d'Albon
Anneyron
Bourg-Argental
Savas
Peaugres
Bogy
Champagne
Burdignes
Boulieu
Annonay
Davézieux
St Cyr
St Désirat
Andance
Andancette
Albon
Châteauneuf-de-Galaure
Palais Idéal Hauterives
Villevocance
Vanosc
Roiffieux
Vernosc
Talencieux
Beausemblant
Laveyron
Quintenas
St Alban-d'Ay
Ardoix
Sarras
St Vallier
Claveyson
Ratières
St Romain-d'Ay
St Symphorien-de-Mahun
Satillieu
Ozon
Ponsas
St Barthélemy-de-Vals
Charmes-s-l'Herbasse
Margès
Arthémonay
Crépol
Lalouvesc
St Jeure-d'Ay
Eclassan
Arras-s-Rhône
Sécheras
Cheminas
Serves-s-Rhône
Érôme
Gervans
Bren
St Donat-s-l'Herbasse
Marsaz
Chantemerle-les-Blés
Vaudevant
St Victor
Lemps
Vion
Larnage
Crozes-Hermitage
Chavannes
Peyrins
St Félicien
Pailharès
Tain-l'Hermitage
Mercurol
Clérieux
Mours-St Eusèbe
Romans-s-Isère
Colombier-le-Vx
Tournon
St Barthélemy-le-Plain
Chanos-Curson
Granges-les-Beaumont
Bourg-de-Péage
Arlebosc
Boucieu-le-Roi
Mauves
Glun
Beaumont-Monteux
Châteauneuf-s-Isère
Pont-de-l'Isère
Nozières
Lamastre
Empurany
Colombier-le-Jeune
Plats
Châteaubourg
St Romain-de-Lerps
Alixan
Besayes
St Marcel-lès-Valence
Gilhoc-s-Ormèze
Mayres
Cornas
St Péray
Crussol
Guilherand
Valence
Bourg-lès-Valence
Montélier
Chabeuil
Malissard
St Barthélemy-le-Pin
St Basile
St Apollinaire-de-Rias
Alboussière
Champis
Toulaud
Soyons
Châteauneuf-de-Vernoux
Boffres
Col des Fans
Col du Mazel
Rhône
Isère
Autoroute du Soleil
171
188
203
204

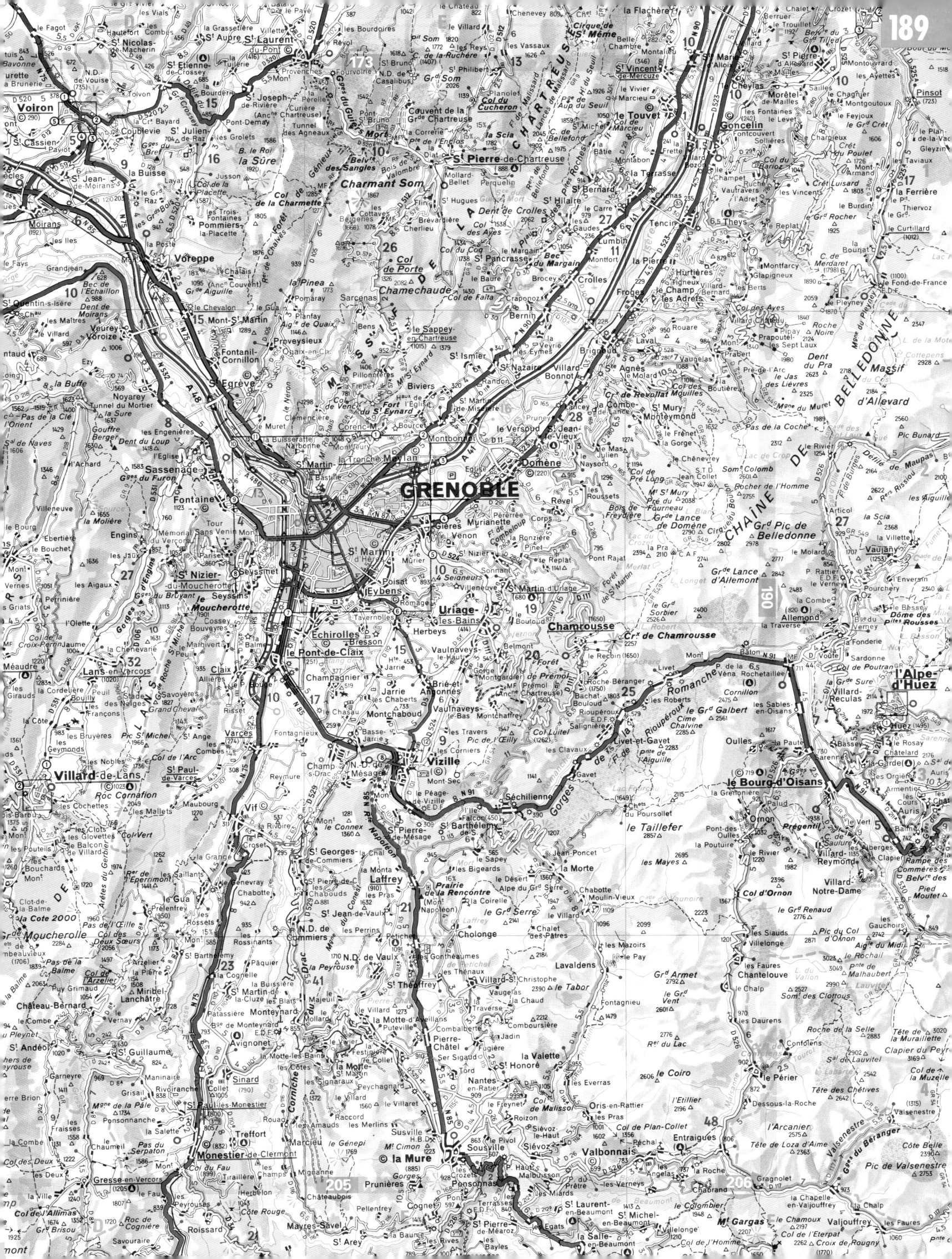

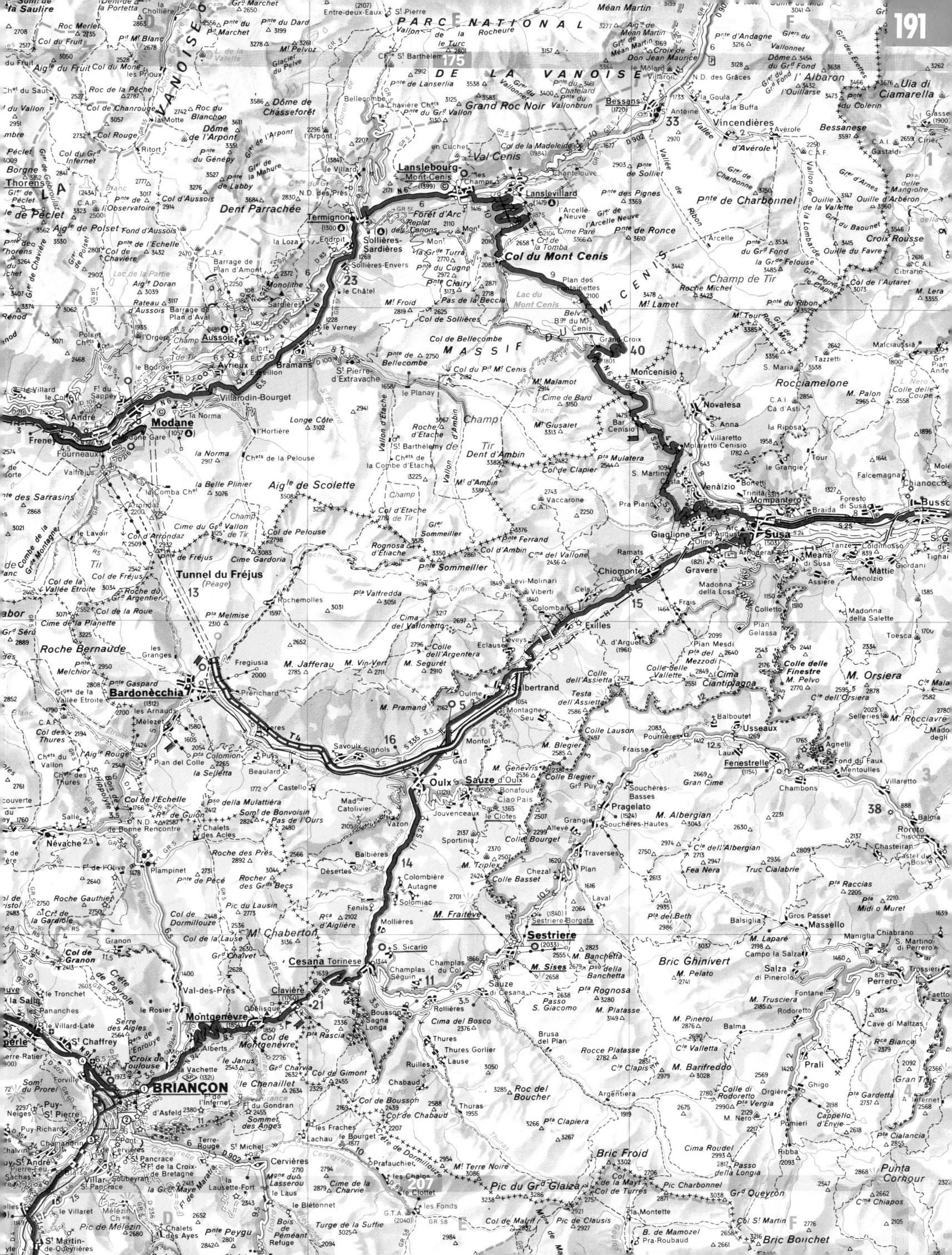

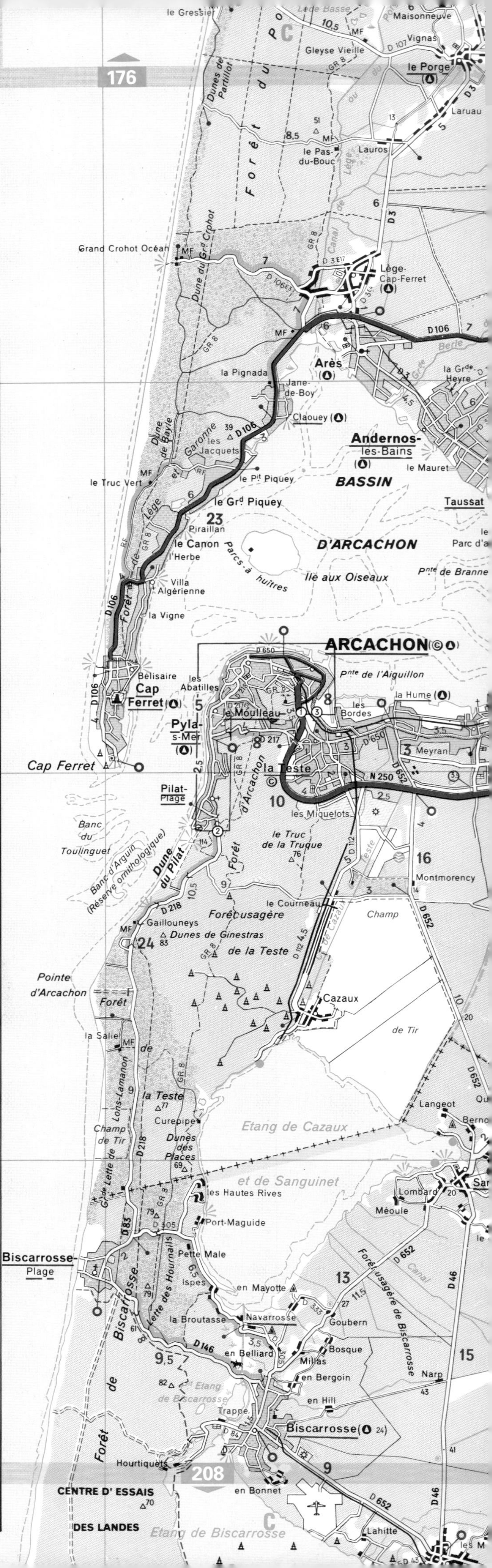

Bordeaux

Albret (Cours d').............CY
Alsace-Lorr. (Crs)...........DX
Capdeville (R.).............BV 18
Clemenceau (Cours)......CV
Intendance (Cours).........CX
Jaurès (Pl. Jean)...........DV
Ste-Catherine (R.)..........DY
Tourny (Allées de)..........CV
Victor-Hugo (Cours).........DY

Abbé-de-l'Épée (R.)........BV
Argonne (Crs de l')........CY
Arnozan (Cours X.).........DV
Audeguil (R. F.)...........BY
Aviau (R. d')..............CU
Belfort (R. de)............CY
Belleville (R.)............BY
Bir-Hakeim (Pl. de)........DY
Bonnac (R. G.).............BX

Bonnier (R. Claude)........BX
Bourse (Pl. de la).........DX
Briand (Cours A.)..........CY
Burguet (R. J.)............CY
Canteloup (Pl.)............CY
Capucins (Pl. des).........DY
Carles (R. Vital)..........CX
Chapeau-Rouge
  (Cours).................DX 20
Chartres (Allées)..........DV
Chartrons (Q. des).........DU
Château-d'Eau (R.).........BX
Chauffour (R.).............BX
Clare (R.).................DY
Comédie (Pl. de la)........CX 21
Costedoat (R. E.)..........CY
Course (R. de la)..........CU
Crx-de-Seguey (R.).........BU
Cursol (R. de).............CY
Dr-A.-Barraud (R.).........BV
Dr-Nancel-Pénard (R.)......CX 24
Douane (Q. de la)..........DX

Doumer (Pl. Paul)..........CU
Duffour-Dubergier (R.).....CY 26
Esprit-des-Lois (R.).......DV 27
Faures (R. des)............DY
Fayolle (Crs E.-de)........CU
Foch (Cours Mar.)..........CV
Fondaudège (R.)............CV
Gambetta (Pl.).............CX
Gaspard-Philippe (R.)......DY 37
Godard (R. Camille)........CU
Hamel (R. du)..............DY 43
Huguerie (R.)..............CV
Joffre (R. Mar.)...........CY
Johnston (R. D.)...........BU
Judaïque (R.)..............BX
Juin (Crs Mar.)............BY
Lagrange (R.)..............CY
Lande (R. Paul-L.).........CY
Lecocq (R.)................BY
Leyteire (R.)..............DY
Libération (Cours).........CY
Louis-XVIII (Quai).........DV

Mandron (R.)...............CU
Marne (Cours de la)........DY
Martinique (Cours).........DU
Martyrs-de-la-
  Résistance (Pl.)........BX
Mie (R. Louis).............BY
Monnaie (Q. de la).........DY
Montbazon (R.).............CX 58
Mouneyra (R.)..............BY
Naujac (R.)................BV
Notre-Dame (†).............CX
Notre-Dame (†).............DU D
Orléans (Allées)...........DV
Palais (Pl. du)............DX
Palais-Gallien (R.)........CV
Parlement (Pl. du).........DX 65
Pas-St-Georges (R.)........DX
Pasteur (Cours)............CY
Paulin (R. de).............BV
Pessac (R. de).............CY
Pey Berland (†)............CX E
Philippart (R. F.)........DX 69
Portal (Cours).............DU
Porte-Dijeaux (R.).........CX
Queyries (Q. des)..........DV
Quinconces (Espl.).........DV
République (Pl.)...........CY 73
Richelieu (Quai)...........DX
St-Genès (R. de)...........CY
St-James (R.)..............DY
St-Michel (†)..............DY F
St-Rémi (R.)...............DX
St-Sernin (R.).............BX 76
Ste-Croix (†)..............DY K
Salinières (Q. des)........DY
Sauvageau (R. C.)..........DY
Somme (Cours de la)........DY
Sourdis (R. F.-de).........BY
Tondu (R. du)..............BY
Tournon (Cours de).........CV 83
Tourny (Pl. de)............CV 84
Turenne (R.)...............BV
Verdun (Cours de)..........CU
Victoire (Pl. de la).......DY
Villedieu (R.).............DY 88
Yser (Cours de l').........DY
3-Conils (R. des)..........CX

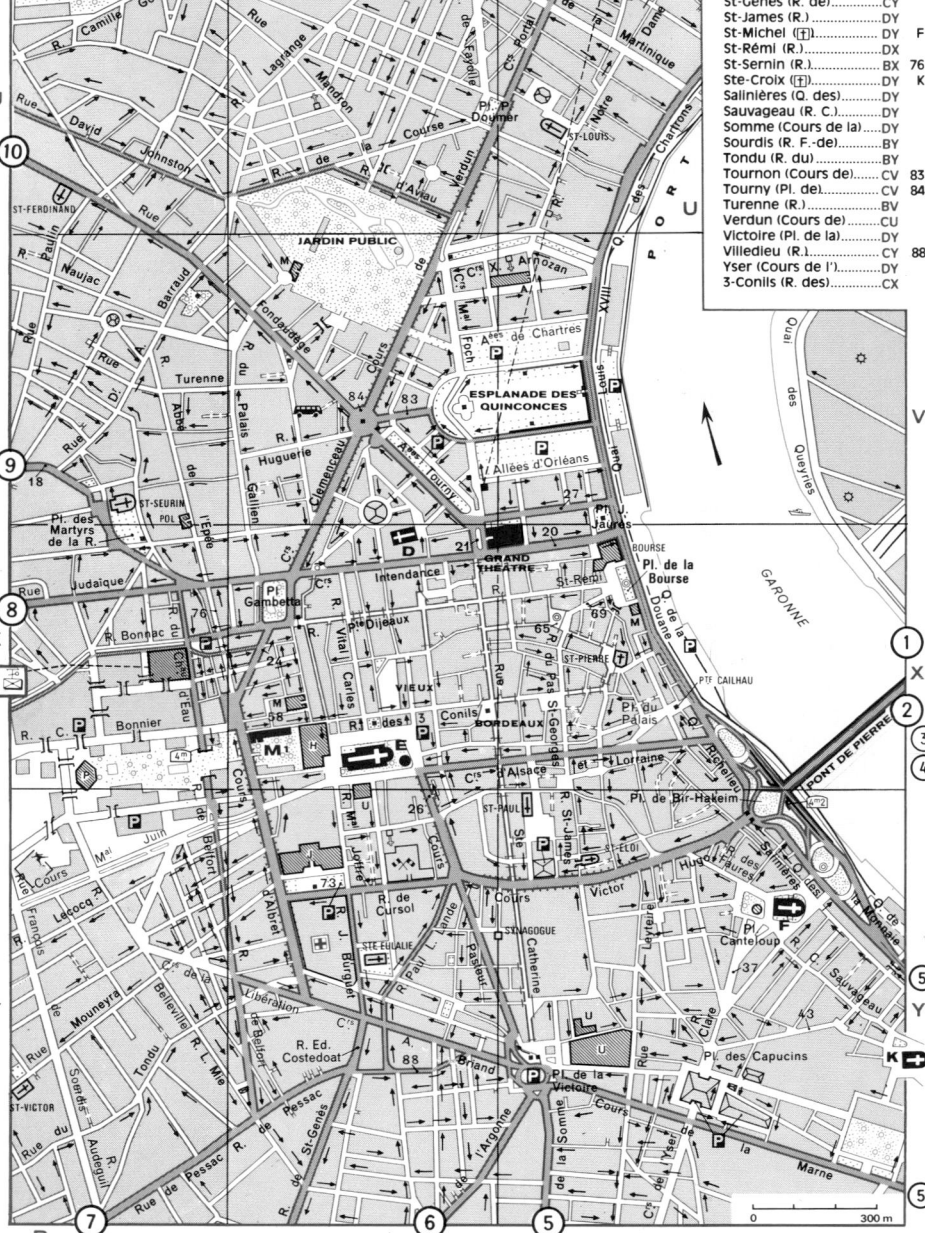

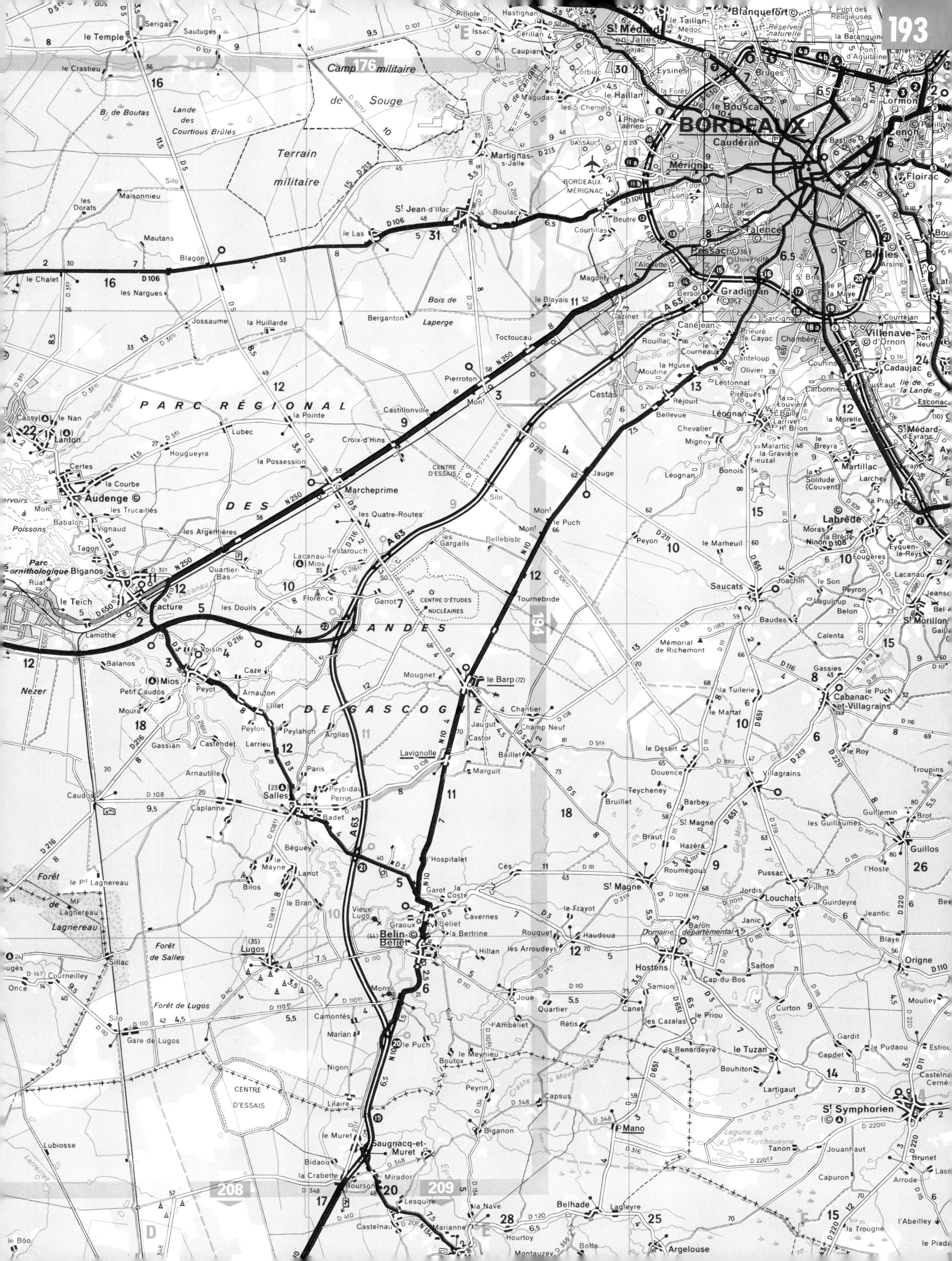

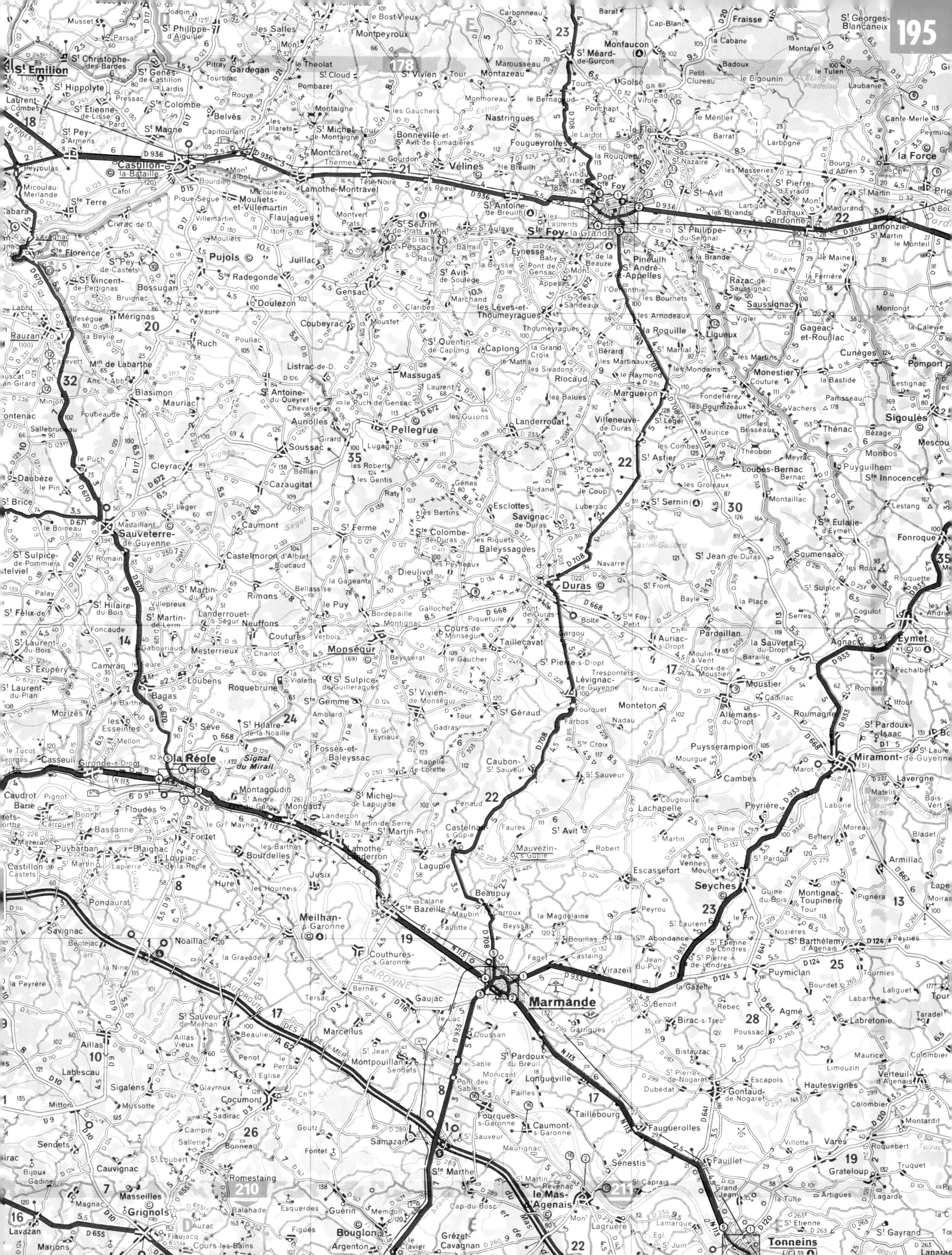

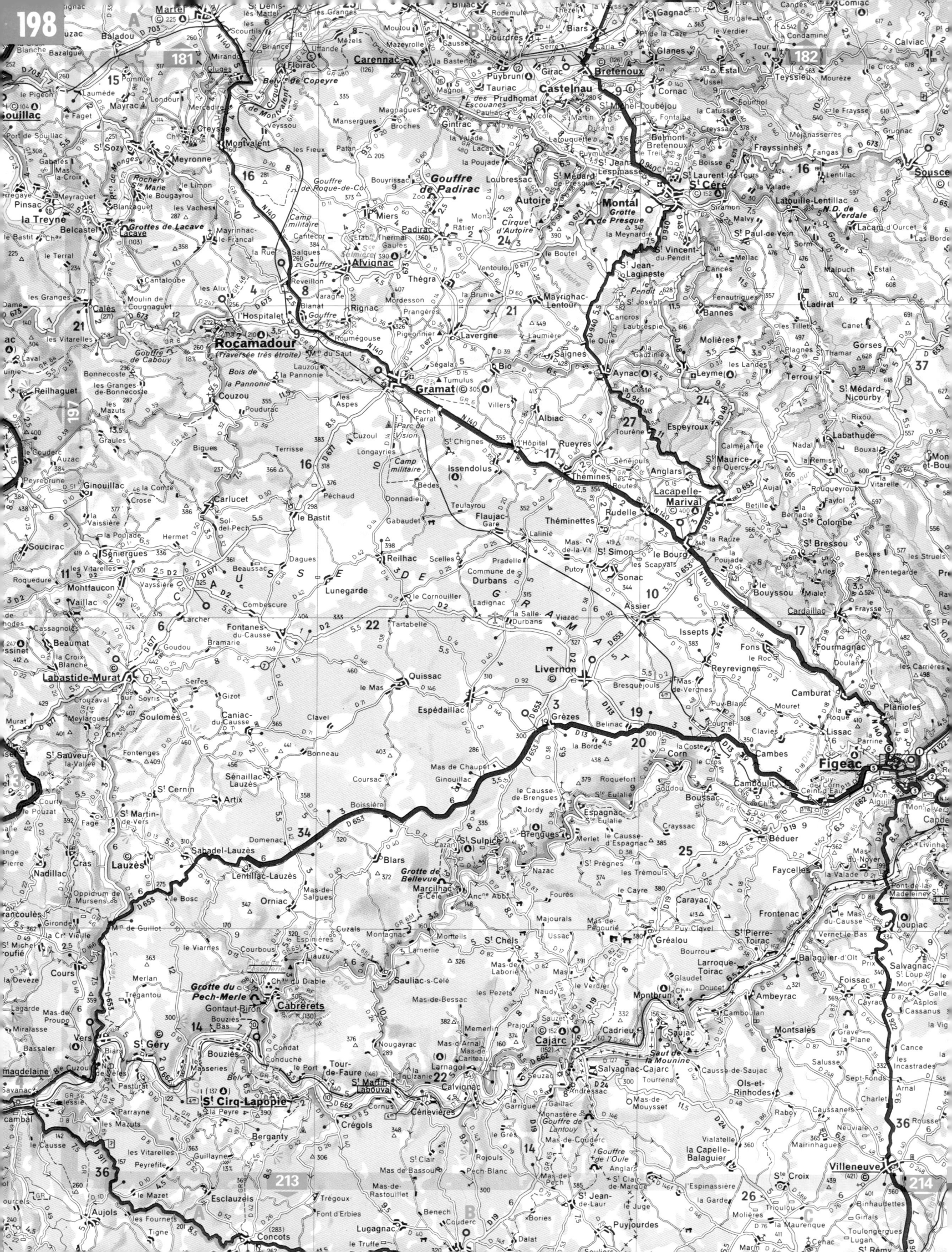

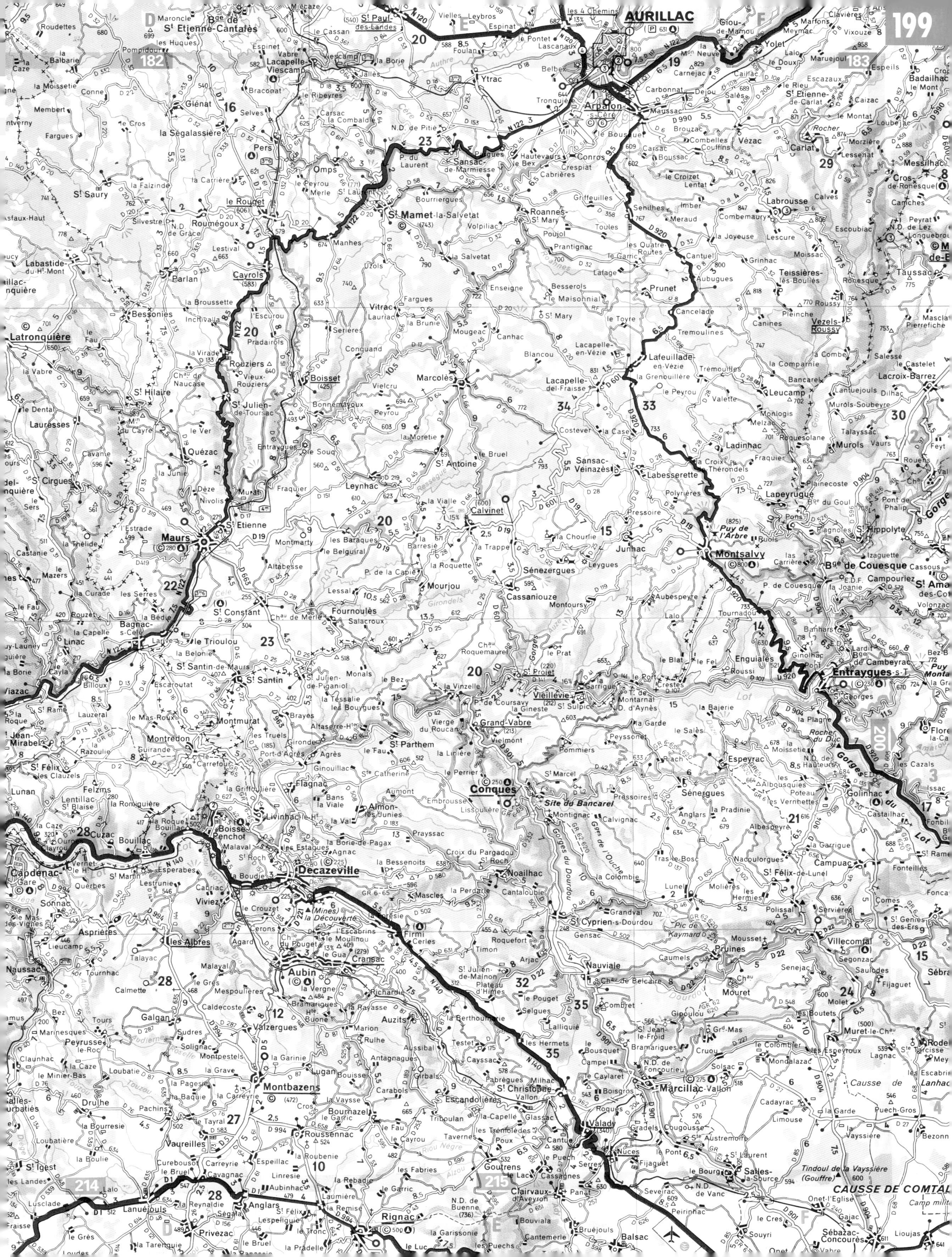

AURILLAC
St Etienne-Cantalès
Lacapelle-Viescamp
Ytrac
Arpajon-s-Cère
Glénat
la Ségalassière
Pers
Omps
Sansac-de-Marmiesse
St Mamet-la-Salvetat
Roannes-St Mary
Vézac
Carlat
Labrousse
Teissières-lès-Bouliès
le Rouget
Roumégoux
St Saury
Labastide-du-Ht-Mont
Parlan
Cayrols
Bessonies
Latronquière
Boisset
Marcolès
Lacapelle-del-Fraisse
Lafeuillade-en-Vézie
Prunet
Leucamp
Vezels-Roussy
Lacroix-Barrez
St Hilaire
St Julien-de-Toursac
Quézac
Leynhac
St Antoine
Calvinet
Sansac-Veinazès
Labesserette
Ladinhac
Lapeyrugue
Murols
St Cirgues
Maurs
St Etienne
Junhac
Montsalvy
Puy de l'Arbre
Bgede Couesque
St Hippolyte
St Constant
Bagnac-s-Célé
Linac
Fournoulès
Cassaniouze
Sénezergues
Mourjou
Entraygues-s-T.
Enguialès
St Santin
St Julien-de-Piganiol
Vieillevie
St Projet
Grand-Vabre
Conques
Site du Bancarel
Montmurat
Montredon
St Parthem
Flagnac
Livinhac-le-Ht
Almon-les-Junies
Sénergues
Espeyrac
Golinhac
Capdenac-Gare
Bouillac
Decazeville
Noailhac
St Félix-de-Lunel
Viviez
Firmi
Aubin
Cransac
Asprières
les Albres
Naussac
St Cyprien-s-Dourdou
Pruines
Villecomtal
Nauviale
Mouret
Muret-le-Châu
Galgan
Valzergues
Peyrusse-le-Roc
Montbazens
Lugan
Auzits
Marcillac-Vallon
St Christophe-Vallon
Valady
Nuces
Salles-la-Source
Tindoul de la Vayssière (Gouffre)
CAUSSE DE COMTAL
Causse de Lanhac
Druhle
Vaureilles
Roussennac
Goutrens
Clairvaux-d'Aveyron
Lanuéjouls
Anglars
Rignac
Privezac
Balsac
Sébazac-Concourès
Onet-l'Eglise
Gorges du Lot
Gorges du Dourdou
182
183
200
214
215

Chaudes-Aigues · Bge de Grandval · Neuvéglise · Pierrefort · Pont de Tréboul · Mur-de-Barrez · Bge de Sarrans · Ste Geneviève-s-Argence · Laguiole · Espalion · Estaing · Bozouls · St Geniez-d'Olt · St Chély-d'Aubrac · Aubrac · Nasbinals · St Urcize · Fournels

184 · 185 · 202 · 217 · 216

Loubaresse · Chaulhac · St Privat-du-Fau · Grèzes · le Mont · Esplantas · Vazeilles-près-Sauges · Croisances · Alleyras · St Préjet-d'Allier · St Vénérand · St Christophe-d'Allier

le Malzieu-Ville · St Chély-d'Apcher · St Alban-s-Limagnole · Grandrieu · Chambon-le-Château · St Symphorien · St Bonnet-de-Montauroux · Auroux

les Bessons · Rimeize · Fontans · Aumont-Aubrac · Serverette · les Laubies · Estables · St Jean-la-Fouillouse · Pierrefiche

Ste Colombe-de-Peyre · St Sauveur-de-Peyre · St Gal · St Amans · Rieutort-de-Randon · Châteauneuf-de-Randon · l'Habitarelle

le Buisson · St Léger-de-Peyre · Lachamp · Malassagne · la Roche · la Pierre Plantée · Laubert · Montbel · Belvezet

Marvejols · Chirac · Palhers · Montrodat · Chastel-Nouvel · Mende · Badaroux · Pelouse · Allenc

le Monastier · St Bonnet-de-Chirac · Grèzes · Barjac · Balsièges · St Bauzile · Bagnols-les-Bains · St Julien-du-Tournel

Marijoulet · Chanac · Cultures · Changefège · St Étienne-du-Valdonnez · le Bleymard

la Canourgue · St Saturnin · Col de Montmirat

32 · 20 · 42 · 30 · 29 · 50 · 53

Mt Mézenc

Gerbier de Jonc

Costaros

Arlempdes

Goudet

Coucouron

Présailles

Montpezat

Thueyts

Neyrac-les-Bains

Meyras

Barnas

Mayres

Pradelles

Langogne

Lavillatte

Lanarce

Naussac

Chastanier

Rocles

St-Flour-de-Mercoire

Forêt de Bauzon

Astet

Mazan-l'Abbaye

St-Cirgues-en-Montagne

Usclades-et-Rieutord

Péreyres

Burzet

Chaudeyrac

Luc

Laveyrune

Forêt de Mercoire

St-Étienne-de-Lugdarès

Col de la Crx de Bauzon

la Souche

Largentière

Valgorge

la Bastide-Puylaurent

Chasseradès

St-Frézal-d'Albuges

Belvezet

Thines

St-Laurent-les-Bains

Borne

Col de Meyrand

Loubaresse

Sablières

Montselgues

Beaumont

St-André-Lachamp

Joyeuse

Lablachère

Prévenchères

Altier

la Garde-Guérin

Pied-de-Borne

Ste Marguerite-Lafigère

les Vans

Cubières

Col Bourbon

Villefort

Pont-de-Montvert

St-André-Capcèze

Pic Cassini

Col de Finiels

Privas

Montélimar

Aubenas

Vals-les-Bains

Viviers

le Teil

Cruas

Vernoux-en-Vivarais

Chomérac

Alissas

le Cheylard

la Voulte

Loriol-s-Drôme

Livron

Charmes-s-Rhône

Villeneuve-de-Berg

Vallon-Pont-d'Arc

Ruoms

Lalevade

Chauzon

Donzère

Rochemaure

Ancône

Meysse

Alba

St Pierreville

Col de l'Escrinet

Col des Quatre Vios

Dornas

Mézilhac

Antraigues

Boulogne

Vogüé

Lanas

Balazuc

Lagorce

Gras

St Montan

St Thomé

Bourg-St Andéol

Pierrelatte

GAP

PARC NATIONAL DES ECRINS

Corps

N.D. de la Salette

St Firmin

St Bonnet

St Etienne-en-Dévoluy

Col du Noyer

Col Bayard

Col de Manse

Chorges

Savines-le-Lac

Serre-Ponçon

Bge de Serre-Ponçon

Tallard

La Saulce

Seyne

Le Lauzet-Ubaye

St Vincent-les-Forts

Turriers

Selonnet

Orcières

Pic de Rochelaire

Vallouis

Puy-St-Vincent

Champoléon

Ancelle

Pic d'Olan

les Rouies

Pic du Gr.^d Glaiza · Pic de Turres · Pic Charbonnel · Gr.^d Queyron

E · F

Montbrison · la Gr.^{de} Maye · Lauzette-fort · le Laus · Charvie · le Clottet · Col de St Martin

Prelles · la Villaret · Mélézin · 15 · le Villaret · G.T.A (2040) · GR 58 · Bric Bouchet

St Hippolyte · St Martin-de-Queyrières · Pic de Rochebrune · Col d'Izoard · 36

l'Argentière-la-Bessée · Pic de H.^t Mouriare · Aiguilles · Ristolas · l'Echalp

PARC · REGIONAL · DU · QUEYRAS

Château-Queyras · St Véran · le Pain de Sucre · M. Viso

Guillestre · Ceillac · Pic de la Font Sancte · Bric de Rubren

Mont-Dauphin · Vars · Col de Vars · Bric de Chambeyron

Risoul · Crévoux · St Paul · Col de Larche (Colle della Maddalena) 1991

Barcelonnette · la Condamine-Châtelard · Larche · Argentera

Pra-Loup · le Sauze · Super-Sauze · Jausiers · Meyronnes

Cime de la Bonette (2862) · Col de la Bonette

191 · 223 · 24 · 26 · 31

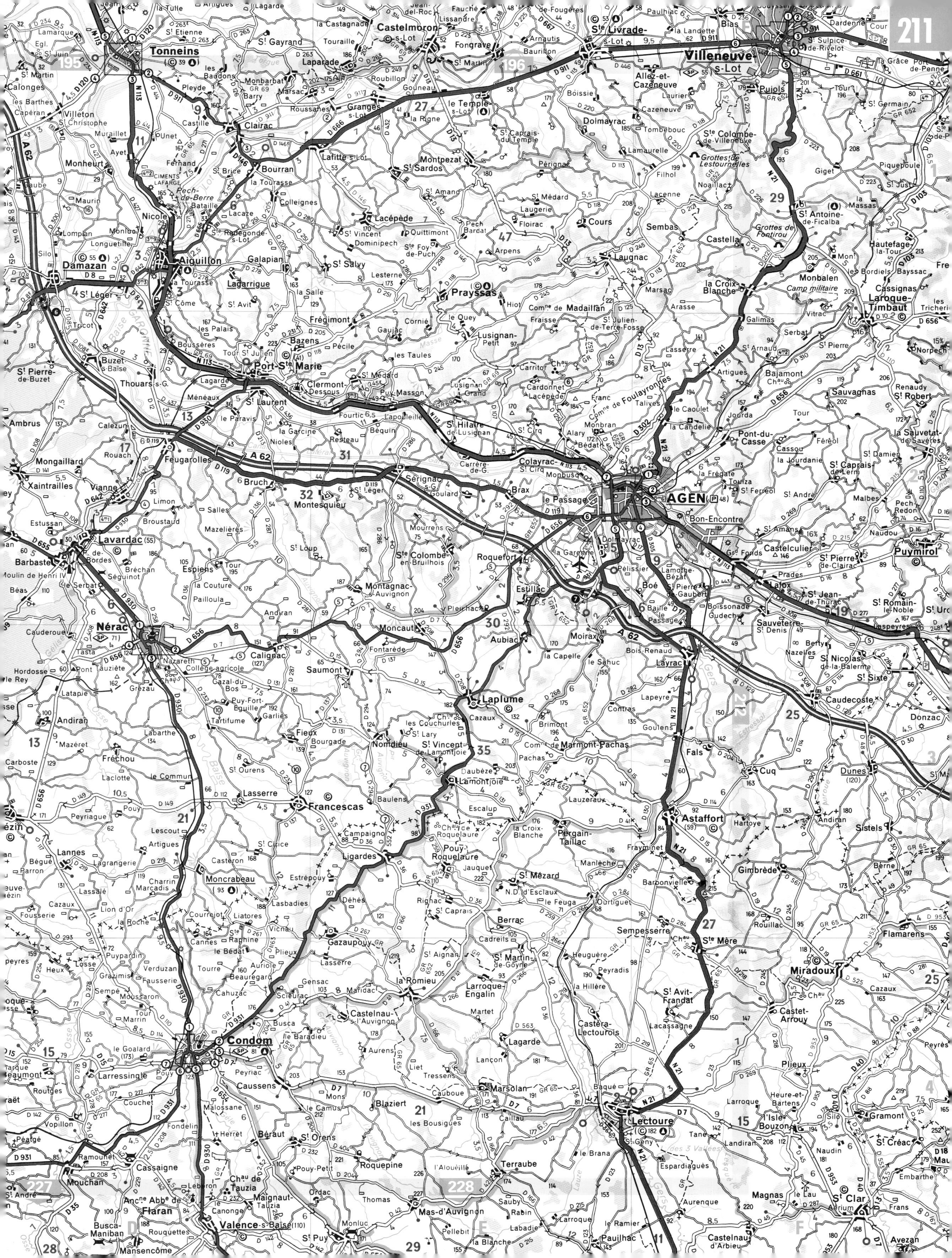
Tonneins
Castelmoron-s-Lot
St Livrade-s-Lot
Villeneuve-s-Lot
Clairac
Aiguillon
Damazan
Monheurt
Nicole
Bourran
Lafitte-s-Lot
Granges-s-Lot
Montpezat
St Sardos
Lacépède
Prayssas
Laugnac
Port-Ste Marie
Clermont-Dessous
St Hilaire-de-Lusignan
Colayrac-St Cirq
Sembas
Castella
St Antoine-de-Ficalba
Hautefage-la-Tour
Laroque-Timbaut
Pujols
Buzet-s-Baïse
Lagarrigue
Feugarolles
Bruch
Montesquieu
Sérignac-s-G.
Brax
Le Passage
AGEN
Bon-Encontre
Castelculier
Puymirol
Lavardac
Barbaste
Nérac
Calignac
Roquefort
Estillac
Boé
Layrac
Laplume
Moncaut
Aubiac
Moirax
Francescas
Lamontjoie
Astaffort
Marmont-Pachas
Caudecoste
Dunes
Sistels
Gimbrède
Moncrabeau
Ligardes
Pouy-Roquelaure
St Mézard
Ste Mère
Miradoux
Flamarens
La Romieu
Larroque-Engalin
Castelnau-s-l'Auvignon
Condom
Larressingle
Caussens
Blaziert
Marsolan
Lectoure
St Avit-Frandat
Castet-Arrouy
Plieux
Gramont
St Créac
St Clar
Terraube
Roquepine
Mas-d'Auvignon
Valence-s-Baïse
Flaran
Cassaigne
Mouchan
St Puy
Pauilhac
Castelnau-d'Arbieu
A 62
N 113
N 21
GARONNE
Baïse
Gers

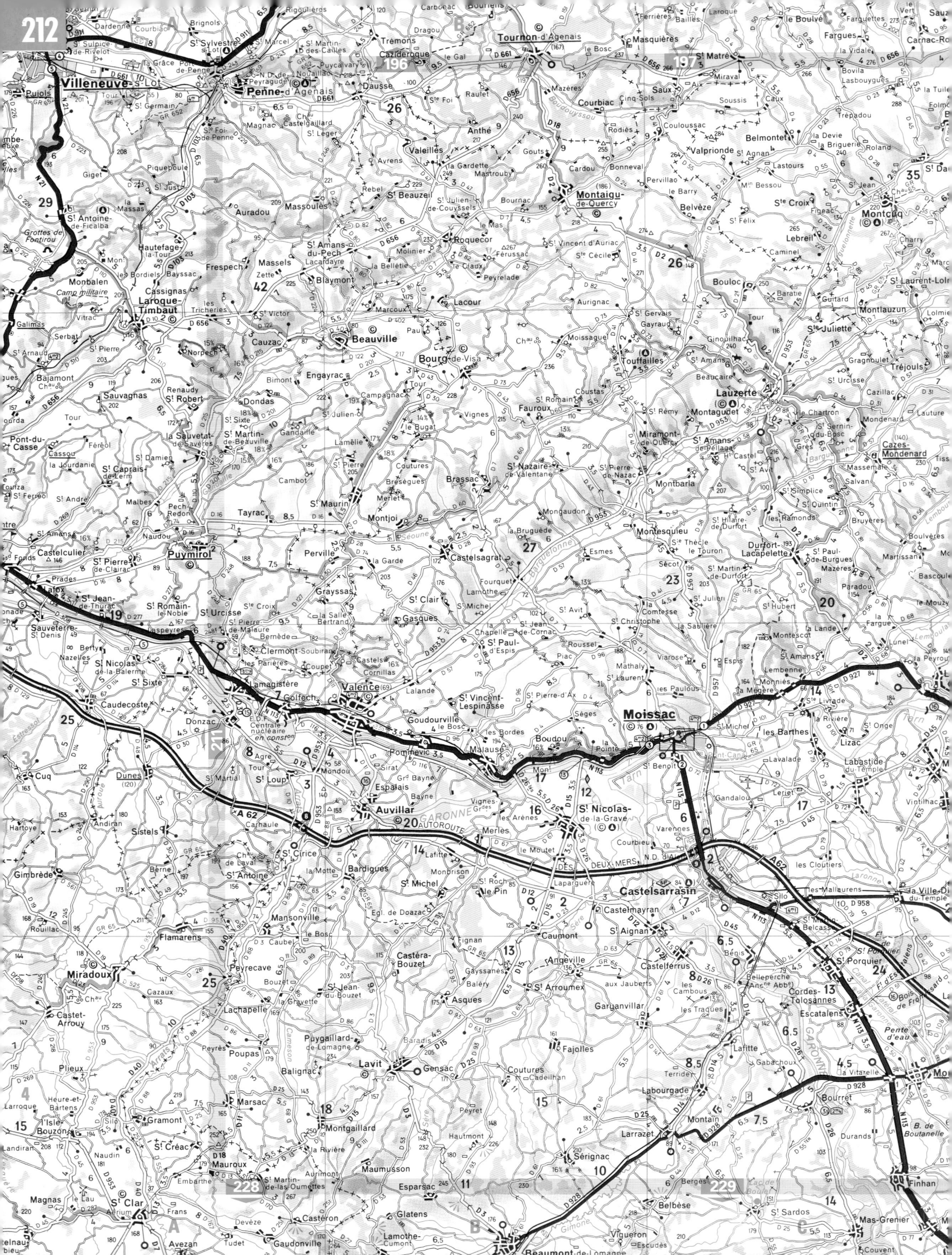

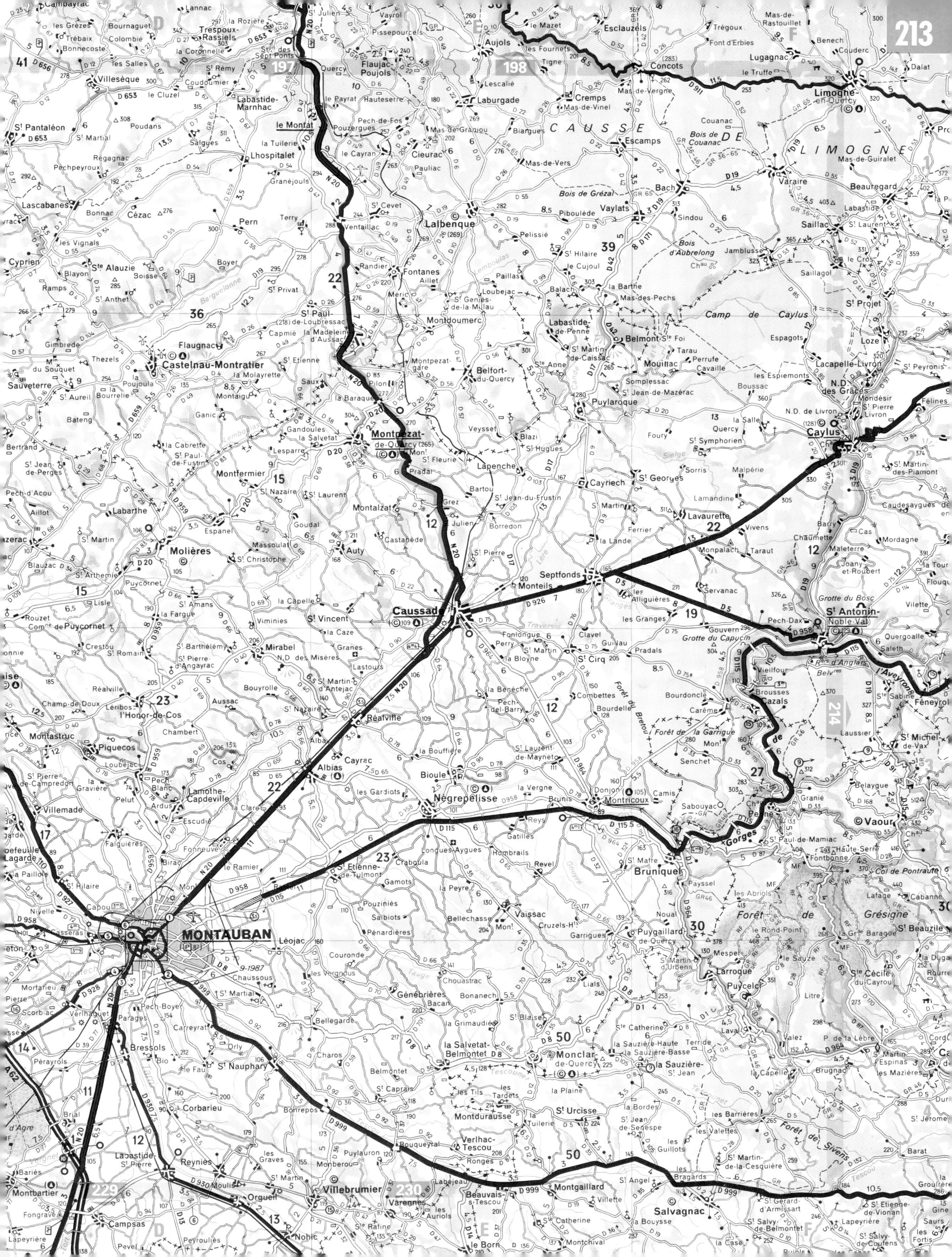

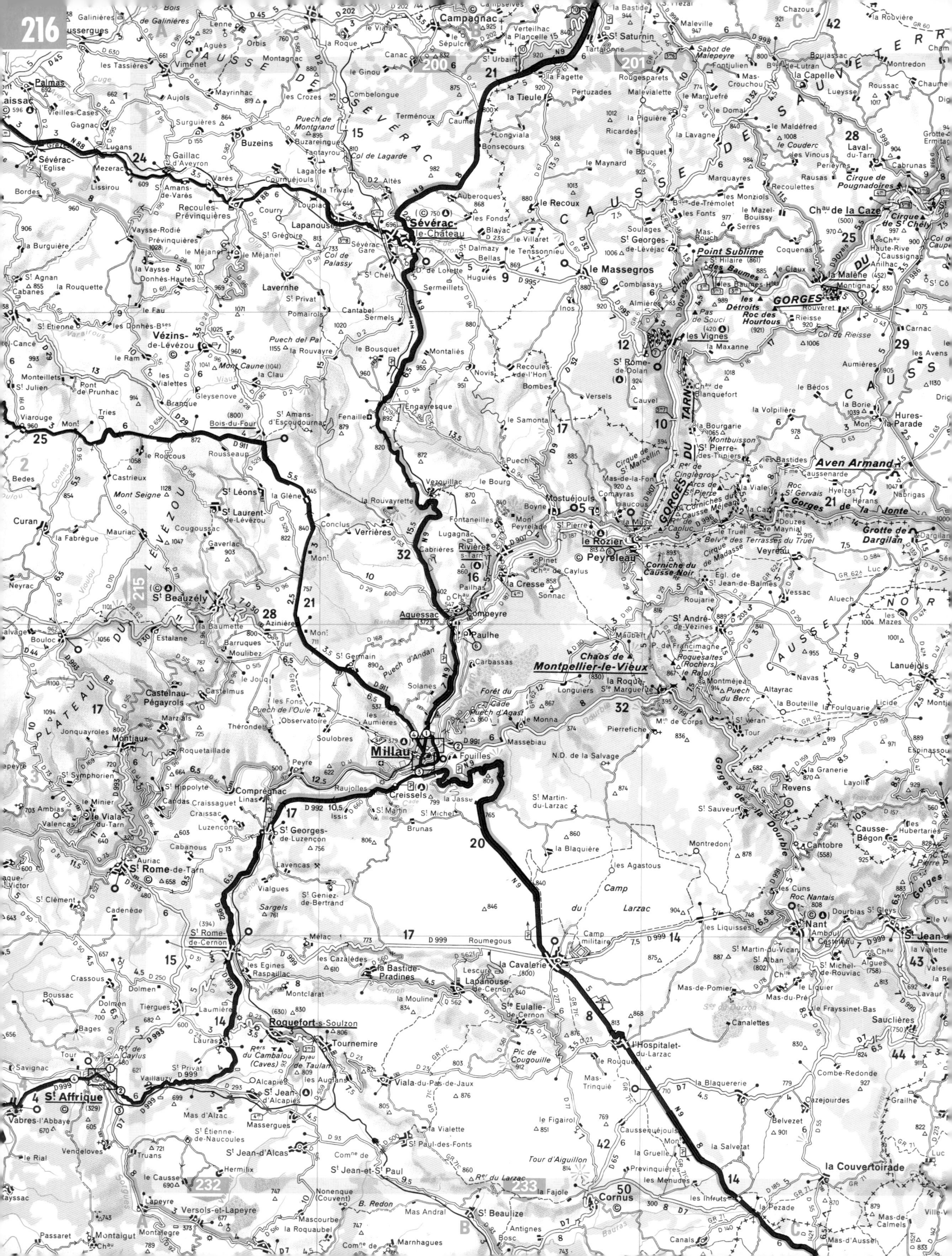

205
206
222
237
238
Sorbiers
Montjay
Chanousse
Trescléoux
Eyguians
Lagrand
Saléon
Lazer
Ventavon
Melve
la Motte
Clamensane
Orpierre
Laux-Montaux
Villebois-les-Pins
Etoile-St Cyrice
Laragne-Montéglin
Upaix
Thèze
Sigoyer
Laborel
le Poët
Vaumeilh
Nibles
Valavoire
Châteauneuf-de-Chabre
Montagne de Chabre
Barret-le-Bas
Antonaves
Mison
Valernes
Châteaufort
Ballons
Izon-la-Bruisse
Salérans
St Pierre-Avez
Ribiers
St Geniez
Eygalayes
Lachau
Séderon
Eourres
Sisteron
Entrepierres
Bevons
Montfroc
Curel
St Vincent-s-Jabron
Noyers-s-Jabron
Salignac
Valbelle
Sourribes
Châteauneuf-Miravail
Signal de Lure
Aubignosc
Volonne
Château-Arnoux
MONTAGNE DE LURE
Châteauneuf-Val-St Donat
l'Escale
Saumane
Revest-du-Bion
St Auban
Mallefougasse
Montfort
Malijai
Cruis
Lardiers
St Etienne
Banon
Ongles
Peyruis
les Mées
Rochers des Mées
Route Napoléon
Ganagobie
Prieuré
Sigonce
Montsalier
Limans
Simiane-la-Rotonde
Carniol
Revest-des-Brousses
Forcalquier
Lurs
Pierrerue
Puimichel
Entrevennes
le Castellet
Mane
Niozelles
la Brillanne
Oraison
Observatoire de Hte Provence
Oppedette
Vachères
Aubenas-les-Alpes
Ste Croix-à-Lauze
Dauphin
St Maime
Villeneuve
Volx
Brunet
St Julien-d'Asse
Viens
Reillanne
Céreste
Montjustin
Villemus
St Martin-les-Eaux
Valensole
Martin-Castillon
N 85
N 75
N 96
N 100
D 951
D 946
D 950

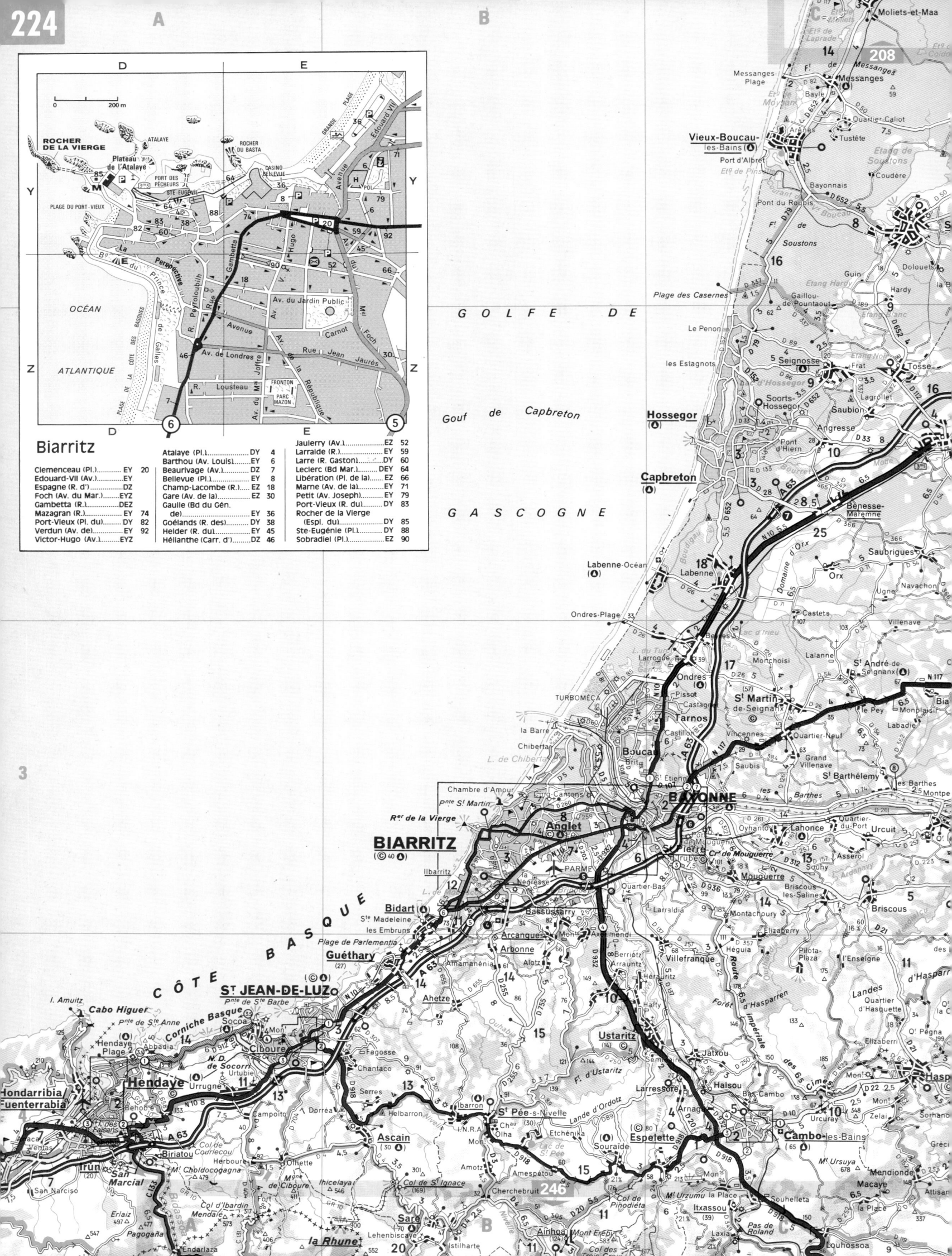

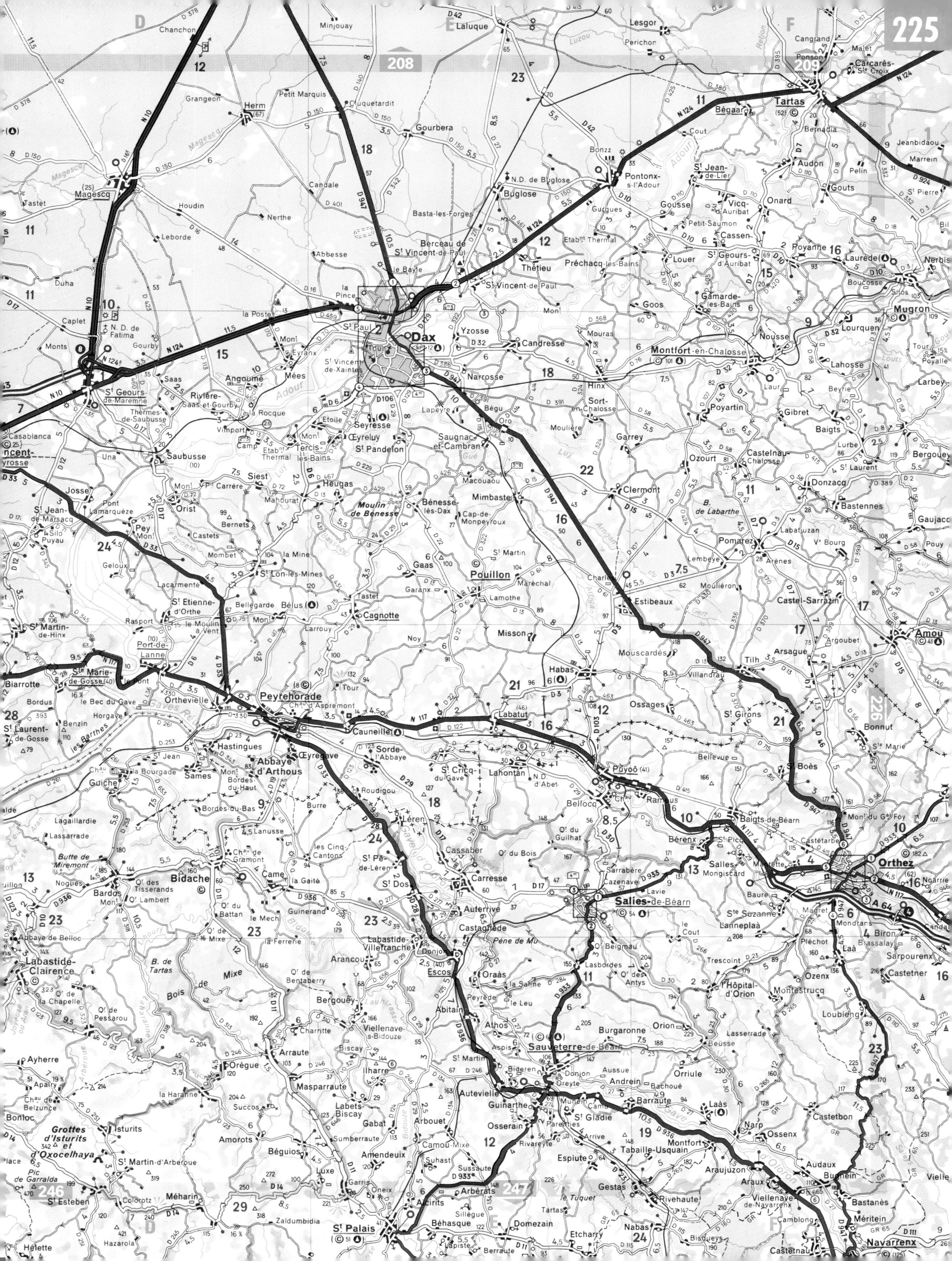

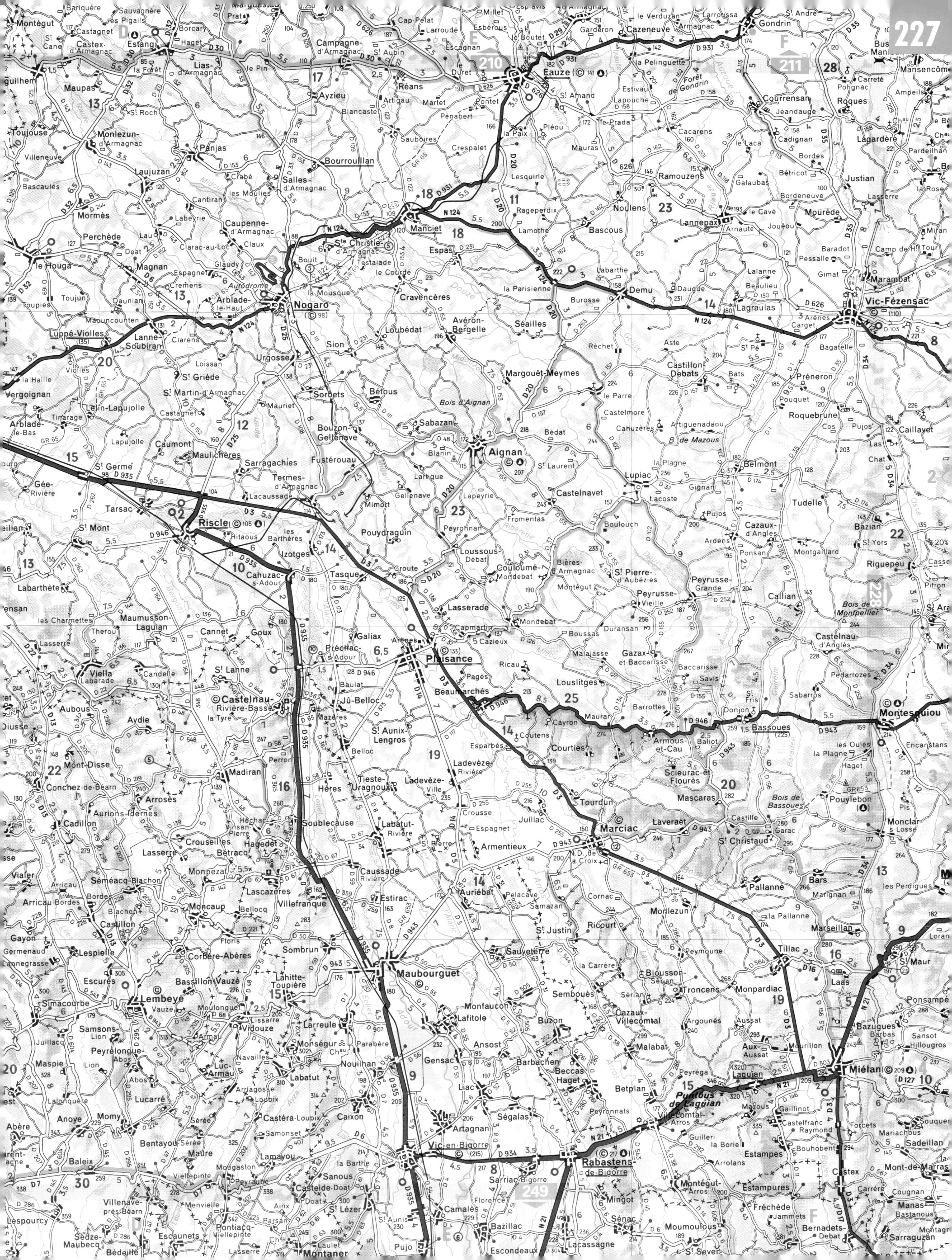

210 211 28

Eauze Courrensan Vic-Fézensac

Nogaro Aignan Montesquiou

Riscle Plaisance Marciac Bassoues

Castelnau-Rivière-Basse Beaumarchés

Maubourguet Miélan

228

Vic-en-Bigorre Rabastens-de-Bigorre

249

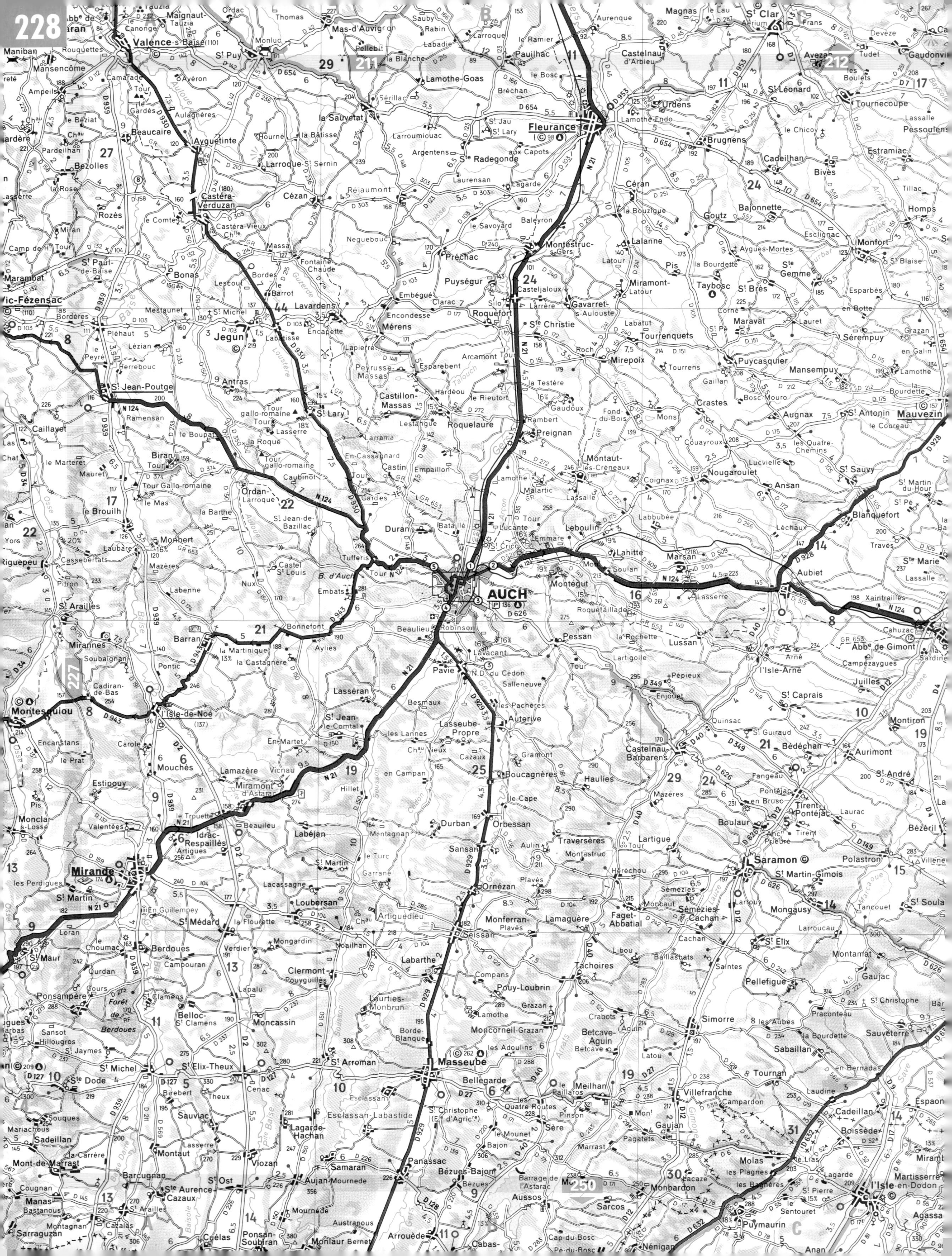
Valence-s-Baïse
Maignaut-Tauzia
Mas-d'Auvignon
Pauilhac
Castelnau-d'Arbieu
St Clar
Avezan
Gaudonville
Manciet
Mansencôme
Camarade
St Puy
Lamothe-Goas
Tournecoupe
Beaucaire
Ayguetinte
Fleurance
Urdens
Lamothe-Endo
Brugnens
Bezolles
Larroque-St Sernin
Ste Radegonde
Cadeilhan
Bivès
Castéra-Verduzan
Cézan
Céran
Bajonnette
Homps
Rozès
Réjaumont
Lagarde
Goutz
Monfort
Bonas
Préchac
Montestruc-s-Gers
Lalanne
St Paul-de-Baïse
Puységur
Pis
Tayrac
Ste Gemme
Vic-Fézensac
Lavardens
Roquefort
Gavarret-s-Aulouste
Miramont-Latour
St Brès
Mérens
Ste Christie
Tourrenquets
Jegun
Mirepoix
Puycasquier
Mansempuy
St Jean-Poutge
Castillon-Massas
Roquelaure
St Lary
Crastes
Mauvezin
St Antonin
Caillavet
Biran
Preignan
Montaut-les-Créneaux
Nougaroulet
St Sauvy
Ordan-Larroque
Castin
Ansan
Le Brouilh
Duran
Leboulin
Blanquefort
Lahitte
Marsan
Monbert
Aubiet
AUCH
Montégut
Ste Marie
St Arailles
Barran
Pessan
Lussan
Mirannes
Pavie
Abbe de Gimont
L'Isle-Arné
Montesquiou
L'Isle-de-Noé
Lasséran
Auterive
St Caprais
Juilles
St Jean-le-Comtal
Lasseube-Propre
Castelnau-Barbarens
Montiron
Bédéchan
Aurimont
Mouchès
Boucagnères
Haulies
St André
Estipouy
Miramont-d'Astarac
Tirent-Pontéjac
Monclar-s-Losse
Idrac-Respaillès
Orbessan
Traversères
Lartigue
Mirande
Saramon
Polastron
Ornézan
St Martin-Gimois
Loubersan
Faget-Abbatial
Sémézies-Cachan
Berdoues
St Médard
Seissan
Monferran-Plavès
Lamaguère
St Elix
St Maur
Clermont-Pouyguillès
Labarthe
Tachoires
Pellefigue
Ponsampère
Pouy-Loubrin
Moncassin
Simorre
Sauveterre
St Michel
St Elix-Theux
St Arroman
Masseube
Bellegarde
Villefranche
Tournan
Ste Dode
Esclassan-Labastide
Sère
Gaujan
Cadeillan
Espaon
Sadeillan
Lagarde-Hachan
Mont-de-Marrast
Montaut
Viozan
Samaran
Panassac
Bézues-Bajon
Monbardon
Molas
L'Isle-en-Dodon
St Ost
Ste Aurence-Cazaux
Aujan-Mournède
Aussos
Sarcos
Manas-Bastanous
Cuélas
Ponsan-Soubiran
Monlaur Bernet
Arrouède
Puymaurin
Agassa
N 21
N 124
D 929
D 939
D 930
D 943
D 626
D 654
D 928
211
212
227
250

Glatens
Belbèse
St Sardos
Mas-Grenier
Montbartier
Monbéqui
Campsas
Lamothe-Cumont
Beaumont-de-Lomagne
Vigueron
Escudès
Brivecastel
212
Couvent
Bessens
Lapeyrière
213
Pevel
Peyroulies
Auterive
St Jean de Cauquessac
Comberouger
Grd Selve
N.D. de-la-Croix
Dieupentale
Labastide-St-Pierre
Talbere
Caudeval
Boujac
Faillères
Gimat
Les Fours
Marignac
Verdun-s-Garonne
Magasin
Canals
Fabas
Rastel
Fronton
les Saulous
Pierres
La Baysole
Mouret
B. de la Crambe
Escazeaux
Bouillac
Savenès
Villelongue
Pinède
Caillol
Guirauchous
Faudoas
les 4 Chemins
Commère
Gransac
Villaudric
Maubec
Goas
les Oulès
30
Beaupuy
les Jumelles
Escufès
Grisolles
Pompignan
St Sarnin
St Clair
les Prieurs
Brouillous
en Tourettes
Bouxoulis
Gariès
le Causé
Lagraulet-St Nicolas
Mauvers
Capmas
Toyrats
les Pessots
St Rustice
en Balans
Hebrail
Lafite
Aucamville
le Burgaud
Cabanac-Séguenville
Séguenville
Brignemont
Sédail
Vinsac
Bellesserre
B. du Burgaud
St Cézert
Nolet
les Crespys
Bordeneuve
Castelnau-d'Estrétefonds
Bouloc
Costes
Villeneuve
Ondes
Fourneri
Savaillan
Sarrant
33
Naples
Gilard
Grenade
les Bordes
Villefranche
Girou
Masseribaut
le Mas
Cox
St Menne
Drudas
Galembrun
Cantegril
Fontaine
St Caprais
St Sauveur
Cépet
Souvens
Granges
St Pierre
Ste Anne
en Cabardos
Puysségur
St Pé
Launac
Larra
Menot
en Garre
Couillardéous
En Harie
Lagahe
les Bartas
St Georges
Laréole
Mont
les Gachonnes
Pelleport
Guinot
Beillard
Teoulets
la Bourdette
Beldou
St Jory
Noalhac
Bruguières
Cologne
Ardizas
Cadours
le Grès
le Relais
Merdans
la Grange
Roudié
Merville
Cazeveille
Pédauque
la Clau
Gratentour
St Orens
Leucate
Sirac
Caubiac
Garramine
Beauregard
Thil
Couly
Rochemonte
la Baute
Lespinasse
Labastide-St Pierre
l'Once
Pominet
Eglise-du-Pin
St Cricq
Encausse
Bretx
Houère
les Fourtous
les Trescats
Seilh
Gagnac
St Alban
Touget
Lasseubes
Emboué
Arsène
Abbaye-Ste Marie du Désert
St Paul-s-S.
N.D. d'Alet
Daux
Lalot
Ambrus
Vigneaux
les Moulins
Castelginest
Fonbeauzard
Ste Agathe
Vignaux
Garac
Marnac
Maurous
Montaigut-s-Save
Aussonne
Paucy
Fenouillet
les Bourdettes
Thoux
Roquelaure-St Aubin
24
Labesque
Bellegarde-Ste Marie
Menville
Lacourtensourt
Aucamville
St Germier
St Germain
Montagnac
les Jouanissoues
les Guilloutets
Roulan
Bigourdas
le Castéra
Lévignac
Ceres
Hounédis
Mondonville
Alliez
Beauzelle
Escornebœuf
Monbrun
Aragues
Larmont
le Proné
Bichou
la Paquière
Pinot
Catonvielle
le Village
Cassemartin
15
Bouconne
le Colomé
Cornebarrieu
St Roch
le Grd Chemin
Razengues
Ste Livrade
les Bourguets
Pradère-les-Bourguets
Cussecs
Crabinet
Laran
Beaupuy
Loustaou
Ferme des Loups
Lasserre
Forêt de Bouconne
Carreft de Lévignac
Blagnac
Garbic
En-Merce
St Aguets
Ségoufielle
Embonneau
la Girette
Mérenvielle
Sarta
TOULOUSE
Larroque
Lauzin
Clermont-Savès
Guerre
Fargia
les Pintous
Brax
Ste Germaine
Pibrac
Colomiers
TOULOUSE BLAGNAC
AEROSPATIALE
les Minimes
Giscaro
19
N 124
L'Isle-Jourdain
Lalenne
Léguevin
Maurens
Frégouville
Monferran-Savès
Quintarets
Robineau
35
Tellère
Galabart
Clairette
Castel-Nouvel
Cabirol
St Martin du Touch
Armurié
Purpan
Foures
Pujaudran
Lartus
Lapeyrouse
Tournefeuille
Marestaing
Entiau
Arques
Battut
Pyroutet
Lardenne
les Vitarelles
le Mirail
Castillon-Savès
Auradé
Goudourvielle
Claussade
les Arramons
la Salvetat-St Gilles
Ramel
25
Marquisat
Monnède
Régue-Longue
Baupas
la Guironne
Blanquefort
Lias
Plaisance-du-T.
Hautpoul
Reynerie
la Fourguette
Caumont
Endoufielle
Fontenilles
St Flour
les Bordettes
Zoo
Coustau
St Simon
Noilhan
Cazaux-Savès
le Garros
Bonrepos-s-Aussonnelle
la Pichette
Labric
la Béguère
Francazal
Reynebedou
Empeaux
Saiguède
Fonsorbes
Camp militaire
Frayssinet
Cugnaux
Clairfont
Pechbusque
Labastide-Savès
le Peyrigué
la Martinette
Pescadoures
les Demoiselles
Monbel
Villeneuve-Tolosane
Portet
Vieille-Toulouse
Pompiac
St Thomas
Espie
Frouzins
Pinsaguel
Auzil
Vigoulet
la Batcrabère
Nizas
Seysses-Savès
St Lys
Ratou
Aujoulets
Roques
Lacroix
le Mona
Mathieu
N.D. de Lamothe
16
Seysses
Lacroix-Falgarde
Samatan
la Tour
la Rente
Savignac-Mona
22
Pourcet
Bragayrac
Ste Foy-de-Peyrolières
Nausse
Fauga rouse
Roquettes
Beaucu
Justaret
Goyrans
Pins-Justaret
Dille
Aureville
en Gilos
la Lahillaire
la Salvetat-de-Ste-Foy
Cambernard
Pères
Lamasquère
Saubens
Bazert
Villate
le Marenand
Darolles
Monblanc
Sabonnères
13
St Clar-de-Rivière
Labastidette
Muret
Clermont
Pébées
Montgras
Beaufort
Huguerie
Parayre
Bougnol
la Serre
la Combe
le Canton
Brioudes
Sauvimont
Puylausic
Montégut-Savès
St Loube
Amades
St Médard
Lahage
l'Espérès
Nagut
18
Tounis
les Pioules
Vonnehole
Labarthe-s-Lèze
Rabé
Venerque
Montadet
l'Espienne
Garravet
15
Laymont
la Cassagne
Forgues
19
la Menjotte
Rieumes
Lherm
la Peyrouse
Ox
la Croix-Blanche
Moulin-Augé
Vernet
Manivielle
Cajaoue
St Lizier-du-Planté
Savignac
Monès
Gayrmont
Plagnole
Pesquières
Borret
Jottes
Poucharramet
St Hilaire
la Pielle
Estantens
Eaunes
Lagardelle-s-Lèze
Grépiac
Frontignan-Savès
le Pin-Murelet
Gensac
13
St Romain
Touges
la Hillère
Rieumes
le Fauga
St Amans
Pellepoix
les Flambans
Mauvezin
Montpézat
Lautignac
Barrère
Tour
Capdebat
251
la Grangette
Lavernose-Lacasse
Laouach
Ribonnet
15
ONERA
Maurat
Burguerolles
Redon
Viviès
Lamezan
Goudex
Sajas
Latour
Mansencal
Hourton
Bérat
la Pujole
Obélisque
Garouste
Vignolles
Calac
les Bruzes
Ambax
St Araille
Montastruc-le-Vieux
Montastruc-Savès
Savères
Magnan
les Vignes
Cap-Dessus
Mauzac
les Pitchous
le Gaillard du Port
Rouge
Beaumont-s-Lèze
11
Miremont
Moles

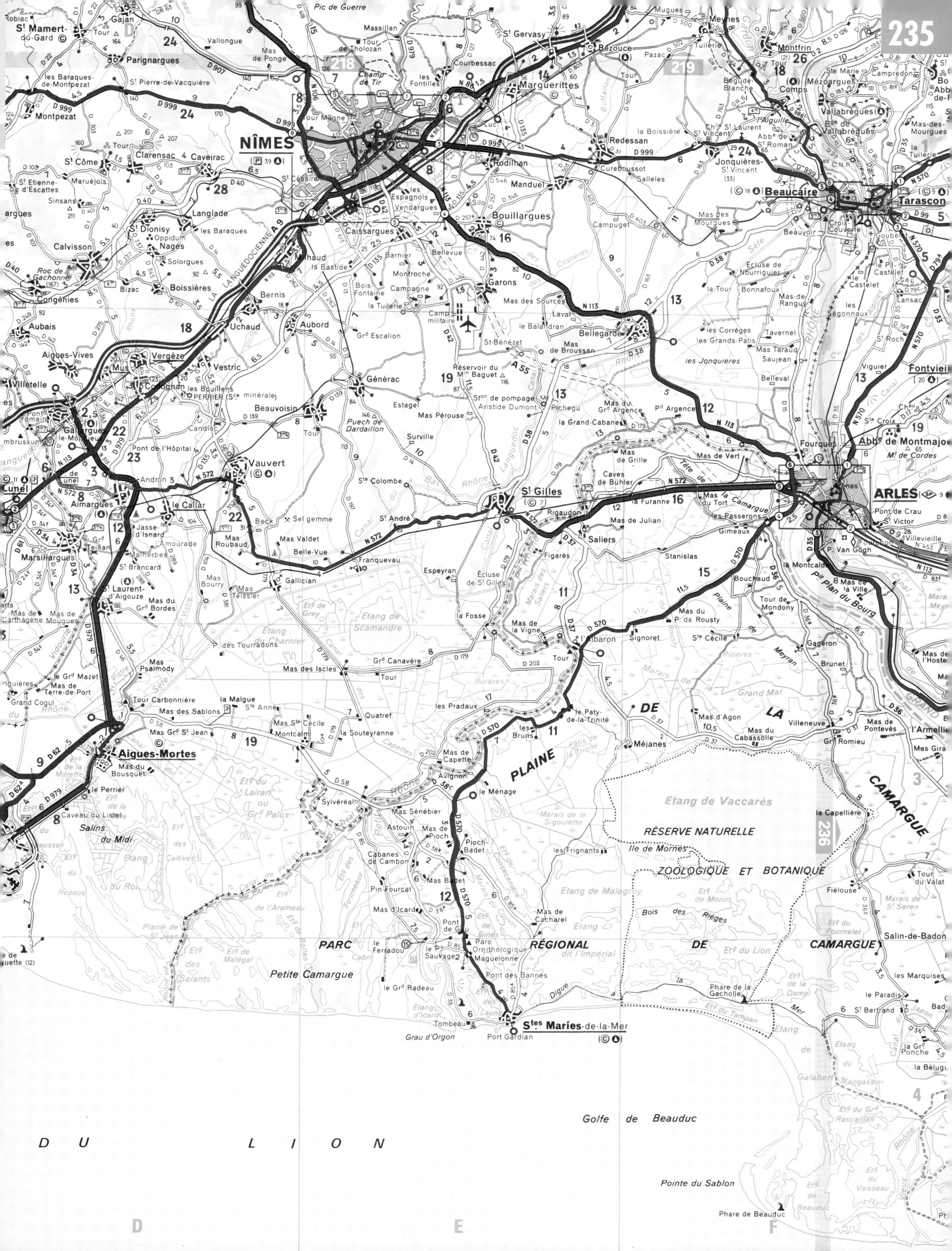

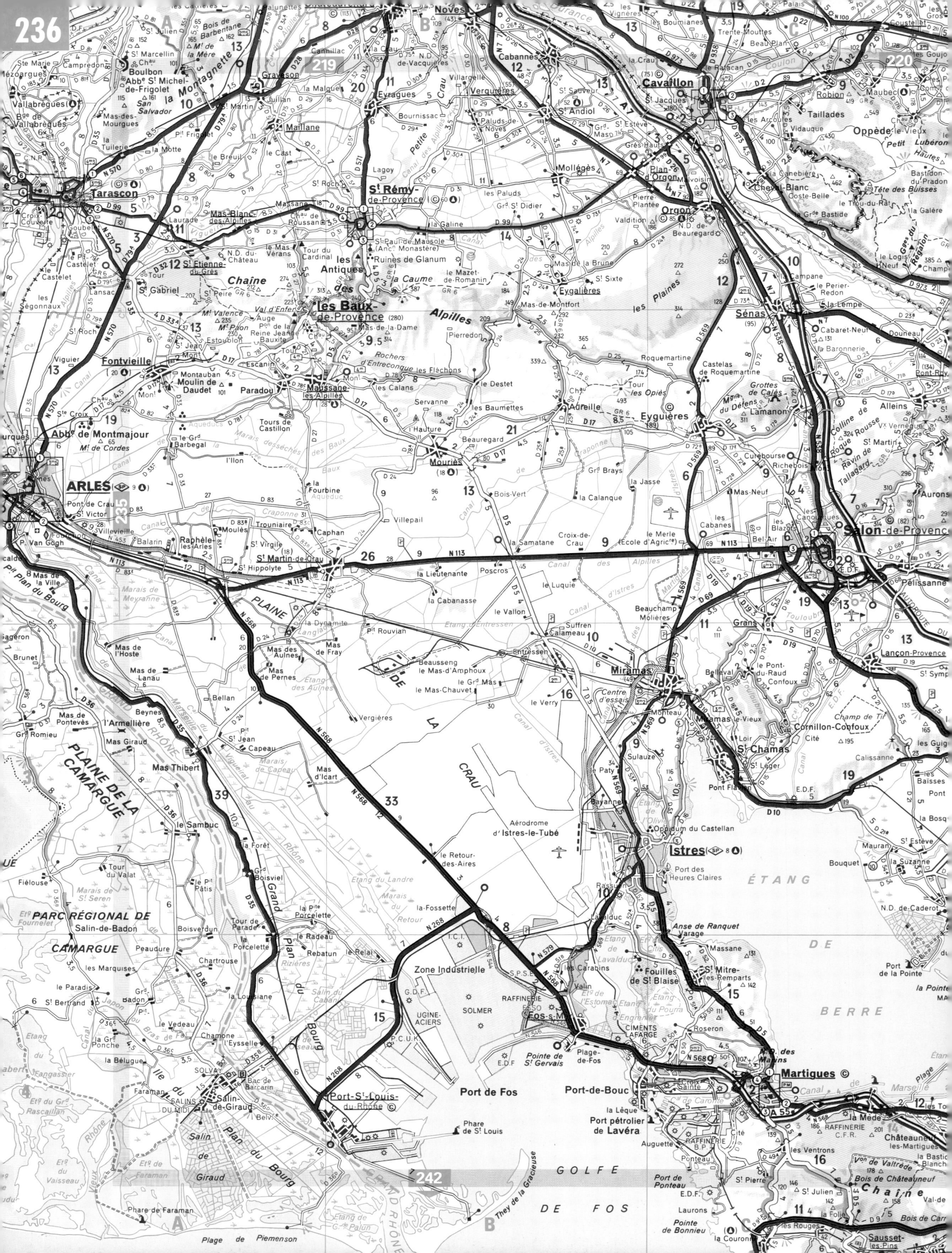

Nice

Félix-Faure (Av.)	GZ	21
France (R. de)	DFZ	
Gambetta (Bd.)	EXZ	
Gioffredo (R.)	HY	
Hôtel-des-Postes (R. de l')	HY	30
Liberté (R. de la)	GZ	35
Masséna (Esp., Pl.)	GZ	
Masséna (R.)	GZ	43
Médecin (Av. J.)	GY	44
Paradis (R.)	GZ	56
Pastorelli (R.)	GY	58
République (R.)	JX	64
Alberti (R.)	GHY	2
Alphonse-Karr (R.)	FYZ	
Alsace-Lorraine (Jardin d')	EZ	3
Anglais (Prom. des)	EFZ	
Arènes-de-Cimiez (Av.)	HX	

Armée-du-Rhin (Pl. de l')	JX	5
Arson (Pl. et R.)	JY	
Auber (Av.)	FY	
Barbéris (R.)	JXY	
Barel (Pl. Max)	JY	
Barla (R.)	JY	
Berlioz (R.)	FY	
Bieckert (Av. E.)	HX	
Binet (R. A.)	FX	
Bonaparte (R.)	JY	
Carabacel (Bd)	HXY	
Carnot (Bd)	JZ	14
Cassini (R.)	JY	
Châteauneuf (R.)	DEY	
Cimiez (Bd de)	GX	
Clemenceau (Av.)	FY	
Congrès (R. du)	FZ	
Dante (R.)	EZ	
Delfino (Bd Gén.)	JX	
Desambrois (Av.)	HX	18
Diables-Bleus (Av. des)	JX	19
Dubouchage (Bd)	GHY	

Du Gésu (St-Jacques)	HZ	N
Durante (Av.)	FY	
États-Unis (Q.)	GHZ	
Fleurs (Av. des)	DEZ	
Foch (Av. Mar.)	GY	
Gal (R. A.)	JXY	
Galliéni (Av.)	HJX	
Garibaldi (Pl.)	HJY	
Garnier (Bd J.)	EFX	
Gaulle (Pl. Ch. de)	FX	
Gautier (Pl. P.)	HZ	25
Gounod (R.)	FY	
Grosso (Bd F.)	DYZ	
Guisol (R. F.)	JY	
Guynemer (R.)	JZ	
Ile-de-Beauté (Pl.)	JZ	32
Jaurès (Bd J.)	HYZ	
Joffre (R. Mar.)	EFZ	
Lunel (Qual.)	JZ	37
Malausséna (Av.)	FX	
Marceau (R.)	FX	
Meyerbeer (R.)	FZ	45
Moulin (Pl. J.)	HY	47
Notre-Dame (Av.)	GY	
N.-D.-Auxiliatrice	HJX	
N.-D.-Port	JY	52
Paillon (Prom. du)	HZ	

Papacino (Q.)	JZ	
Phocéens (Av.)	GZ	59
Pilatte (Bd)	JZ	
Rauba-Capéu (Q.)	HJZ	
Riquier (Bd)	JY	
Risso (Bd)	JXY	
Rivoli (R.)	FZ	65
Rossini (R.)	FY	
Sacré-Cœur	FZ	67
St-Augustin (R.)	HY	D
St-Étienne	FX	
St-Jean-Bapt. (Av.)	HY	73
St-Joseph (R.)	JY	
St-Pierre-d'Arène (R.)	EZ	78
Ste-Réparate Cath.	HZ	L
Saleya (Cours)	HZ	83
Sauvan (R. H.)	EZ	
Ségurane (R.)	JY	
Sola (Bd P.)	JX	
Stalingrad (Bd)	JZ	
Thiers (Av.)	EFY	
Trachel (R.)	FX	
Tzaréwitch (Bd)	DEY	
Verdun (Av. de)	GZ	89
Vernier (R.)	FX	
Victor-Hugo (Bd)	FYZ	
Walesa (Bd Lech)	JYZ	
Wilson (Pl.)	HY	92

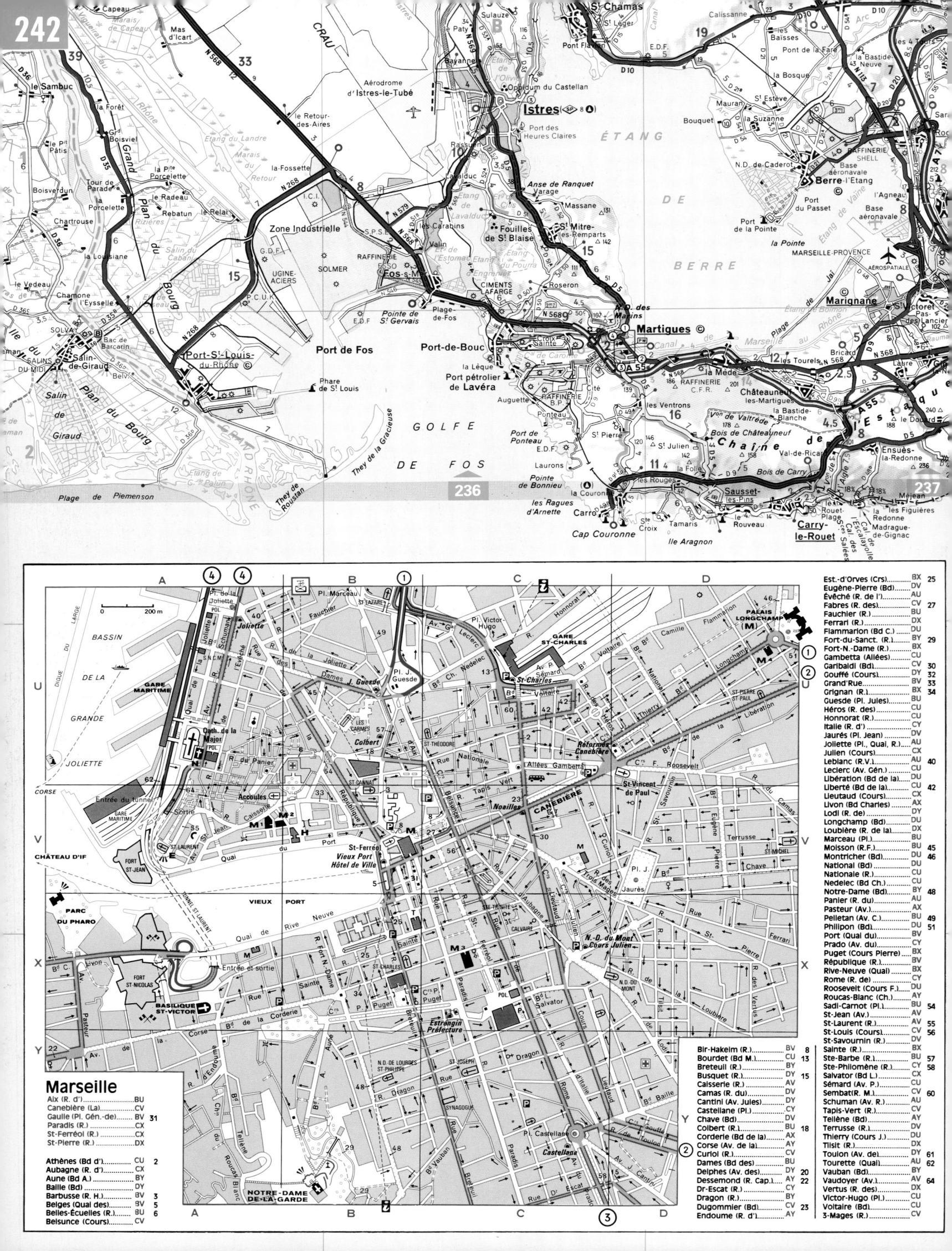

Marseille

Street	Grid
Aix (R. d')	BU
Canebière (La)	CV
Gaulle (Pl. Gén.-de)	BV 31
Paradis (R.)	CX
St-Ferréol (R.)	CX
St-Pierre (R.)	DX

Street	Grid
Athènes (Bd d')	CU 2
Aubagne (R. d')	CX
Aune (Bd A.)	BY
Baille (Bd)	DY
Barbusse (R. H.)	BV 3
Belges (Quai des)	BV 5
Belles-Écuelles (R.)	BU 6
Belsunce (Cours)	CV

Street	Grid
Bir-Hakeim (R.)	BV 8
Bourdet (Bd M.)	CU 13
Breteuil (R.)	BY
Busquet (R.)	DY 15
Caisserie (R.)	AV
Camas (R. du)	DV
Cantini (Av. Jules)	DY
Castellane (Pl.)	CY
Chave (Bd)	DU
Colbert (R.)	BU 18
Corderie (Bd de la)	AX
Corse (Av. de la)	AY
Curiol (R.)	CV
Dames (Bd des)	BV
Delphes (Av. des)	DY 20
Dessemond (R. Cap.)	AY 22
Dr-Escat (R.)	DX
Dragon (R.)	BY
Dugommier (Bd)	CV 23
Endoume (R. d')	AY

Street	Grid
Est.-d'Orves (Crs)	BX 25
Eugène-Pierre (Bd)	DV
Évêché (R. de l')	AU
Fabres (R. des)	CV 27
Fauchier (R.)	BU
Ferrari (R.)	DX
Flammarion (Bd C.)	DU
Fort-du-Sanct. (R.)	BY 29
Fort-N-Dame (R.)	BX
Gambetta (Allées)	CV
Garibaldi (Bd)	CV 30
Gouffé (Cours)	DY 32
Grand'Rue	BV 33
Grignan (R.)	BX 34
Guesde (Pl. Jules)	CU
Héros (R. des)	CU
Honnorat (R.)	CY
Italie (R. d')	DV
Jaurès (Pl. Jean)	DV
Joliette (Pl., Quai, R.)	AU
Julien (Cours)	CX
Leblanc (R.V.)	AU 40
Leclerc (Av. Gén.)	DU
Libération (Bd de la)	DU
Liberté (Bd de la)	CU 42
Lieutaud (Cours)	CX
Livon (Bd Charles)	AX
Lodi (R. de)	DY
Longchamp (Bd)	DU
Loubière (R. de la)	DX
Marceau (Pl.)	BV
Moisson (R.F.)	BU 45
Montricher (Bd)	DU 46
National (Bd)	DU
Nationale (R.)	CU
Nedelec (Bd Ch.)	CU
Notre-Dame (Bd)	AU 48
Panier (R. du)	AU
Pasteur (Av.)	AX
Pelletan (Av. C.)	BU 49
Philipon (Av.)	BV 51
Port (Quai du)	BV
Prado (Av. du)	CY
Puget (Cours Pierre)	BV
République (R.)	BV
Rive-Neuve (Quai)	BV
Rome (R. de)	CY
Roosevelt (Cours F.)	AY
Roucas-Blanc (Ch.)	AY
Sadi-Carnot (Pl.)	AV 54
St-Jean (Av.)	AV
St-Laurent (R.)	AV
St-Louis (Cours)	CV 55
St-Savournin (R.)	BX
Sainte (R.)	BX
Ste-Barbe (R.)	BU 57
Ste-Philomène (R.)	CY 58
Salvator (Bd L.)	CV
Sémard (Av. P.)	AU
Sembat (R. M.)	CV 60
Schuman (Av. R.)	AU
Tapis-Vert (R.)	CV
Tellène (Bd)	AY
Terrusse (R.)	DV
Thierry (Cours J.)	DU
Tilsit (R.)	DV
Toulon (Av. de)	DY 61
Tourette (Quai)	AU
Vauban (Bd)	BY
Vaudoyer (Av.)	AV 64
Vertus (R. des)	DX
Victor-Hugo (Pl.)	CU
Voltaire (R.)	CU
3-Mages (R.)	CV

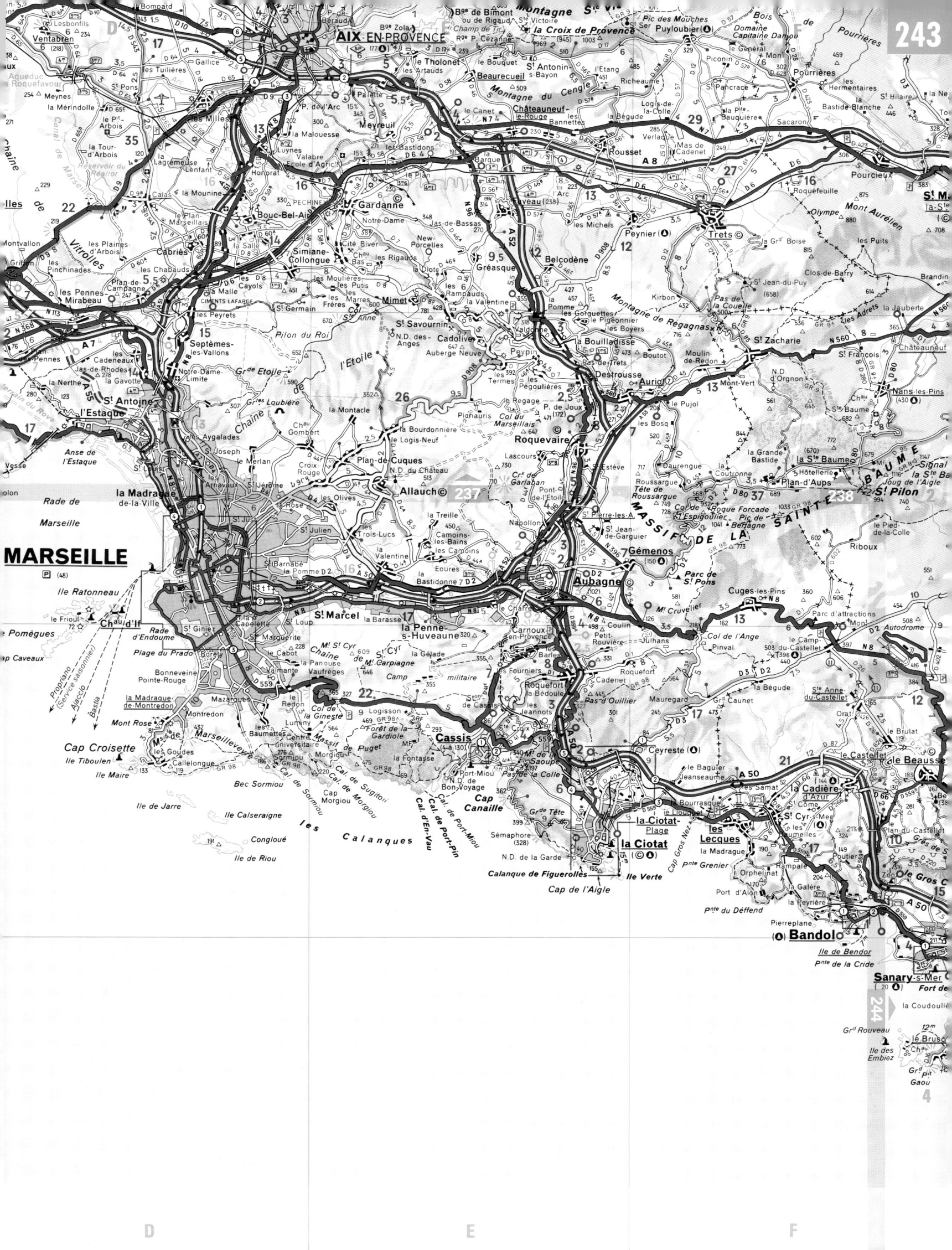

la Rhune

Sare
Ainhoa
Mt Urzumu la Place
Itxassou
Souheletta
St Esteben

Col d'Ibardin
Endarlaza
Vera de Bidasoa
Pas de Roland
Louhossoa
la Place
Hélette

Dancharinea
Urdax
Pic du Mondarrain
Bidarray
Ugarzan
Irissarry
Celay

Lesaca
Echalar
Zugarramurdi
Col de Méhatché
Artzamendi
Ossès
Mt Baygoura

Ventas de Yanci
Yanci
Domekea
Goizamendi
Pic d'Iparla
Larla
St Martin-d'Arrossa
Eyharce
Ahaice

Aranaz
Azcua
Alcurrunz
Gora makil
Gorramendi
St Etienne de Baïgorry
Anhaux
Iroulêguy
Pic d'Arradoy
Ispoure

Sumbilla
Bértiz-Arana
Oyeregui
Valle del Baztán
Maya del Baztán
Col d'Ispéguy
Autza
Uhart-Cize
St Jean-Pied-de-Port

Santesteban
Navarte
Oronoz-Mugaire
Arizcun
Elizondo
Banca
Aldudes
Valcarlos
Arnéguy

Almándoz
Venta de Arraras
Abartán
Peña de Alba
Harguibel
Esnaza
Urepel

Venta de San Blas
Fuerte de Velate
Puchotecogañe
Puerto de Velate
Sayoa
Ocoro
Collado de Urquiaga
Arguinzu
Col de Burdinkurutch
Alto Ibañeta
Roncesvalles (Roncevaux)

Ventas de Arraiz
Alcoz
Lanz
Embalse de Eugui
Eugui
Espinal-Auritz-Berry
Burguete (960)

Ulzama
Larráinzar
Arizu
Anué
Olague
Acegui
Urtasun
Linzoáin
Viscarret-Guerendiáin
Mezquíriz
Tres Hayas
Orbaiceta

Etuláin
Esáin
Leránoz
Saigós
Mendelarreta
El Fuerte
Erro
Aria
Garralda
Arive
Villanueva de Aézcoa

Ostiz
Zubiri
Alto Erro
Esnoz
Corona
Garayoa

Larrasoaña
Esteríbar
Olóndriz
Arce
Oroz-Betelu
Abaurrea Baja

Ilarraz
Setoáin
Otamendi
Larrogain
Imizcoz
Peña Sanagra
Abaurrea Alta

Olábe
Zuriáin
Anchóriz
Errea
Ardaiz
Urdiroz
Baigura

Monte Elordi
Zabaldica
Lacarri
Urricelqui
Arce Nagore
Usoz
Baïgura

Oricáin
Ezcabarte
Arre
Alzuza
Elcano
Ibíricu
Espoz
Uriz
Embalse de Usoz

Villava
Huarte
Egüés
Eransus
Zalba
Orbaiz
Itoiz

PAMPLONA
Burlada
Olaz
Badostáin
Elcoaz
Aldasur

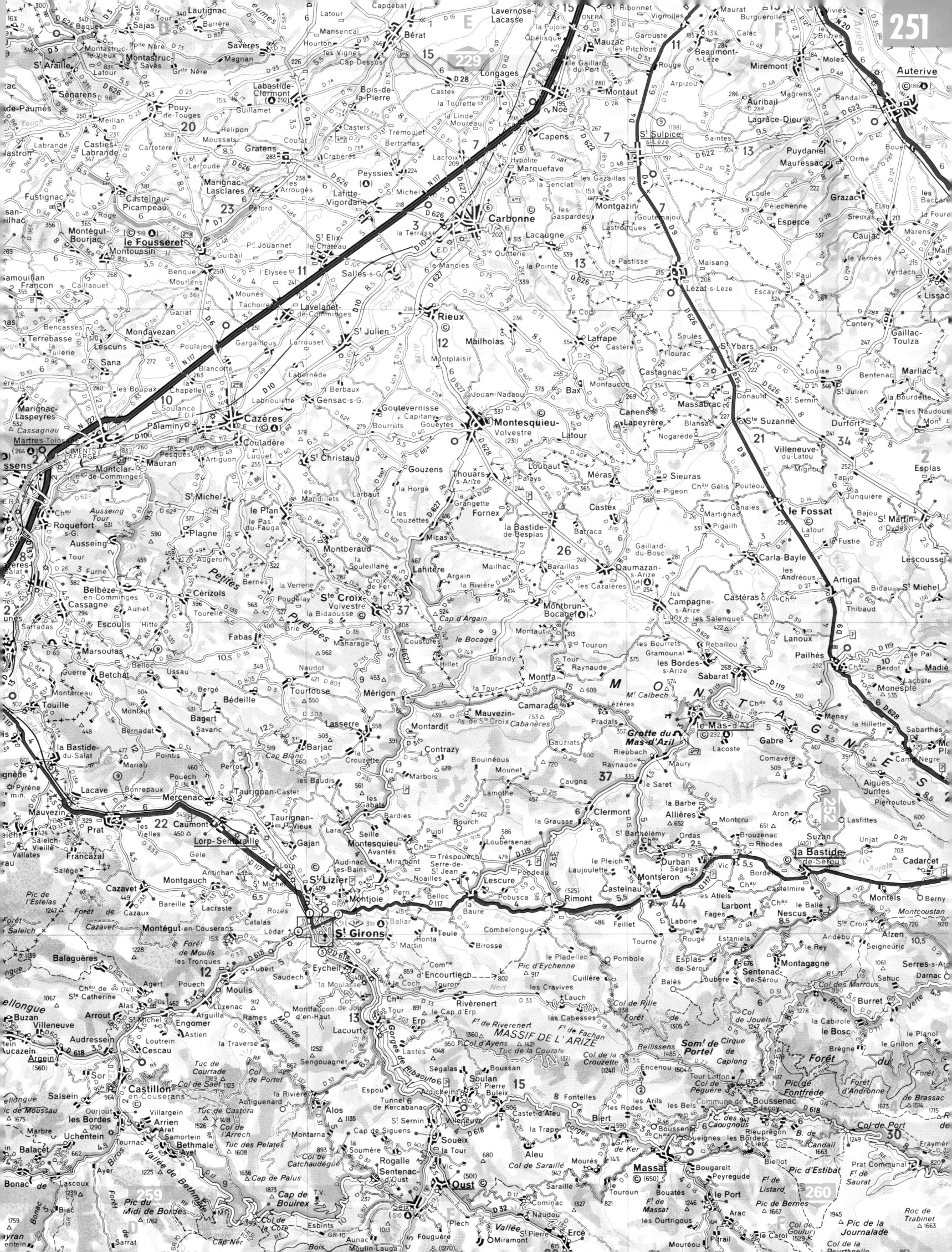

CARCASSONNE

Saissac · St Denis · Montolieu · Alzonne · Bram · Villepinte · Pexiora · Montréal · Villasavary · Prouille · Montgradail · Alaigne · Lauraguel · Limoux · Quillan · Puivert · Nébias · Brenac · Espéraza · Couiza · St Hilaire · Pomas · Verzeille · Preixan · Rouffiac-d'Aude · Pennautier · Trèbes · Capendu · Barbaira · Conques-s-Orbiel · Mas-Cabardès · Villardonnel · Lastours · Caunes-Minervois · Reyniac-Minervois · Laure-Minervois · Montagne d'Alaric · Rennes-les-Bains · Alet-les-Bains · Roquetaillade

Map of the Carcassonne / Aude region

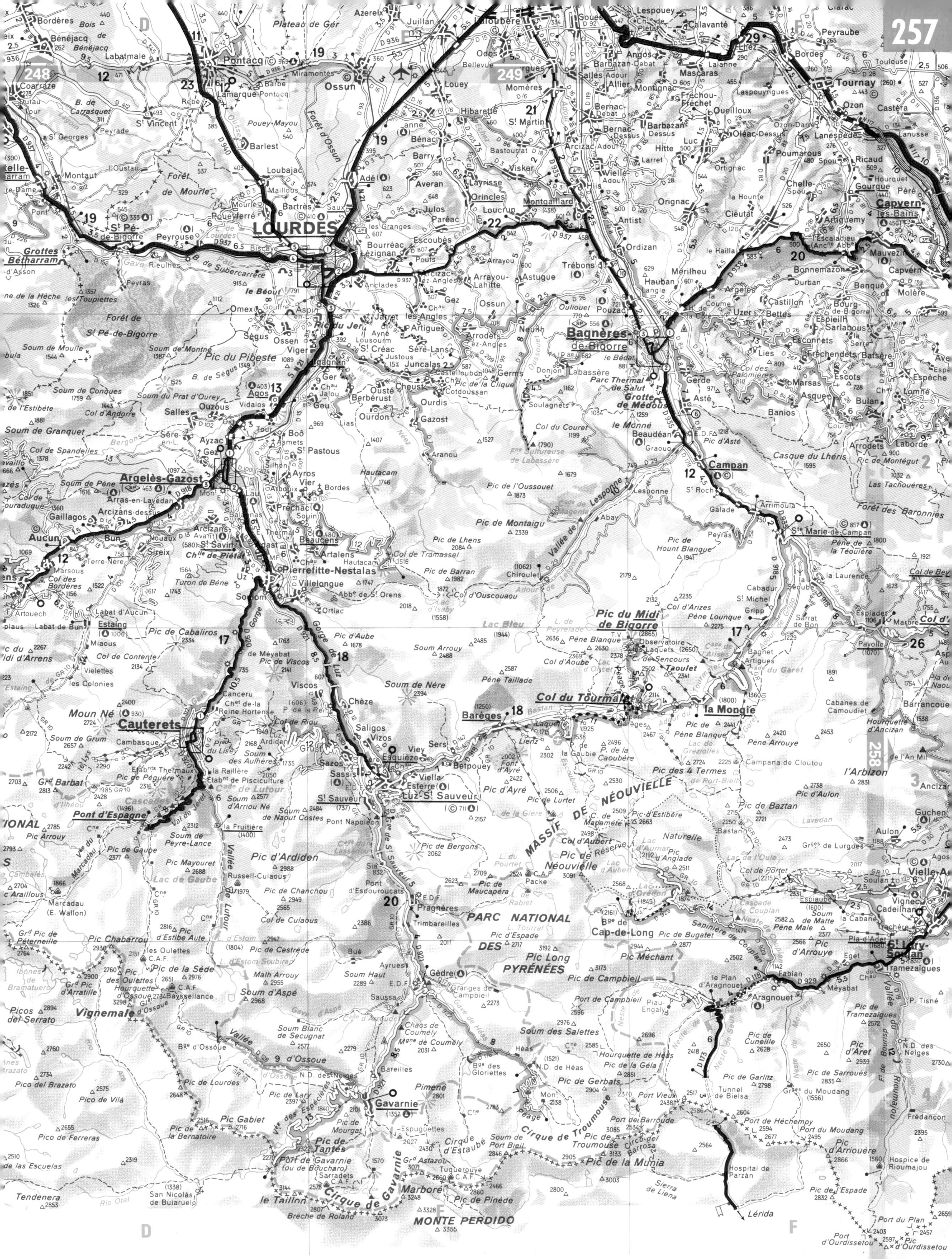

248 | 249 | 258

LOURDES

Bagnères-de-Bigorre

Argelès-Gazost

Cauterets

Pierrefitte-Nestalas

Luz-St-Sauveur

Col du Tourmalet

la Mongie

Barèges

Campan

Tournay

Capvern-les-Bains

Ste-Marie-de-Campan

Pic du Midi de Bigorre (2865)

Observatoire (2650)

Gavarnie

Cirque de Gavarnie

MONTE PERDIDO (3355)

PARC NATIONAL DES PYRÉNÉES

MASSIF DE NÉOUVIELLE

Vignemale

Lac de Gaube

Pont d'Espagne

Gèdre

Héas

Cirque de Troumouse

Cirque d'Estaubé

Brèche de Roland

Marboré (3248)

le Taillon (3073)

Pic de la Munia (3133)

Lérida

Pontacq

Ossun

Aucun

Estaing

Grottes de Bétharram

Grotte de Médous

Parc Thermal de Salut

Pic d'Ardiden

Pic Long (3192)

Néouvielle (3091)

Turon de Néouvielle

Port de Bielsa

Tunnel de Bielsa

Aragnouet

Piau-Engaly

Cap-de-Long

Lac de l'Oule

Fabian

Pic de l'Arbizon (2831)

Col de Portet

Vielle-Aure

St-Lary-Soulan

Col d'Aspin (1489)

Val de Jéret

Pragnères

Trimbareilles

Sarrancolin

Guchen

Cadeilhan

St Girons · Boussens · Cazères · Montesquieu-Volvestre · le Mas-d'Azil · St Martory · Salies-du-Salat · Aurignac

St Lizier · Lorp-Sentaraille · Caumont · Mercenac · Prat · Castillon-en-Couserans · Seix · Oust · Massat · Aulus-les-Bains · Ercé · Couflens

Mt Valier 2838 · Pic de Maubermé · Pic de Certascan · Mt Rouch 2858 · Pic Rouge de Bassiès

Vallée de Bethmale · Vallée d'Ustou · Forêt de Saleich · Forêt d'Arbas · Forêt de Bellongue

Col de Pause (1527) · Col de la Core · Port d'Aula · Port de Salau · Port de Marterat

253 | 254 | 22

PERPIGNAN

Fort de Salses — Salses

Rivesaltes

Prades — Catllar

Prats-de-Mollo-la-Preste

Amélie-les-Bains-Palalda

Céret

Arles

le Boulou

le Perthus

La Jonquera

PIC DU CANIGOU

Ch^au de Peyrepertuse — Cubières-s-Cinoble

Duilhac-s/s-Peyrepertuse

Cucugnan — Padern — Paziols

Grau de Maury — Ch^au de Quéribus

St-Paul-de-Fenouillet — Maury

Lesquerde — Latour-de-France

St Martin — St Arnac — Rasiguères

Felluns — Ansignan — Lansac — Planèzes

Prats-de-Sournia — Pézilla-de-Conflent — Trilla

Cassagnes — Estagel — Tautavel

Vingrau — Espira-de-l'Agly

Caramany — Bélesta — Calce — Baixas

Trévillach — Montalba-le-Château

Néfiach — Millas — Corneilla-la-Rivière

Ille-s-Têt — St Féliu-d'Amont — St Féliu-d'Avall

Rodès — St Michel-de-Llotes — le Soler

Vinca — Marquixanes — Bouleternère — Corbère

Prieuré de Serrabone — Boule-d'Amont

St Michel-de-Cuxa — Taurinya — Clara

Casefabre — Glorianes — Caixas — Fourques

Baillestavy — Prunet-et-Belpuig — Calmeilles

Valmanya — St Marsal — Oms — Llauro

Montauriol — Tordères — Tresserre

Taulis — Taillet — Vivès — le Boulou

St Laurent-de-Cerdans — Coustouges

Montferrer — Serralongue — le Tech

Col d'Ares — Lamanère

Thuir — Castelnou — Ste Colombe

Trouillas — Llupia — Ponteilla — Llupia

Canohès — Toulouges — Pollestres — Bages

Villeneuve-la-Raho — Théza — Bompas

Claira — Pia — St Hippolyte — Salses

Maureillas-las-Illas — les Cluses

St Martin-de-Fenollar — Fort de Bellegarde

Agullana — Darnius — Capmany — Cantallops

Barcelona

Bastia

Campinchi (R. César)	Y	Jardins (R. des)	YZ 14
Gaudin (Bd Auguste)	Z	Landry (R. Adolphe)	X 15
Napoléon (R.)	Y 23	Letteron (R. Chanoine)	Z 16
Paoli (Bd)	YZ	L.-de-Casabianca (R. Cdt)	X 18
Sari (Av. Émile)	X	Marine (R. de la)	YZ 19
Sébastiani (Av. Mar.l)	XY 37	Neuve-St-Roch (R.)	Y 25
		Paroisse (R. de la)	Z 28
Carbuccia (R. Gén.)	Z 2	Pierangeli (Cours H.)	Y 29
Casale (R. Jean)	Y 3	Pietri (Av. François)	XY 30
Docteur-Favale (Cours)	Z 6	Ste-Croix	Z K
Donjon (Pl. du)	Z 7	Ste-Marie	Z F
Dragon (R. du)	Z 8	St-François (R.)	Z 32
Évêché (R. de l')	Z 9	St-Jean (R.)	Y 33
Guasco (Pl.)	Z 13	St-Roch (R.)	Y 35
Immaculée Conception	Y B	Salicetti (R. du Conventionnel)	Y 36
		Terrasses (R. des)	Y 38
		Zéphyrs (R. des)	Y 40

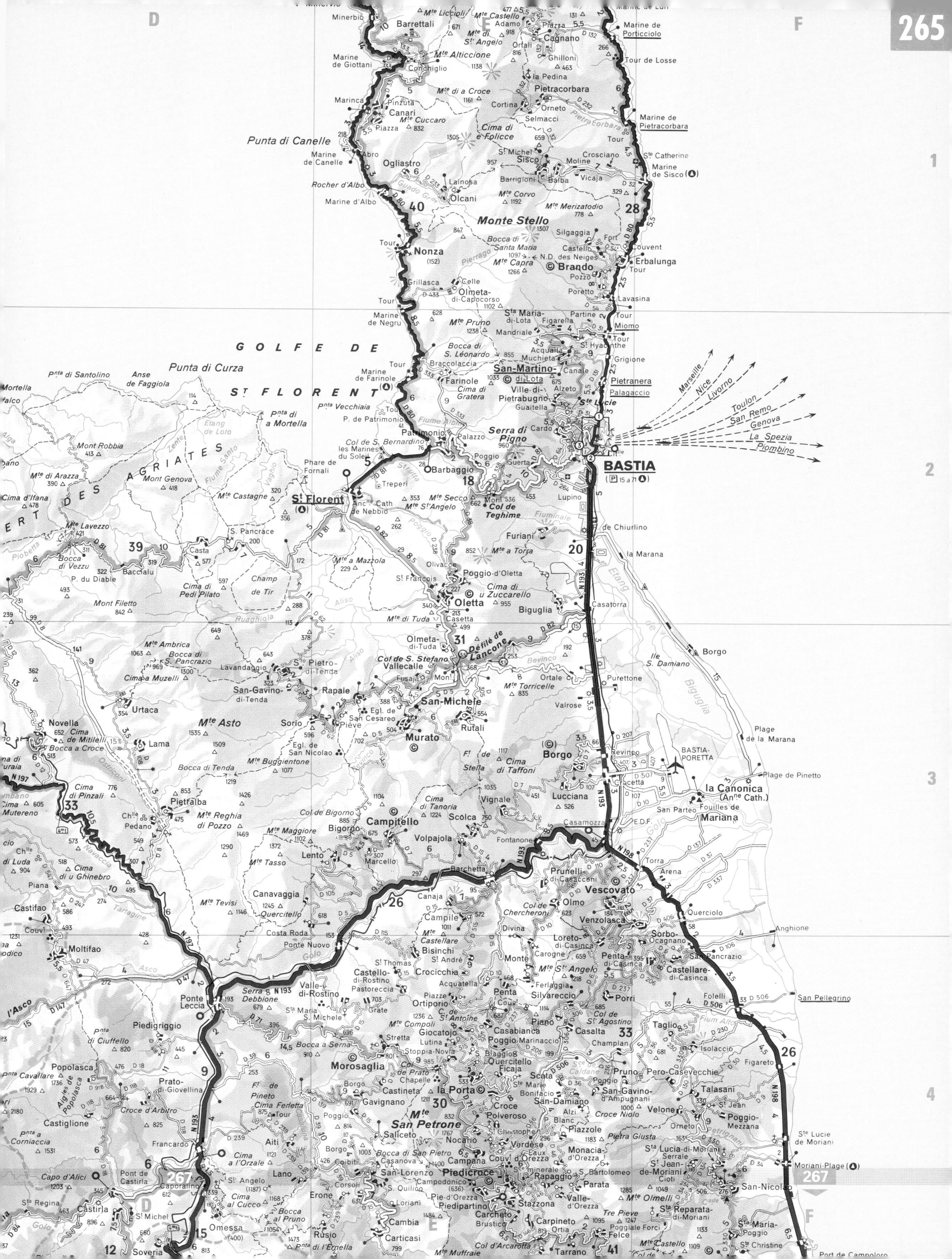

Corte · Corscia · Pinerole · Piano di Roma · Castirla · Ste Régina · Omessa · Soveria · St Roch · Tralonca · Bustanico · Sermano · de Caldane · Cambia · Carticasi · Piedipartino · Carcheto · Stazzona · Valle-d'Orezza · Carpineto · Piobetta · Tarrano · Milaria · Cervione · Valle-di-Campoloro · San-Nicolao · Ste-Maria-Poggio · Ste Christine · Ste Reparata-di-Moriani · Prunete · Port de Campoloro

Corte · Gorges du Tavignano · Gorges de la Restonica · Mte Cardo · Venaco · Serraggio · Sto Pietro-di-Venaco · Casanova · Poggio-di-Venaco · Riventosa · Col de Bellagranajo · Erbajolo · Altiani · Pietraserena · Tallone · Bravone · Marine de Bravone

Vivario · Vezzani · Muracciole · Vivario · Fort de Parciola · Col de Morello · Noceta · Rospigliani · Pietroso · Antisanti · Casabertola · Frassiccia · Tallone · Riva-Bella · Champ de Tir

Vizzavona · Forêt de Vizzavona · Ghisoni · Défilé des Strette · Défilé de l'Inzecca · Antisanti · Casevecchie · Campo-Quercio · Vaccaja · Aléria · Thermes Romains · Musée · Casabianda · Plage de Padulone · Cateraggio

Bocognano · Villanova · Régional · Mte Renoso · Forêt de Marmano · Lugo-di-Nazza · Poggio-di-Nazza · Ghisonaccia-Gare · Ghisonaccia · Ile d'Urbino · Domaine de Pinea · Réserve de Chasse de Casabianda

Bastelica · Forêt St Pietro di Verde · Col de Verde · Prunelli-di-Fiumorbo · Abbazia · Isolaccio-Fiumorbo · Serra-di-Fiumorbo · Pietrapola · San-Gavino-di-Fiumorbo · Casamozza · Mignataja · Calzarello

Palneca · Ciamannacce · Tasso · Sampolo · Cozzano · Ventiseri · Vix · Chisa · Travo · Solaro · Marine de Solaro

Zicavo · Cozzano · Olivese · Mte Incudine · Forêt de Tova · Solenzara · Marine de Scaffa Rossa · Sari-di-Porto-Vecchio · Kamiesch

265 · 269

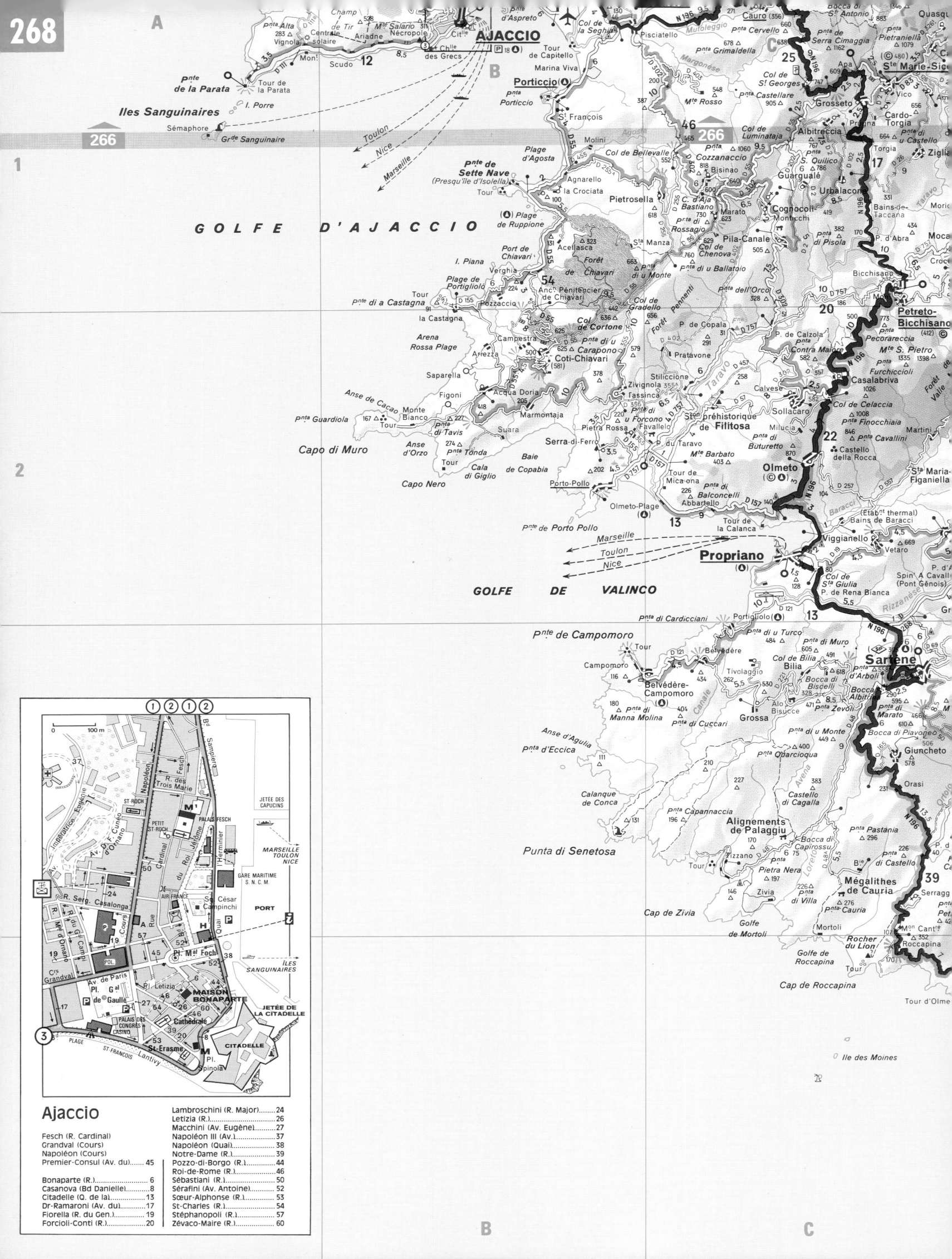

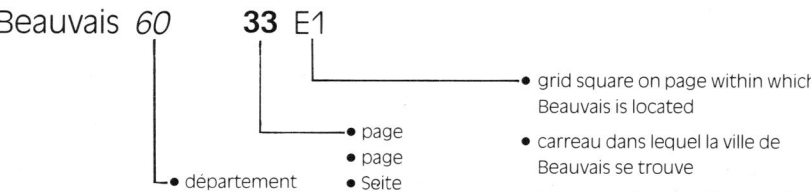

Index Register

Comment se servir de cet index
How to use this index
Toelichting bij het register
Zum Gebrauch des Registers

Beauvais *60* **33** E1

- département
- page / page / Seite / kaartbladzijde
- grid square on page within which Beauvais is located
- carreau dans lequel la ville de Beauvais se trouve
- Planquadrat in dem Beauvais liegt
- vak op de kaartbladzijde waarin Beauvais te vinden is

Les sorties de ville indiquées par un numéro cerné de noir sont identiques sur les plans et les cartes au 1/200 000.

The prominent black numbers in circles at the sides of the city maps correspond with the numbers given for main routes on the 1:200 000 maps.

De overzichtskaartjes van de grote steden geven de verbindingen aan voor het doorgaande verkeer. De omcirkelde zwarte cijfers aan de rand van deze kaartjes verwijzen naar de cijfers van de uitvalswegen op de kaartbladzijden in deze atlas.

Die in schwarz gedruckten und durch Kreise hervorgehobenen Zahlen an den Seitenleisten der Übersichtspläne der wichtigsten Städte entsprechen in den Karten 1:200.000 der für Durchgangsstraßen verwendeten Numerierung.

Départements

01 Ain
02 Aisne
03 Allier
04 Alpes-de-Haute-Provence
05 Hautes Alpes
06 Alpes Maritimes
07 Ardèche
08 Ardennes
09 Ariège
10 Aube
11 Aude
12 Aveyron
13 Bouches-du-Rhône
14 Calvados
15 Cantal
16 Charente
17 Charente-Maritime
18 Cher
19 Corrèze
2A Corse-du-Sud
2B Haute-Corse
21 Côte-d'Or
22 Côtes-du-Nord
23 Creuse
24 Dordogne
25 Doubs
26 Drôme
27 Eure
28 Eure-et-Loir
29 Finistère
30 Gard
31 Haute-Garonne
32 Gers
33 Gironde
34 Hérault
35 Ille-et-Vilaine
36 Indre
37 Indre-et-Loire
38 Isère
39 Jura
40 Landes
41 Loir-et-Cher
42 Loire
43 Haute-Loire
44 Loire-Atlantique
45 Loiret
46 Lot
47 Lot-et-Garonne
48 Lozère
49 Maine-et-Loire
50 Manche
51 Marne
52 Haute-Marne
53 Mayenne
54 Meurthe-et-Moselle
55 Meuse
56 Morbihan
57 Moselle
58 Nièvre
59 Nord
60 Oise
61 Orne
62 Pas-de-Calais
63 Puy-de-Dôme
64 Pyrénées-Atlantiques
65 Hautes-Pyrénées
66 Pyrénées-Orientales
67 Bas-Rhin
68 Haut-Rhin
69 Rhône
70 Haute-Saône
71 Saône-et-Loire
72 Sarthe
73 Savoie
74 Haute-Savoie
75 Paris
76 Seine-Maritime
77 Seine-et-Marne
78 Yvelines
79 Deux-Sèvres
80 Somme
81 Tarn
82 Tarn-et-Garonne
83 Var
84 Vaucluse
85 Vendée
86 Vienne
87 Haute-Vienne
88 Vosges
89 Yonne
90 Territoire-de-Belfort
91 Essonne
92 Hauts-de-Seine
93 Seine-St-Denis
94 Val-de-Marne
95 Val-d'Oise

A

Aa 62,59 3 E4
Aast 64 249 D1
Abainville 55 63 D4
Abancourt 59 10 C3
Abancourt 60 16 C3
Abaucourt 54 64 C1
Abaucourt-Hautecourt 55 39 D3
Abbans-Dessous 25 125 D3
Abbans-Dessus 25 125 D3
Abbaretz 44 93 E4
Abbécourt 02 19 D4
Abbecourt 60 33 E2
Abbenans 25 107 D4
Abbéville-lès-Conflans 54 39 E3
Abbeville 80 8 B4
Abbeville-St-Lucien 60 33 E1
Abbévillers 25 108 A4
Abbéville-la-Rivière 91 79 F2
Abeilhan 34 233 E4
L'Aber-Wrac'h 29 45 D1
Abère 64 227 D4
L'Abergement-Clémenciat 01 155 F3
L'Abergement-de-Cuisery 71 140 B3
L'Abergement-de-Varey 01 156 C4
Abergement-le-Grand 39 141 E1
Abergement-le-Petit 39 141 E1
Abergement-la-Ronce 39 124 A4
Abergement-St-Jean 39 141 D1
L'Abergement-Ste-Colombe 71 140 B2
Abergement-lès-Thésy 39 142 A1
Abidos 64 226 A4
Abilly 37 133 D1
Abîme (Pont de l') 73 173 F2
Abitain 64 225 E4
Abjat-sur-Bandiat 24 163 F3
Ablain-St-Nazaire 62 10 A2
Ablaincourt-Pressoir 80 18 B2
Ablainzevelle 62 10 A4
Ablancourt 51 61 E2
Ableiges 95 33 D4
Les Ableuvenettes 88 87 D3
Ablis 78 79 D1
Ablon-sur-Seine 94 57 F3
Aboën 42 186 B1
Aboncourt 57 40 C2
Aboncourt 54 86 B2
Aboncourt-Gesincourt 70 106 B2
Aboncourt-sur-Seille 57 64 C2
Abondance 74 159 D2
Abondant 28 56 A3
Abos 64 226 A4
Abreschviller 57 66 A3
Abrest 03 153 D3
Les Abrets 38 173 D3
Abriès 05 207 F1
Abscon 59 10 C2
L'Absie 79 130 C3
Abzac 16 148 B3
Abzac 33 178 A4
Accarias (Col) 38 205 E1
Accolans 25 107 E4
Accolay 89 102 B3
Accons 07 203 D1
Accous 64 248 A3
Achain 57 65 D1
Achen 57 42 A4
Achenheim 67 67 D3
Achères 78 57 D1
Achères 18 119 D2
Achères-la-Forêt 77 80 B2
Achery 02 19 E3
Acheux-en-Amiénois 80 9 F4
Acheux-en-Vimeu 80 16 B1
Acheville 62 10 B2
Achey 70 105 F4
Achicourt 62 10 A3
Achiet-le-Grand 62 10 A4
Achiet-le-Petit 62 10 A4
Achun 58 121 D3
Achy 60 33 D1
Acigné 35 73 E3
Aclou 27 31 D3
Acon 27 55 E3
Acq 62 9 F2
Acqualta 2B 265 E2
Acqueville 50 24 C2
Acqueville 14 52 B1
Acquigny 27 31 F3
Acquin-Westbécourt 62 3 E3
Acy 02 35 E2
Acy-en-Multien 60 34 C4
Acy-Romance 08 37 D1
Adaincourt 57 40 C4
Adainville 78 56 B3
Adam-lès-Passavant 25 125 F2
Adam-lès-Vercel 25 26 A3
Adamswiller 67 66 B1
Adast 65 257 D2
Adé 65 249 D2
Adelange 57 41 D4
Adelans 70 107 D2
Adervielle 65 258 A3
Adilly 79 131 D3
Adinfer 62 10 A4
Adissan 34 233 F3
Les Adjots 16 147 E3
Adon 45 101 D3
Adour 32,40,65 225 D2
Les Adrets 38 189 F1
Les Adrets-de-l'Estérel 83 239 F3
Adriers 86 148 B2
Afa 2a 266 B4
Affieux 19 165 E4
Affléville 54 39 E2
Affoux 69 170 C1
Affracourt 54 86 C1
Affringues 62 3 E4
Agassac 31 250 C1
Agay 83 240 A3
Agde 34 255 F1
Agel 34 254 B1
Agel (Mont) 06 241 E4
Agen 47 211 F2
Agencourt 21 123 E3
Agen-d'Aveyron 12 215 E1
Agenville 80 9 D4
Agenvillers 80 8 C4
Les Ageux 60 34 A2
Ageville 52 85 E3
Agey 21 123 D2
Aghione 2b 267 E2
Agincourt 54 64 B3
Agly 11,66 262 B1
Agmé 47 195 F4
Agnac 47 195 F3
Agnat 43 184 C1
Agneaux 50 27 E4
Agnetz 60 33 F2
Agnez-lès-Duisans 62 9 F3
Agnicourt-et-Séchelles 02 20 A3
Agnières 62 9 F2
Agnières 80 16 C3
Agnières-en-Dévoluy 05 205 F2
Agnin 38 187 E1
Agnos 64 248 A2
Agny 62 10 A3
Agon-Coutainville 50 26 C4
Agonac 24 179 F2
Agonès 34 217 E4
Agonges 03 137 D3
Agonnay 17 161 D1
Agos-Vidalos 65 257 D2
Agout 34,81 230 C2
Agris 16 163 D2
Agudelle 17 177 E1
Aguessac 12 216 B2
Aguilcourt 02 36 B2
Aguts 81 230 C3
Agy 14 28 B3
Ahaxe-Alciette-Bascassan 64 247 D2
Ahetze 64 224 B4
Ahéville 88 87 D2
Ahuillé 53 74 C4
Ahun 23 150 C4
Ahuy 21 123 E1
Aibes 59 12 C3
Aibre 25 107 E4
Aïcirits 64 225 E4
Aiffres 79 146 B2
Aigaliers 30 218 C3
Aigle (Barrage de l') 19 182 B2
L'Aigle 61 54 B3
Aiglemont 08 21 E3
Aiglepierre 39 125 D4
Aigleville 27 55 F1
Aiglun 06 223 E4
Aiglun 04 222 A3
Aiglun (Clue d') 06 223 E4
Aignan 32 227 E2
Aignay-le-Duc 21 104 B3
Aigne 34 254 B1
Aignerville 14 28 A2
Aignes 31 252 A1
Aignes-et-Puypéroux 16 162 C4
Aigneville 80 16 B1
Aigny 51 36 C4
Aigonnay 79 146 C2
Aigoual (Mont) 30 217 E3
Aigle (Pic de l') 39 142 A3
Aigre 16 162 B1
Aigrefeuille 31 230 B3
Aigrefeuille-d'Aunis 17 145 E3
Aigrefeuille-sur-Maine 44 112 B3
Aigremont 78 57 D2
Aigremont 52 86 A4
Aigremont 89 102 C3
Aigremont 30 218 B4
Aiguebelette-le-Lac 73 173 E3
Aiguebelette (Lac d') 73 173 E3
Aiguebelle 73 174 B3
Aigueblanche 73 174 C3
Aiguefonde 81 231 E4
Aigueperse 69 155 D2
Aigueperse 63 152 C4
Aigues 26,84 219 F2
Aigues-Juntes 09 251 F3
Aigues-Mortes 30 235 D3
Aigues-Vives 09 252 C3
Aigues-Vives 34 254 B1
Aigues-Vives 30 235 D2
Aigues-Vives 11 253 F2
Aiguèze 30 219 D1
Aiguilhe 43 185 F3
Aiguilles 05 207 E1
Aiguillon 47 211 D1
L'Aiguillon 09 252 C4
L'Aiguillon-sur-Mer 85 144 C1
L'Aiguillon-sur-Vie 85 128 B2
Aiguille (Plan de l') 74 159 E4
Aiguines 83 238 C1
Aigurande 36 150 B1
Ailhon 07 203 D3
Aillant-sur-Milleron 45 101 D2
Aillant-sur-Tholon 89 101 F2
Aillas 33 195 D4
Ailleux 42 169 F2
Aillevans 70 107 D3
Ailleville 10 84 B3
Aillevillers-et-Lyaumont 70 106 C1
Aillianville 52 85 F2
Aillières-Beauvoir 72 76 C1
Aillon-le-Jeune 73 173 F3
Aillon-le-Vieux 73 174 A3
Ailloncourt 70 107 D2
Ailly 27 31 F4
Ailly-le-Haut-Clocher 30 8 C4
Ailly-sur-Meuse 55 63 D2
Ailly-sur-Noye 80 17 F3
Ailly-sur-Somme 80 17 E2
Aimargues 30 235 D2
Aime 73 175 D3
Aimé (Mont) 51 60 B2
Ain 1,39 141 E3
Ainay-le-Château 03 136 B3
Ainay-le-Vieil 18 136 A3
Aincille 64 246 C2
Aincourt 95 32 C4
Aincreville 55 38 B2
Aingeray 54 64 A3
Aingeville 88 86 A3
Aingoulaincourt 52 85 E1
Ainharp 64 247 E1
Ainhice-Mongelos 64 247 D1
Ainhoa 64 246 B1
Ainvelle 88 86 B4
Ainvelle 70 106 C1
Airaines 80 17 D1
Airan 14 29 E4
Aire 08 36 C1
Aire 55 37 F2
Aire-sur-l'Adour 40 226 C2
Aire-sur-la-Lys 62 4 A4
Airel 50 27 E3
Les Aires 34 233 D3
Airion 60 33 F2
Airon-Notre-Dame 62 8 B2
Airon-St-Vaast 62 8 B2
Airoux 11 252 C1
Airvault 79 131 E2
Aiserey 21 123 F3
Aisey-et-Richecourt 70 106 B1
Aisey-sur-Seine 21 104 A2
Aisne 2,8,51,55,60 36 C1
Aisonville-et-Bernoville 02 19 E2
Aïssey 25 125 F2
Aisy-sous-Thil 21 122 B1
Aisy-sur-Armançon 89 103 E3
Aiti 2b 265 D4
Aiton 73 174 B3
Aitone (Forêt d') 2A 266 B2
Aix 19 166 C3
Aix 59 11 D1
Aix-les-Bains 73 173 E2
Les Aix-d'Angillon 18 119 E3
Aix-en-Ergny 62 8 C1
Aix-en-Issart 62 8 C1
Aix-en-Othe 10 82 B3
Aix-en-Provence 13 237 E3
Aix-en-Diois 26 205 D2
Aix-la-Fayette 63 169 D4
Aix-Noulette 62 10 A2
Aixe-sur-Vienne 87 164 B2
Aizac 07 203 D2
Aizanville 52 84 C4
Aize 36 117 F4
Aizecourt-le-Bas 80 18 C1
Aizecourt-le-Haut 80 18 C1
Aizecq 16 147 E4
Aizelles 02 36 A1
Aizenay 85 128 C2
Aizier 27 30 C2
Aizy-Jouy 02 35 F1
Ajac 11 253 D3
Ajaccio 2A 266 B4
Ajaccio (Golfe d') 2A 268 B1
Ajain 23 150 C3
Ajat 24 180 B3
Ajoncourt 57 64 C2
Ajou 27 54 C1
Ajoux 07 203 E2
Ajustants (Route des) 19 182 C1
Alagnon 15,43 184 A3
Alagnon (Gorges de l') 15,43,63 184 B1
Alaigne 11 253 D3
Alaincourt 70 106 B1
Alaincourt 02 19 D3
Alaincourt-la-Côte 57 64 C1
Alairac 11 253 E2
Alaise 25 125 E4
Alan 31 250 C2
Alando 2b 267 E1
Alata 2a 266 B4
Alba 07 203 E3
Alban 81 215 D4
Albaret-le-Comtal 48 200 C1
Albaret-Ste-Marie 48 201 D1
Albarine (Cluse de l') 01 156 C4
Albarine (Gorges de l') 01 157 D4
L'Albaron 13 235 E3
Albas 11 254 B3
Albas 46 197 E4
Albé 67 89 D1
Albefeuille-Lagarde 82 213 D3
L'Albenc 38 188 C2
Albens 73 173 E2
Albepierre-Bredons 15 183 F3
L'Albère 66 262 C3
Albert 80 18 A1
Albertacce 2b 266 C1
Albertville 73 174 B2
Albestroff 57 65 E1
Albi 81 214 B4
Albiac 31 230 C3
Albiac 46 198 B2
Albias 82 213 E3
Albières 11 253 F4
Albiès 09 260 B1
Albiez-le-Jeune 73 190 B2
Albiez-le-Vieux 73 190 B2
Albignac 19 181 E3
Albigny-sur-Saône 69 171 E1
Albine 81 232 A4
Albiosc 04 238 B1
Albitreccia 2a 268 C1
Albon 26 187 E2
Albon 07 203 D1
Alboussière 07 187 E4
Les Albres 12 199 D4
Albussac 19 181 F3
Alby-sur-Chéran 74 173 F1
Alçay-Alçabéhéty-Sunharette 64 247 E2
Aldudes 64 246 B2
Aldudes (Vallée des) 64 246 B2
Alembon 62 3 D3
Alençon 61 76 B1
Alénya 66 263 D2
Aléria 2b 267 F2
Alès 30 218 A3
Alet-les-Bains 11 253 E3
Alette 62 8 B1
Aleu 09 259 F3
Alex 74 174 A1
Alexain 53 74 C3
Aleyrac 26 204 A4
Alfeld (Lac d') 88 107 F2
Alfortville 94 57 F2
Algajola 2b 264 B3
Algans 81 230 C3
Algolsheim 68 89 E4
Algrange 57 39 F2
Alièze 39 141 E3
Alignan-du-Vent 34 233 E4
Alincourt 08 37 D2
Alincthun 62 3 D3
Alise-Ste-Reine 21 103 F4
Alissas 07 203 E2
Alix 69 171 D1
Alixan 26 188 A4
Alizay 27 31 F2
Allain 54 64 A4
Allaines 80 18 B1
Allaines-Mervilliers 28 79 D3
Allainville 78 79 E1
Allainville 28 55 F3
Allainville-en-Beauce 45 79 E3
Allaire 56 92 B3
Allamont 54 39 E4
Allamps 54 63 F4
Allan 26 203 F4
Allanche 15 184 A2
Alland'Huy-et-Sausseuil 08 37 E1
Allarmont 88 66 A4
Allas-Bocage 17 177 E1
Allas-Champagne 17 161 E4
Allas-les-Mines 24 197 D1
Allassac 19 181 D2
Allauch 13 243 E2
Allègre 30 218 B2
Allègre 43 185 E2
Allègre (Château d') 30 218 B2
Alleins 13 236 C2
Allemagne-en-Provence 04 238 B1
Allemanche-Launay-et-Soyer 51 60 A4
Allemans 24 178 C2
Allemans-du-Dropt 47 195 F3
Allemant 51 60 A3
Allemant 02 35 E1
Allemond 38 189 F3
Allenay 80 8 A4
Allenc 48 201 F3
Allenjoie 25 108 A4
Allennes-les-Marais 59 10 B1
Allenwiller 67 66 C3
Allerey 21 122 C3
Allerey-sur-Saône 71 140 B1
Allériot 71 140 A2
Allery 80 16 C1
Alles-sur-Dordogne 24 196 C1
Les Alleuds 49 114 A2
Les Alleuds 79 147 D3
Les Alleux 08 37 F1
Alleuze 15 184 B4
Allevard 38 174 A4
Allèves 74 173 F2
Allex 26 204 A2
Alleyrac 43 202 B1
Alleyras 43 201 F1
Alleyrat 23 150 C4
Alleyrat 19 166 C3
Allez-et-Cazeneuve 47 211 F1
Alliancelles 51 62 A2
Alliat 09 260 B1
Allibaudières 10 60 C4
Allichamps 52 62 A4
Allier 3,18,43,58,63 184 C1
Allier 65 249 E2
Allières 09 259 F2
Les Alliés 25 126 A4
Alligny-Cosne 58 120 A1
Alligny-en-Morvan 58 122 A3
Allineuc 22 71 D1
Allinges 74 158 C1
Allogny 18 118 C3
Allogny (Forêt d') 18 118 C3
Allondans 25 107 F4
Allondaz 73 174 B2
Allondrelle-la-Malmaison 54 39 D1
Allonne 60 33 E2
Allonne 79 131 D3
Allonnes 28 78 C2
Allonnes 49 114 C2
Allonnes 72 96 B1
Allons 47 210 B2
Allons 04 222 C3
Allonville 80 17 F2
Allonzier-la-Caille 74 158 A4
Allos 04 223 D1
Allos (Col d') 04 222 C1
Allouagne 62 9 F1
Alloue 16 148 A4
Allouis 18 118 C3
Allouville-Bellefosse 76 14 C4
Les Allues 73 174 C4
Les Alluets-le-Roi 78 56 C2
Alluy 58 121 D4
Alluyes 28 78 B3
Ally 15 182 C3
Ally 43 184 C3
Almayrac 81 214 C3
Almenêches 61 53 E3
Almon-les-Junies 12 199 E3
Alo Bisucce 2A 268 C3
Alos 09 259 E3
Alos 81 214 A3
Alos-Sibas-Abense 64 247 E2
Alouettes (Mont des) 85 130 A1
Aloxe-Corton 21 123 E4
L'Alpe d'Huez 38 190 A3
Alpes Mancelles 72 75 F2
Alpilles (Chaîne des) 13 236 A1
Alpuech 12 200 B2
Alquines 62 3 D3
Alrance 12 215 E3
Alsting 57 41 F3
Altagène 2a 269 D2
Alteckendorf 67 67 D2
Altenach 68 108 B3
Altenbach 68 108 B1
Altenheim 67 66 C2
Altenstadt 67 43 E4
Althen-des-Paluds 84 219 F3
Altiani 2b 267 E2
Altier 48 202 A4
Altillac 19 181 F4
Altkirch 68 108 B3
Altorf 67 67 D4

Altrippe 57 — 41 E4
Altviller 57 — 41 E4
Altwiller 67 — 65 F1
Aluze 71 — 139 F2
Alvignac 46 — 198 B1
Alvimare 76 — 14 C4
Alzen 09 — 252 A4
Alzi 2b — 267 E4
Alzing 57 — 41 D2
Alzon 30 — 217 D4
Alzonne 11 — 253 D2
Amage 70 — 107 D1
Amagne 08 — 37 E1
Amagney 25 — 125 E2
Amailloux 79 — 131 D2
Amance 54 — 64 C2
Amance 70 — 106 B2
Amance 10 — 84 A2
Amancey 25 — 125 E4
Amancy 74 — 158 B3
Amange 39 — 124 B3
Amanlis 35 — 73 E4
Amanty 55 — 63 E4
Amanvillers 57 — 40 A3
Amanzé 71 — 154 C2
Amareins-Franchelein 01 — 155 E3
Amarens 81 — 214 A3
Amathay-Vésigneux 25 — 125 F4
Amayé-sur-Orne 14 — 29 D4
Amayé-sur-Seulles 14 — 28 B4
Amazy 58 — 121 D2
Ambacourt 88 — 86 C2
Ambarès-et-Lagrave 33 — 177 E4
Ambax 31 — 250 C1
Ambazac 87 — 165 D1
Ambel 38 — 205 F1
Ambenay 27 — 54 C2
Ambérac 16 — 162 B1
Ambérieu-en-Bugey 01 — 156 C4
Ambérieux 69 — 171 E1
Ambérieux-en-Dombes 01 — 155 F4
Ambernac 16 — 148 A4
Amberre 86 — 132 A2
Ambert 63 — 169 E4
Ambès 33 — 177 E4
Ambeyrac 12 — 198 C4
Ambialet 81 — 215 D4
Ambiegna 2a — 266 B3
Ambierle 42 — 154 A3
Ambiévillers 70 — 86 C4
Ambillou 37 — 115 E1
Ambillou-Château 49 — 114 A2
Ambilly 74 — 158 B2
Amblaincourt 55 — 62 C1
Amblainville 60 — 33 E4
Amblans-et-Velotte 70 — 107 D3
Ambleny 02 — 35 D2
Ambléon 01 — 173 D2
Ambleteuse 2 — 2 C3
Ambleville 16 — 162 A3
Ambleville 95 — 32 C4
Amblie 14 — 29 D2
Amblimont 08 — 22 A4
Ambloy 41 — 97 F3
Ambly-Fleury 08 — 37 D1
Ambly-sur-Meuse 55 — 38 C4
Amboise 37 — 116 B1
Ambon 56 — 91 F3
Ambonil 26 — 204 A1
Ambonnay 51 — 36 C4
Ambonville 52 — 84 C2
Ambourville 76 — 31 E1
Ambrault 36 — 135 D2
Ambres 81 — 230 C2
Ambricourt 62 — 9 D2
Ambrief 02 — 35 E2
Ambrières 51 — 62 A3
Ambrières-le-Grand 53 — 75 D1
Ambrines 62 — 9 E3
Ambronay 01 — 156 C4
Ambrugeat 19 — 166 B4
Ambrumesnil 76 — 15 E2
Ambrus 47 — 211 D2
Ambutrix 01 — 156 C4
Amby (Gorges d') 38 — 172 B2
Amécourt 27 — 32 C2
Amel-sur-l'Étang 55 — 39 D3
Amelécourt 57 — 65 D2
Amélie-les-Bains-Palalda 66 — 262 B3
Amendeuix-Oneix 64 — 225 D4
Amenoncourt 54 — 65 E3
Amenucourt 95 — 32 C4
Ames 62 — 9 E1
Amettes 62 — 9 E1
Ameugny 71 — 139 F4
Ameuvelle 88 — 106 B1
Amfreville-la-Campagne 27 — 31 E3
Amfreville-les-Champs 76 — 15 D3
Amfreville-les-Champs 27 — 32 A2

Amfréville 14 — 29 E3
Amfreville 50 — 25 D3
Amfreville-sous-les-Monts 27 — 32 A2
Amfreville-sur-Iton 27 — 31 F4
Amfreville-la-Mi-Voie 76 — 31 F2
Amfroipret 59 — 11 E2
Amiens 80 — 17 E2
Amifontaine 02 — 36 B1
Amigny 50 — 27 E3
Amigny-Rouy 02 — 19 D4
Amillis 77 — 59 D3
Amilly 45 — 100 C1
Amilly 28 — 78 B1
Amions 42 — 170 A1
Amirat 06 — 223 E4
Ammerschwihr 68 — 89 D3
Ammerzwiller 68 — 108 B2
Amné 72 — 76 A4
Amnéville 57 — 40 B3
Amoncourt 70 — 106 B2
Amondans 25 — 125 E3
Amont-et-Effreney 70 — 107 E1
Amorots-Succos 64 — 225 D4
Amou 40 — 226 A3
Ampilly-les-Bordes 21 — 104 A3
Ampilly-le-Sec 21 — 103 F2
Amplepuis 69 — 154 C4
Amplier 62 — 9 E4
Ampoigné 53 — 94 C2
Amponville 77 — 80 B3
Ampriani 2b — 267 E1
Ampuis 69 — 171 E4
Ampus 83 — 239 D2
Amuré 79 — 146 A2
Amy 60 — 18 B4
Anais 17 — 145 E2
Anais 16 — 162 C2
Anan 31 — 250 C1
Ance 43 — 186 A2
Ance 64 — 247 F2
Anceaumeville 76 — 15 E4
Anceins 61 — 54 B2
Ancelle 05 — 206 B2
Ancemont 55 — 38 C4
Ancenis 44 — 112 C1
Ancerville 55 — 62 B3
Ancerville 57 — 40 C4
Ancerviller 54 — 65 F4
Ancey 21 — 123 D2
Anchamps 08 — 21 E2
Anché 37 — 115 D3
Anché 86 — 147 E2
Anchenoncourt-et-Chazel 70 — 106 C1
Anchin (Anc. abbaye d') 59 — 10 C2
Ancienville 02 — 35 D3
Ancier 70 — 124 C1
Ancinnes 72 — 76 B2
Ancizan 65 — 249 F4
Les Ancizes-Comps 63 — 167 E1
Ancône 26 — 203 F3
Ancourt 76 — 15 F2
Ancourteville-sur-Héricourt 76 — 14 C3
Ancretiéville-St-Victor 76 — 15 E4
Ancretteville-sur-Mer 76 — 14 C3
Anctoville 50 — 26 C4
Anctoville 14 — 28 B4
Anctoville-sur-Boscq 50 — 50 B2
Ancy 69 — 171 D1
Ancy-le-Franc 89 — 103 D2
Ancy-le-Libre 89 — 103 E2
Ancy-sur-Moselle 57 — 40 A4
Andaines (Forêt des) 61 — 52 B4
Andainville 80 — 16 C2
Andance 07 — 187 E2
Andancette 26 — 187 E2
Andard 49 — 114 A1
Andé 27 — 31 F3
Andechy 80 — 18 B3
Andel 22 — 48 B4
Andelain 02 — 19 D4
Andelaroche 03 — 153 F2
Andelarre 70 — 106 B3
Andelarrot 70 — 106 B3
Andelat 15 — 184 A3
Andelis 27,76 — 16 A4
Andelnans 90 — 108 A3
Andelot 52 — 85 E3
Andelot-en-Montagne 39 — 142 A1
Andelot-lès-St-Amour 39 — 156 C1
Andelu 78 — 32 B3
Les Andelys 27 — 32 B3
Andernay 55 — 62 B2
Andernos-les-Bains 33 — 192 C2
Anderny 54 — 39 E2
Andert-et-Condon 01 — 173 D2
Andevanne 08 — 38 A2
Andeville 60 — 33 E4

Andigné 49 — 94 C3
Andillac 81 — 214 A4
Andilly 95 — 57 E1
Andilly 54 — 63 F2
Andilly 74 — 158 A3
Andilly 17 — 145 E2
Andilly-en-Bassigny 52 — 105 E1
Andon 06 — 239 F1
Andonville 45 — 79 E3
Andornay 70 — 107 E3
Andorra la Vella — 260 A3
Andouillé 53 — 74 C3
Andouillé-Neuville 35 — 73 E2
Andouque 81 — 214 C4
Andrein 64 — 225 E4
Andres 62 — 3 D2
Andrésy 78 — 57 D1
Andrezé 49 — 113 D3
Andrezel 77 — 58 B4
Andrézieux-Bouthéon 42 — 170 B4
Andryes 89 — 102 A4
Anduze 30 — 218 A3
Anéran-Camors 65 — 258 A3
Anères 65 — 250 A3
Anet 28 — 56 A2
Anetz 44 — 112 C1
Angais 64 — 248 C1
Angé 41 — 117 D2
Angeac-Champagne 16 — 161 F3
Angeac-Charente 16 — 162 B3
Angecourt 08 — 22 A4
Angeduc 16 — 162 B4
Angely 89 — 103 D4
Angeot 90 — 108 A2
Angers 49 — 95 D4
Angerville 14 — 29 F3
Angerville 91 — 79 E3
Angerville-la-Campagne 27 — 55 E1
Angerville-Bailleul 76 — 14 B4
Angerville-l'Orcher 76 — 14 B4
Angervilliers 91 — 57 D4
Angerville-la-Martel 76 — 14 C3
Angeville 82 — 212 B4
Angevillers 57 — 39 F2
Angey 50 — 50 B2
Angicourt 60 — 34 A2
Angiens 76 — 15 D2
Angirey 70 — 124 C1
Angivillers 60 — 34 A1
Anglade 33 — 177 D2
Anglais (Cascades des) 2B — 267 D2
Anglards-de-St-Flour 15 — 184 B4
Anglards-de-Salers 15 — 183 D2
Anglars 46 — 198 C2
Anglars-Juillac 46 — 197 F4
Anglars-Nozac 46 — 197 F2
Anglars-St-Félix 12 — 199 D4
Anglefort 01 — 157 E4
Anglemont 88 — 87 F1
Angles 85 — 144 C1
Angles 04 — 222 C4
Anglès 81 — 232 A3
Les Angles 65 — 257 E2
Les Angles 30 — 219 E4
Les Angles 66 — 261 D3
Angles-sur-l'Anglin 86 — 133 D2
Les Angles-sur-Corrèze 19 — 181 F2
Anglesqueville-la-Bras-Long 76 — 15 D3
Anglesqueville-l'Esneval 76 — 14 A4
Anglet 64 — 224 B3
Angliers 17 — 145 E2
Angliers 86 — 148 B3
Anglure 51 — 60 B3
Anglure-sous-Dun 71 — 154 C2
Anglus 52 — 84 B1
Angluzelles-et-Courcelles 51 — 60 B3
Angoisse 24 — 180 B1
Angomont 54 — 65 F4
Angos 65 — 249 E2
Angoulême 16 — 162 C3
Angoulins 17 — 145 D3
Angoumé 40 — 225 D2
Angous 64 — 247 F1
Angoustrine 66 — 261 D3
Angoville 14 — 52 B1
Angoville-au-Plain 50 — 27 D2
Angoville-en-Saire 50 — 25 D1
Angoville-sur-Ay 50 — 26 C2
Angres 62 — 10 A2
Angresse 62 — 224 C2
Angrie 49 — 94 B4
Anguerny 14 — 29 D3
Anguilcourt-le-Sart 02 — 19 E3

Angviller-lès-Bisping 57 — 65 F2
Angy 60 — 33 F2
Anhaux 64 — 246 C2
Anhiers 59 — 10 C2
Aniane 34 — 234 A2
Aniche 59 — 10 C2
Anisy 14 — 29 D3
Anizy-le-Château 02 — 35 E1
Anjeux 70 — 106 C1
Anjony 15 — 183 D3
Anjou 38 — 187 E1
Anjouin 36 — 118 A3
Anjoutey 90 — 108 A2
Anla 65 — 250 B3
Anlezy 58 — 137 F1
Anlhiac 24 — 180 B1
Annay 62 — 10 B2
Annay 58 — 101 D4
Annay-la-Côte 89 — 102 C4
Annay-sur-Serein 89 — 102 C3
Annebault 14 — 29 F3
Annebecq 14 — 51 E1
Annecy (Lac d') 74 — 174 A1
Annecy-le-Vieux 74 — 158 A4
Annelles 08 — 37 D2
Annemasse 74 — 158 B2
Annéot 89 — 102 C4
Annepont 17 — 161 D1
Annequin 62 — 10 A1
Annesse-et-Beaulieu 24 — 179 E3
Annet-sur-Marne 77 — 58 B1
Anneux 59 — 10 C4
Anneville-Ambourville 76 — 31 E1
Anneville-en-Saire 50 — 25 E2
Anneville-sur-Mer 50 — 26 C3
Anneville-sur-Scie 76 — 15 F2
Annéville-la-Prairie 52 — 85 D3
Anneyron 26 — 187 E2
Annezay 17 — 145 F4
Annezin 62 — 9 F1
Annœullin 59 — 10 B1
Annoire 39 — 140 C1
Annois 02 — 19 E4
Annoisin-Chatelans 38 — 172 B2
Annoix 18 — 136 A1
Annonay 07 — 187 D2
Annonville 52 — 85 E1
Annot 04 — 222 C3
Annouville-Vilmesnil 76 — 14 B3
Annoux 89 — 103 D3
Annoville 50 — 50 B1
Anor 59 — 20 B1
Anos 64 — 226 C4
Anost 71 — 122 A4
Anould 88 — 88 B3
Anoux 54 — 39 E2
Anoye 64 — 227 D4
Anquetierville 76 — 31 D1
Anrosey 52 — 105 F2
Ansac-sur-Vienne 16 — 148 A4
Ansacq 60 — 33 F2
Ansan 32 — 228 C2
Ansauville 54 — 63 F2
Ansauvillers 60 — 17 F4
Anse 69 — 171 E1
Anserville 60 — 33 E3
Ansignan 66 — 262 A1
Ansigny 73 — 173 E1
Ansost 65 — 227 E4
Ansouis 84 — 237 E1
Anstaing 59 — 5 E4
Antagnac 47 — 210 B4
Anterrieux 15 — 200 C1
Anteuil 25 — 126 B1
Antezant-la-Chapelle 17 — 146 B1
Anthé 47 — 212 B1
Anthenay 51 — 36 A4
Antheny 08 — 20 C2
Antheuil 21 — 123 D1
Antheuil-Portes 60 — 34 B1
Anthien 58 — 121 E2
Anthon 38 — 172 A2
Anthy-sur-Léman 74 — 158 C1
Antibes 06 — 240 B2
Antibes (Cap d') 06 — 240 B2
Antichan 65 — 250 B3
Antichan-de-Frontignes 31 — 250 B4
Antifer (Cap d') 76 — 14 A3
Antignac 17 — 162 A4
Antignac 15 — 183 D1
Antigny 85 — 130 B3
Antigny 86 — 133 D4
Antigny-la-Ville 21 — 122 C4
Antilly 60 — 34 C4
Antilly 57 — 40 B3
Antin 65 — 249 E1
Les Antiques 13 — 236 B1
Antisanti 2b — 267 E2
Antist 65 — 249 E1

Antogny 37 — 132 C1
Antoigné 49 — 114 B2
Antoigny 61 — 52 B4
Antoingt 63 — 168 B4
Antonaves 05 — 221 E1
Antonne-et-Trigonant 24 — 179 F2
Antony 92 — 57 E3
Antorpe 39 — 124 C3
Antraigues 07 — 203 D2
Antrain 35 — 73 E1
Antran 86 — 132 C2
Antras 09 — 259 D3
Antras 32 — 228 A2
Antrenas 48 — 201 D3
Antugnac 11 — 253 E1
Antully 71 — 139 E1
Anvéville 76 — 15 D3
Anville 16 — 162 B2
Anvin 62 — 9 D2
Any-Martin-Rieux 02 — 20 C2
Anzat-le-Luguet 63 — 184 A1
Anzeling 57 — 40 C3
Anzème 23 — 150 B2
Anzex 47 — 210 C1
Anzin 59 — 11 D2
Anzin-St-Aubin 62 — 10 A3
Anzy-le-Duc 71 — 154 B2
Aoste 38 — 173 D3
Aougny 51 — 36 A3
Aouste 08 — 20 C3
Aouste-sur-Sye 26 — 204 B2
Aouze 88 — 86 B1
Apach 57 — 40 C1
Apchat 63 — 184 B1
Apchon 15 — 183 E2
Apinac 42 — 185 F1
Apothicairerie (Grotte de l') 56 — 90 B4
Appelle 81 — 231 D1
Appenai-sous-Bellême 61 — 77 D2
Appenans 25 — 126 B1
Appenwihr 68 — 89 D4
Appeville 50 — 26 C2
Appeville-Annebault 27 — 31 D2
Appietto 2a — 266 B3
Appilly 60 — 18 C4
Appoigny 89 — 102 A2
Appy 09 — 260 C1
Apremont 01 — 156 C4
Apremont 08 — 38 F3
Apremont 60 — 34 A3
Apremont 85 — 145 D1
Apremont 73 — 173 E3
Apremont 70 — 106 C4
Apremont-la-Forêt 55 — 63 E2
Apremont-sur-Allier 18 — 137 D1
Aprey 52 — 105 D2
Apt 84 — 220 C4
Arabaux 09 — 252 B4
Arâches 74 — 159 D3
Aragnouet 65 — 257 F4
Aragon 11 — 253 E1
Aramits 64 — 247 F2
Aramon 30 — 219 D4
Aranc 01 — 156 C4
Arance 64 — 226 A4
Arancou 64 — 225 E4
Arandas 01 — 172 C1
Arandon 38 — 172 C2
Araujuzon 64 — 225 F4
Araules 43 — 186 B3
Araux 64 — 225 F4
Arbanats 33 — 194 B2
Arbas 31 — 259 D2
Arbecey 70 — 106 B2
Arbellara 2a — 269 D2
Arbent 01 — 157 D2
Arbéost 65 — 256 C2
Arbérats-Sillègue 64 — 225 E4
Arbignieu 01 — 173 D2
Arbigny 01 — 140 B4
Arbigny-sous-Varennes 52 — 105 F1
Arbin 73 — 173 F3
Arbis 33 — 194 C2
Arblade-le-Bas 32 — 227 D2
Arblade-le-Haut 32 — 227 D1
Arbois 39 — 124 C4
Arbois (Mont d') 74 — 175 D1
Arbon 31 — 258 C2
Arbonne 64 — 224 B4
Arbonne-la-Forêt 77 — 80 B1
Arboras 34 — 233 F2
Arbori 2a — 266 B2
Arbot 52 — 105 D3
Arbouans 25 — 107 F4
Arboucave 40 — 226 B2
Arbouet-Sussaute 64 — 225 E4
Arbourse 58 — 120 B2
Arboussols 66 — 262 A2

Arbus 64 — 248 A1
Arbusigny 74 — 158 B3
Arc 73 — 190 B1
Arc-en-Barrois 52 — 104 C1
Arc-et-Senans 25 — 124 C4
Arc-lès-Gray 70 — 124 B1
Arc-sous-Cicon 25 — 126 A3
Arc-sous-Montenot 25 — 142 A1
Arc-sur-Tille 21 — 123 F2
Arcachon 33 — 192 C2
Arcachon (Bassin d') 33 — 192 C2
Arçais 79 — 145 F2
Arcambal 46 — 198 A4
Arcangues 64 — 224 B3
Arcay 18 — 135 F1
Arçay 86 — 131 F1
Arceau 21 — 123 F1
Arcenant 21 — 123 D3
Arcens 07 — 203 D1
Arces 17 — 160 C3
Arces 89 — 82 B4
Arcey 21 — 123 E2
Arcey 25 — 107 E4
Archail 04 — 222 B2
Archamps 74 — 158 B2
Archelange 39 — 124 B3
Arches 88 — 87 E3
Arches 15 — 182 C2
Archettes 88 — 87 E3
Archiac 17 — 162 A3
Archiane (Cirque d') 26 — 204 C3
Archignac 24 — 180 C3
Archignat 03 — 151 E2
Archigny 86 — 132 C3
Archingeay 17 — 161 D1
Archon 02 — 20 B3
Arcine 74 — 157 F3
Arcinges 42 — 154 C3
Arcis-le-Ponsart 51 — 36 A3
Arcis-sur-Aube 10 — 60 C4
Arcizac-Adour 65 — 249 E2
Arcizac-ez-Angles 65 — 249 D3
Arcizans-Avant 65 — 257 D2
Arcizans-Dessus 65 — 257 D2
Arcomie 48 — 201 D1
Arcomps 18 — 135 F3
Arçon 25 — 126 A4
Arçon 42 — 154 A4
Arconcey 21 — 122 C3
Arconnay 72 — 76 A2
Arconsat 63 — 169 E1
Arcouest (Pointe de l') 22 — 47 E1

Les Arcs 83 — 239 E3
Les Arcs 73 — 175 D3
Arcueil 94 — 57 E2
Arcy-Ste-Restitue 02 — 35 E3
Arcy-sur-Cure 89 — 102 B4
Ardelles 28 — 55 E4
Ardelu 28 — 79 E3
Ardenais 18 — 135 F3
Ardenay-sur-Mérize 72 — 96 C1
Ardengost 65 — 249 F4
Ardenne (Abbaye d') 14 — 29 D3
Ardentes 36 — 134 C2
Ardes 63 — 184 B1
Ardeuil-et-Montfauxelles 08 — 37 E3
Ardevon 50 — 50 C3
Ardiège 31 — 250 B3
Les Ardillats 69 — 155 D3
Ardilleux 79 — 147 D3
Ardillières 17 — 145 E3
Ardin 79 — 130 C4
Ardizas 32 — 229 D2
Ardoix 07 — 187 E2
Ardon 39 — 141 F2
Ardon 45 — 99 E2
Ardouval 76 — 15 F3
Ardres 62 — 3 D2
Aregno 2b — 264 B3
Areines 41 — 98 A2
Aren 64 — 247 F2
Arengosse 40 — 209 D3
Arenthon 74 — 158 B3
Arès 33 — 192 C1
Ares (Col d') 66 — 262 A4
Ares (Col d') 31 — 250 B3
Aresches 39 — 142 A1
Aressy 64 — 248 C1
Arette 64 — 247 F2
Arette-Pierre-St-Martin 64 — 247 F3
Areu 2a — 269 D1
Arfeuille-Châtain 23 — 151 E4
Arfeuilles 03 — 153 F2
Arfons 31 — 231 E4
Argagnon 64 — 226 A3
Arganchy 14 — 28 B3
Argançon 10 — 84 B2
Argancy 57 — 40 B3
Argein 09 — 259 D3
Argelès 65 — 257 F1
Argelès-Gazost 65 — 257 D2
Argelès-sur-Mer 66 — 263 D3
Argeliers 34 — 254 B1
Argelliers 34 — 234 A2
Argelos 64 — 226 A3
Argelos 40 — 226 A3
Argelouse 40 — 209 E4
Argences 14 — 29 E4

Argens 83 — 239 D3
Argens 04 — 222 C3
Argens-Minervois 11 — 254 B2
Argens (Source d') 83 — 238 B3
Argent-sur-Sauldre 18 — 100 B4
Argentan 61 — 53 D3
Argentat 19 — 182 A3
Argentenay 89 — 103 D2
Argenteuil 95 — 57 E1
Argenteuil-sur-Armançon 89 — 103 E3
L'Argentière-la-Bessée 05 — 207 D1
Argentières 77 — 58 C4
Argentine 73 — 174 B4
Argentolles 52 — 84 C3
Argenton 47 — 210 C1
Argenton-Château 79 — 114 A4
Argenton-l'Église 79 — 114 A4
Argenton-Notre-Dame 53 — 95 D2
Argenton-sur-Creuse 36 — 134 A4
Argentré 53 — 75 D4
Argentré-du-Plessis 35 — 74 A4
Argenvières 18 — 120 A3
Argenvilliers 28 — 77 F3
Argers 51 — 38 B4
Argiésans 90 — 107 F3
Argilliers 30 — 219 D4
Argilly 21 — 123 E4
Argis 01 — 156 C4
Argiusta-Moriccio 2a — 269 D1
Argœuves 80 — 17 E2
Argol 29 — 68 C1
Argonay 74 — 158 A4
Argonne (Forêt d') 08,51,55 — 38 A4
Argouges 50 — 50 C4
Argoules 80 — 8 B2
Argueil 76 — 16 B4
Arguel 80 — 16 C2
Arguel 25 — 125 E4
Arguenos 31 — 258 C2
Argut-Dessous 31 — 258 C3
Argut-Dessus 31 — 258 C3
Argy 36 — 134 A1
Arhansus 64 — 247 D1
Ariège 9,31 — 252 A2
Aries-Espénan 65 — 250 A1
Arifat 81 — 231 F2

Arignac 09 — 252 A4
Arinthod 39 — 157 D1
Arith 73 — 173 F2
Arjuzanx 40 — 208 C3
Arlanc 63 — 185 E1
Arlay 39 — 141 D2
Arlebosc 07 — 187 D3
Arlempdes 43 — 202 B1
Arles 13 — 235 F2
Arles-sur-Tech 66 — 262 B4
Arlet 43 — 184 C3
Arleuf 58 — 121 F4
Arleux 59 — 10 C3
Arleux-en-Gohelle 62 — 10 B2
Arlos 31 — 250 B4
Armaillé 49 — 94 A3
Armainvilliers (Forêt d') 77 — 58 B3
Armançon 21, 89 — 102 C1
Armancourt 80 — 18 B4
Armancourt 60 — 34 B2
Armaucourt 54 — 64 C2
Armbouts-Cappel 59 — 3 F2
Armeau 89 — 81 F4
Armendarits 64 — 247 D1
Armenonville-les-Gâtineaux 28 — 56 B4
Armenteule 65 — 258 A3
Armentières 59 — 5 D4
Armentières-en-Brie 77 — 58 C1
Armentières-sur-Avre 27 — 54 C3
Armentières-sur-Ourcq 02 — 35 E3
Armentieux 32 — 227 F3
Armes 58 — 121 D2
Armillac 47 — 195 F3
Armissan 11 — 255 D2
Armix 01 — 172 C1
Armorique (Parc Régional d') 29 — 46 B4
Armous-et-Cau 32 — 227 F3
Armoy 74 — 158 C1
Arnac 15 — 182 C3
Arnac-Pompadour 19 — 181 D1
Arnac-la-Poste 87 — 149 E2
Arnage 72 — 96 B1
Arnancourt 52 — 84 C2
Arnas 69 — 155 E4
Arnaud-Guilhem 31 — 250 C2

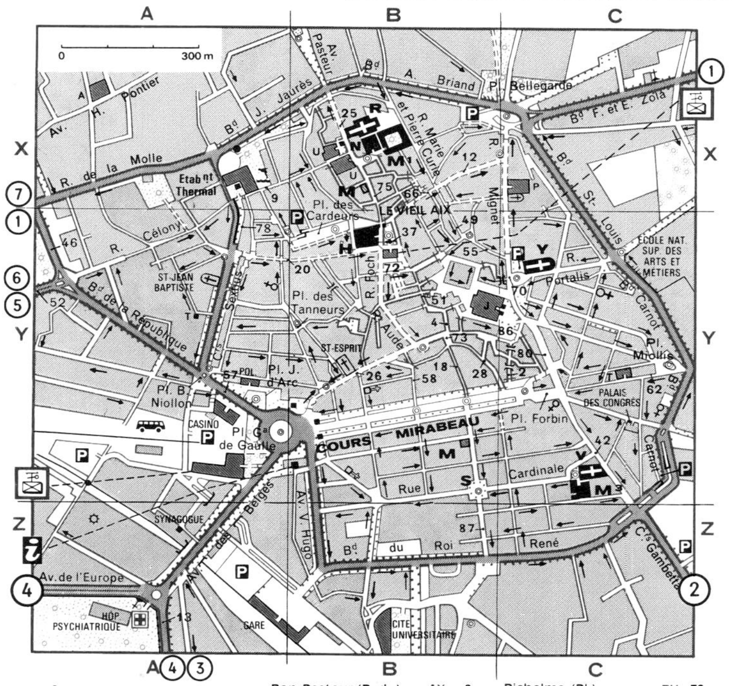

Aix-en-Provence

Agard (Passage) ... CY 2
Bagniers (R. des) ... BY 4
Clemenceau (R.) ... BY 18
Cordeliers (R. des) ... BY 20
Espariat (R.) ... BY 22
Fabrot (R.) ... BY 28
Méjanes (R.) ... BY 51
Mirabeau (Cours) ... BY
Paul-Bert (R.) ... BX 66
Thiers (R.) ... CY 80

Bon-Pasteur (R. du) ... AX 9
Boulégon (R.) ... BX 12
Brossolette (Av.) ... AZ 15
De-la-Roque (R. J.) ... BX 25
Hôtel-de-Ville (Pl.) ... BY 37
Italie (R. d') ... CY 42
Lattre-de-T. (Av. de) ... AY 46
Matheron (R.) ... AY 49
Minimes (Crs des) ... AY 52
Montigny (R. de) ... AY 55
Napoléon Bonaparte (Av.) ... AY 57
Nazareth (R.) ... BY 58
Opéra (R. de l') ... CY 62
Prêcheurs (Pl. des) ... CY 70

Richelme (Pl.) ... BY 72
St-Honoré (Pl.) ... BY 73
St-Jean de Malte (†) ... CY V
St-Sauveur (†) ... R
St-Sauveur (Cloître) ... BX N
Ste-Marie-Madeleine (†) ... CY Y
Saporta (R. G.-de) ... BX 75
Thermes (Av. des) ... AY 78
Verdun (Pl. de) ... CY 86
4-Septembre (R.) ... BZ 87

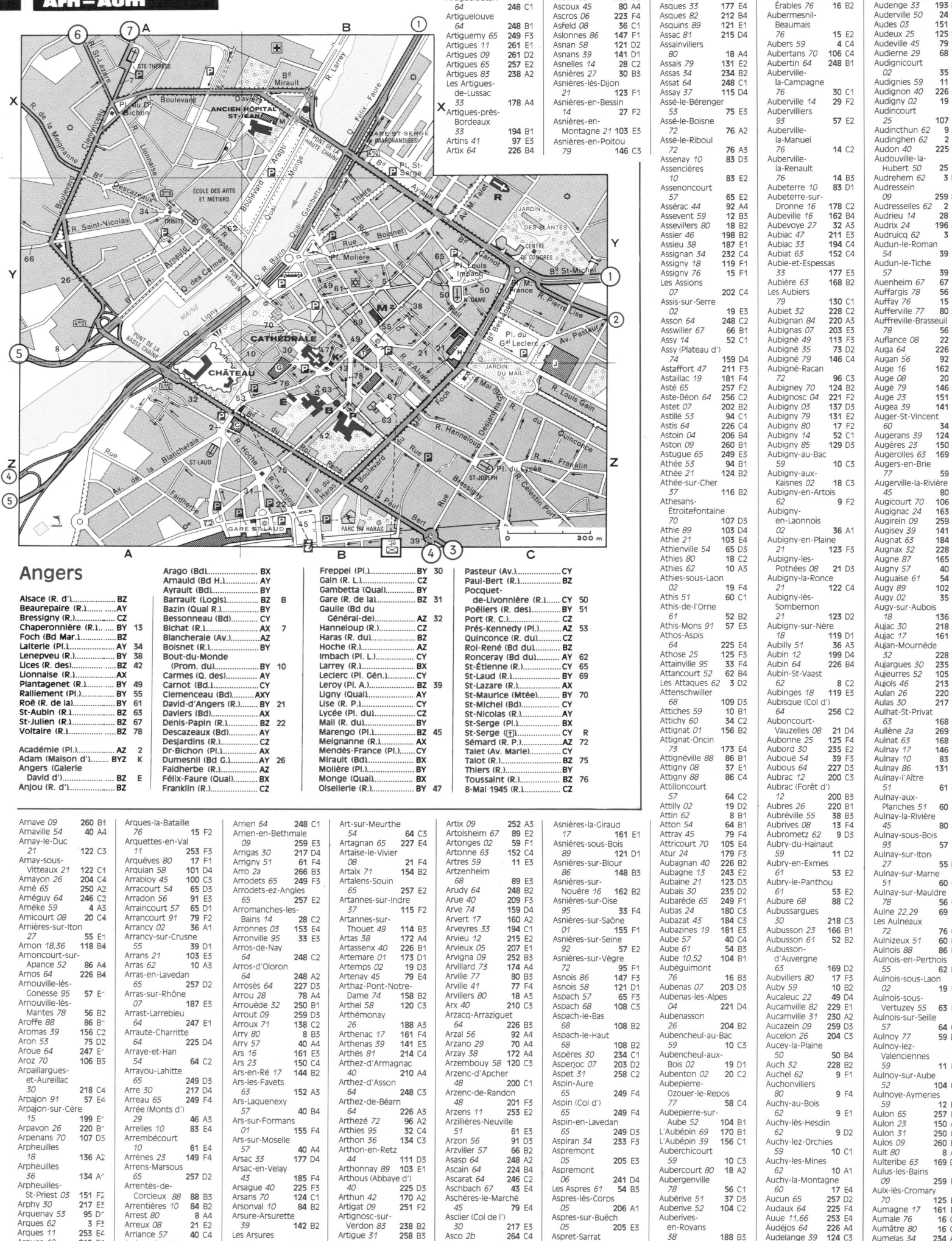

Artigueloutan 64 248 C1
Artiguelouve 64 248 B1
Artiguemy 65 249 F3
Artigues 11 261 E1
Artigues 09 261 D2
Artigues 65 257 E2
Artigues 83 238 A2
Les Artigues-de-Lussac 33 178 A4
Artigues-près-Bordeaux 33 194 B1
Artins 41 97 E3
Artix 64 226 B4

Ascou 09 260 C2
Ascoux 45 80 A4
Ascros 06 223 F4
Asfeld 08 36 C1
Aslonnes 86 147 F1
Asnan 58 121 D1
Asnelles 14 28 C2
Asnières 27 30 B3
Asnières-lès-Dijon 21 123 F1
Asnières-en-Bessin 14 27 F2
Asnières-en-Montagne 21 103 E3
Asnières-en-Poitou 79 146 C3

Asque 65 257 F2
Asques 33 177 E4
Asques 82 212 B4
Asquins 89 121 E1
Assac 81 215 D4
Assainvillers 80 18 A4
Assais 79 131 E2
Assat 64 248 B1
Assay 37 115 D4
Assé-le-Bérenger 53 75 E3
Assé-le-Boisne 72 76 A2
Assé-le-Riboul 72 76 A3
Assenay 10 83 D3
Assencières 10 83 E2
Assenoncourt 57 65 E2
Assérac 44 92 A4
Assevent 59 12 B3
Assevillers 80 18 B2
Assier 46 198 B2
Assieu 38 187 E1
Assignan 34 232 C4
Assigny 18 119 F1
Assigny 76 15 F1
Les Assions 07 202 C4
Assis-sur-Serre 02 19 E3
Asson 64 248 C2
Asswiller 67 66 B1
Assy 14 52 C1
Assy (Plateau d') 74 159 D4
Astaffort 47 211 F3
Astaillac 19 181 F4
Asté 65 257 F2
Aste-Béon 64 256 C2
Astet 07 202 C2
Astillé 53 94 C1
Astis 64 226 C4
Astoin 04 206 B4
Aston 09 260 B1
Astugue 65 249 E3
Athée 53 94 B1
Athée 21 124 B2
Athée-sur-Cher 37 116 B2
Athesans-Étroitefontaine 70 107 D3
Athie 89 103 D4
Athie 21 103 E4
Athienville 54 65 D3
Athies 80 18 C2
Athies 62 10 A3
Athies-sous-Laon 02 19 F4
Athis 51 60 C1
Athis-de-l'Orne 61 52 B2
Athis-Mons 91 57 E3
Athos-Aspis 64 225 E4
Athose 25 125 F3
Attainville 95 33 F4
Attancourt 52 62 B4
Les Attaques 62 3 D2
Attenschwiller 68 109 D3
Attiches 59 10 B1
Attichy 60 34 C2
Attignat 01 156 B2
Attignat-Oncin 73 173 E4
Attignéville 88 86 B1
Attigny 08 37 E1
Attigny 88 86 C4
Attilloncourt 57 64 C2
Attilly 02 19 D2
Attin 62 8 B1

Aubermesnil-aux-Érables 76 16 B2
Aubermesnil-Beaumais 76 15 E2
Aubers 59 4 C4
Aubertans 70 106 C4
Aubertin 64 248 B1
Auberville-la-Campagne 76 30 C1
Auberville-la-Manuel 76 14 C2
Auberville-la-Renault 76 14 B3
Aubeterre 10 83 D1
Aubeterre-sur-Dronne 16 178 C2
Aubeville 16 162 B4
Aubevoye 27 32 A3
Aubiac 47 211 E3
Aubiac 33 194 C4
Aubiat 63 152 C4
Aubie-et-Espessas 33 177 E3
Aubière 63 168 B2
Les Aubiers 79 130 C1
Aubiet 32 228 C2
Aubignan 84 220 A3
Aubignas 07 203 E3
Aubigné 49 113 F3
Aubigné 35 72 D2
Aubigné 79 146 C4
Aubigné-Racan 72 96 C3
Aubigney 70 124 B2
Aubignosc 04 221 D2
Aubigny 03 137 D3
Aubigny 79 131 E3
Aubigny 80 17 F2
Aubigny 14 52 C1
Aubigny 85 129 D3
Aubigny-au-Bac 59 10 C3
Aubigny-aux-Kaisnes 02 18 C3
Aubigny-en-Artois 62 9 F2
Aubigny-en-Laonnois 02 36 A1
Aubigny-en-Plaine 21 123 F3
Aubigny-la-Ronce 21 122 C4
Aubigny-lès-Sombernon 21 123 D2
Aubigny-sur-Nère 18 119 D1
Aubilly 51 36 A3
Aubin 12 199 D4
Aubin 64 226 B4
Aubin-St-Vaast 62 8 C2
Aubinges 18 119 E3
Aubisque (Col d') 64 256 C2
Aubonne 25 125 F4
Auboncourt-Vauzelles 08 21 D4
Aubord 30 235 E2
Auboué 54 39 F4
Aubous 64 226 C3
Aubrac 12 200 C3
Aubrac (Forêt d') 12 200 B3
Aubres 26 220 B1
Aubréville 55 38 B3
Aubrives 08 13 F4
Aubry-du-Hainaut 59 11 D2
Aubry-en-Exmes 61 53 E2
Aubry-le-Panthou 61 53 E2
Aubure 68 88 C2
Aubussargues 30 218 C3
Aubusson 23 166 B1
Aubusson 61 52 B2
Aubusson-d'Auvergne 63 169 D2
Aubvillers 80 17 F3
Auby 59 10 B2
Aucaleuc 22 49 D4
Aucamville 82 229 E1
Aucamville 31 230 A2
Aucazein 09 259 D3
Aucelon 26 204 C3
Aucey-la-Plaine 50 50 B4
Auch 32 229 E2
Auchel 62 9 F1
Auchonvillers 80 9 F4
Auchy-au-Bois 62 9 E1
Auchy-lès-Hesdin 62 9 D2
Auchy-lez-Orchies 59 10 C1
Auchy-les-Mines 62 10 A1
Auchy-la-Montagne 60 17 E4
Aucun 65 257 D2
Audaux 64 225 F4
Auue 11,66 226 A4
Audéjos 64 226 A4
Audelange 39 124 C4
Audeloncourt 52 85 F3

Audembert 62 2 C1
Audenge 33 193 D2
Auderville 50 24 B1
Audes 03 151 E1
Audeux 25 125 D2
Audeville 45 79 F3
Audierne 29 68 B2
Audignicourt 02 35 D1
Audignies 59 11 F3
Audignon 40 226 A2
Audigny 02 19 F2
Audincourt 25 107 F4
Audincthun 62 9 D1
Audinghen 62 2 C1
Audon 40 225 F1
Audouville-la-Hubert 50 25 E3
Audrehem 62 3 D1
Audressein 09 259 D3
Audresselles 62 2 C3
Audrieu 14 28 C3
Audrix 24 196 C1
Audruicq 62 3 D1
Audun-le-Roman 54 39 E2
Audun-le-Tiche 57 39 F1
Auenheim 67 67 F1
Auffargis 78 56 C3
Auffay 76 15 F3
Aufferville 77 80 B3
Auffreville-Brasseuil 78 56 B1
Auflance 08 22 B4
Auga 64 226 C3
Augan 56 92 B1
Auge 16 162 A1
Auge 08 20 C2
Augé 79 146 C2
Auge 23 151 D2
Augea 39 141 D4
Auger-St-Vincent 60 34 B3
Augerans 39 124 B4
Augères 23 150 B3
Augerolles 63 169 D2
Augers-en-Brie 77 59 E3
Augerville-la-Rivière 45 80 A3
Augicourt 70 106 A2
Augignac 24 163 F3
Augirein 09 259 D3
Augisey 39 141 D4
Augnat 63 184 B1
Augnax 32 228 C2
Augne 87 165 E2
Augny 57 40 B4
Auguaise 61 54 B3
Augy 89 102 B2
Augy 02 35 F2
Augy-sur-Aubois 18 136 C2
Aujac 30 218 A1
Aujac 17 161 E1
Aujan-Mournède 32 228 B4
Aujargues 30 235 D1
Aujeurres 52 105 D2
Aujols 46 213 E1
Aulan 26 220 C2
Aulas 30 217 D4
Aulhat-St-Privat 63 168 C3
Aullène 2a 269 D1
Aulnat 63 168 B2
Aulnay 17 146 B4
Aulnay 10 83 F1
Aulnay 86 131 F1
Aulnay-l'Aître 51 61 E2
Aulnay-aux-Planches 51 60 B2
Aulnay-la-Rivière 45 80 A3
Aulnay-sous-Bois 93 57 F1
Aulnay-sur-Iton 27 55 D1
Aulnay-sur-Marne 51 60 C1
Aulnay-sur-Mauldre 78 56 C2
Aulne 22,29 69 E2
Les Aulneaux 72 76 C1
Aulnizeux 51 60 B2
Aulnois 88 86 B2
Aulnois-en-Perthois 55 62 B3
Aulnois-sous-Laon 02 19 F4
Aulnois-sous-Vertuzey 55 63 E2
Aulnois-sur-Seille 57 64 C1
Aulnoy 77 59 D2
Aulnoy-lez-Valenciennes 59 11 E3
Aulnoy-sur-Aube 52 104 C2
Aulnoye-Aymeries 59 12 B3
Aulon 65 257 E3
Aulon 23 150 A4
Aulon 31 250 C2
Aulos 09 260 B1
Ault 80 8 A4
Aulterbe 63 169 D2
Aulus-les-Bains 09 259 F4
Aulx-lès-Cromary 70 125 E1
Aumagne 17 161 E1
Aumale 76 16 C2
Aumâtre 80 16 C2
Aumelas 34 234 A4
Auménancourt 51 36 B2

Angers

Alsace (R. d') .... BZ
Beaurepaire (R.) .... AY
Bressigny (R.) .... CZ
Chaperonnière (R.) .... BY 13
Foch (Bd Mar.) .... BZ
Laiterie (Pl.) .... AY 34
Lenepveu (R.) .... BY 38
Lices (R. des) .... BZ 42
Lionnaise (R.) .... AX
Plantagenet (R.) .... BY 49
Ralliement (Pl. du) .... BY 55
Roë (R. de la) .... BY 61
St-Aubin (R.) .... BZ 63
St-Julien (R.) .... BZ 67
Voltaire (R.) .... BZ 78

Académie (Pl.) .... AZ 2
Adam (Maison d') .... BYZ K
Angers (Galerie David d') .... BZ E
Anjou (R. d') .... BZ

Arago (Bd) .... BX
Arnauld (Bd H.) .... AY
Ayrault (Bd) .... BY
Barrault (Logis) .... BZ B
Bazin (Quai R.) .... BY
Bessonneau (Bd) .... CY
Bichat (R.) .... AX 7
Blancheraie (Av.) .... AZ
Boisnet (R.) .... BY
Bout-du-Monde (Prom. du) .... BY 10
Carmes (Q. des) .... AY
Carnot (Bd) .... CY
Clemenceau (Bd) .... AXY
David-d'Angers (R.) .... BY 21
Daviers (Bd) .... AX
Denis-Papin (R.) .... BZ 22
Descazeaux (Bd) .... AY
Desjardins (R.) .... CZ
Dr-Bichon (R.) .... AX
Dumesnil (Bd G.) .... AY 26
Faidherbe (R.) .... AZ
Félix-Faure (Quai) .... BX
Franklin (R.) .... CZ

Freppel (Pl.) .... BY 30
Gain (R. L.) .... CZ
Gambetta (Quai) .... BY
Gare (R. de la) .... BZ 31
Gaulle (Bd du Général-de) .... AZ 32
Hanneloup (R.) .... CZ
Haras (R. du) .... BZ
Hoche (R.) .... AZ
Imbach (Pl. L.) .... CY
Larrey (R.) .... BX
Leclerc (Pl. Gén.) .... CY
Leroy (Pl. A.) .... BZ 39
Ligny (Quai) .... AY
Lise (R. P.) .... CY
Lycée (R. du) .... CZ
Mail (R. du) .... CY
Marengo (Pl.) .... BZ 45
Meignanne (R.) .... AX
Mendès-France (Pl.) .... CY
Mirault (Bd) .... BX
Molière (R.) .... BY
Monge (Quai) .... BX
Oisellerie (R.) .... BY 47

Pasteur (Av.) .... CY
Paul-Bert (R.) .... BZ
Pocquet-de-Livonnière (R.) .... CY 50
Poëliers (R. des) .... BY 51
Port (R. C.) .... CZ
Prés-Kennedy (Pl.) .... AZ 53
Quinconce (R. du) .... CZ
Roi-René (Bd du) .... BZ
Ronceray (Bd du) .... AY 62
St-Étienne (R.) .... CY 65
St-Laud (R.) .... BY 69
St-Lazare (R.) .... AX
St-Maurice (Mtée) .... BY 70
St-Michel (Bd) .... BY
St-Nicolas (R.) .... AY
St-Serge (Pl.) .... BX
St-Serge (R.) .... CY R
Sémard (R. P.) .... AZ 72
Talot (Av. Marie) .... CY
Talot (R.) .... BZ 75
Thiers (R.) .... BY
Toussaint (R.) .... BZ 76
8-Mai 1945 (R.) .... CZ

Arnave 09 260 B1
Arnaville 54 40 A4
Arnay-le-Duc 21 122 C3
Arnay-sous-Vitteaux 21 122 C1
Arnayon 26 204 C4
Arné 65 250 A2
Arnéguy 64 246 C2
Arnèke 59 4 A3
Arnicourt 08 20 C4
Arnières-sur-Iton 27 55 E1
Arnon 18,36 118 B4
Arnoncourt-sur-Apance 52 86 A4
Arnos 64 226 B4
Arnouville-lès-Gonesse 95 57 E1
Arnouville-lès-Mantes 78 56 B1
Aroffe 88 86 B1
Aromas 39 156 C2
Aron 53 75 D2
Aroue 64 247 E1
Aroz 70 106 B3
Arpaillargues-et-Aureillac 30 218 C4
Arpajon 91 57 E3
Arpajon-sur-Cère 15 199 E2
Arpavon 26 220 B1
Arpenans 70 107 D3
Arpheuilles 18 136 A2
Arpheuilles 36 134 A1
Arpheuilles-St-Priest 03 151 F2
Arphy 30 217 E3
Arquenay 53 95 D1
Arques 62 3 E2
Arques 11 253 E2
Arques 12 215 F1
Les Arques 46 197 E3

Arques-la-Bataille 76 15 F2
Arquettes-en-Val 11 253 F3
Arquian 58 101 D4
Arquèves 80 17 F1
Arrabloy 45 100 C3
Arracourt 54 65 D3
Arradon 56 91 E3
Arraincourt 57 65 D1
Arrancourt 91 79 F2
Arrancy 02 36 A1
Arrancy-sur-Crusne 55 39 D1
Arrans 21 103 E3
Arras 62 10 A3
Arras-en-Lavedan 65 257 D2
Arras-sur-Rhône 07 187 E3
Arrast-Larrebieu 64 247 E1
Arraute-Charritte 64 225 D4
Arraye-et-Han 54 64 C2
Arrayou-Lahitte 65 249 D3
Arre 30 217 D3
Arreau 65 249 F4
Arrée (Monts d') 29 46 A3
Arrelles 10 83 E4
Arrembécourt 10 61 E4
Arrènes 23 149 F4
Arrens-Marsous 65 257 D2
Arrentès-de-Corcieux 88 88 B3
Arrentières 10 84 B2
Arrest 80 8 A4
Arreux 08 21 E2
Arriance 57 40 C4
Arricau-Bordes 64 227 D3

Arrien 64 248 C1
Arrien-en-Bethmale 09 259 E3
Arrigas 30 217 D4
Arrigny 51 61 F4
Arro 2a 266 B3
Arrodets 65 249 F3
Arrodets-ez-Angles 65 257 E2
Arromanches-les-Bains 14 28 C2
Arronnes 03 153 E4
Arronville 95 33 E3
Arros-de-Nay 64 248 C2
Arros-d'Oloron 64 248 A2
Arrosès 64 227 D3
Arrou 28 78 A4
Arrouède 32 250 B1
Arrout 09 259 D3
Arroux 71 138 C2
Arry 80 8 B3
Arry 57 40 A4
Ars 16 161 E3
Ars 23 150 C4
Ars-en-Ré 17 144 B2
Ars-Laquenexy 57 40 B4
Ars-sur-Formans 01 155 F4
Ars-sur-Moselle 57 40 A4
Arsac 33 177 D4
Arsac-en-Velay 43 185 F4
Arsague 40 225 F3
Arsans 70 124 C3
Arsonval 10 84 B2
Arsure-Arsurette 39 142 C4
Les Arsures 39 141 F1
Arsy 60 34 B2

Art-sur-Meurthe 54 64 C3
Artaise-le-Vivier 08 21 F4
Artaix 71 154 B2
Artalens-Souin 65 257 E2
Artannes-sur-Indre 37 115 F2
Artannes-sur-Thouet 49 114 B3
Artas 38 172 A4
Artassenx 40 226 B1
Artemare 01 173 D1
Artemps 02 19 D2
Artenay 45 79 F4
Arthaz-Pont-Notre-Dame 74 158 B2
Arthel 58 120 C3
Arthémonay 26 188 A3
Arthenac 17 161 E4
Arthenas 39 141 E3
Arthès 81 214 C4
Arthez-d'Armagnac 40 210 A4
Arthez-d'Asson 64 248 C2
Arthez-de-Béarn 64 226 A3
Arthezé 72 96 A2
Arthies 95 32 C4
Arthon 36 134 C4
Arthon-en-Retz 44 111 D3
Arthonnay 89 103 E1
Arthous (Abbaye d') 40 225 D3
Arthun 42 170 A2
Artigat 09 251 F2
Artignosc-sur-Verdon 83 238 C2
Artigue 31 258 B3
Artiguedieu 32 228 B3

Artix 09 252 A3
Artolsheim 67 89 E2
Artonges 02 59 F1
Artonne 63 152 C4
Artres 59 11 D3
Artzenheim 68 89 E3
Arudy 64 248 B2
Arue 40 209 F3
Arvert 17 160 A2
Arve 74 159 D4
Arveyres 33 194 C1
Arvieu 12 215 E2
Arvieux 05 207 E1
Arvigna 09 252 B3
Arvillard 73 174 A4
Arville 77 80 B3
Arville 41 77 F4
Arvillers 80 18 A3
Arx 40 210 C3
Arzacq-Arraziguet 64 226 B3
Arzal 56 92 A4
Arzano 29 70 A4
Arzay 38 172 A4
Arzembouy 58 120 C3
Arzenc-d'Apcher 48 201 F3
Arzenc-de-Randon 48 201 F4
Arzens 11 253 E2
Arzon 56 91 D3
Arzviller 57 66 B2
Asasp 64 248 A2
Ascain 64 224 B4
Ascarat 64 246 C2
Aschbach 67 45 D4
Aschères-le-Marché 45 79 F4
Asclier (Col de l') 30 217 E3
Asco 2b 258 B3
Asco (Gorges de l') 2B 264 C4

Asnières-la-Giraud 17 161 E1
Asnières-sous-Bois 89 121 D1
Asnières-sur-Blour 86 148 B3
Asnières-sur-Nouère 16 162 B3
Asnières-sur-Oise 95 33 F4
Asnières-sur-Saône 01 155 F1
Asnières-sur-Seine 92 57 E2
Asnières-sur-Vègre 72 95 F1
Asnois 86 147 F3
Asnois 58 121 D1
Aspach 57 65 F3
Aspach 68 108 C3
Aspach-le-Bas 68 108 B2
Aspach-le-Haut 68 108 B2
Aspères 30 234 C1
Asperjoc 07 203 D2
Aspet 31 258 C2
Aspin-Aure 65 249 F4
Aspin (Col d') 65 249 F4
Aspin-en-Lavedan 65 257 D1
Aspiran 34 233 F3
Aspremont 05 205 E4
Aspremont 06 241 D4
Les Aspres 61 54 B3
Aspres-lès-Corps 05 206 A1
Aspres-sur-Buëch 05 205 E3
Aspret-Sarrat 31 258 C2
Asprières 12 199 E4

Aumerval 62 9 E1
Aumes 34 233 F4
Aumessas 30 217 D4
Aumetz 57 39 F1
Aumeville-Lestre 50 25 E2
Aumont 80 17 D2
Aumont 39 141 E1
Aumont-Aubrac 48 201 D2
Aumont-en-Halatte 60 34 A3
Aumontzey 88 88 A3
Aumur 39 124 A4
Aunac 16 162 C1
Aunat 11 261 E1
Aunay-les-Bois 61 53 F4
Aunay-en-Bazois 58 121 E3
Aunay-sous-Auneau 28 79 D1
Aunay-sous-Crécy 28 55 F3
Aunay-sur-Odon 14 28 C4
Auneau 28 79 D1
Auneuil 60 33 D2
Aunou-le-Faucon 61 53 E3
Aunou-sur-Orne 61 53 E4
Auppegard 76 15 E2
Aups 83 238 C2
Auquainville 14 30 B4
Auquemesnil 76 16 A2
Auradé 32 229 D3
Auradou 47 212 A1
Auragne 31 230 A4
Auray 56 91 D2
Aure 08 37 E3
Aurec-sur-Loire 43 186 B1
Aureil 87 165 D2
Aureilhan 65 249 E1
Aureilhan 40 208 B2
Aureille 13 236 B2
Aurel 26 204 C2
Aurel 84 220 C2
Aurelle-Verlac 12 200 C4
Aurensan 32 227 D2
Aurensan 65 249 E1
Aureville 31 230 A4
Auriac 19 182 B2
Auriac 64 226 C4
Auriac 11 253 F2
Auriac-du-Périgord 24 180 B3
Auriac-l'Église 15 184 B2
Auriac-Lagast 12 215 E3
Auriac-sur-Dropt 47 195 F3
Auriac-sur-Vendinelle 31 230 C3
Auriat 23 165 E1
Auribail 31 251 E1
Auribeau 84 237 E1
Auribeau-sur-Siagne 06 240 A2
Aurice 40 226 A1
Auriébat 65 227 E3
Aurières 63 167 F3
Aurignac 31 250 C2
Aurillac 15 183 D4
Aurimont 32 228 C3
Aurin 31 230 B3
Auriol 13 243 F2
Auriolles 33 195 D2
Auriolles 07 203 D4
Aurions-Idernes 64 227 D3
Auriples 26 204 A2
Auris 38 190 A3
Auron 06 223 E1
Auron 3,18 136 A2
Aurons 13 236 C2
Auros 33 194 C4
Aurouër 03 137 E3
Auroux 48 202 A2
Aussac 16 162 C2
Aussac 81 231 D1
Ausseing 31 251 D2
Aussevielle 64 226 B4
Aussillon 81 231 F4
Aussois 73 191 E1
Ausson 31 250 B3
Aussonce 08 37 D2
Aussonne 31 229 F2
Aussos 32 228 B4
Aussurucq 64 247 E2
Autainville 41 98 C2
Autechaux 25 126 A1
Autechaux-Roide 25 126 C1
Les Autels 02 20 C4
Les Autels-St-Bazile 14 53 E1
Les Autels-Villevillon 28 77 F3
Auterive 31 252 A1
Auterive 82 229 D1
Auterive 32 228 B4
Auterrive 64 225 E3
Autet 70 105 F4
Auteuil 78 56 C2
Auteuil 60 33 E2
Autevielle-St-Martin-Bideren 64 225 E4
Authe 08 37 F1
Autheuil 61 54 C4
Autheuil 28 98 B1
Autheuil-Authouillet 27 32 A4

Autheuil-en-Valois 60 34 C3
Autheux 80 9 D4
Authevernes 27 32 B3
Authezat 63 168 B3
Authie 62,80 9 D3
Authie 80 9 E4
Authie 14 29 D3
Authieule 80 9 E4
Les Authieux 27 55 E2
Les Authieux-du-Puits 61 53 F2
Les Authieux-Papion 14 29 F4
Authieux-Ratiéville 76 15 F4
Les Authieux-sur-Calonne 14 30 B2
Les Authieux-sur-le-Port-St-Ouen 76 31 F2
Authiou 58 120 C2
Authoison 70 106 C4
Authon 04 222 A1
Authon 41 97 F3
Authon-Ébéon 17 161 E1
Authon-la-Plaine 91 79 E1
Authon-du-Perche 28 77 E3
Authou 27 31 E3
Authuille 80 18 A1
Authume 39 124 B3
Authumes 71 140 C1
Autichamp 26 204 A2
Autignac 34 233 D3
Autigny 76 15 D3
Autigny-le-Grand 52 85 D1
Autigny-le-Petit 52 85 D1
Autigny-la-Tour 88 86 A1
Autingues 62 3 D3
L'Aution 26 241 E2
Autoire 46 198 B1
Autoreille 70 125 D1
Autouillet 78 56 C2
Autrac 43 184 B1
Autrans 38 189 D2
Autrèche 37 97 F4
Autrechêne 90 108 A3
Autrêches 60 35 D1
Autrecourt-et-Pourron 08 22 A4
Autrécourt-sur-Aire 55 38 B4
Autremencourt 02 20 A3
Autrepierre 54 65 E3
Autreppes 02 20 A2
Autretot 76 15 D4
Autreville 88 86 B1
Autreville 02 19 D4
Autréville-St-Lambert 55 22 A4
Autreville-sur-Moselle 54 64 B2
Autreville-sur-la-Renne 52 84 C3
Autrey 88 87 F2
Autrey 54 64 B4
Autrey-lès-Cerre 70 107 D3
Autrey-lès-Gray 70 105 E4
Autrey-le-Vay 70 107 D4
Autricourt 21 104 A1
Autruche 08 38 A1
Autruy-sur-Juine 45 79 F3
Autry 08 37 F3
Autry-le-Châtel 45 100 C4
Autry-issards 03 137 D4
Autun 71 139 D1
Auty 82 213 E2
Auvare 06 223 E3
Auvernaux 91 80 B1
Auvers 50 27 D2
Auvers 43 184 C4
Auvers-le-Hamon 72 95 E1
Auvers-St-Georges 91 79 F1
Auvers-sous-Montfaucon 72 76 A4
Auvers-sur-Oise 95 33 E4
Auverse 49 96 B4
Auvet-et-la-Chapelotte 70 105 E4
Auvézère 19, 24 180 C1
Auvillar 82 212 B3
Auvillars 14 29 F3
Auvillars-sur-Saône 21 123 F4
Auvillers-les-Forges 08 21 D2
Auvilliers 76 16 B3
Auvilliers-en-Gâtinais 45 100 B1
Aux-Aussat 32 227 F4
Aux Marais 60 33 D2
Auxais 50 27 D1
Auxange 39 124 C3
Auxant 21 122 C4
Auxelles-Bas 90 107 F2

Auxelles-Haut 90 107 F2
Auxerre 89 102 B2
Auxey-Duresses 21 123 D4
Auxi-le-Château 62 9 D3
Auxillac 48 201 D4
Auxon 89 102 C4
Auxon 70 82 C4
Auxon-Dessous 25 125 D2
Auxon-Dessus 25 125 D2
Auxonne 21 124 A3
Auxy 71 139 E1
Auxy 45 80 B4
Auzainvilliers 88 86 B3
Auzances 23 151 E4
Auzas 31 250 C2
Auzat 09 260 A1
Auzat-sur-Allier 63 168 C4
Auzay 85 130 A4
Auzebosc 76 15 D4
Auzécourt 55 62 B2
Auzelles 63 169 D3
Auzers 15 183 D2
Auzet 04 222 B1
Auzeville-Tolosane 31 230 A3
Auzielle 31 230 B3
Auzits 12 199 E4
Auzon 43 184 C1
Auzouer-en-Touraine 37 97 F4
Auzouville-Auberbosc 76 14 C4
Auzouville-l'Esneval 76 15 D4
Auzouville-sur-Ry 76 32 A1
Auzouville-sur-Saâne 76 15 E3
Availles-en-Châtellerault 86 132 C2
Availles-Limouzine 86 148 A3

Availles-sur-Chizé 79 146 B3
Availles-sur-Seiche 35 94 A1
Availles-Thouarsais 79 131 F1
Avajan 65 258 A3
Avallon 89 102 C4
Avaloirs (Mont des) 53 75 F1
Les Avanchers 73 174 C4
Avançon 05 206 B3
Avançon 08 37 D3
Avanne 25 125 D2
Avant-lès-Marcilly 10 82 B1
Avant-lès-Ramerupt 10 83 E1
Avanton 86 132 B3
Avapessa 2b 264 C3
Avaray 41 98 C3
Avaugour 22 47 E3
Avaux 08 36 C3
Aveize 69 170 C2
Aveizieux 42 170 C3
Avelanges 21 104 C2
Avelesges 80 17 D2
Avelin 59 10 B1
Aveluy 80 18 A1
Aven Armand 48 216 C2
Avenas 69 155 D3
Avenay 14 29 D4
Avenay-Val-d'Or 51 36 B4
Avène 34 233 D2
Aveney 25 125 D3
Avenheim 67 67 D3
Les Avenières 38 172 C3
Avensac 32 229 D1
Avensan 33 176 C3
Aventignan 65 250 A3
Averan 65 249 D2
Averdoingt 62 9 E2
Averdon 41 98 B3
Avermes 03 137 E4
Avernes 95 32 C4

Avéron-Bergelle 32 227 E2
Averton 53 75 F2
Avesnelles 59 12 B4
Avesnes 62 8 C1
Avesnes-les-Aubert 59 11 D3
Avesnes-lès-Bapaume 62 10 A4
Avesnes-Chaussoy 80 16 C2
Avesnes-le-Comte 62 9 F3
Avesnes-en-Bray 76 32 C1
Avesnes-en-Saosnois 72 76 C3
Avesnes-en-Val 76 16 A2
Avesnes-le-Sec 59 11 D3
Avesnes-sur-Helpe 59 12 B4
Avessac 44 92 C3
Avessé 72 95 F1
Aveux 65 250 A3
Aveyron 12, 82 213 F4
Aveyron (Gorges de l') 81,82 213 F4
Avezac-Prat 65 249 F3
Avezan 32 228 C1
Avèze 63 167 D3
Avèze 30 217 E4
Avezé 72 77 D3
Avèze (Gorges d') 63 167 D3
Aviernoz 74 158 B4
Avignon 84 219 E4
Avignon-lès-St-Claude 39 157 E1
Avignonet 38 189 D4
Avignonet-Lauragais 31 252 B1
Avillers 54 39 E2
Avillers 88 87 D2
Avillers-Ste-Croix 55 39 E4
Avilley 25 125 F1
Avilly-St-Léonard 60 34 A3

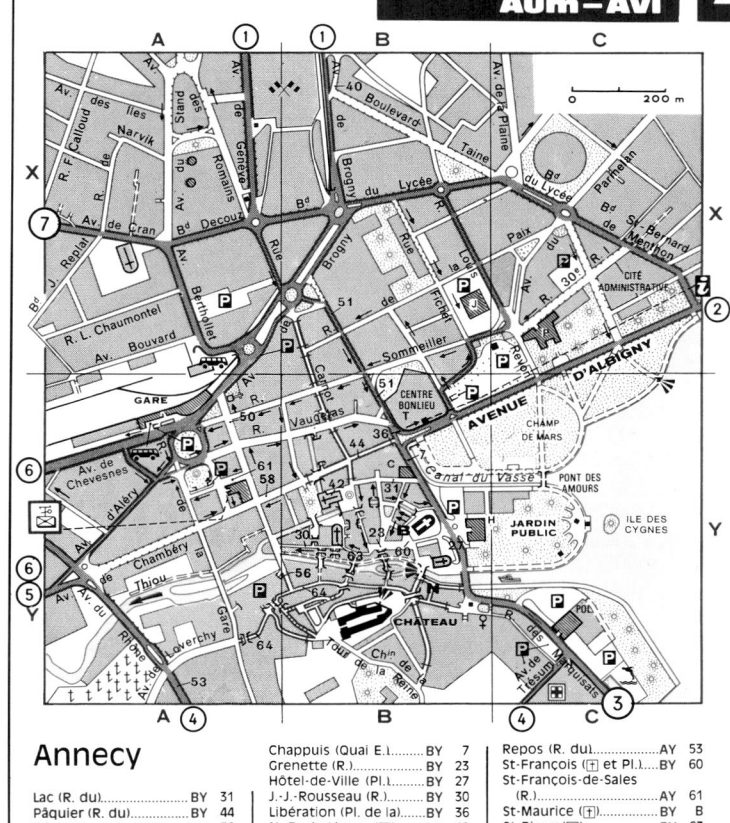

Annecy

Chappuis (Quai E.) ... BY 7
Grenette (R.) ... BY 23
Hôtel-de-Ville (Pl. l.) ... BY 27
J.-J.-Rousseau (R.) ... BY 30
Lac (R. du) ... BY 31
Libération (Pl. de la) ... BY 36
N.-D.-de-Liesse (R.) ... BY 42
Pâquier (R. du) ... BY 44
Poste (R. de la) ... AY 50
Président-Faure (Av.) .BXY 51
République (R. de la) ... BY 56
Royale (R.) ... AY 58
Ste-Claire (Fg et R.) ... BY 64
Repos (R. du) ... AY 53
St-François († et Pl.) .BY 60
St-François-de-Sales (R.) ... AY 61
St-Maurice (†) ... BY B
St-Pierre (†) ... BY 63

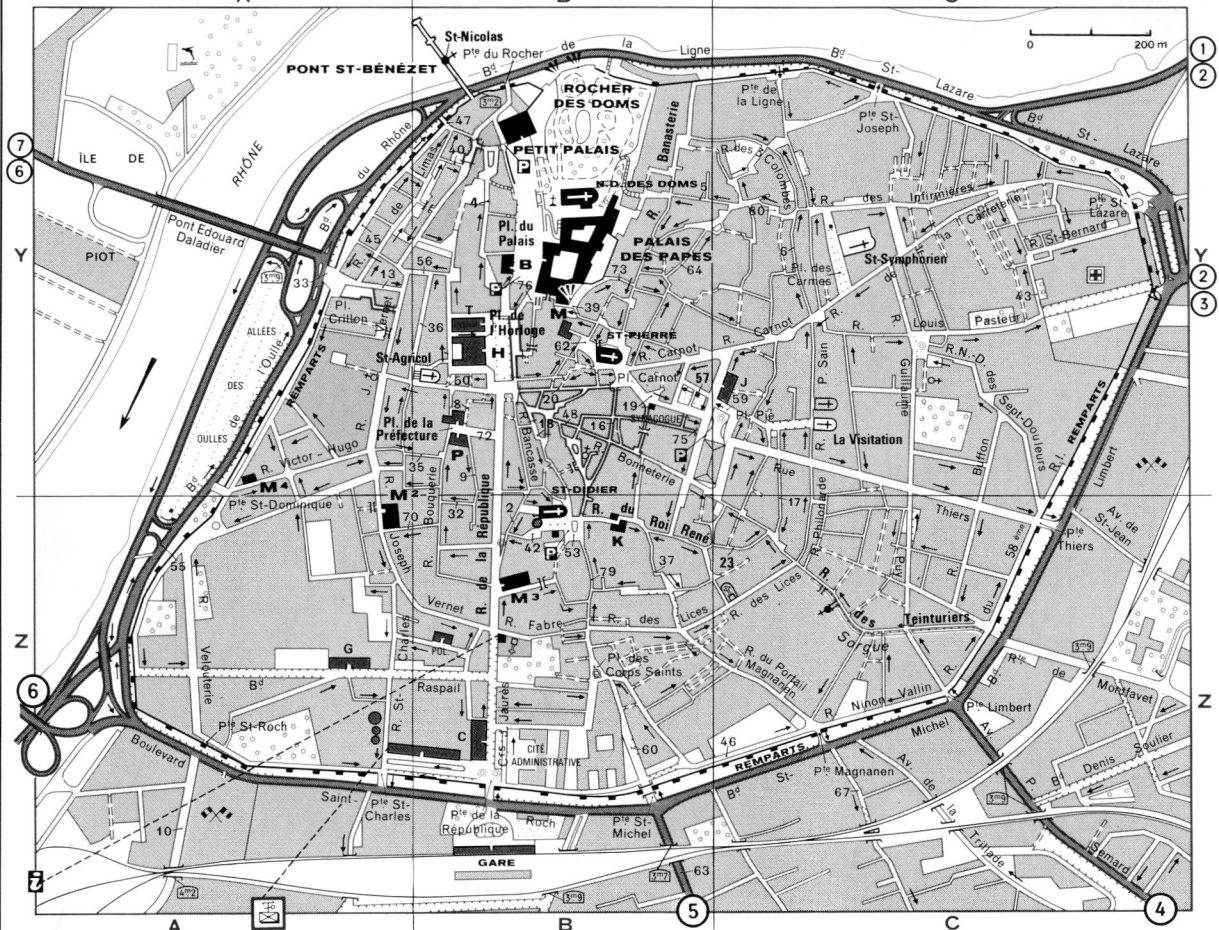

Avignon

Fourbisseurs (R. des) ... BY 16
Jaurès (Cours J.) ... BZ
Marchands (R. des) ... BY 20
République (R.) ... BYZ
St-Agricol (R. et †) ... BY 50
Vernet (R. J.) ... AY
Vieux-Sextier (R. du) ... BY 75
Aubanel (R. Théodore) ... BZ 2
Balance (R. de la) ... BY 4
Bertrand (R.) ... BY 5
Campane (R.) ... CY 6
Collège-du-Roure (R. du) ... BY 8
Dorée (R.) ... BY 9
Eisenhower (Av.) ... AZ 10
Folco-de-Baroncelli (R.) ... AY 13
Four-de-la-Terre (R. du) ... CZ 14
Galante (R.) ... BY 18
Jérusalem (Pl.) ... BY 19

Hôtels (Vieux) ... BZ K
Masse (R. de la) ... CZ 23
Monnaies (Hôtel des) ... BY B
N.-D.-des-Doms (R.) ... BY
Ortolans (R. des) ... BZ 32
Oulle (Pte de l') ... AY 33
Petite-Calade (R. de la) .BY 35
Petite-Fusterie (R. de la) ... AY 36
Pétramale (R.) ... BZ 37
Peyrollerie (R.) ... BY 39
Pont (R. du) ... BY 40
Prévot (R.) ... BZ 42
Rascas (R. de) ... CY 43
Rempart-du-Rhône (R. du) ... AY 45
Rempart-St-Michel (R. du) ... CZ 46
Rhône (Pte de) ... BY
Rouge (R.) ... BY 48
St-Didier (R. et †) ... BYZ 52
St-Dominique (Bd) ... AZ 55
St-Étienne (R.) ... ABY 56
St-Jean-le-Vieux (Pl.) ... CY 59
St-Jean-le-Vieux (R.) ... CY
St-Michel (R.) ... BZ 60

St-Pierre (Pl. et †) ... BY 62
St-Ruf (Av.) ... BZ 63
St-Symphorien (†) ... CY
Ste-Catherine (R.) ... BY 64
Sources (Av. des) ... CZ 67
Vernet (R. Horace) .ABZ 70
Viala (R. Jean) ... BY 72
Vice-Légat (R.) ... BY 73
Vilar (R. Jean) ... BY 76
Visitation (†) ... CY
3-Faucons (R. des) ... CY 79
3-Pilats (R. des) ... CY 80

Avion 62 10 A2
Avioth 55 22 C4
Aviré 49 94 C3
Avirey-Lingey 10 38 E4
Aviron 27 31 F4
Avize 51 60 B1
Avocourt 55 38 B3
Avoine 61 53 D3
Avoine 37 115 D3
Avoise 72 95 F2
Avolsheim 67 66 C3
Avon 79 147 D1
Avon 77 80 C2
Avon-la-Pèze 10 82 B2
Avon-les-Roches 37 115 E3
Avondance 62 9 D1
Avord 18 119 E4
Avoriaz 74 159 E2
Avosnes 21 122 C2
Avot 21 104 C3
Avoudrey 25 126 A3
Avrainville 52 62 B4
Avrainville 91 57 E4
Avrainville 54 64 A2
Avrainville 88 87 D1
Avranches 50 50 C3
Avranville 88 85 F1
Avre 80 17 F3
Avrechy 60 33 F2
Avrecourt 52 105 E1
Avrée 58 138 B2
Avremesnil 76 15 E2
Avressieux 73 173 D3
Avreuil 10 83 D4
Avricourt 10 18 B4
Avricourt 54 65 E3
Avricourt 57 65 E3
Avrieux 73 191 D2
Avrigney 70 124 C2
Avrigny 60 34 A2
Avril 54 39 F2
Avril-sur-Loire 58 137 E2
Avrillé 49 95 D4
Avrillé 85 129 D4
Avrilly 03 154 A2
Avrilly 61 52 A4
Avrilly 27 55 E2
Avrillé-les-Ponceaux 37 115 D1
Avroult 62 3 E4
Avy 17 161 E3
Awoingt 59 11 D4
Ax-les-Thermes 09 260 C2
Axat 11 261 E1
Axiat 09 260 C1
Ay 51 36 B4
Ay-sur-Moselle 57 40 B3
Ayat-sur-Sioule 63 152 B4
Aydat 63 168 A3
Aydat (Lac d') 63 168 A3
Aydie 64 227 D3
Aydius 64 248 A3
Aydoilles 88 87 E3
Ayen 19 260 C2
Ayencourt 80 18 A4
Ayette 62 10 A4
Ayguatébia-Talau 66 261 E3
Ayguemorte-les-Graves 33 194 B2
Ayguesvives 31 230 B4
Ayguetinte 32 228 A1
Ayherre 64 225 D4
Ayn 73 173 D3
Aynac 46 198 B2
Les Aynans 70 107 D3
Ayrens 15 182 C4
Ayron 86 131 F3
Ayros-Arbouix 65 257 D2
Ayse 74 158 C3
Ayssènes 12 215 F3
Aytré 17 145 D3
Les Ayvelles 08 21 E3
Ayzac-Ost 65 257 D2
Ayzieu 32 227 E1
Azannes-et-Soumazannes 55 38 C2
Azas 31 230 B2
Azat-Châtenet 23 150 A4
Azat-le-Riz 87 149 D2
Azay-le-Brûlé 79 146 C1
Azay-le-Ferron 36 133 E2
Azay-le-Rideau 37 115 E2
Azay-sur-Cher 37 116 B2
Azay-sur-Indre 37 116 B3
Azay-sur-Thouet 79 131 D3
Azé 71 155 E1
Azé 41 97 F2
Azé 53 95 D2
Azelot 54 64 C4
Azerables 23 149 F2
Azerailles 54 65 E4
Azerat 24 180 B3
Azérat 43 184 C1
Azereix 65 249 D2
Azet 65 258 A4
Azeville 50 25 E3
Azillanet 34 254 B1
Azille 11 254 B1

Azilone-Ampaza 2a 269 D1
Azincourt 62 9 D2
Azolette 69 155 D3
Azoudange 57 65 E3
Azur 40 224 C1
Azy 18 119 E3
Azy-le-Vif 58 137 E2
Azy-sur-Marne 02 59 E1
Azzana 2a 266 C3

B
Baâlon 55 38 B1
Baâlons 08 21 E4
Babeau-Bouldoux 34 232 C4
Babœuf 60 18 C4
Baby 77 81 F2
Baccarat 54 87 F1
Baccon 45 99 D2
Bach 46 213 F1
Bachant 59 12 B3
Bachas 31 251 D2
La Bachellerie 24 180 B3
Bachivillers 60 33 D3
Bachos 31 250 B4
Bachy 59 10 C1
Bacilly 50 50 C3
Le Bacon 48 201 D1
Baconnes 51 37 D3
La Baconnière 53 74 C3
Bacouël 60 17 F4
Bacourt 57 64 C1
Bacquepuis 27 31 E4
Bacqueville 27 32 A3
Bacqueville-en-Caux 76 15 E3
Badailhac 15 200 A1
Badaroux 48 201 E3
Badecon-le-Pin 36 134 B4
Badefols-d'Ans 24 180 B2
Badefols-sur-Dordogne 24 196 C1
Baden 56 91 D3
Badens 11 253 F2
Badevel 25 108 A4
Badménil-aux-Bois 88 87 E2
Badonviller 54 65 F4
Badonvillers 55 63 E4
Baerendorf 67 66 A2
Baerenthal 57 42 C4
La Baffe 88 87 E3
Baffie 63 169 E4
Bagard 30 218 A3
Bagas 33 195 D3
Bagat-en-Quercy 46 212 C1
Bagatelle (Parc d'attractions de) 62 8 A2
Bâgé-le-Châtel 01 155 F2
Bâgé-la-Ville 01 155 F2
Bagert 09 259 E2
Bages 66 262 C2
Bages 11 254 C3
Bagiry 31 258 B2
Bagnac-sur-célé 46 199 D2
Bagneaux 89 89 B3
Bagneaux-sur-Loing 77 80 C3
Bagnères-de-Bigorre 65 257 E2
Bagnères-de-Luchon 31 258 B4
Bagneux 03 137 D3
Bagneux 92 57 E3
Bagneux 36 117 F3
Bagneux 02 35 D1
Bagneux 49 114 B2
Bagneux 51 60 B4
Bagneux 54 63 F4
Bagneux 79 114 B4
Bagneux-la-Fosse 10 103 E1
Bagnizeau 17 161 F1
Bagnoles 11 253 F1
Bagnoles-de-l'Orne 61 52 B4
Bagnolet 93 57 F2
Bagnols 63 167 E4
Bagnols 69 171 D1
Bagnols-les-Bains 48 201 F4
Bagnols-en-Forêt 83 239 F3
Bagnols-sur-Cèze 30 219 D2
Bagnot 21 123 F4
Baguer-Morvan 35 50 A4
Baguer-Pican 35 50 A4
Baho 66 262 C2
Bahus-Soubiran 40 226 C2
Baigneaux 33 194 C2
Baigneaux 41 108 B1
Baigneaux 28 79 D4
Baignes 70 106 B3
Baignes-Ste-Radegonde 16 177 D1

Baigneux-les-Juifs 21 104 A4
Baignolet 28 78 C3
Baigts 40 225 F2
Baigts-de-Béarn 64 225 F3
Baillargues 34 234 C2
Baillé 35 73 F1
Bailleau-l'Évêque 28 78 B1
Bailleau-le-Pin 28 78 B2
Baillet-en-France 95 33 E4
Bailleul 80 16 C1
Bailleul 61 53 D2
Bailleul 76 14 B3
Bailleul 59 4 C3
Le Bailleul 72 95 F2
Bailleul-aux-Cornailles 62 9 E2
Bailleul-Neuville 76 16 A3
Bailleul-lès-Pernes 62 9 E1
Bailleul-Sir-Berthoult 62 10 A2
Bailleul-le-Soc 60 34 A2
Bailleul-sur-Thérain 60 33 E2
Bailleul-la-Vallée 27 30 B3
Bailleulmont 62 9 F3
Bailleulval 62 9 F3
Bailleval 60 33 F2
Baillolet 76 16 A3
Baillou 41 97 F1
Bailly 78 57 D2
Bailly 60 34 C1
Bailly-aux-Forges 52 84 C1
Bailly-Carrois 77 58 C4
Bailly-en-Rivière 76 16 A2
Bailly-le-Franc 10 84 B1
Bailly-Romainvilliers 77 58 B2
Bainctun 62 2 C3
Bainghen 62 3 D3
Bain-de-Bretagne 35 93 E1
Bains 43 185 E4
Bains-les-Bains 88 87 D4
Bains de Guitara 2A 267 D4
Bains-sur-Oust 35 92 C2
Bainville-aux-Miroirs 54 87 D1
Bainville-aux-Saules 88 86 C3
Bainville-sur-Madon 54 64 B4
Bairols 06 223 F3
Bairon (Lac de) 08 37 F1
Bais 35 73 F4
Bais 53 75 E2
Baise 32,47, 65 211 D3
Baisieux 59 5 E4
Baissey 52 105 D2
Baives 59 12 C4
Baix 07 203 F2
Baixas 66 262 C1
Baizieux 80 17 F1
Le Baizil 51 60 A1
Bajamont 47 211 F2
Bajonnette 32 228 C1
Bajus 62 9 E2
Balacet 09 259 D3
Baladou 46 198 A1
Balagny-sur-Thérain 60 33 F3
Balaguères 09 259 D2
Balaguier d'Olt 12 198 C4
Balaguier-sur-Rance 12 215 E4
Balaine (Arboretum) 03 137 E3
Balaiseaux 39 124 B4
Balaives-et-Butz 08 21 E3
Balan 01 172 A1
Balan 08 21 F3
Balanod 39 140 B1
Balansun 64 226 A3
Balanzac 17 160 C2
Balaruc-les-Bains 34 234 A4
Balaruc-le-Vieux 34 234 A4
Balâtre 80 18 B3
Balazé 35 74 A3
Balazuc 07 203 D4
Balbigny 42 170 B2
Balbins 38 172 B2
Balbronn 67 66 C3
Baldenheim 67 89 D2
Baldersheim 68 89 C2
La Baleine 50 50 C1
Baleix 64 227 D4
Balesmes-sur-Marne 52 105 D2
Baleyssagues 47 195 D3
Balgau 68 109 D1
Balham 08 36 C1
Balignac 82 212 A4
Balignicourt 10 84 B3

Bâlines 27 55 D3
Balinghem 62 3 D2
Baliracq-Maumusson 64 226 C3
Baliros 64 248 C2
Balizac 33 194 B4
Ballainvilliers 91 57 E3
Ballaison 74 158 B2
Ballan-Miré 37 115 F2
Ballancourt-sur-Essonne 91 80 A1
Ballans 17 162 A1
Ballay 08 37 F1
Balledent 87 149 D3
Ballée 53 95 E1
Balleray 58 120 C4
Balleroy 14 28 C3
Ballersdorf 68 108 B3
Balléville 88 86 B2
Ballon 17 145 E3
Ballon 72 76 B3
Ballon d'Alsace 88 107 F1
Ballon de Servance 88 107 F1
Ballons 26 221 D1
Ballore 71 139 D4
Ballots 53 94 B1
Balloy 77 81 E2
La Balme 73 173 D2
La Balme-de-Sillingy 74 158 A4
La Balme-de-Thuy 74 158 B4
La Balme-d'Épy 39 156 C1
La Balme-les-Grottes 38 172 B1
Balmont 74 173 F1
Balnot-la-Grange 10 103 E1
Balnot-sur-Laignes 10 83 E4
Balogna 2A 266 B2
Balot 21 103 F2
Balsac 12 215 D1
Balschwiller 68 108 B3
Balsièges 48 201 E4
Baltzenheim 68 89 E4
Balzac 16 162 C2
Bambecque 59 4 B2
Bambiderstroff 57 41 D3
Le Ban-St-Martin 57 40 B3
Ban-sur-Meurthe 88 88 B3
Banassac 48 201 D4
Banat 09 260 B1
Banca 64 246 B2
Bancigny 02 20 B3
Bancourt 62 10 B4
Bandol 83 243 F3
Baneins 01 155 F3
Baneuil 24 196 B1
Bangor 56 90 C4
Banios 65 257 F2
Banize 23 166 A1
Bannalec 29 69 F3
Bannans 25 142 B1
Bannay 57 40 C3
Bannay 18 119 F2
Bannay 51 60 A2
Banne 07 218 B1
Bannegon 18 136 B2
Bannes 52 105 E1
Bannes 46 198 C2
Bannes 51 60 B4
Banneville-la-Campagne 14 29 E3
Banneville-sur-Ajon 14 28 C4
Bannières 81 230 C3
Bannoncourt 55 63 D1
Bannost 77 59 D3
Banogne-Recouvrance 08 20 B4
Banon 04 221 D3
Banos 40 226 A2
Ban-de-Laveline 88 88 B1
Ban-de-Sapt 88 88 B1
Bans 39 124 C4
Bansat 63 168 C4
Bantanges 71 106 A1
Banteux 59 19 B1
Banthelu 95 32 C4
Bantheville 55 38 A2
Bantigny 59 10 C3
Bantouzelle 59 19 D1
Bantzenheim 68 109 D2
Banvillars 90 107 F3
Banville 14 28 C2
Banvou 61 52 B3
Banyuls-dels-Aspres 66 262 C3
Banyuls-sur-Mer 66 263 D3
Baon 89 103 D2
Baons-le-Comte 76 15 D3
Bapaume 62 10 A4
Bar 19 181 F1
Bar-lès-Buzancy 08 38 A1
Bar-le-Duc 55 62 B2
Bar-sur-Aube 10 84 B3
Le Bar-sur-Loup 06 240 B1

Bar-sur-Seine 10 83 E4
Baracé 49 95 E3
Baraigne 11 252 C1
Baraize 36 133 F4
Baralle 62 10 B3
Baraqueville 12 215 D2
Barastre 62 10 B4
Baratier 05 206 C3
Barbachen 65 227 E4
Barbaggio 2b 265 E2
Barbaira 11 253 F2
Barbaise 08 21 E3
Barbaste 47 211 D2
Barbâtre 85 110 C4
Barbazan 31 250 B3
Barbazan-Debat 65 249 E2
Barbazan-Dessus 65 249 E2
Barbechat 44 112 B2
La Barben 13 237 D2
Barbentane 13 219 E4
Barberaz 73 173 E1
Barberey-St-Sulpice 10 83 D2
Barberier 03 153 F2
Barbery 14 51 C1
Barbery 60 34 B3
Barbeville 14 28 B3
Barbey 77 81 D2
Barbey-Seroux 88 88 A3
Barbezières 16 162 B1
Barbezieux 16 162 A4
Barbières 26 188 B4
Barbirey-sur-Ouche 21 123 D2
Barbizon 77 80 B1
Barbonne-Fayel 51 60 A3
Barbonville 54 64 C4
Barbotan-les-Thermes 32 210 B4
Le Barboux 25 126 C3
Barbuise 10 59 F4
Barby 73 173 F3
Barby 08 37 D1
Barc 27 31 D4
Le Barcarès 66 263 D1
Barcelonne 26 204 B1
Barcelonne-du-Gers 32 226 C2
Barcelonnette 04 207 D4
Barchain 57 65 F2
Barcillonnette 05 205 F4
Barles (Clues de) 04 222 B2
Barcugnan 32 228 A4
Barcus 64 247 F2
Barcy 77 58 C1
Bard 42 170 A3
Bard-lès-Époisses 21 103 E4
Bard-lès-Pesmes 70 124 C2
Bard-le-Régulier 21 122 B3
La Barde 17 178 A3
Bardenac 16 178 B2
Bardiana 2B 266 B1
Bardigues 82 212 B3
Le Bardon 45 99 D2
Bardos 64 225 D3
Bardou 24 196 B2
Bardouville 76 31 E1
Barèges 65 257 E3
Bareilles 65 250 A4
Barembach 67 66 B4
Baren 31 258 B3
Barentin 76 31 E1
Barenton 50 51 F4
Barenton-Bugny 02 19 F4
Barenton-Cel 02 19 F4
Barenton-sur-Serre 02 20 A4
Barésia-sur-l'Ain 39 141 E4
Barfleur 50 25 E1
Bargème 83 239 E1
Bargemon 83 239 E2
Barges 70 106 A1
Barges 21 123 F3
Barges 43 202 A1
Bargny 60 34 C3
Barie 33 195 D3
Les Barils 27 54 C3
Barinque 64 226 C4
Barisey-au-Plain 54 63 F4
Barisey-la-Côte 54 63 F4
Barisis 02 19 D4
Barizey 71 139 F2
Barjac 48 201 E4
Barjac 30 218 C1
Barjac 09 259 E2
Barjols 83 238 B3
Barjon 21 104 C3
Barjouville 28 79 D2
Barles 04 222 B1
Barlest 65 249 D2
Barleux 80 18 B2
Barlieu 18 119 E1
Barlin 62 9 F1
Barly 80 9 E4
Barly 62 9 F3
Barmainville 28 79 E3

Barnas 07 202 C3
Barnave 26 204 C2
Barnay 71 122 B4
Barnenez (Cairn de) 29 46 A2
Barneville-Carteret 50 24 C4
Barneville-sur-Seine 27 31 D2
Barocaggio-Marghèse (Forêt de) 2A 269 D1
La Baroche-Condouin 53 75 E1
La Baroche-sous-Lucé 61 52 A4
Les Baroches 54 39 E3
Baromesnil 76 16 A1
Baron 33 194 C1
Baron 30 218 B3
Baron 71 139 D4
Baron 60 34 B3
Baron-sur-Odon 14 29 D3
Baronville 57 65 D1
Barou-en-Auge 14 53 D1
Baroville 10 84 B3
Le Barp 33 193 E3
Barquet 27 31 D4
Barr 67 89 D1
Barrais-Bussolles 03 153 F2
Barran 32 228 A3
Barrancoueu 65 249 F4
Les Barraques 05 206 A2
Barras 04 222 A2
Barraute-Camu 64 225 F4
Barraux 38 173 F4
Barre 81 232 B2
La Barre 39 124 C3
La Barre 70 125 E1
La Barre-de-Monts 85 128 A1
La Barre-de-Semilly 50 50 C1
La Barre-en-Ouche 27 54 B1
Barrême 04 222 B4
Les Barres (Arboretum) 45 100 C2
Barret 16 147 E4
Le Barret-de-Lioure 26 220 C2
Barret-le-Bas 05 221 D1
Barretaine 39 141 E2
Barrettali 2b 264 B2
Barriac-les-Bosquets 15 182 C3
Barricourt 08 38 A1
Barro 16 147 E4
Barrou 37 133 D1
Barry (Château de) 84 219 E1
Barry-d'Islemade 82 213 D3
Bars 24 180 B3
Bars 32 227 F3
Barsac 33 194 C3
Barsac 26 204 C2
Barst 57 41 E4
Bart 25 107 F4
Bartenheim 68 109 D3
Barthe 65 250 A1
La Barthe-de-Neste 65 249 F3
Bartherans 25 125 D4
Les Barthes 82 212 C3
Bartrès 65 249 D2
Barville 27 30 C3
Barville 88 86 B1
Barville 61 76 C1
Barville-en-Gâtinais 45 80 A4
Barzan 17 160 C4
Barzun 64 248 C2
Barzy-en-Thiérache 02 19 F1
Barzy-sur-Marne 02 35 F4
Bas de Chareil 03 152 C2
Bas-en-Basset 43 186 A2
Bas-et-Lezat 63 153 D4
Bas-Lieu 59 12 B4
Bas-Mauco 40 226 B1
Bascons 40 226 B1
Bascous 32 227 E1
Baslieux 54 39 E1
Baslieux-lès-Fismes 51 36 A2
Baslieux-sous-Châtillon 51 36 A4
Basly 14 29 D2
Bassac 16 162 B3
Bassan 34 233 E4
Bassanne 33 195 D3
Basse-Goulaine 44 112 A2
Basse-Ham 57 40 B1
Basse-Rentgen 57 40 B1

Basse-sur-le-Rupt 88 88 A4
La Basse-Vaivre 70 106 B1
La Bassée 59 10 A1
Bassemberg 67 88 C1
Basseneville 14 29 E3
Bassens 73 173 E1
Bassens 33 177 E4
Bassercles 40 226 A3
Basses 86 114 C4
Basseux 62 9 F3
Bassevelle 77 59 E1
Bassignac 15 182 C2
Bassignac-le-Bas 19 181 D3
Bassignac-le-Haut 19 182 B2
Bassigney 70 106 C2
Bassilac 24 179 F2
Bassillon-Vauzé 64 227 D4
Bassing 57 65 E1
Bassoles-Aulers 02 35 E1
Bassoncourt 52 85 F4
Bassou 89 102 A1
Bassoues 32 227 F3
Bassu 51 61 F2
Bassuet 51 61 F2
Bassurels 48 217 E2
Bassussarry 64 224 B3
Bassy 74 157 E4
Bastanès 64 225 F4
Bastelica 2a 267 D3
Bastelicaccia 2a 266 C4
Bastennes 40 225 F2
Bastia 2b 265 E2
La Bastide 83 239 E1
La Bastide 66 262 A3
La Bastide-de-Besplas 09 251 E2
La Bastide-de-Bousignac 09 252 C3
La Bastide-de-Lordat 09 252 B2
La Bastide-de-Sérou 09 251 E3
La Bastide-d'Engras 30 218 C2
La Bastide-des-Jourdans 84 237 F1
Bastide-du-Salat 09 259 D2
La Bastide-l'Évêque 12 214 B1
La Bastide-Pradines 12 216 B4
La Bastide-Puylaurent 48 202 A3
La Bastide-Solages 12 215 D4
La Bastide-sur-l'Hers 09 252 C4
La Bastidonne 84 237 F2
La Bastie-d'Urfé 42 170 A2
Le Bastit 46 198 A2
Basville 23 166 C1
Bataille (Col de la) 26 204 B1
La Bataille 79 147 D3
Bathelémont-lès-Bauzemont 54 65 D3
Bathernay 26 187 F2
La Bâthie 73 174 C3
La Bâtie-des-Fonds 26 205 E3
La Bâtie-Divisin 38 173 D4
La Bâtie-Montgascon 38 172 C3
La Bâtie-Montsaléon 05 205 E4
La Bâtie-Neuve 05 206 B3
La Bâtie-Rolland 26 204 A3
La Bâtie-Vieille 05 206 B3
Les Bâties 02 19 F1
Batilly 54 40 A3
Batilly 61 52 C3
Batilly-en-Gâtinais 45 80 A4
Batilly-en-Puisaye 45 101 D4
La Batisse 63 168 A3
Bats 40 226 B2
Batsère 65 249 F3
Battenans-les-Mines 25 125 F1
Battenans-Varin 25 126 C2
Battenheim 68 108 C1
Battexey 88 86 C1
Battigny 54 86 B1
Battrans 70 124 C1
Batz (Île de) 29 45 F1
Batz-sur-Mer 44 110 A2
Batzendorf 67 67 D2
La Bauche 73 173 E4
Baud 56 91 D1
Baudement 51 60 A4
Baudemont 71 154 C2

Baudignan 40 210 C3
Baudignécourt 55 63 D4
Baudinard-sur-Verdon 83 238 C2
Baudoncourt 70 107 D2
Baudonvilliers 55 62 B3
Baudre 50 27 E4
Baudrecourt 52 84 C1
Baudrecourt 57 65 D1
Baudreix 64 248 C2
Baudrémont 55 63 D2
Baudres 36 117 E4
Baudreville 50 26 C4
Baudreville 28 79 E2
Baudricourt 88 86 C2
Baudrières 71 140 B3
Bauduen 83 238 C2
Baugé 49 96 A4
Baugy 71 154 B2
Baugy 18 119 E4
Baugy 60 34 B2
Baule 45 99 D2
La Baule 44 110 B2
La Baule-Escoublac 44 110 B2
Baulme-la-Roche 21 123 D1
Baulne 91 80 A1
Baulne-en-Brie 02 59 F1
Baulny 55 38 A3
Baulon 35 72 C4
Baulou 09 252 A3
La Baume 48 201 D3
La Baume 74 159 D2
La Baume-Cornillane 26 204 B1
La Baume-de-Transit 26 219 E1
La Baume-d'Hostun 26 188 B3
Baume-les-Dames 25 125 F1
Baume-les-Messieurs 39 141 E2
Bauné 49 95 E4
Baupte 50 27 D2
Bauquay 14 28 C4
Baurech 33 194 B2
La Baussaine 35 72 C2
Bauvin 59 10 B1
Les Baux-de-Breteuil 27 54 C2
Les Baux-de-Provence 13 236 B2
Les Baux-Ste-Croix 27 55 E1
Bauzemont 54 65 D3
Bauzy 41 98 C4
Bavans 25 107 F4
Bavay 59 11 F3
Bavelincourt 80 17 F1
Bavent 14 29 E3
Baverans 39 124 B3
Bavilliers 90 107 F3
Bavinchove 59 4 A3
Bavincourt 62 9 F3
Bax 31 251 F3
Bay 08 20 C3
Bay 70 124 C2
Bay-sur-Aube 52 104 C2
Bayac 24 196 B1
Bayard (Château) 38 172 C3
Bayard (Col) 05 206 A2
Bayas 33 177 F2
Baye 29 69 F4
Baye 51 60 A2
Bayecourt 88 87 E2
Bayel 10 84 B4
Bayenghem-lès-Éperlecques 62 3 E3
Bayenghem-lès-Seninghem 62 3 E4
Bayers 16 162 C1
Bayet 03 153 D3
Bayeux 14 28 B3
Bayon 54 87 D1
Bayon-sur-Gironde 33 177 D3
Bayonne 64 224 B3
Bayonville 08 38 A2
Bayonville-sur-Mad 54 40 A4
Bayonvillers 80 18 A2
Bazac 16 178 B2
Bazaiges 36 133 F4
Bazailles 54 39 F1
Bazainville 78 57 D4
Bazancourt 60 32 C1
Bazancourt 51 37 D2
Bazarnes 89 102 B3
Bazas 33 194 C4
Bazauges 17 162 A1
Bazegney 88 87 D2
Bazeilles 08 22 A3

Bazeilles-sur-Othain 55 38 C1
Bazelat 23 149 F2
Bazemont 78 56 C2
Bazens 47 211 D2
Bazentin 80 18 B1
Bazenville 14 28 C2
Bazet 65 249 E1
La Bazeuge 87 149 D2
Bazian 32 227 F2
Bazicourt 60 34 A2
Baziège 31 230 B4
Bazien 88 87 F1
Bazillac 65 249 E1
Bazincourt-sur-Epte 27 32 C2
Bazincourt-sur-Saulx 55 62 B3
Bazinghen 62 2 C3
Bazinval 76 16 B1
La Bazoche-Gouet 28 77 F3
Bazoches-au-Houlme 61 52 C2
Bazoches-lès-Bray 77 81 E2
Bazoches-en-Dunois 28 78 C4
Bazoches-les-Gallerandes 45 79 E3
Bazoches-les-Hautes 28 79 D3
Bazoches-sur-le-Betz 45 81 D2
Bazoches-sur-Guyonne 78 56 C3
Bazoches-sur-Hoëne 61 54 B4
Bazoches-sur-Vesles 02 35 A2
La Bazoge 72 76 B4
La Bazoge 50 51 E3
La Bazoge-Montpinçon 53 75 D2
Bazoges-en-Paillers 85 129 F1
Bazoges-en-Pareds 85 130 A3
Bazoilles-et-Ménil 88 86 A2
Bazoilles-sur-Meuse 88 86 A2
Bazolles 58 121 D3
Bazoncourt 57 40 C4
La Bazoque 14 28 B3
La Bazoque 61 52 A2
La Bazoques 27 30 C3
La Bazouge-de-Chemeré 53 75 D4
La Bazouge-des-Alleux 53 75 D3
La Bazouge-du-Désert 35 74 A1
Bazougers 53 75 D4
Bazouges 53 94 C3
Bazouges-la-Pérouse 35 73 E1
Bazouges-sous-Hédé 35 73 D2
Bazouges-sur-le-Loir 72 95 E1
Bazugues 32 227 F4
Bazus 31 230 A2
Bazus-Aure 65 258 A3
Bazus-Neste 65 249 F3
Le Béage 07 202 C1
Béal (Col du) 42,63 169 E3
Béalcourt 80 9 D2
Béalencourt 62 9 D2
Béard 58 137 E2
Beaubec-la-Rosière 76 16 B4
Beaubery 71 154 C1
Beaubigny 50 24 B3
Beaubray 27 55 D2
Beaucaire 30 235 F1
Beaucaire 32 228 A1
Beaucamps-le-Jeune 80 16 C3
Beaucamps-Ligny 59 4 C4
Beaucamps-le-Vieux 80 16 C2
Beaucé 35 74 A2
Beaucens 65 257 E2
Le Beaucet 84 220 A4
Beauchalot 31 250 C3
Beauchamp 95 57 D1
Beauchamps 50 50 C2
Beauchamps 80 16 B1
Beauchamps-sur-Huillard 45 100 B3
Beaucharmoy 52 86 A4
Beauchastel 07 203 F1
Beauche 28 55 D3
Beauchemin 52 105 D2
Beauchêne 41 97 F1
Beauchêne 61 51 F3
Beauchery-St-Martin 77 59 E4

Beauclair 55 38 B1
Beaucoudray 50 51 D1
Beaucourt 90 108 A4
Beaucourt-en-Santerre 80 18 A3
Beaucourt-sur-l'Ancre 80 10 A4
Beaucourt-sur-l'Hallue 80 17 F1
Beaucouzé 49 95 D4
Beaucroissant 38 188 C1
Beaudéan 65 257 F2
Beaudéduit 60 17 D4
Beaudignies 59 11 E3
Beaudricourt 62 9 E3
Beaufai 61 54 B3
Beaufay 72 76 C3
Beauficel 50 51 E3
Beauficel-en-Lyons 27 32 B2
Beaufin 38 205 F1
Beaufort 34 254 B2
Beaufort 73 174 C2
Beaufort 38 188 A1
Beaufort 39 141 D3
Beaufort 31 229 E4
Beaufort 59 12 B3
Beaufort-Blavincourt 62 9 F3
Beaufort-en-Argonne 55 38 B1
Beaufort-en-Santerre 80 18 A3
Beaufort-en-Vallée 49 114 B1
Beaufort-sur-Gervanne 26 204 B1
Beaufou 85 129 D1
Beaufour-Druval 14 29 F3
Beaufremont 88 86 A2
Beaugas 47 196 B4
Beaugeay 17 160 B1
Beaugency 45 99 D2
Beaugies-sous-Bois 60 18 C4
Beaujeu 69 155 D3
Beaujeu 04 222 B2
Beaujeu-St-Vallier-Pierrejux 70 105 F4
Beaulandais 61 52 B4
Beaulencourt 62 10 B4
Beaulieu 45 101 D4
Beaulieu 36 149 E1
Beaulieu 21 104 A3
Beaulieu 43 185 F4
Beaulieu 38 188 C2
Beaulieu 61 54 C3
Beaulieu 63 184 C1
Beaulieu 08 20 C2
Beaulieu 58 121 D2
Beaulieu 14 51 F1
Beaulieu 07 218 B1
Beaulieu 15 167 D4
Beaulieu 34 234 C2
Beaulieu-en-Argonne 55 38 B4
Beaulieu-en-Rouergue (Ancienne Abbaye de) 46 214 A2
Beaulieu-les-Fontaines 60 18 B4
Beaulieu-lès-Loches 37 116 C3
Beaulieu-sous-Bressuire 79 130 C1
Beaulieu-sous-Parthenay 79 131 E4
Beaulieu-sous-la-Roche 85 128 C3
Beaulieu-sur-Dordogne 19 181 F4
Beaulieu-sur-Layon 49 113 F2
Beaulieu-sur-Mer 06 241 E4
Beaulieu-sur-Oudon 53 74 B4
Beaulieu-sur-Sonnette 16 163 D1
Beaulon 03 138 A3
Beaumais 14 53 D2
Beaumarchés 32 227 E3
Beaumat 46 198 A3
Beaumé 02 20 B2
La Beaume 05 205 E3
Beaume (Gorges de la) 07 202 C4
Beauménil 88 87 F3
Beaumerie-St-Martin 62 8 B2
Beaumes-de-Venise 84 220 A3
Beaumesnil 27 54 C1
Beaumesnil 14 51 E1
Beaumettes 84 237 D1
Beaumetz 80 9 D4
Beaumetz-lès-Aire 62 9 D1
Beaumetz-lès-Cambrai 62 10 B4
Beaumetz-lès-Loges 62 10 A3
Beaumont 89 102 A1
Beaumont 32 211 D4
Beaumont 19 181 F1
Beaumont 24 196 B2
Beaumont 86 132 B2
Beaumont 63 168 B2
Beaumont 74 158 A3
Beaumont 43 184 C2
Beaumont 54 63 E2
Beaumont 50 24 B1
Beaumont 07 202 C3
Beaumont-les-Autels 28 77 F3
Beaumont-de-Lomagne 82 229 D1
Beaumont-de-Pertuis 84 237 F1
Beaumont-du-Gâtinais 77 80 B4
Beaumont-du-Lac 87 165 F2
Beaumont-du-Ventoux 84 220 A2
Beaumont-en-Argonne 08 22 A4
Beaumont-en-Auge 14 30 A3
Beaumont-en-Beine 02 18 C3
Beaumont-en-Cambrésis 59 11 D4
Beaumont-en-Véron 37 115 D3
Beaumont-en-Diois 26 205 D3
Beaumont-la-Ferrière 58 120 B3
Beaumont-Hamel 80 9 F4
Beaumont-le-Hareng 76 15 F4
Beaumont-Monteux 26 187 F4
Beaumont-les-Nonains 60 33 D2
Beaumont-Pied-de-Bœuf 72 96 C2
Beaumont-Pied-de-Bœuf 53 95 E1
Beaumont-lès-Randan 63 153 D4
Beaumont-le-Roger 27 31 D4
Beaumont-la-Ronce 37 97 E4
Beaumont-Sardolles 58 137 E1
Beaumont-sur-Dême 72 97 D3
Beaumont-sur-Grosne 71 140 A3
Beaumont-sur-Lèze 31 251 F1
Beaumont-sur-Oise 95 33 F4
Beaumont-sur-Sarthe 72 76 B3
Beaumont-sur-Vesle 51 36 C3
Beaumont-sur-Vingeanne 21 124 A1
Beaumont-lès-Valence 26 204 A1
Beaumont-Village 37 116 C3
Beaumontel 27 31 D4
Beaumotte-lès-Montbozon 70 125 E1
Beaumotte-lès-Pin 70 125 D2
Beaunay 51 60 B2
Beaune 21 123 D4
Beaune 73 190 C2
Beaune-d'Allier 03 152 B2
Beaune-la-Rolande 45 80 A4
Beaune-sur-Arzon 43 185 E2
Beaunotte 21 104 A3
Beaupont 01 156 B1
Beauport (Abbaye de) 22 47 E1
Beaupouyet 24 178 C4
Beaupréau 49 113 D3
Beaupuy 32 229 D2
Beaupuy 82 229 E1
Beaupuy 31 230 B2
Beaupuy 47 195 E3
Beauquesne 80 9 E4
Beaurain 59 11 E4
Beaurains 62 10 A3
Beaurains-lès-Noyon 60 18 C4
Beaurainville 62 8 C2
Beaurecueil 13 243 E1
Beauregard 41 98 B4
Beauregard 01 155 E4
Beauregard 46 213 F1
Beauregard-Baret 26 188 B4
Beauregard-de-Terrasson 24 180 C3
Beauregard-et-Bassac 24 179 E4
Beauregard-l'Évêque 63 168 C2
Beauregard-Vendon 63 152 C4
Beaurepaire 38 188 A1
Beaurepaire 60 34 A3
Beaurepaire 85 129 F1
Beaurepaire 76 14 A3
Beaurepaire-en-Bresse 71 141 D3
Beaurepaire-sur-Sambre 59 20 A1
Beaurevoir 02 19 D1
Beaurières 26 205 D3
Beaurieux 02 36 A2
Beaurieux 59 12 C4
Beauronne 24 179 D3
Beausemblant 26 187 E2
Beausoleil 06 241 E4
Beaussac 24 163 D4
Beaussais 79 146 C2
Beaussault 76 16 B3
Beausse 49 113 D2
Le Beausset 83 244 A2
Beauteville 31 252 B1
Beautheil 77 59 D3
Beautiran 33 194 B2
Beautor 02 19 D4
Beautot 76 15 E4
Beauvain 61 52 C4
Beauvais 60 33 E1
Beauvais-sur-Matha 17 162 A1
Beauvais-sur-Tescou 81 213 E4
Beauval 80 9 E4
Beauval-en-Caux 76 15 E3
Beauvallon 26 204 A1
Beauvau 49 95 F4
Beauvène 07 203 E1
Beauvernois 71 141 D1
Beauvezer 04 222 C2
Beauville 31 230 C4
Beauville 47 212 B2
Beauvilliers 89 121 F1
Beauvilliers 41 98 B2
Beauvilliers 28 78 C2
Beauvoir 50 50 B3
Beauvoir 60 17 E4
Beauvoir 77 58 C4
Beauvoir 03 153 E1
Beauvoir 89 101 F2
Beauvoir-de-Marc 38 172 A4
Beauvoir-en-Lyons 76 32 B1
Beauvoir-en-Royans 38 188 C3
Beauvoir-sur-Mer 85 128 A1
Beauvoir-sur-Niort 79 146 B3
Beauvoir-sur-Sarce 10 103 E1
Beauvoir-Wavans 62 9 D3
Beauvois 62 9 D2
Beauvois-en-Cambrésis 59 11 D4
Beauvois-en-Vermandois 02 18 C2
Beauvoisin 30 235 D2
Beauvoisin 39 141 D1
Beauvoisin 26 220 B1
Beaux 43 186 A2
Beauzac 43 186 A2
Beauzée-sur-Aire 55 62 C1
Beauzelle 31 229 F2
Beauziac 47 210 B1
Bébing 57 65 F2
Beblenheim 68 89 D3
Le Bec d'Allier 18 137 D1
Bec-de-Mortagne 76 14 B3
Le Bec-Hellouin 27 31 D3
Le Bec-Thomas 27 31 E3
Beccas 32 227 E4
Béceleuf 79 130 C4
Béchamps 54 39 E3
Bécherel 35 72 C2
Bécheresse 16 162 B4
Béchy 57 64 C1
Bécon-les-Granits 49 94 C4
Bécordel-Bécourt 80 18 A1
Bécourt 62 3 D4
Becquigny 80 18 A3
Becquigny 02 19 E1
Bédarieux 34 233 D3
Bédarrides 84 219 F3
Beddes 18 135 E3
Bédéchan 32 228 C3
Bédée 35 72 C3
Bédeilhac-et-Aynat 09 252 A4
Bédeille 64 249 D1
Bédeille 09 259 E2
Bedenac 17 177 F2
Bédoin 84 220 B2
Bédouès 48 217 E1
Bedous 64 248 A3
Béduer 46 198 C3
Beffes 18 120 A4
Beffia 39 141 E4
Beffu-et-le-Morthomme 08 38 A2
Beg-Meil 29 69 D4
Bégaar 40 225 F1
Bégadan 33 176 C1
Béganne 56 92 B3
Bégard 22 47 D2
Bègles 33 194 B1
Begnécourt 88 86 C3
Bégole 65 249 F2
Bégrolles-en-Mauges 49 113 D3
La Bégude-de-Mazenc 26 204 A3
Bègues 03 152 C3
Béguey 33 194 C2
Béguios 64 225 D4
Béhagnies 62 10 A4
Béhasque-Lapiste 64 247 D1
Béhen 80 16 C1
Béhencourt 80 17 F1
Béhéricourt 60 18 C4
Behlenheim 67 67 D3
Behonne 55 62 C2
Béhorléguy 64 247 D2
Béhoust 78 56 B2
Behren-lès-Forbach 57 41 F3
Béhuard 49 113 F1
Beignon 56 72 B4
Beillé 72 77 D4
Beine 89 102 B2
Beine-Nauroy 51 36 C3
Beinheim 67 67 F1
Beire-le-Châtel 21 123 F1
Beire-le-Fort 21 124 A2
Beissat 23 166 C2
Bel-Homme (Col du) 83 239 E2
Bélâbre 36 133 F4
Belan-sur-Ource 21 104 A1
Bélarga 34 233 F3
Bélaye 46 197 E4
Belberaud 31 230 B3
Belbèse 82 212 C4
Belbeuf 76 31 F2
Belbèze-de-Lauragais 31 230 B4
Belbèze-en-Comminges 31 251 D2
Belcaire 11 261 D1
Belcastel 12 214 C1
Belcastel 81 230 B2
Belcastel-et-Buc 11 253 E3
Belcodène 13 243 E1
Bélesta 66 262 A2
Bélesta 09 252 C4
Bélesta-en-Lauragais 31 230 C4
Beleymas 24 179 D4
Belfahy 70 107 F2
Belfays 25 126 C2
Belflou 11 252 B1
Belfonds 61 53 E4
Belfort 90 107 F3
Belfort-du-Quercy 46 213 E2
Belfort-sur-Rebenty 11 261 D1
Belgeard 53 75 D2
Belgentier 83 244 B2
Belgodère 2b 264 C3
Belhade 40 193 E4
Belhomert-Guéhouville 28 77 F1
Le Bélieu 25 126 B3
Béligneux 01 172 A1
Belin-Béliet 33 193 E3
Bélis 40 209 F3
Bellac 87 149 D3
Bellaffaire 04 206 B4
Bellagranajo (Col de) 2B 267 D2
Bellaing 59 11 D3
Bellancourt 80 8 C4
Bellange 57 65 D1
Bellavilliers 61 76 C1
Le Bellay-en-Vexin 95 33 D4
Belle-Église 60 33 E3
Belle-et-Houllefort 62 2 C3
Belle-Île 56 90 B4
Belle-Isle-en-Terre 22 47 D3
Belleau 54 64 B2
Belleau 02 35 E4
Bellebat 33 194 C2
Bellebrune 62 2 C3
Bellechassagne 19 166 C3
Bellechaume 89 82 B4
Bellecombe 39 157 E2
Bellecombe-en-Bauges 73 174 A2
Bellecombe-Tarendol 26 220 C1
Bellefond 21 123 F1
Bellefond 33 195 C2
Bellefonds 86 132 C3
Bellefontaine 39 142 B3
Bellefontaine 50 51 E3
Bellefontaine 88 87 E4
Bellefontaine 95 34 A4
Bellefosse 67 88 C1
Bellegarde 81 214 C4
Bellegarde 32 228 B4
Bellegarde 45 100 B1
Bellegarde 30 235 E2
Bellegarde-du-Razès 11 253 D3
Bellegarde-en-Forez 42 170 C3
Bellegarde-en-Marche 23 151 D4
Bellegarde-en-Diois 26 204 C3
Bellegarde-Poussieu 38 187 F1
Bellegarde-Ste-Marie 31 229 E2
Bellegarde-sur-Valserine 01 157 E3
Belleherbe 25 126 B2
Bellemagny 68 108 B2
Bellême 61 77 D2
Bellenaves 03 152 C3
Bellencombre 76 15 F3
Belleneuve 21 124 A2
Bellenglise 02 19 D2
Bellengreville 14 29 E4
Bellengreville 76 15 F2
Bellenod-sur-Seine 21 104 A3
Bellenot-sous-Pouilly 21 122 C2
Bellentre 73 175 D3
Belleray 55 38 C4
Bellerive-sur-Allier 03 153 D3
Belleroche 42 155 D3
Belleserre 81 231 D4
Bellesserre 31 229 E1
Belleu 02 35 E2
Belleuse 80 17 D3
Bellevarde (Rocher de) 73 175 E4
Bellevaux 74 158 C2
Bellevesvre 71 141 D2
Belleville 54 64 B2
Belleville 69 155 E3
Belleville 79 146 A3
Belleville-en-Caux 76 15 E3
Belleville-sur-Bar 08 37 F1
Belleville-sur-Loire 18 119 F1
Belleville-sur-Mer 76 15 F1
Belleville-sur-Meuse 55 38 C3
Belleville-sur-Vie 85 129 D2
Bellevue 74 175 D1
Bellevue (Grotte de) 46 198 B3
Bellevue-la-Montagne 43 185 E2
Belley 01 173 D2
Belleydoux 01 157 E2
Bellicourt 02 19 D1
La Bellière 61 53 D4
La Bellière 76 16 B4
Bellignat 01 157 D2
Belligné 44 94 B4
Bellignies 59 11 F2
La Belliole 89 81 E3
Belloc 09 252 C3
Belloc-St-Clamens 32 228 A4
Bellocq 64 225 E3
Bellon 16 178 B2
Bellonne 62 10 B3
Bellot 77 59 E2
Bellou 14 53 E1
Bellou-en-Houlme 61 52 B3
Bellou-sur-Huisne 61 77 E1
Bellou-le-Trichard 61 77 D2
Belloy 60 34 B1
Belloy-en-France 95 33 F4
Belloy-en-Santerre 80 18 B2
Belloy-St-Léonard 80 16 C2
Belloy-sur-Somme 80 17 E1
Belluire 17 161 D4
Belmesnil 76 15 E3
Belmont 39 124 C4
Belmont 69 171 D1
Belmont 67 88 C1
Belmont 32 227 F2
Belmont 52 105 E3
Belmont 70 107 D2
Belmont 01 173 D1
Belmont 38 172 C4
Belmont 25 126 A2
Belmont-Bretenoux 46 198 C1
Belmont-lès-Darney 88 86 C3
Belmont-de-la-Loire 42 154 C3
Belmont-Ste-Foi 46 213 F2
Belmont-sur-Buttant 88 88 A2
Belmont-sur-Rance 12 232 B1
Belmont-sur-Vair 88 86 B2
Belmont-Tramonet 73 173 D3
Belmontet 46 212 C1
Belonchamp 70 107 E2
Belpech 11 252 B2
Belrain 55 62 C2
Belrupt 88 86 C4
Belrupt-en-Verdunois 55 38 C3
Bélus 40 225 D2
Belval 88 88 B1
Belval 08 21 E3
Belval 50 27 D4
Belval-Bois-des-Dames 08 38 A1
Belval-en-Argonne 51 62 B1
Belval (Parc de Vision) 08 38 A1
Belval-sous-Châtillon 51 36 B4
Belvédère 06 241 E2
Belvédère-Campomoro 2a 268 C3
Belvédère du Cirque 05 207 F2
Belverne 70 107 E3
Belvès 24 197 D2
Belvès-de-Castillon 33 195 D1
Belvèze 82 212 C1
Belvèze-du-Razès 11 253 D2
Belvézet 30 218 C3
Belvezet 48 202 A3
Belvianes-et-Cavirac 11 261 E1
Belvis 11 261 D1
Belvoir 25 126 B1
Belz 56 90 C2
Bémécourt 27 55 D2
Bénac 65 249 D2
Bénac 09 252 A4
Benagues 09 252 A3
Benais 37 115 D2
Bénaix 09 252 C4
Bénaménil 54 65 E4
Bénarville 76 14 C3
Benassay 86 131 F4
Bénat (Cap) 83 245 D3
La Benâte 17 146 A4
Benay 02 19 D3
Benayes 19 165 D4
Bendejun 06 241 D3
Bendorf 68 108 C4
Bénéjacq 64 248 C2
Benerville-sur-Mer 14 29 F2
Bénesse-lès-Dax 40 225 E2
Bénesse-Maremne 40 224 C2
Benest 16 147 F4
Bénestroff 57 65 E1
Bénesville 76 15 D3
Benet 85 146 A1
Beneuvre 21 104 C3
Bénévent-l'Abbaye 23 150 A3
Bénévent-et-Charbillac 05 206 A2
Beney-en-Woëvre 55 63 F1
Benfeld 67 89 E1
Bengy-sur-Craon 18 119 F4
Bénifontaine 62 10 A1
Béning-lès-St-Avold 57 41 E3
La Bénisson-Dieu 42 154 B3
Bénivay-Ollon 26 220 B1
Bennecourt 78 32 B4
Bennetot 76 14 C4
Benney 54 64 C4
Bennwihr 68 89 D3
Bénodet 29 69 D4
Benoisey 21 103 F4
Benoîtville 50 24 B2
Benon 17 145 F2
Bénonces 01 172 C1
Bénouville 76 14 A3
Bénouville 14 29 D2
Benqué 65 249 F3
Benque 31 250 C1
Benque-Dessous-et-Dessus 31 258 B3
Benquet 40 226 B1
Bentayou-Sérée 64 227 D4
Bény 01 156 B2
Le Bény-Bocage 14 51 F1
Bény-sur-Mer 14 29 D2
Béon 01 173 D1
Béon 89 101 F1
Béost 64 256 C2
La Bérarde 38 190 B4
Bérat 31 251 E1
Béraut 32 211 D4
Berbérust-Lias 65 257 E2
Berbezit 43 185 D2
Berbiguières 24 197 D1
Berc 48 201 D1
Bercé (Forêt de) 72 96 C2
Bercenay-en-Othe 10 82 C3
Bercenay-le-Hayer 10 82 B2
Berche 25 107 F4
Berchères-la-Maingot 28 56 A4
Berchères-les-Pierres 28 78 C2
Berchères-sur-Vesgre 28 56 A2
Berck 62 8 A2
Bercloux 17 161 E1
Berd'Huis 61 77 E2
Berdoues 32 228 A4
Bérelles 59 12 C3
Bérengeville-la-Campagne 27 31 F4
Berentzwiller 68 108 C3
Bérenx 64 225 F3
Béréziat 01 156 A1
Berfay 72 97 E1
Berg 67 66 B1
Berg-sur-Moselle 57 40 B1
Berganty 46 198 A4
Bergbieten 67 66 C3
Bergerac 24 196 A1
Bergères 10 84 B3
Bergères-sous-Montmirail 51 59 F2
Bergères-lès-Vertus 51 60 B2
Bergesserin 71 155 D1
Bergheim 68 89 D2
Bergholtz 68 108 B1
Bergholtzzell 68 108 B1
Bergicourt 80 17 D3
Bergnicourt 08 36 D2
Bergonne 63 168 B4
Bergouey 64 225 E4
Bergouey 40 226 A2
Bergueneuse 62 9 E2
Bergues 59 4 A2
Bergues-sur-Sambre 02 19 F1
Berguette 62 4 B4
Berhet 22 47 D2
Bérig-Vintrange 57 65 E1
Bérigny 50 28 A3
Berjou 61 52 B2
Berlaimont 59 11 F3
Berlancourt 60 18 C4
Berlancourt 02 20 A3
Berlats 81 232 A2
Berlencourt-le-Cauroy 62 9 E3
Berles-au-Bois 62 9 F3
Berles-Monchel 62 9 F2
La Berlière 08 38 A1
Berling 57 66 B2
Berlise 02 20 B4
Berlou 34 232 C4
Bermerain 59 11 E3
Berméricourt 51 36 B2
Bermeries 59 11 F3
Bermering 57 65 E1
Bermesnil 80 16 C2
Bermicourt 62 9 D2
Bermont 90 107 F3
Bermonville 76 14 C4
Bernac 81 214 B4
Bernac 16 147 E4
Bernac-Debat 65 249 E2
Bernac-Dessus 65 249 E2
Bernadets 64 226 C4
Bernadets-Debat 65 249 F1
Bernadets-Dessus 65 249 F2
Le Bernard 85 129 D4
La Bernardière 85 112 B4
Bernardswiller 67 66 C4
Bernardvillé 67 89 D1
Bernâtre 80 9 D4
Bernaville 80 9 F4
Bernay 27 30 C4
Bernay 72 76 A4
Bernay-en-Brie 77 58 C3
Bernay-en-Ponthieu 80 8 B3
Bernay-St-Martin 17 146 A3
Berné 56 70 B4
Bernécourt 54 63 F2
Bernède 32 226 C2
La Bernerie-en-Retz 44 111 D3
Bernes 80 18 C2
Bernes-sur-Oise 95 33 F4
Bernesq 14 28 A2
Berneuil 17 161 D3
Berneuil 16 178 A1
Berneuil 87 149 D4
Berneuil 80 9 D4
Berneuil-en-Bray 60 33 D2
Berneuil-sur-Aisne 60 34 C2
Berneval-le-Grand 76 15 F1
Berneville 62 9 F3
Bernex 74 159 D1
Bernienville 27 31 E4
Bernières 76 14 C4
Bernières-d'Ailly 14 53 D1
Bernières-le-Patry 14 51 F2
Bernières-sur-Mer 14 29 D2
Bernières-sur-Seine 27 32 A3
Bernieulles 62 8 B1
Bernin 38 189 E2
Bernis 30 235 D1
Bernolsheim 67 67 D2
Bernon 10 103 D1
Bernos-Beaulac 33 210 A1
Bernot 02 19 E2
Bernouil 89 102 C1
Bernouville 27 32 C3
Bernwiller 68 108 B2
Berny-en-Santerre 80 18 B2
Berny-Rivière 02 35 D2
Bérou-la-Mulotière 28 55 D3
Berrac 32 211 E3
Berre-des-Alpes 06 241 E3
Berre-l'Étang 13 242 C1
Berre (Étang de) 13 242 C1
Berriac 11 253 F2
Berrias 07 218 B1
Berric 56 91 F3
Berrie 86 114 B4
Berrien 29 46 B4
Berrieux 02 36 A1
Berrogain-Laruns 64 247 E1
Berru 51 36 C3
Berrwiller 68 108 B1
Berry-au-Bac 02 36 A2
Berry-Bouy 18 118 C4
Le Bersac 05 205 E4
Bersac-sur-Rivalier 87 149 F4
Bersaillin 39 141 E1
Bersée 59 10 C1
Bersillies 59 12 B3
Berson 33 177 D3
Berstett 67 67 D3
Berstheim 67 67 D2
Bert 03 153 F2
Bertangles 80 17 E1
Bertaucourt-Epourdon 02 19 E4
Berteaucourt-les-Dames 80 17 E1
Berteaucourt-lès-Thennes 80 17 F2
Bertheauville 76 14 C3
Berthecourt 60 33 E2
Berthegon 86 132 A1
Berthelange 25 124 C3
Berthelming 57 65 F2
Berthen 59 4 C3
Berthenay 37 115 E2
Berthenicourt 02 19 E3
Berthenonville 27 32 B3
La Berthenoux 36 135 E3
Berthez 33 194 C4
Bertholène 12 215 F1
Berthouville 27 30 C3
Bertignat 63 169 E3
Bertignolles 10 84 A3
Bertincourt 62 10 B4
Bertoncourt 08 37 D1
Bertrambois 54 65 F3
Bertrancourt 80 9 F4
Bertrange 57 40 B2
Bertre 81 230 C3
Bertren 65 250 B3
Bertreville 76 14 C3
Bertreville-St-Ouen 76 15 E3
Bertric-Burée 24 179 D2
Bertrichamps 54 88 A1
Bertricourt 02 36 B2
Bertrimont 76 15 E4
Bertrimoutier 88 88 B2
Bertry 59 11 D4
Béru 89 102 C2
Béruges 86 132 A4
Bérulle 10 82 B3
Bérus 72 76 A2
Berven 29 45 F2
Berville-la-Campagne 27 55 D1
Berville 95 33 D3
Berville 76 15 D3
Berville 14 53 D1
Berville-en-Roumois 27 31 D3
Berville-sur-Mer 27 30 B1
Berville-sur-Seine 76 31 E1
Berviller-en-Moselle 57 41 D2
Berzé-le-Châtel 71 155 E1
Berzé-la-Ville 71 155 E1
Berzème 07 203 E3
Berzieux 51 37 F3
Berzy-le-Sec 02 35 E2
Bès 04 222 B1
La Besace 08 21 F4
Besain 39 141 F2
Besançon 25 125 E2
Bésayes 26 188 A4
Besbre 03 153 E2
Bescat 64 248 B2
Bésignan 26 220 B1
Bésingrand 64 226 B4
La Beslière 50 50 C2
Beslon 50 51 D2
Besmé 02 35 D1
Besmont 02 20 B2
Besnans 70 125 F1
Besné 44 110 C1
Besneville 50 24 C4
Besny-et-Loizy 02 19 F4
Bessac 16 162 B4
Bessais-le-Fromental 18 136 B2
Bessamorel 43 186 A3
Bessan 34 255 E1
Bessancourt 95 57 D1
Bessans 73 191 E1
Bessas 07 218 B1
Le Bessat 42 187 D1
Bessay 85 129 F4
Bessay-sur-Allier 03 153 D1
Besse 38 190 A3
Besse 15 182 C3
Bessé 16 147 D4
Besse 24 197 D2
Besse-en-Chandesse 63 168 A4
Bessé-sur-Braye 72 97 E2
Besse-sur-Issole 83 238 C4
Bessède-de-Sault 11 261 E1
Bessèges 30 218 A1
Bessenay 69 171 D2
Bessens 82 229 E1
Besset 09 252 C3
Bessey 42 187 D1
Bessey-lès-Cîteaux 21 123 F2
Bessey-la-Cour 21 122 C3
Bessey-en-Chaume 21 123 D4
La Besseyre-St-Mary 43 184 C4
Bessières 31 230 B1
Bessines 79 146 B2
Bessines-sur-Gartempe 87 149 E3
Bessins 38 188 B2
Besson 03 153 D1
Bessoncourt 90 108 A3
Bessonies 46 199 D1
Les Bessons 48 201 D2
Bessuéjouls 12 200 A4
Bessy 10 60 C4
Bessy-sur-Cure 89 102 B4
Bestiac 09 260 C1
Bétaille 46 181 E4
Betaucourt 70 106 B1
Betbèze 65 250 B1
Betbezer 40 210 A4
Betcave-Aguin 32 228 B4
Betchat 09 259 D2
Bétête 23 150 C2
Béthancourt-en-Valois 60 34 C3
Béthancourt-en-Vaux 02 19 D4
Bétharram (Grottes de) 64 257 D1
Béthelainville 55 38 B3
Béthemont-la-Forêt 95 33 E4
Béthencourt 59 11 D4

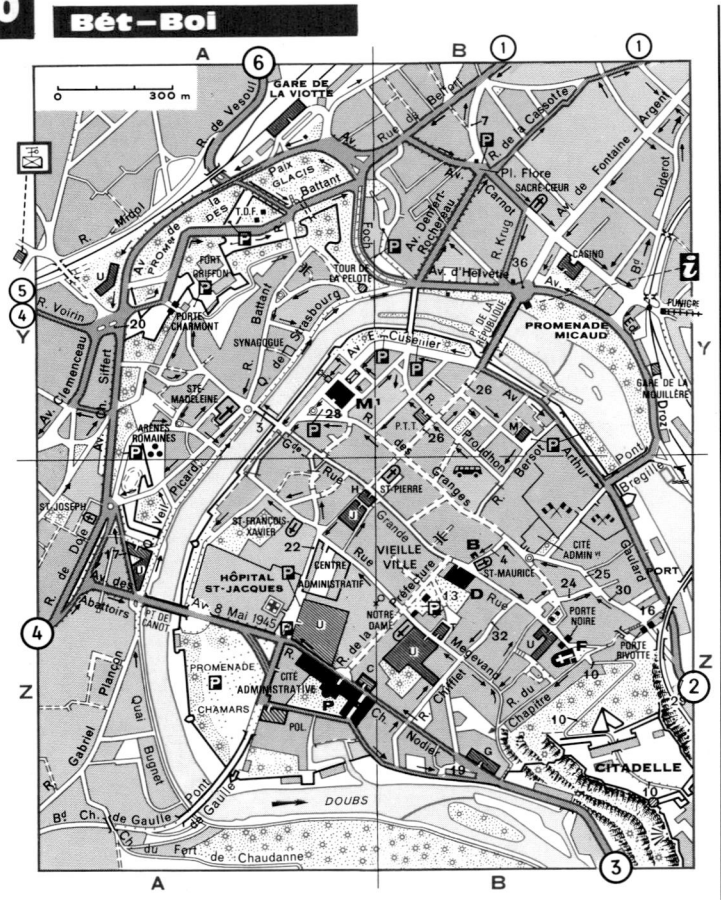

0   300 m

GARE DE LA VIOTTE

Besançon

Bibliothèque municipale .... BZ B
Battant (R.) .... AY
Belfort (R. de) .... BY
Bersot (R.) .... BZ
Carnot (Av.) .... BY
Grande-Rue .... ABZ
Granges (R. des) .... BYZ
République (R. de la) .... BY 26

Battant (Pont) .... AY 3

Bibliothèque municipale .... BZ B
Bibliothèque (R. de la) .... BZ 4
Chaprais (R. des) .... BY 7
Fusillés-de-la-
Résistance (R. des) .... BZ 10
Granvelle (Palais) .... BZ D
Granvelle (Prom.) .... BZ 13
Jacobins (Pl. des) .... BZ 16
Janvier (R. Antide) .... AZ 17
Lattre-de-Tassigny
(Pl. Mar.-de) .... BZ 19

Leclerc (Pl. du Mar.) .... AY 20
Orme-de-Chamars (R.) .... BZ 22
Péclet (R.) .... BZ 24
Pontarlier (R. de) .... BZ 25
Révolution (Pl. de la) .... AY 28
Rivotte (Fg) .... BZ 29
Rivotte (R.) .... BZ 30
Ronchaux (R.) .... BZ 32
St-Jean .... BZ F
1re-Armée Française
(Pl.) .... BY 36

Béthencourt-sur-Mer 80 .... 8 A4
Béthencourt-sur-Somme 80 .... 18 C3
Béthenville 51 .... 37 D2
Bétheny 51 .... 36 B3
Béthincourt 55 .... 38 B3
Béthines 86 .... 133 E4
Béthisy-St-Martin 60 .... 34 B3
Béthisy-St-Pierre 60 .... 34 B2
Bethmale 09 .... 259 E3
Bethmale (Vallée de) 09 .... 259 E3
Béthon 72 .... 76 B2
Bethon 51 .... 59 F4
Bethoncourt 25 .... 107 F4
Béthonsart 62 .... 9 F2
Béthonvilliers 28 .... 77 E3
Bethonvilliers 90 .... 108 A2
Béthune 62 .... 9 F1
Béthune 76 .... 16 A3
Bétignicourt 10 .... 83 F1
Beton-Bazoches 77 .... 59 D3
Betoncourt-lès-Brotte 70 .... 107 D2
Betoncourt-les-Ménétriers 70 .... 106 A3
Betoncourt-St-Pancras 70 .... 106 C1
Betoncourt-sur-Mance 70 .... 106 A2
Bétous 32 .... 227 E2
Betplan 32 .... 227 E4
Betpouey 65 .... 257 E3
Betpouy 65 .... 250 A1
Bétracq 64 .... 227 D3
Betschdorf 67 .... 67 E1
Bettaincourt-sur-Rognon 52 .... 85 E2
Bettainvillers 54 .... 39 F2
Bettancourt-la-Ferrée 52 .... 62 B3
Bettancourt-la-Longue 51 .... 62 A2
Bettange 57 .... 40 C3
Bettant 01 .... 156 C4
Bettborn 57 .... 66 A2
Bettegney-St-Brice 88 .... 87 D2

Bettelainville 57 .... 40 B3
Bettembos 80 .... 16 C3
Bettencourt-Rivière 80 .... 17 D1
Bettencourt-St-Ouen 80 .... 17 D1
Bettendorf 68 .... 108 C3
Bettes 65 .... 249 E3
Betteville 76 .... 31 D1
Bettignies 59 .... 12 B2
Betting-lès-St-Avold 57 .... 41 E3
Bettlach 68 .... 108 C4
Betton 35 .... 73 D3
Betton-Bettonet 73 .... 174 A3
Bettoncourt 88 .... 86 C2
Bettoncourt-le-Haut 52 .... 85 E2
Bettrechies 59 .... 11 F3
Bettviller 57 .... 42 B3
Bettwiller 67 .... 66 B1
Betz 60 .... 34 C4
Betz-le-Château 37 .... 116 B4
Beugin 62 .... 9 F2
Beugnâtre 62 .... 10 B4
Beugneux 02 .... 35 E3
Beugnies 59 .... 12 B4
Beugnon 89 .... 82 C4
Le Beugnon 79 .... 130 C3
Beugny 62 .... 10 B4
Beuil 06 .... 223 F2
Le Beulay 88 .... 88 B2
Beulotte-St-Laurent 70 .... 107 E1
Beure 25 .... 125 E2
Beurey 10 .... 83 F3
Beurey-Bauguay 21 .... 122 A3
Beurey-sur-Saulx 55 .... 62 B3
Beurières 63 .... 185 E1
Beurizot 21 .... 122 C2
Beurlay 17 .... 160 C1
Beurville 52 .... 84 C2
Beussent 62 .... 8 B1
Beuste 64 .... 248 C2
Beutin 62 .... 8 B1
Beuvardes 02 .... 35 F4
Beuvillers 14 .... 30 C1
Beuvillers 54 .... 39 D1
Beuvrages 59 .... 11 E2
Beuvraignes 80 .... 18 B4

Beuvray (Mont) 71 .... 138 C1
Beuvrequen 62 .... 2 C3
Beuvreuil 76 .... 32 C1
Beuvrigny 50 .... 51 E1
Beuvron 41,45 .... 98 C4
Beuvron 58 .... 121 D2
Beuvron-en-Auge 14 .... 29 F3
Beuvry 62 .... 10 A1
Beuvry-la-Forêt 59 .... 10 C2
Beux 57 .... 40 C4
Beuxes 86 .... 115 D4
Beuzec-Cap-Sizun 29 .... 68 B2
Beuzeville-la-Bastille 50 .... 25 D4
Beuzeville-la-Grenier 76 .... 14 B4
Beuzeville-la-Guérard 76 .... 14 C3
Beuzeville 27 .... 30 B2
Beuzeville-au-Plain 50 .... 25 E3
Beuzevillette 76 .... 14 C4
Bévenais 38 .... 188 C1
Bévéra 06 .... 241 E2
Beveuge 70 .... 107 D4
Béville-le-Comte 28 .... 79 D1
Bévillers 59 .... 11 D4
Bevons 04 .... 221 E2
Bévy 71 .... 123 E3
Bey 71 .... 140 B2
Bey-sur-Seille 01 .... 155 F2
Beychac-et-Caillau 33 .... 194 B1
Beylongue 40 .... 208 C4
Beynac 87 .... 164 B2
Beynac-et-Cazenave 24 .... 197 D1
Beynat 19 .... 181 E1
Beynes 78 .... 56 C2
Beynost 01 .... 171 F1
Beyrède-Jumet 65 .... 249 F4
Beyren-lès-Sierck 57 .... 40 B1
Beyrie-en-Béarn 64 .... 226 B4
Beyrie-sur-Joyeuse 64 .... 247 D1
Beyries 40 .... 226 A3
Beyssac 19 .... 180 C1

Beyssenac 19 .... 180 C1
Le Bez 81 .... 231 F3
Bez-et-Esparon 30 .... 217 D4
Bézac 09 .... 252 A2
Bezalles 77 .... 59 D3
Bézancourt 76 .... 32 B1
Bezange-la-Grande 54 .... 65 D2
Bezange-la-Petite 57 .... 65 D2
Bezannes 51 .... 36 B3
Bézaudun-les-Alpes 06 .... 223 F4
Bézaudun-sur-Bîne 26 .... 204 B3
Bezaumont 54 .... 64 B2
Bèze 21 .... 124 A1
Bézenac 24 .... 197 D1
Bézenet 03 .... 152 B2
Bézéril 32 .... 228 C3
Béziers 34 .... 255 D1
Bezinghem 62 .... 3 D4
Bezins-Garraux 31 .... 250 B4
La Bezole 11 .... 253 D3
Bezolles 32 .... 228 A1
Bezons 95 .... 57 E1
Bezouce 30 .... 235 E1
Bézouotte 21 .... 124 A1
Bézu-la-Forêt 27 .... 32 B2
Bézu-le-Guéry 02 .... 59 D1
Bézu-St-Éloi 27 .... 32 C3
Bézu-St-Germain 02 .... 35 E4
Bézues-Bajon 32 .... 228 B4
Biache-St-Vaast 62 .... 10 B3
Biaches 80 .... 18 B2
Bians-les-Usiers 25 .... 125 F4
Biard 86 .... 132 A4
Les Biards 50 .... 51 D4
Biarne 39 .... 124 B3
Biarre 80 .... 18 B3
Biarritz 64 .... 224 B4
Biarrotte 40 .... 225 D3
Biars-sur-Cère 46 .... 181 F4
Bias 47 .... 196 B4
Bias 40 .... 208 B2
Biaudos 40 .... 224 C3
Bibiche 57 .... 40 C2
Bibost 69 .... 171 D2
Bichancourt 02 .... 19 D4

Biches 58 .... 121 D4
Bickenholtz 57 .... 66 B2
Bicqueley 54 .... 64 A3
Bidache 64 .... 225 D3
Bidarray 64 .... 246 C1
Bidart 64 .... 224 B3
Bidestroff 57 .... 65 E2
Biding 57 .... 41 E4
Bidon 07 .... 219 D1
Bidos 64 .... 248 A2
Biécourt 88 .... 86 B2
Biederthal 68 .... 109 D4
Bief 25 .... 126 C1
Bief-des-Maisons 39 .... 142 A2
Bief-du-Fourg 39 .... 142 B2
Biefmorin 39 .... 141 D1
Biefvillers-lès-Bapaume 62 .... 10 A4
Bielle 64 .... 256 B2
Bielsa (Tunnel de) 65 .... 257 F4
Bienassis 38 .... 172 B2
Biencourt 80 .... 16 C1
Biencourt-sur-Orge 55 .... 62 C4
Bienne 39 .... 142 A4
Bienville 52 .... 62 B4
Bienville 60 .... 34 B1
Bienville-la-Petite 54 .... 65 D2
Bienvillers-au-Bois 62 .... 9 F4
Biermes 08 .... 37 D1
Biermont 60 .... 18 B4
Bierné 53 .... 95 D2
Bierne 59 .... 4 A2
Biernes 52 .... 84 C2
Bierre-lès-Semur 21 .... 122 B1
Bierry-les-Belles-Fontaines 89 .... 103 D4
Biert 09 .... 259 F3
Bierville 76 .... 32 A1
Biesheim 68 .... 89 E3
Biesles 52 .... 85 E4
Bietlenheim 67 .... 67 E2
Bieujac 33 .... 194 C3
Bieuxy 02 .... 35 E1
Bieuzy 56 .... 70 C4
Biéville 50 .... 28 B4
Biéville-Beuville 14 .... 29 E4
Biéville-Quiétieville 14 .... 29 F4
Bièvre 78,91 .... 57 D3
Bièvres 91 .... 57 E3
Bièvres 08 .... 22 B4
Bièvres 02 .... 36 A1
Biffontaine 88 .... 88 A2
Biganos 33 .... 193 D2
Bignac 16 .... 162 B2
Bignan 56 .... 91 E1
Bignay 57 .... 161 D1
La Bigne 14 .... 28 B4
Bignicourt 08 .... 37 D2
Bignicourt-sur-Marne 51 .... 61 E3
Bignicourt-sur-Saulx 51 .... 61 F2
Le Bignon 44 .... 112 A1
Le Bignon-Mirabeau 45 .... 81 D3
Le Bignon-du-Maine 53 .... 95 D1
Bignoux 86 .... 132 B3
Bigorno 2b 265 E3
La Bigottière 53 .... 74 C3
Biguglia 2b 265 E2
Bihorel 76 .... 31 F1
Bihucourt 62 .... 10 A4
Bilhères 64 .... 256 B2
Bilia 2a 268 C3
Bilieu 38 .... 172 C4
Billac 19 .... 181 F3
Billancelles 28 .... 78 A1
Billancourt 80 .... 18 B3
Les Billanges 87 .... 149 F4
Billaude (Cascade de la) 39 .... 142 A3
Les Billaux 33 .... 177 F4
Billé 35 .... 73 F2
Billecul 39 .... 142 B2
Billère 64 .... 248 B1
Billey 21 .... 124 B3
Billezois 03 .... 153 E3
Billiat 01 .... 157 E3
Billième 73 .... 173 E2
Billière 31 .... 258 B4
Billiers 56 .... 91 F4
Billio 56 .... 91 F1
Billom 63 .... 168 C2
Billy 41 .... 117 E2
Billy 14 .... 29 E4
Billy 03 .... 153 D2
Billy-Berclau 62 .... 10 A1
Billy-lès-Chanceaux 21 .... 104 A4
Billy-Chevannes 58 .... 120 C4
Billy-le-Grand 51 .... 36 C4
Billy-Montigny 62 .... 10 B2
Billy-sous-les-Côtes 55 .... 39 D4
Billy-sous-Mangiennes 55 .... 39 D2
Billy-sur-Aisne 02 .... 35 E2
Billy-sur-Oisy 58 .... 120 C4

Billy-sur-Ourcq 02 .... 35 E3
Bilwisheim 67 .... 67 D2
Bilzheim 68 .... 89 D4
Bimont 62 .... 8 B1
Binarville 51 .... 38 A3
Binas 41 .... 98 C1
Bindernheim 67 .... 89 E2
Binges 21 .... 124 A2
Binic 22 .... 48 A3
Bining 57 .... 42 B4
Biniville 50 .... 25 D3
Binos 31 .... 250 B4
Binson-et-Orquigny 51 .... 36 A3
Bio 46 .... 198 B2
Biol 38 .... 172 C4
Bion 50 .... 51 E4
Bioncourt 57 .... 64 C2
Bionville 54 .... 66 A4
Bionville-sur-Nied 57 .... 40 C3
Biot 06 .... 240 C3
Le Biot 74 .... 159 D2
Bioule 82 .... 213 E3
Bioussac 16 .... 147 E4
Biozat 03 .... 153 D4
Bile (Pointe du) 91 F4
Birac 16 .... 162 B3
Birac 33 .... 195 D4
Birac-sur-Trec 47 .... 195 F4
Biran 32 .... 228 A2
Biras 24 .... 179 F2
Biriatou 64 .... 244 A4
Birieux 01 .... 156 A4
Birkenwald 67 .... 66 C3
Birlenbach 67 .... 43 E4
Biron 17 .... 161 E3
Biron 64 .... 225 F3
Biron 24 .... 196 C3
Bisanne (Signal de) 73 .... 174 C2
Biscarrosse 40 .... 192 C4
Bischheim 67 .... 67 E3
Bischholtz 67 .... 66 C1
Bischoffsheim 67 .... 66 C4
Bischtroff-sur-Sarre 67 .... 66 A1
Bischwihr 68 .... 89 E3
Bischwiller 67 .... 67 E2
Bisel 68 .... 108 C4
Bisinchi 2b 265 E4
Bislée 55 .... 63 D2
Bisping 57 .... 65 F2
Bissert 67 .... 65 F1
Bisseuil 51 .... 36 C4
Bissey-la-Côte 21 .... 104 A1
Bissey-la-Pierre 21 .... 103 F2
Bissey-sous-Cruchaud 71 .... 139 F2
Bissezeele 59 .... 4 A2
Bissières 14 .... 29 E4
Bissy-la-Mâconnaise 71 .... 140 A4
Bissy-sous-Uxelles 71 .... 139 F4
Bissy-sur-Fley 71 .... 139 F3
Bisten-en-Lorraine 57 .... 41 D4
Bistroff 57 .... 41 D4
Bitche 57 .... 43 D3
Bithaine-et-le-Val 70 .... 107 D2
Bitry 58 .... 120 B1
Bitry 60 .... 35 D2
Bitschhoffen 67 .... 67 D1
Bitschwiller-lès-Thann 68 .... 108 B1
Bivès 32 .... 228 C1
Biviers 38 .... 189 E2
Biville 50 .... 24 B2
Biville-la-Baignarde 76 .... 15 E3
Biville-la-Rivière 76 .... 15 E3
Biville-sur-Mer 76 .... 15 F1
Bivilliers 61 .... 54 B4
Bizanet 11 .... 254 B2
Bizanos 64 .... 248 B1
Bize 52 .... 105 F2
Bize 65 .... 250 A3
Bize-Minervois 11 .... 254 B2
Bizeneuille 03 .... 152 A1
Biziat 01 .... 155 F3
Bizonnes 38 .... 172 B4
Le Bizot 25 .... 126 B3
Les Bizots 71 .... 139 E2
Bizou 61 .... 77 E1
Bizous 65 .... 250 A3
Blacé 69 .... 155 E4
Blacourt 60 .... 32 C1
Blacqueville 76 .... 15 D4
Blacy 89 .... 103 D4
Blacy 51 .... 61 F2
Blaesheim 67 .... 67 D4
Blagnac 31 .... 230 A3
Blagny 08 .... 22 B4
Blagny-sur-Vingeanne 21 .... 124 A1
Blaignac 33 .... 195 D3
Blaignan 33 .... 176 C1
Blain 44 .... 94 B1
Blaincourt 60 .... 33 F3
Blaincourt-sur-Aube 10 .... 83 F2
Blainville-Crevon 76 .... 32 A1

Blainville-sur-l'Eau 54 .... 64 C4
Blainville-sur-Mer 50 .... 26 C4
Blainville-sur-Orne 14 .... 29 D3
Blairville 62 .... 10 A3
Blaise 52 .... 84 C2
Blaise 51,52 .... 84 C2
Blaise 08 .... 37 E2
Blaise-sous-Arzillières 51 .... 61 E3
Blaison 49 .... 114 A1
Blaisy 52 .... 84 C3
Blaisy-Bas 21 .... 123 D1
Blaisy-Haut 21 .... 123 D2
Blajan 31 .... 250 B1
Blamont 25 .... 126 C1
Blâmont 54 .... 65 F3
Blan 81 .... 231 D3
Le Blanc 36 .... 133 E3
Le Blanc-Mesnil 93 .... 57 E2
Blanc (Pic du Lac) 38 .... 190 C4
Blancafort 18 .... 100 B4
Blancey 21 .... 122 C2
Blancfossé 60 .... 17 E4
Blanche-Église 57 .... 65 E2
Blanchefontaine 25 .... 126 C2
Blanchefosse-et-Bay 08 .... 20 C3
Blancherupt 67 .... 88 C1
Blancheville 52 .... 85 E3
Blandainville 28 .... 78 B2
Blandas 30 .... 217 D4
Blandin 38 .... 172 C4
Blandouet 53 .... 75 E4
Blandy 91 .... 79 F2
Blandy 77 .... 58 B4
Blangermont 62 .... 9 D2
Blangerval-Blangermont 62 .... 9 D3
Blangy-le-Château 14 .... 30 B3
Blangy-sous-Poix 80 .... 17 D2
Blangy-sur-Bresle 76 .... 16 B2
Blangy-sur-Ternoise 62 .... 9 D2
Blangy-Tronville 80 .... 17 F2
Blannay 89 .... 102 B4
Blanot 21 .... 122 A3
Blanot 71 .... 139 F4
Blanquefort 33 .... 177 D4
Blanquefort 32 .... 228 C2
Blanquefort-sur-Briolance 47 .... 197 D3
Blanzac 16 .... 162 B4
Blanzac 43 .... 185 E3
Blanzac 87 .... 149 D3
Blanzac-lès-Matha 17 .... 161 F1
Blanzaguet-St-Cybard 16 .... 163 D4
Blanzat 63 .... 168 A2
Blanzay 86 .... 147 E3
Blanzay-sur-Boutonne 17 .... 146 B4
Blanzée 55 .... 39 D3
Blanzy 71 .... 139 E2
Blanzy-lès-Fismes 02 .... 36 A2
Blanzy-la-Salonnaise 08 .... 36 C1
Blargies 60 .... 16 C4
Blarians 25 .... 125 F1
Blaringhem 59 .... 4 A4
Blars 46 .... 198 B3
Blaru 78 .... 32 B4
Blasimon 33 .... 195 D2
Blaslay 86 .... 132 A2
Blassac 43 .... 184 B3
Blaudeix 23 .... 150 C2
Blausasc 06 .... 241 E3
Blauvac 84 .... 220 B3
Blauzac 30 .... 218 C4
Blavet 56 .... 71 D3
Blavignac 48 .... 201 D1
Blavozy 43 .... 186 A3
Blay 14 .... 28 B3
Blaye 33 .... 177 D3
Blaye-les-Mines 81 .... 214 B3
Blaymont 47 .... 212 B1
Blaziert 32 .... 228 A1
Blécourt 59 .... 11 D3
Blécourt 52 .... 85 D2
Blégiers 04 .... 222 C2
Bleigny-le-Carreau 89 .... 102 B2
Bleine (Col de) 06 .... 239 F1
Blémerey 88 .... 86 C2
Blémerey 54 .... 65 F3
Blendecques 62 .... 3 F3
Bléneau 89 .... 101 D3
Blennes 77 .... 88 B1
Blénod-lès-Pont-à-Mousson 54 .... 64 A1
Blénod-lès-Toul 54 .... 63 F4
Bléone 04 .... 222 A3
Bléquin 62 .... 3 D4
Blérancourt 02 .... 35 D1

Biercourt 55 .... 38 B4
Bléré 37 .... 116 B2
Bléruais 35 .... 72 B3
Blésignac 33 .... 194 C2
Blesle 43 .... 184 B2
Blesme 51 .... 61 F2
Blesmes 02 .... 59 E1
Blessac 23 .... 166 B1
Blessonville 52 .... 84 C3
Blessy 62 .... 3 F4
Blet 18 .... 136 B1
Bletterans 39 .... 141 D2
Bleurville 88 .... 86 B4
Bleury 28 .... 79 D1
Blèves 21 .... 76 C1
Blévy 28 .... 55 E4
Le Bleymard 48 .... 201 F4
Blicourt 60 .... 17 D4
Blienschwiller 67 .... 89 D1
Blies-Ébersing 57 .... 42 A3
Blies-Guersviller 57 .... 41 F3
Bliesbruck 57 .... 42 B3
Blieux 04 .... 222 B4
Blignicourt 10 .... 84 A1
Bligny 51 .... 36 B3
Bligny 10 .... 84 B3
Bligny-lès-Beaune 21 .... 123 D4
Bligny-en-Othe 89 .... 82 B4
Bligny-le-Sec 21 .... 123 D1
Bligny-sur-Ouche 21 .... 123 D3
Blincourt 60 .... 34 A2
Blingel 62 .... 9 D2
Blis-et-Born 24 .... 180 A2
Blismes 58 .... 121 E3
Blodelsheim 68 .... 109 D1
Blois 41 .... 98 A4
Blois-sur-Seille 39 .... 141 E2
Blomac 11 .... 254 A2
Blomard 03 .... 152 B2
Blombay 08 .... 21 D2
Blond 87 .... 148 C4
Blond (Monts de) 87 .... 148 C4
Blondefontaine 70 .... 106 A1
Blonville-sur-Mer 14 .... 29 F2
Blosseville 76 .... 15 D2
Blosville 50 .... 25 E4
Blot-l'Église 63 .... 152 B4
Blotzheim 68 .... 109 D3
Blou 49 .... 114 C2
Blousson-Sérian 32 .... 227 F4
La Bloutière 50 .... 51 D2
Bloye 74 .... 173 E3
Bluffy 74 .... 174 A1
Blumeray 52 .... 84 C2
Blussangeaux 25 .... 126 B1
Blussans 25 .... 126 B1
Blye 39 .... 141 E3
Blyes 01 .... 172 B1
Le Bô 14 .... 52 B1
Bobigny 93 .... 57 F2
Bobital 22 .... 72 B1
Le Bocasse 76 .... 15 E4
Bocca Bassa 2B 264 A4
Bocé 49 .... 96 A4
Bocognano 2a 267 D3
Bocquegney 88 .... 87 D2
Bocquencé 61 .... 54 A2
Le Bodéo 22 .... 70 C1
Bodilis 29 .... 45 F2
Boé 47 .... 211 F2
Boécé 61 .... 76 C1
Boège 74 .... 158 B2
Boeil-Bezing 64 .... 248 C2
Boën 42 .... 170 A2
Boersch 67 .... 66 C4
Boeschepe 59 .... 4 C3
Boësegheim 59 .... 4 A4
Boesenbiesen 67 .... 89 E2
Boësse 45 .... 80 C4
Boësse 79 .... 113 F4
Boëssé-le-Sec 72 .... 77 D3
Bœurs-en-Othe 89 .... 82 B3
Boffles 62 .... 9 D3
Boffres 07 .... 187 D4
Bogève 74 .... 158 C2
Bogny-sur-Meuse 08 .... 21 E2
Bogy 07 .... 187 D2
Bohain-en-Vermandois 02 .... 19 E1
Bohal 56 .... 92 A3
La Bohalle 49 .... 114 A1
Bohars 29 .... 45 D2
Bohas 01 .... 156 C3
Boigneville 91 .... 80 A2
Boigny-sur-Bionne 45 .... 99 E1
Boinville-le-Gaillard 78 .... 79 E1
Boinville-en-Mantois 78 .... 56 B1
Boinvillé-en-Woëvre 55 .... 39 D3

Boinvilliers 78 .... 56 B2
Boiry-Becquerelle 62 .... 10 A3
Boiry-Notre-Dame 62 .... 10 B3
Boiry-St-Martin 62 .... 10 A3
Boiry-Ste-Rictrude 62 .... 10 A3
Bois 17 .... 161 D4
Le Bois 73 .... 174 C2
Bois-Anzeray 27 .... 54 C2
Bois-Arnault 27 .... 54 C2
Bois-Aubry (Abbaye de) 37 .... 115 D4
Bois Bellau 02 .... 35 E4
Bois-Bernard 62 .... 10 B2
Bois-Chenu (Basilique du) 88 .... 86 A3
Bois-Colombes 92 .... 57 E2
Bois-d'Amont 39 .... 142 B4
Bois-d'Arcy 78 .... 56 D2
Bois-d'Arcy 89 .... 102 A4
Bois-de-Céné 85 .... 111 D4
Bois-de-Champ 88 .... 88 A2
Le Bois-de-Cize 80 .... 8 A4
Bois-de-Gand 39 .... 141 D2
Bois-de-la-Pierre 31 .... 251 E1
Bois-d'Ennebourg 76 .... 31 F2
Le Bois-d'Oingt 69 .... 171 D1
Bois-l'Évêque 76 .... 32 A1
Bois-Grenier 59 .... 4 C4
Bois-Guilbert 76 .... 32 B1
Bois-Guillaume 76 .... 31 F1
Le Bois-Hellain 27 .... 30 B3
Bois-Héroult 76 .... 16 A4
Bois-Herpin 91 .... 79 F2
Bois-Himont 76 .... 14 C4
Bois-Jérôme-St-Ouen 27 .... 32 B4
Les Bois Noirs 63,42 .... 169 E1
Bois-Normand-près-Lyre 27 .... 54 C2
Bois-lès-Pargny 02 .... 19 F3
Le Bois-Plage-en-Ré 17 .... 144 C2
Le Bois-Robert 76 .... 15 E2
Bois-le-Roi 77 .... 80 C1
Bois-le-Roi 27 .... 55 F2
Bois-Ste-Marie 71 .... 154 C2
Bois-Sir-Amé (Château de) 18 .... 135 F1
Bois-Thibault (Château de) 53 .... 75 D1
Boisbergues 80 .... 9 D4
Boisbreteau 16 .... 178 A1
Boiscommun 45 .... 80 A4
Boisdinghem 62 .... 3 E3
Boisdon 77 .... 59 D3
Boisemont 95 .... 57 D1
Boisemont 27 .... 32 B3
Boisgasson 28 .... 78 A4
Boisgervilly 35 .... 72 B3
Boisjean 62 .... 8 B2
Le Boisle 80 .... 8 C3
Boisleux-au-Mont 62 .... 10 A3
Boisleux-St-Marc 62 .... 10 A3
Boismé 79 .... 131 D2
Boismont 54 .... 39 E1
Boismont 80 .... 8 B4
Boismorand 45 .... 100 C2
Boisney 27 .... 30 C4
Boisrault 80 .... 16 C2
Boisredon 17 .... 177 E1
Boisroger 50 .... 26 C4
Boissay 76 .... 32 A1
Boisse 24 .... 196 B2
La Boisse 01 .... 171 F1
Boisse-Penchot 12 .... 199 D3
Boisseau 41 .... 98 B2
Boisseaux 45 .... 79 E3
Boissède 31 .... 228 C4
Boissei-la-Lande 61 .... 53 E3
Boisserolles 79 .... 146 B3
Boisseron 34 .... 234 C2
Boisset 43 .... 186 A1
Boisset 34 .... 232 B4
Boisset 15 .... 199 E2
Boisset-et-Gaujac 30 .... 218 A3
Boisset-lès-Montrond 42 .... 170 B3
Boisset-les-Prévanches 27 .... 55 F1
Boisset-St-Priest 42 .... 170 B4

Boissets 78 56 B2
Boissettes 77 80 B1
Boisseuil 87 164 C2
Boisseuilh 24 180 D2
Boissey 14 29 F4
Boissey 01 156 A1
Boissey-le-Châtel 27 31 D3
Boissezon 81 231 F3
Boissia 39 141 F3
La Boissière 53 94 B2
La Boissière 34 234 A2
La Boissière 39 157 D1
La Boissière 27 55 F1
La Boissière 14 30 A4
La Boissière (Anc. Abbaye) 44 96 B4
La Boissière-d'Ans 24 180 A2
La Boissière-de-Montaigu 85 112 C4
La Boissière-des-Landes 85 129 D3
La Boissière-du-Doré 44 112 C2
La Boissière-École 78 56 B3
La Boissière-en-Gâtine 79 131 D4
La Boissière-sur-Évre 49 112 C2
Boissières 30 235 D1
Boissières 46 197 F3
Boissise-la-Bertrand 77 80 B1
Boissise-le-Roi 77 80 B1
Boissy-l'Aillerie 95 33 D4
Boissy-aux-Cailles 77 80 B2
Boissy-le-Bois 60 33 D3
Boissy-le-Châtel 77 59 D2
Boissy-le-Cutté 91 80 A1
Boissy-en-Drouais 28 55 E3
Boissy-Fresnoy 60 34 C4
Boissy-Lamberville 27 30 C3
Boissy-Maugis 61 77 E1
Boissy-Mauvoisin 78 56 B1
Boissy-lès-Perche 28 55 D3
Boissy-le-Repos 51 59 F2
Boissy-la-Rivière 91 79 F2
Boissy-St-Léger 94 58 A3
Boissy-sans-Avoir 78 56 C2
Boissy-le-Sec 91 79 F1
Boissy-sous-St-Yon 91 57 E4
Boissy-sur-Damville 27 55 E2
Boistrudan 35 73 E4
Boisville-la-St-Père 28 79 D2
Boisyvon 50 51 D2
Boitron 77 59 D2
Boitron 61 53 F4
Bolandoz 25 125 E4
Bolazec 29 46 B4
Bolbec 76 14 B4
Bollène 84 241 E2
La Bollène-Vésubie 06 241 E2
Bolleville 76 14 C4
Bolleville 50 26 C2
Bollezeele 59 3 F2
Bollwiller 68 108 C1
Bologne 52 85 D3
Bolozon 01 156 C2
Bolquère 66 261 D3
Bolsenheim 67 89 E1
Bombon 77 58 C4
Bommes 33 194 B3
Bommiers 36 135 D2
Bommiers (Forêt de) 36 135 F2
Bompas 09 252 B4
Bompas 66 262 C2
Bomy 62 9 D1
Bon-Encontre 47 211 F2
Bona 58 120 C4
Bonac-Irazein 09 259 D3
Bonaguil (Château de) 47 197 D3
Bonas 32 228 A1
Bonboillon 70 124 C2
Boncé 28 78 C2
Bonchamp-lès-Laval 53 74 C4
Boncourt 28 55 E1
Boncourt 54 56 A2
Boncourt 02 20 B4
Boncourt-le-Bois 21 123 E3
Boncourt-sur-Meuse 55 63 E2
Bondaroy 45 80 A3
Bondeval 25 107 F4
Bondigoux 31 230 A1
Les Bondons 48 217 E1

Bondoufle 91 57 E4
Bondues 59 5 D3
Bondy 93 57 F2
Bonette (Cime de la) 04 223 E1
Bongheat 63 168 C2
Le Bonhomme 68 88 C3
Bonhomme (Col du) 68 88 C3
Bonifacio 2a 269 D4
Bonifato (Cirque de) 2B 264 B4
Bonlier 60 33 E1
Bonlieu 39 141 F3
Bonlieu-sur-Roubion 26 204 A3
Bonloc 64 225 D4
Bonnac 09 252 A2
Bonnac 15 184 B2
Bonnac-la-Côte 87 164 C1
Bonnal 25 107 D2
Bonnard 89 102 A1
Bonnat 23 150 B2
Bonnaud 39 141 D3
Bonnay 71 139 F4
Bonnay 80 17 F2
Bonnay 25 125 E2
Bonne 74 158 B2
Bonne 38 189 F4
Bonnebosq 14 29 F3
Bonnecourt 52 105 E1
Bonnée 45 100 B2
Bonnefamille 38 172 A3
Bonnefoi 61 54 B3
Bonnefond 19 166 A4
Bonnefont 65 249 F1
Bonnefontaine 39 141 E2
Bonnefontaine (Ancienne Abbaye de) 08 20C 1
Bonnefoy (Anc. Chartreuse de) 07 202 C1
Bonnegarde 40 226 A3
Bonneil 02 59 E1
Bonnelles 78 57 D4
Bonnemain 35 49 F4
Bonnemaison 14 28 C4
Bonnemazon 65 249 F3
Bonnencontre 21 123 F3
Bonnes 16 178 C2
Bonnes 86 132 C3
Bonnesvalyn 02 35 E4
Bonnet 55 63 D4
Bonnétable 72 76 C3
Bonnétage 25 126 B2
Bonnetan 33 194 B1
Bonneuil 36 149 E1
Bonneuil 16 162 A3
Bonneuil-les-Eaux 60 17 E4
Bonneuil-en-France 95 57 F1
Bonneuil-en-Valois 60 34 C3
Bonneuil-Matours 86 132 C3
Bonneuil-sur-Marne 94 57 F3
Bonneval 73 174 C3
Bonneval 43 185 E2
Bonneval 28 78 B3
Bonneval-sur-Arc 73 175 F4
Bonnevaux 74 159 D1
Bonnevaux 30 218 A1
Bonnevaux 25 142 B2
Bonnevaux-le-Prieuré 25 125 E3
Bonneveau 41 97 E2
Bonnevent-Velloreille 70 125 D1
Bonneville 16 162 B1
Bonneville 80 9 D4
Bonneville 74 158 C3
La Bonneville 50 25 D3
Bonneville-Aptot 27 31 D3
Bonneville-et-St-Avit-de-Fumadières 24 195 E1
La Bonneville-sur-Iton 27 55 D1
Bonneville-sur-Touques 14 30 A2
Bonneville-la-Louvet 14 30 B3
Bonnières 60 33 D1
Bonnières 62 9 D3
Bonnières-sur-Seine 78 56 B1
Bonnieux 84 237 D1
Bonningues-lès-Ardres 62 3 E3
Bonningues-lès-Calais 62 2 C1
Bonnœil 14 52 C1
Bonnœuvre 44 94 A4
Bonnut 64 225 D3
Bonny-sur-Loire 45 101 D3
Bono 56 91 D3

Bonrepos 65 249 F2
Bonrepos-Riquet 31 230 B2
Bonrepos-sur-Aussonnelle 31 229 E3
Bons-en-Chablais 74 158 B2
Bons-Tassilly 14 51 C1
Bonsecours 76 31 F1
Bonsmoulins 61 54 B3
Bonson 42 170 B4
Bonson 06 241 D3
Bonvillard 73 174 B3
Bonvillaret 73 174 B3
Bonviller 54 65 D3
Bonvillers 60 17 F4
Bonvillet 88 86 C3
Bonvouloir (Tour de) 61 52 D1
Bony 02 19 D1
Bonzac 33 177 F4
Bonzée 55 39 D4
Boô-Silhen 65 257 D2
Boofzheim 67 89 E1
Boos 76 31 F2
Boos 40 208 C4
Bootzheim 67 89 E2
Boqueho 22 47 E4
Bor-et-Bar 12 214 B2
Boran-sur-Oise 60 33 F3
Borbes (Rocher de) 63 169 D2
Borce 64 256 B3
Borcq-sur-Airvault 79 131 E2
Bord-St-Georges 23 151 D2
Bordeaux 33 194 A1
Bordeaux-en-Gâtinais 45 80 B4
Bordeaux-St-Clair 76 14 A3
Bordères 64 248 C2
Bordères-et-Lamensans 40 226 C1
Bordères-Louron 65 258 A3
Bordères-sur-l'Échez 65 249 D1
Bordes 64 248 C1
Bordes 65 249 E2
Les Bordes 71 140 B1
Les Bordes 36 135 D1
Les Bordes 45 100 B2
Les Bordes 89 81 F4
Les Bordes-Aumont 10 83 D3
Bordes-de-Rivière 31 250 B3
Les Bordes-sur-Arize 09 251 F3
Les Bordes-sur-Lez 09 259 D3
Bordezac 30 218 A1
Bords 17 160 C1
Borée 07 202 C1
Le Boréon 06 241 D1
Boresse-et-Martron 17 178 A2
Borest 60 34 B3
Borey 70 107 D3
Borgo 2b 265 E3
Les Bories 24 180 A2
Bormes-les-Mimosas 83 245 D2
Le Born 31 230 A1
Le Born 48 201 F3
Bornambusc 76 14 B4
Bornay 39 141 E3
Borne 07 202 B3
Borne 43 185 E3
Borne (Gorges de la) 07 202 B3
Bornel 60 33 E3
Born-de-Champs 24 196 B2
Boron 90 108 A3
Borre 59 4 B3
Borrèze 24 181 D4
Bors 17 178 C1
Bors 16 178 A1
Bort-l'Étang 63 168 C2
Bort-les-Orgues 19 183 D1
Borville 54 87 D1
Bosas 07 187 D1
Le Bosc 12 215 D2
Le Bosc 09 233 E2
Le Bosc 09 251 F4
Bosc-Bénard-Commin 27 31 D2
Bosc-Bénard-Crescy 27 31 D2
Bosc-Bérenger 76 16 A4
Bosc-Bordel 76 16 A4
Bosc-Édeline 76 16 A4
Bosc-Guérard 76 31 F1
Bosc-le-Hard 76 16 A4
Bosc-Hyons 76 32 C1
Bosc-Mesnil 76 16 A4
Le Bosc-Renoult 61 54 A1
Bosc-Renoult-en-Ouche 27 54 C1

Bosc-Renoult-en-Roumois 27 31 D2
Le Bosc-Roger-en-Roumois 27 31 E3
Bosc-Roger-sur-Buchy 76 16 A4
Boscamnant 17 178 B2
Bosco di u Coscione 2A 269 D1
Boscodon (Forêt de) 05 206 C3
Bosdarros 64 248 B2
Bosgouet 27 31 D2
Bosguérard-de-Marcouville 27 31 D2
Bosjean 71 140 C2
Bosmie-l'Aiguille 87 164 C2
Bosmont-sur-Serre 02 20 A3
Bosmoreau-les-Mines 23 150 A4
Bosnormand 27 31 E3
Le Bosquel 80 17 E3
Bosquentin 27 32 B2
Bosrobert 27 31 D3
Bosroger 23 151 D4
Bossancourt 10 84 A2
Bossay-sur-Claise 37 133 E2
La Bosse 25 126 B3
La Bosse 72 98 B2
La Bosse 72 77 D3
La Bosse-de-Bretagne 35 93 E1
Bossée 37 116 A3
Bosselshausen 67 66 C2
Bossendorf 67 67 D2
Bosserville 54 64 C3
Bosset 24 178 C4
Bosseval-et-Briancourt 08 21 F3
Bossey 74 158 A3
Bossieu 38 188 A1
Bossugan 33 195 D1
Bossus-lès-Rumigny 08 20 C2
Bost 03 153 E3
Bostens 40 209 F4
Bostz 03 152 C1
Bosville 76 14 C3
Botans 90 107 F3
Botmeur 29 46 A4
Botsorhel 29 46 B3
Les Bottereaux 27 54 C2
Botz-en-Mauges 49 113 D2
Bou 45 99 E2
Bouafle 78 56 C1
Bouafles 27 32 A3
Bouan 09 260 B1
Bouaye 44 111 E3
Boubers-lès-Hesmond 62 8 C1
Boubers-sur-Canche 62 9 D3
Boubiers 60 33 D3
Bouc-Bel-Air 13 237 E4
Boucagnères 32 228 B3
Boucard 18 119 E2
Boucau 64 224 B3
Boucé 03 153 E2
Boucé 61 53 D3
Boucey 50 50 B4
Le Bouchage 16 147 F4
Le Bouchage 38 172 C2
Le Bouchaud 03 154 A2
Bouchain 59 11 D3
Bouchamps-lès-Craon 53 94 B2
Le Bouchaud 03 154 A2
Bouchavesnes-Bergen 80 18 B1
Bouchemaine 49 113 F1
Boucheporn 57 41 D3
Bouchet 26 219 E1
Le Bouchet 86 132 A1
Le Bouchet 74 174 A1
Bouchet (Lac du) 43 202 A1
Le Bouchet-St-Nicolas 43 202 A1
Bouchevilliers 27 32 C2
Bouchoir 80 18 A3
Bouchon 80 17 E1
Le Bouchon-sur-Saulx 55 63 E4
Les Bouchoux 39 157 E2
Bouchy-St-Genest 51 59 F4
Boucieu-le-Roi 07 187 D3
Bouclans 25 125 F2
Boucoiran-et-Nozières 30 218 B3
Bouconville 08 37 E3
Bouconville-sur-Madt 55 63 D2

Bouconville-Vauclair 02 36 A1
Bouconvillers 60 33 D3
Boucq 54 63 E2
Boule d'Amont 66 262 A3
Boudes 63 168 B4
Boudeville 76 15 D3
Boudou 82 212 B3
Boudrac 31 250 A2
Boudreville 21 104 B1
Boudy-de-Beauregard 47 196 B3
Boué 02 19 F1
Bouée 44 111 D2
Boueilh-Boueilho-Lasque 64 226 C1
Bouelles 76 16 B3
Bouër 72 77 D4
Bouère 53 95 E2
Bouessay 53 95 E1
Bouesse 36 134 C3
Bouëx 16 163 D3
La Bouëxière 35 73 E3
Bouffémont 95 57 F1
Boufféré 85 112 B4
Bouffignereux 02 36 B2
Boufflers 80 8 C3
Bouffry 41 98 A1
Bougainville 80 17 D2
Bougarber 64 226 B4
Bougé-Chambalud 38 187 E1
Bouges-le-Château 36 117 E4
Bougey 70 106 A2
Bougival 78 57 D2
Bouglainval 28 56 A4
Bougligny 77 80 B3
Bouglon 47 210 C1
Bougneau 17 161 E3
Bougnon 70 106 C3
Bougon 79 147 D1
Bougue 40 209 F4
Bouguenais 44 111 F3
Bougy 14 28 C4
Bougy-lez-Neuville 45 79 F4
Bouhans 71 140 C2
Bouhans-et-Feurg 70 105 F4
Bouhans-lès-Lure 70 107 D3
Bouhans-lès-Montbozon 70 106 C4
Bouhet 17 145 F3
Bouhey 21 123 D3
Bouhy 58 120 B1
Le Bouilh 33 177 E4
Bouilh-Devant 65 249 E1
Bouilh-Péreuilh 65 249 E1
Bouilhonnac 11 253 F2
Bouillac 12 199 D3
Bouillac 24 196 C2
Bouillac 82 229 E1
La Bouilladisse 13 243 D2
Bouillancourt-la-Bataille 80 17 F3
Bouillancourt-en-Séry 80 16 B1
Bouillancy 60 34 C4
Bouilland 21 123 D3
Bouillargues 30 235 D2
La Bouille 76 31 E2
Bouillé-Courdault 85 145 F1
Bouillé-Loretz 79 114 B4
Bouillé-Ménard 49 94 B3
Bouillé-St-Paul 79 114 A4
La Bouillie 22 48 C3
Bouillon 64 226 B3
Le Bouillon 61 53 E4
Bouillonville 54 63 F3
Bouillouses (Lac des) 66 261 D3
Bouilly 51 36 B3
Bouilly 10 212 C1
Bouilly 89 102 B1
Bouilly-en-Gâtinais 45 80 A4
Bouin 79 147 D3
Bouin 85 111 D4
Bouin-Plumoison 62 8 C2
Bouisse 11 253 E4
Bouix 21 103 F1
Boujailles 25 142 B1
Boujan-sur-Libron 34 233 E4
Boujeons 25 142 B2
Boulages 10 60 B4
Boulaincourt 88 86 C1
Boulancourt 77 80 B3
Boulange 57 39 F2
Boulaur 32 228 C3

Boulay-Moselle 57 40 C3
La Boulaye 71 138 C2
Boulazac 24 179 F3
Boulbon 13 236 A1
Boulc 26 205 D2
Bouleternère 66 262 A2
Bouleurs 77 58 C2
Bouleuse 51 36 A3
Bouliac 33 194 B1
Boulieu-lès-Annonay 07 187 D2
Bouligneux 01 156 A4
Bouligny 55 39 F2
Boulin 65 249 E1
Boullarre 60 34 C4
Boullay-les-Deux-Églises 28 55 F4
Le Boullay-Mivoye 28 55 F4
Le Boullay-Thierry 28 56 A4
Boullay-les-Troux 91 57 D3
Boulleret 18 119 F1
Boulleville 27 30 B2
Bouloc 31 230 A1
Bouloc 82 212 C1
Boulogne 85 129 E2
Boulogne 44,
Boulogne 85 129 D1
Boulogne-Billancourt 92 57 E2
Boulogne (Château de) 07 203 D2
Boulogne-la-Grasse 60 18 A4
Boulogne-sur-Gesse 31 250 A1
Boulogne-sur-Helpe 59 12 B4
Boulogne-sur-Mer 62 2 B3
Boulon 14 29 D4
Boulot 70 125 D1
Le Boulou 66 262 C3
La Boulouze 50 51 D3
Boult 70 125 D1
Boult-aux-Bois 08 37 F1
Boult-sur-Suippe 51 36 D2
Le Boulvé 46 197 D4

Boulzicourt 08 21 E3
Boumois 49 114 B2
Boumourt 64 226 B4
Bouniagues 24 196 A2
Le Boupère 85 130 A2
Bouquehault 62 3 D3
Bouquelon 27 30 C2
Bouquemaison 80 9 D3
Bouquemont 55 63 D1
Bouquet 30 218 B2
Bouquetot 27 31 D2
Bouqueval 95 57 F1
Bouranton 10 83 D2
Bouray-sur-Juine 91 80 A1
Bourbach-le-Bas 68 108 A2
Bourbach-le-Haut 68 108 A2
La Bourbansais 35 72 C1
Bourberain 21 105 D4
Bourbévelle 70 106 C1
Bourbon-l'Archambault 03 136 C4
Bourbon-Lancy 71 138 B3
Bourbonne-les-Bains 52 106 A1
La Bourboule 63 167 E3
Bourbourg 59 3 E2
Bourbriac 22 47 D3
Bourcefranc-le-Chapus 17 160 B1
Bourcia 39 156 C1
Bourcq 08 37 E2
Bourdainville 76 15 E4
Bourdalat 40 226 C1
Bourdeau 73 175 D2
Bourdeaux 26 204 C3
Bourdeilles 24 179 E1
Le Bourdeix 24 163 E3
Bourdenay 10 82 B2
Le Bourdet 79 145 F3
Bourdettes 64 248 C2
Bourdic 30 218 C4
La Bourdinière 28 78 B2
Bourdon 80 17 D1
Bourdonnay 57 65 E2
Bourdonné 78 56 B3
Bourdons-sur-Rognon 52 85 E3
Bourecq 62 9 E1
Bouresches 02 35 E4
Bouresse 86 148 A1
Bouret-sur-Canche 62 9 E3
Boureuilles 55 38 A3
Bourg 52 105 D2
Bourg 33 177 D3
Le Bourg 46 198 C2
Bourg-Achard 27 31 E3
Bourg-Archambault 86 148 C1
Bourg-Argental 42 187 D2
Bourg-Beaudouin 27 32 A2
Bourg-Blanc 29 45 D2
Bourg-Bruche 67 88 C1
Bourg-Charente 16 162 A2
Bourg-le-Comte 71 154 A2
Bourg-de-Bigorre 65 249 E3
Bourg-de-Péage 26 188 B3
Bourg-de-Sirod 39 142 C3
Bourg-de-Thizy 69 154 C4
Bourg-de-Visa 82 212 B2
Bourg-des-Comptes 35 93 D1
Bourg-des-Maisons 24 179 E1
Le Bourg-d'Hem 23 150 A3
Le Bourg-d'Iré 49 94 B3
Le Bourg-d'Oisans 38 189 F3
Bourg-d'Oueil 31 258 B3

Bourg-du-Bost 24 178 C2
Bourg-Dun 76 15 E2
Bourg-en-Bresse 01 156 B2
Bourg-et-Comin 02 35 F2
Bourg-l'Évêque 49 94 B2
Bourg-Fidèle 08 21 D2
Bourg-Lastic 63 167 D3
Bourg-Madame 66 261 D4
Bourg-la-Reine 92 57 E3
Bourg-le-Roi 72 82 C2
Bourg-St-Andéol 07 219 D1
Bourg-St-Bernard 31 230 B3
Bourg-St-Christophe 01 172 A1
Le Bourg-St-Léonard 61 53 E2
Bourg-St-Maurice 73 175 D2
Bourg-Ste-Marie 52 85 F3
Bourg-sous-Châtelet 90 108 A2
Bourg-lès-Valence 26 187 F4
Bourgaltroff 57 65 E1
Bourganeuf 23 150 B4
Bourgbarré 35 73 D4
Bourgeauville 14 29 F4
Bourges 18 119 D4
Le Bourget 93 57 F2
Le Bourget-du-Lac 73 175 D2
Le Bourget-en-Huile 73 174 A4
Bourget (Lac du) 73 173 E2
Bourgheim 67 89 D1
Bourghelles 59 10 C1
Bourgnac 24 179 D4
Bourgneuf 17 145 E3
Bourgneuf 73 174 A3

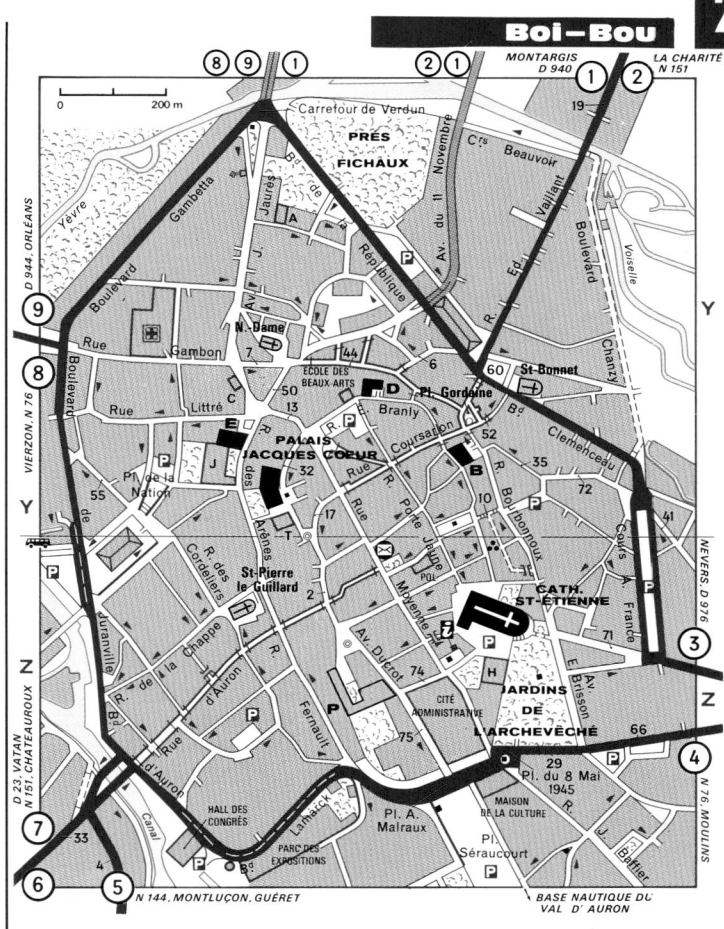

Bourges

Auron (R. d') .... Z
Jaurès (Av. Jean) .... Y
Moyenne (R.) .... YZ

Armuriers (R. des) .... Z 2
Branly (R. Edouard) ...... Y 4
Calvin (R.) .... Y 6
Cambournac (R.) .... Y 7
Chappe (R. de la) .... Z 10

Commerce (R. du) .... Y 13
Cujas (Hôtel) .... Y E
Dr-Témoin (R. du) ...... Y 17
Dormoy (Av. Marx) ..... Y 19
Échevins (Hôtel des) ... Y D
Hémerettes (R. des) .... Z 29
Jacques-Cœur (R.) ...... Y 32
J.-J.-Rousseau (R.) ...... Z 33
Joyeuse (R.) .... Y 35
Lallemant (Hôtel) .... Y B
Leblanc (R. N.) .... Y 41
Mirebeau (R.) .... Y 44

Notre-Dame (†) .... Y
Pelvoysin (R.) .... Y 50
Poissonnerie (R. de la) .. Y 52
Prinal (R.) .... Y 55
St-Bonnet (Pl. et †) ...... Y 60
St-Étienne (†) .... Z
St-Pierre (†) .... Z
Sarrebourg (R. de) .... Z 66
Strasbourg (R. de) .... Z 71
Tory (R. Geoffroy) .... Y 72
Victor-Hugo (R.) .... Z 74
95e-de-Ligne (R. du) .... Z 75

Bourgneuf-en-Mauges 49 113 D2
Bourgneuf-en-Retz 44 111 D4
Le Bourgneuf-la-Forêt 53 74 B3
Bourgogne 51 36 C2
Bourgoin-Jallieu 38 172 B3
Bourgon 53 74 B3
La Bourgonce 88 88 A2
La Bourgonnière 49 112 C1
Bourgougnague 47 196 A3
Bourgtheroulde-Infreville 27 31 E2
Bourguébus 14 29 D4
Bourgueil 37 115 D2
Bourguenolles 50 50 C2
Le Bourguet 83 239 E1
Bourguignon 25 126 C1
Bourguignon-lès-la-Charité 70 106 B4
Bourguignon-lès-Conflans 70 106 C2
Bourguignon-lès-Morey 70 105 F3
Bourguignon-sous-Coucy 02 35 D1
Bourguignon-sous-Montbavin 02 35 F1
Bourguignons 10 83 E3
Bourgvilain 71 155 E1
Bourideys 33 209 F1
Bouriège 11 253 D3
Bourigeole 11 253 D3
Bourisp 65 258 A3
Bourlens 47 197 D4
Bourlon 62 10 C4
Bourmont 52 85 F3
Bournainville-Faverolles 27 30 C4
Bournan 37 116 A4
Bournand 86 114 C4
Bournazel 12 199 E4
Bournazel 81 214 A3
Bourne (Gorges de la) 26,38 188 C3
Bourneau 85 130 A4
Bournel 47 196 B3
Bourneville 27 30 C2
Bournezeau 85 129 E3
Bourniquel 24 196 B1
Bournois 25 107 D4
Bournoncle-St-Pierre 43 184 C1
Bournoncles 15 184 B4
Bournonville 62 3 D3
Bournos 64 226 B4
Bourogne 90 108 A3
Bourran 47 211 D1
Bourré 41 116 C2
Bourréac 65 249 D2
Bourret 82 212 C4
Bourriot-Bergonce 40 210 A3
Bourron-Marlotte 77 80 C2
Bourrou 24 179 E3
Bourrouillan 32 227 E1
Bours 65 249 E1
Bours 62 9 E2
Boursault 51 36 A4
Boursay 41 77 F4
Bourscheid 57 66 B2
Bourseul 22 49 D4
Bourseville 80 8 A4
Boursières 70 106 B3
Boursies 59 10 B4
Boursin 62 3 D3
Boursonne 60 34 C3
Bourth 27 54 C3
Bourthes 62 3 D4
Bourville 76 15 D3
Boury-en-Vexin 60 32 C3
Bousbach 57 41 F3
Bousbecque 59 5 D3
Le Bouscat 33 194 A1
Le Bouschet-de-Pranles 07 203 E2
Bousies 59 11 E4
Bousignies 59 11 D2
Bousignies-sur-Roc 59 12 C3
Le Bousquet 11 261 E1
Le Bousquet-d'Orb 34 233 D2
Boussac 23 151 D2
Boussac 12 215 D2
Boussac 46 198 C3
La Boussac 35 50 B4
Boussac-Bourg 23 151 D2
Boussais 79 131 E2
Boussan 31 250 C2
Boussay 37 133 D2
Boussay 44 112 C4
Bousse 57 40 B2
Bousse 72 96 A2
Bousselange 21 124 A4
Boussenac 09 251 F4
Boussenois 21 105 D3
Boussens 31 251 D2
Bousseraucourt 70 106 B1
Boussès 47 210 C2
Bousseviller 57 42 C3
Boussey 21 122 C2
Boussicourt 80 18 A3
Boussières 25 125 D3
Boussières-en-Cambrésis 59 11 D4
Boussières-sur-Sambre 59 11 F3
Boussois 59 12 B3
Boussy 74 173 F1
Boussy-St-Antoine 91 58 A3
Boust 57 40 B1
Boustroff 57 41 D4
Bout-du-Pont-de-Larn 81 231 F4
Boutancourt 08 21 E3
Boutavent 60 16 C4
La Bouteille 02 20 B2
Bouteilles-St-Sébastien 24 178 C1
Boutenac 11 254 B2
Boutenac-Touvent 17 160 C4
Boutencourt 60 32 C2
Boutervilliers 91 79 E1
Bouteville 16 162 A3
Boutiers-St-Trojan 16 161 F2
Boutigny 77 58 C2
Boutigny-sur-Essonne 91 80 A1
Boutigny-sur-Opton 28 56 B3
Boutonne 17, 79 160 C1
Bouttencourt 80 16 B2
Boutteville 50 25 E4
Boutx 31 258 C3
Bouvaincourt-sur-Bresle 80 16 B1
Bouvancourt 51 36 A2
Bouvante 26 188 B4
Bouvelinghem 62 3 D3
Bouvellemont 08 21 E4
Bouverans 25 142 B1
Bouvesse-Quirieu 38 172 C2
Bouvières 26 204 B3
Bouvignies 59 10 C2
Bouville 76 15 D4
Bouville 28 78 B3
Bouville 91 80 A1
Bouvincourt-en-Vermandois 80 18 C2
Bouvines 59 10 C1
Bouvresse 60 16 C4
Bouvron 44 111 E1
Bouvron 54 63 F3
Boux-sous-Salmaise 21 122 C1
Bouxières-aux-Bois 88 87 D2
Bouxières-aux-Chênes 54 64 C2
Bouxières-aux-Dames 54 64 B2
Bouxières-sous-Froidmont 54 64 B1
Bouxurulles 88 87 D2
Bouxwiller 68 108 C4
Bouxwiller 67 66 C1
Bouy 51 37 D4
Bouy-Luxembourg 10 83 E2
Bouy-sur-Orvin 10 82 A1
Bouyon 06 223 F4
Le Bouyssou 46 198 C2
Bouzais 18 136 A3
Bouzancourt 52 84 C2
Bouzanville 54 86 C1
Bouze-lès-Beaune 21 123 D4
Bouzèdes (Belvédère des) 48 217 F1
Bouzel 63 168 C2
Bouzemont 88 87 D2
Bouzeron 71 139 F1
Bouzic 24 197 E2
Bouziès 46 198 A4
Bouzigues 34 234 A4
Bouzillé 49 112 C2
Bouzin 31 250 C2
Bouzincourt 80 18 A1
Bouzon-Gellenave 32 227 E2
Bouzonville 57 41 D2
Bouzonville-aux-Bois 45 79 F4
Bouzonville-en-Beauce 45 79 F3
Bouzy 51 36 C4
Bouzy-la-Forêt 45 100 A2
Bovée-sur-Barboure 55 63 D3
Bovel 35 92 C1
Bovelles 80 17 E2
Boves 80 17 F2
Boviolles 55 63 D3
Boyaval 62 9 E1
Boyelles 62 10 A3
Boyer 71 140 A3
Boyer 42 154 C3
Boyeux-St-Jérôme 01 156 C4
Boynes 45 80 A4
Boz 01 155 F1
Bozel 73 175 D4
Bozouls 12 200 A4
Brabant-en-Argonne 55 38 B4
Brabant-le-Roi 55 62 B2
Brabant-sur-Meuse 55 38 C3
Brach 33 176 C3
Brachay 52 84 C2
Braches 80 17 F3
Brachy 76 15 E2
Bracieux 41 98 C4
Bracon 39 141 F1
Bracquemont 76 15 F2
Bracquetuit 76 15 F4
Bradiancourt 76 16 A4
Braffais 50 51 D2
Bragassargues 30 218 A4
Bragayrac 31 229 E4
Brageac 15 182 C2
Bragelogne 10 103 E1
Bragny-sur-Saône 71 140 B1
Brahic 07 218 A1
Braillans 25 125 E2
Brailly-Cornehotte 80 8 C3
Brain 21 122 C1
Brain-sur-Allonnes 49 114 C2
Brain-sur-l'Authion 49 114 A1
Brain-sur-Longuenée 49 94 C4
Brain-sur-Vilaine 35 93 D2
Brainans 39 141 E1
Braine 02 35 F2
Brains 44 111 E3
Brains-sur-Gée 72 76 A4
Brains-sur-les-Marches 53 94 A1
Brainville 50 26 C4
Brainville 54 39 E3
Brainville-sur-Meuse 52 85 F3
Braisnes 60 34 B1
Braize 03 136 B3
Bralleville 54 86 C1
Bram 11 253 D2
Bramabiau (Abîme du) 30 217 D3
Bramans 73 191 D2
Brametot 76 15 D3
Bramevaque 65 250 A3
Bran 17 177 F1
Branceilles 19 181 E4
Branches 89 102 A2
Brancion 71 140 A4
Brancourt-en-Laonnois 02 35 E1
Brancourt-le-Grand 02 19 E1
Brandérion 56 90 C1
Brandeville 55 38 B2
Brandivy 56 91 D2
Brando 2b 265 E1
Brandon 71 155 D1
Brandonnet 12 214 B1
Brandonvillers 51 61 E4
Branféré (Parc Zoologique de) 56 92 A3
Branges 71 140 C3
Brangues 38 172 C2
Brannay 89 81 E3
Branne 25 126 A1
Branne 33 194 C1
Brannens 33 194 C3
Branoux-les-Taillades 30 218 A2
Brans 39 124 B2
Bransat 03 152 C2
Branscourt 51 36 A3
Bransles 77 80 C3
Brantes 84 220 B2
Brantigny 88 87 D2
Brantôme 24 179 E1
Branville 14 29 F3
Branville-Hague 50 24 C2
Braquis 55 39 D3
Bras 83 238 B3
Bras-d'Asse 04 222 A4
Bras-sur-Meuse 55 38 C3
Brasc 12 215 E4
Brasles 02 35 E4
Braslou 37 115 E4
Brasparts 29 69 E1
Brassac 09 252 A4
Brassac 82 212 B2
Brassac 81 232 A3
Brassac-les-Mines 63 184 C1
Brasseitte 55 63 D2
Brassempouy 40 226 A2
Brasseuse 60 34 B3
Brassy 80 17 D3
Brassy 58 121 F2
Bratte 54 64 B2
Braucourt 52 62 A4
Braud-et-St-Louis 33 177 D2
Braus (Col de) 06 241 E3
Brauvilliers 55 62 C4
Braux 21 122 B1
Braux 04 223 D3
Braux 10 83 F1
Braux-le-Châtel 52 84 C4
Braux-St-Remy 51 62 A1
Braux-Ste-Cohière 51 37 F4
Brax 47 211 E2
Brax 31 229 E3
Bray 71 139 F4
Bray 27 31 D4
Bray-la-Campagne 14 29 E4
Bray-Dunes 59 4 B1
Bray-en-Val 45 100 A2
Bray-et-Lû 95 32 C4
Bray-lès-Mareuil 80 16 C1
Bray-St-Christophe 02 18 C3
Bray-sur-Seine 77 81 E1
Bray-sur-Somme 80 18 B2
Braye 02 35 E2
Braye-en-Laonnois 02 35 F1
Braye-en-Thiérache 02 20 B3
Braye-sous-Faye 37 115 E4
Braye-sur-Maulne 37 96 B4
Brazey-en-Morvan 21 122 B3
Brazey-en-Plaine 21 124 A3
Bréal-sous-Montfort 35 72 C4
Bréal-sous-Vitré 35 74 B3
Bréançon 95 33 D4
Bréau 77 58 C4
Bréau-et-Salagosse 30 217 D4
Bréauté 76 14 B4
Bréban 51 61 D4
Brebières 62 10 B2
Brebotte 90 108 A3
Brécé 35 73 E3
Brecé 53 74 C1
Brécey 50 51 D3
Brech 56 91 D2
Brechainville 88 85 F2
Bréchamps 28 56 A3
Bréchaumont 68 108 B3
Brèche au Diable 14 52 C1
Brèches 37 96 C4
Breconchaux 25 125 F1
Brectouville 50 27 E4
Brécy 18 119 E3
Brécy 14 28 C3
Brécy 02 35 E4
Brécy-Brières 08 37 F2
La Brède 33 194 A2
Brée 53 75 D3
La Brée-les-Bains 17 144 C4
Bréel 61 52 B2
Brégnier-Cordon 01 173 D3
Brégy 60 34 C4
Bréhain 57 65 D1
Bréhain-la-Ville 54 39 E1
Bréhal 50 50 B1
Bréhan 56 71 E3
Bréhand 22 71 F1
Bréhémont 37 115 E2
Bréhéville 55 38 C2
Breidenbach 57 42 C3
Breil 49 115 D1
Le Breil-sur-Mérize 72 76 C4
Breil-sur-Roya 06 241 F2
Breilly 80 17 E2
La Breille-les-Pins 49 114 C2
Breistroff-la-Grande 57 40 B1
Breitenau 67 89 D2
Breitenbach 67 89 D1
Breitenbach-Haut-Rhin 68 88 C4
Brélès 29 44 C2
Brélidy 22 47 D2
Brémenil 54 65 F4
Brêmes 62 3 D2
Bremmelbach 67 43 E4
Brémoncourt 54 64 C4
Bremondans 25 126 A2
Brémontier-Merval 76 32 B1
Brémoy 14 51 F1
Brémur-et-Vaurois 21 104 A3
Bren 26 187 F3
Brenac 11 253 D4
Brenas 34 233 E2
Brenat 63 168 C4
Brénaz 01 157 E4
Brenelle 02 35 F2
Brengues 46 198 B3
Brennes 52 105 D2
Brennilis 29 46 A4
Brénod 01 157 D3
Brenon 83 239 E1
Brenouille 60 34 A2
Brenoux 48 201 E4
Brens 81 230 C1
Brens 01 173 D2
Brenthonne 74 158 B2
Breny 02 35 E3
La Bréole 04 206 B4
Brères 25 125 D4
Bréry 39 141 E2
Bresdon 17 162 A1
Les Bréseux 25 126 C2
Bresilley 70 124 C2
Bresle 80 18 A1
Bresle 76,80 16 A1
Bresles 60 33 E2
Bresnay 03 152 C1
Bresolettes 61 54 B4
La Bresse 88 88 B4
Bresse-sur-Grosne 71 139 F3
Bressey-sur-Tille 21 123 F2
Bressieux 38 188 B1
Bressolles 03 137 E4
Bressolles 01 172 A1
Bressols 82 213 D4
Bresson 38 189 E3
Bressoncourt 52 85 E1
Bressuire 79 130 C2
Brest 29 45 D3
Brestot 27 30 D2
Bretagne 90 108 A3
Bretagne 36 117 F4
Bretagne-d'Armagnac 32 210 C4
Bretagne-de-Marsan 40 226 B1
Bretagnolles 27 55 F1
Breteau 45 101 D3
Breteil 35 72 C3
Bretenière 21 123 F2
La Bretenière 25 125 F1
La Bretenière 39 124 C3
Bretenières 39 141 D1
Bretenoux 46 198 B1
Breteuil 27 55 D2
Breteuil 78 57 D3
Breteuil 60 17 E4
Brethel 61 54 B3
Brethenay 52 85 D3
Le Brethon 03 136 B4
Bretigney 25 107 E4
Bretigney-Notre-Dame 25 125 F2
Bretignolles 79 130 C1
Bretignolles-sur-Mer 85 128 B3
Brétignolles-le-Moulin 53 75 D1
Bretigny 21 123 F1
Brétigny 27 31 D3
Brétigny 60 18 C4
Brétigny-sur-Orge 91 57 E4
Bretoncelles 61 77 E1
La Bretonnière 85 129 E4
Bretonvillers 25 126 B2
Brette 26 204 C3
Brette-les-Pins 72 96 C1
Bretten 68 108 B2
Brettes 16 147 D4
Bretteville 50 25 D2
Bretteville-du-Grand-Caux 76 14 B4
Bretteville-l'Orgueilleuse 14 28 C3
Bretteville-St-Laurent 76 15 D3
Bretteville-sur-Ay 50 26 B2
Bretteville-sur-Dives 14 29 F4
Bretteville-sur-Laize 14 29 D4
Bretteville-sur-Odon 14 29 D3
Bretteville-le-Rabet 14 29 E4
Brettnach 57 41 D2
Bretx 31 229 E2
Breuches 70 106 C2
Breuchotte 70 107 D2
Breugnon 58 120 C1
Breuil 80 18 C3
Breuil 51 36 A2
Le Breuil 69 171 D1
Le Breuil 03 153 F3
Le Breuil 71 139 E2
Le Breuil 51 60 A1
Breuil-Barret 85 130 B3
Le Breuil-Bernard 79 130 C2
Breuil-Bois-Robert 78 56 B1
Breuil-Chaussée 79 130 C1
Le Breuil-en-Auge 14 30 A3
Le Breuil-en-Bessin 14 28 B3
Breuil-Magné 17 145 E4
Breuil-la-Réorte 17 145 F3
Breuil-le-Sec 60 33 F2
Le Breuil-sous-Argenton 79 114 A4
Le Breuil-sur-Couze 63 168 B4
Breuil-sur-Marne 52 62 B4
Breuil-le-Vert 60 33 F2
Breuilaufa 87 149 D4
Breuilh 24 179 F3
Breuillet 17 160 B2
Breuillet 91 57 D4
Breuilpont 27 56 A1
Breurey-lès-Faverney 70 106 C2
Breuschwickersheim 67 67 D3
Breuvannes 52 85 F4
Breuvery-sur-Coole 51 61 D2
Breuville 50 24 C2
Breux 55 22 C4
Breux-Jouy 91 57 D4
Breux-sur-Avre 27 55 D3
Brévainville 41 98 B1
Bréval 78 56 A1
Brévands 50 27 E3
Brevans 39 124 B3
Le Brévedent 14 30 B3
Le Brévent 74 159 E4
Brèves 58 121 D1
Les Bréviaires 78 56 C3
Bréviandes 10 83 D3
La Brévière 14 53 E1
Bréville 16 161 F2
Bréville 14 29 E3
Bréville-sur-Mer 50 50 B1
Brévillers 80 9 E3
Brévillers 62 8 C2
Brevilliers 70 107 F3
Brévilly 08 22 A3
Brévonnes 10 83 F2
Bréxent-Énocq 62 8 B1
Brey-et-Maison-du-Bois 25 142 B2
Brézé 49 114 C3
Brézellec (Pointe de) 29 8 A2
Bréziers 05 206 B4
Brézilhac 11 253 D2
Brézins 38 188 B1
Brézolles 28 55 E3
Brezons 15 183 E4
Le Brézouard 68 88 C2
Briançon 05 191 D4
Briançonnet 06 223 D4
Brianny 21 122 B1
Briant 71 154 B2
Briantes 36 135 D4
Briare 45 100 C3
Briarres-sur-Essonne 45 80 A3
Briastre 59 11 D4
Briatexte 81 230 C2
Briaucourt 70 106 C2
Briaucourt 52 85 D3
Bricon 52 84 C4
Briconville 28 78 B1
Bricot-la-Ville 51 59 F3
Bricquebec 50 24 C3
Bricquebosq 50 24 C2
Bricqueville-la-Blouette 50 26 C4
Bricqueville 14 28 A2
Bricqueville-sur-Mer 50 50 B1
Bricy 45 99 D1
Brides-les-Bains 73 174 C4
Bridoire 24 196 A2
La Bridoire 73 173 D3
Bridoré 37 116 C4
Brie 80 18 C2
Brie 09 252 A2
Brie 35 93 E1
Brie 79 131 F1
Brie 02 19 E4
Brie 16 162 C2
Brie-Comte-Robert 77 58 A3
Brié-et-Angonnes 38 189 E3
Brie-sous-Archiac 17 161 F4
Brie-sous-Barbezieux 16 178 B1
Brie-sous-Chalais 16 178 B1
Brie-sous-Matha 17 161 F2
Brie-sous-Mortagne 17 160 C4
Briec 29 69 D2
Briel-sur-Barse 10 83 E3
Brielles 35 74 A4
Brienne 71 140 B4
Brienne-le-Château 10 84 A2
Brienne-sur-Aisne 08 36 B1
Brienne-la-Vieille 10 84 A2
Briennon 42 154 B3
Brienon-sur-Armançon 89 102 B1
Brière (Parc Régional de) 44 92 B4
Brières-les-Scellés 91 79 F1
Brieuil-sur-Chizé 79 146 B3
Brieulles-sur-Bar 08 37 F1
Brieulles-sur-Meuse 55 38 B2
Brieux 61 53 D2
Briey 54 39 F3
Briffons 63 167 E3
Brignac 56 72 A3
Brignac 34 233 F3
Brignac-la-Plaine 19 180 C2
Brignais 69 171 E3
Brignancourt 95 33 D4
Brigné 49 114 A2
Brignemont 31 229 D1
Brignogan-Plage 29 45 E1
Brignoles 83 244 B1
Brignon 30 218 B4
Le Brignon 43 185 F4
La Brigue 06 241 F1
Brigueil-le-Chantre 86 149 D1
Brigueuil 16 164 A1
Briis-sous-Forges 91 57 D4
Brillac 16 148 B4
La Brillanne 04 221 E4
Brillecourt 10 83 E1
Brillevast 50 25 D2
Brillon 59 11 D2
Brillon-en-Barrois 55 62 B3
Brimeux 62 8 B2
Brimont 51 36 B2
Brin-sur-Seille 54 64 C2
Brinay 18 118 B3
Brinay 58 121 E4
Brinckheim 68 109 D3
Brindas 69 171 D2
Bringolo 22 47 E3
Brinon-sur-Beuvron 58 121 D2
Brinon-sur-Sauldre 18 100 A4
Briod 39 141 E3
Briollay 49 95 E4
Brion 38 188 B1
Brion 71 139 D1
Brion 89 102 A1
Brion 86 147 F1
Brion 01 157 D3
Brion 49 114 B1
Brion 36 134 C1
Brion 48 200 C2
Brion (Pont de) 38 205 E1
Brion-près-Thouet 79 114 B4
Brion-sur-Ource 21 104 A1
Brionne 27 31 D3
La Brionne 23 150 B3
Briord 01 172 C2
Briosne-lès-Sables 72 76 C3
Briot 60 16 C4
Briou 41 98 C2
Brioude 43 184 C2
Brioux-sur-Boutonne 79 146 C3
Briouze 61 52 B3
Briquemesnil-Floxicourt 80 17 D2
Briquenay 08 37 F2
Briscous 64 224 C3
Brison-St-Innocent 73 173 E2
Brissac 34 234 A1
Brissac-Quincé 49 113 F2
Brissarthe 49 95 E3
Brissay-Choigny 02 19 E3
Brissy-Hamégicourt 02 19 E3
Brive-la-Gaillarde 19 181 D3
Brives 36 135 D2
Brives-Charensac 43 185 F3
Brives-sur-Charente 17 161 E3
Brivezac 19 181 F4
Brix 50 24 C2
Brixey-aux-Chanoines 55 86 A1
Brizambourg 17 161 E1
Brizay 37 115 E3
Brizeaux 55 62 B1
Brizon 74 158 C3
Broc 49 96 B4
Le Broc 63 168 B4
Le Broc 06 241 D3
Brocas 40 209 E3
Brochon 21 123 E2
Brocourt 80 16 C2
Brocourt-en-Argonne 55 38 B4
Broglie 27 54 B1
Brognard 25 107 F4
Brognon 21 123 F1
Brognon 08 20 C2
Broin 21 123 F4
Broindon 21 123 E3
Broissia 39 156 C1
Brombos 60 16 C4
Bromeilles 45 80 B3
Brommat 12 200 A1
Bromont-Lamothe 63 167 F2
Bron 69 171 F2
Broncourt 52 105 F2
Bronvaux 57 40 A3
Broons 22 72 A2
Broons-sur-Vilaine 35 73 E3
La Broque 67 66 B4
Broquiers 60 16 C4
Broquiès 12 215 E4
Brossac 16 178 A1
Brossainc 07 187 D1
Brossay 49 114 B3
Brosse 36 149 E1
La Brosse-Montceaux 77 81 D2
Brosses 89 102 B4
Brosville 27 31 F4
Brotonne (Parc Régional de) 76 31 D1
Brotonne (Pont de) 76 31 D1
Brotte-lès-Luxeuil 70 107 D2
Brotte-lès-Ray 70 106 A3
Brottes 52 85 D4
Brou 28 78 A3
Brou-sur-Chantereine 77 58 A2
Brouage 17 160 B1
Brouains 50 51 E3
Broualan 35 50 B4
Brouay 14 28 C3
Brouchaud 24 180 A2
Brouchy 80 18 C3
Brouck 57 40 C3
Brouckerque 59 3 F2
Brouderdorff 57 66 A3
Broué 28 56 A3
Brouennes 55 38 B1
Le Brouilh 32 228 A2
Brouilla 66 262 C3
Brouillet 51 36 A3
Brouilly (Mont) 69 155 E3
Brouis (Col de) 06 241 E2
Brouqueyran 33 194 C4
Brousse 23 151 E4
Brousse 63 168 C3
Brousse 81 231 D2
La Brousse 17 161 F1
Brousse-le-Château 12 215 E4
Brousses-et-Villaret 11 253 E1
Brousseval 52 84 C1
Broussey-en-Blois 55 63 D3
Broussey-en-Woëvre 55 63 E2
Broussy-le-Grand 51 60 B3
Broussy-le-Petit 51 60 A2
Broût-Vernet 03 153 D3
Brouthières 52 85 E1
Brouvelieures 88 87 F2
Brouville 54 65 E4
Brouviller 57 66 B2
Brouy 91 80 A2
Brouzet-lès-Alès 30 218 B3
Brouzet-lès-Quissac 30 234 C1
Les Brouzils 85 129 E1
Broxeele 59 3 F3
Broye 70 124 B2
Broye 71 139 D1
Broye-les-Loups-et-Verfontaine 70 124 B1
Broyes 51 60 A3
Broyes 60 17 F4
Broze 81 214 A4
Brû 88 87 E1
Bruailles 71 140 C3
Bruay-en-Artois 62 9 F1
Bruay-sur-l'Escaut 59 11 E2
Bruc-sur-Aff 35 92 C2
Brucamps 80 9 D4
Bruch 47 211 D2
Bruche 67 66 C4
Brucheville 50 25 E4
Brucourt 14 29 E3
Brue-Auriac 83 238 B3
Bruebach 68 108 C2
Brueil-en-Vexin 78 56 C1
Bruère-Allichamps 18 135 F2
La Bruère-sur-Loir 72 96 C3
La Bruffière 85 112 C4
Brugairolles 11 253 D2
Le Brugeron 63 169 E2
Bruges 64 248 C2
Bruges 33 193 F1
Brugheas 03 153 D4
Brugnac 47 196 A4
Brugnens 32 228 C1
Brugny-Vaudancourt 51 60 B1
La Bruguière 30 218 C3
Bruguières 31 229 F2
Bruille-lez-Marchiennes 59 10 C2
Bruille-St-Amand 59 11 D1
Bruis 05 205 D4
Brûlain 79 146 B2
Les Brulais 35 92 C1
Brulange 57 65 D1
La Brûlatte 53 74 B4
Bruley 54 63 F3
Brullemail 61 53 F3
Brullioles 69 170 C2
Brûlon 72 95 F1
Brumath 67 67 D2
Brumetz 02 35 D4
Brunehamel 02 20 C3
Brunelles 28 77 E2
Les Brunels 11 231 D4
Brunembert 62 3 D3
Brunémont 59 10 C3
Brunet 04 221 E4
Bruneval 76 14 A4
Bruniquel 82 213 F3
Brunoy 91 57 F3
Brunstatt 68 108 C2
Brunville 76 15 F1
Brunvillers-la-Motte 60 17 F4
Brusque 12 232 C2
Le Brusquet 04 222 B2
Brussey 70 125 D2
Brussieu 69 171 D2
Brusson 51 61 F3
Brusvily 22 72 B1
Brutelles 80 8 A4
Bruville 54 39 F3
Brux 86 147 E2
La Bruyère 70 107 D2
Bruyères 88 87 F2
Bruyères-le-Châtel 91 57 D4
Bruyères-et-Montbérault 02 35 F1
Bruyères-sur-Fère 02 35 E3
Bruyères-sur-Oise 95 33 F4
Bruys 02 35 F3
Bruz 35 72 C4
Bry 59 11 E3
Bry-sur-Marne 94 58 A2
Bryas 62 9 E2
Bû 28 56 A2
Le Bû-sur-Rouvres 14 29 E4
Buais 50 51 E4
Buanes 40 226 B2
Bubertré 61 54 B4
Bubry 56 70 C4
Buc 78 57 D3
Buc 90 107 F3
Bucamps 60 33 F1
Bucéels 14 28 C3
Bucey-en-Othe 10 82 C3
Bucey-lès-Gy 70 125 D1
Bucey-lès-Traves 70 106 B3
Buchelay 78 56 B1
Buchères 10 83 D3
Buchey 52 84 C2
Buchy 57 64 C1
Buchy 76 16 A4
Bucilly 02 20 B2
Bucquoy 62 10 A4
Bucy-lès-Cerny 02 19 E4
Bucy-le-Long 02 35 E2
Bucy-lès-Pierrepont 02 20 B4
Bucy-le-Roy 45 79 E4
Bucy-St-Liphard 45 99 D1
Budelière 23 151 E3
Buding 57 40 C2
Budling 57 40 C2
Budos 33 194 B3
Bué 18 119 F2
Buèges (Gorges de la) 34 234 A1
Buèges (Source de la) 34 234 A1
Bueil 27 56 A1
Bueil-en-Touraine 37 97 D3

Buellas 01 156 B2
Buet (Mont) 74 159 E3
Buethwiller 68 108 B3
Buffard 25 125 D4
Buffières 71 155 D1
Buffignécourt 70 106 B2
Buffon 21 104 A3
Bugarach 11 253 E4
Bugard 65 225 F4
Bugeat 19 166 A3
Bugnein 64 225 F4
Bugnicourt 59 10 C3
Bugnières 52 104 C1
Bugny 25 126 A4
Le Bugue 24 196 C1
Buhl 68 108 B1
Buhl 67 67 F1
Buhl-Lorraine 57 66 A2
Buhy 95 32 C3
Buicourt 60 32 C1
Buigny-l'Abbé 80 8 C4
Buigny-lès-Gamaches 80 16 B1
Buigny-St-Maclou 80 8 B4
Buire 02 20 B2
Buire-au-Bois 62 9 D3
Buire-Courcelles 80 19 E2
Buire-le-Sec 62 8 C2
Buire-sur-l'Ancre 80 18 A1
Buironfosse 02 20 A1
Le Buis 87 149 D4
Buis-les-Baronnies 26 220 B1
Buissard 05 206 B2
Le Buisse 38 189 D1
Le Buissière 38 173 F4
Buisson 84 219 F1
Le Buisson 48 201 D3
Le Buisson 51 61 F3
Le Buisson-Cussac 24 196 C1
Buissoncourt 54 64 C3
Buissy 62 10 B3
Bujaleuf 87 165 E2
Bulainville 55 62 C1
Bulan 65 249 E3
Bulat-Pestivien 22 47 D4
Bulcy 58 120 A3
Buléon 56 71 E4
Bulgnéville 88 86 B3
Bulhon 63 168 C1
Bullainville 28 78 C3
Bulle 25 143 F4
Bullecourt 62 10 B4
Bulles 60 33 F1
Bulligny 54 63 F4
Bullion 78 57 D4
Bullou 28 78 B3
Bully 14 29 D4
Bully 76 16 A3
Bully 69 171 D1
Bully 42 170 A1
Bully-les-Mines 62 10 A2
Bulson 08 21 F4
Bult 88 87 F2
Bun 65 257 D2
Buncey 21 104 A2
Buneville 62 9 E3
Buno-Bonnevaux 91 80 A2
Bunzac 16 163 D2
Bunus 64 247 D1
Buoux 84 237 D1
Burbach 67 66 A1
La Burbanche 01 172 C1
Burbure 62 9 E1
Burcin 38 172 C4
Burcy 14 51 F2
Burcy 77 80 B3
Burdignes 42 187 D2
Burdignin 74 158 C2
Buré 61 76 C1
Bure 55 63 D4
Bure-les-Templiers 21 104 B3
Burelles 02 20 A1
Bures 61 54 A4
Bures 54 65 D3
Bures-en-Bray 76 16 A3
Bures-les-Monts 14 51 E1
Bures-sur-Dives 14 29 E3
Bures-sur-Yvette 91 57 D3
Le Buret 53 95 E1
Burey 27 55 D1
Burey-la-Côte 55 63 E4
Burey-en-Vaux 55 63 E4
Burg 65 249 F2
Burgalays 31 250 B4
Eurgaronne 64 225 F4
Le Burgaud 31 229 E1
Burgille 25 124 C2
Burgnac 87 164 B2
Burgy 71 140 A4
Burie 17 161 E2
Buriville 54 65 E4
Burlats 81 231 E4
Burlioncourt 57 65 D1
Burnand 71 139 F3

Burnevillers 25 127 D1
Burnhaupt-le-Bas 68 108 B3
Burnhaupt-le-Haut 68 108 B2
Buron (Château) 63 168 B3
Buros 64 226 C3
Burosse-Mendousse 64 226 C3
Burret 09 251 E4
Bursard 61 53 E4
Burthecourt-aux-Chênes 54 64 C4
Burtoncourt 57 40 C3
Bury 60 33 F2
Burzet 07 202 C2
Burzy 71 139 F3
Bus 62 18 C1
Bus-lès-Artois 80 9 F4
Bus-la-Mésière 80 18 A4
Bus-St-Rémy 27 32 B4
Buschwiller 68 109 D3
Busigny 59 19 E1
Busloup 41 98 A2
Busnes 62 4 B4
Busque 81 231 D1
Bussac 24 179 E2
Bussac 17 161 D2
Bussac-Forêt 17 177 F2
Bussaglia 2b 266 A3
Buzançais 36 134 A1
Bussang 88 107 F1
Bussang (Col de) 68,88 108 A1
Le Busseau 79 130 C3
Busseaut 21 104 A3
Busséol 63 168 B3
Bussercles 24 163 E3
Busserotte-et-Montenaille 21 104 C3
Busset 03 153 E4
Bussiares 02 35 D4
La Bussière 45 100 C3
La Bussière 86 133 D3
Bussière-Badil 24 163 E3
Bussière-Boffy 87 148 C4
Bussière-Dunoise 23 150 A2
Bussière-Galant 87 164 B3
Bussière-Nouvelle 23 151 E4
Bussière-Poitevine 87 148 C2
Bussière-St-Georges 23 150 C1
La Bussière-sur-Ouche 21 123 D3
Bussières 63 151 F4
Bussières 77 59 D2
Bussières 89 122 A1
Bussières 42 170 B1
Bussières 70 125 D1
Bussières 71 155 E2
Bussières 21 104 C3
Bussières-lès-Belmont 52 105 F2
Bussières-et-Pruns 63 153 D4
Busson 52 85 E2
Bussu 80 18 C2
Bussunarits-Sarrasquette 64 247 D2
Bussurel 70 107 F4
Bussus-Bussuel 80 8 C4
Bussy 18 136 A1
Bussy 60 18 C4
Bussy-Albieux 42 170 A2
Bussy-le-Château 51 37 E4
Bussy-la-Côte 55 62 B2
Bussy-les-Daours 80 17 F2
Bussy-en-Othe 89 82 A4
Bussy-le-Grand 21 103 F4
Bussy-Lettrée 51 61 D2
Bussy-la-Pesle 21 123 D2
Bussy-la-Pesle 58 120 C2
Bussy-les-Poix 80 17 D2
Bussy-Rabutin 21 103 F4
Bussy-le-Repos 89 81 E4
Bussy-le-Repos 51 61 F2
Bussy-St-Georges 77 58 B2
Bussy-St-Martin 77 58 B2
Bust 67 66 B2
Bustanico 2b 267 E1
Bustince-Iriberry 64 246 C2
Buswiller 67 67 D2
Busy 25 125 D3
Butgnéville 55 39 E4
Buthiers 77 80 B2

Buthiers 70 125 E1
Butot 76 15 E4
Butot-Vénesse 76 14 C2
Butry-sur-Oise 95 33 E4
Butteaux 89 102 C1
Butten 67 42 B4
Buverchy 80 18 C3
Buvilly 39 141 E1
La Buxerette 36 134 C4
Buxerolles 21 104 B2
Buxerolles 86 132 B3
Buxerulles 55 63 E1
Buxeuil 10 83 F4
Buxeuil 36 117 F3
Buxeuil 86 132 C1
Buxières-lès-Clefmont 52 85 F4
Buxières-d'Aillac 36 134 C3
Buxières-les-Mines 03 152 B1
Buxières-sous-les-Côtes 55 63 E1
Buxières-sous-Montaigut 63 152 B3
Buxières-sur-Arce 10 83 F3
Buxy 71 139 F3
Buysscheure 59 3 F3
Buzan 09 259 D3
Buzançais 36 134 A1
Buzancy 02 35 E2
Buzancy 08 38 A1
Buzeins 12 216 A1
Buzet-sur-Baïse 47 211 D2
Buzet-sur-Tarn 31 230 B1
Buziet 64 248 B2
Buzignargues 34 234 C1
Buzon 65 227 E4
Buzy 64 248 B2
Buzy-Darmont 55 39 E3
By 25 125 D4
Byans 70 107 F3
Byans-sur-Doubs 25 125 D3

C

Cabanac 65 249 E1
Cabanac-Cazaux 31 258 C2
Cabanac-et-Villagrains 33 194 B3
Cabanac-Séguenville 31 229 D1
La Cabanasse 66 261 E3
Cabanès 12 214 C2
Cabanès 81 231 D2
Le Cabanial 31 230 C3
Cabannes 13 236 B1
Les Cabannes 81 214 A3
Les Cabannes 09 260 B1
Cabara 33 195 D1
Cabariot 17 160 C1
Cabas-Loumassès 32 250 B1
Cabasse 83 238 C4
Cabestany 66 262 C2
Cabidos 64 226 B3
Cabourg 14 29 E2
Cabrerets 46 198 A4
Cabrerolles 34 233 D3
Cabrespine 11 253 F1
Cabrières 34 233 E3
Cabrières 30 218 C4
Cabrières-d'Aigues 84 237 E1
Cabrières-d'Avignon 84 220 A4
Cabriès 13 243 D1
Cabris 06 240 A2
Cachan 94 57 E3
Cachen 40 209 F3
Cachy 80 17 F2
Cadalen 81 231 D1
Cadarache (Barrage de) 04,84 237 F2
Cadarcet 09 252 A3
Cadarsac 33 194 C1
Cadaujac 33 194 B2
Cadéac 65 249 F4
Cadeilhan 32 228 C1
Cadeilhan-Trachère 65 258 A3
Cadeillan 32 228 C4
Cademène 25 125 E3
Caden 56 92 B3
Cadenet 84 237 D1
Caderousse 84 219 E3
La Cadière-d'Azur 83 243 F3
La Cadière-et-Cambo 30 217 F4
Cadillac 33 194 C3
Cadillac-en-Fronsadais 33 177 F4
Cadillon 64 226 C3
Cadix 81 215 D3
Cadolive 13 243 E2

Cadouin 24 196 C1
Cadours 31 229 D2
Cadrieu 46 198 B4
Caen 14 29 D3
Caëstre 59 4 B3
Caffiers 62 3 D2
Cagnac-les-Mines 81 214 B4
Cagnano 2b 264 C2
Cagnes-sur-Mer 06 240 B2
Cagnicourt 62 10 B3
Cagnoncles 59 11 D4
Cagnotte 40 225 E2
Cagny 14 29 E3
Cagny 80 17 F2
Calès (Grottes de) 13 236 C2
Cahagnes 14 28 B4
Cahagnolles 14 28 B3
Cahaignes 27 32 C3
Cahan 61 52 B2
Caharet 65 249 F2
Cahon 80 8 B4
Cahus 46 182 A4
Cahuzac 47 196 A2
Cahuzac 81 231 D4
Cahuzac 11 252 C2
Cahuzac-sur-Adour 32 227 D2
Cahuzac-sur-Vère 81 214 A4
Caignac 31 252 B1
Le Cailar 30 235 D2
Cailhau 11 253 D2
Cailhavel 11 253 D2
Cailla 11 261 E1
Caillac 46 197 E4
Caillavet 32 228 A2
Caille 06 239 F1
La Caillère 85 130 A3
Cailleville 76 15 D2
Caillouël-Crépigny 02 18 C4
Caillouet-Orgeville 27 55 F1
Cailloux-sur-Fontaines 69 171 E1
Cailly 76 15 F4
Cailly-sur-Eure 27 31 F4
La Caine 14 28 C4
Cairanne 84 219 F2
Le Caire 04 206 A4
Cairon 14 29 D3
Caisnes 60 34 C1
Caissargues 30 235 E1
Caix 80 18 A3
Caixas 66 262 B3
Caixon 65 227 E4
Cajarc 46 198 B4
Calacuccia 2b 266 C1
Calais 62 3 D2
Calamane 46 197 F4
Calan 56 90 B1
Les Calanche 2A 266 A2
Calanhel 22 46 C4
Les Calanques 13 243 E3
Calavanté 65 249 E2
Calcatoggio 2a 266 B3
Calce 66 262 B1
Calenzana 2b 264 B4
Calès 24 196 C1
Calès 46 198 A1
Calignac 47 211 D3
Caligny 61 52 A2
Callac 56 91 F1
Callac 22 46 C4
Callas 83 239 E2
Callelongue 13 243 D3
Callen 40 209 F1
Callengeville 76 16 B3
Calleville-les-Deux-Églises 76 15 E3
Calleville 27 31 D3
Callian 83 239 F2
Callian 32 227 F2
Calmeilles 66 262 B3
Calmels-et-le-Viala 12 215 F4
La Calmette 30 218 B4
Calmont 31 252 B1
Calmont 12 215 D2
Calmoutier 70 106 C3
Caloire 42 186 B1
Calonges 47 211 D1
Calonne-Ricouart 62 9 E1
Calonne-sur-la-Lys 62 4 B4
Calorguen 22 72 C1
La Calotterie 62 8 B1
Caluire-et-Cuire 69 171 E2
Calvi 2b 264 B3
Calviac 46 198 C1
Calviac-en-Périgord 24 197 E1
Calvignac 46 198 B4
Calvinet 15 199 E2
Calvisson 30 235 D1
Calzan 09 252 B3
Camalès 65 227 E4
Camarade 09 259 F2
Camarat (Cap) 83 245 E2
Camarès 12 232 C1
Camaret-sur-Aigues 84 219 E2
Camaret-sur-Mer 29 44 C4
Camargue 30, 13 236 A3

Camargue (Parc Régional de) 13 236 A4
Camarsac 33 194 C1
Cambayrac 46 197 E4
La Cambe 14 28 A2
Cambernard 31 229 E4
Cambernon 50 27 D4
Cambes 46 198 C3
Cambes 33 194 B2
Cambes 47 195 F3
Cambes-en-Plaine 14 29 D3
Cambia 2b 267 E1
Cambiac 31 230 C4
Cambieure 11 253 D2
Camblain-l'Abbé 62 9 F2
Camblain-Châtelain 62 9 F2
Camblanes-et-Meynac 33 194 B2
Camblifneul 62 9 F2
Cambo-les-Bains 64 224 C4
Cambon 81 214 C4
Cambon-et-Salvergues 34 232 C1
Cambon-lès-Lavaur 81 230 C3
Camboulazet 12 215 D2
Camboulit 46 198 C3
Cambounès 81 231 F3
Cambounet-sur-le-Sor 81 231 D3
Le Cambout 22 71 E3
Cambrai 59 10 C4
Cambremer 14 29 F3
Cambrin 62 10 A1
Cambron 80 8 B4
Cambronne-lès-Clermont 60 33 F2
Cambronne-lès-Ribécourt 60 34 C1
Camburat 46 198 C3
Camburac 11 260 C1
Came 64 225 D3
Camélas 66 262 B2
Camelin 02 35 D1
Camembert 61 53 E2
Cametours 50 27 D4
Camiac-et-St-Denis 33 194 C1
Camiers 62 8 B1
Camiran 33 195 D3
Camjac 12 215 D2
Camlez 22 47 D1
Les Cammazes 81 231 D4
Camoël 56 92 A4
Camon 09 252 C3
Camon 80 17 F2
Camors 56 91 D1
Camou-Cihigue 64 247 D2
Camou-Mixe-Suhast 64 225 D4
Camous 65 249 F4
Campagna-de-Sault 11 261 D1
Campagnac 81 214 A3
Campagnac 12 200 C2
Campagnac-les-Quercy 24 197 D2
Campagnan 34 233 F3
Campagne 34 234 C1
Campagne 24 197 D1
Campagne 60 18 C4
Campagne 40 209 E4
Campagne-lès-Boulonnais 62 9 E3
Campagne-lès-Guînes 62 3 D3
Campagne-lès-Hesdin 62 8 C2
Campagne-sur-Arize 09 251 F2
Campagne-sur-Aude 11 253 D4
Campagnolles 14 51 E1
Campan 65 257 F2
Campana 2b 265 E4
Campandré-Valcongrain 14 52 B1
Camparous 65 258 A3
Campbon 44 111 D1
Campeaux 14 51 E1
Campeaux 60 16 C4
Campel 35 92 C1
Campénéac 56 72 A4
Campes 81 214 B3
Campestre-et-Luc 30 217 D4
Campet-et-Lamolère 40 209 E4

Camphin-en-Carembault 59 10 B1
Camphin-en-Pévèle 59 5 E4
Campi 2b 267 E1
Campigneulles-les-Grandes 62 8 B2
Campigneulles-les-Petites 62 8 B2
Campigny 27 30 C2
Campigny 14 28 B3
Campile 2b 265 E3
Campistrous 65 258 A1
Campitello 2b 265 E3
Camplong 34 233 D2
Camplong-d'Aude 11 253 E2
Campneuseville 76 16 B2
Campo 2a 266 C4
Campoloro (Port de) 2B 267 F1
Campôme 66 261 F2
Campomoro 2A 268 B3
Campouriez 12 199 F2
Campoussy 66 262 A2
Campremy 60 17 E4
Camprond 50 27 D4
Camps-en-Amiénois 80 17 D2
Camps-St-Mathurin-Léobazel 19 182 A4
Camps-la-Source 83 244 B3
Camps-sur-l'Agly 11 253 E4
Camps-sur-l'Isle 33 178 B4
Campsas 82 213 D4
Campsegret 24 196 C2
Campuac 12 199 F3
Campuzan 65 250 A1
Camurac 11 260 C1
Canaille (Cap) 13 243 E3
Canale-di-Verde 2b 267 F1
Canals 82 229 F1
Canaples 80 17 E1
Canappeville 27 31 E3
Canapville 61 53 F1
Canapville 14 30 A2
Canaules-et-Argentières 30 218 A4
Canavaggia 2b 265 D3
Canaveilles 66 261 E3
Cancale 35 49 F3
Canché 62 8 C2
Canchy 80 8 C4
Canchy 14 28 A2
Cancon 47 196 B3
Candas 80 9 E4
Candé 49 94 B4
Candé-sur-Beuvron 41 117 D1
Candes-St-Martin 37 114 C3
Candillargues 34 234 C3
Candor 60 18 B4
Candresse 40 225 E2
Canehan 76 16 A1
Canéjan 33 194 A2
Canens 31 251 F2
Canenx-et-Réaut 40 209 F3
Canet 66 263 D2
Canet 11 254 B2
Canet 34 233 F3
Canet-de-Salars 12 215 E2
Canettemont 62 9 E3
Cangey 37 116 C1
Caniac-du-Causse 46 198 A3
Canigou (Pic du) 66 261 F3
Canihuel 22 70 C1
Canilhac 48 200 C4
Canisy 50 27 E4
Canlers 62 9 D1
Canly 60 34 B2
Cannectancourt 60 34 C1
Cannelle 2a 266 B3
Cannes 06 240 B3
Cannes-Écluse 77 81 D2
Cannes-et-Clairan 30 218 A4
Cannessières 80 16 C2
Le Cannet 06 240 B2
Cannet 32 16 C2
Le Cannet-des-Maures 83 239 D4
Canny-sur-Matz 60 18 B4
Canny-sur-Thérain 60 16 C4
Canohès 66 262 C2
Canon 14 29 E4
La Canonica 2b 265 F3
La Canourgue 48 201 D4

Canouville 76 14 C3
Cantaing-sur-Escaut 59 10 C4
Cantal (Monts du) 15 189 E3
Cantaous 65 250 A3
Cantaron 06 241 D3
Canté 09 252 A2
Canteleu 76 31 E1
Canteleux 62 9 E3
Canteloup 50 25 D2
Canteloup 14 29 F3
Cantenac 33 177 D3
Cantenay-Épinard 49 95 D4
Cantiers 27 32 B3
Cantigny 80 17 F4
Cantillac 24 179 E1
Cantin 59 10 C3
Cantoin 12 200 B1
Cantois 33 194 C2
Canville-les-Deux-Églises 76 15 D3
Canville-la-Rocque 50 26 C2
Cany-Barville 76 14 C3
Caorches-St-Nicolas 27 30 C4
Caouënnec 22 47 D2
Caours 80 8 C4
Cap Blanc-Nez 62 2 C2
Cap Corse 2b 264 C1
Cap-d'Ail 06 241 E4
Cap-Ferret 33 192 C2
Cap Gris-Nez 62 2 B2
Cap Roux (Pic du) 83 240 A3
Capbis 64 248 C2
Capbreton 40 224 C2
Capdenac 46 198 C3
Capdenac-Gare 12 199 D3
Capdrot 24 196 C2
La Capelle-lès-Boulogne 62 2 C3
Capelle-les-Grands 27 30 C4
Capelle-lès-Hesdin 62 8 C2
Capelle 59 11 E3
La Capelle 02 20 B1
La Capelle 48 216 C1
La Capelle-Balaguier 12 198 C4
La Capelle-Bleys 12 214 C2
La Capelle-Bonance 12 200 C3
La Capelle-et-Masmolène 30 219 D3
Capendu 11 254 A2
Capens 31 251 E1
Capestang 34 254 C1
Capian 33 194 C2
Capinghem 59 5 D4
Caplong 33 195 E2
Capoulet-et-Junac 09 260 B1
Cappel 57 41 E4
Cappelle-la-Grande 59 4 A1
Cappelle-Brouck 59 3 F2
Cappelle-en-Pévèle 59 10 C1
Cappy 80 18 B2
Captieux 33 210 A1
Capvern 65 249 F3
Capvern-les-Bains 65 249 F3
Caragoudes 31 230 B4
Caraman 31 230 C3
Caramany 66 262 A2
Carantec 29 46 A2
Carantilly 50 27 D4
Carayac 46 198 C3
Carbay 49 94 A3
Carbes 81 231 E3
Carbini 2a 269 D3
Carbon-Blanc 33 194 B1
Carbonne 31 251 E1
Carbonnière (Tour) 30 235 D3
Carbuccia 2a 266 C3
Carcagny 14 28 C3
Carcanières 09 261 D3
Carcans 33 176 B4
Carcarès-Ste-Croix 40 225 F1
Carcassonne 11 253 E2
Carcen-Ponson 40 209 D4
Carcès 83 238 C3
Carcheto-Brustico 2b 267 E1
Cardaillac 46 198 C2
Cardan 33 194 C2
Cardeilhac 31 250 B2
Cardesse 64 248 A1
Cardet 30 218 B4
Cardo-Torgia 2a 268 C1
Cardonnette 80 17 F1
Le Cardonnois 80 17 F4
Cardonville 14 27 F3
Cardroc 35 79 D1
Carelles 53 81 D1
Carennac 46 198 B1
Carentan 50 27 D2
Carentoir 56 92 B2

Carges (Mont des) 71 155 D1
Cargèse 2a 266 A3
Cargiaca 2a 269 D2
Carhaix-Plouguer 29 70 A2
Carignan 08 22 B4
Carignan-de-Bordeaux 33 194 B1
Carisey 89 102 C1
Carla-Bayle 09 251 F2
Carla-de-Roquefort 09 252 B4
Le Carlaret 09 252 B3
Carlat 15 199 F1
Carlencas-et-Levas 34 233 E2
Carlepont 60 34 C1
Carling 57 41 D3
Carlipa 11 253 D1
Carlit (Pic) 66 261 D3
Carlucet 46 198 A2
Carlus 81 231 D1
Carlux 24 197 E1
Carly 62 2 C4
Carmaux 81 214 C3
Carnac 56 90 C3
Carnac-Rouffiac 46 212 C1
Carnas 30 234 C1
La Carneille 61 52 B2
Carnelle (Forêt de) 95 33 F4
Carnet 50 50 C4
Carnetin 77 58 B2
Carneville 50 25 D1
Carnières 59 11 D4
Carnin 59 10 B1
Carniol 04 221 D3
Carnoët 29 70 A1
Carnoët (Forêt de) 56 90 A1
Carnon-Plage 34 234 C3
Carnoules 83 244 C1
Carnoux-en-Provence 13 243 E3
Carnoy 80 18 B1
Caro 56 92 B1
Caro 64 246 C2
Carolles 50 50 B2
Caromb 84 220 A3
Le Caroux 34 232 C3
Carpentras 84 220 A3
Carpineto 2b 267 E1
Carpiquet 14 29 D3
Carquebut 50 25 E4
Carquefou 44 112 A2
Carqueiranne 83 244 B3
Carrépuis 80 18 B3
Carrère 64 226 C3
Carresse 64 225 E3
Carrières-sous-Poissy 78 57 D1
Carrières-sur-Seine 78 57 E2
Carro 13 242 B2
Carros 06 241 D2
Carrouges 61 52 C4
Carry-le-Rouet 13 242 C2
Cars 33 177 E3
Les Cars 87 164 B3
Carsac-Aillac 24 197 E1
Carsac-de-Gurson 24 178 B4
Carsan 30 219 D2
Carsix 27 31 D4
Carspach 68 108 B3
Cartelègue 33 177 D2
Carteret 50 24 C2
Carticasi 2b 267 E1
Cartignies 59 11 F4
Cartigny 80 18 C2
Cartigny-l'Épinay 14 28 A3
Carves 24 197 D2
Carville-la-Folletière 76 15 D4
Carville-Pot-de-Fer 76 15 D3
Carvin 62 10 B1
Casabianca 2b 265 E4
Casaglione 2a 266 B3
Casalabriva 2b 268 C2
Casalta 2b 267 E1
Casamaccioli 2b 266 C1
Casanova 2b 267 D1
Cascastel-des-Corbières 11 254 A4
Casefabre 66 262 B2
Caseneuve 84 220 C4
Cases-de-Pène 66 262 B1
Casevecchie 2b 267 E2

Cassagnes-Bégonhès 12 215 E2
Cassagnoles 30 218 B3
Cassagnoles 34 232 A4
Cassaigne 32 211 E4
La Cassaigne 11 253 D2
Cassaignes 11 253 E4
Cassaniouze 15 199 E2
Cassano 2b 264 C3
Casse Déserte 05 207 E1
Cassel 59 4 B3
Cassen 40 225 F1
Casseneuil 47 196 B4
Les Cassés 11 230 C4
Casseuil 33 195 D3
Cassignas 47 212 A1
Cassis 13 243 E3
Casson 44 112 A1
Cassuéjouls 12 200 B2
Cast 29 69 D2
Casta 2b 265 D2
Castagnac 31 251 F1
Castagnède 31 259 D2
Castagnède 64 225 E3
Castagniers 06 241 D4
Castaignos-Souslens 40 226 A3
Castandet 40 226 C1
Castanet 82 214 A3
Castanet 48 202 A4
Castanet 12 214 C2
Castanet 81 214 B4
Castanet-le-Haut 34 232 C2
Castanet-Tolosan 31 230 A3
Castans 11 231 F4
Casteide-Cami 64 226 B4
Casteide-Candau 64 226 A3
Casteide-Doat 64 227 E4
Casteil 66 261 F3
Castel-Sarrazin 40 225 F2
Castelbajac 65 249 F2
Castelbiague 31 259 D2
Castelbouc (Château) 48 217 D1
Castelculier 47 211 F2
Castelferrus 82 212 C4
Castelfranc 46 197 E4
Castelgaillard 31 250 C1
Castelginest 31 230 A2
Casteljaloux 47 210 C1
Casteljau 07 202 C4
Castella 47 211 F1
Castellane 04 222 C4
Castellar 06 241 F3
Le Castellard 04 222 A2
Castellare-di-Casinca 2b 265 F4
Castellare-di-Mercurio 2b 267 D1
Castellet 84 237 E1
Castellet 83 243 F3
Le Castellet 04 222 A2
Castellet-St-Cassien 04 223 E4
Castellet-les-Sausses 04 223 D3
Castelli (Pointe du) 44 110 A1
Castello d'Arraggio 2A 269 D3
Castello de Cucuruzzu 2A 269 D2
Castello-di-Rostino 2b 265 E4
Castelmary 12 214 C2
Castelmaurou 31 230 A2
Castelmayran 82 212 B3
Castelmoron-sur-Lot 47 196 A4
Castelmoron-d'Albret 33 195 D2
Castelnau-Barbarens 32 228 C3
Castelnau-Chalosse 40 225 F2
Castelnau (Château de) 46 198 B1
Castelnau-d'Anglès 32 227 F3
Castelnau-d'Arbieu 32 228 C1
Castelnau-d'Aude 11 254 A2

Castelnau-d'Auzan 32 210 C4
Castelnau-de-Brassac 81 232 A2
Castelnau-de-Guers 34 233 F4
Castelnau-de-Lévis 81 214 B4
Castelnau-de-Mandailles 12 200 B3
Castelnau-de-Médoc 33 176 C3
Castelnau-de-Montmiral 81 214 A4
Castelnau-d'Estrétefonds 31 229 F1
Castelnau-Durban 09 259 F2
Castelnau-le-Lez 34 234 B4
Castelnau-Magnoac 65 250 A1
Castelnau-Montratier 46 213 D2
Castelnau-Pégayrols 12 216 A3
Castelnau-Picampeau 31 251 D1
Castelnau-Rivière-Basse 65 227 E4
Castelnau-sur-l'Auvignon 32 211 D4
Castelnau-sur-Gupie 47 195 E3
Castelnau-Tursan 40 226 B2
Castelnau-Valence 30 218 B3
Castelnaud-la-Chapelle 24 197 D1
Castelnaud-de-Gratecambe 47 196 B4
Castelnaudary 11 252 C1
Castelnavet 32 227 E2
Castelner 40 226 B3
Castelnou 66 262 B2
Castelreng 11 253 E2
Castels 24 197 D1
Castelsagrat 82 212 B2
Castelsarrasin 82 212 C3
Castelvieilh 65 249 E1
Castelviel 33 195 D2
Castennec (Site de) 56 70 C4
Le Castéra 31 250 E2
Castéra-Bouzet 82 212 B4
Castéra-Lanusse 65 249 F2
Castéra-Lectourois 32 211 E4
Castéra-Lou 65 249 E1
Castéra-Loubix 64 227 D4
Castéra-Verduzan 32 228 A1
Castéra-Vignoles 31 250 C1
Castéras 09 251 E2
Casterets 65 250 B1
Castéron 32 212 A4
Castet 64 256 C2
Castet-Arrouy 32 211 F4
Castetbon 64 225 F4
Castétis 64 226 A3
Castetnau-Camblong 64 247 F1
Castetner 64 225 F4
Castetpugon 64 226 C3
Castets 40 208 B4
Castets-en-Dorthe 33 195 D3
Castex 09 251 E2
Castex 32 227 E2
Castex-d'Armagnac 32 227 D1
Casties-Labrande 31 251 D1
Castifao 2b 265 D3
Castiglione 2b 265 D4
Castillon 64 226 B3
Castillon 64 227 D3
Castillon 14 28 B3
Castillon 06 241 E3
Castillon 65 257 F1
Castillon (Barrage de) 04 222 C4
Castillon-la-Bataille 33 195 D1
Castillon (Col de) 06 241 E3
Castillon-en-Auge 14 53 E1
Castillon-en-Couserans 09 259 E3
Castillon-Massas 32 228 B2
Castillon-Savès 32 229 D3

Castillonnès 47 196 A3
Castillon-de-Castets 33 195 D3
Castillon-de-Larboust 31 258 B4
Castillon-de-St-Martory 31 250 C2
Castillon-Debats 32 227 F2
Castillon-du-Gard 30 219 D4
Castilly 14 27 E2
Castin 32 228 B2
Castineta 2b 265 E4
Castirla 2b 265 D4
Castre (Mont) 50 26 C2
Castres 02 19 D3
Castres 81 231 E3
Castres-Gironde 33 194 B2
Castries 34 234 C2
Le Cateau-Cambrésis 59 11 E4
Le Catelet 02 19 E4
Le Catelier 76 15 F3
Catenay 76 32 A1
Catenoy 60 34 A2
Cateri 2b 264 C3
Cathervielle 31 258 B3
Catheux 60 17 E4
Catigny 60 18 B4
Catillon-Fumechon 60 33 F1
Catillon-sur-Sambre 59 11 E4
Catllar 66 261 F2
Catonvielle 32 229 D2
Cattenières 59 11 D4
Cattenom 57 40 B1
Catteville 50 24 C4
Catus 46 197 E3
Catz 50 27 E2
Caubert (Monts de) 80 8 B4
Caubeyres 47 210 C2
Caubiac 31 229 D2
Caubios-Loos 64 226 B4
Caubon-St-Sauveur 47 195 E3
Caubous 31 258 B3
Caubous 65 250 A2
Caucalières 81 231 E3
La Cauchie 62 9 F3
Cauchy-à-la-Tour 62 9 E1
Caucourt 62 9 F2
Caudan 56 90 B1
Caudebec-lès-Elbeuf 76 31 E3
Caudebec-en-Caux 76 31 D1
Caudebronde 11 231 E4
Caudecoste 47 212 A3
Caudeval 11 252 C3
Caudiès-de-Conflent 66 261 E3
Caudiès-de-Fenouillèdes 66 261 F1
Caudrot 33 195 D3
Caudry 59 11 D4
Cauffry 60 33 F2
Caugé 27 55 D1
Caujac 31 251 F1
Caulaincourt 02 18 C2
Le Caule-Ste-Beuve 76 16 B3
Caulières 80 16 C3
Caullery 59 11 D4
Caulnes 22 72 B2
La Caume 13 236 B1
Caume (Mont) 83 244 A2
Caumont 33 195 D2
Caumont 02 19 D4
Caumont 32 227 D2
Caumont 27 31 E2
Caumont 09 259 E2
Caumont 82 212 B3
Caumont 62 8 C3
Caumont-l'Éventé 14 28 B4
Caumont-sur-Durance 84 219 F4
Caumont-sur-Garonne 47 195 E4
Caumont-sur-Orne 14 52 B1
Cauna 40 226 A1
Caunay 79 147 E3
Cauneille 40 225 E4
Caunes-Minervois 11 253 F1
La Caunette 34 254 B1
Caunette-sur-Lauquet 11 253 F3
Caunettes-en-Val 11 253 F3
Caupenne 40 226 A2
Caupenne-d'Armagnac 32 227 D1
La Caure 51 60 A2
Caurel 51 36 C2
Caurel 22 70 C2
Cauria (Mégalithes de) 2A 268 C3

Cauro 2a 266 C4
Cauroir 59 10 C4
Cauroy 08 37 D2
Cauroy-lès-Hermonville 51 36 B2
Le Causé 82 229 D1
Cause-de-Clérans 24 196 B1
Caussade 82 213 E4
Caussade-Rivière 65 227 E3
Causse-Bégon 30 216 C3
Causse de Gramat 46 198 B2
Causse-de-la-Selle 34 234 A1
Causse Méjean (Corniches du) 48 216 C2
Causse Noir (Corniche du) 12 216 C2
Caussens 32 211 D4
Causses-et-Veyran 34 233 D4
Caussiniojouls 34 233 D3
Caussols 06 240 A1
Cauterets 65 257 D3
Cauverville-en-Roumois 27 31 D2
Cauvicourt 14 29 E4
Cauvignac 33 195 D4
Cauvigny 60 33 E3
Cauville 76 14 A4
Cauville 14 52 B1
Caux 34 233 E3
Caux-et-Sauzens 11 253 E2
Cauzac 47 212 A2
Cavagnac 46 181 E4
Cavaillon 84 236 B1
Cavalaire-sur-Mer 83 245 E2
La Cavalerie 12 216 B4
Cavan 22 47 D2
Cavanac 11 253 E2
Cavarc 47 196 B2
Caveirac 30 235 D1
Caves 11 254 C4
Cavignac 33 177 E3
Cavigny 50 27 E3
Cavillargues 30 219 D3
Cavillon 80 17 D2
Cavron-St-Martin 62 8 C2
Caychax 09 260 C1
Cayeux-en-Santerre 80 18 A3
Cayeux-sur-Mer 80 8 A4
Le Cayla 81 214 A4
Le Caylar 34 233 E1
Caylus 82 213 F2
Cayolle (Col de la) 06 223 D1
Cayrac 82 213 E3
Cayres 43 185 E4
Cayriech 82 213 E2
Le Cayrol 12 200 A3
Cayrols 15 199 D1
Cazac 31 251 D1
Cazalis 33 209 F1
Cazalis 40 226 A2
Cazalrenoux 11 252 C2
Cazals 46 197 E3
Cazals 82 213 F3
Cazals-des-Baylès 09 252 C3
Cazaril-Laspènes 31 258 B4
Cazaril-Tambourès 31 250 A2
Cazarilh 65 250 B4
Cazats 33 194 C4
Cazaubon 32 210 B4
Cazaugitat 33 195 D2
Cazaunous 31 258 C2
Cazaux 09 252 A3
Cazaux-d'Anglès 32 227 F2
Cazaux-Debat 65 249 F4
Cazaux-Fréchet 65 258 A3
Cazaux-Layrisse 31 258 B4
Cazaux-Savès 32 229 D3
Cazaux-Villecomtal 32 228 A3
Cazavet 09 259 D2
Caze (Château de la) 48 216 C1
Cazeaux-de-Larboust 31 258 B4
Cazedarnes 34 232 C4

Cazilhac 11 253 E2
Cazilhac 34 217 E4
Cazillac 46 181 E4
Cazoulès 24 197 F1
Cazouls-lès-Béziers 34 233 D4
Cazouls-d'Hérault 34 233 F3
Ceaucé 61 75 D1
Ceaulmont 36 134 B4
Céaux 50 50 C3
Céaux-d'Allègre 43 185 E2
Ceaux-en-Couhé 86 147 E2
Ceaux-en-Loudun 86 115 D4
Cébazan 34 232 C4
Cébazat 63 168 C4
Cecu (Monte) 2B 267 D1
Ceffonds 52 84 B1
Ceignes 01 156 B4
Ceilhes-et-Rocozels 34 233 D1
Ceillac 05 207 E2
Ceilloux 63 169 D3
Ceintrey 54 64 B4
La Celle-les-Bordes 78 56 C4
Celle-lès-Condé 02 59 F1
La Celette 18 136 A3
Cellé 41 97 E2
La Celle 18 136 A2
La Celle 63 167 D1
La Celle 83 244 B1
La Celle 03 152 A2
La Celle 52 85 D1
La Celle-Condé 18 135 E2
La Celle-Dunoise 23 150 B2
La Celle-en-Morvan 71 122 A4
La Celle-Guenand 37 133 D1
Celle-Lévescault 86 147 E1
La Celle-St-Avant 37 115 F4
La Celle-St-Cloud 78 57 D2
La Celle-St-Cyr 89 101 F1
La Celle-sous-Chantemerle 51 60 A4
La Celle-sous-Gouzon 23 151 D3
La Celle-sous-Montmirail 02 59 E2
La Celle-sur-Loire 58 120 A1
La Celle-sur-Morin 77 59 E2
La Celle-sur-Nièvre 58 120 B3
La Celle-sur-Seine 77 80 C2
Cellefrouin 16 163 D1
Celles 15 179 D2
Celles 15 184 A3
Celles 09 252 B4
Celles 34 233 E2
Celles 17 161 E5
Celles-en-Bassigny 52 105 E1
Celles-sur-Aisne 02 35 E2
Celles-sur-Belle 79 146 C2
Celles-sur-Durolle 63 169 D1
Celles-sur-Ource 10 83 F4
Celles-sur-Plaine 88 88 B1
La Cellette 63 152 A3
La Cellette 23 150 C1
Cellettes 16 162 C1
Cellettes 41 98 B4
Le Cellier 44 112 B2
Cellier-du-Luc 07 202 B2
Celliers 73 174 B4
Cellieu 42 171 D4
Cellule 63 168 B1
Celon 36 134 B4
Celoux 15 184 B3
Celsoy 52 105 E2
Cély 77 80 B1
Cemboing 70 106 A2
Cempuis 60 17 D4
Cénac 33 194 B1
Cénac-et-St-Julien 24 197 E2
Cenans 70 125 E1
Cendras 30 218 A2
Le Cendre 63 168 B2
Cendrecourt 70 106 B2
Cendrey 25 125 F1
Cendrieux 24 179 F4
Cénevières 46 198 B4
Cenne-Monestiés 11 253 D1
Cenon 33 194 B1
Cenon-sur-Vienne 86 132 C2
Censeau 39 142 B2
Censerey 21 122 B3
Censy 89 103 D1
Les Cent-Acres 76 15 F3
Centrès 12 215 D2
Centuri 2b 264 B1
Centuri-Port 2B 264 B1

Cenves 69 155 E2
Cépet 31 230 A2
Cépie 11 253 E3
Céran 32 228 B1
Cerbère 66 263 D4
Cerbois 18 118 B4
Cercenay (Château de) 62 9 E3
Cercié 69 155 E3
Cercier 74 158 A4
Cercles 24 179 D1
Cercottes 45 99 E1
Cercoux 17 177 F3
Le Cercueil 61 53 D4
Cercy-la-Tour 58 138 A2
Cerdon 45 100 A3
Cerdon 01 156 C3
Cère 40 209 E3
Cère (Pas de) 15 183 E4
Céré-la-Ronde 37 116 C2
Cerelles 37 97 E4
Cérences 50 50 C1
Céreste 04 237 F1
Céret 66 262 B3
Cerfontaine 59 12 B3
Le Cergne 42 154 C3
Cergy 95 57 D1
Cergy-Pontoise 95 57 D1
Cérilly 21 103 F2
Cérilly 89 82 B3
Cérilly 03 136 B3
Cerisé 61 76 B1
Cerisières 52 85 D2
Cerisiers 89 82 A4
Cerisy 80 18 A2
Cerisy (Mont de) 61 52 A4
Cerisy-Belle-Étoile 61 52 A2
Cerisy-Buleux 80 16 C1
Cerisy-la-Forêt 50 28 A4
Cerisy-la-Salle 50 27 D4
Cerizay 79 130 B2
Cérizols 09 251 D2
Cerizy 02 19 D3
La Cerlangue 76 30 B1
La Cerleau 08 21 D3
Cernans 39 142 A1
Cernay 86 132 A2
Cernay 28 78 A2
Cernay 68 108 B2
Cernay 14 53 F1
Cernay-l'Église 25 127 E3
Cernay-en-Dormois 51 37 F3
Cernay-lès-Reims 51 36 C3
Cernay-la-Ville 78 57 C3
Cerneux 77 59 E3
Cernex 74 158 A3
Cerniébaud 39 142 B2
Cernion 08 21 D3
Cernon 51 61 D2
Cernon 39 157 D1
Cernoy 60 34 A2
Cernoy-en-Berry 45 100 C4
Cernusson 49 113 F3
Cerny 91 80 A1
Cerny-lès-Bucy 02 35 E2
Cerny-en-Laonnois 02 35 F1
Céron 71 154 A2
Cérons 33 194 C2
Cerqueux 14 53 F1
Les Cerqueux-de-Maulévrier 49 113 F3
Les Cerqueux-sous-Passavant 49 113 F2
Cerre-lès-Noroy 70 107 D3
Cers 34 255 E1
Cersay 79 114 A4
Cerseuil 02 35 F2
Cersot 71 139 F3
Certilleux 88 86 A2
Certines 01 156 B3
Cervens 74 158 C2
Cervières 05 191 D4
Cervières 42 169 E1
Cerville 54 64 C3
Cervione 2B 267 F1
Cervon 58 121 E3
Cerzat 43 185 D3
Cesancey 39 141 D3
Césarches 73 174 B2
Césarville-Dossainville 45 80 A3
Cescau 64 226 B4
Cescau 09 259 E3
Cesny-aux-Vignes-Ouézy 14 29 E4
Cesny-Bois-Halbout 14 52 B1
Cessac 33 194 C2
Cessales 31 230 C4
Cesse 55 38 B1
Cesseins 01 155 F3
Cessenon 34 233 D4
Cessens 73 173 E1
Cesseras 34 254 A1
Cesset 03 152 C2

Cesseville 27 31 E3
Cessey 25 125 D3
Cessey-sur-Tille 21 124 A2
Cessières 02 18 C3
Cessieu 38 172 C3
Cesson 77 58 A4
Cesson-Sévigné 35 79 E3
Cessoy-en-Montois 77 81 E1
Cessy 01 158 A1
Cessy-les-Bois 58 120 B2
Cestas 33 193 E2
Cestayrols 81 214 B4
Ceton 61 77 E3
Cette-Eygun 64 256 B2
Cévennes (Corniche des) 30,48 217 E2
Cévennes (Parc National des) 30,48 217 E1
Cevins 73 174 C3
Ceyras 34 233 F2
Ceyrat 63 168 A2
Ceyreste 13 243 F3
Ceyroux 23 150 A4
Ceyssac 43 185 E4
Ceyssat 63 167 F2
Ceyzériat 01 156 C3
Ceyzérieu 01 173 D1
Cézac 33 177 E3
Cézac 46 213 D1
Cezais 85 130 A3
Cézan 32 228 A1
Cezay 42 169 F2
Cèze 30 219 D2
Cézens 15 183 F4
Cézia 39 157 D1
Cézy 89 101 F1
Chaâlis (Abbaye de) 60 34 B4
Chabanais 16 163 E1
La Chabanne 03 153 F4
Chabestan 05 205 F4
Chabeuil 26 188 A4
Chablis 89 102 C2
La Chabotterie 85 129 E3
Chabottes 05 206 B2
Chabournay 86 132 A2
Chabrac 16 163 F1
Chabreloche 63 169 E1
Chabrières (Clue de) 04 222 B3
Chabrignac 19 180 C2
Chabrillan 26 204 A2
Chabris 36 117 F3
Chacé 49 113 F2
Chacenay 10 84 A4
Chacrise 02 35 E2
Chadeleuf 63 168 B3
Chadenac 17 161 E3
Chadenet 48 201 E4
Chadrac 43 185 F3
Chadron 43 185 F4
Chadurie 16 162 C4
Le Chaffal 26 204 B1
Le Chaffaut-St-Jurson 04 222 A3
Chaffois 25 142 C1
Chagey 70 107 F3
Chagnon 42 171 D4
Chagny 08 21 E4
Chagny 71 140 A1
Chahaignes 72 96 C1
Chahains 61 53 D4
Chaignay 21 123 F1
Chaignes 27 56 A1
Chail 79 147 D2
Chaillac 36 149 E1
Chaillac-sur-Vienne 87 164 A1
Chaillé-les-Marais 85 129 E5
Chaillé-sous-les-Ormeaux 85 129 E3
Chailles 41 98 B4
Chaillevette 17 160 B2
Chaillevois 02 35 F1
Chailley 89 82 B4
Chaillol (Vieux) 05 206 B2
Chaillon 55 63 E1
Chailloué 61 53 E1
Chailly-en-Bière 77 80 B1
Chailly-en-Brie 77 59 E2
Chailly-en-Gâtinais 45 100 B1
Chailly-lès-Ennery 57 40 B3
Chailly-sur-Armançon 21 122 C2
Chainaz-les-Frasses 74 173 F1
Chaînée-des-Coupis 39 141 D1
Chaingy 45 99 D2
Chaintré 71 155 E2
Chaintreaux 77 80 C2
Chaintrix-Bierges 51 60 C1
La Chaise 10 84 B2
La Chaise-Baudouin 50 51 D1

La Chaise-Dieu 43 185 E2
Chaise-Dieu-du-Theil 27 54 C3
Chaix 85 145 F1
La Chaize-Giraud 85 128 B3
La Chaize-le-Vicomte 85 129 E3
Chalabre 11 253 D4
Chalagnac 24 179 E3
Chalain-le-Comtal 42 170 B3
Chalain (Lac de) 39 141 F3
Chalaines 55 63 E4
Chalain-d'Uzore 42 170 A3
Chalais 24 133 D4
Chalais 16 178 B2
Chalais 86 131 F1
Chalame (Crêt de) 01 157 E2
Chalamont 01 156 B4
Chalampé 68 109 D2
Chalancey 52 105 D3
Chalancon 26 204 C3
Chalandray 86 131 F3
Chalandrey 50 51 D3
Chalandry 02 19 E3
Chalandry-Elaire 08 21 E3
Le Chalange 61 53 F4
Le Chalard 87 163 F4
Chalard (Saut du) 24 163 F4
Chalautre-la-Grande 77 59 E4
Chalautre-la-Petite 77 81 F1
Chalaux 58 121 F2
Chaleins 01 155 F4
Chaleix 24 164 A4
Chalencon 07 203 D1
Chalencon (Château de) 43 185 F2
Les Chalesmes 39 142 A2
Châlette-sur-Loing 45 100 C1
Chalette-sur-Voire 10 83 F1
Chaley 01 157 D4
Chalèze 25 125 E2
Chalezeule 25 125 E2
Chaliers 15 184 B4
Chalifert 77 58 B2
Chaligny 54 64 B3
Chalinargues 15 184 A3
Chalindrey 52 105 E2
Chalivoy-Milon 18 136 B2
Challain-la-Potherie 49 94 B3
Challans 85 128 B1
Challement 58 121 D2
Challerange 08 37 F2
Challes 01 156 C3
Challes 72 96 C1
Challet 28 55 F4
Challex 01 157 F2
Challignac 16 178 A1
Challonges 74 157 F4
Challuy 58 137 D1
Chalmaison 77 81 E1
Chalmazel 42 169 E2
Chalmessin 52 104 C3
Chalmoux 71 138 B3
Chalo-St-Mars 91 79 E1
Le Chalon 26 188 A3
Chalon-sur-Saône 71 140 A2
Chalonnes-sous-le-Lude 49 96 B4
Chalonnes-sur-Loire 49 113 E2
Châlons 38 171 F4
Châlons-du-Maine 53 75 D3
Châlons-sur-Marne 51 61 D1
Châlons-sur-Vesle 51 36 B3
Châlonvillars 70 107 F3
Chalou-Moulineux 91 79 F1
Chaltrait 51 60 B1
Chalus 63 168 B4
Châlus 87 164 B3
Chalusset (Château de) 87 164 C2
Chalvignac 15 182 C2
Chalvraines 52 85 E3
Chamadelle 33 178 A3
Chamagne 88 87 D1
Chamagnieu 38 172 A2
Chamalières 63 168 A2
Chamalières-sur-Loire 43 186 A2
Chamaloc 26 204 C1
Chamant 60 34 B4
Chamarande 91 79 F1
Chamarandes 52 85 D4

Chamaret 26 204 A4
La Chamba 42 169 E2
Chambain 21 104 B2
Chambeire 21 124 A2
Chambellay 49 95 D3
Chambéon 42 170 B3
Chambérat 03 151 E1
Chamberaud 23 150 C4
Chamberet 19 165 E3
Chambéria 39 141 E4
Chambéry 73 173 E3
Chambeugle 89 101 E2
Chambezon 43 184 B1
Chambilly 71 154 A2
Chamblac 27 54 B1
Chamblanc 21 123 F4
Chamblay 39 124 C4
Chambles 42 170 B4
Chamblet 03 152 A2
Chambley-Bussières 54 39 E4
Chambly 60 33 E3
Chambœuf 21 123 E2
Chambœuf 42 170 C3
Chambois 61 53 E2
Chambolle-Musigny 21 123 F3
Chambon 37 133 D2
Chambon 18 135 F2
Chambon 17 145 F3
Chambon 30 218 A1
Le Chambon 07 203 D1
Chambon-la-Forêt 45 80 A4
Chambon (Lac) 63 167 F2
Chambon (Lac de) 36 149 F1
Chambon-Ste-Croix 23 150 A2
Chambon-sur-Cisse 41 98 A4
Chambon-sur-Dolore 63 169 D4
Chambon-sur-Lac 63 167 F4
Le Chambon-sur-Lignon 43 186 B3
Chambon-sur-Voueize 23 151 E3
Chambonas 07 202 C4
Chambonchard 23 151 E3
La Chambonie 42 169 E2
Chamborand 23 149 F3
Chambord 27 54 B2
Chambord 41 98 C4
Chamboret 87 149 D4
Chamborigaud 30 218 A1
Chambornay-lès-Bellevaux 70 125 E1
Chambornay-lès-Pin 70 125 D2
Chambors 60 32 C3
Chambost-Allières 69 155 D4
Chambost-Longessaigne 69 170 C2
La Chambotte 73 173 E2
Chamboulive 19 181 D1
Chambourcy 78 57 D2
Chambourg-sur-Indre 37 116 B3
Chambray 27 32 A4
Chambray-lès-Tours 37 116 A2
La Chambre 73 190 B1
Chambrecy 51 36 A3
Les Chambres 50 50 C2
Chambretaud 85 130 A1
Chambrey 57 65 D2
Chambroncourt 52 85 E2
Chambroutet 79 130 C2

Chamole 39 141 E3
Chamonix 74 159 E4
Chamouillac 17 177 E3
Chamouille 02 35 F1
Chamouilley 52 62 B4
Chamousset 73 174 A3
Chamoux 89 121 F3
Chamoux-sur-Gelon 73 174 A3
Chamoy 10 82 C4
Champ-de-Bataille 27 31 E2
Le Champ-de-la-Pierre 61 52 C4
Champ-d'Oiseau 21 103 E4
Champ-Dolent 27 55 D1
Champ-du-Boult 14 51 E2
Champ du Feu 67 88 C1
Champ-Haut 61 53 F5
Champ-Laurent 73 174 B3
Le Champ-près-Froges 38 189 F1
Le Champ-St-Père 85 129 E4
Champ-sur-Barse 10 83 F3
Champ-sur-Drac 38 189 D3
Le Champ-sur-Layon 49 113 F2
Champagnac 17 161 E4
Champagnac 15 182 C1
Champagnac-de-Belair 24 179 E1
Champagnac-la-Noaille 19 182 A2
Champagnac-la-Prune 19 182 A3
Champagnac-la-Rivière 87 164 A2
Champagnac-le-Vieux 43 185 D1
Champagnat 71 141 D4
Champagnat 23 151 E2
Champagnat-le-Jeune 63 168 C4
Champagne 28 56 A3
Champagne 17 160 C1
Champagne 07 187 E2
Champagné 72 76 C4
Champagne-au-Mont-d'Or 69 171 E2
Champagne-en-Valromey 01 173 D1
Champagne-et-Fontaine 24 179 D1
Champagné-les-Marais 85 145 D1
Champagne-Mouton 16 147 F4
Champagné-St-Hilaire 86 147 F2
Champagne-le-Sec 86 147 E3
Champagne-sur-Loue 39 125 D4
Champagne-sur-Oise 95 33 E4
Champagne-sur-Seine 77 80 C2
Champagne-sur-Vingeanne 21 124 B1
Champagne-Vigny 16 162 B4
Champagneux 73 173 D3
Champagney 25 125 D2
Champagney 70 107 E2
Champagney 39 124 B2
Champagnier 38 189 E3
Champagnole 39 141 F2
Champagnolles 17 161 D4
Champagny 21 123 D1
Champagny-en-Vanoise 73 175 D4
Champagny-sous-Uxelles 71 139 F3
Champallement 58 121 D3
Champanges 74 158 C1
Champaubert 51 60 A2
Champcella 05 207 D2
Champcenest 77 59 E3

Champcerie 61 52 C2
Champcervon 50 50 C2
Champcevinel 24 179 F2
Champcevrais 89 101 D3
Champcey 50 50 C3
Champclause 43 186 B4
Champcourt 52 84 C2
Champcueil 91 80 B1
Champdeniers 79 131 D4
Champdeuil 77 58 B4
Champdieu 42 170 A3
Champdivers 39 124 B4
Champdolent 17 160 C1
Champdor 01 157 D4
Champdôtre 21 124 A3
Champdray 88 88 A3
Champeau 21 122 A2
Champeaux 50 50 B2
Champeaux 79 131 D4
Champeaux 77 58 B4
Champeaux 35 73 F3
Les Champeaux 61 53 E2
Champeaux-et-la-Chapelle-Pommier 24 163 E4
Champeaux-sur-Sarthe 61 54 A4
Champeix 63 168 B3
Champenard 27 32 A4
La Champenoise 36 134 C1
Champenoux 54 64 C2
Champéon 53 75 D2
Champétières 63 169 E4
Champey 70 107 E3
Champey-sur-Moselle 54 64 B1
Champfleur 72 76 B2
Champfleury 51 36 B3
Champfleury 10 60 B4
Champforgeuil 71 140 A2
Champfrémont 53 75 F1
Champfromier 01 157 E2
Champgenéteux 53 75 E2
Champguyon 51 59 F3
Champhol 28 78 C1
Champien 80 18 B3
Champier 38 172 B4
Champigné 49 95 D3
Champignelles 89 101 E2
Champigneul-Champagne 51 60 C1
Champigneul-sur-Vence 08 21 E3
Champigneulle 08 38 A2
Champigneulles 54 64 B3
Champigneulles-en-Bassigny 52 86 A3
Champignol-lez-Mondeville 10 84 B3
Champignolles 27 54 C1
Champignolles 21 122 C4
Champigny 89 81 E2
Champigny 51 36 B2
Champigny-en-Beauce 41 98 B3
Champigny-la-Futelaye 27 55 F2
Champigny-lès-Langres 52 105 D1
Champigny-le-Sec 86 131 F3
Champigny-sous-Varennes 52 105 F1
Champigny-sur-Aube 10 60 C4
Champigny-sur-Marne 94 58 A2
Champigny-sur-Veude 37 115 D4
Champillet 36 135 E4
Champillon 51 36 B4
Champis 07 187 E4
Champlan 91 57 E3
Champlat-et-Boujacourt 51 36 A4
Champlay 89 102 A1
Champlecy 71 139 D4
Champlemy 58 120 C2
Champlin 08 20 C2
Champlin 58 120 C3
Champlitte 70 105 E3
Champlitte-la-Ville 70 105 E3
Champlive 25 125 F2
Champlon 55 39 D4
Champlost 89 82 B4
Champmillon 16 162 B3
Champmotteux 91 80 A2
Champnétery 87 165 E2
Champneuville 55 38 C3
Champniers 86 147 F2
Champniers 16 162 C2
Champniers-et-Reilhac 24 163 F3
Champoléon 05 206 B2
Champoly 42 169 E1
Champosoult 61 53 E2
Champougny 55 63 E4
Champoulet 45 101 D3
Champoux 25 125 E1
Champrenault 21 123 D1
Champrepus 50 50 C2
Champrond 72 77 E4
Champrond-en-Gâtine 28 77 F2
Champrond-en-Perchet 28 77 E2
Champrougier 39 141 D1
Champs 61 54 B4
Champs 02 35 D1
Champs 63 152 C4
Champs (Col des) 04,06 223 D2
Les Champs-de-Losque 50 27 D3
Les Champs-Géraux 22 72 C1
Champs-Romain 24 163 F4
Champs-sur-Marne 77 58 A2
Champs-sur-Tarentaine-Marchal 15 183 D1
Champs-sur-Yonne 89 102 B3
Champsac 87 164 A2
Champsanglard 23 150 B2
Champsecret 61 52 B4
Champseru 28 78 C1
Champtercier 04 222 A2
Champteussé-sur-Baconne 49 95 D3
Champtocé-sur-Loire 49 113 D1
Champtoceaux 49 112 B2
Champtonnay 70 124 C1
Champvallon 89 101 F1
Champvans 70 124 B1
Champvans 39 124 B3
Champvans-les-Moulins 25 125 D2
Champvert 58 137 F2
Champvoisy 51 35 F4
Champvoux 58 120 B3
Chamrousse 38 189 E3
Chamvres 89 101 F1
Chanac 48 201 D4
Chanac-les-Mines 19 181 F2
Chanaleilles 43 201 E1
Chanas 38 187 E1
Chanat-la-Mouteyre 63 168 A2
Chanay 01 157 E4
Chanaz 73 173 E1
Chançay 37 116 B1
Chancé 35 73 E4
Chanceaux 21 104 B4
Chanceaux-près-Loches 37 116 B3
Chanceaux-sur-Choisille 37 116 A1
Chancelade 24 179 E2
Chancenay 52 62 B3
Chancey 70 124 C2
Chancia 39 157 D1
Chandai 61 54 C3
Chandelais (Forêt de) 49 96 A4
Chandolas 07 202 C4
Chandon 42 154 C3
Chaneins 01 155 F3
Chânes 71 155 E2
Change 71 139 F1
Changé 72 96 C1
Changé 53 74 C4
Le Change 24 180 A2
Changey 52 105 E1
Changis-sur-Marne 77 58 C1
Changy 42 154 A3
Changy 51 61 F2
Changy 71 154 C1
Chaniat 43 185 D2
Chaniers 17 161 E2
Channay 21 103 E2
Channay-sur-Lathan 37 115 D1
Channes 10 103 E1
Chanonat 63 168 B3
Chanos-Curson 26 187 F3
Chanousse 05 221 D1
Chanoy 52 105 D1
Chanoz-Châtenay 01 156 A3
Chanteau 45 99 E1
Chantecoq 45 81 D4
Chantecorps 79 131 E4
Chanteheux 54 65 D3
Chanteix 19 181 E2
Chantelle 03 152 C2
Chanteloup 27 55 D2
Chanteloup 79 130 C2
Chanteloup 77 58 B2
Chanteloup 35 73 D4
Chanteloup 50 50 C1
Chanteloup-les-Bois 49 113 E3
Chanteloup (Pagode de) 37 116 B1
Chanteloup-les-Vignes 78 57 D1
Chantelouve 38 189 F4
Chantemerle-les-Blés 26 187 F3
Chantemerle-lès-Grignan 26 203 F4
Chantemerle 51 60 A4
Chantemerle-sur-la-Soie 17 146 A4
Chantenay-St-Imbert 58 137 D3
Chantenay-Villedieu 72 96 A1
Chantepie 35 73 D3
Chantérac 24 179 D3
Chanterelle 15 183 D2
Chanterelle 15 183 E1
Chantes 70 106 B3
Chantesse 38 188 C2
Chanteuges 43 185 D3
Chantillac 16 177 F1
Chantilly 60 34 A3
Chantôme 36 149 F1
Chantonnay 85 129 F3
Chantraine 88 87 E3
Chantraines 52 85 E3
Chantrans 25 125 E4
Chantrigné 53 75 D1
Chanu 61 52 A3
Chanville 57 40 C4
Chanzeaux 49 113 E2
Chaon 41 99 F4
Chaouilley 54 86 C1
Chaource 10 83 D4
Chaourse 02 20 B3
Chapaize 71 139 F4
Chapareillan 38 173 F4
Chapdes-Beaufort 63 167 F1
Chapdeuil 24 179 D1
Chapeau 03 137 F4
Chapeauroux 48 202 A1
Chapelaine 51 61 E4
La Chapelaude 03 151 E1
La Chapelle 56 92 A1
La Chapelle 03 153 E3
La Chapelle 16 162 B1
La Chapelle 08 22 A3
La Chapelle 73 174 B4
La Chapelle-Achard 85 128 C3
La Chapelle-Agnon 63 169 D3
La Chapelle-Anthenaise 53 74 C3
La Chapelle-au-Mans 71 138 C3
La Chapelle-au-Moine 61 52 A3
La Chapelle-au-Riboul 53 75 E2
La Chapelle-Aubareil 24 180 B4
La Chapelle-aux-Bois 88 87 D4
La Chapelle-aux-Brocs 19 181 E3
La Chapelle-aux-Chasses 03 137 F3
La Chapelle-aux-Choux 72 96 B3
La Chapelle-aux-Filzméens 35 73 D1
La Chapelle-aux-Lys 85 130 B3
La Chapelle-aux-Naux 37 115 E2
La Chapelle-aux-Saints 19 181 E4
La Chapelle-Baloue 23 149 F2
La Chapelle-Basse-Mer 44 112 B2
La Chapelle-Bâton 17 146 B4
La Chapelle-Bâton 79 131 D4
La Chapelle-Bâton 86 147 F3
La Chapelle-Bayvel 27 30 B3
La Chapelle-Bertin 43 185 D2
La Chapelle-Bertrand 79 131 E3
La Chapelle-Biche 61 52 A3
La Chapelle-Blanche 73 173 F4
La Chapelle-Blanche 22 72 B2
La Chapelle-Blanche-St-Martin 37 116 B4
La Chapelle-Bouëxic 35 92 C1
La Chapelle-Cécelin 50 51 D2
La Chapelle-Chaussée 35 72 C2
La Chapelle-Craonnaise 53 94 C1
La Chapelle-d'Abondance 74 159 D1
La Chapelle-d'Alagnon 15 183 F3
La Chapelle-d'Aligné 72 95 F2
La Chapelle-d'Andaine 61 52 B4
La Chapelle-d'Angillon 18 119 D2
La Chapelle-d'Armentières 59 5 D4
La Chapelle-d'Aunainville 28 79 D1
La Chapelle-d'Aurec 43 186 B1
La Chapelle-de-Bragny 71 140 A3
La Chapelle-de-Guinchay 71 155 E2
La Chapelle-de-Mardore 69 154 C4
La Chapelle-de-Surieu 38 187 E1
La Chapelle-de-la-Tour 38 172 C3
Chapelle-des-Bois 25 142 B3
La Chapelle-des-Fougeretz 35 73 D3
La Chapelle-des-Marais 44 92 B4
La Chapelle-des-Pots 17 161 E2
La Chapelle-devant-Bruyères 88 88 A3
Chapelle-d'Huin 25 142 B1
La Chapelle-du-Bard 38 174 A4
La Chapelle-du-Bois 72 77 D3
La Chapelle-du-Bois-des-Faulx 27 31 F4
La Chapelle-du-Bourgay 76 15 F2
La Chapelle-du-Châtelard 01 156 A3
La Chapelle-du-Fest 50 28 A4
La Chapelle-du-Genêt 49 113 D3
La Chapelle-du-Lou 35 72 C2
La Chapelle-du-Mont-de-France 71 155 D1
La Chapelle-du-Mont-du-Chat 73 173 E2
La Chapelle-du-Noyer 28 78 B4
La Chapelle-en-Juger 50 27 E3
La Chapelle-en-Lafaye 42 170 A4
La Chapelle-en-Serval 60 34 A4
La Chapelle-en-Valgaudémar 05 206 B1
La Chapelle-en-Vercors 26 188 C4
La Chapelle-en-Vexin 95 32 C3
La Chapelle-Enchérie 41 98 B2
La Chapelle-Engerbold 14 52 A1
La Chapelle-Erbrée 35 74 B3
La Chapelle-Faucher 24 179 F1
La Chapelle-Felcourt 51 37 F4
La Chapelle-Forainvilliers 28 56 A3
La Chapelle-Fortin 28 54 C4
La Chapelle-Gaceline 56 92 C2
La Chapelle-Gaudin 79 131 D1
La Chapelle-Gaugain 72 97 E2
La Chapelle-Gauthier 27 54 B1
La Chapelle-Gauthier 77 58 C4
La Chapelle-Geneste 43 185 E1
La Chapelle-Glain 44 94 A3
La Chapelle-Gonaguet 24 179 E2
La Chapelle-Grésignac 24 179 D1
Chapelle-Guillaume 28 77 E4
La Chapelle-Hareng 27 30 B4
La Chapelle-Haute-Grue 14 53 E1
La Chapelle-Hermier 85 128 C2
La Chapelle-Heulin 44 112 B3
La Chapelle-Hugon 18 136 C1
La Chapelle-Hullin 49 94 B2
La Chapelle-Huon 72 97 E2
La Chapelle-Iger 77 58 C3
La Chapelle-Janson 35 74 A2
La Chapelle-Largeau 79 130 B1
La Chapelle-Lasson 51 60 B4
La Chapelle-Launay 44 111 D1
La Chapelle-Laurent 15 184 B3
La Chapelle-Marcousse 63 184 B1
La Chapelle-Montabourlet 24 179 D1
La Chapelle-Montbrandeix 87 164 A3
La Chapelle-Monthodon 02 59 F1
La Chapelle-Montligeon 61 77 D1
La Chapelle-Montlinard 18 120 A3
La Chapelle-Montmartin 41 117 F2
La Chapelle-Montmoreau 24 163 E4
La Chapelle-Montreuil 86 131 F4
Chapelle-Morthemer 86 132 C4
La Chapelle-Moulière 86 132 C3
La Chapelle-Naude 71 140 C3
La Chapelle-Neuve 56 91 D1
La Chapelle-Neuve 22 46 C3
La Chapelle-Onzerain 45 78 C4
La Chapelle-Orthemale 36 134 A2
La Chapelle-Palluau 85 128 C2
La Chapelle-Péchaud 24 197 D2
La Chapelle-Pouilloux 79 147 D3
La Chapelle-près-Sées 61 53 E4
La Chapelle-Rablais 77 81 D1
La Chapelle-Rainsouin 53 75 D4
La Chapelle-Rambaud 74 158 B3
La Chapelle-Réanville 27 32 A4
La Chapelle-Rousselin 49 113 E2
Chapelle-Royale 28 77 F3
La Chapelle-St-André 58 120 C1
La Chapelle-St-Aubert 35 73 F2
La Chapelle-St-Aubin 72 76 B4
La Chapelle-St-Étienne 79 130 C3
La Chapelle-St-Florent 49 112 C2
La Chapelle-St-Fray 72 76 A4
La Chapelle-St-Géraud 19 182 A4
La Chapelle-St-Jean 24 180 B2
La Chapelle-St-Laud 49 95 F3
La Chapelle-St-Laurent 79 130 C2
La Chapelle-St-Laurian 36 117 F4
La Chapelle-St-Luc 10 83 D2
La Chapelle-St-Martial 23 150 B4
La Chapelle-St-Martin 73 173 D3
La Chapelle-St-Martin-en-Plaine 41 98 B3
La Chapelle-St-Maurice 74 174 A1
La Chapelle-St-Melaine 35 92 C2
La Chapelle-St-Mesmin 45 99 D2
La Chapelle-St-Ouen 76 32 B1
La Chapelle-St-Quillain 70 106 A4
La Chapelle-St-Rémy 72 76 C4
La Chapelle-St-Sauveur 71 140 C2
La Chapelle-St-Sauveur 44 113 D1
La Chapelle-St-Sépulcre 45 101 D1
La Chapelle-St-Sulpice 77 59 D4
La Chapelle-St-Ursin 18 118 C4
La Chapelle-Souëf 61 77 D2
La Chapelle-sous-Brancion 71 140 A4
La Chapelle-sous-Dun 71 154 C2
La Chapelle-sous-Orbais 51 60 A2
La Chapelle-sous-Uchon 71 139 D2
Chapelle-Spinasse 19 182 B1
La Chapelle-sur-Aveyron 45 101 D2
La Chapelle-sur-Chézy 02 59 E1
La Chapelle-sur-Coise 69 171 D3
La Chapelle-sur-Dun 76 15 D2
La Chapelle-sur-Erdre 44 112 A2
La Chapelle-sur-Furieuse 39 125 D4
La Chapelle-sur-Loire 37 115 D2
La Chapelle-sur-Oreuse 89 81 F2
La Chapelle-sur-Oudon 49 94 C3
La Chapelle-sur-Usson 63 168 C4
La Chapelle-Taillefert 23 150 B3
La Chapelle-Thècle 71 140 B4
La Chapelle-Thémer 85 130 A4
La Chapelle-Thireuil 79 130 C4
La Chapelle-Thouarault 35 72 C3
La Chapelle-Urée 50 51 D3
Chapelle-Vallon 10 83 D1
La Chapelle-Vaupelteigne 89 102 B2
La Chapelle-Vendômoise 41 98 A3
La Chapelle-Véronge 77 59 E3
La Chapelle-Vicomtesse 41 97 F1
La Chapelle-Viel 61 54 B3
La Chapelle-Villars 42 171 E4
Chapelle-Viviers 86 132 C4
Chapelle-Voland 39 141 D2
La Chapelle-Yvon 14 30 B4
Les Chapelles 53 75 E1
Les Chapelles 73 175 D3
Les Chapelles-Bourbon 77 58 B3
La Chapelle-lès-Luxeuil 70 107 D2
Chapelon 45 80 B4
La Chapelotte 18 119 E2
La Chapelle-la-Reine 77 80 B2
Chapéry 74 173 F1
Chapet 78 56 C1
Chapieux (Vallée des) 73 175 D2
Chapois 39 142 A1
Chaponnay 69 171 F3
Chaponost 69 171 E2
Chappes 10 83 E3
Chappes 63 168 B1
Chappes 08 20 C4
Chappes 03 152 B1
Chaptelat 87 164 C1
Chaptuzat 63 152 C4
Charancieu 38 173 D4
Charancin 01 157 D4
Charantonnay 38 172 A3
Charavines 38 172 C4
Charbogne 08 37 E1
Charbonnat 71 138 C2
Charbonnier-les-Mines 63 184 C1
Charbonnières 71 155 E1
Charbonnières 28 77 F3
Charbonnières-les-Bains 69 171 E2
Charbonnières-les-Sapins 25 125 F3
Charbonnières-les-Varennes 63 168 A1
Charbonnières-les-Vieilles 63 152 B4
Charbuy 89 102 A2
La Charce 26 205 D4
Charcé-St-Ellier-sur-Aubance 49 114 A2
Charcenne 70 124 C1
Charchigné 53 75 E1
Charchilla 39 141 E4
Charcier 39 141 F3
Chard 23 167 D1
Charles de Gaulle (Aéroport) 77,93,95 58 A1
Chardeny 08 37 E2
Chardes 17 177 E1
Chardogne 55 62 B2
Chardonnay 71 140 A4
Chareil-Cintrat 03 152 C2
Charencey 21 123 D1
Charency 39 142 A2
Charency-Vezin 54 39 D1
Charens 26 205 D3
Charensat 63 151 F4
Charentay 69 155 E4
Charente 16, 17 162 B1
Charentenay 70 106 A3
Charentenay 89 102 A3
Charentilly 37 115 F1
Charenton-le-Pont 94 57 F2
Charentonnay 18 119 F3
Charenton-du-Cher 18 136 B3
Charette 38 172 B1
Charette 71 140 C1
Charey 54 39 E4
Charézier 39 141 E3
Chargé 37 116 C1
Chargey-lès-Gray 70 105 F4
Chargey-lès-Port 70 106 B2
Chariez 70 106 B3
Charigny 21 122 B1
La Charité-sur-Loire 58 120 A3
Charix 01 157 D2
Charlas 31 250 B2
Charleval 13 237 D2
Charleville 51 60 A2
Charleville-Mézières 08 21 E3
Charleville-sous-Bois 57 40 C3
Charlieu 42 154 B3
Charly 18 136 B1
Charly 69 171 E3
Charly 02 59 E1
Charly-Oradour 57 40 B3
Charmant 16 162 C4
Charmant-Som 38 189 E1
Charmauvillers 25 126 C2
Charmé 16 147 E4
La Charme 39 141 E1
Le Charme 45 101 D2
La Charmée 71 140 A2
Charmeil 03 153 D3
Le Charmel 02 35 F4
Charmensac 15 184 B2
Charmentray 77 58 B1
Charmes 02 19 E4
Charmes 21 124 A1
Charmes 52 105 D1
Charmes 88 87 D1
Charmes 03 152 C4
Charmes-la-Côte 54 63 F3
Charmes-en-l'Angle 52 84 C2
Charmes-la-Grande 52 84 C2
Charmes-St-Valbert 70 105 F2
Charmes-sur-l'Herbasse 26 187 F3
Charmes-sur-Rhône 07 203 F1
Charmoille 25 126 B2
Charmoille 70 106 B3
Charmoilles 52 105 E1
Charmois 54 64 C4
Charmois 90 108 A3
Charmois-devant-Bruyères 88 87 E3
Charmois-l'Orgueilleux 88 87 D3
Charmont 51 62 A2
Charmont 95 32 C4
Charmont-en-Beauce 45 79 F3
Charmont-sous-Barbuise 10 83 D1
Les Charmontois 51 62 B1
Charmoy 52 105 F2
Charmoy 10 82 B2
Charmoy 71 139 D2
Charmoy 89 102 A1
Charnas 07 187 E1
Charnat 63 168 C1
Charnay 25 125 D3
Charnay 69 171 D1
Charnay-lès-Chalon 71 140 B1
Charnay-lès-Mâcon 71 155 E2
Charné 53 74 B2
Charnècles 38 189 D1
Charnizay 37 133 E1
Charnod 39 156 C1
Charnois 08 13 F4
Charnoz 01 172 B1
Charny 77 58 B1
Charny 89 101 E2
Charny 21 122 B2
Charny-le-Bachot 10 60 B4
Charny-sur-Meuse 55 38 C3
Charolles 71 154 C1
Charols 26 204 A3
Charonville 28 78 B2
Chârost 18 135 E1
Charousse 74 159 D4
Charpentry 55 38 A3
Charpey 26 188 A4
Charpont 28 56 A3
Charquemont 25 126 C2
Charrais 86 132 A3
Charraix 43 185 D4
Charras 16 163 D4
Charray 28 98 B1
Charre 64 247 E1
Charrecey 71 139 F2
Charrey 21 103 F1
Charrey-sur-Saône 21 123 F3
Charrin 58 137 F2
Charritte-de-Bas 64 247 E1
Charron 23 151 F4
Charron 17 145 D2
Charroux 86 147 F3
Charroux 03 152 C3
Chars 95 33 D4
Charsonville 45 98 C1
Chartainvilliers 28 56 A4
Chartèves 02 35 F4
La Chartre-sur-le-Loir 72 97 D3
Chartrené 49 96 A4
Chartres 28 78 C1
Chartres-de-Bretagne 35 73 D4
Chartrettes 77 80 C1
Chartreuse du Liget 37 116 C3
Chartreuse (Massif de la) 38 189 E1
Chartrier-Ferrière 19 181 D3
Chartronges 77 59 D3
Chartuzac 17 177 E1
Charvieu-Chavagneux 38 172 A2
Charvonnex 74 158 A4
Chas 63 168 C2
Chaserey 10 103 D1
Chasnais 85 129 E4
Chasnans 25 125 F3
Chasnay 58 120 B3
Chasné-sur-Illet 35 73 E2
Chaspinhac 43 185 F3
Chaspuzac 43 185 E3
Chassagne 63 168 B4
La Chassagne 39 141 D1
Chassagne-Montrachet 21 139 F1
Chassagne-St-Denis 25 125 E3
Chassagnes 07 202 C4
Chassagnes 43 185 D2
Chassagny 69 171 E3
Chassaignes 24 178 C2
Chassal 39 157 E1
Chassant 28 77 F2
Chassé 72 76 B1
Chasse-sur-Rhône 38 171 E3
Chasseguey 50 51 D3
Chasselas 71 155 E2
Chasselay 69 171 E1
Chasselay 38 188 B2
Chassemy 02 35 F2
Chassenard 03 154 A1
Chasseneuil 36 134 B3
Chasseneuil-du-Poitou 86 132 B3
Chasseneuil-sur-Bonnieure 16 163 D2
Chassenon 16 163 F1
Chasseradès 48 202 A3
Chassey 21 122 C1
Chassey-Beaupré 55 85 E1
Chassey-le-Camp 71 139 F1
Chassey-lès-Montbozon 70 107 D4
Chassey-lès-Scey 70 106 B3
Chassezac (Belvédère du) 48 202 B4
Chassiecq 16 163 D1
Chassiers 07 203 D3
Chassieu 69 171 F2
Chassignelles 89 103 E2
Chassignieu 38 172 C4
Chassignolles 43 185 D1
Chassignolles 36 135 D4
Chassigny 52 105 E3
Chassigny-sous-Dun 71 154 C2
Chassillé 72 75 F4
Chassors 16 162 A2
Chassy 89 101 F2
Chassy 71 138 C4
Chassy 18 119 F4
Le Chastang 19 181 E3
Chastang (Barrage du) 19 182 A3
Chastanier 48 202 A2
Chasteaux 19 181 D3
Chastel 43 184 C3
Chastel-Arnaud 26 204 C2
Chastel-Nouvel 48 201 E3
Chastel-sur-Murat 15 183 F3
Chastellux-sur-Cure 89 121 E1
Chasteloy 03 136 B4
Chastenay 89 101 F3
Chastreix 63 167 E4
La Châtaigneraie 85 130 B3
Chatain 86 147 F4
Châtaincourt 28 55 E3
Châtas 88 88 B1
Château 71 155 D1
Château-l'Abbaye 59 11 D1
Château-Arnoux 04 221 F3
Château Bas 13 237 D2
Château-Bernard 38 189 D4
Château-Bréhain 57 65 D1
Château-Chalon 39 141 E2
Château-Chervix 87 164 C3
Château-Chinon 58 121 F4

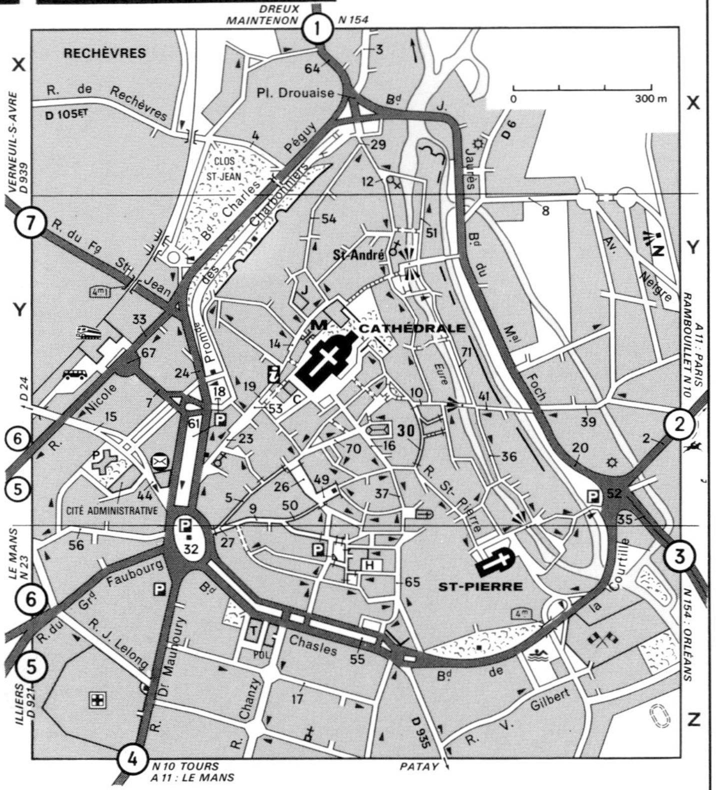

Chartres

Ballay (R. Noël) Y 5
Bois-Merrain (R. du) Y 9
Changes (R. des) Y 16
Delacroix (R.) Z 27
Guillaume (R. Porte) Y 41
Marceau (Pl.) Y 49
Marceau (R.) Y 50
Soleil-d'Or (R. du) Y 70

Ablis (R. d') Y 2
Aligre (Av. d') X 3
Alsace-Lorraine (R. d') X 4
Aviateurs militaires (Monument des) Y Z
Beauce (Av. Jehan de) Y 7
Bethouart (Av.) Y 8
Bourg (R. du) Y 10
Brèche (R. de la) X 12
Cardinal-Pie (R. du) Y 14
Casanova (R. Danièle) Y 15
Châteaudun (R. de) Z 17
Châtelet (Pl.) Y 18
Cheval-Blanc (R. du) Y 19
Clemenceau (R.) Y 20
Collin-d'Harleville (R.) Y 23
Couronne (R. de la) Y 24
Cygne (Pl. du) Y 26
Drouaise (R. Porte) X 29
Écuyers (R. des) Y 30
Épars (Pl. des) Z 32
Félibien (R.) Y 33
Ferrière (R. de) Y 35
Foulerie (R. de la) Y 36
Grenets (R. des) Y 37
Guillaume (R. du Fg) Y 39
Kœnig (R. du Gén.) Y 44
Massacre (R. du) Y 51
Morard (Pl.) Y 52
Moulin (Pl. Jean) Y 53
Muret (R.) Y 54
Pasteur (Pl.) Z 55
Péri (R. Gabriel) Z 56
Résistance (Bd de la) Y 61
St-Maurice (R.) X 64
St-Michel (R.) Z 65
Sémard (Pl. Pierre) Y 67
Tannerie (R. de la) Y 71

Le Château-d'Almenêches 61 53 E3
Château-des-Prés 39 142 A4
Château-d'If (Ile du) 13 243 D3
Le Château-d'Oléron 17 160 A1
Château-d'Olonne 85 128 C4
Château-du-Loir 72 96 C3
Château-l'Évêque 24 179 E2
Château-Gaillard 01 156 B4
Château-Garnier 86 147 F2
Château-Gombert 13 243 D2
Château-Gontier 53 95 D2
Château-Guibert 85 129 E3
Château Guillaume 36 149 D1
Château-l'Hermitage 72 96 B2
Château-Lambert 70 107 F1
Château-Landon 77 80 C3
Château-Larcher 86 147 F1
Château-Porcien 08 36 C1
Château-Queyras 05 207 E1
Château-Renault 37 97 E4
Château-Rouge 57 41 D2
Château-Salins 57 65 D2
Château-sur-Allier 03 136 C2
Château-sur-Cher 63 151 F3
Château-sur-Epte 27 32 B3
Château-Thierry 02 35 E4
Château-la-Vallière 37 96 C4
Château-Verdun 09 260 B1
Château-Ville-Vieille 05 207 E1
Château-Voué 57 65 D2
Châteaubernard 16 161 F3
Châteaubleau 77 59 D4
Châteaubourg 35 73 E3
Châteaubourg 07 187 E4
Châteaubriant 44 93 F2
Châteaudouble (Gorges de) 83 239 E2
Châteaudouble 26 204 B1
Châteaudouble 83 239 D2
Châteaudun 28 78 B4
Châteaufort 04 221 F1
Châteaufort 78 57 D3
Châteaugay 63 168 A1
Châteaugiron 35 73 E4
Châteaulin 29 69 D1
Châteaumeillant 18 135 E4
Châteauneuf 73 174 A3
Châteauneuf 71 154 C2
Châteauneuf 21 123 D3
Châteauneuf 42 171 D4
Châteauneuf 85 128 B1
Châteauneuf-les-Bains 63 152 B4
Châteauneuf-de-Bordette 26 220 A1
Châteauneuf-de-Chabre 05 221 E1
Châteauneuf-de-Contes 06 241 D3
Châteauneuf-de-Gadagne 84 219 F4
Châteauneuf-de-Galaure 26 187 F2
Châteauneuf-de-Randon 48 201 F3
Châteauneuf-de-Vernoux 07 187 D4
Châteauneuf-d'Entraunes 06 223 E2
Châteauneuf-d'Ille-et-Vilaine 35 49 F3
Châteauneuf-d'Oze 05 205 F3
Châteauneuf-du-Faou 29 69 E2
Châteauneuf-du-Pape 84 219 E3
Châteauneuf-du-Rhône 26 203 F4
Châteauneuf-en-Thymerais 28 55 E4
Châteauneuf-la-Forêt 87 165 E2
Châteauneuf-Grasse 06 240 A2
Châteauneuf-les-Martigues 13 242 C2
Châteauneuf-Miravail 04 221 D2
Châteauneuf-lès-Moustiers 04 239 D1
Châteauneuf-le-Rouge 13 237 F3
Châteauneuf-sur-Charente 16 162 B3
Châteauneuf-sur-Cher 18 135 F2
Châteauneuf-sur-Isère 26 187 F4
Châteauneuf-sur-Loire 45 100 A2
Châteauneuf-sur-Sarthe 49 95 E3
Châteauneuf-Val-de-Bargis 58 120 B2
Châteauneuf-Val-St-Donat 04 221 F3
Châteauponsac 87 149 E3
Châteauredon 04 222 B3
Châteaurenard 45 101 D1
Châteaurenard 13 219 E4
Châteaurenaud 71 140 C3
Châteauroux 05 206 C2
Châteauroux 36 134 C2
Châteauthébaud 44 112 A3
Châteauvert 83 238 B3
Châteauvieux 05 206 A3
Châteauvieux 83 239 E1
Châteauvieux 41 117 D3
Châteauvieux-les-Fossés 25 125 F4
Châteauvilain 38 172 B4
Châteauvillain 52 34 C4
Châtel 74 159 E2
Le Châtel 73 190 B1
Châtel-Censoir 89 102 B4
Chatel-Chéhéry 08 38 A2
Châtel-de-Joux 39 141 F4
Châtel-de-Neuvre 03 153 D1
Châtel-Gérard 89 103 D3
Châtel-Montagne 03 153 F3
Châtel-Moron 71 139 F2
Châtel-St-Germain 57 40 A3
Châtel-sur-Moselle 88 87 D2
Châtelaillon-Plage 17 145 D3
Châtelain 53 95 D2
La Châtelaine 39 141 F1
Châtelais 49 94 B2
Châtelard 23 167 D1
Le Châtelard 73 174 A2
Châtelaudren 22 47 F3
Chatelay 39 124 C4
Châtelblanc 25 142 B3
Châteldon 63 153 E4
Le Châtelet 18 135 F3
Le Châtelet-en-Brie 77 80 C1
Le Châtelet-sur-Retourne 08 37 D2
Le Châtelet-sur-Sormonne 08 21 D2
Les Châtelets 28 55 D4
Le Chateley 39 141 E1
Châtelguyon 63 168 B1
Le Châtelier 37 133 D1
Le Châtelier 35 73 F1
Le Châtelier 51 62 A1
Châtellenot 21 122 C3
Châtellerault 86 132 B2
Le Châtellier 61 52 B3
Les Châtelliers-Châteaumur 85 130 B1
Les Châtelliers-Notre-Dame 28 78 A2
Châtelneuf 42 170 A3
Châtelneuf 39 142 A3
Châtelperron 03 153 F1
Châtelraould-St-Louvent 51 61 E3
Châtelus 42 170 C3
Châtelus 38 188 C3
Châtelus 03 153 F3
Châtelus-Malvaleix 23 150 C2
Châtelus-le-Marcheix 23 149 F4
Châtenay 01 156 B4
Châtenay 71 154 C2
Châtenay 28 79 E2
Châtenay 38 188 B1
Châtenay-en-France 95 33 F4
Chatenay-Mâcheron 52 105 E2
Châtenay-Malabry 92 57 E3
Châtenay-sur-Seine 77 81 E1
Chatenay-Vaudin 52 105 E2
Chatenet 17 177 F2
Le Châtenet-en-Dognon 87 165 D1
Châteney 70 106 C3
Châtenois 88 86 B2
Châtenois 70 106 C3
Châtenois 67 89 D2
Châtenois 39 124 B3
Châtenois-les-Forges 90 107 F3
Châtenoy 45 100 A1
Châtenoy 77 80 B3
Châtenoy-en-Bresse 71 140 A2
Châtenoy-le-Royal 71 140 A2
Châtignac 16 178 B1
Chatignonville 91 79 D1
Châtillon 86 147 E2
Châtillon 39 141 E3
Châtillon 92 57 E2
Châtillon 69 171 D1
Châtillon 03 152 C1
Châtillon-la-Borde 77 58 B4
Châtillon-Coligny 45 101 D2
Châtillon (Crêt de) 74 173 F1
Châtillon-le-Duc 25 125 E2
Châtillon-en-Bazois 58 121 E4
Châtillon-en-Michaille 01 157 E3
Châtillon-en-Vendelais 35 74 A3
Châtillon-en-Diois 26 205 D2
Châtillon-en-Dunois 28 78 A4
Châtillon-Guyotte 25 125 E2
Châtillon-la-Palud 01 156 B4
Châtillon-le-Roi 45 79 F3
Châtillon-St-Jean 26 188 B3
Châtillon-lès-Sons 02 19 F3
Châtillon-sous-les-Côtes 55 39 D3
Châtillon-sur-Bar 08 37 F1
Châtillon-sur-Broué 51 61 F4
Châtillon-sur-Chalaronne 01 155 F3
Châtillon-sur-Cher 41 117 E2
Châtillon-sur-Cluses 74 159 D3
Châtillon-sur-Colmont 53 74 C2
Châtillon-sur-Indre 36 133 F1
Châtillon-sur-Lison 25 125 D3
Châtillon-sur-Loire 45 100 C4
Châtillon-sur-Marne 51 36 A4
Châtillon-sur-Morin 51 59 F3
Châtillon-sur-Oise 02 19 E3
Châtillon-sur-Saône 88 106 A1
Châtillon-sur-Seiche 35 73 D4
Châtillon-sur-Seine 21 103 F2
Châtillon-sur-Thouet 79 131 E3
Châtin 58 121 E4
Chatoillenot 52 105 D3
Châtonnay 38 172 B4
Chatonnay 39 157 D1
Chatonrupt 52 85 D1
Chatou 78 57 D2
La Châtre 36 135 D4
La Châtre-Langlin 36 149 E1
Châtres 24 180 C3
Châtres 77 58 B3
Châtres 10 82 C1
Châtres-la-Forêt 53 75 E3
Châtres-sur-Cher 41 118 A2
Châtrices 51 38 A4
Chattancourt 55 38 B3
Chatte 38 188 B2
Chatuzange-le-Goubet 26 188 A4
Chaucenne 25 125 D2
Chauchailles 48 200 C2
Chauché 85 129 E1
Le Chauchet 23 151 D3
Chauchigny 10 82 C1
Chauconin-Neufmontiers 77 58 B1
Chaudanne (Barrage de) 04 222 C4
Chaudardes 02 36 A2
Chaudebonne 26 204 C4
Chaudefonds-sur-Layon 49 113 E2
Chaudefontaine 51 37 F4
Chaudefontaine 25 125 E1
Chaudefour (Vallée de) 63 167 F4
Chaudenay 52 105 E2
Chaudenay 71 140 A1
Chaudenay-le-Château 21 122 C3
Chaudenay-la-Ville 21 122 C3
Chaudeney-sur-Moselle 54 64 A3
Chaudes-Aigues 15 200 C1
Chaudeyrac 48 202 A3
Chaudeyrolles 43 186 B4
La Chaudière 26 204 C3
Chaudière (Col de la) 26 204 C3
Chaudon 28 56 A3
Chaudon-Norante 04 222 B3
Chaudrey 10 83 E1
Chaudron-en-Mauges 49 113 D2
Chaudun 02 35 D2
Chauffailles 71 154 C3
Chauffayer 05 206 A2
Chauffecourt 88 86 C2
Chauffour-lès-Bailly 10 83 E3
Chauffour-lès-Étréchy 91 79 F1
Chauffour-sur-Vell 19 181 E4
Chauffours 28 78 B2
Chauffourt 52 105 E1
Chauffry 77 59 D2
Chaufour-lès-Bonnières 78 56 A1
Chaufour-Notre-Dame 72 76 A4
Chaugey 21 104 C2
Chaulgnes 58 120 B3
Chaulhac 48 201 D1
Chaulieu 50 51 E3
La Chaulme 63 169 F4
Chaulnes 80 18 B3
Chaum 31 250 B4
Chaumard 58 121 F3
La Chaume 21 104 B2
Chaume-lès-Baigneux 21 104 A3
Chaume-et-Courchamp 21 105 D4
Chaumeil 19 166 A4
Chaumercenne 70 124 C2
Chaumeré 35 73 E4
Chaumergy 39 141 D1
Chaumes-en-Brie 77 58 C3
Chaumesnil 10 84 A2
Chaumont 61 53 F2
Chaumont 18 136 B2
Chaumont 52 85 D4
Chaumont 74 157 F3
Chaumont 89 81 E2
Chaumont 71 139 E4
Chaumont-le-Bois 21 103 A1
Chaumont-le-Bourg 63 169 E4
Chaumont-d'Anjou 49 95 F4
Chaumont-devant-Damvillers 55 38 C2
Chaumont-en-Vexin 60 33 D3
Chaumont-Porcien 08 20C 4
Chaumont-sur-Aire 55 62 C1
Chaumont-sur-Loire 41 116 C1
Chaumont-sur-Tharonne 41 99 E4
Chaumont-la-Ville 52 86 A3
Chaumontel 95 33 F4
Chaumot 58 121 D2
Chaumot 89 81 E4
Chaumousey 88 87 D3
Chaumoux-Marcilly 18 119 F3
Chaumussay 37 133 D2
La Chaumusse 39 142 A3
Chaumuzy 51 36 B3
Chaunac 17 177 F1
Chaunay 86 147 E2
Chauny 02 19 D4
Chauray 79 146 B1
Chauriat 63 168 C2
Chausey (Iles) 50 A2
La Chaussade 23 151 D4
La Chaussaire 49 112 C3
Chaussan 69 171 D3
La Chaussée 76 15 F2
La Chaussée 86 131 F1
La Chaussée-d'Ivry 28 56 A2
La Chaussée-St-Victor 41 98 B4
La Chaussée-sur-Marne 51 61 E2
La Chaussée-Tirancourt 80 17 E2
Chaussenac 15 182 C3
Chaussenans 39 141 F2
Chausseterre 42 169 E1
Chaussin 39 124 B4
Chaussoy-Epagny 80 17 E3
Chaussy 95 32 C4
Chaussy 45 79 E3
Le Chautay 18 136 C1
Chauvac 26 220 C1
Chauvé 44 111 D3
Chauve (Mont) 06 241 D4
Chauvency-le-Château 55 38 B1
Chauvency-St-Hubert 55 22 B4
Chauvigné 35 73 E1
Chauvigny 86 132 C4
Chauvigny-du-Perche 41 98 A1
Chauvincourt-Provemont 27 32 C3
Chauvirey-le-Châtel 70 106 A2
Chauvirey-le-Vieil 70 106 A2
Chauvoncourt 55 63 D1
Chauvry 95 57 E1
Chaux 21 123 E3
Chaux 90 107 F2
La Chaux 71 140 C2
La Chaux 61 52 C4
La Chaux 25 126 A4
Chaux-Champagny 39 141 F1
Chaux-lès-Clerval 25 126 B1
Chaux-des-Crotenay 39 142 A3
Chaux-des-Prés 39 141 F4
La Chaux-du-Dombief 39 142 A3
La Chaux-en-Bresse 39 141 D2
Chaux (Forêt de) 39 124 C4
Chaux-la-Lotière 70 125 D1
Chaux-Neuve 25 142 B3
Chaux-lès-Passavant 25 125 F2
Chaux-lès-Port 70 106 B3
Chauzon 07 203 D4
Chavade (Col de la) 07 202 B2
Chavagnac 24 180 C3
Chavagnac 15 183 F3
Chavagne 35 72 C4
Chavagnes 49 114 A2
Chavagnes-en-Paillers 85 129 E1
Chavagnes-les-Redoux 85 130 A2
Chavaignes 49 96 A4
Chavanac 19 166 B3
Chavanat 23 166 A1
Chavanatte 90 108 B3
Chavanay 42 187 E1
Chavanges 10 84 A1
Chavaniac-Lafayette 43 185 D3
Chavannaz 74 157 F3
Chavanne 70 107 E4
La Chavanne 73 173 F4
Chavannes 26 187 F3
Chavannes 18 135 F2
Les Chavannes-en-Maurienne 73 174 B4
Chavannes-les-Grands 90 108 B3
Chavannes-sur-l'Étang 68 108 B3
Chavannes-sur-Reyssouze 01 156 A1
Chavannes-sur-Suran 01 156 C2
Chavanod 74 173 F1
Chavanoz 38 172 A2
Chavaroux 63 168 B1
La Chavatte 80 18 B3
Chaveignes 37 115 D4
Chavelot 88 87 E2
Chavenat 16 162 C4
Chavenay 78 57 D2
Chavençon 60 33 D3
Chavenon 03 152 B1
Chavéria 39 141 E4
Chaveroche 19 166 C3
Chaveyriat 01 156 A2
Chavignon 02 35 F1
Chavigny 54 64 B3
Chavigny 02 35 E2
Chavigny-Bailleul 27 55 E2
Chaville 92 57 E2
Chavin 36 134 B4
Chavonne 02 35 F2
Chavornay 01 173 D1
Chavot-Courcourt 51 60 B1
Chavoy 50 50 C3
Chavroches 03 153 E1
Chay 25 125 D4
La Chay 17 160 C3
Chazay-d'Azergues 69 171 E1
La Chaze-de-Peyre 48 201 D2
Chazé-Henry 49 94 B2
Chazé-sur-Argos 49 94 C3
Chazeaux 07 203 D3
Chazelet 36 134 A4
Chazelet (Oratoire du) 05 190 B3
Chazelles 39 156 B1
Chazelles 43 185 D4
Chazelles 16 163 D3
Chazelles 15 184 C3
Chazelles-sur-Albe 54 65 E3
Chazelles-sur-Lavieu 42 170 A4
Chazelles-sur-Lyon 42 170 C3
Chazelot 25 107 D4
Chazemais 03 151 E1
Chazeron 63 168 A1
Chazeuil 21 105 D4
Chazeuil 58 120 C2
Chazey-Bons 01 173 D1
Chazey-sur-Ain 01 172 B1
Chazilly 21 122 C3
Chazot 25 126 B1
Chazoy 25 125 D2
Chécy 45 99 E2
Chédigny 37 116 B3
Chef-Boutonne 79 147 D3
Chef-du-Pont 50 25 D4
Chef-Haut 88 86 C2
Cheffes 49 95 E3
Cheffois 85 130 B3
Cheffreville-Tonnencourt 14 53 E1
Le Chefresne 50 51 D1
Chéhéry 08 21 F4
Cheignieu-la-Balme 01 173 D1
Cheillé 37 115 E2
Cheilly-lès-Maranges 71 139 F1
Chein-Dessus 31 259 D2
Cheissoux 87 165 E2
Le Cheix 63 168 B1
Cheix-en-Retz 44 111 E3
Chélan 32 250 B1
Chelers 62 9 F2
Chélieu 38 172 C4
Chelle-Debat 65 249 F1
Chelle-Spou 65 249 E2
Chelles 60 34 C2
Chelles 77 58 A2
Chelun 35 94 A1
Chemaudin 25 125 D2
Chemault 45 80 A4
Chemazé 53 94 C2
Chemellier 49 114 A2
Chemenot 39 141 E1
Chéméré 44 113 D3
Chémeré-le-Roi 53 95 E1
Chémery 57 41 D4
Chémery 41 117 E2
Chémery-les-Deux 57 40 C2
Chémery-sur-Bar 08 21 F4
Chemilla 39 157 D1
Chemillé 49 113 E3
Chemillé-sur-Dême 37 97 E3
Chemillé-sur-Indrois 37 116 C3
Chemilli 61 76 C2
Chemilly 70 106 B3
Chemilly 03 137 E4
Chemilly-sur-Serein 89 102 C2
Chemilly-sur-Yonne 89 102 B2
Chemin 39 124 A4
Le Chemin 51 62 B1
Le Chemin des Dames 02 35 F1
Cheminas 07 187 E3
Cheminon 51 62 A3
Cheminot 57 64 B1
Chemin-d'Aisey 21 104 A3
Chemiré-en-Charnie 72 75 F4
Chemiré-le-Gaudin 72 96 A1
Chemiré-sur-Sarthe 49 95 E2
Chemy 59 10 B1
Chenac-St-Seurin-d'Uzet 17 160 C4
Chenailler-Mascheix 19 181 F3
La Chenalotte 25 126 C3
Chénas 69 155 E2
Chenaud 24 178 B2
Chenavari (Pic de) 07 203 E3
Chenay 79 147 D2
Chenay 51 36 B2
Chenay 72 76 B1
Chenay-le-Châtel 71 154 A2
Le Chêne 10 60 C4
Chêne-Arnoult 89 101 E1
Chêne-Bernard 39 141 D1
Chêne-Chenu 28 55 F4
Chêne-en-Semine 74 157 E3
Chêne-Sec 39 141 D1
Chenebier 70 107 E3
Chenecey-Buillon 25 125 D3
Cheneché 86 132 A2
Chênedollé 14 51 F2
Chênedouit 61 52 C3
Chênehutte-les-Tuffeaux 49 114 B2
Chénelette 69 155 D3
Chénérailles 23 151 D3
Chenereilles 42 170 B4
Chenereilles 43 186 B3
Chenevelles 86 132 C3
Chenevières 54 65 E4
Chenevrey-et-Morogne 70 124 C2
Chênex 74 157 F3
Cheney 89 102 C1
Chenicourt 54 64 C2
Chenières 54 39 E1
Chéniers 51 61 D2
Chéniers 23 150 B2
Chenillé-Changé 49 95 D3

Cheniménil 88 87 F3
Chennebrun 27 54 C3
Chennegy 10 82 C3
Chennevières 55 63 D3
Chennevières-lès-Louvres 95 58 A1
Chennevières-sur-Marne 94 58 A2
Chenois 57 65 D1
Chenoise 77 59 D4
Chenommet 16 162 C1
Chenon 16 147 E4
Chenonceaux 37 116 C2
Chenou 41 96 C3
Chenôve 21 123 E2
Chenôves 71 139 F3
Chens-sur-Léman 74 158 B1
Chenu 72 96 C3
Cheny 89 102 A1
Chepniers 17 177 F2
Chepoix 60 17 F4
La Cheppe 51 37 E4
Cheppes-la-Prairie 51 61 E2
Cheppy 55 38 B3
Cheptainville 91 57 E4
Chépy 80 16 B1
Chepy 51 61 E2
Cher 18,37,41 135 F2
Chérac 17 161 E2
Chérancé 53 94 B2
Chérancé 72 76 B2
Chéraute 64 247 E1
Cherbonnières 17 146 B4
Cherbourg 50 24 C2
Chérence 95 32 C4
Chérencé-le-Héron 50 51 D2
Chérencé-le-Roussel 50 51 E3
Chéreng 59 5 E4
Chèreperrine 61 76 C2
Les Chères 69 171 E1
Chérêt 02 36 A1
Chériennes 62 8 C3
Cherier 42 154 A4
Chérigné 79 146 C3
Les Chéris 50 51 D3
Chérisay 72 76 B2
Chérisey 57 40 B4
Chérisy 28 56 A3
Chérisy 62 10 B3
Chérizet 71 139 E4
Chermignac 17 161 D2
Chermisey 88 85 F1
Chermizy-Ailles 02 36 A1
Chéronnac 87 163 F2
Chéronvilliers 27 54 C2
Chéroy 89 81 D3
Cherré 72 77 D3
Cherré 49 95 D3
Cherreau 72 77 D3
Cherrueix 35 50 A3
Cherval 24 179 D1
Cherveix-Cubas 24 180 B2
Cherves 16 161 F2
Cherves 86 131 F2
Cherves-Châtelars 16 163 E2
Chervettes 17 145 F4
Cherveux 79 146 B1
Chervey 10 83 F4
Cherville 51 60 C1
Chéry 18 118 B3
Chéry-Chartreuve 02 35 F3
Chéry (Mont) 74 159 D2
Chéry-lès-Pouilly 02 19 F4
Chéry-lès-Rozoy 02 20 B3
Chesley 10 103 D1
Le Chesnay 78 57 D2
Le Chesne 08 37 F1
Le Chesne 27 55 D2
Chesnois-Auboncourt 08 21 E4
Chesny 57 40 B4
Chessenaz 74 157 F3
Chessy 69 171 D1
Chessy 77 58 B2
Chessy-les-Prés 10 82 C4
Chéu 89 102 B1
Cheuge 21 124 A1
Cheust 65 257 E2
Cheux 14 28 C3
Chevagnes 03 137 D4
Chevagny-les-Chevrières 71 155 E2
Chevagny-sur-Guye 71 139 E4
Chevaigné 35 73 D3
Chevaigné-du-Maine 53 75 E1
Le Chevain 72 76 B1
Cheval-Blanc 84 236 C1
Chevaline 74 174 A2
La Chevallerais 44 93 E4
Chevanceaux 17 177 F1

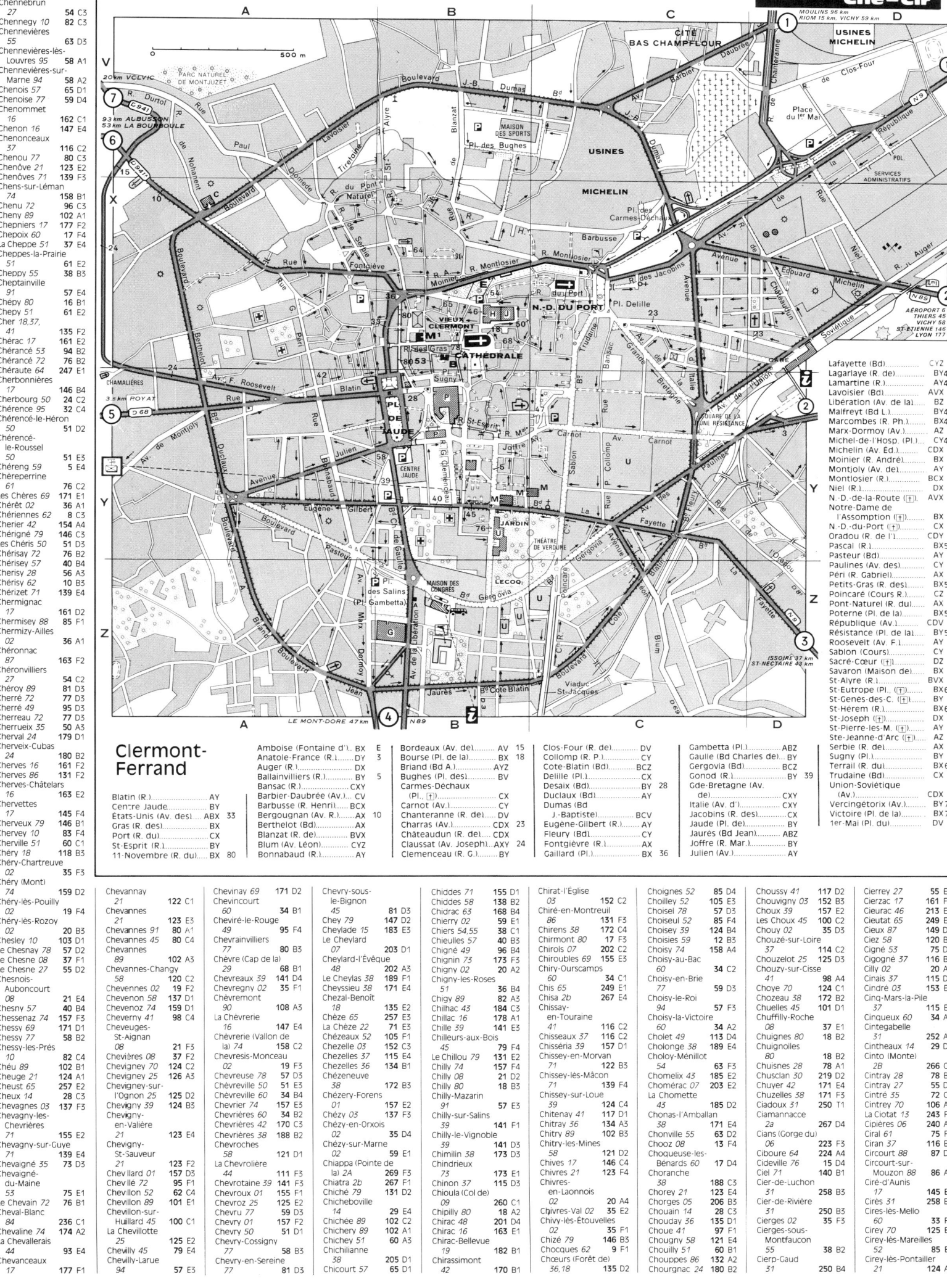

Clermont-Ferrand

Amboise (Fontaine d'). BX E
Anatole-France (R.). DY 3
Auger (R.). DX
Ballainvilliers (R.). AY 1
Bansac (R.). CXY
Barbier-Daubrée (Av.). CV
Barbusse (R. Henri). BCX
Bergougnan (Av. R.). AX 10
Berthelot (Bd). AY
Blanzat (R. de). BVX
Blum (Av. Léon). CYZ
Bonnabaud (R.). AY

Blatin (R.). AY
Centre Jaude. BY
États-Unis (Av. des). ABX 33
Gras (R. des). BX
Port (R. du). CX
St-Esprit (R.). BY
11-Novembre (R. du). BX 80

Bordeaux (Av. de). AV 15
Bourse (Pl. de la). BX 18
Briand (Bd A.). AYZ
Bughes (Pl. des). BV
Carmes-Déchaux (Pl., [t]). CX
Carnot (Av.). CY
Chanteranne (R. de). DV
Charras (R.). CDX 23
Châteaudun (R. de). CDX
Claussat (Av. Joseph). AXY 24
Clemenceau (R. G.). BY

Clos-Four (R. de). DV
Collomp (R.). CY
Cote-Blatin (Bd). BCZ
Delille (Pl.). CX
Desaix (Bd). BY 28
Duclaux (R.). AY
Dumas (Bd J.-Baptiste). BCV
Eugène-Gilbert (R.). CY
Fleury (R.). CY
Fontgiève (R.). AX
Gaillard (Pl.). AY

Gambetta (Pl.). ABZ
Gaulle (Bd Charles de). BCZ
Gergovia (Bd). BCZ
Gonod (R.). BY 39
Gde-Bretagne (Av. de). CXY
Italie (Av. d'). CXY
Jacobins (R. des). CX
Jaude (Pl. de). BY
Jaurès (Bd Jean). ABZ
Joffre (R. Mar.). BY
Julien (Av.). AY

Lafayette (Bd). CYZ
Lagarlaye (R. de). BY 40
Lamartine (R.). AY 42
Lavoisier (Bd). AVX
Libération (Av. de la). BZ
Malfreyt (Bd L.). BY 45
Marcombes (R. Ph.). BX 46
Marx-Dormoy (Av.). AZ
Michel-de-l'Hosp. (Pl.). CY 47
Michelin (Av. Ed.). CDX
Moinier (R. André). BX
Montjoly (Av.). AY
Montlosier (R.). BCX
Niel (R.). DX
N.-D.-de-la-Route ([t]). AVX
Notre-Dame de l'Assomption ([t]). BX
N.-D.-du-Port ([t]). BX
Oradou (R. de l'). CDY
Pascal (R.). BX 50
Pasteur (Bd). AY
Paulines (R.). CY
Péri (R. Gabriel). AX
Petits-Gras (R. des). BX 53
Poincaré (Cours R.). CZ
Pont-Naturel (R. du). AX
Poterne (Pl. de la). BX 54
République (Av.). CDV
Résistance (Pl. de la). BY 58
Roosevelt (Av. F.). AY
Sablon (Cours). CY
Sacré-Cœur ([t]). DZ
Savaron (Maison de). BX B
St-Alyre (R.). BVX
St-Eutrope (Pl., [t]). BX 64
St-Genès-des-C. ([t]). BY
St-Hérem (R.). BX 65
St-Joseph ([t]). DX
St-Pierre-les-M. ([t]). AY
Ste-Jeanne-d'Arc ([t]). AZ
Serbie (R. de). AX
Sugny (R.). BY
Terrail (R. du). BX 68
Trudaine (R.). CX
Union-Soviétique (Av.). CDX
Vercingétorix (Av.). BY 76
Victoire (Pl. de la). BX 78
1er-Mai (Pl. du). DV

Chevannay 21 122 C1
Chevannes 21 123 E3
Chevannes 91 80 A1
Chevannes 45 80 C4
Chevannes 89 102 A3
Chevannes-Changy 58 120 C2
Chevennes 02 19 F2
Chevenon 58 137 D1
Chevenoz 74 159 D1
Cheverny 41 98 C4
Chevières 08 37 F2
Chevigney 70 124 C2
Chevigny 25 126 A3
Chevigny-sur-l'Ognon 25 125 D2
Chevigny 39 124 B3
Chevigny-en-Valière 21 123 E4
Chevigny-St-Sauveur 21 123 F2
Chevillard 01 157 D3
Chevillé 72 95 F1
Chevillon 52 62 C4
Chevillon 89 101 E1
Chevillon-sur-Huillard 45 100 C1
La Chevillotte 25 125 E2
Chevilly 45 79 E4
Chevilly-Larue 94 57 E3

Chevinay 69 171 D2
Chevincourt 60 34 B1
Cheviré-le-Rouge 49 95 F4
Chevrainvilliers 77 80 B3
Chèvre (Cap de la) 29 69 B1
Chevreaux 39 141 D4
Chèvregny 02 35 F1
Chèvremont 90 108 A3
La Chèvrerie 16 147 E4
Chèvrerie (Vallon de la) 74 158 C2
Chevresis-Monceau 02 19 F2
Chevreuse 78 57 D3
Chèvreville 50 51 E3
Chèvreville 60 34 B4
Chevrier 74 157 E3
Chevrières 42 170 C3
Chevrières 38 188 B3
Chevroches 58 121 D1
La Chevrolière 44 111 F3
Chevrotaine 39 141 F3
Chevroux 01 155 F1
Chevru 77 59 D3
Chevry 01 157 F2
Chevry 50 51 D1
Chevry-Cossigny 77 58 B3
Chevry-en-Sereine 77 81 D3

Chevry-sous-le-Bignon 45 81 D3
Chey 79 147 D2
Cheylade 15 183 E3
Le Cheylard 07 203 D1
Cheylard-l'Évêque 48 202 A3
Le Cheylas 38 189 F1
Cheyssieu 38 171 E4
Chezal-Benoît 18 135 E2
Chèze 65 257 E3
La Chèze 22 71 E3
Chézeaux 52 105 F1
Chezelle 03 152 C3
Chezelles 37 115 E4
Chezelles 36 134 B1
Chézeneuve 38 172 B3
Chézery-Forens 01 157 E2
Chézy 03 137 F3
Chézy-en-Orxois 02 35 D4
Chézy-sur-Marne 02 59 E1
Chiappa (Pointe de la) 2A 269 F3
Chiatra 2b 267 F1
Chiché 79 131 D2
Chicheboville 14 29 E4
Chichée 89 102 C2
Chichery 89 102 A1
Chichilianne 38 205 D3
Chicourt 57 65 D1

Chiddes 71 155 D1
Chiddes 58 138 B2
Chidrac 63 168 B4
Chierry 02 59 E1
Chiers 54,55 38 C1
Chieulles 57 40 B3
Chigné 49 96 B4
Chignin 73 173 F3
Chigny 02 20 A2
Chigny-les-Roses 51 36 B4
Chigy 89 82 A3
Chilhac 43 184 C3
Chillac 16 178 A1
Chille 39 141 E3
Chilleurs-aux-Bois 45 79 F4
Le Chillou 79 131 E2
Chilly 74 157 F4
Chilly 03 21 D2
Chilly 80 18 B3
Chilly-Mazarin 91 57 E3
Chilly-sur-Salins 39 141 F1
Chilly-le-Vignoble 39 141 D3
Chimilin 38 173 D3
Chindrieux 73 173 F1
Chivres-en-Laonnois 02 20 A4
Chivres 21 123 F4
Chivres-Val 02 35 E2
Chivy-lès-Étouvelles 02 35 F1

Chirat-l'Église 03 152 C2
Chiré-en-Montreuil 86 131 F3
Chirens 38 172 C4
Chirmont 80 17 F3
Chirols 07 202 C2
Chiroubles 69 155 E3
Chiry-Ourscamps 60 34 C1
Chis 65 249 E1
Chisa 2b 267 E4
Chissay-en-Touraine 41 116 C2
Chisseaux 37 116 C2
Chisséria 39 157 D1
Chissey-en-Morvan 71 122 B3
Chissey-lès-Mâcon 71 139 F4
Chissey-sur-Loue 39 124 C4
Chitenay 41 117 D1
Chitray 36 134 A3
Chitry 89 102 B3
Chitry-les-Mines 58 121 D1
Chivres 17 146 C4
Chivres 21 123 E4

Choignes 52 85 D4
Choilley 52 105 E3
Choisel 78 57 D3
Choiseul 52 85 F4
Choisey 39 124 B4
Choisies 59 12 B3
Choisy 74 158 A4
Choisy-au-Bac 60 34 C2
Choisy-en-Brie 77 59 D3
Choisy-le-Roi 94 57 F3
Choisy-la-Victoire 60 34 A2
Cholet 49 113 D4
Cholonge 38 189 E4
Choloy-Ménillot 54 63 F3
Chomelix 43 219 D2
Chomérac 07 203 E2
La Chomette 43 185 D2
Chonas-l'Amballan 38 171 E4
Chonville 55 63 D2
Chooz 08 13 F4
Choqueuse-les-Bénards 60 17 E3
Choranche 38 189 E4
Chorey 21 123 E4
Chorges 05 206 B3
Chouain 14 28 C3
Chouday 36 135 D1
Choue 41 97 E1
Chougny 58 121 E4
Chouilly 51 36 B4
Chouppes 86 132 A2
Chourgnac 24 180 B2

Choussy 41 117 D2
Chouvigny 03 152 B3
Choux 39 157 E2
Les Choux 45 100 C2
Chouy 02 35 D3
Chouzé-sur-Loire 37 114 C2
Chouzelot 25 125 D3
Chouzy-sur-Cisse 41 98 A4
Choye 70 124 B3
Chozeau 38 172 B2
Chuelles 45 101 D1
Chuffilly-Roche 08 37 E1
Chuignes 80 18 B2
Chuignolles 80 18 B2
Chuisnes 28 78 A1
Chusclan 30 219 D2
Chuyer 42 171 E4
Chuzelles 38 171 E4
Ciadoux 31 250 C1
Ciamannacce 2a 267 D4
Cians (Gorge du) 06 269 F3
Ciboure 64 224 A4
Cideville 76 15 E3
Ciel 71 140 B1
Cier-de-Luchon 31 258 B3
Cier-de-Rivière 31 250 B3
Cierges 02 35 F3
Cierges-sous-Montfaucon 55 38 B2
Cierp-Gaud 31 250 B4

Cierrey 27 55 E1
Cierzac 17 161 F3
Cieurac 46 213 E1
Cieutat 65 249 E2
Cieux 87 149 D4
Cigné 53 75 E1
Cigogné 37 116 B2
Cilly 02 20 A3
Cinais 37 115 D3
Cindré 03 153 E2
Cinq-Mars-la-Pile 37 115 E2
Cinqueux 60 34 A2
Cintegabelle 31 252 A1
Cintheaux 14 29 D3
Cinto (Monte) 2B 266 C1
Cintray 29 78 B1
Cintray 27 55 D2
Cintré 35 72 C3
Cintrey 70 106 A2
La Ciotat 13 243 F3
Cipières 06 240 A1
Ciral 61 75 F1
Ciran 37 115 F4
Circourt 88 87 D2
Circourt-sur-Mouzon 88 86 A2
Ciré-d'Aunis 17 145 E3
Cirès 31 258 B3
Cires-lès-Mello 60 33 F3
Cirey 70 125 E1
Cirey-lès-Mareilles 52 85 E3
Cirey-lès-Pontailler 21 124 A2

Cirey-sur-Blaise 52 84 C2
Cirey-sur-Vezouze 54 65 F3
Cirfontaines-en-Azois 52 84 C4
Cirfontaines-en-Ornois 52 85 E1
Cirière 79 130 C2
Ciron 36 133 F3
Ciry-le-Noble 71 139 D3
Ciry-Salsogne 02 35 E2
Cisai-St-Aubin 61 53 F2
Cisery 89 103 D4
Cissac-Médoc 33 176 C2
Cissé 86 132 A3
Cisterne-la-Forêt 63 167 E2
Cistrières 43 185 D2
Cîteaux (Abbaye de) 21 123 F3
Citerne 80 16 C1
Citers 70 107 D2
Citey 70 124 C1
Citou 11 253 F1
Citry 77 59 D1
Civaux 86 148 B1
Civens 42 170 B2
Civières 27 32 B3
Civrac-de-Blaye 33 177 E3
Civrac-de-Dordogne 33 195 D1
Civrac-en-Médoc 33 176 C1
Civray 86 147 E3
Civray 18 135 E1
Civray-de-Touraine 37 116 C2
Civray-sur-Esves 37 116 A4
Civrieux 01 171 F1
Civrieux-d'Azergues 69 171 E1
Civry 29 78 C4
Civry-en-Montagne 21 122 C2
Civry-la-Forêt 78 56 B2
Cizancourt 80 18 B2
Cizay-la-Madeleine 49 114 B3
Cize 01 156 C2
Cize 39 142 A2
Cizely 58 137 F1
Cizos 65 250 A1
Clacy-et-Thierret 02 35 F1
Cladech 24 197 D1
Clain 16,86 147 F2
Claira 66 262 C1
Clairac 47 211 D1
Clairavaux 23 166 B2
Clairefontaine-en-Yvelines 78 56 C4
Clairefougère 61 52 A2
Clairegoutte 70 107 E3
Clairfayts 59 12 C4
Clairfontaine 02 20 B1
Clairmarais 62 3 F3
Clairoix 60 34 B2
Clairvaux 10 62 B3
Clairvaux-d'Aveyron 12 242 A2
Clairvaux-les-Lacs 39 141 E4
Clairy-Saulchoix 80 17 E2
Clais 76 16 A3
Claix 38 189 D3
Claix 16 162 B4
Clam 17 161 E4
Clamanges 51 60 C2
Clamart 92 57 E2
Clamecy 58 121 D1
Clamecy 02 35 E2
Clamensane 04 221 F1
Clamerey 21 122 B1
Clamouse (Grotte de) 34 233 F2
Clans 06 241 D2
Clans 70 106 B3
Clansayes 26 219 E1
Le Claon 55 38 A3
Clape (Montagne de la) 11 255 D2
Le Clapier 12 233 D1
Clapiers 34 234 B2
Clara 66 262 A3
Clarac 31 250 B3
Clarac 65 249 F2
Claracq 64 226 C3
Clarafond 74 157 F3
Clarbec 14 30 A3
Clarens 65 250 A3
Clarensac 30 235 D1
Claret 04 206 A4
Claret 34 234 B1
Clarques 62 3 F4
Clary 59 11 D4
Classun 40 226 A2
Clastres 02 19 D3
Clasville 76 14 C3
Le Clat 11 261 E1
Claudon 88 86 C4
Le Claux 15 183 E1
Clavans-en-Haut-Oisans 38 190 A3
Clavé 79 131 E4

Claveisolles 69 155 D3
Clavette 17 145 E3
Claveyson 26 187 F2
Clavières 15 184 C4
Claviers 83 239 E4
Claville 27 31 E4
Claville-Motteville 76 15 F4
Clavy-Warby 08 21 D3
Claye-Souilly 77 58 B1
Clayes 35 72 C3
Les Clayes-sous-Bois 78 57 D2
La Clayette 71 154 C2
Clayeures 54 64 C4
Clazay 79 130 C2
Clécy 14 52 B1
Cléden-Cap-Sizun 29 68 A2
Cléden-Poher 29 69 F1
Cléder 29 45 F1
Clèdes 40 226 C2
Cleebourg 67 43 E4
Clefcy 88 88 B3
Clefmont 52 85 F4
Clefs 49 96 A3
Les Clefs 74 174 B1
Cléguer 56 90 B1
Cléguérec 56 70 C3
Clelles 38 205 E1
Clémencey 21 123 E2
Clémensat 63 168 B4
Clémery 54 64 B1
Clémont 18 100 A4
Clénay 21 123 F1
Clenleu 62 8 C1
Cléon 76 31 E2
Cléon-d'Andran 26 204 A3
Cleppé 42 170 B2
Clérac 17 177 F2
Cléré-du-Bois 36 133 E1
Cléré-les-Pins 37 115 E1
Cléré-sur-Layon 49 114 A3
Clérey 10 83 E3
Clérey-la-Côte 88 86 A1
Clérey-sur-Brenon 54 64 B4
Clergoux 19 182 A2
Clérieux 26 187 F3
Les Clérimois 89 89 F1
Le Clerjus 88 87 D4
Clerlande 63 168 B1
Clermain 71 155 D1
Clermont 40 225 E2
Clermont 60 33 F2
Clermont 74 157 E4
Clermont 09 259 F2
Clermont (Abbaye de) 53 74 B4
Clermont-Créans 72 96 A3
Clermont-de-Beauregard 24 179 D4
Clermont-Dessous 47 211 E2
Clermont-d'Excideuil 24 180 B1
Clermont-en-Argonne 55 38 A4
Clermont-en-Auge 14 29 F4
Clermont-les-Fermes 02 20 A4
Clermont-Ferrand 63 168 B2
Clermont-le-Fort 31 230 A4
Clermont-l'Hérault 34 233 E2
Clermont-Pouyguillès 32 228 A4
Clermont-Savès 32 229 D3
Clermont-Soubiran 47 212 A3
Clermont-sur-Lauquet 11 253 F3
Clerval 25 125 E3
Cléron 25 126 A1
Cléry 73 174 B2
Cléry 21 124 B2
Cléry-en-Vexin 95 32 C4
Cléry-Grand 55 38 B2
Cléry-Petit 55 38 B2
Cléry-St-André 45 99 D2
Cléry-sur-Somme 80 18 B1
Clesles 51 60 B4
Clessé 79 131 D3
Clessé 71 155 F1
Clessy 71 138 C4
Cléty 62 3 E4
Cleurie 88 87 F4
Cleuville 76 14 C3
Cléville 14 29 E4
Cléville 76 14 C4
Clévilliers 28 55 F4
Cleyrac 33 195 D2
Cleyzieu 01 172 C1
Clézentaine 88 87 E1

Clichy 92 57 E2
Clichy-sous-Bois 93 58 A2
Climbach 67 43 E4
Clinchamp 52 85 F3
Clinchamps-sur-Orne 14 29 D4
Clion 36 133 F1
Clion 17 161 E4
Le Clion-sur-Mer 44 111 D3
Cliousclat 26 203 F2
Cliponville 76 14 C3
Cliron 08 21 E2
La Clisse 17 160 C2
Clisson 44 112 B3
Clitourps 50 25 D2
Clohars-Carnoët 29 90 A1
Clohars-Fouesnant 29 69 D4
Le Cloître-Pleyben 29 69 E1
Le Cloître-St-Thégonnec 29 46 B3
Clomot 21 122 C3
Clonas-sur-Varèze 38 187 E1
Clos de Vougeot 21 123 E3
Clos-Fontaine 77 58 C4
La Clotte 17 178 A3
Clouange 57 40 A2
Cloué 86 147 E1
Les Clouzeaux 85 129 D3
Cloyes-sur-le-Loir 28 98 A1
Cloyes-sur-Marne 51 61 F3
Cl,res 76 15 E4
Clucy 39 125 D4
Clugnat 23 150 C2
Cluis 36 134 C4
Clumanc 04 222 B2
Cluny 71 155 E1
La Clusaz 74 158 C4
La Cluse 05 205 F2
La Cluse-et-Mijoux 25 142 C1
Cluses 74 159 D3
Clussais-la-Pommeraie 79 147 D3
Clux 71 140 C1
Coadout 22 47 D3
Coaraze 06 241 D3
Coarraze 64 248 C2
Coat-Méal 29 45 D2
Coatascorn 22 47 D2
Coatréven 22 47 D1
Cobonne 26 204 B2
Cobrieux 59 10 B1
Cocalière (Grotte de) 30 218 C4
La Cochère 61 53 E3
Cocherel 77 59 D1
Cocherel 27 32 A4
Cocheren 57 41 E3
Coclois 10 83 D1
Cocquerel 80 17 D1
Cocumont 47 195 D4
Cocurès 48 217 E1
Codalet 66 261 F2
Codognan 30 235 D2
Codolet 30 219 E3
Coësmes 35 93 F1
Coëtlogon 22 71 F3
Coëtmieux 22 48 B4
Cœuvres-et-Valsery 02 35 D2
Coëx 85 128 C2
Coggia 2A 266 B3
Coglès 35 73 F1
Cogna 39 141 F3
Cognac 16 161 F2
Cognac-la-Forêt 87 164 B1
Cognat-Lyonne 03 153 D3
Cogners 72 97 E2
Cognet 38 189 E4
Cognières 70 106 C4
Cognin 73 173 E3
Cognin-les-Gorges 38 188 C2
Cognocoli-Monticchi 2A 268 C1
Cogny 71 155 E4
Cogny 18 136 B2
Cogolin 83 245 D2
Cohade 43 184 C1
Cohennoz 73 174 C2
Cohiniac 22 47 F4
Cohons 52 105 D2
Coiffy-le-Bas 52 105 F1
Coiffy-le-Haut 52 105 F1
Coigneux 80 9 F4
Coignières 78 56 C3
Coigny 50 27 D2
Coimères 33 194 C4
Coin-lès-Cuvry 57 40 B4
Coin-sur-Seille 57 40 B4
Coinces 45 99 D1
Coinches 88 88 B3
Coincourt 54 65 D3
Coincy 57 40 B4
Coincy 02 35 E4
Coings 36 134 C1
Coingt 02 20 B3
Coirac 33 194 C2
Coiron (Plateau du) 07 203 E3
Coise-St-Jean-Pied-Gauthier 73 174 A3

Coiserette 39 157 E1
Coisevaux 70 107 E3
Coisia 39 157 D2
Coisy 80 17 E1
Coivert 17 146 B3
Coivrel 60 34 A1
Coizard-Joches 51 60 B2
Colamine-sous-Vodable 63 168 B4
Colayrac-St-Cirq 47 211 E2
Colembert 62 3 D3
Coligny 01 156 C1
Coligny 51 60 B2
Colincamps 80 9 F4
La Collancelle 58 121 D2
Collandres 15 183 E2
Collandres-Quincarnon 27 54 C1
Collanges 63 184 B1
Collat 43 185 D2
La Colle-sur-Loup 06 240 B1
Collégien 77 58 B2
Collemiers 89 81 E3
Colleret 59 12 C3
Le Collet-de-Dèze 48 217 F2
Colletot 27 30 C2
Colleville 76 14 B3
Colleville-Montgomery 14 29 D3
Colleville-sur-Mer 14 28 B2
Collias 30 218 C4
Colligis-Crandelain 02 35 F1
Colligny 57 40 C4
Colline-Beaumont 62 8 B2
Collinée 22 71 F2
Collioure 66 263 D3
Collobrières 83 244 C2
Collonge-en-Charollais 71 139 E3
Collonge-la-Madeleine 71 139 E1
Collonges 01 157 E3
Collonges-au-Mont-d'Or 69 171 F1
Collonges-lès-Bévy 21 123 D3
Collonges-lès-Premières 21 124 A2
Collonges-la-Rouge 19 181 E3
Collonges-sous-Salève 74 158 A3
Collongues 65 249 E1
Collongues 06 223 E4
Collorec 29 69 E1
Collorgues 30 218 B3
Colmar 68 89 D3
Colmars 04 222 C2
Colmen 57 40 C2
Colméry 58 120 B2
Colmesnil-Manneville 76 15 E2
Colmey 54 39 D1
Colmier-le-Bas 52 104 C2
Colmier-le-Haut 52 104 C2
Colognac 30 217 F3
Cologne 32 229 D2
Colomars 06 240 C1
Colombe 38 188 C1
La Colombe 41 98 B2
La Colombe 50 51 D1
Colombé-la-Fosse 10 84 B2
Colombé-le-Sec 10 84 B3
Colombe-lès-Vesoul 70 106 C3
Colombelles 14 29 D3
Colombes 92 57 E2
Colombey-les-Belles 54 64 A4
Colombey-lès-Choiseul 52 86 A4
Colombey-les-Deux-Églises 52 84 C3
Colombier 03 152 A3
Colombier 42 187 D2
Colombier 21 123 D3
Colombier 70 106 C3
Colombier 24 196 A2
Colombier-le-Cardinal 07 187 E2
Colombier-Châtelot 25 126 B1
Colombier-en-Brionnais 71 154 C1
Colombier-Fontaine 25 107 E4
Colombier-le-Jeune 07 187 E4
Colombier-Saugnieu 69 172 A2
Colombier-le-Vieux 07 187 E4

Colombière (Col de la) 74 158 C4
Colombières 14 28 A2
Colombières-sur-Orb 34 232 C3
Colombiers 61 76 A1
Colombiers 17 161 E3
Colombiers 18 136 A3
Colombiers 34 255 D1
Colombiers 86 132 B2
Colombiers-du-Plessis 53 74 C1
Colombiers-sur-Seulles 14 28 C2
Colombiès 12 215 D3
Colombotte 70 106 C3
Colomby 50 25 D3
Colomby de Gex (Mont) 01 157 F1
Colomby-sur-Thaon 14 29 D3
Colomiers 31 229 F3
Colomieu 01 173 D2
Colonard-Corubert 61 77 D1
Colondannes 23 150 A2
Colonfay 02 19 F2
Colonne 39 141 E1
Colonne de la Grande Armée 62 2 C3
Colonzelle 26 204 A4
Colorado de Rustrel 84 220 C4
Colpo 56 91 E1
Colroy-la-Grande 88 89 E2
Colroy-la-Roche 67 88 C1
Colle St-Michel (Col de la) 04 222 C2
Coltainville 28 78 C1
Coltines 15 184 A3
Coly 24 180 C3
Combaillaux 34 234 B2
Combas 30 234 C1
La Combe-de-Lancey 38 189 E2
Combe Genin 73 190 B2
Combe Laval 26 188 C4
Combeaufontaine 70 106 B3
Combefa 81 214 B3
Comberanche-et-Épeluche 24 178 C2
Comberjon 70 106 C2
Comberouger 82 229 E1
Combertault 21 123 E4
Combes 34 233 D3
Les Combes 25 126 B3
Combiers 16 163 D4
Comblanchien 21 123 E3
Combles 80 18 B1
Combles-en-Barrois 55 66 B2
Comblessac 35 92 C1
Combleux 45 99 E2
Comblot 61 77 D1
Combloux 74 159 D4
Combon 27 31 E4
Combourg 35 73 D1
Combourtillé 35 74 A2
Combovin 26 204 B1
Combrailles 63 167 D2
Combrand 79 130 B3
Combray 14 52 B1
Combre 42 154 B2
Combrée 49 94 B3
Combres 28 77 F1
Combres-sous-les-Côtes 55 39 D4
Combressol 19 166 B4
Combret 12 232 B1
Combreux 45 100 A1
Combrimont 88 88 C2
Combrit 29 68 C4
Combronde 63 152 C4
Combs-la-Ville 77 57 F3
La Comelle 71 138 C1
Comiac 46 182 A4
Comigne 11 254 A2
Comines 59 5 D3
Commana 29 45 F3
Commarin 21 122 C2
Commelles (Étangs de) 60 34 B4
Commelle 38 172 B4
Commelle-Vernay 42 154 B4
Commenailles 39 141 D2
Commenchon 02 18 C4
Commensacq 40 209 D2
Commentry 03 152 A2

Commeny 95 33 D4
Commequiers 85 128 B2
Commer 53 75 D3
Commercy 55 63 D2
Commerveil 72 76 C2
Commes 14 28 B2
Commissey 89 103 D2
Communailles-en-Montagne 39 142 B2
Communay 69 171 E3
Compaing (Pas de) 15 183 F1
Compains 63 183 F1
Compainville 76 16 B4
Compans 77 58 B1
Le Compas 23 151 E4
Compertrix 51 61 D1
Compeyre 12 216 B2
Compiègne 60 34 B2
Compigny 89 81 E2
Compolibat 12 214 C1
La Compôte 73 174 A2
Comprégnac 12 216 A3
Compreignac 87 149 E4
Comps 30 235 F1
Comps 33 177 D3
Comps 26 204 B3
Comps-la-Grand-Ville 12 215 E2
Comps-sur-Artuby 83 239 E1
La Comté 62 9 E2
Comus 11 260 C1
Conan 41 98 B3
Conand 01 172 C1
Conat 66 261 F2
Conca 2A 269 E2
Concarneau 29 69 D4
Concevreux 02 36 A2
Concèze 19 180 C1
Conches 77 58 B2
Conches-en-Ouche 27 55 D1
Conchez-de-Béarn 64 227 D3
Conchil-le-Temple 62 8 B3
Conchy-les-Pots 60 18 B4
Conchy-sur-Canche 62 9 D3
Les Concluses 30 218 C3
Concorès 46 197 F3
Concoret 56 72 B3
Concots 46 213 F1
Concoules 30 217 F1
Concourson-sur-Layon 49 114 A3
Concremiers 36 133 E4
Concressault 18 119 E1
Concriers 41 98 C2
Condac 16 147 E4
Condal 71 140 C4
Condamine 39 141 D3
Condamine 01 157 D2
La Condamine-Châtelard 04 207 E3
Condat 46 181 E4
Condat 15 183 E1
Condat-en-Combraille 63 167 D1
Condat-lès-Montboissier 63 169 D4
Condat-sur-Ganaveix 19 165 E4
Condat-sur-Trincou 24 180 C2
Condat-sur-Vézère 24 180 C3
Condat-sur-Vienne 87 164 C2
Condé 36 135 D1
Condé-lès-Autry 08 37 F3
Condé-en-Barrois 55 66 C2
Condé-en-Brie 02 59 F1
Condé-Folie 80 17 D1
Condé-lès-Herpy 08 36 C1
Condé-Northen 57 40 C3
Condé-Ste-Libiaire 77 58 B2
Condé-sur-Aisne 02 35 E2
Condé-sur-l'Escaut 59 10 B2
Condé-sur-Huisne 61 77 F3
Condé-sur-Ifs 14 29 F4
Condé-sur-Iton 27 55 D2
Condé-sur-Marne 51 37 D4
Condé-sur-Noireau 14 52 B2

Condé-sur-Risle 27 30 C2
Condé-sur-Sarthe 61 76 A1
Condé-sur-Seulles 14 28 C3
Condé-sur-Suippe 02 36 B2
Condé-sur-Vesgre 78 56 B3
Condé-sur-Vire 50 27 E4
Condeau 61 77 E2
Condécourt 95 56 C1
Condeissiat 01 156 A3
Condéon 16 178 A1
Condes 39 157 D2
Condes 52 85 D3
Condette 62 2 C4
Condezaygues 47 196 C4
Condillac 26 203 F3
Condom 32 211 D4
Condom-d'Aubrac 12 200 B3
Condorcet 26 204 B4
Condren 02 19 D4
Condrieu 69 171 E4
Conflandey 70 106 B2
Conflans-en-Jarnisy 54 39 E3
Conflans-Ste-Honorine 78 57 D1
Conflans-sur-Anille 72 97 E1
Conflans-sur-Lanterne 70 106 C2
Conflans-sur-Loing 45 101 D1
Conflans-sur-Seine 51 60 A4
Confolens 16 148 B4
Confolens (Cascade de) 38 189 F4
Confolent-Port-Dieu 19 167 D4
Confort 01 157 E3
Confracourt 70 106 A3
Confrançon 01 156 A2
Congé-sur-Orne 72 76 B3
Congénies 30 235 D1
Congerville-Thionville 91 79 E2
Congis-sur-Thérouanne 77 58 C1
Congrier 53 94 B2
Congy 51 60 A2
Conie-Molitard 28 78 B4
Conilhac-Corbières 11 253 E4
Conilhac-de-la-Montagne 11 253 E4
Conjux 73 173 E2
Conlie 72 76 A3
Conliège 39 141 E3
Connac 12 215 E4
Connangles 43 185 D2
Connantray-Vaurefroy 51 60 C3
Connantre 51 60 B3
Connaux 30 219 D3
Conne-de-Labarde 24 196 A2
Connelles 27 32 A3
Connerré 72 76 C4
Connezac 24 163 D4
Connigis 02 59 F1
Conquereuil 44 93 D3
Les Conques 12 199 E3
Conques-sur-Orbiel 11 253 E1
Le Conquet 29 44 B3
Conqueyrac 30 217 F4
Cons-la-Grandville 54 39 D1
Cons-Ste-Colombe 74 174 B2
Consac 17 161 D4
Conségudes 06 223 F4
Consenvoye 55 38 B2
Consigny 52 85 E3
Consolation (Cirque de) 25 126 B3
Consolation-Maisonnettes 25 126 B3
Contalmaison 80 18 B1
Contamine-Sarzin 74 157 F4
Contamine-sur-Arve 74 158 B3
Les Contamines-Montjoie 74 175 D1
Contault 51 61 F1
Contay 80 17 F1
Conte 39 142 A2
Contes 62 8 C2
Contes 06 241 E3
Contescourt 02 19 D3
Contest 53 75 D2
Conteville-lès-Boulogne 62 2 C3
Conteville 14 29 F4
Conteville 76 16 B3

Conteville 62 9 E2
Conteville 80 9 D4
Conteville 27 30 B2
Conteville 60 17 D4
Conthil 57 65 E1
Contigné 49 95 E3
Contigny 03 153 D2
Contilly 72 76 C1
Continvoir 37 115 D1
Contoire 80 18 A3
Contrazy 09 259 E2
Contré 17 146 C4
Contre 80 17 D3
Contréglise 70 106 B2
Contremoulins 76 14 B3
Contres 18 136 D2
Contres 41 117 E1
Contreuve 08 37 E2
Contrevoz 01 173 D1
Contrexéville 88 86 B3
Contrières 50 50 C1
Contrisson 55 62 B2
Conty 80 17 E3
Contz-les-Bains 57 40 B1
Conzieu 01 173 D1
Coole 51 61 D1
Coolus 51 61 D1
La Copechagnière 85 129 E1
Copponex 74 158 A3
Coquainvilliers 14 30 A3
Coquelles 62 2 C2
La Coquille 24 164 A4
Corancez 28 78 C2
Corancy 58 121 F4
Coray 29 69 E2
Corbara 2b 264 C3
Corbarieu 82 213 D4
Corbas 69 171 F3
Corbehem 62 10 B2
Corbeil 51 61 E4
Corbeil-Cerf 60 33 E3
Corbeil-Essonnes 91 58 A4
Corbeilles 45 80 B4
Corbel 73 173 E4
Corbelin 38 172 C3
Corbenay 70 106 C1
Corbeny 02 36 A1
Corbère 66 262 B2
Corbère-Abères 64 227 D4
Corbère-les-Cabanes 66 262 B2
Corberon 21 123 E4
Corbès 30 217 F3
Corbie 80 17 F2
La Corbière 70 107 D2
Corbières 11 252 C3
Corbières 04 237 F1
Corbigny 58 121 E2
Corbon 14 29 F4
Corbon 61 77 D1
Corbonod 01 157 E4
Corbreuse 91 79 E1
Corcelles-les-Arts 21 140 A1
Corcelles-lès-Cîteaux 21 123 F3
Corcelle-Mieslot 25 125 E1
Corcelles 01 157 E4
Corcelles 70 107 E4
Corcelles-en-Beaujolais 69 155 E3
Corcelles-Ferrières 25 125 D2
Corcelles-les-Monts 21 123 E2
Corcieux 88 88 B3
Corcondray 25 125 D2
Corconne 30 234 B1
Corcoué-sur-Logne 44 111 F4
Corcy 02 35 D3
Cordéac 38 205 F1
Cordebugle 14 30 B4
Cordelle 42 154 A4
Cordemais 44 111 E2
Cordes 81 214 A3
Cordès 63 167 F3
Cordes-Tolosannes 82 212 C4
Cordesse 71 122 B4
Cordey 14 52 C2
Cordieux 01 172 A1
Cordiron 25 125 D2
Cordon 74 159 D4
Cordonnet 70 125 D1
Coren 15 184 B3
Corenc 38 189 E2
Corent 63 168 B3
Corfélix 51 60 A2
Corgengoux 21 123 E4
Corgnac-sur-l'Isle 24 164 A4
Corgoloin 21 123 E4
Corignac 17 177 F2
Corlay 22 70 C1
Corlée 52 105 D2
Corlier 01 156 C4
Cormainville 28 78 C4
Cormaranche-en-Bugey 01 157 D4

Cormatin 71 139 F4
Corme-Écluse 17 160 C3
Corme-Royal 17 160 C2
Cormeilles 60 17 E4
Cormeilles 27 30 B3
Cormeilles-en-Parisis 95 57 E1
Cormeilles-en-Vexin 95 33 D4
Cormelles-le-Royal 14 29 D3
Le Cormenier 79 146 B3
Cormenon 41 97 F1
Cormeray 50 50 C4
Cormeray 41 117 D1
Cormery 37 116 B2
Cormes 72 77 D3
Cormet de Roselend 73 175 D2
Cormicy 51 36 A2
Le Cormier 27 55 F1
Cormolain 14 28 B3
Cormont 62 8 B1
Cormontreuil 51 36 B3
Cormoranche-sur-Saône 01 155 F2
Cormost 10 83 D3
Cormot-le-Grand 21 139 F1
Cormoyeux 51 36 B4
Cormoz 01 140 C4
Corn 46 198 C3
Cornac 46 198 C3
Cornant 89 81 E4
Cornas 07 187 E4
Cornay 08 38 A2
Corné 49 114 A1
Cornebarrieu 31 229 F2
Corneilhan 34 233 D3
Corneilla-de-Conflent 66 261 F3
Corneilla-del-Vercol 66 262 C2
Corneilla-la-Rivière 66 262 B2
Corneuil 27 55 E2
Corneville-la-Fouquetière 27 31 D4
Corneville-sur-Risle 27 30 C2
Corniche Angevine 49 113 E2
Corniche Bretonne 22 46 C1
Corniche de l'Armorique 22 46 B2
Corniche du Pail 53 75 F2
Corniche Sublime 83 239 E1
Cornier 74 158 B3
Corniéville 55 63 E2
Cornil 19 181 E2
Cornillé-les-Caves 49 95 F4
Cornillac 26 204 C4
Cornille 24 179 F2
Cornillé 35 73 F4
Cornillon 42 186 B1
Cornillon 30 218 C2
Cornillon-Confoux 13 236 C3
Cornillon-en-Trièves 38 205 E4
Cornillon-sur-l'Oule 26 204 C4
Cornimont 88 88 A4
Cornod 39 157 D2
Cornot 70 106 A3
La Cornuaille 49 94 B4
Cornus 12 216 B4
Cornusse 18 136 B1
Corny 27 32 B3
Corny-Machéroménil 08 21 F4
Corny-sur-Moselle 57 40 A4
Coron 49 113 C2
Corong (Gorges du) 22 70 B1
Corpe 85 129 F4
Corpeau 21 139 F1
Corpoyer-la-Chapelle 21 104 A4
Corps 38 205 F1
Corps-Nuds 35 73 D4
Corquilleroy 45 80 C4
Corquoy 18 135 F2
Corrano 2a 267 D4
Corravillers 70 107 F1
Corre 70 106 B1
Corrençon-en-Vercors 38 188 C3
Correns 83 238 B3
Corrèze 19 181 E2
Corrèze 19 181 E1
Corribert 51 60 A1
Corrobert 51 59 F2
Corrombles 21 103 E4
Corronsac 31 230 A4
Corroy 51 60 B3

Corsaint 21 103 E4
Corsavy 66 262 A3
Corscia 2b 266 C1
Corse (Parc Régional) 2A,2B 264 B4
Corse (Cap) 2B 264 C1
Corsept 44 111 D2
Corseul 22 49 D4
Cortambert 71 139 F4
Corte 2b 267 D1
Cortevaix 71 139 F4
Cortone (Col de) 2A 268 B2
Cortrat 45 100 C2
Les Corvées-les-Yys 28 78 A4
Corveissiat 01 156 C2
Corvol-d'Embernard 58 120 C2
Corvol-l'Orgueilleux 58 120 C1
Corzé 49 95 E4
Cos 09 252 A4
Coscione (Plateau de) 2A 269 D1
Cosges 39 141 D2
Coslédaa-Lube-Boast 64 226 C4
Cosmes 53 94 C1
Cosnac 19 181 E3
Cosne-d'Allier 03 152 A1
Cosne-sur-Loire 58 120 A1
Cosnes-et-Romain 54 23 D4
Cosqueville 50 25 D1
Cossaye 58 137 F2
Cossé-d'Anjou 49 113 E3
Cossé-en-Champagne 53 95 F1
Cossé-le-Vivien 53 94 C1
Cossesseville 14 52 B1
Cosswiller 67 66 C3
Costa 2b 264 C3
Costaros 43 202 A1
Les Costes 05 206 A2
Les Costes-Gozon 12 215 F3
La Côte 70 107 E3
La Côte 2000 38 189 D3
La Côte-d'Aime 73 175 D3
La Côte-d'Arbroz 74 159 D2
Côte de Jade 44 110 C3
La Côte-en-Couzan 42 169 E2
La Côte-St-André 38 188 B1
Côte Sauvage 56 90 C3
Côte Vermeille 66 263 D3
Le Coteau 42 154 B4
Côtebrune 25 125 F2
Les Côtes-d'Arey 38 171 E4
Les Côtes-de-Corps 38 205 F1
Coti-Chiavari 2a 268 B2
Cotignac 83 238 C3
Cottance 42 170 B2
Cottenchy 80 17 F3
Cottévrard 76 15 F4
Cottier 25 124 C2
Cottun 14 28 B2
Cou (Col de) 74 158 C2
La Couarde 79 146 C2
La Couarde-sur-Mer 17 144 C2
Couargues 18 120 A2
Coubert 77 58 B3
Coubeyrac 33 195 D2
Coubisou 12 200 A3
Coubjours 24 180 C2
Coublanc 71 154 C3
Coublanc 52 105 E3
Coublevie 38 189 D1
Coubluca 64 226 C3
Coubon 43 185 F4
Coubre (Forêt de la) 17 160 A2
Coubre (Phare de la) 17 160 A2
Coubron 93 58 A2
Couches 71 139 E1
Couchey 21 123 E2
La Coucourde 26 203 F3
Coucouron 07 202 B1
Coucy 08 37 D1
Coucy-le-Château-Auffrique 02 35 E1
Coucy-lès-Eppes 02 20 A4
Coucy-la-Ville 02 35 E1
Couddes 41 117 D2
Coudehard 61 53 E2
Coudekerque 59 4 A1
Coudekerque-Branche 59 4 A1
Coudes 63 168 B3

Coudeville 50 50 B1
Coudons 11 253 D4
Coudoux 13 237 D3
Coudray 53 95 D2
Coudray 45 80 A3
Coudray 27 32 B2
Le Coudray 28 78 C1
Coudray-au-Perche 28 77 E3
Coudray-Rabut 14 30 A2
Le Coudray-St-Germer 60 32 C2
Coudray-Salbart (Château) 79 146 B1
Le Coudray-sur-Thelle 60 33 E3
La Coudre 79 130 C1
Coudreceau 28 77 F2
Coudrecieux 72 97 D1
Coudres 27 55 E2
Coudroy 45 100 B3
Coudun 60 34 B1
Coudures 40 226 B2
Coueilles 31 250 C1
Couëron 44 111 E2
Couesmes 37 96 C4
Couesmes-en-Froulay 53 74 C1
Couesnon 35 73 E2
Couesque (Barrage de) 12 199 F2
Couffé 44 112 B1
Couffi 41 117 E2
Couffoulens 11 253 E2
Couffy-sur-Sarsonne 19 166 C3
Couflens 09 259 E4
Coufouleux 81 229 D1
Cougnac (Grottes de) 46 197 F2
Couhé 86 147 E2
Couilly-Pont-aux-Dames 77 58 C2
Couin 62 9 F4
Couiza 11 253 E4
Couladère 31 251 D2
Coulaines 72 76 B4
Coulandon 03 137 E4
Coulangeron 89 102 A3
Coulanges 41 98 A4
Coulanges 03 138 B4
Coulanges-lès-Nevers 58 120 B4
Coulanges-sur-Yonne 89 102 A4
Coulanges-la-Vineuse 89 102 B3
Coulans-sur-Gée 72 76 A4
Coulans-sur-Lizon 25 125 E4
Coulaures 24 180 A2
Couledoux 31 258 C3
Couleuvre 03 136 C3
Coulevon 70 106 C3
Coulgens 16 162 C2
Coulimer 61 76 C1
Coullemelle 80 17 F4
Coullemont 62 9 E3
Coullons 45 100 B4
Coulmer 61 53 F3
Coulmier-le-Sec 21 103 F2
Coulmiers 45 99 D1
Coulobres 34 233 E4
Coulogne 62 3 D2
Couloisy 60 34 C2
Coulombiers 72 76 B2
Coulombiers 86 132 A4
Coulombs 28 56 A3
Coulombs 14 28 C3
Coulombs-en-Valois 77 35 D4
Coulomby 62 3 D4
Coulommes 77 58 C2
Coulommes-et-Marqueny 08 37 E1
Coulommes-la-Montagne 51 36 B3
Coulommiers 77 59 D2
Coulommiers-la-Tour 41 98 A2
Coulon 79 146 A1
Coulonces 14 51 F2
Coulonces 61 53 D2
La Coulonche 61 52 B3
Coulongé 72 96 B3
Coulonge-sur-Charente 17 161 D1
Coulonges 17 161 D1
Coulonges 16 162 B1
Coulonges 86 149 D1
Coulonges-Cohan 02 35 F3
Coulonges-les-Sablons 61 77 E1

Coulonges-sur-l'Autize 79 130 C4
Coulonges-sur-Sarthe 61 52 A4
Coulonges-Thouarsais 79 131 D1
Coulonvillers 80 8 C4
Couloumé-Mondebat 32 227 E2
Coulounieix-Chamiers 24 179 E4
Coulours 89 82 B3
Couloutre 58 120 B1
Coulouvray-Boisbenâtre 50 51 D2
Coulvain 14 28 A4
Coulx 47 196 A4
Coume 57 41 D3
Counozouls 11 261 E2
Coupelle-Neuve 62 9 D1
Coupelle-Vieille 62 9 D1
Coupesarte 14 30 A4
Coupetz 51 61 D2
Coupéville 51 61 E1
Coupiac 12 215 E4
Coupray 52 104 B1
Coupru 02 59 E1
Couptrain 53 75 E1
Coupvray 77 58 B2
Couquèques 33 176 C1
Cour-Cheverny 41 98 C4
Cour-et-Buis 38 171 F4
Cour-l'Évêque 52 104 C1
La Cour-Marigny 45 100 C2
Cour-St-Maurice 25 126 C2
Cour-sur-Loire 41 98 B3
Courances 91 80 B1
Courant 17 146 A4
Courban 21 104 A1
La Courbe 61 52 C3
Courbehaye 28 78 C3
Courbépine 27 30 C4
Courbes 02 19 E3
Courbesseaux 54 64 C3
Courbette 39 141 E3
Courbeveille 53 74 B4
Courbevoie 92 57 E2
Courbiac 47 212 B1
Courbillac 16 162 A2
Courboin 02 59 E1
Courbons 04 222 A2
Courbouzon 39 141 D3
Courbouzon 41 99 D2
Courboyer 61 77 D2
Courçais 03 151 E1
Courçay 37 116 B2
Courceboeufs 72 76 B3
Courcelles-le-Comte 62 10 A4
Courcelette 80 18 B1
Courcelles-la-Forêt 72 96 A2
Courcelles-lès-Gisors 60 32 C3
Courcelles-lès-Lens 62 10 B2
Courcelles 54 86 C1
Courcelles 25 125 D3
Courcelles 58 120 C1
Courcelles 45 80 A4
Courcelles 17 146 A4
Courcelles 90 108 B4
Courcelles-au-Bois 80 9 F4
Courcelles-Chaussy 57 40 C3
Courcelles-de-Touraine 37 115 D1
Courcelles-en-Barrois 55 63 D2
Courcelles-en-Bassée 77 81 D2
Courcelles-en-Montagne 52 105 D2
Courcelles-Epayelles 60 18 A4
Courcelles-Frémoy 21 122 A1
Courcelles-Sapicourt 51 36 A3
Courcelles-sous-Châtenois 88 86 B2
Courcelles-sous-Moyencourt 80 17 D3
Courcelles-sous-Thoix 80 17 D3
Courcelles-sur-Aire 55 62 C1
Courcelles-sur-Blaise 52 84 C1
Courcelles-sur-Nied 57 40 B4
Courcelles-sur-Seine 27 32 A3

Courcelles-sur-Vesle 02 35 F2
Courcelles-sur-Viosne 95 33 D4
Courcelles-sur-Voire 10 84 A1
Courcelles-Val-d'Esnoms 52 105 D3
Courcelles-lès-Montbard 21 103 E4
Courcelles-lès-Montbéliard 25 107 F4
Courcelles-lès-Semur 21 122 B1
Courcemain 51 60 B4
Courcemont 72 76 C3
Courcerac 17 161 F1
Courcerault 61 77 D1
Courceroy 10 81 F1
Courchamp 77 59 E4
Courchamps 02 35 D4
Courchamps 49 114 B3
Courchapon 25 124 C2
Courchaton 70 107 E4
Courchelettes 59 10 B2
Courchevel 1850 73 174 C4
Courcité 53 75 F2
Courcival 72 76 C3
Courçôme 16 147 E4
Courçon 17 145 F2
Courcoué 37 115 E4
Courcouronnes 91 57 F4
Courcoury 17 161 D2
Courcuire 70 125 D2
Courcy 50 27 D4
Courcy 51 36 B2
Courcy 14 53 D1
Courcy-aux-Loges 45 79 F4
Courdemanche 72 97 D2
Courdemanche 27 55 E2
Courdemanges 51 61 E3
Courdimanche 95 56 C1
Courdimanche-sur-Essonne 91 80 B4
Couret 31 258 C2
Courgains 72 76 B2
Courgeac 16 178 B1
Courgenard 72 77 E3
Courgenay 89 82 A2
Courgent 78 56 B2
Courgeon 61 77 D1
Courgeoût 61 77 D1
Courgis 89 102 B2
Courgivaux 51 59 F3
Courgoul 63 168 A4
Courgoul (Gorges de) 63 168 A4
Courjeonnet 51 60 A2
Courlac 16 178 B2
Courlandon 51 36 A2
Courlans 39 141 E3
Courlaoux 39 141 D3
Courlay 79 130 C2
Courléon 49 115 D1
Courlon 21 104 C3
Courlon-sur-Yonne 89 81 E2
Courmangoux 01 156 C1
Courmas 51 36 B3
Courmelles 02 35 E2
Courmemin 41 117 F1
Courménil 61 53 E2
Courmes 06 240 B1
Courmont 70 107 E3
Courmont 02 35 F4
Cournanel 11 253 E3
La Courneuve 93 57 E2
Courniou 34 232 B4
Cournols 63 168 A3
Cournon 56 92 C2
Cournon-d'Auvergne 63 168 B2
Cournonsec 34 234 A3
Cournonterral 34 234 A3
La Couronne 16 162 B3
Courouvre 55 62 C1
Courpalay 77 58 C3
Courpiac 33 194 C2
Courpière 63 169 D2
Courpignac 17 177 E1
Courquetaine 77 58 B3
Courrensan 32 227 F1
Courrières 62 10 B2
Courris 81 215 D4
Courry 30 218 B1
Cours 47 211 E1
Cours 79 130 C4
Cours 46 198 A4
Cours 58 120 A1
Le Cours 56 92 A2
Cours-les-Bains 33 210 B1

Cours-les-Barres 18 120 A4
Cours-de-Monségur 33 195 D2
Cours-de-Pile 24 196 A1
Cours-la-Ville 69 154 C3
Coursac 24 179 E4
Coursan 11 254 C2
Coursan-en-Othe 10 82 C4
Coursegoules 06 240 A1
Courset 62 3 D4
Courseulles-sur-Mer 14 29 D2
Courson 14 51 D2
Courson-les-Carrières 89 102 A4
Courson-Monteloup 91 57 D4
Court d'Aron 85 129 E4
Courtacon 77 59 E3
Courtagnon 51 36 B2
Courtalain 28 78 A4
Courtanvaux 72 97 E2
Courtaoult 10 82 C4
Courtauly 11 253 D3
Courtavon 68 108 B4
Courtefontaine 39 125 D3
Courtefontaine 25 126 C1
Courteilles 27 55 D3
Courteix 19 166 C3
Courtelevant 90 108 B4
Courtemanche 80 18 A4
Courtemaux 45 81 D4
Courtémont 51 37 F4
Courtemont-Varennes 02 35 F4
Courtempierre 45 80 B4
Courtenay 45 81 D4
Courtenay 38 172 B2
Courtenot 10 83 E3
Courteranges 10 83 E2
Courteron 10 83 F4
Courtes 01 140 B4
La Courtète 11 253 D2
Courteuil 60 34 A3
Courthézon 84 219 F3
Courthiézy 51 35 F4
Courties 32 227 E3
Courtieux 60 35 D2
Courtillers 72 95 F2
Courtils 50 50 C3
La Courtine 23 166 C3
Courtisols 51 61 E1
Courtivron 21 104 C3
Courtoin 89 81 E4
Courtois-sur-Yonne 89 81 E3
Courtomer 61 53 F4
Courtomer 77 58 C3
Courtonne-les-Deux-Églises 14 30 B4
Courtonne-la-Meurdrac 14 30 B4
Courtrizy-et-Fussigny 02 36 A1
Courtry 77 58 A2
Courvaudon 14 28 C4
Courvières 25 142 B1
Courville 51 35 F3
Courville-sur-Eure 28 78 B1
Courzieu 69 171 D2
Cousance 39 141 D4
Cousances-au-Bois 55 63 D2
Cousances-les-Forges 55 62 C4
Cousin 21,89 122 A2
Cousolre 59 12 C3
Coussa 09 252 B3
Coussac-Bonneval 87 164 C4
Coussan 65 249 E4
Coussay 86 132 A2
Coussay-les-Bois 86 133 D2
Coussegrey 10 103 D1
Coussergues 12 200 B4
Coussey 88 86 A1
Coust 18 136 A1
Coustaussa 11 253 E4
Coustouge 11 254 B2
Coustouges 66 262 B4
Coutances 50 26 C4
Coutansouze 03 152 B3

Coutarnoux 89 102 C4
Coutençon 77 81 D1
Coutens 09 252 B3
Couterne 61 52 B4
Couternon 21 123 F2
Couteuges 43 185 D2
Coutevroult 77 58 B2
Couthenans 70 107 F3
Couthures-sur-Garonne 47 195 E4
Coutiches 59 10 C2
Coutières 79 131 E2
Coutouvre 42 154 C3
Coutras 33 178 A3
Couture 16 162 A1
La Couture 62 10 A1
La Couture 85 129 E4
La Couture-Boussey 27 55 F2
Couture-d'Argenson 79 147 D2
Couture-sur-Loir 41 97 E2
Couturelle 62 9 F3
Coutures 49 114 A1
Coutures 82 212 B4
Coutures 24 179 D1
Coutures 57 65 D2
Coutures 33 195 D3
Couvains 61 54 B2
Couvains 50 27 E3
La Couvertoirade 12 216 C4
Couvertpuis 55 62 C4
Couville 50 24 C2
Couvonges 55 62 B2
Couvrelles 02 35 E2
Couvron-et-Aumencourt 02 19 E4
Couvrot 51 61 E1
Coux 07 203 E2
Coux 17 177 E1
Coux-et-Bigaroque 24 197 D1
Couy 18 120 B3
La Couyère 35 93 E1
Couzan (Château de) 42 169 F2
Couze 87 149 D3
Couze d'Ardes 63 184 B1
Couze-et-St-Front 24 196 B1
Couzeix 87 164 C1
Couziers 37 114 C3
Couzon 03 137 D3
Couzon-au-Mont-d'Or 69 171 E1
Couzou 46 198 A2
Cox 31 229 D2
Coye-la-Forêt 60 34 A4
Coyecques 62 3 E4
Coyolles 02 34 C3
Coyrière 39 157 E1
Coyron 39 141 E4
Coyviller 54 64 C4
Cozes 17 160 C3
Cozzano 2a 267 D4
Crach 56 91 D3
Crachier 38 172 B3
Crain 89 102 A4
Craincourt 57 64 C1
Craintilleux 42 170 B3
Crainvilliers 88 86 B3
Cramaille 02 35 E3
Cramans 39 124 C4
Cramant 51 60 B1
Cramchaban 17 145 F2
Craménil 61 52 B3
Cramoisy 60 33 F3
Cramont 80 9 D4
Courtonne... Crasville 50 25 D2
Crasville 27 31 F5

Crasville-la-Mallet 76 15 D3
Crasville-la-Rocquefort 76 15 D3
La Crau 83 244 B3
Crau (Plaine de la) 13 236 B3
Cravanche 90 107 F3
Cravans 17 161 D3
Cravant 45 98 C2
Cravant 89 102 B3
Cravant-les-Côteaux 37 115 E3
Cravencères 32 227 E1
Cravent 78 56 A1
Crayssac 46 197 E4
Craywick 59 3 F2
Crazannes 17 161 D1
Cré 72 95 F3
Créances 50 26 C3
Créancey 52 84 C2
Créancey 21 122 C2
Crécey-sur-Tille 21 104 C3
La Crèche 79 146 C1
Crèches-sur-Saône 71 155 E2
Créchets 65 250 A3
Créchy 03 153 D2
Crécy-au-Mont 02 35 E1
Crécy-la-Chapelle 77 58 C2
Crécy-Couvé 28 55 E3
Crécy-en-Ponthieu 80 8 C3
Crécy-sur-Serre 02 19 F3
Crédin 56 71 E3
Crégols 46 198 B4
Crégy-lès-Meaux 77 58 C1
Créhange 57 41 D4
Créhen 22 49 D3
Creil 60 34 A3
Creissan 34 254 C1
Creissels 12 216 B3
Crémarest 62 3 D4
Cremeaux 42 169 F1
Crémery 80 18 B3
Crémieu 38 172 B2
Crempigny-Bonneguête 74 157 E4
Cremps 46 213 E1
Crenans 39 141 F4
Crenay 52 85 D4
Creney-près-Troyes 10 83 D2
Crennes-sur-Fraubée 53 75 F2
Creno (Lac de) 2A 266 C2
Créon 33 194 C2
Créon-d'Armagnac 40 210 B3
Créot 71 139 F1
Crépand 21 103 E4
Crépey 54 64 A4
Crépion 55 38 C2
Crépol 26 188 A2
Crépon 14 28 C2
Crépy 02 19 E4
Crépy 62 9 D1
Crépy-en-Valois 60 34 C3
Créquy 62 8 C1
Le Crès 34 234 B3
Cresancey 70 124 C1
Crésantignes 10 83 D3
Les Cresnays 50 51 D3
Crespian 30 234 C1
Crespières 78 56 C2
Crespin 81 214 C3
Crespin 59 11 E2
Crespin 12 214 C4
Crespinet 81 214 C4
Crespy-le-Neuf 10 84 A2
Cressac-St-Genis 16 162 B4
Cressanges 03 152 C1
Cressat 23 150 C3
Cressé 17 162 A1
La Cresse 12 216 B2
Cressensac 46 180 C3
Cresserons 14 29 D2
Cresseveuille 14 29 F3
Cressia 39 141 D4
Cressin-Rochefort 01 173 D2
La Cressonnière 14 53 F1
Cressonsacq 60 34 A1
Cressy 76 15 F3
Cressy-Omencourt 80 18 C3
Cressy-sur-Somme 71 138 B3
Crest 26 204 B2
Le Crest 63 168 B3
Crest-Voland 73 174 C1
Creste 63 168 A4
Le Crestet 07 187 D4
Crestet 84 220 A4
Crestot 27 31 E3
Crêt du Maure (Forêt du) 74 173 F1
Créteil 94 57 F2
Crêtes (Route des) 15 183 D4

Croisy 18 136 B1
Croisy-sur-Andelle 76 32 A1
Croisy-sur-Eure 27 55 F1
Croix 90 108 A4
Croix 59 5 E4
La Croix-aux-Bois 08 37 F2
La Croix-aux-Mines 88 88 B2
La Croix-Avranchin 50 50 C4
La Croix-Blanche 47 211 F1
La Croix-Caluyau 59 11 E4
Croix-Chapeau 17 145 E3
Croix (Col de la) 2A 266 A1
La Croix-Comtesse 17 146 B3
Croix-de-Fer (Col de la) 73 190 A2
La Croix-de-la-Rochette 73 174 A4
La Croix-du-Perche 28 77 F2
La Croix-en-Brie 77 59 D4
La Croix-en-Champagne 51 37 D4
Croix-en-Ternois 62 9 E2
La Croix-en-Touraine 37 116 B2
Croix-Fonsommes 02 19 E2
Croix-Fry (Col de la) 74 174 B1
Croix Haute (Col de la) 26,38 205 E2
La Croix-Helléan 56 71 F4
Croix-Mare 76 15 D4
Croix-Moligneaux 80 18 C3
Croix (Plateau de la) 74 175 D1
La Croix-St-Leufroy 27 32 A4
Croix Scaille 08 21 F1
La Croix-sur-Gartempe 87 148 C3
La Croix-sur-Ourcq 02 35 E3
La Croix-sur-Roudoule 06 223 E3
La Croix-Valmer 83 245 E2
Croixanvec 56 71 D3
Croixdalle 76 16 A3
La Croixille 53 74 B3
Croixrault 80 17 D3
Croizet-sur-Gand 42 170 B1
Crolles 38 189 E1
Crollon 50 50 C4
Cromac 87 149 E2
Cromary 70 125 E1
Cronat 71 138 A3
Cronce 43 184 C3
La Crope 53 95 E1
Cropus 76 15 F3
Cros 63 167 D4
Cros 30 217 F4
Le Cros 34 233 E1
Cros-de-Géorand 07 202 C2
Cros-de-Montvert 15 182 B3
Cros-de-Ronesque 15 199 F1
Crosey-le-Grand 25 126 B1
Crosey-le-Petit 25 126 A1
Crosmières 72 95 F2
Crosne 91 57 F3
Crossac 44 110 C1
Crosses 18 119 E4
Crosville-sur-Douve 50 25 D4
Crosville-sur-Scie 76 15 F2
Crosville-la-Vieille 27 31 E3
Crotelles 37 97 E4
Crotenay 39 141 F2
Croth 27 55 F2
Le Crotoy 80 8 A3
Crots 05 206 C3
Crottes-en-Pithiverais 45 79 E4
Crottet 01 155 F2
Le Crouais 35 72 B2
Crouay 14 28 B2
La Croupte 14 53 F1
Crouseilles 64 227 D3
Croutelle 86 132 A4
Les Croûtes 10 102 C1
Croutoy 60 34 C2
Crouttes 61 53 E2
Crouttes-sur-Marne 02 35 D4
Crouy 02 35 D1
Crouy-en-Thelle 60 33 F3
Crouy-sur-Cosson 41 98 C3
Crouy-sur-Ourcq 77 35 D4

Le Crouzet 25 142 B2
Crouzet-Migette 25 125 E4
La Crouzille 63 152 A3
Crouzilles 37 115 E3
Crozant 23 150 A1
Croze 23 166 B2
Crozes-Hermitage 26 187 E3
Crozet 01 157 F2
Le Crozet 42 154 A3
Les Crozets 39 141 F4
Crozon 29 45 D4
Crozon-sur-Vauvre 36 150 B1
Cruas 07 203 F2
Crucey-Villages 28 55 D3
Crucheray 41 98 A3
Cruéjouls 12 200 B4
Cruet 73 173 F3
Crugey 21 123 D3
Cruguel 56 91 F1
Cruis 04 221 E3
Crulai 61 54 C3
Crupies 26 204 B3
Crupilly 02 19 E2
Cruscades 11 254 B2
Cruseilles 74 158 A3
Crusnes 54 39 E1
Crussol (Château de) 07 187 E4
Cruviers-Lascours 30 218 B3
Crux-la-Ville 58 121 D3
Cruzille 71 140 A4
Cruzilles-lès-Mépillat 01 155 F2
Cruzy 34 254 C1
Cruzy-le-Châtel 89 103 E2
Cry 89 103 E3
Cubelles 43 185 E4
Cubières 48 202 A4
Cubières-sur-Cinoble 11 253 F4
Cubiérettes 48 202 A4
Cubjac 24 180 A2
Cublac 19 180 C3
Cublize 69 174 A4
Cubnezais 33 177 E3
Cubrial 25 107 D4
Cubry 25 107 D4
Cubry-lès-Faverney 70 106 C2
Cubry-sur-Soing 70 106 B3
Cubzac-les-Ponts 33 177 E4
Cucharmoy 77 59 D4
Cuchery 51 36 A4
Cucq 62 8 B1
Cucugnan 11 262 A1
Cucuron 84 237 E1
Cudos 33 210 A1
Cudot 89 101 E1
Cuébris 06 223 F4
Cuélas 32 250 A4
Cuers 83 244 B2
Cuffies 02 35 E2
Cuffy 18 137 D1
Cugand 85 112 B4
Cuges-les-Pins 13 243 F2
Cugnaux 31 229 F3
Cugney 70 124 C1
Cugny 02 18 C3
Cuguen 35 73 D1
Cuguron 31 250 A3
Cuhon 86 131 F2
Cuignières 60 34 A1
Cuigy-en-Bray 60 32 C2
Cuillé 53 94 B1
Cuinchy 62 10 A1
Cuincy 59 10 B2
Le Cuing 31 250 B2
Cuinzier 42 154 C3
Cuirieux 02 20 A3
Cuiry-lès-Chaudardes 02 36 A2
Cuiry-Housse 02 35 F3
Cuiry-lès-Iviers 02 20 B3
Cuis 51 60 B1
Cuise-la-Motte 60 34 C2
Cuiseaux 71 141 D4
Cuiserey 21 124 A1
Cuisery 71 140 B4
Cuisia 39 141 D4
Cuisiat 01 156 C2
Cuisles 51 36 A4
Cuissai 61 76 A1
Cuissy-et-Geny 02 36 A2
Cuisy 55 38 B3
Cuisy 77 58 B1
Cuisy-en-Almont 02 35 D2
La Cula 42 171 D3
Culan 18 135 F4
Culètre 21 122 C3
Culey-la-Patry 14 52 B1
Culhat 63 168 C1
Cully 14 28 C3
Culmont 52 105 E2
Culoz 01 173 E1
Culles-les-Roches 71 139 F3
Cult 70 124 C2

Cultures 48 201 D4
Cumières 51 36 B4
Cumières-le-Mort-Homme 55 38 B3
Cumiès 11 252 C1
Cumont 82 229 D1
Cunac 81 214 C4
Cuncy-lès-Varzy 58 120 C2
Cunèges 24 195 F2
Cunel 55 38 B2
Cunelières 90 108 A3
Cunfin 10 84 B4
Cunlhat 63 169 D3
Cuon 49 114 B1
Cuperly 51 37 D4
Cuq 47 211 F3
Cuq 81 231 D2
Cuq-Toulza 81 230 C3
Cuqueron 64 248 A1
Curac 16 178 B2
Curan 12 215 F2
Curbigny 71 154 C2
Curçay-sur-Dive 86 114 C4
Curchy 80 18 B3
Curciat-Dongalon 01 140 C4
Curcy-sur-Orne 14 52 B1
Curdin 71 138 C3
Cure 89 102 B3
Curel 04 221 D2
Curel 52 85 D1
Curemonte 19 181 E4
Cures 72 76 A4
Curey 50 50 B4
Curgies 59 11 E2
Curgy 71 122 B3
Curienne 73 173 F3
Curières 12 200 B3
Curis-au-Mont-d'Or 69 171 E1
Curley 21 123 E3
Curlu 80 18 B1
Curmont 52 84 C2
Curnier 26 204 C4
Cursan 33 194 C1
Curtafond 01 156 A2
Curtil-St-Seine 21 123 E1
Curtil-sous-Buffières 71 155 D1
Curtil-sous-Burnand 71 139 F3
Curtil-Vergy 21 123 E3
Curvalle 81 215 D4
Curzay-sur-Vonne 86 131 F4
Curzon 85 129 E4
Cusance 25 126 A1
Cuse-et-Adrisans 25 107 D4
Cusey 52 105 E3
Cussac 87 164 A2
Cussac 15 184 A4
Cussac-Fort-Médoc 33 177 D3
Cussac-sur-Loire 43 185 F4
Cussangy 10 83 D4
Cussay 37 116 A4
Cusset 03 153 E3
Cussey-les-Forges 21 104 C3
Cussey-sur-Lison 25 125 D4
Cussey-sur-l'Ognon 25 125 D2
Cussy 14 28 B2
Cussy-en-Morvan 71 122 A4
Cussy-la-Colonne 21 123 D4
Cussy-le-Châtel 21 122 C3
Cussy-les-Forges 89 121 F1
Custines 54 64 B2
Cusy 89 103 D2
Cusy 74 173 F2
Cutry 54 39 E1
Cutry 02 35 D2
Cuts 60 35 E1
Cutting 57 65 E1
Cuttoli-Corticchiato 2a 266 C4
Cuttura 39 157 E1
Cuvat 74 158 A4
Cuve 70 106 B2
Cuvergnon 60 34 C3
Cuverville 14 29 D3
Cuverville 76 14 B4
Cuverville 27 32 A3
Cuverville-sur-Yères 76 16 A1
Cuves 52 85 E4
Cuves 50 51 D3
Cuves (Saut des) 88 88 B3
Cuvier 39 142 B1
Cuvillers 59 10 C3
Cuvilly 60 34 B1
Cuvry 57 40 B4
Cuxac-Cabardès 11 253 D3
Cuxac-d'Aude 11 254 C2
Cuy 89 81 E3
Cuy 60 18 B4
Cuy-St-Fiacre 76 32 C1
Cuzac 46 199 D3

Cuzance 46 181 D4
Cuzieu 42 170 B3
Cuzieu 01 173 D1
Cuzion 36 150 B1
Cuzorn 47 196 C3
Cuzy 71 138 C2
Cys-la-Commune 02 35 F2
Cysoing 59 10 C1

D

Dabo 57 66 B3
Dachstein 67 67 D3
Dadonville 45 80 A3
Daglan 24 197 E2
Dagneux 01 172 A1
Dagny 77 59 D3
Dagny-Lambercy 02 20 B3
Dagonville 55 63 D2
La Daguenière 49 114 A1
Dahlenheim 67 66 C3
Daignac 33 194 C1
Daigny 08 22 A3
Daillancourt 52 84 C1
Daillecourt 52 85 F4
Dainville 62 10 A3
Dainville-Bertheléville 55 83 F1
Daix 21 123 E2
Dalem 57 41 D3
Dalhain 57 65 D1
Dalhunden 67 67 F2
Dallet 63 168 B2
Dallon 02 19 D2
Dalou 09 252 B3
Dalstein 57 40 C2
Daluis 06 223 E3
Daluis (Gorges de) 06 223 E3
Damas-aux-Bois 88 87 E1
Damas-et-Bettegney 88 87 D3
Damazan 47 211 D1
Dambach 67 43 D4
Dambach-la-Ville 67 89 D1
Dambelin 25 126 B1
Dambenois 25 108 A4
Dambenoît-lès-Colombe 70 107 D2
Damblain 88 86 A4
Damblainville 14 53 D1
Dambron 28 79 E4
Dame-Marie 61 77 D2
Dame-Marie 27 55 D2
Dame-Marie-les-Bois 37 98 A4
Damelevières 54 64 C4
Daméraucourt 60 17 D3
Damerey 71 140 B2
Damery 51 36 B4
Damery 80 18 B3
Les Dames de Meuse 08 21 E2
Damgan 56 91 F4
Damiatte 81 231 D2
Damigni 61 76 A1
Damloup 55 39 D3
Dammard 02 35 D4
Dammarie 28 78 C2
Dammarie-en-Puisaye 45 101 D4
Dammarie-les-Lys 77 80 B1
Dammarie-sur-Loing 45 101 D2
Dammarie-sur-Saulx 55 62 C4
Dammartin 39 124 B2
Dammartin-en-Goële 77 34 A4
Dammartin-en-Serve 78 56 B2
Dammartin-sur-Meuse 52 85 F4
Dammartin-sur-Tigeaux 77 58 C2
Dammartin-les-Templiers 25 125 F2
Damousies 59 11 F3
Damouzy 08 21 E3
Damparis 39 105 E3
Dampierre 14 27 F4
Dampierre 52 105 E1
Dampierre 10 61 D4
Dampierre 39 124 C3
Dampierre-au-Temple 51 37 D4
Dampierre-les-Bois 25 108 A4
Dampierre-le-Château 51 61 F1
Dampierre-lès-Conflans 70 106 C2
Dampierre-en-Bray 76 32 C1
Dampierre-en-Bresse 71 140 C2
Dampierre-en-Burly 45 100 B3
Dampierre-en-Crot 18 119 E1

Dampierre-en-Graçay 18 118 B3
Dampierre-en-Montagne 21 122 C1
Dampierre-en-Yvelines 78 56 C3
Dampierre-et-Flée 21 105 E4
Dampierre-St-Nicolas 76 15 F2
Dampierre-sous-Bouhy 58 120 B1
Dampierre-sous-Brou 28 78 A3
Dampierre-sur-Avre 28 55 E3
Dampierre-sur-Blévy 28 55 E4
Dampierre-sur-Boutonne 17 146 B3
Dampierre-sur-le-Doubs 25 107 F4
Dampierre-sur-Linotte 70 106 C4
Dampierre-sur-Loire 49 114 C2
Dampierre-sur-Moivre 51 61 E2
Dampierre-sur-Salon 70 105 F4
Dampjoux 25 126 C1
Dampleux 02 35 D3
Dampmart 77 58 B2
Dampniat 19 181 E3
Damprichard 25 126 C2
Les Damps 27 31 F2
Dampsmesnil 27 32 B3
Dampvalley-lès-Colombe 70 106 C3
Dampvalley-St-Pancras 70 106 C1
Dampvitoux 54 39 E4
Damrémont 52 105 F1
Damville 27 55 E2
Damvillers 55 38 C2
Damvix 85 145 F2
Dancé 42 170 A1
Dancé 61 77 E2
Dancevoir 52 104 B1
Dancourt 76 16 B2
Dancourt-Popincourt 80 18 B4
Dancy 28 78 C3
Danestal 14 29 F3
Dangé-St-Romain 86 132 C1
Dangeau 28 78 B3
Dangers 28 78 B3
Dangeul 72 76 B3
Dangolsheim 67 66 C3
Dangu 27 32 C3
Dangy 50 27 D4
Danizy 02 19 E4
Danjoutin 90 107 F3
Danne-et-Quatre-Vents 57 66 B2
Dannelbourg 57 66 B2
Dannemarie 78 56 B3
Dannemarie 68 108 B3
Dannemarie 25 126 C1
Dannemarie-sur-Crête 25 125 D2
Dannemoine 89 102 C1
Dannemois 91 80 B1
Dannes 62 2 C4
Dannevoux 55 38 B2
Danvou-la-Ferrière 14 52 A1
Danzé 41 97 F2
Daon 53 95 D4
Daoulas 29 45 E3
Daoulas (Gorges du) 22 70 C2
Daours 80 17 F2
Darazac 19 182 B3
Darbonnay 39 141 E2
Darbres 07 203 E3
Darcey 21 104 A4
Dardenac 33 194 C2
Dardenay 52 105 E3
Dardez 27 31 F4
Dardilly 69 171 E2
Dareizé 69 171 D1
Dargies 60 17 D3
Dargilan (Grotte de) 48 216 C2
Dargnies 80 16 B1
Dargoire 42 171 E3
Darmannes 52 85 D3
Darmont 55 39 E3
Darnac 87 148 C3
Darnétal 76 31 F1
Darnets 19 182 B1
Darney 88 87 E3
Darney-aux-Chênes 88 86 C3
Darnieulles 88 87 D3
Darois 21 123 E1
Darvault 77 80 C3
Darvoy 45 99 F2
Dasle 25 108 A4
Daubensand 67 89 F1

Daubeuf-la-Campagne 27 31 E3
Daubeuf-près-Vatteville 27 32 A3
Daubeuf-Serville 76 14 B3
Daubèze 33 195 D2
Daudet (Moulin de) 13 236 A2
Dauendorf 67 67 D1
Daumazan-sur-Arize 09 251 F2
Daumeray 49 95 E3
Dauphin 04 221 E4
Dausse 47 212 C1
Daux 31 229 F2
Dauzat-sur-Vodable 63 168 A3
Davayat 63 168 B1
Davayé 71 155 E2
Davejean 11 254 A4
Davenescourt 80 18 A3
Davézieux 07 187 D2
Davignac 19 166 B4
Davrey 10 82 C4
Davron 78 56 C2
Dax 40 225 E2
Deauville 14 29 F2
Deaux 30 218 B3
Débats-Rivière-d'Orpra 42 169 F2
Decazeville 12 199 D3
Dechy 59 10 C2
Décines-Charpieu 69 171 F2
Decize 58 137 E2
Dédeling 57 65 D1
Dégagnac 46 197 E2
Degré 72 76 A4
Dehault 72 77 D3
Dehéries 59 19 D1
Dehlingen 67 42 A4
Deinvillers 88 87 E1
Delain 70 105 F4
Delettes 62 3 E4
Delincourt 60 32 C3
Delle 90 108 A4
Delme 57 64 C1
Delouze 55 63 D4
Le Déluge 60 33 E3
Delut 55 38 C1
Deluz 25 125 F2
Demandolx 04 222 C4
Demange-aux-Eaux 55 63 D4
Demangevelle 70 106 B1
Demi-Quartier 74 174 C1
La Demie 70 106 C3
Demigny 71 140 A1
Demoiselles (Grotte des) 34 217 E3
Démouville 14 29 E3
Dému 32 227 F1
Démuin 80 18 A3
Denain 59 11 D2
Dénat 81 231 E1
Denazé 53 94 C1
Denée 49 113 F1
Dénestanville 76 15 F3
Deneuille-Chantelle 03 152 C2
Deneuille-les-Mines 03 152 A1
Deneuvre 54 87 F1
Denèvre 70 105 F4
Dénezé-sous-Doué 49 114 B2
Dénezé-sous-le-Lude 49 96 B4
Denezières 39 141 F3
Denguin 64 226 B4
Denicé 69 155 E4
Denier 62 9 E3
Denipaire 88 88 B1
Dennebrœucq 62 9 D1
Denneville 50 26 B2
Dennevy 71 139 F1
Denney 90 108 A3
Denonville 28 79 D2
Denting 57 41 D3
Déols 36 134 C2
Der-Chantecoq (Lac du) 51,52 62 A4
Derbamont 88 87 D2
Dercé 86 132 A1
Derchigny 76 15 F2
Dercy 02 19 F3
Dernacueillette 11 254 A4
Dernancourt 80 18 A1
Derval 44 93 E3
Désaignes 07 187 D4
Désandans 25 107 E4
Descartes 37 133 D1
Le Deschaux 39 141 D1
Le Désert 14 51 F1
Désertines 53 74 C1
Désertines 03 151 F2
Les Déserts 73 173 F3
Déservillers 25 125 E4
Desges 43 184 C4
Desingy 74 157 E4
Desmonts 45 80 B3
Desnes 39 141 D2
Desseling 57 65 F2
Dessenheim 68 89 E4
Dessia 39 156 C1

Dessoubre 25 126 B2
Destord 88 87 F2
La Destrousse 13 243 E2
Destry 57 65 D1
Desvres 62 3 D4
Détain-et-Bruant 21 123 D3
Détrier 73 174 A4
Le Détroit 14 52 C2
Les Détroits 48 216 C1
Dettey 71 138 C2
Dettwiller 67 66 C2
Deuil-la-Barre 95 57 E1
Deuillet 02 19 D4
Deûlémont 59 5 D3
Les Deux-Alpes 38 190 A3
Deux-Amants (Côte des) 27 32 A2
Deux-Chaises 03 152 C1
Deux-Évailles 53 75 D3
Les Deux-Fays 39 141 D1
Deux-Jumeaux 14 28 A2
Deux-Verges 15 200 C2
Les Deux-Villes 08 22 B3
Deuxnouds-aux-Bois 55 63 E1
Deuxnouds-devant-Beauzée 55 62 C1
Deuxville 54 65 D3
Devay 58 137 F2
Devecey 25 125 E2
Devesset 07 186 C3
Devèze 65 250 A1
Devèze (Grotte de la) 34 232 B4
Deviat 16 178 B3
Dévillac 47 196 C3
Deville 08 21 E2
Déville-lès-Rouen 76 31 E1
La Devinière 37 115 D3
Devise 80 18 C2
Devrouze 71 140 C2
Deycimont 88 87 F3
Deyme 31 230 A4
Deyvillers 88 87 E3
Le Dézert 50 27 E3
Dezize-lès-Maranges 71 139 F1
D'Huison-Longueville 91 80 A1
Dhuisy 77 59 D1
Dhuizel 02 35 F2
Dhuizon 41 99 D4
Diable (Pont du) 73 174 A2
Diable (Roches du) 29 70 A4
Diancey 21 122 B3
Diane-Capelle 57 65 F2
Diant 77 81 D3
Diarville 54 86 C1
Diconne 71 140 B2
Dicy 89 101 E1
Didenheim 68 108 C2
Die 26 204 C2
Diebling 57 41 F3
Diebolsheim 67 89 E2
Diedendorf 67 66 A1
Dieffenbach-au-Val 67 89 D1
Dieffenbach-lès-Wœrth 67 67 E1
Dieffenthal 67 89 D2
Diefmatten 68 108 B2
Dième 69 155 D4
Diemeringen 67 66 B1
Diémoz 38 172 A3
Diénay 21 104 C4
Dienné 86 148 A1
Dienne 15 183 E3
Diennes-Aubigny 58 137 F1
Dienville 10 84 A2
Dieppe 76 15 E2
Dieppe-sous-Douaumont 55 39 D3
Dierre 37 116 B2
Dierrey-St-Julien 10 82 C2
Dierrey-St-Pierre 10 82 C2
Diesen 57 41 D3
Dietwiller 68 108 C2
Dieudonné 60 33 E4
Dieue-sur-Meuse 55 38 C4
Dieulefit 26 204 B3
Dieulivol 33 195 E2
Dieulouard 54 64 B2
Dieupentale 82 229 E1
Dieuze 57 65 E2
Diffembach-lès-Hellimer 57 41 E4
Diges 89 102 A3
Digna 39 141 E4
Dignac 16 162 C4
Digne 04 222 B2
La Digne-d'Amont 11 253 D3
La Digne-d'Aval 11 253 E3
Dignonville 88 87 E2

Digny 28 55 E4
Digoin 71 138 B3
Digoine 71 139 D2
Digosville 50 25 D2
Digulleville 50 24 B1
Dijon 21 123 E2
Dilo 89 82 A4
Dimancheville 45 80 B3
Dimbsthal 67 66 B3
Dimechaux 59 11 F3
Dimont 59 12 A3
Dinan 22 49 E4
Dinan (Pointe de) 29 68 B1
Dinard 35 49 E3
Dinéault 29 69 D1
Dingé 35 73 D1
Dingsheim 67 67 D3
Dingy-en-Vuache 74 157 F3
Dingy-St-Clair 74 158 B4
Dinozé 88 87 E3
Dinsac 87 149 D2
Dinsheim 67 66 C3
Dinteville 52 84 B4
Dio-et-Valquières 34 233 D2
Dionay 38 188 B2
Dions 30 218 B4
Diors 36 134 C2
Diosaz (Gorges de la) 74 159 E4
Diou 38 118 B4
Diou 03 138 A4
Dirac 16 162 C3
Dirinon 29 45 E3
Dirol 58 121 D2
Dissais 89 129 E4
Dissangis 89 102 C4
Dissay 86 132 B3
Dissay-sous-Courcillon 72 97 D3
Dissé-sous-Ballon 72 76 B3
Dissé-sous-le-Lude 72 96 B3
Distré 49 114 B2
Distroff 57 40 B2
Diusse 64 227 D3
Divajeu 26 204 A2
Dives 14,61 29 E4
Dives-sur-Mer 14 29 E3
Divion 62 9 F2
Divonne-les-Bains 01 158 A1
Dixmont 89 82 A4
Dizimieu 38 172 B2
Dizy 51 36 B4
Dizy-le-Gros 02 20 B4
Doazit 40 226 A2
Doazon 64 226 B4
Docelles 88 87 F3
Dœuil-sur-le-Mignon 17 146 A3
Dognen 64 247 F1
Dogneville 88 87 E2
Dohem 62 3 E4
Dohis 02 20 B3
Doignies 59 10 B4
Doingt 80 18 C2
Doissat 24 197 D2
Doissin 38 172 C4
Doix 85 145 F1
Doizieux 42 187 D3
Dol-de-Bretagne 35 50 A4
Dolaincourt 88 86 B2
Dolcourt 54 64 A4
Dole 39 124 B3
Dolignon 02 20 B3
Dolmayrac 47 211 E1
Dolleren 68 108 A2
Dollon 72 77 D4
Dollot 89 81 E3
Dolo 22 52 A1
Dolomieu 38 172 C3
Dolus-d'Oléron 17 144 C2
Dolus-le-Sec 37 116 B3
Dolving 57 66 A2
Dom (Forêt du) 83 245 D2
Dom-le-Mesnil 08 21 F3
Domagné 35 73 F4
Domaize 63 169 D3
Domalain 35 74 A4
Domancy 74 159 D4
Domarin 38 172 B3
Domart-en-Ponthieu 80 17 E1
Domart-sur-la-Luce 80 17 F2
Domats 89 81 E4
Domazan 30 219 D4
Dombasle-devant-Darney 88 86 C3
Dombasle-en-Argonne 55 38 B3
Dombasle-en-Xaintois 88 86 C2
Dombasle-sur-Meurthe 54 64 C3
Domblain 52 84 C1
Domblans 39 141 E2
Dombras 55 38 C2
Dombrot-le-Sec 88 86 B3
Dombrot-sur-Vair 88 86 B2

Dôme (Puy de) 63 167 F2
Domecy-sur-Cure 89 121 E1
Domecy-sur-le-Vault 89 121 E1
Doméliers 60 17 E2
Domène 38 189 D2
Domérat 03 151 E1
Dômes (Monts) 63 155 F3
Domesmont 80 9 D4
Domessargues 30 218 B3
Domessin 73 173 D3
Domèvre-en-Haye 54 64 A2
Domèvre-sous-Montfort 88 86 C2
Domèvre-sur-Avière 88 87 D3
Domèvre-sur-Durbion 88 87 E2
Domèvre-sur-Vezouze 54 65 E4
Domeyrat 43 185 D2
Domeyrot 23 150 C2
Domezain-Berraute 64 247 E1
Domfaing 88 88 A2
Domfessel 67 66 A1
Domfront 60 18 A4
Domfront 61 52 A4
Domfront-en-Champagne 72 76 A4
Domgermain 54 63 F3
La Dominelais 35 93 E2
Dominois 80 8 C3
Domjean 50 51 E1
Domjevin 54 65 E4
Domjulien 88 86 C2
Domléger-Longvillers 80 9 D4
Domloup 35 73 F4
Dommarie-Eulmont 54 86 C1
Dommarien 54 105 E3
Dommartemont 54 64 B3
Dommartin 69 171 E1
Dommartin 80 17 F3
Dommartin 58 121 E2
Dommartin 25 142 C1
Dommartin 01 156 A2
Dommartin (Anc. abbaye de) 62 8 C3
Dommartin-aux-Bois 88 87 D3
Dommartin-la-Chaussée 54 39 E4
Dommartin-le-Coq 10 83 E1
Dommartin-lès-Cuiseaux 71 140 C4
Dommartin-le-Franc 52 84 C1
Dommartin-Lettrée 51 61 D3
Dommartin-la-Montagne 55 39 D4
Dommartin-lès-Remiremont 88 87 F4
Dommartin-sous-Amance 54 64 C2
Dommartin-sous-Hans 51 37 F4
Dommartin-sur-Vraine 88 86 B2
Dommartin-lès-Toul 54 64 A3
Dommartin-lès-Vallois 88 86 C3
Dommartin-Varimont 51 61 F1
Dommartin-Dampierre 51 37 F4
Dommary-Baroncourt 55 39 D2
Domme 24 197 F2
Dommery 08 21 D3
Dommiers 02 35 D2
Domnon-lès-Dieuze 57 65 E1
Domont 95 57 E1
Dompaire 88 87 D2
Dompcevrin 55 63 D1
Dompierre 60 18 A4
Dompierre 88 87 E2
Dompierre-aux-Bois 55 63 D1
Dompierre-Becquincourt 80 18 B2
Dompierre-du-Chemin 35 74 A2
Dompierre-les-Églises 87 149 E2
Dompierre-en-Morvan 21 122 A1
Dompierre-les-Ormes 71 155 D1
Dompierre-sous-Sanvignes 71 139 D3

Dompierre-sur-Authie 80 8 C3
Dompierre-sur-Besbre 03 138 A4
Dompierre-sur-Chalaronne 01 155 F3
Dompierre-sur-Charente 17 161 E2
Dompierre-sur-Helpe 59 12 B4
Dompierre-sur-Héry 58 121 D2
Dompierre-sur-Mer 17 145 D2
Dompierre-sur-Mont 39 141 E3
Dompierre-sur-Nièvre 58 120 B3
Dompierre-sur-Veyle 01 156 A3
Dompierre-sur-Yon 85 129 E2
Dompierre-les-Tilleuls 25 142 B1
Dompnac 07 202 B3
Domprel 25 126 A2
Dompremy 51 61 F2
Domprix 54 39 E2
Domps 87 165 E3
Domptail 88 87 E1
Domptail-en-l'Air 54 64 C4
Domptin 02 59 E1
Domqueur 80 9 D4
Domremy-aux-Bois 55 63 D3
Domremy-la-Canne 55 39 D2
Domremy-en-Ornois 52 85 E2
Domrémy-la-Pucelle 88 86 A1
Domsure 01 156 B1
Domvallier 88 86 C2
Domvast 80 8 C3
Don 59 10 B1
Donazac 11 253 D3
Donchery 08 21 F3
Doncières 88 87 E1
Doncourt-aux-Templiers 55 39 E4
Doncourt-lès-Conflans 54 39 F3
Doncourt-lès-Longuyon 54 39 D1
Doncourt-sur-Meuse 52 85 F3
Dondas 47 212 A2
Donges 44 111 D1
Donjeux 52 85 D2
Donjeux 54 64 C1
Le Donjon 03 153 F2
Donnay 14 52 C1
Donnazac 81 214 A4
Donnelay 57 65 E2
Donnemain-St-Mamès 28 78 B4
Donnemarie 52 85 E4
Donnemarie-Dontilly 77 81 E1
Donnement 10 83 F1
Donnenheim 67 67 D2
Donnery 45 99 F1
Donneville 31 230 A4
Donnezac 33 177 E2
Donon 67 66 B4
Donon (Col du) 88 66 B4
Dontreix 23 151 F4
Dontrien 51 37 E3
Donville-les-Bains 50 50 B2
Donzac 82 212 A3
Donzac 33 194 C2
Donzacq 40 225 F2
Le Donzeil 23 150 C4
Donzenac 19 181 D2
Donzère 26 203 F4
Donzère-Mondragon (Ouvrages de) 84 219 E1
Donzy 58 120 B2
Donzy-le-National 71 155 D1
Donzy-le-Pertuis 71 155 D1
Doranges 63 185 D1
Dorans 90 107 F3
Dorat 63 168 C1
Le Dorat 87 149 D2
Dordives 45 80 C4
Dordogne 19, 24,33,46 196 A1
Dore 63 169 E3
Dore-l'Église 63 185 E1
La Dorée 53 74 B1
Dorengt 02 19 F1
Dorlisheim 67 66 C4
Dormans 51 35 F4
Dormelles 77 81 D2
La Dornac 24 180 C4
Dornas 07 203 D1
Dornecy 58 121 D1
Dornes 58 137 E3
Dornot 57 40 A4
Dorres 66 261 D3
Dortan 01 157 D1
Dosches 10 83 E2
Dosnon 10 61 D4
Dossenheim-Kochersberg 67 67 D3

Dossenheim-sur-
  Zinsel 67   66 C2
Douadic 36   133 E3
Douai 59   10 B2
Douains 27   55 F1
Douarnenez
  29   68 C2
Douaumont
  55   38 C2
Douaumont (Fort
  de) 55   38 C2
Double (Forêt de la)
  24   178 C3
Doubs 25,39   126 A1
Doubs 25   142 C1
Doubs (Saut du)
  25   126 C3
Doucelles 72   76 B3
Douchapt 24   179 D1
Douchy 45   101 E1
Douchy 02   18 C3
Douchy-lès-Ayette
  62   10 A4
Douchy-les-Mines
  59   11 D3
Doucier 39   141 F3
Doucy 73   174 C4
Doucy-en-Bauges
  73   174 C4
Doudeauville 62   3 D4
Doudeauville
  76   16 B4
Doudeauville-
  en-Vexin 27   32 B2
Doudelainville
  80   16 C1
Doudeville 76   15 D3
Doudrac 47   196 B3
Doue 77   59 D2
Doué-la-Fontaine
  49   114 B3
Douelle 46   197 E4
Le Douhet 17   161 D1
Douillet 72   76 A2
Douilly 80   18 C3
Doulaincourt
  52   85 D2
Doulaize 25   125 D4
Doulcon 55   38 B2
Doulevant-
  le-Château
  52   84 C2
Doulevant-le-Petit
  52   84 C1
Doulezon 33   195 D1
Le Doulieu 59   4 C4
Doullens 80   9 E4
Le Dourn 81   215 D3
Dournazac 87   164 A3
Dournon 39   142 A1
Dours 65   249 E1
Doussard 74   174 A2
Doussay 86   132 A2
Douvaine 74   158 B1
Douve 50   239 E2
Douville 24   179 E4
Douville-en-Auge
  14   29 F3
Douville-sur-
  Andelle 27   32 A2
Douvrend 76   15 F2
Douvres 01   156 C4
Douvres-
  la-Délivrande
  14   29 D2
Douvrin 62   10 A1
Doux 79   131 F2
Doux 08   37 D1
Doux (Gorges du)
  07   187 E3
Douy 28   78 A4
Douy-la-Ramée
  77   34 C4
Douzains 47   196 A3
Douzat 16   162 B2
La Douze 24   180 A3
Douzens 11   254 A3
Douzillac 24   179 D3
Douzy 08   22 A3
Doville 50   26 C2
Doye 39   142 A2
Doyet 03   142 A2
Dozulé 14   29 F3
Drac 5,38   189 D4
Drac Blanc 05   206 B1
Drac (Corniche du)
  38   189 D4
Dracé 69   43 E4
Dracy-les-Couches
  71   139 E1
Dracy-le-Fort
  71   139 F2
Dracy-St-Loup
  71   122 B4
Dragey 50   50 B3
Draguignan
  83   239 E2
Draillant 74   158 C1
Drain 49   112 C2
Draix 04   222 B2
Draize 08   20 C4
Drambon 21   124 A2

Dramelay 39   157 D1
Drancy 93   57 F2
Drap 06   241 E4
Dravegny 02   35 F3
Draveil 91   57 F3
Drée 21   123 D2
Drée 71   154 C2
Dréfféac 44   92 C4
Drémil-Lafage
  31   230 B3
Le Drennec 29   45 E2
Dreslincourt
  60   34 C1
Dreuil-ès-Amiens
  80   17 E2
Dreuil-ès-Molliers
  80   17 E2
Dreuilhe 09   252 C4
Dreux 28   55 F3
Drevant 18   136 A3
Dricourt 08   37 E2
Driencourt 80   18 C2
Drignac 15   182 C3
Drincham 59   3 F2
Drocourt 78   32 C4
Drocourt
  62   10 B2
Droisy 74   157 E4
Droisy 27   55 E2
Droiturier 03   153 E2
Droizy 02   35 E3
Drom 01   156 C2
Drôme 26   204 C2
Dromesnil 80   16 C2
Dronne 24,33   163 F4
Drosay 76   15 D3
Drosnay 51   61 E4
Droué 41   77 F4
Droue-sur-
  Drouette 28   56 B4
Drouges 35   94 A1
Drouilly 51   61 E3
Droupt-St-Basle
  10   82 C1
Droupt-Ste-Marie
  10   82 C1
Drouville 54   64 C3
Drouvir-le-Marais
  62   9 F1
Droux 87   149 D3
Droyes 52   84 B1
Drubec 14   30 A3
Drucat 80   8 C4
Drucourt 27   30 C4
Drudas 31   229 E2
Druelle 12   215 D1
Drugeac 15   182 C3
Druillat 01   156 B3
Drulhe 12   199 D4
Drulingen 67   66 B1
Drusenheim
  67   67 E2
Druy-Parigny
  58   137 E2
Druye 37   115 E2
Druyes-es-Belles-
  Fontaines
  89   102 A4
Dry 45   99 D2
Duault 22   70 B1
Ducey 50   50 C1
Duclair 76   31 E1
Ducy-Ste-
  Marguerite
  14   28 C3
Duerne 69   171 D2
Duesme 21   104 A3
Duffort 32   250 A1
Dugny 93   57 E1
Dugny-sur-Meuse
  55   38 C2
Duhort-Bachen
  40   226 C2
Duilhac-sous-
  Peyrepertuse
  11   262 A1
Duingt 74   174 A1
Duisans 62   10 A3
Dullin 73   173 D3
Dumes 40   226 B2
Dun 09   252 B3
Dun (Montagne de)
  71   154 C2
Dun-le-Palestel
  23   150 A2
Dun-les-Places
  58   121 F2
Dun-le-Poëlier
  36   117 F3
Dun-sur-Auron
  18   136 A1
Dun-sur-Grandry
  58   121 E4
Dun-sur-Meuse
  55   38 B2
Duneau 72   77 D4
Dunes 82   212 A3
Dunet 36   149 E1
Dung 25   107 E4
Dunière-sur-Eyrieux
  07   203 D1
Dunières 43   186 C2
Dunkercue 59   3 F1
Durmignat
  63   152 B3
Durnes 25   125 F3
Durningen 67   67 D3
Durrenbach
  67   67 D1
Durrenentzen
  68   89 E3
Durstel 67   66 B1
Durtal 49   128 A1
Durtol 63   168 A2
Dury 02   18 C3
Dury 62   10 B3
Dury 80   17 E2
Dussac 24   180 B1
Duttlenheim
  67   67 D4

Durbans 46   198 B2
Durcet 61   52 B3
Durdat-Larequille
  03   151 F2
Dureil 72   96 A2
Durenque 12   215 E3
Durfort 81   231 D4
Durfort 09   251 E2
Durfort-et-St-
  Martin-de-
  Sossenac 30   218 A4
Durfort-Lacapelette
  82   212 C2
Durlinsdorf
  68   108 C4
Durmenach
  68   108 C4
Durmignat... (continued)

Duvy 60   34 B3
Duzey 55   39 D2
Dyé 89   102 C1
Dyo 71   154 C1

E

Éance 35   94 A2
Eaubonne 95   57 E1
Eaucourt-sur-
  Somme 80   16 C1
Eaunes 31   229 F4
Eaux-Bonnes
  64   256 C2
Eaux-Puiseaux
  10   82 C4
Eauze 32   227 E1
Eawy (Forêt d')
  76   15 F3
Ébaty 21   140 A1
Ebblinghem 59   4 A3
Ébéon 17   161 E1
Eberbach-Seltz
  67   43 F4
Eberbach-Woerth
  67   67 D1
Ebersheim 67   89 E2
Ebersmunster
  67   89 E1
Éberviller 57   40 C2
Éblange 57   40 C3
Ébouleau 02   20 A3
Ébréon 16   162 B1
Ébreuil 03   152 C3

L'Écaille 08   36 D2
Écaillon 59   10 C2
Écajeul 14   29 F4
Écalgrain (Baie d')
  50   18 A3
Écalles-Alix 76   15 D4
Écaquelon 27   31 D3
Écardenville-
  la-Campagne
  27   31 D4
Écardenville-sur-
  Eure 27   32 A4
Écausseville
  50   31 E4
Écauville 27   31 E4
Eccica-Suarella
  2a   266 C4
Eccles 59   12 C3
Échalas 69   171 E3
Échallat 16   162 B2
Échallon 01   107 D3
Échalot 21   104 B3
Échalou 61   52 B3
Échandelys
  63   169 D4
Échannay 21   123 D2
Écharcon 91   57 F4
Échassières
  03   152 B3
Échauffour 61   53 F1
Échavanne
  70   107 D3
Échay 25   125 D2
Échebrune 17   161 E3

Les Echelles de la
  Mort 25   126 C2
L'Échelle 08   21 D3
L'Échelle-St-Aurin
  80   18 A3
Les Échelles
  73   173 E4
Échemines 10   82 C1
Échemiré 49   95 F4
Échenans 25   107 E4
Échenans 70   107 F3
Échenay 52   85 E1
Échenevex
  01   157 F1
Échenon 21   124 A3
Échenoz-la-Méline
  70   106 B3
Échenoz-le-Sec
  70   106 C4
Échevanne
  70   124 C1
Échevannes
  70   105 D3
Échevis 26   188 C3
Échevronne
  21   123 E1
Échigey 21   123 F3
Échillais 17   160 C1
Échilleuses 45   80 B1
Échinghen 62   2 C4
Échiré 79   146 B1
Échirolles 38   189 E3

Échouboulains
  77   81 D1
Échourgnac
  24   178 C3
Eckartswiller
  67   66 B2
Eckbolsheim
  67   67 D3
Eckmühl (Phare d')
  29   68 B4
Eckwersheim
  67   67 D2
Éclaibes 59   12 B3
Éclance 10   84 B1
Éclans 39   124 C3
Éclaron 52   62 A4
Éclassan 07   187 E3
Écleux 39   124 C4
Éclimeux 62   9 D2
Éclose 52   32 B2
Éclusier-Vaux
  80   18 B2
Écluzelles 28   55 F3
 Écly 08   36 C1
Écoche 42   154 C3
Écoivres 62   9 E3
École 73   174 A2
École 25   125 D2
Écollemont 51   61 F4
Écoman 41   98 D2
Écommoy 72   96 C3

Ecoquenéauville
  50   27 D1
Écorcei 61   54 B3
Les Écorces
  25   126 C2
Écorches 61   53 E2
Écordal 08   37 E1
Écorpain 72   97 E1
Écos 27   32 B4
Écot 25   126 C1
Écot-la-Combe
  52   85 E3
Écotay-l'Olme
  42   170 A3
Écots 14   53 D1
Écouché 61   53 D3
Écouen 95   57 E1
Écouflant 49   95 D4
Écouges (Route
  des) 38   188 C3
Écourt-St-Quentin
  62   10 C3
Écoust-St-Mein
  62   10 B3
Écouves (Forêt d')
  61   53 D4
Écouviez 55   22 C4
Écoyeux 17   161 E1
Ecquedecques
  62   9 E1
Écquevilly 78   56 C1

Ecrainville 76   14 B4
Écrammeville
  14   28 A2
Les Écrennes
  77   81 D1
Écretteville-lès-
  Baons 76   15 D3
Écretteville-sur-Mer
  76   14 B3
Écriennes 51   61 F3
Écrille 39   141 E4
Écrins (Parc
  National des)
  05,38   206 C1
Écromagny
  70   107 E2
Écrosnes 28   56 B4
Écrouves 54   63 F3
Ectot-l'Auber
  76   15 E4
Ectot-lès-Baons
  76   15 D4
Écueil 51   36 B3
Écueillé 36   117 D4
Écuélin 59   12 B3
Écuelle 70   105 E4
Écuelles 77   80 C2
Écuelles 71   140 B1
Écuillé 49   95 D3
Écuires 62   8 B2
Écuisses 71   139 E2
Éculleville 50   24 B1
Écully 69   171 E2

Dijon

Darcy (Pl.)................CY
Foch (Av. Mar.)......CY 24
Liberté (R. de la)....CY

Albert-1er (Av.)........CY
Arquebuse (R. de l')...CY
Audra (R.)................CY
Auxonne (R. d')........EZ
Baudin (R. J.-B.)......EYZ
Berbisey (R.)...........CYZ
Berlier (R.)..............EY
Bossuet (R. et Pl.)....CDY
Bourg (R. du)...........DY
Briand (Av. A.)........EX 4
Brosses (Bd de).......CY 5
Buffon (R.).............DY
Cabet (R. P.)...........EY
Carnot (Bd)............EY

Cellerier (R. J.).........CX
Chabot-Charny (R.)....DYZ
Champagne (Bd de)....EX 7
Charrue (R.)............DY 10
Chouette (R. de la)...DY 14
Citeaux (R. du Petit)..CZ
Clemenceau (Bd G.)...EX
Condorcet (R.)..........CZ
Courtépée (R.).........DX
Daubenton (R.).........CZ
Davoust (R.)............EY
Devosge (R.)...........CDY
Diderot (R.)............EY
Dr-Chaussier (R.)....CY 16
Dubois (Pl. A.)........DY 20
Dumont (R. Ch.)......DZ
École-de-Droit (R.)...DY 21
Égalité (R. de l')......CX
Estienne (Pl. Gén.)...DX
Févret (R.)..............DZ
Fontaine-lès-Dijon (R.)..CX

Forges (R. des).........DY
Fremiet (R. A.)........DX
Gagnereaux (R.).......DX
Garibaldi (Av.).........DX
Gaulle (Crs Gén.-de)..DY
Godrans (R. des)......DY 30
Grangier (Pl.)..........DY 31
Gray (R.).................EY
Hôpital (R. de l')......CZ
Jaurès (R.)..............DY
J.-J.-Rousseau (R.)....DY
Jeannin (R.)............DEY
Jouvence (R. de).......DX
Libération (Pl. de la)..DY 35
Longvic (R. de)........DEZ
Magenta (R.)..........EZ 36
Manutention (R. de la)..CZ
Marceau (R.)............EX
Mariotte (R.)...........CY
Marne (Bd de la).......EX
Metz (R. de)............EY

Michelet (R.)..........CY 40
Mirande (R. de)........EY
Monge (R.)..............DY
Montchapet (R. de)....CX
Mulhouse (R. de)......EXY
Musette (R.)............DY
Parmentier (R.).........EX
Pasteur (R.)............DYZ
Perrières (R. des)......CY
Piron (R.)................DY
Potet (R. du Petit)....DY 44
Préfecture (R. de la)..DY
Raines (R. du Fg)......CYZ
Rameau (R.)............DY 47
République (Pl. de la)..DY
Rollin (Quai R.).........CZ
Roses (R. des)..........CY
Roussin (R. Amiral)....DY
St-Bénigne (R.)........DY 50
St-Bernard (Pl.)........DY 51
Ste-Anne (R.)..........DYZ

Sambin (R.)............DX
Sévigné (Bd)...........CY
Suquet (Pl.)............CZ
Tanneries (R. Pt-des)..CZ
Thiers (Bd)..............EY
Tivoli (R. de)...........CDZ
Transvaal (R.).........CDZ
Trémouille (Bd de la)..DX
Turgot (R.)..............DZ
Vaillant (R.)...........DY 57
Vannerie (R.)...........DY
Vauban (R.)............DY
Verdun (Bd de).........EX 60
Verrerie (R.)...........DY
Victor-Hugo (Av.)......CXY
Voltaire (Bd)...........EYZ
Wilson (Pl.)............DZ
1er-Mai (Pl. du)......CZ 61
1re-Armée-Fse (Av.)..CY 62
26e-Dragons (R. du)..EX 65
30-Octobre (Pl. du)...EY

Écuras 16 163 E3
Écurat 17 161 D2
Écurcey 25 126 C1
Écurey-en-Verdunois 55 38 C2
Écurie 62 10 A2
Écury-le-Repos 51 60 C2
Écury-sur-Coole 51 61 D2
Écutigny 21 123 D4
Écuvilly 60 18 C4
Edern 29 69 D2
Édon 16 163 D4
Les Éduts 17 146 C4
Eecke 59 4 B3
Effiat 63 153 D4
Effincourt 52 85 E1
Effry 02 20 B2
Égat 66 261 D3
Égleny 89 101 F2
Égletons 19 182 A1
Égligny 77 81 E1
Eglingen 68 108 B3
Église-Neuve-de-Vergt 24 179 E3
Église-Neuve-d'Issac 24 179 D4
Égliseneuve-d'Entraigues 63 183 E1
Égliseneuve-des-Liards 63 168 C4
Égliseneuve-près-Billom 63 168 C2
Les Églises d'Argenteuil 17 146 B4
Églisolles 63 169 E1
Les Églisottes-et-Chalaures 33 178 B3
Égly 91 57 E4
Égreville 77 81 D3
Égriselles-le-Bocage 89 81 E4
Égry 45 80 A4
Éguelshardt 57 42 C4
Eguenigue 90 108 A3
L'Éguille 17 160 B2
Éguilles 13 237 D3
Éguilly 21 122 C2
Éguilly-sous-Bois 10 84 A3
Eguisheim 68 89 D3
Éguzon 36 149 F1
Éhuns 70 106 C2
Eichhoffen 67 89 D1
Eincheville 57 41 D4
Einvaux 54 64 C4
Einville-au-Jard 54 65 D3
Eix 55 39 D3
Élan 08 21 E3
Élancourt 78 56 C3
Elbach 68 108 B3
Elbeuf 76 31 E3
Elbeuf-en-Bray 76 32 C1
Elbeuf-sur-Andelle 76 32 A1
Élencourt 60 16 C3
Élesmes 59 12 B1
Életot 76 14 B3
Éleu-Dit-Leauwette 62 10 A2
Élincourt 59 19 D1
Élincourt-Ste-Marguerite 60 34 B1
Élise-Daucourt 51 37 F4
Ellecourt 76 16 C3
Elliant 29 69 E3
Ellon 14 28 C3
Elne 66 263 D3
Elnes 62 3 E4
Éloie 90 107 F2
Éloise 74 157 E3
Elorn 29 45 F2
Éloyes 88 87 F3
Elsenheim 67 89 E3
Elvange 57 41 D4
Elven 56 91 F2
Elzange 57 40 B2
Émagny 25 125 D2
Émalleville 27 31 F4
Émancé 78 56 B4
Émanville 27 31 E4
Émanville 76 15 E4
Emberménil 54 65 E3
Embiez (Île des) 83 243 F4
Embourie 16 147 D4
Embres-et-Castelmaure 11 254 B1
Embreville 80 16 B1
Embrun 05 206 C3
Embry 62 8 C1
Émerainville 77 58 A2
Émerchicourt 59 10 C3
Émeringes 69 155 E2
Émeville 60 34 C3
Émiéville 14 29 E3
Emlingen 68 108 C3
Emmerin 59 10 B1
Émondeville 50 25 D3
Empeaux 31 229 E3
Empurany 07 187 D4
Empuré 16 147 D4
Empury 58 121 E2

En Calcat 81 231 E4
Encausse 32 229 D2
Encausse-les-Thermes 31 258 C2
Enchanet (Barrage d') 15 182 B3
Enchastrayes 04 207 E4
Enchenberg 57 42 B4
Encourtiech 09 259 E2
Endoufielle 32 229 D3
Énencourt-Léage 60 32 C2
Énencourt-le-Sec 60 33 D2
Enfer (Gouffre d') 42 186 C1
Enfonvelle 52 106 A1
Engayrac 47 212 A2
Engente 10 84 B2
Engenthal 67 66 B3
Englancourt 02 20 A2
Englebelmer 80 18 A1
Englefontaine 59 11 E3
Englesqueville-en-Auge 14 30 A2
Englesqueville-la-Percée 14 27 F2
Englos 59 5 D4
Engomer 09 259 E3
Engraviès 09 252 B3
Enguialès 12 199 F3
Enguinegatte 62 3 F4
Engwiller 67 67 D1
Ennemain 80 18 C2
Ennery 95 33 E4
Ennery 57 40 B3
Ennetières-en-Weppes 59 5 D4
Ennevelin 59 10 C1
Ennezat 63 168 B1
Ennordres 18 119 D1
Enquin-les-Mines 62 9 E1
Enquin-sur-Baillons 62 8 C1
Ens 65 258 A4
Ensérune (Oppidum d') 34 255 D1
Ensigné 79 146 C3
Ensisheim 68 108 C1
Ensués-la-Redonne 13 242 C2
Entrages 04 222 B2
Entraigues 38 189 F4
Entraigues 63 168 B1
Entraigues-sur-Sorgues 84 219 F3
Entrains-sur-Nohain 58 120 B1
Entrammes 53 74 C4
Entrange 57 40 A1
Entraunes 06 223 D2
Entraygues-sur-Truyère 12 199 F3
Entre-deux-Eaux 88 88 B2
Entre-deux-Guiers 38 173 E4
Entre-deux-Monts 39 142 A3
Entrecasteaux 83 238 C3
Entrechaux 84 220 A2
Entremont 74 158 C4
Entremont-le-Vieux 73 173 E4
Entrepierres 04 221 F2
Entrevaux 04 223 E4
Entrevennes 04 221 F4
Entrevernes 74 174 A1
Entzheim 67 67 D4
Enval 63 168 A1
Enveitg 65 261 D4
Envermeu 76 15 F2
Environville 76 14 C4
Éourres 05 221 D2
Éoux 31 250 C1
Épagne 10 83 F2
Épagne-Epagnette 80 16 C1
Épagny 74 158 A4
Épagny 21 123 E1
Épagny 02 35 D1
Épaignes 27 30 C3
Épaney 14 53 D1
Épannes 79 146 A2
Éparcy 02 20 B2
Les Éparges 55 39 D4
Épargnes 17 160 C3
Les Éparres 38 172 B4
Épaumesnil 80 16 C2
Épaux-Bézu 02 35 E4
Épeautrolles 28 78 B2
Épécamps 80 9 D4
Épégard 27 31 E3
Épehy 80 18 C1

Épeigné-les-Bois 37 116 C2
Épeigné-sur-Dême 37 97 D3
Épénancourt 80 18 B3
Épenède 16 148 A4
Épenouse 25 126 A2
Épenoy 25 126 A3
Épense 51 62 A1
Épercieux-St-Paul 42 170 B2
Éperlecques 62 3 E3
Épernay 51 36 B4
Épernay-sous-Gevrey 21 123 E3
Épernon 28 56 B4
Éperrais 61 77 D1
Épersy 73 173 E2
Épertully 71 139 E1
Épervans 71 140 A2
Les Épesses 85 130 A1
Épeugney 25 125 E3
Epfig 67 89 D1
Épiais 41 98 B2
Épiais-lès-Louvres 95 58 A1
Épiais-Rhus 95 33 E4
Épieds 49 114 C3
Épieds 02 35 E4
Épieds 27 55 F1
Épieds-en-Beauce 45 98 C1
Épierre 73 174 B4
Épiez-sur-Chiers 54 39 D1
Épiez-sur-Meuse 55 63 E4
Épinac 71 122 C4
Épinal 88 87 E3
Épinant 52 85 F4
Épinay 27 54 B1
Épinay-Champlâtreux 95 33 F4
L'Épine-le-Comte 61 74 C1
Épinay-sous-Sénart 91 58 A3
Épinay-sur-Duclair 76 31 D1
Épinay-sur-Odon 14 28 C4
Épinay-sur-Orge 91 57 E3
Épinay-sur-Seine 93 57 E1
L'Épine 05 205 E4
L'Épine 51 61 E1
L'Épine-aux-Bois 02 59 E2
Épine (Col de l') 73 173 E3
Épineau-les-Voves 89 102 A1
Épineu-le-Chevreuil 72 75 F4
Épineuil 89 102 C2
Épineuil-le-Fleuriel 18 136 A4
Épineuse 60 34 A2
Épineux-le-Seguin 53 95 E1
Épiniac 35 50 A4
Épinonville 55 38 B2
Épinouze 26 187 F1
Épinoy 62 10 C3
Épiry 58 121 E3
Épisy 77 80 C2
Épizon 52 85 E2
Éplessier 80 17 D3
Éply 54 64 B1
Époisses 21 103 E4
Épône 78 56 C1
Épothémont 10 84 B1
Épouville 76 14 A4
Époye 51 36 C3
Eppe-Sauvage 59 12 C4
Eppes 02 36 A1
Eppeville 80 18 C3
Epping 57 42 B3
Épretot 76 30 B1
Épreville 76 14 B3
Épreville-en-Lieuvin 27 30 C3
Épreville-en-Roumois 27 31 D2
Épreville-près-le-Neubourg 27 31 E3
Épron 14 29 D3
Eps 62 9 E1
Epte 27,60,95 32 C3
Épuisay 41 97 F1
Épy 39 156 C1
Équancourt 80 18 C1
Équemauville 14 30 A2
Équennes-Éramecourt 80 17 D3
Équeurdreville-Hainneville 50 24 C2
Équevillon 39 142 A2
Équihen-Plage 62 2 B4
Équilly 50 50 C2
Équirre 62 9 D1
Éragny 95 57 D1
Éragny-sur-Epte 60 32 C2
Éraines 14 53 D1
Éraville 16 162 A3
Erbajolo 2b 267 E1
Erbéviller-sur-Amezule 54 64 C3

Erbray 44 93 F3
Erbrée 35 74 A3
Ercé 09 259 F3
Ercé-en-Lamée 35 93 E2
Ercé-près-Liffré 35 73 E2
Erceville 45 79 E3
Erches 80 18 A3
Ercheu 80 18 C3
Erchin 59 10 C3
Erching 57 42 B3
Erckartswiller 67 66 B1
Ercourt 80 16 C1
Ercuis 60 33 F3
Erdeven 56 90 C3
Erdre 44 112 A1
Éréac 22 72 A2
Ergersheim 67 66 C3
Ergnies 80 8 C1
Ergny 62 8 C1
Ergué-Gabéric 29 69 D3
Erin 62 9 D2
Éringes 21 103 F4
Érize-la-Brûlée 55 62 C2
Érize-la-Grande 55 62 C1
Érize-la-Petite 55 62 C1
Érize-St-Dizier 55 62 C2
Erlon 02 19 F3
Erloy 02 20 A2
Ermenonville-la-Grande 28 78 B2
Ermenonville 60 34 B4
Ermenonville-la-Petite 28 78 B2
Ermenouville 76 15 D3
Ermitage (Château de l') 59 11 E1
Ermont 95 57 E1
Ernecourt 55 63 D3
Ernée 53 74 B2
Ernemont-Boutavent 60 16 C4
Ernemont-sur-Buchy 76 32 A1
Ernemont-la-Villette 76 32 C1
Ernes 14 53 D1
Ernestviller 57 41 F4
Ernolsheim-Bruche 67 67 D3
Ernolsheim-lès-Saverne 67 66 C2
Erny-St-Julien 62 3 F4
Érôme 26 187 E3
Érondelle 80 16 C1
Érone 2b 265 E4
Éroudeville 50 25 D3
Erp 09 259 E3
Erquery 60 33 F2
Erquinghem-Lys 59 4 C4
Erquinghem-le-Sec 59 5 D4
Erquinvillers 60 34 A1
Erquy 22 48 C3
Err 66 261 D4
Erre 59 11 D2
Errevet 70 108 A2
Errouville 54 39 E1
Ersa 2b 264 B1
Erstein 67 89 E1
Erstroff 57 41 E4
Ervauville 45 81 D4
Ervillers 62 10 A4
Ervy-le-Châtel 10 82 C4

Escherange 57 39 F1
Esches 60 33 E3
Eschwiller 67 66 A1
Esclagne 09 252 C4
Esclainvillers 80 17 F3
Esclanèdes 48 201 E4
Esclassan-Labastide 32 224 B4
Esclauzels 46 200 B1
Esclavelles 76 16 A3
Esclavolles-Lurey 51 60 A4
Escles 88 87 D3
Escles-St-Pierre 60 16 C3
Esclottes 47 195 E2
Escobecques 59 5 D4
Escœuilles 62 3 D3
Escoire 24 179 F2
Escolives-Ste-Camille 89 102 B3
Escombres-et-le-Chesnois 08 22 A3
Escondeaux 65 249 E1
Esconnets 65 257 F2
Escorailles 15 182 C3
Escornebœuf 32 229 D2
Escorpain 28 55 F3
Escos 64 225 E4
Escosse 09 252 A2
Escot 64 248 A3
Escots 65 257 F2
Escou 64 248 A3
Escoubès 64 226 C4
Escoubès-Pouts 65 249 D2
Escoulis 31 251 D3
Escouloubre 11 261 E2
Escource 40 208 B2
Escoussans 33 194 C2
Escoussens 81 231 E3
Escout 64 248 A2
Escoutoux 63 169 D2
Escragnolles 06 239 F1
Escrennes 45 79 F4
Escrignelles 45 100 C3
Escroux 81 232 A2
Escueillens 11 252 C1
Escurès 64 227 D4
Escures-sur-Favières 14 29 E4
Escurolles 03 153 D3
Esery 74 158 B3
Eslettes 76 31 E1
Esley 88 86 C3
Eslourenties-Daban 64 249 D1
Esmans 77 81 D2
Esmery-Hallon 80 18 C3
Esmoulières 70 107 E3
Esmoulins 70 124 B1
Esnandes 17 145 D2
Esnans 25 125 F1
Esnes 59 11 D4
Esnes-en-Argonne 55 38 B3
Esnoms-au-Val 52 105 D3
Esnon 89 102 B1
Esnouveaux 52 85 E4
Espagnac 19 182 A2
Espagnac-Ste-Eulalie 46 198 B3
Espagne (Pont d') 65 257 D3
Espagnols (Pointe des) 29 45 D3
Espalais 82 212 B3
Espalem 43 184 B2
Espalion 12 200 A4
Espaly-St-Marcel 43 185 F4
Espanès 31 230 A4
Espaon 32 228 C4
Esparron 38 238 A3
Esparron 31 250 C1
Esparron 05 205 F4
Esparron-la-Bâtie 04 222 A1
Esparron-de-Verdon 04 238 B1
Esparros 65 249 F3
Esparsac 82 212 B4
Espartignac 19 181 E1
Espas 32 226 C1
Espaubourg 60 32 C2
Espèche 65 249 F3
Espéchède 64 248 C1
Espédaillac 46 198 B3
Espelette 64 224 B4
Espeluche 26 203 F3
Espenel 26 204 C2
Espérausses 81 232 A2
Espéraza 11 252 A3
Esperce 31 251 F1
Espère 46 198 C4
L'Espérou 30 217 D3
Espès-Undurein 64 247 E1
Espeyrac 12 199 F3
Espeyroux 46 198 C2

Espezel 11 261 D1
Espielh 65 257 F2
Espiens 47 211 F2
Espiet 33 194 C1
Espinas 82 213 D2
Espinasse 63 152 A4
Espinasse 15 200 B1
Espinasse-Vozelle 03 153 D3
Espinasses 05 206 B3
Espinchal 63 183 F1
Espinouse (Monts de l') 34 232 C3
Espins 14 53 D1
Espira-de-l'Agly 66 262 A2
Espira-de-Conflent 66 262 A2
Espirat 63 168 C2
Espiute 64 225 E4
Esplantas 43 201 E1
Esplas 09 252 A2
Esplas-de-Sérou 09 251 F4
Espoey 64 248 C1
Espondeilhan 34 233 E4
Esprels 70 107 D4
Esquay-Notre-Dame 14 29 D4
Esquay-sur-Seulles 14 28 C3
Esquéhéries 02 19 F1
Esquelbecq 59 4 A2
Esquennoy 60 17 E4
Esquerchin 59 10 B3
Esquerdes 62 3 E4
Esquibien 29 68 B2
Esquièze-Sère 65 257 E3
Esquiule 64 247 F2
Les Essards 37 115 D2
Les Essards 16 178 B2
Les Essards 17 161 D2
Les Essards-Taignevaux 39 141 D1
Essarois 21 104 B2
Essars 62 9 F1
Les Essarts 27 55 D2
Les Essarts 41 97 E3
Les Essarts 85 129 E2
Les Essarts-le-Roi 78 56 C3
Les Essarts 02 19 D1
Les Essarts-lès-Sézanne 51 60 A3
Les Essarts-le-Vicomte 51 59 F3
Essavilly 39 142 B2
Essay 61 53 E4
Esse 16 148 B4
Essé 35 93 F1
Essegney 88 87 D1
Les Esseintes 33 195 D3
Essert 89 102 C3
Essert 90 107 F3
Essert-Romand 74 159 D2
Essertaux 80 17 E3
Essertenne 71 139 E2
Essertenne-et-Cecey 70 124 B1
Essertines-en-Châtelneuf 42 169 F3
Essertines-en-Donzy 42 170 C2
Esserts-Blay 73 174 B3
Esserts-Salève 74 158 B3
Esserval-Combe 39 142 B2
Esserval-Tartre 39 142 B2
Essey 21 122 C3
Essey-la-Côte 54 87 E1
Essey-les-Eaux 52 85 E4
Essey-et-Maizerais 54 63 F1
Essey-lès-Nancy 54 64 C4
Essey-les-Ponts 52 84 C4
Essia 39 141 E2
Essigny-le-Grand 02 19 D3
Essigny-le-Petit 02 19 D2
Essises 02 59 E1
Essômes-sur-Marne 02 59 E1
Esson 14 52 B1
Essoyes 10 84 A4
Essuiles 60 33 E1
Les Estables 48 201 E3
Les Estables 43 202 C1
Establet 26 205 D3
Estadens 31 250 B1
Estagel 66 262 B1
Estaing 12 200 A3
Estaing 65 257 D2
Estaires 59 4 C4
Estal 46 198 C1
Estampes 32 227 F2
Estampures 65 227 F4
Estancarbon 31 258 C1
Estandeuil 63 168 C3

Estang 32 227 D1
L'Estaque 13 243 D2
Estaque (Chaîne de l') 13 242 C2
Estarvielle 65 258 A3
Estats (Pic d') 09 260 A2
Estavar 66 261 D3
Esteil 63 168 C4
Esténos 31 258 B3
Estensan 65 258 A3
Esterel (Massif de l') 83 249 F3
Estérencuby 64 246 C2
Esternay 51 59 F3
Esterre 65 257 E3
Estevelles 62 10 B1
Esteville 76 15 F4
Estézargues 30 219 D4
Estialescq 64 248 A2
Estibeaux 40 225 F2
Estigarde 40 210 B3
Estillac 47 211 E2
Estipouy 32 226 C2
Estirac 65 227 E3
Estissac 10 82 C2
Estivals 19 181 D4
Estivareilles 03 151 F1
Estivareilles 42 186 A1
Estivaux 19 181 D2
Estoher 66 262 A3
Estos 64 248 A2
Estouches 91 79 F2
Estourmel 59 11 D4
Estouteville-Écalles 76 16 A4
Estouy 45 80 A3
Estrablin 38 171 F4
Estramiac 32 228 C1
Estrebay 08 20 C2
Estrébœuf 80 8 A4
L'Estréchure 30 217 F3
Estrée 62 8 B1
Estrée-Blanche 62 9 E1
Estrée-Cauchy 62 9 F2
Estrée-Wamin 62 9 E3
Estréelles 62 8 B1
Estrées 59 10 C3
Estrées 02 19 D1
Estrées-la-Campagne 14 52 C1
Estrées-lès-Crécy 80 8 B1
Estrées-Deniécourt 80 18 B2
Estrées-Mons 80 18 C2
Estrées-St-Denis 60 34 A2
Estrées-sur-Noye 80 17 E3
Estrennes 88 86 C2
Estreux 59 11 E2
Estry 14 51 F1
Esves-le-Moutier 37 116 B4
Esvres 37 116 A2
Eswars 59 10 C3
Étable 73 174 A4
Étables 07 187 E3
Étables-sur-Mer 22 48 A2
Étagnac 16 163 F1
Étaimpuis 76 15 F4
Étain 55 39 D3
Étaing 62 10 B3
Étainhus 76 14 B4
Étais 21 103 F3
Étais-la-Sauvin 89 120 C1
Étalans 25 125 F3
Étalante 21 104 B3
Étalle 08 21 D2
Étalleville 76 15 D3
Étalon 80 18 B3
Étalondes 76 16 A1
Étampes 91 79 F1
Étampes-sur-Marne 02 59 F1
L'Étang-Bertrand 50 24 C3
Étang-sur-Arroux 71 138 C2
L'Étang-la-Ville 78 57 D2
Les Étangs 57 40 C3
Étaples 62 8 B1
Étaule 89 102 C4
Étaules 17 160 B2
Étaules 21 123 F1
Étauliers 33 177 E2
Étaux 74 158 B3
Étaves-et-Bocquiaux 02 19 E2
Étavigny 60 34 C4
Etcharry 64 247 E1
Etchebar 64 247 E2
Éteignières 08 21 D2
Éteimbes 68 108 A2
Étel 56 90 B3
Ételfay 80 18 A4
Étercy 74 173 F1
Éternoz 25 125 E3
Éterpigny 80 18 B2
Éterpigny 62 10 B3
Éterville 14 29 D4
Étevaux 21 124 A2
Eth 59 11 E2
Étienville 50 25 D4

Étigny 89 81 F3
Les Étilleux 28 77 E3
Étinehem 80 18 A2
Étiolles 91 57 F4
Étival 39 141 F4
Étival-Clairefontaine 88 88 A1
Étival-lès-le-Mans 72 96 B1
Étivey 89 103 E3
Étobon 70 107 F3
Étoges 51 60 B2
Étoile (Chaîne de l') 13 243 D2
Étoile (Chapelle de l') 73 173 E2
L'Étoile 80 17 D1
L'Étoile 39 141 E2
Étoile-St-Cyrice 05 221 D1
Étoile-sur-Rhône 26 204 A1
Éton 55 39 D2
Étormay 21 104 A4
Étouars 24 163 E3
Étourvy 10 103 D1
Étoutteville 76 15 D3
Étouvans 25 107 E4
Étouvelles 02 35 F1
Étouvy 14 51 E1
Étouy 60 33 F2
Étrabonne 25 124 C2
Étrappe 25 107 E4
L'Étrat 42 170 C4
Étray 25 126 A3
Étraye-Wavrille 55 38 C2
Étréaupont 02 20 A2
Étrechet 36 134 C2
Étréchy 18 119 E3
Étréchy 51 60 B2
Étréchy 91 79 F1
Étréham 14 28 B2
Étreillers 02 18 C2
Étréjust 80 16 C2
Étrelles 35 74 A4
Étrelles-et-la-Montbleuse 70 106 A4
Étrelles-sur-Aube 10 60 B4
Étrembières 74 158 B2
Étrépagny 27 32 B3
Étrepigney 39 124 C3
Étrépigny 08 21 E3
Étrépilly 77 58 C1
Étrépilly 02 35 E4
Étrepy 51 62 A3
Étretat 76 14 A3
Étreux 02 19 F1
Étreval 54 86 C1
Étréville 27 31 D2
Étrez 01 156 B1
Étriac 16 162 B4
Étriché 49 95 E3
Étricourt-Manancourt 80 18 C1
Étrigny 71 140 A3
Étrochey 21 103 F1
Étrœungt 59 20 A1
Étroitefontaine 70 107 D3
Étroits (Défilé des) 05 205 F2
Les Étroits (Défilé) 74 158 C4
Étroussat 03 152 C3
Étrun 10 10 C3
Étrun 62 10 A3
Étsaut 64 256 B3
Ettendorf 67 67 D2
Etting 57 42 A4
Étueffont 90 108 A2
Étufs (Cascade d') 21 104 C2
Étupes 25 108 A4
Éturqueraye 27 31 D2
Étusson 79 113 F4
Étuz 70 125 D1
Etzling 57 41 F3
Eu 76 16 A1
Eu (Haute Forêt d') 76 16 B2
Euffigneix 52 84 C3
Eugénie-les-Bains 40 226 C2
Euilly-et-Lombut 08 22 A4
Eulmont 54 64 B2
Eup 31 250 B4
Eure 27,28 55 F2
Eurre 26 204 A2
Eurville 52 62 B4
Eus 66 262 A2
Euvezin 54 63 F1
Euville 55 63 E3
Euvy 51 60 C3
Euzet 30 218 B3
Évaillé 72 97 D1
Évans 39 124 C3
Évaux-les-Bains 23 151 E3
Évaux-et-Ménil 88 87 D2
Ève 60 34 B4
Éveaux (Gorge des) 74 158 C3
Évecquemont 78 56 C1
Évenos 83 244 A2
Évergnicourt 02 36 B2
Everly 77 81 E1
Évette 90 107 F3
Éveux 69 171 D1
Évian-les-Bains 74 143 D1
Évigny 08 21 E3
Évillers 25 125 F4

Évin-Malmaison 62 10 B2
Évires 74 158 B3
Évisa 2a 266 B2
Évosges 01 156 C4
Évran 22 72 C1
Évrange 57 40 B1
Évrecy 14 28 C4
Évres 55 62 B1
Évreux 27 55 E1
Évricourt 60 18 B4
Évriguet 56 71 F3
Évron 53 75 E3
Évry 91 57 F4
Évry 89 81 F3
Évry-lès-Châteaux 77 58 A3
Excenevex 74 158 B1
Excideuil 24 180 B1
Exermont 08 38 A2
Exideuil 16 163 F1
Exincourt 25 107 F4
Exireuil 79 146 C1
Exmes 61 53 E3
Exoudun 79 147 D1
Expiremont 17 177 F1
Eybens 38 189 E2
Eybouleuf 87 165 D2
Eyburie 19 165 E1
Eycheil 09 259 E2
Eydoche 38 172 B4
Eygalayes 26 221 D2
Eygaliers 13 236 B1
Eygaliers 26 220 B2
Eygliers 05 207 D2
Eygluy-Escoulin 26 204 B1
Eygues 5,26 220 A1
Eyguians 05 221 E1
Eyguières 13 236 C2
Eygurande 19 167 D3
Eygurande-Gardedeuil 24 178 B3
Eyjeaux 87 165 D2
Eyliac 24 180 A3
Eymet 24 195 F2
Eymeux 26 188 B3
Eymoutiers 16 163 E3
Eymoutiers 87 165 E2
Eyne 66 261 D4
Eynesse 33 195 E1
Eyragues 13 236 B2
Eyrans 33 177 D2
Eyre 33,40 193 D3
Eyrein 19 182 A1
Eyrenville 24 196 B3
Eyres-Moncube 40 226 B2
Eyrieux (Vallée de l') 07 203 E1
Eyroles 26 204 C4
Eysines 33 194 A1
Eysson 25 126 A2
Eysus 64 248 A2
Eyvirat 24 179 F1
Eywiller 67 66 A1
Eyzahut 26 204 A3
Eyzerac 24 180 A1
Les Eyzies-de-Tayac 24 180 A4
Eyzin-Pinet 38 171 F4
Ézanville 95 57 E1
Èze 06 241 E4
Ézy-sur-Eure 27 55 F2

F
Fa 11 253 D4
Fabas 09 251 D3
Fabas 31 250 C1
Fabas 82 229 E1
Fabras 07 203 D3
Fabrègues 34 234 B3
Fabrezan 11 254 A2
Faches-Thumesnil 59 10 B1
Fâchin 58 139 D3
Fades (Viaduc des) 63 152 A4
Fage (Gouffre de la) 19 181 D3
La Fage-Montivernoux 48 200 C2
La Fage-St-Julien 48 201 D2
Le Faget 31 230 C3
Faget-Abbatial 32 228 B3
Fagnières 51 61 D1
Fagnon 08 21 E3
Fahy-lès-Autrey 70 105 E4
Failly 57 40 B3
Faimbe 25 107 E4
Fain-lès-Montbard 21 103 F4
Fain-lès-Moutiers 21 103 E4
Fains 27 55 F1
Fains-la-Folie 28 78 C3
Fains-les-Sources 55 62 B2
Fajac-en-Val 11 253 F3
Fajac-la-Relenque 11 252 B1
Fajoles 46 197 F2
La Fajolle 11 261 D1
Fajolles 82 212 B4
Falaise 08 37 F2
Falaise 14 52 C1
La Falaise 78 56 C1
Falck 57 41 D3
Faleyras 33 194 C2

Falga 31 230 C4
Le Falgoux 15 183 E3
Falgoux (Cirque du) 15 183 E3
Falgoux (Vallée du) 15 183 D3
Falgueyrat 24 196 A3
Falicon 06 241 D4
Falkenstein (Château de) 57 42 C4
Falkwiller 68 108 B2
Fallencourt 76 16 B2
Fallerans 25 125 F3
Falleron 85 128 C1
Falletans 39 124 B3
Fallon 70 107 D4
La Faloise 80 17 F3
Fals 47 211 F3
Falvy 80 18 C2
Famars 59 11 E3
Famechon 80 17 D3
Famechon 80 9 E4
Fameck 57 40 B2
Familly 14 54 A1
Fampoux 62 10 A3
Fanget (Col du) 04 222 B1
Fango 2B 266 B1
Fanjeaux 11 253 D2
Fanlac 24 180 B3
Le Faou 29 45 E4
Le Faouët 22 47 E2
Le Faouët 56 70 A3
Faramans 01 172 A1
Faramans 38 188 B1
Farbus 62 10 A2
Farceaux 27 32 B3
La Fare-en-Champsaur 05 206 A2
La Fare-les-Oliviers 13 237 D3
Farébersviller 57 41 E3
Fareins 01 155 E4
Faremoutiers 77 58 C2
Farges 01 157 F3
Les Farges 24 180 B3
Farges-Allichamps 18 135 F2
Farges-lès-Chalon 71 140 A2
Farges-en-Septaine 18 119 E4
Farges-lès-Mâcon 71 140 A4
Fargniers 02 19 D4
Fargues 40 226 B2
Fargues 46 197 E4
Fargues 33 194 C3
Fargues-St-Hilaire 33 194 B1
Fargues-sur-Ourbise 47 210 C2
Farincourt 52 105 F3
Farinole 2b 265 E2
La Farlède 83 244 B2
Farnay 42 171 D4
Faron (Mont) 83 244 A3
Faronville 45 79 E3
Farschviller 57 41 E3
Fassault 08 21 D4
Fatines 72 76 C4
Fatouville-Grestain 27 30 B2
Le Fau 15 183 E3
Fau-de-Peyre 48 201 D2
Fauch 81 231 E1
Faucigny 74 158 B3
Faucille (Col de la) 01 157 F1
Faucogney-et-la-Mer 70 107 E1
Faucompierre 88 87 F3
Faucon 84 220 B1
Faucon-de-Barcelonnette 04 207 D4
Faucon-du-Caire 04 206 A4
Faucoucourt 02 35 E1
Faudoas 82 229 D1
Le Fauga 31 229 F4
Faugères 07 202 C4
Faugères 34 233 D3
Fauguernon 14 30 B4
Fauguerolles 47 195 F4
Fauillet 47 195 F4
Le Faulq 14 30 B3
Faulquemont 57 41 D4
Faulx 54 64 B2
Faumont 59 10 C2
Fauquembergues 62 3 E4
La Faurie 05 205 E3
Faurilles 24 196 B2
Fauroux 82 212 B2
Faussergues 81 215 D3
La Faute-sur-Mer 85 144 C1
Fauverney 21 123 F2
Fauville 27 55 E1
Fauville-en-Caux 76 14 C4
Faux 08 31 D1
Faux 24 196 B3
Faux-Fresnay 51 60 B4
Faux-Mazuras 23 165 F1
Faux-la-Montagne 23 166 A2

Faux-Vésigneul 51 61 D2
Faux-Villecerf 10 82 B2
Favalello 2b 267 E1
Favars 19 181 E2
Faveraye-Mâchelles 49 113 F2
Faverdines 18 136 A3
Faverelles 45 101 D4
Faverges 74 174 B2
Faverges-de-la-Tour 38 172 C3
Faverney 70 106 B2
Faverois 90 108 B4
Faverolles-la-Campagne 27 55 D1
Faverolles 52 105 D1
Faverolles 02 35 D3
Faverolles 28 56 B3
Faverolles 61 52 C3
Faverolles 80 18 A4
Faverolles 15 184 B4
Faverolles-et-Coëmy 51 36 A3
Faverolles-sur-Cher 41 116 C2
Faverolles-lès-Lucey 21 104 B2
La Favière 39 142 A2
Favières 80 8 B3
Favières 77 58 B3
Favières 54 86 B1
Favières 28 78 A1
Favresse 51 61 F3
Favreuil 62 10 A4
Favrieux 78 56 B1
Le Favril 28 78 A1
Le Favril 27 30 C3
Le Favril 59 11 F4
Fay 72 76 A4
Fay 61 54 A3
Fay 80 18 B2
Le Fay 71 141 D3
Fay-aux-Loges 45 99 F1
Fay-le-Clos 26 187 E2
Fay-de-Bretagne 44 111 E1
Fay-en-Montagne 39 141 E2
Fay-les-Étangs 60 33 D3
Fay-lès-Marcilly 10 82 B2
Faÿ-lès-Nemours 77 80 C3
Le Fay-St-Quentin 60 33 E1
Fay-sur-Lignon 43 186 B4
Faycelles 46 198 C3
Faye 41 98 A2
La Faye 16 147 E4
Faye-l'Abbesse 79 131 D2
Faye-d'Anjou 49 113 F2
Faye (Pas de la) 06 240 A1
Faye-sur-Ardin 79 146 B1
Faye-la-Vineuse 37 132 B1
Le Fayel 76 34 B2
Fayence 83 239 F2
Fayet 02 19 D2
Fayet 12 232 C1
Le Fayet 74 159 D4
Fayet-le-Château 63 168 C3
Fayet-Ronaye 63 185 D1
Fayl-Bi lot 52 105 F2
Faymont 70 107 E3
Faymoreau 85 130 B4
Fays 83 87 F3
Fays 52 84 C1
Fays-la-Chapelle 10 83 D4
Fayssac 81 214 B4
Féas 64 247 F2
Febvin-Palfart 62 9 E1
Fécamp 76 14 B3
Féchain 59 10 C4
Fêche-l'Église 90 108 A4
Fécocourt 54 86 B1
Fédry 70 106 A3
Fegersheim 67 67 D4
Fégréac 44 92 C3
Feigères 74 158 A3
Feigneux 60 34 C3
Feignies 59 12 B3
Feillens 01 155 F2
Feings 61 54 B4
Feings 41 117 D1
Feins 35 73 D2
Feins-en-Gâtinais 45 101 D3
Feissons-sur-Isère 73 174 C3
Feissons-sur-Salins 73 174 C4
Fel 61 53 E2
Felce 2b 267 E1
Feldbach 68 108 C4
Feldkirch 68 108 C1
Feliceto 2B 264 C3
Félines 07 187 E1
Félines 43 185 E2
Félines-Minervois 34 254 A1
Félines-sur-Rimandoule 26 204 B3

Félines-Termenès 11 254 A3
Felleries 59 12 B4
Fellering 68 108 A1
Felletin 23 166 B1
Felluns 66 262 A1
Felon 90 108 A2
Felzins 46 199 D3
Fenain 59 11 D2
Fénay 21 123 F2
Fendeille 11 252 C1
Fénelon 24 197 F1
Fénery 79 131 D3
Fénétrange 57 66 A1
Feneu 49 95 D4
Fényeyrols 82 214 A3
Féniers 23 166 B2
Féniers (Abbaye de) 15 183 E2
Fenioux 79 130 C4
Fenioux 17 161 D1
Fenneviller 54 66 A1
Fénols 81 231 D1
Le Fenouiller 85 128 B2
Fenouillet 66 261 F1
Fenouillet 31 229 F2
Fenouillet-du-Razès 11 253 D2
Fépin 08 21 E1
Fer à Cheval (Cirque de) 74 159 E3
Fer à Cheval (Cirque du) 39 141 F1
Ferayola 2B 264 A4
Fercé 44 93 F2
Fercé-sur-Sarthe 72 96 A1
Ferdrupt 88 107 E1
La Fère 02 19 E4
Fère-Champenoise 51 60 B3
Fère (Château de) 02 35 F3
Fère-en-Tardenois 02 35 F3
Fèrebrianges 51 60 A2
La Férée 08 20 C3
Férel 56 92 A4
Ferfay 62 9 E1
Féricy 77 80 C1
Férin 59 10 C4
Fermanville 50 25 D1
La Fermeté 58 137 E1
Fermont (Fort de) 54 39 D1
Ferney-Voltaire 01 158 A2
Fernoël 63 166 C2
Férolles 45 99 F2
Férolles-Attilly 77 58 A3
Féron 59 20 B1
Ferques 62 2 C3
Ferrals-les-Corbières 11 254 B4
Ferrals-les-Montagnes 34 232 A4
Ferran 11 253 D2
Ferrassières 26 220 C2
Ferrat (Cap) 06 240 C2
Le Ferré 35 50 C4
Ferrensac 47 196 B3
Ferrère 65 250 A4
Les Ferres 06 223 F4
Ferrette 68 108 C4
Ferreux 10 82 B1
La Ferrière 22 71 E3
La Ferrière 85 129 E2
La Ferrière 37 97 E3
La Ferrière 38 190 B1
La Ferrière-Airoux 86 147 F2
La Ferrière-au-Doyen 14 28 B4
La Ferrière-au-Doyen 61 54 B3
La Ferrière-Béchet 61 54 B3
La Ferrière-Bochard 61 76 A1
La Ferrière-de-Flée 49 94 C2
La Ferrière-en-Parthenay 79 131 E3
Ferrière-et-Lafolie 52 85 D1
Ferrière-la-Grande 59 12 B3
La Ferrière-Harang 14 51 E1
Ferrière-Larçon 37 116 B4
Ferrière-la-Petite 59 12 B3
Ferrière-sur-Beaulieu 37 116 C3
Ferrières 27 54 C1
Ferrières 45 80 C4
Ferrières 65 256 C2
Ferrières 50 51 E4
Ferrières 74 158 A4
Ferrières 54 64 C4
Ferrières 80 17 E2
Ferrières 17 145 E2
Ferrières 81 231 F2
Ferrières 60 17 F4
Ferrières 17 58 E2
Ferrières-les-Bois 25 125 D2

Ferrières-en-Bray 76 32 C1
Ferrières-Haut-Clocher 27 55 D1
Ferrières-le-Lac 25 126 C2
Ferrières-Poussarou 34 232 B3
Ferrières-lès-Ray 70 106 A3
Ferrières-St-Hilaire 27 54 B1
Ferrières-St-Mary 15 184 A3
Ferrières-lès-Scey 70 106 B3
Ferrières-sur-Ariège 09 252 A4
Ferrières-sur-Sichon 03 153 F4
Ferrières-la-Verrerie 61 53 F3
Ferrières-les-Verreries 34 234 B1
Ferrussac 43 184 C3
Fertans 25 125 E4
La Ferté 39 141 E1
La Ferté-Alais 91 80 A1
La Ferté-Beauharnais 41 99 E4
La Ferté-Bernard 72 77 D3
La Ferté-Chevresis 02 19 F3
La Ferté-Frênel 61 54 B2
La Ferté-Gaucher 77 59 E3
La Ferté-Hauterive 03 153 D1
La Ferté-Imbault 41 118 B2
La Ferté-Loupière 89 101 F2
La Ferté-Macé 61 52 C4
La Ferté-Milon 02 35 D3
La Ferté-St-Aubin 45 99 E3
La Ferté-St-Cyr 41 99 D3
La Ferté-St-Samson 76 16 B4
La Ferté-sous-Jouarre 77 59 D1
La Ferté-sur-Chiers 08 22 B4
La Ferté-Vidame 28 55 D4
La Ferté-Villeneuil 28 98 B1
Fertrève 58 137 F1
Fervaches 50 51 E1
Fervaques 14 30 B4
Fescamps 80 18 A4
Fesches-le-Châtel 25 108 A4
Fesmy-le-Sart 02 19 F1
Fesques 76 16 B3
Fessanvilliers-Mattanvilliers 28 55 D3
Fessenheim 68 109 D1
Fessenheim-le-Bas 67 66 C3
Fessevillers 25 126 C2
Les Fessey 70 107 D2
Fessy 74 158 C2
Festalemps 24 178 C2
Festes-et-St-André 11 253 D4
Festieux 02 36 A1
Festigny 89 102 A4
Festigny 51 36 A4
Festre (Col de) 05 205 F2
Festubert 62 10 A1
Le Fête 21 122 C3
Féternes 74 158 C1
Fétigny 39 141 E4
Feucherolles 78 57 D2
Feuchy 62 10 A3
Feugarolles 47 211 D2
Feugères 50 27 D3
Feuges 10 83 D2
Feuguerolles 27 31 E4
Feuguerolles-Bully 14 29 D4
Feuguerolles-sur-Seulles 14 28 B4
Feuilla 11 254 C4
Feuillade 16 163 D3
La Feuillade 24 181 D3
La Feuillée 29 46 A4
Feuillères 80 18 B2
La Feuillie 50 26 C3
La Feuillie 76 32 B1
Feule 25 211 D4
Feuquières 60 16 C4
Feuquières-en-Vimeu 80 16 B1
Feurs 42 170 B2
Feusines 36 135 E4
Feux 18 119 F3
Fèves 57 40 B4
Fey 57 40 B4
Fey-en-Haye 54 64 A1

Feyt 19 167 D3
Feytiat 87 164 C2
Feyzin 69 171 E3
Fiac 81 230 C2
Ficaja 2b 265 E4
Ficajola (Anse de) 2A 266 A2
Ficheux 62 10 A3
Fichous-Riumayou 64 226 B3
Le Fidelaire 27 54 C1
Le Fied 39 141 E2
Le Fief-Sauvin 49 112 D2
Fieffes-Montrelet 80 17 E1
Fiefs 62 9 E1
Fiennes 62 3 D3
Fienvillers 80 9 E1
Fier (Gorges du) 74 158 A4
Fier (Val du) 01,74 157 E4
Fierville-Bray 14 29 E4
Fierville-les-Mines 50 24 C3
Fierville-les-Parcs 14 30 B3
Le Fieu 33 178 B3
Fieulaine 02 19 E2
Fieux 47 211 D3
Figanières 83 239 E2
Figari 2a 269 D4
Figarol 31 259 D2
Figeac 46 198 C3
Fignévelle 88 86 B4
Fignières 80 18 A3
Filain 70 106 C4
Filain 02 35 F1
Filières 76 14 B4
Filitosa (Station Préhistorique de) 2A 268 C2
Fillé 72 96 B1
Fillières 54 39 E1
Fillièvres 62 9 D3
Fillinges 74 158 B2
Fillols 66 261 F3
Filstroff 57 41 D2
Fiménil 88 87 F3
Finestret 66 262 A2
Finhan 82 212 C4
Finiels (Col de) 48 202 A4
Fins 80 18 C1
Les Fins 25 126 B3
Fiquefleur-Équainville 27 30 B2
Firbeix 24 164 B3
Firfol 14 30 B4
Firmi 12 199 E3
Firminy 42 186 B1
Fislis 68 108 C4
Fismes 51 36 A3
Fitignieu 01 157 D4
Fitilieu 38 172 C3
Fitou 11 254 C4
Fitz-James 60 33 F2
Fix-St-Geneys 43 185 E3
Fixem 57 40 B1
Fixin 21 123 E2
Flabas 55 38 C2
Flacey 28 78 B3
Flacey 21 123 F1
Flacey-en-Bresse 71 141 D3
La Flachère 38 172 B4
Flachères 38 172 B4
Flacourt 78 56 B1
Flacy 89 82 B3
Flagey 52 105 D2
Flagey 25 125 E4
Flagey-lès-Auxonne 21 124 B2
Flagey-Echézeaux 21 123 E3
Flagey-Rigney 25 125 F1
Flagnac 12 199 D3
Flagy 70 106 C3
Flagy 77 81 D2
Flagy 71 139 F4
Flaignes-Havys 08 21 D2
Flainval 54 65 D2
Flamanville 50 24 B2
Flamanville 76 15 D4
Flamarens 32 212 A3
La Flamengrie 59 11 F3
La Flamengrie 02 20 A1
Flamets-Frétils 71 154 B3
Flammerans 21 124 B2
Flammerécourt 52 85 D2
Flancourt-Catelon 27 31 D2
Flangebouche 25 126 A3
Flaran (Ancienne Abbaye de) 32 211 D4
Flassan 84 220 B3
Flassans-sur-Issole 83 244 C1
Flassigny 55 39 E3
Flastroff 57 40 C2
Flat 63 185 E1
Flaucourt 80 18 B2
Flaugeac 24 196 A2
Flaugnac 46 213 D2
Flaujac-Gare 46 198 B2
Flaujac-Poujols 46 213 E1

Flaujagues 33 195 D1
Flaumont-Waudrechies 59 12 B4
Flavacourt 60 32 C2
Flaviac 07 203 F2
Flavignac 87 164 B2
Flavignerot 21 123 E2
Flavigny 51 60 C1
Flavigny-sur-Moselle 54 64 B4
Flavigny-le-Grand-et-Beaurain 02 19 F2
Flavigny-sur-Ozerain 21 103 F4
Flavin 12 215 E2
Flavy-le-Martel 02 19 D3
Flavy-le-Meldeux 60 18 C3
Flaxieu 01 157 D4
Flaxlanden 68 108 C2
Flayat 23 166 C2
Flayosc 83 239 D3
Fléac 16 162 B3
Fléac-sur-Seugne 17 161 E4
La Flèche 72 96 B3
Fléchères 01 155 E4
Fléchin 62 9 E1
Fléchy 60 17 E4
Fleckenstein (Château de) 67 43 D4
Flée 21 122 B1
Flée 72 96 C3
Fleigneux 08 21 F3
Fleisheim 57 66 B2
Fleix 86 133 D4
Le Fleix 24 195 F1
Fléré-la-Rivière 36 116 C4
Flers 61 52 B3
Flers 62 9 D3
Flers 80 18 B1
Flers-en-Escrebieux 59 10 B2
Flers-sur-Noye 80 17 E3
Flesquières 59 10 C4
Flesselles 80 17 E2
Flétrange 57 41 D4
Fléty 58 4 B3
Fleurac 16 162 B2
Fleurac 24 180 B4
Fleurance 32 228 B1
Fleurat 23 150 A2
Fleurbaix 62 4 C4
Fleuré 61 53 D3
Fleuré 86 132 C4
Fleurey 25 126 C2
Fleurey-lès-Faverney 70 106 B2
Fleurey-lès-Lavoncourt 70 106 A3
Fleurey-lès-St-Loup 70 106 C1
Fleurey-sur-Ouche 21 123 D2
Fleurie 69 155 E3
Fleuriel 03 152 C2
Fleurieu-sur-Saône 69 171 E1
Fleurieux-sur-l'Arbresle 69 171 D1
Fleurigné 35 74 A2
Fleurigny 89 81 F2
Fleurines 60 34 A3
Fleurville 71 155 F1
Fleury 02 35 D3
Fleury 57 40 B4
Fleury 11 255 D2
Fleury 50 50 C2
Fleury 57 40 B4
Fleury 80 17 D3
Fleury 60 33 D3
Fleury 62 9 D2
Fleury-les-Aubrais 45 99 E1
Fleury-devant-Douaumont 55 38 C3
Fleury-en-Bière 77 80 B1
Fleury-la-Forêt 27 32 B2
Fleury-Mérogis 91 57 E4
Fleury-la-Montagne 71 154 B3
Fleury-la-Rivière 51 36 B4
Fleury-sur-Aire 55 62 B1
Fleury-sur-Andelle 27 32 A2
Fleury-sur-Loire 58 137 E2
Fleury-sur-Orne 14 29 D3
Fleury-la-Vallée 89 102 A2
Fléville 08 38 A2
Fléville-devant-Nancy 54 64 B3
Fléville-Lixières 54 39 E3
Flévy 57 40 B3
Flexanville 78 56 B2
Flexbourg 67 66 C3
Fley 71 139 F3
Fleys 89 102 C2
Flez-Cuzy 58 137 D1
Fligny 08 20 C2
Flin 54 65 E4

Flines-lez-Raches 59 10 C2
Flines-lès-Mortagne 59 11 D1
Flins-Neuve-Église 78 56 B2
Flins-sur-Seine 78 56 C1
Flipou 27 32 A3
Flirey 54 63 F2
Flixecourt 80 17 D1
Flize 08 21 E3
La Flocellière 85 130 A1
Flocourt 57 64 C1
Flocques 76 16 A1
Flogny-la-Chapelle 89 102 C1
Floing 08 21 F3
Floirac 33 194 B1
Floirac 46 198 A1
Floirac 17 160 C4
Florac 48 217 E3
Florange 57 40 B2
Florémont 88 87 D1
Florensac 34 255 E1
Florent-en-Argonne 51 38 A4
Florentia 39 156 C1
Florentin 81 231 D1
Florentin-la-Capelle 12 200 A3
Floressas 46 212 C1
Florimont 90 108 B4
Florimont-Gaumier 24 197 E2
Floringhem 62 9 E1
Flornoy 52 62 B4
La Flotte 17 144 C2
Flottemanville 50 25 D3
Flottemanville-Hague 50 24 C2
Floudès 33 195 D3
Floure 11 253 F2
Flourens 31 230 B3
Floursies 59 12 B4
Floyon 59 20 A1
Flumen (Gorges du) 39 157 E1
Flumet 73 174 C1
Fluquières 02 19 D3
Fluy 80 17 D2
Foameix-Ornel 55 38 C2
Foce 20 269 D3
Focicchia 2b 267 E1
Foëcy 18 118 C3
Le Foeil 22 47 F4
Foisches 08 13 F4
Foissac 12 198 C4
Foissac 30 218 C3
Foissiat 01 156 B1
Foissy 21 122 C3
Foissy-sur-Vanne 89 82 A3
Foissy-lès-Vézelay 89 121 E1
Foix 09 252 A4
Folcarde 31 230 C4
Folembray 02 35 D1
Folgensbourg 68 109 D3
Le Folgoet 29 45 E2
La Folie 14 28 A3
Folies 80 18 A3
Folkling 57 41 E3
Follainville-Dennemont 78 56 B1
Folles 87 149 F3
La Folletière 76 15 D4
La Folletière-Abenon 14 54 A1
Folleville 27 30 C3
Folleville 80 17 F4
Folligny 50 50 C2
Folschviller 57 41 D4
Fomerey 88 87 D2
Fomperron 79 131 E4
Fonbeauzard 31 230 A2
Foncegrive 21 104 C3
Fonches-Fonchette 80 18 B3
Foncine-le-Bas 39 142 B3
Foncine-le-Haut 39 142 B3
Foncquevillers 62 9 F4
Fondettes 37 115 F1
Fondremand 70 106 B4
Fongalop 24 197 D2
Fongrave 47 211 E1
Fongueusemare 76 14 B3
Fonroque 24 196 B3
Fons 07 203 D3
Fons 30 218 B4
Fons 46 198 C3
Fons-sur-Lussan 30 218 C2
Fonsommes 02 19 E2
Fonsorbes 31 229 E3
Font-Romeu 66 261 D3
La Font-Sainte 15 183 E2
Fontain 25 125 D2
Fontaine 10 84 B3
Fontaine 90 108 A3
Fontaine 38 172 C4
Fontaine-l'Abbé 27 31 D4
Fontaine-au-Bois 59 11 E4

Fontaine-au-Pire 59 11 D4
Fontaine-les-Bassets 61 53 D2
Fontaine-Bellenger 27 32 A3
Fontaine-Bonneleau 60 17 D4
Fontaine-lès-Boulans 62 9 E1
Fontaine-le-Bourg 76 15 F4
Fontaine-Chaalis 60 34 B3
Fontaine-Chalendray 17 146 C4
Fontaine-Couverte 53 94 A1
Fontaine-Croisilles 62 10 B3
Fontaine-Daniel 53 74 C2
Fontaine-de-Vaucluse 84 220 A4
Fontaine-Denis-Nuisy 51 60 A4
Fontaine-lès-Dijon 21 123 E2
Fontaine-le-Dun 76 15 D2
Fontaine-en-Bray 76 16 A4
Fontaine-en-Dormois 51 37 F3
Fontaine-l'Étalon 62 9 D3
Fontaine-Étoupefour 14 29 D3
Fontaine-Fourches 77 81 F2
Fontaine-Française 21 105 E4
Fontaine-la-Gaillarde 89 81 F3
Fontaine-les-Grès 10 82 C1
Fontaine-Guérard (Abbaye de) 27 32 A2
Fontaine-Guérin 49 95 F4
Fontaine-la-Guyon 28 78 B1
Fontaine Henry 14 29 D3
Fontaine-Henry 14 29 D3
Fontaine-lès-Hermans 62 9 E1
Fontaine-Heudebourg 27 31 F4
Fontaine-Lavaganne 60 17 D4
Fontaine-la-Louvet 27 30 B3
Fontaine-lès-Luxeuil 70 106 C1
Fontaine-Luyères 10 83 E1
Fontaine-Mâcon 10 82 A1
Fontaine-la-Mallet 76 30 A1
Fontaine-Milon 49 95 E4
Fontaine-Notre-Dame 02 19 E2
Fontaine-Notre-Dame 59 10 C4
Fontaine-le-Pin 14 52 C1
Fontaine-le-Port 77 80 C1
Fontaine-les-Puits 73 174 C4
Fontaine-Raoul 41 98 A1
Fontaine-lès-Ribouts 28 55 E4
Fontaine-la-Rivière 91 79 F2
Fontaine-St-Lucien 60 33 E1
La Fontaine-St-Martin 72 96 B3
Fontaine-Simon 28 77 F1
Fontaine-la-Soret 27 31 D4
Fontaine-sous-Jouy 27 32 A4
Fontaine-sous-Montaiguillon 77 59 F4
Fontaine-sous-Montdidier 80 17 F4
Fontaine-sous-Préaux 76 31 F1
Fontaine-sur-Ay 51 36 B4

Fontaine-sur-Maye 80 8 C3
Fontaine-sur-Somme 80 17 D1
Fontaine-Uterte 02 19 D2
Fontaine-Vervins 02 20 A2
Fontainebleau 77 80 B1
Fontainebrux 39 141 D4
Fontaines 89 101 F3
Fontaines 71 139 F2
Fontaines 85 145 F1
Fontaines-d'Ozillac 17 177 D1
Fontaines-en-Sologne 41 98 C4
Fontaines-en-Duesmois 21 103 F3
Fontaines-St-Clair 55 38 B2
Fontaines-St-Martin 69 171 E1
Fontaines-les-Sèches 21 103 E2
Fontaines-sur-Marne 52 62 B4
Fontaines-sur-Saône 69 171 E1
Fontains 77 81 D1
Fontan 06 241 F2
Fontanès 46 213 E1
Fontanès 42 170 C4
Fontanès 34 234 B1
Fontanès 48 202 A2
Fontanès 30 234 C1
Fontanès-de-Sault 11 261 D1
Fontanes-du-Causse 46 198 A3
Fontanges 15 183 D3
Fontangy 21 122 B2
Fontanières 23 151 E3
Fontanil-Cornillon 38 189 D2
Fontannes 43 184 C2
Fontans 48 201 D2
Fontarèches 30 218 C3
Fontcaude (Abbaye de) 34 233 D4
Fontclaireau 16 162 C1
Fontcouverte 11 254 A2
Fontcouverte 73 190 B2
Fontcouverte 17 161 D2
La Fontelaye 76 15 E3
Fontenai-les-Louvets 61 53 D4
Fontenai-sur-Orne 61 53 D3
Fontenailles 89 102 A3
Fontenailles 77 58 C4
Fontenay 76 14 A4
Fontenay 88 87 E2
Fontenay 27 32 B3
Fontenay 36 117 F4
Fontenay 50 51 E3
Fontenay 71 139 D4
Fontenay (Ancienne Abbaye de) 21 103 F3
Fontenay-aux-Roses 92 57 E3
Fontenay-lès-Briis 91 57 D4
Fontenay-le-Comte 85 130 B4
Fontenay-de-Bossery 10 82 A1
Fontenay-en-Parisis 95 34 A4
Fontenay-le-Fleury 78 57 D2
Fontenay-le-Marmion 14 29 D4
Fontenay-Mauvoisin 78 56 B1
Fontenay-le-Pesnel 14 28 C3
Fontenay-près-Chablis 89 102 C2
Fontenay-près-Vézelay 89 121 E1
Fontenay-St-Père 78 56 B1
Fontenay-sous-Bois 94 57 F2
Fontenay-sous-Fouronnes 89 102 B4
Fontenay-sur-Conie 28 79 D3
Fontenay-sur-Eure 28 78 B2
Fontenay-sur-Loing 45 80 C4
Fontenay-sur-Mer 50 25 D3
Fontenay-sur-Vègre 72 95 F1
Fontenay-Torcy 60 16 C4
Fontenay-Trésigny 77 58 C3

Gathemo 50 51 E2
Gats (Gorges des) 26 205 D2
Gatteville-le-Phare 50 25 E1
Cattières 06 240 B1
Gatuzières 48 217 D2
Gaube (Lac de) 65 257 D3
Gaubertin 45 80 A4
La Gaubretière 85 112 C4
Gauchin-Légal 62 9 F2
Gauchin-Verloingt 62 9 E2
Gauchy 02 19 D2
Gauciel 27 55 E1
La Gaudaine 28 77 F2
La Gaude 06 240 B1
Gaudechart 60 17 D4
Gaudent 65 250 A3
Gaudiempré 62 9 F4
Gaudiès 09 252 B2
Gaudonville 32 228 C1
Gaudreville-la-Rivière 27 55 D1
Gaugeac 24 196 C2
Gaujac 32 228 C4
Gaujac 47 195 E4
Gaujac 30 219 D3
Gaujacq 40 226 A2
Gaujan 32 228 C4
Le Gault-Perche 41 77 F4
Le Gault-St-Denis 28 78 C3
Le Gault-Soigny 51 59 F2
Gauré 31 230 B3
Gauriac 33 177 D3
Gauriaguet 33 177 E3
Gaussan 65 250 A2
Gausson 22 71 E2
Gauville-la-Campagne 27 31 F4
Gauville 80 16 C3
Gauville 61 54 B2
Gavarnie 65 257 E4
Gavarnie (Cirque de) 65 257 E4
Gavarret-sur-Aulouste 32 228 B1
Gavaudun 47 196 C3
Gave d'Aspe 64 248 A2
Gave d'Oloron 64 225 E3
Gave d'Ossau 64 248 A2
Gavignano 2b 265 E4
Gavisse 57 40 B1
Gavray 50 50 C1
Le Gâvre 44 93 D4
Gâvre (Forêt du) 44 93 D4
Gavrelle 62 10 B3
Gâvres 56 90 B2
Gavrinis (I) 56 91 D3
Gavrus 14 28 C4
Gayan 65 249 E1
Gaye 51 60 A3
Gayon 64 227 D3
Gazaupouy 32 211 E4
Gazave 65 250 A3
Gazax-et-Baccarisse 32 227 F3
Gazeran 78 56 B4
Gazon du Faing 68,88 88 C3
Gazost 65 257 E2
Géanges 71 140 A1
Geaune 40 226 C2
Geay 17 160 C1
Geay 79 131 D1
Gèdre 65 257 E4
Gée 49 114 B1
Gée-Rivière 32 227 D2
Geffosses 50 26 C3
Géfosse-Fontenay 14 25 F4
Gèhard (Cascade du) 88 87 E4
Gehée 36 117 E4
Geishouse 68 108 B1
Geispitzen 68 108 C2
Geispolsheim 67 67 D4
Geiswasser 68 89 E4
Geiswiller 67 66 C2
Gélacourt 54 65 E4
Gélannes 10 82 B1
Gélaucourt 54 86 C1
Gellainville 28 78 C2
Gellenoncourt 54 64 C3
Gelles 63 167 E2
Gellin 25 142 B2
Gelos 64 248 B2
Geloux 40 209 E3
Gelucourt 57 65 E2
Gelvécourt-et-Adompt 88 87 D3
Gémages 61 77 D2
Gemaingoutte 88 88 C2
Gembrie 65 250 B3
Gemeaux 21 104 C4
Gémenos 13 243 F2
Gémigny 45 99 D1
Gémil 31 230 B2
Gemmelaincourt 88 86 B2
Gémonval 25 107 F4
Gémonville 54 86 B1
Gémozac 17 161 D3
Genac 16 162 B2
Genainville 95 32 C4
Genas 69 171 F2
Génat 09 260 B1
Genay 21 103 E4
Genay 69 171 E1
Gençay 86 147 F1
Gendreville 88 86 A2
Gendrey 39 124 C3
Gené 49 94 C3
Génébrières 82 213 E4
Genech 59 10 C1
Génelard 71 139 D4
Générac 33 177 E2
Générac 30 235 E2
Générargues 30 218 A3
Générest 65 250 A3
Generville 11 252 C2
Geneslay 61 52 B4
Le Genest-St-Isle 53 74 C3
Genestelle 07 203 D2
Geneston 44 112 A4
La Genête 71 140 B4
La Génétouze 85 129 D2
La Genétouze 17 178 B2
Genêts 50 50 B3
Les Genettes 61 54 B3
Geneuille 25 125 D2
La Genevraie 61 53 F3
La Genevraye 77 80 C2
Genevreuille 70 107 D3
Genevrey 70 107 D2
Genevrières 52 105 F3
La Genevroye 52 85 D2
Geney 25 107 E4
La Geneytouse 87 165 D2
Génicourt 95 33 E4
Génicourt-sous-Condé 55 62 B2
Génicourt-sur-Meuse 55 38 C4
Genillé 37 116 C3
Genin (Lac) 01 157 D2
Génis 24 180 B2
Génissac 33 194 C1
Génissiat (Barrage de) 74 157 E3
Génissieux 26 188 A3
Genlis 21 124 A2
Gennes 25 125 E2
Gennes 49 114 B2
Gennes-Ivergny 62 9 D3
Gennes-sur-Glaize 53 95 D2
Gennes-sur-Seiche 35 74 A4
Genneteil 49 96 B4
Gennetines 03 137 E3
Genneton 79 114 A4
Genneville 14 30 B3
Gennevilliers 92 57 E1
Genod 39 156 C1
Génolhac 30 217 F1
Génos 65 258 A4
Génos 31 250 B3
Genouillac 23 150 C2
Genouillac 16 163 E1
Genouillé 86 147 F3
Genouillé 17 145 F4
Genouilleux 01 155 F3
Genouilly 18 118 A3
Genouilly 71 139 E3
Genrupt 52 105 F1
Gensac 82 212 B4
Gensac 33 195 E1
Gensac 65 227 E4
Gensac-de-Boulogne 31 250 B1
Gensac-la-Pallue 16 161 F3
Gensac-sur-Garonne 31 251 E2
Genté 16 161 F3
Gentelles 80 17 F2
Gentilly 94 57 E3
Gentioux 23 166 A2
Genvry 60 18 C4
Georfans 70 107 E4
Géovreisset 01 157 D2
Géovreissiat 01 157 D2
Ger 65 257 E2
Ger 50 51 F3
Ger 64 249 D1
Geraise 39 125 D4
Gérardmer 88 88 A3
Géraudot 10 83 E2
Gérauvilliers 55 63 D4
Gerbaix 73 173 D3
Gerbamont 88 88 A4
Gerbécourt 57 65 D2
Gerbécourt-et-Haplemont 54 64 B4
Gerbépal 88 88 B3
Gerberoy 60 32 C1
Gerbéviller 54 65 D4
Gerbier de Jonc 07 202 C1
Gercourt-et-Drillancourt 55 38 B2
Gercy 02 20 A3
Gerde 65 257 F2
Gerderest 64 227 D4
Gère-Bélesten 64 256 B2
Gergny 02 20 A2
Gergovie (Plateau de) 63 168 B2
Gergueil 21 123 D2
Gergy 71 140 A1
Gerland 21 123 E3
Germ 65 258 A4
Germagnat 01 156 C2
Germagny 71 139 F3
Germaine 02 18 C3
Germaine 51 36 B4
Germaines 52 104 C2
Germainville 28 56 A3
Germainvilliers 52 86 A3
Germay 52 85 E1
Germéfontaine 25 126 A2
Germenay 58 121 D2
Germignac 17 161 E3
Germigney 39 124 C4
Germigney 70 124 B1
Germignonville 28 79 D3
Germigny 89 102 C1
Germigny 51 36 A3
Germigny-des-Prés 45 100 A2
Germigny-l'Évêque 77 58 C1
Germigny-l'Exempt 18 136 C1
Germigny-sous-Coulombs 77 35 D4
Germigny-sur-Loire 58 120 A4
Germinon 51 60 C2
Germiny 54 64 B4
Germisay 52 85 E1
Germolles-sur-Grosne 71 155 D2
Germond-Rouvre 79 131 D4
Germondans 25 125 F1
Germont 08 37 F1
Germonville 54 87 D1
Germs-sur-l'Oussouet 65 257 E2
Gernelle 08 21 F3
Gernicourt 02 36 B1
Géronce 64 247 F1
Gerponville 76 14 C3
Gerrots 14 29 F3
Gers 32,47,65 211 F3
Gerstheim 67 89 E1
Gertwiller 67 89 D1
Geruge 39 141 E3
Gervans 26 187 E3
Gerville-la-Forêt 50 26 C2
Gerville 76 14 B3
Géry 55 62 C2
Gerzat 63 168 B2
Gesnes 53 75 D3
Gesnes-en-Argonne 55 38 A2
Gesnes-le-Gandelin 72 76 A2
Gespunsart 08 21 F2
Gestas 64 225 E4
Gesté 49 112 C3
Gestel 56 90 B1
Gestiès 09 260 B1
Gesvres 53 75 F2
Gesvres-le-Chapitre 77 58 C1
Gétigné 44 112 B3
Les Gets 74 159 D2
Geu 65 257 E2
Geudertheim 67 67 E2
Géus-d'Arzacq 64 226 B3
Geüs-d'Oloron 64 247 F1
Gévezé 35 73 D2
Gevigney-et-Mercey 70 106 A2
Gevingey 39 141 D3
Gevresin 25 142 B1
Gevrey-Chambertin 21 123 E2
Gevrolles 21 104 A1
Gevry 39 124 B4
Gex 01 157 F1
Geyssans 26 188 A3
Gez 65 249 D3
Gez-ez-Angles 65 257 E1
Gézaincourt 80 9 E4
Gezier-et-Fontenelay 70 125 D1
Gézoncourt 54 64 A2
Ghisonaccia 2b 267 F3
Ghisoni 2b 267 D3
Ghissignies 59 11 E3
Ghyvelde 59 4 B1
Giat 63 167 D2
Gibeaumeix 54 63 E4
Gibel 31 252 B1
Gibercourt 02 19 D3
Giberville 14 29 D3
Gibles 71 154 C2
Gibourne 17 161 F1
Gibret 40 225 F2
Le Gicq 17 162 A1
Gidy 45 99 E1
Giel-Courteilles 61 52 C3
Gien 45 100 C3
Gien-sur-Cure 58 122 A3
Giens 83 244 B3
Giens (Presqu'île de) 83 244 C3
Gières 38 189 E2
La Giettaz 73 174 C1
Giéville 50 28 A4
Gièvres 41 117 F2
Giey-sur-Aujon 52 104 C1
Giez 74 174 B2
Gif-sur-Yvette 91 57 D3
Giffaumont-Champaubert 51 61 F4
Gigean 34 234 A3
Gignac 84 221 D4
Gignac 34 233 F2
Gignac 46 181 D4
Gignac-la-Nerthe 13 242 C2
Gignat 63 168 B4
Gignéville 88 86 B3
Gigney 88 87 D2
Gigny 89 103 E2
Gigny 39 141 D4
Gigny-Bussy 51 61 E4
Gigny-sur-Saône 71 140 B3
Gigondas 84 219 F2
Gigors 04 206 B4
Gigors-et-Lozeron 26 204 B1
Gigouzac 46 197 F3
Gijounet 81 232 A2
Gildwiller 68 108 B2
Gilette 06 241 D3
Gilhac-et-Bruzac 07 203 F1
Gilhoc-sur-Ormèze 07 187 D4
Gillancourt 52 84 C3
Gillaumé 52 85 E1
Gilles 28 56 A2
Gilley 52 105 F3
Gilley 25 126 A4
Gillois 39 142 A2
Gillonnay 38 188 B1
Gilly-lès-Cîteaux 21 123 E3
Gilly-sur-Isère 73 174 B2
Gilly-sur-Loire 71 138 B4
Gilocourt 60 34 C3
Gimat 82 229 D1
Gimbrède 32 212 F3
Gimbrett 67 67 D2
Gimeaux 63 168 B1
Gimécourt 55 63 D2
Gimel-les-Cascades 19 181 F2
Gimeux 16 161 E3
La Gimond 42 170 C3
Gimont 32 229 D3
Gimouille 58 137 D1
Ginai 61 53 E3
Ginals 82 214 A2
Ginasservis 83 238 A2
Ginchy 80 18 B1
Gincla 11 261 F1
Gincrey 55 39 D3
Gindou 46 197 E3
Ginestas 11 254 B1
Ginestet 24 196 A1
Gingsheim 67 67 D2
Ginoles 11 253 D4
Ginouillac 46 198 A2
Gintrac 46 198 B1
Giocatojo 2b 265 E4
Gionges 51 60 B1
Giou-de-Mamou 15 184 D4
Gioux 23 166 B2
Gipcy 03 137 D4
Girac 46 198 B1
Girancourt 88 87 D3
Giraumont 54 39 F3
Giraumont 60 34 B1
Girauvoisin 55 63 E2
Gircourt-lès-Viéville 88 87 D2
Girecourt-sur-Durbion 88 87 E2
Girefontaine 70 106 C1
Giremoutiers 77 58 C2
Girgols 15 183 D4
Giriviller 54 87 E1
Girmont 88 87 E2
Girmont-Val-d'Ajol 88 107 E1
Girolata 2A 266 A1
Girolles 45 80 C4
Girolles 89 102 C4
Giromagny 90 107 F2
Giron 01 157 E2
Gironcourt-sur-Vraine 88 86 B2
Gironde 17, 33 160 C4
Gironde-sur-Dropt 33 195 D3
Girondelle 08 21 D2
Gironville 77 80 B3
Gironville-et-Neuville 28 55 F4
Gironville-sous-les-Côtes 55 63 E2
Gironville-sur-Essonne 91 80 A2
Le Girouard 85 128 C3
Giroussens 81 230 C2
Giroux 36 118 A4
Giry 58 120 C3
Gisay-la-Coudre 27 54 B1
Giscaro 32 229 D3
Giscos 33 210 A1
Gisors 27 32 C3
Gissac 12 232 C1
Gissey-sous-Flavigny 21 104 A4
Gissey-sur-Ouche 21 123 D2
Gissey-le-Vieil 21 122 C2
Gisy-les-Nobles 89 81 E3
Giuncaggio 2b 267 E2
Giuncheto 2a 268 C3
Givardon 18 136 C2
Givarlais 03 151 F1
Givenchy-lès-la-Bassée 62 10 A1
Givenchy-en-Gohelle 62 10 A2
Givenchy-le-Noble 62 9 E3
Giverny 27 32 B4
Giverville 27 30 C3
Givet 08 13 F4
Givonne 08 22 A3
Givors 69 171 E3
Givraines 45 80 A3
Givrand 85 128 B2
Givrauval 55 62 C3
Le Givre 85 129 D4
Givrezac 17 161 D3
Givron 08 20 C4
Givry 89 102 C4
Givry 08 37 E1
Givry 71 139 F2
Givry-en-Argonne 51 62 A1
Givry-lès-Loisy 51 60 B2
Givrycourt 57 65 F1
Gizaucourt 51 37 F4
Gizay 86 147 F1
Gizeux 37 115 D1
Gizia 39 141 D4
Gizy 02 20 A4
La Glacerie 50 25 D2
Glacière (Grotte de la) 25 126 A2
Glageon 59 20 B1
Glaignes 60 34 B3
Glainans 25 126 B1
Glaine-Montaigut 63 168 C2
Glaire 08 21 F3
Le Glaizil 05 206 A1
Glamondans 25 125 F2
Gland 89 103 E2
Gland 02 35 E4
Glandage 26 205 E2
Glandieu (Cascade de) 01 173 D2
Glandon 87 164 C4
Glandon (Col du) 73 190 A2
Glanes 46 198 C1
Glanges 87 165 D3
Glannes 51 61 E3
Glanon 21 123 F4
Glanville 14 29 F2
Glatens 82 212 B4
Glatigny 60 33 D1
Glatigny 57 40 C3
Glatigny 50 26 C2
Glavenas 43 186 A3
Glay 25 126 C1
Gleizé 69 155 E4
Glénac 56 92 B2
Glénat 15 199 D1
Glénay 79 131 E1
Glénic 23 150 B2
Glennes 02 36 A2
Glénouze 86 114 C4
Glère 25 127 D1
Glicourt 76 15 F2
Glisolles 27 55 D1
Glisy 80 17 F2
Glomel 22 70 B2
Glonville 54 65 E4
Glorianes 66 262 A3
Glos 14 30 B4
Glos-la-Ferrière 61 54 B2
Glos-sur-Risle 27 31 D3
Glozel 03 153 E4
Gluiras 07 203 E1
Glun 07 187 E4
Glux-en-Glenne 58 138 C1
Goas 82 229 D1
La Godefroy 50 50 C3
Godenvillers 60 18 A4
Goderville 76 14 B4
Godewaersvelde 59 4 B3
Godisson 61 53 F4
La Godivelle 63 183 F1
Godoncourt 88 86 B4
Gœrlingen 67 66 A2
Gœrsdorf 67 43 D4
Goès 64 248 A2
Goetzenbruck 57 64 C4
Gœulzin 59 10 B3
Cogney 54 65 F3
Gognies-Chaussée 59 12 B2
La Gohannière 50 51 D3
Gohier 49 114 A1
Gohory 28 78 A3
Goin 57 64 B1
Goincourt 60 33 D2
Golancourt 60 18 C3
Golbey 88 87 E3
Gold Beach 14 28 C2
Goldbach 68 108 B1
Golfech 82 212 A3
Golinhac 12 199 F3
Golleville 50 25 D3
Golo 2b 265 F3
Gombergean 41 98 A3
Gomelange 57 40 C2
Gomené 22 71 F3
Gomer 64 248 C1
Gometz-le-Châtel 91 57 D3
Gometz-la-Ville 91 57 D3
Gomiécourt 62 10 A4
Gommecourt 78 32 B4
Gommecourt 62 9 F4
Gommegnies 59 11 E3
Gommenec'h 22 47 E2
Gommersdorf 68 108 B3
Gommerville 28 79 E2
Gommerville 76 14 B4
Gomméville 21 103 F1
Gomont 08 36 C1
Gonaincourt 52 85 F3
Goncelin 38 189 F1
Goncourt 52 85 F2
Le Gond-Pontouvre 16 162 C3
Gondecourt 59 10 B1
Gondenans-Montby 25 126 A1
Gondenans-les-Moulins 25 107 D4
Gondeville 16 162 A3
Gondrecourt-Aix 54 39 E3
Gondrecourt-le-Château 55 63 D4
Gondreville 54 64 A3
Gondreville 45 80 C4
Gondreville 60 34 C3
Gondrexange 57 65 F3
Gondrexon 54 65 E3
Gondrin 32 210 C4
Les Gonds 17 161 D2
Gonesse 95 57 F1
Gonez 65 249 E2
Gonfaron 83 244 C1
Gonfreville 50 27 D3
Gonfreville-Caillot 76 14 B4
Gonfreville-l'Orcher 76 30 B1
La Gonfrière 61 54 B2
Gonnehem 62 9 F1
Gonnelieu 59 19 D1
Gonnetot 76 15 E3
Gonneville 50 25 D2
Gonneville-en-Auge 14 29 E3
Gonneville-sur-Honfleur 14 30 B2
Gonneville-sur-Mer 14 29 F2
Gonneville-sur-Scie 76 15 E3
Gonneville-la-Mallet 76 14 A4
Gonsans 25 125 F2
Gontaud-de-Nogaret 47 195 F4
La Gonterie-Boulouneix 24 179 E1
Gonvillars 70 107 E4
Gonzeville 76 15 D3
Goos 40 225 F1
Gorbio 06 241 E3
Gorcy 54 23 D4
Gordes 84 220 B4
Gorenflos 80 8 C4
Gorges 50 27 D2
Gorges 44 112 B3
Gorges 80 9 D4
La Gorgue 59 4 C4
Gorhey 88 87 D3
Gornac 33 194 C2
Gorniès 34 234 A1
Gorre 87 164 A2
Gorrevod 01 155 F1
Gorron 53 74 C1
Gorses 46 198 C2
Gorze 57 39 F4
Gosnay 62 9 F1
Gosné 35 73 E2
Gosselming 57 65 F2
Gotein-Libarrenx 64 247 E2
Gottenhouse 67 66 C2
Gottesheim 67 66 C2
Gouaix 77 81 F1
Goualade 33 210 A1
Gouarec 22 70 C2
Gouaux 65 249 F4
Gouaux-de-Larboust 31 258 B4
Gouaux-de-Luchon 31 258 B3
Couberville 50 25 E1
Gouchaupre 76 16 A2
Goudargues 30 218 C2
Goudelancourt-lès-Berrieux 02 36 A1
Goudelancourt-lès-Pierrepont 02 20 A4
Goudelin 22 47 E3
Goudet 43 202 B1
Goudex 31 229 D4
Goudon 65 249 F1
Goudourville 82 212 B3
Gouesnach 29 69 D3
La Gouesnière 35 49 F3
Gouesnou 29 45 D3
Gouex 86 148 B1
Gouézec 29 69 D2
Gougenheim 67 67 D2
Gouhelans 25 107 D4
Gouhenans 70 107 D3
Gouillons 28 79 D2
Gouise 03 153 D1
Goujounac 46 197 E3
La Goulafrière 27 54 A1
Goulet 61 53 D3
Goulien 29 68 B2
Goulier 09 260 A1
Goulles 19 182 B4
Les Goulles 21 104 B1
Gouloux 58 122 A3
Goult 84 220 B4
Goulven 29 45 E1
Goumois 25 126 D2
Goupillières 76 15 E4
Goupillières 27 31 D4
Goupillières 14 28 C4
Goupillières 78 56 C2
Gouraincourt 55 39 D2
Le Gouray 22 71 F1
Gourbera 40 225 E1
Gourbesville 50 25 D3
Gourbit 09 260 B1
Gourchelles 60 16 C3
Gourdan-Polignan 31 250 A3
Gourdièges 15 183 F4
Gourdon 07 203 D2
Gourdon 71 139 E3
Gourdon 06 240 A1
Gourdon 46 197 F2
Gourdon-Murat 19 166 A4
Gourette 64 256 C2
Gourfaleur 50 27 E4
Gourfouran (Gouffre de) 05 207 D1
Gourgançon 51 60 C3
Gourgé 79 131 E2
Gourgeon 70 106 A3
Gourgue 65 249 F2
Gourhel 56 72 A4
Gourin 56 69 F2
Gourlizon 29 68 C3
Gournay 79 147 D3
Gournay 36 134 C4
Gournay-en-Bray 76 32 C1
Gournay-le-Guérin 27 54 C3
Gournay-sur-Aronde 60 34 B1
Gournay-sur-Marne 93 58 A2
Gours 33 178 B4
Les Gours 16 147 D4
Gourvieille 11 252 B1
Gourville 16 162 B1
Gourvillette 17 162 A1
Goury 50 24 B1
Gourzon 52 62 B4
Goussaincourt 55 86 A1
Goussainville 95 57 F1
Goussainville 28 56 A3
Goussancourt 02 35 F3
Gousse 40 225 F1
Goussonville 78 56 B2
Goustranville 14 29 E3
Gout-Rossignol 24 179 D1
Goutelas 42 170 A2
La Goutelle 63 167 E1
Goutevernisse 31 251 E2
Goutrens 12 199 E4
Gouts 40 225 F1
Gouts 82 212 B1
Gouttières 63 152 A4
Gouttières 27 54 C1
Goutz 32 228 C1
Gouvernes 77 58 B2
Gouves 62 9 F3
Gouvets 50 51 D1
Gouvieux 60 33 F3
Gouville 27 55 D2
Gouville-sur-Mer 50 26 C4
Gouvix 14 29 D4
Goux 39 124 B4
Goux 32 227 D3
Goux-lès-Dambelin 25 126 B1
Goux-sous-Landet 25 125 D3
Goux-les-Usiers 25 125 F4
Gouy 76 31 F2
Gouy 02 19 D1
Gouy-en-Artois 62 9 F3
Gouy-en-Ternois 62 9 E3
Gouy-les-Groseillers 60 17 E3
Gouy-l'Hôpital 80 17 D2
Gouy-St-André 62 8 C2
Gouy-Servins 62 9 F2
Gouy-sous-Bellonne 62 10 B3
Gouzangrez 95 33 D4
Gouze 64 226 A4
Gouzeaucourt 59 18 C1
Gouzens 31 251 E2
Gouzon 23 151 D3
Gouzougnat 23 151 D3
Goven 35 72 C4
Goviller 54 64 B4
Goxwiller 67 66 C4
Goyencourt 80 18 B3
Goyrans 31 230 A4
Gozzi (Rocher) 2A 266 B3
Grabels 34 234 B2
Graçay 18 118 A3
Grâce-Uzel 22 71 E2
Grâces 22 47 D3
Gradignan 33 194 A1
Graffigny-Chemin 52 86 A3
Gragnague 31 230 B2
Graignes 50 27 D3
Grailhen 65 258 A3
Graimbouville 76 14 B4
Graincourt-lès-Havrincourt 62 10 C4
Grainville 27 32 A2
Grainville-Langannerie 14 52 C1
Grainville-sur-Odon 14 28 C3
Grainville-sur-Ry 76 32 A1
Grainville-Ymauville 76 14 B4
Grainville-la-Teinturière 76 14 C3
Le Grais 61 52 C3
Graissac 12 200 A2
Graissessac 34 233 D2
Graix 42 187 D1
Gramat 46 198 B2
Gramazie 11 253 D2
Grambois 84 237 F1
Grammond 42 170 C3
Grammont 70 107 E4
Gramond 12 215 D2
Gramont 82 212 A4
Granace 2a 268 C2
Grancey-le-Château-Neuvelle 21 104 C3
Grancey-sur-Ource 21 84 A4
Grand 88 85 F1
Le Grand-Abergement 01 157 D4
Grand Arc 34 234 A1
Grand-Auverné 44 93 F3
Grand-Ballon 68 108 B1
Grand Bois (Col du) 42 186 C1
Le Grand-Bornand 74 158 C4
Le Grand-Bourg 23 150 A3
Grand-Brassac 24 179 D2
Grand-Camp 27 30 C4
Grand-Camp 76 14 C4
Grand-Castang 24 196 B1
Le Grand-Celland 50 51 D3
Grand-Champ 56 91 E2
Grand-Charmont 25 107 F4
Grand Colombier 01 173 D1
La Grand-Combe 30 218 A2
Grand-Corent 01 156 C2
Grand-Couronne 76 31 E2
La Grand-Croix 42 171 D4
Grand-Failly 54 39 D1
Grand-Fayt 59 11 F4
Grand Fenestrez 01 173 D1
Grand-Fort-Philippe 59 3 E1
Grand-Fougeray 35 93 D2
Grand-Laviers 80 8 B4
Le Grand-Lemps 38 188 C1
Grand-Lieu (Lac de) 44 111 F3
Le Grand-Lucé 72 97 D2
Le Grand-Madieu 16 163 D1
Grand Morin 51,77 58 C2
Le Grand-Pressigny 37 133 D1
Le Grand-Quevilly 76 31 E2
Grand-Rhône 13 236 A3
Grand Roc (Grotte du) 24 180 A4
Grand-Rozoy 02 35 E3
Grand-Rullecourt 62 9 E3
Le Grand-Serre 26 188 A2
Grand Soldat 57 66 B3
Grand Taureau 25 142 C1
Grand Testavoyre 43 186 B3
Grand-Vabre 12 199 E3
Grand Ventron 88 108 A1
Grand-Verly 02 19 E2
Le Grand-Village-Plage 17 160 A1
Grandcamp-Maisy 14 25 F1
Grandchain 27 30 C4
Grandchamp 52 105 E3
Grandchamp 89 101 E2
Grandchamp 08 21 D4
Grandchamp 78 56 B3
Grandchamp 72 76 B2
Grandchamp-le-Château 14 30 A4
Grandchamps-des-Fontaines 44 111 F1
Grand'Combe-Châteleu 25 126 B4
Grand'Combe-des-Bois 25 126 C3
Grandcourt 76 16 A2
Grandcourt 80 10 A4
Grande Belle-Vue 67 89 D1
Grande Casse (Pointe de la) 73 175 E4
Grande Charnie (Forêt de) 53,72 75 F4
La Grande-Fosse 88 88 B1
La Grande-Motte 34 234 C3
La Grande-Paroisse 77 81 D2
La Grande-Résie 70 124 B2
Grande-Rivière 39 142 A4
La Grande Rochette 73 175 D4
Grande-Sassière (Aiguille de la) 73 175 E3
Grande-Synthe 59 3 F1
La Grande-Verrière 71 138 C1
Grandecourt 70 106 A3
Les Grandes-Armoises 08 38 A1
Les Grandes-Chapelles 10 83 D1
Les Grandes-Loges 51 37 D4
Les Grandes-Ventes 76 15 F3
Grandeyrolles 63 168 A3
Grandfontaine 67 66 B4
Grandfontaine 25 125 D3
Grandfontaine-Fournets 25 126 B3
Grandfontaine-sur-Creuse 25 126 A2
Grandfresnoy 60 34 B2
Grandham 08 37 F2
Grandjean 17 161 D1

Grenoble

Blanchard (R.)..............CX
Bonne (R. de)..............CX 10
Foch (Bd Mar.)............BY
Grande-Rue................CX
Grenette (Pl.).............CX
Lafayette (R.).............CX
Poulat (R. F.).............CX 48
V.-Hugo (Pl.).............CX

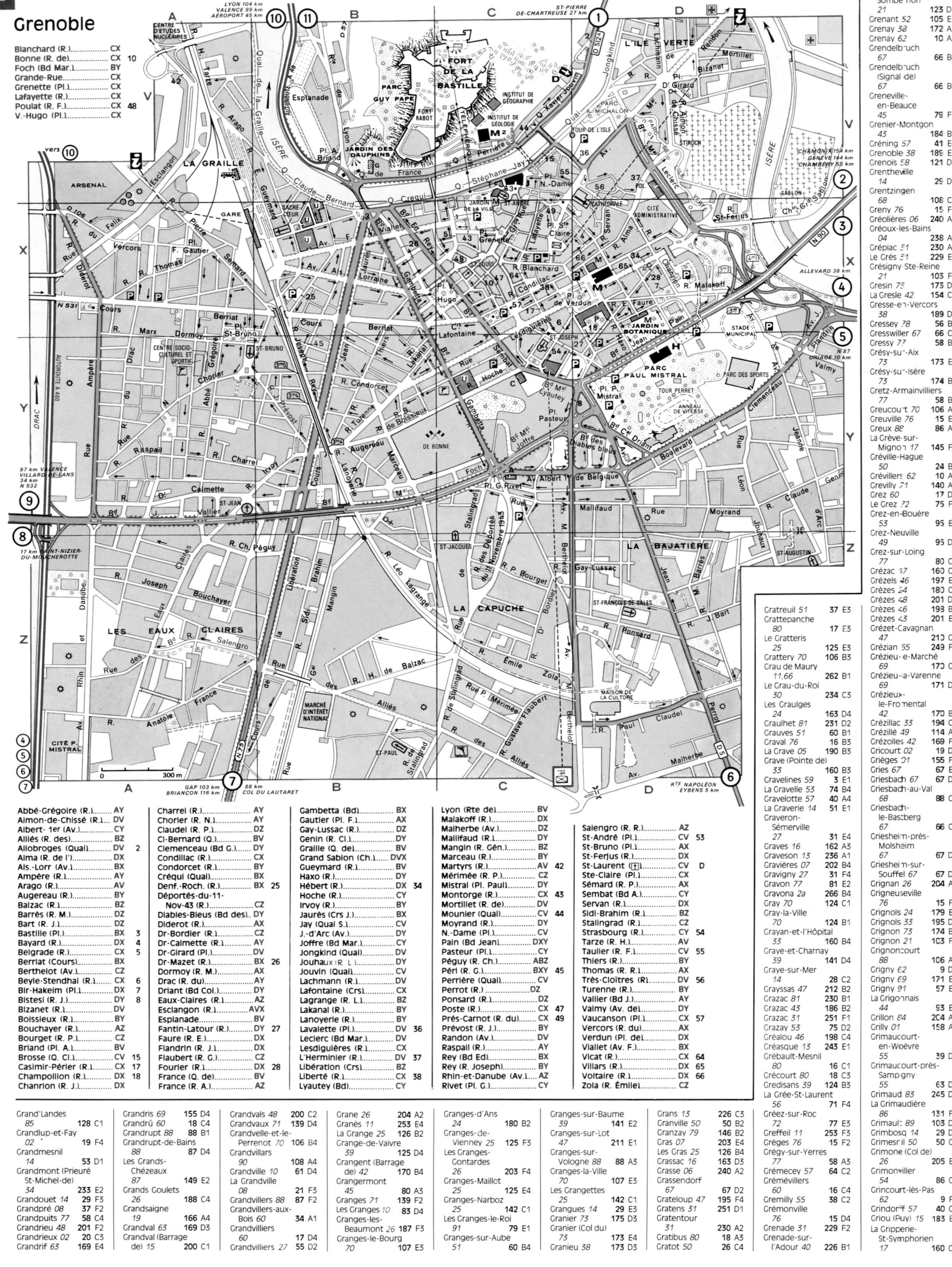

Grenand-ès-Sombernon 21 123 D2
Grenant 52 105 E3
Grenay 38 172 A3
Grenay 62 10 A2
Grendelbruch 67 66 B4
Grendelbruch (Signal de) 67 66 B4
Greneville-en-Beauce 45 79 F3
Grenier-Montgon 43 184 B2
Créning 57 41 E4
Grenoble 38 189 D1
Crenois 58 121 D2
Crentheville 14 29 D3
Grentzingen 68 108 C3
Greny 76 15 F2
Créolières 06 240 A1
Créoux-les-Bains 04 238 A1
Crépiac 31 230 A4
Le Grès 31 229 F4
Crésigny Ste-Reine 21 103 F4
Cresin 73 173 D3
La Gresle 42 154 C3
Gresse-en-Vercors 38 189 D4
Cressey 78 56 B2
Gresswiller 67 66 C4
Cressy 77 58 B1
Crésy-sur-Aix 73 173 E2
Crésy-sur-Isère 73 174 B3
Gretz-Armainvilliers 77 58 B3
Creucout 70 106 A4
Creuville 76 15 E2
Creux 88 86 A1
La Grève-sur-Mignon 17 145 F2
Gréville-Hague 50 24 B1
Crévillers 62 10 A4
Crevilly 71 140 A4
Grez 60 17 D4
Le Grez 72 75 F3
Grez-en-Bouère 53 95 E2
Grez-Neuville 49 95 D3
Grez-sur-Loing 77 80 C2
Grézac 17 160 C3
Crézels 46 197 E4
Crèzes 24 180 C3
Crèzes 46 201 D4
Crèzes 46 193 E3
Crèzes 43 201 E1
Crézet-Cavagnan 47 213 C1
Crézian 55 249 F4
Crézieu-e-Marché 69 170 C3
Crézieu-a-Varenne 69 171 D2
Crézieux-le-Fromental 42 170 B3
Crézillac 33 194 C1
Crézillé 49 114 A2
Crézolles 42 169 F1
Cricourt 02 19 D2
Crièges 01 155 F2
Gries 67 67 E2
Griesbach 67 67 D1
Griesbach-au-Val 68 88 C4
Griesbach-le-Bastberg 67 66 C3
Griesheim-près-Molsheim 67 67 D4
Griesheim-sur-Souffel 67 67 D3
Grignan 26 204 A4
Grigneuseville 76 15 F4
Grignols 24 179 E3
Grignols 33 195 D4
Grignon 73 174 B2
Grignon 21 103 F4
Grignoncourt 88 106 A1
Grigny 62 9 D2
Grigny 69 171 E3
Grigny 91 57 E3
La Grigonnais 44 93 E4
Grillon 84 2C4 A4
Crilly 01 158 A1
Grimaucourt-en-Woëvre 55 39 D3
Grimaucourt-près-Sampigny 55 63 D2
Grimaud 83 245 D1
La Grimaudière 86 131 F2

Gratreuil 51 37 E3
Cratteris 80 17 E3
Le Gratteris 25 125 E3
Grattery 70 106 B3
Grau de Maury 11,66 262 B1
Le Grau-du-Roi 30 234 C3
Les Graulges 24 163 D4
Craulhet 81 231 D2
Grauves 51 60 B1
Graval 76 16 B3
La Grave 05 190 B3
Grave (Pointe de) 33 160 B3
Gravelines 59 3 E1
La Gravelle 53 74 B4
Gravelotte 57 40 A4
La Graverie 14 51 E1
Craveron-Sémerville 27 31 E4
Graves 16 162 A3
Graveson 13 236 A1
Gravières 07 202 B4
Gravigny 27 31 F4
Gravon 77 81 E2
Gravona 2a 266 B4
Gray 70 124 C1
Gray-la-Ville 70 124 B1
Grayan-et-l'Hôpital 33 160 B4
Grave-et-Charnay 39 141 D4
Grave-sur-Mer 14 28 C2
Grayssas 47 212 B2
Crazac 81 230 B1
Grazac 43 186 B2
Crazac 31 251 F1
Crazay 53 75 D2
Créalou 46 198 C4
Créasque 13 243 E1
Grébault-Mesnil 80 16 C1
Crécourt 80 18 C3
Credisans 39 124 B3
La Grée-St-Laurent 56 71 F4
Créez-sur-Roc 72 77 E3
Greffeil 11 253 E5
Crèges 76 15 F2
Grégy-sur-Yerres 77 58 A3
Grassac 16 163 D3
Grasse 06 240 A2
Crassendorf 67 64 C2
Crémevillers 60 16 C4
Cremilly 55 38 C2
Crémonville 76 15 D4
Grindorff 57 62 9 F4
Grincourt-lès-Pas 62 9 F4
Criou (Puy) 15 183 E1
La Gripperie-St-Symphorien 17 160 C2

Abbé-Grégoire (R.)........AY
Aimon-de-Chissé (R.)....DV
Albert-1er (Av.)............CY
Alliés (R. des)..............BZ
Allobroges (Quai).........DV 2
Alma (R. de l')............DX
Als.-Lorr. (Av.)............BX
Ampère (R.)...............AY
Arago (R.).................AV
Augereau (R.)............BY
Balzac (R.)................BZ
Barrès (R. M.)............DZ
Bart (R.).................DZ
Bastille (Pl.).............BX 3
Bayard (R.)..............DX 4
Belgrade (R.)...........CX 5
Berriat (Cours).........BX
Berthelot (R.)..........CZ
Beyle-Stendhal (R.)...CX 6
Bir-Hakeim (Pl.)......DX 7
Bistesi (R. J.)..........DY 8
Bizanet (R.)...........DV
Boissieux (R.).........BY
Bouchayer (R. P.).....AZ
Bourget (R. P.)........CZ
Briand (Pl. A.)........BV
Brosse (Q. Cl.).......CV 15
Casimir-Périer (R.)...CX 17
Champollion (R.).....DX 18
Chanrion (R. J.).....DX

Charrel (R.)............AY
Chorier (R. N.).......AY
Claudel (R.)..........DZ
Cl.-Bernard (Q.)......BV
Clemenceau (Bd G.)..CX
Condillac (R.)........BX
Condorcet (R.).......CY
Créqui (Quai)........BX
Denf.-Roch. (R.)....BX 25
Déportés-du-11-Nov-43...CZ
Diables-Bleus (Bd des)..CZ
Diderot (R.)..........AX
Dr-Bordier (R.)......CY
Dr-Calmette (R.)....AY
Dr-Girard (Pl.)......DV
Dr-Mazet (R.)........BX 26
Dormoy (R. M.)......AX
Drac (R. du).........AY
Driant (Bd Col.).....DY
Eaux-Claires (R.)....AZ
Esclangon (R.)......AVX
Fantin-Latour (R.)...DY 27
Faure (R. E.)........DY
Flandrin (R.)........DX
Flaubert (R. G.).....CZ
Fourier (R.).........DX 28
France (Q. de)......BV
France (R. A.)......AZ

Gambetta (Bd)........BX
Gautier (Pl. F.)......AX
Gay-Lussac (R.)......DZ
Genin (R. Cl.).......DY
Graille (Q. de).......BV
Grand Sablon (Ch.)..BV
Gueymard (R.)......BV
Haxo (R.)...........DY
Hébert (R.).........DX 34
Hoche (R.).........CY
Irvoy (R.)..........BY
Jaurès (Crs J.).....BX
Jay (Qual S.).......CV
J.-d'Arc (Av.)......CY
Joffre (Bd Mar.)....CY
Jongkind (Quai)....DV
Jouhaux (Quai)....CV
Jouvin (Quai)......CV
Lachmann (R.)....DV
Lafontaine (Crs)...CX
Lagrange (R. L.)...BY
Lakanal (R.).......BY
Lavalette (Pl.)....DV 36
Leclerc (Bd Mar.)..CX
Lesdiguières (R.)..CX
L'Herminier (R.)...DV 37
Libération (Crs)...BZ
Liberté (R.)......CX 38
Lyautey (Bd)......CY

Lyon (Rte de).......BV
Malakoff (R.)........DX
Malherbe (Av.)......DZ
Mallifaud (R.)......CX
Mangin (R. Gén.)...DY
Marceau (R.).......BY
Martyrs (R.).......AV 42
Mérimée (R.)......DX
Mistral (Pl. Paul)...DY
Montorge (R.)......CX 43
Mortillet (R. de)....DV
Mounier (Quai)....CV 44
Moyrand (R.)......CV
N.-Dame (Pl.).....CV
Pain (Bd Jean)....DXY
Pasteur (R.).......CV
Péguy (R. Ch.)....ABZ
Péri (R. G.).......BXY 45
Perrière (Quai)...DV 56
Perrot (R.).......DZ
Ponsard (R.)....CV
Poste (R. de la)..CX 47
Prés-Carnot (R. du)..CX 49
Prévost (R.).....BY
Randon (Av.)....DX
Raspail (R.).....AY
Rey (Bd Ed.)...BX
Rey (R. Joseph)..CX
Rhin-et-Danube (Av.)..AZ
Rivet (Pl. G.)...CY

Salengro (R. R.)....AZ
St-André (Pl.).....CV 53
St-Bruno (Pl.)....AX
St-Ferjus (R.)....DX
St-Laurent (R.)...CV D
Ste-Claire (R.)...CV
Sémard (R. P.)...AX
Sembat (Bd A.)...CY
Servan (R.).......CV
Sidi-Brahim (R.)..BZ
Stalingrad (R.)...CV 54
Strasbourg (R.)..CV
Tarze (R. H.)....AV
Taulier (R. F.)...CY 55
Thiers (R.).......BY
Thomas (R. A.)..AX
Très-Cloîtres (R.)..DV 56
Turenne (R.)....AV
Vallier (Bd J.)..AY
Valmy (Av. de)..CX 57
Vaucanson (R.)..CX 57
Vercors (R. du)..CX
Verdun (Pl. de)..DX
Viallet (Av. F.)..CX
Vicat (R.).......DX 64
Villars (R.).....DX
Voltaire (R.)...DX 66
Zola (R. Émile)..CZ

Grand'Landes 85 128 C1
Grandlup-et-Fay 02 19 F4
Grandmesnil 14 53 D1
Grandmont (Prieuré St-Michel-de) 34 233 E2
Grandouet 14 29 F3
Grandpré 08 38 C2
Grandpuits 77 58 C4
Grandrieu 48 201 F2
Grandrieux 02 20 C3
Grandrif 63 169 E4

Grandris 69 155 D4
Grandrû 60 18 C4
Grandrupt 88 88 B1
Grandrupt-de-Bains 88 87 D4
Grandvillars 90 108 A4
Grandville 10 61 D4
La Grandville 08 21 F3
Grands-Chézeaux 87 149 E2
Grands Goulets 26 188 C4
Grandsaigne 19 166 A4
Grandval 63 169 D3
Grandval (Barrage de) 15 200 C1

Grandvals 48 200 C2
Grandvaux 71 139 D4
Grandvelle-et-le-Perrenot 70 106 B4
Grandvillers 88 89 D4
Grandville 39 125 D4
Grandvillers 88 87 F2
Grandvilliers-aux-Bois 60 34 A1
Grandvilliers 60 17 D4
Grandvilliers 27 55 D2

Grane 26 204 A2
Granès 11 253 E4
La Grange 25 126 B2
Grange-de-Vaivre 39 125 D4
Grangent (Barrage de) 42 170 B4
Grangermont 45 80 A3
Granges 71 139 F2
Les Granges 10 83 D4
Granges-les-Beaumont 26 187 F3
Granges-sur-Aube 51 60 B4

Granges-d'Ans 24 180 B2
Granges-de-Vienney 25 125 F3
Granges-sur-Lot 47 211 E1
Les Granges-Gontardes 26 203 F4
Granges-Maillot 25 125 E4
Granges-Narboz 25 142 C1
Les Grangettes 25 142 C1
Grangues 14 29 E3
Granier 73 175 D3
Granieu 38 173 D3

Granges-sur-Baume 39 141 E2
Granville 50 50 B2
Granzay 79 146 B2
Gras 07 203 E4
Les Gras 25 126 B4
Grassac 16 163 D3
Grasse 06 240 A2
Crassendorf 67 64 C2
Grateloup 47 195 F4
Gratens 31 251 D1
Gratentour 31 230 A2
Gratibus 80 18 A3
Gratot 50 26 C4

Grans 13 226 C3
Granville 50 50 B2
Granzay 79 146 B2
La Grigonnais 44 93 E4
Grillon 84 204 A4
Crilly 01 158 A1
Grindorff 57 62 9 F4
Grincourt-lès-Pas 62 9 F4
Criou (Puy) 15 183 E1
La Gripperie-St-Symphorien 17 160 C2

Gripport 54　　87 D1
Cript 79　　146 B2
Criscourt 54　　64 B2
Criselles 21　　103 E2
Criselles 45　　80 C4
Crisolles 82　　229 F1
Crisolles 02　　35 E4
Crisy 14　　53 D1
Grisy-les-Plâtres 95　　33 D4
Grisy-Suisnes 77　　58 B3
Grisy-sur-Seine 77　　81 F1
Grives 24　　197 D2
Grivesnes 80　　17 F3
Crivillers 80　　18 A4
Crivy-Loisy 08　　37 E2
Croffliers 62　　8 A2
La Croise 59　　11 E4
Croises 18　　119 F3
Croissiat 01　　157 D2
Croisy 74　　158 A3
Croix 56　　90 B3
Croix (Ile de) 56　　90 B3
Croléjac 24　　197 E1
Cron 18　　119 E3
Cron 89　　81 E3
Gronard 02　　20 A3
Le Gros Cerveau 83　　244 A3
Gros-Chastang 19　　182 A2
Gros-Réderching 57　　42 B4
Le Gros-Theil 27　　31 D3
Grosbliederstroff 57　　43 D1
Grosbois 25　　125 F1
Grosbois-en-Montagne 21　　122 C2
Grosbois-lès-Tichey 21　　124 A4
Grosbreuil 85　　128 C3
Les Groseillers 79　　131 D4
Groslay 95　　57 E1
Groslée 01　　172 C2
Grosley-sur-Risle 27　　31 D4
Grosmagny 90　　108 A2
Grosne 71　　139 A3
Grosne 90　　108 A3
Grospierres 07　　203 D4
Grosrouvre 78　　56 C3
Grosrouvres 54　　63 F2
Grossa 2a　　268 C3
Grosseto-Prugna 2a　　268 C1
Grossœuvre 27　　55 E1
Grossouvre 18　　136 C2
Grostenquin 57　　41 D4
Grosville 50　　24 C3
Grouches-Luchuel 80　　9 E4
Grougis 02　　19 E4
Grouin (Pointe du) 35　　49 F2
La Groutte 18　　136 A3
Grozon 39　　141 E1
Gruchet-St-Siméon 76　　15 E2
Gruchet-le-Valasse 76　　14 C4
Grues 85　　144 C1
Gruey-lès-Surance 88　　87 D4
Gruffy 74　　173 F2
Grugé-l'Hôpital 49　　94 B2
Grugies 02　　19 D3
Grugny 76　　15 E4
Gruissan 11　　255 D3
Grumesnil 76　　16 B4
Crun 24　　179 E3
Grundviller 57　　41 F4
Gruny 80　　18 B3
Grury 71　　138 B3
Gruson 59　　5 E4
Grusse 39　　141 D3
Grussenheim 68　　89 D3
Crust 65　　247 D3
Gruyères 08　　21 E3
Le Gua 17　　160 C2
Le Gua 38　　189 D3
Guagno 2a　　266 C2
Guagno-les-Bains 2A　　266 C2
Guainville 28　　56 A2
Guarbecque 62　　4 B4
Guargualé 2a　　268 C1
Guchan 65　　258 A3
Guchen 65　　249 F4
Gudas 09　　252 B3
Gudmont 52　　92 A4
Le Gué-d'Alleré 17　　163 F2
Le Gué-de-la-Chaîne 61　　117 D2
Le Gué-de-Longroi 28　　79 D1
Le Gué-de-Velluire 85　　145 E1
Gué-d'Hossus 08　　21 D1
Le Gué-Péan 41　　117 D2
Guebenhouse 57　　41 F4
Gueberschwihr 68　　89 D4
Guébestroff 57　　65 E2

Guéblange-lès-Dieuze 57　　65 E2
Guébling 57　　65 E1
Guebwiller 68　　108 B1
Guécélard 72　　96 B2
Le Guédéniau 49　　96 A4
Guégon 56　　71 F4
Guéhébert 50　　50 C1
Guéhenno 56　　91 F1
Gueltas 56　　71 D3
Guémappe 62　　10 B3
Guémar 68　　89 D2
Guémené-Penfao 44　　93 D3
Guémené-sur-Scorff 56　　70 B3
Guémicourt 80　　16 C3
Guémps 62　　3 D2
Guénange 57　　40 B2
Guengat 29　　68 C2
Guénin 56　　71 D4
Guenroc 22　　72 B2
Guenrouet 44　　92 C4
Guenviller 57　　41 E3
Guépréni 61　　53 D2
Guer 56　　92 C1
Guérande 44　　110 B1
Guérard 77　　58 C2
Guerbigny 80　　18 A3
La Guerche 37　　133 D1
La Guerche-de-Bretagne 35　　94 A1
La Guerche-sur-l'Aubois 18　　136 C1
Guercheville 77　　80 B3
Guerchy 89　　102 A2
Guéreins 01　　155 E3
Guéret 23　　150 B3
Guerfand 71　　140 B2
Guérigny 58　　120 B4
Guérin 47　　195 E4
La Guérinière 85　　110 C4
Guerlédan (Lac de) 22　　70 C2
Guerlesquin 29　　46 C3
Guermange 57　　65 E2
Guermantes 77　　58 B2
Guern 56　　70 C3
Guernanville 27　　54 C2
Guernes 78　　56 B3
Le Guerno 56　　92 A3
Guerny 27　　32 C4
Guéron 14　　28 B3
La Guéroulde 27　　55 D2
Guerpont 55　　62 C3
Guerquesalles 61　　53 E2
Les Guerreaux 71　　138 B4
Guerstling 57　　41 D4
Guerting 57　　41 D3
Guerville 78　　56 B1
Guerville 76　　16 B1
Gueschart 80　　9 E4
Guesnain 59　　10 C2
Guesnes 86　　132 A1
Guessling-Hémering 57　　41 D4
Guéthary 64　　224 B4
Guétin (Pont-Canal du) 18　　137 D1
Gueudecourt 80　　18 B1
Gueugnon 71　　138 C3
Gueures 76　　15 E2
Gueutteville-les-Grès 76　　15 D2
Gueutteville 76　　15 E4
Guevenatten 68　　108 B2
Guewenheim 68　　108 B2
Gueytes-et-Labastide 11　　253 D3
Gueyze 47　　210 C3
Gugnécourt 88　　87 F2
Gugney 54　　86 C1
Gugney-aux-Aulx 88　　87 D2
Guibermesnil 80　　16 C2
Guibeville 91　　57 E4
Guichainville 27　　55 E1
Guiche 64　　225 D3
La Guiche 71　　139 E4
Guichen 35　　72 B4
Guiclan 29　　46 A3
Guidel 56　　90 B1
Guidon du Bouquet 30　　218 B3
La Guierche 72　　76 B4
Guiers Mort (Gorges du) 38　　191 E1
Guiers Vif (Gorges du) 38,73　　173 E4
Guignemicourt 80　　17 E2
Guignen 35　　93 D1
Guignes 77　　58 B4
Guigneville 45　　79 F3
Guigneville-sur-Essonne 91　　80 A1
Guignicourt 02　　36 B1

Guignicourt-sur-Vence 08　　21 E3
Guignonville 45　　79 F3
Guigny 62　　8 C3
Guilberville 50　　51 E1
Le Guildo 22　　49 D3
Guiler-sur-Goyen 29　　68 C3
Guilers 29　　45 D3
Guilherand 07　　187 E4
Guillac 56　　92 A1
Guillac 33　　194 C1
Guillaucourt 80　　18 A2
Guillaumes 06　　223 E2
Guillemont 80　　18 B1
La Guillermie 03　　153 F4
Guillerval 91　　79 F2
Guillestre 05　　207 D2
Guilleville 28　　79 D3
Guilliers 56　　72 A4
Guilligomarc'h 29　　70 A4
Guillon 89　　103 D4
Guillon-les-Bains 25　　126 A2
Guillonville 28　　79 D4
Guillos 33　　194 B3
Guilly 36　　117 F4
Guilly 45　　100 A2
Guilmécourt 76　　16 A1
Guilvinec 29　　68 C4
Guimaéc 29　　46 B2
Guimiliau 29　　45 F2
Guimps 16　　161 F4
Guinarthe-Parenties 64　　225 E4
Guincourt 08　　21 E3
Guindrecourt-aux-Ormes 52　　84 C1
Guindrecourt-sur-Blaise 52　　84 C2
Guinecourt 62　　9 D2
Guînes 62　　3 D2
Guingamp 22　　47 E3
Guinglange 57　　40 C4
Guinkirchen 57　　40 C3
Guinzeling 57　　65 E1
Guipavas 29　　45 D3
Guipel 35　　73 D2
Guipronvel 29　　44 C2
Guipry 35　　93 D2
Guipy 58　　121 D3
Guirlange 57　　40 C3
Guiry-en-Vexin 95　　32 C4
Guiscard 60　　18 C4
Guiscriff 56　　69 F3
Guise 02　　19 F2
Guiseniers 27　　32 B3
Le Guislain 50　　51 D1
Guissény 29　　45 D1
Guisy 62　　8 C2
Guitalens 81　　231 D3
Guitera-les-Bains 2a　　267 D4
Guitinières 57　　161 E4
Guitrancourt 78　　56 C1
Guîtres 33　　178 A3
Guitry 27　　32 B3
Guitté 22　　72 B2
Guivry 02　　18 C4
Guizancourt 80　　17 D3
Guizengeard 16　　178 A2
Guizerix 65　　250 A1
Gujan-Mestras 33　　193 D2
Gumbrechtshoffen 67　　67 D1
Gumery 10　　82 A1
Gumiane 26　　204 C3
Gumières 42　　169 F4
Gumond 19　　182 A2
Gundershoffen 67　　67 D1
Gundolsheim 68　　108 C1
Gungwiller 67　　66 A1
Gunsbach 68　　88 C3
Gunstett 67　　67 D1
Guntzviller 57　　66 B2
Guny 02　　35 D1
Curan 31　　258 B3
Curat 16　　178 C1
Curcy-le-Châtel 77　　81 E1
Gurgy 89　　102 A2
Gurgy-la-Ville 21　　104 B2
Gurgy-le-Château 21　　104 B2
Gurmançon 64　　248 A2
Gurs 64　　247 F1
Gurunhuel 22　　47 D3
Cury 60　　18 B4
Gussainville 55　　39 D3
Gussignies 59　　11 F2
Guyancourt 78　　57 D3
Guyans-Durnes 25　　125 F3
Guyans-Vennes 25　　126 B3
Guyencourt 02　　36 A2
Guyencourt-Saulcourt 80　　18 C1
Guyencourt-sur-Noye 80　　17 F3
Guyonvelle 52　　105 F2

H

L'Ha'-les-Roses 94　　57 E3
Habarcq 62　　9 F3
Habas 40　　225 E3
Habère-Lullin 74　　158 C2
Habère-Poche 74　　158 C2
Hablainville 54　　65 E4
Habloville 61　　52 C2
Haboudange 57　　65 D1
Habsheim 68　　108 C2
Hachan 65　　250 A1
Hacqueville 27　　32 B3
Hadancourt-le-Haut-Clocher 60　　33 D3
Hadigny-les-Verrières 88　　87 E2
Hadol 88　　87 E3
Hadonville-lès-Lachaussée 55　　39 E4
Haegen 67　　66 B2
Hagécourt 88　　86 C2
Hagedet 65　　227 D3
Hagen 57　　40 B1
Hagenbach 68　　108 B3
Hagenthal-le-Bas 68　　109 D4
Hagenthal-le-Haut 68　　109 D4
Haget 32　　227 E4
Hagetaubin 64　　226 A3
Hagetmau 40　　226 B2
Hagéville 54　　39 E4
Hagnéville-et-Roncourt 88　　86 B2
Hagnicourt 08　　21 D4
Hagondange 57　　40 B3
Hague (Cap de la) 50　　24 B1
Haguenau 67　　67 D1
La Haie-Fouassière 44　　112 B3
La Haie-Traversaine 53　　75 D2
Les Haies 69　　171 E4
Haigneville 54　　64 C4
Haillainville 88　　87 E1
Le Haillan 33　　194 A1
Hailles 80　　17 F3
Haillicourt 62　　9 F1
Haimps 17　　161 F1
Haims 86　　133 D4
Hainvillers 60　　18 A4
Haironville 55　　62 B3
Haisnes 62　　10 A1
Halatte (Forêt d') 60　　34 A3
Haleine 61　　52 B4
Halinghen 62　　2 C4
Hallencourt 80　　16 C1
Hallennes-lez-Haubourdin 59　　5 D4
Hallering 57　　41 D3
Les Halles 69　　170 C2
Halles-sous-les-Côtes 55　　38 B1
Hallignicourt 52　　62 A3
Hallines 62　　3 D3
Halling-lès-Boulay 57　　40 C3
Hallivillers 80　　17 E3
La Hallotière 76　　32 B1
Halloville 54　　65 F4
Halloy 62　　9 E4
Halloy 60　　17 D4
Halloy-lès-Pernois 80　　17 E1
Hallu 80　　18 B3
Halluin 59　　5 E3
Halsou 64　　224 C4
Halstroff 57　　40 C1
Le Ham 50　　25 D3
Le Ham 53　　75 E2
Ham-en-Artois 62　　9 E1
Ham-les-Moines 08　　21 D3
Ham (Roches de) 50　　28 A4
Ham-sous-Varsberg 57　　41 D3
Ham-sur-Meuse 08　　13 F4
Hamars 14　　52 B1
Hambach 57　　41 F4
Hambers 53　　75 E2
Hamblain-les-Prés 62　　10 B3
Hambye 50　　51 D1
Hamel 59　　10 C3
Le Hamel 60　　17 D4
Le Hamel 80　　18 A2
Hamelet 80　　18 A2
Hamelin 50　　51 D4

Hamelincourt 62　　10 A4
Hames-Boucres 62　　3 D2
Hammeville 54　　64 B4
Hamonville 54　　63 F2
Hampigny 10　　84 A1
Hampont 57　　65 D2
Han-lès-Juvigny 55　　38 C1
Han-sur-Meuse 55　　63 D2
Han-sur-Nied 57　　40 C4
Hanau (Étang de) 57　　42 C4
Hanc 79　　147 D3
Hanches 28　　56 B4
Hancourt 80　　18 C2
Handschuheim 67　　67 D3
Hangard 80　　17 F2
Hangenbieten 67　　67 D3
Hangest-en-Santerre 80　　18 A3
Hangest-sur-Somme 80　　17 D1
Hangviller 57　　66 B2
Hannaches 60　　32 C1
Hannapes 02　　19 F1
Hannappes 08　　20 C2
Hannescamps 62　　9 F4
Hannocourt 57　　65 D1
Hannogne-St-Martin 08　　21 F3
Hannogne-St-Rémy 08　　20 B4
Hannonville-sous-les-Côtes 55　　39 D4
Hannonville-Suzémont 54　　39 E4
Han-Devant-Pierrepont 55　　39 D2
Le Hanouard 76　　14 C3
Hans 51　　37 F4
Hantay 59　　10 B1
Hanvec 29　　45 E4
Hanviller 57　　42 C3
Hanvoile 60　　33 D1
Haplincourt 62　　10 B4
Happencourt 02　　19 D3
Happonvilliers 28　　78 A2
Haramont 02　　34 C3
Haraucourt 54　　64 C3
Haraucourt 08　　21 F4
Haraucourt-sur-Seille 57　　65 D2
Haraumont 55　　38 B2
Haravesnes 62　　9 D3
Haravilliers 95　　33 D3
Harbonnières 80　　18 A2
Harbouey 54　　65 F4
Harcanville 76　　15 D3
Harchéchamp 88　　86 A1
Harcigny 02　　20 B3
Harcourt 27　　31 D3
Harcy 08　　21 D2
Hardancourt 88　　87 E1
Hardanges 53　　75 E2
Hardecourt-aux-Bois 80　　18 B1
Hardelot-Plage 62　　2 B4
Hardencourt-Cocherel 27　　55 F1
Hardifort 59　　4 B3
Hardinghen 62　　3 D3
Hardinvast 50　　24 C2
Hardivillers 60　　17 E4
Hardivillers-en-Vexin 60　　33 D3
La Hardoye 08　　20 C3
Hardricourt 78　　56 C1
La Harengère 27　　31 E3
Haréville 88　　86 C3
Harfleur 76　　30 A1
Hargarten-aux-Mines 57　　41 D3
Hargeville 78　　56 B2
Hargeville-sur-Chée 55　　62 B2
Hargicourt 80　　17 F3
Hargicourt 02　　19 D1
Hargnies 59　　11 F3
Hargnies 08　　21 E1
Harly 02　　19 D2
Harméville 52　　85 E1
Harmonville 88　　86 B1
La Harmoye 22　　71 D1
Harnes 62　　10 B2
Harol 88　　87 D3
Haroué 54　　86 C1
Harponville 80　　17 F1
Harprich 57　　65 D1
Harquency 27　　32 B3
Harreberg 57　　66 B3
Harréville-les-Chanteurs 52　　86 A2
Harricourt 52　　84 C2
Harricourt 08　　38 A1
Harsault 88　　87 D4
Harskirchen 67　　66 A1
Hartennes-et-Taux 02　　35 D4

Hartmannswiller 68　　108 B1
Hartzviller 57　　66 A3
Harville 55　　39 E4
Hary 02　　20 B3
Haselbourg 57　　66 B3
Hasnon 59　　11 D2
Hasparren 64　　224 C4
Haspelschiedt 57　　42 C3
Haspres 59　　11 D3
Hastingues 40　　225 D3
Hatrize 54　　39 F3
Hatten 67　　67 E1
Hattencourt 80　　18 B3
Hattenville 76　　14 C4
Hattigny 57　　65 F3
Hattmatt 67　　66 C2
Hattonchâtel 55　　63 E1
Hattonville 55　　63 E1
Hattstatt 68　　89 D4
Hauban 65　　249 E3
Haubourdin 59　　5 D4
Haucourt 57　　40 B3
Haucourt 62　　10 B3
Haucourt 60　　33 D1
Haucourt 76　　16 B4
Le Haucourt 02　　19 D2
Haucourt-en-Cambrésis 59　　11 D4
Haucourt-Moulaine 54　　39 E2
Haucourt-la-Rigole 55　　39 E2
Haudainville 55　　38 C4
Haudiomont 55　　39 D4
Haudivillers 60　　33 E1
Haudonville 54　　65 D4
Haudrecy 08　　21 E3
Haudricourt 76　　16 B3
Haulchin 59　　11 D3
Haulies 32　　228 B3
Haulmé 08　　21 E2
Haumont-lès-Lachaussée 55　　39 E4
Hauriet 40　　226 A2
Hausgauen 68　　108 C3
Haussez 76　　16 B4
Haussignémont 51　　61 F3
Haussimont 51　　60 C1
Haussonville 54　　64 C4
Haussy 59　　11 D3
Haut-Asco 2B　　264 C4
Haut-Barr (Château du) 67　　66 B2
Haut-Clocher 57　　66 A2
Le Haut-Corlay 22　　70 C1
Haut-de-Bosdarros 64　　248 B2
Haut-du-Them 70　　107 E1
Haut-Koenigsbourg (Château du) 67　　89 D2
Haut Languedoc (Parc Régional du) 34,81　　232 B2
Haut-Lieu 59　　12 B4
Haut-Loquin 62　　3 D3
Haut-Mauco 40　　226 B1
Hautaget 65　　250 A3
Hautbos 60　　16 C4
Haute-Avesnes 62　　9 F2
La Haute-Beaume 05　　205 E3
Haute-Chapelle 61　　52 A4
Haute Corniche (Belvédères de la) 07　　218 C1
Haute-Epine 60　　17 D4
Haute-Goulaine 44　　112 B3
Haute-Isle 95　　32 B4
Haute-Kontz 57　　40 B1
La Haute-Maison 77　　58 C2
Haute-Rivoire 69　　170 C2
Hautecloque 62　　9 E2
Hautecombe (Abbaye de) 73　　173 D2
Hautecôte 62　　9 D3
Hautecour 39　　141 F3
Hautecour 73　　174 C2
Hautecourt-lès-Broville 55　　39 D3
Hautecourt-Romanèche 01　　156 C3
Hautecq 62　　11 E4
Hautecombe 67　　14 A4
Hauteville 80　　17 F1
Haudaville 80　　18 A1
Héauville 50　　24 B2
Héberval 50　　27 E2
Le Heaulme 95　　33 D4
Héauville 50　　24 B2
Hébécrevon 50　　27 E3
Hébécourt 76　　15 D3
Hébécourt 27　　32 C2
Hébécourt 80　　17 E2
Héberval 50　　27 D2
Hébuterne 62　　9 F4
Hèches 65　　249 F3
Hecken 68　　108 B2
Hecmanville 27　　30 C3
Hecq 59　　11 E4
Hectomare 27　　31 E2
Hédauville 80　　18 A1
Hède 35　　73 D2
Hédouville 95　　33 E4
Hegeney 67　　67 D1
Hégenheim 68　　109 D3
Heidolsheim 67　　89 E1
Heidwiller 68　　108 C3

Hautefort 24　　180 B2
Hauteluce 73　　174 C2
Hautepierre-le-Châtelet 25　　125 F4
Hauterive 61　　76 B1
Hauterive 03　　153 E4
Hauterive 89　　102 B1
Hauterive-la-Fresse 25　　126 A4
Hauteroche 21　　104 A4
Hautes-Duyes 04　　222 A2
Les Hautes-Rivières 08　　21 F2
Hautesvignes 47　　195 F4
Hautevelle 70　　106 C1
Hautevesnes 02　　35 D4
Hauteville-lès-Dijon 21　　123 D2
Hauteville-la-Guichard 50　　27 D3
Hauteville 51　　61 F3
Hauteville 02　　19 E2
Hauteville 08　　20 C4
Hauteville 73　　174 A3
Hauteville 62　　9 E3
La Hauteville 78　　56 B3
Hauteville-Lompnes 01　　157 D4
Hauteville-sur-Fier 74　　173 E1
Hauteville-sur-Mer 50　　50 B1
Haution 02　　20 A2
Hautmougey 88　　87 D4
Hautot-l'Auvray 76　　15 D3
Hautot-St-Sulpice 76　　15 D3
Hautot-sur-Mer 76　　15 E2
Hautot-sur-Seine 76　　31 E2
Hautot-le-Vatois 76　　14 C4
Hautteville-Bocage 50　　25 D3
Hautvillers 51　　36 B4
Hautvillers-Ouville 80　　8 C4
Hauville 27　　31 D2
Hauviné 08　　37 D2
Haux 64　　247 E2
Haux 33　　194 B2
Havange 57　　39 F2
Havelu 28　　56 A2
Haveluy 59　　11 D2
Havernas 80　　17 E1
Haverskerque 59　　4 B4
Le Havre 76　　30 A1
Le Havre-Antifer 76　　14 A4
Havrincourt 62　　10 C4
Hayange 57　　40 A2
Haybes 08　　21 E1
La Haye 76　　32 B1
La Haye 88　　87 D4
La Haye-Aubrée 27　　31 D3
La Haye-Bellefond 50　　27 E4
La Haye-le-Comte 27　　31 E3
La Haye-de-Calleville 27　　31 E3
La Haye-de-Routot 27　　31 D2
La Haye-d'Ectot 50　　24 B3
La Haye-du-Puits 50　　26 C2
La Haye-du-Theil 27　　31 E3
La Haye-Malherbe 27　　31 E3
La Haye-Pesnel 50　　50 C2
La Haye-St-Sylvestre 27　　54 B2
Les Hayes 41　　97 E3
Haynecourt 59　　11 D4
Les Hays 39　　141 D1
Hazebrouck 59　　4 B3
Hazembourg 57　　41 E4
La Haute-Maison 77　　58 C2
Le Heaulme 95　　33 D4
Héauville 50　　24 B2
Hébécrevon 50　　27 E3
Hébécourt 76　　15 D3
Hébécourt 27　　32 C2
Hébécourt 80　　17 E2
Héberval 50　　27 D2
Hébuterne 62　　9 F4
Hèches 65　　249 F3
Hecken 68　　108 B2
Hecmanville 27　　30 C3
Hecq 59　　11 E4
Hectomare 27　　31 E2
Hédauville 80　　18 A1
Hède 35　　73 D2
Hédouville 95　　33 E4
Hegeney 67　　67 D1
Hégenheim 68　　109 D3
Heidolsheim 67　　89 E1
Heidwiller 68　　108 C3

Heiligenberg 67　　66 C4
Heiligenstein 67　　89 D1
Heillecourt 54　　64 B3
Heilles 60　　33 E2
Heilly 80　　17 F2
Heiltz-l'Évêque 51　　61 F2
Heiltz-le-Hutier 51　　61 F3
Heiltz-le-Maurupt 51　　62 A2
Heimersdorf 68　　108 C3
Heimsbrunn 68　　108 B3
Heining-lès-Bouzonville 57　　41 D2
Heippes 55　　62 C1
Heiteren 68　　89 E4
Heiwiller 68　　108 C3
Hélesmes 59　　11 D2
Hélette 64　　246 C1
Helfaut 62　　3 F4
Helfrantzkirch 68　　108 C3
Helléan 56　　71 F4
Hellemmes-Lille 59　　5 D4
Hellenvilliers 27　　55 E2
Hellering-lès-Fénétrange 57　　66 A2
Helleville 50　　24 B2
Hellimer 57　　41 E4
Héloup 61　　76 A1
Helpe Majeure 59　　12 A4
Helstroff 57　　40 C3
Hem 59　　5 E4
Hem-Hardinval 80　　9 E4
Hem-Lenglet 59　　10 C3
Hem-Monacu 80　　18 B1
Hémevez 50　　25 D3
Héméville 59　　34 B1
Hémevillers 60　　34 B1
Hémilly 57　　40 C4
Hémonstoir 22　　71 E3
Hénaménil 54　　65 D3
Hénanbihen 22　　48 C3
Hénansal 22　　48 C3
Hendaye 64　　244 A4
Hendecourt-lès-Cagnicourt 62　　10 B3
Hendecourt-lès-Ransart 62　　10 A3
Hénencourt 80　　18 A1
Henflingen 68　　108 C3
Hengoat 22　　47 E2
Hengwiller 67　　66 B3
Hénin-Beaumont 62　　10 B2
Hénin-sur-Cojeul 62　　10 B3
Héninel 62　　10 B3
Hennebont 56　　90 C1
Hennecourt 88　　87 D3
Hennemont 55　　39 D3
Henneveux 62　　3 D3
Hennezel 88　　86 C4
Hennezis 27　　32 B3
Hénon 22　　71 E1
Hénonville 60　　33 D3
Hénouville 76　　31 E1
Henrichemont 18　　119 D2
Henridorff 57　　66 B2
Henriville 57　　41 E3
Henvic 29　　46 A2
Hérange 57　　66 B2
Hérault 30,34　　234 C2
Herbault 41　　98 A4
Herbécourt 80　　18 B2
Herbelles 62　　3 E3
Herbeuval 08　　22 A4
Herbeuville 55　　39 D4
Herbéviller 54　　65 E4
Herbeys 38　　189 E3
Les Herbiers 85　　129 F1
Herbignac 44　　92 A3
Herbinghen 62　　3 D3
Herbisse 10　　60 C4
Herbitzheim 67　　41 F4
Herblay 95　　57 D1
Herbsheim 67　　89 E1
Hercé 53　　74 C1
Herchies 60　　17 F4
La Hérelle 60　　17 F4
Hérenguerville 50　　50 C1
Hérépian 34　　233 D3
Hères 65　　227 E3
Hergnies 59　　11 E1
Héric 44　　111 F2
Héric (Gorges d') 34　　232 D3
Héricourt 70　　107 F3
Héricourt-en-Caux 76　　15 D3
Héricourt-sur-Thérain 60　　16 C4

Héricy 77　　80 C1
La Hérie 02　　20 B2
Le Hérie-la-Viéville 02　　19 F2
Hériménil 54　　65 D4
Hérimoncourt 25　　108 A4
Hérin 59　　11 D2
Hérissart 80　　17 F1
Hérisson 03　　136 B1
Hérisson (Cascades du) 39　　141 F3
Herleville 80　　18 B2
La Herlière 62　　9 F3
Herlies 59　　10 A1
Herlin-le-Sec 62　　9 E2
Herlincourt 62　　9 E2
Herly 62　　3 E3
Herly 80　　18 B3
Herm 40　　225 D1
L'Herm 31　　252 B4
Hermanville-sur-Mer 14　　29 D2
Les Hermaux 48　　200 C4
Hermaville 62　　9 F3
Hermé 77　　81 F1
Hermelange 57　　66 A3
Hermelinghen 62　　3 D3
Herment 63　　167 D2
Hermeray 78　　56 B4
Hermerswiller 67　　43 E4
Hermes 60　　33 E2
Hermeville 76　　14 A4
Herméville-en-Woëvre 55　　39 D3
Hermies 62　　10 B4
Hermillon 73　　190 B1
Hermin 62　　9 F2
Les Hermites 37　　97 E3
Hermival-les-Vaux 14　　30 B3
Hermonville 51　　36 B2
Hernicourt 62　　9 E2
Le Héron 76　　32 A1
Héronchelles 76　　32 A1
Hérouville 95　　33 E4
Hérouville-St-Clair 14　　29 D3
Hérouvillette 14　　29 E3
Herpelmont 88　　87 F3
Herpont 51　　61 F1
Herpy-l'Arlésienne 08　　36 C1
Herqueville 27　　32 A3
Herqueville 50　　24 B1
Herran 31　　259 D2
Herré 40　　210 B3
Herrère 64　　248 A2
Herrin 59　　10 B1
Herrlisheim 67　　67 E2
Herrlisheim-près-Colmar 68　　89 D4
Herry 18　　120 A3
Herserange 54　　23 E4
Hersin-Coupigny 62　　9 F1
Hertzing 57　　65 F3
Hervelinghen 62　　2 C2
Hervilly 80　　18 B2
Héry 58　　121 D2
Héry 89　　102 B2
Héry-sur-Alby 74　　173 F1
Herzeele 59　　4 B2
Hesbécourt 80　　18 B2
Hescamps 80　　16 C3
Hesdigneul-lès-Béthune 62　　9 F1
Hesdigneul-lès-Boulogne 62　　2 C4
Hesdin 62　　8 C2
Hesdin-l'Abbé 62　　2 C4
Hésingue 68　　109 D3
Hesmond 62　　8 C2
Hesse 57　　66 A3
Hessenheim 67　　89 E1
Hestroff 57　　40 C2
Hestrud 59　　12 C3
Hestrus 62　　9 E2
Hétomesnil 60　　17 D4
Hettange-Grande 57　　40 B1
Hettenschlag 68　　89 E4
Heubécourt-Haricourt 27　　32 B4
Heuchin 62　　9 E1
Heucourt-Croquoison 80　　16 D2
Heudebouville 27　　32 A3
Heudicourt 80　　18 C1
Heudicourt 27　　32 B2
Heudicourt-sous-les-Côtes 55　　63 E1
Heudreville-en-Lieuvin 27　　30 C3
Heudreville-sur-Eure 27　　31 F4
Heugas 40　　225 D2
Heugleville-sur-Scie 76　　15 E3
Heugnes 36　　117 E4

Heugon 61 54 A2
Heugueville-sur-
Sienne 50 26 C4
Heuilley-Cotton
52 105 E2
Heuilley-le-Grand
52 105 E2
Heuilley-sur-Saône
21 124 B2
Heuland 14 29 F3
Heume-l'Église
63 167 E2
La Heunière
27 32 A4
Heuqueville
27 32 A3
Heuqueville
76 14 A4
Heuringhem 62 3 F4
Heurteauville
76 31 D1
Heurtevent 14 53 E1
Heussé 50 51 E4
Heutrégiville
51 36 C2
Heuzecourt 80 9 D4
Heyrieux 38 172 A3
Hézecques 62 9 D1
Le Hézo 56 91 E3
Hibarette 65 249 D2
Hières-sur-Amby
38 172 B2
Hierges 08 13 F4
Hiermont 80 9 D3
Hiers-Brouage
17 160 B1
Hiersac 16 162 B3
Hiesse 16 148 A4
Hiesville 50 25 E4
Hiéville 14 53 D1
Higuères-Souye
64 226 C4
Hiis 65 249 E2
Hilbesheim 57 66 A2
Hillion 22 48 B3
Hilsenheim 67 89 E2
Hilsprich 57 41 E4
Hinacourt 02 19 D3
Hinckange 57 40 C3
Hindisheim 67 67 D4
Hindlingen
68 108 B3
Hinges 62 9 F1
Le Hinglé 22 72 B1
Hinsbourg 67 66 B1
Hinsingen 67 65 F1
Hinx 40 225 E2
Hippoltskirch
68 108 C4
Hipsheim 67 67 D4
Hirel 35 49 F3
Hirschland 67 66 A2
Hirsingue 68 108 C3
Hirson 02 20 B2
Hirtzbach 68 108 B3
Hirtzfelden
68 108 C1
His 31 259 D2
Hitte 65 249 E2
Hoc (Pointe du)
14 27 F1
Hochfelden
67 67 D2
Hochstatt 68 108 C2
Hochstett 67 67 D2
Hocquigny 50 50 C2
Hocquincourt
80 16 C1
Hocquinghen
62 3 D2
Hodenc-en-Bray
60 33 D1
Hodenc-l'Évêque
60 33 E2
Hodeng-au-Bosc
76 16 B2
Hodeng-Hodenger
76 32 B1
Hodent 95 32 C4
Hœdic (île de)
56
Hœnheim 67 67 E3
Hœrdt 67 67 E2
Hœville 54 65 D3
Hoffen 67 43 E4
Les Hogues 27 32 A2
La Hoguette
14 53 D2
Hohatzenheim
67 67 D2
Hohengœft
67 66 C3
Hohfrankenheim
67 67 D2
Hohneck 88 88 B4
Hohrod 68 88 C3
Le Hohwald 67 89 D1
Hohwiller 67 43 E4
Holacourt 57 65 D1
Holcarté (Crevasses
d') 64 247 E3
Holling 57 40 C2
Holnon 02 19 D2
Holque 59 3 E2
Holtzheim 67 67 D3
Holtzwihr 68 89 D3
Holving 57 41 E4
LE Hom 14 52 B1
Hombleux 80 18 C3
Homblières 02 19 E2
Hombourg
68 109 D2
Hombourg-
Budange 57 40 C2
Hombourg-Haut
57 41 E3
L'Hôme-
Chamondot
61 54 C4
Homécourt 54 39 F3

Hommarting
57 66 B2
Hommert 57 66 B3
Hommes 37 115 D1
Le Hommet-
d'Arthenay
50 27 E3
Homps 11 254 A1
Homps 32 228 C1
Hon-Hergies
59 11 F2
Hondainville
60 33 F2
Hondeghem 59 4 B3
Hondevilliers
77 59 E2
Hondouville
27 31 F4
Hondschoote
59 4 B2
Honfleur 14 30 B1
Honguemare-
Guenouville
27 54 C1
Honnechy 59 19 E1
Honnecourt-sur-
Escaut 59 19 D1
L'Honor-de-Cos
82 213 D3
Honskirch 57 65 F1
Hontanx 40 226 C1
L'Hôpital 57 41 E3
Hôpital-Camfrout
29 45 E4
L'Hôpital-d'Orion
64 225 F4
L'Hôpital-
du-Grosbois
25 125 F3
L'Hôpital-le-Grand
42 170 B3
L'Hôpital-le-Mercier
71 154 A1
L'Hôpital-St-Blaise
64 247 F1
L'Hôpital-St-Lieffroy
25 126 A1
L'Hôpital-sous-
Rochefort
42 169 F2
Hôpitaux (Cluse des)
71 172 C1
Hôpitaux-Neufs
25 142 C2
Les Hôpitaux-Vieux
25 142 C2
Horbourg 68 89 D3
Hordain 59 11 D3
La Horgne 08 21 E4
Horgues 65 249 E2
L'Horme 42 171 D4
Hornaing 59 11 D2
Hornoy-le-Bourg
80 16 C2
Le Horps 53 75 E1
Horsarrieu 40 226 A1
Hortes 52 105 E2
Horville-en-Ornois
55 85 E1
L'Hosmes 27 55 D2
L'Hospitalet
04 221 D3
L'Hospitalet-
du-Larzac
12 216 C2
L'Hospitalet-près-
l'Andorre
09 260 C3
Hossegor 40 224 C2
Hosta 64 247 D2
Hoste 57 41 E4
Hostens 33 193 F4
Hostias 01 172 C1
Hostun 26 188 B3
L'Hôtellerie 14 30 B4
L'Hôtellerie-de-Flée
49 94 C2
Hotonnes 01 157 E4
Hotot-en-Auge
14 29 F3
Hottot-les-Bagues
14 28 C3
Hottviller 57 42 B4
La Houblonnière
14 30 A4
Les Houches
74 159 E4
Houchin 62 9 F1
Houdain 62 9 F2
Houdain-lez-Bavay
59 11 F3
Houdan 78 56 B3
Houdancourt
60 34 B2
Houdelaincourt
55 63 D4
Houdelaucourt-sur-
Othain 55 39 D2
Houdelmont
54 64 B4
Houdemont
54 64 B3
Houdetot 76 15 D2
Houdilcourt
08 36 C2
Houdreville 54 64 B4
Houécourt 88 86 B2
Houeillès 47 210 B2
Houesville 50 27 D2
Houetteville
27 31 F4
Houéville 88 86 B1
Houeydets 65 249 E2
Le Houga 32 227 D1
Houilles 78 57 D2
Houlbec-Cocherel
27 32 A4
Houlbec-près-
le-Gros-Theil
27 31 D3

Houldizy 08 21 E2
Houlette 16 162 A2
Houlgate 14 29 E2
Houlle 62 3 E3
Le Houlme 76 31 E1
L'Houmeau
17 145 D2
Hounoux 11 252 A1
Houplin-Ancoisne
59 10 B1
Houplines 59 5 D4
Houppeville
76 31 E1
Houquetot 76 14 B4
Hourc 65 249 E1
Hourges 51 36 A3
Hourtin 33 176 B2
Hours 64 248 C2
Hourtous (Roc des)
48 216 C2
Houry 02 20 A3
Houssay 53 94 C1
Houssay 41 97 F3
La Houssaye
27 54 C1
La Houssaye-
Béranger 76 15 E4
La Houssaye-
en-Brie 77 58 C3
Le Housseau
53 75 D1
Houssen 68 89 D3
Housseras 88 86 A2
Housset 02 19 F3
Housséville 54 86 C1
La Houssière
88 88 A3
La Houssoye
60 33 D2
Houtaud 25 142 C1
Houtkerque 59 4 B2
Houtteville 50 27 D2
Houville-la-Branche
28 78 C1
Houville-en-Vexin
27 32 A3
Houvin-Houvigneul
62 9 E3
Houx 28 56 B4
Hoymille 59 4 A2
Huanne-
Montmartin
25 125 F1
Hubersent 62 8 B1
Hubert-Folie
14 29 D4
Huby-St-Leu 62 8 C2
Huchenneville
80 16 C1
Huchet (Courant d')
40 208 A4
Huclier 62 9 E2
Hucqueliers 62 8 C1
Hudimesnil 50 50 B2
Hudiviller 54 65 D3
Huelgoat 29 46 B4
Huest 27 55 E1
Huêtre 45 99 D1
Huez 38 190 A3
Hugier 70 124 C2
Hugleville-en-Caux
76 15 E4
Huillé 49 95 F3
Huilliécourt 52 85 F3
Huilly-sur-Seille
71 140 B3
Huiron 51 61 E3
Huismes 37 115 D1
Huisne 61,72 77 D4
Huisnes-sur-Mer
50 50 C3
Huisseau-
en-Beauce
41 97 F3
Huisseau-sur-
Cosson 41 98 C4
Huisseau-sur-
Mauves 45 99 D3
Huiles (Vallée des)
73 174 A4
Hulluch 62 10 A1
Hultehouse 57 66 B2
Humbauville
51 61 D3
Humbécourt
52 62 A4
Humbercamps
62 9 F4
Humbercourt
80 9 E3
Humbert 62 8 C1
Humberville
52 85 E2
Humbligny
18 119 E2
Humerœuille
62 9 D2
Humes 52 105 D1
Humières 62 9 D2
Hunaudaie (Château
de) 22 49 D4
Hunawihr 68 89 D3
Hundling 57 41 F3
Hundsbach
68 108 C3
Huningue 68 109 D3
Hunspach 67 43 E4
Hunting 57 40 C1
Huos 31 250 B3
Huparlac 12 200 A2
Huppain 14 28 B2
Huppy 80 16 C1
Hurbache 88 88 B1
Hure 33 195 D3
Hurecourt 70 106 B1
Hures-la-Parade
48 216 C2
Huriel 03 151 E2
Hurigny 71 155 E1
Hurlevents (Site
des) 03 153 E3
Hurtières 38 189 F1

Hurtigheim 67 67 D3
Husseren-les-
Châteaux 68 89 D4
Husseren-
Wesserling
68 108 A1
Hussigny-
Godbrange
54 39 E1
Husson 50 51 E4
Huttendorf 67 67 D2
Huttenheim
67 89 E1
Hyds 03 152 A2
Hyémondans
25 126 B1
Hyencourt-le-Grand
80 18 B2
Hyenville 50 26 C4
Hyères 83 244 B3
Hyères (îles d')
83 245 D3
Hyet 70 106 B4
Hyèvre-Magny
25 126 A1
Hyèvre-Paroisse
25 126 A1
Hymont 88 86 C2

I

Ibarrolle 64 247 D1
Ibigny 57 65 F3
Ibos 65 249 D2
Ichtratzheim
67 67 D4
Ichy 77 87 D3
Idaux-Mendy
64 247 E2
Idrac-Respaillès
32 228 A3
Idron 64 248 C1
Ids-St-Roch
18 135 E3
If (Château d')
13 243 D3
Iffendic 35 72 B3
Les Iffs 35 72 C2
Ifs 14 29 D4
Les Ifs 76 16 A2
Igé 71 155 E1
Igé 61 77 D2
Ignaucourt 80 18 A2
Ignaux 09 260 C2
Igney 88 87 E2
Igney 54 65 E3
Ignol 18 136 C1
Igny 91 57 E3
Igny 70 106 A4
Igny (Abbaye d')
51 36 A3
Igny-Comblizy
51 60 A1
Igon 64 248 C2
Igornay 71 122 B4
Igoville 27 31 F2
Iguerande 71 154 B3
Iholdy 64 247 D1
Ile-aux-Moines
56 91 E3
Île-Bouchard
37 115 E3
Île-d'Aix 17 145 D4
Île-d'Arz 56 91 E3
Île-de-Batz 29 46 A1
Île-de-Bréhat
22 47 F1
L'Île-d'Elle 85 145 E1
Île-d'Houat 56 91 D4
L'Île-d'Olonne
85 128 B3
L'Île-d'Yeu 85 128 A2
L'Île-Rousse
2b 264 C2
L'Île-St-Denis
93 57 E2
Île-Savary 36 33 F1
Ilhan 65 249 F4
Ilharre 64 225 E4
Les Ilhes 11 253 E1
Ilhet 65 249 F4
Ilheu 65 258 B2
Ill 67,68 108 C1
Illange 57 40 B2
Illartein 09 259 D3
Illat 09 252 B4
Illats 33 194 B3
Ille 35 73 D1
Ille-sur-Têt 66 262 B2
Illeville-sur-
Montfort 27 31 D2
Illfurth 68 108 C2
Illhaeusern 68 89 D2
Illiat 01 155 F2
Illier-et-Laramade
09 260 B1
Illiers-Combray
28 78 A2
Illiers-l'Évêque
27 55 E2
Illies 59 10 A1
Illifaut 22 72 A3
Illkirch-
Graffenstaden
67 67 D4
Illois 76 16 B3
Illoud 52 85 F3
Illy 08 21 F3
Illzach 68 108 C2
Ilonse 06 223 F3
Imbleville 76 15 E3
Imbsheim 67 66 C2
Imécourt 08 38 A1
Imling 57 66 A2
Imphy 58 137 E1
Inaumont 08 20 C4
Incarville 27 31 F3
Incheville 76 16 A1
Inchy 59 11 D4
Inchy-en-Artois
62 10 B4
Incourt 62 9 D2

Incudine (Monte)
2A 269 E1
Indevillers 25 127 D1
Indre 44 111 F2
Indre 36,37 116 B3
Indrois 37 116 C3
Ineuil 18 135 F2
Les Infournas
05 206 A2
Ingenheim 67 66 C2
Ingersheim 68 89 D3
Inghem 57 3 F4
Inglange 57 40 B2
Ingolsheim 67 43 E4
Ingouville 76 15 D2
Ingrandes 36 133 E4
Ingrandes 49 113 D1
Ingrandes 86 132 C1
Ingrandes-
de-Touraine
37 115 D2
Ingrannes 45 100 A1
Ingré 45 99 D1
Inguiniel 56 70 B4
Ingwiller 67 66 C1
Injoux-Génissiat
01 157 E3
Innenheim 67 67 D4
Innimond 01 172 C2
Inor 55 22 B4
Insming 57 65 F1
Insviller 57 65 F1
Intraville 76 15 F1
Intres 07 186 C4
Intréville 28 79 E2
Intville-la-Guétard
45 79 F3
Inval-Boiron
80 16 C2
Inxent 62 8 B1
Inzecca (Défilé de l')
2B 267 E3
Inzinzac-Lochrist
56 90 C1
Ippécourt 55 38 B4
Ippling 57 41 F3
Irai 61 54 C3
Irais 79 131 E1
Irancy 89 102 B3
Iraty (Forêt d')
64 247 D3
Iré-le-Sec 55 38 C1
Irigny 69 171 E3
Irissarry 64 246 C1
Irles 80 10 A4
Irmstett 67 66 C3
Irodouër 35 72 C2
Iron 02 19 F1
Irouléguy 64 246 C2
Irreville 27 31 F4
Irvy-la-Bataille
27 56 A2
Irvy-en-Montagne
21 122 C4
Irvy-sur-Seine
94 57 E2
Irvy-le-Temple
60 33 D3
Iwuy 59 11 D3
Izaourt 65 250 B3
Izaut-de-l'Hôtel
31 258 C2
Izaux 65 249 F3
Izé 53 75 F3
Izeaux 38 188 C1
Izel-lès-Equerchin
62 10 B2
Izel-les-Hameaux
62 9 F3
Izenave 01 157 D3
Izernore 01 157 D2
Izeron 38 188 C3
Izeste 64 256 B1
Izeure 21 123 F3
Izier 21 123 F2
Izieu 01 173 D3
Izoard (Col d')
05 207 E1
Izon 33 177 E4
Izon-la-Bruisse
26 221 D1
Izotges 32 227 D1
Izy 45 79 E4

J

Jablines 77 58 B2
Jabreilles-les-
Bordes 87 149 F4
Jabrun 15 200 B2
Jacob-
Bellecombette
73 173 E3
Jacou 34 234 B2
Jacque 65 249 E1
Jade (Côte de)
44 110 C3
Jagny-sous-Bois
95 33 F4
Jaignes 77 58 C1
Jaillans 26 188 B3
La Jaille-Yvon
49 95 D3
Jaillon 54 64 A2
Jailly 58 121 D4
Jailly-les-Moulins
21 122 C1
Jainvillotte 88 86 A2
Jalesches 23 150 C2
Jaleyrac 15 182 C2
Jaligny-sur-Besbre
03 153 E1
Jallais 49 113 D3
Jallanges 21 123 F4
Jallans 28 78 B4
Jallaucourt 57 65 D2
Jallerange 25 124 C2
Jalognes 18 119 F3
Jalogny 71 155 E1
Jâlons 51 60 C1
Jambles 71 139 F2
Jambville 78 32 C4
Jaméricourt 60 33 D2

Issanlas 07 202 B2
Issans 25 107 F4
Les Issards 09 252 B3
Issarlès 07 202 B1
Isse 51 36 C4
Issé 44 93 F3
Issel 11 252 C1
Issendolus 46 198 B2
Issenhausen
67 66 C2
Issenheim 68 108 C1
Issepts 46 198 C3
Isserpent 03 153 E3
Isserteaux 63 168 C4
Issigeac 24 196 B4
Issirac 30 218 C2
Issoire 63 168 B4
Issou (Puy d')
46 181 E4
Issoncourt 55 62 C1
Issor 64 248 A2
Issou 78 56 B2
Issoudun 36 135 D1
Issoudun-Létrieix
23 150 C4
Issus 31 230 A4
Issy-l'Évêque
71 138 C3
Issy-les-Moulineaux
92 57 E2
Istres 13 236 C4
Les Istres-et-Bury
51 60 C1
Isturits 64 225 D4
Isturits et
d'Oxocelhaya
(Grottes d')
64 225 D4
Iton 27 31 F4
Ittenheim 67 67 D3
Itterswiller 67 89 D1
Itteville 91 80 A1
Itxassou 64 224 C4
Itzac 81 214 A3
Ivergny 62 9 E4
Iverny 77 58 B1
Iviers 02 20 B3
Iville 27 31 E3
Ivors 60 34 C3
Ivory 39 141 F1
Ivoy-le-Pré
18 119 D2
Ivrey 39 125 D4
Ivry-en-Montagne
21 122 C4
Ivry-sur-Seine
94 57 E2
Ivry-le-Temple
60 33 D3
Iwuy 59 11 D3
Izaourt 65 250 B3
Izaut-de-l'Hôtel
31 258 C2
Izaux 65 249 F3
Izé 53 75 F3
Izeaux 38 188 C1
Izel-lès-Equerchin
62 10 B2
Izel-les-Hameaux
62 9 F3
Izenave 01 157 D3
Izernore 01 157 D2
Izeron 38 188 C3
Izeste 64 256 B1
Izeure 21 123 F3
Izier 21 123 F2
Izieu 01 173 D3
Izoard (Col d')
05 207 E1
Izon 33 177 E4
Izon-la-Bruisse
26 221 D1
Izotges 32 227 D1
Izy 45 79 E4

Jametz 55 38 C1
Janailhac 87 164 C3
Janaillat 23 150 A4
Jancigny 21 124 B3
Jandun 08 21 E4
Janneyrias 38 172 A2
Jans 44 93 E3
Janville 60 34 C2
Janville 28 79 E3
Janville 14 29 E3
Janville-sur-Juine
91 79 F1
Janvilliers 51 60 A2
Janvry 91 57 D4
Janvry 51 36 B3
Janzé 35 93 F1
Jarcieu 38 187 F1
La Jard 17 161 D3
Jard-sur-Mer
85 144 B1
Jardin 38 171 F4
Le Jardin 19 182 B2
Jardres 86 132 C2
Jargeau 45 99 F2
Jarjayes 05 206 A3
Jarménil 88 87 E3
Jarnac 16 162 B3
Jarnac-Champagne
17 161 E3
Jarnages 23 150 C3
La Jarne 17 145 D3
Jarnioux 69 155 E4
Jarnosse 42 154 C3
Jarny 54 39 E3
Jarret 65 257 E2
Jarrie 38 189 E3
La Jarrie 17 145 E3
La Jarrie-Audouin
17 146 A4
Jarrier 73 190 B1
Jars 18 119 E1
Jarsy 73 174 A2
Jarville-
la-Malgrange
54 64 C3
Jarzé 49 95 F4
Jas 42 170 C2
Jasney 70 106 C1
Jassans-Riottier
01 155 E4
Jasseines 10 83 E1
Jasseron 01 156 B2
Jasses 64 247 F1
Jastres (P 07 203 D3
Jatxou 64 224 C4
Jau (Col de)
66 261 E2
Jau-Dignac-
et-Loirac
33 160 B4
La Jauberie
07 203 E2
Jaucourt 10 84 B3
La Jaudonnière
85 130 A3
Jaudrais 28 55 F3
Jaujac 07 202 C3
Jaulges 89 102 C1
Jaulgonne 02 35 F4
Jaulnay 37 132 B1
Jaulnes 77 81 F1
Jaulny 54 64 A1
Jaulzy 60 34 C2
Jaunac 07 186 C4
Jaunay-Clan
86 132 B3
Jaures 24 179 E3
Jausiers 04 207 E4
Jaux 60 34 B2
Jauzé 72 76 C3
Javaugues 43 185 D2
Javené 35 74 A2
Javerdat 87 164 B1
Javerlhac-et-la-
Chapelle-
St-Robert
24 163 E3
Javernant 10 83 D3
La Javie 04 222 B2
Javols 48 201 D2
Javrezac 16 161 E2
Javron-les-
Chapelles
53 75 E1
Jax 43 185 D3
Jaxu 64 247 D2
Jayac 24 180 C4
Jayat 01 156 A1
Jazeneuil 86 131 F4
Jazennes 17 161 D3
Jeancourt 02 19 D2
Jeandelaincourt
54 64 C2
Jeandelize 54 39 E3
Jeanménil 88 87 F2
Jeansagnière
42 169 E2
Jeantes 02 20 B3
Jebsheim 68 89 E3
Jegun 32 228 A2
La Jemaye 24 178 C3
Jenlain 59 11 E3
Jenzat 03 152 C3
Jésonville 88 86 C2
Jessains 10 84 A2
Jetterswiller
67 66 C3
Jettingen 68 108 C3
Jeu-les-Bois
36 134 C3
Jeu-Maloches
36 117 E4
Jeufosse 78 56 A1
Jeugny 10 83 D4
Jeumont 59 12 C3
Jeurre 39 157 D1
Jeure (Parc de)
91 79 F1
Jeux-lès-Bard
21 103 E4

Joux-la-Ville
89 102 C4
Jouy 89 81 D3
Jouy 28 78 C1
Jouy-aux-Arches
57 40 A4
Jouy-le-Châtel
77 59 D3
Jouy-en-Argonne
55 38 B4
Jouy-en-Josas
78 57 E3
Jouy-en-Pithiverais
45 79 F4
Jouy-Mauvoisin
78 56 B1
Joigny-sur-Meuse
08 21 E2
Jouy-le-Moutier
95 56 C1
Jouy-le-Potier
45 99 D3
Jouy-lès-Reims
51 36 B3
Jouy-sous-
Côtes 55 63 E2
Jouy-sous-Thelle
60 33 D2
Jouy-sur-Eure
27 32 A4
Jouy-sur-Morin
77 59 E2
Joyeuse 07 202 C4
Joyeux 01 156 A4
Joze 63 168 C1
Jû-Belloc 32 227 E3
Juan-les-Pins
06 240 B2
Juaye-Mondaye
14 28 C3
Jubainville 88 86 A1
La Jubaudière
49 113 D3
Jubécourt 55 38 B4
Jublains 53 75 D2
Le Juch 29 68 C2
Jugazan 33 194 C2
Jugeals-Nazareth
19 181 D3
Jugon-les-Lacs
22 72 A1
Jugy 71 140 A3
Juicq 17 161 D1
Juif 71 140 C3
Juignac 10 178 C1
Juigné-Béné
49 95 D4
Juigné-des-
Moutiers 44 94 A3
Juigné-sur-Loire
49 113 F1
Juigné-sur-Sarthe
72 95 F2
Juignettes 27 54 B2
Juillac 19 180 C2
Juillac 33 195 D1
Juillac 32 227 E3
Juillac-le-Coq
16 161 F3
Juillaguet 16 162 C4
Juillan 65 249 D2
Juillé 79 146 C3
Juillé 72 76 B3
Juillé 16 162 C1
Juillenay 21 122 B2
Juilles 32 228 C3
Juilley 50 50 C4
Juilly 21 122 B1
Juilly 77 58 B1
Juine 91 80 A1
Jujols 66 261 F3
Jujurieux 01 156 C3
Julianges 48 184 C4
Juliénas 69 155 E2
Julienne 16 162 A2
Julianges 43 185 E2
Jullié 69 155 E2
Jullouville 50 50 B2
Jully 89 103 E2
Jully-lès-Buxy
71 139 F3
Jully-sur-Sarce
10 83 E4
Julos 65 249 D2
Julvécourt 55 38 B4
Jumeauville
78 56 B2
Jumeaux 63 184 C1
Les Jumeaux
79 131 E2
Jumel 80 17 F3
Jumelles 27 55 E2
Jumelles 49 114 B1
La Jumellière
49 113 E2
Jumencourt
02 35 E1
Jumièges 76 31 D2
Jumigny 02 36 A1
Jumilhac-le-Grand
24 164 B4
Junas 30 235 D2
Junay 89 102 C2
Juncalas 65 257 E2
Jungholtz 68 108 B1
Junhac 15 199 E2
Les Junies 46 197 E3
Juniville 08 37 D2
Juno Beach 14 29 D2
Jupilles 72 96 C2
Jurancon 64 248 B1
Juranville 45 80 A4
Juré 42 169 F1
Jurignac 16 162 A3
Jurques 14 28 B4
Jurvielle 31 258 B3
Jury 57 40 B4
Juscorps 79 146 B2
Jusix 47 195 E3
Jussac 15 183 D4
Jussarupt 88 88 A3
Jussas 17 177 F2
Jussecourt-
Minecourt 51 61 F2

Jussey 70 106 A2
Jussy 02 19 D3
Jussy 89 102 B3
Jussy 57 40 A4
Jussy-Champagne 18 136 B1
Jussy-le-Chaudrier 18 120 A3
Justian 32 227 F1
Justine-Herbigny 08 20 C4
Justiniac 09 252 A2
Jutigny 77 81 E1
Juvaincourt 88 86 C2
Juvancourt 10 84 B4
Juvanzé 10 84 A2
Juvardeil 49 95 E3
Juvelize 57 65 E2
Juvignac 34 234 B3
Juvigné 53 74 B3
Juvignies 60 33 E1
Juvigny 02 35 E1
Juvigny 74 158 B2
Juvigny 51 61 D1
Juvigny-en-Perthois 55 62 C4
Juvigny-sous-Andaine 61 52 B4
Juvigny-sur-Loison 55 38 C1
Juvigny-sur-Orne 61 53 D3
Juvigny-sur-Seulles 14 28 C3
Juvigny-le-Tertre 50 51 E3
Juville 57 64 C1
Juvinas 07 202 C2
Juvincourt-et-Damary 02 36 A2
Juvisy-sur-Orge 91 57 E3
Juvrecourt 54 65 D2
Juxue 64 247 D1
Juzanvigny 10 84 A1
Juzennecourt 52 84 C3
Juzes 31 230 C4
Juzet-de-Luchon 31 258 B4
Juzet-d'Izaut 31 258 C2
Juziers 78 56 C1

K

Kakouetta (Gorges de) 64 247 E3
Kalhausen 57 42 A4
Kaltenhouse 67 67 E2
Kanfen 57 40 A1
Kappelen 68 109 D3
Kappelkinger 57 65 F1
Katzenthal 68 88 C3
Kauffenheim 67 67 F1
Kaysersberg 68 88 C3
Kédange-sur-Canner 57 40 C2
Keffenach 67 43 E4
Kembs 68 109 D2
Kemplich 57 40 C2
Kerazan-en-Loctudy 29 68 C4
Kerbach 57 41 F3
Kerbors 22 47 E1
Kerdévot 29 69 D3
Kerfons (Chapelle de) 22 46 C2
Kerfot 22 47 E2
Kerfourn 56 71 D3
Kergloff 29 69 F1
Kergrist 56 71 D3
Kergrist-Moëlou 22 70 B1
Kerien 22 47 D4
Kerjean 29 45 F2
Kerlaz 29 68 C2
Kerling-lès-Sierck 57 40 C1
Kerlouan 29 45 E1
Kermaria 22 47 F2
Kermaria-Sulard 22 47 D1
Kermoroc'h 22 47 D2
Kernascléden 56 70 B4
Kernével 29 69 E3
Kernilis 29 45 D2
Kernouës 29 45 E2
Kerpert 22 70 C1
Kerprich-aux-Bois 57 65 F2
Kersaint-Plabennec 29 45 D2
Kertzfeld 67 89 E1
Kervignac 56 90 C2
Keskastel 67 41 F4
Kesseldorf 67 67 F1
Kienheim 67 67 D2
Kientzheim 68 89 D3
Kiffis 68 108 C4
Killem 59 4 B2
Kilstett 67 67 E2
Kindwiller 67 67 D1
Kingersheim 68 108 C2
Kintzheim 67 89 D2
Kirchberg 68 108 A2
Kirchheim 67 66 C3
Kirrberg 67 66 A2
Kirrwiller 67 66 C2
Kirsch-lès-Sierck 57 40 C1
Kirschnaumen 57 40 C1
Kirviller 57 65 F1
Klang 57 40 C2
Kleinfrankenheim 67 67 D3
Kleingoeft 67 66 C2
Klingenthal 67 66 C4
Knœringue 68 108 C3
Knœrsheim 67 66 C3
Knutange 57 39 F2
Kœnigsmacker 57 40 B1
Kœstlach 68 108 C4
Kœtzingue 68 108 C3
Kœur-la-Grande 55 63 D2
Kœur-la-Petite 55 63 D2
Kogenheim 67 89 E1
Kolbsheim 67 67 D3
Krautergersheim 67 67 D4
Krautwiller 67 67 D2
Le Kremlin-Bicêtre 94 57 E2
Kriegsheim 67 67 D2
Kruth 68 108 A1
Kuhlendorf 67 67 E1
Kunheim 68 89 E3
Kuntzig 57 40 B2
Kurtzenhouse 67 67 E2
Kuttolsheim 67 66 C3
Kutzenhausen 67 43 E4

L

L'Hermitage 35 73 D3
L'Huisserie 53 74 C4
L'Écluse 66 262 C3
L'Écouvotte 25 125 F1
L'Église-aux-Bois 19 165 F3
L'Épine 85 110 B4
L'Étang-Vergy 21 123 E3
L'Habit 27 55 F2
L'Herbergement 85 129 D1
L'Hermenault 85 130 A4
L'Hermitage-Lorge 22 71 E1
L'Hermitière 61 77 D2
Laà-Mondrans 64 225 F4
Laas 32 227 F4
Laas 45 79 F4
Laàs 64 225 F4
Labalme 01 156 C3
Labarde 33 177 D4
Labaroche 68 88 C3
Labarrère 32 210 C4
Labarthe 32 228 B4
Labarthe 82 213 D2
Labarthe-Bleys 81 214 A3
Labarthe-Inard 31 258 C1
Labarthe-Rivière 31 250 B3
Labarthe-sur-Lèze 31 229 F4
Labarthète 32 227 D2
Labassère 65 257 E2
Labastide 65 249 F3
Labastide-Beauvoir 31 230 B4
Labastide-Castel-Amouroux 47 210 C1
Labastide-Cézéracq 64 226 B4
Labastide-Chalosse 40 226 A2
Labastide-Clairence 64 225 D4
Labastide-Clermont 31 251 D1
Labastide-d'Anjou 11 252 C1
Labastide-d'Armagnac 40 210 A4
Labastide-de-Juvinas 07 202 C2
Labastide-de-Lévis 81 214 B4
Labastide-de-Penne 82 213 E2
Labastide-de-Virac 07 218 C1
Labastide-Dénat 81 231 E1
Labastide-du-Haut-Mont 46 199 D1
Labastide-du-Temple 82 212 C3
Labastide-du-Vert 46 197 E4
Labastide-en-Val 11 253 F3
Labastide-Esparbairenque 11 231 F4
Labastide-Gabausse 81 214 B3
Labastide-Marnhac 46 213 D1
Labastide-Monréjeau 64 226 B4
Labastide-Murat 46 198 A3
Labastide-Paumès 31 251 D1
Labastide-Rouairoux 81 232 A4
Labastide-St-Georges 81 230 C2
Labastide-St-Pierre 82 213 D4
Labastide-St-Sernin 31 230 A2
Labastide-Savès 32 229 D3
Labastide-Villefranche 64 225 E3
Labastidette 31 229 E4
Labathude 46 198 C2
Labatie-d'Andaure 07 187 D4
Labatmale 64 248 C2
Labatut 40 225 E3
Labatut 64 227 D4
Labatut 09 252 A2
Labatut-Rivière 65 227 E3
Labbeville 95 33 E4
Labeaume 07 203 D4
Labécède-Lauragais 11 231 D4
Labège 31 230 A3
Labégude 07 203 D3
Labéjan 32 228 A3
Labenne 40 224 C2
Labergement-lès-Auxonne 21 124 B3
Labergement-du-Navois 25 125 E4
Labergement-Foigney 21 124 A2
Labergement-Ste-Marie 25 142 C2
Labergement-lès-Seurre 21 123 F4
Laberlière 60 18 B4
Labescau 33 195 D4
Labesserette 15 199 F2
Labessette 63 167 D4
Labessière-Candeil 81 231 D1
Labets-Biscay 64 225 E4
Labeuville 55 39 E4
Labeuvrière 62 9 F1
Labeyrie 64 226 A3
Lablachère 07 202 C4
Laboissière-en-Santerre 80 18 A4
Laboissière-en-Thelle 60 33 E3
Laboissière-St-Martin 80 16 C2
Laborde 65 249 F3
Laborel 26 221 D1
Labosse 60 33 D2
Labouheyre 40 208 C2
Labouiche (Rivière Souterrain de) 09 252 A3
Laboulbène 81 231 E2
Laboule 07 202 C3
Labouquerie 24 196 C2
Labourret (Col du) 04 222 B1
Labourgade 82 212 C4
Labourse 62 10 A1
Laboutarie 81 231 D1
Labrède 33 194 A2
Labretonie 47 195 F4
Labrihe 32 229 D2
Labrit 40 209 E3
Labroquère 31 250 A3
Labrosse 45 80 A3
Labrousse 15 199 F1
Labroye 62 8 C3
Labruguière 81 231 E3
Labruyère 21 123 F4
Labruyère 60 34 A2
Labruyère-Dorsa 31 230 A4
Labry 54 39 E3
Labuissière 62 9 F1
Laburgade 46 213 E1
Lac-des-Rouges-Truites 39 142 A3
Le Lac-d'Issarlès 07 202 B1
Lacabarède 81 232 A4
Lacadée 64 226 A3
Lacajunte 40 226 B3
Lacalm 12 200 B2
Lacam-d'Ourcet 46 198 C1
Lacamp (Plateau de) 11 253 F3
Lacanau 33 176 B4
Lacanau (Étang de) 33 176 B4
Lacanau-Océan 33 176 A3
Lacanche 21 122 C4
Lacapelle-Barrès 15 183 E4
Lacapelle-Biron 47 196 C3
Lacapelle-Cabanac 46 197 D4
Lacapelle-del-Fraisse 15 199 E2
Lacapelle-Livron 82 213 F2
Lacapelle-Marival 46 198 C2
Lacapelle-Pinet 81 214 C3
Lacapelle-Ségalar 81 214 B3
Lacapelle-Viescamp 15 199 D1
Lacarre 64 247 D2
Lacarry-Arhan-Charritte-de-Haut 64 247 E2
Lacassagne 65 249 E1
Lacaugne 31 251 E1
Lacaune 81 232 B2
Lacaune (Monts de) 81 232 A2
Lacaussade 47 196 C4
Lacave 46 198 A1
Lacave 09 259 D2
Lacave (Grottes de) 46 198 A1
Lacaze 81 232 A2
Lacelle 19 165 F3
Lacenas 69 155 E4
Lacépède 47 211 E1
Lachaise 16 161 F4
Lachalade 55 38 A3
Lachambre 57 41 E4
Lachamp 48 201 D3
Lachamp-Raphaël 07 202 C1
Lachapelle 54 88 A1
Lachapelle 82 212 A4
Lachapelle 47 195 F3
Lachapelle 80 17 D3
Lachapelle-aux-Pots 60 33 D1
Lachapelle-Auzac 46 181 D4
Lachapelle-en-Blaisy 52 84 C3
Lachapelle-Graillouse 07 202 B1
Lachapelle-St-Pierre 60 33 E3
Lachapelle-sous-Aubenas 07 203 D3
Lachapelle-sous-Chanéac 07 186 C4
Lachapelle-sous-Chaux 90 107 F2
Lachapelle-sous-Gerberoy 60 33 D1
Lachapelle-sous-Rougemont 90 108 A2
Lachassagne 69 171 E1
Lachau 26 221 D2
Lachaussée 55 39 E4
Lachaussée-du-Bois-d'Écu 60 17 E4
Lachaux 63 153 E4
Lachelle 60 34 B1
Lachens (Montagne de) 83 239 E1
Lachy 51 60 A3
Lacollonge 90 108 A3
Lacombe 11 231 E4
Lacommande 64 248 A1
Lacoste 34 233 F2
Lacoste 84 237 D1
Lacougotte-Cadoul 81 230 C2
Lacour 82 212 B1
Lacour-d'Arcenay 21 122 A2
Lacourt 09 259 E3
Lacourt-St-Pierre 82 213 D4
Lacq 64 226 A4
Lacquy 40 210 A4
Lacrabe 40 226 A2
Lacres 62 2 C4
Lacroisille 81 230 C3
Lacroix-Barrez 12 199 F2
Lacroix-Falgarde 31 230 A4
Lacroix-St-Ouen 60 34 B2
Lacroix-sur-Meuse 55 63 D1
Lacropte 24 179 F4
Lacrost 71 140 B4
Lacrouzette 81 231 E2
Lacs 36 135 D4
Ladapeyre 23 150 C2
Ladaux 33 194 C2
Ladern-sur-Lauquet 11 253 E3
Ladevèze-Rivière 32 227 E3
Ladevèze-Ville 32 227 E3
Ladignac-le-Long 87 164 B3
Ladignac-sur-Rondelles 19 181 F2
Ladinhac 15 199 F2
Ladirat 46 198 C1
Ladiville 16 162 B4
Ladon 45 100 B1
Lados 33 194 C4
Ladoye (Cirque de) 39 141 E2
Ladoye-sur-Seille 39 141 E2
Laduz 89 102 A2
Lafage 11 252 C2
Lafage-sur-Sombre 19 182 B2
Lafare 84 220 A2
Lafarre 43 202 B1
Lafarre 07 187 D3
Lafat 23 150 A2
Lafauche 52 85 F2
Laféline 03 152 C2
Laferté-sur-Amance 52 105 F2
Laferté-sur-Aube 52 84 B4
Lafeuillade-en-Vézie 15 199 F2
Laffaux 02 35 E1
Laffite-Toupière 31 250 C2
Laffrey 38 189 E3
Laffrey (Lac de) 38 189 E3
Lafigère 07 202 B4
Lafitole 65 227 E4
Lafitte 82 212 C4
Lafitte-sur-Lot 47 211 E1
Lafitte-Vigordane 31 251 E1
Lafox 47 211 F2
Lafrançaise 82 212 C3
Lafraye 60 33 E1
Lafresnoye 80 16 C3
Lafrimbolle 57 66 A3
Lagamas 34 233 F2
Lagarde 09 252 C3
Lagarde 31 252 B1
Lagarde 65 249 D1
Lagarde 57 65 E3
Lagarde 32 211 E4
Lagarde d'Apt 84 220 C3
Lagarde-Enval 19 181 F2
Lagarde-Hachan 32 228 A4
Lagarde-Paréol 84 219 E2
Lagarde-sur-le-Né 16 162 A4
Lagardelle 46 197 D4
Lagardelle-sur-Lèze 31 229 F4
Lagardère 32 227 F1
Lagardiolle 81 231 D3
Lagarrigue 81 231 E3
Lagarrigue 47 211 D1
Lageon 79 131 E2
Lagery 51 36 A3
Lagesse 10 83 D4
Lagleygeolle 19 181 E3
Laglorieuse 40 209 F4
Lagnes 84 220 A4
Lagney 54 63 F3
Lagnicourt-Marcel 62 10 B4
Lagnieu 01 172 B1
Lagny 60 18 B4
Lagny-le-Sec 60 34 B4
Lagny-sur-Marne 77 58 B2
Lagor 64 226 A4
Lagorce 33 178 A3
Lagorce 07 203 D4
Lagord 17 145 D2
Lagos 64 248 C2
Lagrâce-Dieu 31 251 F1
Lagrand 05 221 E1
Lagrange 40 210 B4
Lagrange 90 108 A2
Lagrange 65 249 F2
Lagrasse 11 254 A3
Lagraulas 32 227 F1
Lagraulet-du-Gers 32 210 C4
Lagraulet-St-Nicolas 31 229 E1
Lagraulière 19 181 E1
Lagrave 81 214 B4
Lagruère 47 195 E4
Laguenne 19 181 F2
Laguépie 82 214 B3
Laguian-Mazous 32 227 F4
Laguinge-Restoue 64 247 E2
Laguiole 12 200 B2
Lagupie 47 195 E3
Lahage 31 229 D4
Laharmand 52 85 D3
Lahas 32 228 C3
Lahaye-St-Romain 80 17 D3
Lahaymeix 55 63 D1
Lahayville 55 63 E1
Laheycourt 55 62 B2
Lahitère 31 251 E3
Lahitte 65 249 F3
Lahitte 32 228 B2
Lahitte-Toupière 65 227 D4
Lahonce 64 224 C3
Lahontan 64 225 E3
Lahosse 40 225 F2
Lahourcade 64 226 A4
Lahoussoye 80 17 F2
Laifour 08 21 E2
Laifour (Roches de) 08 21 E2
La Laigne 17 145 F2
Laigné 53 94 C2
Laigné-en-Belin 72 96 C2
Laignelet 35 74 A1
Laignes 21 103 E2
Laigneville 60 33 F3
Laigny 02 20 A2
Laigue (Forêt de) 60 34 C1
Laillé 35 73 D4
Lailly 89 82 A3
Lailly-en-Val 45 99 D2
Laimont 55 62 B2
Lain 89 101 F4
Laines-aux-Bois 10 83 D3
Lains 39 156 C1
Lainsecq 89 101 F4
Lainville 78 32 C4
Laire 25 107 F4
Laires 62 9 D1
Lairière 11 253 F3
Lairoux 85 129 E4
Laissac 12 215 F1
Laissaud 73 173 F4
Laissey 25 125 F2
Laître-sous-Amance 54 64 C2
Laives 71 140 A3
Laix 54 39 E1
Laiz 01 155 F2
Laizé 71 155 E1
Laize-la-Ville 14 29 D4
Laizy 71 139 D1
Lajo 48 201 E1
Lajoux 39 157 F1
Lalacelle 61 75 F1
Lalande 89 101 F3
Lalande-en-Son 60 32 C2
Lalandelle 60 33 D2
Lalandusse 47 196 A3
Lalanne 65 250 B1
Lalanne 32 228 C1
Lalanne-Arqué 32 250 B1
Lalanne-Trie 65 249 F1
Lalaye 67 88 C1
Lalbarède 81 231 D2
Lalbenque 46 213 E1
Laleu 61 54 A4
Laleu 80 17 D2
Lalevade-d'Ardèche 07 203 D3
Lalheue 71 140 A3
Lalinde 24 196 B1
Lalizolle 03 152 B3
Lallaing 59 10 C2
Lalleu 35 93 E1
Lalley 38 205 E2
Lalleyriat 01 157 D3
Lalobbe 08 21 D3
Lalœuf 54 86 C1
Lalongue 64 226 C4
Lalonquette 64 226 C3
Laloubère 65 249 E2
Lalouret-Laffiteau 31 250 B2
Lalouvesc 07 187 D3
Laluque 40 208 C4
Lama 2b 265 D3
Lamadeleine-Val-des-Anges 90 108 A2
Lamagdelaine 46 197 F4
Lamagistère 82 212 A3
Lamaguère 32 228 B3
Lamaids 03 151 E2
Lamalou-les-Bains 34 233 D3
Lamancine 52 85 D3
Lamanère 66 262 A4
Lamanon 13 236 C3
Lamarche 88 86 B4
Lamarche-en-Woëvre 55 63 E1
Lamarche-sur-Saône 21 124 B2
Lamargelle 21 104 B4
Lamargelle-aux-Bois 52 104 C3
Lamaronde 80 16 C3
Lamarque 33 177 D3
Lamarque-Pontacq 65 249 D2
Lamarque-Rustaing 65 249 F1
Lamasquère 31 229 E4
Lamastre 07 187 D4
Lamath 54 65 D4
Lamativie 46 182 B4
Lamayou 64 227 D4
Lamazère 32 228 A3
Lamazière-Basse 19 182 B1
Lamazière-Haute 19 166 C3
Lambach 57 42 B4
Lambader 29 45 F2
Lamballe 22 48 C4
Lambersart 59 5 D4
Lamberville 50 28 A4
Lamberville 76 15 E3
Lambesc 13 237 D2
Lamblore 28 55 D4
Lambres 62 4 A4
Lambres-lez-Douai 59 10 B2
Lambrey 70 106 B2
Lambruisse 04 222 C3
Laméac 65 249 E1
Lamécourt 60 34 A1
Lamelouze 30 217 F2
Lamenay-sur-Loire 58 137 F2
Lamérac 16 161 F4
Lametz 08 37 E1
Lamillarié 81 231 E1
Lammerville 76 15 E3
Lamnay 72 77 D4
Lamongerie 19 165 E4
Lamontélarié 81 232 A3
Lamontgie 63 168 C4
Lamontjoie 47 211 E3
Lamonzie-Montastruc 24 196 B1
Lamonzie-St-Martin 24 195 F1
Lamorlaye 60 33 F1
Lamorville 55 63 D1
Lamothe 40 226 A1
Lamothe 43 184 C2
Lamothe-Capdeville 82 213 D3
Lamothe-Cassel 46 197 F3
Lamothe-Cumont 82 229 D1
Lamothe-en-Blaisy 52 84 C3
Lamothe-Fénelon 46 197 F1
Lamothe-Goas 32 228 B1
Lamothe-Landerron 33 195 E3
Lamothe-Montravel 24 195 D1
Lamotte-Beuvron 41 99 F4
Lamotte-Brebière 80 17 F2
Lamotte-Buleux 80 8 C4
Lamotte-du-Rhône 84 219 D2
Lamotte-Warfusée 80 18 A2
Lamouilly 55 22 B4
Lamoura 39 157 F1
Lampaul-Guimiliau 29 45 F2
Lampaul-Plouarzel 29 44 C2
Lampaul-Ploudalmézeau 29 44 C2
Lampertheim 67 67 D3
Lampertsloch 67 43 D4
Lamure-sur-Azergues 69 155 D3
Lanans 25 126 A2
Lanarce 07 202 B2
Lanarvily 29 45 D2
Lanas 07 203 D3
Lancé 41 98 A3
Lancebranlette 73 175 E2
Lanchères 80 8 A4
Lanches-St-Hilaire 80 9 D4
Lanchy 02 18 C2
Lancié 69 155 E3
Lancieux 22 49 D3
Lancôme 41 98 A3
Lançon 65 249 F4
Lançon 08 37 F3
Lançon-Provence 13 236 C3
Lancone (Défilé de) 2B 265 E3
Lancrans 01 157 E3
Landal (Château de) 35 50 A4
Landange 57 65 F3
Landas 59 11 D1
Landaul 56 91 D2
Landaville 88 86 A2
Landavran 35 73 F3
La Lande-Chasles 49 114 C1
La Lande-d'Airou 50 50 C2
La Lande-de-Fronsac 33 177 E4
La Lande-de-Goult 61 53 D4
La Lande-de-Libourne 33 177 F4
La Lande-de-Lougé 61 52 C3
La Lande-Patry 61 52 A2
La Lande-St-Léger 27 30 B2
La Lande-St-Siméon 61 52 B2
La Lande-sur-Drôme 14 28 B4
La Lande-sur-Eure 61 54 C4
Landéan 35 74 A1
Landebaëron 22 47 D2
Landébia 22 48 C3
La Landec 22 49 D4
Landécourt 54 65 D4
Landéda 29 45 D2
Landéhen 22 48 B4
Landeleau 29 69 F1
Landelles 28 78 A1
Landelles-et-Coupigny 14 51 E2
Landemont 49 112 C2
Landepéreuse 27 54 B1
Landerneau 29 45 E3
Landeronde 85 129 D3
Landerrouat 33 195 E2
Landerrouet-sur-Ségur 33 195 D2
Landersheim 67 66 C2
Landes 17 146 A4
Landes de Gascogne (Parc Régional des) 33 193 E2
Landes-le-Gaulois 41 98 A3
Les Landes-Genusson 85 112 C4
Landes-sur-Ajon 14 28 C4
Landes-Vieilles-et-Neuves 76 16 B3
Landévant 56 90 C2
Landévennec 29 45 E4
Landevieille 85 128 B3
Landéville 52 85 E2
Landeyrat 15 183 F2
Landifay-et-Bertaignemont 02 19 F3
Landigou 61 52 B3
Le Landin 27 31 D2
Landiras 33 194 B3
Landisacq 61 52 A3
Landivisiau 29 45 F2
Landivy 53 74 B1
Landogne 63 167 E1
Landonvillers 57 40 C3
Landorthe 31 250 C2
Landos 43 202 A1
Landouzy-la-Cour 02 20 B2
Landouzy-la-Ville 02 20 B2
Landrais 17 145 E3
Le Landreau 44 112 B2
Landrecies 59 11 E4
Landrecourt-Lempire 55 38 C4
Landremont 54 64 B2
Landres 54 39 E2
Landres-et-St-Georges 08 38 A2
Landresse 25 126 A2
Landrethun-lès-Ardres 62 3 D3
Landrethun-le-Nord 62 2 C2
Landrévarzec 29 69 D2
Landreville 10 83 F4
Landrichamps 08 13 F4
Landricourt 51 62 A4
Landricourt 02 35 E1
Landroff 57 65 D1
Landry 73 175 D3
Landsberg (Château de) 67 89 D1
Landser 68 108 C2
Landudal 29 69 D2
Landudec 29 68 C3
Landujan 35 72 C2
Landunvez 29 44 C2
Lanespède 65 249 F2
Lanester 56 90 B1
Lanet 11 253 F4
Laneuvelle 52 105 F1
Laneuvelotte 54 64 C3
Laneuveville-aux-Bois 54 65 E3
Laneuveville-derrière-Foug 54 63 F3
Laneuveville-devant-Bayon 54 87 D1
Laneuveville-devant-Nancy 54 64 C3
Laneuveville-en-Saulnois 57 65 D1
Laneuveville-lès-Lorquin 57 66 A3
Laneuville à Bayard 52 62 B4
Laneuville-à-Rémy 52 84 C1
Laneuville-au-Bois 52 85 E1
Laneuville-au-Pont 52 62 A4
Laneuville-au-Rupt 55 63 E3
Laneuville-sur-Meuse 55 38 B1
Laneuvilleroy 60 34 A1
Lanfains 22 71 D1
Lanfroicourt 54 64 C2
Langan 35 72 C2
Langast 22 71 E2
Langatte 57 65 F2
Langé 36 117 E4
Langeac 43 185 D3
Langeais 37 115 E2
Langensoultzbach 67 43 D4
Langeron 58 137 D2
Langesse 45 100 C2
Langey 28 78 A4
Langlade 30 235 D1
Langley 88 87 D1
Langoat 22 46 D1
Langoëlan 56 70 B3
Langogne 48 202 A2
Langoiran 33 194 B2
Langolen 29 69 E2
Langon 35 93 D2
Langon 41 118 A2
Langon 33 194 C3
Le Langon 85 145 E1
Langonnet 56 70 A3
Langouet 35 73 D2
Langouette (Gorges de la) 39 142 A3
Langourla 22 71 F2
Langres 52 105 D2
Langrolay-sur-Rance 22 49 E3
Langrune-sur-Mer 14 29 D2
Languédias 22 72 B1
Languenan 22 49 E4
Langueux 22 48 B3
Languevoisin-Quiquery 80 18 B3
Languidic 56 90 C1
Languimberg 57 65 F2
Languivoa (Chapelle de) 29 68 C3
Langy 03 153 E2
Lanhélin 35 49 F4
Lanhères 55 39 E3
Lanhouarneau 29 45 E2
Lanildut 29 44 C2
Laning 57 41 E4
Laniscat 22 70 C2
Laniscourt 02 35 F1
Lanleff 22 47 E2
Lanloup 22 47 F2
Lanmérin 22 47 D2
Lanmeur 29 46 B2
Lanmodez 22 47 E1
Lanne 65 249 D2
Lanne 64 247 F2
Lanne-Soubiran 32 227 D2
Lannéanou 29 46 B3
Lannebert 22 47 E2
Lannecaube 64 226 C3
Lannédern 29 69 E1
Lannemaignan 32 210 A4
Lannemezan 65 258 A1
Lannepax 32 227 F1
Lanneplaà 64 225 F3
Lanneray 28 78 A4
Lannes 52 105 D1
Lannes 47 211 D3
Lanneuffret 29 45 E2
Lannilis 29 45 D2
Lannion 22 46 C1
Lannoy 59 5 E4
Lannoy-Cuillère 60 16 C3
Lannux 32 226 C2
Lano 2b 265 D4
Lanobre 15 183 D1
Lanouaille 24 180 B1
Lanouée 56 71 E4
Lanoux 09 251 F3
Lanquais 24 196 B1
Lanques-sur-Rognon 52 85 E4
Lanquetot 76 14 C4
Lanrelas 22 72 A2
Lanrigan 35 73 D1
Lanrivain 22 70 C1
Lanrivoaré 29 44 C2
Lanrodec 22 47 E3
Lans 71 140 A2
Lans-en-Vercors 38 189 D3
Lansac 65 249 E2
Lansac 33 177 E3
Lansac 66 262 A1
Lansargues 34 234 C2
Lanslebourg-Mont-Cenis 73 191 E1
Lanslevillard 73 191 E1
Lanta 31 230 B3
Lantabat 64 247 D1
Lantages 10 83 E4
Lantan 18 136 B1
Lantéfontaine 54 39 E3
Lantenay 21 123 E2
Lantenay 01 157 D3
Lantenne-Vertière 25 124 D2
Lantenot 70 107 D2
La Lanterne-et-les-Armonts 70 107 E2
Lanteuil 19 181 E3
Lanthenans 25 126 B1
Lanthes 21 124 A4
Lantheuil 14 28 C3
Lantic 22 47 F3
Lantignié 69 154 E3
Lantillac 56 71 E4
Lantilly 21 103 E4
Lanton 33 193 D2
Lantosque 06 241 D2
Lantriac 43 186 A4
Lanty 58 138 B2
Lanty-sur-Aube 52 84 B4
Lanuéjols 48 201 F4
Lanuéjols 30 216 C3
Lanuéjouls 12 199 D4
Lanvallay 22 49 E4
Lanvaudan 56 70 B4
Lanvaux (Landes de) 56 91 F2

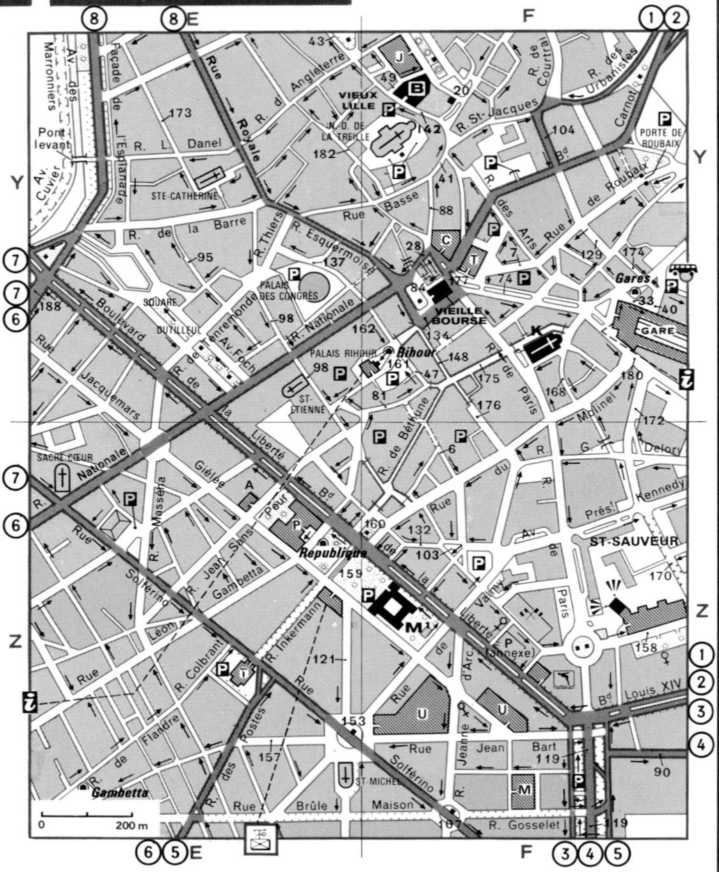
VIEUX LILLE
N.-D. DE LA TREILLE
Pont levant
Av. des Marronniers
Façade de l'Esplanade
Av. Cuvier
STE-CATHERINE
R. L. Danel
R. de la Barre
Rue Royale
R. d'Angleterre
R. St-Jacques
R. des Urbanistes
R. de Courtrai
Carnot
PORTE DE ROUBAIX
Rue Basse
R. Esquermoise
R. Thiers
PALAIS DES CONGRÈS
SQUARE DUTILLEUL
R. Nationale
VIEILLE BOURSE
Gares
GARE
PALAIS RIHOUR
Rihour
ST ETIENNE
R. de Béthune
R. de Paris
Molinel
Delory
SACRÉ CŒUR
Bd de la Liberté
Gambetta
Masséna
Solférino
République
ST-SAUVEUR
Av. Prés. Kennedy
R. Inkermann
R. Colbrant
Rue de Flandre
Rue des Postes
Rue Jean Bart
R. Gosselet
Bd Louis XIV
ST-MICHEL
Rue Brûle Maison
0
200 m

Lille

Béthune (R. de) FYZ
Esquermoise (R.) EFY
Faidherbe (R.) FY 74
Gambetta (R. Léon) EZ
Gaulle (Pl. Gén.-de) (Grand Place) FY 84
Grande Chaussée (R. de la) FY 88
Monnaie (R. de la) FY 142
Nationale (R.) EYZ
Neuve (R.) FY 148

Amiens (R. d') FZ 6
Anatole-France (R.) FY 7
Angleterre (R. d') EY
Aris (R. des) FY
Barre (R. de la) EY
Basse (R.) EFY
Bettignies (R. L. de) FY 20
Bourse (R. de la) FY 28
Brûle-Maison (R.) EFZ
Buisses (R. des) FY 33
Carnot (Bd) FY
Casernes (R. des) FY 40
Chats-Bossus (R. des) FY 41
Colbrant (R.) EZ
Collégiale (R. de la) EY 43
Comédie (R. de la) FY 47
Comtesse (Hospice) FY B
Comtesse (R.) FY 49
Courtrai (R. de) FY
Cuvier (Av.) EY
Danel (R. L.) EY
Delory (R. G.) FZ
Esplanade (Façade de l') EY
Flandre (R. de) EZ
Foch (Av.) EY
Fosses (R. des) FY 81
Gosselet (R.) FZ
Guérin (R. Camille) FZ 90
Halloterie (R. de la) EY 95
Hôpital-Militaire (R.) EY 98
Inkermann (R.) EZ
Jacquart (Pl.) FZ 103
Jacquemars-Giélée (R.) EYZ
Jardins (R. des) FY 104
Jean-Bart (R.) FZ
Jeanne-d'Arc (Pl.) FZ 107
Jean-sans-Peur (R.) EZ
Lebas (Bd J.-B.) FZ 119
Leblanc (R. Nicolas) EZ 121
Liberté (Bd de la) EYZ
Lombart (R. du) FY 129
Louis XIV (Bd) FZ
Maillotte (R.) FZ 132
Manneliers (R. des) FY 134
Marronniers (Av. des) EY
Masséna (R.) EZ
Mendès France (Pl.) EY 137
Molinel (R. du) FYZ
Paris (R. de) FYZ
Philippe-le-Bon (Pl.) EZ 153
Postes (R. des) EZ
Président-Kennedy (Av. du) FZ
Pyramides (R. des) EZ 157
Réduit (R. du) FZ 158
République (Pl. de la) EFZ 159
Richebé (Pl.) EFZ 160
Rihour (Pl.) FY 161
Roisin (R. Jean) EFY 162
Roubaix (R. de) FY
Royale (R.) EY
St-Génois (R.) FY 168
St-Jacques (R.) FY
St-Maurice (✝) FY K
St-Sauveur (R.) FZ 170
St-Venant (Av. Ch.) FYZ 172
Ste-Catherine (R.) EY 173
Sans Pavé (R.) FY 174
Sec-Arembault (R. du) FY 175
Solférino (R.) EZ
Tanneurs (R. des) FYZ 176
Tenremonde (R.) EY
Théâtre (Pl. du) (Petite Place) FY 177
Thiers (R.) EY
Tournai (R. de) FY 180
Trois-Mollettes (R. des) EY 182
Urbanistes (R. des) FY
Valmy (R. de) FZ
Vauban (Bd) EY 188

Lanvellec 22 46 C2
Lanvénégen 56 70 A4
Lanvéoc 29 45 D4
Lanvézéac 22 47 D2
Lanvollon 22 47 E2
Lanzac 46 197 F1
Laon 02 19 F4
Laons 28 55 E3
Laouzas (Lac de) 81 232 B2
Lapalisse 03 153 E2
Lapalme 11 254 C4
Lapalud 84 219 D1
Lapan 18 135 F1
Lapanouse 12 216 A1
Lapanouse-de-Cernon 12 216 B4
Laparade 47 211 E1
Laparrouquial 81 214 B3
Lapège 09 260 B1
Lapenche 82 213 E2
Lapenne 09 252 B2
Lapenty 50 51 E4
Laperche 47 196 A3
Laperrière-sur-Saône 21 124 A3
Lapeyre 65 249 F1
Lapeyrère 31 251 F2
Lapeyrouse 63 152 B3
Lapeyrouse 01 156 A4
Lapeyrouse-Fossat 31 230 A2
Lapeyrouse-Mornay 26 187 F1
Lapeyrugue 15 199 F2
Lapleau 19 182 B2
Laplume 47 211 E3
Lapoutroie 68 88 C3
Lapouyade 33 177 F3
Lappion 02 20 B4
Laprade 16 178 C2
Laprade 11 231 E4
Laprugne 03 153 F4
Laps 63 168 B3
Lapte 43 186 B2
Lapugnoy 62 9 F1
Laquenexy 57 40 B4
Laqueuille 63 167 E3
Laragne-Montéglin 05 221 E1
Larajasse 69 171 D3
Laramière 46 214 A1
Laran 65 250 A2
Larbey 40 226 A2
Larbont 09 251 F3
Larbroye 60 18 C4
Larcan 31 250 B2
Larcat 09 260 B1
Larçay 37 116 A2
Larceveau-Arros-Cibits 64 247 D1
Larchamp 61 52 A3
Larchamp 53 74 B2
Larchant 77 80 B2
Larche 19 181 D3
Larche 04 207 E3
Le Larderet 39 142 A2
Lardier-et-Valença 05 206 A4
Lardiers 04 221 E3
Le Lardin-St-Lazare 24 180 C3
Lardy 91 57 E4
Laredorte 11 254 A2
Larée 32 210 B4
Laréole 31 229 D2
Largeasse 79 130 C3
Largentière 07 202 C3
Largillay-Marsonnay 39 141 E4
Largitzen 68 108 B3
Largny-sur-Automne 02 34 C3
Largoët (Forteresse de) 56 91 F2
Larians-et-Munans 70 125 F1
Larina (Plateau de) 38 172 B2
Larivière 90 108 A3
Larivière-sur-Apance 52 86 A4
Larmor-Baden 56 91 D3
Larmor-Plage 56 90 B2
Larnage 26 187 E3
Larnagol 46 198 B4
Larnas 07 203 E4
Larnat 09 260 B1
Larnaud 39 141 D2
Larnod 25 125 D3
Laroche-près-Feyt 19 167 D3
Laroche-St-Cydroine 89 102 A1
Larochemillay 58 138 C1
Larodde 63 167 D4
Laroin 64 248 B1
Larone (Col de) 2A 269 E1
Laronxe 54 65 D4
Laroque 34 217 E4
Laroque 33 194 C2
Laroque-de-Fa 11 254 A4
Laroque-des-Albères 66 262 C3
Laroque-des-Arcs 46 197 F4
Laroque-d'Olmes 09 252 C4
Laroque-Timbaut 47 212 A1
Laroquebrou 15 182 B4
Laroquevieille 15 183 D4
Larouillies 59 20 A1
Larra 31 229 E2
Larrau 64 247 E3
Larrau (Port de) 64 247 E3
Larrazet 82 212 B4
Larré 61 76 B1
Larré 56 91 F2
Larressingle 32 211 D4
Larressore 64 224 B4
Larret 70 105 F3
Larreule 65 227 E4
Larreule 64 226 B3
Larrey 21 103 F1
Larribar-Sorhapuru 64 247 D1
Larringes 74 158 C1
Larrivière 40 226 B1
Larrivoire 39 157 E1
Larroque 81 213 F4
Larroque 31 250 B2
Larroque 65 250 A1
Larroque-Engalin 32 211 E4
Larroque-St-Sernin 32 228 A1
Larroque-sur-l'Osse 32 211 D4
Larroque-Toirac 46 198 C4
Lartigue 32 228 C3
Lartigue 33 210 B2
Laruns 64 256 B2
Laruscade 33 177 F3
Larzac 24 197 D2
Larzac (Causse du) 12,34 233 E1
Larzicourt 51 61 F3
Lasalle 30 217 F3
Lasbordes 11 253 D1
Lascabanes 46 213 D1
Lascaux 19 180 C1
Lascaux (Grotte de) 24 180 B3
Lascazères 65 227 D3
Lascelle 15 183 D4
Lasclaveries 64 226 C4
Lasfaillades 81 232 A3
Lasgraisses 81 231 D1
Laslades 65 249 E2
Lassales 65 250 A2
Lassay-les-Châteaux 53 75 D1
Lassay-sur-Croisne 41 117 E2
Lasse 64 246 C2
Lasse 49 96 A4
Lasserade 32 227 E2
Lasséran 32 228 B3
Lasserre 31 229 E2
Lasserre 64 227 D3
Lasserre 09 259 E2
Lasserre 47 211 D3
Lasserre-de-Prouille 11 253 D2
Lasseube 64 248 B2
Lasseube-Propre 32 228 B3
Lasseubetat 64 248 B2
Lassicourt 10 83 F1
Lassigny 60 18 B4
Lassois (Mont) 21 103 F1
Lasson 14 29 D3
Lasson 89 82 C4
Lassouts 12 200 B4
Lassur 09 260 C1
Lassy 35 72 C4
Lassy 14 52 A1
Lassy 95 33 F4
Lastic 15 184 B3
Lastic 63 167 D2
Lastioulles (Barrage de) 15 183 E1
Lastours 11 253 F1
Lataule 60 34 B1
Le Latet 39 142 A2
La Latette 39 142 B2
Lathuile 74 174 A1
Lathus-St-Rémy 86 148 C2
Latillé 86 131 F3
Latilly 02 35 E4
Latoue 31 250 C2
Latouille-Lentillac 46 198 C1
Latour 31 251 E2
Latour-Bas-Elne 66 263 D3
Latour-de-Carol 66 260 C3
Latour-de-France 66 262 B1
Latour-en-Woëvre 55 39 E4
Latrape 31 251 E2
Latrecey 52 104 B1
Latresne 33 194 B1
Latrille 40 226 C2
Latronche 19 182 C2
Latronquière 46 199 D2
Lattainville 60 32 C3
Latte (Fort la) 22 49 D2
Lattes 34 234 B3
Lattre-St-Quentin 62 9 F3
Lau-Balagnas 65 257 D2
Laubach 67 67 D1
Laubert 48 201 F3
Les Laubies 48 201 E2
Laubressel 10 83 E2
Laubrières 53 94 B1
Lauch (Lac de la) 68 108 A1
Laucourt 80 18 B4
Laudrefang 57 41 D4
Laudun 30 219 D3
Laugnac 47 211 E1
Laujuzan 32 227 D1
Laulne 50 26 C2
Les Laumes 21 103 F4
Laumesfeld 57 40 C2
Launac 31 229 E2
Launaguet 31 230 A2
Launay 27 30 C3
Launay 27 31 D4
Launay-Villiers 53 74 B3
Launois-sur-Vence 08 21 D4
Launoy 02 35 E3
Launstroff 57 40 C1
La Laupie 26 203 F3
Laurabuc-et-Mireval 11 252 C2
Laurac 11 252 C2
Laurac-en-Vivarais 07 202 C4
Lauraët 32 211 D4
Lauraguel 11 253 D3
Laure-Minervois 11 253 F1
Laurède 40 225 F1
Laurenan 22 71 F2
Laurens 34 233 D3
Lauresses 46 199 D2
Lauret 34 234 B1
Lauret 40 226 C3
Laurie 15 184 B2
Laurière 87 149 F4
Lauris 84 237 D1
Lauroux 34 233 E2
Laussac 12 200 A1
Laussonne 43 186 A4
Laussou 47 196 C3
Lautaret (Col du) 05 190 C3
Lautenbach 68 108 B1
Lautenbachzell 68 108 B1
Lauter 67 43 F4
Lauterbourg 67 43 F4
Lauthiers 86 133 D3
Lautignac 31 229 D4
Lautrec 81 231 D2
Lauw 68 108 A2
Lauwin-Planque 59 10 B2
Laux-Montaux 26 221 D1
Lauzach 56 91 F3
Lauzerte 82 212 C2
Lauzerville 31 230 B3
Lauzès 46 198 A3
Le Lauzet-Ubaye 04 206 C4
Lauzun 47 196 A3
Lava (Col de) 2A 266 A2
Lavacquerie 60 17 D3
Laval 53 74 C4
Laval 38 189 F2
Laval-Atger 48 201 F1
Laval-d'Aix 26 205 D2
Laval-d'Aurelle 07 202 B3
Laval-de-Cère 46 182 A4
Laval-du-Tarn 48 216 C1
Laval-en-Brie 77 81 D1
Laval-en-Laonnois 02 35 F1
Laval-Morency 08 21 D2
Laval-Pradel 30 218 A2
Laval-le-Prieuré 25 126 B2
Laval-Roquecezière 12 232 A1
Laval-St-Roman 30 219 D1
Laval-sur-Doulon 43 185 D1
Laval-sur-Luzège 19 182 B2
Laval-sur-Tourbe 51 37 E4
Laval-sur-Vologne 88 87 F3
Lavalade 24 196 C2
Lavaldens 38 189 E4
Lavalette 34 233 E2
Lavalette 31 230 B2
Lavalette 11 253 E2
Lavalette (Barrage de) 43 186 B3
Lavallée 55 62 C2
Le Lavancher 74 159 E4
Lavancia-Epercy 39 157 D1
Le Lavandou 83 245 D3
Lavangeot 39 124 C3
Lavannes 51 36 C2
Lavans-lès-Dole 39 124 C3
Lavans-Quingey 25 125 D3
Lavans-lès-St-Claude 39 157 E1
Lavans-sur-Valouse 39 157 D1
Lavans-Vuillafans 25 125 F3
Lavaqueresse 02 19 F2
Lavardac 47 211 D2
Lavardens 32 228 A1
Lavardin 41 97 F3
Lavardin 72 76 A4
Lavaré 72 77 D4
Lavars 38 205 E1
Lavasina 2B 265 E1
Lavastrie 15 184 A4
Lavatoggio 2b 264 B3
Lavau 89 101 D4
Lavau 10 83 D2
Lavau-sur-Loire 44 111 D2
Lavaudieu 43 184 C2
Lavaufranche 23 151 D2
Lavault-de-Frétoy 58 121 F4
Lavault-St-Anne 03 151 F2
Lavaur 24 197 D3
Lavaur 81 230 C2
Lavaurette 82 213 F2
Lavausseau 86 131 F4
Lavaveix-les-Mines 23 150 C4
Lavazan 33 210 B1
Laveissenet 15 183 F3
Laveissière 15 184 E3
Lavelanet 09 252 C4
Lavelanet-de-Comminges 31 251 E1
Laveline-devant-Bruyères 88 88 A3
Laveline-du-Houx 88 87 F3
Lavenay 72 97 E2
Laventie 62 4 C4
Laveraët 32 227 F3
Lavercantière 46 197 E3
Laverdines 18 119 F4
Lavergne 46 198 B2
Lavergne 47 195 F3
Lavernat 72 96 C3
Lavernay 25 125 D2
Lavernhe 12 216 A1
Lavernose-Lacasse 31 229 E4
Lavernoy 52 105 F1
Laverrière 60 17 D3
Laversine 02 35 D2
Laversines 60 33 E2
Lavérune 34 234 B3
Laveyron 26 187 E2
Laveyrune 07 202 A3
Laveyssière 24 179 D4
Lavezzi (Iles) 2A 269 E4
Lavieu 42 170 A4
Laviéville 80 18 A1
Lavigerie 15 183 E3
Lavignac 87 164 B2
Lavignéville 55 63 E1
Lavigney 70 106 A3
Lavigny 39 141 E2
Lavillatte 07 202 B2
Laville-aux-Bois 52 85 E4
Lavilledieu 07 203 D3
Lavilleneuve 52 85 F4
Lavilleneuve-au-Roi 52 84 C3
Lavilleneuve-aux-Fresnes 52 84 C3
Lavilletertre 60 33 D3
Lavincourt 55 62 C3
Laviolle 07 203 D2
Laviron 25 126 B2
Lavit 82 212 B4
Lavoine 03 153 F4
Lavoncourt 70 106 A3
Lavours 01 173 D1
Lavoûte-Chilhac 43 184 C3
Lavoûte-Polignac 43 185 F3
Lavoûte-sur-Loire 43 185 F3
Lavoux 86 132 C3
Lavoye 55 38 B4
Lawarde-Mauger-l'Hortoy 80 17 E3
Laxou 54 64 B3
Lay 85 144 C1
Lay 42 154 C4
Lay-Lamidou 64 247 F1
Lay-St-Christophe 54 64 B2
Lay-St-Remy 54 63 E3
Laye 05 206 A2
Laymont 32 229 D4
Layrac 47 211 F3
Layrac-sur-Tarn 31 230 B1
Layrisse 65 257 E1
Lays-sur-le-Doubs 71 140 C1
Laz 29 69 E2
Lazenay 18 118 B4
Lazer 05 221 E1
Léalvillers 80 17 F1
Léaupartie 14 29 F3
Léaz 01 157 E3
Lebetain 90 108 A4
Lebeuville 54 87 D1
Lebiez 62 8 C2
Leboulin 32 228 B2
Lebreil 46 212 C1
Lebucquière 62 10 B4
Lécaude 14 29 F4
Lecci 2a 269 E2
Lecelles 59 11 D1
Lecey 52 105 E2
Lechâtelet 21 123 F4
Léchelle 62 18 C1
Léchelle 77 59 E4
La Léchère 73 174 C3
Les Lèches 24 179 D4
Lécluse 59 10 B3
Lécourt 52 85 F4
Lécousse 35 74 A1
Lecques 30 234 C1
Les Lecques 83 243 F3
Lect 39 157 D1
Lectoure 32 211 F4
Lecumberry 64 247 D2
Lécussan 31 250 A2
Lédas-et-Penthiès 81 215 D3
Lédat 47 196 B4
Lédenon 30 218 C4
Lédergues 12 215 D3
Lederzeele 59 3 F3
Ledeuix 64 248 A2
Lédignan 30 218 B4
Ledinghem 62 3 D4
Ledringhem 59 4 A2
Lée 64 248 C1
Leers 59 5 E4
Lées-Athas 64 248 A3
Lefaux 62 8 B1
Leffard 14 52 C1
Leffincourt 08 37 E2
Leffonds 52 105 D1
Leffrinckoucke 59 4 A1
Leforest 62 10 B2
Lège 31 250 B4
Legé 44 129 D1
Lège-Cap-Ferret 33 192 C1
Légéville-et-Bonfays 88 86 C3
Léglantiers 60 34 A1
Légna 39 157 D1
Légny 69 171 D1
Léguevin 31 229 E3
Léguillac-de-l'Auche 24 179 E2
Léguillac-de-Cercles 24 179 D1
Léhélec 56 92 B3
Léhon 22 49 E4
Leigné-les-Bois 86 133 D2
Leigné-sur-Usseau 86 132 B1
Leignes-sur-Fontaine 86 133 D4
Leigneux 42 169 F2
Leimbach 68 108 B2
Leintrey 54 65 E3
Leiterswiller 67 67 E1
Lélex 01 157 F2
Lelin-Lapujolle 32 227 D2
Lelling 57 41 D4
Lemainville 54 64 C4
Leman (Lac) 74 143 D4
Lembach 67 43 D4
Lemberg 57 42 C4
Lembeye 64 227 D4
Lembras 24 196 A1
Lème 64 226 C3
Lemé 02 20 A2
Leménil-Mitry 54 87 D1
Lémeré 37 115 E4
Lemmecourt 88 86 A2
Lemmes 55 38 C4
Lemoncourt 57 64 C1
Lempaut 81 231 D3
Lempdes 43 184 B1
Lempdes 63 168 B2
Lempire 02 19 D1
Lempire-aux-Bois 55 38 C4
Lemps 07 187 E3
Lemps 26 220 C1
Lempty 63 168 C2
Lempzours 24 179 F1
Lemud 57 40 C4
Lemuy 39 142 A1
Lénault 14 52 A1
Lenax 03 153 F2
Lencloître 86 132 B2
Lencouacq 40 209 F3
Lendresse 64 226 A4
Lengelsheim 57 42 C3
Lengronne 50 50 C1
Lenharrée 51 60 C3
Léning 57 65 E1
Lénizeul 52 85 F4
Lennon 29 69 E1
Lenoncourt 54 64 C3
Lens 62 10 A2
Lens-Lestang 26 188 A2
Lent 39 142 A2
Lent 01 156 B3
Lente (Forêt de) 26 188 C4
Lentigny 42 154 A4
Lentillac-Lauzès 46 198 A3
Lentillac-St-Blaise 46 199 D3
Lentillères 07 203 D3
Lentilles 10 84 A1
Lentilly 69 171 D2
Lentiol 38 188 A1
Lento 2b 265 D3
Léobard 46 197 E2
Léogeats 33 194 B3
Léognan 33 194 A2
Léojac 82 213 D3
Léon 40 208 A4
Léoncel 26 188 B4
Léotoing 43 184 B1
Léouville 45 79 F3
Léoville 17 177 F1
Lépanges-sur-Vologne 88 87 F3
Lépaud 23 151 E2
Lépin-le-Lac 73 173 D3
Lépinas 23 150 B4
Lépine 62 8 B2
Lépron-les-Vallées 08 21 D3
Lepuix 90 107 F2
Lepuix-Neuf 90 108 B3
Léran 09 252 C3
Lercoul 09 260 B1
Léré 18 119 F1
Léren 64 225 E3
Lérigneux 42 169 F3
Lérins (Iles de) 06 240 B3
Lerm-et-Musset 33 210 B1
Lerné 37 114 C3
Lérouville 55 63 D2
Lerrain 88 86 C3
Léry 27 31 F3
Léry 21 104 B4
Lerzy 02 20 A2
Lesbœufs 80 18 B1
Lesbois 53 74 C1
Lescar 64 248 B1
Leschaux 74 174 A2
Leschelles 02 19 F1
Lescheraines 73 173 F2
Leschères 39 141 F4
Leschères-sur-le-Blaiseron 52 85 D2
Lescherolles 77 59 E3
Lescheroux 01 156 B1
Lesches 77 58 B2
Lesches-en-Diois 26 205 D3
Lescouët-Gouarec 22 70 B2
Lescousse 09 252 A2
Lescout 81 231 D3
Lescun 64 256 A2
Lescuns 31 251 D2
Lescure 09 259 F2
Lescure-d'Albigeois 81 214 C4
Lescure-Jaoul 12 214 B2
Lescurry 65 249 E1
Lesdain 59 10 C4
Lesdins 02 19 D2
Lesges 02 35 F2
Lesgor 40 208 C4
Lésigny 86 133 D2
Lésigny 77 58 A3
Le Leslay 22 47 E4
Lesme 71 138 A3
Lesménils 54 64 B1
Lesmont 10 83 F1
Lesneven 29 45 E2
Lesparre-Médoc 33 176 B1
Lesparrou 09 252 C4
Lesperon 40 208 B4
Lespéron 07 202 B2
Lespesses 62 9 E1
Lespielle 64 227 D4
Lespignan 34 255 D1
Lespinasse 31 229 F2
Lespinassière 11 232 A4
Lespinoy 62 8 C2
Lespiteau 31 258 C2
Lespouey 65 249 E2
Lespourcy 64 227 D4
Lespugue 31 250 B2
Lesquerde 66 262 A1
Lesquielles-St-Germain 02 19 F2
Lesquin 59 5 D4
Lessac 16 148 B4
Lessard-en-Bresse 71 140 B2
Lessard-et-le-Chêne 14 30 A4
Lessard-le-National 71 140 A1
Lessay 50 26 C3
Lesse 57 65 D1
Lesseux 88 88 C2
Lessières (Pointe des) 73 175 F4
Lesson 85 146 A1
Lessy 57 40 A3
Lestanville 76 15 E3
Lestards 19 165 F4
Lestelle-Bétharram 64 248 C2
Lestelle-de-St-Martory 31 250 C2
Lesterps 16 148 B4
Lestiac-sur-Garonne 33 194 B2
Lestiou 41 98 C3
Lestournelles (Grottes de) 47 211 F1
Lestrade-et-Thouels 12 215 E3
Lestre 50 25 E3
Lestrem 62 4 B4
Létanne 08 22 A4
Lételon 03 136 A3
Léthuin 28 79 D2
Letia 2a 266 B2
Létra 69 155 D4
Létricourt 54 64 C1
Letteguives 27 32 A2
Lettret 05 206 A4
Leubringhen 62 2 C2
Leuc 11 253 E2
Leucamp 15 199 F2
Leucate 11 254 C4
Leucate (Cap) 11 254 C4
Leuchey 52 105 D3
Leudeville 91 57 E4
Leudon-en-Brie 77 59 E3
Leuglay 21 104 B2
Leugny 89 101 F3
Leugny 86 132 C1
Leuhan 29 69 E2
Leuilly-sous-Coucy 02 35 E1

Leulinghem 62 3 E3
Leulinghen-Bernes 62 2 C3
Leurville 52 85 E2
Leury 02 35 E2
Leutenheim 67 67 F1
Leuville-sur-Orge 91 57 E4
Leuvrigny 51 36 A4
Le Leuy 40 226 A1
Leuze 02 20 C2
Levainville 28 79 D1
Leval 90 108 A2
Leval 59 11 F4
Levallois-Perret 92 57 E2
Levant (Île du) 83 245 D3
Levaré 53 74 B1
Levécourt 52 85 F3
Levens 06 241 D3
Levergies 02 19 D2
Levernois 21 123 E4
Lèves 28 78 C1
Les Lèves-et-Thoumeyragues 33 195 E1
Levesville-la-Chenard 28 79 D2
Levet 18 135 F1
Levie 2a 269 D2
Levier 25 125 E4
Lévignac 31 229 E2
Lévignac-de-Guyenne 47 195 E3
Lévignacq 40 208 B3
Lévignen 60 34 C3
Lévigny 10 84 B2
Levis 89 101 F3
Lévis-St-Nom 78 56 C3
Levoncourt 68 108 B4
Levoncourt 55 63 D2
Levroux 36 134 B1
Lewarde 59 10 C2
Lexy 54 39 E1
Ley 57 65 E2
Leychert 09 252 B4
Leydé (Pointe de) 29 68 C2
Leyme 46 198 C2
Leymen 68 109 D4
Leyment 01 172 B1
Leynes 71 155 E2
Leynhac 15 199 E2
Leyr 54 64 C2
Leyrat 23 151 D2
Leyrieu 38 172 B2
Leyritz-Moncassin 47 210 C1
Leyssard 01 156 C3
Leyvaux 15 184 A2
Leyviller 57 41 E4
Lez 31 250 B4
Lez-Fontaine 59 12 B4
Lézan 30 218 A3
Lézardrieux 22 47 E1
Lézat 39 142 A4
Lézat-sur-Lèze 09 251 F1
Lezay 79 147 D2
Lezennes 59 5 E4
Lézéville 52 85 D2
Lezey 57 65 D2
Lézignan-Durand 16 163 E2
Lézignan 65 249 D2
Lézignan-la-Cèbe 34 233 F4
Lézignan-Corbières 11 254 B2
Léziné 49 95 F3
Lézigneux 42 170 A3
Lézinnes 89 103 D2
Lezoux 63 168 C2
Lhéraule 60 33 D1
Lherm 46 197 E3
Lherm 31 229 E4
Lhéry 51 36 A3
Lhez 65 249 E2
Lhommaizé 86 148 A1
Lhomme 72 97 D3
Lhôpital 01 157 E4
Lhor 57 65 F1
Lhospitalet 46 213 D1
Lhoumois 79 131 E3
Lhuis 01 172 C2
Lhuître 10 61 D4
Lhuys 02 35 F3
Liac 65 227 E4
Liancourt 60 34 A2
Liancourt-Fosse 80 18 B3
Liancourt-St-Pierre 60 33 D2
Liart 08 20 C3
Lias 32 229 E3
Lias-d'Armagnac 32 227 D1
Liausson 34 233 E2
Libaros 65 249 F1
Libercourt 62 10 B1
Libermont 60 18 C3
Libourne 33 177 F4
Licey-sur-Vingeanne 21 105 E4
Lichans-Sunhar 64 247 E2
Lichères 16 162 C1
Lichères-près-Aigremont 89 102 C3
Lichères-sur-Yonne 89 121 D1
Lichos 64 247 E1

Lichtenberg 67 66 C1
Licourt 80 18 B2
Licq-Athérey 64 247 E1
Licques 62 3 D3
Licy-Clignon 02 35 D4
Lidrezing 57 65 E1
Liebenswiller 68 109 D4
Liebsdorf 68 108 C4
Liebvillers 25 126 C1
Liederschiedt 57 42 C3
Lieffrans 70 106 B4
Le Liège 37 116 C3
Liéhon 57 42 B4
Liencourt 62 9 E3
Lieoux 31 250 C2
Liéramont 80 18 C1
Liercourt 80 17 D1
Lières 62 9 E1
Liergues 69 155 E4
Liernais 21 122 B3
Liernolles 03 153 F1
Lierval 02 35 F1
Lierville 60 33 D3
Lies 65 257 F2
Liesle 25 125 D4
Liesse 02 20 A4
Liessies 59 12 B4
Liesville-sur-Douve 50 27 D2
Liettres 62 3 F4
Lieu-St-Amand 59 11 D3
Lieuche 06 223 F3
Lieucourt 70 140 B1
Lieudieu 38 172 B4
Lieuran-lès-Béziers 34 233 E4
Lieuran-Cabrières 34 233 E3
Lieurey 27 30 C3
Lieuron 35 92 C1
Lieury 14 53 D1
Lieusaint 50 25 D3
Lieusaint 77 58 A4
Lieutadès 15 200 B1
Lieuvillers 60 34 A1
Liévans 70 107 D3
Liévin 62 10 A2
Lièvremont 25 126 A4
Liez 02 19 D3
Liez 85 145 F1
Liézey 88 88 A3
Liffol-le-Grand 88 85 F2
Liffol-le-Petit 52 85 F2
Liffré 35 73 E3
Ligardes 32 211 E3
Ligescourt 80 8 C3
Liget (Chartreuse du) 37 116 C3
Liginiac 19 182 C1
Liglet 86 133 E4
Lignac 36 149 D1
Lignairolles 11 252 C3
Lignan-sur-Orb 34 233 D4
Lignan-de-Bazas 33 194 C4
Lignan-de-Bordeaux 33 194 B1
Lignareix 19 166 C3
Ligné 44 112 B1
Ligné 16 162 B1
Lignères 61 53 F3
Lignereuil 62 9 F3
Lignerolles 21 104 B1
Lignerolles 27 55 E2
Lignerolles 03 151 E2
Lignerolles 61 54 B4
Lignerolles 36 135 E4
Lignéville 88 86 B3
Ligneyrac 19 181 E4
Lignières 18 135 E2
Lignières 41 98 A2
Lignières 10 102 C1
Lignières 80 18 A4
Lignières-Bouton 49 114 C1
Linières 86 132 C3
Lignières-la-Carelle 72 76 B1
Lignières-Châtelain 80 16 C3
Lignières-de-Touraine 37 115 D2
Lignières-La-Doucelle 53 52 C4
Lignières-en-Vimeu 80 16 C2
Lignières-Sonneville 16 162 A3
Lignières-sur-Aire 55 63 D2
Lignol 56 70 B3
Lignol-le-Château 10 84 B3
Lignon 51 61 E4
Lignorelles 89 102 B2
Lignou 61 52 B3
Ligny-lès-Aire 62 9 E1
Ligny-le-Châtel 89 102 B2
Ligny-en-Barrois 55 62 C3
Ligny-en-Brionnais 71 154 B2
Ligny-Haucourt
Ligny-le-Ribault 45 99 D3
Ligny-St-Flochel 62 9 E2

Ligny-sur-Canche 62 9 D3
Ligny-Thilloy 62 10 A4
Ligré 37 115 D3
Ligron 72 96 A2
Ligsdorf 68 108 C4
Ligueil 37 116 B4
Ligueux 24 179 F2
Ligueux 33 195 F2
Ligugé 86 132 A4
Lihons 80 18 B2
Lihus 60 17 D4
Les Lilas 93 57 F2
Lilhac 31 250 C1
Lilignod 01 157 D4
Lille 59 5 D4
Lillebonne 76 14 C4
Lillemer 35 49 F3
Lillers 62 9 F1
Lilly 27 32 B2
Limalonges 79 147 E3
Limans 04 221 D3
Limanton 58 138 A1
Limas 69 155 E4
Limay 78 56 B1
Limbrassac 09 252 C3
Limé 02 35 F2
Limeil-Brévannes 94 57 F3
Limendous 64 248 C1
Limeray 37 116 C1
Limersheim 67 67 D4
Limerzel 56 92 A3
Limésy 76 15 E4
Limetz-Villez 78 32 B4
Limeuil 24 196 C1
Limeux 18 118 B4
Limeux 80 16 C1
Limey-Remenauville 54 64 A1
Limeyrat 24 196 A3
Limoges 87 164 C2
Limoges-Fourches 77 58 B4
Limogne-en-Quercy 46 213 F1
Limoise 03 137 D3
Limon 58 137 E1
Limonest 69 171 E1
Limons 63 153 D4
Limont-Fontaine 59 12 B3
Limony 07 187 E1
Limours 91 57 E4
Limousis 11 253 F1
Limoux 11 253 E3
Linac 46 199 D3
Linard 23 150 B2
Linards 87 165 D3
Linars 16 162 B3
Linas 91 57 E4
Linay 08 22 B4
Linazay 86 147 E3
Lincel 04 221 D4
Lincheux-Hallivillers 80 17 D2
Lindebeuf 76 15 D3
Le Lindois 16 163 E2
Lindre-Basse 57 65 E2
Lindre-Haute 57 65 E2
Lindry 89 102 A2
Linexert 70 107 D2
Lingé 36 133 E2
Lingeard 50 51 E3
Lingèvres 14 28 B3
Linghem 67 4 A4
Lingolsheim 67 67 D3
Lingreville 50 50 B1
Linguizzetta 2b 267 E3
Lizac 82 212 C3
Lizant 86 147 F3
Lizeray 36 135 D1
Lizières 23 149 F3
Lizine 25 125 E4
Lizines 77 81 E1
Lizio 56 91 F1
Lizos 65 249 E1
Lizy 02 35 E1
Lizy-sur-Ourcq 77 58 C1
La Llagonne 66 261 E3
Llauro 66 262 B3
Llo 66 261 D4
Llupia 66 262 B3
Loc-Brévalaire 29 46 A3
Loc Dieu (Ancienne Abbaye) 12 214 A1
Loc-Eguiner 29 45 F3
Loc-Eguiner-St-Thégonnec 29 46 A3
Loc-Envel 22 46 C3
Locarn 22 70 B1
Loché 71 155 E2
Loché-sur-Indrois 37 117 D4
Loches 37 116 B4
Loches-sur-Ource 10 84 A4
Le Locheur 14 28 C4
Lochieu 01 157 E4
Lochwiller 67 70 C1
Locmalo 56 70 B2
Locmaria 56 90 C4

Lipsheim 67 67 D4
Lirac 30 219 D3
Liré 49 112 C1
Lirey 10 83 D3
Lironcourt 88 106 A1
Lironville 54 64 A2
Liry 08 37 E2
Lisbourg 62 9 D1
Lisieux 14 30 B3
Lisle 24 195 F2
Lisle 41 98 A2
Lisle-en-Barrois 55 62 B1
Lisle-en-Rigault 55 62 B3
Lisle-sur-Tarn 81 230 C1
Lislet 02 20 B3
Lison 14 27 E4
Lison (Source du) 25 125 E4
Lisores 14 53 E1
Lisors 27 32 B2
Lissac 09 252 A1
Lissac 43 185 E3
Lissac-et-Mouret 46 198 C3
Lissac-sur-Couze 19 181 D3
Lissay-Lochy 18 135 F1
Lisse 47 211 D3
Lisse-en-Champagne 51 61 E2
Lisses 91 57 E4
Lisseuil 63 152 B4
Lissey 55 38 C2
Lissieu 69 171 E1
Lissy 77 58 B4
Listrac-de-Durèze 33 195 D2
Listrac-Médoc 33 176 C3
Lit-et-Mixe 40 208 A3
Lithaire 50 26 C2
Litteau 14 28 A3
Littenheim 67 66 C2
Litz 60 34 A1
Livaie 61 76 A1
Livarot 14 53 E1
Liverdun 54 64 B2
Liverdy-en-Brie 77 58 B3
Livernon 46 198 B3
Livers-Cazelles 81 214 B3
Livet 53 75 E3
Livet-en-Saosnois 72 76 B2
Livet-et-Gavet 38 189 F3
Livet-sur-Authou 27 30 C3
Livilliers 95 33 E4
Livinhac-le-Haut 12 199 D3
La Livinière 34 254 A1
Livradois (Parc Régional du) 63,42 169 D4
Livradois (Monts du) 63 169 D4
Livré 53 94 B1
Livré-sur-Changeon 35 73 F3
Livron 64 249 D2
Livron-sur-Drôme 26 203 F2
Livry 14 28 B4
Livry 58 137 D2
Livry-Gargan 93 58 A2
Livry-Louvercy 51 37 D4
Livry-sur-Seine 77 80 C1
Lixhausen 67 66 C2
Lixheim 57 66 B3
Lixing-lès-Rouhling 57 41 F3
Lixing-lès-St-Avold 57 41 E4
Lixy 89 81 E3

Locmaria-Berrien 29 46 B4
Locmaria-Grand-Champ 56 91 D4
Locmaria-Plouzané 29 44 C3
Locmariaquer 56 91 E3
Locmélar 29 45 F3
Locminé 29 91 E1
Locmiquélic 56 90 B2
Locoal-Mendon 56 90 C2
Locon 62 9 F1
Loconville 60 33 D3
Locqueltas 56 91 E2
Locquénolé 29 46 A2
Locquignol 59 11 E3
Locquirec 29 46 B2
Locronan 29 68 C4
Loctudy 29 89 D4
Locunolé 29 70 A3
Loddes 03 153 F2
Lodes 31 250 B2
Lodève 34 233 E2
Lods 25 125 F4
Lœuilley 70 124 B1
Lœuilly 80 17 E2
Loffre 59 10 C2
La Loge 62 8 C2
La Loge-aux-Chèvres 10 83 F2
Loge-Fougereuse 85 130 B3
La Loge-Pomblin 10 83 D4
Logelheim 68 89 D4
Les Loges 52 105 E2
Les Loges 14 28 B3
Les Loges 76 14 B3
Les Loges-en-Josas 78 57 D3
Les Loges-Marchis 50 51 D4
Les Loges-Margueron 10 83 D4
Les Loges-Saulces 14 52 C2
Les Loges-sur-Brécey 50 51 D2
Lognes 77 58 A2
Logny-lès-Aubenton 02 20 C2
Logny-Bogny 08 21 D3
Logny-lès-Chaumont 08 20 C4
Logonna-Daoulas 29 45 E4
Logrian-Florian 30 218 A4
Logron 28 78 A3
Loguivy-Plougras 22 46 C3
Lohéac 35 93 D1
Lohitzun-Oyhercq 64 247 E1
Lohr 67 66 B3
Lohuec 22 46 C3
Loigné-sur-Mayenne 53 94 C1
Loigny-la-Bataille 28 79 F4
Loing 45,77, 89 101 E3
Loiré 49 94 B3
Loire 2,77, 18,34,37, 41,42,43, 45,49,58,71 115 E2
Loire-les-Marais 17 145 E4
Loiré-sur-Nie 17 146 B4
Loire-sur-Rhône 69 171 E3
Loiron 53 74 B4
Loisail 61 77 D1
Loisey-Culey 55 62 C2
Loisia 39 141 D4
Loisieux 73 173 D2
Loisin 74 158 B2
Loison 55 39 D2
Loison-sous-Lens 62 10 B2
Loison-sur-Créquoise 62 8 C2
Loisy 71 140 B3
Loisy 54 64 B2
Loisy-en-Brie 51 60 B2
Loisy-sur-Marne 51 61 E3
Loivre 51 36 B2
Loix 17 144 C2
Loizé 79 147 D3
Lolif 50 50 C3
Lolme 24 196 C2
Lombard 39 141 D2
Lombard 25 125 D3
Lombers 81 231 E1
Lombez 32 229 D4
Lombia 64 249 D1
Lombrès 65 250 A3
Lombreuil 45 100 C1
Lombron 72 76 C4
Lomme 59 5 D4
Lommerange 57 39 F2
Lommoye 78 56 A1
Lomné 65 249 F3
Lomont 70 107 E3
Lomont (Montagnes du) 25 126 B1

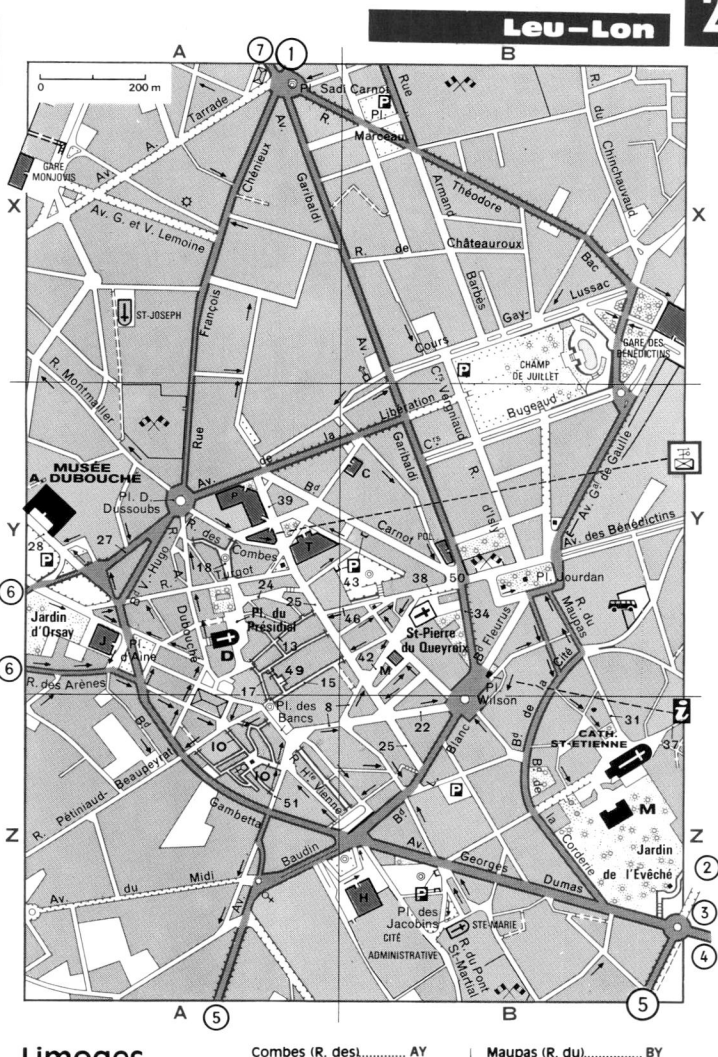

Limoges

Clocher (R. du) .... AY 13
Consulat (R. du) ...... AY 15
Jaurès (R. Jean) .... ABYZ 25
République (Pl. de la) . BY 43

Aine (Pl. d') .... AY
Arènes (R. des) .... AY
Bac (R. Théodore) .... BX
Bancs (Pl. des) .... AZ
Barbès (R. Armand) ...... BX
Baudin (R.) .... BX
Bénédictins (Av. des) ... BY
Berthet (R. Elie) ...... ABZ 8
Boucherie (R. de la) ... AZ 10
Bugeaud (Cours) .... BX
Carnot (Bd) .... ABY
Carnot (Pl. Sadi) .... AX
Châteauroux (R. de) ..... BX
Chénieux (R. François) .. AX
Chinchauvaud (R. du) .... BX
Cité (Bd de la) .... BYZ
Marceau (Pl.) .... BX

Combes (R. des) .... AY
Corderie (Bd de la) .... BZ
Dubouché (R. A.) .... AY
Dumas (Av. Georges) ..... BZ
Dussoubs (Pl. D.) .... AY
Ferrerie (R.) .... AY 17
Fleurus (R.) .... BY
Fontaines-des-Barres (Pl.) . AY 18
Gambetta (Bd) .... AZ
Garibaldi (Av.) .... AX
Gaulle (Av. Gén.-de) .... BY
Gay-Lussac (Cours) ...... BX
Guesde (Pl. Jules) ...... AZ
Hte-de-la-Comedie (R.) AY 24
Haute-Vienne (R.) .... AZ
Isly (R. d') .... BY
Jacobins (Pl. des) ...... BZ
Jourdan (Pl. des) .... BY
Lemoine (Av. G. et V.) .. AX
Libération (Av. de la) . ABY
Louis-Blanc (Bd) .... BZ
Louvrier-de-Lajolais ... AY 27

Maupas (R. du) .... BY
Mauvendière (R. de la) AY 28
Midi (Av. du) .... AZ
Montmailler (R.) .... AY
Neuve-St-Étienne (R.) . BZ 31
Perin (R. Georges) .... BY 34
Petiniaud-Beaupeyrat (R.) . AZ
Pont-St-Martial (R. du) . BZ
Porte-Panet (R.) ...... BZ 37
Porte-Tourny (R.) ..... BY 38
Préfecture (R. de la) . AY 39
Présidial (Pl.) .... AY
Rafilhoux (R.) .... BY 42
St-Martial (R.) .... BY 46
St-Michel-des-Lions .... AY D
Tarrade (Av. A.) .... AX
Temple (Cours du) ..... AY 49
Tourny (Carrefour) ...... BY
Turgot (R.) .... AY 50
Vergniaud (Cours) ...... BXY
Victor-Hugo (Bd) .... AY
Vigne-de-Fer (R.) ..... AZ 51
Wilson (Pl.) .... BYZ

Lomont-sur-Crête 25 126 A1
Lompnas 01 172 C1
Lompnieu 01 157 D4
Lompret 59 5 D4
Lonçon 64 226 B3
La Londe 76 31 E2
La Londe-les-Maures 83 244 C3
Londigny 16 147 E3
Londinières 76 16 A2
Long 80 17 D1
Longages 31 251 E1
Longaulnay 35 72 C2
Longavesnes 80 18 C1
Longchamp 88 87 E2
Longchamp 21 124 C1
Longchamp 52 85 E3
Longchamp-sous-Châtenois 88 86 B2
Longchamp-sur-Aujon 10 84 B3
Longchamps-sur-Aire 55 62 C2
Longchaumois 39 142 A4
Longcochon 39 142 B2
Longeau 52 86 A3
Longeault 21 124 A2
Longeaux 55 63 D2
Longechaux 25 126 B1
Longechamp

Longechenal 38 172 B4
Longecourt-Culêtre 21 122 C3
Longecourt-en-Plaine 21 123 F3
Longefoy 73 175 D3
Longemaison 25 126 A3
Longepierre 71 140 C1
Le Longeron 49 112 C4
Longes 69 171 E3
Longessaigne 69 170 C2
Longevelle 70 107 D3
Longevelle-sur-Doubs 25 107 E4
Longevelle-lès-Russey 25 126 B2
Longèves 17 145 E2
Longèves 85 130 A4
La Longeville 25 126 A4
Longeville 54 32 A1
Longeville-sur-Mer 85 129 D4
Longeville-sur-Mogne 10 83 D3
Longevilles-Mont-d'Or 25 142 C1
Longeville-lès-Metz 57 40 B3

Longeville-lès-St-Avold 57 41 D3
Longfossé 62 3 D4
La Longine 70 107 E1
Longjumeau 91 57 E3
Longlaville 54 23 E3
Longmesnil 76 16 B4
Longnes 78 56 B2
Longnes 72 76 A4
Longny-au-Perche 61 54 C4
Longperrier 77 34 A4
Longpont 02 35 D3
Longpont-sur-Orge 91 57 E4
Longpré-les-Corps-Saints 80 17 D1
Longpré-le-Sec 10 84 A3
Longraye 14 28 B3
Longré 16 147 D4
Longroy 76 16 B3
Longsols 10 83 F2
Longué-Jumelles 49 114 B2
Longueau 80 17 F2
Longuefuye 53 95 D2
Longueil 76 15 F2
Longueil-Annel 60 34 B1
Longueil-Ste-Marie 60 34 B1
Longuenesse 62 3 D4
Longuenoée 61 53 D4
Longuerue 76 16 A4
Longues-sur-Mer 14 28 C2

Longuesse 95 33 D4
Longueval 80 18 B1
Longueval-Barbonval 02 35 F2
La Longueville 59 11 E3
Longueville 14 28 A2
Longueville 62 8 B1
Longueville 77 81 E1
Longueville 47 195 E4
Longueville 50 50 B2
Longueville-sur-Aube 10 60 B4
Longueville-sur-Scie 76 15 E3
Longuyon 54 39 D1
Longvic 21 123 F2
Longvillers 14 28 C4
Longvillers 62 9 D4
Longvilliers 78 57 D4
Longvilliers 62 8 B1
Longwé 08 37 F2
Longwy 54 23 D4
Longwy-sur-le-Doubs 39 141 E2
Lonlay-l'Abbaye 61 51 F3
Lonlay-le-Tesson 61 52 C3
Lonnes 16 162 C1
Lonny 08 21 D2
Lonrai 61 76 A1
Lons 64 248 B1
Lons-le-Saunier 39 141 E3

Lyon street map

Lyon

République (R.)..............CX
Terme (R.)..................CV
Victor-Hugo (R.)............CY

Alnay (Remp. d').............CZ
Albon (Pl.)...............CX 4
Algérie (R. d').............CV 5
Anc.-Préfect (R.)..........CV 8
Annonciade (R.).............BV
Barre (R. de la)............CY
Bât-d'Argent (R.)........CV 12
Bellecour (Pl.).............CY
Bœuf (R. du)............BX 14
Bondy (Quai de).............BX
Brest (R. de)...............BX
Burdeau (R.)................CV
Carnot (Pl.)................BZ
Carnot (R.).................DX
Célestins (Pl. des)......CY 25
Célestins (Quai des).......CY
Chambonnet (R.)..........CY 26
Change (Pl. du)..........BX 28
Charité (R. de la)..........CY
Ch.-Neuf (Montée)..........BX
Chenevard (R. P.).......CX 31

Chevreul (R.)...............DZ
Childebert (R.)..........CX 32
Cl.-Bernard (Quai)..........CZ
Colomès (R.)................CV
Comte (R. A.)...............CY
Condé (R. de)...............CY
Constantine (R.).........CV 40
Cordeliers (Pl.).........DX 41
Courmont (Quai J.)..........DX
Fourvière (Mtée de).........BX
Franklin (R.)...............CZ
Fulchiron (Quai)............BY
Gailleton (Quai)............CY
Gasparin (R.)...............CY
Giraud (Crs Gén.)...........BV
Grenette (R.)............CX 54
Grolée (R.)..............DX 58
Guignol (Théâtre de)........CY
Jacobins (Pl. des).......CY 62
Jardin-Plantes (R.)......CV 62
Joffre (Quai Mar.)..........BZ
Juiverie (R.)...........BX 65
Lassagne (Quai A.)..........DV
Martinière (R.).........BV 70
Max (Av. Adolphe).......BY 71
Moulin (Quai J.)............DV
Neyret (R.).................BV
Octavio-Mey (R.)........BV 76

Pêcherie (Quai)............CX
Plat (R. du)...............BY
Platière (R. de la).....CV 81
Poncet (Pl. A.)............CY
Pradel (Pl. Louis)......CV 83
Prés.-Herriot (R.).........CX
Puits-Gaillot (R.)......CV 85
République (R.).........CX 89
Romain-Rolland (Quai)......BX
Romarin (R.)...............CV
Royale (R.).............DV 91
St-Antoine (Quai)..........CX
St-Barthélemy (Mtée)......BX
St-Jean (R.)............BX 92
St-Paul (R.)............BX 93
St-Vincent (Quai)..........BV
Ste-Hélène (R.)............CY
Sala (Rue).................CY
Scize (Quai Pierre)........BX
Serlin (R.).............DV 104
Terreaux (Pl. des).........CV
Tilsitt (Quai).............BY
Tolozan (Pl.)..............DV
Vaubécour (R.).............BY
Verdun (Cours de)..........BZ
Vernay (R. Fr.).........BX 114
Zola (R. Emile).........CY 115

Le Lonzac 19   165 E4
Lonzac 17   161 E3
Looberghe 59   3 F2
Loon-Plage 59   3 E1
Loos 59   5 D4
Loos-en-Gohelle
    62   10 A2
Looze 89   102 A1
Lopérec 29   45 F3
Loperhet 29   45 E3
Lopigna 2a   266 B3
Loqueffret 29   46 A4
Lor 02   36 B1
Loray 25   126 A3
Lorcières 15   184 C4
Lorcy 45   80 B4

Lordat 09   260 C1
Loré 61   75 D1
Lorentzen 67   66 B1
Loreto-di-Casinca
    2b   265 E3
Loreto-di-Tallano
    2a   269 D2
Lorette 42   171 D4
Le Loreur 50   50 C2
Le Lorey 54   27 D4
Lorey 54   64 C4
Lorges 61   98 C2
Lorgies 62   10 A1
Lorgues 83   239 D3
Lorient 56   90 B2

Loriges 03   153 D2
Lorignac 17   161 D4
Lorigné 79   147 D3
Loriol-du-Comtat
    84   219 F3
Loriol-sur-Drôme
    2a   203 F2
Lorlanges 43   184 B1
Lorleau 27   32 B2
Lormaison 60   33 E3
Lormaye 28   56 A4
Lormes 58   121 C4
Lormont 33   194 B1
Lornay 74   157 F4
Loromontzey
    54   87 D1

Le Loroux 35   74 B1
Le Loroux-
    Botterau 44   112 B2
Lorp-Sentaraille
    09   259 E2
Lorquin 57   66 A3
Lorraine (Parc
    Régional de)
    54,55   63 F1
Lorrez-le-Bocage-
    Préaux 77   81 D3
Lorris 45   100 B2
Lorry-Mardigny
    57   45 E4
Lorry-lès-Metz
    57   40 B3

Lortet 65   249 F3
Los Masos 66   262 A3
Loscouët-sur-Meu
    22   72 A3
Losne 21   124 A3
Losse 40   210 B3
Lostanges 19   181 E3
Lostroff 57   65 E1
Lot 48   200 B4
Lot 12,46,47   198 A4
Lothey 29   69 D1
Lottinghen 62   3 D4
Le Lou-du-Lac
    35   72 C2
Louailles 72   95 F2
Louan 77   59 F4
Louannec 22   47 D1
Louans 37   116 A3
Louargat 22   47 D3
Loûatre 02   35 D3
Loubajac 65   249 D2
Loubaresse
    07   202 B3
Loubaresse
    15   184 B4
Loubaut 09   251 E2
Loube (Montagne
    de la) 83   244 B1
Loubédat 32   227 E2
Loubejac 24   197 D3
Loubens 09   252 A3
Loubens 33   195 D3
Loubens-Lauragais
    31   230 C3
Loubers 81   214 A3
Loubersan 32   228 A3
Loubès-Bernac
    47   195 F2
Loubeyrat 63   168 A1
Loubieng 64   225 F4
La Loubière
    12   215 E1
Loubière (Grottes)
    13   243 D2
Loubières 09   252 A3
Loubigné 79   146 C3
Loubillé 79   147 D4
Loublande 79   113 D4
Loubressac
    46   198 B1
Loucé 61   53 D3
Loucelles 14   28 C3
Louch (Cascade de)
    06   223 F2
Louchats 33   193 F3
Louches 62   3 E1
Louchy-Montfand
    03   153 D2
Loucrup 65   249 E2
Loudéac 22   71 E3
Loudenvielle
    65   258 A4
Loudervielle
    65   258 A4
Loudes 43   185 E3
Loudet 31   250 B2
Loudrefing 57   65 F2
Loudun 86   114 C4
Loue 25,39   124 C4
Loué 72   75 F4
Louer 40   225 F1
Louerre 49   114 A2
Louesme 21   104 B1
Louesme 89   101 E2
Louestault 37   97 D3
Loueuse 60   16 C4
Louey 65   249 D2
Lougé-sur-Maire
    61   52 C3
Lougratte 47   196 B3
Lougres 25   107 E4
Louhans 71   140 C3
Louhossoa 64   246 C1
Louignac 19   180 C2
Louin 79   131 E2
Louisfert 44   93 F3
Louit 65   249 E2

Louresse-
    Rochemenier
    49   114 A2
Lourmais 35   73 D1
Lourmarin 84   237 D1
Lournand 71   155 E1
Lourouer-
    St-Laurent
    36   135 D3
Le Louroux
    37   116 A3
Le Louroux-
    Béconnais
    49   94 C4
Louroux-
    Bourbonnais
    03   136 B4
Louroux-de-Beaune
    03   152 B2
Louroux-de-Bouble
    03   152 B2
Louroux-Hodement
    03   152 A1
Lourquen 40   225 F2
Lourties-Monbrun
    32   228 B4
Loury 45   99 F1
Louslitges 32   227 E3
Loussous-Débat
    32   227 E2
Loutehel 35   92 C1
Loutremange
    57   40 C3
Loutzviller 57   42 B3
Louvagny 14   53 D1
Louvaines 49   94 C3
Louvatange
    39   124 C3
Louveciennes
    78   57 D2
Louvemont 52   62 A4
Louvencourt 80   9 F4
Louvenne 39   156 C1
Louvergny 08   21 E4
Louversey 27   55 D1
Louvetot 76   14 C4
Louvie-Juzon
    64   248 C2
Louvie-Soubiron
    64   256 C2
La Louvière-
    Lauragais
    11   252 B1
Louvières 14   28 A2
Louvières 52   85 E4
Louvières-en-Auge
    61   53 D2
Louviers 27   31 F3
Louvigné 53   75 D4
Louvigné-de-Bais
    35   73 F4
Louvigné-du-Désert
    35   74 B1
Louvignies-
    Quesnoy 59   11 E3
Louvigny 72   76 B2
Louvigny 14   29 D3
Louvigny 57   64 B1
Louville-la-Chenard
    28   79 D2
Louvilliers-
    en-Drouais
    28   55 E3
Louvilliers-lès-
    Perche 28   55 E4
Louvois 51   36 C4
Louvrechy 80   17 F3
Louvres 95   58 A1
Louvroil 59   12 B3
Louye 27   55 F2
Louzac-St-André
    16   161 E2
Louze 52   84 B1
Louzes 72   76 C1
Louzignac 17   162 A1
Louzouer 45   81 D4
Louzy 79   114 B4
Lovagny 74   158 A4
Loyat 56   71 F4
La Loye 39   124 C4
Loye-sur-Arnon
    18   135 F3
Loyes 01   156 B4
La Loyère 71   140 A2
Loyettes 01   172 B2
Lozanne 69   171 D1
Lozari 2b   264 C2
Lozay 17   146 A4
Loze 82   213 F2
Lozère (Mont)
    48   202 A4
Lozinghem 62   9 E1
Lozon 50   27 D3
Lozzi 2b   266 C2

Luc-en-Diois
    26   205 D3
Luc-sur-Aude
    11   253 E4
Luc-sur-Mer
    14   29 D2
Luc-sur-Orbieu
    11   254 B2
Le Luc 83   239 D4
Lucarré 64   227 D4
Luçay-le-Libre
    36   118 A4
Luçay-le-Mâle
    36   117 E3
Lucbardez-
    et-Bargues
    40   209 F4
Lucciana 2b   265 E3
Lucé 28   78 B1
Lucé 61   52 A4
Lucé-sous-Ballon
    72   76 B3
Luceau 72   96 C3
Lucelle 68   108 C4
Lucenay 69   171 E1
Lucenay-lès-Aix
    58   137 F3
Lucenay-le-Duc
    21   103 F4
Lucenay-l'Évêque
    71   122 B4
Lucéram 06   247 E3
Lucerne (Abbaye de
    la) 50   50 C2
La Lucerne-
    d'Outremer
    50   50 C2
Lucey 73   173 E2
Lucey 54   63 F3
Lucey 21   104 B2
Lucgarier 64   248 C1
Luchapt 86   148 B3
Luchat 17   160 C2
Luché-Pringé
    72   96 B3
Luché-sur-Brioux
    79   146 C3
Luché-Thouarsais
    79   131 F1
Lucheux 80   9 E4
Luchy 60   33 E1
Lucinges 74   158 B2
Lucmau 33   210 A1
Luçon 85   129 E4
Lucq-de-Béarn
    64   248 A1
Lucquy 08   37 D1
Les Lucs-sur-
    Boulogne
    85   129 D1
Lucy 76   16 A3
Lucy 57   65 D1
Lucy 51   60 A1
Lucy-le-Bocage
    02   35 E4
Lucy-le-Bois
    89   102 C4
Lucy-sur-Cure
    89   102 B3
Lucy-sur-Yonne
    89   102 B4
Le Lude 72   96 B3
Ludes 51   36 B4
Ludesse 63   168 B3
Ludiès 09   252 B3
Ludon-Médoc
    33   177 D4
Ludres 54   64 B3
Lüe 40   208 C2
Lué-en-Baugeois
    49   95 F4
Luemschwiller
    68   108 C3
Luère (Col de la)
    69   171 D2
Lugagnac 46   213 F1
Lugagnan 63   257 E2
Lugaignac 33   194 C1
Lugan 81   230 B2
Lugan 12   199 E4
Lugarde 15   183 E2
Lugasson 33   194 C2
Luglon 40   209 D3
Lugny 02   20 A3
Lugny 71   140 A4
Lugny-Bourbonnais
    18   136 B1
Lugny-Champagne
    18   119 F3
Lugny-lès-Charolles
    71   154 B1
Lugo-di-Nazza
    2b   267 E3
Lugon-et-l'Île-
    du-Carnay
    33   177 F4
Lugos 33   193 D4
Lugrin 74   159 D1
Le Luguet 63   184 A1
Luhier 25   126 B3
Le Luart 72   77 D4
Lubbon 40   210 B3
Lubécourt 57   65 D2
Lubéron (Montagne
    du) 84   237 D1
Lubéron (Parc
    Régional du)
    04,84   237 E1
Lubersac 19   180 C1
Lubey 54   39 E3
Lubilhac 43   184 B2
Lubine 88   88 C2
Lublé 37   96 C4
Lubret-St-Luc
    65   249 F1
Luby-Betmont
    65   249 F1
Le Luc 83   239 D4
Luc 12   215 E1
Luc 65   249 E2
Luc 48   202 A3
Luc-Armau 64   227 D4

Lunay 41   97 F2
Luneau 03   154 A1
Lunegarde 46   198 B2
Lunel 34   235 D2
Lunel-Viel 34   234 C2
Luneray 76   15 E2
Lunery 18   135 E1
Lunéville 54   65 D4
Le Luot 50   50 C2
Lupcourt 54   64 C3
Lupé 42   187 D1
Lupersat 23   151 D4
Lupiac 32   227 E2
Luplanté 28   78 B2
Luppé-Violles
    32   227 D2
Luppy 57   64 C1
Lupsault 16   147 D4
Lupstein 67   66 C2
Luquet 65   249 D1
Lurais 36   133 E3
Luray 28   55 F3
Lurbe-St-Christau
    64   248 A2
Lurcy 01   155 E3
Lurcy-le-Bourg
    58   120 C3
Lurcy-Lévis
    03   136 C3
Lure 70   107 D3
Lure (Montagne de)
    04   221 E2
Lureuil 36   133 E2
Luri 2b   264 B2
Luriecq 42   170 A4
Lurs 04   221 E3
Lury-sur-Arnon
    18   118 B3
Lus-la-Croix-Haute
    26   205 E2
Lusanger 44   93 E3
Lusans 25   125 F1
Luscan 31   250 B3
Lusignac 24   178 C1
Lusignan 86   147 E1
Lusignan-Petit
    47   211 E3
Lusigny 03   137 F4
Lusigny-sur-Barse
    10   85 D2
Lusigny-sur-Ouche
    21   123 D4
Lussac 17   161 E4
Lussac 16   163 D1
Lussac 33   178 A4
Lussac-les-
    Châteaux
    86   148 B1
Lussac-les-Églises
    87   149 D2
Lussagnet 40   226 C1
Lussagnet-Lusson
    64   226 C4
Lussan 30   218 C2
Lussan 32   228 C3
Lussan-Adeilhac
    31   251 D1
Lussant 17   145 F4
Lussas 07   203 D3
Lussas-
    et-Nontronneau
    24   163 E4
Lussat 23   151 D3
Lussat 63   168 B2
Lussault-sur-Loire
    37   116 B1
Lusse 88   88 C2
Lusseray 79   146 C3
Lustar 65   249 F1
Luthenay-Uxeloup
    58   137 E2
Luthézieu 01   173 D1
Luttange 57   40 B2
Luttenbach 68   88 C4
Lutter 68   108 C4
Lutterbach
    68   108 C2
Lutz-en-Dunois
    28   78 B4
Lutzelbourg
    57   66 B2
Lutzelhouse
    67   66 B4
Luvigny 88   66 A4
Lux 31   230 C4
Lux 71   140 A2
Lux 21   105 D4
Luxé 16   162 C1
Luxe-Sumberraute
    64   225 E4
Luxémont-
    et-Villotte
    51   61 E3
Luxeuil-les-Bains
    70   107 D2
Luxey 40   209 E1
Luxiol 25   125 F1
Luyères 10   83 E2
Luynes 37   115 F1
Luz-St-Sauveur
    65   257 E3
Luzancy 77   59 D1
Luzarches 95   33 F4
Luzay 79   131 E1
Luze 70   107 F3
Luzé 37   115 E4
Luzech 46   197 E3
Luzenac 09   260 C1
Luzeret 36   134 A4
La Luzerne 50   27 E4
Luzillat 63   168 C1
Luzillé 37   116 C2
Luzinay 38   171 F3
Luzoir 02   20 B2
Luzy 58   138 B2
Luzy-St-Martin
    55   38 B1
Luzy-sur-Marne
    52   86 B3
Ly-Fontaine
    02   19 D3

Lyas 07   203 D3
Lye 36   117 E3
Lynde 59   4 A3
Lyoffans 70   107 E3
Lyon 69   171 E2
Lyons-la-Forêt
    27   32 B2
Lyons (Forêt de)
    76,27   32 B2
Lys 58   121 D2
Lys 64   248 B2
Lys-lez-Lannoy
    59   5 E4
Lys-St-Georges
    36   134 C3
Lys (Vallée du)
    31   258 B4

M

Maast-et-Violaine
    02   35 E3
Maâtz 52   105 E3
Mably 42   154 B3
Macau 33   177 D4
Macaye 64   224 C4
Macé 61   53 E3
Macey 10   82 C2
Macey 50   50 C4
Machault 77   87 E1
Machault 08   37 E2
Maché 85   128 C2
Machecoul
    44   111 E4
Mâchecourt
    02   20 A4
Machemont
    60   34 C1
Macheren 57   41 E3
Machézal 42   170 C1
Machiel 80   8 B3
Machilly 74   158 B2
La Machine
    58   137 F1
Machy 80   8 B3
Machy 10   83 D3
Macinaggio
    2b   264 C1
Mackenheim
    67   89 E2
Mackwiller 67   66 A1
Maclas 42   187 D1
Macogny 02   35 D3
Mâcon 71   155 F2
Maconcourt
    52   85 D2
Maconcourt
    88   86 B1
Maconge 21   122 C3
Macornay 39   141 E3
Mâcot-la-Plagne
    73   175 D2
Macqueville
    17   162 A2
Macquigny 02   19 E2
Madaillan 47   211 E1
Madegney 88   87 D2
Madecourt 88   86 C2
La Madelaine-sous-
    Montreuil 62   8 A1
La Madeleine 59   5 D4
La Madeleine-
    Bouvet 61   77 E1
Madeleine (Col de
    la) 73   174 B4
La Madeleine-
    de-Nonancourt
    27   55 E3
La Madeleine-sur-
    Loing 77   80 C3
La Madeleine-
    Villefrouin
    41   98 B2
Madeloc (Tour)
    66   263 D3
Madic 15   183 D1
Madière 09   252 A3
Madine (Lac de)
    55   63 E1
Madirac 33   194 B2
Madiran 65   227 D2
Madon 54,88   64 B4
Madone d'Utelle
    06   241 D2
Madonne-
    et-Lamerey
    88   87 D2
Madranges
    19   165 F4
Madré 53   75 E1
Madriat 63   184 B1
Maël-Carhaix
    22   70 A4
Maël-Pestivien
    22   47 D4
Maennolsheim
    67   66 C2
Maffliers 95   33 F4
Maffrécourt
    51   37 F4
Magalas 34   233 E4
La Magdeleine
    16   147 D4
La Magdeleine-sur-
    Tarn 31   230 B4
Le Mage 61   77 E1
Magenta 51   36 B4
Les Mages 30   218 B2
Magescq 40   225 D1
Magland 74   159 D3
Magnac-Bourg
    87   165 D3
Magnac-Laval
    87   149 D2
Magnac-Lavalette-
    Villars 16   162 C4
Magnac-sur-Touvre
    16   162 C1
Magnan 32   227 D2
Magnant 10   83 F3
Magnanville
    78   56 B1

Magnas 32 211 F4
Magnat-l'Étrange 23 166 C2
Magné 79 146 A2
Magné 86 147 F1
Magnet 03 153 E2
Magneux 51 36 A3
Magneux 52 62 B4
Magneux-Haute-Rive 42 170 B3
Magneville 50 24 C3
Magnicourt 10 83 E1
Magnicourt-en-Comte 62 9 F2
Magnicourt-sur-Canche 62 9 E3
Magnien 21 122 C4
Magnières 54 87 E1
Magnieu 01 173 D2
Les Magnils-Reigniers 85 129 E4
Magnivray 70 107 F3
Magnoncourt 70 106 C1
Le Magnoray 70 106 B4
Le Magny 88 106 C1
Le Magny 36 135 D4
Les Magny 70 107 F4
Magny 68 108 B3
Magny 28 78 B2
Magny 89 121 F4
Magny-lès-Aubigny 21 123 F3
Magny-la-Campagne 14 29 E4
Magny-Châtelard 25 125 C4
Magny-Cours 58 137 D1
Magny-Danigon 70 107 E3
Magny-le-Désert 61 52 C4
Magny-en-Bessin 14 28 C2
Magny-en-Vexin 95 32 C4
Magny-la-Fosse 02 19 D2
Magny-Fouchard 10 84 A3
Magny-le-Freule 14 29 E4
Magny-les-Hameaux 78 57 D3
Magny-le-Hongre 77 58 B2
Magny-Jobert 70 107 E3
Magny-lès-Jussey 70 106 B1
Magny-Lambert 21 103 F3
Magny-Lormes 58 121 E2
Magny-Montarlot 21 124 A2
Magny-St-Médard 21 124 A1
Magny-sur-Tille 21 123 F2
Magny-Vernois 70 107 D3
Magny-la-Ville 21 122 B1
Magny-lès-Villers 21 123 E3
Magoar 22 47 D4
Magrie 11 253 D5
Magrin 81 230 C3
Magstatt-le-Bas 68 108 C3
Magstatt-le-Haut 68 108 C3
Maguelone 34 234 B4
Mahalon 29 68 B2
Mahéru 61 54 B4
Maîche 25 126 C2
Maidières 54 126 C2
Maignaut-Tauzia 32 211 D4
Maigné 72 96 A1
Maignelay-Montigny 60 34 A1
Mailhac 11 254 B1
Mailhac-sur-Benaize 87 149 E2
Mailhat 63 168 C4
Mailhoc 81 214 B4
Mailholas 31 251 E2
Maillane 13 264 B1
Maillas 40 210 A2
Maillat 01 157 D3
Maillé 86 131 F3
Maillé 85 145 F1
Maillé 37 115 F4
Maillebois 28 55 E4
La Mailleraye-sur-Seine 76 31 D1
Maillères 40 209 F3
Mailleroncourt-Charette 70 106 C2
Mailleroncourt-St-Pancras 70 106 B1
Maillet 36 134 B4
Maillet 03 153 E1
Mailley-et-Chazelot 70 106 B4
Maillezais 85 145 F1
Maillot 89 81 F3
Mailly 71 154 B2
Mailly-le-Camp 10 60 C3
Mailly-Champagne 51 36 C4
Mailly-le-Château 89 102 B4

Mailly-Maillet 80 9 F4
Mailly-Raineval 80 17 F3
Mailly-sur-Seille 54 64 C1
Mailly-la-Ville 89 102 B4
Les Maillys 21 124 A3
Maimbeville 60 34 A2
Mainbresson 08 20 C3
Mainbressy 08 20 C3
Maincourt-sur-Yvette 78 56 C3
Maincy 77 58 B4
Maine 49 113 F1
Maine-de-Boixe 16 162 C1
Maine-Giraud 16 162 B4
Mainfonds 16 162 B4
Maing 59 11 D3
Mainneville 27 32 C2
Mainsat 23 151 E4
Maintenay 62 8 B2
Maintenon 28 56 A4
Mainterne 28 55 E3
Mainvillers 57 41 D4
Mainvilliers 45 80 A2
Mainvilliers 28 78 B1
Mainxe 16 162 A3
Mainzac 16 163 D4
Mairé 86 133 D2
Mairé-Levescault 79 147 E3
Mairieux 59 12 B3
Mairy 08 22 A4
Mairy-Mainville 54 39 E2
Mairy-sur-Marne 51 61 D2
Maisdon-sur-Sèvre 44 112 B3
Maisey-le-Duc 21 104 A2
Maisières-Notre-Dame 25 125 E3
Maisnières 80 16 B1
Le Maisnil 59 4 C4
Maisnil 62 9 E2
Maisnil-lès-Ruitz 62 9 F2
Maisod 39 141 E4
Maison-Feyne 23 150 A2
Maison-Maugis 61 77 E1
Maison-Ponthieu 80 8 C3
Maison-Roland 80 8 C4
Maison-Rouge 77 59 D4
Maisoncelles-la-Jourdan 14 51 F2
Maisoncelle 62 9 D2
Maisoncelle-et-Villers 08 21 F4
Maisoncelle-St-Pierre 60 33 E1
Maisoncelle-Tuilerie 60 17 E4
Maisoncelles 72 97 D1
Maisoncelles 52 85 E3
Maisoncelles-du-Maine 53 95 D1
Maisoncelles-en-Brie 77 58 C2
Maisoncelles-en-Gâtinais 77 80 B3
Maisoncelles-Pelvey 14 28 B4
Maisoncelles-sur-Ajon 14 28 C4
Maisonnais 18 135 E3
Maisonnais-sur-Tardoire 87 163 E2
Maisonnay 79 147 D3
Maisonneuve 86 131 F2
Maisonnisses 23 150 B4
Maison-des-Champs 10 84 A3
La Maison-Dieu 58 121 D1
Maisons 14 28 B2
Maisons 11 254 A4
Maisons 28 79 D2
Maisons-Alfort 94 57 F2
Maisons-lès-Chaource 10 103 D1
Maisons-du-Bois 25 126 A4
Maisons-en-Champagne 51 61 E3
Maisons-Laffitte 78 57 D1
Maisons-lès-Soulaines 10 84 B2
Maisonsgoutte 67 88 C1
Maisontiers 79 131 D2
Maisse 91 80 A2
Maissemy 02 19 D2
Maixe 54 65 D3
Maizeray 55 39 E4
Maizeroy 57 40 C4
Maizery 57 40 C4
Maizet 14 29 D4
Maizey 55 63 D1
Maizicourt 80 9 D3

Maizières 70 106 B4
Maizières 14 53 D1
Maizières 62 64 B4
Maizières 62 9 E2
Maizières 52 81 C1
Maizières-lès-Brienne 10 84 A1
Maizières-la-Grande-Paroisse 10 82 B1
Maizières-lès-Metz 57 40 B3
Maizières-sur-Amance 52 105 F2
Maizières-les-Vic 57 86 C2
Maizilly 42 154 C3
Maizy 02 37 D2
Majastres 04 222 B4
Malabat 32 227 F4
La Malachère 70 125 E1
Malafretaz 01 156 B2
Mâlain 21 123 D2
Malaincourt 88 86 A3
Malaincourt-sur-Meuse 52 85 F3
Malakoff 92 57 E2
Malancourt 55 38 B3
Malandry 08 22 A4
Malange 39 124 C3
Malans 25 125 E4
Malans 70 124 C2
Malansac 56 92 A2
Malarce-sur-la-Thines 07 202 B4
Malataverne 26 203 F4
Malaucène 84 220 A2
Malaucourt-sur-Seille 57 64 C2
Malaumont 55 63 D2
Malaunay 76 31 E1
Malause 82 212 B3
Malaussanne 64 226 B3
Malaussène 06 223 F3
Malauzat 63 168 A1
Malavillers 54 39 E2
Malay 71 139 F4
Malay-le-Grand 89 81 F3
Malay-le-Petit 89 81 F3
Malbo 15 183 E4
Malbosc 07 218 A1
Malbouhans 70 107 E2
Malbouzon 48 200 C2
Malbrans 25 125 E3
Malbuisson 25 142 C2
Mâle 61 77 E2
Malegoude 09 252 C3
Malemort-du-Comtat 84 220 B3
Malemort-sur-Corrèze 19 181 D3
La Malène 48 216 C1
Malepeyre (Sabot de) 48 216 C1
Malesherbes 45 80 A2
Malestroit 56 92 A1
Malétable 61 54 C4
Maleville 12 214 B1
Malfourat (Moulin de) 24 196 A2
Malguénac 56 70 C3
La Malhoure 22 71 F1
Malicornay 36 134 B4
Malicorne 03 152 A2
Malicorne 89 101 E2
Malicorne-sur-Sarthe 72 96 A2
Maligny 21 122 C4
Maligny 89 102 B2
Malijai 04 221 F3
Malincourt 59 19 D1
Malintrat 63 168 B2
Malissard 26 204 A1
Mallaville 16 162 A3
Mallefougasse 04 221 E3
Malleloy 54 64 B2
Mallemoisson 04 222 A3
Mallemort 13 236 C2
Malléon 09 252 B3
Malleret 83 166 C2
Malleret-Boussac 23 150 C2
Mallerey 39 141 D3
Malleval 42 187 E1
Malleval 38 188 C3
Malleville-les-Grès 76 14 C2
Malleville-sur-le-Bec 27 31 D3
Mallièvre 85 130 A1
Malling 57 40 B1
Malloué 14 51 E1
La Malmaison 02 36 B1
Malmerspach 68 108 A1
Malmy 51 37 F3
Malo-les-Bains 59 4 A1
Malons-et-Elze 30 202 B4
Malouy 27 30 C4
Malpart 80 17 F3
Malpas 25 142 C1

Malras 11 253 D3
Malrevers 43 185 F3
Malroy 57 40 B3
Maltat 71 138 B3
Maltot 14 29 D4
Malval 23 150 B2
Malvalette 43 186 B1
Malves-en-Minervois 11 253 F2
Malvezie 31 250 B4
Malvières 43 185 E1
Malviès 11 253 D3
Malville 44 111 E1
Malvillers 70 106 A2
Malzéville 54 64 B3
Le Malzieu-Forain 48 201 E1
Le Malzieu-Ville 48 201 D1
Malzy 02 19 F2
Mambouhans 25 126 B1
Mamers 72 76 C2
Mametz 62 3 F4
Mametz 80 18 B1
Mamey 54 64 A2
Mamirolle 25 125 E3
Manas 26 204 A3
Manas-Bastanous 32 228 A4
Manaurie 24 180 B4
Mance 54 39 F2
La Mancelière 28 55 D4
La Mancellière 50 51 F3
La Mancellière-sur-Vire 50 27 E4
Mancenans 25 107 F4
Mancenans-Lizerne 25 126 C2
Mancey 71 140 A3
Manchecourt 45 80 A3
Manciet 32 227 E1
Mancieulles 54 39 E2
Mancioux 31 250 C2
Mancy 51 60 B1
Mandacou 24 196 A2
Mandagout 30 217 E4
Mandailles-St-Julien 15 183 E3
Mandelieu-la-Napoule 06 240 A2
Manderen 57 40 C1
Mandeure 25 107 F4
Mandeville 27 31 E3
Mandeville-en-Bessin 14 28 A2
Mandray 88 88 B2
Mandres 27 54 C3
Mandres-aux-Quatre-Tours 54 63 F2
Mandres-la-Côte 52 85 E4
Mandres-en-Barrois 55 85 E1
Mandres-les-Roses 94 58 A3
Mandres-sur-Vair 88 86 B3
Mandrevillars 70 107 F3
Manduel 30 235 E1
Mane 04 221 E4
Mane 31 259 D2
Manéglise 76 14 A4
Manéhouville 76 15 E2
Manent-Montané 32 250 B3
Manerbe 14 30 A3
Mangiennes 55 39 D2
Manglieu 63 168 C3
Mangonville 54 87 D1
Manhac 12 215 D2
Manheulles 55 39 D4
Manhoué 57 64 C2
Manicamp 02 19 D4
Manigod 74 174 C1
Manigod (Vallée de) 74 174 C1
Manin 62 9 F3
Maninghem 62 8 C1
Maninghen-Henne 62 2 C3
Maniquerville 76 14 B3
Manlay 21 122 B3
Manneville-la-Goupil 76 14 B4
Manneville-ès-Plains 76 15 D2
Manneville-sur-Risle 27 30 C2
Mannevillette 76 14 A4
Manneville-la-Pipard 14 30 B3
Manneville-la-Raoult 27 30 B2
Mano 40 193 E4
Le Manoir 14 28 C2
Le Manoir 27 31 F2
Manois 52 85 E2
Manom 57 40 B2
Manoncourt-en-Vermois 54 64 C3
Manoncourt-en-Woëvre 54 63 F2
Manonville 54 63 F2
Manonviller 54 65 E4
Manosque 04 238 A1

Manot 16 163 E1
Manou 28 77 F1
Manre 08 37 E3
Le Mans 72 96 B1
Mansac 19 181 D3
Mansan 65 249 E1
Manse 37 115 E3
Manse (Col de) 05 206 B3
Mansempuy 32 228 C2
Mansencôme 32 211 B3
Manses 09 252 B3
Mansigné 72 96 B2
Mansle 16 162 C1
Manso 2b 266 B3
Mansonville 82 212 A3
Manspach 68 108 B3
Mant 40 226 B3
Mantaille (Château) 26 187 F2
Mantallot 22 47 D2
Mantenay-Montlin 01 156 A1
Mantes-la-Jolie 78 56 B1
Mantes-la-Ville 78 56 B1
Mantet 66 261 F3
Manteyer 05 206 B3
Manthelan 37 116 A3
Manthelon 27 55 D2
Manthes 26 187 F2
Mantilly 61 51 F4
Mantoche 70 124 B1
Mantry 39 141 E2
Manvieux 14 28 C1
Many 57 41 D4
Manzac-sur-Vern 24 179 E3
Manzat 63 152 B4
Manziat 01 155 F1
Marac 52 105 D1
Marainville-sur-Madon 88 86 C1
Marainviller 54 65 D3
Le Marais 91 57 D4
Le Marais-la-Chapelle 14 53 D2
Marais Poitevin, Val de Sèvre et Vendée (Parc Régional) 17,85,86 145 E1
Marais Vernier 27 30 C1
Marais-Vernier 27 30 C1
Marambat 32 227 F1
Marandeuil 21 124 A2
Marange-Silvange 57 40 A3
Marange-Zondrange 57 41 D3
Marans 17 145 E2
Marans 49 94 C3
Maransin 33 177 F3
Marant 62 8 C2
Maranville 52 84 C3
Maranwez 08 20 C3
Marast 70 107 D4
Marat 63 169 E3
Les Marats 55 62 C2
Marault 52 85 E3
Maravat 32 228 C2
Maray 41 118 A3
Maraye-en-Othe 10 82 C3
Marbache 54 64 B2
Marbaix 59 11 F4
Marbeuf 27 31 E4
Marbéville 52 84 C2
Marbotte 55 63 D2
Marboué 28 78 B4
Marboz 01 156 B1
Marby 08 21 D2

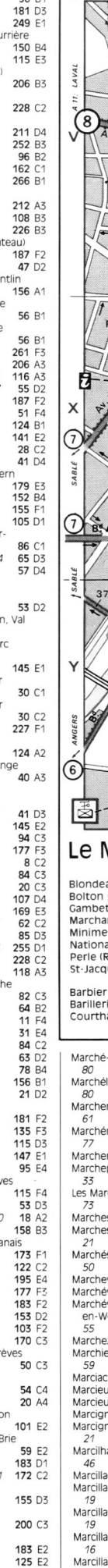

Le Mans

Street	Loc.	No.
Blondeau (R. Claude)	BX	9
Bolton (R. de)	BX	13
Gambetta (R.)	AX	
Marchande (R.)	BX	50
Minimes (R. des)	AX	
Nationale (R.)	BY	
Perle (R. de la)	BX	58
St-Jacques (R.)	BX	73
Barbier (R.)	AX	5
Barillerie (R. de la)	AX	6
Courthardy (R.)	BX	28
Couture (†)	BX	B
Dr-Gallouëdec (R.)	AV	32
Eichthal (R. d')	AY	37
Éperon (Pl. de l')	AX	38
Filles-Dieu (R. des)	BX	41
Galère (R. de la)	AX	
Grande-Rue	AVX	46
Levasseur (Bd René)	BX	48
Marché (Pl. du)	AX	51
Mission (R. de la)	BY	53
Müriers (R. des)	BY	
Préfecture (Av. de la)	BX	63
Reine-Bérengère (R. de la)	BV	64
Rhin-et-Danube (Av.)	AV	65
Roosevelt (Pl. Franklin)	AX	68
Ste-Jeanne-d'Arc (†)	BY	E
Triger (R. Robert)	BV	77
Wilbur-Wright (R.)	AV	80
Yssoir (Pont)	AV	82
33e Mobiles (R. du)	BX	83

Marc-la-Tour 19 181 F2
Marçais 18 135 F3
Marçay 37 115 D3
Marçay 86 147 E4
Marcé-sur-Esves 37 115 F4
Marcei 61 53 D3
Marcelcave 80 18 B4
Marcellaz 74 158 B3
Marcellaz-Albanais 74 173 F1
Marcellois 21 122 C2
Marcellus 47 195 E4
Marcenais 33 177 F3
Marcenat 15 183 F2
Marcenat 03 153 D2
Marcenay 21 103 F2
Marcenod 42 170 C3
Marchainville 61 54 C4
Marchais 02 20 A4
Marchais-Beton 89 101 E2
Marchais-en-Brie 02 59 E2
Marchal 15 198 B3
Marchamp 01 172 C2
Marchampt 69 155 F2
Marchastel 48 200 C3
Marchastel 15 183 F2
Marchaux 25 125 E3
La Marche 58 120 A3
Marché-Allouarde 80 18 B3
Marchélepot 80 18 B3
Marchemaisons 61 53 F4
Marchémoret 77 34 B4
Marchenoir 41 98 C4
Marcheprime 33 193 E2
Les Marches 73 173 F4
Marcheseuil 21 122 B3
Marchésieux 50 27 D3
Marcheville 28 78 B2
Marchéville 80 8 C3
Marchéville-en-Woëvre 55 39 D4
Marchezais 28 56 A3
Marchiennes 59 10 C2
Marciac 32 227 F3
Marcieu 38 189 D4
Marcieux 73 173 E3
Marcigny 71 154 B2
Marcigny-sous-Thil 21 122 B1
Marcilhac-sur-Célé 46 198 B3
Marcillac 33 177 E2
Marcillac-la-Croisille 19 182 B2
Marcillac-la-Croze 19 181 E4
Marcillac-Lanville 16 162 B1
Marcillac-St-Quentin 24 180 B4
Marcillac-Vallon 12 199 F4
Marcillat 63 152 C4
Marcillat-en-Combraille 03 151 F3
Marcillé-la-Ville 53 75 D2
Marcillé-Raoul 35 73 E1
Marcillé-Robert 35 73 F4
Marcilloles 38 188 B1
Marcilly 77 58 C1
Marcilly 50 50 C3
Marcilly-d'Azergues 69 171 E1
Marcilly-en-Bassigny 52 105 E2
Marcilly-en-Beauce 41 97 D2
Marcilly-en-Gault 41 117 E1
Marcilly-en-Villette 45 99 E2
Marcilly-la-Campagne 27 55 D4
Marcilly-la-Gueurce 71 154 C1
Marcilly-le-Châtel 42 170 A3
Marcilly-le-Hayer 10 82 B2
Marcilly-lès-Buxy 71 139 F3
Marcilly-lès-Vitteaux 21 122 B2
Marcilly-Ogny 21 122 B2
Marcilly-sur-Eure 27 55 F2
Marcilly-sur-Maulne 37 96 C4
Marcilly-sur-Seine 51 60 A4
Marcilly-sur-Tille 21 104 C4
Marcilly-sur-Vienne 37 115 E4
Marck 62 3 D2
Marckolsheim 67 89 E3
Marclopt 42 170 A3
Marcoing 59 10 C4
Marcolès 15 199 E2
Marcollin 38 188 A1
Marcols-les-Eaux 07 203 D1
Marçon 72 97 D3
Marconne 62 9 D2
Marconnelle 62 8 C2
Marcorignan 11 254 C2
Marcoule 30 219 E2
Marcoussis 91 57 E4
Marcoux 04 221 F3
Marcoux 42 170 A2
Marcq 08 38 C2
Marcq 78 56 C2
Marcq-en-Barœul 59 5 D4
Marcq-en-Ostrevant 59 10 C3
Marcy 02 19 E2
Marcy 58 120 C2
Marcy 69 171 D1
Marcy-l'Étoile 69 171 D1
Marcy-sous-Marle 02 19 F3
Mardeuil 51 36 B4
Mardié 45 99 F3
Mardilly 61 53 F2
Mardor 52 105 D1
Mardore 69 154 C3
Mardyck 59 3 F1
Mareau-aux-Bois 45 79 F4
Mareau-aux-Prés 45 99 D2
Marèges (Barrage de) 19 182 C1
Mareil-en-Champagne 72 96 A1
Mareil-en-France 95 33 F4
Mareil-le-Guyon 78 56 C2
Mareil-Marly 78 57 D2
Mareil-sur-Loir 72 96 A3
Mareil-sur-Mauldre 78 56 C2
Mareilles 52 85 E3
Marenla 62 8 C2
Marennes 69 171 F3
Marennes 17 160 B1
Maresché 72 76 B3
Maresches 59 11 D3
Maresquel-Ecquemicourt 62 8 C1
Marest 62 9 E2
Marest-Dampcourt 02 19 D4
Marest-sur-Matz 60 34 B1
Marestaing 32 229 D3
Marestmontiers 80 17 F3
Maresville 62 8 B1
Les Marêts 77 59 E3
Maretz 59 19 E1

300 Mar–Men

Mareugheol *63* **168** B4
Mareuil *24* **163** D4
Mareuil *16* **162** A2
Mareuil-Caubert *80* **16** C1
Mareuil-en-Brie *51* **60** A1
Mareuil-en-Dôle *02* **35** F3
Mareuil-lès-Meaux *77* **58** C2
Mareuil-la-Motte *60* **34** B1
Mareuil-le-Port *51* **36** A4
Mareuil-sur-Arnon *18* **135** E1
Mareuil-sur-Ay *51* **36** B4
Mareuil-sur-Cher *41* **117** D2
Mareuil-sur-Lay *85* **129** E4
Mareuil-sur-Ourcq *60* **35** D4
Marey *88* **86** B3
Marey-lès-Fussey *21* **123** E3
Marey-sur-Tille *21* **104** C4
Marfaux *51* **36** B3
Marfontaine *02* **19** F3
Margain (Bec du) *38* **189** E1
Margaux *33* **177** D3
Margencel *74* **158** C1
Margency *95* **57** E1
Margeride (Montagne de la) *15,43,48* **184** C4
Margerides *19* **182** C1
Margerie-Chantagret *42* **170** A4
Margerie-Hancourt *51* **61** E4
Margès *26* **188** A3
Margilley *70* **105** F3
Margival *02* **35** E2
Le Margnès *81* **232** A2
Margny *08* **22** B4
Margny *51* **60** A1
Margny-aux-Cerises *60* **18** B4
Margny-lès-Compiègne *60* **34** B2
Margny-sur-Matz *60* **34** B1
Margon *28* **77** E2
Margon *34* **233** E4
Margouët-Meymes *32* **227** E2
Margueray *50* **51** D1
Marguerittes *30* **235** E1
Margueron *33* **195** E2
Marguestau *32* **210** B4
Margut *08* **22** B4
Mariac *07* **203** D1
Mariaud *04* **222** C1
Maricourt *80* **18** B1
Marie *06* **223** F3
Marieulles *57* **40** B4
Marieux *80* **9** E4
Marigna-sur-Valouse *39* **156** C1
Marignac *31* **250** B4
Marignac *17* **161** E4
Marignac *82* **229** D1
Marignac-en-Diois *26* **204** C1
Marignac-Lasclares *31* **251** D1
Marignac-Laspeyres *31* **251** D2
Marignana *2a* **266** B2
Marignane *13* **242** C1
Marigné *49* **95** D3
Marigné-Laillé *72* **96** C2
Marigné-Peuton *53* **94** C1
Marignier *74* **158** C3
Marignieu *01* **173** D1
Marigny *51* **60** B3
Marigny *39* **141** F3
Marigny *50* **27** D4
Marigny *71* **139** E3
Marigny *03* **137** D4
Marigny *79* **146** B2
Marigny-Brizay *86* **132** B2
Marigny-le-Cahouët *21* **122** B1
Marigny-le-Châtel *10* **82** B2
Marigny-Chemereau *86* **147** E1
Marigny-l'Église *58* **121** F2
Marigny-en-Orxois *02* **35** D4
Marigny-Marmande *37* **115** E4
Marigny-lès-Reullée *21* **123** E4
Marigny-St-Marcel *74* **173** F1
Marigny-sur-Yonne *58* **121** D2
Marigny-les-Usages *45* **99** E1
Marillac-le-Franc *16* **163** D2
Le Marillais *49* **112** C1
Marillet *85* **130** B3
Marimbault *33* **194** C4
Marimont-lès-Bénestroff *57* **65** E1
Marin *74* **158** C1
Marines *95* **33** D4
Maringes *42* **170** C3
Maringues *63* **168** C1
Mariol *03* **153** E4
Marions *33* **210** B1
Marissel *60* **33** E2
Marizy *71* **139** E4
Marizy-St-Mard *02* **35** D3
Marizy-Ste-Geneviève *02* **35** D3
Le Markstein *68* **108** A1
Marle *02* **20** A3
Marlemont *08* **21** D3
Marlenheim *67* **66** C3
Marlens *74* **174** B2
Marlers *80* **16** C3
Marles-en-Brie *77* **58** C3
Marles-sur-Canche *62* **8** C2
Marlhes *42* **186** C2
Marliac *31* **252** A2
Marliens *21* **123** F3
Marlieux *01* **156** A3
Marlioz *74* **157** F3
Marly *57* **40** B4
Marly *59* **11** E2
Marly-Gomont *02* **20** A2
Marly-le-Roi *78* **57** D2
Marly-sous-Issy *71* **138** B3
Marly-sur-Arroux *71* **138** C3
Marly-la-Ville *95* **34** A4
Marmagne *21* **103** E3
Marmagne *71* **139** D2
Marmagne *18* **118** C4
Marmande *47* **195** E4
Marmanhac *15* **183** D4
Marmano (Forêt de) *2B* **267** D3
Marmeaux *89* **103** D4
Marmesse *52* **84** C4
Marles-les-Mines *62* **9** F1
Marminiac *46* **197** E3
Marmont-Pachas *47* **211** E3
Marmouillé *61* **53** E3
Marmoutier *67* **66** C3
Marnac *24* **197** D1
Marnand *69* **154** C4
Marnans *38* **188** B2
Marnaves *81* **214** A3
Marnay *86* **147** F1
Marnay *70* **124** C2
Marnay *71* **140** A3
Marnay-sur-Marne *52* **85** D4
Marnay-sur-Seine *10* **82** A1
Marnaz *74* **158** C3
La Marne *44* **111** E4
Marne *2,51,52,77* **62** B4
Marne-la-Vallée **58** A2
Marnefer *61* **54** B2
Marnes *79* **131** F1
Marnes-la-Coquette *92* **57** D2
Marnézia *39* **141** E3
Marnhagues-et-Latour *12* **233** D1
Marnoz *39* **141** F1
Marœuil *62* **10** A3
Maroilles *59* **11** F4
Marolles-lès-Bailly *10* **85** E3
Marolles-les-Braults *72* **76** C3
Marolles-les-Buis *28* **77** F2
La Marolle-en-Sologne *41* **99** D4
Marolles *14* **30** B4
Marolles *60* **35** D3
Marolles *41* **98** B3
Marolles *51* **61** E3
Marolles-en-Beauce *91* **79** F2
Marolles-en-Brie *77* **59** D3
Marolles-en-Brie *94* **58** A3
Marolles-en-Hurepoix *91* **57** E4
Marolles-sous-Lignières *10* **102** C1
Marolles-sur-Seine *77* **81** D2
Marollette *72* **76** C2
Marols *42* **170** A4
Marolles-lès-St-Calais *72* **97** E1
Maromme *76* **31** E1
Mâron *36* **134** C2
Maron *54* **64** B3
Maroncourt *88* **86** C2
Maronne *15, 19* **182** B3
Maronne (Gorges de la) *15* **182** C3
Maroué *22* **48** C4
Marpain *39* **124** B2
Marpaps *40* **226** A3
Marpent *59* **12** C3
Marpiré *35* **73** F3
Marquaix *80* **18** C2
Marquay *24* **180** B4
Marquay *62* **9** E2
Marquefave *31* **251** E1
Marquéglise *60* **34** B1
Marquein *11* **252** B1
Marquenterre (Domaine du) *80* **8** A3
Marquerie *65* **249** E1
Marques *76* **16** B3
Marquette-en-Ostrevant *59* **10** C3
Marquette-lez-Lille *59* **5** D4
Marquèze *40* **209** D2
Marquigny *08* **21** E4
Marquillies *59* **10** A1
Marquion *62* **10** B3
Marquise *62* **2** C3
Marquivillers *80* **18** A4
Marquixanes *66* **262** A2
Marray *37* **97** E3
La Marre *39* **141** E2
Marre *55* **38** C3
Les Mars *23* **151** E4
Mars *07* **186** C4
Mars *42* **154** C3
Mars *30* **217** D4
Mars-sous-Bourcq *08* **37** E2
Mars-sur-Allier *58* **137** D2
Mars-la-Tour *54* **39** F4
Marsa *11* **261** E1
Marsac *16* **162** B2
Marsac *65* **249** E1
Marsac *23* **149** F3
Marsac *82* **212** A4
Marsac-en-Livradois *63* **169** E4
Marsac-sur-Don *44* **93** E3
Marsac-sur-l'Isle *24* **179** E2
Marsainvilliers *45* **80** A3
Marsais *17* **146** A3
Marsais-Ste-Radégonde *85* **130** A4
Marsal *81* **214** C4
Marsal *57* **65** D2
Marsalès *24* **196** C2
Marsan *32* **228** C2
Marsaneix *24* **179** F3
Marsangis *51* **60** B4
Marsangy *89* **81** E4
Marsannay-le-Bois *21* **123** F1
Marsannay-la-Côte *21* **123** E2
Marsanne *26* **204** A3
Marsas *65* **257** F2
Marsas *33* **177** E3
Marsat *63* **168** B1
Marsaz *26* **187** F3
Marseille-lès-Aubigny *18* **120** A4
Marseillan *32* **227** F3
Marseillan *34* **255** F1
Marseillan *65* **249** E1
Marseille *13* **243** D2
Marseille-en-Beauvaisis *60* **17** D4
Marseillette *11* **254** A2
Marsillargues *34* **235** D2
Marsilly *17* **145** D2
Marsilly *57* **40** B4
Marsolan *32* **211** E4
Marson *51* **61** E2
Marson-sur-Barboure *55* **63** D3
Marsonnas *01* **156** A1
Marsoulas *31* **259** D1
Marssac-sur-Tarn *81* **214** B4
Martagny *27* **32** C2
Martailly-lès-Brancion *71* **140** A4
Martainneville *80* **16** B1
Martainville *14* **52** C1
Martainville *27* **30** B2
Martainville-Épreville *76* **32** A1
Martaizé *86* **131** F1
Martel *46* **181** D4
Marthemont *54* **64** B4
Marthille *57* **65** D1
Marthod *73* **174** B2
Marthon *16* **163** D3
Martiel *12* **214** A1
Martigna *39* **157** D1
Martignargues *30* **218** B3
Martignas-sur-Jalle *33* **193** E1
Martignat *01* **157** D2
Martigné *53* **75** D3
Martigné-Briand *49* **114** A2
Martigné-Ferchaud *35* **93** F2
Martigny *76* **15** F2
Martigny *02* **20** B2
Martigny *50* **51** D3
Martigny-les-Bains *88* **76** B3
Martigny-le-Comte *71* **139** D4
Martigny-Courpierre *02* **36** A1
Martigny-les-Gerbonvaux *88* **86** B1
Martigny-sur-l'Ante *14* **52** C1
Martigues *13* **242** C2
Martillac *33* **194** B2
Martin (Cap) *06* **241** E4
Martin-Église *76* **15** F2
Les Martinanches *63* **169** D3
Martincourt *60* **33** D1
Martincourt *54* **64** A2
Martincourt-sur-Meuse *55* **38** B1
Le Martinet *30* **218** A2
Martinet *85* **128** C2
Martinpuich *62* **18** B1
Martinvast *50* **24** C2
Martinvelle *88* **86** C4
Martisserre *31* **228** C4
Martizay *36* **133** E2
Martot *27* **31** F3
Martragny *14* **28** C3
La Martre *83* **239** E1
Martres *33* **194** C2
Les Martres-d'Artière *63* **168** B2
Martres-de-Rivière *31* **250** B3
Les Martres-de-Veyre *63* **168** B3
Martres-sur-Morge *63* **168** B1
Martres-Tolosane *31* **251** D2
Martrin *12* **215** E4
Martrois *21* **122** C2
La Martyre *29* **45** E3
Les Martys *11* **231** E4
Maruéjols-lès-Gardon *30* **218** B4
Marval *87* **163** F3
Marvaux-Vieux *08* **37** E2
Marvejols *48* **201** D3
Marvelise *25* **107** E4
Marville-les-Bois *28* **55** F4
Marville *55* **38** C1
Marville-Moutiers-Brûlé *28* **55** F3
Mary *71* **139** E3
Mary (Puy) *15* **183** E3
Mary-sur-Marne *77* **58** C1
Marzal (Aven de) *07* **218** C1
Marzan *56* **92** A3
Marzens *81* **230** C2
Marzy *58* **137** D1
Le Mas *06* **223** E4
Mas-Blanc-des-Alpilles *13* **236** A1
Mas-Cabardès *11* **253** E1
Le Mas-d'Agenais *47* **195** E4
Le Mas-d'Artige *23* **166** B2
Mas-d'Auvignon *32* **211** E4
Le Mas-d'Azil *09* **251** F3
Mas-de-Londres *34* **234** B1
Le Mas-de-Tence *43* **186** C3
Mas-des-Cours *11* **253** F2
Mas-d'Orcières *48* **201** F4
Mas-Grenier *82* **212** C4
Mas-St-Chély *48* **217** D1
Mas-Stes-Puelles *11* **252** C1
Le Mas-Soubeyran *30* **217** F3
Masbaraud-Mérignat *23* **150** A4
Mascaraàs-Haron *64* **226** C3
Mascaras *65* **249** E2
Mascaras *32* **227** F3
Mascarville *31* **230** B3
Masclat *46* **197** F1
Masevaux *68* **108** A2
Maslacq *64* **226** A4
Masléon *87* **165** E2
Maslives *41* **98** C3
Le Masnau-Massuguiès *81* **232** A1
Masnières *59* **10** C4
Masny *59* **10** C2
Masparraute *64* **225** D4
Maspie-Lalonquère-Juillacq *64* **227** D4
Masquières *47* **197** D4
Massabrac *31* **251** F2
Massac *17* **162** A1
Massac *11* **254** A4
Massac-Séran *81* **230** C2
Massaguel *81* **231** E4
Massais *79* **114** A4
Massals *81* **232** A1
Massanes *30* **218** B3
Massangis *89* **103** D3
Massat *09* **259** F3
Massay *18* **118** B3
Le Massegros *48* **216** B1
Masseilles *33* **195** D4
Massels *47* **212** A1
Massérac *44* **93** D3
Masseret *19* **165** D4
Masseube *32* **228** B4
Massiac *15* **184** B2
Massieu *38* **173** D4
Massieux *01* **171** E1
Massiges *51* **37** F3
Massignac *16* **163** E2
Massignieu-de-Rives *01* **173** D2
Massillargues-Attuech *30* **218** A3
Massilly *71* **139** F4
Massingy *21* **104** A1
Massingy *74* **173** E1
Massingy-lès-Semur *21* **103** F4
Massingy-lès-Vitteaux *21* **122** C1
Massognes *86* **131** F2
Massoins *06* **223** F3
Massongy *74* **158** B1
Massoulès *47* **212** A1
Massugas *33* **195** E2
Massy *91* **57** E3
Massy *71* **139** F4
Massy *76* **16** A3
Mastaing *59* **11** D3
Matafelon-Granges *01* **157** D2
Les Matelles *34* **234** B2
Matemale *66* **261** E3
Matha *17* **161** F1
Mathaux *10* **83** F2
Mathay *25* **126** C1
Mathenay *39* **141** E1
Les Mathes *17* **160** B2
Mathieu *14* **29** D3
Mathons *52* **84** C1
Mathonville *76* **16** A4
Matignicourt-Goncourt *51* **61** F3
Matignon *22* **49** D3
Matigny *80* **18** C3
Matougues *51* **60** C1
Matour *71* **155** D2
Matra *2b* **267** E1
Matringhem *62* **9** D1
Mattaincourt *88* **86** C2
Mattexey *54* **87** E1
Matton-et-Clémency *08* **22** B3
Mattstall *67* **43** D4
Matzenheim *67* **89** E1
Maubec *82* **229** D1
Maubec *38* **172** B3
Maubec *84* **236** C1
Maubert-Fontaine *08* **21** D2
Maubeuge *59* **12** B3
Maubourguet *65* **227** E4
Mauchamps *91* **79** F1
Maucomble *76* **16** A3
Maucor *64* **226** C4
Maucourt *60* **18** C4
Maucourt *80* **18** B3
Maucourt-sur-Orne *55* **39** D3
Maudétour-en-Vexin *95* **32** C4
Mauguio *34* **234** C3
Maulain *52* **85** F4
Maulais *79* **131** E1
Maulan *55* **62** C3
Maulay *86* **115** D4
Maulde *23,87* **165** E2
Maulde *59* **11** D1
Maule *78* **56** C2
Mauléon *79* **130** B1
Mauléon-Barousse *65* **250** A4
Mauléon-Licharre *64* **247** E1
Mauléon-d'Armagnac *32* **210** A4
Maulers *60* **33** E1
Maulette *78* **56** B2
Maulévrier *49* **113** E4
Maulévrier-Ste-Gertrude *76* **14** C4
Maulichères *32* **227** D2
Maumusson *44* **94** B4
Maumusson *82* **212** B4
Maumusson-Laguian *32* **227** D3
Mauny *76* **31** E2
Maupas *10* **83** D3
Maupas *32* **227** D1
Maupas *18* **119** E3
Maupas (Défilé de) *38* **190** A2
Mauperthuis *77* **58** C3
Maupertuis *50* **51** D1
Maupertus-sur-Mer *50* **25** D2
Mauprévoir *86* **148** A3
Mauquenchy *76* **16** A4
Mauran *31* **251** D2
Maure *64* **227** D4
Maure (Col de) *04* **222** B1
Maure-de-Bretagne *35* **92** C1
Maurecourt *78* **57** D1
Mauregard *77* **58** A1
Mauregny-en-Haye *02* **36** A1
Maureilhan *34* **255** D1
Maureillas-las-Illas *66* **262** B3
Mauremont *31* **230** B4
Maurens *31* **230** C4
Maurens *32* **229** D3
Maurens *24* **179** D4
Maurens-Scopont *81* **230** C3
Maurepas *78* **56** C3
Maurepas *80* **18** B1
Maures (Corniche des) *83* **245** D3
Maures (Massif des) *83* **239** E4
Mauressac *31* **251** F1
Mauressargues *30* **218** B4
Maureville *31* **230** B3
Mauriac *15* **182** C2
Mauriac *33* **195** D2
Mauriat *63* **184** B1
Mauries *40* **226** C2
Maurin *04* **207** E2
Maurines *15* **200** C1
Maurois *59* **11** D4
Mauron *56* **72** A3
Mauroux *46* **197** D4
Mauroux *32* **212** A4
Maurrin *40* **226** C1
Maurs *15* **199** D2
Maurupt-le-Montois *51* **62** A3
Maury *66* **262** A1
Mausoléo *2b* **264** C3
Maussac *19* **166** B4
Maussane-les-Alpilles *13* **236** B2
Maussans *70* **125** F1
Mautes *23* **166** C1
Mauvages *55* **63** D4
Mauvaisin *31* **252** A1
Mauves *07* **187** E3
Mauves-sur-Huisne *61* **77** D1
Mauves-sur-Loire *44* **112** B2
Mauvezin *65* **249** F2
Mauvezin *31* **229** D4
Mauvezin *32* **228** C2
Mauvezin-sur-Gupie *47* **195** E3
Mauvezin-d'Armagnac *40* **210** B4
Mauvezin-de-Prat *09* **259** D2
Mauvezin-de-Ste-Croix *09* **259** F2
Mauvières *36* **133** E4
Mauvilly *21* **104** A3
Maux *58* **121** E4
Mauzac *31* **251** E1
Mauzac-et-Grand-Castang *24* **196** C1
Mauzé-sur-le-Mignon *79* **146** A2
Mauzé-Thouarsais *79* **114** A4
Mauzens-et-Miremont *24* **180** A4
Mauzun *63* **168** C3
Maves *41* **98** B3
Mavilly-Mandelot *21* **123** D4
La Maxe *57* **40** B3
Maxent *35* **72** B4
Maxéville *54* **64** B3
Maxey-sur-Meuse *88* **86** A1
Maxey-sur-Vaise *55* **63** E4
Maxilly-sur-Léman *74* **159** D1
Maxilly-sur-Saône *21* **124** B2
Maxou *46* **197** F4
Maxstadt *57* **41** E4
May-en-Multien *77* **34** C4
Le May-sur-Èvre *49* **113** D3
May-sur-Orne *14* **29** D4
Mayac *24* **180** A2
Mayenne *49, 53* **74** C3
Mayenne *53* **75** D2
Mayet *72* **96** C2
Le Mayet-de-Montagne *03* **153** F4
Le Mayet-d'École *03* **153** D3
Maylis *40* **226** A2
Maynal *39* **141** D4
Les Mayons *83* **245** D1
Mayot *02* **19** E3
Mayrac *46* **198** A1
Mayran *12* **215** D1
La Mayrand *63* **184** A1
Mayrègne *31* **258** B3
Mayres *63* **185** E1
Mayres *07* **202** C2
Mayres-Savel *38* **205** E1
Mayreville *11* **252** C2
Mayrinhac-Lentour *46* **198** B1
Mayronnes *11* **253** F3
Maysel *60* **33** F3
Mazagran *08* **37** E2
Mazamet *81* **231** F4
Mazan *84* **220** A3
Mazan-l'Abbaye *07* **202** B2
Mazan (Forêt de) *07* **202** B2
Mazangé *41* **97** F2
Mazaugues *83* **244** A1
Mazaye *63* **167** F2
Mazé *49* **114** B1
Le Mazeau *85* **146** A1
Mazeirat *23* **150** B3
Mazeley *88* **87** D2
Mazeray *17* **161** D1
Mazères *32* **227** E3
Mazères *09* **252** B2
Mazères *33* **194** C4
Mazères-de-Neste *65* **250** A3
Mazères-Lezons *64* **248** B1
Mazères-sur-Salat *31* **251** D2
Mazerier *03* **152** C3
Mazerny *08* **21** E4
Mazerolles *17* **161** D3
Mazerolles *40* **209** F4
Mazerolles *65* **249** F1
Mazerolles *16* **163** E2
Mazerolles *64* **226** B4
Mazerolles *86* **148** B1
Mazerolles-du-Razès *11* **253** D2
Mazerolles-le-Salin *25* **125** D2
Mazerulles *54* **64** C2
Mazet-St-Voy *43* **186** B3
Mazeuil *86* **131** F2
Mazeyrat-Aurouze *43* **185** D2
Mazeyrat-Crispinhac *43* **185** D3
Mazeyres (Puy de) *63* **168** A3
Mazeyrolles *24* **197** D2
La Mazière-aux-Bons-Hommes *23* **167** D1
Mazières *16* **163** E2
Mazières-de-Touraine *37* **115** E1
Mazières-en-Gâtine *79* **131** D4
Mazières-en-Mauges *49* **113** E4
Mazières-Naresse *47* **196** B3
Mazières-sur-Béronne *79* **146** C2
Mazille *71* **155** D1
Mazingarbe *62* **10** A1
Mazinghem *62* **4** A4
Mazinghien *59* **19** F1
Mazion *33* **177** D2
Mazirat *03* **151** E3
Mazirot *88* **86** C2
Le Mazis *80* **16** C2
Mazoires *63* **184** A1
Mazouau *65* **249** F3
Mazuby *11* **261** D1
Les Mazures *08* **21** E2
Mazzola *2b* **267** E1
Méailles *04* **223** D3
Méallet *15* **182** C2
Méasnes *23* **150** A1
Meaucé *28* **77** F1
Méaudre *38* **189** D3
La Meauffe *50* **27** E3
La Méaugon *22* **47** F3
Meaulne *03* **136** B4
Méaulte *80* **18** A1
Méautis *50* **27** D2
Meaux *77* **58** C1
Meaux-la-Montagne *69* **155** D4
Meauzac *82* **212** C3
Mecé *35* **73** F2
Mechmont *46* **197** F3
Mécleuves *57* **40** B4
Mécrin *55* **36** D2
Mécringes *51* **59** F2
Médan *78* **57** D1
Médavy *61* **53** E3
Medeyrolles *63* **185** E1
Médière *25* **107** E4
Médillac *16* **178** B2
Médis *17* **160** B3
Médonville *88* **86** A3
Médous (Grotte de) *65* **257** F2
Médréac *35* **72** B2
Le Mée *28* **98** C1
Mée *53* **94** C2
Le Mée-sur-Seine *77* **80** B1
Les Mées *04* **221** F3
Les Mées *72* **76** B2
Mées *40* **225** D2
Mées (Rochers des) *04* **221** F3
Mégange *57* **40** C3
Megève *74* **174** C1
Mégevette *74* **158** C2
Mégrit *22* **72** B1
Méharicourt *80* **18** B3
Méharin *64* **225** D4
Méhers *41* **117** E2
Méhoncourt *54* **64** C4
Méhoudin *61* **75** E1
Mehun-sur-Yèvre *18* **118** C3
La Meignanne *49* **95** D4
Meigné *49* **114** B2
Meigné-le-Vicomte *49* **96** B4
Meigneux *80* **16** C3
Meigneux *77* **81** E1
La Meije *05, 38* **190** B3
Meilars *29* **68** B2
Meilhac *87* **164** B2
Meilhan *32* **228** B4
Meilhan *40* **209** D4
Meilhan-sur-Garonne *47* **195** E3
Meilhards *19* **165** E4
Meilhaud *63* **168** B4
Meillac *35* **43** D1
Meillant *18* **136** A2
Le Meillard *80* **9** D4
Meillard *03* **152** C1
La Meilleraie-Tillay *85* **130** B2
Meilleray *77* **59** E2
La Meilleraye-de-Bretagne *44* **93** F4
Meillerie *74* **159** D1
Meillers *03* **137** D4
Meillier-Fontaine *08* **21** E2
Meillon *64* **248** C1
Meillonnas *01* **156** C2
Meilly-sur-Rouvres *21* **122** C3
Meisenthal *57* **42** B4
Meistratzheim *67* **67** D4
Le Meix *21* **104** C4
Le Meix-St-Epoing *51* **60** A3
Le Meix-Tiercelin *51* **61** D4
Méjannes-lès-Alès *30* **218** B3
Méjannes-le-Clap *30* **218** C2
Méjean (Causse) *48* **217** D2
Mela *2a* **269** D2
Mélagues *12* **232** C2
Mélamare *76* **30** C1
Melan *04* **222** A2
Mélas *07* **203** E3
Melay *52* **106** A1
Melay *71* **154** A3
Melay *49* **113** E3
Le Mêle-sur-Sarthe *61* **53** F4
Mélecey *70* **107** D4
Melesse *35* **73** D2
Melgven *29* **69** E4
Mélicocq *60* **34** B1
Mélicourt *27* **54** B1
Méligny-le-Grand *55* **63** D3
Méligny-le-Petit *55* **63** D3
Melin *70* **106** A2
Melincourt *70* **106** B1
Mélisey *89* **103** D1
Mélisey *70* **107** E2
Meljac *12* **215** D3
Mellac *29* **69** F4
Melle *79* **146** C2
Mellé *35* **51** D4
Mellecey *71* **139** F2
Melleran *79* **147** D3
Melleray *72* **77** E4
Melleray (Abbaye de) *44* **93** F4
Melleray-la-Vallée *53* **75** D1
Melleroy *45* **101** D2
Melles *31* **258** C3
Melleville *76* **16** A1
Mellionnec *22* **70** B2
Mello *60* **33** F3
Meloisey *21* **123** D4
Melrand *56* **70** C4
Melsheim *67* **66** C2
Melun *77* **58** A4
Melun-Sénart *77* **58** A4
Melve *04* **221** F1
Melz-sur-Seine *77* **81** F1
Membrey *70* **106** A3
La Membrolle-sur-Choisille *37* **115** F1
La Membrolle-sur-Longuenée *49* **95** D4
Membrolles *41* **98** C1
Méménil *88* **87** F2
Mémise (Pic de) *74* **159** D1
Memmelshoffen *67* **43** E4
Le Mémont *25* **126** C3
Menades *89* **121** E1
Ménarmont *88* **87** F1
Menars *41* **98** B3
Menat *63* **152** B3
Menaucourt *55* **63** D3
Mencas *62* **9** D1
Menchhoffen *67* **66** C1
Mende *48* **201** E4
Mendionde *64* **224** C4
Menditte *64* **247** E2
Mendive *64* **247** D2
Ménéac *56* **71** F3
Menée (Col de) *26,38* **205** E2
Ménerbes *84* **237** D1
Ménerval *76* **32** C1
Ménerville *78* **56** B1
Menesble *21* **104** B2
Méneslies *80* **16** B1
Ménesplet *24* **178** B4
Ménesqueville *27* **32** A2
Ménessaire *21* **122** A3
Menestreau *58* **120** B1
Ménestreau-en-Villette *45* **99** E3
Menet *15* **183** D2
Menetou-Couture *18* **120** A4
Menetou-Râtel *18* **119** F2
Menetou-Salon *18* **119** D3
Menetou-sur-Nahon *36* **117** F3
Ménétréol-sous-Sancerre *18* **119** F2
Ménétréol-sur-Sauldre *18* **118** C1
Ménétréols-sous-Vatan *36* **118** A4
Ménetreuil *71* **140** B3
Ménétreux-le-Pitois *21* **103** F4
Ménétrol *63* **168** B1
Menétru-le-Vignoble *39* **141** E2
Menétrux-en-Joux *39* **141** F3
Ménévillers *60* **34** A1
Menez Bré *22* **47** D3
Ménez-Hom *29* **68** C1
Menglon *26* **205** D2
La Ménière *61* **54** A4
Ménigoute *79* **131** E4
Le Ménil *88* **107** F1
Ménil *53* **95** D2
Ménil-Annelles *08* **37** D1
Ménil-aux-Bois *55* **63** D2
Le Ménil-Bérard *61* **54** B3
Le Ménil-Broût *61* **76** B1
Le Ménil-Ciboult *61* **51** F2
Le Ménil-de-Briouze *61* **52** B3
Ménil-de-Senones *88* **88** B1
Ménil-en-Xaintois *88* **86** B2
Ménil-Erreux *61* **76** B1
Ménil-Froger *61* **53** E3
Ménil-Glaise *61* **52** C3
Ménil-Gondouin *61* **52** C3
Le Ménil-Guyon *61* **53** F4
Ménil-Hermei *61* **52** C2
Ménil-la-Horgne *55* **63** D3
Ménil-Hubert-en-Exmes *61* **53** E2
Ménil-Hubert-sur-Orne *61* **52** B2
Ménil-Jean *61* **52** C3
Ménil-Lépinois *08* **37** D2
Le Ménil-Scelleur *61* **53** D4
Ménil-sur-Belvitte *88* **87** F1
Ménil-sur-Saulx *55* **62** C4
Ménil-la-Tour *54* **63** F2
Le Ménil-Vicomte *61* **53** F3
Ménil-Vin *61* **52** C2
Ménilles *27* **55** F1
La Ménitré *49* **114** B1
Mennecy *91* **57** F4
Mennessis *02* **19** D3
Mennetou-sur-Cher *41* **118** A2
Menneval *27* **30** C4
Menneville *02* **36** B2

Menneville 62 3 D4
Mennevret 02 19 E1
Mennouveaux 52 85 E4
Ménoire 19 181 F3
Menomblet 85 130 B2
Menoncourt 90 108 A3
Ménonval 76 16 A3
Menotey 39 124 B3
Menou 58 120 B2
Menouville 95 33 E4
Le Menoux 36 134 B4
Menoux 70 106 B2
Mens 38 205 E1
Mensignac 24 179 E2
Menskirch 57 40 C2
Mentheville 76 14 B3
Menthon-St-Bernard 74 174 A1
Menthonnex-en-Bornes 74 158 A3
Menthonnex-sous-Clermont 74 157 F4
Mentières 15 184 B3
Menton 06 241 F4
Mentque-Nortbécourt 62 3 E3
Menucourt 95 57 D1
Les Menus 61 55 D4
Menville 31 229 E2
Méobecq 36 134 A3
Méolans-Revel 04 206 C4
Méon 49 96 B4
Méounes-lès-Montrieux 83 244 B2
Mépieu 38 172 C2
Mer 41 98 C3
Mer de Glacé 74 159 E4
La Mer de Sable 60 34 B4
Méracq 64 226 C3
Méral 53 94 B1
Méras 09 251 E2
Mercantour (Parc National du) 04, 06 223 E1
Mercatel 62 10 A3
Mercenac 09 259 E2
Merceuil 21 140 A1
Mercey 27 32 A4
Mercey-le-Grand 25 124 C2
Mercey-sur-Saône 70 105 F4
Mercin-et-Vaux 02 35 E2
Merck-St-Liévin 62 3 E4
Merckeghem 59 3 F2
Mercœur 19 182 A4
Mercœur 43 184 C2
Mercuer 07 203 D3
Mercuès 46 197 F4
Mercurey 71 139 F2
Mercurol 26 187 F3
Mercury 73 174 B2
Mercus-Garrabet 09 252 B4
Mercy 03 153 E1
Mercy 89 82 B4
Mercy-le-Bas 54 39 E2
Mercy-le-Haut 54 39 E2
Merdrignac 22 72 A2
Méré 89 102 C1
Méré 78 56 C3
Méreau 18 118 B3
Méréaucourt 80 16 C3
Méréglise 28 78 A2
Mérélessart 80 16 C1
Mérens 32 228 B2
Mérens-les-Vals 09 260 C2
Mérenvielle 31 229 E3
Méreuil 05 205 E4
Méréville 54 64 B4
Méréville 91 79 F2
Merey 27 55 F1
Mérey-sous-Montrond 25 125 E3
Mérey-Vieilley 25 125 E2
Merfy 51 36 B3
Mergey 10 83 D2
Meria 2b 264 C1
Mérial 11 261 D1
Méribel-les-Allues 73 174 C4
Méricourt 62 10 A2
Méricourt 78 56 B1
Méricourt-l'Abbé 80 18 A2
Méricourt-en-Vimeu 80 17 D2
Méricourt-sur-Somme 80 18 A2
Mériel 95 33 E4
Mérieu 38 172 C2
Mérifons 34 233 E2
Mérignac 17 177 F1
Mérignac 16 162 A2
Mérignac 33 194 A1
Mérignas 33 195 D2
Mérignat 01 156 C3
Mérignies 59 10 C1
Mérigny 36 133 E3
Mérigon 09 259 E2
Mérilheu 65 249 E3
Mérillac 22 72 A2
Mérinchal 23 167 D1
Mérindol 84 237 D1
Mérindol-les-Oliviers 26 220 B1
Mérinville 45 81 D4
Le Mériot 10 82 A1
Méritein 64 225 F4
Merkwiller-Pechelbronn 67 43 E4
Merlande (Ancien prieuré de) 24 179 E2
Merlas 38 173 D4
La Merlatière 85 129 E2
Merlaut 51 61 F3
Merle 42 186 A1
Merléac 22 71 D2
Le Merlerault 61 53 F3
Merles 82 212 B3
Merles-sur-Loison 55 38 C2
Merlet (Parc du Balcon de) 74 159 E4
Merlevenez 56 90 C2
Merlieux-et-Fouquerolles 02 35 E1
Merlimont 62 8 A2
Merlines 19 167 D3
Mernel 35 92 C1
Mérobert 91 79 E2
Mérona 39 141 E4
Mérouville 28 79 E2
Meroux 90 108 A3
Merpins 16 161 E3
Merrey 52 85 F4
Merrey-sur-Arce 10 83 F4
Merri 61 53 D2
Merris 59 4 B3
Merry-Sec 89 102 A3
Merry-sur-Yonne 89 102 B4
Merry-la-Vallée 89 101 F2
Mers-les-Bains 80 16 A1
Mers-sur-Indre 36 135 D3
Merschweiller 57 40 C1
Mersuay 70 106 C2
Merten 57 41 D2
Merle (Tours de) 19 182 B3
Mertrud 52 84 C1
Mertzen 68 108 B3
Mertzwiller 67 67 D1
Méru 60 33 E3
Merval 02 36 A2
Mervans 71 140 C2
Merveilles (Vallée des) 06 241 E1
Mervent 85 130 B4
Mervent-Vouvant (Forêt de) 85 130 B4
Merviel 09 252 B3
Mervilla 31 230 A3
Merville 31 229 F2
Merville 59 4 B4
Merville-Franceville-Plage 14 29 E3
Merviller 54 65 E4
Mervilliers 28 79 D3
Merxheim 68 108 C1
Méry 73 173 E3
Méry-la-Bataille 60 34 A1
Méry-Corbon 14 29 E4
Méry-ès-Bois 18 119 D2
Méry-Prémecy 51 36 A3
Méry-sur-Cher 18 118 B3
Méry-sur-Marne 77 59 D1
Méry-sur-Oise 95 33 E4
Méry-sur-Seine 10 82 C1
Le Merzer 22 47 E3
Mésandans 25 126 A1
Mésanger 44 112 C1
Mésangueville 76 32 B1
Mesbrecourt-Richecourt 02 19 E3
Meschers-sur-Gironde 17 160 B3
Mescoules 24 196 A2
Le Mesge 80 17 D2
Mesgrigny 10 82 C1
Mésigny 74 157 F4
Meslan 56 70 A4
Mesland 41 98 A4
Meslay 14 52 B1
Meslay 41 98 A2
Meslay-du-Maine 53 95 D1
Meslay-le-Grenet 28 78 B2
Meslay-le-Vidame 28 78 C2
Meslières 25 126 C1
Meslin 22 48 B4
Mesmay 25 125 D4
Mesmont 21 123 D2
Mesmont 08 21 D4
Mesnac 16 161 E2
Mesnard-la-Barotière 85 129 F1
Mesnay 39 141 F1
Les Mesneux 51 36 B3
Mesnières-en-Bray 76 16 A3
Le Mesnil 50 24 C4
Le Mesnil-Adelée 50 51 D3
Le Mesnil-Amand 50 50 C1
Le Mesnil-Amelot 77 58 A1
Le Mesnil-Amey 50 27 D4
Le Mesnil-Angot 50 27 E3
Le Mesnil-au-Grain 14 28 C4
Le Mesnil-au-Val 50 25 D2
Le Mesnil-Aubert 50 50 C1
Le Mesnil-Aubry 95 33 F4
Le Mesnil-Auzouf 14 51 F1
Le Mesnil-Bacley 14 53 E1
Le Mesnil-Benoist 14 51 E2
Le Mesnil-Bœufs 50 51 D3
Le Mesnil-Bonant 50 50 C1
Mesnil-Bruntel 80 18 C2
Le Mesnil-Caussois 14 51 E2
Mesnil-Clinchamps 14 51 E2
Le Mesnil-la-Comtesse 10 83 E1
Le Mesnil-Conteville 60 17 D4
Mesnil-Domqueur 80 9 D4
Le Mesnil-Drey 50 50 C2
Le Mesnil-Durand 14 30 A4
Le Mesnil-Durdent 76 15 D2
Mesnil-en-Arrouaise 80 18 C1
Le Mesnil-en-Thelle 60 33 F3
Le Mesnil-en-Vallée 49 113 D1
Le Mesnil-Esnard 76 31 F2
Le Mesnil-Eudes 14 30 A4
Le Mesnil-Eury 50 27 D3
Mesnil-Follemprise 76 15 F3
Le Mesnil-Fuguet 27 31 F4
Le Mesnil-Garnier 50 50 C2
Le Mesnil-Germain 14 30 A4
Le Mesnil-Gilbert 50 51 E3
Le Mesnil-Guillaume 14 30 B4
Le Mesnil-Hardray 27 55 D1
Le Mesnil-Herman 50 27 E4
Le Mesnil-Hue 50 50 C1
Le Mesnil-Jourdain 27 31 F3
Mesnil-Lettre 10 83 E1
Le Mesnil-Lieubray 76 32 B1
Mesnil-Martinsart 80 18 A1
Le Mesnil-Mauger 14 29 F4
Mesnil-Mauger 76 16 B4
Le Mesnil-Opac 50 27 E4
Le Mesnil-Ozenne 50 51 D3
Mesnil-Panneville 76 15 E4
Le Mesnil-Patry 14 28 C3
Le Mesnil-Rainfray 50 51 E3
Mesnil-Raoul 76 32 A2
Le Mesnil-Raoult 50 27 E4
Le Mesnil-Réaume 76 16 A1
Le Mesnil-Robert 14 51 E2
Le Mesnil-Rogues 50 50 C2
Le Mesnil-le-Roi 78 57 D1
Mesnil-Rousset 27 54 B2
Le Mesnil-Rouxelin 50 27 E3
Le Mesnil-St-Denis 78 57 D3
Le Mesnil-St-Firmin 60 17 F4
Mesnil-St-Georges 80 18 A4
Mesnil-St-Laurent 02 19 E2
Mesnil-St-Loup 10 82 B2
Mesnil-St-Nicaise 80 18 B3
Mesnil-St-Père 10 83 E3
Mesnil-Sellières 10 83 E2
Le Mesnil-Simon 28 56 A2
Le Mesnil-Simon 14 30 A4
Mesnil-sous-les-Côtes 55 39 D4
Le Mesnil-sous-Jumièges 76 31 E2
Mesnil-sous-Vienne 27 32 C2
Le Mesnil-sur-Blangy 14 30 B3
Le Mesnil-sur-Bulles 60 33 F1
Mesnil-sur-l'Estrée 27 55 E3
Le Mesnil-sur-Oger 51 60 C1
Le Mesnil-Thébault 50 51 D3
Le Mesnil-Théribus 60 33 D2
Le Mesnil-Thomas 28 55 E4
Le Mesnil-Tôve 50 51 E3
Le Mesnil-Véneron 50 27 E3
Mesnil-Verclives 27 32 B2
Le Mesnil-Vigot 50 27 D3
Le Mesnil-Villeman 50 50 C2
Le Mesnil-Villement 14 52 B2
Le Mesnilbus 50 27 D3
Le Mesnillard 50 51 D3
Les Mesnils-sur-Madon 54 87 D1
Mesnois 39 141 E3
Les Mesnuls 78 56 C3
Mespaul 29 45 F2
Mesplède 64 226 A3
Mesples 03 151 D1
Mespuits 91 80 A2
Mesquer 44 110 B1
Messac 17 177 F1
Messac 35 93 D2
Messais 86 131 F1
Messanges 21 123 E3
Messanges 40 224 C1
Messas 45 99 D2
Messé 79 147 E2
Messei 61 52 B3
Messein 54 64 B3
Messeix 63 167 D3
Messemé 86 115 D4
Messery 74 158 B1
Messeux 16 147 F4
Messey-sur-Grosne 71 140 A3
Messia-sur-Sorne 39 141 D3
Messigny-et-Vantoux 21 123 E1
Messilhac 15 200 A1
Messimy 69 171 D2
Messimy-sur-Saône 01 155 E4
Messincourt 08 22 A3
Messon 10 82 C3
Messy 77 58 B1
Mesterrieux 33 195 D3
Mestes 19 166 C4
Mesves-sur-Loire 58 120 A3
Mesvres 71 139 D2
Métabief 25 142 C2
Les Métairies 16 162 A2
Métairies-St-Quirin 57 66 A3
Méteren 59 4 C3
Méthamis 84 220 B3
Métigny 80 16 C2
Metting 57 66 B2
Mettray 37 115 F1
Metz 57 40 B4
Metz-le-Comte 58 121 D1
Metz-en-Couture 62 18 C1
Metz-Robert 10 83 D4
Metz-Tessy 74 158 A4
Metzeral 68 88 C4
Metzeresche 57 40 B2
Metzervisse 57 40 B2
Metzing 57 41 F3
Meucon 56 91 E2
Meudon 92 57 E2
Meuilley 21 123 E3
Meulan 78 56 C1
Meulers 76 15 F2
Meulles 14 53 F1
Meulson 21 104 A3
Meunet-Planches 36 135 D2
Meunet-sur-Vatan 36 118 A4
Meung-sur-Loire 45 99 D2
Meurcé 72 76 B3
Meurchin 62 10 B1
Meurcourt 70 106 C2
La Meurdraquière 50 50 C2
Meures 52 85 D3
Meurival 02 36 A2
Meursac 17 160 C3
Meursanges 21 123 E4
Meursault 21 123 D4
Meurthe 54 65 E4
Meurville 10 84 A3
Meuse 8,52, 55,88 63 E3
Meusnes 41 117 E2
Meussia 39 141 F4
Meuvaines 14 28 C2
Meuvy 52 85 F4
Le Meux 60 34 B2
Meux 17 161 E4
Meuzac 87 165 D4
Mévoisins 28 56 B4
Mévouillon 26 220 C2
Meximieux 01 172 B1
Mexy 54 39 E1
Mey 57 40 B3
Meyenheim 68 108 C1
Meylan 38 189 E2
Meylan 47 210 C3
Meymac 19 166 B4
Meynes 30 219 D4
Meyrals 24 197 D1
Meyrand (Col de) 07 202 B3
Meyrannes 30 218 B2
Meyrargues 13 237 E2
Meyras 07 202 C2
Meyreuil 13 237 E3
Meyriat 01 156 C3
Meyrié 38 172 B3
Meyrieu-les-Étangs 38 172 B4
Meyrieux-Trouet 73 173 E3
Meyrignac-l'Église 19 181 F1
Meyronne 46 198 A1
Meyronnes 04 207 E3
Meyrueis 48 217 D2
Meys 69 170 C3
Meyssac 19 181 E3
Meysse 07 203 F3
Meyssiès 38 172 A4
Meythet 74 158 A4
La Meyze 87 164 C3
Meyzieu 69 171 F2
Mézangers 53 75 E3
Mèze 34 234 A4
Mézel 04 222 A3
Mezel 63 168 B2
Mézenc (Mont) 07,43 202 C1
Mézens 81 230 B1
Mézeray 72 96 A2
Mézères 43 186 A3
Mézériat 01 156 A2
Mézerolles 80 9 D4
Mézerville 11 252 B2
Mézidon 14 29 E4
La Mézière 35 73 D2
Mézières-au-Perche 28 78 B3
Mézières-en-Brenne 36 133 F2
Mézières-en-Gâtinais 45 80 B4
Mézières-en-Santerre 80 18 A3
Mézières-en-Vexin 27 32 B3
Mézières-en-Drouais 28 56 A3
Mézières-lez-Cléry 45 99 D2
Mézières-sous-Lavardin 72 76 A3
Mézières-sur-Couesnon 35 73 E2
Mézières-sur-Issoire 87 148 C3
Mézières-sur-Oise 02 19 E3
Mézières-sur-Ponthouin 72 76 C3
Mézières-sur-Seine 78 56 C1
Mézilhac 07 203 D1
Mézilles 89 101 E3
Mézin 47 211 D3
Méziré 90 108 A4
Mézoargues 13 235 F1
Mézos 40 208 B3
Mézy-Moulins 02 35 F4
Mézy-sur-Seine 78 56 C1
Mhère 58 121 E3
Mialet 24 164 A4
Mialet 30 217 F3
Mialos 64 226 B3
Miannay 80 8 B4
Michaugues 58 121 D2
Michelbach 68 108 B2
Michelbach-le-Bas 68 109 D3
Michelbach-le-Haut 68 109 D3
Michery 89 81 E2
Midi (Aiguille du) 74 159 E4
Midi de Bigorre (Pic du) 65 249 E4
Midouze 40 209 D4

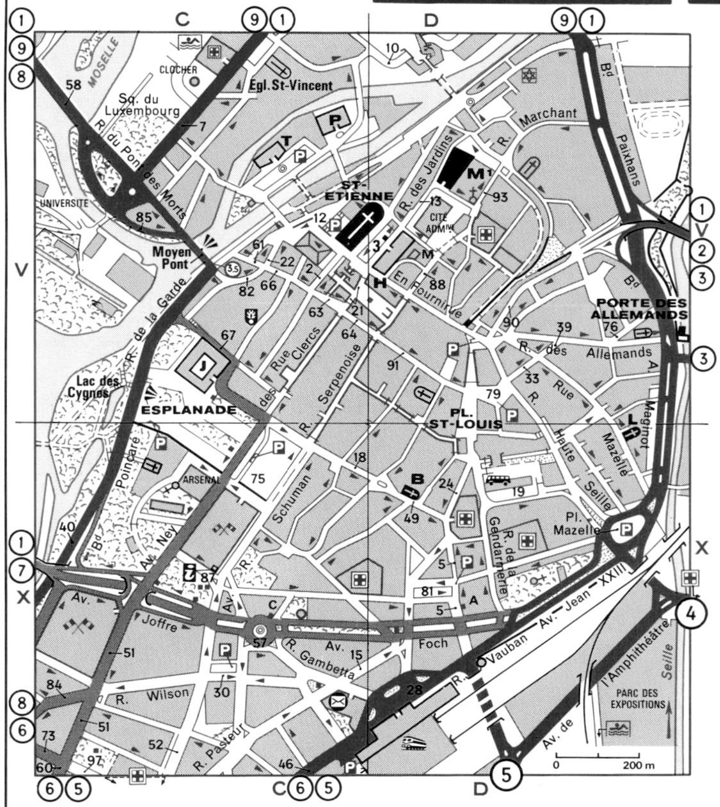

Metz

Ambroise-Thomas (R.) CV 2
Clercs (R. des) CV
En Fournirue DV
Fabert (R.) CV 21
Jardins (R. des) DV
Palais (R. du) CV 63
Petit-Paris (R. du) CV 64
St-Louis (Pl.) DVX
Schuman (Av. R.) CX
Serpenoise (R.) CV
Tête d'Or (R. de la) DV 91

Armes (Pl. d') DV 3
Augustins (R. des) DX 5
Belle-Isle (R.) CV 7
Cathédrale CV
Chambière (R.) DV 10
Chambre (Pl. de) CV 12
Chanoine-Collin (R.) DV 13
Charlemagne (R.) CX 15
Coëtlosquet (R. du) CX 18
Coislin (Pl.) DX 19
Faisan (R. du) CV 22
Fontaine (R. de la) DX 24
Gaulle (Pl. du Gén. de) DX 28
George (Pl. du Roi) CX 30
Gde-Armée (R. de la) DV 33
Hache (R. de la) DV 39
Hegly (Allée V.) CX 40
La Fayette (R.) CX 46
Lasalle (R.) DX 49
Lattre-de-T. (Av. de) CX 51
Leclerc-de-H. (Av.) CX 52
Mondon (Pl. R.) CX 57
Morts (Pont des) CV 58
Nancy (Av. de) CX 60
Paix (R. de la) CV 61
Pierre-Hardie (R. de la) CV 66
Poncelet (R.) CV 67
Prés. Kennedy (Av.) CX 73
République (Pl. de la) CX 75
St-Eucaire (R.) DV 76
St-Martin (✝) DX B
St-Maximin (✝) DX L
St-Simplice (Pl.) DV 79
St-Thiébault (Pl.) DX 81
Ste-Marie (R.) CV 82
Salis (R. de) CV 84
Sérot (Bd Robert) CV 85
Serpenoise (Porte) CX 87
Taison (R.) DV 88
Tanneurs (R. des) DV 90
Trinitaires (R. des) DV 93
Verlaine (R.) CX 97

Midrevaux 88 85 F1
Mièges 39 142 A2
Miélan 32 227 F4
Miellin 70 107 E2
Miermaigne 28 77 F3
Miers 46 198 B1
Miéry 39 141 E2
Mietesheim 67 67 D1
Mieussy 74 158 C3
Mieuxcé 61 76 A1
Mifaget 64 256 C1
Migé 89 102 A3
Migennes 89 102 A1
Miglos 09 260 B1
Mignafans 70 107 E4
Mignaloux-Beauvoir 86 132 B4
Mignavillers 70 107 E3
Migné 36 134 A3
Migné-Auxances 86 132 A3
Mignères 45 80 B4
Mignerette 45 80 B4
Mignéville 54 65 E4
Mignières 28 78 B2
Mignovillard 39 142 B2
Migny 36 118 B4
Migré 17 146 A3
Migron 17 161 E2
Mijanès 09 261 D2
Mijoux 01 157 F1
La Milesse 72 76 B4
Milhac 46 197 E2
Milhac-d'Auberoche 24 180 A3
Milhac-de-Nontron 24 163 F4
Milhaguet 87 163 F3
Milhars 81 214 A3
Milhas 31 258 C2
Milhaud 30 235 E1
Milhavet 81 214 B3
Milizac 29 44 C2
Millac 86 148 B3
Millam 59 3 F2
Millancay 41 117 F1
Millas 66 262 B2
Millau 12 216 B3
Millay 58 138 C2
Millebosc 76 16 A1
Millemont 78 56 B2
Millencourt 80 18 A1
Millencourt-en-Ponthieu 80 8 C4
Millery 21 103 E4
Millery 69 171 E3
Millery 54 64 B2
Millevaches 19 166 B3
Millevaches (Plateau de) 19,23 166 B2
Millières 52 85 E3
Millières 50 26 C3
Millonfosse 59 11 D2
Milly 50 51 E4
Milly-la-Forêt 91 80 B2
Milly-Lamartine 71 155 E1
Milly-sur-Bradon 55 38 B2
Milly-sur-Thérain 60 33 D1
Milon-la-Chapelle 78 57 D3
Mimbaste 40 225 E2
Mimet 13 243 E1
Mimeure 21 122 C3
Mimizan 40 208 B2
Minaucourt-le-Mesnil-lès-Hurlus 51 37 E3
Minerve 34 254 B1
Mingot 65 227 E4
Mingoval 62 9 F2
Miniac-Morvan 35 49 F4
Miniac-sous-Bécherel 35 72 C2
Minier (Col du) 30 217 D3
Le Minihic-sur-Rance 35 49 E3
Minihy-Tréguier 22 47 D1
Minorville 54 63 F2
Minot 21 104 B3
Minversheim 67 67 D2
Minzac 24 178 B4
Minzier 74 157 F3
Miolans 73 174 A3
Miolles 81 232 A1
Mionnay 01 171 F1
Mions 69 171 F3
Mios 33 193 D3
Miossens-Lanusse 64 226 C4
Mirabeau 84 237 F2
Mirabeau 04 222 A3
Mirabel 82 213 D3
Mirabel 07 203 D3
Mirabel-aux-Baronnies 26 220 A1
Mirabel-et-Blacons 26 204 B2
Miradoux 32 211 F4
Miramas 13 236 B3
Mirambeau 31 228 C4
Mirambeau 17 177 E1
Miramont-d'Astarac 32 228 A3
Miramont-de-Comminges 31 258 C2
Miramont-de-Guyenne 47 195 F3
Miramont-de-Quercy 82 212 C2
Miramont-Latour 32 228 C1
Miramont-Sensacq 40 226 C3
Mirande 32 228 A3
Mirandol-Bourgnounac 81 214 C3
Mirannes 32 228 A3
Miraumont 80 10 A4
Miraval-Cabardès 11 231 F4
Mirbel 52 85 D2
Miré 49 95 E2
Mirebeau 86 132 A2
Mirebeau 21 124 A1
Mirebel 39 141 E2
Mirecourt 88 86 C2
Mirefleurs 63 168 B3
Miremont 31 251 F1
Miremont 63 167 E1
Mirepeisset 11 254 B1
Mirepeix 64 248 C2
Mirepoix 09 252 C3
Mirepoix 32 228 B2
Mirepoix-sur-Tarn 31 230 B1
Mireval 34 234 B4
Mireval-Lauragais 11 252 C2
Miribel 01 171 F1
Miribel 26 188 A2
Miribel-les-Échelles 38 173 D4
Miribel-Lanchâtre 38 189 D4
Mirmande 26 203 F2
Le Miroir 71 141 D4
Miromesnil 76 15 E2
Mirvaux 80 17 F1
Mirville 76 14 B4
Miscon 26 205 D3
Miserey 27 55 E1
Miserey-Salines 25 125 D2
Misérieux 01 155 F4
Misery 80 18 B2
Mison 04 221 E1
Missé 79 131 E1
Missècle 81 231 D2
Missègre 11 253 F3
Missery 21 122 B2
Missillac 44 92 B4
Missiriac 56 92 A1
Misson 40 225 E3
Missy 14 28 C4
Missy-aux-Bois 02 35 D2
Missy-lès-Pierrepont 02 20 A4
Missy-sur-Aisne 02 35 E2
Misy-sur-Yonne 77 81 E2
Mitry-Mory 77 58 A1
Mitschdorf 67 43 D4
Mittainville 78 56 B3
Mittainvilliers 28 78 B1
Mittelbergheim 67 89 D1
Mittelbronn 57 66 B2
Mittelhausbergen 67 67 D3
Mittelhausen 67 67 D2
Mittelschaeffolsheim 67 67 D2
Mittelwihr 68 89 D3
Mittersheim 57 65 F1
Mittlach 68 88 B4
Mittois 14 53 D1
Mitzach 68 108 A1
Mizérieux 42 170 B2
Mizoën 38 190 A3
Mo'-de-l'Aisne 02 19 D3
Mobecq 50 26 C2
Moca-Croce 2a 268 C1
Modane 73 191 D2

Monaco Monte-Carlo

Albert-1er (Bd) EYZ
Grimaldi (R.) DEY
Moulins (Bd des) FV 32
Ostende (Av. d') FX 34
Princesse Caroline (R.) EZ 48
Princesse Charlotte (Bd) EX 49

Armes (Pl. d') EZ 2
Basse (R.) EZ 3
Castro (R. Col.-de) EZ 7
Cathédrale EZ B
Comte-Félix-Gastaldi (R.) EZ 10
Kennedy (Av. J.-F.) EX 23
Larvotto (Bd du) FV 25
Major (Rampe) EZ 27

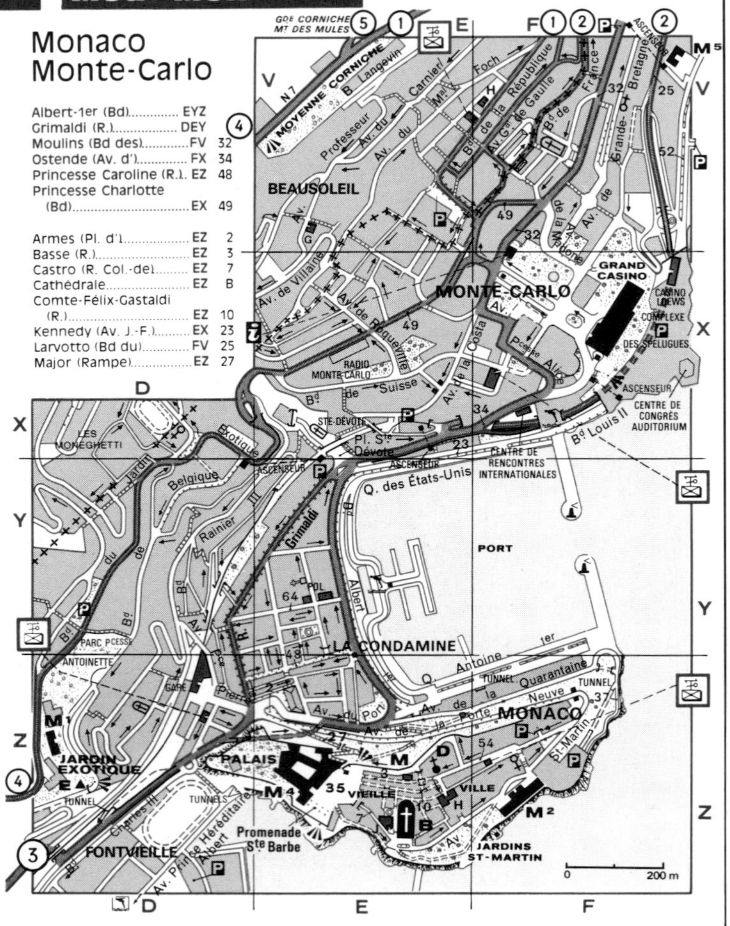

BEAUSOLEIL
MONTE-CARLO
GRAND CASINO
LA CONDAMINE
PORT
MONACO
PALAIS
JARDIN EXOTIQUE
FONTVIEILLE
CENTRE DE RENCONTRES INTERNATIONALES
JARDINS ST-MARTIN
Promenade Ste Barbe
200 m

Miséricorde EZ D
Observatoire DZ E
Palais (Pl. du) EZ 35
Pêcheurs (Ch. des) FZ 37
Princesse Marie-de-Lorraine (R.) FZ 54
Princesse Grace (Av.) FV 52
Suffren-Reymond (R.) EY 64

Modène 84 220 A3
Moëlan-sur-Mer 29 90 A1
Les Moëres 59 4 B1
Mœrnach 68 108 C4
Moëslains 52 62 A4
Mœurs-Verdey 51 60 A3
Mœuvres 59 10 B4
Moëze 17 160 B1
Moffans-et-Vacheresse 70 107 E3
Mogeville 55 39 D3
Mognard 73 173 E2
Mogneneins 01 155 F3
Mogneville 60 34 A2
Mognéville 55 62 B2
Mogues 08 22 B4
Mohon 56 71 F3
Moidieu-Détourbe 38 172 A4
Moidrey 50 50 B4
Moigny-sur-École 91 80 B1
Moimay 70 107 D4
Moineville 54 39 F3
Moings 17 161 E4
Moingt 42 170 A3
Moinville-la-Jeulin 28 79 D2
Moirans 38 189 D1
Moirans-en-Montagne 39 157 E1
Moirax 47 211 E3
Moiré 69 171 D1
Moiremont 51 38 A4
Moirey 55 38 C2
Moiron 39 141 E3
Moiry 08 22 B4
Moisdon-la-Rivière 44 93 F3
Moisenay 77 58 B4
Moislains 80 18 C1
Moissac 82 212 B3
Moissac-Bellevue 83 238 C2
Moissac-Vallée-Française 48 217 F2
Moissannes 87 165 E1
Moissat 63 168 C2
Moissat-Bas 63 168 C2
Moisselles 95 33 F4
Moissey 39 124 B3
Moissieu-sur-Dolon 38 187 F1
Moisson 78 32 C4
Moissy-Cramayel 77 58 A4
Moissy-Moulinot 58 121 E2
Moisville 27 55 E2
Moisy 41 98 B1
Moïta 2b 267 E1
Les Moitiers-d'Allonne 50 24 B3
Les Moitiers-en-Bauptois 50 25 D4
Moitron 21 104 B3
Moitron-sur-Sarthe 72 76 A3
Moivre 51 61 F1
Moivrons 54 64 C2
Mola 2a 268 C3
Molac 56 92 A2
Molagnies 76 32 C1
Molain 02 19 E1
Molain 39 141 F2
Molamboz 39 141 E1
Molandier 11 252 B2
Molard Noir 73 173 E2
Molas 31 228 C4
Môlay 89 102 C3
Molay 70 105 F2
Molay 39 124 B4
Le Molay-Littry 14 28 B3
La Môle 83 245 D2
Moléans 28 78 B4
Molèdes 15 184 A2
Molène (Ile) 29 44 B3
Molère 65 249 F3
Molesmes 21 103 E1
Molesmes 89 102 A4
Molezon 48 217 E2
Molhain 08 13 E4
Moliens 60 16 C4
Les Molières 91 57 D3
Molières 24 196 C1
Molières 82 213 D2
Molières 46 198 C2
Molières-Cavaillac 30 217 D4
Molières-Glandaz 26 205 D2
Molières-sur-Cèze 30 218 B2
Moliets-et-Maa 40 208 A4
Molinchart 02 19 E4
Molines-en-Queyras 05 207 E1
Molinet 03 154 A1
Molineuf 41 98 B4
Molinges 39 157 E1
Molinghem 62 4 A4
Molinons 89 82 A3
Molinot 21 122 C4
Molins-sur-Aube 10 83 E1
Molitg-les-Bains 66 261 F2
Mollans 70 107 D3
Mollans-sur-Ouvèze 26 220 B2
Mollau 68 108 A1
Mollégès 13 236 B1
Molles 03 153 E3
Les Mollettes 73 173 F4
Molleville 11 252 C1
Molliens-au-Bois 80 17 F1
Molliens-Vidame 80 17 D2
Mollkirch 67 66 C4
Mollon 01 156 B4
Molompize 15 184 B2
Molosmes 89 103 D2
Moloy 21 104 B4
Molphey 21 122 A2
Molpré 39 142 B2
Molring 57 66 B1
Molsheim 67 66 C4
Moltifao 2b 265 D4
Les Molunes 39 157 F1
Momas 64 226 B4
Mombrier 33 177 E3
Momères 65 249 E2
Momerstroff 57 41 D3
Mommenheim 67 67 D2
Momuy 40 226 A2
Momy 64 227 D4
Monacia-d'Aullène 2a 269 D3
Monacia-d'Orezza 2b 265 E4
Monaco 99 241 E4
Monampteuil 02 35 F1
Monassut-Audiracq 64 226 C4
Le Monastère 12 215 E1
Le Monastier 48 201 D4
Le Monastier-sur-Gazeille 43 186 A4
Monay 39 141 E1
Monbadon 33 178 A4
Monbahus 47 196 A3
Monbalen 47 211 F1
Monbardon 32 228 C4
Monbazillac 24 196 A2
Monbéqui 82 212 C4
Monbert 32 228 A2
Monblanc 32 229 D4
Monbos 24 195 F2
Monbouan 35 73 F4
Monbrun 32 229 D2
Moncale 2b 264 B3
Moncassin 32 228 A4
Moncaup 31 258 C2
Moncaup 64 227 D3
Moncaut 47 211 E3
Moncayolle-Larrory-Mendibieu 64 247 E1
Moncé-en-Belin 72 96 B1
Moncé-en-Saosnois 72 76 C2
Monceau-lès-Leups 02 19 E4
Monceau-le-Neuf-et-Faucouzy 02 19 F3
Monceau-St-Waast 59 11 F4
Monceau-sur-Oise 02 19 F2
Monceau-le-Waast 02 19 F4
Les Monceaux 14 30 A4
Monceaux 61 77 E1
Monceaux 60 34 A2
Monceaux-l'Abbaye 60 16 C4
Monceaux-le-Comte 58 121 D2
Monceaux-en-Bessin 14 28 C3
Monceaux-sur-Dordogne 19 181 F3
Moncel-lès-Lunéville 54 65 D4
Moncel-sur-Seille 54 64 C2
Moncel-sur-Vair 88 86 A1
La Moncelle 08 22 A3
Moncetz-l'Abbaye 51 61 F3
Moncetz-Longevas 51 61 D2
Moncey 25 125 E1
Monchaux-Soreng 76 16 B2
Monchaux-sur-Écaillon 59 11 D3
Moncheaux 59 10 C2
Moncheaux-lès-Frévent 62 9 E3
Monchecourt 59 10 C3
Monchel-sur-Canche 62 9 D3
Moncheux 57 64 C1
Monchiet 62 9 F3
Monchy-au-Bois 62 9 F4
Monchy-Breton 62 9 E2
Monchy-Cayeux 62 9 D2
Monchy-Humières 60 34 B1
Monchy-Lagache 80 18 C2
Monchy-le-Preux 62 10 B3
Monchy-St-Éloi 60 34 A3
Monchy-sur-Eu 76 16 A1
Moncla 64 226 C3
Monclar 32 210 B4
Monclar 47 196 A4
Monclar-de-Quercy 82 213 E4
Monclar-sur-Losse 32 227 F3
Moncley 25 125 D2
Moncontour 22 71 E1
Moncontour 86 131 F1
Moncorneil-Grazan 32 228 B4
Moncourt 57 65 E3
Moncoutant 79 130 C2
Moncrabeau 47 211 D3
Moncy 61 52 A2
Mondavezan 31 251 D2
Mondaye (Abbaye de) 14 28 B3
Mondelange 57 40 B2
Mondement-Montgivroux 51 60 A3
Mondescourt 60 18 C4
Mondevert 35 74 B4
Mondeville 14 29 D3
Mondeville 91 80 A1
Mondicourt 62 9 E4
Mondigny 08 21 E3
Mondilhan 31 250 B1
Mondion 86 132 B1
Mondon 25 125 F1
Mondonville 31 229 F2
Mondonville-St-Jean 28 79 D2
Mondorff 57 40 B1
Mondoubleau 41 97 F1
Mondouzil 31 230 B3
Mondragon 84 219 E2
Mondrainville 14 28 C4
Mondrecourt 55 62 C1
Mondrepuis 02 20 B1
Mondreville 78 56 A2
Mondreville 77 80 B4
Monédières (Massif des) 19 165 F4
Monein 64 248 A1
Monès 31 229 D4
Monesple 09 252 A3
Le Monestier 63 169 E4
Monestier 07 187 D2
Monestier 24 195 F2
Monestier 03 152 C2
Monestier-d'Ambel 38 205 F1
Monestier-de-Clermont 38 189 D4
Le Monestier-du-Percy 38 205 E1
Monestier-Merlines 19 167 D3
Monestier-Port-Dieu 19 167 D4
Monestiés 81 214 B3
Monestrol 31 252 B1
Monétay-sur-Allier 03 153 D1
Monétay-sur-Loire 03 153 F1
Monéteau 89 102 B2
Monêtier-Allemont 05 206 A4
Le Monetier-les-Bains 05 190 C4
Monfaucon 65 227 E4
Monfaucon 24 178 C4
Monferran-Plavès 32 228 B3
Monferran-Savès 32 229 D3
Monflanquin 47 196 C3
Monfort 32 228 C1
Monfréville 14 27 E2
Mongaillard 47 211 D2
Mongausy 32 228 C3
Mongauzy 33 195 D3
Monget 40 226 B3
La Mongie 65 257 F3
Monguilhem 32 227 D1
Monheurt 47 211 D1
Monhoudou 72 76 C2
Monieux 84 220 C3
Monistrol-d'Allier 43 185 D4
Monistrol-sur-Loire 43 186 B2
Monlaur-Bernet 32 250 A1
Monléon-Magnoac 65 250 A2
Monlet 43 185 E2
Monlezun 32 227 F3
Monlezun-d'Armagnac 32 227 D1
Monlong 65 250 A2
Monmadalès 24 196 B2
Monmarvès 24 196 B2
Monnai 61 54 A2
Monnaie 37 97 E4
Monneren 57 40 C2
La Monnerie-le-Montel 63 169 D1
Monnerville 91 79 E2
Monnes 02 35 D4
Monnet-la-Ville 39 141 F2
Monnetay 39 141 D4
Monnetier-Mornex 74 158 B2
Monneville 60 33 D3
Monnières 44 112 B3
Monnières 39 124 B3
Monoblet 30 217 F4
Monpardiac 32 227 F4
Monpazier 24 196 C2
Monpezat 64 227 D3
Monprimblanc 33 194 C3
Mons 83 239 F2
Mons 34 232 C3
Mons 31 230 B3
Mons 63 153 D4
Mons 17 161 F1
Mons 30 218 B3
Mons 16 162 B1
Mons-Boubert 80 8 B4
Mons-en-Barœul 59 5 E4
Mons-en-Laonnois 02 35 F1
Mons-en-Montois 77 81 E1
Mons-en-Pévèle 59 10 C1
Monsac 24 196 B2
Monsaguel 24 196 B2
Monsec 24 179 D1
Monségur 64 227 E4
Monségur 40 226 B3
Monségur 33 195 E3
Monségur 47 196 C4
La Monselie 15 183 D2
Monsempron-Libos 47 196 C4
Monsireigne 85 130 A2
Monsols 69 155 D2
Monsteroux-Milieu 38 171 F4
Monsures 80 17 E3
Monswiller 67 66 C2
Mont 65 258 A3
Mont 64 226 A4
Mont 71 138 B3
Mont-Bernanchon 62 9 F1
Mont-Bertrand 14 51 E1
Mont Blanc 74 175 E1
Mont-Bonvillers 54 39 E2
Le Mont-Caume 83 244 A2
Mont-Cauvaire 76 15 F4
Mont Cenis (Massif du) 73 191 E2
Mont-d'Astarac 32 250 B1
Mont-Dauphin 05 207 D2
Mont-de-Galié 31 250 B3
Mont-de-l'If 76 15 D4
Mont-de-Lans 38 190 A3
Mont-de-Laval 25 126 B3
Mont-de-Marrast 32 228 A4
Mont-de-Marsan 40 209 F4
Mont-de-Vougney 25 126 C2
Mont des Cats 62 4 B3
Mont-devant-Sassey 55 38 B1
Le Mont-Dieu 08 21 F4
Mont-Disse 64 227 D3
Mont-Dol 35 50 A4
Mont d'Or 69 171 E1
Le Mont-Dore 63 167 F3
Mont-d'Origny 02 19 E2
Mont-et-Marré 58 121 D4
Mont-l'Étroit 54 63 F4
Mont-l'Évèque 60 34 A3
Mont-lès-Lamarche 88 86 B4
Mont-Laurent 08 37 D1
Mont-Louis 66 261 E3
Mont-lès-Neufchâteau 88 86 A2
Mont Noir 62 4 C3
Mont-Notre-Dame 02 35 F3
Mont-Ormel 61 53 E2
Mont-près-Chambord 41 98 C4
Mont-Réal 24 179 D4
Mont-Roc 81 231 F1
Mont-Rond 01 157 F1
Le Mont-St-Adrien 60 33 D1
Mont-St-Aignan 76 31 F1
Mont-St-Éloi 62 10 A2
Mont-St-Jean 21 122 B2
Mont-St-Jean 02 20 C3
Mont-St-Jean 72 75 F3
Mont-St-Léger 70 106 A3
Mont-St-Martin 54 23 D4
Mont-St-Martin 38 189 D2
Mont-St-Martin 08 37 E2
Mont-St-Martin 02 35 F3
Le Mont-St-Michel 50 50 B3
Mont-St-Père 02 35 E4
Mont-St-Remy 08 37 D2
Mont-St-Sulpice 89 102 B1
Mont-St-Vincent 71 139 E3
Mont-Saxonnex 74 158 C3
Mont-lès-Seurre 71 140 B1
Mont (Signal de) 71 138 B3
Mont-sous-Vaudrey 39 124 C4
Mont-sur-Courville 51 36 A3
Mont-sur-Meurthe 54 65 D4
Mont-sur-Monnet 39 141 F2
Mont Valérien (Fort) 57 E2
Mont-le-Vernois 70 106 B3
Mont-le-Vignoble 54 63 F3
Mont-Villers 55 39 D4
Montabard 61 53 D2
Montabès (Puy de) 12 199 F3
Montabon 72 96 C3
Montabot 50 51 D1
Montacher-Villegardin 89 81 D3
Montadet 32 229 D4
Montady 34 255 D1
Montagagne 09 251 F4
Montagna-le-Reconduit 39 141 D4
Montagna-le-Templier 39 156 C1
Montagnac 04 238 B1
Montagnac 30 218 B4
Montagnac 34 233 F4
Montagnac-la-Crempse 24 179 E4
Montagnac-d'Auberoche 24 180 A2
Montagnac-sur-Auvignon 47 211 E2
Montagnac-sur-Lède 47 196 C3
Montagnat 01 156 B3
La Montagne 70 107 E1
La Montagne 44 111 F3
Montagne 33 178 A4
Montagne 38 188 B3
Montagne de Reims (Parc Régional de la) 51 36 B4
Montagne-Fayel 80 17 D2
Montagne Noire 11,81 231 F4
Montagnes Noires 29,56 70 A2
La Montagnette 13 236 A1
Montagney 70 124 C2
Montagney 25 106 C4
Montagnieu 01 172 C2
Montagnieu 38 172 C3
Montagnol 12 232 C1
Montagnole 73 173 E3
Montagny 69 171 E3
Montagny 73 174 C4
Montagny 42 154 C4
Montagny-lès-Beaune 21 123 E4
Montagny-lès-Buxy 71 139 F3
Montagny-en-Vexin 60 32 C3
Montagny-les-Lanches 74 173 F1
Montagny-près-Louhans 71 140 C3
Montagny-Ste-Félicité 60 34 B4
Montagny-lès-Seurre 21 124 A4
Montagny-sur-Grosne 71 155 D1
Montagoudin 33 195 D3
Montagrier 24 179 D2
Montagudet 82 212 C2
Montagut 64 226 B3
Montaignac-St-Hippolyte 19 182 A1
Montaigne 24 195 E1
Montaigu 85 112 B4
Montaigu 02 36 A1
Montaigu 39 141 E3
Montaigu-le-Blin 03 153 E2
Montaigu-les-Bois 50 51 D1
Montaigu-la-Brisette 50 25 D2
Montaigu (Butte de) 53 75 E3
Montaigu-de-Quercy 82 212 B1
Montaiguët-en-Forez 03 153 F2
Montaigut 63 152 A3
Montaigut-le-Blanc 63 168 A3
Montaigut-le-Blanc 23 150 A3
Montaigut-sur-Save 31 229 E2
Montaillé 72 97 E1
Montailleur 73 174 B3
Montaillou 09 261 D1
Montaimont 73 190 B1
Montain 82 212 C4
Montain 39 141 E2
Montainville 28 78 C3
Montainville 78 56 C2
Montal 46 198 B1
Montalba-le-Château 66 262 A2
Montalembert 79 147 E3
Montalet-le-Bois 78 32 C4
Montalet (Roc de) 81 232 B2
Montalieu-Vercieu 38 172 C1
Montalzat 82 213 E2
Montamat 32 228 C4
Montambert 58 138 A2
Montamel 46 197 F3
Montamisé 86 132 B3
Montamy 14 51 F1
Montanay 69 171 E1
Montancy 25 127 D1
Montandon 25 126 C2
Montanel 50 50 C4
Montaner 64 249 D1
Montanges 01 157 E3
Montans 81 230 C1
Montapas 58 121 D4
Montarcher 42 169 F4
Montardit 09 259 E2
Montardon 64 226 C4
Montaren-et-St-Médiers 30 218 C3
Montargis 45 100 C1
Montarlot 77 81 D2
Montarlot-lès-Champlitte 70 105 E3
Montarlot-lès-Rioz 70 125 E1
Montarnaud 34 234 A2
Montaron 58 138 A1
Montastruc 65 249 F2
Montastruc 82 213 D3
Montastruc 47 196 A4
Montastruc-la-Conseillère 31 230 B2
Montastruc-de-Salies 31 259 D2
Montastruc-Savès 31 251 D1
Le Montat 46 213 D1
Montataire 60 33 F3
Montauban 35 72 B2
Montauban 82 213 D3
Montauban-sur-l'Ouvèze 26 220 C1
Montauban-de-Luchon 31 258 B4
Montauban-de-Picardie 80 18 B1
Montaud 34 234 C2
Montaud 38 189 D2
Montaudin 53 74 B1
Montaulieu 26 220 B1
Montaulin 10 83 E3
Montaure 27 31 F3
Montauriol 66 262 B3
Montauriol 81 214 C3
Montauriol 47 196 B3
Montauriol 11 252 C1
Montauroux 83 239 F2
Montaut 32 228 A4
Montaut 40 226 A1
Montaut 31 251 E1
Montaut 47 196 B3
Montaut 64 248 C2
Montaut 09 252 B2
Montaut 24 196 B2
Montaut-les-Créneaux 32 228 B2
Montautour 35 74 A3
Montauville 54 64 A1
Montay 59 11 E4
Montayral 47 197 D4
Montazeau 24 195 E1
Montazels 11 253 E4
Montbard 21 103 E4
Montbarla 82 212 C2
Montbarrey 39 124 C4
Montbarrois 45 80 A4
Montbartier 82 213 D4
Montbavin 02 35 F1
Montbazens 12 199 D4
Montbazin 34 234 A3
Montbazon 37 116 A2
Montbel 48 201 F3
Montbel 09 252 C4
Montbéliard 25 107 F4
Montbéliardot 25 126 B3
Montbellet 71 140 A4
Montbenoît 25 126 A4
Montberaud 31 251 E2
Montbernard 31 250 C1
Montberon 31 230 A2
Montbert 44 112 A3
Montberthault 21 122 A1
Montbeton 82 213 D4
Montbeugny 03 137 F4
Montbizot 72 76 B3
Montblainville 55 38 A3
Montblanc 34 233 E4
Montboillon 70 125 D1
Montboissier 28 78 B3
Montbolo 66 262 B3
Montbonnot-St-Martin 38 189 E2
Montboucher 23 165 E1
Montboucher-sur-Jabron 26 203 F3
Montboudif 15 183 E1
Montbouton 90 108 A4
Montbouy 45 101 D2
Montboyer 16 178 B1
Montbozon 70 106 C4
Montbrand 05 205 E3
Montbras 55 63 E4
Montbray 50 51 D2
Montbré 51 36 B3
Montbrehain 02 19 D1
Montbrison 26 204 B4
Montbrison 42 170 A3
Montbron 16 163 E3
Montbronn 57 42 B4
Montbrun 87 164 A3
Montbrun 46 198 C4
Montbrun 48 217 D1
Montbrun-les-Bains 26 220 C2
Montbrun-Bocage 31 251 E2
Montbrun-Lauragais 31 230 A4
Montbrun-des-Corbières 11 254 A2
Montcabrier 81 230 B3

Montcabrier 46 197 D3
Montcaret 24 195 D1
Montcarra 38 172 B3
Montcavrel 62 8 B1
Montceau 38 172 C3
Montceau-et-Écharnant 21 123 D4
Montceau-les-Mines 71 139 D3
Montceaux 01 155 F3
Montceaux-l'Étoile 71 154 B1
Montceaux-les-Mines 77 58 C1
Montceaux-les-Provins 77 59 E3
Montceaux-Ragny 71 140 A3
Montceaux-lès-Vaudes 10 83 D3
Montcel 73 173 E2
Montcel 63 152 C4
Montcenis 71 139 D2
Montcet 01 156 A2
Montcey 70 106 C3
Montchaboud 38 189 E3
Montchal 42 170 C2
Montchal (Puy de) 63 167 F4
Montchâlons 02 36 A1
Montchamp 14 51 F1
Montchamp 15 184 B3
Montchanin 71 139 E2
Montcharvot 52 105 F1
Montchaton 50 26 C4
Montchaude 16 162 A4
Montchauvet 14 51 F1
Montchauvet 78 56 B2
Montchenu 26 188 A2
Montcheutin 08 37 F2
Montchevrel 61 54 A4
Montchevrier 36 134 C4
Montclar 11 253 E2
Montclar 12 215 E4
Montclar 04 206 C4
Montclar-de-Comminges 31 251 D2
Montclar-Lauragais 31 252 B1
Montclar-sur-Gervanne 26 204 B2
Montclard 43 185 D2
Montclus 30 218 C2
Montclus 05 205 E4
Montcombroux-les-Mines 03 153 F1
Montcony 71 140 C3
Montcorbon 45 101 E1
Montcornet 02 20 B3
Montcornet 08 21 E2
Montcourt 70 106 B1
Montcourt-Fromonville 77 80 C2
Montcoy 71 140 B2
Montcresson 45 100 C2
Montcuit 50 27 D3
Montculot 21 197 D?
Montcuq 46 212 C1
Montcusel 39 157 D1
Montcy-Notre-Dame 08 21 E3
Montdardier 30 217 D4
Montdauphin 77 59 E2
Montdidier 80 18 A4
Montdidier 57 65 E1
Montdoré 70 106 B1
Montdoumerc 46 213 E2
Montdragon 81 231 D2
Montdurausse 81 213 E4
Monte 2B 265 E4
Monte-Carlo 99 241 E4
Monteaux 41 116 C1
Montebourg 50 25 D3
Montech 82 212 C4
Montécheroux 25 126 C1
Montegrosso 2b 264 B3
Montégut 65 250 A3
Montégut 32 228 B2
Montégut 40 210 A4
Montégut-Arros 32 227 F4
Montégut-Bourjac 31 251 D1
Montégut-en-Couserans 09 259 E2

Montégut-Lauragais 31 230 C4
Montégut-Plantaurel 09 252 A3
Montégut-Savès 32 229 D4
Monteignet-sur-l'Andelot 03 153 D3
Le Monteil 15 183 D2
Le Monteil 43 185 E3
Le Monteil-au-Vicomte 23 166 A1
Monteille 14 29 F4
Monteils 82 213 E2
Monteils 30 218 B3
Monteils 12 214 B3
Monteils 09 252 A3
Montel-de-Gelat 63 167 D1
Montéléger 26 204 A1
Montélier 26 188 A4
Montélimar 26 203 F3
Le Montellier 01 156 A4
Montels 81 163 E2
Montels 34 254 C1
Montels 09 252 A3
Montembœuf 16 163 E2
Montenach 57 40 C1
Montenay 53 74 C2
Montendre 17 177 E2
Montendry 73 174 B3
Montenescourt 62 9 F3
Monteneuf 56 92 B1
Montenils 77 59 F2
Montenois 25 107 E4
Montenoison 58 120 C3
Montenoison (Butte de) 58 120 C3
Montenoy 54 64 B2
Le Montenvers 74 159 E4
Montépilloy 60 34 B3
Monteplain 39 124 C3
Montépreux 51 60 C3
Monterblanc 56 91 F2
Montereau 45 100 B2
Montereau-Faut-Yonne 77 81 D2
Montereau-sur-le-Jard 77 58 B4
Monterfil 35 72 C3
Montérolier 76 16 A4
Monterrein 56 92 A1
Montertelot 56 92 A1
Montescot 66 262 C2
Montescourt-Lizerolles 02 19 D3
Montespan 31 259 D2
Montesquieu 82 212 C2
Montesquieu 47 211 E2
Montesquieu 66 262 C3
Montesquieu 34 233 E3
Montesquieu-Avantès 09 259 E2
Montesquieu-Guittaut 31 250 C1
Montesquieu-Lauragais 31 230 B4
Montesquieu-Volvestre 31 251 E2
Montesquiou 32 227 F3
Montessaux 70 107 E2
Montesson 52 105 F2
Montesson 78 57 D2
Montesson 53 75 E2
Montestruc-sur-Gers 32 228 B1
Montestrucq 64 225 F4
Le Montet 03 152 C1
Montet-et-Bouxal 46 196 C1
Monteton 47 195 E3
Montets (Col des) 74 159 E3
Montéux 84 220 A3
Montévrain 77 58 B2
Monteynard 38 189 D4
Montézic 12 200 A3
Montfa 81 231 E2
Montfa 09 259 F2
Montfalcon 38 188 B2
Montfarville 50 25 E2
Montfaucon 30 219 E3
Montfaucon 46 198 A2
Montfaucon 25 125 F3
Montfaucon 02 59 E1

Montfaucon 49 112 C3
Montfaucon 55 38 B3
Montfaucon (Butte de) 55 38 B2
Montfaucon-en-Velay 43 186 C2
Montfavet 84 219 F4
Montfermeil 93 58 A2
Montfermier 82 213 D2
Montfermy 63 167 F1
Montferney 25 107 D4
Montferrand 11 252 C1
Montferrand 63 168 B2
Montferrand-le-Château 25 125 D3
Montferrand-du-Périgord 24 196 C2
Montferrand-la-Fare 26 220 C1
Montferrat 38 173 D4
Montferrat 83 239 E2
Montferrer 66 262 A4
Montferrier 09 252 B4
Montferrier-sur-Lez 34 234 B3
Montfey 10 82 C4
Montfiquet 14 27 F3
Montfleur 39 156 C1
Montflours 53 74 C3
Montflovin 25 126 A4
Montfort 49 114 B3
Montfort 64 225 F4
Montfort 35 72 C3
Montfort 25 125 C3
Montfort 04 221 F3
Montfort-l'Amaury 78 56 C3
Montfort-en-Chalosse 40 225 F2
Montfort-le-Rotrou 72 76 C4
Montfort-sur-Argens 83 238 C3
Montfort-sur-Boulzane 11 261 F2
Montfort-sur-Risle 27 31 D2
Montfranc 12 232 A1
Montfrin 30 72 C3
Montfroc 26 221 D2
Montfuron 04 237 F1
Montgaillard 65 249 E2
Montgaillard 81 213 E4
Montgaillard 09 252 B4
Montgaillard 11 254 A4
Montgaillard 82 212 B4
Montgaillard 40 226 B2
Montgaillard-de-Salies 31 259 D2
Montgaillard-Lauragais 31 230 B4
Montgaillard-sur-Save 31 250 B2
Montgardin 05 206 B3
Montgardon 50 26 C2
Montgaroult 61 53 D3
Montgauch 09 259 E2
Montgaudry 61 76 C1
Montgazin 31 251 E1
Montgé-en-Goële 77 58 B1
Montgeard 31 252 B1
Montgellafrey 73 174 B4
Montgenèvre 05 191 D4
Montgenost 51 59 F4
Montgeoffroy 49 114 B1
Montgérain 60 34 A1
Montgermont 35 73 D3
Montgeron 91 57 F3
Montgeroult 95 33 D4
Montgesoye 25 125 F3
Montgesty 46 197 E3
Montgey 81 231 D3
Montgibaud 19 165 D4
Montgilbert 73 174 B3
Montgirod 73 174 C3
Montgiscard 31 230 A4
Montgivray 36 135 D3

Montgobert 02 35 D2
Montgon 08 37 F1
Montgothier 50 51 D3
Montgradail 11 253 D2
Montgras 33 229 D4
Montgreleix 15 183 F1
Montgru-St-Hilaire 02 35 E3
Montguers 26 220 C1
Montgueux 10 82 C2
Montguillon 49 94 C2
Montguyon 17 178 A2
Les Monthairons 55 38 C4
Montharville 28 78 B3
Monthault 35 51 D4
Monthault 11 253 D3
Monthelie 21 123 D3
Monthelon 71 139 D1
Monthelon 51 60 B1
Monthenault 02 35 F1
Montheries 52 84 C3
Montherlant 60 33 D3
Monthermé 08 21 E2
Monthiers 02 35 E4
Monthieux 01 156 A4
Monthion 73 174 B3
Monthodon 37 97 E3
Monthoiron 86 132 C2
Monthois 08 37 E2
Montholier 39 141 E1
Monthou-sur-Bièvre 41 117 D1
Monthou-sur-Cher 41 117 D2
Monthuchon 50 26 C4
Monthurel 02 59 F1
Monthureux-le-Sec 88 85 C3
Monthureux-sur-Saône 88 86 B4
Monthyon 77 58 B1
Montier-en-l'Isle 10 84 B2
Montier-en-Der 52 84 B1
Montiéramey 10 83 E3
Montierchaume 36 134 C2
Montiers 60 34 A1
Montiers-sur-Saulx 55 62 C4
Monties 32 228 B4
Montignac 33 194 C2
Montignac 24 180 B3
Montignac 65 249 E2
Montignac-Charente 16 162 C2
Montignac-le-Coq 16 178 C1
Montignac-de-Lauzun 47 196 A3
Montignac-Toupinerie 47 195 F3
Montignargues 30 218 B4
Montigné 16 162 B2
Montigné 79 146 C2
Montigné-le-Brillant 53 74 C2
Montigné-lès-Rairies 49 95 F3
Montigné-sur-Moine 49 112 C3
Montigny 14 28 C4
Montigny 79 130 C2
Montigny 72 76 B1
Montigny 45 79 F4
Montigny 76 31 E1
Montigny 18 119 E3
Montigny 54 65 E4
Montigny 50 51 D3
Montigny-l'Allier 02 35 D4
Montigny-Arsures 39 141 F1
Montigny-aux-Amognes 58 120 C4
Montigny-le-Bretonneux 78 57 D3
Montigny-le-Chartif 28 78 A2
Montigny-lès-Cherlieu 70 106 A2
Montigny-lès-Condé 02 59 F1
Montigny-lès-Cormeilles 95 57 D1
Montigny-devant-Sassey 55 38 B2
Montigny-en-Arrouaise 02 19 E2
Montigny-en-Cambrésis 59 11 D4
Montigny-en-Gohelle 62 10 B2

Montigny-en-Morvan 58 121 E3
Montigny-en-Ostrevant 59 10 C2
Montigny-le-Franc 02 20 A3
Montigny-le-Gannelon 28 98 B1
Montigny-le-Guesdier 77 81 E2
Montigny-les-Jongleurs 80 9 D4
Montigny-Lencoup 77 81 D1
Montigny-Lengrain 02 35 D2
Montigny-lès-Metz 57 40 B4
Montigny-Montfort 21 103 E3
Montigny-les-Monts 10 82 C4
Montigny-la-Resle 89 102 B2
Montigny-le-Roi 52 85 F4
Montigny-sous-Marie 02 20 A3
Montigny-St-Barthélemy 21 122 B1
Montigny-sur-l'Ain 39 141 F2
Montigny-sur-Armançon 21 122 C1
Montigny-sur-Aube 21 104 B3
Montigny-sur-Avre 28 55 D3
Montigny-sur-Canne 58 138 A1
Montigny-sur-Chiers 54 39 D1
Montigny-sur-Crécy 02 19 E3
Montigny-sur-l'Hallue 80 17 F1
Montigny-sur-Loing 77 80 C2
Montigny-sur-Meuse 08 21 E1
Montigny-sur-Vence 08 21 E2
Montigny-sur-Vesle 51 36 A2
Montigny-sur-Vingeanne 21 105 E4
Montigny-lès-Vaucouleurs 55 63 E4
Montigny-lès-Vesoul 70 106 B3
Montilliers 49 113 F3
Montillot 89 102 B4
Montilly 03 137 E3
Les Montils 41 117 D1
Montils 17 161 E3
Montipouret 36 135 D2
Montirat 11 253 F2
Montirat 81 214 B3
Montireau 28 77 F2
Montiron 32 228 C3
Montivernage 25 126 A2
Montivilliers 76 14 A4
Montjardin 11 253 D4
Montjaux 12 216 A3
Montjavoult 60 32 C3
Montjay 71 140 C2
Montjay 05 221 D1
Montjean 53 74 B4
Montjean 16 147 E3
Montjean-sur-Loire 49 113 D1
Montjézieu 48 201 D4
Montjoi 11 253 F3
Montjoi 82 213 B2
Montjoie-le-Château 25 126 C1
Montjoie-en-Couserans 09 259 E2
Montjoie-St-Martin 50 50 C4
Montjoire 31 230 A3
Montjoux 26 204 B4
Montjoyer 26 203 F4
Montjustin 04 237 F1
Montjustin-et-Velotte 70 107 D3
Montlandon 28 77 F2
Montlaur 11 254 A2
Montlaur 12 232 C1
Montlaur 31 230 B4
Montlaur-en-Diois 26 205 D3
Montlauzun 46 212 C2
Montlay-en-Auxois 21 122 B2
Montlebon 25 126 B4
Montlevicq 36 135 D4

Montlevon 02 59 F1
Monthléry 91 57 E4
Montliard 45 100 B1
Montlieu-la-Garde 17 177 F2
Montlignon 95 57 E1
Montliot-et-Courcelles 21 104 A1
Montlivault 41 98 C3
Montlognon 60 34 B4
Montloué 02 20 B3
Montlouet 28 79 D1
Montlouis 18 135 E2
Montlouis-sur-Loire 37 116 A1
Montluçon 03 151 F2
Montluel 01 171 F1
Montmachoux 77 81 D2
Montmacq 60 34 C1
Montmagny 95 57 E1
Montmahoux 25 125 E4
Montmain 76 31 F2
Montmain 21 123 F4
Montmajour (Abbaye de) 13 236 A2
Montmalin 39 124 C4
Montmançon 21 124 B2
Montmarault 03 152 B2
Montmarlon 39 142 A1

Montmarquet 80 16 C3
Montmartin 60 34 B1
Montmartin-en-Graignes 50 27 E2
Montmartin-le-Haut 10 84 A3
Montmartin-sur-Mer 50 50 B1
Montmaur 11 230 C4
Montmaur 05 206 F3
Montmaur-en-Diois 26 204 C2
Montmaurin 31 250 B2
Montmédy 55 38 C1
Montmeillant 08 20 C2
Montmelard 71 154 C2
Montmelas-St-Sorlin 69 155 E4
Montmélian 73 173 F3
Montmerle-sur-Saône 01 155 E3
Montmerrei 61 53 D4
Montmeyan 83 238 B2
Montmeyran 26 204 A1
Montmin 74 174 A1
Montmirail 72 77 E4
Montmirail 51 59 F2
Montmiral 26 188 B3
Montmirat 30 218 A4
Montmirat (Col de) 48 201 E4

Montmirey-le-Château 39 124 B2
Montmirey-la-Ville 39 124 B3
Montmoreau-St-Cybard 16 178 C1
Montmorency 95 57 E1
Montmorency-Beaufort 10 84 A1
Montmorillon 86 148 B3
Montmorin 63 168 C3
Montmorin 05 205 D4
Montmorot 39 141 D3
Montmotier 88 87 D4
Montmoyen 21 104 B3
Montmuran 35 72 C2
Montmurat 15 199 D3
Montner 66 262 B1
Montoillot 21 123 D2
Montoir-de-Bretagne 44 110 C1
Montoire-sur-le-Loir 41 97 F3
Montois-la-Montagne 57 40 A3
Montoison 26 204 A1
Montoldre 03 153 E2
Montolieu 11 253 E2
Montolivet 77 59 E2
Montoncel (Puy de) 63 169 D1
Montonvillers 80 17 E1
Montord 03 152 C2
Montory 64 247 E2
Montot 21 124 A3
Montot 70 105 F4
Montot-sur-Rognon 52 85 E2
Montouliers 34 254 C1
Montoulieu 34 217 E1
Montoulieu 09 252 A4
Montoulieu-St-Bernard 31 250 C2
Montournais 85 130 B2
Montours 35 73 F1
Montourtier 53 75 D3
Montoussé 65 250 A3
Montoussin 31 251 D1
Montoy-Flanville 57 40 B3
Montpascal 73 190 B1
Montpellier 34 234 B3
Montpellier-de-Médillan 17 161 D3

Montpellier

Astruc (R.).....EY 9
Comédie (Pl. de la).....FY
Fg-de-la-Saunerie (R.)....EZ 41
Grand-Rue-J.-Moulin.....FYZ
Jeu-de-Paume (Bd du). EZ
Loge (R. de la).....FY
Maguelone (R.).....FZ
St-Guilhem (R.).....FZ
Sarrail (Bd).....FY
Verdun (R. de).....FZ

Albert-1er (Pl.).....EX 2
Anatole-France (R.).....EZ 3
Ancien-Courrier (R.)...EFY 4

Aragon (R. Jacques d').....FY 5
Argenterie (R. de l').....FY 7
Bouisson-Bertrand (Av.).....EX 15
Bras-de-Fer (R. du).....EY 17
Cambacérès (R.).....EY 20
Carbonnerie (R. de la)...EY 21
Castellane (Pl.).....EFY 22
Chabaneau (Pl.).....FY 24
Écoles-Laïques (R. des).FX 32
Embouque-d'Or (R.).....FY 34
Fg-de-Nîmes (R. du).....FX 40
Fournarie (R.).....EY 45
Friperie (R. de la).....EY 48
Girone (R. de).....FY 54
Jacques-Cœur (R.).....FY 54
Jaurès (Pl. Jean).....FY 55

Marché-aux-Fleurs (Pl.).....FY 60
Martyrs-de-la-R. (Pl.).....FY 61
Montepellieret (R.).....FY 62
Observatoire (R. de l').FZ 65
Pétrarque (Pl.).....FY 67
Rondelet (R.).....EZ 75
St-Denis (Pl.).....EZ 76
St-Firmin (R.).....EY 78
St-Ravy (Pl.).....FY 79
Trésorier-de-la-Bourse (R.).....FY 82
Trésoriers-de-France (R. des).....EY 84
Vialleton (Bd du Pr.)...EY 85
Vieille-Intendance (R.)..EY 87

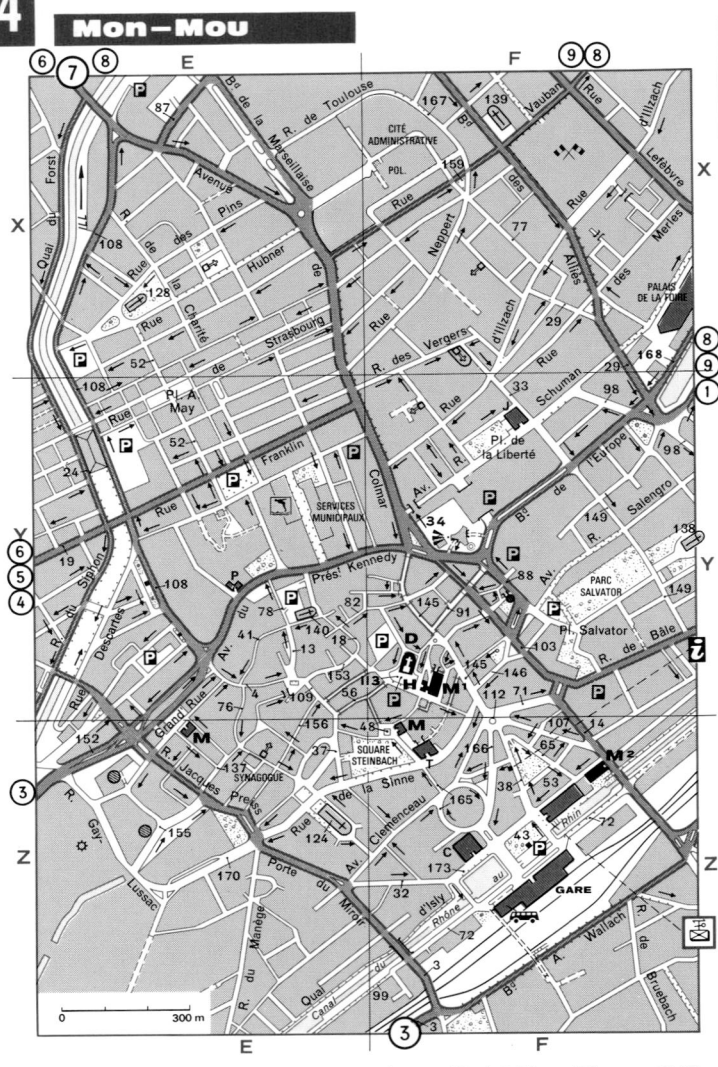

Mulhouse

Colmar (Av. de)............EXY
Prés.-Kennedy (Av.
  du).......................EFY
Sauvage (R. du)...........FY 145

Altkirch (Av. de Pt d')....FZ 3
Arsenal (R. de l').........FZ 4
Bonbonnière (R.)..........EY 13
Bonnes-Gens (R. des)......FZ 14
Bons-Enfants (R. des)....EY 18
Briand (Av. Aristide).....FY 19
Cloche (Quai de la).......EY 24
Dreyfus (R. du Capit.)....FX 29
Ehrmann (R. Jules)........EZ 32
Ensisheim (R.)............FX 33
Europe (Pl. de l').........EZ 34
Fleurs (R. des)...........EZ 37
Foch (Av. du Mar.)........FZ 38
Franciscains (R. des).....EY 41
Gaulle (Pl. Gén. de)......EY 43
Guillaume-Tell (Pl.).......FZ 48

Heilmann (R. Josué)....EXY 52
Henner (R. J.-J.).........FZ 53
Henriette (R.)............FZ 56
Joffre (Av. du Mar.)......FZ 65
Lattre-de-T. (Av. Mar.
  de).....................FY 71
Leclerc (Av. du Gén.).....FZ 72
Loi (R. de la)............FZ 76
Loisy (R. du Lt de).......FX 77
Lorraine (R. de).........FY 78
Maréchaux (R. des).......EY 82
Mertzau (R. de la)........EX 87
Metz (R. de)..............FY 88
Moselle (R. de la)........FY 91
Norfeld (R. du)...........FY 98
Oran (Quai d')............FZ 99
Pasteur (R. Louis).......FY 103
Poincaré (R.).............FZ 107
Prés.-Roosevelt (Bd
  du)....................EXY 108
Raisin (R. du)............EY 109
République (Pl. de la)....FY 112
Réunion (Pl. de la)......FY 113
St-Étienne (Temple)......FY D

St-Étienne (†).............EZ 124
St-Fridolin (†)............EX 128
Ste-Claire (R.)...........EZ 137
Ste-Geneviève (†)........FY 138
Ste-Jeanne-d'Arc (†)......FX 139
Ste-Marie (R.)............FY 140
Somme (R. de la).........FY 146
Stalingrad (R. de)........FY 149
Stoessel (Bd Charles)....EZ 152
Tanneurs (R. des).........EZ 153
Tour-du-Diable (R.)......EZ 155
Trois-Rois (R. des)......EY 156
Vauban (Pl.)..............FX 159
Wicky (Av. Auguste)......FZ 165
Wilson (R.)...............FZ 166
Wolf (R. de)..............FZ 167
Wyler (Allée William)....FX 168
Zillisheim (R. de)........EZ 170
17-Novembre (R. du)......FZ 173

Montpellier-
  le-Vieux (Chaos
  de) 12   216 B3
Montpensier
  63   152 C4
Montperreux
  25   142 C1
Montpeyroux
  12   200 B3
Montpeyroux
  34   233 F2
Montpeyroux
  63   168 B3
Montpeyroux
  24   178 B4
Montpézat
  32   229 D4
Montpezat
  47   211 E1
Montpezat
  04   238 B1
Montpezat
  30   235 D1
Montpezat-
  de-Quercy
  82   213 D2
Montpezat-sous-
  Bauzon 07   202 C2
Montpinchon
  50   27 D4
Montpinçon
  14   53 E1
Montpinier
  81   231 E2
Montpitol 31   230 B2
Montplaisant
  24   197 D2
Montplonne
  55   62 C3

Montpollin 49   96 A4
Montpon-
  Ménestérol
  24   178 C4
Montpont-
  en-Bresse
  71   140 C4
Montpothier
  10   59 F4
Montpouillan
  47   195 E4
Montpoupon
  37   116 C2
Montrabé 31   230 A2
Montrabot 50   27 F4
Montracol 01   156 A2
Montravers
  79   130 B2
Montréal 89   103 D4
Montréal 11   253 D2
Montréal 07   202 C3
Montréal 32   210 C4
Montréal-la-Cluse
  01   157 D2
Montréal-les-
  Sources 26   204 C4
Montrécourt
  59   11 D3
Montredon
  46   199 D3
Montredon-
  Labessonnié
  81   231 F2
Montredon-des-
  Corbières
  11   254 C2
Montregard
  43   186 C3
Montréjeau 31 258 B1

Montrelais 44 113 D1
Montrem 24   179 E3
Montrésor 37   116 C3
Montret 71   140 B3
Montreuil 93   57 F2
Montreuil 85   145 F1
Montreuil 62   8 B2
Montreuil-l'Argillé
  27   54 B1
Montreuil-
  au-Houlme
  61   52 C3
Montreuil-
  aux-Lions
  02   59 D1
Montreuil-Bellay
  49   114 B3
Montreuil-Bonnin
  86   131 F4
Montreuil-la-Cambe
  61   53 D2
Montreuil-le-Chétif
  72   76 A3
Montreuil-des-
  Landes 35   74 A2
Montreuil-en-Auge
  14   29 F3
Montreuil-en-Caux
  76   15 F3
Montreuil-en-Touraine
  37   116 B1
Montreuil-le-Gast
  35   73 D2
Montreuil-le-Henri
  72   77 D2
Montreuil-Juigné
  49   95 D4

Montreuil-Poulay
  53   75 D1
Montreuil-sous-
  Pérouse 35   74 A3
Montreuil-sur-Barse
  10   83 E3
Montreuil-sur-
  Blaise 52   84 C1
Montreuil-sur-
  Brèche 60   33 E1
Montreuil-sur-Epte
  95   32 C3
Montreuil-sur-Ille
  35   73 D2
Montreuil-sur-Loir
  49   95 E3
Montreuil-sur-
  Lozon 50   27 D3
Montreuil-sur-
  Maine 49   95 D4
Montreuil-sur-
  Thérain 60   33 E2
Montreuil-sur-
  Thonnance
  52   85 D1
Montreux 54   121 E3
Montreux-Château
  90   15 F3
Montreux-Jeune
  68   108 B3
Montreux-Vieux
  68   108 B3
Montrevault 49 112 C2
Montrevel 38   172 C4
Montrevel 39   156 C1
Montrevel-en-
  Bresse 01   156 A1

Morainville-sur-
  Damville 27   55 E2
Morainvilliers
  78   56 C1
Morancé 69   171 D1
Morancez 28   78 C2
Morancourt
  52   84 C1
Morand 37   97 F4
Morangis 51   60 B1
Morangis 91   57 E3
Morangles 60   33 F3
Morannes 49   95 E2
Moranville 55   39 D3
Moras 38   172 B2
Moras-en-Valloire
  26   187 F2
Morbecque 59   4 B4
Morbier 39   142 A4
Morbihan (Golfe du)
  56   91 E3
Morcenx 40   208 C3
Morchain 80   18 B3
Morchamps
  25   125 F1
Morchies 62   10 B4
Morclan (Pic de)
  74   159 E1
Morcourt 02   19 D2
Morcourt 80   18 A2
Mordelles 35   72 C3
Moréac 56   71 D4
Morée 41   98 B1
Moreilles 85 145 D1
Morello (Col de)
  2B   267 D2
Morelmaison
  88   86 B2
Morembert 10   81 E1
Morestel 38   172 C2
Moret-sur-Loing
  77   80 C2
Morêtel-de-Mailles
  38   189 F1
Morette 38   188 C2
Moreuil 80   17 F3
Morey 70   106 A3
Morey 71   139 F2
Morey-St-Denis
  21   123 E3
Morez 39   142 A4
Morfontaine
  54   39 E1
Morganx 40   226 B2
Morgat 29   68 B1
Morgemoulin
  55   39 D3
Morgins (Pas de)
  74   159 E2
Morgny 27   32 B2
Morgny-
  en-Thiérache
  02   20 B3
Morgny-
  la-Pommeraye
  76   32 A1
Morhange 57   65 D1
Moriani-Plage
  2B   265 F4
Morienne 76   16 C3
Morienval 60   34 C3
Morières-lès-
  Avignon 84   219 F4
Moriers 28   78 B3
Morieux 22   48 B3
Moriez 04   222 C3
Morigny 50   51 E2
Morigny-
  Champigny
  91   79 F1
Morillon 74   159 D3
Moringhem 62   3 E3
Morionvilliers
  52   85 E2
Morisel 80   17 F3
Morizécourt
  88   86 B4
Morizès 33   195 D3
Morlaàs 64   248 C1
Morlac 18   135 F3
Morlaincourt
  55   63 D3
Morlaix 29   46 A3
Morlancourt
  80   18 A2
Morlanne 64   226 B3
Morlet 71   139 E1
Morley 55   62 C4
Morlhon-le-Haut
  12   214 B4
Morlincourt
  60   18 C4
Mormaison
  85   129 D1
Mormal (Forêt de)
  59   12 A3
Mormant 77   58 C4
Mormant-sur-
  Vernisson
  45   100 A1
Mormès 32   247 D1
Mormoiron
  84   220 B3
Mornac 16   162 C3
Mornac-sur-Seudre
  17   160 B2
Mornand 42   170 B3
Mornans 26   204 B3
Mornant 69   171 D3
Mornas 84   219 E2
Mornay 71   139 E4
Mornay 21   105 E4
Mornay-Berry
  18   119 F4
Mornay-sur-Allier
  18   137 D2
Morogues 18   119 E3
Moroges 71   139 E2
Morosaglia
  2b   265 E4
Morre 25   125 E2

Morsain 02   35 D1
Morsains 51   59 F2
Morsalines 50   25 E2
Morsan 27   30 C3
Morsang-sur-Orge
  91   57 E4
Morsang-sur-Seine
  91   58 A4
Morsbach 57   41 E3
Morsbronn-les-
  Bains 67   67 D1
Morschwiller
  67   67 D1
Morschwiller-le-Bas
  68   108 C2
Morsiglia 2b 264 B1
Le Mort-Homme
  55   38 B3
Mortagne-
  au-Perche
  61   54 B4
Mortagne-du-Nord
  59   11 D1
Mortagne-sur-
  Gironde 17   160 C4
Mortagne-sur-
  Sèvre 85   113 D4
Mortain 50   51 E3
Mortcerf 77   58 C3
La Morte 38   189 E3
Morteau 25   126 B3
Morteaux-
  Coulibœuf
  14   53 D1
Mortefontaine
  02   35 D2
Mortefontaine
  60   34 A4
Mortefontaine-
  en-Thelle 60 33 E3
Mortemart
  87   148 C4
Mortemer 76   16 B3
Mortemer 60   18 A4
Morterolles-sur-
  Semme 87   149 E3
Mortery 77   59 E4
Morthomiers
  18   118 C4
Mortiercrolles
  53   94 C2
Mortiers 17   177 F1
Mortiers 02   19 F3
Morton 86   114 C3
Mortrée 61   53 E4
Mortroux 23   150 B1
Mortzwiller
  68   108 A2
Morval 62   18 B1
Morval 39   156 C1
Morvan (Parc
  Régional du)
  58   121 F2
Morvillars 90 108 A3
Morville 50   25 D3
Morville 88   86 B2
Morville-en-Beauce
  45   87 F3
Morville-sur-Andelle
  76   32 A1
Morville-sur-Nied
  57   64 C1
Morville-sur-Seille
  54   64 B1
Morvillers 60   16 C4
Morvillers-
  St-Saturnin
  80   16 C3
Morvilliers 28 55 D4
Morvilliers 10 84 A2
Morville-lès-Vic
  57   65 D2
Mory 62   10 A4
Mory-Montcrux
  60   17 F4
Morzine 74   159 D2
Moselle 54,57,
  70,88   87 B2
Mosles 14   28 B2
Moslins 51   60 B1
Mosnac 17   160 C4
Mosnac 17   161 E4
Mosnac 16   162 B3
Mosnay 36   134 B3
Mosnes 37   116 C1
Mosset 66   261 F2
Mosson 21   104 A1
Mostuéjouls
  12   216 B2
Motey-Besuche
  70   124 C2
Motey-sur-Saône
  70   106 A4
Mothern 67   43 F4
Motreff 29   70 A2
Motteville 76   15 E4
Motz 73   157 E4
Mouacourt 54   65 E3
Mouais 44   93 E3
Mouans-Sartoux
  06   240 A2
Mouaville 54   39 E3
Mouazé 35   73 E2
Mouchamps
  85   129 F2
Mouchan 32   211 D4
Mouchard 39   125 D4
La Mouche 50   50 C2
Le Moucherotte
  38   189 D2
Mouchés 32   228 A3
Mouchin 59   11 D1
Mouchy-le-Châtel
  60   33 E2
Moudeyres
  43   186 A4
Mouen 14   28 C3
Mouettes 27   55 F2
Mouffy 89   102 A3
Mouflaines 27 32 B3
Mouflers 80   17 D1
Mouflières 80   16 C2
Mougins 06   240 A2
Mougon 79   146 C2
Mouguerre
  64   224 C3
Mouhers 36   134 C4
Mouhet 36   149 E1
Mouhous 64   226 C3
Mouillac 82   213 F2
Mouillac 33   177 E4
La Mouille 39 142 A4
Mouilleron 52 104 C3
Mouilleron-le-Captif
  85   129 D2
Mouilleron-
  en-Pareds
  85   130 A3
Mouilly 55   39 D4
Moulainville
  55   39 D3
Moularès 81   214 C3
Moulay 53   81 F3
Moulayrès 81 231 D2
Moulédous
  65   249 F2
Moulès-et-Baucels
  34   217 E4
Mouleydier
  24   196 B1
Moulézan 30   218 B4
Moulhard 28   77 F3
Moulicent 61   54 C4
Moulidars 16 162 B3
Mouliets-
  et-Villemartin
  33   195 D1
Mouliherne
  49   114 C1
Moulin-Mage
  81   232 B2
Moulin-Neuf
  09   252 C2
Moulin-Neuf
  24   178 B4
Moulin-sous-
  Touvent 60   34 C1
Moulineaux 76 31 E2
Moulines 14   52 C1
Moulines 50   51 D3
Moulinet 47   196 A3
Moulinet 06   241 F2
Le Moulinet-sur-
  Solin 45   100 C2
Moulins 35   73 E4
Moulins 02   19 E2
Moulins 79   113 E4
Moulins 03   137 E4
Moulins 02   36 A2
Moulins-
  le-Carbonnel
  72   76 A2
Moulins-
  en-Tonnerrois
  89   103 D3
Moulins-Engilbert
  58   121 E4
Moulins-la-Marche
  61   54 B3
Moulins-lès-Metz
  57   40 B4
Moulins-St-Hubert
  55   22 A4
Moulins-sur-
  Céphons
  36   117 E4
Moulins-sur-Orne
  61   53 D3
Moulins-sur-
  Ouanne 89   101 F3
Moulins-sur-Yèvre
  18   119 D4
Moulis 09   259 E3
Moulis-en-Médoc
  33   176 C3
Moulismes 86 149 F1
Moulle 62   3 E3
Moulon 45   100 B1
Moulon 33   194 C1
Moulotte 55   39 E4
Moult 14   29 D3
Moumoulous
  65   249 E1
Moumour 64   247 E2
Mounes-
  Prohencoux
  12   232 B1

Mounine (Saut de la)
  12,46   198 C4
Mourède 32   227 F1
Mourens 33   194 C2
Mourenx 64   226 A4
Mouret 12   199 F4
Moureuille 63 152 B3
Mourèze 32   159 E4
Mourèze (Cirque
  de) 34   233 E3
Mouriès 13   236 B2
Mouriez 62   2 C3
Mourioux 23   150 A4
Mourjou 15   199 E2
Mourmelon-
  le-Grand 51   37 F4
Mourmelon-le-Petit
  51   37 D4
Mournans-
  Charbonny
  39   142 A2
Mouron 08   37 F2
Mouron-sur-Yonne
  58   121 E3
Mourre Nègre
  84   237 E1
Mours 95   33 E4
Mours-St-Eusèbe
  26   188 A3
Mourvilles-Basses
  31   230 B4
Mourvilles-Hautes
  31   230 C4
Mouscardès
  40   225 E3
Moussac 30   218 B4
Moussac 86   148 B3
Moussages
  15   183 D2
Moussan 11   254 C3
Moussé 35   94 A1
Mousseaux-lès-Bray
  77   81 E2
Mousseaux-Neuville
  27   55 F2
Mousseaux-sur-
  Seine 78   56 B1
Moussey 57   65 E3
Moussey 10   83 D3
Moussey 88   88 B1
Les Moussières
  39   157 E1
Mousson 54   65 E3
Mousson (Butte de)
  54   64 B1
Moussonvilliers
  61   54 C4
Moussoulens
  11   253 E1
Moussy 58   102 C3
Moussy 51   60 B1
Moussy 95   33 D4
Moussy-le-Neuf
  77   34 A4
Moussy-Verneuil
  02   35 F2
Moussy-le-Vieux
  77   58 A1
Moustajon 31 258 B4
Moustéru 22   47 D3
Moustey 40   209 D1
Moustier 47   195 F3
Moustier-en-Fagne
  59   12 C4
Moustier-
  Ventadour
  19   182 B1
Moustiers-Ste-
  Marie 04   222 B4
Le Moustoir
  22   70 A2
Moustoir-Ac
  56   91 E1
Moustoir-
  Remungol
  56   71 D4
La Moutade
  63   152 C4
Moutaine 39   142 A1
Moutardon
  16   147 F4
Le Moutaret
  38   173 F4
Mouterhouse
  57   42 C4
Mouterre-Silly
  86   114 C4
Mouterre-sur-
  Blourde 86 148 B3
Mouthe 25   142 B2
Le Moutherot
  25   124 C2
Mouthier-en-Bresse
  71   141 D1
Mouthier-Haute-
  Pierre 25   125 F4
Mouthiers-sur-
  Boëme 16   162 C3
Mouthoumet
  11   262 A1
Moutier-d'Ahun
  23   150 C3
Moutier-Malcard
  23   150 B1
Moutier-Rozeille
  23   166 B1
Les Moutiers
  44   111 D3
Moutiers 54   39 F3
Moutiers 28   79 D2
Moutiers 35   94 A1
Moutiers 89   101 E4
Moutiers-au-Perche
  61   77 E1
Les Moutiers-
  en-Auge 14   53 D2
Les Moutiers-
  en-Cinglais
  14   52 C1
Les Moutiers-
  Hubert 14   53 F1

Moutiers-les-Mauxfaits 85 129 D4
Moutiers-St-Jean 21 103 E4
Moutiers-sous-Argenton 79 131 D1
Moutiers-sous-Chantemerle 79 130 B3
Moutiers-sur-le-Lay 85 129 F3
Moutils 77 59 E3
Mouton 16 162 C1
Mouton-Rothschild 33 176 C2
Moutonne 39 141 E4
Moutonneau 16 162 C1
Moutoux 39 142 A2
Moutrot 54 64 A4
Mouvaux 59 5 D4
Moux 58 122 A3
Moux 11 254 A2
Mouxy 73 173 E2
Mouy 60 33 F2
Mouy-sur-Seine 77 81 E1
Mouzay 37 116 B4
Mouzay 55 38 B1
Mouzeil 44 112 B1
Mouzens 81 230 C3
Mouzens 24 197 D1
Mouzeuil-St-Martin 85 129 F4
Mouzieys-Panens 81 214 A3
Mouzieys-Teulet 81 231 E1
Mouzillon 44 112 B3
Mouzon 16 163 E2
Mouzon 08 22 A4
Moval 90 108 A3
Moyaux 14 30 B3
Moydans 05 205 D4
Moye 74 173 E1
Moyemont 88 87 E2
Moyen 54 65 D4
Moyencourt 80 18 C3
Moyencourt-lès-Poix 80 17 D3
Moyenmoutier 88 88 B1
Moyenneville 62 10 A4
Moyenneville 80 16 C1
Moyenneville 60 34 A1
Moyenvic 57 65 D2
Moyeuvre-Grande 57 40 A3
Moyeuvre-Petite 57 40 A2
Moyon 50 51 D1
Moyrazès 12 215 D1
Moyvillers 60 34 B2
Mozac 63 168 B1
Mozé-sur-Louet 49 113 F1
Muchedent 76 15 F3
Mudaison 34 234 C2
Muel 35 72 B3
Muespach 68 108 C3
Muespach-le-Haut 68 108 C3
Mugron 40 226 A1
Muhlbach-sur-Bruche 67 66 B4
Muhlbach-sur-Munster 68 88 C4
Muides-sur-Loire 41 98 C3
Muidorge 60 33 E1
Muids 27 32 A3
Muille-Villette 80 18 C3
Muirancourt 60 18 C4
Muizon 51 36 B3
Les Mujouls 06 223 E4
La Mulatière 69 171 E2
Mulcent 78 56 B2
Mulcey 57 65 E2
Mulhausen 67 66 C1
Mulhouse 68 108 C2
Mulsanne 72 96 B1
Mulsans 41 98 B3
Mun 65 249 F1
Munchhausen 67 43 F4
Munchhouse 68 108 C1
Muncq-Nieurlet 62 3 E2
Mundolsheim 67 67 D3
Muneville-le-Bingard 50 26 C3
Muneville-sur-Mer 50 50 B1
Le Mung 17 161 D1
Munster 68 88 C4
Munster 57 65 F1
Muntzenheim 68 89 E3
Munwiller 68 108 C1
Mur-de-Barrez 12 200 A1
Mur-de-Bretagne 22 71 D2
Mur-de-Sologne 41 117 E1
Muracciole 2b 267 D2
Murasson 12 232 B2
Murat 03 152 B1
Murat 15 183 F3
Murat-le-Quaire 63 167 E3
Murat-sur-Vèbre 81 232 C2
Murato 2b 265 E3
La Muraz 74 158 B3
Murbach 68 108 B1
La Mure 38 189 E4
La Mure-Argens 04 222 C3
Mureaumont 60 16 C4
Les Mureaux 78 56 C1
Mureils 26 187 F2
Murel (Cascades de) 19 181 F3
Mûres 74 173 F1
Muret 31 229 F4
Muret-le-Château 12 199 F4
Muret-et-Crouttes 02 35 E3
La Murette 38 189 D1
Murianette 38 189 E2
Murinais 38 188 C2
Murles 34 234 B2
Murlin 58 120 B3
Muro 2b 264 C3
Murol 63 167 F3
Murols 12 199 F2
Muron 17 145 F4
Murs 84 220 B4
Murs 36 133 F1
Mûrs-Erigné 49 113 F1
Murs-et-Gélignieux 01 173 D3
Murtin-et-Bogny 08 21 D2
Murvaux 55 38 B2
Murviel-lès-Béziers 34 233 D4
Murviel-lès-Montpellier 34 234 A3
Murville 54 39 E2
Murzo 2a 266 B2
Mus 30 235 D2
Muscourt 02 36 A2
Musculdy 64 247 E2
Musièges 74 157 F4
Musigny 21 122 C3
Musseau 52 104 C3
Mussey-sur-Marne 52 85 D2
Mussidan 24 179 D4
Mussig 67 89 E2
Mussy-la-Fosse 21 103 F4
Mussy-sous-Dun 71 154 C2
Mussy-sur-Seine 10 103 F1
Mutigney 39 124 B2
Mutigny 51 36 B4
Mutrécy 14 29 D4
Muttersholtz 67 89 E2
Mutzenhouse 67 67 D2
Mutzig 67 66 C4
Le Muy 83 239 E3
Muzeray 55 39 D2
Muzillac 56 92 A3
Muzy 27 55 F3
Myans 73 173 F3
Myennes 58 120 A1
Myon 25 125 D4

N

Nabas 64 247 E1
Nabinaud 16 178 C2
Nabirat 24 197 E2
Nabringhen 62 3 D3
Nachamps 17 146 A4
Nadaillac 24 180 C4
Nadaillac-de-Rouge 46 197 F1
Nades 03 152 B3
Nadillac 46 198 A3
Naftel 50 51 D3
Nagel-Séez-Mesnil 27 55 D2
Nages 81 232 B2
Nages-et-Solorgues 30 235 D1
Nahuja 66 261 D4
Nailhac 24 180 B2
Naillat 23 150 A2
Nailloux 31 252 B1
Nailly 89 81 E3
Naintré 86 132 B2
Nainville-les-Roches 91 80 B1
Naisey 25 125 F2
Naives 55 62 C2
Naives-en-Blois 55 63 D3
Naix-aux-Forges 55 63 D3
Naizin 56 71 D4
Najac 12 214 B2
Nalliers 85 129 F4
Nalliers 86 133 D3
Nalzen 09 252 B4
Nambsheim 68 89 E4
Nampcel 60 35 D1
Nampcelles-la-Cour 02 20 B3
Nampont-St-Martin 80 8 B2
Namps-au-Mont 80 17 D2
Namps-au-Mont 80 17 D3
Namps-au-Val 80 17 D3
Nampteuil-sous-Muret 02 35 E2
Nampty 80 17 E3
Nan-Sous-Thil 21 122 B2
Nanc-lès-St-Amour 39 156 C1
Nançay 18 118 C2
Nance 39 141 D2
Nances 73 173 E3
Nanclars 16 162 C1
Nançois-le-Grand 55 63 D3
Nançois-sur-Ornain 55 62 C3
Nancras 17 160 C2
Nancray 25 125 E2
Nancray-sur-Rimarde 45 80 A4
Nancuise 39 141 E4
Nancy 54 64 B3
Nancy-sur-Cluses 74 158 C3
Nandax 42 154 B3
Nandy 77 58 A4
Nangeville 45 80 A2
Nangis 77 58 C4
Nangy 74 158 B2
Nannay 58 120 B2
Les Nans 39 142 A2
Nans 25 107 D4
Nans-les-Pins 83 238 A4
Nans-sous-Ste-Anne 25 125 E4
Nant 12 216 C3
Nant-le-Grand 55 62 C3
Nant-le-Petit 55 62 C3
Nanteau-sur-Essonne 77 80 A2
Nanteau-sur-Lunain 77 80 C3
Nanterre 92 57 E2
Nantes 44 111 F2
Nantes-en-Ratier 38 189 E4
Nanteuil 79 146 C1
Nanteuil-Auriac-de-Bourzac 24 178 C1
Nanteuil-en-Vallée 16 147 F4
Nanteuil-la-Forêt 51 36 B4
Nanteuil-la-Fosse 02 35 E1
Nanteuil-le-Haudouin 60 34 B4
Nanteuil-lès-Meaux 77 58 C1
Nanteuil-Notre-Dame 02 35 E3
Nanteuil-sur-Aisne 08 36 C1
Nanteuil-sur-Marne 77 59 D1
Nantey 39 156 C1
Nantheuil 24 180 A1
Nanthiat 24 180 A1
Nantiat 87 149 D4
Nantillé 17 161 E1
Nantillois 55 38 B2
Nantilly 70 124 B1
Nantoin 38 172 B4
Nantois 55 62 C3
Nanton 71 140 A3
Nantouillet 77 58 B1
Nantoux 21 123 D4
Nantua 01 157 D3
Naours 80 17 E1
Napoléon (Route) 04,05,06,38 222 C4
La Napoule-Plage 06 240 A3
Narbéfontaine 57 41 D3
Narbief 25 126 C3
Narbonne 11 254 C2
Narcastet 64 248 B1
Narcy 58 120 A3
Narcy 52 62 B4
Nargis 45 80 C4
Narnhac 15 200 A1
Narp 64 225 F4
Narrosse 40 225 E2
Nasbinals 48 200 C3
Nassandres 27 31 D4
Nassiet 40 226 A2
Nassigny 03 136 A4
Nastringues 24 195 E1
Nattages 01 173 D2
Natzwiller 67 88 C1
Naucelle 12 215 D2
Naucelles 15 183 D4
Naujac-sur-Mer 33 176 B2
Naujan-et-Postiac 33 194 C1
Nauroy 02 19 D1
Naussac 12 199 D4
Naussac 48 202 A2
Naussannes 24 196 B2
Nauvay 72 76 C3
Nauviale 12 199 E4
Navacelles (Cirque de) 30 233 F1
Navacelles 30 218 B2
Navailles-Angos 64 226 C4
Navarin (Mon. de la Ferme) 51 37 E3
Navarrenx 64 247 F1
Naveil 41 97 F2
Navenne 70 106 C3
Naves 07 218 A1
Naves 19 181 E2
Naves 03 152 C3
Navès 81 231 E3
Naves 73 174 C3
Naves 59 11 D3
Nâves-Parmelan 74 158 B4
Navilly 71 140 B1
Nay 50 27 D3
Nay-Bourdettes 64 248 C2
Nayemont-les-Fosses 88 88 B2
Le Nayrac 12 200 A3
Nazelles-Négron 37 116 B1
Né (Mont) 65 250 A4
Néac 33 178 A4
Néant-sur-Yvel 56 72 A4
Neau 53 75 D3
Neaufles-Auvergny 27 54 C2
Neaufles-St-Martin 27 32 C3
Neauphle-le-Château 78 56 C2
Neauphe-sous-Essai 61 53 E4
Neauphe-sur-Dive 61 53 E2
Neauphlette 78 56 A2
Neauphle-le-Vieux 78 56 C2
Neaux 42 154 B4
Nébian 34 233 F3
Nébias 11 253 D4
Nébing 57 65 E1
Nébouzat 63 167 F2
Nécy 61 53 D2
Nedde 87 165 F2
Nédon 62 9 E1
Nédonchel 62 9 E1
Neewiller-près-Lauterbourg 67 43 F4
Neffes 05 206 A3
Neffiès 34 233 E3
Néfiach 66 262 B2
Nègrepelisse 82 213 E3
Négreville 50 24 C3
Négrondes 24 180 A1
Néhou 50 24 C3
Nehwiller 67 43 D4
Neige (Crêt de la) 01 157 F2
Nelling 57 65 F1
Nemours 77 80 C3
Nempont-St-Firmin 62 8 B2
Nénigan 31 250 B1
Nenon 39 124 C3
Néons-sur-Creuse 36 133 D2
Néoules 83 244 B1
Néouvielle (Massif de) 65 257 E3
Néoux 23 166 C1
Nepvant 55 22 B4
Nérac 47 211 D3
Nerbis 40 226 A1
Nercillac 16 161 F2
Néré 17 146 C4
Néret 36 135 E4
Nérigean 33 194 C1
Nérignac 86 148 B2
Néris-les-Bains 03 151 F2
Nernier 74 158 B1
Néron 28 56 A4
Néronde 42 170 B1
Néronde-sur-Dore 63 169 D2
Nérondes 18 136 B1
Nerpol-et-Serres 38 188 C2
Ners 30 218 B3
Nersac 16 162 B3
Nervieux 42 170 B2
Nerville-la-Forêt 95 33 F4
Néry 60 34 B3
Neschers 63 168 B3
Nescus 09 251 F3
Nesle 80 18 B3
Nesle-et-Massoult 21 103 F2
Nesle-Hodeng 76 16 B3
Nesle-l'Hôpital 80 16 C2
Nesle-Normandeuse 76 16 B2
Nesles 62 2 C4
Nesles 77 58 C3
Neslette 80 16 B2
Nesles-la-Montagne 02 59 E1
Nesmy 85 129 D3
Nesploy 45 100 A1
Nespouls 19 181 D4
Nesque (Gorges de la) 84 220 B3
Nesle-le-Repons 51 36 A4
Nesle-la-Reposte 51 59 F4
Nessa 2b 264 C3
Nestier 65 250 A3
Nesles-la-Vallée 95 33 E4
Nettancourt 55 62 A2
Neublans 39 140 C1
Neubois 67 89 D2
Le Neubourg 27 31 E4
Neuchâtel-Urtière 25 126 C1
Neuf-Berquin 59 4 C4
Neuf-Brisach 68 89 E4
Neuf-Église 63 152 B3
Neuf-Marché 76 32 C2
Neuf-Mesnil 59 12 B3
Neufbosc 76 16 A4
Le Neufbourg 50 51 E3
Neufchâteau 88 86 A2
Neufchâtel-en-Bray 76 16 A3
Neufchâtel-en-Saosnois 72 76 B2
Neufchâtel-Hardelot 62 2 C4
Neufchâtel-sur-Aisne 02 36 B2
Neufchef 57 40 A2
Neufchelles 60 34 C4
Neuffons 33 195 D2
Neuffontaines 58 121 E2
Neufgrange 57 42 A4
Neuflieux 02 19 D4
Neuflize 08 37 D2
Neufmaison 08 21 D3
Neufmaisons 54 65 F4
Neufmanil 08 21 F2
Neufmesnil 50 26 C2
Neufmoulin 80 8 C4
Neufmoulins 57 65 F3
Neufmoutiers-en-Brie 77 58 B3
Le Neufour 55 38 A4
Neufvillage 57 65 E1
Neufvy-sur-Aronde 60 34 A1
Neugartheim-Ittlenheim 67 66 C3
Neuhaeusel 67 67 F1
Neuil 37 115 E3
Neuilh 65 257 E2
Neuillac 17 161 E4
Neuillay-les-Bois 36 134 B2
Neuillé 49 114 C2
Neuillé-Pont-Pierre 37 97 D4
Neuillé-le-Lierre 37 97 F4
Neuilly 58 121 D3
Neuilly 27 55 F1
Neuilly 89 102 A1
Neuilly-le-Bisson 61 76 B1
Neuilly-le-Brignon 37 133 D1
Neuilly-le-Dien 80 8 C3
Neuilly-lès-Dijon 21 123 F2
Neuilly-en-Sancerre 18 119 E2
Neuilly-en-Thelle 60 33 F3
Neuilly-en-Vexin 95 33 D3
Neuilly-en-Donjon 03 154 A2
Neuilly-en-Dun 18 136 B2
Neuilly-l'Évêque 52 105 E1
Neuilly-la-Forêt 14 27 E2
Neuilly-l'Hôpital 80 8 C4
Neuilly-le-Malherbe 14 28 C4
Neuilly-Plaisance 93 57 F2
Neuilly-le-Réal 03 153 D1
Neuilly-St-Front 02 35 D3
Neuilly-sous-Clermont 60 33 F2
Neuilly-sur-Eure 61 55 D4
Neuilly-sur-Marne 93 58 A2
Neuilly-sur-Seine 92 57 E2
Neuilly-sur-Suize 52 85 D4
Neuilly-le-Vendin 53 75 E1
Neulette 62 9 D2
Neulise 42 170 B1
Neulles 17 161 E4
Neulliac 56 71 D3
Neung-sur-Beuvron 41 99 D4
Neunkirchen-lès-Bouzonville 57 41 D2
Neuntelstein 67 89 D1
Neure 03 136 C2
Neurey-lès-la-Demie 70 106 C4
Neurey-en-Vaux 70 106 C2
Neuve-Chapelle 62 10 A1
Neuve-Eglise 67 89 D1
La Neuve-Grange 27 32 B2
La Neuve-Lyre 27 54 C2

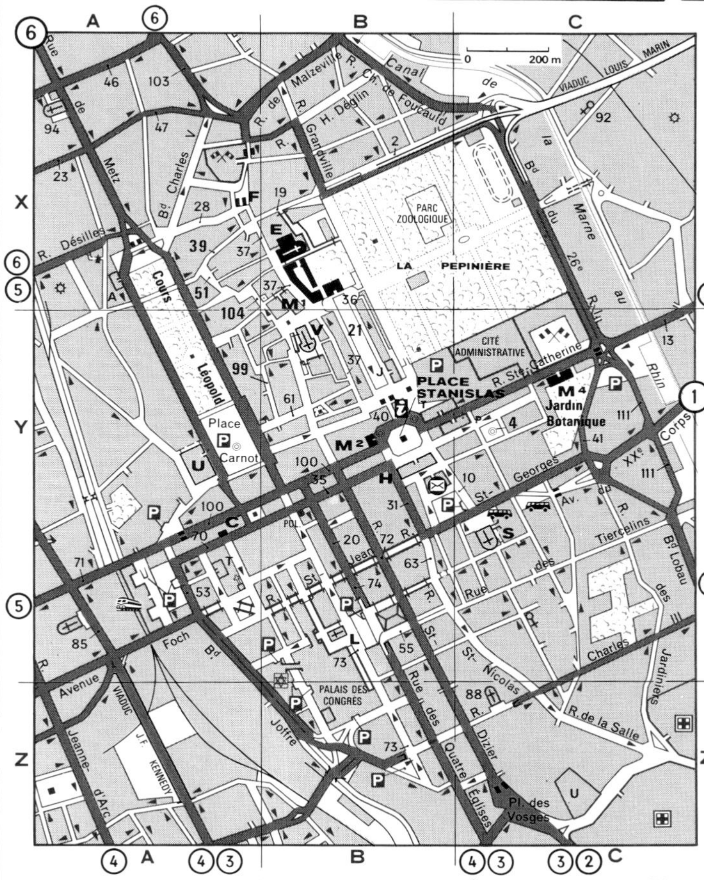
PLACE STANISLAS
PARC ZOOLOGIQUE
LA PEPINIÈRE
CITÉ ADMINISTRATIVE
Jardin Botanique
PALAIS DES CONGRÈS
Place Carnot
Pl. des Vosges
0
200 m

Nancy

Dominicains (R. des) BY 31
Gambetta (R.) BY 35
Grande-Rue BXY 37
Héré (R.) BY 40
Mazagran (R.) AY 51
Mengin (Pl. Henri) BY 55
Mouja (R. du Pont) BY 63
Poincaré (R. R.) AY 71
Point-Central BY 72
Ponts (R. des) BYZ 73
Raugraff (R.) BY 74
St-Dizier (R.) BY
St-Georges (R.) CY
St-Jean (R.) BY
Stanislas (R.) BY 100
Trois-Maisons (R. du Fg des) AX 103

Adam (R. Sigisbert) BX 2
Alliance (Pl. d') CY 4
Barrès (R. Maurice) CY 10
Bazin (R. H.) CY 13
Braconnot (R.) BX 19
Carmes (R. des) BY 20
Carrière (Pl. de la) BY 21
Cathédrale (†) CY S
Chanoine-Jacob (R.) AX 23
Cordeliers (†) BX E
Craffe (R. de la) AX 28
Gaulle (Pl. Gén.-de) BX 36
Haut-Bourgeois (R.) AX 39
Ile de Corse (R. l') CY 41
Keller (R. Charles) AX 46
Lamour (R. J.) AX 47
Loups (R. des) AX 51
Monnaie (R. de la) BY 61
Poincaré (R. H.) AY 70
St-Epvre (†) BYV
St-Léon (R. et †) AY 85
St-Nicolas (†) CZ 88
St-Sébastien (†) BYL
St-Vincent-de-Paul (†) CX 92
St-Vincent, St-Fiacre (†) AX 94
Source (R. de la) AY 99
Trouillet (R.) AXY 104
21e-R.-A. (Bd du) CY 111

Neuve-Maison 02 20 B1
Neuvecelle 74 159 D1
Neuvéglise 15 200 B1
Neuvelle-lès-Champlitte 70 105 F4
Neuvelle-lès-Cromary 70 125 E1
Neuvelle-lès-Grancey 21 104 C3
Neuvelle-lès-la-Charité 70 106 B4
La Neuvelle-lès-Lure 70 107 E2
La Neuvelle-lès-Scey 70 106 B3
Neuvelle-lès-Voisey 52 106 A1
Neuves-Maisons 54 64 B3
La Neuveville-devant-Lépanges 88 87 F3
La Neuveville-sous-Châtenois 88 86 B2
La Neuveville-sous-Montfort 88 86 C3
Neuvic 19 182 C1
Neuvic 24 179 D3
Neuvic-Entier 87 165 E2
Neuvicq 17 178 A2
Neuvicq-le-Château 17 162 A2
La Neuville-lès-Bray 80 18 A2
Neuville-les-Dames 01 156 A3
Neuville-lès-Decize 58 137 E2
Neuville-lès-Dieppe 76 15 F2
La Neuville-lès-Dorengt 02 19 F1
Neuvillalais 72 76 A3
La Neuville 59 10 B1
Neuville 63 168 C2
Neuville 19 181 F3
Neuville 37 97 F3
La Neuville-à-Maire 08 21 F4
Neuville-au-Bois 80 16 C1
Neuville-au-Cornet 62 9 E2
Neuville-au-Plain 50 25 D3
La Neuville-au-Pont 51 37 F4
La Neuville-aux-Bois 51 62 A1
Neuville-aux-Bois 45 79 E4
La Neuville-aux-Joûtes 08 20 C2
La Neuville-aux-Larris 51 36 B4
La Neuville-aux-Tourneurs 08 20 C2
Neuville-Bosc 60 33 D3
La Neuville-Bosmont 02 20 A3
Neuville-Bourjonval 62 18 C1
La Neuville-Chant-d'Oisel 76 31 F2
Neuville-Coppegueule 80 16 C2
La Neuville-d'Aumont 60 33 E2
Neuville-Day 08 37 E1
Neuville-de-Poitou 86 132 A3
La Neuville-du-Bosc 27 31 D3
Neuville-en-Avesnois 59 11 E3
Neuville-en-Beaumont 50 24 C4
La Neuville-en-Beine 02 19 D4
Neuville-en-Ferrain 59 5 E3
La Neuville-en-Hez 60 33 F2
La Neuville-en-Tourne-à-Fuy 08 37 D2
Neuville-en-Verdunois 55 62 C1
Neuville-Ferrières 76 16 A3
La Neuville-Garnier 60 33 D2
La Neuville-Housset 02 19 F3
Neuville-près-Sées 61 53 E3
Neuville-St-Amand 02 19 D2
La Neuville-St-Pierre 60 33 E1
Neuville-St-Rémy 59 10 C4
Neuville-St-Vaast 62 10 A2
La Neuville-Sire-Bernard 80 18 A3
Neuville-sous-Montreuil 62 8 B1
Neuville-sur-Ailette 02 36 A1
Neuville-sur-Ain 01 156 C3
Neuville-sur-Authou 27 30 C3
Neuville-sur-Escaut 59 11 D3
La Neuville-sur-Essonne 45 80 A3
Neuville-sur-Margival 02 35 E1
Neuville-sur-Oise 95 57 D1
Neuville-sur-Ornain 55 62 B2
La Neuville-sur-Oudeuil 60 17 D4
La Neuville-sur-Ressons 60 34 B1
Neuville-sur-Saône 69 171 E1
Neuville-sur-Sarthe 72 76 B4
Neuville-sur-Seine 10 83 F4
Neuville-sur-Touques 61 53 F2
Neuville-sur-Vannes 10 82 C3
La Neuville-Vault 60 33 D1
Neuville-Vitasse 62 10 A3
Neuviller-lès-Badonviller 54 65 F4
Neuviller-la-Roche 67 88 C1
Neuviller-sur-Moselle 54 64 C4
Neuvillers-sur-Fave 88 88 B2
Neuvillette 02 19 E2
Neuvillette 80 9 E3
Neuvillette-en-Charnie 72 75 F4
Neuvilley 39 141 E1
Neuville-lès-Lœuilly 80 17 E3
Neuvilly 59 11 D4
Neuvilly-en-Argonne 55 38 B3
Neuville-lès-This 08 21 E3
Neuville-lès-Vaucouleurs 55 63 E4
La Neuville-lès-Wasigny 08 20 C4
Neuvireuil 62 10 B2
Neuvizy 08 21 D4
Neuvy 41 98 C4
Neuvy 03 137 E4
Neuvy 51 59 F3
Neuvy-au-Houlme 61 52 C2
Neuvy-le-Barrois 18 136 C2
Neuvy-Bouin 79 130 C3
Neuvy-deux-Clochers 18 119 E2
Neuvy-en-Beauce 28 79 E3
Neuvy-en-Champagne 72 76 A4
Neuvy-en-Mauges 49 113 E2
Neuvy-en-Sullias 45 100 A2
Neuvy-en-Dunois 28 78 C3
Neuvy-Grandchamp 71 138 B4
Neuvy-Pailloux 36 135 D1
Neuvy-le-Roi 37 97 D4

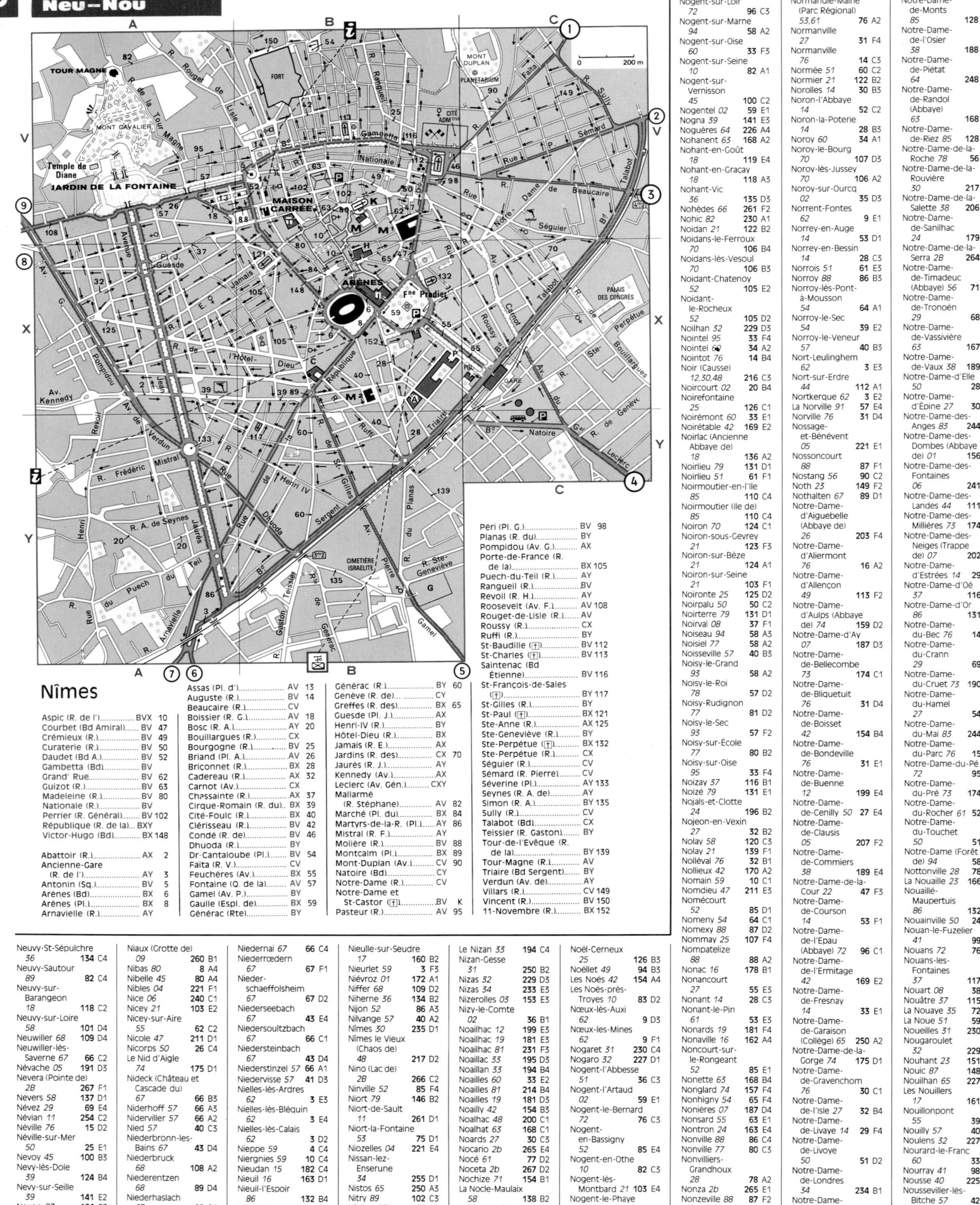

Nîmes

Aspic (R. de l')	BVX 10
Courbet (Bd Amiral)	BV 47
Crémieux (R.)	BV 49
Curaterie (R.)	BV 50
Daudet (Bd A.)	BV 52
Gambetta (Bd)	BV
Grand' Rue	BV 62
Guizot (R.)	BV 63
Madeleine (R.)	BV 80
Nationale (R.)	BV
Perrier (R. Général)	BV 102
République (R. de la)	BXY
Victor-Hugo (Bd)	BX 148
Abattoir (R.)	AX 2
Ancienne-Gare (R. de l')	AY 3
Antonin (Sq.)	BV 5
Arènes (Bd)	BX 6
Arènes (Pl.)	BX 8
Arnavielle (R.)	AY
Assas (Pl. d')	AV 13
Auguste (R.)	BV 14
Beaucaire (R.)	CV
Boissier (R. G.)	AV 18
Bosc (R. A.)	AY 20
Bouillargues (R.)	CX
Bourgogne (R.)	BV 25
Briand (Pl. A.)	AY 26
Briçonnet (R.)	BX 28
Cadereau (R.)	AX 32
Carnot (Av.)	CX
Chassainte (R.)	AX 37
Cirque-Romain (R. du)	AV 39
Cité-Foulc (R.)	BX 40
Clérisseau (R.)	AV 42
Condé (R. de)	BV 46
Dhuoda (R.)	BY
Dr-Cantaloube (Pl.)	BV 54
Faïta (R. V.)	CV
Feuchères (Av.)	BX 55
Fontaine (Q. de la)	AV 57
Gamel (Av.)	BY
Gaulle (Espl. de)	BX 59
Générac (Rte)	BY
Générac (R.)	BY 60
Genève (R. de)	CY
Greffes (R. des)	BX 65
Guesde (Pl. J.)	AX
Henri-IV (R.)	BY
Hôtel-Dieu (R.)	BX
Jamais (R. E.)	AX
Jardins (R. des)	CX 70
Jaurès (R. J.)	AY
Kennedy (Av.)	AX
Leclerc (Av. Gén.)	CXY
Mallarmé (R. Stéphane)	AV 82
Marché (Pl. du)	BX 84
Martyrs-de-la-R. (Pl.)	AY 86
Mistral (R. F.)	AY
Molière (R.)	BY
Montcalm (Pl.)	BX 89
Mont-Duplan (Av.)	CV 90
Natoire (Bd)	CY
Notre-Dame et St-Castor (†)	BV K
Pasteur (R.)	AV 95
Péri (Pl. G.)	BV 98
Planas (R. du)	BY
Pompidou (Av. G.)	AX
Porte-de-France (R. de la)	BX 105
Puech-du-Teil (R.)	AY
Rangueil (R.)	BV
Revoil (R. H.)	AY
Roosevelt (Av. F.)	AV 108
Rouget-de-Lisle (R.)	AY
Roussy (R.)	CX
Ruffi (R.)	CY
St-Baudille (R.)	BV 112
St-Charles (†)	BV 113
Saintenac (Bd Étienne)	BV 116
St-François-de-Sales (†)	BY 117
St-Gilles (R.)	BY
St-Paul (†)	BX 121
Ste-Anne (R.)	AX 125
Ste-Geneviève (R.)	BY
Ste-Perpétue (†)	BX 132
Ste-Perpétue (R.)	CX
Séguier (R.)	CV
Sémard (R. Pierre)	CX
Séverine (Pl.)	AY 133
Seynes (R. A. de)	AY
Simon (R. A.)	CV
Sully (R.)	CV
Talabot (Av.)	CX
Teissier (R. Gaston)	BY
Tour-de-l'Évêque (R. de la)	BY 139
Tour-Magne (R.)	AV
Triaire (Bd Sergent)	BY
Verdun (Av. de)	AY
Villars (R.)	CV 149
Vincent (R.)	BV 150
11-Novembre (R.)	BX 152

Nogent-sur-Loir 72	96 C3	Normandie-Maine (Parc Régional) 53,61	76 B2	Notre-Dame-de-Monts 85	128 A1	
Nogent-sur-Marne 94	58 A2	Normanville 27	31 F4	Notre-Dame-de-l'Osier 38	188 C2	
Nogent-sur-Oise 60	33 F3	Normanville 76	14 C3	Notre-Dame-de-Piétat 64	248 B2	
Nogent-sur-Seine 10	82 A1	Normée 51	60 C3	Notre-Dame-de-Randol (Abbaye) 63	168 A3	
Nogent-sur-Vernisson 45	100 C1	Normier 21	122 B2	Notre-Dame-de-Riez 85	128 B2	
Nogentel 02	59 E1	Norolles 14	30 B3	Notre-Dame-de-la-Roche 78	56 C4	
Nogna 39	141 E1	Noron-l'Abbaye 14	52 C2	Notre-Dame-de-la-Rouvière 30	217 E3	
Noguères 64	226 A4	Noron-la-Poterie 14	28 B3	Notre-Dame-de-la-Salette 38	206 A1	
Nohanent 63	168 A2	Noroy 60	34 A1	Notre-Dame-de-Sanilhac 24	179 E3	
Nohant-en-Goût 18	119 E4	Noroy-le-Bourg 70	107 D3	Notre-Dame-de-la-Serra 2B	264 B3	
Nohant-en-Graçay 18	118 A3	Noroy-lès-Jussey 70	106 A2	Notre-Dame-de-Timadeuc (Abbaye) 56	71 E3	
Nohant-Vic 36	135 D3	Noroy-sur-Ourcq 02	35 D3	Notre-Dame-de-Tronoën 29	68 C4	
Nohèdes 66	261 F2	Norrent-Fontes 62	9 E1	Notre-Dame-de-Vassivière 63	167 F4	
Nohic 82	230 A1	Norrey-en-Auge 14	53 D1	Notre-Dame-de-Vaux 38	189 E4	
Noidan 21	122 B2	Norrey-en-Bessin 14	28 C3	Notre-Dame-d'Elle 50	28 A4	
Noidans-le-Ferroux 70	106 B4	Norrois 51	61 E3	Notre-Dame-d'Épine 27	30 C3	
Noidans-lès-Vesoul 70	106 B3	Norroy 89	86 B3	Notre-Dame-des-Anges 83	244 C1	
Noidant-Chatenoy 52	105 E2	Norroy-lès-Pont-à-Mousson 54	64 A1	Notre-Dame-des-Dombes (Abbaye de) 01	156 A4	
Noidant-le-Rocheux 52	105 D2	Norroy-le-Sec 54	39 E2	Notre-Dame-des-Fontaines 06	241 F1	
Noilhan 32	229 D3	Norroy-le-Veneur 57	40 B3	Notre-Dame-des-Landes 44	111 E1	
Nointel 95	33 F4	Nort-Leulinghem 62	3 E3	Notre-Dame-des-Millières 73	174 B3	
Nointel 60	34 A2	Nort-sur-Erdre 44	112 A1	Notre-Dame-des-Neiges (Trappe de) 07	202 B3	
Nointot 76	14 B4	Nortkerque 62	3 E3	Notre-Dame-d'Estrées 14	29 F4	
Noir (Causse) 12,30,48	216 C3	La Norville 91	57 E4	Notre-Dame-d'Oé 37	116 A3	
Noircourt 02	20 B4	Norville 76	31 D4	Notre-Dame-d'Or 86	131 F2	
Noirefontaine 25	107 F1	Nossage-et-Bénévent 05	221 E1	Notre-Dame-du-Bec 76	14 A4	
Noirémont 60	33 E1	Nossoncourt 88	87 F1	Notre-Dame-du-Crann 29	69 F2	
Noirétable 42	169 E2	Nostang 56	90 C2	Notre-Dame-du-Cruet 73	190 B1	
Noirlac (Ancienne Abbaye de) 18	136 A2	Noth 23	149 F2	Notre-Dame-du-Hamel 27	54 B2	
Noirlieu 79	131 D1	Nothalten 67	89 D1	Notre-Dame-du-Mai 83	244 B4	
Noirlieu 51	61 F1			Notre-Dame-du-Parc 76	15 F3	
Noirmoutier-en-l'Ile 85	110 C4			Notre-Dame-du-Pé 72	95 F3	
Noirmoutier (Ile de) 85	110 C4			Notre-Dame-du-Pré 73	174 C3	
Noiron 70	124 C1			Notre-Dame-du-Rocher 61	52 B2	
Noiron-sous-Gevrey 21	123 F3	Notre-Dame-d'Aiguebelle (Abbaye de) 26	203 F4	Notre-Dame-du-Touchet 50	51 E4	
Noiron-sur-Bèze 21	124 A1	Notre-Dame-d'Aliermont 76	16 A2	Notre-Dame (Forêt de) 94	58 B3	
Noiron-sur-Seine 21	103 F1	Notre-Dame-d'Allençon 49	113 F2	Nottonville 28	78 C4	
Noironte 25	125 D2	Notre-Dame-d'Aulps (Abbaye de) 74	159 D2	La Nouaille 23	166 B1	
Noirpalu 50	50 C2	Notre-Dame-d'Ay 07	187 D3	Nouaillé-Maupertuis 86	132 B2	
Noirterre 79	131 D1	Notre-Dame-de-Bellecombe 73	174 C1	Nouainville 50	24 C2	
Noirval 08	37 F1	Notre-Dame-de-Bliquetuit 76	31 D4	Nouan-le-Fuzelier 41	99 E4	
Noiseau 94	58 A3	Notre-Dame-de-Boisset 42	154 B4	Nouans 72	76 B3	
Noisiel 77	58 A2	Notre-Dame-de-Bondeville 76	31 E1	Nouans-les-Fontaines 37	117 D3	
Noisseville 57	40 B3	Notre-Dame-de-Buenne 12	199 E4	Nouart 08	38 A1	
Noisy-le-Grand 93	58 A2	Notre-Dame-de-Cenilly 50	27 E4	Nouâtre 37	115 F4	
Noisy-le-Roi 78	57 D2	Notre-Dame-de-Clausis 05	207 F2	La Nouaye 35	72 C3	
Noisy-Rudignon 77	81 D2	Notre-Dame-de-Commiers 38	189 E4	La Noue 51	59 F3	
Noisy-le-Sec 93	57 F2	Notre-Dame-de-Courson 14	53 F1	Noueilles 31	230 A4	
Noisy-sur-École 77	80 B2	Notre-Dame-de-l'Épau (Abbaye) 72	96 C1	Nougaroulet 32	229 C2	
Noisy-sur-Oise 95	33 F4	Notre-Dame-de-l'Ermitage 88	88 A2	Nouhant 23	151 E2	
Noizay 37	116 B1	Notre-Dame-de-Fresnay 14	53 E3	Nouic 87	148 C4	
Noizé 79	131 E1	Notre-Dame-de-Garaison (Collège) 65	250 A2	Nouilhan 65	227 E4	
Nojals-et-Clotte 24	196 B2	Notre-Dame-de-Gravenchom 76	30 C1	Les Nouillers 17	161 D1	
Nojeon-en-Vexin 27	32 B2	Notre-Dame-de-l'Isle 27	32 B4	Nouillonpont 55	39 D2	
Nolay 58	120 C3	Notre-Dame-de-Livaye 14	29 F4	Nouilly 57	40 B3	
Nolay 21	139 F1	Notre-Dame-de-Livoye 50	51 D2	Noulens 32	227 E1	
Nolléval 76	32 B1	Notre-Dame-de-Londres 34	234 B1	Nourard-le-Franc 60	33 F1	
Nollieux 42	170 A2	Notre-Dame-de-Lorette (Colline) 62	10 A2	Nourray 41	98 A3	
Nomain 59	10 C1	Notre-Dame-de-Lumières 84	220 A3	Nousse 40	225 F2	
Nomdieu 47	211 E3	Notre-Dame-de-la-Mer 78	56 A1	Nousseviller-lès-Bitche 57	42 B3	
Nomécourt 52	85 D1	Notre-Dame-de-Mésage 38	189 E3	Nousseviller-St-Nabor 57	41 F3	
Nomeny 54	64 C1			Nousty 64	248 C1	
Nomexy 88	87 D2			Nouvelle-Église 62	3 E2	
Nommay 25	107 F4			Nouvion 80	8 B3	
Nompatelize 88	88 A2			Nouvion-le-Comte 02	19 E3	
Nonac 16	178 B1			Le Nouvion-en-Thiérache 02	20 A1	
Nonancourt 27	55 E3					
Nonant 14	28 C3					
Nonant-le-Pin 61	53 E3					
Nonards 19	181 F4					
Nonaville 16	162 A4					
Noncourt-sur-le-Rongeant 52	85 E1					
Nonette 63	168 B4					
Nonglard 74	157 F4					
Nonhigny 54	65 F4					
Nonières 07	187 D4					
Nonsard 55	63 E1					
Nontron 24	163 E4					
Nonville 88	86 C4					
Nonville 77	80 C3					
Nonvilliers-Grandhoux 28	78 A2					
Nonza 2b	265 E1					
Nonzeville 88	87 F2					
Noordpeene 59	4 A3					
Nordausques 62	3 E3					
Nordheim 67	67 D4					
Nordhouse 67	67 D4					
Nore (Pic de) 11	232 A4					
Noreuil 62	10 B4					
Norges-la-Ville 21	123 F1					
Normandel 61	54 C4					

Neuvy-St-Sépulchre 36	134 C4	Niaux (Grotte de) 09	260 B1	Niedernai 67	66 C4	
Neuvy-Sautour 89	82 C4	Nibas 80	8 A4	Niederrœdern 67	67 F1	
Neuvy-sur-Barangeon 18	118 C2	Nibelle 45	80 A4	Niederschaeffolsheim 67	67 D2	
Neuvy-sur-Loire 58	101 D4	Nibles 04	221 F1	Niederseebach 67	43 E4	
Neuwiller 68	109 D4	Nice 06	240 C1	Niedersoultzbach 67	66 C1	
Neuwiller-lès-Saverne 67	66 C2	Nicey 21	103 E2	Niedersteinbach 67	43 D4	
Névache 05	191 D3	Nicey-sur-Aire 55	62 C2	Niederstinzel 57	66 A1	
Nevera (Pointe de) 2B	267 F1	Nicole 47	211 D1	Niedervisse 57	41 D3	
Nevers 58	137 D1	Nicorps 50	26 C4	Nielles-lès-Ardres 62	3 E4	
Névez 29	69 E4	Le Nid d'Aigle 74	175 D1	Nielles-lès-Bléquin 62	3 E4	
Névian 11	254 C2	Nideck (Château et Cascade du) 67	66 B3	Nielles-lès-Calais 62	3 D2	
Néville 76	15 D1	Niderhoff 57	66 A3	Nieppe 59	4 C4	
Néville-sur-Mer 50	25 E1	Niderviller 57	66 A2	Niergnies 59	10 C4	
Nevoy 45	100 B3	Nied 57	40 C3	Nieudan 15	182 C4	
Nevy-lès-Dole 39	124 B4	Niederbronn-les-Bains 67	43 D4	Nieuil 16	163 D1	
Nevy-sur-Seille 39	141 E2	Niederbruck 68	108 A2	Nieuil-l'Espoir 86	132 B4	
Nexon 87	164 C3	Niederentzen 68	89 D4	Nieul 87	164 C1	
Ney 39	142 A2	Niederhaslach 67	66 C4	Nieul-le-Dolent 85	129 D3	
Neydens 74	158 A3	Niederhausbergen 67	67 D3	Nieul-lès-Saintes 17	161 D2	
Les Neyrolles 01	157 D3	Niederhergheim 68	89 D4	Nieul-sur-l'Autise 85	146 A1	
Neyron 01	171 F2	Niederlauterbach 67	43 F4	Nieul-sur-Mer 17	145 D2	
Nézel 78	56 C1	Niedermodern 67	67 D1	Nieul-le-Virouil 17	177 D1	
Nézignan-l'Évêque 34	233 F4	Niedermorschwihr 68	88 C1			
Niafles 53	94 B2					
Niaux 09	260 B1					

Nieulle-sur-Seudre 17	160 B2	Le Nizan 33	194 C4	Noël-Cerneux 25	126 B3	
Nieurlet 59	3 F3	Nizan-Gesse 31	250 B2	Noëllet 49	94 B3	
Niévroz 01	172 A1	Nizas 32	229 D3	Les Noës 42	154 A4	
Niffer 68	109 D2	Nizas 34	233 E3	Les Noës-près-Troyes 10	83 D2	
Niherne 36	134 B2	Nizerolles 03	153 E3	Nizy-le-Comte 02	36 B1	
Nijon 52	86 A3	Nœux-lès-Auxi 62	9 D3			
Nilvange 57	40 A2	Nœux-les-Mines 62	9 F1			
Nîmes 30	235 D1	Nogaret 31	230 C4			
Nîmes le Vieux (Chaos de) 48	217 D2	Nogaro 32	227 D1			
Nino (Lac de) 2B	266 C2	Nogent-l'Abbesse 51	36 B3			
Ninville 52	85 F4	Nogent-l'Artaud 02	59 E1			
Niort 79	146 B2	Nogent-le-Bernard 72	76 B3			
Niort-de-Sault 11	261 D1	Nogent-en-Bassigny 52	85 E4			
Niort-la-Fontaine 53	75 D1	Nogent-en-Othe 10	82 C3			
Niozelles 04	221 E4	Nogent-lès-Montbard 21	103 E4			
Nissan-lez-Enserune 34	255 D2	Nogent-le-Phaye 28	78 C1			
Nistos 65	250 A3	Nogent-le-Roi 28	56 A4			
Nitry 89	102 C3	Nogent-le-Rotrou 28	77 E2			
Nitting 57	66 A3	Nogent-le-Sec 27	55 D2			
Nive 64	246 C1	Nogent-sur-Aube 10	83 E1			
Nivelle 59	11 D1	Nogent-sur-Eure 28	78 B2			
Nivillac 56	92 B4					
Nivillers 60	33 E1					
Nivolas-Vermelle 38	172 B3					
Nivollet-Montgriffon 01	156 C4					
Nixéville 55	38 B2					
La Nocle-Maulaix 58	138 B2					
Nod-sur-Seine 21	104 A2					
Nods 25	125 F3					
Noé 31	251 E1					
Noé 89	81 F3					
La Noë-Blanche 35	93 D2					
Noë-les-Mallets 10	84 A4					
La Noë-Poulain 27	30 C3					
Noailhac 12	199 E3					
Noailhac 19	181 E4					
Noailhac 81	231 F3					
Noaillac 33	195 D3					
Noaillan 33	194 B4					
Noailles 60	33 E2					
Noailles 81	214 B4					
Noailles 19	181 D3					
Noailly 42	154 B3					
Noalhac 48	200 C1					
Noalhat 63	168 C1					
Noards 27	30 C3					
Nocario 2b	265 E4					
Nocé 61	77 D2					
Noceta 2b	267 D3					
Nochize 71	154 B1					

Nouvion-et-Catillon *02* 19 E3
Nouvion-sur-Meuse *08* 21 F3
Nouvion-le-Vineux *02* 35 F1
Nouvoitou *35* 73 E4
Nouvron-Vingré *02* 35 D2
Nouzerines *23* 150 C1
Nouzerolles *23* 150 A1
Nouziers *23* 150 B1
Nouzilly *37* 97 E4
Nouzonville *08* 21 E2
Novacelles *63* 185 D1
Novalaise *73* 173 E3
Novale *2b* 267 E1
Novéant-sur-Moselle *57* 40 A4
Novel *74* 159 D1
Novella *2b* 265 D3
Noves *13* 219 F4
Noviant-aux-Prés *54* 63 F3
Novillard *90* 108 A3
Novillars *25* 125 E2
Novillers *60* 33 E3
Novion-Porcien *08* 21 D4
Novy-Chevrières *08* 37 D1
Noyal *22* 48 C4
Noyal-Muzillac *56* 92 A3
Noyal-Pontivy *56* 71 D3
Noyal-sous-Bazouges *35* 73 D1
Noyal-sur-Brutz *44* 93 F2
Noyal-sur-Seiche *35* 73 D4
Noyal-sur-Vilaine *35* 73 E3
Noyales *02* 19 E2
Noyalo *56* 91 E3
Noyant *49* 96 B4
Noyant-d'Allier *03* 137 D4
Noyant-de-Touraine *37* 115 F3
Noyant-et-Aconin *02* 35 E2
Noyant-la-Gravoyère *49* 94 B3
Noyant-la-Plaine *49* 114 A2
Noyarey *38* 189 D2
Noyelles-lès-Humières *62* 9 D2
Noyelle-Vion *62* 9 F3
Noyelles-en-Chaussée *80* 8 C3
Noyelles-Godault *62* 10 B2
Noyelles-sous-Bellonne *62* 10 B3
Noyelles-sous-Lens *62* 10 A2
Noyelles-sur-Escaut *59* 10 C4
Noyelles-sur-Mer *80* 8 B4
Noyelles-sur-Sambre *59* 11 F4
Noyelles-sur-Selle *59* 11 D3
Noyellette *62* 9 F3
Noyelles-lès-Seclin *59* 10 B1
Noyelles-lès-Vermelles *62* 10 A1
Noyen-sur-Sarthe *72* 96 A2
Noyen-sur-Seine *77* 81 F1
Le Noyer *18* 119 E2
Le Noyer *05* 206 A2
Le Noyer *73* 173 F2
Noyer (Col du) *05* 206 A2
Le Noyer-en-Ouche *27* 54 C1
Noyers *55* 62 B2
Noyers *27* 32 C3
Noyers *89* 103 D3
Noyers *45* 100 B1
Noyers *52* 85 F4
Noyers-Bocage *14* 28 C4
Noyers-Pont-Maugis *08* 21 F3
Noyers-St-Martin *60* 33 E1
Noyers-sur-Cher *41* 117 D2
Noyers-sur-Jabron *04* 221 E2
Noyon *60* 18 C4
Nozay *91* 57 E4
Nozay *44* 93 E4
Nozay *10* 83 D1
Nozeroy *39* 142 A2
Nozières *07* 187 D4
Nozières *18* 135 F3
Nuaillé *49* 113 E3
Nuaillé-d'Aunis *17* 145 E2
Nuaillé-sur-Boutonne *17* 146 B4
Nuars *58* 121 E1
Nubécourt *55* 62 C1
Nucourt *95* 33 D4
Nueil-sous-Faye *86* 115 D4
Nueil-sur-Argent *79* 130 C1
Nueil-sur-Layon *49* 114 A3
Nuelles *69* 171 D1
Nuillé-le-Jalais *72* 76 C4
Nuillé-sur-Vicoin *53* 94 C1
Nuisement-sur-Coole *51* 61 D2
Nuits *89* 103 E3
Nuits-St-Georges *21* 123 E3
Nullemont *76* 16 B3
Nully *52* 84 B2
Nuncq *62* 9 E3
Nuret-le-Ferron *36* 134 A3
Nurieux-Volognat *01* 157 D3
Nurlu *80* 18 C1
Nuzéjouls *46* 197 F3
Nyer *66* 261 F3
Nyoiseau *49* 94 C3
Nyons *26* 220 A1

O

O (Château d') *61* 53 E3
Obenheim *67* 89 E1
Oberbronn *67* 43 D4
Oberbruck *68* 108 A2
Oberdorf *68* 108 C3
Oberdorf-Spachbach *67* 67 D1
Oberdorff *57* 41 D2
Oberentzen *68* 108 C1
Obergailbach *57* 42 B3
Oberhaslach *67* 66 C4
Oberhausbergen *67* 67 D3
Oberhergheim *68* 89 D4
Oberhoffen-sur-Moder *67* 67 E2
Oberhoffen-lès-Wissembourg *67* 43 E4
Oberlarg *68* 108 C4
Oberlauterbach *67* 43 F4
Obermodern *67* 66 C1
Obermorschwihr *68* 89 D4
Obermorschwiller *68* 108 C3
Obernai *67* 66 C4
Oberrœdern *67* 67 E1
Obersaasheim *68* 89 E4
Oberschaeffolsheim *67* 67 D3
Oberseebach *67* 43 E4
Obersoultzbach *67* 66 C1
Obersteinbach *67* 43 D4
Oberstinzel *57* 66 A2
Obervisse *57* 41 D3
Obies *59* 11 F3
L'Obiou *38* 205 F1
Objat *19* 181 D2
Oblinghem *62* 9 F1
Obrechies *59* 12 B3
Obreck *57* 65 D2
Observatoire de Haute Provence *04* 221 E4
Obsonville *77* 80 B3
Obterre *36* 133 E1
Obtrée *21* 103 F1
Ocana *2a* 266 C4
Occagnes *61* 53 D2
Occey *52* 105 D3
Occhiatana *2b* 264 C3
Occoches *80* 9 E4
Ochancourt *80* 8 A4
Oches *08* 38 A1
Ochey-Thuilley *54* 64 A4
Ochiaz *01* 157 E3
Ochtezeele *59* 4 A3
Ocquerre *77* 58 C1
Ocqueville *76* 14 C3
Octeville *50* 24 C2
Octeville-l'Avenel *50* 25 D2
Octeville-sur-Mer *76* 14 A4
Octon *34* 233 E2
Odars *31* 230 B3
Odenas *69* 155 E3
Oderen *68* 108 A1
Odet *29* 69 D3
Odival *52* 85 E4
Odomez *59* 11 E2
Odos *65* 249 E2
Odratzheim *67* 66 C3
Œillon (Crêt de l') *42* 187 D1
Oëlleville *88* 86 C2
Oermingen *67* 42 A4
Œting *57* 41 E3
Oëtre (Roche d') *61* 52 B4
Œuf-en-Ternois *62* 9 D2
Œuilly *51* 36 A4
Œuilly *02* 36 A2
Oëy *55* 63 D3
Œyregave *40* 225 D3
Offekerque *62* 3 D2
Offemont *90* 107 F3
Offendorf *67* 67 E2
Offenheim *67* 67 D3
Offignies *80* 16 C3
Offin *62* 8 C2
Offlanges *39* 124 B3
Offoy *60* 17 D3
Offoy *80* 18 C3
Offranville *76* 15 E2
Offrethun *62* 2 C3
Offroicourt *88* 86 C2
Offwiller *67* 66 C1
Ogenne-Camptort *64* 247 F1
Oger *51* 60 C1
Ogeu-les-Bains *64* 248 A2
Ogéviller *54* 65 E4
Ogliastro *2b* 264 B2
Ognes *02* 19 D4
Ognes *60* 34 B4
Ognes *51* 60 B3
Ognéville *54* 86 C1
Ognolles *60* 18 B3
Ognon *25,70* 107 E2
Ognon *60* 34 B3
Ogy *57* 40 C4
Ohain *59* 20 B1
Oherville *76* 14 C3
Ohis *02* 20 B2
Ohlungen *67* 67 D2
Ohnenheim *67* 89 E2
L'Oie *85* 129 F2
Oigney *70* 106 A2
Oignies *62* 10 B2
Oigny *21* 104 A4
Oigny *41* 77 E4
Oigny-en-Valois *02* 35 D3
Oingt *69* 155 E4
Oinville-St-Liphard *28* 79 E3
Oinville-sous-Auneau *28* 79 D1
Oinville-sur-Montcient *78* 56 C1
Oiron *79* 131 E1
Oiry *51* 60 A1
Oise *2,60,95* 34 C1
Oiselay-et-Grachaux *70* 125 D1
Oisemont *80* 16 C2
Oisilly *21* 124 A1
Oisly *41* 117 D1
Oison *45* 79 E4
Oisseau *53* 75 D2
Oisseau-le-Petit *72* 76 A2
Oissel *76* 31 F2
Oissery *77* 34 B4
Oissy *80* 17 D2
Oisy *02* 19 F1
Oisy *58* 120 C1
Oisy *59* 11 D2
Oisy-le-Verger *62* 10 C3
Oizé *72* 96 B2
Oizon *18* 119 D1
Olan (Pic d') *05* 206 B1
Olargues *34* 232 C3
Olby *63* 167 F2
Olcani *2b* 265 E1
Olle (Combe d') *73* 190 A2
Oléac-Debat *65* 249 E1
Oléac-Dessus *65* 249 E2
Olemps *12* 215 E1
Olendon *14* 53 D1
Oléron (Ile d') *17* 160 A1
Oletta *2b* 265 E2
Olette *66* 261 E3
Olhain (Château d') *62* 9 F2
Olivese *2a* 269 D1
Olivet *45* 99 E2
Olivet *53* 74 B3
Olizy *08* 37 F2
Olizy *51* 36 A4
Olizy-sur-Chiers *55* 22 B4
Ollainville *91* 57 E4
Ollainville *88* 86 B2
Ollans *25* 125 F1
Ollé *28* 78 B2
Olley *54* 39 E3
Ollezy *02* 19 D3
Les Ollières *74* 158 B4
Ollières *83* 238 A3
Ollières *55* 39 D2
Les Ollières-sur-Eyrieux *07* 203 E1
Olliergues *63* 169 D3
Ollioules *83* 244 A3
Olloix *63* 168 A3
Les Olmes *69* 171 D1
Olmet *63* 169 D2
Olmet-et-Villecun *34* 233 E2
Olmeta-di-Capocorso *2b* 265 E1
Olmeta-di-Tuda *2b* 265 E3
Olmeto *2a* 268 C2
Olmi-Cappella *2b* 264 C3
Olmiccia *2a* 269 D2
Olmo *2b* 265 E3
Olonne-sur-Mer *85* 128 C3
Olonzac *34* 254 B1
Oloron-Ste-Marie *64* 248 A2
Ols-et-Rinhodes *12* 198 C4
Oltingue *68* 108 C4
Olwisheim *67* 67 D2
Omaha Beach *14* 28 B2
Omblèze *26* 204 C1
Omblèze (Gorges d') *26* 204 B1
Omécourt *60* 16 C4
Omelmont *54* 64 B4
Les Omergues *04* 221 D2
Omerville *95* 32 C4
Omessa *2b* 267 D1
Omet *33* 194 C2
Omex *65* 257 D1
Omey *51* 61 E2
Omicourt *08* 21 F4
Omiécourt *80* 18 B3
Omissy *02* 19 D2
Omméel *61* 53 E2
Ommeray *57* 65 E3
Ommoy *61* 53 D2
Omont *08* 21 E4
Omonville *76* 15 E3
Omonville-la-Petite *50* 24 B1
Omonville-la-Rogue *50* 24 B1
Omps *15* 199 E1
Oms *66* 262 B3
Onans *25* 107 E4
Onard *40* 225 F1
Onay *70* 124 C1
Oncieu *01* 156 C4
Oncourt *88* 87 D2
Oncy-sur-École *91* 80 B2
Ondefontaine *14* 52 A1
Ondes *31* 229 F1
Ondres *40* 224 C3
Ondreville-sur-Essonne *45* 80 A3
Onesse-et-Laharie *40* 208 B3
Onet-le-Château *12* 215 E1
Oneux *80* 8 C4
Ongles *04* 221 E3
Onglières *39* 142 A2
Onjon *10* 83 E2
Onlay *58* 138 B1
Onnaing *59* 11 E2
Onnion *74* 158 C2
Onoz *39* 141 E4
Ons-en-Bray *60* 33 D2
Ontex *73* 173 E2
Onville *54* 39 F4
Onvillers *80* 18 A4
Onzain *41* 98 A4
Oô *31* 258 B4
Oô (Lac d') *31* 258 B4
Oost-Cappel *59* 4 B2
Opio *06* 240 A2
Opme *63* 168 A3
Opoul-Périllos *66* 254 B4
Oppède-le-Vieux *84* 236 C1
Oppedette *04* 221 D4
Oppenans *70* 107 D3
Oppy *62* 10 B2
Optevoz *38* 172 B2
Or (Mont d') *69* 171 E1
Or (Mont d') *25* 142 C2
Oraàs *64* 225 E4
Oradour *15* 162 B1
Oradour *15* 200 B1
Oradour-Fanais *16* 148 B3
Oradour-St-Genest *87* 148 C2
Oradour-sur-Glane *87* 164 B1
Oradour-sur-Vayres *87* 164 A2
Orain *21* 105 E3
Orainville *02* 36 B2
Oraison *04* 221 E4
Orange *84* 219 E2
Orb *34* 233 D4
Orb (Gorges de l') *34* 233 D2
Orbagna *39* 141 D3
Orbais *51* 60 A1
Orban *81* 231 D1
Orbec *14* 54 A1
Orbeil *63* 168 C4
Orbessan *32* 228 B3
Orbey *68* 88 C3
Orbigny *37* 117 D3
Orbigny-au-Mont *52* 105 E1
Orbigny-au-Val *52* 105 E1
Orbois *14* 28 B4
L'Orbrie *85* 130 B4
Orçay *41* 118 B1
Orcemont *78* 56 C4
Orcenais *18* 135 F3
Orcet *63* 168 B2
Orcevaux *52* 105 D2
Orchaise *41* 98 A4
Orchamps *39* 124 C3
Orchamps-Vennes *25* 126 B3
Orches *86* 132 B1
Orchies *59* 10 C1
Orcier *74* 158 C1
Orcières *05* 206 C2
Orcinas *26* 204 B3
Orcines *63* 168 A2
Orcival *63* 167 F3
Orconte *51* 61 F3
Ordan-Larroque *32* 228 A2
Ordiarp *64* 247 E2
Ordizan *65* 249 E2
Ordonnac *33* 176 C1
Ordonnaz *01* 172 C1
Ore *31* 250 B3
Orègue *64* 225 D4
Oreilla *66* 261 E3
Orelle *73* 190 C2
Oresmaux *80* 17 E3
Organ *65* 250 A1
Orgeans-Blanchefontaine *25* 126 C2
Orgedeuil *16* 163 D3
Orgeix *09* 260 C2
Orgelet *39* 141 E4
Orgères *61* 53 F3
Orgères *35* 73 D4
Orgères-en-Beauce *28* 78 C3
Orgères-la-Roche *53* 52 C4
Orgerus *78* 56 B2
Orges *52* 84 C4
Orgeux *21* 123 F1
Orgeval *02* 36 A1
Orgeval *78* 56 C2
Orgibet *09* 259 D3
Orglandes *50* 25 D3
Orgnac-l'Aven *07* 218 C1
Orgnac (Aven d') *07* 218 C1
Orgnac-sur-Vézère *19* 181 D1
Orgon *13* 236 C1
Orgueil *82* 213 D4
Orgues *19* 183 D1
Orhy (Pic d') *64* 247 D3
Oricourt *70* 107 D3
Orient (Parc Régional de la Forêt d') *10* 83 F2
Orieux *65* 249 F2
Orignac *65* 249 E2
Origne *33* 194 B4
Origné *53* 94 C1
Orignolles *17* 177 F2
Origny *21* 104 A3
Origny-le-Butin *61* 76 C2
Origny-en-Thiérache *02* 20 B2
Origny-le-Roux *61* 76 C2
Origny-Ste-Benoite *02* 19 E2
Origny-le-Sec *10* 82 B1
Orin *64* 247 F1
Orincles *65* 249 E1
Oriocourt *57* 64 C2
Oriol-en-Royans *26* 188 B4
Oriolles *16* 178 A1
Orion *64* 225 F4
Oris-en-Rattier *38* 189 E4
Orist *40* 225 D2
Orival *76* 31 E2
Orival *80* 16 C3
Orival *16* 178 B2
Orival (Roches d') *76* 31 E2
Orléans *45* 99 E2
Orléat *63* 168 C1
Orleix *65* 249 E1
Orliac *24* 197 D2
Orliac-de-Bar *19* 181 F1
Orliaguet *24* 197 F1
Orliénas *69* 171 E3
Orlu *09* 260 C2
Orlu *28* 79 E2
Orly *94* 57 E3
Orly-sur-Morin *77* 59 D2
Ormancey *52* 105 D1
Ormeaux *77* 58 C3
Ormenans *70* 106 C4
Ormersviller *57* 42 B3
Les Ormes *86* 132 C1
Les Ormes *89* 101 F2
Ormes *71* 140 B3
Ormes *45* 99 D1
Ormes *51* 36 B3
Ormes *10* 60 C4
Ormes *27* 31 E4
Les Ormes-sur-Voulzie *77* 81 E1
Ormesson *77* 80 C3
Ormesson-sur-Marne *94* 58 A3
Ormoiche *70* 106 C2
Ormoy *89* 102 B1
Ormoy *70* 106 B1
Ormoy *28* 56 A4
Ormoy *91* 57 F4
Ormoy-le-Davien *60* 34 C3
Ormoy-la-Rivière *91* 79 F2
Ormoy-lès-Sexfontaines *52* 85 D3
Ormoy-sur-Aube *52* 84 B4
Ormoy-Villers *60* 34 B3
Ornacieux *38* 188 B1
Ornain *51,55* 62 A2
Ornaisons *11* 254 B2
Ornans *25* 125 E3
Orne *14,61* 29 D4
Ornel *55* 39 D3
Ornes *55* 38 C3
Ornex *01* 158 A2
Ornézan *32* 228 B3
Orniac *46* 198 A3
Ornolac *09* 260 B1
Ornon *38* 189 F3
Orny *57* 40 B4
Oro (Monte d') *2B* 267 D2

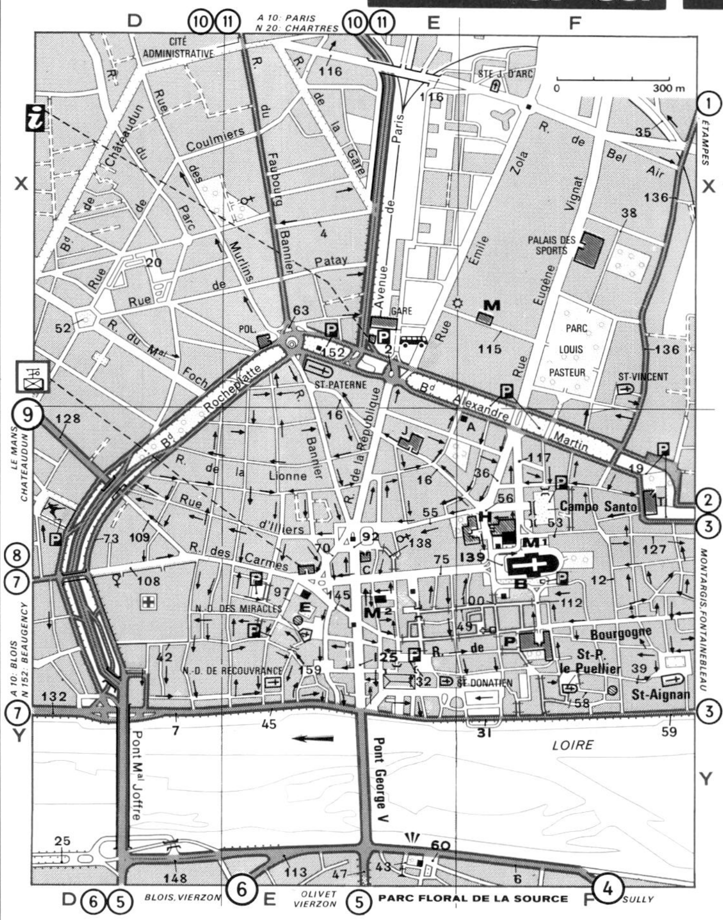
D
E
F
X
Y
A 10 PARIS
N 20 CHARTRES
CITÉ ADMINISTRATIVE
STE-J. D'ARC
300 m
ETAMPES
PALAIS DES SPORTS
PARC LOUIS PASTEUR
ST-VINCENT
GARE
ST-PATERNE
Campo Santo
MONTARGIS, FONTAINEBLEAU
LE MANS, CHATEAUDUN
A 10: BLOIS N 152 BEAUGENCY
N.-D. DES MIRACLES
N.-D. DE RECOUVRANCE
ST-DONATIEN
St-P. le Puellier
St-Aignan
Bourgogne
LOIRE
Pont Mal Joffre
Pont George V
BLOIS, VIERZON
OLIVET VIERZON
PARC FLORAL DE LA SOURCE
SULLY

Orléans

Bannier (R.) EY
Jeanne-d'Arc (R.) EY 75
République (R. de la) EY
Royale (R.) EY 125
Tabour (R. du) EY 145

Albert-1er (Pl.) EX 2
Antigna (R.) EX 4
Augustins (Quai des) FY 6
Bannier (R. du Fg) EX
Barentin (Quai) DY 7
Bel-Air (R. de) FX
Bourdon-Blanc (R.) FY 12
Bourgogne (R. de) FY
Bretonnerie (R. de la) EY 16
Briand (Bd A.) FY 19
Caban (R.) DX 20
Carmes (R. des) DEY
Cathédrale (✝) FY B
Champs-de-Mars (Av. du) DY 25
Châteaudun (Bd de) DX
Châtelet (Quai du) FY 31
Châtelet (Square du) EY 32
Chaude-Tuile (R.) FX 35
Chollet (R. Théophile) FY 36
Claye (R. de la) FX 38
Coligny (R.) FY 39
Coulmiers (R. de) DX
Croix-de-Bois (R.) DY 42
Croix-de-la-Pucelle (R.) EY 43
Cypierre (Quai) EY 45
Dauphine (Av.) EY 47
Dolet (R. Étienne) EFY 49
Dunois (Pl.) DX 52
Dupanloup (R.) FY 53
Escures (R. d') EY 55
Étape (Pl. de l') EY 56
Foch (R. du Mar.) DX
Folie (R. de la) FY 58
Fort-Alleaume (Quai) FY 59
Fort-des-Tourelles (Q.) EY 60
Gambetta (Pl.) EX 63
Gare (R. de la) EX
George-V (Pont) EY
Hallebarde (R. de la) EY 70
Illiers (R. d') DEY
Jaurès (Bd Jean) DY 73
Jeanne-d'Arc (Maison de) EY E
Joffre (Pont Mar.) DY
Lionne (R. de la) EY
Martin (Bd A.) FXY
Martroi (Pl. du) EY 92
Murlins (R. des) DEX
N.-D.-de-Recouvrance (R.) EY 97
Parc (R. du) DX
Paris (Av. de) EX
Parisie (R.) FY 100
Patay (R. de) DEX
Pte-Madeleine (R.) DY 108
Porte-St-Jean (R.) DY 109
Pothier (R.) FY 112
Prague (Quai) EY 113
Proust (R. Marcel) FX 115
Québec (Bd de) EX 116
Rabier (R. F.) FY 117
Rocheplatte (Bd) DEX
St-Euverte (R.) FY 127
St-Jean (R. Fg) DY 128
St-Laurent (Quai) DY 132
St-Vincent (R. Fg) FX 136
Ste-Catherine (R.) EY 138
Ste-Croix (Pl.) FY 139
Trévise (Av. de) DY 148
Verdun (Bd de) EX 152
Vieux-Marché (Pl.) EY 159
Vignat (R. Eugène) FX
Zola (R. Émile) EFX

Oroër *60* 33 E1
Oroix *65* 249 D1
Oron *57* 65 D1
Oroux *79* 131 E3
Orphin *78* 56 C4
Orpierre *05* 221 D1
Orquevaux *52* 85 E2
Les Orres *05* 207 D3
Orret *21* 104 A4
Orriule *64* 225 F4
Orrouer *28* 78 B2
Orrouy *60* 34 B3
Orry-la-Ville *60* 34 A4
Ors *59* 11 E4
Orsan *30* 219 D3
Orsanco *64* 247 D1
Orsans *25* 126 A2
Orsans *11* 252 C2
Orsay *91* 57 D3
Orschwiller *67* 89 D2
Orschwir *68* 108 B1
Orsennes *36* 150 A1
Orsinval *59* 11 E3
Orsonnette *63* 168 C4
Orsonville *78* 79 D1
Ortaffa *66* 262 C3
Ortale *2b* 267 E1
Ortenbourg *67* 89 D2
Orthevielle *40* 225 D3
Orthez *64* 225 F3
Orthoux-Sérignac-Quilhan *30* 218 A4
Ortillon *10* 83 E1
Ortiporio *2b* 265 E4
Orto *2a* 266 C2
Ortoncourt *88* 87 E1
Orus *09* 260 A1
Orval *50* 26 C4
Orval *18* 136 A3
Orvault *44* 111 F2
Orvaux *27* 55 D1
Orve *25* 126 B1
Orveau *91* 80 A1
Orveau-Bellesauve *45* 80 A3
Orville *21* 105 D4
Orville *36* 117 F3
Orville *62* 9 E4
Orville *45* 80 A3
Orville *61* 53 F2
Orvillers-Sorel *60* 18 A4
Orvilliers *78* 56 B2
Orvilliers-St-Julien *10* 82 C1
Orx *40* 224 C2
Os-Marsillon *64* 226 A4
Osani *2a* 266 A1
Osches *55* 38 B4
Osenbach *68* 88 C4
Oslon *71* 140 A2
Osly-Courtil *02* 35 D2
Osmanville *14* 27 E2
Osmery *18* 136 B1
Osmets *65* 249 F1
Osmoy *78* 56 B2
Osmoy *18* 119 D4
Osmoy-St-Valery *76* 16 A3
Osne-le-Val *52* 81 D1
Osnes *08* 22 A3
Osny *95* 33 D4
Ospédale (Forêt de) *2A* 269 E2
L'Ospédale *2A* 269 E2
Osquich (Col d') *64* 247 D2
Ossages *40* 225 F3
Ossas-Suhare *64* 247 E2
Osse *25* 125 F2
Ossé *35* 73 E4
Osse-en-Aspe *64* 256 A2
Osséja *66* 261 D4
Osselle *25* 125 D3
Ossen *65* 257 D2
Ossenx *64* 225 F4
Osserain-Rivareyte *64* 225 E4
Ossès *64* 246 C1
Ossey-les-Trois-Maisons *10* 82 B1
Ossun *65* 249 D2
Ossun-ez-Angles *65* 257 E1
Ostabat-Asme *64* 247 D1
Ostel *02* 35 F2
Ostheim *68* 89 D3
Osthoffen *67* 67 D3
Osthouse *67* 89 E1
Ostreville *62* 9 E2
Ostricourt *59* 10 B2
Ostwald *67* 67 D3
Ota *2a* 266 B2
Othe *54* 38 C1
Othe (Forêt d') *89,10* 82 B4
Othis *77* 34 B4
Ottange *57* 39 F1
Ottersthal *67* 66 C2
Otterswiller *67* 66 C2
Ottmarsheim *68* 109 D2
Ottonville *57* 40 C3
Ottrott *67* 66 C4
Ottwiller *67* 66 B1
Ouagne *58* 121 D1
Ouainville *76* 14 C3
Ouanne *89* 102 A3
Ouarville *28* 79 D2
Les Oubeaux *14* 27 E2
Ouchamps *41* 117 D1
Ouches *42* 154 A4
Oucques *41* 98 B2
Oudalle *76* 30 B1
Oudan *58* 120 C2
Oudeuil *60* 33 D1
Oudezeele *59* 4 B3
Oudincourt *52* 85 D3
Oudon *44* 112 B1
Oudrenne *57* 40 C1
Oudry *71* 138 C4
Oueilloux *65* 249 E2
Ouerre *28* 56 A3
Ouessant *29* 44 A2
Ouézy *14* 29 E4
Ouffières *14* 28 C4
Ouge *70* 105 F2
Ouges *21* 123 F2
Ougney *39* 124 C2
Ougney-Douvot *25* 125 F2
Ougny *58* 121 E4
Ouhans *25* 125 F4
Ouides *43* 201 F1
Ouillat (Col de l') *66* 262 C3
Ouillon *64* 248 C1
Ouilly-du-Houley *14* 30 B3
Ouilly-le-Tesson *14* 52 C1
Ouilly-le-Vicomte *14* 30 A3
Ouistreham *14* 29 E3
Oulches *36* 134 A3
Oulches-la-Vallée-Foulon *02* 36 A2
Oulchy-le-Château *02* 35 E3
Oulchy-la-Ville *02* 35 E3

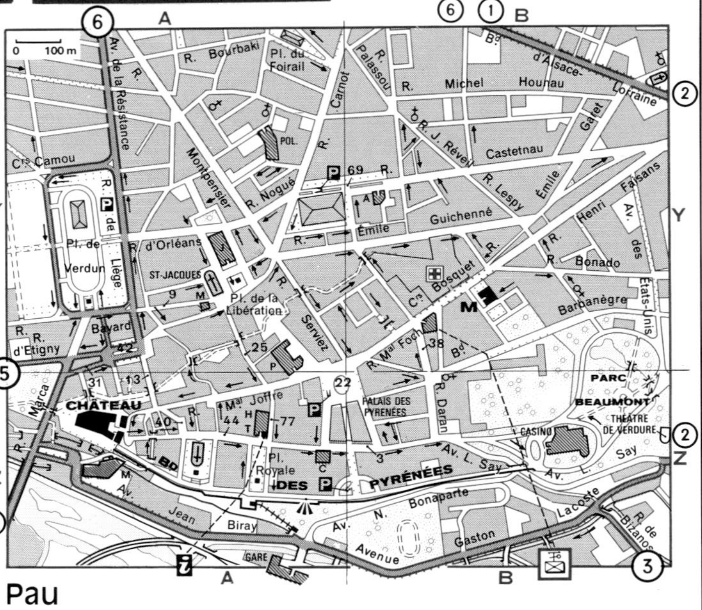
Pau
0 100 m
A
B
Y
Z
R. Bourbaki
Pl. du Foirail
R. Pasteur
Carnot
R. Michel Hounau
Bd d'Alsace-Lorraine
Av. de la Résistance
R. J. Réveil
Castetnau
Gatet
Montpensier
Cours Camou
R. Nogué
R. Lespy
Émile
Guichenné
Henri Faisans
R. d'Orléans
Pl. de Verdun
R. de Liège
ST-JACQUES
Pl. de la Libération
Serviez
Cours Bosquet
R. Bonado
Barbanègre
Av. des États-Unis
R. d'Étigny
Bayard
R. Mal Foch
R. Marca
CHÂTEAU
R. Maréchal Joffre
PALAIS DES PYRÉNÉES
R. Dadan
PARC BEAUMONT
THÉÂTRE DE VERDURE
CASINO
Pl. Royale
BD DES PYRÉNÉES
Av. L. Say
Av. Jean Biray
Av. N. Bonaparte
Avenue Gaston
Lacoste
R. de Bizanos
GARE

Pau

Barthou (R. Louis) BZ 3	Bernadotte (R.) AY 9	Etigny (R. d') AY
Cordeliers (R. des) AY 25	Bizanos (R. de) BZ	Gambetta (R.) BY 38
Henri-IV (R.) AZ 44	Bordenave-d'Avère (R.) AZ 13	Gassion (R.) AZ 40
St-Louis (R.) AZ 77	Clemenceau (Pl. G.) ABZ 22	Gramont (Pl.) AY 42
Serviez (R.) AY	Espalungue (R. d') AZ 31	République (Pl. de la) BY 69

Oulins 28 56 A2
Oulles 38 189 F3
Oullins 69 171 E2
Oulmes 85 146 A1
Oulon 58 120 C3
Ounans 39 124 C4
Oupia 34 254 B1
Our 39 124 C3
Ource 10,21 104 B2
Ourcel-Maison 60 17 E4
Ourches 26 204 B1
Ourches-sur-Meuse 55 63 E3
Ourcq 02 35 D3
Ourde 65 250 A4
Ourdis-Cotdoussan 65 257 E2
Ourdon 65 257 E2
Ourouër 58 120 C4
Ouroux 69 155 D2
Ouroux-en-Morvan 58 121 F3
Ouroux-sous-le-Bois-Ste-Marie 71 154 C1
Ouroux-sur-Saône 71 140 B2
Ours (Pic de l') 83 240 A3
Oursbelille 65 249 D1
Ourscamps (Abbaye d') 60 34 C1
Ourtigas (Col de l') 34 232 C3
Ourton 62 9 E2
Ourville-en-Caux 76 14 C3
Ousse 64 248 C1
Ousse-Suzan 40 209 D4
Oussières 39 141 E1
Ousson-sur-Loire 45 100 C4
Oussoy-en-Gâtinais 45 100 C1
Oust 09 259 F3
Oust-Marest 80 16 A1
Ousté 65 257 E2
Outarville 45 79 E3
Outines 51 61 F4
Outreau 62 2 C4
Outrebois 80 9 D4
Outremécourt 52 86 A3
Outrepont 51 61 F3
Outriaz 01 157 D3
Ouvans 25 126 A2
Ouve-Wirquin 62 3 E4
Ouveillan 11 254 C1
Ouvèze 26,84 219 F2
Ouville-la-Bien-Tournée 14 29 F4
Ouville 50 27 D4
Ouville-l'Abbaye 76 15 D3
Ouville-la-Rivière 76 15 E2
Ouvrouer-les-Champs 45 99 F2
Ouzilly 86 132 B2
Ouzilly-Vignolles 86 131 F1
Ouzouer-des-Champs 45 100 C2
Ouzouer-le-Doyen 41 98 B1
Ouzouer-le-Marché 41 98 C1
Ouzouer-sous-Bellegarde 45 100 B1
Ouzouer-sur-Loire 45 100 B2
Ouzouer-sur-Trézée 45 101 D3
Ouzous 65 257 D2
Ovanches 70 106 B3
Ovillers-la-Boisselle 80 18 A1
Oxelaëre 59 4 B3
Oyé 71 154 B2
Oye-et-Pallet 25 142 C1
Oye-Plage 62 3 E2
Oyes 51 60 A2
Oyeu 38 172 C4
Oyonnax 01 157 D2
Oyré 86 132 C1
OyrelŒyreluy 40 225 E2
Oyrières 70 105 F4
Oysonville 28 79 E2
Oytier-St-Oblas 38 172 A3
Oz 38 190 A2
Ozan 01 155 F1
Oze 05 205 F3
Ozenay 71 140 A4
Ozenx 64 225 F4
Ozerailles 54 39 E3
Ozeville 50 25 D3
Ozières 52 85 F3
Ozillac 17 177 E1
Ozoir-le-Breuil 28 98 C1
Ozoir-la-Ferrière 77 58 B3
Ozolles 71 154 C1
Ozon 07 187 E3
Ozon 65 249 F2
Ozouer-le-Repos 77 58 C4
Ozouer-le-Voulgis 77 58 B3
Ozourt 40 225 F2

P

Paars 02 35 F2
Pabu 22 47 E3
La Pacaudière 42 154 A3
Paccionitoli 2A 269 D2
Pacé 61 76 A1
Pacé 35 73 D3
Pact 38 187 F1
Pacy-sur-Armançon 89 103 D2
Pacy-sur-Eure 27 55 F1
Padern 11 254 A4
Padiès 81 215 D3
Padirac 46 198 B1
Padirac (Gouffre de) 46 198 B1
Padoux 88 87 E2
Pageas 87 164 B3
Pagney 39 124 C2
Pagney-derrière-Barine 54 63 F3
Pagnoz 39 125 D4
Pagny-la-Blanche-Côte 55 63 E4
Pagny-le-Château 21 123 F4
Pagny-lès-Goin 57 64 B1
Pagny-sur-Meuse 55 63 E3
Pagny-sur-Moselle 54 64 A1
Pagny-la-Ville 21 123 F4
Pagolle 64 247 E1
Pailhac 65 249 F4
Pailharès 07 187 D3
Pailherols 15 183 E4
Pailhès 34 233 D4
Pailhès 09 251 F3
Paillart 60 17 E4
Paillas (Moulins de) 83 245 E2
Paillé 17 146 B4
Paillencourt 59 10 C3
Paillet 33 194 B2
Pailloles 47 196 B4
Pailly 89 81 F2
le Pailly 52 105 E2
Paimbœuf 44 111 D2
Paimpol 22 47 E1
Paimpont 35 72 B4
Painblanc 21 122 C3
Paiolive (Bois de) 07 218 B1
Pair-et-Grandrupt 88 88 B2
Paissy 02 36 A2
Paisy-Cosdon 10 82 B3
Paizay-le-Chapt 79 146 C3
Paizay-Naudouin 16 147 D4
Paizay-le-Sec 86 133 D4
Paizay-le-Tort 79 146 C3
Pajay 38 188 A1
Pal (Zoo du) 03 138 A4
Paladru 38 172 C4
Paladru (Lac de) 38 172 C4
Palaggiu (Alignements de) 2A 268 C3
Palairac 11 254 A4
Le Palais 56 90 C4
Le Palais-sur-Vienne 87 164 C1
Palaiseau 91 57 E3
Palaiseul 52 105 E2
Palaja 11 253 E2
Palaminy 31 251 D2
Palante 70 107 E3
Palantine 25 125 D3
Palasca 2b 264 C3
Palau-de-Cerdagne 66 261 D4
Palau-del-Vidre 66 262 C3
Palavas-les-Flots 34 234 C3
Palazinges 19 181 E3
Paley 77 80 C3
Paleyrac 24 196 C1
Palhers 48 201 D4
Palinges 71 139 D4
Pâlis 10 82 B2
Palise 25 125 E1
Palisse 19 182 B1
Palladuc 63 169 D1
Pallanne 32 227 F3
Palleau 71 140 B1
Pallegney 88 87 E2
Le Pallet 44 112 B3
Palleville 81 231 D3
La Pallu 53 52 C4
Palluau 85 128 C2
Palluau-sur-Indre 36 134 A1
Palluaud 16 178 C1
Pallud 73 174 B2
Palluel 62 10 C3
Palmas 12 215 F1
Palneca 2a 267 D4
Palogneux 42 169 F2
Palombaggia (Plage de) 2A 269 E3
La Palud-sur-Verdon 04 239 D1
Paluel 76 14 C2
Pamfou 77 81 D1
Pamiers 09 252 B3
Pampelonne 81 214 C3
Pamplie 79 130 C4
Pamproux 79 146 D1
Panassac 32 228 B4
Panazol 87 164 C2
Pancé 35 93 E1
Pancey 52 85 E1
Pancheraccia 2b 267 E2
Pancy-Courtecon 02 35 F1
Pandrignes 19 181 F2
Pange 57 40 C4
Panges 21 123 D1
Panilleuse 27 32 B4
Panissage 38 172 C4
Panissières 42 170 C2
Panjas 32 227 D1
Pannecé 44 94 A4
Pannecières 45 79 F2
Pannes 45 100 C1
Pannes 54 63 F1
Pannesière-Chaumard (Barrage de) 58 121 F3
Pannessières 39 141 E2
Panon 72 76 B2
Panossas 38 172 B2
La Panouse 48 201 F2
Pantin 93 57 E2
Panzoult 37 115 E3
Papleux 02 20 A1
Paradou 13 236 A2
Paramé 35 49 E3
Parassy 18 119 E3
Parata 2b 265 E4
Parata (Pointe de la) 2A 266 A4
Paray-Douaville 78 79 D1
Paray-le-Frésil 03 137 F3
Paray-le-Monial 71 154 B1
Paray-sous-Briailles 03 153 D2
Paray-Vieille-Poste 91 57 E3
Paraza 11 254 B2
Parbayse 64 248 A1
Parc-d'Anxtot 76 14 B4
Parcay-Meslay 37 116 A1
Parçay-les-Pins 49 115 D1
Parçay-sur-Vienne 37 115 E4
Parcé 35 74 A2
Parcé-sur-Sarthe 72 95 F2
Parcey 39 124 B4
Parcieux 01 171 E1
Parcoul 24 178 B2
Le Parcq 62 9 D2
Parcy-et-Tigny 02 35 E3
Pardailhan 34 232 C4
Pardaillan 47 195 F2
Pardies 64 226 A4
Pardies-Piétat 64 248 C2
Pardines 63 168 B4
Paréac 65 249 D2
Pareid 55 39 E4
Pareloup (Lac de) 12 215 F2
Parempuyre 33 177 D4
Parennes 72 75 F3
Parent 63 168 B3
Parentignat 63 168 B4
Parentis-en-Born 40 208 B1
Parenty 62 8 B1
Parey-St-Césaire 54 64 B4
Parey-sous-Montfort 88 86 B2
Parfondeval 61 77 D1
Parfondeval 02 20 C3
Parfondru 02 36 A1
Parfondrupt 55 39 E3
Parfouru-l'Éclin 14 28 B3
Parfouru-sur-Odon 14 28 C4
Pargnan 02 36 A2
Pargny 80 18 C3
Pargny-les-Bois 02 19 F3
Pargny-la-Dhuys 02 59 F1
Pargny-Filain 02 35 F1
Pargny-lès-Reims 51 36 B3
Pargny-Resson 08 37 D1
Pargny-sous-Mureau 88 85 F2
Pargny-sur-Saulx 51 62 A2
Pargues 10 83 E4
Parignargues 30 235 D1
Parigné 35 74 A1
Parigné-l'Évêque 72 96 C1
Parigné-le-Pôlin 72 96 B2
Parigné-sur-Braye 53 75 D2
Parigny 42 154 B4
Parigny 50 51 D4
Parigny-la-Rose 58 120 C2
Parigny-les-Vaux 58 120 B4
PARIS 75 57 E2
Paris-l'Hôpital 71 139 F1
Parisot 82 214 A2
Parisot 81 230 C1
Parlan 15 199 D1
Parleboscq 40 210 B4
Parly 89 101 F3
Parmain 95 33 E4
Parmilieu 38 172 B1
Parnac 36 149 F1
Parnac 46 197 E4
Parnans 26 188 B3
Parnay 49 114 C3
Parnay 18 136 A2
Parné-sur-Roc 53 74 C4
Parnes 60 32 C3
Parnot 52 86 A4
Les Paroches 55 63 D1
Parois 55 38 B4
Paron 89 81 E3
Paroy 25 125 D4
Paroy 77 81 E1
Paroy-en-Othe 89 82 B4
Paroy-sur-Saulx 52 62 C4
Paroy-sur-Tholon 89 101 F1
Parpeçay 36 117 E3
Parpeville 02 19 E3
Parranquet 47 196 C3
Parroy 54 65 D3
Pars-lès-Chavanges 10 83 F1
Pars-lès-Romilly 10 82 B1
Parsac 23 150 C3
Parthenay 79 131 E3
Parthenay-de-Bretagne 35 72 C3
Partinello 2a 266 B1
Parux 54 65 F4
Parves 01 173 D2
Parville 27 55 E1
Parvillers-le-Quesnoy 80 18 B3
Parzac 16 163 D1
Le Pas 53 75 D1
Les Pas 50 50 B4
Pas-de-Jeu 79 131 F1
Pas-en-Artois 62 9 E4
Le Pas-St-l'Homer 61 77 E1
Pasilly 89 103 D3
Paslières 63 168 C1
Pasly 02 35 E2
Pasques 21 123 E2
Le Pasquier 39 141 F2
Passa 66 262 C3
Le Passage 38 172 C3
Le Passage 47 211 E2
Passais-la-Conception 61 51 F4
Passavant 25 126 A2
Passavant-en-Argonne 51 38 A4
Passavant-la-Rochère 70 106 B1
Passavant-sur-Layon 49 114 A3
Passel 60 34 C1
Passenans 39 141 E2
Passin 01 157 D4
Passins 38 172 C2
Passirac 16 178 A1
Passonfontaine 25 126 A3
Passy 74 159 D4
Passy 71 139 E4
Passy 89 81 F4
Passy-en-Valois 02 35 D3
Passy-Grigny 51 36 A4
Passy-sur-Marne 02 35 F4
Passy-sur-Seine 77 81 F1
Pastricciola 2a 266 C2
Patay 45 79 D4
Patornay 39 141 E3
Patrimonio 2b 265 E2
Pau 64 248 B1
Paucourt 45 84 C4
Paudy 36 118 A4
Pauilhac 32 228 B1
Pauillac 33 177 D2
Paule 22 70 A2
Paulhac 15 183 F4
Paulhac 31 230 B2
Paulhac 43 184 C2
Paulhac-en-Margeride 48 184 C4
Paulhaguet 43 185 D2
Paulhan 34 233 F3
Paulhe 12 216 B3
Paulhenc 15 200 B1
Paulhiac 47 196 C3
Pauliac (Puy de) 19 181 E3
Pauligne 11 253 D3
Paulin 24 180 C4
Paulinet 81 231 F1
Paulmy 37 133 D1
Paulnay 36 133 F2
Paulx 44 111 E4
Paunat 24 196 C1
Pause (Col de) 09 259 E4
Paussac-et-St-Vivien 24 179 E1
Pautaines-Augeville 52 85 E2
Pauvres 08 37 E2
Pavant 02 59 E1
Pavezin 42 171 D4
Pavie 32 228 B3
Le Pavillon-Ste-Julie 10 82 C2
Les Pavillons-sous-Bois 93 58 A2
Pavilly 76 15 E4
Pavin (Lac) 63 167 F4
Payns 10 82 C2
Payra-sur-l'Hers 11 252 C1
Payrac 46 197 F2
Payré 86 147 E2
Payrignac 46 197 E2
Payrin-Augmontel 81 231 F3
Payros-Cazautets 40 226 B2
Payroux 86 148 A2
Payssous 31 258 C2
Payzac 07 202 C4
Payzac 24 180 C1
Pazayac 24 181 C3
Paziols 11 262 B1
Pazy 58 121 D3
Le Péage-de-Roussillon 38 187 E1
Péas 51 60 A3
Peaugres 07 187 E2
Péaule 56 92 A3
Péault 85 129 E4
Pébées 32 229 D4
Pébrac 43 185 D4
Pech 09 260 B1
Pech-Luna 11 252 C2
Pech-Merle (Grotte du) 46 198 B3
Péchabou 31 230 A3
Pécharic-et-le-Py 11 252 C2
Péchaudier 81 231 D3
Pechbonnieu 31 230 A2
Pechbusque 31 230 A3
Le Pêchereau 36 134 B4
Pécorade 40 226 C2
Le Pecq 78 57 D2
Pecquencourt 59 10 C2
Pecqueuse 91 57 D4
Pécy 77 59 D4
Pédernec 22 47 D3
Pégairolles-de-Buèges 34 233 F1
Pégairolles-de-l'Escalette 34 233 E1
Pégomas 06 240 A2
Le Pègue 26 204 B4
Péguilhan 31 250 B1
Peigney 52 105 D1
Peillac 56 92 B2
Peille 06 241 E3
Peillon 06 241 E4
Peillonnex 74 158 B3
Peintre 39 124 B3
Les Peintures 33 178 A3
Peipin 04 221 F2
Peisey-Nancroix 73 175 D3
Pel-et-Der 10 83 F1
Pélissanne 13 236 C2
Pellafol 38 205 F1
Pelleautier 05 206 A3
Pellefigue 32 228 C4
Pellegrue 33 195 E2
Pelleport 31 229 E2
Pellerey 21 104 B4
Le Pellerin 44 111 E2
La Pellerine 53 74 B2
La Pellerine 49 115 D1
Pellevoisin 36 134 A1
Pellouailles-les-Vignes 49 95 E4
Pelonne 26 204 C4
Pelouse 48 201 F3
Pelousey 25 125 D2
Peltre 57 40 B4
Pélussin 42 187 D1
Pelves 62 10 B3
Pelvoux 05 190 C4
Pelvoux (Belvédère du) 05 207 D1
Penchard 77 58 B1
Pencran 29 45 E3
Pendé 80 8 A4
Pendus (Rocher des) 15 183 E4
Pénestin 56 91 F4
Penguily 22 71 F1
Penhir (Pointe de) 29 68 A1
Penin 62 9 F3
Penly 76 15 F1
Penmarch 29 68 B4
Pennautier 11 253 E2
La Penne 06 223 E4
Penne 81 213 F3
Penne-d'Agenais 47 212 A1
La Penne-sur-Huveaune 13 243 E3
La Penne-sur-l'Ouvèze 26 220 B1
Pennedepie 14 30 A2
Les Pennes-Mirabeau 13 243 D1
Pennes-le-Sec 26 204 C2
Pennesières 70 106 B4
Penol 38 188 B1
Pensol 87 163 F3
Penta-Acquatella 2b 265 E4
Penta-di-Casinca 2b 265 E4
Penvénan 22 47 D1
Péone 06 223 E2
Pépieux 11 254 A1
Pérassay 36 150 C1
Peray 72 76 C3
Perceneige 89 81 F2
Percey 89 102 C1
Percey-le-Grand 70 105 E3
Percey-le-Pautel 52 105 D2
Percey-sous-Montormentier 52 105 E3
Le Perchay 95 33 D4
La Perche 18 136 A3
Perche (Forêt du) 61 54 B4
Perchède 32 227 D1
Percy 50 51 D1
Percy 38 205 E1
Percy-en-Auge 14 29 E4
Perdreauville 78 56 B1
Perdrix (Crêt de la) 42 187 D1
Péré 65 249 F2
Péré 17 145 F3
Péréandre (Roche) 07 187 D2
Péreille 09 252 B4
Perelli 2b 267 E1
Pérenchies 59 5 D4
Péret 34 233 E3
Péret-Bel-Air 19 166 A4
Péreuil 16 162 B4
Péreyres 07 202 C2
Pergain-Taillac 32 211 E3
Peri 2a 266 C3
Le Périer 38 189 F4
Périers 50 26 C3
Périers-en-Auge 14 29 E3
Périers-sur-le-Dan 14 29 D3
Pérignac 16 162 B4
Pérignac 17 161 E3
Pérignat-lès-Sarliève 63 168 B2
Pérignat-sur-Allier 63 168 B2
Périgné 79 146 C3
Périgneux 42 170 B4
Périgny 17 145 D3
Périgny 14 52 A1
Périgny 41 98 A3
Périgny 94 58 A3
Périgny 03 153 E2
Périgny-la-Rose 10 59 F4
Périgueux 24 179 F2
Périssac 33 177 F4
Perles 02 35 F2
Perles-et-Castelet 09 260 C1
Pern 46 213 D1
Pernand-Vergelesses 21 123 E4
Pernant 02 35 D2
Pernay 37 115 E1
La Pernelle 50 25 E2
Pernes 62 9 E1
Pernes-lès-Boulogne 62 2 C3
Pernes-les-Fontaines 84 220 A3
Pernois 80 17 E1
Pero-Casevecchie 2b 265 F4
Pérols 34 234 C3
Pérols-sur-Vézère 19 166 A3
Péron 01 157 E2
Péronnas 01 156 B3
Péronne 71 155 E1
Péronne 80 18 C2
Péronne-en-Mélantois 59 10 C1
Péronville 28 78 C4
Pérouges 01 172 A1
La Pérouille 36 134 B3
Pérouse 90 108 A3
Péroy-les-Gombries 60 34 B3
Perpezac-le-Blanc 19 180 C2
Perpezac-le-Noir 19 181 D1
Perpezat 63 167 E3
Perpignan 66 262 C2
Les Perques 50 24 C3
Perquie 40 209 F4
Perrancey 52 105 D2
Le Perray-en-Yvelines 78 56 C3
Perrecy-les-Forges 71 139 D3
Le Perréon 69 155 E3
Perret 22 70 C2
Perreuil 71 139 E2
Perreuse 89 101 F4
Perreux 42 154 B4
Perreux 89 101 E2
Le Perreux-sur-Marne 94 58 A2
Perrex 01 156 A2
Le Perrier 85 128 A1
Perrier 63 168 B4
Perrier (source minérale) 30 235 D2
La Perrière 61 76 C2
La Perrière 73 174 C4
Perrières 14 53 D1
Perriers-la-Campagne 27 31 D4
Perriers-en-Beauficel 50 51 E3
Perriers-sur-Andelle 27 32 A2
Perrignier 74 158 C1
Perrigny 89 102 A2
Perrigny 39 141 E3
Perrigny-lès-Dijon 21 123 E2
Perrigny-sur-Armançon 89 103 E3
Perrigny-sur-Loire 71 138 B4
Perrigny-sur-l'Ognon 21 124 B2
Perrogney-les-Fontaines 52 105 D2
Le Perron 50 28 A4
Perros-Guirec 22 46 C1
Perrou 61 53 B4
Perrouse 70 125 E1
Perroy 58 120 B1
Perruel 27 32 A2
Perrusse 52 85 F4
Perrusson 37 116 B4
Pers 79 147 D2
Pers 15 199 D1
Pers-en-Gâtinais 45 81 D4
Pers-Jussy 74 158 B3
Persac 86 148 B2
Persan 95 33 E4
Perseigne (Forêt de) 72 76 B1
Persquen 56 70 C3
Pertain 80 18 B3
Perthes 77 80 B1
Perthes 08 37 D1
Perthes 52 62 A3
Perthes-lès-Brienne 10 84 A1
Pertheville-Ners 14 53 D2
Le Perthus 66 262 C4
Le Pertre 35 74 B4
Le Pertuis 43 186 A3
Pertuis 84 237 E2
Pertusato (Capo) 2A 269 D4
Perty (Col de) 26 220 C1
La Péruse 16 163 E1
Pervenchères 61 76 C1
Perville 82 212 A2
Pescadoires 46 197 E4
Peschadoires 63 168 C2
Le Pescher 19 181 E3
Péseux 25 126 B1
Peseux 39 124 A4
Peslières 63 184 C1
Pesmes 70 124 B2
Pessac 33 194 A1
Pessac-sur-Dordogne 33 195 E1
Pessan 32 228 B3
Pessans 25 125 D3
Pessat-Villeneuve 63 168 B1
La Pesse 39 157 E2
Pessines 17 161 D2
Pessoulens 32 228 C1
Pesteils 15 183 D4
Petersbach 67 66 B1
Le Petit-Abergement 01 157 D4
Petit-Auverné 44 94 A3
Petit Ballon 68 88 C4
Petit-Bersac 24 178 C2
Le Petit-Bornand-les-Glières 74 158 B4
Le Petit-Celland 50 51 D3
Petit-Cœur 73 174 C3
Le Petit-Couronne 76 31 E2
Petit-Croix 90 108 A3
Le Petit Drumont 88 108 A1
Petit-Failly 54 39 D1
Petit-Fayt 59 11 F4
Petit-Fort-Philippe 59 3 E1
Le Petit-Fougeray 35 93 E1
Petit-Landau 68 109 D2
Petit-Mars 44 112 B1
Le Petit-Mercey 39 124 C3
Petit-Mesnil 10 84 A2
Petit Morin 51, 77 60 A2
Petit-Noir 39 140 C1
Petit-Palais-et-Cornemps 33 178 A4
Le Petit-Pressigny 37 133 D1
Le Petit-Quevilly 76 31 E1
Petit-Réderching 57 42 B4
Petit-Rhône 13,30 235 E2
Petit St-Bernard (Col du) 73 175 E2
Petit-Tenquin 57 41 E4
Petit-Verly 02 19 E1
La Petite-Boissière 79 130 B1
Petite-Chaux 25 142 B2
Petite-Forêt 59 11 D2
La Petite-Fosse 88 88 B2
La Petite-Marche 03 151 F3
La Petite-Pierre 67 66 B1
La Petite-Raon 88 88 B1
Petite-Rosselle 57 41 E3
La Petite-Verrière 71 122 A4
Petitefontaine 90 108 A2
Les Petites-Armoises 08 37 F1
Les Petites-Loges 51 36 C4
Petitmagny 90 108 A2
Petitmont 54 65 F4
Petits Goulets 26,38 188 C3
Petiville 76 30 C1
Petiville 14 29 E3
Petosse 85 130 A4
Petreto-Bicchisano 2a 268 C2
Pettoncourt 57 64 C2
Pettonville 54 65 E4
Peujard 33 177 E3
Peumérit 29 68 C3
Peumerit-Quintin 22 70 B1
Peuplingues 62 2 C2
Peuton 53 94 C1
Peuvillers 55 38 C2
Peux-et-Couffouleux 12 232 C2
Pévange 57 65 D1
Pévy 51 36 A2
Pexiora 11 253 D1
Pexonne 54 65 F4
Pey 40 225 D2

Peymeinade 06 240 A2
Peynier 13 237 F4
Peypin 13 243 E2
Peypin-d'Aigues 84 237 E1
Peyrabout 23 150 B3
Le Peyrat 09 252 C4
Peyrat-le-Château 87 165 F2
Peyrat-de-Bellac 87 149 D3
Peyrat-la-Nonière 23 151 D3
La Peyratte 79 131 E3
Peyraube 65 249 F2
Peyraud 07 187 E2
Peyre 40 226 B3
Peyre-Haute 05 207 D2
Peyrebeille (Auberge de) 07 202 B2
Peyrecave 32 212 A4
Peyrefitte-du-Razès 11 253 D3
Peyrefitte-sur-l'Hers 11 252 C2
Peyregoux 81 231 E2
Peyrehorade 40 225 D3
Peyreleau 12 216 B2
Peyrelevade 19 166 B2
Peyrelongue-Abos 64 227 D4
Peyremale 30 218 A1
Peyrens 11 252 C1
Peyrepertuse (Château de) 11 253 F4
Peyresourde (Col de) 31,65 258 B4
Peyrestortes 66 262 C1
Peyret-St-André 65 250 A1
Peyriac-de-Mer 11 254 C3
Peyriac-Minervois 11 253 F1
Peyriat 01 157 D3
Peyrière 47 195 F3
Peyrieu 01 173 D2
Peyrignac 24 180 B3
Peyriguère 65 249 F1
Peyrilhac 87 164 B1
Peyrillac-et-Millac 24 197 F1
Peyrilles 46 197 F1
Peyrins 26 188 A3
Peyrissac 19 165 E4
Peyrissas 31 250 C1
Peyrol (Pas de) 15 183 E3
Peyrole 81 230 C1
Peyroles 30 217 F3
Peyrolles 11 253 E4
Peyrolles-en-Provence 13 237 F2
Peyroules 04 239 E1
Peyrouse 65 249 D2
Peyrouzet 31 250 C2
Peyruis 04 221 F3
Peyrun 65 249 E1
Peyrus 26 188 B4
Peyrusse 15 184 A2
Peyrusse-Grande 32 227 F2
Peyrusse-Massas 32 228 B2
Peyrusse-le-Roc 12 199 D4
Peyrusse-Vieille 32 227 F2
Peyssies 31 251 E1
Peyzac-le-Moustier 24 180 B4
Peyzieux-sur-Saône 01 155 F3
Pézanin (Arboretum) 71 155 D1
Pézarches 77 58 C3
Pezé-le-Robert 72 76 A3
Pézenas 34 233 F4
Pézènes-les-Mines 34 233 E3
Pezens 11 253 E2
Pézilla-de-Conflent 66 262 B1
Pézilla-la-Rivière 66 262 B2
Pezou 41 98 A2
Pezuls 24 196 C1
Pézy 28 78 C2
Pfaffenheim 68 89 D4
Pfaffenhoffen 67 67 D1
Pfalzweyer 67 66 B2
Pfastatt 68 108 C2
Pfetterhouse 68 108 B4
Pfettisheim 67 67 D3
Pfulgriesheim 67 67 D3
Phaffans 90 108 A3
Phalempin 10 11 D1
Phalsbourg 57 66 B2
Philippsbourg 57 42 C4
Philondenx 40 226 B3
Phlin 54 64 C1
Pia 66 262 C1
Piacé 72 76 B2

Le Pian-Médoc 33 177 D4
Le Pian-sur-Garonne 33 194 B3
Piana 2a 266 A2
Pianello 2b 267 E1
Piano 2b 265 E4
Pianottoli-Caldarello 2a 269 D4
Les Piards 39 141 F4
La Piarre 05 205 E4
Piazzali 2b 267 E1
Piazzole 2b 265 E4
Pibeste (Pic du) 65 257 D2
Piblange 57 40 C2
Pibrac 31 229 F3
Picarreau 39 141 E2
Picauville 50 25 D4
Pichanges 21 123 F1
Picherande 63 167 E4
Picquigny 80 17 D2
Pie-d'Orezza 2b 265 E4
Pied-de-Borne 48 202 B4
Pied-la-Viste 05 207 D2
Piedicorte-di-Gaggio 2b 267 E2
Piedicroce 2b 265 E4
Piedigriggio 2b 265 D4
Piedipartino 2b 265 E4
Piégon 26 220 A1
Piégros-la-Clastre 26 204 B2
Piégut 04 206 B4
Piégut-Pluviers 24 163 E3
Piemançon (Plage de) 13 242 A2
Piencourt 27 30 B3
Piennes 54 39 E2
Piennes-Onvillers 80 18 A4
Piépape 52 105 D3
Pierlas 06 223 F3
La Pierre 38 189 F1
Pierre-Bénite 69 171 E2
Pierre-Buffière 87 165 D3
Pierre-Châtel 38 189 E4
Pierre-de-Bresse 71 140 C1
Pierre d'Haudry 02 20 A1
La Pierre du Charbonnier 03 153 F3
Pierre-Gourde (Château de) 07 203 F1
Pierre-Levée 77 58 C2
Pierre-Lys (Défilé de) 11 261 E1
Pierre-Morains 51 60 C2
Pierre-Percée 54 65 F4
Pierre-Perthuis 89 121 E1
Pierre-qui-Vire (Abbaye de la) 89 122 A2
Pierre St-Martin (Col de la) 64 247 F3
Pierre sur Haute 63 169 E3
Pierre-la-Treiche 54 64 A3
Pierreclos 71 155 E2
Pierrecourt 76 16 B2
Pierrecourt 70 105 F3
Pierrefaites 52 105 F2
Pierrefeu 06 223 F4
Pierrefeu-du-Var 83 244 C2
Pierrefiche 48 201 F2
Pierrefiche 12 200 B4
Pierrefiques 76 14 A3
Pierrefitte 79 131 D1
Pierrefitte 88 87 D3
Pierrefitte 23 151 D3
Pierrefitte 19 181 E1
Pierrefitte-en-Auge 14 30 A3
Pierrefitte-en-Beauvaisis 60 33 D1
Pierrefitte-en-Cinglais 14 52 B1
Pierrefitte-ès-Bois 45 100 C4
Pierrefitte-Nestalas 65 257 D3
Pierrefitte-sur-Aire 55 44 B3
Pierrefitte-sur-Loire 03 138 B4
Pierrefitte-sur-Sauldre 41 99 F4
Pierrefitte-sur-Seine 93 57 E1
Pierrefonds 60 34 C2
Pierrefontaine-lès-Blamont 25 126 C1
Pierrefontaine-les-Varans 25 126 A2
Pierrefontaines 52 105 D2

Pierrefort 15 200 B1
Pierregot 80 17 F1
Pierrelatte 26 219 D1
Pierrelaye 95 57 D1
Pierrelongue 26 220 B2
Pierremande 02 19 D4
Pierremont 62 9 D2
Pierrepont 14 52 C3
Pierrepont 02 20 A4
Pierrepont 54 39 E1
Pierrepont-sur-l'Arentèle 88 87 F2
Pierrepont-sur-Avre 80 18 A3
Pierrerue 04 221 E4
Pierrerue 34 232 C4
Pierres 28 56 A4
Pierres 14 51 F2
Pierres (Pont des) 01 157 E3
Pierreval 76 32 A1
Pierrevert 04 238 A1
Pierreville 54 64 B4
Pierreville 50 24 B3
Pierrevillers 47 43 A3
Pierric 44 93 D3
Pierry 51 60 B1
Pietra-di-Verde 2b 267 F1
Pietracorbara 2b 264 C2
Pietralba 2b 265 D3
Pietraserena 2b 267 E2
Pietricaggio 2b 267 E1
Pietrosella 2a 268 B1
Pietroso 2b 267 E2
Piets-Plasence-Moustrou 64 226 B3
Pieusse 11 253 E3
Les Pieux 50 24 B3
Piève 2b 265 E3
Piffonds 89 81 E4
Pigerolles 23 166 B2
Pigna 2b 264 B3
Pignan 34 234 B3
Pignans 83 244 C1
Pignicourt 02 36 B2
Pigno (Serra di) 2B 265 E2
Pignols 63 168 C3
Pigny 18 119 D3
Pihem 62 3 E4
Pihen-lès-Guînes 62 2 C2
Pila-Canale 2a 268 C1
Pilat (Dune du) 33 190 C3
Pilat (Parc Régional du) 42 187 D2
Pillac 16 178 C1
Pillemoine 39 141 F2
Les Pilles 26 220 B1
Pillon 55 39 D2
Pimbo 40 226 C3
Pimelles 89 103 D2
Pimorin 39 141 D4
Pimprez 60 34 C1
Le Pin 14 30 B3
Le Pin 82 212 B3
Le Pin 38 172 C4
Le Pin 03 154 A1
Le Pin 17 177 F1
Le Pin 44 94 A3
Le Pin 39 141 E2
Le Pin 79 130 B1
Le Pin 30 219 D3
Le Pin 77 58 A2
Pin 70 70 B2
Le Pin-au-Haras 61 53 E3
Pin-Balma 31 230 A3
Le Pin-en-Mauges 49 113 D2
Le Pin-la-Garenne 61 77 D1
Pin (Haras du) 61 53 E3
Pin-Moriès 48 201 D4
Le Pin-Murelet 31 229 D4
Pinarello 2A 269 F2
Pinas 65 250 A4
Pinay 43 170 B1
Pincé 72 95 E2
Pinçon (Mont) 14 52 A1
Pindères 47 210 B1
Pindray 86 133 D4
Les Pineaux 85 129 E3
Pinel-Hauterive 47 196 B4
Pinet 34 233 F4
Pineta (Forêt de la) 2A 266 C4
Pineuilh 33 195 E1
Piney 10 83 E2
Pino 2b 264 B2
Pinols 43 184 C3
Pinon 02 35 E1
Les Pins 16 163 D2
Pins-Justaret 31 229 F4
Pinsac 46 197 E4
Pinsaguel 31 229 F3
Pinsot 38 190 A1
Pintac 65 249 D1
Pinterville 27 31 F3
Pintheville 55 39 D4
Les Pinthières 28 56 B3
Piobetta 2b 267 E1
Pioggiola 2b 264 C3
Piolenc 84 219 E2
Pionnat 23 150 C3
Pionsat 63 151 F3

Pioussay 79 147 D3
Pipriac 35 92 C2
Pique (Vallée de la) 31 258 B4
Piquecos 82 213 D3
Pirajoux 01 156 B1
Piré-sur-Seiche 35 73 E4
Pirey 25 125 D2
Piriac-sur-Mer 44 110 A1
Pirmil 72 96 A1
Pirou 50 26 C3
Pis 32 228 C1
Pisany 17 160 C2
Piscia di Gallo (Cascade de) 2A 269 E2
Piscop 95 57 E1
Piseux 27 55 D3
Pisieu 38 188 A1
Pisseleu 60 33 D1
Pisseloup 52 106 A2
La Pisseure 70 106 C1
Pissos 40 209 D1
Pissotte 85 130 B4
Pissy 80 17 E2
Pissy-Pôville 76 31 E1
Pisy 89 103 D4
Pitgam 59 3 F2
Pithiviers 45 80 A3
Pithiviers-le-Vieil 45 79 F3
Pithon 02 18 C3
Pîtres 27 31 F2
Pittefaux 62 2 C3
Pizay 01 172 A1
Pizieux 72 76 C2
Le Pizou 24 178 B4
Le Pla 09 261 D2
Plabennec 29 45 D2
Placé 53 74 C2
Les Places 27 30 B3
Placey 25 125 D2
Plachy-Buyon 80 17 E3
Placy 14 52 B1
Placy-Montaigu 50 27 F4
Le Plagnal 07 202 B2
La Plagne 73 175 D3
Plagne 31 251 D2
Plagne 01 157 E2
Plagnole 31 229 D4
Plaigne 11 252 C1
Plailly 60 34 A4
Plaimbois-du-Miroir 25 126 B2
Plaimbois-Vennes 25 126 B3
Plaimpied-Givaudins 18 119 D4
La Plaine 49 113 F4
Plaine 67 88 C1
Plaine-de-Walsch 57 66 A3
Plaine-Haute 22 47 F4
Plaine Joux 74 159 D4
La Plaine-sur-Mer 44 110 C3
Plainemont 70 106 C1
Plaines-St-Lange 10 103 F1
Plainfaing 88 88 B3
Plainoiseau 39 141 E2
Les Plains-et-Grands-Essarts 25 126 C2
Plaintel 22 48 A4
Plainval 60 33 F1
Plainville 27 30 C4
Plainville 60 17 F4
Plaisance 86 148 C2
Plaisance 12 215 E4
Plaisance 32 227 E3
Plaisance-du-Touch 31 229 F3
Plaisia 39 141 E4
Plaisians 26 220 B2
Plaisir 78 56 C2
Plaisir Fontaine (Grotte de) 25 125 E3
Plaissan 34 233 F3
Plaizac 16 162 A2
Plampinet 05 191 D3
Planaise 73 173 F4
Planay 73 175 D4
Planay 21 103 F3
La Planche 44 112 A4
Plancher-Bas 70 107 F2
Plancher-les-Mines 70 107 F2
Plancherine 73 174 B2
Planches 61 53 F3
Les Planches-en-Montagne 39 142 A3
Les Planches-près-Arbois 39 141 F1
Plancoët 22 49 D3
Plancy-l'Abbaye 10 60 B4
La Planée 25 142 A2
Planès 66 261 E3
Planèzes 66 262 B1
Planfoy 42 186 C2
Planguenoual 22 48 B3
Planioles 46 198 C3

Le Planois 71 140 C2
Plan-d'Aups 83 243 F2
Plan-de-Baix 26 204 B1
Plan-de-Cuques 15 243 E2
Plan-de-la-Tour 83 245 E1
Plan-d'Orgon 13 236 C1
Planpraz 74 159 E4
Le Planquay 27 30 C4
Planquery 14 28 B3
Les Planques 81 214 C3
Planques 62 9 D2
Planrupt 52 84 B1
Les Plans 34 233 E2
Les Plans 30 218 A3
Le Plantay 01 156 A4
Les Plantiers 30 217 E3
Le Plantis 61 54 A4
Planty 10 82 B3
Planzolles 07 202 C4
Plappeville 57 40 A3
Plasne 39 141 E2
Plasnes 27 30 C4
Plassac 17 161 D4
Plassac 33 177 D3
Plassac-Rouffiac 16 162 B4
Plassay 17 161 D1
Plateau-d'Assy 74 159 D4
Plats 07 187 E4
Plaudren 56 91 E2
Plauzat 63 168 B3
Plavilla 11 252 C2
Plazac 24 180 B4
Pleaux 15 182 C3
Pléboulle 22 49 D3
Pléchâtel 35 93 D1
Plédéliac 22 48 C4
Plédran 22 48 A3
Pléguien 22 47 F2
Pléhédel 22 47 E2
Pleine-Fougères 35 50 B4
Pleine-Selve 02 19 E3
Pleine-Selve 33 177 D1
Pleine-Sève 76 15 D2
Pleines-Œuvres 14 51 E1
Plélan-le-Grand 35 72 B4
Plélan-le-Petit 22 49 D4
Plélauff 22 70 B2
Plélo 22 47 F3
Plémet 22 71 F2
Plémy 22 71 E1
Plénée-Jugon 22 71 A2
Pléneuf-Val-André 22 48 C3
Plénise 39 142 A2
Plénisette 39 142 A2
Plerguer 35 49 F4
Plérin 22 48 A3
Plerneuf 22 47 F3
Plescop 56 91 E2
Plesder 35 72 C1
Plésidy 22 47 E4
Pleslin 22 49 E3
Plesnois 57 40 B3
Plesnoy 52 105 E1
Plessala 22 71 E2
Plessé 44 92 C4
Le Plessier-Huleu 02 35 E3
Le Plessier-Rozainvillers 80 17 F3
Le Plessier-sur-Bulles 60 33 F1
Le Plessier-sur-St-Just 60 33 F2
Le Plessis 03 137 D4
Le Plessis-aux-Bois 77 58 B1
Plessis-Barbuise 10 59 E4
Le Plessis-Belleville 60 34 A4
Le Plessis-Bouchard 95 57 D1
Le Plessis-Bourré 49 94 D3
Le Plessis-Brion 60 34 C1
Plessis-de-Roye 60 18 B4
Le Plessis-Dorin 41 77 E4
Le Plessis-l'Échelle 41 98 C2
Le Plessis-l'Évêque 77 58 B1
Le Plessis-Feu-Aussoux 77 58 C2
Le Plessis-Gassot 95 57 F1
Le Plessis-Grammoire 49 95 D3
Le Plessis-Grimoult 14 52 A1
Le Plessis-Grohan 27 55 E1
Le Plessis-Hébert 27 55 F3
Le Plessis-Lastelle 50 26 B3
Le Plessis-Luzarches 95 33 F4
Le Plessis-Macé 49 95 D4

Le Plessis-Pâté 91 57 E4
Le Plessis-Patte-d'Oie 60 18 C3
Le Plessis-Placy 77 34 C4
Le Plessis-Robinson 92 57 E2
Plessis-St-Benoist 91 79 E1
Plessis-St-Jean 89 81 F2
Le Plessis-Ste-Opportune 27 31 E4
Le Plessis-Trévise 94 58 A2
Plessix-Balisson 22 49 E3
Plestan 22 48 C4
Plestin-les-Grèves 22 46 C2
Pleubian 22 47 E1
Pleucadeuc 56 92 A1
Pleudaniel 22 47 E1
Pleudihen-sur-Rance 22 49 E4
Pleugriffet 56 71 E4
Pleugueneuc 35 72 C1
Pleumartin 86 133 D2
Pleumeleuc 35 72 C1
Pleumeur-Bodou 22 46 C1
Pleumeur-Gautier 22 47 E1
Pleure 39 141 D1
Pleurs 51 60 B2
Pleurtuit 35 49 E3
Pleuven 29 69 D3
Pleuvezain 88 86 B1
Pleuville 16 148 A3
Pléven 22 49 D4
Plévenon 22 49 D2
Plévin 22 70 A2
Pleyben 29 69 E1
Pleyber-Christ 29 46 A3
Pliboux 79 147 E3
Plichancourt 51 61 F3
Plieux 32 211 F4
Plivot 51 60 C1
Plobannalec 29 68 C4
Plobsheim 67 67 E4
Ploemel 56 90 C2
Ploemeur 56 90 B2
Ploërdut 56 70 B3
Ploeren 56 91 E3
Ploërmel 56 72 A4
Ploeuc-sur-Lié 22 71 E1
Plœven 29 68 C1
Plœzal 22 47 D2
Plogastel-St-Germain 29 68 C3
Plogoff 29 68 A2
Plogonnec 29 68 C2
Ploisy 02 35 E2
Plomb 50 50 C3
Plomb du Cantal 15 183 E3
Plombières-les-Bains 88 87 E4
Plombières-lès-Dijon 21 123 E2
Plomelin 29 68 C3
Plomeur 29 68 C3
Plomion 02 20 B3
Plomodiern 29 68 C1
Plonéis 29 68 C3
Plonéour-Lanvern 29 68 C3
Plonévez-du-Faou 29 69 E1
Plonévez-Porzay 29 68 C2
Plorec-sur-Arguenon 22 49 D4
Plottes 71 140 A4
Plouagat 22 47 E3
Plouaret 22 46 C2
Plouarzel 29 44 C2
Plouasne 22 72 B1
Plouay 56 70 B4
Ploubalay 22 49 E3
Ploubazlanec 22 47 E1
Ploubezre 22 46 C2
Ploudalmézeau 29 44 C2
Ploudaniel 29 45 D2
Ploudiry 29 45 E3
Plouëc-du-Trieux 22 47 E2
Plouédern 29 45 D2
Plouégat-Guérand 29 46 B2
Plouégat-Moysan 29 46 C3
Plouénan 29 45 F2
Plouër-sur-Rance 22 49 E4
Plouescat 29 45 F1
Plouezéc 22 47 E1
Plouézoch 29 46 A2
Ploufragan 22 47 F4
Plougar 29 45 F2
Plougasnou 29 46 B2
Plougastel-Daoulas 29 45 D3
Plougonvelin 29 44 C3
Plougonven 29 46 B3

Plougonver 22 47 D3
Plougoulm 29 45 F1
Plougoumelen 56 91 D3
Plougourvest 29 45 F2
Plougras 22 46 C3
Plougrescant 22 47 D1
Plouguenast 22 71 E2
Plouguerneau 29 45 D1
Plouguernével 22 70 B2
Plouguiel 22 47 D1
Plouguin 29 44 C2
Plouha 22 47 F2
Plouharnel 56 90 C3
Plouhinec 56 90 C2
Plouhinec 29 68 B3
Plouider 29 45 E1
Plouigneau 29 46 B3
Plouisy 22 47 D2
Ploulec'h 22 46 C2
Ploumagoar 22 47 E3
Ploumanach 22 46 C1
Ploumilliau 22 46 C2
Ploumoguer 29 44 C2
Plounéour-Ménez 22 46 A3
Plounéour-Trez 29 45 E1
Plounérin 22 46 C3
Plounéventer 29 45 E2
Plounévez-Lochrist 29 45 E1
Plounévez-Moëdec 22 46 C2
Plounévez-Quintin 22 70 C1
Plounévézel 29 69 F1
Plouoroux 85 129 D4
Plouvien 29 45 D2
Plouvorn 29 45 F2
Plouyé 29 69 F1
Plouzané 29 44 C3
Plouzélambre 22 46 C2
Plouzévédé 29 45 F2
Plovan 29 68 B3
Ployart-et-Vaurseine 02 36 A1
Le Ployron 60 18 A4
Plozévet 29 68 B3
Pludual 22 47 F2
Pluduno 22 49 D3
Plufur 22 46 C2
Pluguffan 29 68 C3
Pluherlic 56 91 D2
Plumaudan 22 72 B1
Plumaugat 22 72 B1
Plumelec 56 91 F1
Plumeliau 56 91 D1
Plumelin 56 91 D1
Plumergat 56 91 D2
Plumetot 14 29 D3
Plumieux 22 71 F3
Plumont 39 124 C3
Pluneret 56 91 D2
Plurien 22 48 C3
Plusquellec 22 46 C4
Plussulien 22 71 D1
Pluvault 21 124 A3
Pluvet 21 124 A3
Pluvigner 56 91 D2
Pluzunet 22 47 D2
Pocancy 51 60 C1
Pocé-les-Bois 35 73 F3
Pocé-sur-Cisse 37 116 B1
Podensac 33 194 B2
Le Poët 05 221 E4
Le Poët-Célard 26 220 C1
Le Poët-en-Percip 26 220 C1
Le Poët-Laval 26 204 A3
Le Poët-Sigillat 26 220 B1
Pœuilly 80 18 C2
Poey-de-Lescar 64 226 B4
Poey-d'Oloron 64 248 A1
Poëzat 03 152 C4
Poggio-di-Nazza 2b 267 E3
Poggio-di-Venaco 2b 267 D2
Poggio-d'Oletta 2b 265 E2
Poggio-Marinaccio 2b 265 E4
Poggio-Mezzana 2b 265 E4
Poggiolo 2a 266 C2
Poids-de-Fiole 39 141 E3
Poigny 51 59 E4
Poigny-la-Forêt 78 56 C2
Le Poil 04 222 B4
Poil 58 138 C1

Poilcourt-Sydney 08 36 C2
Poilhes 34 254 C1
Poillé-sur-Vègre 72 95 F1
Poilley 50 50 C3
Poilley 35 74 A1
Poilly 51 36 A3
Poilly-lez-Gien 45 100 B3
Poilly-sur-Serein 89 102 C2
Poilly-sur-Tholon 89 102 A2
Poinçon-lès-Larrey 21 103 F1
Le Poinçonnet 36 134 C2
Poincy 77 58 C1
Poinsenot 52 104 C3
Poinson-lès-Fayl 52 105 F2
Poinson-lès-Grancey 52 104 C3
Poinson-lès-Nogent 52 85 E4
Pointel 61 52 C3
Pointis-de-Rivière 31 250 B3
Pointis-Inard 31 258 C2
Pointre 39 124 B2
Pointvillers 25 125 D4
Poinville 28 79 E3
Le Poiré-sur-Velluire 85 145 E1
Le Poiré-sur-Vie 85 129 D2
Poiroux 85 129 D4
Poisat 38 189 D2
Poiseul 52 105 E1
Poiseul-la-Grange 21 104 B4
Poiseul-lès-Saulx 21 104 C4
Poiseul-la-Ville-et-Laperrière 21 104 A4
Poiseux 58 120 B3
Poisieux 18 118 B4
Poisoux 39 156 C1
Poisson 71 154 B1
Poissons 52 85 D1
Poissy 78 57 D1
Poisvilliers 28 78 C1
La Poitevinière 49 113 D2
Poitiers 86 132 B4
Poivres 10 61 D3
Poix 51 61 E1
Poix-de-Picardie 80 17 D3
Poix-du-Nord 59 11 E3
Poix-Terron 08 21 E4
Le Poizat 01 157 D3
Polaincourt-et-Clairefontaine 70 106 C2
Polastron 31 251 D1
Polastron 32 228 C3
Poleymieux-au-Mont-d'Or 69 171 E1
Poliénas 38 188 C2
Polignac 43 185 D2
Polignac 17 177 F2
Poligné 35 93 E1
Poligny 10 83 E3
Poligny 77 80 C3
Poligny 39 141 E1
Poligny 05 207 D4
Polincove 62 3 E3
Polisot 10 83 E4
Polisy 10 83 E4
Pollestres 66 262 C2
Polliat 01 156 A2
Pollieu 01 173 D1
Pollionnay 69 171 D2
Polminhac 15 183 D4
Polveroso 2b 265 E4
Pomacle 51 36 C2
La Pomarède 11 230 C4
Pomarède 46 197 E3
Pomarez 40 225 F2
Pomas 11 253 E3
Pomay 03 138 A4
Pomayrols 12 200 C4
Pomerol 33 177 F4
Pomérols 34 233 F4
Pomeys 69 170 C3
Pommard 21 123 D4
Pommera 62 9 E1
La Pommeraie-sur-Sèvre 85 130 B2
La Pommeraye 14 52 B1
Pommeret 22 48 A3
Pommereuil 59 11 E4
Pommereux 76 16 B4
Pommeréval 76 16 A3
Pommerieux 53 94 C2
Pommérieux 57 40 B4
Pommerit-Jaudy 22 47 D2
Pommerit-le-Vicomte 22 47 E2

Pommerol 26 205 D4
Pommeuse 77 58 C2
Pommevic 82 212 B3
Pommier 62 9 F4
Pommier-de-Beaurepaire 38 188 A1
Pommiers 30 217 E4
Pommiers 42 170 A2
Pommiers 02 35 E2
Pommiers 36 134 B4
Pommiers 69 155 E4
Pommiers-Moulons 17 177 F1
Pommiers-la-Placette 38 189 D1
Pomoy 70 107 D3
Pompadour 19 181 D1
Pompaire 79 131 D3
Pompéjac 33 194 C4
Pompelle (Fort de la) 51 36 C3
Pompertuzat 31 230 A4
Pompey 54 64 B2
Pompiac 32 229 D4
Le Pompidou 48 217 E2
Pompierre 88 86 A2
Pompierre-sur-Doubs 25 126 B1
Pompiey 47 211 D2
Pompignac 33 194 B1
Pompignan 30 217 F4
Pompignan 82 229 F1
Pompogne 47 210 C2
Pomponne 77 58 B2
Pomport 24 195 F2
Pomps 64 226 B3
Pomy 11 253 D3
Poncé-sur-le-Loir 72 97 D2
Poncey-lès-Athée 21 124 B2
Poncey-sur-l'Ignon 21 104 B4
Le Ponchel 62 9 D3
Ponches-Estruval 80 8 C3
Ponchon 60 33 E2
Poncin 01 156 C3
Poncins 42 170 B2
Pondaurat 33 195 D3
Le Pondy 18 136 B2
Ponet-et-St-Auban 26 204 C1
Ponlat-Taillebourg 31 250 B2
Pons 17 161 E3
Ponsampère 32 228 A4
Ponsan-Soubiran 32 250 A1
Ponsas 26 187 E3
Ponsonnas 38 189 E4
Ponson-Debat-Pouts 64 249 D1
Ponson-Dessus 64 249 D1
Pont 21 124 A3
Pont-à-Marcq 59 10 C1
Pont-à-Mousson 54 64 B1
Pont-à-Vendin 62 10 B1
Pont-l'Abbé 29 68 C4
Pont-l'Abbé-d'Arnoult 17 160 C1
Pont-Arcy 02 35 C2
Pont-Audemer 27 30 C2
Pont-Authou 27 31 D3
Pont-Aven 29 69 F4
Pont-Bellanger 14 51 E1
Pont-lès-Bonfays 88 86 C3
Pont-lès-Brie 80
Pont Calleck (Forêt de) 56 70 B4
Le Pont-Chrétien-Chabenet 36 134 B3
Pont-Croix 29 68 B2
Pont-d'Ain 01 156 C3
Pont-d'Arc 07 218 C1
Pont-de-l'Arche 27 31 F3
Pont-de-Barret 26 204 B3
Le Pont-de-Beauvoisin 73 173 D3
Pont-de-Briques (Château de) 62 2 C4
Pont-de-Buis-lès-Quimerch 29 69 D1
Pont-de-Chéruy 38 172 A2
Le Pont-de-Claix 38 189 E3
Pont-de-Gennes 72 76 C4
Pont-de-l'Isère 26 187 F4

Pont-de-Labeaume 07 202 C2
Pont-de-Larn 81 231 F3
Pont-de-Metz 80 17 E2
Pont de Mirabeau 84 237 F2
Le Pont-de-Montvert 48 217 E1
Le Pont-de-Planches 70 106 B4
Pont-de-Poitte 39 141 E3
Pont-de-Roide 25 126 C1
Pont-de-Ruan 37 115 F2
Pont-de-Salars 12 215 E1
Pont-de-Salars (Lac de) 12 215 E1
Pont-de-Vaux 01 155 F1
Pont-de-Veyle 01 155 F2
Pont d'Hérault 30 217 E4
Pont-d'Héry 39 142 A1
Pont-d'Ouilly 14 52 B2
Pont-du-Bois 70 86 C4
Pont-du-Casse 47 211 F2
Pont-du-Château 63 168 B2
Pont du Diable (Gorges du) 74 159 D1
Pont-du-Gard 30 219 D4
Pont-du-Navoy 39 141 F2
Pont-en-Royans 38 188 C3
Pont-Érambourg 14 52 B2
Pont-et-Massène 21 122 B1
Pont-l'Évêque 14 30 A2
Pont-l'Évêque 60 18 C4
Pont-Évêque 38 171 F4
Pont-Farcy 14 51 E1
Pont-Hébert 50 27 E3
Pont-Melvez 22 47 D4
Pont-les-Moulins 25 126 A1
Pont-Noyelles 80 17 F2
Pont-Remy 80 17 D1
Pont-St-Esprit 30 219 D2
Pont-St-Mard 02 35 D1
Pont-St-Martin 44 111 F3
Pont St-Nicolas 30 218 C4
Pont-St-Pierre 27 32 A2
Pont-St-Vincent 54 64 B3
Pont-Ste-Marie 10 83 D2
Pont-Ste-Maxence 60 34 A4
Pont-Salomon 43 186 B1
Pont-Scorff 56 90 B1
Pont-sur-Madon 88 86 C1
Pont-sur-Meuse 55 63 D2
Pont-sur-l'Ognon 70 107 D4
Pont-sur-Sambre 59 11 F3
Pont-sur-Seine 10 82 B1
Pont-sur-Vanne 89 82 A3
Pont-sur-Yonne 89 81 E2
Pont-Trambouze 69 154 C3
Pont-la-Ville 52 84 C4
Pontacq 64 249 D2
Pontailler-sur-Saône 21 124 B2
Pontaix 26 204 C3
Pontamafrey 73 190 B1
Pontarion 23 150 B4
Pontarlier 25 142 C1
Pontarmé 60 34 A4
Pontaubault 50 50 C3
Pontaubert 89 121 E1
Pontault-Combault 77 58 A3
Pontaumur 63 167 E2
Pontavert 02 35 E2
Pontcarré 77 58 B2
Pontcey 70 106 B3
Pontchardon 61 53 F1
Pontcharra 38 173 F4

Pontcharra-sur-Turdine 69 170 C1
Pontcharraud 23 166 C1
Pontchartrain 78 56 C2
Pontchâteau 44 92 A4
Pontcirq 46 197 E3
Ponte Nuovo 2B 265 D4
Pontécoulant 14 52 B2
Ponteilla 66 262 C2
Ponteils-et-Brésis 30 202 B4
Pontenx-les-Forges 40 208 B1
Le Pontet 84 219 E4
Le Pontet 37 174 A4
Les Pontets 25 142 B2
Pontevès 83 238 B3
Ponteyraud 24 178 C2
Pontfaverger-Moronvilliers 51 37 D3
Pontgibaud 63 167 F2
Pontgouin 28 78 A1
Ponthévrard 78 56 C4
Ponthion 51 61 F3
Ponthoile 80 8 B3
Le Ponthou 29 46 B3
Ponthoux 39 157 E1
Pontiacq-Viellepinte 64 249 D1
Pontigné 49 96 A4
Pontigny 89 102 B1
Pontis 04 206 C3
Pontivy 56 71 D3
Pontlevoy 41 116 C1
Pontmain 53 74 B1
Pontoise 95 33 E4
Pontoise-lès-Noyon 60 34 C1
Pontonx-sur-l'Adour 40 225 E1
Pontorson 50 50 B4
Pontours 24 196 B1
Pontoux 71 140 B1
Pontoy 57 41 D4
Pontpierre 57 41 D4
Pontpoint 60 34 A4
Pontrieux 22 47 E2
Pontru 02 19 D2
Pontruet 02 19 D2
Ponts 50 50 C3
Les Ponts-de-Cé 49 113 F1
Ponts-et-Marais 76 16 A1
Pontvallain 72 96 B2
Popian 34 233 F3
Popolasca 2b 265 D4
Porcaro 56 92 B1
Porcelette 57 41 D3
Porchères 33 178 B4
Porcheresse 16 162 B4
La Porcherie 87 165 D3
Porcheux 60 33 D2
Porcheville 78 56 C1
Porcieu-Amblagnieu 38 172 B1
Pordic 22 48 A3
Le Porge 33 192 C1
Pornic 44 111 D3
Pornichet 44 110 B2
Porquéricourt 60 18 C4
Porquerolles (Île de) 83 244 C3
Porri 2b 265 E4
Porspoder 29 44 C2
Le Port 09 251 F4
Port 01 157 D2
Port-Brillet 53 74 B3
Port-Camargue 30 234 C3
Port-Coton (Aiguilles de) 56 90 B4
Port-Cros, Île de (Parc Nat.) 83 245 D3
Port-de-Bouc 13 242 B2
Port-de-Lanne 40 225 D2
Port-de-Piles 86 115 F4
Port-d'Envaux 17 161 D1
Port-des-Barques 17 145 D4
Port-Donnant 56 90 B4
Port-en-Bessin-Huppain 14 28 B2
Port-le-Grand 80 8 B4
Port Grimaud 83 245 E1
Port-Launay 29 69 D1
Port-Lesney 39 125 D4
Port-Louis 56 90 B2
Port-Manech 56 69 E4
Le Port-Marly 78 57 D2
Port-Mort 27 32 A3
Port-la-Nouvelle 11 254 C3

Port-Royal-des-Champs (Abbaye de) 78 57 D3
Port-St-Louis-du-Rhône 13 242 A2
Port-St-Père 44 111 E3
Port-Ste-Foy-et-Ponchapt 24 195 E1
Port-Ste-Marie 47 211 D2
Port-sur-Saône 70 106 B3
Port-sur-Seille 54 64 B1
Port-Vendres 66 263 D3
Port-Villez 78 32 B4
La Porta 2B 265 E4
Porta 66 260 C3
Portbail 50 26 B2
Porte (Col de) 38 189 E1
Porte-Joie 27 31 F3
Porté-Puymorens 66 260 C3
Le Portel 62 2 B4
Portel-des-Corbières 11 254 C3
Portes 30 218 A2
Portes 27 55 D2
Portes (Calvaire de) 01 172 C1
Portes d'Enfer 86 148 C2
Les Portes-en-Ré 17 144 C2
Portes-en-Valdaine 26 204 A3
Portes-lès-Valence 26 204 A1
Portet 64 227 D3
Portet-d'Aspet 31 259 D3
Portet-de-Luchon 31 258 B3
Portet-sur-Garonne 31 230 A3
Portets 33 194 B2
Portieux 88 87 D2
Portiragnes 34 255 E1
Porto 2A 266 B2
Porto (Golfe de) 2A 266 A2
Porto-Pollo 2A 268 B2
Porto-Vecchio 2a 269 E3
Ports 37 115 F4
Posanges 21 122 C1
Poses 27 31 F3
Possesse 51 61 F2
La Possonnière 49 113 E1
Possonnière 41 97 E3
La Postolle 89 82 A2
Postroff 57 66 A1
Potangis 51 60 B4
Potelières 30 218 B2
Potelle 59 11 E3
La Poterie 22 48 C4
La Poterie-au-Perche 61 54 C4
La Poterie-Cap-d'Antifer 76 14 A3
La Poterie-Mathieu 27 30 C4
Pothières 21 103 F1
Potigny 14 52 C1
Potte 80 18 B3
Pouan-les-Vallées 10 60 C4
Pouançay 86 114 C4
Pouancé 49 94 A2
Pouant 86 115 D4
Poubeau 31 258 B3
Poucharramet 31 229 D4
Pouchergues 65 258 A3
Poudenas 47 210 C3
Poudenx 40 226 B3
Poudis 81 231 D3
Poudry (Gouffre de) 25 125 F3
Poule-les-Écharmeaux 69 155 D3
Poueyferré 65 249 D2
Pouffonds 79 146 C2
La Pouge 23 150 B4
Le Pouget 34 233 F3
Pougnadoresse 30 219 D3
Pougné 16 147 F4
Pougne-Hérisson 79 131 D3
Pougny 01 157 F3
Pougues-les-Eaux 58 120 B4
Pougy 10 83 E1
Pouillé-les-Côteaux 44 112 C1
Pouillac 17 177 F2
Pouillat 01 156 C1
Pouillé 41 117 D2
Pouillé 85 130 A4
Pouillé 86 132 C4
Pouillenay 21 103 F4
Pouilley-Français 25 125 D2
Pouilley-les-Vignes 25 125 D2

Pouillon 40 225 E2
Pouillon 51 36 B2
Pouilloux 71 139 D3
Pouilly 60 33 D3
Pouilly 57 40 B4
Pouilly-en-Auxois 21 122 C2
Pouilly-lès-Bassigny 52 105 F1
Pouilly-lès-Feurs 42 170 B2
Pouilly-le-Monial 69 155 F4
Pouilly-les-Nonains 42 154 A4
Pouilly-sous-Charlieu 42 154 B3
Pouilly-sur-Loire 58 120 A2
Pouilly-sur-Meuse 55 39 D2
Pouilly-sur-Saône 21 123 F4
Pouilly-sur-Serre 02 19 F3
Pouilly-sur-Vingeanne 21 105 E4
Le Poujol-sur-Orb 34 233 D3
Poujols 34 233 E4
Poulaines 36 117 F3
Poulains (Pointe des) 56 90 B3
Poulainville 80 17 E2
Poulan-Pouzols 81 231 D1
Poulangy 52 85 E4
Poulay 53 75 D2
Pouldergat 29 68 C2
Pouldouran 22 47 E1
Pouldreuzic 29 68 C3
Le Pouldu 56 90 A1
Pouliacq 64 226 C3
Les Poulières 88 88 A3
Pouligney 25 125 E1
Pouligny-Notre-Dame 36 135 D4
Pouligny-St-Martin 36 135 D4
Pouligny-St-Pierre 36 133 E3
Le Pouliguen 44 110 B2
Poullan-sur-Mer 29 68 B2
Poullaouen 29 46 A4
Poulligné 16 178 B1
Poulx 30 218 C4
Poumarous 65 249 E2
Poupas 82 212 A4
Poupry 28 79 D4
Pouques-Lormes 58 121 E2
Pourcharesses 48 202 A4
Pourchères 07 203 E2
Pourcieux 83 238 A3
Pourcy 51 36 B4
Pourlans 71 140 C1
Pournoy-la-Chétive 57 40 B4
Pournoy-la-Grasse 57 40 B4
Pourrain 89 102 A3
Pourri (Mont) 73 175 E3
Pourrières 83 238 A3
Poursac 16 147 E4
Poursay-Garnaud 17 146 B4
Poursiugues-Boucoue 64 226 C3
Pourtalet (Col du) 64 256 B4
Pouru-aux-Bois 08 22 A3
Pouru-St-Remy 08 22 A3
Poussan 34 234 A4
Poussanges 23 166 B2
Poussay 88 86 C2
Pousseaux 58 102 A4
Poussignac 47 210 C3
Poussy-la-Campagne 14 29 E4
Pousthomy 12 232 A1
Le Pout 33 194 B1
Pouvrai 61 77 D2
Pouxeux 88 87 E3
Pouy 65 250 A1
Pouy-de-Touges 31 251 D1
Pouy-Loubrin 32 228 B4
Pouy-Roquelaure 32 211 B3
Pouy-sur-Vannes 10 82 B2
Pouyastruc 65 249 E1
Pouydesseaux 40 209 F4
Pouydraguin 32 227 D2
Pouylebon 32 227 F3
Pouzac 65 249 E2

Le Pouzin 07 203 F2
Pouzioux 86 132 C4
Pouzol 63 152 B3
Pouzolles 34 233 E4
Pouzols 34 233 F3
Pouzols-Minervois 11 254 B1
Pouzy-Mésangy 03 136 C3
Poyanne 40 225 E1
Poyans 70 124 B1
Poyartin 40 225 F2
Poyols 26 205 D3
Pozières 80 18 A1
Pra-Loup 04 207 D4
Le Pradal 34 233 D3
Les Pradeaux 63 168 C4
Pradel (Col du) 09,11 261 D1
Pradelle 26 204 C3
Pradelles 43 202 A2
Pradelles 59 4 B3
Pradelles-Cabardès 11 231 F4
Pradelles-en-Val 11 253 F2
Pradère-les-Bourguets 31 229 E2
Les Prades 15 183 F2
Prades 66 260 C1
Prades 07 185 D4
Prades 81 231 D3
Prades-d'Aubrac 12 200 B3
Prades-le-Lez 34 234 B2
Prades-Salars 12 215 F2
Prades-sur-Vernazobre 34 232 C4
Le Pradet 83 244 B3
Pradettes 09 252 C3
Pradières 09 252 B4
Pradiers 15 183 F2
Pradinas 12 214 C2
Pradines 46 197 F4
Pradines 19 166 A4
Pradines 42 154 B4
Pradons 07 203 D4
Prads 04 222 C1
Prahecq 79 146 B2
Prailles 79 146 C2
Pralognan-la-Vanoise 73 175 D4
Prâlon 21 123 D2
Pralong 42 170 A3
Prangey 52 105 D2
Pranles 07 203 E2
Pranzac 16 163 D3
Le Prarion 74 159 D4
Praslay 52 104 C3
Praslin 10 83 E4
Prasville 28 79 D3
Prat 22 47 D2
Prat-et-Bonrepaux 09 259 D2
Prato-di-Giovellina 2b 265 D4
Prats-de-Carlux 24 197 E1
Prats-de-Mollo-la-Preste 66 262 A4
Prats-de-Sournia 66 262 A1
Prats-du-Périgord 24 197 D2
Pratviel 81 230 C3
Pratz 52 84 C3
Pratz 39 156 E1
Prauthoy 52 105 D3
Pray 41 98 A3
Praye 54 86 C1
Prayols 09 252 A4
Prayssac 46 197 E4
Prayssas 47 211 E1
Le Praz-de-Lys 74 158 C3
Praz-sur-Arly 74 174 C1
Le Pré-d'Auge 14 30 A3
Pré de Madame Carle 05 190 C4
Pré-en-Pail 53 75 F1
Pré-St-Évroult 28 78 C3
Pré-St-Gervais 93 57 E2
Pré-St-Martin 28 78 C3
Les Préaux 27 30 C2
Préaux 76 81 D3
Préaux 53 95 E1
Préaux 36 117 E1
Préaux 07 187 D3
Préaux-Bocage 14 28 C3
Préaux-du-Perche 61 77 D2
Préaux-St-Sébastien 14 53 F1
Prébois 38 205 E1
Précey 50 50 C3
Préchac 65 257 D2
Préchac 33 194 B4
Préchac 32 228 B1
Préchac-sur-Adour 32 202 B4
Préchacq-les-Bains 40 225 E1
Préchacq-Josbaig 64 226 B4
Préchacq-Navarrenx 64 247 D1

Précieux 42 170 B3
Précigné 72 95 F2
Précilhon 64 248 A2
Précorbin 50 28 A4
Précy 18 83 F1
Précy-Notre-Dame 10 83 F1
Précy-St-Martin 10 83 F1
Précy-le-Sec 89 102 C4
Précy-sous-Thil 21 122 B1
Précy-sur-Marne 77 58 B1
Précy-sur-Oise 60 33 F3
Précy-sur-Vrin 89 101 F1
Prédefin 62 9 D1
Préfailles 44 110 C3
Préfontaines 45 80 C4
Prégentil 38 189 F3
Prégilbert 89 102 B3
Préguillac 17 161 D3
Préhy 89 102 B2
Preignac 33 194 C3
Preignan 32 228 B2
Preigney 70 106 A2
Preixan 11 253 E2
Prémanon 39 142 A4
Premeaux-Prissey 21 123 E3
Prémery 58 120 C3
Prémesques 59 5 D4
Prémeyzel 01 173 D2
Prémian 34 232 B3
Premières 21 124 A2
Prémierfait 10 83 D1
Prémilhat 03 151 E2
Prémillieu 01 172 C1
Prémol (Forêt de) 38 189 E3
Prémont 02 19 E1
Prémontré 02 35 E1
Prendeignes 46 198 C2
Préneron 32 227 F2
La Prénessaye 22 71 E2
Prenois 21 123 E3
Prénouvellon 41 98 C1
Prénovel 39 141 F4
Prény 54 64 B1
Préporché 58 138 B1
Prépotin 61 54 B4
Les Prés 26 205 D3
Présailles 43 202 B1
Préseau 59 11 E3
Présentevillers 25 107 F4
Préserville 31 230 B3
Présilly 74 158 A3
Présilly 39 141 E4
Presle 73 174 A4
Presles 95 33 E4
Presles 38 188 C3
Presles 14 51 F2
Presles-en-Brie 77 58 B3
Presles-et-Boves 02 35 F2
Presles-et-Thierny 02 35 F1
Presly 18 119 D2
Presnoy 45 100 B1
Presque (Grotte de) 46 198 B1
Pressac 86 148 A3
Pressagny-l'Orgueilleux 27 32 B4
Pressiat 01 156 C2
Pressignac 16 163 F2
Pressignac-Vicq 24 196 B1
Pressigny 52 105 F2
Pressigny 79 131 E2
Pressigny-les-Pins 45 100 C2
Pressins 38 173 D4
Pressy 62 9 E1
Pressy-sous-Dondin 71 139 E2
La Prétière 25 107 E4
Pretin 39 141 F1
Prétot-Ste-Suzanne 50 26 C3
Prétot-Vicquemare 76 15 D3
Prétreville 14 30 B4
Préty 71 140 B3
Pretz 55 62 B1
Preuilly 18 118 C4
Preuilly-sur-Claise 37 133 E2
Preuilly-la-Ville 36 133 E3
Preures 62 8 C1
Preuschdorf 67 43 D4
Preuseville 76 16 B2
Preutin-Higny 54 39 E2
Preux-au-Bois 59 11 E4
Preux-au-Sart 59 11 F3
Préval 72 77 D3
Prévelles 72 76 C3
Prévenchères 48 202 B4
Préveranges 18 151 D1
Prévessin-Moëns 01 158 A2
Préville 60 17 D4
La Prévière 49 94 A3
Prévillers 60 17 D4
Prévinquières 12 214 C1

Prévocourt 57 64 C1
Prey 88 87 F3
Prey 27 55 E1
Preyssac-d'Excideuil 24 180 B1
Prez 08 20 C2
Prez-sous-Lafauche 52 85 F2
Prez-sur-Marne 52 62 B4
Priaires 79 146 A3
Priay 01 156 B4
Priez 02 35 D4
Prignac 17 161 E1
Prignac-en-Médoc 33 176 C1
Prignac-et-Marcamps 33 177 E3
Prigonrieux 24 196 A1
Primarette 38 187 F1
Primat 08 37 F2
Primel-Trégastel 29 46 B2
Primelin 29 68 A2
Primelles 18 135 E1
Prinçay 86 132 A1
Princé 35 74 A3
Pringy 74 158 A4
Pringy 51 61 E2
Pringy 77 80 B1
Prin-Deyrançon 79 146 A2
Prinquiau 44 111 D1
Prinsuéjols 48 200 C3
Printzheim 67 66 C2
Prisces 02 20 A3
Prisches 59 11 F4
Prissac 36 134 A4
Prissé 71 155 E2
Prissé-la-Charrière 79 146 B3
Privas 07 203 E2
Privezac 12 214 C1
Prix-lès-Mézières 08 21 E3
Prizy 71 154 C1
La Proiselière-et-Langle 70 107 D2
Proissans 24 168 A1
Proisy 02 19 F2
Proix 02 19 F2
Projan 32 226 C3
Promilhanes 46 214 A1
Prompsat 63 168 A1
Pronleroy 60 34 A1
Pronville 62 10 B4
Propiac 26 220 B1
Propières 69 155 D3
Propriano 2a 268 C2
Prosnes 51 37 D3
Prouais 28 56 A3
Prouilly 51 36 B2
La Puisaye 28 55 D4
Proumeyssac (Gouffre de) 24 196 C1
Proupiary 31 250 C2
Proussy 14 52 B2
Prouvais 02 36 B2
Prouville 80 17 D1
Prouvy 59 11 D3
Prouzel 80 17 E2
Provemont 27 32 B3
Provence (Croix de) 13 237 F3
Provenchère 70 106 C2
Provenchère 25 126 B2
Provenchères-lès-Darney 88 86 B3
Provenchères-sur-Fave 88 88 B2
Provenchères-sur-Marne 52 85 F2
Provency 89 102 C4
Proverville 10 84 B3
Proveysieux 38 189 D2
Proville 59 10 C4
Provin 59 10 B1
Provins 77 59 E4
Proviseux-et-Plesnoy 02 36 B1
Provart 80 18 B2
Prudemanche 28 55 E3
Prudhomat 46 198 B1
Prugnanes 66 262 A1
Prugny 10 82 C2
Pruillé-le-Chétif 72 96 B1
Pruillé 49 95 D4
Pruillé-l'Éguillé 72 97 D2
Pruines 12 199 F4
Prunay 51 37 D3
Prunay-Belleville 10 82 B2
Prunay-Cassereau 41 97 F3
Prunay-en-Yvelines 78 79 D1
Prunay-le-Gillon 28 78 C2
Prunay-sur-Essonne 91 80 A2
Prunay-le-Temple 78 56 B2
Prunelli-di-Casacconi 2b 265 F3

Prunelli-di-Fiumorbo 2b 267 E3
Prunelli (Gorges du) 2A 264 C4
Prunet 07 202 C3
Prunet 31 230 B3
Prunet 15 199 F1
Prunet-et-Belpuig 66 262 B3
Prunières 05 206 C3
Prunières 38 189 E4
Prunières 48 201 D1
Pruniers 36 135 D2
Pruniers-en-Sologne 41 117 F2
Pruno 2b 265 E4
Prunoy 89 101 E1
Prusly-sur-Ource 21 104 A2
Prusy 10 103 D1
Pruzilly 71 155 E2
Puberg 67 66 B1
Publier 74 158 C1
Publy 39 141 E3
Puceul 44 93 E4
Le Puch 09 261 E2
Puch-d'Agenais 47 211 D1
Puchay 27 32 B2
Puchevillers 80 17 F1
Le Puech 34 233 E2
Puéchabon 34 234 A2
Puéchoursi 81 230 C3
Puechredon 30 218 A4
Puellemontier 52 84 B1
Puessans 25 125 F1
Puget 84 237 D1
Puget-Rostang 06 223 E3
Puget-sur-Argens 83 239 F3
Puget-Théniers 06 222 E3
Puget-Ville 83 244 C2
Pugey 25 125 E3
Pugieu 01 173 D1
Pugnac 33 177 E3
Pugny 79 130 C2
Pugny-Chatenod 73 173 E2
Puichéric 11 254 A2
Le Puid 88 88 B1
Puilacher 34 233 F3
Puilaurens 11 261 F1
Puilboreau 17 145 D2
Puimichel 04 221 F3
Puimisson 34 233 D4
Puimoisson 04 222 A4
Puiseaux 45 80 B3
Puiselet-le-Marais 91 79 F2
Puisenval 76 16 A2
Le Puiset 28 79 E3
Le Puiset-Doré 49 112 C2
Puiseux 28 55 F4
Puiseux 08 21 D4
Puiseux-en-Bray 60 32 C2
Puiseux-en-France 95 34 A4
Puiseux-en-Retz 02 35 D2
Puiseux-le-Hauberger 60 33 E3
Puisieulx 51 36 C3
Puisieux 62 10 A4
Puisieux 77 58 B1
Puisieux-et-Clanlieu 02 19 F2
Puissalicon 34 233 D4
Puisseguin 33 178 A4
Puisserguier 34 254 C1
Puits 21 103 F3
Le Puits-des-Mèzes 52 85 E2
Puits-et-Nuisement 10 83 F2
Puits (Étang du) 45 100 A4
Puits-la-Vallée 60 17 E4
Puivert 11 253 D4
Pujaudran 32 299 E3
Pujaut 30 219 E3
Pujo 65 249 E1
Pujo-le-Plan 40 226 C1
Les Pujols 09 252 B3
Pujols 47 211 F1
Pujols 33 195 D1
Pujols-sur-Ciron 33 194 B3
Le Puley 71 139 E2
Puligny-Montrachet 21 139 F1
Pullay 27 55 D3
Pulligny 54 64 B4
Pulney 54 86 C1
Pulnoy 54 64 C3
Pulvérières 63 167 F1
Pulversheim 68 108 C1
Punchy 80 18 B3

Punerot 88 86 B1
Puntous 65 250 A1
Puntous de Laguian 32 227 F4
Pupillin 39 141 E1
Pure 08 22 B3
Purgerot 70 106 C3
Pusey 70 106 C3
Pusignan 69 172 A2
Pussay 91 79 E4
Pussigny 37 115 F4
Pussy 73 174 C3
Putanges-Pont-Écrepin 61 52 C2
Puteaux 92 57 E2
Putot-en-Auge 14 29 F3
Putot-en-Bessin 14 29 D3
Puttelange-aux-Lacs 57 41 F4
Puttelange-lès-Thionville 57 40 B1
Puttigny 57 65 D2
Puxe 54 39 E4
Puxieux 54 39 E4
Le Puy 39 195 E2
Le Puy 43 185 F4
Le Puy 25 125 F1
Puy d'Arnac 19 181 E4
Puy de Dôme 63 167 F2
Puy-de-Serre 85 130 B4
Puy-du-Lac 17 145 F4
Puy-l'Évêque 46 197 D4
Puy-Ferrand 18 135 E3
Puy-Guillaume 63 169 D1
Puy Hardy 79 130 C4
Puy-Malsignat 23 151 D4
Le Puy-Notre-Dame 49 114 B3
Puy-St-André 05 191 D4
Le Puy-St-Bonnet 79 113 D4
Puy-St-Eusèbe 05 206 C3
Puy-St-Gulmier 63 167 D2
Puy-St-Martin 26 204 A3
Puy-St-Pierre 05 191 D4
Puy-St-Vincent 05 206 C1
Le Puy-Ste-Réparade 13 237 E2
Puy-Sanières 05 206 C3
Puybarban 33 195 D3
Puybegon 81 230 C1
Puybrun 46 198 B1
Puycalvel 81 231 D2
Puycasquier 32 228 C2
Puycelci 81 213 F4
Puycornet 82 213 D2
Puydaniel 31 251 F1
Puydarrieux 65 250 A1
La Puye 86 133 D3
Puygaillard-de-Lomagne 82 212 B4
Puygaillard-de-Quercy 82 213 F3
Puygiron 26 203 F3
Puygouzon 81 214 C4
Puygros 73 173 F3
Puyguilhem 24 195 F2
Puyguilhem 24 179 F1
Puyjourdes 46 214 A1
Puylagarde 82 214 A1
Puylaroque 82 213 E2
Puylaurens 81 231 D3
Puylausic 32 229 D4
Puyloubier 13 237 F3
Puymangou 24 178 B2
Puymartin 24 197 E1
Puymaurin 31 250 C1
Puyméras 84 220 A1
Puymiclan 47 195 F4
Puymirol 47 212 A1
Puymorens (Col de) 66 260 C3
Puymoyen 16 162 C3
Puynormand 33 178 B4
Puyol-Cazalet 40 226 B3
Puyôo 65 225 E4
Puypéroux 16 162 B4
Puyravault 17 145 F3
Puyravault 85 145 D1
Puyréaux 16 162 C1
Puyrenier 24 163 D4
Puyrolland 17 146 A4
Puységur 32 228 B3
Puysségur 31 229 D2

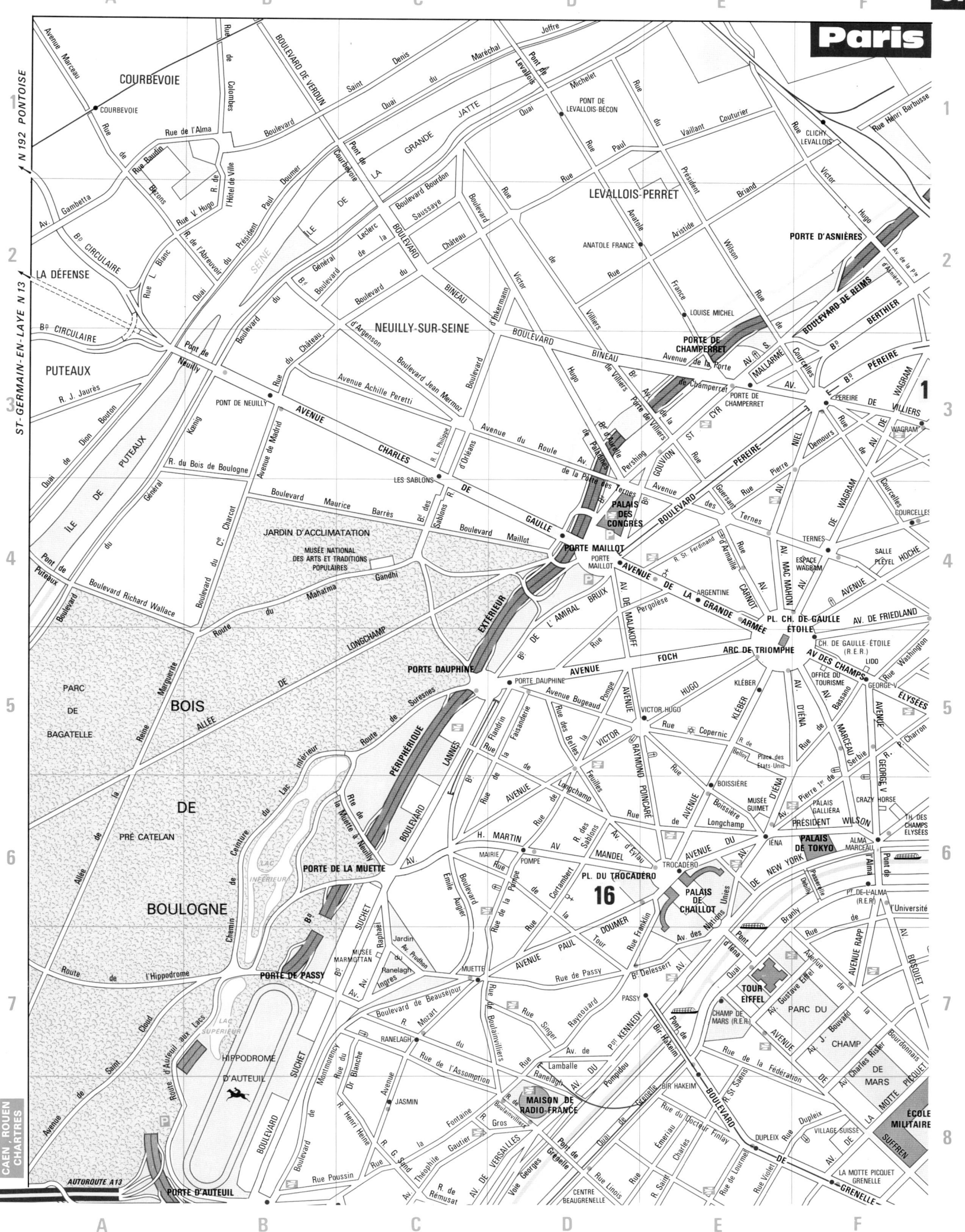

Paris

COURBEVOIE

N 192 PONTOISE

ST-GERMAIN-EN-LAYE N 13

LA DÉFENSE

Bᵈ CIRCULAIRE

PUTEAUX

R. J. Jaurès

Avenue Marceau

Avenue Gambetta

Av.

Rue de l'Alma

Rue Baudin

Rue V. Hugo

R. de

Rue de Colombes

BOULEVARD DE VERDUN

Quai

Denis

Saint

Maréchal

Michelet

Joffre

Pont de Levallois

Rue du

PONT DE LEVALLOIS-BÉCON

Rue Paul

Vaillant

Couturier

Président

Briand

Rue Henri Barbusse

Clichy

Rue

Victor

Hugo

Av. de la Pte d'Asnières

LEVALLOIS-PERRET

PORTE D'ASNIÈRES

BOULEVARD DE REIMS

BERTHIER

Anatole France

Aristide

Anatole

France

Louise Michel

Villiers

Rue

PORTE DE CHAMPERRET

PÉREIRE

Bᵈ

AV.

Bᵈ

PÉREIRE

DE VILLIERS

WAGRAM

1

NEUILLY-SUR-SEINE

BOULEVARD

BINEAU

d'Argenson

Boulevard Jean Mermoz

Boulevard

BINEAU

Avenue Achille Peretti

Victor

Hugo

d'Inkermann

Av. de la Porte de Champerret

PORTE DE CHAMPERRET

AV. S.

MALLARMÉ

Courcelles

AV.

ST CYR

NIEL

PEREIRE

DE VILLIERS

Pierre

Rue

AV.

Rue

Demours

AV. DE WAGRAM

WAGRAM

Courcelles

COURCELLES

Pont de Neuilly

PONT DE NEUILLY

Rue

du Château

AVENUE

CHARLES

DE

GAULLE

R. L. Philippe

Avenue du Roule

d'Orléans

de la Porte des Ternes

Pershing

Av.

AVENUE

BOULEVARD

des

Guersant

Rue

Ternes

AV.

AV. DE WAGRAM

TERNES

SALLE PLEYEL

Hoche

ÎLE

DE

PUTEAUX

R. de Dion Bouton

Kœnig

Général

LES SABLONS

Bᵈ des

Sablons

R. du Bois de Boulogne

Avenue de Madrid

Boulevard Maurice Barrès

Cᵗ Charcot

Boulevard

Maillot

PORTE MAILLOT

PALAIS DES CONGRÈS

Porte Maillot

R. St. Ferdinand

R. St. Ferdinand

Rue

Armaillé

ESPACE WAGRAM

AV. MAC MAHON

AV.

ARGENTINE

CARNOT

PL. CH. DE GAULLE ÉTOILE

AVENUE DE FRIEDLAND

Quai

Pont de Puteaux

ÎLE

DE

PUTEAUX

Boulevard Richard Wallace

JARDIN D'ACCLIMATATION

MUSÉE NATIONAL DES ARTS ET TRADITIONS POPULAIRES

Mahatma

Gandhi

du

Route

Boulevard

LONGCHAMP

EXTÉRIEUR

Bᵈ DE L'AMIRAL BRUIX

AV. DE MALAKOFF

Rue

AVENUE

FOCH

ARC DE TRIOMPHE

CH. DE GAULLE-ÉTOILE (R.E.R.)

AV DES CHAMPS

LIDO

OFFICE DU TOURISME

Rue Washington

GEORGE-V

ÉLYSÉES

R. P. Charron

AVENUE

R.

PARC DE BAGATELLE

PRÉ CATELAN

DE

BOIS

DE

BOULOGNE

Reine

Marguerite

Allée

ALLÉE

Rte

intérieur

PÉRIPHÉRIQUE

LANNES

PORTE DAUPHINE

Porte Dauphine

Avenue Bugeaud

de la Faisanderie

Rue de la

Pompe

AVENUE

Rue des Belles

Feuilles

VICTOR

Victor-Hugo

Rue

Copernic

Rue

de

Belloy

Place des États-Unis

AVENUE

RAYMOND

POINCARÉ

KLÉBER

KLÉBER

AV.

D'IÉNA

AV. D'IÉNA

Bassano

MARCEAU

Serbie

GEORGE-V

CRAZY HORSE

TH. DES CHAMPS ÉLYSÉES

Pierre 1ᵉʳ de

PALAIS GALLIÉRA

PRÉSIDENT

WILSON

MUSÉE GUIMET

BOISSIÈRE

BOISSIÈRE

de

Longchamp

IÉNA

PALAIS DE TOKYO

ALMA MARCEAU

Pont de l'Alma

de

la

LAC INFÉRIEUR

Ceinture du Lac

de

Suresnes

Route de

la Muette à Neuilly

Bᵈ

BOULEVARD

SUCHET

H. MARTIN

AV.

Mairie

Pompe

AV.

R. des Sablons

MANDEL

PL. DU TROCADÉRO

16

Av. d'Eylau

TROCADÉRO

PALAIS DE CHAILLOT

AVENUE DU

Av. des Nations Unies

PRÉSIDENT

DE NEW YORK

PASSERELLE DEBILLY

PT. DE L'ALMA (R.E.R.)

l'Université

de

PORTE DE LA MUETTE

Émile

Augier

Rue de la Pompe

MUETTE

AVENUE

PAUL

DOUMER

Rue Franklin

Bᵈ Delessert

PASSY

TOUR EIFFEL

Branly

Rue

de

Quai

AVENUE RAPP

Av.

DE

BOSQUET

PORTE DE PASSY

SUCHET

Raphaël

Av. Prudhon

Jardin

MUSÉE MARMOTTAN

Ranelagh

Ingres

AV.

AV.

Boulevard de Beauséjour

R. Mozart

Rue

Singer

Raynouard

Rue de Passy

CHAMP DE MARS (R.E.R.)

PARC DU

CHAMP

J. Bouvard

AVENUE

Rue de la Fédération

DE

MARS

Av. Charles Risler

Bourdonnais

Av.

LAC SUPÉRIEUR

HIPPODROME D'AUTEUIL

Route d'Auteuil aux Lacs

Saint Cloud

Montmorency

Rue du Dr Blanche

R. Henri Heine

RANELAGH

Ranelagh

Rue de l'Assomption

du

Rue de Boulainvilliers

R. Singer

Av. de

Lamballe

Pᵗ KENNEDY

Pont de Bir-Hakeim

Bir-Hakeim

MAISON DE RADIO-FRANCE

Pont de Grenelle

Quai

Charles

Émeriau

DE

SUFFREN

ÉCOLE MILITAIRE

Dupleix

Dupleix

VILLAGE SUISSE

LA MOTTE PICQUET GRENELLE

PORTE D'AUTEUIL

AUTOROUTE A13

CAEN, ROUEN CHARTRES

JASMIN

Fontaine

R. G. Sand

Gros

Boulainvilliers

AV. DE VERSAILLES

Théophile Gautier

R. de Rémusat

Rue Poussin

Georges

Voie

Rue Linois

CENTRE BEAUGRENELLE

R. Saint

R. du Docteur Finlay

Rue

BOULEVARD

DE

GRENELLE

La Motte Picquet Grenelle

AV. DE

SUFFREN

R. Violet

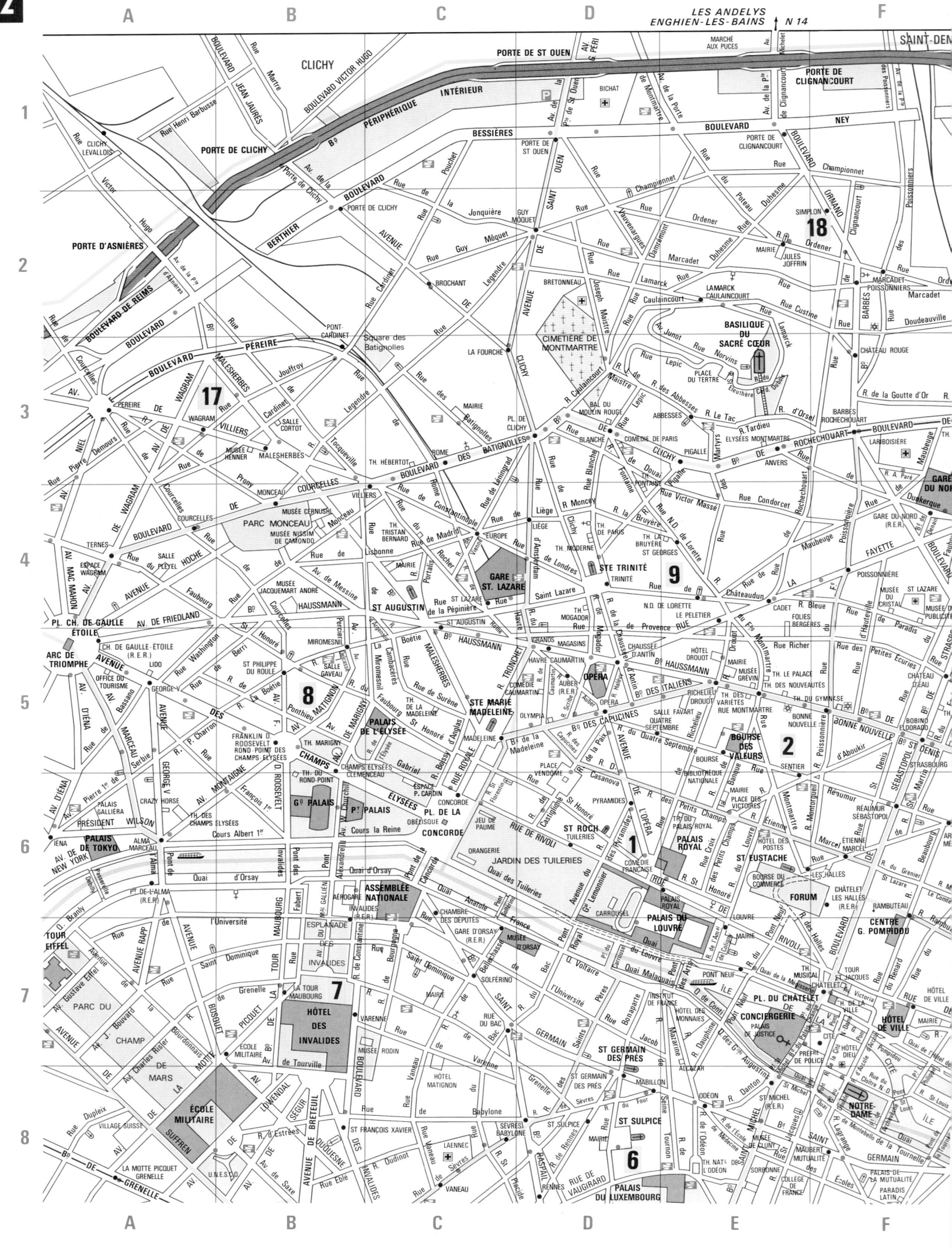

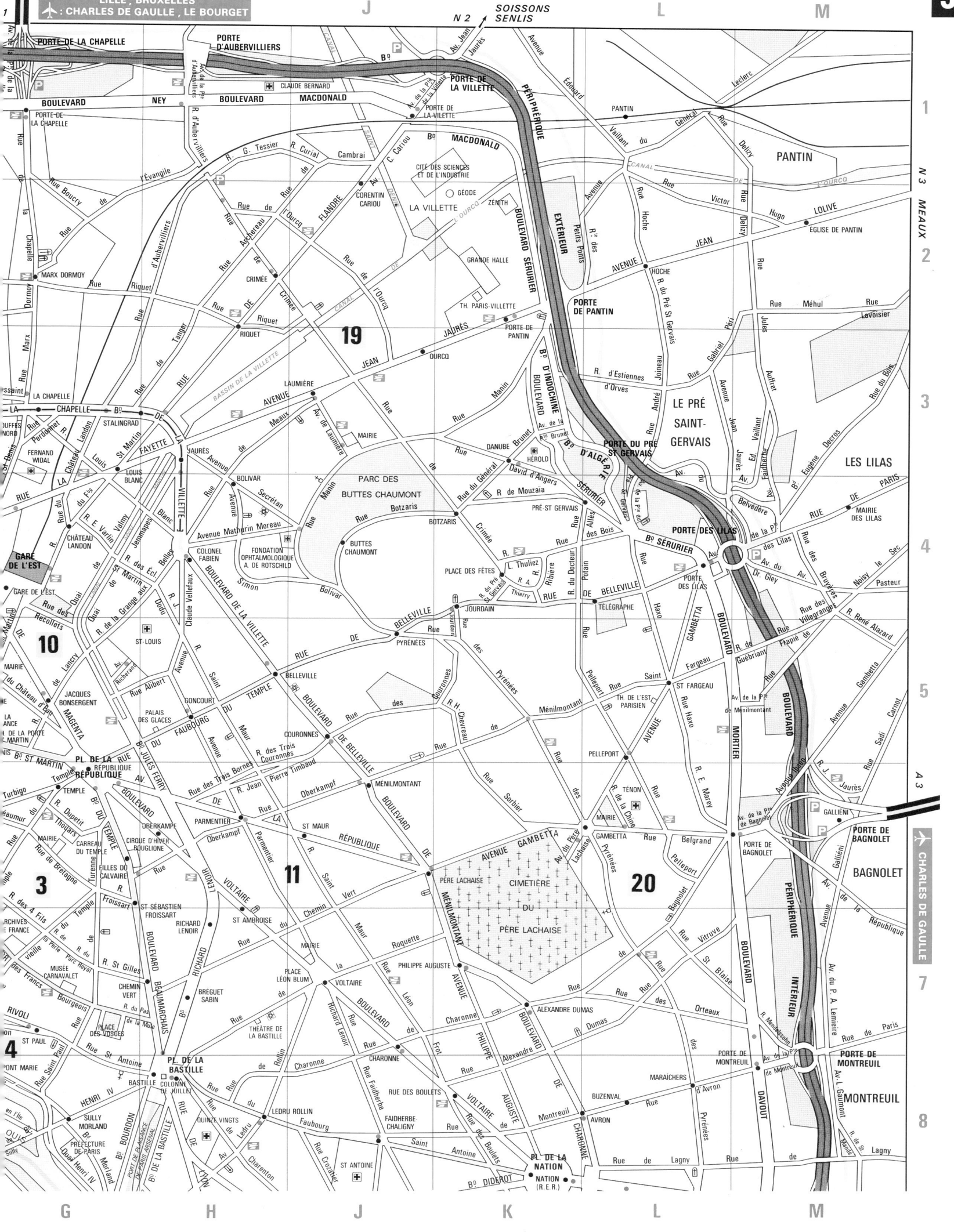

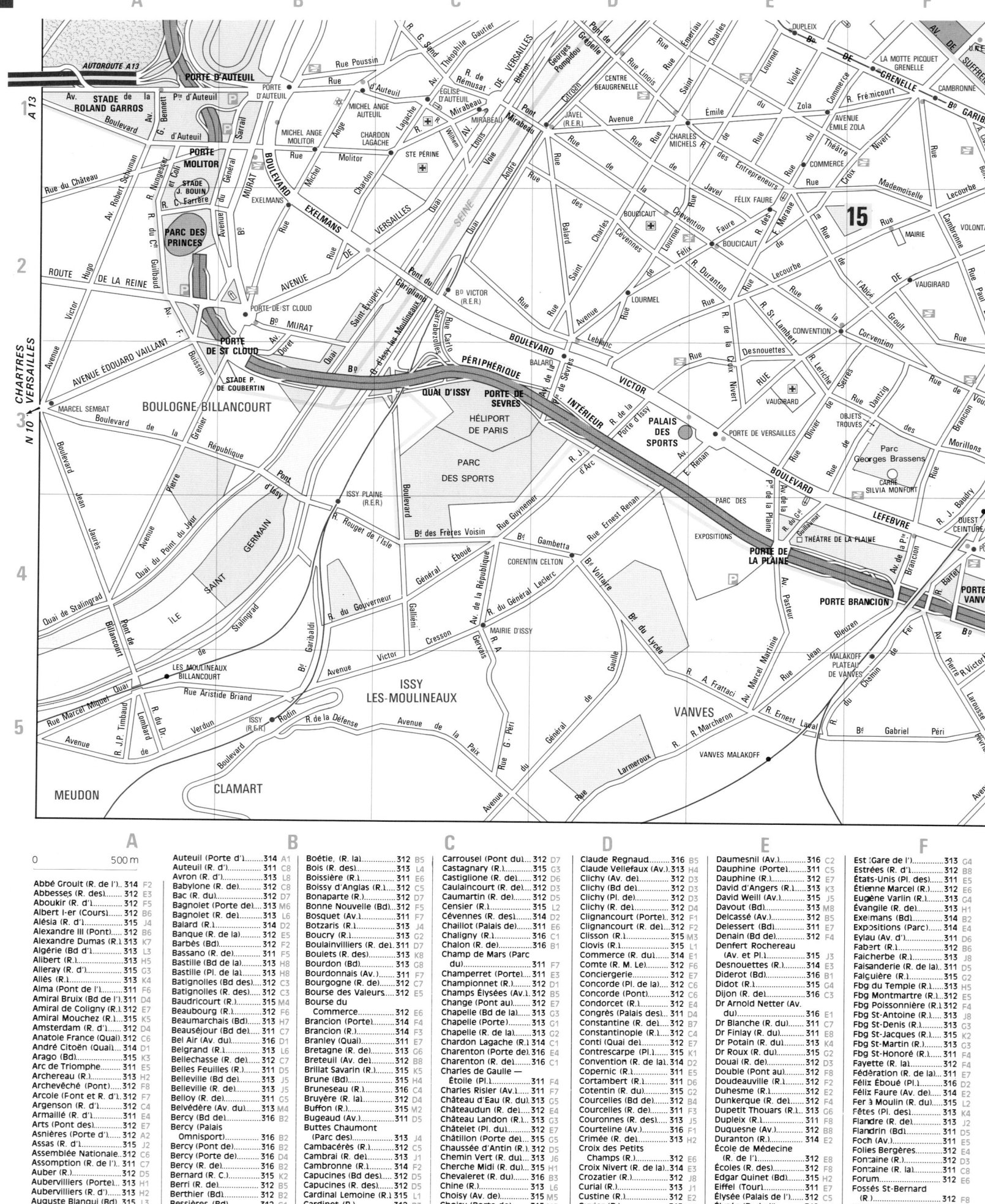

A · B · C · D · E · F

0   500 m

Abbé Groult (R. de l').....314 F2
Abbesses (R. des).....312 E3
Aboukir (R. d').....312 F5
Albert I-er (Cours).....312 B6
Alésia (R. d').....315 J4
Alexandre Dumas (R.).313 J6
Alexandre III (Pont).....312 B6
Algérie (Bd d').....313 L3
Alibert (R.).....313 H6
Alleray (R. d').....315 G3
Allés (R.).....313 K4
Alma (Pont de l').....311 F6
Amiral Bruix (Bd de l').311 D4
Amiral de Coligny (R.).312 E7
Amiral Mouchez (R.)...315 K5
Amsterdam (R. d').....312 D4
Anatole France (Quai).312 C6
André Citoën (Quai)...314 D1
Arago (Bd.).....315 K3
Arc de Triomphe.....311 E5
Archereau (R.).....313 M2
Archevêché (Pont).....312 F8
Arcole (Pont et R. d').312 F7
Argenson (R. d').....312 C4
Armaillé (R. d').....311 E4
Arts (Pont des).....312 E7
Asnières (Porte d')...312 A2
Assas (R. d').....315 J2
Assemblée Nationale.312 C6
Assomption (R. de l')..311 C7
Auber (R.).....312 D5
Aubervilliers (Porte).313 H1
Aubervilliers (R. d')...313 H2
Auguste Blanqui (Bd).315 L3
Auguste Comte (R.)...315 J1
Austerlitz (Gare d')...316 A1
Austerlitz (Pont d')...316 A1
Auteuil (Bd d').....314 A1

Auteuil (Porte d').....314 A1
Auteuil (R. d').....311 C8
Avron (R. d').....313 L8
Babylone (R. de).....312 C8
Bac (R. du).....312 D7
Bagnolet (Porte de).313 M6
Bagnolet (R. de).....313 L6
Balard (R.).....314 D2
Banque (R. de la).....312 E5
Barbès (Bd).....312 F2
Bassano (R. de).....311 E5
Bastille (Bd de la).....313 H8
Bastille (Pl. de la).....313 H8
Batignolles (Bd des)...312 C3
Batignolles (R. des)...312 C3
Baudricourt (R.).....315 M4
Beaubourg (R.).....312 F6
Beaumarchais (Bd)...313 H7
Beauséjour (Bd de)...311 C7
Bel Air (Av. du).....316 D1
Belgrand (R.).....313 L6
Bellechasse (R. de)...312 D7
Belles Feuilles (R. des).311 D5
Belleville (Bd de).....313 J5
Belleville (R. de).....313 J5
Belloy (R. de).....311 D5
Belvédère (Av. du)...313 M4
Bercy (Bd de).....316 B2
Bercy (Palais Omnisport).316 B2
Bercy (Pont de).....316 B2
Bercy (Porte de).....316 B2
Bercy (R. de).....316 B2
Bernard (R. C.).....315 K2
Berri (R. de).....312 B5
Berthier (Bd).....312 B2
Bessières (Bd).....312 B2
Bir-Hakeim (Pont de).311 E7
Blanche (R.).....312 D3
Bleue (R.).....312 E4
Bobillot (R.).....315 L4

Boétie, (R. la).....312 B5
Bois (R. des).....313 L4
Boissière (R.).....311 E6
Boissy d'Anglas (R.)..312 C5
Bonaparte (R.).....312 D7
Bonne Nouvelle (Bd).312 F5
Bosquet (Av.).....311 F7
Botzaris (R.).....313 J4
Boucry (R.).....313 G2
Boulainvilliers (R. de).311 D7
Boulets (R. des).....313 K8
Bourdon (Bd).....313 H8
Bourdonnais (Av.).....311 F7
Bourgogne (R. de).....312 C7
Bourse des Valeurs (R.).312 E5
Bourse du Commerce.....312 E6
Brancion (Porte).....314 F3
Brancion (R.).....314 F3
Branly (Quai).....311 E7
Bretagne (R. de).....313 G6
Breteuil (Av. de).....312 B8
Brillat Savarin (R.)...315 L4
Brune (Bd).....315 H4
Bruneseau (R.).....316 B3
Bruyère (R. la).....312 D3
Buffon (R.).....315 M2
Bugeaud (Av.).....311 D5
Buttes Chaumont (Parc des).....313 J4
Cambacérès (R.).....312 C5
Cambrai (R. de).....313 L2
Cambronne (R.).....314 F2
Capucines (Bd des)...312 D5
Capucines (R. des)...312 D5
Cardinal Lemoine (R.).315 K2
Cardinet (R.).....312 B3
Carlo Sarrabezolles (R.).314 C2
Cariou (Rue C.).....311 J1
Carnot (Av.).....311 E4

Carrousel (Pont du)...312 D7
Castagnary (R.).....315 G3
Castiglione (R. de)...312 D6
Caulaincourt (R. de)...312 E2
Caumartin (R. de).....312 D5
Cévennes (R. des).....314 E1
Censier (R.).....315 L2
Chaillot (Palais de)...311 E6
Chaligny (R.).....316 C1
Chalon (R. de).....316 B1
Champ de Mars (Parc du).....311 F7
Champerret (Porte)...312 C5
Championnet (R.).....312 D1
Champs Élysées (Av. l.).312 B5
Change (Pont au).....312 E7
Chapelle (Bd de la)...312 G3
Chapelle (Porte).....313 G1
Chapelle (R. de la)...313 G2
Chardon Lagache (R.).314 B1
Charenton (Porte de).316 E4
Charenton (R. de).....316 C1
Charles de Gaulle — Étoile (Pl.).....311 E5
Charles Risler (Av.)...311 F7
Château d'Eau (R. du).313 G5
Châteaudun (R. de)...312 E4
Châtelet (Pl. du).....312 F7
Châtillon (Porte de)...315 G5
Chaussée d'Antin (R.).312 D5
Chemin Vert (R. du)...313 J6
Cherche Midi (R. du)...312 C8
Chevaleret (R. du).....316 B3
Chine (R. de).....313 L6
Choisy (Av. de).....315 M5
Choisy (Porte de).....315 M5
Cité (R. de la).....312 F7
Cité Universitaire (Bd de la).....315 K5
Claude Decaen (R.)...316 E3

Claude Regnaud.....316 B5
Claude Vellefaux (Av.).313 H4
Clichy (Av. de).....312 D3
Clichy (Bd de).....312 D3
Clichy (Pl. de).....312 D3
Clichy (R. de).....312 D3
Clignancourt (Porte).312 F1
Clignancourt (R. de)...312 F1
Clisson (R.).....315 M3
Clovis (R.).....315 L1
Commerce (R. du).....312 F6
Comte (R. M. Le).....312 F6
Conciergerie.....312 E7
Concorde (Pl. de la)...312 C6
Concorde (Pont).....312 C6
Condorcet (R.).....312 E4
Congrès (Palais des)...311 D4
Constantine (R. de)...312 B7
Constantinople (R. de).312 C4
Conti (Quai de).....312 E7
Contrescarpe (Pl.)...315 K1
Convention (R. de la).314 E2
Copernic (R.).....311 E5
Cortambert (R.).....311 D6
Cotentin (R. du).....315 G3
Courcelles (Bd de)...312 C4
Courcelles (R. de).....311 F3
Couronnes (R. des)...313 J5
Courteline (Av.).....316 F1
Crimée (R. de).....313 H2
Croix des Petits Champs (R.).....312 E6
Croix Nivert (R. de la).314 E3
Crozatier (R.).....316 C1
Curial (R.).....313 J1
Custine (R.).....312 E2
Cuvier (R.).....315 M1
Damrémont (R.).....312 E2
Danielle Casanova (R.).312 D5
Danton (R.).....312 E8
Dantzig (R. de).....314 F3

Daumesnil (Av.).....316 C2
Dauphine (Porte).....311 C5
Dauphine (R.).....312 E7
David d'Angers (R.)...313 K3
David Weill (Av.).....315 J5
Davout (Bd).....313 M8
Delcassé (Av.).....312 C5
Delessert (Bd).....311 E7
Denain (Bd de).....312 F4
Denfert Rochereau (Av. et Pl.).....315 J3
Desnouettes (R.).....314 E3
Diderot (Bd).....316 B1
Didot (R.).....315 G4
Dijon (R. de).....316 B2
Dr Arnold Netter (Av.).....316 D1
Dr Blanche (R. du)...311 C7
Dr Finlay (R. du).....311 E8
Dr Potain (R. du).....313 K3
Dr Roux (R. du).....315 G3
Double (Pont au).....312 F8
Doudeauville (R.).....312 F2
Duhesme (R.).....312 E2
Dunkerque (R. de).....312 F3
Dupetit Thouars (R.)...313 G6
Dupleix (R.).....311 E7
Duquesne (Av.).....312 B8
Duranton (R.).....314 E2
École de Médecine (R. de l').....312 E8
Écoles (R. des).....315 K1
Edgar Quinet (Bd)...315 H2
Eiffel (Tour).....311 E7
Élysée (Palais de l')...312 C5
Élysée (R. de l').....312 C5
Émeriau (R.).....311 E8
Émile Augier (Bd).....311 C6
Émile Zola (Av.).....314 E1
Entrepreneurs (R.)...314 E2

Est (Gare de l').....313 G4
Estrées (R. d').....312 B8
États-Unis (Pl. des)...311 E5
Étienne Marcel (R.)...312 E6
Eugène Varlin (R.)...313 H4
Évangile (R. de l').....313 H1
Exelmans (Bd).....314 B2
Expositions (Parc)...314 E4
Eylau (Av. d').....311 D6
Fabert (R.).....312 B6
Faicherbe (R.).....313 K8
Faisanderie (R. de la).311 D5
Falguière (R.).....315 G2
Fbg du Temple (R.)...313 H5
Fbg Montmartre (R.)...312 E4
Fbg Poissonnière (R.).312 F4
Fbg St-Antoine (R.)...313 J8
Fbg St-Denis (R.).....313 G3
Fbg St-Jacques (R.)...315 H4
Fbg St-Martin (R.)...313 G3
Fbg St-Honoré (R.)...311 F4
Fayette (R. la).....312 E4
Fédération (R. de la).311 E7
Félix Éboué (Pl.).....316 D2
Félix Faure (Av. de)...314 E2
Fer à Moulin (R. du)...315 L2
Fêtes (Pl. des).....313 K4
Flandre (R. de).....313 J2
Flandrin (Bd).....311 D5
Foch (Av.).....311 D5
Folies Bergères.....312 E4
Fontaine (R.).....312 E3
Fontaine (R. de).....311 E3
Forum.....312 E6
Fossés St-Bernard (R.).315 L1
Four (R. du).....312 D8
France (Collège de)...312 F8
François I-er (R.).....312 B6
Francs Bourgeois (R.).313 G7
Franklin (R.).....311 D7

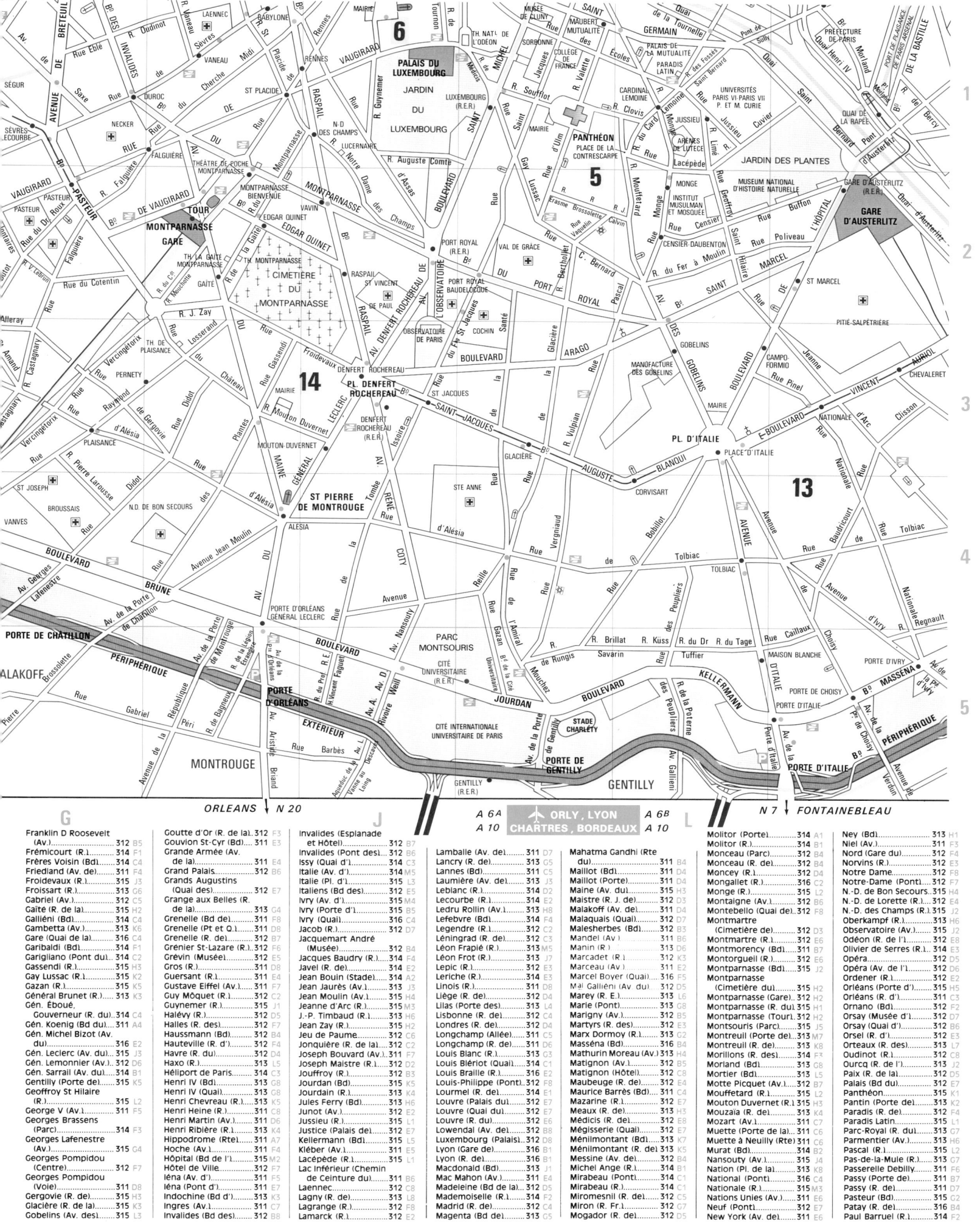

Franklin D Roosevelt
(Av.)................312 B5
Frémicourt (R.)...........314 F1
Frères Voisin (Bd.).......314 C4
Friedland (Av. de)........311 F4
Froidevaux (R.)...........315 G3
Froissart (R.)............313 G6
Gabriel (Av.).............312 C5
Gaîté (R. de la).........315 H2
Galliéni (Bd.)...........314 C4
Gambetta (Av.)...........313 K6
Gare (Quai de la)........316 C4
Garibaldi (Bd.)..........314 F1
Garigliano (Pont du).....314 C2
Gassendi (R.)............315 H3
Gay Lussac (R.)..........315 K2
Gazan (R.)...............315 K5
Général Brunet (R.)......313 K6
Gén. Éboué,
Gouverneur (R. du).314 C4
Gén. Koenig (Bd du)......311 A4
Gén. Michel Bizot (Av.
du)..................316 D2
Gén. Leclerc (Av. du)....315 J3
Gén. Lemonnier (R.)......312 D6
Gén. Sarrail (Av. du)....314 A4
Gentilly (Porte de)......315 K5
Geoffroy St Hilaire
(R.).................315 L2
George V (Av.)...........311 F5
Georges Brassens
(Parc)..............314 E4
Georges Lafenestre
(Av.)...............315 G4
Georges Pompidou
(Centre)............312 F7
Georges Pompidou
(Voie)..............311 D8
Gergovie (R. de).........315 H3
Glacière (R. de la)......315 K3
Gobelins (Av. des).......315 L3

Goutte d'Or (R. de la).312 F3
Gouvion St-Cyr (Bd)......311 E3
Grande Armée (Av.
de la)..............311 E4
Grand Palais.............312 B6
Grands Augustins
(Quai des)..........312 E7
Grange aux Belles (R.
de la)..............313 G4
Grenelle (Bd de).........311 E6
Grenelle (Pt et Q.)......311 E6
Grenelle (R. de).........312 B7
Grénier St-Lazare (R.)...312 F6
Grévin (Musée)...........312 E5
Gros (R.)................311 D8
Guersant (R.)............311 E4
Gustave Eiffel (Av.).....311 F7
Guy Môquet (R.)..........312 C2
Guynemer (R.)............315 J1
Halévy (R.)..............312 E5
Halles (R. des)..........312 F7
Haussmann (Bd)...........312 E4
Hauteville (R. d')......312 F4
Havre (R. du)............312 E4
Haxo (R.)................313 L5
Héliport de Paris........314 C3
Henri IV (Bd)............312 F7
Henri IV (Quai)..........313 G8
Henri Chevreau (R.)......313 K5
Henri Heine (R.).........311 C8
Henri Martin (Av.).......311 D6
Henri Ribière (R.).......313 K4
Hippodrome (Rte).........311 A7
Hoche (Av.)..............311 F4
Hôpital (Bd de l')......315 M2
Hôtel de Ville (R. de l')312 F7
Iéna (Av. d').............311 E5
Iéna (Pont d')...........311 E7
Indochine (Bd d')........313 K3
Ingres (Av.).............311 C7
Invalides (Bd des).......312 B8

Invalides (Esplanade
et Hôtel)...........312 B7
Invalides (Pont des).....312 B6
Issy (Quai d')...........314 C3
Italie (Av. d')..........314 M5
Italie (Pl. d')..........315 L4
Italiens (Bd des)........312 E5
Ivry (Av. d')............316 M4
Ivry (Porte d')..........315 L6
Ivry (Quai)..............316 C4
Jacob (R.)...............312 D7
Jacquemart André
(Musée).............312 B4
Jacques Baudry (R.)......314 F4
Javel (R. de)............314 C3
Jean Bouin (Stade).......314 A2
Jean Jaurès (R.).........313 J3
Jean Moulin (Av.)........315 H4
Jeanne d'Arc (R.)........315 M3
J.-P. Timbaud (R.).......313 H6
Jean Zay (R.)............315 H2
Jeu de Paume.............312 C6
Jonquière (R. de la).....312 D2
Joseph Bouvard (Av.).....311 F7
Joseph Maistre (R.)......312 D2
Jouffroy (R.)............312 B3
Jourdain (R.)............313 K5
Jourdan (Bd).............315 H5
Jules Ferry (Bd).........313 H6
Junot (Av.)..............312 E1
Jussieu (R.).............315 L1
Justice (Palais de)......312 E6
Kellermann (Bd)..........315 L5
Kléber (Av.).............311 E5
Lacépède (R.)............315 L1
Lac Inférieur (Chemin
de Ceinture du).....311 B6
Laennec (R.).............312 B7
Lagny (R. de)............313 L8
Lagrange (R.)............312 F8
Lamarck (R.).............312 E2

Lamballe (Av. de).......311 D7
Lancry (R. de)..........313 G5
Lannes (Bd).............311 C5
Laumière (Av. de).......311 J3
Leblanc (R.)............314 D2
Lecourbe (R.)...........314 E2
Ledru Rollin (Av.)......313 H8
Lefebvre (Bd)...........314 F4
Legendre (R.)...........312 C2
Léningrad (R. de).......312 D3
Léon Frapié (R.)........313 M5
Léon Frot (R.)..........313 K3
Lepic (R.)..............312 E2
Leriche (R.)............314 E3
Liège (R. de)...........312 D4
Lilas (Porte des).......313 L4
Linois (R.).............311 D8
Lisbonne (R. de)........312 C4
Londres (R. de).........312 D4
Longchamp (Allée).......311 C5
Longchamp (R. de).......311 D6
Louis Blanc (R.)........313 G3
Louis Blériot (Quai)....314 C1
Louis Braille (R.)......316 D2
Louis-Philippe (Pont)...312 F8
Lourmel (R. de).........314 E2
Louvre (Palais du)......312 E6
Louvre (Quai du)........312 E6
Louvre (R. du)..........312 E6
Lowendal (Av. de).......312 A8
Luxembourg (Palais).....312 D8
Lyon (Gare de)..........316 C1
Lyon (R. de)............316 C1
Macdonald (Bd)..........313 J1
Mac Mahon (Av.).........311 E4
Madeleine (Bd de la)....312 D5
Mademoiselle (R.).......314 E2
Madrid (R. de)..........312 C4
Magenta (Bd de).........313 G5

Mahatma Gandhi (Rte
du).................311 B4
Maillot (Bd)............311 D4
Maillot (Porte).........311 D4
Maine (Av. du)..........315 H3
Maistre (R. J. de)......312 D3
Malakoff (Av. de).......311 D4
Malaquais (Quai)........312 D7
Malesherbes (Bd)........312 C4
Mandel (Av).............311 D6
Manin (R)...............313 D6
Marcadet (R.)...........312 E3
Marceau (Av.)...........311 E5
Marcel Boyer (Quai).....316 F5
Mai Gallièni (Av du)....314 A4
Marey (R. E.)...........313 L6
Marie (Pont)............313 G8
Marigny (Av.)...........312 C5
Martyrs (R. des)........312 E3
Marx Dormoy (R.)........313 G2
Masséna (Bd)............316 F5
Mathurin Moreau (Av.) 313 H4
Matignon (Av.)..........312 C5
Matignon (Hôtel)........312 C5
Maubeuge (R. de)........312 E4
Maurice Barrès (Bd).....311 C4
Mazarine (R.)...........312 E7
Meaux (R. de)...........313 H4
Médicis (R. de).........312 D8
Mégisserie (Quai).......312 E6
Ménilmontant (Bd)........313 K7
Ménilmontant (R. de).....313 K5
Messine (Av. de)........312 C4
Michel Ange (R.)........314 B1
Mirabeau (Pont).........314 C1
Mirabeau (R.)...........314 C1
Miromesnil (R. de)......312 C4
Miron (R. Fr.)..........312 G7
Mogador (R. de).........312 D5

Molitor (Porte).........314 A1
Molitor (R.)............314 B1
Monceau (Parc)..........312 B4
Monceau (R. de).........312 B4
Moncey (R.).............312 D4
Mongallet (R.)..........316 C2
Monge (R.)..............315 L2
Montaigne (Av.).........312 B5
Montebello (Quai de)....312 F8
Montmartre
(Cimetière de)......312 D3
Montmartre (R.).........312 E6
Montmorency (Bd)........311 B7
Montorgueil (R.)........312 E6
Montparnasse (Bd).......315 J2
Montparnasse
(Cimetière du)......315 H2
Montparnasse (Gare).....312 H2
Montparnasse (R. du)....315 H2
Montparnasse (Tour).....312 H2
Montsouris (Parc).......315 J5
Montreuil (Porte de)....313 M7
Montreuil (R. de).......313 K8
Morillons (R. des)......314 F4
Morland (Bd)............313 G8
Mortier (Bd)............313 L5
Motte Picquet (Av.).....312 B7
Mouffetard (R.).........315 L2
Mouton Duvernet (R.).315 H3
Mouzaïa (R. de).........313 K4
Mozart (Av.)............311 C7
Muette (Porte de la)....311 C6
Muette à Neuilly (Rte) 311 C6
Murat (Bd)..............314 A2
Nansouty (R.)...........315 J4
Nation (Pl. de la)......313 K8
National (Pont).........316 C2
Nationale (R.)..........315 M3
Nations Unies (Av.).....311 E6
Neuf (Pont).............312 E7
New York (Av. de).......311 E6

Ney (Bd)................313 H1
Niel (Av.)..............311 F3
Nord (Gare du)..........312 F4
Norvins (R.)............312 E3
Notre Dame..............312 F8
Notre-Dame (Pont).......312 F7
N.-D. de Bon Secours....315 H4
N.-D. de Lorette (R.)...312 E4
N.-D. des Champs (R.) 315 J2
Oberkampf (R.)..........313 H6
Observatoire (Av.)......315 J2
Odéon (R. de l')........312 E8
Olivier de Serres (R.)..314 E3
Opéra...................312 D5
Opéra (Av. de l').......312 D6
Ordener (R.)............312 E2
Orléans (Porte d').......315 H5
Orléans (R. d').........311 C4
Ornano (Bd).............312 F2
Orsay (Musée d')........312 D7
Orsay (Quai d').........312 B6
Orsel (R. d')...........312 E3
Orteaux (R. des)........313 L7
Oudinot (R.)............312 C8
Ourcq (R. de l').......313 J2
Paix (R. de la).........312 D5
Palais (Bd du)..........312 E7
Panthéon................315 L2
Pantin (Porte de).......313 J2
Paradis (R. de).........312 F4
Paradis Latin...........315 L2
Parc-Royal (R. du)......313 G7
Parmentier (Av.)........313 H6
Pascal (R.).............315 K2
Pas-de-la-Mule (R.).....313 G7
PassereIle Debilly......311 F6
Passy (Porte de)........311 B7
Passy (R. de)...........311 D7
Pasteur (Bd)............315 G2
Patay (R. de)...........316 C2
Paul Barruel (R.).......314 F2

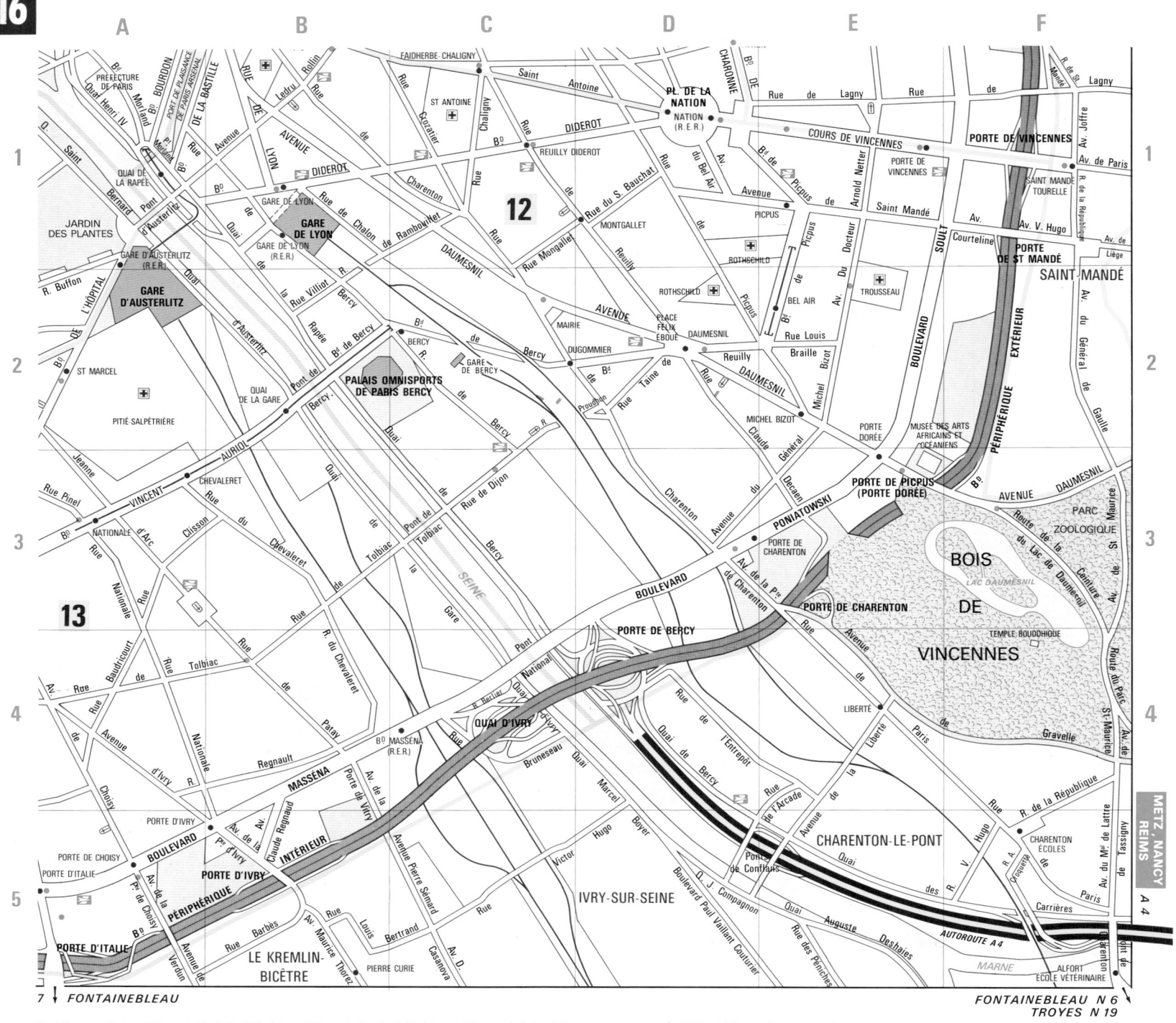

A B C D E F

1

JARDIN
DES PLANTES

GARE
DE LYON

GARE
D'AUSTERLITZ

12

PL. DE LA
NATION
(R.E.R.)

PORTE DE VINCENNES

2

PALAIS OMNISPORTS
DE PARIS BERCY

SAINT-MANDÉ

PORTE
DE ST MANDÉ

3

13

PARC
ZOOLOGIQUE

PORTE DE PICPUS
(PORTE DORÉE)

BOIS
DE
VINCENNES

PORTE DE CHARENTON

PORTE DE BERCY

4

QUAI D'IVRY

MASSÉNA

CHARENTON-LE-PONT

5

PORTE D'IVRY

IVRY-SUR-SEINE

PORTE D'ITALIE

LE KREMLIN-
BICÊTRE

AUTOROUTE A 4

MARNE

ALFORT
ÉCOLE VÉTÉRINAIRE

7 ↓ FONTAINEBLEAU

FONTAINEBLEAU N 6
TROYES N 19

Paul Doumer (Av.).... 311 D7
Pelleport (R.).......... 313 L5
Pépinière (R. de la)....312 C4
Percier (Av.).......... 312 B4
Perdonnet (R.)........ 313 G3
Pereire (Bd.).......... 311 E3
Père Lachaise
 (Cimetière du)...... 313 K7
Pergolèse (R.)........ 311 E4
Perle (R. de la)....... 313 G7
Pershing (Bd.)........ 311 D3
Petites Écuries (R.)... 312 F5
Petit Palais.......... 312 B6
Petits Champs (R.)... 312 E6
Petits Ponts (Rte
 des)................. 313 K2
Peupliers (R. des)..... 315 L4
Philippe Auguste (Av.)313 K7
Picpus (Bd de)....... 316 E1
Picpus (R. de)........ 316 D2
Picpus (Porte de)..... 316 E3
Pierre Charron (R.)... 311 F5
Pierre de Coubertin
 (Stade)............. 314 B3
Pierre Demours (R.). 311 E3
Pierre Larousse (Av.). 315 G4
Pierre 1-er de Serbie
 (Av.)............... 311 F6
Petit Pont........... 312 F8
Pigalle (R.).......... 312 E2
Pinel (R.)............ 315 M3
Plaine (Porte de la)... 314 E1
Plantes (Jardin des).. 315 M1
Plantes (R. des)...... 315 H3
Poissonnière (R.)..... 312 F5
Poissonniers (R. des). 312 F2
Police (Préf. de)...... 312 E7
Poliveau (R.)......... 316 A2
Pompe (R. de la)..... 311 D5
Poniatowski (Bd.).... 316 E3
Ponthieu (R. de)...... 312 B5

Pont Neuf (R. du).... 312 E7
Portalis (R.)......... 312 C4
Porte Brunet (Av.)... 313 K3
Porte de Ménilmontant
 (Av. de la).......... 313 M5
Porte de
 Montmartre (Av.).. 312 D1
Porte de Montrouge
 (Av. de la)......... 315 H5
Porte des Ternes (Av.)311 D3
Porte de Villiers (Av.). 311 E3
Porte de Vitry (Av.)... 316 B5
Porte d'Issy (R. de la). 314 D3
Port Royal (Bd du)... 315 K1
Postes (Hôtel des)... 312 E6
Poteau (R. du)....... 312 E2
Poterne des
 Peupliers (R. de la).315 L5
Pouchet (R.)......... 312 C1
Poussin (R.)......... 311 B8
Président Kennedy
 (Av. du)............ 311 D7
Président Wilson (Av.
 du).................. 311 F6
Pré Eustache (Porte). 313 L3
Pré St Gervais (R. du). 313 K4
Princes (Parc des).... 314 A2
Prony (R. de)........ 312 B3
Provence (R. de)...... 312 D4
Prudhon (Av.)........ 311 C7
Publicité (Musée)..... 312 F4
Pyramides (R. des)... 312 D5
Pyrénées (R. des)..... 313 K5
Quatre Fils (R. des)... 313 G6
Quatre Septembre
 (R. du).............. 312 D5
Radio-France
 (Maison de)......... 311 D8
Rambouillet (R. de)... 316 A1
Rambuteau (R.)...... 312 F6
Ranelagh (Jardin du). 311 C7

Ranelagh (R. du)..... 311 D7
Rapée (Quai de la)... 316 B2
Raphaël (Av.)........ 311 C7
Rapp (Av.)........... 311 F7
Raspail (Bd.)......... 315 J2
Raymond Losserand
 (R.)................. 315 G3
Raymond Poincaré
 (Av.)............... 311 D5
Raynouard (R.)....... 311 D7
Réaumur (R.)........ 312 F6
Récollets (R. des)..... 313 G4
Regnault (R.)........ 316 B4
Reille (Av.).......... 315 K4
Reine (Cours la)...... 312 C6
Reine Marguerite
 (Allée de la)........ 311 A5
Reims (Bd des)....... 311 F2
Rémusat (R. de)...... 311 C8
Renard (R. du)....... 312 F7
René Coty (Av.)...... 315 J4
Rennes (R. de)....... 315 J1
République (Av. de la). 312 B7
République (Bd de la). 314 A3
République (Pl. de la). 313 G6
Reuilly (Bd de)....... 316 D2
Reuilly (R. de)....... 316 D2
Ribière (R.).......... 313 K4
Richard Lenoir (Bd.). 313 H7
Richard Lenoir (R.)... 313 D7
Richard Wallace (Bd.). 311 A4
Richelieu (R. de)..... 312 E5
Richer (R.).......... 312 F4
Richerand (Av.)...... 313 G5
Riquet (R.).......... 313 G2
Rivoli (R. de)........ 312 D6
Rochechouart (Bd
 de).................. 312 E3
Rochechouart (R. de). 312 E3
Rocher (R. du)....... 312 C4
Rodin (Musée)....... 312 C7

Roland Garros
 (Stade)............. 314 A1
Rome (R. de)........ 312 C3
Roquette (R. de la)... 313 G5
Royale (R.).......... 312 C5
Royal (Palais)........ 312 E6
Royal (Pont)......... 312 D7
Rungis (R. de)....... 315 K5
Sablons (R. des)..... 311 D6
Sacré Cœur
 (Basilique du)...... 312 E3
St-Amand (R.)....... 315 G3
St-Antoine (R.)...... 313 G8
St-Augustin (R.)..... 312 C4
St-Bernard (Quai).... 316 A1
St-Blaise (R.)........ 313 L7
St-Charles (R.)....... 314 E1
St-Cloud (Av. de).... 311 A7
St-Cloud (Porte de)... 314 B3
St-Denis (R.)......... 312 F6
St-Denis (Canal)..... 313 J2
St-Dominique (R.).... 312 B7
St-Eleuthère (R.).... 312 E3
St-Eustache......... 312 E6
St-Exupéry (Quai).... 314 C7
St-Fargeau (R.)...... 313 L5
St-Ferdinand (R.).... 311 E4
St-Florentin (R.)..... 312 D5
St-Germain (Bd.).... 312 C7
St-Germain des Prés.. 312 D7
St-Gilles (R.)........ 313 G7
St-Honoré (R.)....... 312 D5
St-Jacques (Bd.)..... 315 K3
St-Jacques (R.)...... 315 K1
St-Lambert (R.)...... 314 E2
St-Lazare (Gare)..... 312 C4
St-Lazare (R.)....... 312 C4
St-Louis (R.)........ 315 K1
St-Louis-en-l'île (R.).. 312 F7
St-Mandé (Av. de)... 316 E1

St-Mandé (Porte de).. 316 F2
St-Marcel (Bd.)...... 315 M2
St-Martin (Bd.)...... 313 G5
St-Martin (R.)....... 313 F6
St-Maur (R.)......... 313 H5
St-Michel (Bd.)...... 315 K1
St-Michel (Pont)..... 312 E7
St-Michel (Quai)..... 312 E8
St-Ouen (Av. de)..... 312 D2
St-Ouen (Porte)..... 312 D1
St-Paul (R.)......... 313 G7
St-Pierre de
 Montrouge......... 315 J4
St-Placide (R.)....... 312 C8
St-Roch.............. 312 D6
St-Saëns (R.)........ 311 E8
Sts-Pères (R. des).... 312 D7
St-Sulpice........... 312 D8
St-Vincent de Paul... 315 J2
Ste-Marie Madeleine.. 312 C5
Ste-Trinité.......... 312 D4
Sand (R. G.)......... 311 C8
Santé (R. de la)...... 315 K3
Saxe (Av. de)........ 315 G1
Scribe (R.).......... 312 D5
Sébastopol (Bd de)... 312 F6
Secrétan (R.)........ 313 H4
Ségur (Av. de)....... 312 B8
Seine (Av. de)....... 312 B8
Sergent Bauchat (R.). 316 D1
Sérurier (Bd.)....... 313 K2
Sèvres (Porte de).... 314 C3
Sèvres (R. de)....... 312 C8
St-Honoré (R.)....... 312 D5
Simon Bolivar (Av.).. 313 H4
Singer (R.).......... 311 D7
Solférino (Pont)..... 312 C6
Sorbier (R.)......... 313 K6
Sorbonne........... 312 E8
Sorbier (R.)......... 315 K1
Soult (Bd.).......... 316 E2
Sports (Palais des)... 314 D3

Stéphane Mallarmé
 (Av.)............... 311 E3
Turbigo (R. de)...... 313 G6
Turenne (R. de)..... 313 G6
Ulm (R. d')......... 315 K1
UNESCO............ 312 B8
Suffren (R. de)...... 311 F8
Sully (Pont de)...... 313 G8
Suchet (Bd.)........ 311 B7
Strasbourg (Bd de)... 313 G5
Université (R. de l').. 312 B6
Surène (R. de)...... 312 C5
Suresnes (Rte de)... 311 C5
Tac (R. le).......... 312 E3
Tage (R. du)........ 315 K5
Taine (R.).......... 316 D2
Tardieu (R.)........ 312 E3
Temple (Bd du)..... 313 G6
Temple (R. du)...... 313 G6
Temple (R. vieille du). 313 G7
Ternes (Av. des)..... 311 E4
Tertre (Pl. du)...... 312 E3
Tessier (R. G.)...... 313 H1
Théâtre (R. du)..... 314 E1
Théophile Gautier (Av) 311 C8
Thierry (R. A.)...... 313 K4
Thuliez (R. L.)...... 313 K4
Tocqueville (R. de)... 312 B3
Tolbiac (Pont de)..... 316 C3
Tolbiac (R. de)...... 315 M4
Tombe Issoire (R.)... 315 J4
Tour (R. de la)...... 311 D7
Tour Eiffel.......... 311 F8
Tourisme (Office du).. 311 F6
Tour Maubourg (Bd.). 312 B7
Tournelle (Pont
 de la).............. 312 F8
Tournelle (Quai de la) 313 F8
Tournon (R. de)..... 312 D8
Tourville (Av. de).... 312 B7
Trocadéro (Pl. du)... 311 C6
Trois Bornes (R. des). 313 H6
Tronchet (R.)........ 312 D5
Tuileries (Jardin des). 312 D6
Tuileries (Quai des).. 312 D6

Valette (R.)......... 315 K1
Valmy (Quai de)..... 313 G4
Vaneau (R.)......... 312 C8
Vanves (Porte de)... 314 C4
Varenne (R. de)..... 312 C7
Vaugirard (Bd de).... 315 H2
Vaugirard (R. de).... 312 D5
Vauvenargues (R.)... 312 D2
Vendôme (Pl.)....... 312 D5
Vergniaud (R.)...... 315 K4
Vercingétorix (R.)... 315 G3
Versailles (Av. de)... 314 C2
Victor (Bd.)......... 314 D3
Victor Hugo (Av.).... 311 D5
Victoria (Av.)....... 312 F7
Victor Massé (R.).... 312 E4
Vienne (R. de)...... 312 C4
Villette (Bd de la)... 313 H4
Villette (Porte de la). 313 K1
Villiers (Av. de)..... 311 E3
Villiot (R.).......... 316 B2
Vincennes (Cours de). 313 L4
Vincennes (Porte de). 316 F1
Vincent Auriol (Bd.).. 315 M3
Violet (R.).......... 314 E1
Vitruve (R.)......... 313 L7
Volontaires (R. des).. 315 G2
Voltaire (Bd.)....... 313 K8
Vosges (Pl. des)..... 313 G7
Vouillé (R. de)...... 314 F3
Vulpian (R.)........ 315 K3
Wagram (Av. de).... 311 D3
Washington (R.)..... 311 E5
Winston Churchill
 (Av.)............... 312 B6

Puysserampion 47 195 F3
Puyvalador 66 261 E2
Puyvert 84 237 D1
Puzeaux 80 18 B3
Puzieux 57 64 C1
Puzieux 88 86 C1
Py 66 261 F3
La Pyle 27 31 E3
Pyle (Pont de la) 39 141 E4
Pyrénées (Parc National des) 65 257 E4
Pys 80 10 A4

Q
Quaëdypre 59 4 A2
Quaix-en-Chartreuse 38 189 D2
Quantilly 18 119 D3
Quarante 34 254 C1
Quarouble 59 11 E2
Quarré-les-Tombes 89 121 F2
La Quarte 70 105 F2
Le Quartier 63 152 A3
Quasquara 2a 266 C4
Quatre-Champs 08 37 F1
Les Quatre-Routes 46 181 E4
Quatre Vios (Col des) 07 203 D2
Quatremare 27 31 F3
Quatzenheim 67 67 D3
Quéant 62 10 B4
Queaux 86 148 B2
Québriac 35 73 D1
Quédillac 35 72 B2
Queige 73 174 C2
Quelaines-St-Gault 53 94 C1
Quelmes 62 3 E3
Quelneuc 56 92 C1
Quéménéven 29 69 D2
Quemigny-Poisot 21 123 E3
Quemigny-sur-Seine 21 104 A3
Quemper-Guézennec 22 47 E2
Quemperven 22 47 D2
Quend 80 8 B3
Quénécan (Forêt de) 22,56 70 C2
Quenne 89 102 B2
Quenoche 70 106 C4
Quenza 2a 269 D1
Quercamps 62 3 E3
Quercitello 2b 265 E4
Quérénaing 59 11 E3
Quéribus (Château de) 11 262 B1
Quérigut 09 261 D2
Quernes 62 4 A4
Querqueville 50 24 C1
Querré 49 95 D3
Querrien 29 70 A4
Querrieu 80 17 F2
Quers 70 107 D2
Quesmy 60 18 C4
Le Quesne 80 16 C2
Le Quesnel 80 18 A3
Le Quesnel-Aubry 60 33 F1
Le Quesnoy 59 11 E3
Le Quesnoy-en-Artois 62 9 D2
Quesnoy-le-Montant 80 8 B4
Quesnoy-sur-Airaines 80 17 D2
Quesnoy-sur-Deûle 59 5 D3
Quesques 62 3 D4
Quessigny 27 55 E1
Quessoy 22 48 B4
Quessy 02 19 D4
Questembert 56 92 A2
Questrecques 62 2 C4
Quet-en-Beaumont 38 205 F1
Quetigny 21 123 F2
Quettehou 50 25 E2
Quettetot 50 24 C3
Quetteville 14 30 B2
Quettreville-sur-Sienne 50 50 C1
Queudes 51 60 A3
La Queue-en-Brie 94 58 A2
La Queue-les-Yvelines 78 56 C2
Queuille 63 152 B2
Queuille (Méandre de) 63 152 A2
Quevauvillers 80 17 D2
Quéven 56 90 B1
Quévert 49 49 E4
Quevillon 76 31 E2
Quevilloncourt 54 86 C1
Quévreville-la-Poterie 76 31 F2
Queyrac 33 176 B1

Queyras (Parc Régional du) 05 207 E2
Queyrières 43 186 A3
Queyssac 24 196 A1
Queyssac-les-Vignes 19 181 E4
Quézac 48 217 D1
Quézac 15 199 D2
Quiberon 56 90 C4
Quiberville 76 15 E2
Quibou 50 27 D4
Quié 09 260 B1
Quiers 77 58 C4
Quiers-sur-Bézonde 45 100 B1
Quiéry-la-Motte 62 10 B2
Quierzy 02 18 C4
Quiestède 62 3 F4
Quiévelon 59 12 B3
Quiévrechain 59 11 E2
Quiévrecourt 76 16 A3
Quiévy 59 11 D4
Quilen 62 8 C1
Quilinen 29 69 D2
Quillan 11 253 E4
Quillane (Col de la) 66 261 E3
Quilleboeuf-sur-Seine 27 30 C1
Le Quillio 22 71 D2
Quilly 44 92 C4
Quilly 08 37 E2
Quily 56 92 A1
Quimper 29 69 F4
Quimperlé 29 69 F4
Quincampoix 76 31 F1
Quincampoix-Fleuzy 60 16 C3
Quinçay 86 132 A3
Quincerot 21 103 E4
Quincerot 89 103 D1
Quincey 21 123 E3
Quincey 10 82 B1
Quincey 70 106 C3
Quincié-en-Beaujolais 69 155 D3
Quincieu 38 188 C2
Quincieux 69 171 E3
Quincy 18 118 C3
Quincy-Basse 02 35 E1
Quincy-Landzécourt 55 38 B1
Quincy-sous-le-Mont 02 35 F3
Quincy-sous-Sénart 91 58 A3
Quincy-le-Vicomte 21 103 E4
Quincy-Voisins 77 58 C2
Quinéville 50 25 E3
Quingey 25 125 D3
Quinquempoix 60 33 E1
Quins 12 215 D2
Quinsac 33 194 B2
Quinsac 24 179 F1
Quinson 04 238 B2
Quinssaines 03 151 E2
Quint 31 230 B3
Quintal 74 173 F1
La Quinte 72 76 A4
Quintenas 07 187 D2
Quintenic 22 48 C3
Quintigny 39 141 D2
Quintillan 11 254 B4
Quintin 22 47 F4
Le Quiou 22 72 C1
Quirbajou 11 261 E1
Quiry-le-Sec 80 17 F4
Quissac 30 218 A4
Quissac 46 198 B3
Quistinic 56 70 C4
Quittebeuf 27 31 E4
Quitteur 70 105 F4
Quivières 80 18 C2
Quœux-Haut-Maînil 62 9 D3

R
Rabastens 81 230 B1
Rabastens-de-Bigorre 65 227 E4
Rabat-les-Trois-Seigneurs 09 252 A4
La Rabatelière 85 129 F2
Rablay-sur-Layon 49 113 E1
Rabodanges 61 52 C2
Rabou 05 206 A3
Rabouillet 66 261 D2
Racamadou (Belvédère de) 24 196 C3
Racécourt 88 87 D2
Rachecourt-sur-Marne 52 62 B4
Rachecourt-Suzémont 52 84 C1
Raches 59 10 C2
Racines 10 82 C4
La Racineuse 71 140 B2
Racquinghem 62 4 A4
Racrange 57 65 E1
Raddon-et-Chapendu 70 107 D1

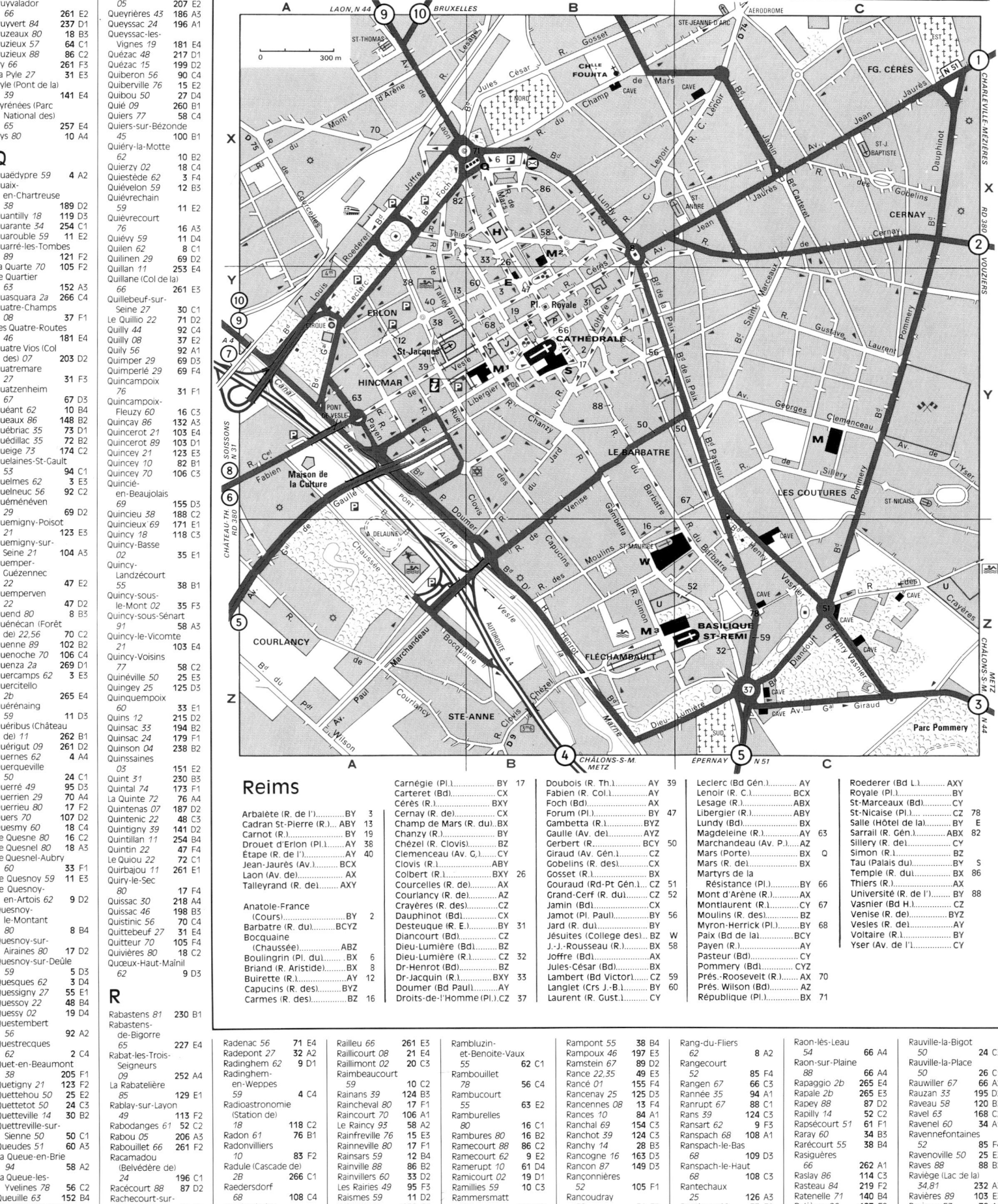

Reims

Arbalète (R. de l'.)....BY 3
Cadran St-Pierre (R.)....ABY 13
Carnot (R.)....BY 19
Drouet d'Erlon (Pl.)....AY 38
Étape (R. de l'.)....AY 40
Jean-Jaurès (Av.)....BCX
Laon (Av. de)....AX
Talleyrand (R. de)....AXY

Anatole-France (Cours)....BY 2
Barbâtre (R. du)....BCYZ
Bocquaine (Chaussée)....ABZ
Boulingrin (Pl. du)....BX 6
Briand (R. Aristide)....BX 8
Buirette (R.)....AY 12
Capucins (R. des)....BYZ
Carmes (R. des)....BZ 16

Carnégie (Pl.)....BY 17
Carteret (Bd)....CX
Cérès (R.)....BXY
Cernay (R. de)....CX
Champ de Mars (R. du)....BX
Chanzy (R.)....BY
Chézel (R. Clovis)....BZ
Clemenceau (Av. G.)....CX
Clovis (R.)....ABY
Colbert (R.)....BXY 26
Courcelles (R. de)....AX
Courlancy (R. de)....AZ
Crayères (R. des)....CZ
Dauphinot (Bd)....CX
Desteuque (R. E.)....BY 31
Diancourt (Bd)....CZ
Dieu-Lumière (Bd)....BZ
Dieu-Lumière (R.)....CZ 32
Dr-Henrot (Bd)....BZ
Dr-Jacquin (R.)....BXY 33
Doumer (Bd Paul)....AY
Droits-de-l'Homme (Pl.)....CZ 37

Dubois (R. Th.)....AY 39
Fabien (R. Col.)....AY
Foch (Bd)....AX
Forum (Pl.)....BY 47
Gambetta (R.)....BYZ
Gaulle (Av. de)....AYZ
Gerbert (R.)....BCY 50
Giraud (Av. Gén.)....CZ
Gobelins (R. des)....CX
Gosset (R.)....BX
Gouraud (Rd-Pt Gén.)....CZ 51
Grand-Cerf (R. du)....CZ 52
Jamin (R.)....CX
Jamot (Pl. Paul)....BY 56
Jésuites (Collège des)....BZ W
J.-J.-Rousseau (R.)....BX 58
Joffre (Bd)....AX
Jules-César (Bd)....CXY
Langlet (Crs J.-B.)....BY 60
Laurent (R. Gust.)....CY

Leclerc (Bd Gén.)....AY
Lenoir (R. C.)....BCX
Lesage (R.)....ABX
Libergier (R.)....ABY
Lundy (Bd)....BX
Magdeleine (R.)....AY 63
Marchandeau (Av. P.)....AZ
Mars (Porte)....BX Q
Mars (R. de)....BX
Martyrs de la Résistance (Pl.)....BY 66
Mont d'Arène (R.)....AX
Montlaurent (R.)....CY 67
Moulins (R. des)....BZ
Myron-Herrick (Pl.)....BY 68
Paix (Bd de la)....BCY
Payen (R.)....CY
Pasteur (Bd)....CY
Pommery (Bd)....CYZ
Prés.-Roosevelt (Av.)....AX 70
Prés. Wilson (Bd)....AZ
République (Pl.)....BX 71

Roederer (Bd L.)....AXY
Royale (Pl.)....BY
St-Marceaux (Bd)....CY
St-Nicaise (Pl.)....CZ 78
Salle (Hôtel de la)....BY E
Sarrail (R. Gén.)....ABX 82
Sillery (R. de)....CY
Simon (R.)....BZ
Tau (Palais du)....BY S
Temple (R. du)....BX 86
Thiers (R.)....AY
Université (R. de l'.)....BY 88
Vasnier (Bd H.)....CY
Venise (R. de)....BYZ
Vesles (R. de)....AY
Voltaire (R.)....BX
Yser (Av. de l'.)....CY

Radenac 56 71 E4
Radepont 27 32 A2
Radinghem 62 9 D1
Radinghem-en-Weppes 59 4 C4
Radioastronomie (Station de) 18 118 C2
Radon 61 76 B1
Radonvilliers 10 83 D2
Radule (Cascade de) 2B 266 C4
Raedersdorf 68 108 C3
Raedersheim 68 108 C1
Raffetot 76 14 C4
Rageade 15 184 C3
Rahart 41 98 A2
Rahay 72 97 E1
Rahling 57 42 B4
Rahon 25 126 B1
Rahon 39 124 B4
Rai 61 54 B3
Raids 50 27 D3
Raillencourt-Ste-Olle 59 10 C4

Railleu 66 261 E3
Raillicourt 08 21 E4
Raillimont 02 20 C3
Raimbeaucourt 59 10 C2
Rainans 39 124 B3
Raincheval 80 17 F1
Raincourt 70 106 A1
Le Raincy 93 58 A2
Rainfreville 76 15 E3
Rainneville 80 17 F1
Rainsars 59 12 B4
Rainville 88 86 B2
Rainvillers 60 33 D2
Les Rairies 49 95 F3
Raismes 59 11 D2
Raissac 09 252 C4
Raissac-d'Aude 11 254 B2
Raissac-sur-Lampy 11 253 D1
Raix 16 147 A4
Raizeux 78 56 B4
Ramasse 01 156 C2
Ramatuelle 83 245 E2
Rambaud 05 206 B3
Rambervillers 88 87 E2

Rambluzin-et-Benoite-Vaux 55 62 C1
Rambouillet 78 56 C4
Rambucourt 55 63 E2
Ramburelles 80 16 C1
Rambures 80 16 B2
Ramecourt 88 86 C2
Ramecourt 62 9 E2
Ramerupt 10 61 D1
Ramicourt 02 19 D1
Ramillies 59 10 C3
Rammersmatt 68 108 B2
Ramonchamp 88 107 E1
Ramonville-St-Agne 31 230 A3
Ramoulu 45 80 A3
Ramous 64 225 F3
Ramousies 59 12 B4
Ramouzens 32 227 F1
Rampan 50 27 E3
Rampieux 24 196 C2
Rampillon 77 58 C4
Rang 25 126 B1

Rampont 55 38 B4
Rampoux 46 197 E3
Ramstein 67 89 D2
Rance 22,35 49 E3
Rancé 01 155 F4
Rancenay 25 125 D3
Rancennes 08 13 F4
Rances 10 84 A1
Ranchal 69 154 C1
Ranchot 39 124 C3
Ranchy 14 28 B3
Rancogne 16 163 D3
Rancon 87 149 D3
Ranconnières 52 105 F1
Rancoudray 50 50 B1
Rancourt 88 86 C3
Rancourt 80 18 B1
Rancourt-sur-Ornain 55 62 A2
Randan 63 153 D4
Randens 73 174 B3
Randevillers 25 107 D3
Randonnai 61 54 C3

Rang-du-Fliers 62 8 A2
Rangecourt 52 85 F4
Rangen 67 66 C3
Rannée 35 94 A1
Ranrupt 67 88 C3
Rans 39 124 C3
Ransart 62 9 F3
Ranspach 68 108 A1
Ranspach-le-Bas 68 109 D3
Ranspach-le-Haut 68 108 C3
Rantechaux 25 126 A3
Rantigny 60 33 F2
Ranton 86 114 C4
Rantzwiller 68 108 C3
Ranville 14 29 E3
Ranville-Breuillaud 16 162 A1
Ranzevelle 70 106 A1
Ranzières 55 39 D4
Raon-aux-Bois 88 87 D3
Raon-l'Étape 88 88 A1

Raon-lès-Leau 54 66 A4
Raon-sur-Plaine 88 66 A4
Rapaggio 2b 265 E4
Rapale 2b 265 E3
Rapey 88 87 D2
Rapilly 14 52 C2
Rapsécourt 51 61 F1
Raray 60 34 B3
Rarécourt 55 38 B4
Rasiguères 66 262 A1
Raslay 86 114 C3
Rasteau 84 219 E2
Ratenelle 71 140 B4
Ratières 26 187 F2
Ratilly 89 101 F4
Ratte 71 140 C3
Ratzwiller 67 42 B4
Raucoules 43 186 B3
Raucourt 88 86 C3
Raucourt-au-Bois 59 11 E3
Raucourt-et-Flaba 08 21 F4
Raulecourt 55 63 E3
Raulhac 15 200 A1
Rauret 43 202 A1

Rauville-la-Bigot 50 24 C3
Rauville-la-Place 50 26 C1
Rauwiller 67 66 A2
Rauzan 33 195 D2
Raveau 58 120 B3
Ravel 63 168 C2
Ravenel 60 34 A1
Ravennefontaines 52 85 F4
Ravenoville 50 25 E3
Raves 88 88 B2
Raviège (Lac de la) 34,81 232 A3
Ravières 89 103 E3
Ravigny 53 76 A1
Raville 57 40 C4
Raville-sur-Sânon 54 66 C3
Ravilloles 39 157 E1
La Ravoire 73 173 E3
Ray-Pic (Cascade du) 07 202 C1
Ray-sur-Saône 70 106 A3
Rayet 47 196 C2

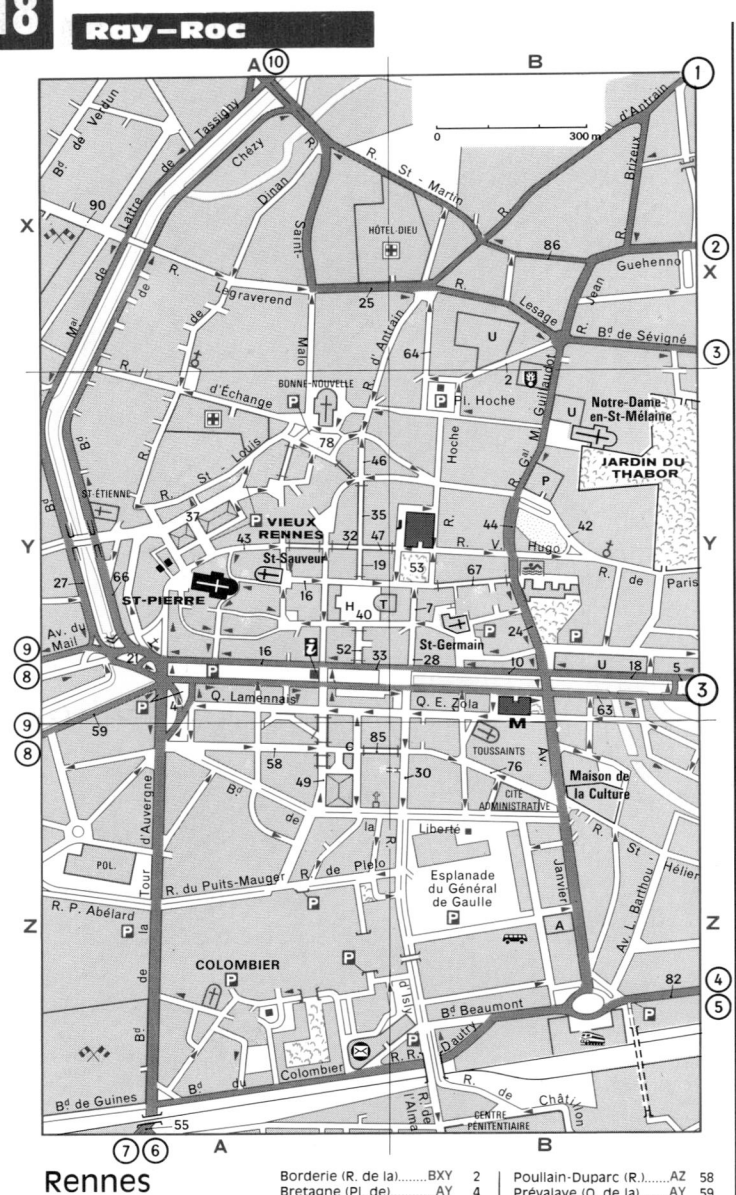

Rennes

Du-Guesclin (R.).............AY 16
Estrées (R. d').............AY 19
Jaurès (R. Jean).............BY 28
Joffre (R. Mar).............BZ 30
La-Fayette (R.).............AY 32
Le-Bastard (R.).............AY 35
Liberté (Bd de la)..........ABZ
Monnaie (R. de la).............AY 43
Motte-Fablet (R.).............AY 46
Nationale (R. de).............ABY 47
Nemours (R. de).............AZ 49
Orléans (R. d').............AY 52
Palais (Pl. du).............BY 53
Vasselot (R.).............AZ 85

Borderie (R. de la).............BXY 2
Bretagne (Pl. de).............AY 4
Briand (Av. A.).............BY 5
Cavell (R. Edith).............BY 7
Châteaubriand (Quai).............AY 10
Duguay-Trouin (Quai).............AY 19
Dujardin (Quai).............BY 18
Foch (Pl. Mar.).............AY 21
Gambetta (R.).............BY 24
Hôtel-Dieu (R. de l').............AX 25
Ille-et-Rance (Quai).............AY 29
Lamartine (Quai).............ABY 33
Lices (Pl. des).............AY 37
Mairie (Pl. de la).............BY 40
Martenot (R.).............BY 42
Motte (Cont. de la).............BY 44
Pompidou (Bd G.).............AZ 55

Poullain-Duparc (R.).............AZ 58
Prévalaye (Q. de la).............AY 59
Richemont (Q. de).............BY 63
Robien (R. de).............BX 64
St-Cast (Quai).............AY 66
St-Georges (R.).............BY 67
St-Thomas (R.).............BZ 76
Ste-Anne (Pl.).............AY 78
Solférino (Bd).............BZ 82
Vincennes (R. de).............BX 86
41e-d'Infanterie (R.).............AX 90

Raymond 18 **136** B1
Raynans 25 **107** F4
Rayol-Canadel-sur-
Mer 83 **245** D2
Rayssac 81 **231** F1
Raz (Pointe du)
29 **68** A2
Razac-
de-Saussignac
24 **195** F1
Razac-d'Eymet
24 **196** A2
Razac-sur-l'Isle
24 **179** E3
Raze 70 **106** B3
Razecueillé
31 **258** C2
Razengues
32 **229** D2
Razès 87 **149** E4
Razimet 47 **210** C1
Razines 37 **132** B1
Ré (Ile de) 17 **144** C1
Réal 66 **261** E2
Réalcamp 76 **16** B2
Réallon 05 **206** C3
Réalmont 81 **231** E1
Réalville 82 **213** E3
Réans 32 **227** E1
Réau 77 **58** A4
Réaumont 38 **189** D1
Réaumur 85 **130** B2
Réaup 47 **210** C3
Réauville 26 **203** F4
Réaux 17 **161** E4
Rebais 77 **59** D2
Rebecques 62 **3** F4
Rébénacq 64 **248** B2
Rebergues 62 **3** D3
Rebets 76 **32** A1

Rebeuville 88 **86** A2
Rebigue 31 **230** A4
Rebourguil
12 **232** B1
Rebourseaux
89 **102** B1
Reboursin 36 **118** A4
Rebréchien 45 **99** E1
Rebreuve-
Ranchicourt
62 **9** F2
Rebreuve-sur-
Canche 62 **9** E3
Rebreuviette
62 **9** E3
Recanoz 39 **141** D2
Recey-sur-Ource
21 **104** B2
Réchésy 90 **108** B4
Réchicourt 55 **39** D2
Réchicourt-le-
Château 57 **65** F3
Réchicourt-
la-Petite 54 **65** D3
Récicourt 55 **38** B3
Réclainville 28 **79** D2
Reclesne 71 **122** B4
Reclinghem 62 **9** D1
Réclonville 54 **65** E4
Recloses 77 **80** B2
Recologne 70 **106** A3
Recologne 25 **125** D2
Recologne-lès-Rioz
70 **106** B4
Recoubeau-Jansac
26 **204** C3
Recoules-d'Aubrac
48 **200** C1
Recoules-de-Fumas
48 **201** D3

Recoules-
Prévinquières
12 **216** A1
Récourt 52 **105** E1
Récourt 62 **10** B3
Récourt-le-Creux
55 **63** D1
Recouvrance
90 **108** A3
Le Recoux 48 **216** B1
Recques-sur-
Course 62 **8** B1
Recques-sur-Hem
62 **3** E3
Recquignies
59 **12** B3
Le Reculey 14 **51** F1
Reculfoz 25 **142** B2
Recurt 65 **250** A2
Recy 51 **61** D1
Rédange 57 **39** E1
Rédené 29 **90** B1
Redessan 30 **235** F4
Réding 57 **66** A2
Redon 35 **92** B3
Redortiers 04 **221** D1
Réez-Fosse-Martin
60 **34** C4
Reffannes 79 **131** E4
Reffroy 55 **63** D3
Reffuveille 50 **51** F4
Refranche 25 **125** E4
Régades 31 **298** B3
Régalon (Gorges du)
84 **236** C1
Régat 09 **252** C1
Regnauville 62 **8** C3
Regnéville-sur-Mer
48 **201** D3

Regnéville-sur-
Meuse 55 **38** C3
Regney 88 **87** D2
Régnié-Durette
69 **155** E3
Regnière-Écluse
80 **8** B3
Regniowez 08 **21** D2
Régny 02 **19** E2
La Regrippière
44 **112** C3
Réguiny 56 **71** E4
Réguisheim
68 **108** C1
Régusse 83 **238** C2
Rehaincourt
88 **87** E1
Rehainviller 54 **65** D4
Rehaupal 88 **88** A3
Reherrey 54 **65** E4
Réhon 57 **39** E1
Reichsfeld 67 **89** D1
Reichshoffen
67 **67** D1
Reichstett 67 **67** E3
Reignac 33 **199** E3
Reignac 16 **178** A1
Reignac-sur-Indre
37 **116** B3
Reignat 63 **168** C2
Reignier 74 **158** B3
Reigny 18 **135** F4
Reilhac 46 **198** B2
Reilhac 15 **183** D4
Reilhaguet 46 **198** A2
Reilhanette 26 **220** C2

Reillanne 04 **221** D4
Reillon 54 **65** E3
Reilly 60 **32** C3
Reimerswiller
67 **67** E1
Reims 51 **36** B3
Reims-la-Brûlée
51 **61** F3
La Reine Blanche
60 **34** A4
Reinhardsmunster
67 **67** D3
Reiningue 68 **108** B2
Reipertswiller
67 **66** C1
Reithouse 39 **141** F4
Reitwiller 67 **67** D3
Réjaumont
65 **250** A2
Réjaumont
32 **228** B1
Rejet-de-Beaulieu
59 **19** F1
Relanges 88 **86** C3
Relans 39 **141** D2
Le Relecq-Kerhuon
29 **45** D1
Relevant 01 **156** A3
Rely 62 **9** E1
Remaisnil 80 **9** D3
Rémalard 61 **77** E1
Remaucourt
08 **20** C4
Remaucourt
02 **19** D2
La Remaudière
44 **112** B2
Remaugies 80 **18** A4
Remauville 77 **80** C3
Rembercourt
55 **62** C1
Rembercourt-sur-
Mad 54 **63** F1
Rémécourt 60 **34** A2
Rémelfang 57 **42** A3
Rémelfing 57 **42** A3
Rémeling 57 **40** C1
Remennecourt
55 **62** A4
Remenoville
54 **87** E1
Rémérangles
60 **33** F1
Réméréville
54 **64** C3
Rémering-lès-
Hargarten
57 **41** D2
Rémering-lès-
Puttelange
57 **41** E4
Remicourt 88 **86** C2
Remicourt 51 **62** A1
Remiencourt
80 **17** F3
Remies 02 **19** E3
Remigny 71 **139** F1
Remigny 02 **19** D3
Rémilly 58 **138** B2
Rémilly 57 **40** C4
Remilly-Aillicourt
08 **22** A4
Remilly-
en-Montagne
21 **123** D2
Remilly-les-Pothées
08 **21** D3
Remilly-sur-Lozon
50 **27** D3
Remilly-sur-Tille
21 **123** F2
Remilly-Wirquin
62 **3** E4
Réminiac 56 **92** B1
Remiremont
88 **87** F3
Remoiville 55 **38** C1
Remollon 05 **206** B3
Remomeix 88 **88** B2
Remoncourt
54 **65** E3
Remoncourt
88 **86** C3
Rémondans-Vaivre
25 **142** C1
Rémonville 08 **38** A2
Remoray-
Boujeons 25 **142** B2
Remouillé 44 **112** B4
Remoulins 30 **219** D4
Removille 88 **86** B2
Rempnat 87 **166** A3
La Remuée 76 **30** B1
Remungol 56 **71** D4
Rémuzat 26 **204** C4
Rémy 60 **34** B2
Rémy 62 **10** B3
Renac 35 **92** C2
Renage 38 **188** A1
Renaison 42 **154** A4
Renansart 02 **19** E3
Renaucourt
70 **106** A3
La Renaudie
63 **169** E2
La Renaudière
49 **112** C3
Renauvoid 88 **87** D3
Renay 41 **98** A3
Renazé 53 **94** B2
Rencurel 38 **195** B4
René 72 **76** B2
Rénédale 25 **125** F4
Renescure 59 **4** A3
Renève 21 **124** B1
Réning 57 **65** E1
Rennemoulin
78 **57** D2
Rennepont 52 **84** C3
Rennes 35 **73** D3
Rennes-les-Bains
11 **253** E4
Rennes-le-Château
11 **253** E4

Rennes-
en-Grenouilles
53 **75** D1
Rennes-sur-Loue
25 **125** E4
Renneval 02 **20** B3
Renneville 31 **230** B4
Renneville 27 **32** A2
Renneville 08 **20B** 4
Renno 2a **266** B2
Réno Valdieu (Forêt
de) 61 **77** D1
Renoso (Monte)
2B **267** D3
Le Renouard
61 **55** E1
Rentières 63 **184** B1
Renty 62 **9** D1
Renung 40 **226** C2
Renwez 08 **21** E2
La Réole 33 **195** B3
La Réorthe 85 **129** F3
Réotier 05 **207** D2
Repaix 54 **65** F3
La Répara 26 **204** B2
Réparsac 16 **161** F2
Le Repas 61 **52** B2
Repel 88 **86** B2
Repentigny 14 **29** F3
Replonges 01 **155** F2
Le Reposoir
74 **158** C4
Les Repôts 39 **141** D3
Reppe 90 **108** B3
Requeil 72 **96** B2
Réquista 12 **215** E3
Rès (Dent de)
07 **203** D3
Résenlieu 61 **53** F1
La Résie-St-Martin
70 **124** C2
Résigny 02 **20** C3
Ressons 55 **62** C2
Ressons 60 **33** E3
Ressons-le-Long
02 **35** D2
Ressons-sur-Matz
60 **34** B1
Les Ressuintes
28 **55** D4
Restigné 37 **115** D2
Restinclières
34 **234** C2
Restonica (Gorges
de la) 2B **267** D1
Le Retail 79 **130** C4
Rétaud 17 **161** D2
Reterre 23 **151** E3
Rethel 08 **37** D1
Retheuil 02 **34** C2
Rethondes 60 **34** C2
Rethonvillers
80 **18** B3
Réthoville 50 **25** E1
Retiers 35 **93** F1
Retjons 40 **210** A3
Retonfey 57 **41** E4
Rétonval 76 **16** B3
Retournac 43 **186** A2
Retschwiller
67 **43** E4
Rettel 57 **40** B1
Rety 62 **2** C3
Retz (Forêt de)
02 **35** D3
Retzwiller 68 **108** B3
Reugney 25 **125** E4
Reugny 37 **115** E4
Reugny 03 **151** F1
Reuil 51 **36** A4
Reuil-en-Brie
77 **59** E1
Reuil-sur-Brêche
60 **33** F1
Reuilly 27 **31** F4
Reuilly 36 **118** B4
Reuilly-Sauvigny
02 **35** F4
Reulle-Vergy
21 **123** E3
Reumont 59 **11** D4
La Réunion
47 **210** C1
Reutenbourg
67 **66** C3
Rémonville 08 **38** A2
Reuves 51 **60** A2
Reuville 76 **15** D2
Reux 14 **30** A3
Revard (Mont)
73 **173** F2
Réveillon 61 **77** D1
Réveillon 51 **59** E3
Revel 31 **231** D4
Revel 38 **189** E2
Revel-Tourdan
38 **188** A1
Revelles 80 **17** D2
Revens 30 **216** C3
Reventin-Vaugris
38 **171** E4
Revercourt 28 **55** E3
Revest-des-
Brousses
04 **221** D4
Revest-du-Bion
04 **221** D3
Le Revest-les-Eaux
83 **244** C3
Revest-les-Roches
06 **241** D3
Revest-St-Martin
04 **221** D4
La Revêtizon
79 **146** B2
Reviers 14 **29** D3
Revigny 39 **141** E3
Revigny (Creux de)
39 **141** E3
Revigny-sur-Ornain
55 **62** B2
Réville 50 **25** E1
Réville-aux-Bois
55 **38** C2

Révillon 02 **36** A2
Revin 08 **21** E1
Revollat (Croix de)
38 **189** F2
Revonnas 01 **156** C4
Rexingen 67 **66** B1
Rexpoëde 59 **4** B2
Reyersviller 57 **42** B4
Reygade 19 **181** F4
Reynel 52 **85** E2
Reynès 66 **262** B3
Reynier 04 **222** A1
Reyniès 82 **213** D4
Revrevignes
46 **198** C3
Revrieux 01 **171** E1
Reyssouze 01 **155** F1
Reyvroz 74 **158** A4
Rezay 18 **135** E3
Rezé 44 **112** A3
Rézentières
15 **184** B3
Rezonville 57 **39** F4
Rezza 2a **266** C3
Rhèges 10 **60** B4
Le Rheu 35 **73** D3
Rhin 67,68 **67** F2
Rhinau 67 **89** F1
Rhodes 57 **65** F3
Rhodon 41 **98** B3
Rhône 1,7,
13,26,38,
69,73,74,84 **203** F1
Rhue 15,19 **183** D1
Rhuis 60 **34** B2
La Rhune 64 **246** A4
Ri 61 **53** D2
Ria-Sirach 66 **261** F2
Riaillé 44 **94** A4
Le Rialet 81 **251** F3
Rians 18 **119** E3
Rians 83 **238** A2
Riantec 56 **90** B2
Le Riau 03 **137** E3
Riaucourt 52 **85** D3
Riaville 55 **39** D4
Ribagnac 24 **196** A2
Ribarrouy 64 **226** C3
Ribaute 11 **254** A3
Ribaute-les-
Tavernes
30 **218** A3
Le Ribay 53 **75** E1
Ribeaucourt 80 **9** D4
Ribeaucourt
55 **62** C4
Ribeauville 02 **19** F1
Ribeauvillé 68 **89** D2
Ribécourt-
Dreslincourt
60 **34** C1
Ribécourt-la-Tour
59 **10** C4
Ribemont 02 **19** E3
Ribemont-sur-
Ancre 80 **18** A1
Ribennes 48 **201** E1
Ribérac 24 **179** D2
Ribes 07 **202** C4
Ribeyret 05 **205** D4
Ribiers 05 **221** E2
Ribouisse 11 **252** C2
Riboux 83 **243** F2
La Ricamarie
42 **186** C1
Ricarville 76 **14** C4
Ricarville-du-Val
76 **15** F3
Ricaud 11 **252** C1
Ricaud 65 **249** F2
Les Riceys 10 **103** E1
La Richardais
35 **49** E2
Richardménil
54 **64** B4
Richarville 91 **79** E1
La Riche 37 **115** F1
Riche 57 **65** D1
Richebourg
78 **56** B2
Richebourg
62 **10** A1
Richecourt 55 **63** E2
Richelieu 37 **115** D4
Richeling 57 **41** F4
Richemont
24 **179** E1
Richemont
16 **161** F2
Richemont 76 **16** B3
Richemont (Col de)
01 **157** E4
Richerenches
84 **219** F1
Richeval 57 **65** F3
Richeville 27 **32** B3
Richtolsheim
67 **89** E2
Richwiller 68 **108** C2
Ricourt 32 **227** F3
Ricquebourg
60 **34** B1
Riec-sur-Belon
29 **90** B1
Riedheim 67 **66** C2
Riedisheim
68 **108** C2
Riedseltz 67 **43** E4
Riedwihr 89 **89** D3
Riel-les-Eaux
21 **104** A1
Riencourt 80 **17** D2
Riencourt-lès-
Bapaume
62 **10** B4
Riencourt-lès-
Cagnicourt
62 **10** B3
Riervescemont
90 **107** F2

Riespach 68 **108** C3
Rieucazé 31 **258** C2
Rieucros 09 **252** B3
Rieulay 59 **10** C2
Rieumajou 31 **230** C4
Rieumes 31 **229** E4
Rieupeyroux
12 **214** C1
Rieussec 34 **232** B4
Rieutort-
de-Randon
48 **201** E3
Rieux 31 **251** E2
Rieux 56 **92** B3
Rieux 60 **34** A3
Rieux 76 **16** B2
Rieux 51 **59** F2
Rieux-de-Pelleport
09 **252** A3
Rieux-en-Cambrésis
59 **11** D3
Rieux-en-Val
11 **254** A3
Rieux-Minervois
11 **254** A1
Riez 04 **238** C1
Rigarda 66 **262** A2
Rigaud 06 **223** E4
Rignac 12 **214** C1
Rignac 46 **198** B1
Rignat 01 **156** C3
Rignaucourt
55 **62** C1
Rigné 79 **131** D1
Rigney 25 **125** E1
Rignieux-le-Franc
01 **156** B4
Rignosot 25 **125** E1
Rignovelle 70 **107** E3
Rigny 70 **105** F4
Rigny-le-Ferron
10 **82** B3
Rigny-la-Nonneuse
10 **82** B2
Rigny-St-Martin
55 **63** E3
Rigny-la-Salle
55 **63** E3
Rigny-sur-Arroux
71 **138** C4
Rigny-Ussé
37 **115** D2
Riguepeu 32 **227** F2
Rilhac-Lastours
87 **164** B3
Rilhac-Rancon
87 **164** C1
Rilhac-Treignac
19 **165** E4
Rilhac-Xaintrie
19 **182** B3
Rillans 25 **125** F1
Rillé 37 **115** D1
Rilleux-la-Pape
69 **171** F1
Rilly-la-Montagne
51 **36** B3
Rilly-Ste-Syre
10 **82** C1
Rilly-sur-Aisne
08 **37** E1
Rilly-sur-Loire
41 **116** C1
Rilly-sur-Vienne
37 **115** E4
Rimaucourt
52 **85** E2
Rimbach-près-
Guebwiller
68 **108** B1
Rimbach-près-
Masevaux
68 **108** A1
Rimbachzell
68 **108** B1
Rimbez-et-Baudiets
40 **210** C3
Rimboval 62 **8** C1
Rimeize 48 **201** D2
Rimling 57 **42** B3
Rimogne 08 **21** E2
Rimon-et-Savel
26 **204** C2
Rimondeix 23 **150** C2
Rimons 33 **195** D2
Rimont 09 **259** F2
Rimoux 35 **73** E1
Rimplas 06 **223** F2
Rimsdorf 67 **66** A1
Rimstadt 67 **67** D1
Ringeldorf 67 **67** D2
Rinxent 62 **2** C3
Riocaud 33 **195** E2
Riolan (Clue du)
06 **223** E4
Riolas 31 **250** C1
Le Riols 81 **214** A3
Riols 34 **232** B3
Riom 63 **168** B1
Riom-ès-
Montagnes
15 **183** E2
Rioms 20 **221** C1
Rion-des-Landes
40 **208** C4
Rions 33 **194** B2
Riorges 42 **154** B4
Riotord 43 **186** C2
Rioux 17 **161** D3
Rioux-Martin
16 **178** B2
Rioz 70 **125** E1
Ripaille 74 **158** C2
Riquewihr 68 **89** D3
Ris 65 **249** E4
Ris 63 **153** E4
Ris-Orangis 91 **57** F4
Riscle 32 **227** D2
Risoul 05 **207** D3
Ristolas 05 **207** F1

Rittershoffen
67 **67** E1
Ritzing 57 **40** C1
Riupeyrous
64 **226** C4
Rivarennes
36 **134** A3
Rivarennes
37 **115** E2
Rivas 42 **170** B3
Rivau 37 **115** D3
Rive-de-Gier
42 **171** D4
Rivecourt 60 **34** B2
Rivedoux-Plage
17 **144** C3
Rivehaute 64 **225** F4
Rivel 11 **252** C4
Riventosa 2b **267** D2
Rivèrenert 09 **259** F3
Riverie 69 **171** D3
Rivery 80 **17** E2
Les Rives 34 **233** E4
Rives 38 **188** C1
Rives 47 **196** B3
Rivesaltes 66 **262** C4
La Rivière 33 **177** F4
La Rivière 38 **188** C2
Rivière 62 **10** A3
Rivière 37 **115** D3
La Rivière-de-Corps
10 **83** D2
La Rivière-Drugeon
25 **142** B1
La Rivière-Enverse
74 **159** D3
Rivière-les-Fosses
52 **105** D3
Rivière-Saas-
et-Gourby
40 **225** D2
La Rivière-
St-Sauveur
14 **30** B2
Rivière-sur-Tarn
12 **216** B2
La Rivière
Thibouville
27 **31** D4
Rivières 16 **163** D4
Rivières 30 **218** B2
Rivières 81 **214** B4
Rivières-le-Bois
52 **105** D2
Les Rivières-Henruel
51 **61** E3
Riville 76 **14** C3
Rivolet 69 **155** D4
Rix 58 **121** D1
Rix 39 **142** B2
Rixheim 68 **108** C2
La Rixouse 39 **142** A4
Rizaucourt 52 **84** C2
Roaillan 33 **194** C4
Roaix 84 **219** F2
Roanne 42 **154** B4
Roannes-St-Mary
15 **199** E1
Robécourt 88 **86** A3
Robecq 62 **4** B4
Robehomme
14 **29** E3
Robersart 59 **11** E4
Robert-le-Diable
(Château de)
76 **31** E2
Robert-Espagne
55 **62** B3
Robert-Magny
52 **84** C1
Robertot 76 **15** D3
Roberval 60 **34** B3
Robiac 30 **218** A2
Robien 22 **47** F4
Robin (Mont)
50 **51** D1
La Robine-sur-
Galabre 04 **222** A2
Robion 84 **236** C1
Le Roc 46 **197** F2
Roc (Puy du)
03 **153** F3
Le Roc-St-André
56 **92** A1
Rocamadour
46 **198** A2
Rocbaron 83 **244** B1
Roccapina 2A **68** C4
Rocé 41 **98** A2
Roche 42 **169** F3
Roche 38 **172** A3
Roche 41 **98** C2
La Roche-l'Abeille
87 **164** C3
La Roche-lès-
Aigueperse
63 **152** C4
La Roche-aux-Fées
35 **93** F1
Roche aux Sept
Villages 08 **21** E2
La Roche-Baron
(Château de)
43 **186** A1
La Roche-Bernard
56 **92** B4
La Roche-Blanche
63 **168** B2
La Roche-Blanche
44 **112** C2
La Roche-Canillac
19 **182** B3
La Roche-Chalais
24 **178** B3
Roche-Charles-
la-Mayrand
63 **168** A4
La Roche-Clermault
37 **115** D3
La Roche-lès-Clerval
25 **126** A1
La Roche-Courbon
17 **160** C1

Roche-d'Agoux 63 151 F4
La Roche-de-Glun 26 187 E4
La Roche-de-Rame 05 207 D1
La Roche-Derrien 22 47 D2
La Roche-des-Arnauds 05 206 A3
La Roche-en-Brenil 21 122 A2
Roche-en-Régnier 43 185 F2
Roche-et-Raucourt 70 105 F3
La Roche-Guyon 95 32 B4
La Roche-Jagu 22 47 C4
La Roche-lez-Beaupré 25 125 D2
La Roche-Mabile 61 76 A1
La Roche-Maurice 29 45 E3
La Roche-Molière 42 170 C4
La Roche-Noire 63 168 B2
Roche-le-Peyroux 19 182 C1
La Roche-Pichemer 53 75 D3
La Roche-Posay 86 133 D2
Roche-qui-Boit (Barrage de la) 50 50 C3
La Roche-Racan 37 96 D4
La Roche-Rigault 86 132 A1
Roche-St-Secret-Béconne 26 204 B4
La Roche-sur-le-Buis 26 220 B1
La Roche-sur-Foron 74 158 B3
La Roche-sur-Grane 26 204 A2
Roche-sur-Linotte-et-Sorans-les-Cordiers 70 106 C4
La Roche-sur-Yon 85 129 D3
La Roche-Vanneau 21 122 C1
La Roche-Vineuse 71 155 E1
Rochebaudin 26 204 B3
La Rochebeaucourt-et-Argentine 24 163 D4
Rochebloine (Château de) 07 187 D4
Rochebonne (Château de) 07 186 C4
Rochebrune 74 174 C1
Rochebrune 05 206 B4
Rochebrune 26 220 B1
Rochebrune 16 163 F1
Rochechinard 26 188 B3
Rochechouart 87 164 A2
Rochecolombe 07 203 D4
Rochecorbon 37 116 A1
Rochefort 33 173 D3
Rochefort 17 145 E4
Rochefort 42 169 F2
Rochefort 21 104 A3
Rochefort-du-Gard 30 219 E4
Rochefort-en-Terre 56 92 A2
Rochefort-en-Valdaine 26 204 A4
Rochefort-en-Yvelines 78 56 C4
Rochefort-Montagne 63 167 E3
Rochefort (Rocher de) 42 154 A4
Rochefort-Samson 26 188 B4
Rochefort-sur-la-Côte 52 85 D3
Rochefort-sur-Loire 49 113 E2
Rochefort-sur-Nenon 39 124 B3
La Rochefoucauld 16 163 F2
Rochefourchat 26 204 C3
La Rochegiron 04 221 D3
Rochegude 26 219 E2
Rochegude 30 218 B2
Rochejean 25 142 C2
La Rochelambert 43 185 E3
La Rochelle 70 105 F2
La Rochelle 17 145 D3

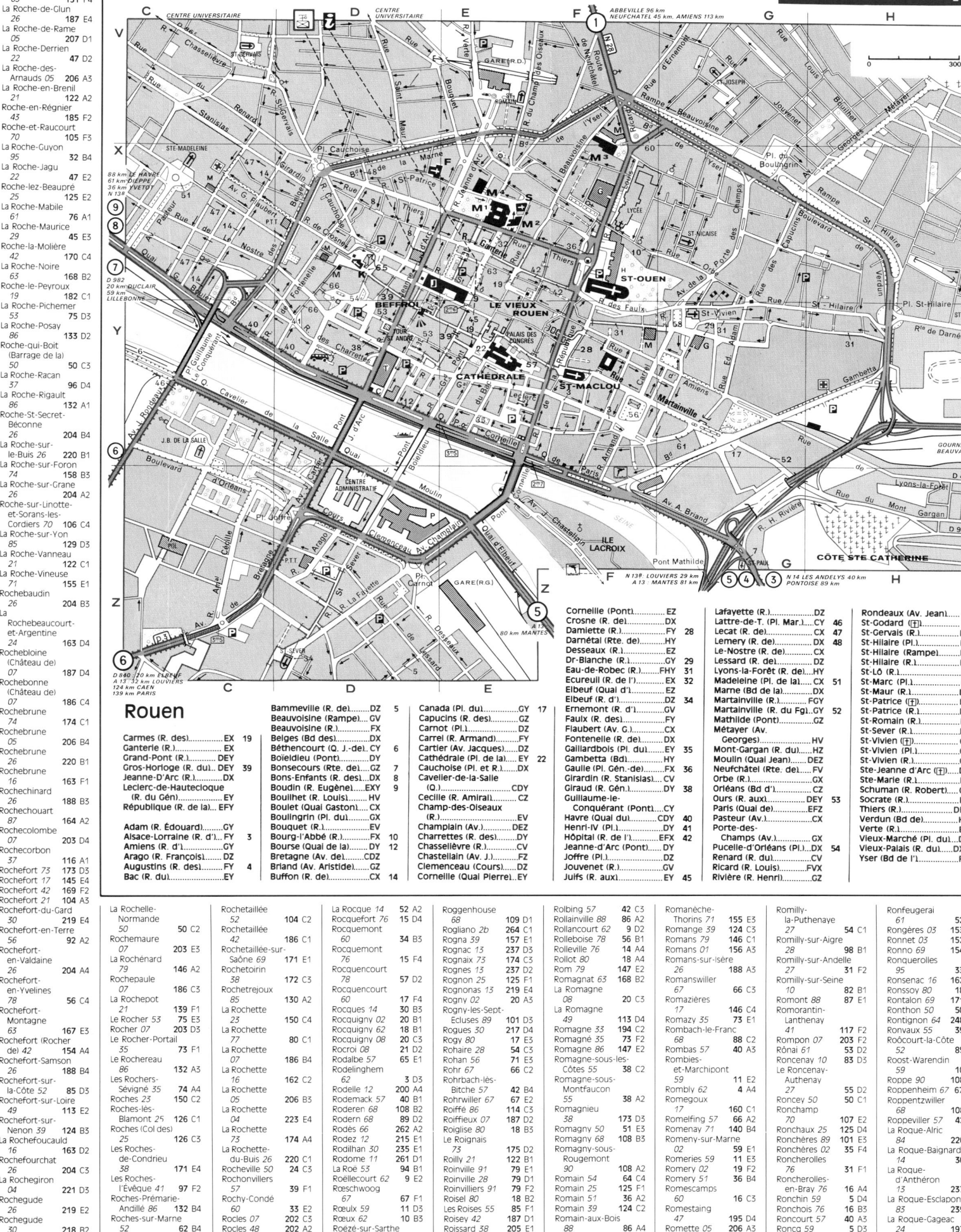

Rouen

Carmes (R. des)..............EX 19
Ganterie (R.)................EX
Grand-Pont (R.).............DEY
Gros-Horloge (R. du)........DEY 39
Jeanne-D'Arc (R.)...........DX
Leclerc-de-Hauteclocque (R. du Gén.)....GY
République (R. de la).......EFY
Adam (R. Édouard)...........GY
Alsace-Lorraine (R. d')......FY 3
Amiens (R. d')...............FY
Arago (R. François).........DZ
Augustins (R. des)..........EY 4
Bac (R. du).................EY

Bammeville (R. de)..........DZ 5
Beauvoisine (Rampe).........GV
Beauvoisine (R.).............FX
Belges (Bd des).............CV
Béthencourt (Q. J.-de)......CY 6
Boieldieu (Pont)............DY
Bonsecours (Rte. de)........GZ 7
Bons-Enfants (R. des).......DX
Boudin (R. Eugène).........EXY 9
Bouilhet (R. Louis).........HV
Boulet (Quai Gaston)........CX
Boulingrin (Pl. du).........GX
Bouquet (R.)................EY
Bourg-l'Abbé (R.)..........FX 10
Bourse (Quai de la)........DY 12
Bretagne (Av. de)..........CDZ
Briand (Av. Aristide).......GZ
Buffon (R. de).............CX 14

Canada (Pl. du)............GY 17
Capucins (R. des)..........GZ
Carnot (Pl.)...............DZ
Carrel (R. Armand).........FY
Cartier (Av. Jacques)......DZ
Cathédrale (Pl. de la).....EY 22
Cauchoise (Pl. et R.)......DX
Cavelier-de-la-Salle (Q.)..CDY
Cecile (R. Amiral).........CZ
Champ-des-Oiseaux (R.)....CDY
Champlain (Av.)............DEZ
Charrettes (R. des)........DY
Chasselièvre (R.)..........CV
Chastellain (Av. J.).......FZ
Clemenceau (Cours).........DZ
Corneille (Quai Pierre)....EY

Corneille (Pont)...........EZ
Crosne (R. de)............DX
Damiette (R.)..............FY 28
Darnétal (Rte. de)........HY
Desseaux (R.).............EZ
Dr-Blanche (R.)...........CX 29
Eau-de-Robec (R.)........FHY 31
Écureuil (R. de l')........EX 32
Elbeuf (Quai d')..........EZ
Elbeuf (R. d')............DZ 34
Ernemont (R. d').........GV
Faulx (R. des)............FY
Flaubert (Av. G.).........CX
Fontenelle (R. de)........DX
Gaillardbois (Pl. du)......EY 35
Gambetta (Bd).............HY
Gaulle (Pl. Gén.-de)......DX 36
Girardin (R. Stanislas)....CV
Giraud (R. Gén.)..........DY 38
Guillaume-le-Conquérant (Pont)....CY
Havre (Quai du)...........CDY 40
Henri-IV (R.).............FY 41
Hôpital (R. de l').......EFX 42
Jeanne-d'Arc (Pont).......DY
Joffre (R.)...............DZ
Jouvenet (R.).............GV
Juifs (R. aux)............EY 45

Lafayette (R.)............DZ
Lattre-de-T. (Pl. Mar.)...CY 46
Lecat (R.)...............CX 47
Lemery (R. de)............DX 48
Le-Nostre (R. de)........CX
Lessard (R. de)..........DZ
Lyons-la-Forêt (R. de)....HY
Madeleine (Pl. de la).....CX 51
Marne (Bd de la)..........DX
Martainville (R.).........FGY
Martainville (R. du Fg)...GY 52
Mathilde (Pont)...........GZ
Métayer (Av. Georges)....HV
Mont-Gargan (R. du).......HZ
Moulin (Quai Jean).......DEZ
Neufchâtel (Rte. de)......FV
Orbe (R.)................GX
Orléans (Bd d')..........CZ
Ours (R. aux)............DEY 53
Paris (Quai de)..........EFZ
Pasteur (Av.)............CX
Porte-des-Champs (Av.)...GX
Pucelle-d'Orléans (Pl.)..DX 54
Renard (R. du)...........CV
Ricard (R. Louis)........FVX
Rivière (R. Henri).......GZ

Rondeaux (Av. Jean)......CY
St-Godard (✝)...........EX S
St-Gervais (R.)..........DV
St-Hilaire (Pl.).........HY
St-Hilaire (Rampe).......HX
St-Hilaire (R.)..........HY
St-Lô (R.)..............EX
St-Marc (Pl.)...........FY 56
St-Maur (R.)............DV
St-Patrice (✝)..........DX F
St-Patrice (R.).........DX
St-Romain (R.)..........EY 57
St-Sever (R.)...........DZ
St-Vivien (✝)...........GY
St-Vivien (Pl.).........GY 58
St-Vivien (R.)..........GY
Ste-Jeanne d'Arc (✝)....DX K
Ste-Marie (R.)..........FX 60
Schuman (R. Robert).....GY 61
Socrate (R.)............EX 63
Thiers (Bd).............DFX
Verdun (Bd de)..........HX
Verte (R.)..............FV
Vieux-Marché (Pl. du)...DX 65
Vieux-Palais (R. du)....DXY 66
Yser (Bd de l')........FV

La Rochelle-Normande 50 50 C2
Rochemaure 07 203 E3
La Rochénard 79 146 A2
Rochepaule 07 186 C4
La Rochepot 21 139 F1
Le Rocher 53 75 E3
Rocher 07 203 D3
Le Rocher-Portail 35 73 F1
Le Rochereau 86 132 A3
Les Rochers-Sévigné 35 74 A4
Roches-lès-Blamont 25 126 C1
Roches (Col des) 25 126 C3
Les Roches-de-Condrieu 38 171 E4
Roches-l'Évêque 41 97 F2
Roches-Prémarie-Andillé 86 132 B4
Roches-sur-Marne 52 62 B4
Roches-sur-Rognon 52 85 D2
Rocheservière 85 112 A4
Rochessauve 07 203 D4
Rochesson 88 88 A4

Rochetaillée 52 104 C2
Rochetaillée 42 186 C1
Rochetaillée-sur-Saône 69 171 E1
Rochetoirin 38 172 C2
Rochetrejoux 85 130 A2
La Rochette 73 150 C4
La Rochette 23 150 C4
La Rochette 77 80 C1
La Rochette 07 186 B4
La Rochette 16 162 C2
La Rochette 05 206 B3
La Rochette 04 223 E4
La Rochette 73 174 A4
La Rochette-du-Buis 26 220 C1
Rocheville 50 24 C3
Rochonvillers 57 39 F1
Rochy-Condé 60 33 E2
Rocles 07 202 C3
Rocles 03 152 B1

La Rocque 14 52 A2
Rocquefort 76 15 D4
Rocquemont 60 34 B3
Rocquemont 76 15 F4
Rocquencourt 78 10 A3
Rocquencourt 60 17 F4
Rocques 14 52 A2
Rocquigny 02 20 B1
Rocquigny 62 19 E3
Rocquigny 08 20 C3
Rocroi 08 21 D2
Rodalbe 57 65 E1
Rodelinghem 62 3 D3
Rodelle 12 200 A4
Rodemack 57 40 B1
Rodern 68 89 D2
Rodern 68 108 B2
Rodès 66 262 A2
Rodez 12 215 E1
Rodilhan 30 235 E1
Rodome 11 261 D1
La Roë 53 94 B1
Roëllecourt 62 9 E2
Rœschwoog 67 67 F1
Rœulx 59 11 D3
Rœux 62 10 B3
Roézé-sur-Sarthe 72 96 B1
Roffey 89 102 C1
Roffiac 15 184 A4
Rogalle 09 259 E3
Rogécourt 02 19 E4
Rogerville 76 30 B1
Rogéville 54 64 D3

Roggenhouse 68 109 D1
Rogliano 2b 264 C1
Rogna 39 157 E1
Rognac 13 237 D3
Rognaix 73 174 C3
Rognes 13 237 D2
Rognon 25 125 F1
Rognonas 13 219 E4
Rogny 02 20 A3
Rogny-les-Sept-Écluses 89 101 D3
Rogues 30 217 D4
Rogy 80 17 E3
Rohaire 28 54 C3
Rohan 56 71 E3
Rohr 67 66 C2
Rohrbach-lès-Bitche 57 42 B4
Rohrwiller 67 67 E2
Roiffé 86 114 C3
Roiffieux 07 187 D2
Roiglise 80 18 B3
Le Roignais 73 175 D2
Roilly 21 121 B1
Roinville 91 79 E1
Roinville 28 64 C4
Roinvilliers 91 79 F2
Roisel 80 18 B2
Roisey 42 187 D1
Roissard 38 205 E1
Roissy 77 58 B2
Roissy-en-France 95 57 F1
Roiville 61 53 E2
Roizy 08 36 C2

Rolbing 57 42 C3
Rollainville 88 86 A2
Rollancourt 62 9 D2
Rolleboise 78 56 B1
Rolleville 76 14 A4
Rollot 80 18 A4
Rom 79 147 E2
Romagnat 63 168 B2
La Romagne 08 20 C3
La Romagne 49 113 D4
Romagné 33 194 C2
Romagné 35 73 F2
Romagne 86 147 E2
Romagne-sous-les-Côtes 55 38 C2
Romagne-sous-Montfaucon 55 38 A2
Romagnieu 38 173 D3
Romagny 50 51 E3
Romagny 68 108 B3
Romagny-sous-Rougemont 90 108 A2
Romain 25 125 F1
Romain 51 39 E2
Romain 39 124 C2
Romain-aux-Bois 88 86 A4
Romain-sur-Meuse 52 85 F3
Romainville 93 57 E2
Romanche 5,38 190 B3
Romanèche 01 156 C2

Romanèche-Thorins 71 155 E3
Romange 39 124 C3
Romans 79 146 C4
Romans 01 156 A3
Romans-sur-Isère 26 188 A3
Romanswiller 67 66 C3
Romazières 17 146 C4
Romazy 35 73 E1
Rombach-le-Franc 68 88 C2
Rombas 57 40 A3
Rombies-et-Marchipont 59 11 E2
Rombly 62 4 A4
Romegoux 17 160 C1
Romelfing 57 66 A2
Romenay 71 140 B4
Romeny-sur-Marne 02 59 D2
Romeries 59 11 E3
Romery 02 19 F2
Romery 51 36 B3
Romescamps 60 16 C3
Romestaing 47 195 D4
Romette 05 206 A3
Romeyer 26 205 D1
La Romieu 32 211 E4
Romigny 51 36 A3
Romiguières 34 233 E1
Romillé 35 72 C2
Romilly 41 97 F1

Romilly-la-Puthenaye 27 54 C1
Romilly-sur-Aigre 28 98 B1
Romilly-sur-Andelle 27 31 F2
Romilly-sur-Seine 10 82 B1
Romont 88 87 E1
Romorantin-Lanthenay 41 117 F2
Rompon 07 203 F2
Rônai 61 53 D2
Roncenay 10 83 D3
Le Roncenay-Authenay 27 55 D2
Roncey 50 50 C1
Ronchamp 70 107 E2
Ronchaux 25 125 D4
Ronchères 89 101 E3
Ronchères 02 35 F4
Roncherolles 76 31 F1
Roncherolles-en-Bray 76 16 A4
Ronchin 59 5 D4
Ronchois 76 16 B4
Roncourt 57 40 A3
Roncq 59 5 D3
La Ronde 17 145 F2
La Ronde 79 130 B2
La Ronde-Haye 50 26 C3
Rondefontaine 25 142 B2
Ronel 81 231 E1

Ronfeugerai 61 52 B2
Rongères 03 153 F2
Ronnet 03 152 A3
Ronno 69 154 C4
Ronquerolles 95 33 E4
Ronsenac 16 162 C4
Ronssoy 80 18 B2
Rontalon 69 171 D3
Ronthon 50 50 C3
Rontignon 64 248 B1
Ronvaux 55 39 D3
Roôcourt-la-Côte 52 85 D3
Roost-Warendin 59 10 C2
Roppe 90 108 A3
Roppenheim 67 67 F1
Roppentzwiller 68 108 C3
Roppeviller 57 42 C3
La Roque-Alric 84 220 A4
La Roque-Baignard 14 30 A3
La Roque-d'Anthéron 13 237 D2
La Roque-Esclapon 83 239 D2
La Roque-Gageac 24 197 E1
La Roque-Ste-Marguerite 12 216 B3
La Roque-sur-Cèze 30 219 D2
La Roque-sur-Pernes 84 220 A4

Roquebillière 06 241 D2
Roquebrun 34 233 D3
Roquebrune 32 227 F2
Roquebrune 33 195 D3
Roquebrune-Cap-Martin 06 241 D4
Roquebrune (Montagne de) 83 239 E3
Roquebrune-sur-Argens 83 239 F3
La Roquebrussanne 83 244 A1
Roquecor 82 212 B1
Roquecourbe 81 231 F2
Roquecourbe-Minervois 11 254 A2
Roquedur 30 217 E4
Roquefavour (Aqueduc de) 13 243 D1
Roquefère 11 253 F1
Roquefeuil 11 261 D1
Roquefixade 09 252 B4
Roquefort 47 211 E2
Roquefort 32 228 B2
Roquefort 40 210 A3
Roquefort-la-Bédoule 13 243 E3
Roquefort-les-Cascades 09 252 B4
Roquefort-de-Sault 11 261 D2
Roquefort-des-Corbières 11 254 C4
Roquefort-les-Pins 06 240 B2
Roquefort-sur-Garonne 31 251 D2
Roquefort-sur-Soulzon 12 216 A4
Roquelaure 32 228 B2
Roquelaure-St-Aubin 32 229 D2
Roquemaure 81 230 B1
Roquemaure 30 219 E4
Roquepine 32 211 E4
Roqueredonde 34 233 D1
Roques 31 229 F3
Roques 32 227 F1
Roquesérière 31 230 B2
Roquessels 34 233 D3
Roquesteron 06 223 F4
Roquestéron-Grasse 06 223 F4
Roquetaillade 11 253 E3
Roquetaillade 33 194 C4
Roquetoire 62 4 A4
La Roquette 27 32 A3
La Roquette-sur-Siagne 06 240 A4
La Roquette-sur-Var 06 241 D3
Roquettes 31 251 F2
Roquevaire 13 243 E2
Roquevidal 81 230 C3
Roquiague 64 247 E2
La Roquille 33 195 F2
Rorbach-lès-Dieuze 57 65 E2
Rorschwihr 68 89 D2
Rorthais 79 130 B1
Rosanbo 22 46 C2
Rosans 05 205 D4
Rosay 39 141 D4
Rosay 78 56 B2
Rosay 76 15 F3
Rosay-sur-Lieure 27 32 B2
Rosazia 2A 266 C3
Rosbruck 57 41 E3
Roscanvel 29 45 D3
Roscoff 29 46 A2
Rosel 14 29 D3
Roselier (Pointe du) 22 48 B3
Rosenau 68 109 D3
Rosenwiller 67 66 C4
Roset-Fluans 25 125 D3
Rosey 71 139 F2
Rosey 70 106 B4
Rosheim 67 66 C4
La Rosière 70 107 E1
Rosières 07 202 C4
Rosières 43 186 A3
Rosières 81 214 C3
Rosières-aux-Salines 54 64 C4
Rosières-devant-Bar 55 62 C2
Rosières-en-Blois 55 63 E4

Rosières-en-Haye 54 64 A2
Rosières-en-Santerre 80 18 A3
Rosières-près-Troyes 10 83 D3
Rosières-sur-Barbèche 25 126 B2
Rosières-sur-Mance 70 106 A2
Les Rosiers 49 114 B2
Rosiers-de-Juillac 19 180 C2
Rosiers-d'Égletons 19 182 A1
Rosis 34 232 C3
Rosnay 36 133 F3
Rosnay 51 36 B3
Rosnay 85 129 E4
Rosnay-l'Hôpital 10 83 F1
Rosnes 55 62 C2
Rosny-sous-Bois 93 58 A2
Rosny-sur-Seine 78 56 B1
Rosoy 89 81 F3
Rosoy 60 34 A2
Rosoy-en-Multien 60 34 C4
Rosoy-sur-Amance 52 105 E2
Rosoy-le-Vieil 45 81 D4
Rospez 22 47 D2
Rospigliani 2b 267 E2
Rosporden 29 69 E3
Rossay 86 115 D4
Rosselange 57 40 A2
Rossfeld 67 89 E1
Rossillon 01 172 C1
Rosso (Capo) 2A 266 A2
Rosteig 67 67 F1
Rostrenen 22 70 B2
Rosult 59 11 D2
Rosureux 25 126 B2
Rotalier 39 141 D3
Rotangy 60 17 D4
Rothbach 67 66 C1
Rotherens 73 174 A4
La Rothière 10 84 A2
Rothois 60 17 D4
Rothonay 39 141 D4
Rotonde (Monte) 2B 267 D2
Les Rotours 61 52 C2
Rots 14 29 D3
Rott 67 43 E4
Rottelsheim 67 67 D2
Rottier 26 205 D4
Rou-Marson 49 114 B2
Rouairoux 81 232 A4
Rouans 44 111 E2
La Rouaudière 53 94 A2
Roubaix 59 5 E4
Roubia 11 254 B2
Roubion 06 223 E3
Roucamps 14 52 A1
Roucourt 59 10 C3
Roucy 02 36 A2
Roudouallec 56 69 F2
Rouécourt 52 85 D2
Rouède 31 259 D2
Rouellé 61 51 F4
Rouelles 52 104 C2
Rouelles 76 30 A1
Rouen 76 31 F2
Rouessé-Fontaine 72 76 B2
Rouessé-Vassé 72 75 F3
Rouet 34 234 B1
Rouez 72 75 F3
Rouffach 68 89 D4
Rouffange 39 124 C2
Rouffiac 81 231 D1
Rouffiac 17 161 E2
Rouffiac 16 178 B2
Rouffiac 15 182 B4
Rouffiac-d'Aude 11 253 E2
Rouffiac-des-Corbières 11 254 A4
Rouffiac-Tolosan 31 230 A2
Rouffignac 17 177 E1
Rouffignac 24 180 A3
Rouffignac-de-Sigoulès 24 196 A2
Rouffigny 50 51 D2
Rouffilhac 46 197 F1
Rouffy 51 60 C1
La Rouge 61 77 E2
Rougé 44 93 F2
Rouge-Perriers 27 31 D4
Rougeau (Forêt de) 91,77 58 A4
Rougefay 62 9 D3
Rougegoutte 90 107 F2
Rougemont 21 103 E3
Rougemont 25 107 D4

Rougemont-le-Château 90 108 A2
Rougemontiers 27 31 D2
Rougemontot 25 125 F1
Rougeou 41 117 E2
Rougeries 02 20 A3
Les Rouges-Eaux 88 88 A2
Le Rouget 15 199 D1
Rougeux 52 105 F2
Rougiers 83 244 A1
Rougnac 16 163 D4
Rougnat 23 151 E4
Rougon 04 239 D1
Rouhe 25 125 D3
Rouhling 57 41 F3
Rouillac 22 72 A2
Rouillac 16 162 B2
Rouillé 86 147 D1
Rouillon 72 76 B4
Rouilly 77 59 E4
Rouilly-Sacey 10 83 E2
Rouilly-St-Loup 10 83 D3
Roujan 34 233 E3
Roulans 25 125 F2
Le Roulier 88 87 F3
Roullée 72 76 C1
Roullens 11 253 E2
Roullet 16 162 B3
Roullours 14 51 F2
Roumagne 47 195 F3
Roumare 76 31 E1
Roumazières-Loubert 16 163 E1
Roumégoux 81 231 E1
Roumégoux 15 199 D1
Roumengoux 09 252 C3
Roumens 31 230 C4
Roumoules 04 238 C1
Rountzenheim 67 67 E1
Roupeldange 57 40 C3
Rouperroux 61 53 D4
Rouperroux-le-Coquet 72 76 C3
Roupy 02 19 D3
La Rouquette 12 214 B1
Roure 06 223 E2
Le Rouret 06 240 B1
Rousies 59 12 B3
Roussac 87 149 D4
Roussas 26 203 F4
Roussay 49 112 C3
Roussayrolles 81 214 A3
Rousseloy 60 33 F3
Roussennac 12 199 E4
Roussent 62 8 B2
Les Rousses 39 142 B4
Rousses 48 217 E2
Le Rousset 77 139 E4
Rousset 05 206 B3
Rousset 13 237 F3
Rousset (Col de) 26 205 D1
Rousset-les-Vignes 26 204 B4
La Roussière 27 54 B1
Roussieux 26 220 C1
Roussillon 84 220 B4
Roussillon 38 187 E1
Roussillon-en-Morvan 71 122 A4
Roussillon (Plaine du) 66 262 C3
Roussines 16 163 E2
Roussines 36 149 E1
Rousson 30 218 B2
Rousson 89 81 E4
Roussy-le-Village 57 40 B1
Route des Crêtes 68,88 88 B3
Route Joffre 68 108 A2
Route Napoléon 04,05,06,38 222 C4
Routelle 25 125 D3
Routes 76 15 D3
Routier 11 253 D3
Routot 27 31 D2
Rouvenac 11 253 D4
Rouves 54 64 B1
La Rouvière 30 218 B4
Rouvignies 59 11 D3
Rouville 76 14 C4
Rouville 60 34 A2
Rouvillers 60 34 A1
Rouvray 21 122 A1
Rouvray 89 102 B1
Rouvray 27 32 A4
Rouvray-Catillon 76 16 A4
Rouvray-St-Denis 28 79 E2
Rouvray-St-Florentin 28 78 C3
Rouvray-Ste-Croix 45 79 D4
Rouvrel 80 17 F3
Rouvres 60 34 C4
Rouvres 14 53 D1

Rouvres 28 56 A2
Rouvres 77 34 B4
Rouvres-Arbot 52 104 C2
Rubelles 77 58 B4
Rouvres-les-Bois 36 117 F4
Rouvres-la-Chétive 88 86 A2
Rouvres-en-Plaine 21 123 F2
Rouvres-en-Woëvre 55 39 E3
Rouvres-en-Xaintois 88 86 C2
Rouvres-St-Jean 45 79 F2
Rouvres-sous-Meilly 21 122 C3
Rouvres-les-Vignes 10 84 B3
Rouvrois-sur-Meuse 55 63 D1
Rouvrois-sur-Othain 55 39 D2
Rouvroy 62 10 B2
Rouvroy 02 19 D2
Rouvroy-en-Santerre 80 18 A3
Rouvroy-les-Merles 60 17 F4
Rouvroy-Ripont 51 37 F3
Rouvroy-sur-Audry 08 21 D3
Rouvroy-sur-Marne 52 85 D2
Rouvroy-sur-Serre 02 20 C3
Le Roux 07 202 C2
Rouxeville 50 28 A4
La Rouxière 44 112 C1
Rouxmesnil-Bouteilles 76 15 E2
Rouy 58 121 D4
Rouy-le-Grand 80 18 C3
Rouy-le-Petit 80 18 C3
Rouze 09 261 D2
Rouzède 16 163 E2
Rouziers 15 199 D2
Rouziers-de-Touraine 37 97 D4
Le Rove 13 243 D2
Rove (Souterrain du) 13 243 D2
Roville-aux-Chênes 88 87 E1
Roville-devant-Bayon 54 87 D1
Rovon 38 188 C2
Roy-Boissy 60 16 C4
Roya 06 241 F2
Royan 17 160 B3
Royas 38 172 A4
Royat 63 168 A2
Royaucourt 60 17 F4
Royaucourt-et-Chailvet 02 35 F1
Royaumeix 54 63 F2
Royaumont (Abbaye de) 95 33 F4
Roybon 38 188 B2
Roye 70 107 E3
Roye 80 18 B3
Roye-sur-Matz 60 18 B4
Royer 71 140 A4
Royère-de-Vassivière 23 166 A2
Royères 87 165 D1
Roynac 26 204 A3
Royon 62 8 C1
Royville 76 15 E3
Roz-Landrieux 35 50 A4
Roz-sur-Couesnon 35 50 A4
Rozay-en-Brie 77 58 C4
Le Rozel 50 24 B3
Rozelieures 54 87 E1
Rozerotte 88 86 C2
Rozès 32 228 A1
Rozet-St-Albin 02 35 E3
Le Rozier 48 216 B2
Rozier-Côtes-d'Aurec 42 186 A1
Rozier-en-Donzy 42 170 B2
Rozières 52 84 B1
Rozières-en-Beauce 45 99 D1
Rozières-sur-Crise 02 35 E2
Rozières-sur-Mouzon 88 86 A4
Roziers-St-Georges 87 165 D2
Rozoy-Bellevalle 02 59 E1
Rozoy-sur-Serre 02 20 C3
Ruages 58 121 E2
Ruan 45 79 E4
Ruan-sur-Egvonne 41 98 A1
Ruaudin 72 96 C1
Ruaux 88 87 B4

Rubécourt-et-Lamécourt 08 22 A3
Rubempré 80 17 E1
Rubercy 14 28 B2
Rubescourt 80 18 A4
Rubigny 08 20 C3
Rubrouck 59 3 F3
Ruca 22 49 D3
Ruch 33 195 D2
Rucqueville 14 29 D3
Rudeau-Ladosse 24 163 D4
Rudelle 46 198 B2
Rue 80 8 B3
La Rue-St-Pierre 76 15 F4
La Rue-St-Pierre 60 33 F2
Ruederbach 68 108 C3
Rueil-la-Gadelière 28 55 D3
Rueil-Malmaison 92 57 E3
Ruelisheim 68 108 C1
Ruelle 16 162 C3
Les Rues-des-Vignes 59 10 C4
Ruesnes 59 11 E3
Rueyres 46 198 B2
Ruffaud (Étang de) 19 181 F2
Ruffec 16 147 E4
Ruffec 36 133 F3
Ruffey-lès-Beaune 21 123 E1
Ruffey-le-Château 25 125 D2
Ruffey-Echirey 21 123 F1
Ruffey-sur-Seille 39 141 D2
Ruffiac 56 92 B1
Ruffiac 47 210 B1
Ruffieux 73 173 E1
Ruffigné 44 93 F2
Rugles 27 54 C2
Rugney 88 87 D2
Rugny 89 103 D1
Ruhans 70 106 C4
Ruillé-le-Gravelais 53 74 B4
Ruillé-en-Champagne 72 75 F4
Ruillé-Froid-Fonds 53 95 D1
Ruillé-sur-Loir 72 97 D2
Ruisseauville 62 9 D1
Ruitz 62 9 F2
Rullac-St-Cirq 12 215 D3
Rully 71 139 F1
Rully 14 52 A2
Rully 60 34 A2
Rumaisnil 80 17 E3
Rumaucourt 62 10 C3
Rumegies 59 11 D2
Rumengol 29 45 E4
Rumersheim 67 67 D2
Rumersheim-le-Haut 68 109 D1
Rumesnil 14 29 F3
Rumigny 08 20 C2
Rumigny 80 17 E3
Rumilly 74 173 E1
Rumilly 62 8 C1
Rumilly-en-Cambrésis 59 10 C4
Rumilly-lès-Vaudes 10 83 E4
Ruminghem 62 3 E2
Rumont 55 62 C2
Rumont 77 80 B3
Runan 22 47 D2
Rungis 94 57 F3
Ruoms 07 203 D4
Rupéreux 77 59 E4
Ruppes 88 86 A1
Rupt 52 85 D3
Rupt-aux-Nonains 55 62 B3
Rupt-devant-St-Mihiel 55 63 D2
Rupt-en-Woëvre 55 39 D4
Rupt-sur-Moselle 88 107 E1
Rupt-sur-Othain 55 38 C1
Rupt-sur-Saône 70 106 B3
Rurange-lès-Thionville 57 40 B2
Rurey 25 125 E3
Rusio 2B 267 E1
Russ 67 66 B4
Russange 57 39 F1
Le Russey 25 126 C3
Russy 14 28 C3
Russy-Bémont 60 34 C4
Rustenhart 68 89 D4
Rustiques 11 253 F2
Rustrel 84 220 C4
Rustroff 57 40 C1
Rutali 2B 265 E3
Ruvigny 10 83 D2
Ruy 38 172 B3
Ruyaulcourt 62 10 B4
Ruynes-en-Margeride 15 184 B4

Ry 76 32 A1
Rye 39 141 D1
Ryes 14 28 C2

S

Saâcy-sur-Marne 77 59 D1
Saales 67 88 C1
Saâne-St-Just 76 15 E3
Saasenheim 67 89 E2
Sabadel-Latronquière 46 198 C2
Sabadel-Lauzès 46 198 A3
Sabaillan 32 228 C4
Sabalos 65 249 E1
Sabarat 09 251 F3
Sabarros 65 250 A2
Sabazan 32 227 E2
Sablé-sur-Sarthe 72 95 E2
Les Sables-d'Olonne 85 128 C4
Sablet 84 220 A2
Sablières 07 202 B3
Sablonceaux 17 160 C2
Sablonnières 77 59 E2
Sablons 33 178 A3
Sablons 38 187 E1
Sabonnères 31 229 D4
La Sabotterie 08 31 E4
Sabran 30 219 D2
Sabres 40 209 D2
Saccourvielle 31 258 B3
Sacé 53 74 C3
Sacey 50 50 C4
Saché 37 115 F2
Sachin 62 9 E1
Sachy 08 22 A3
Sacierges-St-Martin 36 134 A4
Saclas 91 79 F2
Saclay 91 57 D3
Saconin-et-Breuil 02 35 D2
Sacoué 65 250 A3
Le Sacq 27 55 D3
Sacquenay 21 105 D4
Sacquenville 27 31 E4
Sacy 89 113 E4
Sacy 51 36 B3
Sacy-le-Grand 60 34 A2
Sacy-le-Petit 60 34 A2
Sadeillan 32 228 A4
Sadillac 24 196 A2
Sadirac 33 194 B2
Sadournin 65 249 F2
Sadroc 19 181 D2
Saessolsheim 67 66 C2
Saffais 54 64 C4
Saffloz 39 141 F3
Saffré 44 93 E4
Saffres 21 122 C2
Sagelat 24 197 D2
Sagnat 23 150 A2
Sagnes-et-Goudoulet 07 202 C2
Sagone 2A 266 B3
Sagone (Golfe de) 2A 266 A3
Sagonne 18 136 B2
Sagy 71 140 C3
Sagy 95 56 C1
Sahorre 66 261 F3
Sahune 26 204 C4
Sahurs 76 31 E2
Sai 61 53 D3
Saignes 46 198 B2
Saignes 15 183 D1
Saigneville 80 8 B4
Saignon 84 220 C4
Saiguède 31 229 E3
Sail-les-Bains 42 154 A2
Sail-sous-Couzan 42 169 F2
Sailhan 65 258 A3
Saillac 46 213 F1
Saillac 19 181 E4
Saillagouse 66 261 D4
Saillans 33 177 F4
Saillans 26 204 B2
Le Saillant 19 181 D2
Saillant 63 169 F4
Saillat-sur-Vienne 87 163 F1
Saillenard 71 141 D3
Sailly 71 139 E4
Sailly 52 85 E1
Sailly 78 56 C1
Sailly-Achâtel 57 64 C1
Sailly-au-Bois 62 9 F4
Sailly-en-Ostrevant 62 10 B3
Sailly-Flibeaucourt 80 8 B4
Sailly-Labourse 62 10 A1
Sailly-Laurette 80 18 A2
Sailly-lez-Cambrai 59 10 C3
Sailly-lez-Lannoy 59 5 E4
Sailly-Saillisel 80 18 B1

Sailly-le-Sec 80 18 A2
Sailly-sur-la-Lys 62 4 C4
Sain-Bel 69 171 D2
Saincaize-Meauce 58 137 D1
Sainghin-en-Mélantois 59 10 C1
Sainghin-en-Weppes 59 10 B1
Sainneville 76 14 A4
Sainpuits 89 101 F4
Sains 35 50 B4
Sains-du-Nord 59 12 B4
Sains-en-Amiénois 80 17 E2
Sains-en-Gohelle 62 10 A2
Sains-lès-Fressin 62 8 C2
Sains-lès-Marquion 62 10 B4
Sains-Morainvillers 60 17 F4
Sains-lès-Pernes 62 9 E2
Sains-Richaumont 02 19 F2
Le Saint 56 70 A3
St-Aaron 22 48 C3
St-Abit 64 248 C1
St-Abraham 56 92 A1
St-Acheul 80 9 D4
St-Adjutory 16 163 D2
St-Adrien 22 47 E3
St-Adrien (Roches de) 76 31 F2
St-Affrique 12 216 A4
St-Affrique-les-Montagnes 81 231 E3
St-Agathon 22 47 E3
St-Agil 41 77 E4
St-Agnan 89 81 E2
St-Agnan 02 59 F1
St-Agnan 71 138 B4
St-Agnan 58 122 A2
St-Agnan 81 230 B2
St-Agnan-en-Vercors 26 188 C4
St-Agnan-le-Malherbe 14 28 C4
St-Agnan-sur-Erre 61 77 D2
St-Agnan-sur-Sarthe 61 54 A4
St-Agnant 17 160 B1
St-Agnant-de-Versillat 23 149 F2
St-Agnant-près-Crocq 23 166 C2
St-Agnant-sous-les-Côtes 55 63 E2
St-Agnet 40 226 C2
St-Agnin-sur-Bion 38 172 B3
St-Agoulin 63 152 C4
St-Agrève 07 186 C4
St-Aignan 82 212 B3
St-Aignan 41 117 D2
St-Aignan 33 177 F4
St-Aignan 72 76 C3
St-Aignan-Grandlieu 44 111 F3
St-Aignan-de-Couptrain 53 75 E1
St-Aignan-de-Cramesnil 14 29 D4
St-Aignan-des-Gués 45 100 A2
St-Aignan-des-Noyers 18 136 B2
St-Aigny 36 133 E3
St-Aigulin 17 178 B3
St-Ail 54 39 F3
St-Alban 01 156 C3
St-Alban 31 229 F2
St-Alban 22 48 C3
St-Alban-les-Eaux 42 154 A4
St-Alban-en-Montagne 07 202 A2
St-Alban-Leysse 73 173 E3
St-Alban-sous-Sampzon 07 202 C4
St-Alban-sur-Limagnole 48 201 E2
St-Alban-d'Ay 07 187 D2
St-Alban-de-Montbel 73 173 D3
St-Alban-de-Roche 38 172 B3
St-Alban-des-Hurtières 73 174 B4

St-Alban-des-Villards 73 190 B1
St-Alban-du-Rhône 38 187 E1
St-Albin-de-Vaulserre 38 173 D4
St-Alexandre 30 219 D2
St-Algis 02 20 A2
St-Allouestre 56 70 C4
St-Alpinien 23 151 D2
St-Alyre-d'Arlanc 63 185 D1
St-Alyre-ès-Montagne 63 184 A1
St-Amadou 09 252 B3
St-Amancet 81 231 D4
St-Amand 62 9 F4
St-Amand 23 151 E4
St-Amand 50 28 A4
St-Amand-de-Belvès 24 197 D2
St-Amand-de-Coly 24 180 C3
St-Amand-de-Vergt 24 179 E4
St-Amand-des-Hautes-Terres 27 31 E3
St-Amand-en-Puisaye 58 101 E4
St-Amand-Jartoudeix 23 165 E1
St-Amand-Longpré 41 97 F3
St-Amand-Magnazeix 87 149 E2
St-Amand-Montrond 18 136 A3
St-Amand-le-Petit 87 165 E2
St-Amand-sur-Fion 51 61 E2
St-Amand-sur-Ornain 55 63 D3
St-Amand-sur-Sèvre 79 130 B1
St-Amandin 15 183 E1
St-Amans 09 252 A2
St-Amans 48 201 E2
St-Amans 11 252 C2
St-Amans-de-Pellagal 82 212 C2
St-Amans-des-Cots 12 216 B2
St-Amans-du-Pech 82 212 B1
St-Amans-Soult 81 231 F4
St-Amans-Valtoret 81 232 A4
St-Amant 16 178 C2
St-Amant-de-Boixe 16 162 C2
St-Amant-de-Bonnieure 16 163 D1
St-Amant-de-Graves 16 162 A3
St-Amant-de-Nouère 16 162 B2
St-Amant-Roche-Savine 63 169 D3
St-Amant-Tallende 63 168 B3
St-Amarin 68 108 A1
St-Ambreuil 71 140 A3
St-Ambroise (Puy) 03 153 F1
St-Ambroix 30 218 B2
St-Ambroix 18 135 E1
St-Amé 88 87 F4
St-Amour 39 156 B1
St-Amour-Bellevue 71 155 E2
St-Anastaise 63 168 A4
St-Andelain 58 120 A2
St-Andéol 26 204 C1
St-Andéol 38 189 D4
St-Andéol-le-Château 69 171 E3
St-Andéol-de-Berg 07 203 E3
St-Andéol-de-Clerguemort 48 217 F1
St-Andéol-de-Fourchades 07 203 D1
St-Andéol-de-Vals 07 203 D2
St-Andeux 21 122 A1
St-Andiol 13 236 B1
St-Andoche 70 105 F3
St-André 31 250 C4
St-André 06 241 D4
St-André 16 161 E2

St-André 66 263 D3
St-André 59 5 D4
St-André 32 228 C2
St-André 73 191 D2
St-André-des-Alpes 04 222 C3
St-André-le-Bouchoux 01 156 A3
St-André-Capcèze 48 202 B4
St-André-le-Coq 63 153 D4
St-André-la-Côte 69 171 D3
St-André-d'Allas 24 197 D1
St-André-d'Apchon 42 154 A4
St-André-de-Bâgé 01 155 F2
St-André-de-Boëge 74 158 C2
St-André-de-Bohon 50 27 D3
St-André-de-Briouze 61 52 C3
St-André-de-Buèges 34 234 A1
St-André-de-Chalencon 43 185 F2
St-André-de-Corcy 01 171 F1
St-André-de-Cruzières 07 218 B1
St-André-de-Cubzac 33 177 E4
St-André-de-Double 24 178 C3
St-André-de-l'Épine 50 28 A3
St-André-de-l'Eure 27 55 E2
St-André-de-Lancize 48 217 F2
St-André-de-Lidon 17 161 D3
St-André-de-Majencoules 30 217 E3
St-André-de-la-Marche 49 113 D2
St-André-de-Messei 61 52 B3
St-André-de-Mitroys 07 203 E4
St-André-de-Najac 12 214 B2
St-André-de-Roquelongue 11 254 B3
St-André-de-Roquepertuis 30 218 C1
St-André-de-Rosans 05 205 D4
St-André-de-Sangonis 34 233 F2
St-André-de-Seignanx 40 224 C3
St-André-de-Valborgne 30 217 E2
St-André-de-Vézines 12 216 C2
St-André-d'Embrun 05 207 D3
St-André-des-Eaux 22 72 C1
St-André-des-Eaux 44 110 B3
St-André-le-Désert 71 139 E4
St-André-d'Hébertot 14 30 B2
St-André-d'Huiriat 01 155 F2
St-André-d'Olérargues 30 218 C2
St-André-du-Bois 33 194 C4
St-André-en-Barrois 55 38 B4
St-André-en-Bresse 71 140 B4
St-André-en-Morvan 58 121 E1
St-André-en-Royans 38 188 B3
St-André-en-Terre-Plaine 89 121 F1
St-André-en-Vivarais 07 186 C3
St-André-et-Appelles 33 195 F1
St-André-Farivillers 60 17 F4
St-André-le-Gaz 38 172 C3
St-André-Goule-d'Oie 85 129 E3
St-André-Lachamp 07 202 C4
St-André-le-Puy 42 170 B3

St-A–St-D 321

St-André (Signal de) 69 171 D3
St-André-sur-Cailly 76 31 F1
St-André-sur-Orne 14 29 D4
St-André-sur-Sèvre 79 130 B2
St-André-sur-Vieux-Jonc 01 156 B3
St-André-Treize-Voies 85 129 D1
St-André-les-Vergers 10 83 D2
St-Androny 33 177 D2
St-Ange-et-Torcay 28 55 E4
St-Ange-le-Viel 77 81 D3
St-Angeau 16 162 C1
St-Angel 03 151 F2
St-Angel 19 166 B4
St-Angel 63 152 B4
St-Anthème 63 169 F4
St-Anthot 21 122 C2
St-Antoine 25 142 C2
St-Antoine 15 199 E2
St-Antoine 33 177 E4
St-Antoine 32 212 A3
St-Antoine 38 188 B2
St-Antoine-Cumond 24 178 C2
St-Antoine-d'Auberoche 24 180 A3
St-Antoine-de-Breuilh 24 195 E1
St-Antoine-de-Ficalba 47 211 F1
St-Antoine-du-Queyret 33 195 D2
St-Antoine-du-Rocher 37 97 D4
St-Antoine-la-Forêt 76 30 C1
St-Antoine-sur-l'Isle 33 178 B3
St-Antonin 06 223 F4
St-Antonin 32 228 C2
St-Antonin-Noble-Val 82 213 F2
St-Antonin-sur-Bayon 13 237 F3
St-Antonin-de-Lacalm 81 231 E1
St-Antonin-de-Sommaire 27 54 B2
St-Antonin-du-Var 83 239 D3
St-Aoustrille 36 135 D1
St-Août 36 135 D3
St-Apollinaire 05 206 C3
St-Apollinaire 21 123 F2
St-Apollinaire-de-Rias 07 187 D4
St-Appolinaire 69 155 D4
St-Appolinard 38 188 B2
St-Appolinard 42 187 D1
St-Aquilin 24 179 D2
St-Aquilin-de-Corbion 61 54 B4
St-Aquilin-de-Pacy 27 55 F1
St-Araille 31 251 D1
St-Arailles 32 228 A2
St-Arcons-d'Allier 43 185 D3
St-Arcons-de-Barges 43 202 B1
St-Arey 38 205 E1
St-Armel 35 73 E4
St-Armel 56 91 E3
St-Armou 64 226 C4
St-Arnac 66 262 A1
St-Arnoult 60 16 C4
St-Arnoult 41 97 F3
St-Arnoult 14 30 A2
St-Arnoult 76 31 D1
St-Arnoult-des-Bois 28 78 B1
St-Arnoult-en-Yvelines 78 56 C4
St-Arroman 65 250 A3
St-Arroman 32 228 B4
St-Arroumex 82 212 B4
St-Astier 47 195 F2
St-Astier 24 179 D3
St-Auban 06 233 D4
St-Auban (Clue de) 06 223 D4
St-Auban-sur-l'Ouvèze 26 220 C1
St-Auban-d'Oze 05 205 F3
St-Aubert 59 11 D3
St-Aubert (Gorges de) 61 52 C2
St-Aubert-sur-Orne 61 52 C2
St-Aubin 40 226 A2
St-Aubin 91 57 D3
St-Aubin 02 35 D1
St-Aubin 59 12 B4
St-Aubin 39 124 A4
St-Aubin 36 135 D2
St-Aubin 10 82 A1
St-Aubin 47 196 C4
St-Aubin 21 139 F1
St-Aubin 62 8 B2
St-Aubin-le-Cauf 76 15 F2
St-Aubin-Celloville 76 31 F2
St-Aubin-Château-Neuf 89 101 F2
St-Aubin-le-Cloud 79 131 D3
St-Aubin-le-Dépeint 37 96 C3
St-Aubin-lès-Elbeuf 76 31 E2
St-Aubin-en-Bray 60 33 D2
St-Aubin-en-Charollais 71 139 D4
St-Aubin-Épinay 76 31 F2
St-Aubin-les-Forges 58 120 B3
St-Aubin-Fosse-Louvain 53 74 C1
St-Aubin-le-Guichard 27 54 C1
St-Aubin-Lébizay 14 29 F3
St-Aubin-le-Monial 03 136 C4
St-Aubin-Montenoy 80 17 D2
St-Aubin-la-Plaine 85 129 F4
St-Aubin-Rivière 80 16 C2
St-Aubin-Routot 76 30 B1
St-Aubin-sous-Erquery 60 34 A2
St-Aubin-sur-Aire 55 63 D3
St-Aubin-sur-Algot 14 30 A4
St-Aubin-sur-Gaillon 27 32 A4
St-Aubin-sur-Loire 71 138 A4
St-Aubin-sur-Mer 76 15 D2
St-Aubin-sur-Mer 14 29 D2
St-Aubin-sur-Quillebeuf 27 30 C1
St-Aubin-sur-Scie 76 15 E2
St-Aubin-sur-Yonne 89 101 F1
St-Aubin-le-Vertueux 27 30 C4
St-Aubin-d'Appenai 61 53 F4
St-Aubin-d'Arquenay 14 29 D3
St-Aubin-d'Aubigné 35 73 E2
St-Aubin-de-Baubigné 79 130 B1
St-Aubin-de-Blaye 33 177 D2
St-Aubin-de-Bonneval 61 54 A1
St-Aubin-de-Branne 33 194 C1
St-Aubin-de-Cadelech 24 196 A2
St-Aubin-de-Courteraie 61 54 A4
St-Aubin-de-Crétot 76 14 C4
St-Aubin-de-Lanquais 24 196 B1
St-Aubin-de-Locquenay 72 76 A2
St-Aubin-de-Luigné 49 113 E2
St-Aubin-de-Médoc 33 177 D4
St-Aubin-de-Nabirat 24 197 E2
St-Aubin-de-Scellon 27 30 C3
St-Aubin-de-Terregatte 50 50 C4
St-Aubin-d'Écrosville 27 31 E4
St-Aubin-des-Bois 14 51 D2
St-Aubin-des-Bois 28 78 B1
St-Aubin-des-Châteaux 44 93 F2
St-Aubin-des-Chaumes 58 121 E1
St-Aubin-des-Coudrais 72 77 D3
St-Aubin-des-Grois 61 77 D2
St-Aubin-des-Hayes 27 54 C1
St-Aubin-des-Landes 35 73 F3
St-Aubin-des-Ormeaux 85 112 C4
St-Aubin-des-Préaux 50 50 B2
St-Aubin-du-Cormier 35 73 F2
St-Aubin-du-Désert 53 75 F2
St-Aubin-du-Pavail 35 73 E4
St-Aubin-du-Perron 50 27 D3
St-Aubin-du-Plain 79 130 C1
St-Aubin-du-Thenney 27 54 B1
St-Augustin 19 181 F1
St-Augustin 03 136 C2
St-Augustin 77 58 C3
St-Augustin 17 160 B2
St-Augustin-des-Bois 49 113 E1
St-Aulaire 19 180 C2
St-Aulais-la-Chapelle 16 162 B4
St-Aulaye 24 178 C2
St-Aunès 34 234 C2
St-Aunix-Lengros 32 227 E3
St-Aupre 38 189 D1
St-Austremoine 43 184 C3
St-Auvent 87 164 A2
St-Avaugourd-des-Landes 85 129 D4
St-Avé 56 91 E2
St-Aventin 31 258 B4
St-Avertin 37 116 A2
St-Avit 41 77 E4
St-Avit 26 187 F2
St-Avit 47 195 E3
St-Avit 81 231 D3
St-Avit 16 178 B2
St-Avit 40 209 F4
St-Avit 63 167 D1
St-Avit-de-Soulège 33 195 E1
St-Avit-de-Tardes 23 166 C1
St-Avit-de-Vialard 24 180 A4
St-Avit-Frandat 32 211 F4
St-Avit-les-Guespières 28 78 B3
St-Avit-le-Pauvre 23 150 C4
St-Avit-Rivière 24 196 C2
St-Avit-St-Nazaire 33 195 F1
St-Avit-Sénieur 24 196 C2
St-Avold 57 41 D3
St-Avre 73 190 B1
St-Ay 45 99 D2
St-Aybert 59 11 E2
St-Aygulf 83 239 F4
St-Babel 63 168 C3
St Baldoph 73 173 E3
St-Bandry 02 35 D2
St-Baraing 39 124 B4
St-Barbant 87 148 B3
St-Bard 23 166 C1
St-Bardoux 26 187 F3
St-Barnabé 22 71 E3
St-Barthélemy 70 107 E2
St-Barthélemy 38 188 A1
St-Barthélemy 56 70 C4
St-Barthélemy 50 51 E3
St-Barthélemy 40 224 C3
St-Barthélemy 77 59 E2
St-Barthélemy-d'Agenais 47 195 F3
St-Barthélemy-d'Anjou 49 113 F1
St-Barthélemy-de-Bellegarde 24 178 C3
St-Barthélemy-de-Bussière 24 163 F3
St-Barthélemy-de-Séchilienne 38 189 E3
St-Barthélemy-de-Vals 26 187 E3
St-Barthélemy-Lestra 42 170 C2
St-Barthélemy-le-Meil 07 203 D1
St-Barthélemy-le-Pin 07 187 D4
St-Barthélemy-le-Plain 07 187 E3
St-Basile 07 187 D4
St-Baslemont 88 86 C3
St-Baudel 18 135 E2
St-Baudelle 53 75 D2
St-Baudille-de-la-Tour 38 172 B2
St-Baudille-et-Pipet 38 205 E1
St-Bauld 37 116 A3
St-Baussant 54 63 F1
St-Bauzeil 09 252 A3
St-Bauzély 30 218 B4
St-Bauzile 07 203 F2
St-Bauzile 48 201 E4
St-Bauzille-de-Montmel 34 234 C2
St-Bauzille-de-Putois 34 234 B1
St-Bauzille-de-la-Sylve 34 233 F3
St-Bazile 87 163 F2
St-Bazile-de-Meyssac 19 181 E4
St-Bazile-de-la-Roche 19 182 A3
St-Béat 31 258 C3
St-Beaulize 12 216 B4
St-Beauzeil 82 212 B1
St-Beauzély 12 216 A2
St-Beauzile 81 214 A3
St-Beauzire 43 184 B2
St-Beauzire 63 168 B1
St-Bénézet 30 218 B4
St-Bénigne 01 156 A1
St-Benin 59 11 E4
St-Benin-d'Azy 58 120 C4
St-Benin-des-Bois 58 120 C3
St-Benoist-sur-Mer 85 144 C1
St-Benoist-sur-Vanne 10 82 B3
St-Benoît 01 172 C2
St-Benoît 04 223 D3
St-Benoît 11 253 D3
St-Benoît 86 132 B4
St-Benoît-la-Chipotte 88 87 F1
St-Benoît-de-Carmaux 81 214 B3
St-Benoît-des-Ombres 27 30 C3
St-Benoît-des-Ondes 35 49 F3
St-Benoît-d'Hébertot 14 30 B2
St-Benoît-du-Sault 36 149 E1
St-Benoît-en-Woëvre 55 63 E1
St-Benoit-en-Diois 26 204 C2
St-Benoît-la-Forêt 37 115 D3
St-Benoît-sur-Loire 45 100 A2
St-Benoît-sur-Seine 10 83 D2
St-Bérain 43 185 D4
St-Berain-sous-Sanvignes 71 139 D3
St-Bérain-sur-Dheune 71 134 F2
St-Bernard 21 123 E3
St-Bernard 68 108 B2
St-Bernard 38 189 E1
St-Bernard 57 40 C2
St-Bernard 01 155 E4
St-Béron 73 173 D4
St-Berthevin 53 74 C4
St-Berthevin-la-Tannière 53 74 B1
St-Bertrand-de-Comminges 31 250 A3
St-Biez-en-Belin 72 96 B2
St-Bihy 22 71 D1
St-Blaise 06 241 D3
St-Blaise 74 158 A3
St-Blaise-du-Buis 38 188 C1
St-Blaise-la-Roche 67 88 C1
St-Blaise (Rouilles de) 13 236 B4
St-Blancard 32 250 B1
St-Blimont 80 8 A4
St-Blin 52 85 E2
St-Boès 64 225 F3
St-Bohaire 41 98 B3
St-Boil 71 139 F3
St-Boingt 54 87 E1
St-Bois 01 173 D2
St-Bomer 28 77 E3
St-Bômer-les-Forges 61 52 A3
St-Bon 51 59 F3
St-Bon-Tarentaise 73 175 D4
St-Bonnet 05 206 A2
St-Bonnet 16 162 A4
St-Bonnet-lès-Allier 63 168 B2
St-Bonnet-Avalouze 19 181 F2
St-Bonnet-le-Bourg 63 185 D1
St-Bonnet-Briance 87 165 D3
St-Bonnet-le-Chastel 63 169 D4
St-Bonnet-le-Château 42 186 A1
St-Bonnet-le-Courreau 42 169 F3
St-Bonnet-de-Bellac 87 148 C3
St-Bonnet-de-Chavagne 38 188 B3
St-Bonnet-de-Chirac 48 201 D4
St-Bonnet-de-Condat 15 183 E2
St-Bonnet-de-Cray 71 154 B2
St-Bonnet-de-Four 03 152 B2
St-Bonnet-de-Joux 71 139 E4
St-Bonnet-de-Montauroux 48 201 F1
St-Bonnet-de-Mure 69 171 F2
St-Bonnet-de-Rochefort 03 152 C3
St-Bonnet-de-Salendrinque 30 217 F3
St-Bonnet-de-Salers 15 183 D3
St-Bonnet-de-Valclérieux 26 188 B2
St-Bonnet-de-Vieille-Vigne 71 139 D4
St-Bonnet-des-Bruyères 69 155 D2
St-Bonnet-des-Quarts 42 154 A3
St-Bonnet-du-Gard 30 219 D4
St-Bonnet-Elvert 19 182 A3
St-Bonnet-en-Bresse 71 140 C1
St-Bonnet-l'Enfantier 19 181 D2
St-Bonnet-le-Froid 43 186 C3
St-Bonnet-les-Oules 42 170 C4
St-Bonnet-près-Bort 19 167 D4
St-Bonnet-près-Orcival 63 167 F3
St-Bonnet-près-Riom 63 168 B1
St-Bonnet-la-Rivière 19 180 C2
St-Bonnet (Signal de) 69 155 D4
St-Bonnet-sur-Gironde 17 177 D1
St-Bonnet-les-Tours-de-Merle 19 182 B3
St-Bonnet-Tronçais 03 136 B3
St-Bonnet-le-Troncy 69 155 D3
St-Bonnot 58 120 C3
St-Bouize 18 119 F2
St-Brancher 89 121 F1
St-Branchs 37 116 A3
St-Brandan 22 47 F4
St-Brès 30 218 B2
St-Brès 34 234 C2
St-Brès 32 228 C1
St-Bresson 70 107 D1
St-Bresson 30 217 E4
St-Bressou 46 198 C2
St-Brevin-les-Pins 44 110 C2
St-Briac-sur-Mer 35 49 D3
St-Brice 61 52 A4
St-Brice 16 161 F2
St-Brice 77 59 E4
St-Brice 50 50 C3
St-Brice 53 95 E2
St-Brice 33 195 D2
St-Brice-Courcelles 51 36 B3
St-Brice-de-Landelles 50 51 D4
St-Brice-en-Coglès 35 73 F1
St-Brice-sous-Forêt 95 57 E1
St-Brice-sous-Rânes 61 52 C3
St-Brice-sur-Vienne 87 164 A1
St-Brieuc 22 48 A3
St-Brieuc-de-Mauron 56 72 A3
St-Brieuc-des-Iffs 35 72 C2
St-Bris-des-Bois 17 161 E2
St-Bris-le-Vineux 89 102 B3
St-Brisson 58 122 A2
St-Brisson-sur-Loire 45 100 C3
St-Broing 70 124 C1
St-Broing-les-Moines 21 104 B3
St-Broingt-le-Bois 52 105 E2
St-Broingt-les-Fosses 52 105 D3
St-Broladre 35 50 B4
St-Bueil 38 173 D4
St-Cado 56 90 C2
St-Calais 72 97 E1
St-Calais-du-Désert 53 75 F1
St-Calez-en-Saosnois 72 76 C2
St-Cannat 13 237 D2
St-Caprais 18 135 F1
St-Caprais 03 136 B4
St-Caprais 46 197 E3
St-Caprais 32 228 C3
St-Caprais-de-Blaye 33 177 E2
St-Caprais-de-Bordeaux 33 194 B2
St-Caprais-de-Lerm 47 212 A2
St-Capraise-de-Lalinde 24 196 B1
St-Capraise-d'Eymet 24 196 A2
St-Caradec 22 71 D2
St-Caradec-Trégomel 56 70 B3
St-Carné 22 72 B1
St-Carreuc 22 48 A4
St-Cassien 38 189 D1
St-Cassien 24 196 C2
St-Cassin 73 173 E3
St-Cast-le-Guildo 22 49 D3
St-Castin 64 226 C4
St-Célerin 72 76 C3
St-Cénéré 53 75 D3
St-Céneri-le-Gérei 61 76 A2
St-Céols 18 119 E3
St-Céré 46 198 C1
St-Cergues 74 158 B2
St-Cernin 15 182 C3
St-Cernin 46 198 A3
St-Cernin-de-l'Herm 24 197 D3
St-Cernin-de-Labarde 24 196 A2
St-Cernin-de-Larche 19 181 D3
St-Cernin-de-Reillac 24 180 A4
St-Césaire 17 161 E2
St-Césaire-de-Gauzignan 30 218 B3
St-Cézaire (Grottes de) 06 239 F2
St-Cézaire-sur-Siagne 06 239 F2
St-Cézert 31 229 E1
St-Chabrais 23 151 D3
St-Chaffrey 05 191 D4
St-Chamant 15 183 D3
St-Chamant 19 181 F3
St-Chamarand 46 197 F2
St-Chamas 13 236 C3
St-Chamassy 24 196 C1
St-Chamond 42 171 D4
St-Champ 01 173 D2
St-Chaptes 30 218 B4
St-Charles-la-Forêt 53 95 D1
St-Charles-de-Percy 14 51 F1
St-Chartier 36 135 D3
St-Chartres 86 131 F2
St-Chef 38 172 B3
St-Chels 46 198 B4
St-Chély-d'Apcher 48 201 D2
St-Chély-d'Aubrac 12 200 B3
St-Chéron 51 61 E4
St-Chéron 91 57 D4
St-Chéron-des-Champs 28 56 A4
St-Chinian 34 232 C4
St-Christ-Briost 80 18 C2
St-Christaud 31 251 E2
St-Christaud 32 227 F3
St-Christo-en-Jarez 42 170 C4
St-Christol 84 220 C3
St-Christol 07 203 D1
St-Christol 34 234 C2
St-Christol-lès-Alès 30 218 A3
St-Christol-de-Rodières 30 218 C2
St-Christoly-de-Blaye 33 177 E3
St-Christoly-Médoc 33 176 C1
St-Christophe 81 214 B3
St-Christophe 28 78 B4
St-Christophe 16 148 B4
St-Christophe 03 153 E3
St-Christophe 23 150 B3
St-Christophe 86 132 B1
St-Christophe 17 145 E3
St-Christophe 69 155 D2
St-Christophe-à-Berry 02 35 D2
St-Christophe-le-Chaudry 18 135 F4
St-Christophe-la-Couperie 49 112 C2
St-Christophe-d'Allier 43 201 F1
St-Christophe-de-Chaulieu 61 51 F3
St-Christophe-de-Double 33 178 B3
St-Christophe-de-Valains 35 73 E2
St-Christophe-des-Bardes 33 195 D1
St-Christophe-des-Bois 35 74 A2
St-Christophe-Dodinicourt 10 83 F1
St-Christophe-du-Bois 49 113 D4
St-Christophe-du-Foc 50 24 C2
St-Christophe-du-Jambet 72 76 A3
St-Christophe-du-Ligneron 85 128 C1
St-Christophe-du-Luat 53 75 D3
St-Christophe-en-Bazelle 36 117 F3
St-Christophe-en-Boucherie 36 135 E3
St-Christophe-en-Bresse 71 140 B2
St-Christophe-en-Brionnais 71 154 B2
St-Christophe-en-Champagne 72 96 A1
St-Christophe-en-Oisans 38 190 B4
St-Christophe-et-le-Laris 26 188 A2
St-Christophe-les-Gorges 15 182 C3
St-Christophe-la-Grotte 73 173 E4
St-Christophe-le-Jajolet 61 53 D3
St-Christophe-sur-Avre 27 54 C3
St-Christophe-sur-Condé 27 30 C3
St-Christophe-sur-Dolaison 43 185 E4
St-Christophe-sur-Guiers 38 173 E4
St-Christophe-sur-le-Nais 37 96 C3
St-Christophe-sur-Roc 79 146 B1
St-Christophe-Vallon 12 199 E4
St-Cibard 33 178 B4
St-Cierge-la-Serre 07 203 F1
St-Cierge-sous-le-Cheylard 07 186 C4
St-Ciergues 52 105 D1
St-Ciers-Champagne 17 161 E4
St-Ciers-d'Abzac 33 177 F3
St-Ciers-de-Canesse 33 177 D3
St-Ciers-du-Taillon 17 161 D4
St-Ciers-sur-Bonnieure 16 162 C1
St-Ciers-sur-Gironde 33 177 D2
St-Cirgue 81 215 D4
St-Cirgues 46 199 D2
St-Cirgues 43 184 C3
St-Cirgues-de-Jordanne 15 183 D4
St-Cirgues-de-Malbert 15 182 C3
St-Cirgues-de-Prades 07 202 C3
St-Cirgues-en-Montagne 07 202 C2
St-Cirgues-la-Loutre 19 182 B3
St-Cirgues-sur-Couze 63 168 B4
St-Cirice 82 212 A3
St-Cirq 82 213 E3
St-Cirq 24 197 D1
St-Cirq-Lapopie 46 198 A4
St-Cirq-Madelon 46 197 E2
St-Cirq-Souillaguet 46 197 F2
St-Civran 36 134 A4
St-Clair 46 197 F2
St-Clair 86 131 F1
St-Clair 82 212 B2
St-Clair 07 187 D2
St-Clair-d'Arcey 27 30 C4
St-Clair-de-Halouze 61 52 A3
St-Clair-de-la-Tour 38 172 C3
St-Clair-du-Rhône 38 171 E4
St-Clair (Mont) 34 234 A4
St-Clair-sur-l'Elle 50 27 E3
St-Clair-sur-Epte 95 32 C3
St-Clair-sur-Galaure 38 188 B2
St-Clair-sur-les-Monts 76 15 D4
St-Clar 32 212 A4
St-Clar-de-Rivière 31 229 E4
St-Claud 16 163 D1
St-Claude 39 157 E1
St-Claude-de-Diray 41 98 B4
St-Clément 89 81 F3
St-Clément 54 65 D4
St-Clément 12 199 E3
St-Clément 07 186 B4
St-Clément 02 20 B3
St-Clément 15 183 E4
St-Clément 03 153 F4
St-Clément 34 234 B2
St-Clément 30 234 C1
St-Clément 19 181 E1
St-Clément 05 207 D2
St-Clément-à-Arnes 08 37 D2
St-Clément-de-la-Place 49 94 C4
St-Clément-de-Régnat 63 153 D4
St-Clément-de-Valorgue 63 169 F4
St-Clément-de-Vers 69 154 C2
St-Clément-des-Baleines 17 144 B2
St-Clément-des-Levées 49 114 B2
St-Clément-les-Places 69 170 C2
St-Clément-Rancoudray 50 51 E3
St-Clément-sur-Guye 71 139 E3
St-Clément-sur-Valsonne 69 170 C1
St-Clémentin 79 130 C1
St-Clet 22 47 E2
St-Cloud 92 57 D2
St-Cloud-en-Dunois 28 78 B4
St-Colomb-de-Lauzun 47 196 A3
St-Colomban 44 111 F4
St-Colomban-des-Villards 73 190 B1
St-Côme 33 194 C4
St-Côme-de-Fresné 14 28 C2
St-Côme-d'Olt 12 200 B4
St-Côme-du-Mont 50 27 D2
St-Côme-et-Maruéjols 30 235 D1
St-Congard 56 92 B2
St-Connan 22 47 E4
St-Connec 22 71 D2
St-Constant 15 199 D2
St-Contest 14 29 D3
St-Corneille 72 76 C4
St-Cornier-des-Landes 61 51 F3
St-Cosme 68 108 B3
St-Cosme-en-Vairais 72 76 C2
St-Couat-d'Aude 11 254 A2
St-Couat-du-Razès 11 253 D3
St-Coulitz 29 69 D1
St-Coulomb 35 49 F2
St-Coutant 16 147 F4
St-Coutant 79 147 D2
St-Coutant-le-Grand 17 145 F4
St-Créac 32 212 A4
St-Créac 65 257 E2
St-Crépin 05 207 D2
St-Crépin 17 145 F4
St-Crépin-aux-Bois 60 34 C1
St-Crépin-et-Carlucet 24 180 C4
St-Crépin-Ibouvillers 60 33 E3
St-Crépin-d'Auberoche 24 180 A3
St-Crépin-de-Richemont 24 179 E1
St-Crespin 76 15 E3
St-Crespin 14 29 F4
St-Crespin-sur-Moine 49 112 C3
St-Cricq 32 229 D2
St-Cricq-Chalosse 40 226 A2
St-Cricq-du-Gave 40 225 E3
St-Cricq-Villeneuve 40 209 F4
St-Cybardeaux 16 162 B2
St-Cybranet 24 197 E2
St-Cyprien 42 170 B4
St-Cyprien 66 263 D2
St-Cyprien 46 213 D1
St-Cyprien 19 180 C2
St-Cyprien 24 197 D1
St-Cyprien-sur-Dourdou 12 199 E3
St-Cyr 50 25 D3
St-Cyr 87 164 A2
St-Cyr 71 140 A3
St-Cyr 86 132 B3
St-Cyr 07 187 E2
St-Cyr-au-Mont-d'Or 69 171 E2
St-Cyr-les-Champagnes 24 180 C1
St-Cyr-le-Chatoux 69 155 D4
St-Cyr-les-Colons 89 102 B3
St-Cyr-de-Favières 42 154 B4
St-Cyr-de-Salerne 27 31 D3
St-Cyr-de-Valorges 42 170 C1
St-Cyr-des-Gâts 85 130 A3
St-Cyr-du-Bailleul 50 51 F4
St-Cyr-du-Doret 17 145 F2
St-Cyr-du-Gault 41 98 A3
St-Cyr-du-Ronceray 14 30 B4
St-Cyr-l'École 78 57 D2
St-Cyr-en-Arthies 95 32 C4
St-Cyr-en-Bourg 49 114 C3
St-Cyr-en-Pail 53 75 F1
St-Cyr-en-Talmondais 85 129 E4
St-Cyr-en-Val 45 99 E2
St-Cyr-le-Gravelais 53 74 B4
St-Cyr-la-Lande 79 114 B4
St-Cyr-Montmalin 39 124 C4
St-Cyr-la-Rivière 91 79 F2
St-Cyr-la-Roche 19 180 C2
St-Cyr-la-Rosière 61 77 D2
St-Cyr-sous-Dourdan 91 57 D4
St-Cyr-sur-Loire 37 115 F1
St-Cyr-sur-Menthon 01 156 A2
St-Cyr-sur-Mer 83 243 F3
St-Cyr-sur-Morin 77 59 D2
St-Cyr-sur-le-Rhône 69 171 E4
St-Cyr-les-Vignes 42 170 C3
St-Cyran-du-Jambot 36 116 C4
St-Dalmas-le-Selvage 06 223 E1
St-Daunès 46 212 C1
St-Denis 30 218 B2
St-Denis 93 57 E1
St-Denis 11 253 E1

St-Étienne

Bérard (R. P.)..............Y 4	Bouchard (Crs J.)..........Z 6	Papin (R. D.)..............Z 50
Foy (R. Gén.)..............Y 20	Chavanelle (Pl.)..........Z 7	Pointe-Cadet (R.)..........Z 57
Gambetta (R.)..............Z	Denfert-Rochereau	Rivière (R. du Sergent)...X 64
Gaulle (R. Ch. de)........X	(Av.)..............Y 12	Sadi-Carnot (Pl.)..........X 67
Gervais (R. E.)............Y 27	Dormoy (R. M.)............Y 16	St-Charles (R.)............Y 70
Grand Moulin (R. du)......Y 28	Fougerolle (R.)............Z 18	St-Ennemond (✝)...........Z 73
Hôtel-de-Ville (Pl. de l')..Y 32	Fourneyrond (Pl.).........Y 19	St-Étienne (✝)............Y B
Libération (Av. de la)....Y	Jacquard (Pl.).............Y 33	St-Jean Baptiste (✝)......X 75
Michelet (R.)..............Y	La Nativité (✝)...........X 42	St-Louis (✝)..............Z 80
Peuple (Pl. du)...........Y 55	Notre-Dame (✝)............Z 43	St-Roch (✝)...............Z 85
Président Wilson (R.)......Y 59	N.-D. de Lourdes (✝)......Z 46	Ste-Marie (✝).............Y 89
		Sauzéa (R. H.)............Y 92
République (R. de la).....Y		Servet (R. M.)............Y 95
Résistance (R. de la)......Y 61		Villebœuf (Pl.)...........Z 102

St-Dizier-Leyrenne 23 150 A4
St-Dizier-la-Tour 23 150 C3
St-Dolay 56 92 B3
St-Domet 23 151 D4
St-Domineuc 35 72 C1
St-Donan 22 47 F4
St-Donat 63 167 E4
St-Donat-sur-l'Herbasse 26 187 F3
St-Dos 64 225 E2
St-Doulchard 18 119 D4
St-Drézéry 34 234 C2
St-Dyé-sur-Loire 41 98 C3
St-Eble 43 185 D3
St-Ébremond-de-Bonfossé 50 27 E4
St-Edmond 71 154 B3
St-Égrève 38 189 D2
St-Élier 27 55 D1
St-Éliph 28 77 F1
St-Élix 32 228 C3
St-Élix-le-Château 31 251 E4
St-Élix-Séglan 31 250 C2
St-Élix-Theux 32 228 A4
St-Ellier-les-Bois 61 53 D4
St-Ellier-du-Maine 53 74 B1
St-Éloi 23 150 B4
St-Éloi 01 156 B4
St-Éloi 58 137 D1
St-Éloi-de-Fourques 27 31 D3
St-Élophe 88 86 A1
St-Éloy 29 45 F3
St-Éloy-d'Allier 03 135 F4
St-Éloy-de-Gy 18 119 D3
St-Éloy-la-Glacière 63 169 D3
St-Éloy-les-Mines 63 152 B3
St-Éloy-les-Tuileries 19 180 C1
St-Éman 28 78 A2
St-Émiland 71 139 E1
St-Émilion 33 195 D1
St-Ennemond 03 137 E3
St-Épain 37 115 F3
St-Épvre 54 64 C1
St-Erblon 35 152 B3
St-Erblon 53 94 A2
St-Erme-Outre-et-Ramecourt 02 36 A1
St-Escobille 91 79 E1
St-Esteben 64 225 D4
St-Estèphe 16 162 B3
St-Estèphe 33 177 D2
St-Estèphe 24 163 E3
St-Estève 66 242 B3
St-Estève-Janson 13 237 D2
St-Étienne 42 170 C4
St-Étienne 04 221 E3
St-Étienne-à-Arnes 08 37 E2
St-Étienne-l'Allier 27 31 F3
St-Étienne-au-Mont 62 2 C4
St-Étienne-au-Temple 51 61 D1
St-Étienne-aux-Clos 19 135 F4
St-Étienne-Cantalès 15 182 C4
St-Étienne-la-Cigogne 79 146 A3
St-Étienne-d'Albagnan 34 232 C3
St-Étienne-de-Baigorry 64 246 C4
St-Étienne-de-Boulogne 07 203 D2
St-Étienne-de-Brillouet 85 129 F4
St-Étienne-de-Carlat 15 199 F1
St-Étienne-de-Chigny 37 115 F2
St-Étienne-de-Chomeil 15 183 D1
St-Étienne-de-Crossey 38 189 D1
St-Étienne-de-Cuines 73 190 B3
St-Étienne-de-Fontbellon 07 203 D3
St-Étienne-de-Fougères 47 196 A4
St-Étienne-de-Fursac 23 149 F3
St-Étienne-de-Gourgas 34 233 E2
St-Étienne-de-Lisse 33 195 D1
St-Étienne-de-Lugdarès 07 202 B3
St-Étienne-de-Maurs 15 199 D2
St-Étienne-de-Mer-Morte 44 128 C1
St-Étienne-de-Montluc 44 111 E2
St-Étienne-de-l'Olm 30 218 B3
St-Étienne-de-Puycorbier 24 178 C3
St-Étienne-de-St-Geoirs 38 188 C3
St-Étienne-de-Serre 07 203 E1
St-Étienne-de-Tinée 06 223 D1
St-Étienne-de-Tulmont 82 213 E3
St-Étienne-de-Valoux 07 187 E2
St-Étienne-de-Vicq 03 153 E3
St-Étienne-de-Villeréal 47 196 C3
St-Étienne-des-Champs 63 167 D2
St-Étienne-des-Guérets 41 98 A4
St-Étienne-des-Oullières 69 155 E3
St-Étienne-des-Sorts 30 219 D2
St-Étienne-d'Orthe 40 225 D2
St-Étienne-du-Bois 85 129 D1
St-Étienne-du-Bois 01 160 A1
St-Étienne-du-Grès 13 236 A1
St-Étienne-du-Guéde-l'Isle 22 71 E3
St-Étienne-du-Rouvray 76 31 F2
St-Étienne-du-Valdonnez 48 201 F4
St-Étienne-du-Vauvray 27 31 F3
St-Étienne-du-Vigan 43 202 A2
St-Étienne-en-Bresse 71 140 B2
St-Étienne-en-Coglès 35 73 F1
St-Étienne-en-Dévoluy 05 206 A2
St-Étienne-Estréchoux 34 233 D2
St-Étienne-la-Geneste 19 182 C1
St-Étienne-Lardeyrol 43 186 A3
St-Étienne-le-Laus 05 206 B3
St-Étienne-le-Molard 42 170 B2
St-Étienne-lès-Remiremont 88 87 F4
St-Étienne-Roilaye 60 34 C2
St-Étienne-sous-Bailleul 27 32 A4
St-Étienne-sous-Barbuise 10 83 D1
St-Étienne-sur-Blesle 43 184 B2
St-Étienne-sur-Chalaronne 01 155 F3
St-Étienne-sur-Reyssouze 01 156 A1
St-Étienne-sur-Suippe 51 36 C2
St-Étienne-sur-Usson 63 168 C4
St-Étienne-la-Thillaye 14 30 A2
St-Étienne-Vallée-Française 48 217 D2
St-Étienne-la-Varenne 69 155 E3
St-Eugène 02 59 F1
St-Eugène 17 161 F4
St-Eugène 71 138 C2
St-Eulien 51 62 A3
St-Euphraise-et-Clairizet 51 36 B3
St-Euphrône 21 122 N1

St-Eusèbe 74 157 F4
St-Eusèbe 71 139 E3
St-Eusèbe-en-Champsaur 05 206 A2
St-Eustache 74 174 A1
St-Eustache-la-Forêt 76 30 C1
St-Eutrope 16 178 B1
St-Eutrope-de-Born 47 196 B3
St-Évarzec 29 69 D3
St-Évroult-de-Montfort 61 53 F2
St-Évroult-Notre-Dame-du-Bois 61 54 B2
St-Exupéry 33 195 D3
St-Exupéry-les-Roches 19 166 C4
St-Eynard (Fort du) 38 189 E2
St-Fargeau 89 101 E3
St-Fargeau-Ponthierry 77 58 A4
St-Fargeol 03 151 F3
St-Faust 64 248 B1
St-Félicien 07 187 D3
St-Féliu-d'Amont 66 262 B2
St-Féliu-d'Avall 66 262 B2
St-Félix 46 199 D3
St-Félix 74 173 E1
St-Félix 60 33 F2
St-Félix 16 178 B1
St-Félix 03 153 E2
St-Félix-de-Bourdeilles 24 179 E1
St-Félix-de-Foncaude 33 195 D2
St-Félix-de-l'Héras 34 233 E1
St-Félix-de-Lodez 34 233 F2
St-Félix-de-Lunel 12 199 F3
St-Félix-de-Pallières 30 217 E2
St-Félix-de-Reillac-et-Mortemart 24 180 A4
St-Félix-de-Rieutord 09 252 B3
St-Félix-de-Sorgues 12 232 C1
St-Félix-de-Tournegat 09 252 B2
St-Félix-de-Villadeix 24 179 E4
St-Félix-Lauragais 31 250 C4
St-Fergeux 08 20 C4
St-Ferjeux 70 107 E4
St-Ferme 33 195 E2
St-Ferréol 74 173 D4
St-Ferréol 31 250 B1
St-Ferréol (Bassin de) 31 231 D4
St-Ferréol-d'Auroure 43 186 B1
St-Ferréol-des-Côtes 63 169 E4
St-Ferréol-Trente-Pas 26 204 B4
St-Ferriol 11 253 E4
St-Fiacre 22 47 E4
St-Fiacre 56 70 C2
St-Fiacre 77 58 C1
St-Fiacre-sur-Maine 44 112 B3
St-Fiel 23 150 B3
St-Firmin 05 206 A1
St-Firmin 71 139 E2
St-Firmin 54 86 C1
St-Firmin 58 120 C4
St-Firmin-sur-Loire 45 100 C4
St-Firmin-des-Bois 45 101 D1
St-Firmin-des-Prés 41 98 A2
St-Flavy 10 82 B2
St-Florent 2b 265 E2
St-Florent 45 100 B3
St-Florent-des-Bois 85 129 E3
St-Florent (Golfe de) 2B 265 E2
St-Florent-sur-Auzonnet 30 218 A2
St-Florent-sur-Cher 18 135 E1
St-Florent-le-Vieil 49 113 D1
St-Florentin 36 117 F4
St-Florentin 89 102 B1
St-Floret 63 168 B4
St-Floris 62 4 B4
St-Flour 63 169 D3
St-Flour 15 184 A4
St-Flour-de-Mercoire 48 202 A2
St-Flovier 37 116 B3
St-Floxel 50 25 D3
St-Folquin 62 3 E2
St-Fons 69 171 E2

St-Forgeot 71 122 B4
St-Forget 78 57 D3
St-Forgeux 69 171 D1
St-Forgeux-Lespinasse 42 154 A3
St-Fort 53 95 D2
St-Fort-sur-Gironde 17 160 C4
St-Fort-sur-le-Né 16 161 F3
St-Fortunat-sur-Eyrieux 07 203 E1
St-Fraigne 16 147 D4
St-Fraimbault 61 74 C1
St-Fraimbault-de-Prières 53 75 D2
St-Frajou 31 250 C1
St-Franc 73 173 D4
St-Franchy 58 120 C3
St-François-de-Sales 73 173 F2
St-François-Lacroix 57 40 C2
St-François-Longchamp 73 174 B4
St-Frégant 29 45 E2
St-Fréjoux 19 166 C4
St-Frézal-d'Albuges 48 202 A3
St-Frézal-de-Ventalon 48 217 F1
St-Frichoux 11 254 A2
St-Frion 23 166 C1
St-Fromond 50 27 E3
St-Front 16 162 C1
St-Front 43 186 B4
St-Front-d'Alemps 24 179 F1
St-Front-de-Pradoux 24 179 D3
St-Front-la-Rivière 24 163 F4
St-Front-sur-Lémance 47 197 D3
St-Front-sur-Nizonne 24 163 E4
St-Froult 17 160 B1
St-Fulgent 85 129 F1
St-Fulgent-des-Ormes 61 76 C2
St-Fuscien 80 17 E2
St-Gabriel 13 236 A1
St-Gabriel-Brécy 14 29 E4
St-Gal 48 201 E2
St-Gal-sur-Sioule 63 152 B3
St-Galmier 42 170 C3
St-Gand 70 106 A4
St-Ganton 35 93 D2
St-Gatien-des-Bois 14 30 A2
St-Gaudens 31 250 B2
St-Gaudent 86 147 E3
St-Gaudéric 11 252 C2
St-Gauzens 81 230 C2
St-Gayrand 47 211 D1
St-Gein 40 226 C1
St-Gelais 79 146 B1
St-Gelven 22 70 C2
St-Cély-du-Fesc 34 234 B2
St-Génard 79 146 C3
St-Gence 87 164 B1
St-Généroux 79 131 D1
St-Genès-Champanelle 63 168 A2
St-Genès-Champespe 63 183 E1
St-Genès-de-Blaye 33 177 D2
St-Genès-de-Castillon 33 195 D1
St-Genès-de-Fronsac 33 177 F3
St-Genès-de-Lombaud 33 194 B2
St-Genès-du-Retz 63 152 C4
St-Genès-la-Tourette 63 169 D4
St-Genest 88 87 E1
St-Genest 03 151 F2
St-Genest-d'Ambière 86 132 B2
St-Genest-de-Beauzon 07 202 C4
St-Genest-de-Contest 81 231 D2
St-Genest-Lachamp 07 203 D1
St-Genest-Lerpt 42 170 C4
St-Genest-Malifaux 42 186 C1

St-Genest-sur-Roselle 87 165 D3
St-Geneys-près-St-Paulien 43 185 E3
St-Gengoulph 02 35 D4
St-Gengoux-de-Scissé 71 140 A4
St-Gengoux-le-National 71 139 F3
St-Geniès 24 180 C4
St-Geniès-le-Bas 34 233 D4
St-Geniès-Bellevue 31 230 B4
St-Geniès-de-Comolas 30 219 D3
St-Geniès-de-Malgoirès 30 218 B4
St-Geniès-de-Varensal 34 232 C2
St-Geniès-des-Mourgues 34 234 C2
St-Geniez 04 221 F4
St-Geniez-d'Olt 12 200 C4
St-Geniez-ô-Merle 19 182 B3
St-Genis 05 205 E4
St-Genis-l'Argentière 69 171 D2
St-Genis-de-Saintonge 17 161 D4
St-Génis-des-Fontaines 66 262 C3
St-Genis-d'Hiersac 16 162 B2
St-Genis-du-Bois 33 194 C2
St-Genis-Laval 69 171 E2
St-Genis-les-Ollières 69 171 E2
St-Genis-Pouilly 01 157 F2
St-Genis-sur-Menthon 01 156 A2
St-Genis-Terrenoire 42 171 D4
St-Genix-sur-Guiers 73 173 D3
St-Genou 36 134 A1
St-Genouph 37 115 F1
St-Geoire-en-Valdaine 38 173 D4
St-Geoirs 38 188 C1
St-Georges 32 229 D2
St-Georges 62 9 D2
St-Georges 15 184 B4
St-Georges 82 213 F2
St-Georges 57 65 F3
St-Georges 47 196 C4
St-Georges 16 147 E4
St-Georges-Armont 25 126 B1
St-Georges-Baillargeaux 86 132 B2
St-Georges-les-Bains 07 203 F1
St-Georges-Blancaneix 24 179 D4
St-Georges-Buttavent 53 74 C2
St-Georges-d'Annebecq 61 52 C2
St-Georges-d'Aunay 14 28 B4
St-Georges-d'Aurac 43 185 D3
St-Georges-de-Baroille 42 170 B2
St-Georges-de-Bohon 50 27 D3
St-Georges-de-Chesné 35 73 F2
St-Georges-de-Commiers 38 189 E3
St-Georges-de-la-Couée 72 97 D3
St-Georges-de-Cubillac 17 161 E4
St-Georges-de-Didonne 17 160 B3
St-Georges-de-Gréhaigne 35 50 B4
St-Georges-de-Lévéjac 48 216 C1
St-Georges-de-Livoye 50 51 D2
St-Georges-de-Longuepierre 17 146 B4

St-Denis 89 81 F3
St-Denis 79 131 D4
St-Denis-lès-Bourg 01 156 B2
St-Denis-Catus 46 197 F3
St-Denis-la-Chevasse 85 129 E1
St-Denis-Combarnazat 63 168 C1
St-Denis-d'Aclon 76 15 E2
St-Denis-d'Anjou 53 95 E2
St-Denis-d'Authou 28 77 F2
St-Denis-de-Cabanne 42 154 C3
St-Denis-de-Gastines 53 74 C2
St-Denis-de-l'Hôtel 45 99 F1
St-Denis-de-Jouhet 36 133 F2
St-Denis-de-Mailloc 14 30 B4
St-Denis-de-Méré 14 52 B2
St-Denis-de-Palin 18 136 A1
St-Denis-de-Pile 33 177 F4
St-Denis-de-Vaux 71 139 F2
St-Denis-de-Villenette 61 52 B4
St-Denis-des-Coudrais 72 77 D3

St-Denis-des-Monts 27 31 D3
St-Denis-des-Murs 87 165 D2
St-Denis-des-Puits 28 78 A2
St-Denis-d'Oléron 17 144 C4
St-Denis-d'Orques 72 75 F4
St-Denis-du-Béhélan 27 55 D2
St-Denis-du-Payré 85 145 D1
St-Denis-du-Pin 17 146 A4
St-Denis-en-Bugey 01 156 C4
St-Denis-en-Margeride 48 201 E2
St-Denis-en-Val 45 99 E2
St-Denis-le-Ferment 27 32 C2
St-Denis-le-Gast 50 50 C1
St-Denis-Maisoncelles 14 51 F1
St-Denis-lès-Martel 46 181 E4
St-Denis-les-Ponts 28 78 B4
St-Denis-lès-Rebais 77 59 D2
St-Denis-sur-Coise 42 170 C3
St-Denis-sur-Huisne 61 77 D1
St-Denis-sur-Loire 41 98 B3
St-Denis-sur-Ouanne 89 101 D2

St-Denis-sur-Sarthon 61 76 A1
St-Denis-sur-Scie 76 15 E3
St-Denis-le-Thiboult 76 32 A1
St-Denis-le-Vêtu 50 50 C1
St-Deniscourt 60 16 C4
St-Denœux 62 8 C1
St-Denoual 22 48 C3
St-Derrien 29 45 E2
St-Désert 71 139 F2
St-Désir 14 30 A4
St-Désirat 07 187 E2
St-Désiré 03 135 F4
St-Dézery 30 218 B4
St-Dézery 19 166 C4
St-Didier 21 122 A2
St-Didier 58 121 D2
St-Didier 35 73 F3
St-Didier 84 220 A3
St-Didier 39 141 D2
St-Didier-au-Mont-d'Or 69 171 E2
St-Didier-d'Allier 43 185 E4
St-Didier-d'Aussiat 01 156 A2
St-Didier-de-Bizonnes 38 172 B4
St-Didier-de-Formans 01 155 F4
St-Didier-de-la-Tour 38 172 C3
St-Didier-des-Bois 27 31 E3
St-Didier-en-Bresse 71 140 B2
St-Didier-en-Brionnais 71 154 B2

St-Didier-en-Velay 43 186 B2
St-Didier-en-Donjon 03 154 A1
St-Didier-la-Forêt 03 153 D3
St-Didier-sous-Aubenas 07 203 D3
St-Didier-sous-Écouves 61 53 D4
St-Didier-sous-Riverie 69 171 D3
St-Didier-sur-Arroux 71 138 C2
St-Didier-sur-Chalaronne 01 155 F3
St-Didier-sur-Doulon 43 185 D2
St-Didier-sur-Rochefort 42 169 E2
St-Dié 88 88 B2
St-Dier-d'Auvergne 63 169 D3
St-Diéry 63 168 A4
St-Dionizy 30 235 D1
St-Disdier 05 205 F2
St-Divy 29 45 E2
St-Dizant-du-Bois 17 177 D1
St-Dizant-du-Gua 17 161 D4
St-Dizier 52 62 B3
St-Dizier-les-Domaines 23 150 C2
St-Dizier-en-Diois 26 205 D3
St-Dizier-l'Évêque 90 108 A4

St-Georges-de-Luzençon 12 216 A3
St-Georges-de-Mons 63 167 F1
St-Georges-de-Montaigu 85 129 E1
St-Georges-de-Montclard 24 179 E4
St-Georges-de-Noisné 79 131 D4
St-Georges-de-Pointindoux 85 128 C3
St-Georges-de-Poisieux 18 136 A3
St-Georges-de-Reintembault 35 50 C4
St-Georges-de-Reneins 69 155 E3
St-Georges-de-Rex 79 146 A2
St-Georges-de-la-Rivière 50 24 B4
St-Georges-de-Rouelley 50 51 F4
St-Georges-d'Elle 50 28 A3
St-Georges-des-Agoûts 17 177 D1
St-Georges-des-Coteaux 17 161 D2
St-Georges-des-Groseillers 61 52 B2
St-Georges-des-Hurtières 73 174 B4
St-Georges-des-Sept-Voies 49 114 A2
St-Georges-d'Espéranche 38 172 A3
St-Georges-d'Oléron 17 144 C4
St-Georges-d'Orques 34 234 B3
St-Georges-du-Bois 72 96 B1
St-Georges-du-Bois 17 145 F3
St-Georges-du-Bois 49 95 F4
St-Georges-du-Mesnil 27 30 C3
St-Georges-du-Puy-de-la-Garde 49 113 E3
St-Georges-du-Rosay 72 77 D3
St-Georges-du-Vièvre 27 30 C3
St-Georges-en-Auge 14 53 E1
St-Georges-en-Couzan 42 169 F2
St-Georges-le-Fléchard 53 75 D4
St-Georges-le-Gaultier 72 75 F2
St-Georges (Gorges de) 11 261 E1
St-Georges-Haute-Ville 42 170 B4
St-Georges-Lagricol 43 185 F2
St-Georges-les-Landes 87 149 E2
St-Georges-Montcocq 50 27 E3
St-Georges-Motel 27 55 F3
St-Georges-Nigremont 23 166 C2
St-Georges-la-Pouge 23 150 B4
St-Georges-sur-l'Aa 59 3 E2
St-Georges-sur-Allier 63 168 B2
St-Georges-sur-Arnon 36 118 B4
St-Georges-sur-Baulche 89 102 A2
St-Georges-sur-Cher 41 116 C2
St-Georges-sur-Erve 53 75 E3
St-Georges-sur-Eure 28 78 B1
St-Georges-sur-Fontaine 76 31 F1
St-Georges-sur-Layon 49 114 A3
St-Georges-sur-Loire 49 113 E1
St-Georges-sur-Moulon 18 119 D3
St-Georges-sur-la-Prée 18 118 B3
St-Georges-sur-Renon 01
St-Geours-d'Auribat 40 225 F1

St-Geours-de-Maremne 40 225 D2
St-Gérand 56 71 D3
St-Gérand-de-Vaux 03 153 D1
St-Gérand-le-Puy 03 153 E2
St-Géraud 47 195 E3
St-Géraud-de-Corps 24 178 C4
St-Géréon 44 112 C1
St-Germain 07 203 D3
St-Germain 70 107 D2
St-Germain 86 133 D4
St-Germain 54 87 D1
St-Germain 10 83 D3
St-Germain-l'Aiguiller 85 130 B3
St-Germain-lès-Arlay 39 141 E2
St-Germain-lès-Arpajon 91 57 E4
St-Germain-au-Mont-d'Or 69 171 E1
St-Germain-Beaupré 23 149 F2
St-Germain-lès-Belles 87 165 D3
St-Germain-la-Blanche-Herbe 14 29 D3
St-Germain-lès-Buxy 71 140 A3
St-Germain-la-Campagne 27 30 B4
St-Germain-la-Chambotte 73 173 E2
St-Germain-Chassenay 58 137 E2
St-Germain-le-Châtelet 90 108 A2
St-Germain-lès-Corbeil 91 58 A4
St-Germain-en-Brionnais 71 154 C2
St-Germain-en-Coglès 35 73 F1
St-Germain-en-Laye 78 57 D2
St-Germain-en-Montagne 39 142 A2
St-Germain-et-Mons 24 196 A1
St-Germain-le-Fouilloux 53 74 C3
St-Germain-le-Gaillard 28 78 B1
St-Germain-le-Gaillard 50 24 C3
St-Germain-la-Câtine 28 78 B1
St-Germain-le-Guillaume 53 74 C3
St-Germain-l'Herm 63 169 D4
St-Germain-Langot 14 52 C1
St-Germain-Laprade 43 185 F3
St-Germain-Laval 42 169 F2
St-Germain-Laval 77 81 D2
St-Germain-Lavolps 19 166 B3
St-Germain-Laxis 77 58 B4
St-Germain-Lembron 63 168 B4
St-Germain-Lespinasse 42 154 A3
St-Germain-la-Montagne 42 154 C2
St-Germain-les-Paroisses 01 173 D2
St-Germain-la-Poterie 60 33 D1
St-Germain-près-Herment 63 167 D2
St-Germain-le-Rocheux 21 104 A2
St-Germain-lès-Senailly 21 103 E4
St-Germain-Source-Seine 21 104 A4
St-Germain-sous-Cailly 76 15 F4
St-Germain-sous-Doue 77 59 D2
St-Germain-sur-l'Arbresle 69 171 D1
St-Germain-sur-Avre 27 55 E3
St-Germain-sur-Ay 50 26 C3
St-Germain-sur-Bresle 80 16 C2
St-Germain-sur-Eaulne 76 16 A3

St-Germain-sur-École 77 80 B1
St-Germain-sur-Ille 35 73 D2
St-Germain-sur-Meuse 55 63 E3
St-Germain-sur-Moine 49 112 C3
St-Germain-sur-Morin 77 58 B2
St-Germain-sur-Renon 01 156 A3
St-Germain-sur-Rhône 74 157 E3
St-Germain-sur-Sarthe 72 76 A2
St-Germain-sur-Sèves 50 27 D3
St-Germain-sur-Vienne 37 114 C3
St-Germain-le-Vasson 14 52 C1
St-Germain-les-Vergnes 19 181 E2
St-Germain-le-Vieux 61 53 F4
St-Germain-Village 27 30 C2
St-Germain-la-Ville 51 61 D2
St-Germainmont 08 36 C1
St-Germain-d'Anxure 53 74 C3
St-Germain-d'Arcé 72 96 C3
St-Germain-d'Aunay 61 54 A1
St-Germain-de-Belvès 24 197 D1
St-Germain-de-Calberte 48 217 F2
St-Germain-de-Clairefeuille 61 53 E3
St-Germain-de-Confolens 16 148 B4
St-Germain-de-la-Coudre 61 77 D2
St-Germain-de-Coulamer 53 75 F2
St-Germain-de-Fresney 27 55 E1
St-Germain-de-la-Grange 78 56 C2
St-Germain-de-Crave 33 194 C3
St-Germain-de-Joux 01 157 E2
St-Germain-de-Livet 14 30 A4
St-Germain-de-Longue-Chaume 79 131 D3
St-Germain-de-Lusignan 17 161 E4
St-Germain-de-Marencennes 17 145 F3
St-Germain-de-Martigny 61 54 A4
St-Germain-de-Modéon 21 122 A1
St-Germain-de-Montbron 16 163 D3
St-Germain-de-Montgommery 14 53 E1
St-Germain-de-Pasquier 27 31 E3
St-Germain-de-Princay 85 129 F2
St-Germain-de-la-Rivière 33 177 F4
St-Germain-des-Salles 03 153 D2
St-Germain-de-Tallevende 14 51 E2
St-Germain-de-Tournebut 50 25 D2
St-Germain-de-Varreville 50 25 E3
St-Germain-de-Vibrac 17 161 F4
St-Germain-d'Ectot 14 28 B4
St-Germain-d'Elle 50 28 A4
St-Germain-des-Angles 27 31 F4
St-Germain-des-Bois 58 121 D2
St-Germain-des-Bois 18 136 A4
St-Germain-des-Champs 89 121 F1
St-Germain-des-Essourts 76 32 A1
St-Germain-des-Fossés 03 153 D2
St-Germain-des-Grois 61 77 E2
St-Germain-des-Prés 49 113 D1
St-Germain-des-Prés 45 101 D1

St-Germain-des-Prés 24 180 B1
St-Germain-des-Prés 81 231 D3
St-Germain-des-Vaux 50 24 B1
St-Germain-d'Esteuil 33 176 C1
St-Germain-d'Étables 76 15 F2
St-Germain-du-Bel-Air 46 197 F3
St-Germain-du-Bois 71 140 C2
St-Germain-du-Corbéis 61 76 A1
St-Germain-du-Crioult 14 52 A2
St-Germain-du-Pert 14 27 E2
St-Germain-du-Pinel 35 74 A4
St-Germain-du-Plain 71 140 B3
St-Germain-du-Puch 33 194 B2
St-Germain-du-Puy 18 119 D4
St-Germain-du-Salembre 24 179 D3
St-Germain-du-Seudre 17 161 D4
St-Germain-du-Teil 48 201 D4
St-Germé 32 227 D2
St-Germer-de-Fly 60 32 C2
St-Germier 79 147 D1
St-Germier 32 229 D2
St-Germier 81 231 E2
St-Germier 31 230 B4
St-Géron 43 184 C1
St-Gérons 15 182 B4
St-Gervais 30 219 D2
St-Gervais 38 177 E4
St-Gervais 38 188 C2
St-Gervais 16 147 F4
St-Gervais 85 128 A1
St-Gervais 95 32 C3
St-Gervais-les-Bains 74 159 D4
St-Gervais-d'Auvergne 63 152 A4
St-Gervais-de-Vic 72 97 E2
St-Gervais-des-Sablons 61 53 E2
St-Gervais-du-Perron 61 53 E4
St-Gervais-en-Belin 72 96 B2
St-Gervais-en-Vallière 71 140 B1
St-Gervais-la-Forêt 41 98 B4
St-Gervais-sous-Meymont 63 169 D3
St-Gervais-sur-Couches 71 139 E1
St-Gervais-sur-Mare 34 232 C2
St-Gervais-sur-Roubion 26 204 A3
St-Gervais-les-Trois-Clochers 86 132 B1
St-Gervasy 30 218 C4
St-Gervazy 63 184 B1
St-Géry 46 198 A4
St-Géry 24 178 C4
St-Geyrac 24 180 A3
St-Gibrien 51 61 D1
St-Gilbert (Ancienne Abbaye de) 03 153 D2
St-Gilles-les-Bois 22 47 E2
St-Gildas 22 47 E4
St-Gildas-de-Rhuys 56 91 D4
St-Gildas-des-Bois 44 92 C4
St-Gildas (Pointe de) 44 110 C3
St-Gilles-les-Forêts 87 165 E3
St-Gilles 30 235 E2
St-Gilles 50 27 E4
St-Gilles 35 72 C3
St-Gilles 36 149 F1
St-Gilles 51 36 A3
St-Gilles 71 139 F1
St-Gilles-Croix-de-Vie 85 128 B2
St-Gilles-de-Crétot 76 14 C4
St-Gilles-de-la-Neuville 76 14 B4
St-Gilles-des-Marais 61 52 A4
St-Gilles-du-Mené 22 71 F2
St-Gilles-Pligeaux 22 70 C1
St-Gilles-Vieux-Marché 22 71 F2
St-Gineis-en-Coiron 07 203 E3
St-Gingolph 74 159 D1

St-Girod 73 173 E2
St-Girons 09 259 E2
St-Girons 64 225 F3
St-Girons-d'Aiguevives 33 177 E3
St-Gladie-Arrive-Munein 64 225 E4
St-Glen-Penguily 22 71 F1
St-Goazec 29 69 F2
St-Gobain 02 19 F4
St-Gobert 02 20 A3
St-Goin 64 247 F1
St-Gond (Marais de) 51 60 B2
St-Gondon 45 100 B3
St-Gondran 35 72 C2
St-Conéry 22 47 D1
St-Gonlay 35 72 B3
St-Gonnery 56 71 D3
St-Gor 40 210 A3
St-Gorgon 56 92 B3
St-Gorgon 88 87 F2
St-Gorgon-Main 25 126 A4
St-Gouéno 22 71 F2
St-Gourgon 41 97 F3
St-Gourson 16 147 F4
St-Goussaud 23 149 F4
St-Gouvry 56 71 E3
St-Gratien 95 57 E1
St-Gratien 80 17 F1
St-Gratien-Savigny 58 138 A1
St-Gravé 56 92 B2
St-Grégoire 81 214 C4
St-Grégoire 35 73 D3
St-Grégoire-d'Ardennes 17 161 E4
St-Grégoire-du-Vièvre 27 30 C3
St-Griède 32 227 D2
St-Groux 16 162 C1
St-Guen 22 71 D2
St-Guilhem-le-Désert 34 233 F2
St-Guillaume 38 189 D4
St-Guinoux 35 49 F3
St-Guiraud 34 233 F2
St-Cuyomard 56 91 F2
St-Haon 43 202 A1
St-Haon-le-Châtel 42 154 A4
St-Haon-le-Vieux 42 154 A3
St-Héand 42 170 C4
St-Hélen 22 49 E4
St-Hélier 21 123 D1
St-Hellier 76 15 F3
St-Herblain 44 111 F2
St-Herblon 44 112 C1
St-Herbot 29 46 A4
St-Hérent 63 168 B4
St-Hernin 29 69 F1
St-Hervé 22 71 D2
St-Hilaire 38 189 E1
St-Hilaire 25 125 F1
St-Hilaire 43 184 C1
St-Hilaire 16 162 A4
St-Hilaire 46 199 D2
St-Hilaire 63 151 F3
St-Hilaire 31 229 E4
St-Hilaire 11 253 E3
St-Hilaire 91 79 F1
St-Hilaire 03 137 D4
St-Hilaire-Andrésis 45 81 D4
St-Hilaire-au-Temple 51 37 D4
St-Hilaire-Bonneval 87 165 D2
St-Hilaire-le-Château 23 150 B4
St-Hilaire-le-Châtel 61 54 B4
St-Hilaire-Cottes 62 9 E1
St-Hilaire-les-Courbes 19 165 F3
St-Hilaire-la-Croix 63 152 B4
St-Hilaire-Cusson-la-Valmitte 42 186 A1
St-Hilaire-de-Beauvoir 34 234 C2
St-Hilaire-de-Brens 38 172 B2
St-Hilaire-de-Brethmas 30 218 B3
St-Hilaire-de-Briouze 61 52 C3
St-Hilaire-de-Chaléons 44 111 D3
St-Hilaire-de-Clisson 44 112 B3
St-Hilaire-de-la-Côte 38 188 B1
St-Hilaire-de-Court 18 118 C3
St-Hilaire-de-Gondilly 18 119 F4
St-Hilaire-de-Lavit 48 217 F2

St-Hilaire-de-Loulay 85 112 B4
St-Hilaire-de-Lusignan 47 211 E2
St-Hilaire-de-la-Noaille 33 195 D3
St-Hilaire-de-Riez 85 128 B2
St-Hilaire-de-Villefranche 17 161 D1
St-Hilaire-de-Voust 85 130 B3
St-Hilaire-des-Landes 35 73 F2
St-Hilaire-des-Loges 85 130 B3
St-Hilaire-d'Estissac 24 179 D4
St-Hilaire-d'Ozilhan 30 219 D4
St-Hilaire-du-Bois 17 177 E1
St-Hilaire-du-Bois 33 195 D2
St-Hilaire-du-Bois 49 113 D1
St-Hilaire-du-Bois 85 130 A3
St-Hilaire-du-Harcouët 50 51 D3
St-Hilaire-du-Maine 53 74 B3
St-Hilaire-du-Rosier 38 188 B3
St-Hilaire-en-Lignières 18 135 E3
St-Hilaire-en-Morvan 58 121 F4
St-Hilaire-en-Woëvre 55 39 E4
St-Hilaire-Foissac 19 182 B1
St-Hilaire-Fontaine 58 138 A2
St-Hilaire-la-Forêt 85 144 B1
St-Hilaire-la-Gérard 61 53 E4
St-Hilaire-le-Grand 51 37 D3
St-Hilaire-la-Gravelle 41 98 B1
St-Hilaire-lez-Cambrai 59 11 D4
St-Hilaire-le-Lierru 72 77 D4
St-Hilaire-Luc 19 182 B1
St-Hilaire-les-Monges 63 167 E2
St-Hilaire-la-Palud 79 145 F2
St-Hilaire-le-Petit 51 37 D3
St-Hilaire-Petitville 50 27 D2
St-Hilaire-Peyroux 19 181 E2
St-Hilaire-les-Places 87 164 C3
St-Hilaire-la-Plaine 23 150 C3
St-Hilaire-St-Florent 49 114 B2
St-Hilaire-St-Mesmin 45 99 E2
St-Hilaire-sous-Charlieu 42 154 B3
St-Hilaire-sous-Romilly 10 82 B1
St-Hilaire-sur-Benaize 36 133 E4
St-Hilaire-sur-Erre 61 77 E2
St-Hilaire-sur-Helpe 59 12 B4
St-Hilaire-sur-Puiseaux 45 100 C2
St-Hilaire-sur-Risle 61 54 B3
St-Hilaire-sur-Yerre 28 78 A4
St-Hilaire-Taurieux 19 181 F3
St-Hilaire-la-Treille 87 149 E2
St-Hilaire-le-Vouhis 85 129 F3
St-Hilarion 78 56 C3
St-Hilliers 77 59 E4
St-Hippolyte 17 160 C1
St-Hippolyte 68 89 D2
St-Hippolyte 37 116 C4
St-Hippolyte 66 262 C1
St-Hippolyte 30 218 B3
St-Hippolyte 12 199 F2
St-Hippolyte 15 183 E2
St-Hippolyte 25 126 C1
St-Hippolyte 33 195 D1
St-Hippolyte 63 168 A1
St-Hippolyte-de-Caton 30 218 B3
St-Hippolyte-de-Montaigu 30 219 D3
St-Hippolyte-du-Fort 30 217 F4

St-Hippolyte-le-Graveron 84 220 A2
St-Honoré 38 189 E4
St-Honoré 76 15 F3
St-Honoré-les-Bains 58 138 B1
St-Hostien 43 186 A3
St-Hubert 57 40 C3
St-Huruge 71 139 F4
St-Hymer 14 30 A3
St-Hymetière 39 157 D1
St-Igeaux 22 70 C2
St-Igest 12 199 D4
St-Ignan 31 250 B2
St-Ignat 63 168 B1
St-Igny-de-Roche 71 154 C2
St-Igny-de-Vers 69 155 D2
St-Illide 15 182 C3
St-Illiers-le-Bois 78 56 A1
St-Illiers-la-Ville 78 56 A1
St-Ilpize 43 184 C2
St-Imoges 51 36 B4
St-Inglevert 62 2 C2
St-Isle 53 74 C2
St-Ismier 38 189 E2
St-Izaire 12 215 E4
St-Jacques 04 222 B3
St-Jacques-d'Aliermont 76 15 F2
St-Jacques-d'Ambur 63 167 E1
St-Jacques-d'Atticieux 07 187 D1
St-Jacques-de-la-Lande 35 73 D3
St-Jacques-de-Néhou 50 24 C3
St-Jacques-des-Arrêts 69 155 D2
St-Jacques-des-Blats 15 183 E4
St-Jacques-des-Guérets 41 97 E2
St-Jacques-en-Valgodemard 05 206 A1
St-Jacques-sur-Darnétal 76 31 F1
St-Jacut-de-la-Mer 22 49 D3
St-Jacut-du-Mené 22 71 F2
St-Jacut-les-Pins 56 92 B2
St-Jal 19 181 E1
St-James 50 50 C4
St-Jammes 64 226 C4
St-Jans-Cappel 59 4 C3
St-Jean 31 230 A2
St-Jean-aux-Amognes 58 120 C4
St-Jean-aux-Bois 08 20 C3
St-Jean-aux-Bois 60 34 C2
St-Jean-le-Blanc 45 99 E2
St-Jean-le-Blanc 14 52 A1
St-Jean-Bonnefonds 42 170 C4
St-Jean-Brévelay 56 91 E1
St-Jean-la-Bussière 69 154 C2
St-Jean-lès-Buzy 55 39 E3
St-Jean-Cap-Ferrat 06 241 E4
St-Jean-le-Centenier 07 203 E3
St-Jean-Chambre 07 203 E1
St-Jean-le-Comtal 32 228 B3
St-Jean-les-Deux-Jumeaux 77 58 C1
St-Jean-en-Royans 26 188 B4
St-Jean-en-Val 63 168 C4
St-Jean-et-St-Paul 12 216 B4
St-Jean-la-Fouillouse 48 201 F2
St-Jean-Froidmentel 41 98 B2
St-Jean-Kerdaniel 22 47 E2
St-Jean-Kourtzerode 57 66 B2
St-Jean-Lachalm 43 185 E4
St-Jean-Lagineste 46 198 B1
St-Jean-Lasseille 66 262 C2
St-Jean-Lespinasse 46 198 B1
St-Jean-Lherm 31 230 B2

St-Jean-Ligoure 87 164 C3
St-Jean-lès-Longuyon 54 38 C1
St-Jean-Mirabel 46 199 D3
St-Jean Mont 88 86 B3
St-Jean-Pied-de-Port 64 246 C2
St-Jean-Pierre-Fixte 28 77 E2
St-Jean-Pla-de-Corts 66 262 B3
St-Jean-Poudge 64 226 C3
St-Jean-Poutge 32 228 A2
St-Jean-le-Priche 71 155 F1
St-Jean-le-Puy 42 154 A4
St-Jean-Rohrbach 57 41 E4
St-Jean-Roure 07 186 C4
St-Jean-St-Germain 37 116 A2
St-Jean-St-Gervais 63 184 C1
St-Jean-St-Nicolas 05 206 B2
St-Jean-Saverne 67 66 C2
St-Jean-Soleymieux 42 170 A4
St-Jean-sur-Couesnon 35 73 F2
St-Jean-sur-Erve 53 75 E4
St-Jean-sur-Mayenne 53 74 C3
St-Jean-sur-Moivre 51 61 E1
St-Jean-sur-Reyssouze 01 156 A1
St-Jean-sur-Tourbe 51 37 E4
St-Jean-sur-Veyle 01 155 F2
St-Jean-sur-Vilaine 35 73 F3
St-Jean-le-Thomas 50 50 B3
St-Jean-Trolimon 29 68 C4
St-Jean-la-Vêtre 42 169 E2
St-Jean-le-Vieux 64 246 C2
St-Jean-le-Vieux 01 156 C4
St-Jean-le-Vieux 38 189 E2
St-Jeannet 06 240 B1
St-Jeannet 04 222 A4
St-Jean-d'Aigues-Vives 09 252 C4
St-Jean-d'Alcapiès 12 216 A4
St-Jean-d'Angély 17 146 A4
St-Jean-d'Angle 17 160 C1
St-Jean-d'Ardières 69 155 E2
St-Jean-d'Arves 73 190 B2
St-Jean-d'Arvey 73 173 F3
St-Jean-d'Assé 72 76 A3
St-Jean-d'Ataux 24 179 D3
St-Jean-d'Aubrigoux 43 185 E1
St-Jean-d'Aulps 74 159 D2
St-Jean-d'Avelanne 38 173 D3
St-Jean-de-Barrou 11 254 B4
St-Jean-de-Bassel 57 65 F2
St-Jean-de-Beauregard 91 57 D3
St-Jean-de-Belleville 73 174 C4
St-Jean-de-Beugné 85 129 F4
St-Jean-de-Blaignac 33 194 C1
St-Jean-de-la-Blaquière 34 233 F2
St-Jean-de-Boiseau 44 111 E3
St-Jean-de-Bonneval 10 83 D3
St-Jean-de-Bournay 38 172 A4
St-Jean-de-Braye 45 99 E2
St-Jean-de-Buèges 34 234 A1
St-Jean-de-Ceyrargues 30 218 B3

St-Jean-de-Chevelu 73 173 E2
St-Jean-de-Côle 24 179 F1
St-Jean-de-Cornies 34 234 B2
St-Jean-de-Couz 73 173 E3
St-Jean-de-Crieulon 30 218 A4
St-Jean-de-la-Croix 49 113 F1
St-Jean-de-Cuculles 34 234 B1
St-Jean-de-Daye 50 27 E3
St-Jean-de-Duras 47 195 F2
St-Jean-de-Folleville 76 30 C1
St-Jean-de-la-Forêt 61 77 D2
St-Jean-de-Fos 34 233 F2
St-Jean-de-Gonville 01 157 F2
St-Jean-de-la-Haize 50 50 C3
St-Jean-de-Laur 46 198 B4
St-Jean-de-la-Léqueraye 27 30 C3
St-Jean-de-Lier 40 225 F1
St-Jean-de-Linières 49 113 E1
St-Jean-de-Liversay 17 145 E2
St-Jean-de-Livet 14 30 B4
St-Jean-de-Losne 21 124 A3
St-Jean-de-Luz 64 224 A4
St-Jean-de-Marcel 81 214 C3
St-Jean-de-Marsacq 40 225 D2
St-Jean-de-Maruéjols 30 218 B2
St-Jean-de-Maurienne 73 190 B1
St-Jean-de-Minervois 34 232 B4
St-Jean-de-Moirans 38 189 D1
St-Jean-de-Monts 85 128 A2
St-Jean-de-Moriani 2b 265 F4
St-Jean-de-la-Motte 72 96 B3
St-Jean-de-Muzols 07 187 E3
St-Jean-de-Nay 43 185 E3
St-Jean-de-la-Neuville 76 14 B4
St-Jean-de-Niost 01 172 B1
St-Jean-de-Paracol 11 253 D4
St-Jean-de-la-Porte 73 174 A3
St-Jean-de-Pourcharesse 07 202 C4
St-Jean-de-Rebervilliers 28 55 E4
St-Jean-de-Rives 81 230 C2
St-Jean-de-la-Rivière 50 24 C4
St-Jean-de-la-Ruelle 45 99 E2
St-Jean-de-Sauves 86 131 F2
St-Jean-de-Savigny 50 27 F3
St-Jean-de-Serres 30 218 A4
St-Jean-de-Sixt 74 158 C4
St-Jean-de-Soudain 38 172 C3
St-Jean-de-Tholome 74 158 C4
St-Jean-de-Thouars 79 131 E1
St-Jean-de-Thurac 47 211 F2
St-Jean-de-Thurigneux 01 155 F4
St-Jean-de-Touslas 69 171 E3
St-Jean-de-Trézy 71 139 E2
St-Jean-de-Valériscle 30 218 B2
St-Jean-de-Vals 81 231 D2
St-Jean-de-Vaulx 38 189 E3
St-Jean-de-Vaux 71 139 F2
St-Jean-de-Védas 34 234 B3
St-Jean-de-Verges 09 252 A3
St-Jean-Delnous 12 215 D3

St-Jean-des-
Baisants 50   28 A4
St-Jean-des-Bois
61   51 F3
St-Jean-des-
Champs 50   50 C2
St-Jean-des-
Échelles 72   77 D3
St-Jean-des-
Essartiers
14   28 B4
St-Jean-des-
Mauvrets
49   113 F1
St-Jean-des-Ollières
63   168 C3
St-Jean-des-Vignes
69   171 D1
St-Jean-d'Estissac
24   179 D4
St-Jean-d'Étreux
39   156 C1
St-Jean-devant-
Possesse 51   61 F2
St-Jean-d'Eyraud
24   179 D4
St-Jean-d'Hérans
38   205 E1
St-Jean-d'Heurs
63   168 C2
St-Jean-d'Illac
33   193 F1
St-Jean-d'Ormont
88   88 B2
St-Jean-du-Bois
72   96 A2
St-Jean-du-Bouzet
82   212 B4
St-Jean-du-Bruel
12   216 C4
St-Jean-
du-Cardonnay
76   31 E1
St-Jean-
du-Castillonnais
09   259 D3
St-Jean-du-Corail
50   51 E4
St-Jean-du-Corail-
des-Bois 50   51 D2
St-Jean-du-Doigt
29   46 B2
St-Jean-du-Falga
09   252 A3
St-Jean-du-Gard
30   217 D2
St-Jean-du-Marché
88   87 F3
St-Jean-du-Pin
30   218 A3
St-Jean-du-Puy
13   243 F1
St-Jean-
du-Thenney
27   54 B1
St-Jeanvrin
18   135 E4
St-Jeoire 74   158 C3
St-Jeoire-Prieuré
73   173 F3
St-Jeure-d'Andaure
07   186 C3
St-Jeure-d'Ay
07   187 E3
St-Jeures 43   186 B3
St-Joachim
44   110 C1
St-Jodard 42   170 B1
St-Joire 55   63 D4
St-Jores 50   27 D2
St-Jorioz 74   174 A1
St-Jory 31   229 F2
St-Jory-de-Chalais
24   164 A4
St-Jory-las-Bloux
24   180 A1
St-Joseph 42   171 D3
St-Joseph 50   25 D2
St-Joseph-
de-Rivière
38   189 D1
St-Joseph-des-
Bancs 07   203 D2
St-Josse 62   8 B1
St-Jouan-de-l'Isle
22   72 B2
St-Jouan-des-
Guérets 35   49 E3
St-Jouin 14   29 F3
St-Jouin-Bruneval
76   14 A4
St-Jouin-de-Blavou
61   76 C1
St-Jouin-de-Marnes
79   131 E1
St-Jouin-de-Milly
79   130 C2
St-Jouvent
87   164 C1
St-Juan 25   126 A2
St-Judoce 22   72 C1
St-Juéry 81   214 C4
St-Juéry 48   200 C1
St-Juéry 12   215 E4
St-Juire-
Champgillon
85   130 A3
St-Julia 31   230 C4
St-Julia-de-Bec
11   253 E4
St-Julien 83   238 A2
St-Julien 13   242 C2
St-Julien 34   232 C3
St-Julien 21   123 F1
St-Julien 22   47 F4
St-Julien 39   156 C1
St-Julien 31   251 E2
St-Julien 69   155 E4
St-Julien 88   86 B4

St-Julien 70   106 A3
St-Julien-l'Ars
86   132 B4
St-Julien-aux-Bois
19   182 B3
St-Julien-
Beychevelle
33   177 D2
St-Julien-Boutières
07   186 C4
St-Julien-Chapteuil
43   186 A4
St-Julien-le-Châtel
23   151 D3
St-Julien-
en-Beauchêne
05   205 E3
St-Julien-en-Born
40   208 A3
St-Julien-
en-Champsaur
05   206 A2
St-Julien-
en-Genevois
74   158 A3
St-Julien-en-Quint
26   204 C1
St-Julien-en-St-
Alban 07   203 E2
St-Julien-
en-Vercors
26   188 C3
St-Julien-le-Faucon
14   30 A4
St-Julien-Gaulène
81   215 D4
St-Julien-la-Geneste
63   152 A4
St-Julien-la-Genête
23   151 E3
St-Julien-lès-Gorze
54   39 E4
St-Julien-Labrousse
07   187 D4
St-Julien-Maumont
19   181 E4
St-Julien-lès-Metz
57   40 B3
St-Julien-
Molhesabate
43   186 C2
St-Julien-Molin-
Molette 42   187 D1
St-Julien-Mont-
Denis 73   190 C1
St-Julien-lès-
Montbéliard
25   107 F4
St-Julien-le-Pèlerin
19   182 B4
St-Julien-le-Petit
87   165 E2
St-Julien-près-Bort
19   182 C1
St-Julien-Puy-
Lavèze 63   167 E3
St-Julien-les-
Rosiers 30   218 A2
St-Julien-le-Roux
07   203 E1
St-Julien-lès-Russey
25   126 C2
St-Julien-sous-les-
Côtes 55   63 E2
St-Julien-sur-Bibost
69   171 D2
St-Julien-sur-
Calonne 14   30 B3
St-Julien-sur-Cher
41   117 F2
St-Julien-sur-
Dheune 71   139 E2
St-Julien-sur-
Reyssouze
01   156 A1
St-Julien-sur-Sarthe
61   76 C1
St-Julien-sur-Veyle
01   156 A2
St-Julien-
le-Vendômois
19   164 C4
St-Julien-la-Vêtre
42   169 E2
St-Julien-les-Villas
10   83 D2
St-Julien-Vocance
07   187 D2
St-Julien-d'Ance
43   185 F2
St-Julien-
d'Armagnac
40   210 B4
St-Julien-d'Arpaon
48   217 E1
St-Julien-d'Asse
04   222 A4
St-Julien-
de-Bourdeilles
24   179 E1
St-Julien-de-Briola
11   252 C2
St-Julien-
de-Cassagnas
30   218 B2
St-Julien-
de-Chédon
41   116 C2
St-Julien-de-Civry
71   154 C1
St-Julien-
de-Concelles
44   112 B2
St-Julien-de-Coppel
63   168 C3
St-Julien-
de-Crempse
24   179 D4
St-Julien-de-l'Escap
17   161 E1

St-Julien-de-Gras-
Capou 09   252 C3
St-Julien-
de-l'Herms
38   172 A4
St-Julien-de-Jonzy
71   154 B2
St-Julien-
de-Lampon
24   197 F1
St-Julien-de-la-
Liègue 27   32 A4
St-Julien-de-Mailloc
14   30 B4
St-Julien-de-la-Nef
30   217 E4
St-Julien-
de-Peyrolas
30   219 D1
St-Julien-de-Raz
38   189 D1
St-Julien-
de-Toursac
15   199 D2
St-Julien-de-
Vouvantes
44   94 A3
St-Julien-des-
Chazes 43   185 D4
St-Julien-des-
Landes 85   128 C3
St-Julien-des-
Points 48   217 F2
St-Julien-d'Eymet
24   196 A2
St-Julien-d'Oddes
42   170 A1
St-Julien-du-Gua
07   203 D2
St-Julien-du-Pinet
43   186 A3
St-Julien-du-Puy
81   231 D2
St-Julien-du-Sault
89   81 F4
St-Julien-du-Serre
07   203 D2
St-Julien-
du-Terroux
53   75 E1
St-Julien-
du-Tournel
48   201 F4
St-Julien-
du-Verdon
04   222 C4
St-Junien 87   164 A1
St-Junien-
la-Bregère
23   165 F1
St-Junien-les-
Combes 87   149 D3
St-Jure 57   64 B1
St-Jurs 04   222 B4
St-Just 57   32 B4
St-Just 24   179 D1
St-Just 18   119 D4
St-Just 34   234 C2
St-Just 01   156 B2
St-Just 07   219 D1
St-Just 35   92 C2
St-Just 63   169 E4
St-Just 15   201 D1
St-Just-Chaleyssin
38   171 F3
St-Just-d'Avray
69   155 D4
St-Just-
de-Bélengard
11   253 D3
St-Just-de-Claix
38   188 B3
St-Just-en-Bas
42   169 F2
St-Just-en-Brie
77   59 D4
St-Just-
en-Chaussée
60   33 F1
St-Just-en-Chevalet
42   169 E1
St-Just-et-le-Bézu
11   253 E4
St-Just-
et-Vacquières
30   218 B3
St-Just-Ibarre
64   247 D2
St-Just-Luzac
17   160 B1
St-Just-Malmont
43   186 C1
St-Just-le-Martel
87   165 D1
St-Just-la-Pendue
42   170 B1
St-Just-près-
Brioude 43   184 C2
St-Just-Sauvage
51   60 A4
St-Just-sur-Dive
49   114 B3
St-Just-sur-Loire
42   170 B4
St-Just-sur-Viaur
12   215 D3
St-Justin 33   227 E3
St-Justin 40   210 A4
St-Juvat 22   72 B1
St-Juvin 08   38 A2
St-Lactencin
36   134 B1
St-Lager 69   155 E3
St-Lager-Bressac
07   203 F2
St-Lamain 39   141 E2
St-Lambert 78   57 D3
St-Lambert 14   52 B1
St-Lambert-des-
Levées 49   114 B2
St-Lambert-
du-Lattay
49   113 E2

St-Lambert-
et-Mont-de-Jeux
08   37 E1
St-Lambert-
la-Potherie
49   95 D4
St-Lambert-sur-
Dive 61   53 E2
St-Langis lès-
Mortagne
61   77 D1
St-Lanne 65   227 D3
St-Laon 86   114 C4
St-Lary 32   228 B2
St-Lary 09   259 D3
St-Lary-Boujean
31   250 B2
St-Lary-Soulan
65   258 A4
St-Lattier 38   188 B3
St-Launeuc 22   72 A2
St-Laure 63   168 C1
St-Laurent 58   120 A2
St-Laurent 08   21 E3
St-Laurent 18   118 C3
St-Laurent 56   92 B2
St-Laurent 31   250 C1
St-Laurent 23   150 C3
St-Laurent 22   47 D2
St-Laurent 74   158 B3
St-Laurent 47   211 D2
St-Laurent-les-Bains
07   202 B3
St-Laurent-Blangy
62   10 A3
St-Laurent-
Bretagne
64   227 D4
St-Laurent-
Chabreuges
43   184 C2
St-Laurent-
la-Conche
42   170 B3
St-Laurent-d'Agny
69   171 E3
St-Laurent-
d'Aigouze
30   235 D2
St-Laurent-
d'Andenay
71   139 E2
St-Laurent-d'Arce
33   211 E3
St-Laurent-de-la-
Barrière 17   145 F4
St-Laurent-
de-Belzagot
16   178 B1
St-Laurent-
de-Brèvedent
76   30 B1
St-Laurent-de-la-
Cabrerisse
11   254 B3
St-Laurent-la-Gâtine
28   56 A3
St-Laurent-Lolmie
46   212 C1
St-Laurent-le-Minier
30   217 E4
St-Laurent-Nouan
41   98 C3
St-Laurent-la-Roche
39   141 D3
St-Laurent-
Rochefort
42   169 F2
St-Laurent-sous-
Coiron 07   203 D3
St-Laurent-sur-
Gorre 87   164 B2
St-Laurent-sur-
Manoire 24   179 F3
St-Laurent-sur-Mer
14   28 B2
St-Laurent-
de-Cuves 50   51 D2
St-Laurent-
de-Gosse
40   225 D3
St-Laurent-
de-Jourdes
86   148 A1
St-Laurent-
de-Lévézou
12   216 A2
St-Laurent-de-Lin
37   96 B4
St-Laurent-de-Mure
69   172 A2
St-Laurent-
de-Muret
48   201 D3
St-Laurent-
de-Neste
65   250 A3
St-Laurent-de-la-
Plaine 49   113 E2
St-Laurent-de-la-
Prée 17   145 E4
St-Laurent-de-la-
Salanque
66   263 D1
St-Laurent-de-la-
Salle 85   130 A3
St-Laurent-
de-Terregatte
50   51 D4
St-Laurent-
de-Trèves
48   217 E2
St-Laurent-de-Vaux
69   171 D2
St-Laurent-
de-Veyrès
48   200 C2
St-Laurent-des-
Arbres 30   219 E3
St-Laurent-des-
Autels 49   112 C2
St-Laurent-des-
Bâtons 24   179 F4
St-Laurent-des-Bois
41   98 C2
St-Laurent-des-Bois
27   55 F2

St-Laurent-des-
Combes 16   178 B1
St-Laurent-des-
Combes 33   195 D1
St-Laurent-des-
Hommes
24   178 C3
St-Laurent-des-
Mortiers 53   95 D2
St-Laurent-des-
Vignes 24   196 A1
St-Laurent-d'Oingt
69   171 D1
St-Laurent-d'Olt
12   200 C4
St-Laurent-d'Onay
26   188 A2
St-Laurent-du-Bois
33   195 D1
St-Laurent-du-Cros
05   206 A2
St-Laurent-
du-Mont 14   29 F4
St-Laurent-
du-Mottay
49   113 D1
St-Laurent-du-Pape
07   203 F1
St-Laurent-du-Plan
33   195 D3
St-Laurent-du-Pont
38   189 D1
St-Laurent-
du-Tencement
27   54 B2
St-Laurent-du-Var
06   240 B1
St-Laurent-
du-Verdon
04   238 B1
St-Laurent-
en-Beaumont
38   189 E4
St-Laurent-
en-Brionnais
71   154 C2
St-Laurent-en-Caux
76   15 D3
St-Laurent-
en-Gâtines
37   97 E4
St-Laurent-
en-Grandvaux
39   142 A3
St-Laurent-
en-Royans
26   188 C3
St-Laurent-
et-Benon
33   176 C2
St-Laurent-la-Gâtine
28   56 A3
St-Laurent-Lolmie
46   212 C1
St-Laurent-le-Minier
30   217 E4
St-Laurent-Nouan
41   98 C3
St-Laurent-la-Roche
39   141 D3
St-Laurent-
Rochefort
42   169 F2
St-Laurent-sous-
Coiron 07   203 D3
St-Laurent-sur-
Gorre 87   164 B2
St-Laurent-sur-
Manoire 24   179 F3
St-Laurent-sur-Mer
14   28 B2
St-Laurent-sur-
Othain 55   39 D2
St-Laurent-sur-
Saône 01   155 F2
St-Laurent-sur-
Sèvre 85   130 A1
St-Laurent-les-
Tours 46   198 C1
St-Laurent-la-Vallée
24   197 D2
St-Laurent-
la-Vernède
30   218 C3
St-Laurs 79   130 C4
St-Léger 73   174 B4
St-Léger 17   161 D3
St-Léger 47   211 D1
St-Léger 53   75 E4
St-Léger 06   223 E3
St-Léger 77   59 D2
St-Léger 50   50 C2
St-Léger 16   162 B4
St-Léger 62   10 A4
St-Léger-aux-Bois
60   34 C1
St-Léger-aux-Bois
76   16 B2
St-Léger-Bridereix
23   149 F2
St-Léger-de-Balson
33   194 B4
St-Léger-
de-Fougeret
58   121 F4
St-Léger-de-la-
Martinière 79   147 D2
St-Léger-
de-Montbrillais
86   114 C4
St-Léger-
de-Montbrun
79   114 B4
St-Léger-de-Peyre
48   201 D1
St-Léger-des-Bois

St-Léger-des-Bois
49   113 E1
St-Léger-des-
Combes 33   195 D1
St-Léger-des-
Vignes 58   137 F2
St-Léger-lès-
Domart 80   17 D1
St-Léger-du-Bois
71   122 C4
St-Léger-du-Bourg-
Denis 76   31 F2
St-Léger-
du-Gennetey
27   31 D3
St-Léger-
du-Malzieu
48   201 D1
St-Léger-
du-Ventoux
84   220 B2
St-Léger-Dubosq
14   29 F3
St-Léger-en-Bray
60   33 D2
St-Léger-
en-Yvelines
78   56 C3
St-Léger-
le-Guérétois
23   150 B3
St-Léger-lès-Paray
71   138 C4
St-Léger-Magnazeix
87   149 E2
St-Léger-les-
Mélèzes 05   206 B2
St-Léger-
la-Montagne
87   149 F4
St-Léger-le-Petit
18   120 A3
St-Léger-près-
Troyes 10   83 D3
St-Léger-sous-
Beuvray 71   138 C2
St-Léger-sous-
Brienne 10   83 F1
St-Léger-sous-
la-Bussière
71   155 D2
St-Léger-sous-
Cholet 49   113 D3
St-Léger-sous-
Margerie 10   61 E4
St-Léger-sur-Bresle
80   16 C2
St-Léger-sur-
Dheune 71   139 F2
St-Léger-sur-
Roanne 42   154 B4
St-Léger-sur-Sarthe
61   76 C1
St-Léger-sur-
Vouzance
03   154 A1
St-Léger-Triey
21   124 A2
St-Léger-Vauban
89   121 F1
St-Léger-les-Vignes
44   111 E3
St-Léomer 86   148 C1
St-Léon 31   230 B4
St-Léon 03   153 F1
St-Léon 33   194 C2
St-Léon-sur-l'Isle
24   179 D3
St-Léon-sur-Vézère
24   180 B4
St-Léonard 62   2 C4
St-Léonard
32   228 C1
St-Léonard 88   88 B2
St-Léonard 51   36 C3
St-Léonard 76   14 B3
St-Léonard-
de-Noblat 87   165 D1
St-Léonard-des-
Bois 72   76 A2
St-Léonard-des-
Parcs 61   53 F3
St-Léonard-
en-Beauce
41   98 B2
St-Léon-d'Issigeac
24   196 B2
St-Léons 12   216 A2
St-Léopardin-
d'Augy 03   137 D3
St-Léry 56   72 A3
St-Leu-d'Esserent
60   33 F3
St-Leu-la-Forêt
95   57 E1
St-Lézer 65   227 E4
St-Lézin 49   113 E2
St-Lié 51   36 B3
St-Lieux-Lafenasse
81   231 F1
St-Lieux-lès-Lavaur
81   230 B2
St-Lin 79   131 D4
St-Lions 04   222 B3
St-Lizier 09   259 E2
St-Lizier-du-Planté
32   229 D4
St-Lô 50   27 E3
St-Lô-d'Ourville
50   26 B2
St-Lon-les-Mines
40   225 D2
St-Longis 72   76 C2
St-Lormel 22   49 D3
St-Lothain 39   141 E2
St-Loube 32   229 D4
St-Loubert 33   194 C3
St-Loubès 33   177 E4
St-Loubouer
40   226 B2
St-Louet-sur-
Seulles 14   28 C4

St-Louet-sur-Vire
50   51 E1
St-Louis 68   109 D3
St-Louis 57   66 B2
St-Louis-lès-Bitche
57   42 B4
St-Louis-
de-Montferrand
33   177 E4
St-Louis-l'Isle
24   179 D3
St-Louis-et-Parahou
11   261 F1
St-Loup 58   120 A1
St-Loup 50   50 C3
St-Loup 41   146 A4
St-Loup 82   212 A3
St-Loup 39   150 A4
St-Loup 23   151 D3
St-Loup 41   118 A2
St-Loup 51   60 A3
St-Loup 28   78 B2
St-Loup 69   171 D1
St-Loup-Cammas
31   230 A2
St-Loup-
Champagne
08   36 C1
St-Loup-
de-Buffigny
10   82 B1
St-Loup-de-Fribois
14   29 F4
St-Loup-de-Gonois
45   81 F4
St-Loup-de-Naud
77   59 E3
St-Loup-de-la-Salle
71   140 A1
St-Loup-
de-Varennes
71   140 A1
St-Loup-des-
Chaumes
18   135 F2
St-Loup-des-Vignes
45   80 A4
St-Loup-d'Ordon
89   101 E1
St-Loup-du-Dorat
53   95 E1
St-Loup-du-Gast
53   75 D1
St-Loup-
en-Comminges
31   250 B2
St-Loup-Hors
14   28 B3
St-Loup-Lamairé
79   131 E2
St-Loup-Nantouard
70   124 C1
St-Loup (Pic)
34   234 B1
St-Loup-sur-Aujon
52   104 C1
St-Loup-sur-
Semouse
70   106 C1
St-Loup-Terrier
08   21 E4
St-Loyer-des-
Champs 61   53 D3
St-Lubin-
en-Vergonnois
41   98 B4
St-Lubin-
de-Cravant
28   56 B2
St-Lubin-de-la-Haye
28   56 B2
St-Lubin-des-
Joncherets
28   55 E3
St-Luc 27   55 E1
St-Lucien 28   56 B1
St-Lucien 76   32 B1
St-Lumier-
en-Champagne
51   61 E2
St-Lumier-
la-Populeuse
51   62 A3
St-Lumine-
de-Clisson
44   112 B3
St-Lumine-
de-Coutais
44   111 E3
St-Lunaire 35   49 E3
St-Lupera 58   78 B1
St-Lupicin 39   157 E1
St-Lupien 10   82 B2
St-Lyé 10   83 D2
St-Lyé-la-Forêt
45   79 E4
St-Lyphard
44   110 C1
St-Lys 31   229 E3
St-Macaire 33   194 C3
St-Macaire-du-Bois
49   114 B3
St-Macaire-
en-Mauges
49   113 D3
St-Maclou 76   30 B2
St-Maclou-la-Brière
76   14 B4
St-Maclou-
de-Folleville
76   15 E3
St-Macoux 86   147 E3
St-Maden 22   72 B2
St-Magne 33   193 E3
St-Magne-
de-Castillon
33   195 D1
St-Maigner
63   151 F3
St-Maigrin 17   163 F4
St-Mard 80   18 B3
St-Mard 54   64 C4
St-Mard 77   58 B1

St-Maixant 23   151 D4
St-Maixent 72   77 D4
St-Maixent-l'École
79   146 C1
St-Maixent-sur-Vie
85   128 B2
St-Maixme-
Hauterive
28   55 E4
St-Malo 35   49 E2
St-Malo-
de-Beignon
56   72 B4
St-Malo-
de-Guersac
44   110 C2
St-Malo-de-la-
Lande 50   26 C4
St-Malo-de-Phily
35   93 D1
St-Malo-des-Trois-
Fontaines
56   71 F4
St-Malô-du-Bois
85   130 A1
St-Malo-
en-Donziois
58   120 C2
St-Malon-sur-Mel
35   72 B3
St-Mamert 69   155 D2
St-Mamert-du-Gard
30   218 B3
St-Mamet 31   258 B3
St-Mamet-
la-Salvetat
15   199 E1
St-Mammès
77   80 C2
St-Mandé 94   57 F2
St-Mandé-sur-
Brédoire
17   146 B4
St-Mandrier-sur-
Mer 83   244 B3
St-Manvieu-Bocage
14   51 E2
St-Manvieu-Norrey
14   28 C3
St-Marc 15   200 B4
St-Marc-à-Frongier
23   166 B1
St-Marc-à-Loubaud
23   166 A2
St-Marc-le-Blanc
35   73 F1
St-Marc-du-Cor
41   97 F1
St-Marc-
Jaumegarde
13   237 E3
St-Marc-la-Lande
79   131 D4
St-Marc-sur-
Couesnon
35   73 F2
St-Marc-sur-Seine
21   104 A3
St-Marcan 35   50 A4
St-Marceau 08   21 E3
St-Marceau 72   76 B3
St-Marcel 54   39 F4
St-Marcel 73   174 C3
St-Marcel 01   156 A4
St-Marcel 27   32 A4
St-Marcel 08   21 E3
St-Marcel 36   134 B4
St-Marcel 70   140 A2
St-Marcel 71   140 A2
St-Marcel-Bel-
Annonay
07   187 D2
St-Marcel-Bel-
Accueil 38   172 B3
St-Marcel-Campes
81   214 B3
St-Marcel-
de-Careiret
30   219 D2
St-Marcel-
de-Félines
42   170 B1
St-Marcel-
du-Périgord
24   196 B1
St-Marcel-d'Urfé
42   169 F1
St-Marcel-l'Éclairé
69   170 C1
St-Marcel-
en-Marcillat
03   151 F3
St-Marcel-en-Murat
03   152 B2
St-Marcel-Paulel
31   230 B2
St-Marcel-lès-
Sauzet 26   203 F3
St-Marcel-sur-Aude
11   254 C2
St-Marcel-lès-
Valence 26   187 F4
St-Marcelin-de-Cray
71   139 E4
St-Marcellin
38   188 C2
St-Marcellin-
en-Forez
42   170 B4
St-Marcellin-lès-
Vaison 84   220 A2
St-Marcet 31   258 C1
St-Marcory
24   196 C2
St-Marcouf 50   25 E3
St-Marcouf 14   28 A3
St-Mard 80   18 B3
St-Mard 17   146 A3
St-Mard 54   64 C4
St-Mard 77   58 B1

St-Mard 02   35 F2
St-Mard-de-Réno
61   77 D1
St-Mard-de-Vaux
71   139 F2
St-Mard-lès-Rouffy
51   60 C3
St-Mard-sur-Auve
51   37 F4
St-Mard-sur-
le-Mont 51   62 A1
St-Mards 76   15 E3
St-Mards-
de-Blacarville
27   30 C2
St-Mards-de-Fresne
27   30 C4
St-Mards-en-Othe
10   82 C3
St-Marien 23   151 D1
St-Mariens 33   177 E3
St-Mars-la-Brière
72   96 C4
St-Mars-de-Coutais
44   111 E3
St-Mars-
de-Locquenay
72   97 D3
St-Mars-d'Égrenne
61   51 F4
St-Mars-d'Outillé
72   96 C2
St-Mars-du-Désert
44   112 A1
St-Mars-du-Désert
53   75 F2
St-Mars-en-Brie
77   59 E3
St-Mars-la-Jaille
44   94 A4
St-Mars-la-Réorthe
85   130 A1
St-Mars-sous-Ballon
72   76 B3
St-Mars-sur-
Colmont 53   74 C1
St-Mars-sur-
la-Futaie 53   74 B1
St-Marsal 54   262 B3
St-Marsault
79   130 B2
St-Martial 33   194 C3
St-Martial 17   146 B4
St-Martial 30   217 E3
St-Martial 16   178 B1
St-Martial 07   202 C1
St-Martial 15   200 C1
St-Martial-
d'Albarède
24   180 B2
St-Martial-
d'Artenset
24   178 C4
St-Martial-de-Gimel
19   181 E4
St-Martial-
de-Mirambeau
17   177 D1
St-Martial-
de-Nabirat
24   197 E2
St-Martial-
de-Valette
24   163 E4
St-Martial-
de-Vitaterne
17   161 E4
St-Martial-
Entraygues
19   182 A3
St-Martial-le-Mont
23   150 C4
St-Martial-sur-Isop
87   148 C3
St-Martial-sur-Né
17   161 E3
St-Martial-le-Vieux
23   166 C3
St-Martial-Viveyrol
24   178 C1
St-Martin 32   228 A3
St-Martin 66   262 A1
St-Martin 83   238 B3
St-Martin 65   249 E2
St-Martin 54   65 E4
St-Martin 56   92 B2
St-Martin 67   88 C1
St-Martin (Abbaye
de) 66   261 F3
St-Martin-l'Aiguillon
61   52 C4
St-Martin-l'Ars
86   148 A2
St-Martin-l'Astier
24   179 D3
St-Martin-au-Bosc
76   16 B2
St-Martin-au-Laërt
62   3 F1
St-Martin-aux-
Arbres 76   15 D4
St-Martin-aux-Bois
60   34 A1
St-Martin-aux-
Buneaux 76   14 C2
St-Martin-aux-
Champs 51   61 E2
St-Martin-aux-
Chartrains 14   30 A2
St-Martin-Belle-
Roche 71   155 F1
St-Martin-Bellevue
74   158 A4
St-Martin-
le-Bouillant
50   51 D2
St-Martin-Boulogne
62   2 C3
St-Martin-
la-Campagne
27   31 E4

St-Martin-Cantalès 15 **182** C3
St-Martin-Château 23 **165** F1
St-Martin-le-Châtel 01 **156** A2
St-Martin-Choquel 62 **3** D4
St-Martin-le-Colonel 26 **188** B4
St-Martin-d'Écublei 61 **54** C2
St-Martin-les-Eaux 04 **221** E4
St-Martin-en-Bière 77 **80** B1
St-Martin-en-Bresse 71 **140** B2
St-Martin-en-Campagne 76 **15** F1
St-Martin-en-Gâtinois 71 **140** B1
St-Martin-en-Haut 69 **171** D3
St-Martin-en-Vercors 26 **188** C3
St-Martin-le-Gaillard 76 **16** A1
St-Martin-la-Garenne 78 **56** B1
St-Martin-Gimois 32 **228** C3
St-Martin-le-Gréard 50 **24** C2
St-Martin-le-Hébert 50 **24** C2
St-Martin-l'Heureux 51 **37** D3
St-Martin-l'Hortier 76 **16** A3
St-Martin-l'Inférieur 07 **203** E3
St-Martin-Labouval 46 **198** B4
St-Martin-Lacaussade 33 **177** D3
St-Martin-Laguépie 81 **214** A3
St-Martin-Lalande 11 **253** D1
St-Martin-lès-Langres 52 **105** D1
St-Martin-Lars-en-Ste-Hermine 85 **130** A3
St-Martin-Lestra 42 **170** C2
St-Martin-Longueau 60 **34** A2
St-Martin-Lys 11 **261** E1
St-Martin-le-Mault 87 **149** D1
St-Martin-la-Méanne 19 **182** A3
St-Martin-lès-Melle 79 **146** C2
St-Martin-le-Nœud 60 **33** E2
St-Martin-Osmonville 76 **15** F4
St-Martin-la-Patrouille 71 **139** E3
St-Martin-Petit 47 **195** E3
St-Martin-le-Pin 24 **163** E4
St-Martin-la-Plaine 42 **171** D3
St-Martin-le-Redon 46 **197** D4
St-Martin-Rivière 02 **19** E1
St-Martin-St-Firmin 27 **30** C3
St-Martin-Ste-Catherine 23 **149** F4
St-Martin-la-Sauveté 42 **169** F2
St-Martin-Sepert 19 **181** D1
St-Martin-lès-Seyne 04 **206** B4
St-Martin-sous-Montaigu 71 **139** F2
St-Martin-sous-Vigouroux 15 **200** B1
St-Martin-le-Supérieur 07 **203** E3
St-Martin-sur-Armançon 89 **103** D2
St-Martin-sur-la-Chambre 73 **190** B1
St-Martin-sur-Cojeul 62 **10** A3
St-Martin-sur-Écaillon 59 **11** E3
St-Martin-sur-Nohain 58 **120** A2
St-Martin-sur-Ocre 45 **100** C3
St-Martin-sur-Ocre 89 **101** F2
St-Martin-sur-Oreuse 89 **81** F2
St-Martin-sur-Ouanne 89 **101** E2

St-Martin-sur-le-Pré 51 **61** D1
St-Martin-sur-la-Renne 52 **84** C3
St-Martin-Terressus 87 **165** D1
St-Martin-Valmeroux 15 **183** D3
St-Martin-Vésubie 06 **241** D2
St-Martin-le-Vieil 11 **253** D1
St-Martin-le-Vieux 87 **164** B2
St-Martin-le-Vinoux 38 **189** D2
St-Martinien 03 **151** E2
St-Martin-d'Abbat 45 **100** A2
St-Martin-d'Ablois 51 **60** B1
St-Martin-d'Août 26 **187** F2
St-Martin-d'Arberoue 64 **225** D4
St-Martin-d'Arc 73 **190** C2
St-Martin-d'Arcé 49 **96** A4
St-Martin-d'Ardèche 07 **219** D1
St-Martin-d'Armagnac 32 **227** D2
St-Martin-d'Arrossa 64 **246** C1
St-Martin-d'Ary 17 **177** F2
St-Martin-d'Aubigny 50 **27** D3
St-Martin-d'Audouville 50 **25** D2
St-Martin-d'Auxigny 18 **119** D3
St-Martin-d'Auxy 71 **139** E2
St-Martin-de-l'Arçon 34 **232** C3
St-Martin-de-Bavel 01 **173** D1
St-Martin-de-Beauville 47 **212** A2
St-Martin-de-Belleville 73 **174** C4
St-Martin-de-Bernegoue 79 **146** B2
St-Martin-de-Bienfaite-la-Cressonnière 14 **30** B4
St-Martin-de-Blagny 14 **28** A3
St-Martin-de-Bonfossé 50 **27** E4
St-Martin-de-Boscherville 76 **31** E1
St-Martin-de-Bossenay 10 **82** B1
St-Martin-de-Boubaux 48 **217** F2
St-Martin-de-la-Brasque 84 **237** E1
St-Martin-de-Brem 85 **128** B3
St-Martin-de-Bréthencourt 78 **79** E1
St-Martin-de-Brômes 04 **238** B1
St-Martin-de-Caralp 09 **252** A3
St-Martin-de-Castillon 84 **221** D4
St-Martin-de-Cenilly 50 **51** D1
St-Martin-de-Clelles 38 **205** E1
St-Martin-de-la-Cluze 38 **189** D4
St-Martin-de-Commune 71 **139** E1
St-Martin-de-Connée 53 **75** F3
St-Martin-de-la-Coudre 17 **146** A3
St-Martin-de-Coux 17 **178** A3
St-Martin-de-Crau 13 **236** A2
St-Martin-de-Curton 47 **210** B1
St-Martin-de-Fontenay 14 **29** D4
St-Martin-de-Fraigneau 85 **130** B4
St-Martin-de-Fressengeas 24 **180** A1
St-Martin-de-Fugères 43 **202** B1

St-Martin-de-Goyne 32 **211** E4
St-Martin-de-Gurçon 24 **178** B4
St-Martin-de-Hinx 40 **225** D2
St-Martin-de-Juillers 17 **146** B4
St-Martin-de-Jussac 87 **164** A1
St-Martin-de-Laives 71 **140** A3
St-Martin-de-Lamps 36 **134** B1
St-Martin-de-Landelles 50 **51** D4
St-Martin-de-Lansuscle 48 **217** E2
St-Martin-de-Laye 33 **177** F3
St-Martin-de-Lenne 12 **200** B4
St-Martin-de-Lerm 33 **195** D2
St-Martin-de-la-Lieue 14 **30** B4
St-Martin-de-Lixy 71 **154** C3
St-Martin-de-Londres 34 **234** A1
St-Martin-de-Mâcon 79 **114** B4
St-Martin-de-Mailloc 14 **30** B4
St-Martin-de-la-Mer 21 **122** A3
St-Martin-de-Mieux 14 **52** C2
St-Martin-de-Nigelles 28 **56** B4
St-Martin-de-la-Place 49 **114** B2
St-Martin-de-la-Porte 73 **190** C2
St-Martin-de-Queyrières 05 **207** D1
St-Martin-de-Ré 17 **144** C2
St-Martin-de-Ribérac 24 **179** D2
St-Martin-de-St-Maixent 79 **146** C1
St-Martin-de-Salencey 71 **139** E4
St-Martin-de-Sallen 14 **52** B1
St-Martin-de-Sanzay 79 **114** B4
St-Martin-de-Seignanx 40 **224** C3
St-Martin-de-Sescas 33 **194** C3
St-Martin-de-Tallevende 14 **51** E2
St-Martin-de-Valamas 07 **186** C4
St-Martin-de-Valgalgues 30 **218** A2
St-Martin-de-Varreville 50 **25** E3
St-Martin-de-Vaulserre 38 **173** D4
St-Martin-de-Vers 46 **198** A3
St-Martin-de-Villeréal 47 **196** C3
St-Martin-de-Villereglan 11 **253** E3
St-Martin-d'Entraigues 79 **146** C3
St-Martin-d'Entraunes 06 **223** D2
St-Martin-des-Besaces 14 **28** B4
St-Martin-des-Bois 41 **97** E3
St-Martin-des-Champs 50 **50** C3
St-Martin-des-Champs 18 **120** A3
St-Martin-des-Champs 78 **56** B2
St-Martin-des-Champs 29 **46** A2
St-Martin-des-Champs 77 **59** E3
St-Martin-des-Champs 89 **101** D3
St-Martin-des-Combes 24 **179** E4
St-Martin-des-Entrées 14 **28** C2
St-Martin-des-Fontaines 85 **130** A4
St-Martin-des-Lais 03 **138** A3
St-Martin-des-Landes 61 **52** C4
St-Martin-des-Monts 72 **77** D3

St-Martin-des-Noyers 85 **129** F2
St-Martin-des-Olmes 63 **169** E4
St-Martin-des-Pézerits 61 **54** B4
St-Martin-des-Plains 63 **168** B4
St-Martin-des-Prés 22 **71** D1
St-Martin-des-Puits 11 **254** A3
St-Martin-des-Tilleuls 85 **112** C4
St-Martin-d'Estréaux 42 **153** F3
St-Martin-d'Hardinghem 62 **3** E4
St-Martin-d'Hères 38 **189** E2
St-Martin-d'Heuille 58 **120** B4
St-Martin-d'Ollières 63 **185** D1
St-Martin-Don 14 **51** E1
St-Martin-d'Oney 40 **209** E4
St-Martin-d'Ordon 89 **101** E1
St-Martin-d'Oydes 09 **252** A2
St-Martin-du-Bec 76 **14** A4
St-Martin-du-Bois 49 **94** C3
St-Martin-du-Bois 33 **177** F4
St-Martin-du-Boschet 77 **59** E3
St-Martin-du-Clocher 16 **147** E4
St-Martin-du-Fouilloux 79 **131** E3
St-Martin-du-Fouilloux 49 **113** E1
St-Martin-du-Frêne 01 **157** D3
St-Martin-du-Lac 71 **154** B2
St-Martin-du-Limet 53 **94** B2
St-Martin-du-Manoir 76 **30** B1
St-Martin-du-Mesnil-Oury 14 **30** A4
St-Martin-du-Mont 21 **123** D1
St-Martin-du-Mont 71 **140** C3
St-Martin-du-Mont 01 **156** C3
St-Martin-du-Puy 58 **121** E2
St-Martin-du-Puy 33 **195** D2
St-Martin-du-Tartre 71 **139** F3
St-Martin-du-Tertre 95 **33** F4
St-Martin-du-Tertre 89 **81** E3
St-Martin-du-Tilleul 27 **30** C4
St-Martin-du-Var 06 **241** D3
St-Martin-du-Vieux-Bellême 61 **76** C2
St-Martin-du-Vivier 76 **31** F1
St-Martin-d'Uriage 38 **189** E2
St-Martory 31 **250** C2
St-Mary 16 **163** D1
St-Mary-le-Plain 15 **184** B2
St-Masmes 51 **36** C2
St-Mathieu 87 **163** F2
St-Mathieu-de-Tréviers 34 **234** B2
St-Mathieu (Pointe de) 29 **44** B3
St-Mathurin 85 **128** C3
St-Mathurin-Léobazel 19 **182** A4
St-Mathurin-sur-Loire 49 **114** A1
St-Matré 46 **212** C1
St-Maudan 22 **71** E3
St-Maudez 22 **49** D4
St-Maugan 35 **72** B3
St-Maulvis 80 **16** C2
St-Maur 18 **135** F4
St-Maur 36 **134** B2
St-Maur 60 **17** D4
St-Maur 32 **227** F4
St-Maur 39 **141** E3
St-Maur (Abbaye de) 49 **114** A1
St-Maur-des-Bois 50 **51** D2
St-Maur-des-Fossés 94 **57** F2
St-Maur-sur-le-Loir 28 **78** B3
St-Maurice 67 **89** D1
St-Maurice 94 **57** F2
St-Maurice 58 **121** D4
St-Maurice 63 **168** B3
St-Maurice 52 **105** E2
St-Maurice-aux-Forges 54 **65** F4

St-Maurice-St-Germain 28 **78** A1
St-Maurice-sous-les-Côtes 55 **39** D4
St-Maurice-la-Souterraine 23 **149** F3
St-Maurice-sur-Adour 40 **226** B1
St-Maurice-sur-Aveyron 45 **101** D3
St-Maurice-sur-Dargoire 69 **171** D3
St-Maurice-sur-Eygues 26 **219** F1
St-Maurice-sur-Fessard 45 **100** C1
St-Maurice-sur-Huisne 61 **77** D1
St-Maurice-sur-Loire 42 **154** B4
St-Maurice-sur-Mortagne 88 **87** E1
St-Maurice-aux-Riches-Hommes 89 **82** A2
St-Maurice-les-Brousses 87 **164** C3
St-Maurice-Montcouronne 91 **57** D4
St-Maurice-près-Crocq 23 **166** C1
St-Maurice-près-Pionsat 63 **151** E4
St-Maurice-Navacelles 34 **233** F1
St-Maurice-le-Girard 85 **130** B3
St-Maurice-en-Valgodemard 05 **206** A1
St-Maurice-la-Fougereuse 79 **113** F4
St-Maurice-de-Satonnay 71 **155** E1
St-Maurice-de-Tavernole 17 **161** E4
St-Maurice-de-Ventalon 48 **217** F1
St-Maurice-des-Champs 71 **139** F3
St-Maurice-des-Lions 16 **148** B4
St-Maurice-des-Noues 85 **130** A3
St-Maurice-d'Ételan 76 **30** C1
St-Maurice-d'Ibie 07 **203** E4
St-Maurice-du-Désert 61 **52** B4
St-Maurice-Echelotte 25 **107** E4
St-Maurice-en-Chalencon 07 **203** E1
St-Maurice-en-Cotentin 50 **24** C3
St-Maurice-en-Courgois 42 **186** B1
St-Maurice-en-Quercy 46 **198** C2
St-Maurice-en-Rivière 71 **140** A1
St-Maurice-en-Trièves 38 **205** E1
St-Maurice-de-Beynost 01 **171** F1
St-Maurice-de-Cazevieille 30 **218** B3
St-Maurice-de-Gourdans 01 **172** A1
St-Maurice-de-Lestapel 47 **196** A3
St-Maurice-de-Lignon 43 **186** B2
St-Maurice-de-Rémens 01 **156** B4
St-Maurice-de-Rotherens 73 **173** D3
St-Maurice-Crillat 39 **141** F3
St-Maurice-d'Ardèche 07 **203** D3

St-Maurice-sur-Moselle 88 **107** F1
St-Maurice-sur-Vingeanne 21 **105** E4
St-Maurice-Thizouaille 89 **101** F2
St-Maurin 47 **212** B2
St-Max 54 **64** B3
St-Maxent 80 **16** C1
St-Maximin 38 **173** F4
St-Maximin 60 **33** F3
St-Maximin 30 **218** C4
St-Maximin-la-Ste-Baume 83 **237** F4
St-Maxire 79 **146** B1
St-May 26 **204** C4
St-Mayeul 03 **136** B4
St-Mayeux 22 **71** D2
St-Mayme-de-Péreyrol 24 **179** E4
St-Méard 87 **165** D3
St-Méard-de-Drône 24 **179** D2
St-Méard-de-Gurçon 24 **195** E1
St-Méard 16 **162** A1
St-Méard 32 **228** A3
St-Méard 31 **250** C2
St-Méard 16 **162** A4
St-Méard 79 **146** C2
St-Méard 57 **65** E2
St-Méard 64 **226** A3
St-Méard 31 **177** F1
St-Méard 30 **117** D4
St-Méard 46 **197** E3
St-Médard-d'Aunis 17 **145** E1
St-Médard-de-Guizières 33 **178** B4
St-Médard-de-Mussidan 24 **178** C3
St-Médard-de-Presque 46 **198** B1
St-Médard-d'Excideuil 24 **180** B1
St-Médard-d'Eyrans 33 **194** B2
St-Médard-en-Forez 42 **170** C3
St-Médard-en-Jalles 33 **177** D4
St-Médard-Nicourby 46 **198** C2
St-Médard-la-Rochette 23 **150** C4
St-Médard-sur-Ille 35 **73** D2
St-Méen 29 **45** E2
St-Méen-le-Grand 35 **72** B2
St-Melaine 35 **73** F3
St-Melaine-sur-Aubance 49 **113** F1
St-Mélany 07 **202** C3
St-Méloir-des-Bois 22 **49** D4
St-Méloir-des-Ondes 35 **49** F3
St-Même-les-Carrières 16 **162** A3
St-Même-le-Tenu 44 **111** E4
St-Memmie 51 **61** D1
St-Menge 88 **86** B2
St-Menges 08 **21** F3
St-Menoux 03 **137** D4
St-Merd-la-Breuille 23 **167** D2
St-Merd-de-Lapleau 19 **182** B2
St-Merd-les-Oussines 19 **166** B3
St-Méry 77 **58** B4
St-Meslin-du-Bosc 27 **31** E3
St-Mesmes 77 **58** B1
St-Mesmin 21 **123** D2
St-Mesmin 24 **180** C1
St-Mesmin 85 **130** B2
St-Mesmin 10 **82** C1
St-Mexant 19 **181** E2
St-Mézard 32 **211** E3
St-M'Hervé 35 **74** A3
St-M'Hervon 35 **72** B2
St-Micaud 71 **139** E3
St-Michel 2B **265** D4
St-Michel 34 **233** E1
St-Michel 82 **212** B3
St-Michel 16 **162** B3
St-Michel 09 **252** A2
St-Michel 02 **20** C2
St-Michel 52 **105** D3
St-Michel 45 **80** A4
St-Michel-Chef-Chef 44 **110** C2
St-Michel-le-Cloucq 85 **130** B4
St-Michel-près-Crocq 23 **166** C1
St-Michel-d'Aurance 07 **203** D1

St-Michel-de-Bannières 46 **181** E4
St-Michel-de-Boulogne 07 **203** D2
St-Michel-de-Castelnau 33 **210** B1
St-Michel-de-Chabrillanoux 07 **203** D1
St-Michel-de-Chaillol 05 **206** B2
St-Michel-de-Chavaignes 72 **77** D4
St-Michel-de-Cuxa (Abbaye) 66 **261** F3
St-Michel-de-Dèze 48 **217** F2
St-Michel-de-Double 24 **178** C3
St-Michel-de-Feins 53 **95** D2
St-Michel-de-Frigolet (Abbaye) 13 **236** A1
St-Michel-de-Fronsac 33 **177** F4
St-Michel-de-Grandmont (Prieuré) 34 **233** E2
St-Michel-de-Lanès 11 **252** B1
St-Michel-de-Lapujade 33 **195** E3
St-Michel-de-Lescure 81 **214** C4
St-Michel-de-Livet 14 **53** E1
St-Michel-de-Llotes 66 **262** B2
St-Michel-de-Maurienne 73 **190** C2
St-Michel-de-Montaigne 24 **195** D1
St-Michel-de-Montjoie 50 **51** E2
St-Michel-de-Mourcairol 34 **233** D3
St-Michel-de-la-Pierre 50 **27** D3
St-Michel-de-Plélan 22 **49** D4
St-Michel-de-Rieufret 33 **194** B3
St-Michel-de-Rivière 24 **178** B3
St-Michel-de-la-Roë 53 **94** B1
St-Michel-de-St-Geoirs 38 **188** C1
St-Michel-de-Vax 81 **214** A3
St-Michel-de-Veisse 23 **166** B1
St-Michel-de-Villadeix 24 **179** E4
St-Michel-de-Volangis 18 **119** D3
St-Michel-des-Andaines 61 **52** B4
St-Michel-des-Loups 50 **51** D2
St-Michel-d'Euzet 30 **219** D2
St-Michel-d'Halescourt 76 **16** B4
St-Michel-l'Écluse-et-Léparon 24 **178** B3
St-Michel-en-Beaumont 38 **205** F1
St-Michel-en-Brenne 36 **133** F2
St-Michel-en-Crève 22 **46** C2
St-Michel-en-l'Herm 85 **145** D1
St-Michel-Escalus 40 **208** A4
St-Michel-et-Chanveaux 49 **94** B3
St-Michel-Labadié 81 **215** D3
St-Michel-Loubéjou 46 **198** B1
St-Michel (Mont) 73 **173** F3
St-Michel (Montagne) 29 **46** A4
St-Michel-l'Observatoire 04 **221** D4
St-Michel-les-Portes 38 **205** D1
St-Michel-sous-Bois 62 **8** C1

St-Michel-sur-Meurthe 88 **88** B2
St-Michel-sur-Orge 91 **57** E4
St-Michel-sur-Rhône 42 **171** E4
St-Michel-sur-Savasse 26 **188** A3
St-Michel-sur-Ternoise 62 **9** E2
St-Michel-Tubœuf 61 **54** C3
St-Mihiel 55 **63** D1
St-Mitre-les-Remparts 13 **242** B1
St-Molf 44 **109** E3
St-Momelin 59 **3** F3
St-Mont 32 **227** D2
St-Montant 07 **203** E4
St-Moré 89 **102** C4
St-Moreil 23 **165** E1
St-Morel 08 **37** E2
St-Morillon 33 **194** B2
St-Mury-Monteymond 38 **189** F2
St-Myon 63 **152** C4
St-Nabor 67 **66** C4
St-Nabord 88 **87** E4
St-Nabord-sur-Aube 10 **61** D1
St-Naixent 24 **196** A1
St-Nauphary 82 **213** D4
St-Nazaire 44 **110** C2
St-Nazaire 30 **219** D2
St-Nazaire 66 **263** D2
St-Nazaire-d'Aude 11 **254** C2
St-Nazaire-de-Ladarez 34 **233** D3
St-Nazaire-de-Pézan 34 **234** C2
St-Nazaire-de-Valentane 82 **212** B2
St-Nazaire-les-Eymes 38 **189** E2
St-Nazaire-en-Royans 26 **188** B3
St-Nazaire-le-Désert 26 **204** C3
St-Nazaire (Site de) 19 **182** C1
St-Nazaire-sur-Charente 17 **145** D4
St-Nectaire 63 **168** A3
St-Nic 29 **68** C1
St-Nicodème 22 **70** B1
St-Nicolas 62 **10** A3
St-Nicolas 56 **70** A3
St-Nicolas-aux-Bois 02 **19** E4
St-Nicolas-la-Chapelle 10 **82** A1
St-Nicolas-la-Chapelle 73 **174** C1
St-Nicolas-lès-Cîteaux 21 **123** E3
St-Nicolas-Courbefy 87 **164** B3
St-Nicolas-d'Aliermont 76 **15** F2
St-Nicolas-d'Attez 27 **55** D2
St-Nicolas-de-la-Balerme 47 **212** A3
St-Nicolas-de-Bliquetuit 76 **31** D1
St-Nicolas-de-Bourgueil 37 **114** C2
St-Nicolas-de-Brem 85 **128** B3
St-Nicolas-de-la-Grave 82 **212** B3
St-Nicolas-de-la-Haie 76 **14** C4
St-Nicolas-de-Macherin 38 **189** D1
St-Nicolas-de-Pierrepont 50 **26** C2
St-Nicolas-de-Port 54 **64** C2
St-Nicolas-de-Redon 44 **92** C3
St-Nicolas-de-Sommaire 61 **54** B4
St-Nicolas-de-la-Taille 76 **30** C1
St-Nicolas-des-Biefs 03 **153** F4
St-Nicolas-des-Bois 50 **51** D1
St-Nicolas-des-Bois 61 **76** A1
St-Nicolas-des-Laitiers 61 **54** A2
St-Nicolas-des-Motets 37 **97** F4

St-Nicolas-du-Bosc 27 **31** E3
St-Nicolas-du-Pélem 22 **70** C1
St-Nicolas-du-Tertre 56 **92** B2
St-Nizier-le-Bouchoux 01 **140** C4
St-Nizier-d'Azergues 69 **155** D3
St-Nizier-de-Fornas 42 **186** A1
St-Nizier-le-Désert 01 **156** B3
St-Nizier-du-Moucherotte 38 **189** D2
St-Nizier-sous-Charlieu 42 **154** B3
St-Nizier-sur-Arroux 71 **138** C2
St-Nolff 56 **91** F2
St-Nom-la-Bretèche 78 **57** D2
St-Offenge-Dessous 73 **173** D3
St-Offenge-Dessus 73 **173** F2
St-Omer 62 **3** F3
St-Omer 14 **52** B1
St-Omer-Capelle 62 **3** E2
St-Omer-en-Chaussée 60 **33** D1
St-Ondras 38 **172** C4
St-Onen-la-Chapelle 35 **72** B3
St-Oradoux-de-Chirouze 23 **166** C2
St-Oradoux-près-Crocq 23 **166** C1
St-Orens 32 **229** D2
St-Orens-de-Gameville 31 **230** A3
St-Orens-Pouy-Petit 32 **211** E4
St-Ost 32 **228** A4
St-Ouen 41 **98** A2
St-Ouen 93 **57** E2
St-Ouen 17 **162** A1
St-Ouen 80 **17** D1
St-Ouen-l'Aumône 95 **57** E2
St-Ouen-le-Brisoult 61 **52** C4
St-Ouen-en-Belin 72 **96** B2
St-Ouen-en-Brie 77 **58** C4
St-Ouen-en-Champagne 72 **95** F1
St-Ouen-le-Houx 14 **53** E1
St-Ouen-Marchefroy 28 **56** A2
St-Ouen-le-Mauger 76 **15** E3
St-Ouen-lès-Parey 88 **86** B3
St-Ouen-le-Pin 14 **30** A4
St-Ouen-la-Rouërie 35 **73** E1
St-Ouen-sous-Bailly 76 **16** A2
St-Ouen-sur-Gartempe 87 **149** D3
St-Ouen-sur-Iton 61 **54** C3
St-Ouen-sur-Loire 58 **137** E1
St-Ouen-sur-Maire 61 **52** C3
St-Ouen-sur-Morin 77 **59** D2
St-Ouen-les-Vignes 37 **116** B1
St-Ouen-d'Attez 27 **55** D2
St-Ouen-d'Aunis 17 **145** E2
St-Ouen-de-la-Cour 61 **77** D1
St-Ouen-de-Mimbré 72 **76** A2
St-Ouen-de-Pontcheuil 27 **31** E2
St-Ouen-de-Sécherouvre 61 **54** B4
St-Ouen-de-Thouberville 27 **31** E2
St-Ouen-des-Alleux 35 **73** E2
St-Ouen-des-Besaces 14 **28** B4
St-Ouen-des-Champs 27 **30** C2
St-Ouen-des-Toits 53 **74** B3
St-Ouën-des-Vallons 53 **75** D3
St-Ouen-Domprot 51 **61** D4
St-Ouen-du-Breuil 76 **15** E4

St-Ouen-du-Mesnil-
Oger 14   29 E3
St-Ouen-du-Tilleul
27   31 E3
St-Oulph 10   82 C1
St-Ours 73   173 F2
St-Ours 63   167 F1
St-Outrille 18 118 A3
St-Ovin 50   50 C3
St-Oyen 73   174 C3
St-Pabu 29   44 C2
St-Paër 76   31 E1
St-Pair 14   29 E3
St-Pair-du-Mont
14   29 F4
St-Pair-sur-Mer
50   50 B2
St-Pal-
de-Chalencon
43   185 F1
St-Pal-de-Mons
43   186 B2
St-Pal-de-Senouire
43   185 E2
St-Palais 64   247 D1
St-Palais 18   119 D3
St-Palais 03   151 D1
St-Palais 33   177 D1
St-Palais-
de-Négrignac
17   177 F2
St-Palais-de-Phiolin
17   177 E4
St-Palais-du-Né
16   161 F4
St-Palais-sur-Mer
17   160 B3
St-Pancrace
24   179 E1
St-Pancrace
73   190 B1
St-Pancrasse
38   189 E1
St-Pancré 54   23 D4
St-Pandelon
40   225 E2
St-Pantaléon
84   220 B4
St-Pantaléon
46   213 D1
St-Pantaléon
71   139 D1
St-Pantaléon-les-
Vignes 26   204 B4
St-Pantaléon-
de-Lapleau
19   182 B1
St-Pantaléon-
de-Larche
19   181 D3
St-Pantaly-d'Ans
24   180 A2
St-Pantaly-
d'Excideuil
24   180 B2
St-Papoul 11   253 D1
St-Pardon-
de-Conques
33   194 C3
St-Pardoult
17   146 B4
St-Pardoux
63   152 B4
St-Pardoux
87   149 E4
St-Pardoux
79   131 D4
St-Pardoux
63   167 E4
St-Pardoux-les-
Cards 23   150 C4
St-Pardoux-Corbier
19   181 D1
St-Pardoux-
la-Croisille
19   182 A2
St-Pardoux-d'Arnet
23   166 C1
St-Pardoux-
de-Drône
24   179 D2
St-Pardoux-
du-Breuil
47   195 E4
St-Pardoux-
et-Vielvic
24   196 C2
St-Pardoux-Isaac
47   195 F3
St-Pardoux-
Morterolles
23   165 F1
St-Pardoux-le-Neuf
23   166 C1
St-Pardoux-le-Neuf
19   166 C3
St-Pardoux-
l'Ortigier 19 181 E2
St-Pardoux-
la-Rivière
24   163 F4
St-Pardoux-le-Vieux
19   166 C2
St-Pargoire
34   233 F3
St-Parize-le-Châtel
58   137 D2
St-Parize-en-Viry
58   137 E2
St-Parres-aux-
Tertres 10   83 D2
St-Parres-lès-
Vaudes 10   83 E3
St-Parthem
12   199 E3
St-Pastour 47   196 B4
St-Pastous 65   257 E2
St-Paterne 72   76 B1
St-Paterne-Racan
37   97 D4

St-Pathus 77   34 B4
St-Patrice 37   115 D2
St-Patrice-de-Claids
50   26 C3
St-Patrice-
du-Désert
61   52 C4
St-Paul 73   173 E2
St-Paul 61   52 A3
St-Paul 19   182 A2
St-Paul 06   240 B1
St-Paul 33   177 D3
St-Paul 88   86 B2
St-Paul 60   33 D1
St-Paul 65   250 A3
St-Paul 04   207 E3
St-Paul 87   165 D2
St-Paul-aux-Bois
02   35 D1
St-Paul-Cap-
de-Joux 81   231 D2
St-Paul-la-Coste
30   218 A2
St-Paul-lès-Dax
40   225 E2
St-Paul-de-Baise
32   228 A1
St-Paul-
de-Fenouillet
66   262 A1
St-Paul-
de-Fourques
27   31 D3
St-Paul-de-Jarrat
09   252 B4
St-Paul-
de-Loubressac
46   213 E1
St-Paul-de-Salers
15   183 D3
St-Paul-de-Serre
24   179 E3
St-Paul-de-Tartas
43   202 A1
St-Paul-de-Varax
01   156 B3
St-Paul-de-Varces
38   189 D3
St-Paul-de-Vern
46   198 C1
St-Paul-de-Vézelin
42   170 A1
St-Paul-des-Landes
15   182 C4
St-Paul-d'Espis
82   212 B3
St-Paul-d'Izeaux
38   188 C2
St-Paul-d'Oueil
31   258 B3
St-Paul-du-Bois
49   113 F4
St-Paul-du-Vernay
14   28 B3
St-Paul-lès-Durance
13   237 F2
St-Paul-d'Uzore
42   170 A3
St-Paul-en-Born
40   208 B2
St-Paul-en-Chablais
74   159 D1
St-Paul-
en-Cornillon
42   186 B1
St-Paul-en-Forêt
83   239 F3
St-Paul-en-Câtine
79   130 C3
St-Paul-en-Jarez
42   171 D4
St-Paul-en-Pareds
85   130 A2
St-Paul-et-Valmalle
34   234 A3
St-Paul-les-Fonts
30   219 D3
St-Paul-le-Froid
48   201 F2
St-Paul-le-Gaultier
72   75 F2
St-Paul-le-Jeune
07   218 B1
St-Paul-Lizonne
24   178 C1
St-Paul-lès-
Monestier
38   189 D4
St-Paul-Mont-Penit
85   128 C2
St-Paul-la-Roche
24   164 B4
St-Paul-lès-Romans
26   188 B3
St-Paul-sur-Isère
73   174 B3
St-Paul-sur-Save
31   229 E2
St-Paul-Trois-
Châteaux
26   219 E1
St-Paulet 11   230 C4
St-Paulet-
de-Caisson
30   219 D2
St-Paulien 43   185 E3
St-Pavace 72   76 B4
St-Pé-d'Ardet
31   250 B3
St-Pé-de-Bigorre
65   248 C2
St-Pé-de-Léren
64   225 E3
St-Pé-Delbosc
31   250 B1
St-Pée-St-Simon
47   210 C3
St-Pée-sur-Nivelle
64   224 B4
St-Pellerin 28   78 A4

St-Pellerin 50   27 E2
St-Péran 35   72 B4
St-Péravy-
la-Colombe
45   99 D1
St-Péravy-Épreux
45   79 E3
St-Péray 07   187 E4
St-Perdon 40   209 E4
St-Perdoux
24   196 A2
St-Perdoux
46   198 C3
St-Père 58   120 A1
St-Père 89   121 E1
St-Père 35   49 F3
St-Père-en-Retz
44   111 D2
St-Père-sur-Loire
45   100 A2
St-Péreuse
58   121 E4
St-Pern 35   72 C2
St-Perreux 56   92 B3
St-Péver 22   47 E3
St-Pey-d'Armens
33   195 D1
St-Pey-de-Castets
33   195 D1
St-Phal 10   83 D4
St-Philbert-
de-Bouaine
85   112 A4
St-Philbert-
de-Grand-Lieu
44   111 F4
St-Philbert-des-
Champs 14   30 B3
St-Philbert-
du-Peuple
49   114 C1
St-Philbert-
du-Pont-
Charrault
85   130 A3
St-Philbert-
en-Mauges
49   113 D3
St-Philbert-sur-
Boissey 27   31 D3
St-Philbert-sur-
Orne 61   52 C2
St-Philbert-sur-Risle
27   30 C2
St-Philibert
21   123 E3
St-Philibert 56 91 D3
St-Philippe-
d'Aiguille 33 178 A4
St-Philippe-
du-Seignal
33   195 F1
St-Piat 28   56 B4
St-Pierre 04   223 E4
St-Pierre 31   230 B3
St-Pierre 51   60 C1
St-Pierre 15   182 C1
St-Pierre 67   89 D1
St-Pierre 39   142 A3
St-Pierre-à-Arnes
08   37 D2
St-Pierre-à-Champ
79   114 A4
St-Pierre-à-Gouy
80   17 D2
St-Pierre-Aigle
02   35 D2
St-Pierre (Arcs de)
48   216 C2
St-Pierre-Avez
05   221 E1
St-Pierre-Azif
14   29 F2
St-Pierre-Bellevue
23   165 F1
St-Pierre-Bénouville
76   15 E3
St-Pierre-lès-Bitry
60   35 D2
St-Pierre-Bois
67   89 D1
St-Pierre-les-Bois
18   135 F3
St-Pierre-le-Bost
23   151 D1
St-Pierre-
la-Bourlhonne
63   169 E3
St-Pierre-Brouck
59   3 E2
St-Pierre-la-Bruyère
61   77 E2
St-Pierre-Canivet
14   52 C1
St-Pierre-lès-
Champs 60   32 C2
St-Pierre-le-Chastel
63   167 F2
St-Pierre-Chérignat
23   150 A4
St-Pierre-Colamine
63   168 A4
St-Pierre-la-Cour
53   74 B3
St-Pierre-d'Albigny
73   174 A3
St-Pierre-d'Allevard
38   189 F1
St-Pierre-d'Alvey
73   173 D3
St-Pierre-d'Amilly
17   146 A3
St-Pierre-
d'Argençon
05   205 E3
St-Pierre-
d'Arthéglise
50   24 C3
St-Pierre-
d'Aubézies
32   227 F2
St-Pierre-d'Aurillac
33   194 C3

St-Pierre-d'Autils
27   32 B4
St-Pierre-de-Bailleul
27   32 A4
St-Pierre-de-Bat
33   194 C2
St-Pierre-
de-Belleville
73   174 A3
St-Pierre-
de-Bressieux
38   188 B1
St-Pierre-de-Buzet
47   211 D2
St-Pierre-de-Caubel
47   196 A4
St-Pierre-
de-Cernières
27   54 B1
St-Pierre-
de-Chandieu
69   171 F3
St-Pierre-
de-Chartreuse
38   189 D1
St-Pierre-
de-Chérennes
38   188 C3
St-Pierre-
de-Chevillé
72   97 D3
St-Pierre-
de-Chignac
24   180 A3
St-Pierre-de-Clairac
47   211 F2
St-Pierre-de-Côle
24   179 F1
St-Pierre-
de-Colombier
07   202 C2
St-Pierre-
de-Cormeilles
27   30 B3
St-Pierre-
de-Coutances
50   26 C4
St-Pierre-de-Curtille
73   173 F2
St-Pierre-de-la-
Fage 34   233 F1
St-Pierre-de-Frugie
24   164 B3
St-Pierre-de-Fursac
23   149 F3
St-Pierre-de-l'Île
17   53 E1
St-Pierre-de-Jards
36   31 F3
St-Pierre-de-Juillers
17   146 B1
St-Pierre-de-Lages
31   230 B3
St-Pierre-de-Lamps
36   134 B1
St-Pierre-de-Maillé
86   133 D3
St-Pierre-de-Mailloc
14   30 B4
St-Pierre-
de-Manneville
76   31 E2
St-Pierre-
de-Méaroz
38   205 F1
St-Pierre-
de-Mésage
38   189 E3
St-Pierre-de-Mons
33   194 C3
St-Pierre-
de-Nogaret
48   200 C4
St-Pierre-
de-Plesguen
35   79 F4
St-Pierre-de-Rivière
09   252 A4
St-Pierre-
de-Salerne
27   31 D3
St-Pierre-de-Semilly
50   27 F4
St-Pierre-de-Soucy
73   174 A4
St-Pierre-de-Trivisy
81   231 F2
St-Pierre-
de-Varengeville
76   31 E1
St-Pierre-
de-Varennes
71   139 E2
St-Pierre-
de-Vassols
84   220 A3
St-Pierre-
le-Déchausselat
07   202 C4
St-Pierre-dels-
Forcats 66   261 E3
St-Pierre-
d'Entremont
61   52 C1
St-Pierre-
d'Entremont
38   173 E4
St-Pierre-des-Bois
72   96 A1
St-Pierre-des-
Champs 11   254 A3
St-Pierre-des-Corps
37   116 A1
St-Pierre-des-
Échaubrognes
79   113 D4
St-Pierre-des-Fleurs
27   31 E2

St-Pierre-d'Irube
64   224 C3
St-Pierre-des-Ifs
14   30 A4
St-Pierre-des-Ifs
27   30 C3
St-Pierre-des-
Jonquières
76   16 A2
St-Pierre-des-
Landes 53   74 B2
St-Pierre-des-Loges
61   54 A3
St-Pierre-des-Nids
53   76 A1
St-Pierre-des-
Ormes 72   76 C2
St-Pierre-des-
Tripiers 48 216 C1
St-Pierre-d'Exideuil
86   147 E3
St-Pierre-d'Eyraud
24   195 F1
St-Pierre-d'Irube
64   224 C3
St-Pierre-d'Oléron
17   144 C4
St-Pierre-du-Bosguérard
27   31 E3
St-Pierre-du-Bû
14   52 C2
St-Pierre-du-Champ
43   185 F2
St-Pierre-du-Chemin
85   130 B3
St-Pierre-du-Fresne
14   28 B4
St-Pierre-du-Jonquet
14   29 E3
St-Pierre-du-Lorouër
72   97 D2
St-Pierre-du-Mesnil
27   54 B1
St-Pierre-du-Mont
14   27 F2
St-Pierre-du-Mont
40   209 E4
St-Pierre-du-Mont
58   120 C2
St-Pierre-du-Palais
17   178 A3
St-Pierre-du-Perray
91   58 A4
St-Pierre-
du-Regard
61   52 B2
St-Pierre-du-Val
27   30 B2
St-Pierre-
du-Vauvray
27   31 F3
St-Pierre-Église
50   25 D2
St-Pierre-lès-Elbeuf
76   31 E3
St-Pierre-
en-Faucigny
74   158 C3
St-Pierre-en-Port
76   14 B2
St-Pierre-en-Val
76   16 A1
St-Pierre-en-Vaux
21   122 C4
St-Pierre-les-Étieux
18   136 A2
St-Pierre-Eynac
43   186 A4
St-Pierre-
Franqueville
02   20 A4
St-Pierre-
la-Garenne
27   32 A4
St-Pierre-Lafeuille
46   197 F4
St-Pierre-Langers
50   50 B2
St-Pierre-Laval
03   153 F3
St-Pierre-Lavis
76   14 C4
St-Pierre-
la-Bourlhonne
   (see left)
St-Pierre-
Montlimart
49   113 D2
St-Pierre-le-Moûtier
58   137 D2
St-Pierre-
Nemours 77   80 C3
St-Pierre-la-Noaille
42   154 B3
St-Pierre-la-Palud
69   170 C3
St-Pierre-Quiberon
56   90 C3
St-Pierre-la-Rivière
61   53 E2
St-Pierre-Roche
63   167 F2
St-Pierre-la-Roche
07   203 E2
St-Pierre-sur-Dives
14   53 D1
St-Pierre-sur-Doux
07   186 C3
St-Pierre-sur-Dropt
47   195 E3
St-Pierre-sur-Erve
53   75 E4
St-Pierre-sur-l'Hâte
68   96 B2
St-Pierre-sur-Orthe
53   75 F3
St-Pierre-sur-Vence
08   21 E3
St-Pierre-
Tarentaine
14   51 F1
St-Pierre-Toirac
46   198 C1

St-Pierre-la-Vieille
14   52 B1
St-Pierre-le-Vieux
85   145 F1
St-Pierre-le-Vieux
71   155 D2
St-Pierre-le-Vieux
76   15 D1
St-Pierre-le-Vieux
48   201 D1
St-Pierre-le-Viger
76   15 D2
St-Pierremont
88   87 E1
St-Pierremont
02   20 A3
St-Pierremont
08   38 A1
St-Pierreville
07   203 E1
St-Pierrevillers
55   39 D2
St-Pilon 83   243 F2
St-Plaisir 03   136 C2
St-Plancard
31   250 B2
St-Planchers
50   50 B2
St-Plantaire
36   150 A1
St-Point 71   155 D2
St-Point-Lac
25   142 C2
St-Pois 50   51 D2
St-Poix 53   94 B1
St-Pol-de-Léon
29   46 A2
St-Pol-sur-Mer
59   3 F1
St-Pol-sur-Ternoise
62   9 E2
St-Polgues
42   170 A1
St-Polycarpe
11   253 E3
St-Pompain
79   146 A1
St-Pompont
24   197 D2
St-Poncy 15   184 B3
St-Pons 04   206 C4
St-Pons 07   203 E3
St-Pons-la-Calm
30   219 D3
St-Pons-
de-Mauchiens
34   233 F3
St-Pons-
de-Thomières
34   232 B4
St-Pons (Parc de)
13   243 E1
St-Porchaire
17   160 C1
St-Porquier
82   212 C4
St-Pôtan 22   49 D3
St-Pouange
10   83 D3
St-Pourçain-sur-
Besbre 03   153 E1
St-Pourçain-sur-
Sioule 03   153 D2
St-Prancher
88   86 B2
St-Préjet-
Armandon
43   185 D2
St-Préjet-d'Allier
43   201 F1
St-Prest 28   78 C1
St-Preuil 16   162 A3
St-Priest 69   171 F2
St-Priest 07   203 E4
St-Priest 23   151 D1
St-Priest-la-Feuille
23   149 F2
St-Priest-les-
Fougères
24   164 B4
St-Priest-Ligoure
87   164 C3
St-Priest-la-Marche
18   151 D1
St-Priest-Palus
23   165 E1
St-Priest-la-Plaine
23   150 A3
St-Priest-la-Prugne
42   153 F4
St-Priest-la-Roche
42   170 B2
St-Priest-sous-Aixe
87   164 B2
St-Priest-Taurion
87   165 D1
St-Priest-la-Vêtre
42   169 E2
St-Prim 38   171 E4
St-Privat 24   178 C2
St-Privat 07   203 D3
St-Privat 34   233 E2
St-Privat 19   182 B3
St-Privat-
de-Champclos
30   218 C1
St-Privat-
de-Vallongue
48   217 F2
St-Privat-des-Vieux
30   218 B2
St-Privat-
du-Dragon
43   184 C2
St-Privat-du-Fau
48   201 D1
St-Privat-
la-Montagne
57   40 A3
St-Privé 89   101 D3
St-Privé 71   139 E3
St-Prix 95   57 E1
St-Prix 07   187 D4
St-Prix 03   153 F2
St-Prix-lès-Arnay
21   122 C3
St-Projet 82   213 F1
St-Projet 46   197 F2
St-Projet-de-Salers
15   183 D3
St-Projet-
St-Constant
16   163 D2
St-Prouant
85   130 A2
St-Pryvé-St-Mesmin
45   99 E2
St-Puy 32   228 A1
St-Python 59   11 D3
St-Quantin-
de-Rançanne
17   161 D4
St-Quay-Perros
22   46 C1
St-Quay-Portrieux
22   48 A2
St-Quentin 02   19 D2
St-Quentin-
la-Chabanne
23   166 B1
St-Quentin-les-
Chardonnets
61   51 F2
St-Quentin-
en-Mauges
49   113 D2
St-Quentin-
en-Tourmont
80   8 A3
St-Quentin-
en-Yvelines
78   56 C3
St-Quentin-Fallavier
38   172 A3
St-Quentin-les-
Marais 51   61 E2
St-Quentin-
la-Motte-Croix-
au-Bailly 80   8 A4
St-Quentin-le-Petit
08   20 B4
St-Quentin-
la-Poterie
30   218 C3
St-Quentin-sur-
Charente
16   163 E1
St-Quentin-sur-
Coole 51   61 D2
St-Quentin-sur-
le-Homme
50   50 C3
St-Quentin-sur-
Indrois 37   116 B3
St-Quentin-sur-
Isère 38   189 D1
St-Quentin-sur-
Nohain 58   120 A2
St-Quentin-sur-
Sauxillanges
63   168 C4
St-Quentin-la-Tour
09   252 C3
St-Quentin-lès-Troo
41   97 E2
St-Quentin-
le-Verger 51 60 A4
St-Quentin-
de-Baron
33   194 C1
St-Quentin-
de-Blavou
61   76 C1
St-Quentin-
de-Caplong
33   195 E2
St-Quentin-
de-Chalais
16   178 B2
St-Quentin-des-
Isles 27   30 C4
St-Quentin-des-
Prés 60   32 C1
St-Quentin-
du-Dropt
47   196 B2
St-Quintin-sur-
Sioule 63   152 C2
St-Quirc 09   252 A1
St-Quirin 57   66 A3
St-Rabier 24   180 B3
St-Racho 77   154 C2
St-Rainier 2b   264 B3
St-Rambert-
d'Albon 26   187 E2
St-Rambert-
en-Bugey
01   156 C4
St-Rambert-sur-
Loire 4   170 B4
St-Raphaël 83 239 F3

St-Raphaël 24 180 B2
St-Régis-du-Coin
42   186 C2
St-Règle 37   116 C1
St-Remèze
07   218 C1
St-Remimont
88   86 B2
St-Remimont
54   64 C4
St-Rémy 24   178 C4
St-Rémy 79   146 A1
St-Rémy 88   88 A1
St-Rémy 14   52 B1
St-Rémy 72   106 B2
St-Rémy 12   214 B3
St-Rémy 01   156 B2
St-Rémy 21   103 E3
St-Rémy 19   166 C3
St-Rémy-au-Bois
62   8 C2
St-Rémy-aux-Bois
54   87 D1
St-Rémy-Blanzy
02   35 E3
St-Rémy-
Boscrocourt
76   16 A1
St-Rémy-la-Calonne
55   39 D4
St-Rémy-Chaussée
59   12 B4
St-Rémy-lès-
Chevreuse
78   57 D3
St-Rémy-de-Blot
63   152 B4
St-Rémy-
de-Chargnat
63   168 C4
St-Rémy-
de-Chaudes-
Aigues 15   200 C2
St-Rémy-
de-Maurienne
73   174 B4
St-Rémy-
de-Provence
13   236 B1
St-Rémy-de-Salers
15   183 D3
St-Rémy-de-Sillé
72   75 F3
St-Rémy-des-
Landes 50   26 C2
St-Rémy-des-Monts
72   76 C2
St-Rémy-du-Nord
59   12 B3
St-Rémy-du-Plain
35   73 E1
St-Rémy-du-Val
72   76 B2
St-Remy-
en-Bouzemont-
St-Genest-
et-Isson 51   61 F4
St-Remy-en-l'Eau
60   34 A1
St-Rémy-
en-Mauces
49   112 C2
St-Rémy-
en-Montmorillon
86   148 C2
St-Rémy-en-Rollat
03   153 D2
St-Rémy-l'Honoré
78   56 C3
St-Remy-le-Petit
08   36 C2
St-Remy-sous-
Barbuise 10   83 D1
St-Remy-sous-
Broyes 51   60 A3
St-Rémy-sur-Avre
28   55 E3
St-Remy-sur-Bussy
51   37 E4
St-Rémy-sur-
Creuse 86   132 C1
St-Rémy-sur-
Durolle 63   169 D1
St-Rémy-la-Vanne
77   59 D2
St-Rémy-
la-Varenne
49   114 A1
St-Renan 29   44 C3
St-Restitut 26 219 E1
St-Révérend
85   128 B2
St-Révérien
58   121 D3
St-Rieul 22   48 C4
St-Rigomer-des-
Bois 72   76 B2
St-Rimay 41   97 F2
St-Riquier 80   8 C4
St-Riquier-
en-Rivière
76   16 B2
St-Riquier-ès-Plains
76   14 C2
St-Rirand 42   154 A4
St-Rivoal 23   45 F4
St-Robert 19   180 C2
St-Robert 47   212 A2
St-Robert (la
Chapelle)
24   163 D3
St-Roch 37   115 F1
St-Roch-sur-
Égrenne 61   51 F4
St-Rogatien
17   145 D2
St-Roger 09   21 E4
St-Romain 16   178 B2
St-Romain 86   147 F2
St-Romain 21   123 D4
St-Romain 39   157 E1

St-Romain-les-
Atheux 42   186 C1
St-Romain-
au-Mont-d'Or
69   171 E1
St-Romain-en-Gal
69   171 E4
St-Romain-en-Gier
69   171 E3
St-Romain-en-Jarez
42   171 D3
St-Romain-
en-Viennois
84   220 B2
St-Romain-et-St-
Clément 24   180 A1
St-Romain-Lachalm
43   186 C2
St-Romain (Mont)
71   140 A4
St-Romain-la-Motte
42   154 A3
St-Romain-le-Noble
47   212 A2
St-Romain-le-Preux
89   101 F1
St-Romain-le-Puy
42   170 B4
St-Romain (Puy de)
63   168 B3
St-Romain-sous-
Gourdon
71   139 E3
St-Romain-sous-
Versigny
71   138 C3
St-Romain-sur-Cher
41   117 D2
St-Romain-sur-
Gironde 17   160 C4
St-Romain-la-Virvée
33   177 E4
St-Romain-d'Ay
07   187 D2
St-Romain-
de-Benet
17   160 C2
St-Romain-
de-Colbosc
76   30 B1
St-Romain-
de-Jalionas
38   172 B2
St-Romain-de-Lerps
07   187 E4
St-Romain-
de-Monpazier
24   196 C2
St-Romain-
de-Popey
69   171 D1
St-Romain-
de-Surieu
38   187 F1
St-Romain-des-Iles
71   155 E3
St-Romain-d'Urfé
42   169 E1
St-Roman 26   205 D2
St-Roman (Abbaye
de) 34   235 F1
St-Roman-
de-Codières
30   217 E4
St-Roman-
de-Malegarde
84   219 F1
St-Romans
38   188 C3
St-Romans-des-
Champs 79   146 B2
St-Romans-lès-
Melle 79   146 C2
St-Rome 31   230 B4
St-Rome-
de-Cernon
12   216 A4
St-Rome-de-Dolan
48   216 B2
St-Rome-de-Tarn
12   216 A3
St-Romphaire
50   27 E4
St-Rustice 31 229 F1
St-Saëns 76   15 F4
St-Saire 76   16 A3
St-Salvadou
12   214 B2
St-Salvadour
19   181 F1
St-Salvi-de-Carcavès
81   232 A1
St-Salvy 47   21 E1
St-Salvy-de-la-
Balme 81   231 F3
St-Samson 53   75 F1
St-Samson 14   29 E3
St-Samson 56   71 E3
St-Samson-
la-Poterie
60   16 C4
St-Samson-sur-
Rance 22   49 E4
St-Samson-
de-Bonfossé
50   27 E4
St-Samson-de-la-
Roque 27   30 C2
St-Sandoux
63   168 B3
St-Santin 12   199 D3
St-Santin-Cantalès
15   182 C4
St-Santin-de-Maurs
15   199 D3
St-Sardos 47   211 E1
St-Sardos 82   212 C4
St-Satur 18   119 F2
St-Saturnin
15   183 E2
St-Saturnin
63   168 B3
St-Saturnin 51   60 B4

St-Saturnin 72 76 B4
St-Saturnin 48 201 D4
St-Saturnin 18 135 E4
St-Saturnin 16 162 B3
St-Saturnin 34 233 F2
St-Saturnin-lès-Avignon 84 219 F4
St-Saturnin-sur-Loire 49 114 A1
St-Saturnin-d'Apt 84 220 C4
St-Saturnin-de-Lenne 12 200 C4
St-Saturnin-du-Bois 17 146 A3
St-Saturnin-du-Limet 53 94 B2
St-Saud-Lacoussière 24 164 A4
St-Sauflieu 80 17 E3
St-Saulge 58 121 D4
St-Saulve 59 11 E2
St-Saury 15 199 D1
St-Sauvant 17 161 E2
St-Sauvant 86 147 D1
St-Sauves-d'Auvergne 63 167 E3
St-Sauveur 29 45 F3
St-Sauveur 31 229 F2
St-Sauveur 79 131 D2
St-Sauveur 60 34 B4
St-Sauveur 24 196 B1
St-Sauveur 86 132 C2
St-Sauveur 05 207 D3
St-Sauveur 70 107 D2
St-Sauveur 38 188 C3
St-Sauveur 21 124 B1
St-Sauveur 80 17 E2
St-Sauveur 33 176 C2
St-Sauveur 54 66 A4
St-Sauveur-lès-Bray 77 81 E1
St-Sauveur-d'Aunis 17 145 E2
St-Sauveur-de-Carrouges 61 53 D4
St-Sauveur-de-Cruzières 07 218 B1
St-Sauveur-de-Flée 49 94 C2
St-Sauveur-de-Ginestoux 48 201 F2
St-Sauveur-de-Landemont 49 112 C2
St-Sauveur-de-Meilhan 47 195 D4
St-Sauveur-de-Montagut 07 203 E1
St-Sauveur-de-Peyre 48 201 D3
St-Sauveur-de-Pierrepont 50 26 C2
St-Sauveur-de-Puynormand 33 178 B4
St-Sauveur-d'Émalleville 76 14 B4
St-Sauveur-des-Landes 35 73 F2
St-Sauveur-des-Pourcils 30 217 D3
St-Sauveur-en-Puisaye 89 101 F3
St-Sauveur-en-Rue 42 186 B2
St-Sauveur-en-Diois 26 204 B2
St-Sauveur-Gouvernet 26 220 C1
St-Sauveur-Lalande 24 178 C4
St-Sauveur-Lendelin 50 27 D3
St-Sauveur-Marville 28 55 E4
St-Sauveur-la-Pommeraye 50 50 C2
St-Sauveur-la-Sagne 63 185 D1
St-Sauveur-sur-École 77 80 B1
St-Sauveur-sur-Tinée 06 223 F2
St-Sauveur-la-Vallée 46 198 A3
St-Sauveur-le-Vicomte 50 24 C3
St-Sauveur 03 151 D1
St-Sauvy 32 228 C2
St-Savin 38 172 B3
St-Savin 33 177 E3
St-Savin 86 133 D4
St-Savin 65 257 D2
St-Savinien 17 161 D1

St-Saviol 86 147 E3
St-Savournin 13 243 E2
St-Sébastien 23 149 F1
St-Sébastien 38 205 E1
St-Sébastien-sur-Loire 44 112 A2
St-Sébastien-d'Aigrefeuille 30 218 A3
St-Sébastien-de-Morsent 27 55 E1
St-Sébastien-de-Raids 50 27 D3
St-Secondin 86 148 A2
St-Ségal 29 69 D1
St-Séglin 35 92 C1
St-Seine 58 138 B2
St-Seine-l'Abbaye 21 123 D1
St-Seine-en-Bâche 21 124 B3
St-Seine-sur-Vingeanne 21 105 E4
St-Selve 33 194 B2
St-Senier-de-Beuvron 50 50 C4
St-Senier-sous-Avranches 50 50 C3
St-Senoch 37 116 B4
St-Senoux 35 93 D1
St-Sériès 34 234 C2
St-Sernin 07 203 D3
St-Sernin 11 252 B2
St-Sernin 47 195 F2
St-Sernin-lès-Lavaur 81 231 D3
St-Sernin-sur-Rance 12 232 A1
St-Sernin-du-Bois 71 139 E2
St-Sernin-du-Plain 71 139 F1
St-Sérotin 89 81 E3
St-Servais 22 46 C4
St-Servais 29 45 F2
St-Servant 56 71 F4
St-Setiers 19 166 B3
St-Seurin-sur-l'Isle 33 178 B4
St-Seurin-de-Bourg 33 177 D3
St-Seurin-de-Cadourne 33 176 C1
St-Seurin-de-Cursac 33 177 D2
St-Seurin-de-Palenne 17 161 E3
St-Seurin-de-Prats 24 195 E1
St-Sève 33 195 D3
St-Sever 40 226 B1
St-Sever-Calvados 14 51 E2
St-Sever-de-Rustan 65 249 E1
St-Sever-de-Saintonge 17 161 E2
St-Sever-du-Moustier 12 232 B2
St-Sever (Forêt de) 14 51 E2
St-Séverin 16 178 C2
St-Séverin-sur-Boutonne 17 146 B3
St-Séverin-d'Estissac 24 179 D3
St-Siffret 30 218 C3
St-Sigismond 74 159 D3
St-Sigismond 49 113 D1
St-Sigismond 45 99 D1
St-Sigismond 85 145 F1
St-Sigismond-de-Clermont 17 161 E4
St-Silvain-Bas-le-Roc 23 151 D2
St-Silvain-Bellegarde 23 151 D4
St-Silvain-Montaigut 23 150 A3
St-Silvain-sous-Toulx 23 151 D2
St-Siméon 27 59 D2
St-Siméon 61 74 C1
St-Siméon 77 30 C3
St-Siméon-de-Bressieux 38 188 B1
St-Simeux 16 162 B3
St-Simon 15 183 D4
St-Simon 46 198 B2
St-Simon 16 162 B3
St-Simon 02 19 D3
St-Simon-de-Bordes 17 177 E1
St-Simon-de-Pellouaille 17 161 D3
St-Sixt 74 158 B3
St-Sixte 47 212 C4
St-Sixte 42 170 A2
St-Solen 22 49 E4

St-Solve 19 181 D2
St-Sorlin 69 171 D3
St-Sorlin-en-Bugey 01 172 B1
St-Sorlin-en-Valloire 26 187 F2
St-Sorlin-d'Arves 73 190 B2
St-Sorlin-de-Conac 17 177 D1
St-Sorlin-de-Morestel 38 172 C3
St-Sorlin-de-Vienne 38 171 F4
St-Sornin 03 152 B1
St-Sornin 85 129 E4
St-Sornin 16 163 D2
St-Sornin 17 160 B2
St-Sornin-Lavolps 19 181 D1
St-Sornin-Leulac 87 149 E3
St-Sornin-la-Marche 87 148 C3
St-Soulan 32 228 C3
St-Souplet 59 11 E4
St-Souplet-sur-Py 51 37 D3
St-Soupplets 77 58 B1
St-Sozy 46 198 A1
St-Stail 88 88 B1
St-Suliac 35 49 E3
St-Sulpice 41 98 B4
St-Sulpice 81 230 B2
St-Sulpice 58 120 C4
St-Sulpice 01 156 A2
St-Sulpice 63 167 E3
St-Sulpice 46 198 B3
St-Sulpice 73 173 E3
St-Sulpice 60 33 E2
St-Sulpice 70 107 D3
St-Sulpice 49 114 A1
St-Sulpice 53 95 D1
St-Sulpice 07 219 D1
St-Sulpice-les-Bois 19 166 B3
St-Sulpice-les-Champs 23 150 C4
St-Sulpice-d'Arnoult 17 160 C1
St-Sulpice-de-Cognac 16 161 E2
St-Sulpice-de-Faleyrens 33 194 C1
St-Sulpice-de-Favières 91 57 E4
St-Sulpice-de-Graimbouville 27 30 B2
St-Sulpice-de-Guilleragues 33 195 E3
St-Sulpice-de-Mareuil 24 163 E4
St-Sulpice-de-Pommiers 33 195 D2
St-Sulpice-de-Roumagnac 24 179 D2
St-Sulpice-de-Royan 17 160 B2
St-Sulpice-de-Ruffec 16 163 D1
St-Sulpice-des-Landes 44 94 A4
St-Sulpice-des-Landes 35 93 E2
St-Sulpice-des-Rivoires 38 173 D4
St-Sulpice-d'Excideuil 24 180 A1
St-Sulpice-le-Dunois 23 150 A2
St-Sulpice-en-Pareds 85 130 A3
St-Sulpice-et-Cameyrac 33 177 E4
St-Sulpice-les-Feuilles 87 149 E4
St-Sulpice-la-Forêt 35 73 E3
St-Sulpice-le-Guérétois 23 150 B3
St-Sulpice-Laurière 87 149 F4
St-Sulpice-sur-Lèze 31 251 E1
St-Sulpice-sur-Risle 61 54 B2
St-Sulpice-le-Verdon 85 129 D1
St-Supplet 54 39 E2
St-Sylvain 14 29 E4
St-Sylvain 19 181 F3
St-Sylvain 76 15 D2
St-Sylvain-d'Anjou 49 95 E4
St-Sylvestre 74 173 F1
St-Sylvestre 87 149 E4
St-Sylvestre 07 187 E4
St-Sylvestre-Cappel 59 4 B1
St-Sylvestre-de-Cormeilles 27 30 B3

St-Sylvestre-Pragoulin 63 153 D4
St-Sylvestre-sur-Lot 47 212 A1
St-Symphorien 35 72 C2
St-Symphorien 33 194 B4
St-Symphorien 18 135 F2
St-Symphorien 72 75 F4
St-Symphorien 04 221 D2
St-Symphorien 79 146 B2
St-Symphorien 48 201 F1
St-Symphorien 27 30 C2
St-Symphorien-les-Buttes 50 27 F4
St-Symphorien-le-Château 28 79 D1
St-Symphorien-sous-Chomérac 07 203 F2
St-Symphorien-sur-Coise 69 170 C3
St-Symphorien-sur-Couze 87 149 E4
St-Symphorien-sur-Saône 71 124 A3
St-Symphorien-le-Valois 50 26 C2
St-Symphorien-d'Ancelles 71 155 E2
St-Symphorien-de-Lay 42 170 B1
St-Symphorien-de-Mahun 07 187 D3
St-Symphorien-de-Marmagne 71 139 D2
St-Symphorien-de-Thénières 12 200 A2
St-Symphorien-des-Bois 71 154 C2
St-Symphorien-des-Bruyères 61 54 B2
St-Symphorien-des-Monts 50 51 E4
St-Symphorien-d'Ozon 69 171 F3
St-Thégonnec 29 46 A3
St-Thélo 22 71 D2
St-Théodorit 30 218 A4
St-Théoffrey 38 189 E4
St-Thibaud-de-Couz 73 173 E4
St-Thibault 60 16 C3
St-Thibault 21 122 C2
St-Thibault 10 83 D3
St-Thibault-des-Vignes 77 58 B2
St-Thibaut 02 35 F3
St-Thiberry 34 233 F4
St-Thiébaud 39 125 D4
St-Thiébault 52 85 F3
St-Thierry 51 36 B2
St-Thois 29 69 F3
St-Thomas 31 229 E3
St-Thomas 02 36 A1
St-Thomas-de-Conac 17 177 D1
St-Thomas-de-Courceriers 53 75 F2
St-Thomas de Pastoreccia 2B 265 E4
St-Thomas-en-Argonne 51 37 F3
St-Thomas-en-Royans 26 188 B3
St-Thomas-la-Garde 42 170 B3
St-Thomé 07 203 E4
St-Thonan 29 45 E2
St-Thual 35 72 C2
St-Thurial 35 72 C4
St-Thuriau 56 70 D4
St-Thurien 27 30 C2
St-Thurien 29 69 F3
St-Thurin 42 169 E2
St-Tricat 62 3 D2
St-Trimoël 22 71 F1
St-Trinit 84 220 C4
St-Trivier-de-Courtes 01 140 B4
St-Trivier-sur-Moignans 01 155 F3
St-Trojan 33 177 D3
St-Trojan-les-Bains 17 160 A1
St-Tropez 83 245 E1
St-Tugdual 56 70 B3
St-Tugen 29 68 A2
St-Ulphace 72 77 E3
St-Ulrich 68 108 B3
St-Uniac 35 72 B3
St-Urbain 29 45 E2
St-Urbain 85 128 B1
St-Urbain 29 45 E3
St-Urcisse 47 212 A2

St-Urcisse 81 213 E4
St-Urcize 15 200 C2
St-Ursin 50 50 C2
St-Usage 10 84 A4
St-Usage 21 124 A3
St-Usuge 71 140 C3
St-Utin 51 61 E4
St-Uze 26 187 E2
St-Vaast-de-Longmont 60 34 B3
St-Vaast-d'Équiqueville 76 15 F2
St-Vaast-Dieppedalle 76 15 D3
St-Vaast-du-Val 76 15 E3
St-Vaast-en-Auge 14 29 F2
St-Vaast-en-Cambrésis 59 11 D4
St-Vaast-en-Chaussée 80 17 E1
St-Vaast-la-Hougue 50 25 E2
St-Vaast-lès-Mello 60 33 F3
St-Vaast-lès-Seulles 14 28 C3
St-Vaize 17 161 E2
St-Valbert 70 107 D1
St-Valentin 36 134 C1
St-Valérien 89 81 E3
St-Valérien 85 130 A4
St-Valery 60 16 C3
St-Valery-en-Caux 76 15 D2
St-Valery-sur-Somme 80 8 B4
St-Vallerin 71 139 F3
St-Vallier 16 188 B2
St-Vallier 26 187 E2
St-Vallier 71 139 E3
St-Vallier 88 87 D2
St-Vallier-de-Thiey 06 239 F1
St-Vallier-sur-Marne 52 86 A4
St-Varent 79 131 E1
St-Vaury 35 150 A3
St-Venant 62 4 B4
St-Vénérand 43 201 F1
St-Vérain 58 120 A1
St-Véran 05 207 E2
St-Vérand 71 155 E2
St-Vérand 38 188 B2
St-Vérand 69 171 D1
St-Vert 43 185 D1
St-Viance 19 181 D2
St-Viâtre 41 99 E4
St-Viaud 44 111 D2
St-Victeur 72 76 A2
St-Victor 15 182 C4
St-Victor 03 151 F1
St-Victor 07 187 D3
St-Victor 24 179 D2
St-Victor-l'Abbaye 76 15 F3
St-Victor-la-Coste 30 219 D3
St-Victor-de-Buthon 28 77 F1
St-Victor-de-Cessieu 38 172 B3
St-Victor-de-Chrétienville 27 30 C4
St-Victor-de-Malcap 30 218 B2
St-Victor-de-Morestel 38 172 C2
St-Victor-de-Réno 61 77 E1
St-Victor-d'Épine 27 30 C3
St-Victor-des-Oules 30 218 C3
St-Victor-en-Marche 23 150 B3
St-Victor-et-Melvieu 12 215 F3
St-Victor-Malescours 43 186 B2
St-Victor-Montvianeix 63 169 D1
St-Victor-la-Rivière 63 167 F4
St-Victor-Rouzaud 09 252 A3
St-Victor-sur-Arlanc 43 185 E1
St-Victor-sur-Avre 27 54 C3
St-Victor-sur-Loire 42 170 B4
St-Victor-sur-Ouche 21 123 D2
St-Victor-sur-Rhins 42 154 C4
St-Victoret 13 244 C4
St-Victour 19 166 C4
St-Victurnien 87 164 B1
St-Vidal 43 185 E3
St-Vigor-des-Mézerets 14 52 B4
St-Vigor-des-Monts 50 51 D1

St-Vigor-d'Ymonville 76 30 B1
St-Vigor-le-Grand 14 28 C2
St-Vincent 82 213 E2
St-Vincent 31 230 C4
St-Vincent 64 248 C2
St-Vincent 63 168 B4
St-Vincent 15 183 D2
St-Vincent 43 185 F3
St-Vincent-Bragny 71 138 C4
St-Vincent-la-Châtre 79 147 D2
St-Vincent-la-Commanderie 26 188 B4
St-Vincent-Cramesnil 76 30 B1
St-Vincent-de-Barbeyrargues 34 234 B2
St-Vincent-de-Barrès 07 203 F2
St-Vincent-de-Boisset 42 154 B4
St-Vincent-de-Connezac 24 179 D3
St-Vincent-de-Cosse 24 197 D1
St-Vincent-de-Durfort 07 203 E1
St-Vincent-de-Lamontjoie 47 211 E3
St-Vincent-de-Mercuze 38 189 F1
St-Vincent-de-Paul 33 177 E4
St-Vincent-de-Paul 40 225 E1
St-Vincent-de-Pertignas 33 195 D1
St-Vincent-de-Reins 69 155 D3
St-Vincent-de-Tyrosse 40 224 C2
St-Vincent-des-Bois 27 32 A4
St-Vincent-des-Landes 44 93 F3
St-Vincent-des-Prés 72 76 C2
St-Vincent-des-Prés 71 139 E4
St-Vincent-d'Olargues 34 232 C3
St-Vincent-du-Boulay 27 30 C4
St-Vincent-du-Lorouër 72 97 D2
St-Vincent-du-Pendit 46 198 C1
St-Vincent-en-Bresse 71 140 B3
St-Vincent-les-Forts 04 206 C4
St-Vincent (Corge de) 15 183 D3
St-Vincent-Jalmoutiers 24 178 C2
St-Vincent-Lespinasse 82 212 B3
St-Vincent-le-Paluel 24 197 E1
St-Vincent-Puymaufrais 85 129 F3
St-Vincent-Rive-d'Olt 46 197 E4
St-Vincent-Sterlanges 85 129 F2
St-Vincent-sur-Graon 85 129 D4
St-Vincent-sur-l'Isle 24 180 A2
St-Vincent-sur-Jabron 04 221 E2
St-Vincent-sur-Jard 85 144 B1
St-Vincent-sur-Oust 56 92 B2
St-Vinnemer 89 103 D2
St-Vit 25 125 D3
St-Vital 73 174 B3
St-Vite 47 196 C4
St-Vitte 18 136 A4
St-Vitte-sur-Briance 87 165 D3
St-Vivien 24 195 E1
St-Vivien 17 145 D1
St-Vivien-de-Blaye 33 177 E3
St-Vivien-de-Médoc 33 160 B4
St-Vivien-de-Monségur 33 195 E3
St-Voir 03 152 B3
St-Vougay 29 45 F2
St-Vrain 91 57 E4
St-Vrain 51 62 A3
St-Vran 22 71 F2

St-Vulbas 01 172 B1
St-Waast 59 11 F3
St-Wandrille-Rançon 76 31 E1
St-Witz 95 34 A4
St-Xandre 17 145 D2
St-Yaguen 40 209 D4
St-Yan 71 154 B1
St-Ybard 19 181 D1
St-Ybars 09 251 F2
St-Yon 91 57 E4
St-Yorre 03 153 E4
St-Yrieix-les-Bois 23 150 B3
St-Yrieix-la-Déjalat 19 166 A4
St-Yrieix-la-Montagne 23 166 A1
St-Yrieix-la-Perche 87 164 C4
St-Yrieix-sous-Aixe 87 164 B1
St-Yrieix-sur-Charente 16 162 B2
St-Ythaire 71 139 F4
St-Yvi 29 69 E3
St-Yvoine 63 168 B3
St-Yzan-de-Soudiac 33 177 E3
St-Yzans-de-Médoc 33 176 C2
St-Zacharie 83 243 F2
Ste-Adresse 76 30 A1
Ste-Agathe 63 169 D2
Ste-Agathe-la-Bouteresse 42 170 A2
Ste-Agathe-d'Aliermont 76 16 A2
Ste-Agathe-en-Donzy 42 170 C1
Ste-Agnès 39 141 D3
Ste-Agnès 38 189 F2
Ste-Agnès 06 241 E3
Ste-Alauzie 46 213 D1
Ste-Alvère 24 179 F4
Ste-Anastasie 30 218 C4
Ste-Anastasie 15 184 A3
Ste-Anastasie-sur-Issole 83 244 B1
Ste-Anne 25 125 E4
Ste-Anne 32 229 D2
Ste-Anne 41 98 A2
Ste-Anne (Col) 13 243 E2
Ste-Anne-d'Auray 56 91 D2
Ste-Anne-la-Palud 29 68 C2
Ste-Anne-St-Priest 87 165 F1
Ste-Anne-sur-Brivet 44 92 C4
Ste-Anne-sur-Gervonde 38 172 B4
Ste-Anne-sur-Vilaine 35 93 D2
Ste-Aulde 77 59 D1
Ste-Aurence-Cazaux 32 228 A4
Ste-Austreberthe 62 9 D2
Ste-Austreberthe 76 15 E4
Ste-Barbe 88 87 F1
Ste-Barbe 57 40 B3
Ste-Barbe 56 70 A3
Ste-Barbe-sur-Gaillon 27 32 A3
Ste-Baume (Gorge de la) 07 203 E4
Ste Baume (Massif de la) 13,83 238 A4
Ste-Bazeille 47 195 E3
Ste-Beuve-en-Rivière 76 16 B3
Ste-Blandine 79 146 C2
Ste-Blandine 38 172 C3
Ste-Brigitte 56 70 C2
Ste-Camelle 11 252 C1
Ste-Catherine 2B 264 C2
Ste-Catherine 63 169 D4
Ste-Catherine 69 171 D3
Ste-Catherine 62 10 A3
Ste-Catherine-de-Fierbois 37 115 F3
Ste-Cécile 71 155 E1
Ste-Cécile 85 129 F2
Ste-Cécile 36 117 F3
Ste-Cécile 50 51 D2
Ste-Cécile-d'Andorge 30 218 A2
Ste-Cécile-du-Cayrou 81 213 F4
Ste-Cécile-les-Vignes 84 219 E2
Ste-Céronne-lès-Mortagne 61 54 B4
Ste-Cérotte 72 97 E1

Ste-Christie 32 228 B2
Ste-Christie-d'Armagnac 32 227 E1
Ste-Christine 85 146 A1
Ste-Christine 49 113 D2
Ste-Christine 63 152 B4
Ste-Christine 2B 267 F1
Ste-Colombe 58 120 B2
Ste-Colombe 50 25 D3
Ste-Colombe 69 171 E4
Ste-Colombe 66 262 B2
Ste-Colombe 77 59 D4
Ste-Colombe 46 198 C2
Ste-Colombe 05 221 D1
Ste-Colombe 33 177 E3
Ste-Colombe 25 142 C1
Ste-Colombe 40 226 B2
Ste-Colombe 35 93 F1
Ste-Colombe 16 162 C1
Ste-Colombe 89 103 D4
Ste-Colombe 17 177 F2
Ste-Colombe 33 195 D1
Ste-Colombe 21 122 C1
Ste-Colombe 76 15 D3
Ste-Colombe-la-Campagne 27 32 A4
Ste-Colombe-la-Commanderie 27 31 E4
Ste-Colombe-de-Duras 47 195 E2
Ste-Colombe-de-Peyre 48 201 D2
Ste-Colombe-de-Villeneuve 47 211 F1
Ste-Colombe-en-Bruilhois 47 211 E2
Ste-Colombe-sur-Gand 42 170 C1
Ste-Colombe-sur-Guette 11 261 F1
Ste-Colombe-sur-l'Hers 11 252 C2
Ste-Colombe-sur-Loing 89 101 F4
Ste-Colombe-sur-Seine 21 103 F2
Ste-Colome 64 248 B2
Ste-Consorce 69 171 D2
Ste-Croix 71 140 C3
Ste-Croix 26 204 C2
Ste-Croix 01 172 A1
Ste-Croix 81 214 B4
Ste-Croix 46 212 C1
Ste-Croix 02 36 A1
Ste-Croix 24 196 C2
Ste-Croix 12 198 C4
Ste-Croix-à-Lauze 04 221 D4
Ste-Croix-aux-Mines 68 88 C2
Ste-Croix-de-Caderle 30 217 F3
Ste-Croix-de-Mareuil 24 163 D4
Ste-Croix-de-Quintillargues 34 234 B1
Ste-Croix-de-Verdon 04 238 C1
Ste-Croix-du-Mont 33 194 C3
Ste-Croix-en-Jarez 42 171 D4
Ste-Croix-en-Plaine 68 89 D4
Ste-Croix-Grand-Tonne 14 28 C2
Ste-Croix-Hague 50 24 C2
Ste-Croix (Lac de) 04,83 238 C1
Ste-Croix-sur-Aizier 27 30 C2
Ste-Croix-sur-Buchy 76 32 A1
Ste-Croix-sur-Mer 14 28 C2
Ste-Croix-sur-Orne 61 52 C2
Ste-Croix-Vallée-Française 48 217 D2
Ste-Croix-Volvestre 09 251 E2
Ste-Dode 32 228 A4
Ste-Eanne 79 146 C1
Ste-Engrâce 64 247 E3

Ste-Enimie 48 217 D1
Ste-Eugénie-de-Villeneuve 43 185 D3
Ste-Eulalie 33 177 E4
Ste-Eulalie 11 253 E2
Ste-Eulalie 48 201 E2
Ste-Eulalie 07 202 C1
Ste-Eulalie-d'Ans 24 180 B2
Ste-Eulalie-de-Cernon 12 216 B4
Ste-Eulalie-d'Eymet 24 195 E2
Ste-Eulalie-d'Olt 12 200 C2
Ste-Eulalie-en-Born 40 208 B1
Ste-Eulalie-en-Royans 26 188 C3
Ste-Euphémie 01 155 F4
Ste-Euphémie-sur-Ouvèze 26 220 C1
Ste-Eusoye 60 17 E4
Ste-Fauste 36 135 D2
Ste-Féréole 19 181 D2
Ste-Feyre 23 150 B3
Ste-Feyre-la-Montagne 23 166 C1
Ste-Flaive-des-Loups 85 129 D3
Ste-Florence 33 195 D1
Ste-Florence 85 129 F2
Ste-Florine 43 184 C1
Ste-Foi 09 252 C2
Ste-Fortunade 19 181 F2
Ste-Foy 40 209 F4
Ste-Foy 71 154 B2
Ste-Foy 76 15 F3
Ste-Foy 85 128 C3
Ste-Foy-l'Argentière 69 170 C2
Ste-Foy-d'Aigrefeuille 31 230 B3
Ste-Foy-de-Belvès 24 197 D2
Ste-Foy-de-Longas 24 179 F4
Ste-Foy-de-Montgommery 14 53 E2
Ste-Foy-de-Peyrolières 31 229 E4
Ste-Foy-la-Grande 33 195 E1
Ste-Foy-la-Longue 33 194 C3
Ste-Foy-lès-Lyon 69 171 E2
Ste-Foy-St-Sulpice 42 170 B2
Ste-Foy-Tarentaise 73 175 E1
Ste-Gauburge-Ste-Colombe 61 54 A3
Ste-Gemme 81 214 C2
Ste-Gemme 51 35 F4
Ste-Gemme 32 228 C1
Ste-Gemme 33 195 D3
Ste-Gemme 79 131 D1
Ste-Gemme 36 134 A2
Ste-Gemme 17 160 C2
Ste-Gemme-en-Sancerrois 18 119 F1
Ste-Gemme-Martaillac 47 210 C1
Ste-Gemme-Moronval 28 56 A3
Ste-Gemme-la-Plaine 85 129 F4
Ste-Gemmes 41 98 B2
Ste-Gemmes-d'Andigné 49 94 C3
Ste-Gemmes-le-Robert 53 75 E3
Ste-Gemmes-sur-Loire 49 113 F1
Ste-Geneviève 60 33 E3
Ste-Geneviève 50 25 E2
Ste-Geneviève 54 64 B2
Ste-Geneviève 02 20 B3
Ste-Geneviève 76 16 A4
Ste-Geneviève-des-Bois 91 57 E4
Ste-Geneviève-des-Bois 45 101 D2
Ste-Geneviève-sur-Argence 12 200 A2

Ste-Germaine
10   84 B3
Ste-Hélène
33   176 C4
Ste-Hélène
71   139 F2
Ste-Hélène
48   201 F4
Ste-Hélène 88 87 F2
Ste-Hélène 56 90 C2
Ste-Hélène-
Bondeville
76   14 B3
Ste-Hélène-du-Lac
73   173 F4
Ste-Hélène-sur-
Isère 73   174 B3
Ste-Hermine
85   129 F3
Ste-Honorine-
la-Chardonne
61   52 B2
Ste-Honorine-
de-Ducy 14 28 B3
Ste-Honorine-des-
Pertes 14 28 B2
Ste-Honorine-
du-Fay 14 28 C4
Ste-Honorine-
la-Guillaume
61   52 C2
Ste-Innocence
24   195 F2
Ste-Jalle 26 220 B1
Ste-Jamme-sur-
Sarthe 72 76 B3
Ste-Julie 01 172 B1
Ste-Juliette
82   212 C2
Ste-Juliette-sur-
Viaur 12 215 D1
Ste-Léocadie
66   261 D4
Ste-Lheurine
17   161 E4
Ste-Livière 51 62 A4
Ste-Livrade
31   229 E2
Ste-Livrade-sur-Lot
47   196 B4
Ste-Lizaigne
36   118 B4
Ste-Luce 38 205 F1
Ste-Luce-sur-Loire
44   112 A2
Ste-Lucie 2B 65 E2
Ste-Lucie-
de-Tallano
2a   269 D2
Ste-Lunaise
18   135 F1
Ste-Magnance
89   122 A1
Ste-Marguerite
88   88 B2
Ste-Marguerite
43   185 D2
Ste-Marguerite-
de-l'Autel
27   54 C2
Ste-Marguerite-
de-Carrouges
61   52 C4
Ste-Marguerite-
de-Viette 14 53 E1
Ste-Marguerite-
d'Elle 14 27 F3
Ste-Marguerite-
des-Loges
14   53 E1
Ste-Marguerite-
en-Ouche
27   54 B1
Ste-Marguerite-
Lafigère 07 202 B4
Ste-Marguerite-sur-
Duclair 76 31 D1
Ste-Marguerite-sur-
Fauville 76 14 C3
Ste-Marguerite-sur-
Mer 76 15 E2
Ste-Marie 25 107 E4
Ste-Marie 35 92 C2
Ste-Marie 32 228 C2
Ste-Marie 08 37 E2
Ste-Marie 65 258 B2
Ste-Marie 58 120 C3
Ste-Marie 05 205 D4
Ste-Marie 66 263 D2
Ste-Marie 44 110 C3
Ste-Marie 15 200 B1
Ste-Marie-à-Py
51   228 B1
Ste-Marie-au-Bosc
76   14 A3
Ste-Marie-aux-
Anglais 14 29 F4
Ste-Marie-aux-
Chênes 57 39 F3
Ste-Marie-aux-
Mines 68 88 C2
Ste-Marie-
la-Blanche
21   123 E4
Ste-Marie-Cappel
59   4 B1
Ste-Marie (Col de)
68,88   88 C2
Ste-Marie-d'Alloix
38   189 F1
Ste-Marie-d'Alvey
73   173 D3
Ste-Marie-
de-Chignac
24   179 F3
Ste-Marie-
de-Cuines
73   190 B1
Ste-Marie-de-Gosse
40   225 D3

Ste-Marie-de-Ré
17   144 C3
Ste-Marie-
de-Vatimesnil
27   32 B3
Ste-Marie-de-Vaux
87   164 B1
Ste-Marie-des-
Champs 76 15 D4
Ste-Marie-des-
Chazes 43 185 D3
Ste-Marie-du-Bois
50   51 E4
Ste-Marie-du-Bois
53   75 E1
Ste-Marie-du-Lac-
Nuisement
51   61 F4
Ste-Marie-
du-Menez-Hom
29   68 C1
Ste-Marie-du-Mont
38   173 E4
Ste-Marie-du-Mont
50   25 E4
Ste-Marie-
en-Chanois
70   107 D1
Ste-Marie-en-Chaux
70   106 C2
Ste-Marie-Kerque
62   3 E2
Ste-Marie-
Lapanouze
19   182 C1
Ste-Marie-Laumont
14   51 E1
Ste-Marie-Outre-
l'Eau 14 51 E1
Ste-Marie-la-Robert
61   52 C4
Ste-Marie-sur-
Ouche 21 123 D2
Ste-Marthe
47   195 E4
Ste-Marthe 27 55 D1
Ste-Maure 10 83 D2
Ste-Maure-
de-Peyriac
47   210 C3
Ste-Maure-
de-Touraine
37   115 F4
Ste-Maxime
83   245 E1
Ste-Même 17 161 E4
Ste-Menehould
51   38 A4
Ste-Mère 32 211 F4
Ste-Mère-Église
50   25 D3
Ste-Mesme 78 79 E1
Ste-Mondane
24   197 E1
Ste-Montaine
18   118 C1
Ste-Mulders
(Chapelle) 62 3 F3
Ste-Nathalène
24   197 E1
Ste-Néomaye
79   146 C1
Ste-Odile (Mont)
67   66 C4
Ste-Olive 01 155 F4
Ste-Opportune
61   52 B3
Ste-Opportune-
du-Bosc 27 31 D3
Ste-Opportune-
la-Mare 27 30 C2
Ste-Orse 24 180 B2
Ste-Osmane
72   97 D2
Ste-Ouenne
79   146 B1
Ste-Pallaye
89   102 B3
Ste-Paule 69 155 D4
Ste-Pazanne
44   111 E2
Ste-Pexine 85 129 F3
Ste-Pience 50 50 C2
Ste-Pôle 54 65 F4
Ste-Preuve 02 20 A4
Ste-Radegonde
71   138 C3
Ste-Radegonde
79   114 A4
Ste-Radegonde
24   196 B2
Ste-Radegonde
32   228 B1
Ste-Radegonde
86   132 C3
Ste-Radegonde
33   195 D1
Ste-Radegonde
12   215 E1
Ste-Radegonde
17   160 C1
Ste-Radegonde-
des-Noyers
85   145 E1
Ste-Ramée
17   161 D4
Ste-Reine 73 174 A3
Ste-Reine 70 106 A4
Ste-Reine-
de-Bretagne
44   92 B4
Ste-Restitute
2B   264 B3
Ste-Roseline
83   239 E3
Ste-Ruffine 57 40 B4
Ste-Sabine 24 196 B2
Ste-Sabine 21 123 D3
Ste-Sabine-sur-
Longève 72 76 A3

Ste-Savine 10 83 D2
Ste-Scolasse-sur-
Sarthe 61 54 A4
Ste-Segrée 80 16 C3
Ste-Sève 29 46 A3
Ste-Sévère 16 161 F2
Ste-Sévère-sur-
Indre 36 150 C1
Ste-Sigolène
43   186 B2
Ste-Solange
18   119 E3
Ste-Soline 79 147 D2
Ste-Souline
16   178 B1
Ste-Soulle 17 145 E2
Ste-Suzanne
53   75 E4
Ste-Suzanne
64   225 F3
Ste-Suzanne
25   107 F4
Ste-Suzanne
09   251 D2
Ste-Suzanne-sur-
Vire 50 27 E4
Ste-Terre 33 195 D1
Ste-Thérence
03   151 F2
Ste-Thorette
18   118 C4
Ste-Tréphine
22   70 C2
Ste-Trie 24 180 C2
Ste-Tulle 04 237 F1
Ste-Valière 11 254 B1
Ste-Vaubourg
08   37 E1
Ste-Verge 79 114 B4
Ste-Vertu 89 102 C3
Ste-Victoire
(Montagne)
13   237 F3
Ste-Sallertaine 85 128 B1
Stes-Maries-de-la-
Mer 13 235 E4
Sts-Geosmes
52   105 D2
Sts-Peyres (Barrage
des) 81 232 A3
Sainteny 50 27 D3
Saintes 17 161 D2
Saintines 60 34 B3
Saintry-sur-Seine
91   58 A4
Saints 77 58 C3
Saints 89 101 F4
Sainville 28 79 E2
Saire 50 25 D2
Saires 86 132 A1
Saires-la-Verrerie
61   52 B3
Saisies (Col des)
73   174 C2
Saissac 11 253 D1
Saisseval 80 17 D2
Saisy 71 139 E1
Saivres 79 146 C1
Le Saix 05 205 F4
Saix 81 231 E3
Saix 86 114 C3
Saizenay 39 125 D4
Saizerais 54 64 B2
Saizy 58 121 E2
Sajas 31 229 D4
Salagnac 24 180 B2
Salagnon 38 172 B3
Salagou (Barrage
du) 34 233 E2
Salaise-sur-Sanne
38   187 E1
Salans 39 125 D3
Salasc 34 233 E3
Salaunes 33 176 C4
Salavas 07 218 C1
Salavre 01 156 C1
Salazac 30 219 D2
Salbert 90 107 F3
Salbris 41 118 B1
Les Salces 48 200 C3
Salles (Croix des)
74   174 C1
Saléchan 65 250 B4
Saleich 31 259 D2
Saleignes 17 146 C4
Saleilles 66 262 C2
Les Salelles 48 201 D4
Les Salelles 07 202 C4
Salency 60 18 C4
Salenthal 67 66 C3
Saléon 05 221 E1
Salérans 05 221 D2
Salerm 31 250 C1
Salernes 83 238 C3
Salers 15 183 D3
Sales 74 173 E1
Salesches 59 11 E3
La Salette-Fallavaux
38   206 A1
Salettes 26 204 A3
Salettes 43 202 B1
Saleux 80 17 E2
Salève (Mont)
74   158 A3
Salice 2a 266 C3
Saliceto 2b 265 E4
Saliès 81 231 E1
Salies-de-Béarn
64   225 E3
Salies-du-Salat
31   251 D3
Salignac 33 177 E4
Salignac 04 221 F2
Salignac-
de-Mirambeau
17   177 E1
Salignac-Eyvignes
24   180 C2
Salignac-sur-
Charente
17   161 E3
Saligney 39 124 C2
Saligny 89 81 F3
Saligny 85 129 D2

Saligny-sur-Roudon
03   153 F1
Saligny-le-Vif
18   119 F4
Saligos 65 257 E3
Salindres 30 218 B2
Salinelles 30 234 C1
Salin-de-Giraud
13   236 A4
Salins 15 182 C2
Salins 77 81 D1
Salins-les-Bains
39   125 D4
Salins-les-Thermes
73   174 C4
Salives 21 104 B3
Sallagriffon
06   223 E4
Sallanches 74 159 D4
Sallaumines
62   10 B2
La Salle 05 191 D4
La Salle 88 88 A2
La Salle 71 155 F1
La Salle-de-Vihiers
49   113 E3
La Salle-
en-Beaumont
38   205 F1
La Salle-et-Chapelle-
Aubry 49 113 D2
La Salle-Prunet
48   217 E1
Sallebœuf 33 194 B1
Sallèdes 63 168 C3
Sallèles-Cabardès
11   253 F1
Sallèles-d'Aude
11   254 C2
Sallen 14 28 B4
Sallenelles 14 29 E3
Sallenôves 74 157 F4
Les Salles 42 169 E1
Les Salles 33 178 B4
Salles 47 196 C3
Salles 79 147 D1
Salles 65 257 D2
Salles 33 193 D3
Salles 81 214 B3
Salles-Adour
65   249 E2
Salles-
Arbuissonnas-
en-Beaujolais
69   155 E4
Salles-Courbatiès
12   199 D4
Salles-Curan
12   215 F2
Salles-d'Angles
16   161 F3
Salles-d'Armagnac
32   227 D1
Salles-d'Aude
11   255 D2
Salles-
de-Barbezieux
16   162 A4
Salles-de-Belvès
24   197 D2
Salles-
de-Villefagnan
16   147 E4
Les Salles-
du-Gardon
30   218 A2
Salles-et-Pratviel
31   258 B3
Salles-Lavalette
16   178 C1
Les Salles-
Lavauguyon
87   163 F2
Salles-Mongiscard
64   225 F3
Salles-sous-Bois
26   204 A4
Salles-sur-Garonne
31   251 E1
Salles-sur-l'Hers
11   252 B1
Salles-sur-Mer
17   145 D3
Les Salles-sur-
Verdon 83 238 C1
Sallespisse 64 226 A3
Salmagne 55 62 C3
Salmaise 21 123 D1
Salmbach 67 43 F4
Salmiech 12 215 E2
Salomé 59 10 A1
Salon 24 179 F4
Salon 10 60 B4
Salon-la-Tour
19   165 D4
Salonnes 57 65 D2
Salon-de-Provence
13   236 C2
Salornay-sur-Guye
71   139 F4
Salouël 80 17 E2
Salperwick 62 3 F3
Salsein 09 259 D3
Salses 66 262 C1
Salsigne 11 253 E1
Salt-en-Donzy
42   170 C2
Salvagnac 81 213 F4
Salvagnac-Cajarc
12   198 B4
Salvagnac-St-Loup
12   198 C4
La Salvetat-
Belmontet
82   213 D4
La Salvetat-
Lauragais
31   230 C3
La Salvetat-Peyralès
12   214 C2

La Salvetat-St-Gilles
31   229 F3
La Salvetat-sur-
Agout 34 232 B3
Salvezines 11 261 F1
Salvi (Col de)
2B   264 B3
Salviac 46 197 D3
Salvizinet 42 170 B2
Salza 11 253 F3
Salzuit 43 185 D2
Samadet 40 226 B2
Saman 31 250 B2
Samatan 32 228 B4
Samazan 47 195 E4
Sambin 41 117 D1
Sambourg 89 103 D3
Sambre 2,59 11 E4
Saméon 59 11 D1
Samer 62 2 C4
Samerey 21 124 B3
Sames 64 225 D3
Sammarcolles
86   115 D4
Sammeron 77 58 C1
Samoëns 74 159 D2
Samognat 01 157 D2
Samogneux
55   38 C3
Samois-sur-Seine
77   80 C1
Samonac 33 177 D3
Samoreau 77 80 C1
Samouillan
31   251 D1
Samoussy 02 19 F4
Sampans 39 124 B3
Sampigny 55 63 D2
Sampigny-lès-
Maranges
71   139 F1
Sampolo 2a 267 D4
Sampzon 07 203 D4
Samson 25 124 C4
Samsons-Lion
64   227 D4
Samuran 65 250 B3
San Cervone (Col
de) 2B 267 E1
San-Gavino-
d'Ampugnani
2b   265 E4
San-Gavino-
di-Carbini
2a   269 D2
San-Gavino-
di-Fiumorbo
2b   267 E3
San-Gavino-
di-Tenda
2b   265 E3
San-Giuliano
2b   267 F1
San-Lorenzo
2b   265 E4
San-Martino-di-Lota
2b   265 E3
Sana 31 251 D2
Sanary-sur-Mer
83   244 A3
Sancé 71 155 F1
Sancergues
18   120 A3
Sancerre 18 119 F2
Sancey-le-Grand
25   126 B2
Sancey-le-Long
25   126 B2
Sancheville 28 78 C3
Sanchey 88 87 D3
Sancoins 18 136 C2
Sancourt 59 10 C3
Sancourt 27 32 C2
Sancourt 80 18 C3
Sancy 77 58 C2
Sancy 54 39 F2
Sancy-les-
Cheminots
02   35 E2
Sancy-lès-Provins
77   59 E3
Sancy (Puy de)
63   167 E4
Sand 67 89 E1
Sandarville 28 78 B2
Sandaucourt
88   86 B2
Sandillon 45 99 E1
Sandouville 76 30 B1
Sandrans 01 156 A3
Sangatte 62 2 C2
Sanghen 62 3 D3
Sanguinaires (Îles)
2A   266 A4
Sanguinet 40 192 C4
Sanilhac 07 202 C3
Sanilhac-Sagriès
30   218 C4
Sannat 23 151 E3
Sannerville 14 29 E3
Sannes 84 237 E1
Sannois 95 57 E1
San-Damiano
2b   265 E4
Sanry-sur-Nied
57   40 C4
Sanry-lès-Vigy
57   40 B3
Sans-Vallois 88 86 C3
Sansa 66 261 E2

Sansac-
de-Marmiesse
15   199 E1
Sansac-Veinazès
15   199 E2
Sansais 79 146 A2
Sansan 32 228 B3
Sanssac-l'Église
43   185 E3
Sanssat 03 153 E2
Sant' Angelo
(Monte) 2B 264 C3
Santa-Lucia-
di-Mercurio
2b   267 D1
Santa-Lucia-
di-Moriani
2b   265 F4
Santa-Manza (Golfe
de) 2A 269 E4
Santa-Maria
2B   264 C1
Santa-Maria-di-Lota
2b   265 E2
Santa-Maria-
Figaniella
2a   268 C2
Santa-Maria-Poggio
2b   265 F4
Santa-Maria-Sicché
2a   268 C1
Santa-Reparata-
di-Balagna
2b   264 C3
Santa-Reparata-
di-Moriani
2b   265 F4
Sant'Andréa-
di-Bozio 2b 267 E1
Sant'Andréa-
di-Cotone
2b   267 F1
Sant'Andréa-
d'Orcino 2a 266 B3
Santans 39 124 C4
Sant'Antonino
2b   264 C3
Santec 29 45 F1
Santeau 45 79 F4
Santenay 41 98 A4
Santenay 21 139 F1
Santeny 94 58 A3
Santes 59 5 D4
Santeuil 95 33 D4
Santeuil 28 79 D2
Santigny 89 103 D4
Santilly 71 139 F3
Santilly 28 79 D3
Santo-Pietro-
di-Tenda
2b   265 E3
Santo-Pietro-
di-Venaco
2b   267 D2
Santoche 25 126 A1
Santosse 21 123 D4
Santranges
18   119 F1
Sanvensa 12 214 B1
Sanvignes-les-
Mines 71 139 D4
Sanxay 86 131 F4
Sanzay 79 131 D1
Sanzey 54 63 F2
Saon 14 28 B2
Saône 1,21,
69,70,71,88 124 B2
Saône 25 125 E2
Saonnet 14 28 B2
Saorge 06 241 F2
Saosnes 72 76 B2
Saou 26 204 B2
Le Sap 61 54 A2
Le Sap-André
61   54 A2
Sapignicourt
51   62 A3
Sapignies 62 10 A4
Sapin Président
39   142 A1
Sapogne-
et-Feuchères
08   21 F3
Sapogne-sur-
Marche 08 22 B4
Sapois 39 142 A2
Sapois 88 88 A4
Saponay 02 35 E3
Saponcourt
70   106 B1
Le Sappey 74 158 A3
Le Sappey-
en-Chartreuse
38   189 E2
Saramon 32 228 C3
Saran 45 99 E1
Saraz 25 125 E4
Sarbazan 40 210 A3
Sarcé 72 96 B3
Sarceaux 61 53 D3
Sarcelles 95 57 E1
Sarcicourt 52 85 D3
Sarcos 32 228 B4
Sarcus 60 16 C3
Sarcy 51 36 A3
Sardan 30 234 C1
Sardent 23 150 B4
Sardieu 38 188 B1
Sardon 63 167 F2
Sardy-lès-Epiry
58   121 E3
Saré 64 224 B4
Sargé-lès-le-Mans
72   76 B4
Sargé-sur-Braye
41   97 F1
Sari-di-Porto-
Vecchio 2A 269 F1
Sari-d'Orcino
2a   266 B3

Sariac-Magnoac
65   250 A1
Sarlabous 65 249 F2
Sarlande 24 164 B4
Sarlat-la-Canéda
24   197 E1
Sarliac-sur-l'Isle
24   180 A2
Sarniguet 65 249 E1
Sarnois 60 17 D4
Saron-sur-Aube
51   60 A4
Sarp 65 250 B3
Sarpourenx
64   225 F4
Sarragachies
32   227 D2
Sarrageois 25 142 B2
Sarraguzan
32   250 A2
Sarralbe 57 41 F4
Sarraltroff 57 66 A2
Sarran 19 182 A1
Sarrance 64 248 A3
Sarrancolin
65   249 F3
Sarrans (Barrage de)
12   200 A1
Sarrant 32 229 D1
Sarras 07 187 E2
Sarrazac 24 180 B1
Sarrazac 46 181 E4
Sarraziet 40 226 B2
Sarre 57,67 42 A4
Sarre-Union
67   66 A1
Sarrebourg 57 66 A2
Sarrecave 31 250 B2
Sarreguemines
57   42 A3
Sarreinsming
57   42 A3
Sarremezan
31   250 B2
Sarrewerden
67   66 A1
Sarrey 52 85 E4
Sarriac-Bigorre
65   227 E4
Sarrians 84 219 F3
Sarrigné 49 95 E4
Sarrogna 39 141 E4
Sarrola-Carcopino
2a   266 C3
Sarron 40 226 C3
Sarrouilles 65 249 E2
Sarroux 19 183 C1
Sarry 51 61 D2
Sarry 71 154 B2
Sarry 89 103 D3
Le Sars 62 18 B1
Sars-et-Rosières
59   11 D2
Sars-Poteries
59   12 B4
Sartène 2a 268 C3
Sartes 88 86 A2
Sarthe 49,72 96 B4
Sartilly 50 50 C2
Sarton 62 9 F3
Sartre (Cascade du)
15   183 E2
Sartrouville 78 57 D1
Sarzay 36 150 B1
Sarzeau 56 91 E3
Sasnières 41 97 F3
Sassangy 71 139 F3
Sassay 41 117 E1
Sassegnies 59 11 F4
Sassenage 38 189 D2
Sassenay 71 140 A2
Sassetot-
le-Malgardé
76   15 E3
Sassetot-
le-Mauconduit
76   14 C3
Sasseville 76 15 D3
Sassey 27 31 F4
Sassey-sur-Meuse
55   38 B1
Sassierges-
St-Germain
36   135 D2
Sassis 65 257 E3
Sassy 14 53 D1
Sathonay-Camp
69   171 E1
Sathonay-Village
69   171 F1
Satillieu 07 187 D3
Satolas-et-Bonce
38   172 A2
Saturargues
34   234 C2
Saubens 31 229 F4
Saubion 40 224 A3
Saubole 64 249 D1
Saubrigues
40   224 C2
Saubusse 40 225 D2
Saucats 33 194 A2
Saucède 64 247 F1
La Saucelle 76 15 F2
Sauchay 79 15 F2
Sauchy-Cauchy
62   10 C3
Sauchy-Lestrée
62   10 C3
Sauclières 12 216 C4
Saucourt-sur-
Rognon 52 85 D2
Saudemont
62   10 B3
Saudoy 51 60 A3
Saudron 52 85 E1
Saudrupt 55 62 B3
Saugeot 39 141 E3
La Saugère 23 150 B3
Saunières 71 140 B1
Sauqueuse-
St-Lucien 60 33 D1
Sauqueville 76 15 E2
Saurais 79 133 D3
Saurat 09 252 A4
Sauret-Besserve
63   152 A4
Saurier 63 168 A4
Sausheim 68 108 C2
Saussan 34 234 B3
Saussay 28 56 B3
Saussay 76 15 E4
Saussay-
la-Campagne
27   32 B2
Saussemesnil
50   25 D2

Saugon 33 177 E2
Saugues 43 185 D4
Sauguis-St-Étienne
64   247 E2
Saugy 18 135 E1
Saujac 12 198 C4
Saujon 17 160 C2
La Saulce 05 206 A4
Saulce-sur-Rhône
26   203 F2
Saulces-
Champenoises
08   37 E1
Saulces-Monclin
08   21 D4
Saulcet 03 153 D2
Le Saulchoy 60 17 D4
Saulchoy 62 8 C2
Saulchoy-sous-Poix
80   17 D3
Le Saulcy 88 88 B1
Saulcy 10 84 B1
Saulcy-sur-Meurthe
88   88 B2
Suldre 18,41 118 A2
Saules 71 139 F3
Saules 25 125 F3
Saulgé 86 148 C1
Saulgé-l'Hôpital
49   114 A2
Saulges 53 95 F1
Saulgond 16 163 F1
Sauliac-sur-Célé
46   198 B4
Saulieu 21 122 B2
Saulire (Sommet de)
73   175 D4
Saulles 52 105 E3
Saulmory-
et-Villefranche
55   38 B1
Saulnay 36 133 F2
Saulnes 54 23 E4
Saulnières 28 55 E3
Saulnières 35 93 E1
Saulnot 70 107 E3
Saulny 57 40 B3
Saulon-la-Chapelle
21   123 F3
Saulon-la-Rue
21   123 F3
La Saulsotte
10   59 F4
Sault 84 220 C3
Sault-Brénaz
01   172 C1
Sault-de-Navailles
64   226 A3
Sault (Plateau de)
11   261 D1
Sault-lès-Rethel
08   37 D1
Sault-St-Remy
08   36 C1
Saultain 59 11 E2
Saulty 62 9 F3
Saulx 70 106 C3
Saulx-lès-Champlon
55   39 D4
Saulx-lès-Chartreux
91   57 E3
Saulx-le-Duc
21   104 C4
Saulx-en-Barrois
55   63 D3
Saulx-Marchais
78   56 C2
Saulxerotte 54 86 B1
Saulxures 67 88 C1
Saulxures-lès-
Bulgnéville
88   86 B3
Saulxures-lès-Nancy
54   64 C3
Saulxures-sur-
Moselotte
88   88 A4
Saulxures-lès-
Vannes 54 63 F4
Saulzais-le-Potier
18   136 A4
Saulzet 03 152 C3
Saulzet-le-Froid
63   167 F3
Saulzoir 59 11 D3
Saumane 30 217 E3
Saumane 04 221 D3
Saumane-
de-Vaucluse
84   220 A4
Saumeray 29 78 B3
Saumont 47 211 E3
Saumont-la-Poterie
76   16 C4
Saumos 33 176 B4
Saumur 49 114 B2
Saunay 37 97 F4

Sausses 04 223 D1
Sausset-les-Pins
13   242 C2
Sausseuzemare-
en-Caux 76 14 B4
Saussey 50 26 C4
Saussey 21 122 C4
Saussignac
24   195 F1
Saussines 34 234 C1
Saussy 21 123 E1
Sautadet (Cascade
du) 30 219 D2
Sautel 09 252 C4
Sauternes 33 194 B3
Sautet (Barrage du)
38   205 F1
Sauteyrargues
34   234 B1
Sauto 63 261 E3
Sautron 44 111 E2
Sauvage-Magny
52   84 B1
La Sauvagère
61   52 B4
Les Sauvages
69   170 C1
Sauvagnac (Signal
de) 87 149 F2
Sauvagnas 47 212 A2
Sauvagnat 63 167 D2
Sauvagnat-Ste-
Marthe 63 168 B3
Sauvagney 25 125 D2
Sauvagnon
64   226 B4
Sauvagny 03 152 A1
Sauvain 42 169 E3
Sauvat 15 183 D2
La Sauve 33 194 C2
Sauve 30 217 F4
Sauvelade 64 226 A4
Sauverny 01 158 A1
Sauvessanges
63   185 E1
La Sauvetat
32   228 B1
La Sauvetat
63   168 B3
La Sauvetat-
de-Savères
47   212 A2
La Sauvetat-
du-Dropt
47   195 F3
La Sauvetat-sur-
Lède 47 196 B4
La Sauveté 42 169 F2
Sauveterre
32   228 C4
Sauveterre
30   219 E3
Sauveterre
81   232 A4
Sauveterre
65   227 E4
Sauveterre
82   213 D2
Sauveterre
48   217 D1
Sauveterre (Causse
de) 48 216 C1
Sauveterre-
de-Béarn
64   225 E4
Sauveterre-
de-Comminges
31   250 B3
Sauveterre-
de-Guyenne
33   195 D2
Sauveterre-
de-Rouergue
12   214 C2
Sauveterre-
la-Lémance
47   197 D3
Sauveterre-St-Denis
47   211 F2
Sauviac 32 228 A4
Sauviac 33 194 C4
Sauvian 34 255 D1
Sauviat 63 169 D2
Sauviat-sur-Vige
87   165 E1
Sauvignac 16 178 A2
Sauvigney-lès-Gray
70   124 C1
Sauvigney-lès-
Pesmes 70 124 B2
Sauvigny 55 63 E4
Sauvigny-le-Beuréal
89   122 A1
Sauvigny-les-Bois
58   137 E1
Sauvigny-le-Bois
89   102 C4
Sauville 08 21 F4
Sauville 88 86 A3
Sauvillers-Mongival
80   17 F3
Sauvimont 32 229 D4
Sauvoy 55 63 E3
Saux 46 212 C1
Saux 82 213 E2
Saux-et-Pomarède
31   250 B2
Sauxillanges
63   168 C3
Le Sauze 04 207 D4
Le Sauze 05 206 C3
Sauze 06 223 E2
Sauzé-Vaussais
79   147 E3
Sauzelles 36 133 E3
Sauzet 46 212 C1
Sauzet 30 218 B4
Sauzet 26 203 F2
La Sauzière-St-Jean
81   213 F4
Sauzon 56 90 B3

Savas 07 187 D2
Savas-Mépin 38 172 A4
Savasse 26 203 F3
Save 31,32,65 228 C4
Savenay 44 111 D1
Savenès 82 229 E1
Savennes 23 150 B3
Savennes 63 167 D3
Savennières 49 113 E1
Saverdun 09 252 A2
Savères 31 251 D1
Saverne 67 66 C2
Saveuse 80 17 E2
Saviangès 71 139 F3
Savières 10 82 C2
Savigna 39 141 E4
Savignac 12 214 A1
Savignac 33 195 D3
Savignac-de-Duras 47 195 E2
Savignac-de-l'Isle 33 177 F4
Savignac-de-Miremont 24 180 A4
Savignac-de-Nontron 24 163 F4
Savignac-les-Églises 24 180 A2
Savignac-Lédrier 24 180 C1
Savignac-Mona 32 229 D4
Savignac-les-Ormeaux 09 260 C2
Savignac-sur-Leyze 47 196 C4
Savignargues 30 218 A4
Savigné 86 147 F3
Savigné-l'Évêque 72 76 B4
Savigné-sous-le-Lude 72 96 A3
Savigné-sur-Lathan 37 115 E1
Savigneux 01 155 F4
Savigneux 42 170 B3
Savignies 60 33 D1
Savigny 50 27 D4
Savigny 52 105 F3
Savigny 88 87 D2
Savigny 74 157 F3
Savigny 69 171 D2
Savigny-lès-Beaune 21 123 D4
Savigny-en-Revermont 71 141 D3
Savigny-en-Sancerre 18 119 F1
Savigny-en-Septaine 18 119 D4
Savigny-en-Terre-Plaine 89 103 D4
Savigny-en-Véron 37 114 C3
Savigny-Lévescault 86 132 B4
Savigny-Poil-Fol 58 138 B2
Savigny-le-Sec 21 123 E1
Savigny-sous-Faye 86 132 A1
Savigny-sous-Mâlain 21 123 D2
Savigny-sur-Aisne 08 37 E2
Savigny-sur-Ardres 51 36 A3
Savigny-sur-Braye 41 97 E2
Savigny-sur-Clairis 89 81 E4
Savigny-sur-Grosne 71 139 F3
Savigny-sur-Orge 91 57 E3
Savigny-sur-Seille 71 140 B3
Savigny-le-Temple 77 58 A4
Savigny-le-Vieux 50 51 E4
Savilly 21 122 B3
Savine (Col de la) 39 142 A3
Savines-le-Lac 05 206 C3
Savins 77 81 E1
Savoillan 84 220 C2
Savoisy 21 103 F3
Savolles 21 124 A1
Savonnières 37 115 F2
Savonnières-devant-Bar 55 62 C2
Savonnières-en-Perthois 55 62 C4
Savonnières-en-Woëvre 55 63 E1
Savouges 21 123 F3
Savournon 05 205 E4
Savoyeux 70 106 A4
Savy 02 19 D2
Savy-Berlette 62 9 F2
Saxel 74 158 B2
Saxi-Bourdon 58 120 C4
Saxon-Sion 54 86 C1
Sayat 63 168 A2
Saze 30 219 E4
Sazeray 36 150 C1
Sazeret 03 152 B2
Sazilly 37 115 E3
Sazos 65 257 E3
Scala di Santa Regina 2B 266 C1
Scaër 29 69 F3
Scandola (Reserve naturelle de) 2A 266 A1
Scarpe 59,62 10 C2
Scata 2b 265 E4
Sceau-St-Angel 24 163 E4
Sceautres 07 203 E3
Sceaux 89 103 D4
Sceaux 92 57 E3
Sceaux-d'Anjou 49 95 D3
Sceaux-du-Gâtinais 45 80 B4
Sceaux-sur-Huisne 72 77 D4
Scey-en-Varais 25 125 E3
Scey-sur-Saône-et-St-Albin 70 106 B3
Schaeffersheim 67 67 D4
Schaffhause-près-Seltz 67 67 F1
Schaffhouse-sur-Zorn 67 67 D2
Schalbach 57 66 B2
Schalkendorf 67 67 D1
Scharrachbergheim 67 66 C3
Scheibenhardt 67 43 F4
Scherlenheim 67 66 C2
Scherwiller 67 89 D2
Schillersdorf 67 66 C1
Schiltigheim 67 67 D3
Schirmeck 67 66 B4
Schirrhein 67 67 E1
Schirrhoffen 67 67 E1
Schleithal 67 43 F4
Schlierbach 68 108 C2
Schmittviller 57 42 B4
Schneckenbusch 57 66 A2
Schnersheim 67 67 D3
Schœnau 67 89 E2
Schœnbourg 67 66 B2
Schœneck 57 41 E3
Schœnenbourg 67 43 E4
Schopperten 67 66 A1
Schorbach 57 42 B3
Schwabwiller 67 67 E1
Schweighouse-sur-Moder 67 67 D2
Schweighouse-Thann 68 108 B2
Schwenheim 67 66 C2
Schwerdorff 57 41 D2
Schweyen 57 42 B3
Schwindratzheim 67 67 D2
Schwoben 68 108 C3
Schwobsheim 67 89 E2
La Scia 38 189 E1
Sciecq 79 146 B1
Scientrier 74 158 B3
Scieurac-et-Flourès 32 227 F3
Sciez 74 158 B1
Scillé 79 140 C3
Scionzier 74 158 C3
Sclucht (Col de la) 88 88 B3
Scolca 2b 265 E3
Scorbé-Clairvaux 86 132 B2
Scorff 56 70 B4
Scrignac 29 46 B4
Scrupt 51 62 A3
Scy-Chazelles 57 40 B3
Scye 70 106 B3
Sdragonato (Grotte du) 2A 269 D4
Séailles 32 227 E2
La Séauve-sur-Semène 43 186 B2
Sébazac-Concourès 12 215 E1
Sébécourt 27 54 C1
Sébeville 50 25 E4
Seboncourt 02 19 E1
Sebourg 59 11 E2
Sébouville 45 79 F3
Sébrazac 12 200 A4
Séby 64 226 B3
Secenans 70 107 E4
Séchault 08 37 F3
Sécheras 07 187 E3
Sécheval 08 21 E2
Séchilienne 38 189 E3
Séchin 25 125 F1
Seclin 59 10 B1
Secondigné-sur-Belle 79 146 C3
Secondigny 79 130 C3
Secourt 57 64 C1
Secqueville-en-Bessin 14 28 C3
Sedan 08 21 F3
Sédeilhac 31 250 A2
Séderon 26 221 D2
Sedze-Maubecq 64 249 D1
Sedzère 64 248 C1
Sée 50 50 C3
Sées 61 53 E4
Séez 73 175 D2
Ségalas 47 196 A3
Ségalas 65 227 E4
La Ségalassière 15 199 D1
Séglien 56 70 C3
Ségny 01 158 A2
Segonzac 16 162 A3
Segonzac 24 179 D2
Ségonzac 19 180 C2
Ségos 32 226 C2
Ségoufielle 32 229 E3
Segré 49 94 C3
Ségreville 31 230 C4
Ségrie 72 76 A3
Ségrie-Fontaine 61 52 B2
Segrois 21 123 E3
Ségry 36 135 E1
La Séguinière 49 113 D4
Le Ségur 81 214 B3
Ségur 12 215 F2
Ségur-le-Château 19 180 C1
Ségur-les-Villas 15 183 E2
Ségura 09 252 B3
Séguret 84 220 A2
Ségus 65 257 D2
Seich 65 250 A3
Seichamps 54 64 C3
Seichebrières 45 100 A1
Seicheprey 54 63 E2
Seiches-sur-le-Loir 49 95 E4
Seignalens 11 252 C3
Seigné 17 146 C4
Seignelay 89 102 B1
Seigneulles 55 62 C2
Seignosse 40 224 C2
Seigny 21 103 F4
Seigy 41 117 D2
Seilh 31 229 F2
Seilhac 19 181 E1
Seilhan 31 250 A3
Seillac 41 98 A4
Seillans 83 239 E2
Seille 39,71 140 C3
Seille 54,57 65 D2
Seillonnaz 01 172 C1
Seillons-Source-d'Argens 83 238 A3
Seine 10,21,27,75,76,77,78,91 31 F2
Seine-Port 77 58 A4
Seingbouse 57 41 E3
Seissan 32 228 B4
Seix 09 259 E3
Le Sel-de-Bretagne 35 93 E1
Selaincourt 54 64 A4
Selens 02 35 D1
Sélestat 67 89 D2
La Selle-la-Forge 61 52 B3
Séligné 79 146 C3
Séligney 39 141 E1
Selincourt 80 16 C2
La Selle-Craonnaise 53 94 B2
La Selle-en-Coglès 35 73 F1
La Selle-en-Hermoy 45 101 D1
La Selle-en-Luitré 35 74 A2
La Selle-Guerchaise 35 94 A1
La Selle-sur-le-Bied 45 81 D4
Selles 62 3 D4
Selles 27 30 C2
Selles 70 106 B1
Selles 51 37 D2
Selles-St-Denis 41 118 A2
Selles-sur-Cher 41 117 E2
Selles-sur-Nahon 36 117 E4
Sellières 39 141 D2
Selommes 41 98 A3
Seloncourt 25 108 A4
Selongey 21 105 D4
Selonnet 04 206 B4
Seltz 67 67 F1
Sélune 50 51 D4
La Selve 02 20 B4
La Selve 12 215 E3
Selvigny 59 11 D4
Sem 09 260 A1
Sémalens 81 231 D3
Semallé 61 76 B1
Semarey 21 122 C2
Sembadel 43 185 E2
Sembas 47 211 F1
Semblançay 37 97 D4
Sembleçay 36 117 F3
Semboués 32 227 E4
Séméac 65 249 E2
Séméacq-Blachon 64 227 D3
Semécourt 57 40 B3
Sémelay 58 138 B2
Semens 33 194 C3
Sementron 89 101 F3
Sémeries 59 12 B4
Semerville 41 98 B1
Semezanges 21 123 D3
Sémézies-Cachan 32 228 C3
Semide 08 37 E2
Semillac 17 177 D1
Semilly 52 85 F2
Semmadon 70 106 A2
Semoine 10 60 C3
Semond 21 104 A3
Semondans 25 107 E4
Semons 38 172 B4
Semousies 59 12 B4
Semoussac 17 177 D1
Semoutiers 52 85 D4
Semoy 08 21 F2
Semoy 45 99 E1
Sempesserre 32 211 F3
Sempigny 60 34 C1
Sempy 62 8 C1
Semur-en-Auxois 21 122 B1
Semur-en-Brionnais 71 154 B2
Semur-en-Vallon 72 77 D4
Semussac 17 160 C3
Semuy 08 37 E1
Le Sen 40 209 E2
Sénac 65 227 E4
Senaide 88 106 A1
Senaillac-Latronquière 46 199 D1
Sénaillac-Lauzès 46 198 A3
Senailly 21 103 E4
Senan 89 101 F1
Sénanque (Anc. Abbaye de) 84 220 B4
Senantes 28 56 B3
Senantes 60 32 C1
Senard 55 62 B1
Sénarens 31 251 D1
Senargent 70 107 E3
Senarpont 80 16 B2
Sénart (Forêt de) 91 57 F3
Sénas 13 236 C2
Senaud 39 156 C1
Senaux 81 232 A2
Sencenac-Puy-de-Fourches 24 179 E2
Senconac 09 260 C1
Sendets 33 195 D4
Sendets 64 248 C1
Séné 56 91 E3
Sène (Mont de) 21 139 F1
Sénéchas 30 218 A1
Sénèque (Tour de) 2B 264 B2
Sénergues 12 199 F3
Senesse-de-Senabugue 09 252 C3
Sénestis 47 195 E4
Séneujols 43 185 F4
Senez 04 222 B4
Sénezergues 15 199 E2
Sengouagnet 31 258 C2
Séniergues 46 198 A2
Senillé 86 132 C2
Seninghem 62 3 E4
Senlecques 62 3 D4
Senlis 60 34 A3
Senlis 62 9 D1
Senlis-le-Sec 80 18 A1
Senlisse 78 57 D3
Senneçay 18 135 F1
Sennecé-lès-Mâcon 71 155 F1
Sennecey-lès-Dijon 21 123 F2
Sennecey-le-Grand 71 140 A3
Sennely 45 99 F3
Sennevières 37 116 C4
Senneville-sur-Fécamp 76 14 B3
Sennevoy-le-Bas 89 103 E2
Sennevoy-le-Haut 89 103 E2
Senon 55 39 D2
Senonches 28 55 D4
Senoncourt 70 106 B2
Senoncourt-les-Maujouy 55 38 C4
Senones 88 88 B1
Senonges 88 86 C3
Senonnes 53 94 A2
Senonville 55 63 D1
Senots 60 33 D3
Senouillac 81 214 B4
Sénoville 50 24 C3
Senozan 71 155 F1
Sens 89 81 F3
Sens-Beaujeu 18 119 E2
Sens-de-Bretagne 35 73 E2
Sens-sur-Seille 71 140 C2
Sentein 09 259 D3
Sentelie 80 17 D3
Sentenac-de-Sérou 09 251 F4
Sentenac-d'Oust 09 259 E3
Sentheim 68 108 B2
Sentilly 61 53 D3
La Sentinelle 59 11 D2
Sentous 65 249 F1
Senuc 08 37 F2
Senven-Léhart 22 47 E4
Sépeaux 89 101 F1
Sepmeries 59 11 E3
Sepmes 37 116 A4
Seppois-le-Bas 68 108 B4
Seppois-le-Haut 68 108 B4
Sept-Fontaines (Anc. abbaye de) 08 21 E3
Sept-Forges 61 75 D1
Sept-Frères 14 51 E2
Les Sept Iles 22 46 C1
Sept-Meules 76 16 B2
Sept-Saulx 51 36 C4
Sept-Sorts 77 59 D1
Sept-Vents 14 28 B4
Septème 38 171 F3
Septèmes-les-Vallons 13 243 D2
Septeuil 78 56 B2
Septfonds 82 213 E2
Septfonds 89 101 E3
Septfontaines 25 125 F4
Septmoncel 39 157 E1
Septmonts 02 35 E2
Septsarges 55 38 B2
Septvaux 02 19 E4
Sepvigny 55 63 E4
Sepvret 79 147 D2
Sepx 31 250 C2
Sequedin 59 5 D4
Sequehart 02 19 D2
Le Sequestre 81 214 B4
Serain 02 19 D1
Seraincourt 95 56 C1
Seraincourt 08 20 C4
Sérandon 19 182 C1
Séranon 06 239 F1
Serans 61 52 C3
Serans 60 32 C3
Seranville 54 87 E1
Séranvillers-Forenville 59 11 D4
Seraucourt 55 62 C1
Seraucourt-le-Grand 02 19 D3
Seraumont 88 85 F1
Serazereux 28 56 A4
Serbannes 03 153 D3
Serbonnes 89 81 E2
Serches 02 35 E2
Sercœur 88 87 E2
Sercus 59 4 A4
Sercy 71 139 F3
Serdinya 66 261 F3
Sère 32 228 B4
Sère-en-Lavedan 65 257 D2
Sère-Lanso 65 257 E2
Sère-Rustaing 65 249 F1
Serécourt 88 86 B4
Séreilhac 87 164 B2
Serein 21,89 102 C2
Serémange-Erzange 57 40 A2
Sérempuy 32 228 C2
Sérénac 81 215 D4
Sérent 56 91 F1
Sérévillers 60 17 F4
Sereyrède (Col de la) 30 217 D3
Serez 27 55 F1
Sérézin-de-la-Tour 38 172 B3
Sérézin-du-Rhône 69 171 E3
Sergeac 24 180 B4
Sergenaux 39 141 D1
Sergenon 39 141 D1
Sergines 89 81 E2
Sergy 01 157 F2
Sergy 02 35 F3
Séricourt 62 9 E3
Sériers 15 184 A4
Sérifontaine 60 32 C2
Sérignac 46 197 D4
Sérignac 82 212 B4
Sérignac-Péboudou 47 196 A3
Sérignac-sur-Garonne 47 211 E2
Sérignan 34 255 E1
Sérignan-du-Comtat 84 219 E2
Sérigné 85 130 A4
Sérigny 61 77 D2
Sérigny 86 132 B1
Sérilhac 19 181 E3
Seringes-et-Nesles 02 35 F3
Séris 41 98 C3
Serley 71 140 C2
Sermages 58 121 E4
Sermaise 91 79 F1
Sermaise 49 95 F4
Sermaises 45 79 F2
Sermaize 60 18 C4
Sermaize-les-Bains 51 62 A2
Sermamagny 90 107 F2
Sermange 39 124 C3
Sermano 2b 267 E1
Sermentizon 63 169 D2
Sermentot 14 28 C4
Sermérieu 38 172 C2
Sermersheim 67 89 E1
Sermesse 71 140 B1
Sermiers 51 36 B3
Sermizelles 89 102 C4
Sermoise 02 35 E2
Sermoise-sur-Loire 58 137 D1
Sermoyer 01 140 B4
Sermur 23 151 E4
Sernhac 30 219 D4
Serocourt 88 86 B4
Séron 65 249 D1
Serpaize 38 171 F3
La Serpent 11 253 E4
Serques 62 3 E3
Serqueux 52 86 A4
Serqueux 76 16 B4
Serquigny 27 31 D4
Serra-di-Ferro 2a 268 B2
Serra-di-Fiumorbo 2b 267 E3
Serra-di-Scopamène 2a 269 D2
Serrabone (Prieuré de) 66 262 A3
Serralongue 66 262 A4
Serrant 49 113 E1
Serraval 74 174 B1
La Serre 12 215 E4
La Serre-Bussière-Vieille 23 151 D4
Serre Chevalier 05 190 C4
Serre-les-Moulières 39 124 C3
Serre-Ponçon (Barrage et Lac de) 05 206 C3
Serre-les-Sapins 25 125 D2
Serres 05 205 E4
Serres 11 253 E4
Serres 54 65 D3
Serres-Castet 64 226 C4
Serres-et-Montguyard 24 196 A2
Serres-Gaston 40 226 B2
Serres-Morlaàs 64 248 C1
Serres-Ste-Marie 64 226 B4
Serres-sur-Arget 09 252 A4
Serreslous-et-Arribans 40 226 A2
Serriera 2a 266 B1
Serrières 71 155 E2
Serrières 07 187 E1
Serrières-de-Briord 01 172 C2
Serrières-en-Chautagne 73 173 E1
Serrières-sur-Ain 01 156 C3
Serrigny 89 102 C2
Serrigny 21 123 E4
Serrigny-en-Bresse 71 140 B2
Serris 77 58 B2
Serrouville 54 39 E2
Serruelles 18 135 F1
Sers 65 257 E3
Sers 16 163 D3
Servais 02 19 D4
Serval 02 35 F2
Servance 70 107 E2
Servanches 24 178 C3
Servant 63 152 B3
Servas 01 156 B3
Servas 30 218 B2
Servaville-Salmonville 76 32 A1
Serverette 48 201 E2
Serves-sur-Rhône 26 187 E3
Servian 34 233 E4
Servière (Lac) 63 167 F3
Servières 48 201 E3
Servières-le-Château 19 182 A3
Serviers-et-Labaume 30 218 C3
Serviès 81 231 D2
Serviès-en-Val 11 253 F3
Servignat 01 156 A1
Servigney 70 106 C2
Servigney 25 106 C4
Servigny 50 26 C4
Servigny-lès-Raville 57 40 C4
Servigny-lès-Ste-Barbe 57 40 B3
Serville 28 56 A3
Servilly 03 153 E2
Servin 25 126 A2
Servins 62 9 F2
Servon 50 50 C3
Servon 77 58 A3
Servon-Melzicourt 51 37 F3
Servon-sur-Vilaine 35 73 E3
Servoz 74 159 E4
Sery 08 20 C4
Sery 89 102 B4
Séry-Magneval 60 34 B3
Séry-lès-Mézières 02 19 E3
Serzy-et-Prin 51 36 A3
Sessenheim 67 67 F1
Sète 34 234 A4
Setques 62 3 E3
Settons (Lac des) 58 122 A3
Seudre 17 160 C3
Seugy 95 33 F4
Seuil 08 37 D1
Seuillet 03 153 E3
Seuilly 37 115 D3
Seur 41 98 B4
Le Seure 17 161 E2
Seurre 21 123 F4
Seux 80 17 D2
Seuzey 55 63 D1
Sevelinges 42 148 B1
Sevenans 90 107 F3
Sévérac 44 92 C4
Sévérac-le-Château 12 216 B1
Sévérac-l'Église 12 215 F1
Séveraissette 05 206 A2
Seveux 70 106 A4
Sévignac 22 72 A1
Sévignacq-Meyracq 64 248 B2
Sévignacq-Thèze 64 226 C4
Sévigny 61 53 D2
Sévigny-la-Forêt 08 21 D2
Sévigny-Waleppe 08 20 B4
Sévis 76 15 F3
Sevrai 61 53 D3
Sevran 93 58 A1
Sèvre-Nantaise 44,79,85 112 C4
Sèvre-Niortaise 17,79 145 E2
Sèvres 92 57 E2
Sèvres-Anxaumont 86 132 B4
Sevrey 71 140 A2
Sévrier 74 174 A1
Sévry 18 119 F3
Sewen 68 108 A2
Sexcles 19 182 A4
Sexey-aux-Forges 54 64 B3
Sexey-les-Bois 54 64 B3
Sexfontaines 52 84 C3
Seychalles 63 168 C2
Seyches 47 195 F3
Seyne 04 222 B1
La Seyne-sur-Mer 83 244 A3
Seynes 30 218 B3
Seynod 74 173 F1
Seyre 31 252 B1
Seyresse 40 225 E2
Seyssel 74 157 E4
Seysses 31 229 F3
Seysses-Savès 32 229 D3
Seyssinet-Pariset 38 189 D2
Seyssins 38 189 D2
Seyssuel 38 171 E3
Seythenex 74 174 B2
Seytroux 74 159 D2
Sézanne 51 60 A3
Sianne 15,43 184 B2
Siarrouy 65 249 D1
Siaugues-St-Romain 43 185 D3
Sibiril 29 45 F1
Sibiville 62 9 E3
Siccieu-St-Julien-et-Carisieu 38 172 B2
Sichamps 58 120 C3
Sicié (Cap) 83 244 A3
Sickert 68 108 A2
Sideville 50 24 C2
Sidiailles 18 135 F4
Sidobre 81 231 F3
Siecq 17 162 A1
Siegen 67 43 F4
Les Sièges 89 82 A3
Sierck-les-Bains 57 40 C1
Sierentz 68 109 D3
Sierroz (Gorges du) 73 173 E2
Siersthal 57 42 B4
Sierville 76 15 E4
Siest 40 225 D2
Sieurac 81 231 D1
Sieuras 09 251 F2
Siévoz 38 189 E4
Siewiller 67 66 B2
Sigale 06 223 E4
Sigalens 33 195 D4
Sigean 11 254 C3
Sigloy 45 99 F2
Signac 31 250 B4
Signes 83 244 A2
Signéville 52 85 E2
Signy-l'Abbaye 08 21 D3
Signy-Montlibert 08 22 B4
Signy-le-Petit 08 20 C2
Signy-Signets 77 58 C1
Sigogne 16 162 A2
Sigolsheim 68 89 D3
Sigonce 04 221 E3
Sigottier 05 205 E4
Sigoulès 24 195 F2
Sigournais 85 130 A2
Sigoyer 04 221 F1
Sigoyer 05 206 A3
Siguer 09 260 B1
Sigy 77 81 E1
Sigy-le-Châtel 71 139 F4
Sigy-en-Bray 76 32 B1
Silfiac 56 70 C3
Sillé (Forêt de) 53,72 75 F3
Sillé-le-Guillaume 72 75 F3
Silhac 07 203 E1
Sillans 38 188 C1
Sillans-la-Cascade 83 238 C3
Sillars 86 148 B1
Sillas 33 210 B1
Sillegny 57 64 B1
Sillery 51 36 C3
Silley 25 125 E4
Silley-Bléfond 25 125 F2
Sillingy 74 157 F4
Silly-en-Gouffern 61 53 E3
Silly-en-Saulnois 57 40 B4
Silly-le-Long 60 34 B4
Silly-la-Poterie 02 35 D3
Silly-sur-Nied 57 40 C3
Silly-Tillard 60 33 E2
Silmont 55 62 C3
Sillé-le-Philippe 72 76 C4
Siltzheim 67 42 A4
Silvacane (Abbaye de) 13 237 D2
Silvareccio 2b 265 E4
Silvarouvres 52 84 B4
Simacourbe 64 227 D4
Simandre 71 140 B3
Simandre 01 156 C2
Simandres 69 171 E3
Simard 71 140 C2
Simencourt 62 9 F3
Simeyrols 24 197 E1
Simiane-Collongue 13 237 E4
Simiane-la-Rotonde 04 221 D3
Simorre 32 228 C4
Simplé 53 94 C1
Simserhof (Fort du) 57 42 B4
Sin-le-Noble 59 10 C2
Sinard 38 189 D4
Sinceny 02 19 D4
Sincey-lès-Rouvray 21 122 A1
Sindères 40 208 C3
Singles 63 167 D4
Singleyrac 24 196 A2
Singly 08 21 E4
Singrist 67 66 C3
Sinsat 09 260 B1
Sinzos 65 249 E2
Sion 54 86 C1
Sion 32 227 E2
Sion-les-Mines 44 93 E2
Sioniac 19 181 F4
Sionne 88 86 A1
Sionviller 54 65 D3
Siorac-en-Périgord 24 197 D1
Sioule (Gorges de la) 63 152 B3
Sioule 3,63 153 D2
Siouville-Hague 50 24 B2
Sirac 32 229 D2
Siracourt 62 9 D2
Siradan 65 250 B4
Siran 34 254 A1
Siran 15 182 B4
Sireix 65 257 D2
Sireuil 24 180 B4
Sireuil 16 162 B3
Sirod 39 142 A2
Siros 64 248 B1
Sisco 2b 264 C2
Sissonne 02 20 A4
Sissy 02 19 E3
Sistels 82 212 A3
Sisteron 04 221 E2
Sivergues 84 237 E1
Sivignon 71 155 D1
Sivry 54 64 B2
Sivry-Ante 51 62 A1
Sivry-Courtry 77 80 C1
Sivry-la-Perche 55 38 B3
Sivry-sur-Meuse 55 38 B2
Six-Fours-les-Plages 83 244 A3
Sixt-Fer-à-Cheval 74 159 E3
Sixt-sur-Aff 35 92 C2
Sizun 29 45 F3
Sizun (Réserve du Cap) 29 68 B2
Smarves 86 132 B4
Smermesnil 76 16 B2
Soccia 2a 266 C2
Sochaux 25 107 F4
Socourt 88 87 D1
Socx 59 4 A2
Sode 31 258 B4
Sœurdres 49 95 D2
Sognolles-en-Montois 77 81 E1
Sogny-aux-Moulins 51 61 D2
Sogny-en-l'Angle 51 62 A2
Soignolles 14 29 E4
Soignolles-en-Brie 77 58 B4
Soindres 78 56 B1
Soing 70 106 A3
Soings-en-Sologne 41 117 E1
Soirans-Fouffrans 21 124 A3
Soissons 02 35 E2
Soissons-sur-Nacey 21 124 B2
Soisy-Bouy 77 81 F1
Soisy-sous-Montmorency 95 57 E1
Soisy-sur-École 91 80 B1
Soisy-sur-Seine 91 57 F4
Soize 02 20 B3
Soizé 28 77 E3
Soizy-aux-Bois 51 60 A2
Solaise (Tête du) 73 175 E4
Solaize 69 171 E3
Solaro 2b 267 E4
Solbach 67 88 C1
Soleilhas 04 223 D4
Solemont 25 126 B1
Solente 60 18 B3
Solenzara 2A 269 F1
Le Soler 66 262 B2
Solérieux 26 219 E1
Solers 77 58 B4
Solesmes 72 95 F2
Solesmes 59 11 E4
Soleymieu 38 172 B2
Soleymieux 42 170 A4
Solférino 40 208 C2
Solgne 57 64 C1
Soliers 14 29 D4
Solignac 87 164 C2
Solignac-sous-Roche 43 186 A2
Solignac-sur-Loire 43 185 F4
Solignat 63 168 B4
Soligny-les-Étangs 10 82 A2
Soligny-la-Trappe 61 54 B4
Sollacaro 2a 268 C2
Sollières-Sardières 73 191 E1
Solliès-Pont 83 244 B2
Solliès-Toucas 83 244 B2
Solliès-Ville 83 244 B2
Sologny 71 155 E1
Solomiac 32 228 C1
Solre-le-Château 59 12 C4
Solrinnes 59 12 B3
Solterre 45 100 C2
Solutré-Pouilly 71 155 E2
Somain 59 11 D2
Sombacour 25 142 C1
Sombernon 21 123 D2
Sombrin 62 9 F3
Sombrun 65 227 D4
Somloire 49 113 F4
Sommaing 59 11 E3
Sommaisne 55 62 B1
Sommancourt 52 84 C1
Sommant 71 122 A4
Sommauthe 08 38 A1
Somme 02,80 17 D1
Somme-Bionne 51 37 F4
Somme-Suippe 51 37 E4
Somme-Tourbe 51 37 E4
Somme-Vesle 51 61 E1
Somme-Yèvre 51 61 F1
Sommecaise 89 101 E2
Sommedieue 55 39 D4
Sommeilles 55 62 B1
Sommelans 02 35 E4
Sommelonne 55 62 B3
Sommepy-Tahure 51 37 E3
Sommerance 08 38 A2
Sommerécourt 52 86 A3
Sommereux 60 17 D4

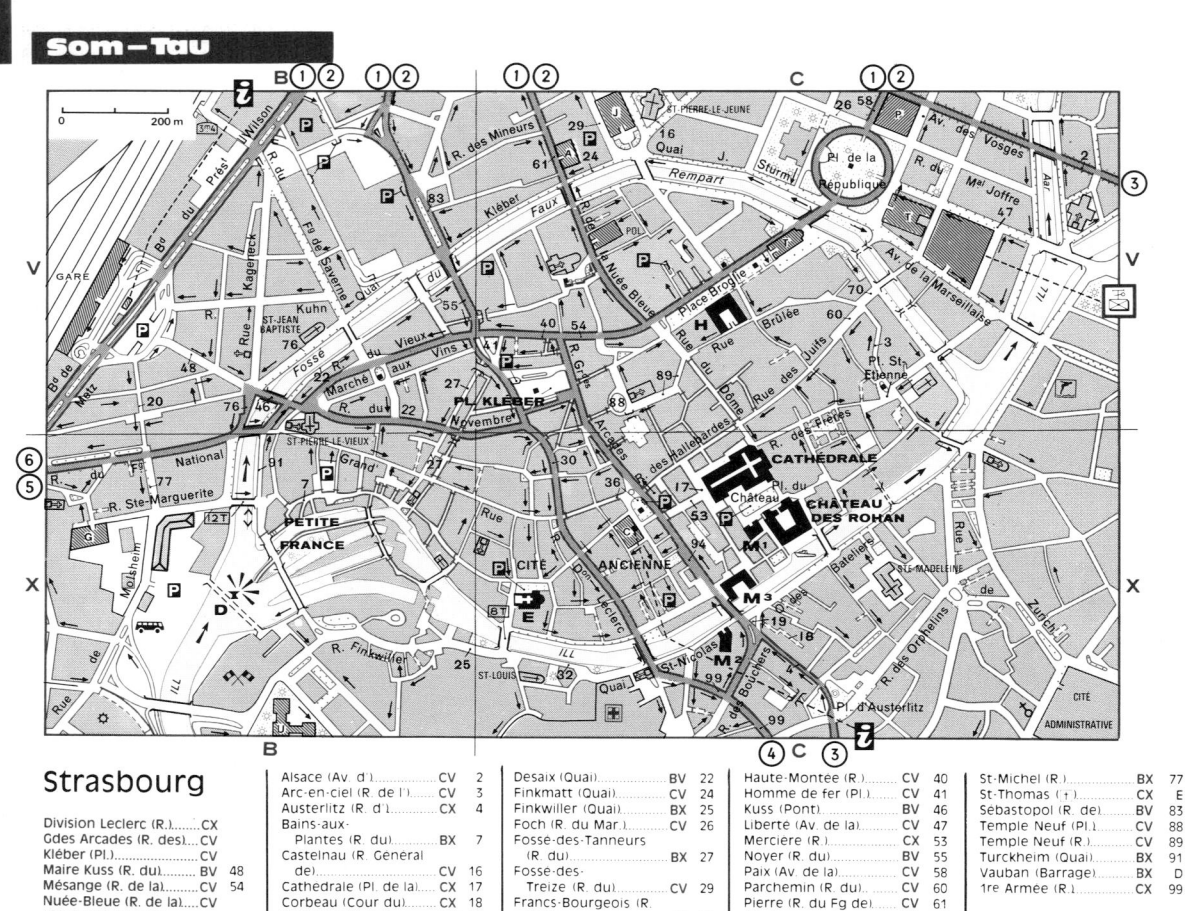

Strasbourg

Division Leclerc (R.)	CX
Gdes Arcades (R. des)	CV
Kléber (Pl.)	CV
Maire Kuss (R. du)	BV 48
Mésange (R. de la)	CV 54
Nuée-Bleue (R. de la)	CV
Vieux-Marché-aux-Poissons (R. du)	CX 94
22-Novembre (R. du)	BV

Alsace (Av. d')	CV 2
Arc-en-ciel (R. de l')	CV 3
Austerlitz (R. d')	CX 4
Bains-aux-Plantes (R. du)	BX 7
Castelnau (R. Général de)	CV 16
Cathédrale (Pl. de la)	CX 17
Corbeau (Cour du)	CX 18
Corbeau (R. du)	CX 19
Course (Petite Rue de la)	BV 20

Desaix (Quai)	BV 22
Finkmatt (Quai)	CV 24
Finkwiller (Quai)	BX 25
Foch (R. du Mar.)	CV 26
Fossé-des-Tanneurs (R. du)	CX 27
Fossé-des-Treize (R. du)	CV 29
Francs-Bourgeois (R. des)	CX 30
Frey (Quai Ch.)	CX 32
Gutenberg (Pl. et R.)	CX 36

Haute-Montée (R.)	CV 40
Homme de fer (Pl.)	CV 41
Kuss (Pont)	BV 46
Liberté (Av. de la)	CV 47
Mercière (R.)	CX 53
Noyer (R. du)	BV 55
Paix (Av. de la)	CV 58
Parchemin (R. du)	CV 60
Pierre (R. du Fg de)	CV 61
Ponts couverts	BX 8
Récollets (R. des)	CV 70
St-Jean (Quai)	BV 74

St-Michel (R.)	BX 77
St-Thomas (Quai)	BX
Sébastopol (R. de)	BV 83
Temple Neuf (Pl.)	CV 88
Temple Neuf (R.)	CV 89
Turckheim (Quai)	BX 91
Vauban (Barrage)	BX D
1re Armée (R.)	CX 99

Sommermont 52	85 D1	Sorbey 57	40 C4	Soubran 17	177 E1	Soulaincourt 52	85 E1	La Source 45	99 E2	Spechbach-le-Haut 68	108 B2	Suarce 90	108 B3
Sommeron 02	20 A1	Sorbey 55	39 D2	Soubrebost 23	150 B4	Soulaines-Dhuys 10	84 B2	Source Bleue 25	126 A1	Speloncato 2b	264 C3	Suaucourt-et-Pisseloup 70	105 F3
Sommervieu 14	28 C2	Sorbier 03	153 F1	Soucé 53	75 D1	Soulaines-sur-Aubance 49	113 F1	Sourcieux-les-Mines 69	171 D2	Spelunca (Gorges de) 2A	266 B2	Suaux 16	163 E1
Sommerviller 54	64 C3	Sorbiers 42	170 C4	Soucelles 49	95 A4	Soulaire-et-Bourg 49	95 D4	Le Sourd 02	19 F2	Spéracèdes 06	240 A2	Le Subdray 18	118 C4
Sommery 76	16 A4	Sorbiers 05	205 D4	Souché 62	10 A2	Soulaires 28	78 C1	Sourdeval 50	51 E3	Spesbourg (Château de) 67	89 D1	Sublaines 37	116 B2
Sommesnil 76	14 C3	Sorbo-Ocagnano 2b	265 F3	Souchez 62	10 A2	Soulan 09	259 F3	Sourdeval-les-Bois 50	51 D1	Spézet 29	69 F1	Subles 14	28 B3
Sommesous 51	60 C3	Sorbollano 2a	269 D2	Soucht 57	42 B4	Soulanges 51	61 E2	Sourdon 80	17 F3	Spicheren 57	41 F3	Subligny 89	81 E3
Sommet-Bucher 05	207 E1	Sorbon 08	37 D1	Soucia 39	141 F4	Soulangis 18	119 D3	Sourdun 77	81 F1	Spin' A Cavallu 2A	268 C2	Subligny 18	119 F1
La Sommette 25	126 A2	Sorbs 34	233 E1	Soucieu-en-Jarrest 69	171 E2	Soulanges 41	99 F3	Le Sourn 70	53 D1	Spincourt 55	39 D2	Subligny 50	50 C2
Sommette-Eaucourt 02	18 C2	Sorcy-Bauthémont 08	37 E1	Soucirac 46	197 F2	Soulangis 18	119 D3	Sournia 66	261 F2	Sponville 54	39 E4	Suc-au-May 19	165 F4
Sommeval 10	82 C3	Sorcy-St-Martin 55	63 E3	Souclin 01	172 C1	Soulangy 14	52 B1	Sourniac 15	182 C2	Spoy 21	123 F1	Succieu 38	172 B4
Sommeville 52	62 B4	Sorde-l'Abbaye 40	225 E3	Soucy 02	35 D2	Soulatgé 11	253 F4	Sourribes 04	221 F2	Spoy 10	84 B3	Sucé-sur-Erdre 44	112 A1
Sommevoire 52	84 C1	Soréac 65	249 E1	Soucy 89	81 F3	Soulaucourt-sur-Mouzon 52	86 A3	Sours 28	78 C2	Spycker 59	3 F2	Sucy-en-Brie 94	58 A3
Sommières 30	234 C1	Sorède 66	262 C2	Soudaine-Lavinadière 19	165 E4	Soulaures 24	196 C3	Soursac 19	182 B2	Squiffiec 22	47 E2	Suèvres 41	98 C3
Sommières-du-Clain 86	147 F2	Sorel 80	18 C1	Soudan 44	93 F2	Soulce-Cernay 25	126 C1	Sourzac 24	179 D3	Staffelfelden 68	108 C1	Sugères 63	168 C3
Somport (Col du) 64	256 B4	Sorel-en-Vimeu 80	17 D1	Soudan 79	146 C1	Soulémont 53	75 D4	Sous-Parsat 23	150 C4	Stains 93	57 E1	Sugny 08	37 E2
Sompt 79	146 C3	Sorel-Moussel 28	55 F2	Soudat 24	163 E3	Le Soulié 34	232 B3	Souscayrac 46	198 C1	Stainville 55	62 A4	Suhescun 64	246 C1
Sompuis 51	61 D3	Sorèze 81	231 D4	Souday 41	97 E4	Soulières 51	60 B4	Sousmoulins 17	177 F1	Stangala (Site du) 29	99 E2	Suilly-la-Tour 58	120 A2
Somsois 51	61 E4	Sorges 24	180 A2	Soudé 51	61 D3	Soulièvres 79	131 E2	Souspierre 26	204 A3	Staple 59	4 A3	Suin 71	155 D1
Son 08	20 C4	Sorgues 84	219 E3	Soudeilles 19	182 B1	Soulignac 33	194 C2	Soussac 33	195 D2	Stattmatten 67	89 F2	Suin (Butte de) 71	155 D1
Sonac 46	198 B2	Sorigny 37	116 A2	Soudorgues 30	217 F3	Souligné-Flacé 72	96 A1	Soussans 33	177 D3	Stazzona 2b	265 E4	Suippes 51	37 E4
Sonchamp 78	56 C4	Les Sorinières 44	112 A3	Soudron 51	60 C2	Souligné-sous-Ballon 72	76 B3	Soussey-sur-Brionne 21	142 A1	Steenbecque 59	4 A4	Suisse 57	65 D1
Soncourt 88	86 B1	Sorio 2b	265 D3	Soueich 31	258 C2	Soulignonne 17	161 C2	Soustelle 30	218 A2	Steene 59	4 A2	Suizy-le-Franc 51	60 A1
Soncourt-sur-Marne 52	85 D2	Sormery 89	82 B4	Souel 81	214 B3	Souligny 10	83 D3	Soustons 40	224 C1	Steenvoorde 59	4 A3	Sulignat 01	155 F3
Sondernach 68	88 C4	Sormonne 08	21 D2	Soues 65	249 E2	Soulitré 72	76 C4	Souternon 42	169 F1	Steenwerck 59	4 C4	Sully 60	32 C1
Sondersdorf 68	108 C4	Sornac 19	166 B3	Soues 80	17 D2	Soullans 85	128 B2	La Souterraine 23	149 F2	Steige 67	88 C1	Sully 14	28 B2
La Sône 38	188 B3	Sornay 70	124 C2	Souesmes 41	118 C1	Soulles 50	27 D4	Soutiers 79	131 D4	Steinbach 68	108 B1	Sully 71	122 C4
Songeons 60	33 D1	Sornay 71	140 C3	Souffelweyersheim 67	67 D3	Soulom 65	257 D2	Souvans 39	124 B4	Steinbourg 67	66 C1	Sully-la-Chapelle 45	99 F1
Songeson 39	141 F3	Sorquainville 76	14 C3	Soufflenheim 67	67 E1	Soulomès 46	198 A3	Souvignargues 30	235 D1	Steinbrunn-le-Bas 68	108 C3	Sully-sur-Loire 45	100 A3
Songieu 01	157 E4	Sorrus 62	8 B2	Souffrignac 16	163 D3	Soulosse-sous-St-Élophe 88	86 A1	Souvigné 79	146 C1	Steinbrunn-le-Haut 68	108 C3	Sulniac 56	91 F2
Songy 51	61 D2	Sort-en-Chalosse 40	225 E2	Sougé 36	134 B1	Soultz-les-Bains 67	66 C3	Souvigné 37	96 C4	Steinseltz 67	43 E4	Sumène 30	217 E4
Sonnac 12	199 D3	Sortosville 50	25 D3	Sougé 41	97 E2	Soultz-Haut-Rhin 68	108 B1	Souvigné 16	147 D2	Steinsoultz 68	108 C3	Sundhoffen 68	89 D4
Sonnac 17	161 D2	Sortosville-en-Beaumont 50	24 C3	Sougé-le-Ganelon 72	76 A2	Souvigné-sur-Même 72	77 D3	Stella-Plage 62	8 A1	Sundhouse 67	89 E2
Sonnac-sur-l'Hers 11	252 C3	Sospel 06	241 E3	Sougéal 35	50 B4	Soultz-sous-Forêts 67	43 E4	Souvigné-sur-Sarthe 72	95 E2	Stenay 55	38 B1	Superbagnères 31	258 B4
Sonnay 38	187 E1	Sossais 86	132 B2	Sougères-en-Puisaye 89	101 F4	Soultzbach-les-Bains 68	88 C4	Souvigny 03	137 D4	Sternenberg 68	108 B2	Supt 39	142 A1
Sonnaz 73	173 E3	Sost 65	250 A4	Sougères-sur-Sinotte 89	102 B2	Soultzeren 68	88 C3	Souvigny-de-Touraine 37	116 C1	Stetten 68	108 C3	Surat 63	168 B1
Sonneville 16	162 A2	Sotta 2a	269 E3	Sougraigne 11	253 E4	Soultzmatt 68	88 C2	Souvigny-en-Sologne 41	99 F3	Stigny 89	103 E2	Surba 09	260 B1
Sons-et-Ronchères 02	19 F3	Sottevast 50	24 C2	Sougy 45	79 D4	Soulvache 44	93 F2	Souyeaux 65	249 E2	Still 67	66 C4	Surbourg 67	67 E1
Sonthonnax-la-Montagne 01	156 C2	Sotteville 50	24 B2	Sougy-sur-Loire 58	137 D2	Soumaintrain 89	83 D4	Souzay-Champigny 49	114 C2	Stiring-Wendel 57	41 E3	Surcamps 80	17 D1
Sonzay 37	97 D4	Sotteville-sous-le-Val 76	31 F2	Les Souhesmes 55	38 B4	Soumans 23	151 D2	Souzy 69	170 C2	Stonne 08	21 F4	Surdoux 87	165 E3
Soorts-Hossegor 40	224 C2	Sotteville-sur-Mer 76	13 F3	Souhey 21	122 B1	Soumensac 47	195 F2	Souzy-la-Briche 91	79 F1	Storckensohn 68	88 C4	Suré 61	76 C2
Soppe-le-Bas 68	108 B2	Sotteville-lès-Rouen 76	31 F2	Le Souich 62	9 E3	Soumont 34	233 E2	Soveria 2b	267 D3	Stosswihr 68	88 C4	Suresnes 92	57 E2
Soppe-le-Haut 68	108 B2	Soturac 46	197 D4	Souilhanels 11	252 C1	Soumont-St-Quentin 14	52 C1	Soyans 26	204 B3	Stotzheim 67	88 C1	Surfonds 72	97 D1
Sor 09	259 D3	Souain-Perthes-lès-Hurlus 51	37 E3	Souilhe 11	252 C1	Soumoulou 64	248 C1	Soyaux 16	162 C2	Straiture (Défilé de) 88	88 B3	Surfontaine 02	19 E2
Sorans-lès-Breurey 70	125 E1	Soual 81	231 D3	Souillac 46	197 F1	Soupex 11	252 C1	Soye 25	126 A1	Strasbourg 67	67 E3	Surgères 17	145 F2
Sorba (Col de) 2B	267 D2	Souancé-au-Perche 28	77 E2	Souillé 72	76 B3	Soupir 02	35 F2	Soye-en-Septaine 18	119 D4	Strazeele 59	4 B3	Surgy 58	102 A4
Sorbais 02	20 A2	Souanyas 66	261 E2	Souilly 55	38 C4	Souppes-sur-Loing 77	82 A3	Soyécourt 80	18 A2	Strenquels 46	181 A4	Suriauville 88	86 B3
Sorbets 32	227 E2	Souastre 62	9 F4	Soula 09	252 B4	Souprosse 40	226 A1	Soyers 52	105 F1	Strette (Défilé des) 2B	267 D3	Surin 86	147 F3
Sorbets 40	226 C2	Soubès 34	233 E1	Soulages 15	184 C3	Souraïde 64	224 B4	Soyons 07	203 F1	Strueth 68	108 B3	Surin 79	130 C4

Survie 61	53 E2	Tallans 25	125 F1
Surville 50	26 B2	Tallard 05	206 A4
Surville 27	31 F3	Tallenay 25	125 E2
Surville 14	30 B2	Taller 40	88 B4
Survilliers 95	34 A4	Talloires 74	174 A1
Sury 08	21 E3	Tallone 2b	267 E2
Sury-aux-Bois 45	100 A1	Le Tallud 79	131 D3
Sury-le-Comtal 42	170 B4	Tallud-Ste-Gemme 85	130 A3
Sury-en-Vaux 18	119 F2	Talmas 80	17 E1
Sury-ès-Bois 18	119 E1	Talmay 21	124 B1
Sury-près-Léré 18	119 F1	Talmont 17	160 C3
Surzur 56	91 F3	Talmont-St-Hilaire 85	128 C4
Sus 64	247 E1	Talmontiers 60	32 C2
Sus-St-Léger 62	9 E1	Talon 58	121 D2
Suscinio (Château de) 56	91 E4	Talus-St-Prix 51	60 A2
Susmiou 64	247 E1	Taluyers 69	171 E3
Sussac 87	165 E3	Tamerville 50	25 D3
Sussargues 34	234 C2	Tamnay-en-Bazois 58	121 E4
Sussat 03	152 C3	Tamniès 24	180 B4
Sussey 21	122 B3	Le Tanargue 07	202 C3
Susville 38	189 E4	Tanavelle 15	184 C4
Sutrieu 01	157 D4	Tanay 21	124 A1
Suzan 09	251 E3	Tancarville 76	30 C1
Suzanne 09	37 E1	Tancoigné 49	114 A3
Suzanne 80	18 B2	Tancon 71	154 C3
Suzanneccurt 52	85 D1	Tanconville 54	65 F3
Suzay 27	32 B3	Tancrou 77	58 C1
Suze 26	204 B2	Tancua 39	142 A4
Suze-la-Rousse 26	219 E1	Tangry 62	9 E2
La Suze-sur-Sarthe 72	96 B1	Taninges 74	159 D3
Suzette 84	220 A1	Tanis 50	50 C4
Suzoy 60	18 C4	Tanlay 89	103 D2
Suzy 02	35 E1	Tannay 08	37 F1
Sword Beach 14	29 E2	Tannay 58	121 D2
Sy 08	37 F1	Tanneron 83	240 A2
Syam 39	142 A2	Tanneron (Massif du) 06,83	240 A2
Sylvains-les-Moulins 27	55 E2	Tannerre-en-Puisaye 89	101 E3
Sylvanès 12	232 C1	Tannières 02	35 F2
Le Syndicat 88	87 F4	Tannois 55	62 C3
		Tanques 61	53 D3
T		Tantes (Pic de) 65	257 D4
Tabaille-Usquain 64	225 E4	Tantonville 54	86 C1
Tabanac 33	194 B2	Le Tanu 50	50 C4
La Table 73	174 A4	Tanus 81	214 C3
Le Tablier 85	129 E3	Tanville 61	53 D4
Tabre 09	252 B3	Tanzac 17	161 D2
La Tâche 16	163 D1	Taponas 69	155 E3
Tache 42	154 A4	Taponnat-Fleurignac 16	163 D2
Tachoires 32	228 B4	Tapoul (Gorges du) 48	217 E3
Tacoignières 78	56 B2	Tarabel 31	230 B3
Taconnay 58	121 D2	Taradeau 83	239 D3
Taden 22	49 E4	Tarare 69	170 C1
Tadousse-Ussau 64	226 C3	Tarascon 13	236 A1
Taglio-Isolaccio 2b	265 F4	Tarascon-sur-Ariège 09	260 B1
Tagnon 08	36 C1	Tarasteix 65	249 D1
Tagolsheim 68	108 C3	Taravo 2a	268 C2
Tagsdorf 68	108 C3	Tarbes 65	249 D2
Tailhac 43	184 C4	Tarcenay 25	125 E3
Taillades 84	236 C1	Tarco 2A	269 E2
Le Taillan-Médoc 33	193 F1	Tardais 28	55 D4
Taillancourt 55	63 E4	Tardes 23	151 D3
Taillant 17	161 D1	Tardets-Sorholus 64	247 D1
Taillebois 61	52 B2	La Tardière 85	130 B3
Taillebourg 17	161 E1	Tardinghen 62	2 C2
Taillebourg 47	195 E4	Tarentaise 42	186 C1
Taillecavat 33	195 E3	Tarerach 66	262 A2
Taillecourt 25	107 F4	Targassonne 66	261 D3
La Taillée 85	145 E1	Targé 86	132 C2
Taillefontaine 02	34 C2	Target 03	152 C2
Taillepied 50	24 C4	Targon 33	194 C2
Taillet 66	262 B3	Tarn 12,31	
Taillette 08	21 D2	81,82	215 D3
Tailleville 14	29 D2	Tarn (Gorges du) 12,48	216 C1
Taillis 35	74 A3	Tarnac 19	166 A3
Tailly 08	38 A1	Tarnès 33	177 F4
Tailly 80	17 D2	Tarnos 40	224 C3
Tailly 21	140 A1	Taron-Sadirac-Viellenave 64	226 C3
Tain-l'Hermitage 26	187 E3	Tarquimpol 57	64 C2
Taingy 89	102 A4	Tarrano 2b	267 E1
Taintrux 88	88 B2	Tarsac 32	227 D2
Taisnières-en-Thiérache 59	11 F4	Tarsacq 64	226 B4
Taisnières-sur-Hon 59	11 F3	Tartaras 42	171 D3
Taisnil 80	17 E3	Tartas 40	225 F1
Taissy 51	36 C3	Tartécourt 70	106 B2
Taix 81	214 B4	Tartiers 02	35 D2
Taizé 71	139 F4	Tartigny 60	17 F4
Taizé 79	131 E1	Tartonne 04	222 B3
Taizé-Aizie 16	147 E4	Le Tartre 71	141 D2
Taizy 08	36 C1	Le Tartre-Gaudran 78	56 B3
Tajan 65	250 A2	Tarzy 08	20 C2
Talairan 11	254 A3	Tasque 32	227 E2
Talais 33	160 B4	Tassé 72	96 A1
Talange 57	40 B3	Tasseníères 39	141 D1
Talant 21	123 E2	La Talaudière 42	170 C4	Tassillé 72	96 A1
Talasani 2b	265 F4	Tassin-la-Demi-Lune 69	171 E2
Talazac 65	249 D1	Tasso 2a	267 D2
Talcy 41	98 C2	Tatinghem 62	3 E3
Talcy 89	103 D4	Le Tâtre 17	178 A1
Talence 33	194 A1	Tau (Bassin de) 34	234 A4
Talencieux 07	187 E2	
Talensac 35	72 C3	
Talissieu 01	173 D1	
Talizat 15	184 A3	Taugon 17	145 F2

Taulanne (Clue de) 04 222 C4
Taulé 29 46 A2
Taulignan 26 204 A4
Taulis 66 262 B3
Taupont 56 71 F4
Tauriac 33 177 E3
Tauriac 81 230 B1
Tauriac 46 198 B1
Tauriac-de-Camarès 12 233 D1
Tauriac-de-Naucelle 12 214 C2
Tauriers 07 202 C3
Taurignan-Castet 09 259 E2
Taurignan-Vieux 09 259 E2
Taurinya 66 261 F3
Taurion 23,87 150 B4
Taurize 11 253 F3
Taussac 12 199 F1
Taussac-la-Billière 34 233 D3
Tautavel 66 262 B1
Tauves 63 167 E4
Tauxières-Mutry 51 36 C4
Tauxigny 37 116 B3
Tavaco 2a 266 C3
Tavant 37 115 E3
Tavaux 39 124 B4
Tavaux-et-Pontséricourt 02 20 A3
Tavel 30 219 E3
Tavera 2a 266 C3
Tavernay 71 122 A4
Tavernes 83 238 B2
Taverny 95 57 E1
Tavers 45 98 C1
Tavey 70 107 F3
Tavignano 2B 267 E2
Tavignano (Gorges du) 2B 267 D1
Taxat-Senat 03 152 C3
Taxenne 39 124 C2
Tayac 33 178 B4
Taybosc 32 228 C1
Tayrac 12 214 C2
Tayrac 47 212 A4
Tazenat (Gour de) 63 152 B4
Tazilly 58 138 B2
Le Tech 66 262 B4
Tech 66 262 B3
Têche 38 188 C2
Técou 81 231 D1
Teghime (Col de) 2B 265 E2
Le Teich 33 193 D2
Teigny 58 121 D1
Le Teil 07 203 E3
Teilhède 63 168 A1
Teilhet 09 252 B3
Teilhet 63 152 A3
Teillay 35 93 E2
Teillay-le-Gaudin 45 79 E3
Teillay-St-Benoît 45 79 E4
Teillé 72 76 B3
Teillé 44 94 A4
Teillet 81 231 F1
Teillet-Argenty 03 151 E2
Le Teilleul 50 51 E4
Teillots 24 180 C2
Teissières-lès-Bouliès 15 199 F1
Teissières-de-Cornet 15 182 C4
Télégraphe (Col du) 73 190 C2
Telgruc-sur-Mer 29 68 C1
Tellancourt 54 39 E1
Tellecey 21 124 C2
Tellières-le-Plessis 61 53 F4
Teloché 72 96 C1
Le Temple 79 130 B1
Le Temple 41 97 F1
Le Temple 33 193 D1
Le Temple-de-Bretagne 44 111 F3
Temple-Laguyon 24 180 B2
Le Temple-sur-Lot 47 211 D1
Templemars 59 10 B1
Templeuve 59 10 C1
Templeux-la-Fosse 80 18 C1
Templeux-le-Guérard 80 18 B2
Tenay 01 172 C1
Tence 43 186 B3
Tencin 38 189 F1
Tende 06 241 E1
Tendon 88 87 F3
Tendron 18 136 C1
Tendu 36 134 B3
Teneur 62 9 D2
Tennie 72 76 A4
Tenteling 57 41 E4
Tercé 86 132 C4
Tercillat 23 150 C1
Tercis-les-Bains 40 225 D2
Terdeghem 59 4 B3
Tergnier 02 19 D4
Terjat 03 151 F3
Termes 48 200 C1
Termes 11 254 A1
Termes 08 37 F2
Termes-d'Armagnac 32 227 D2

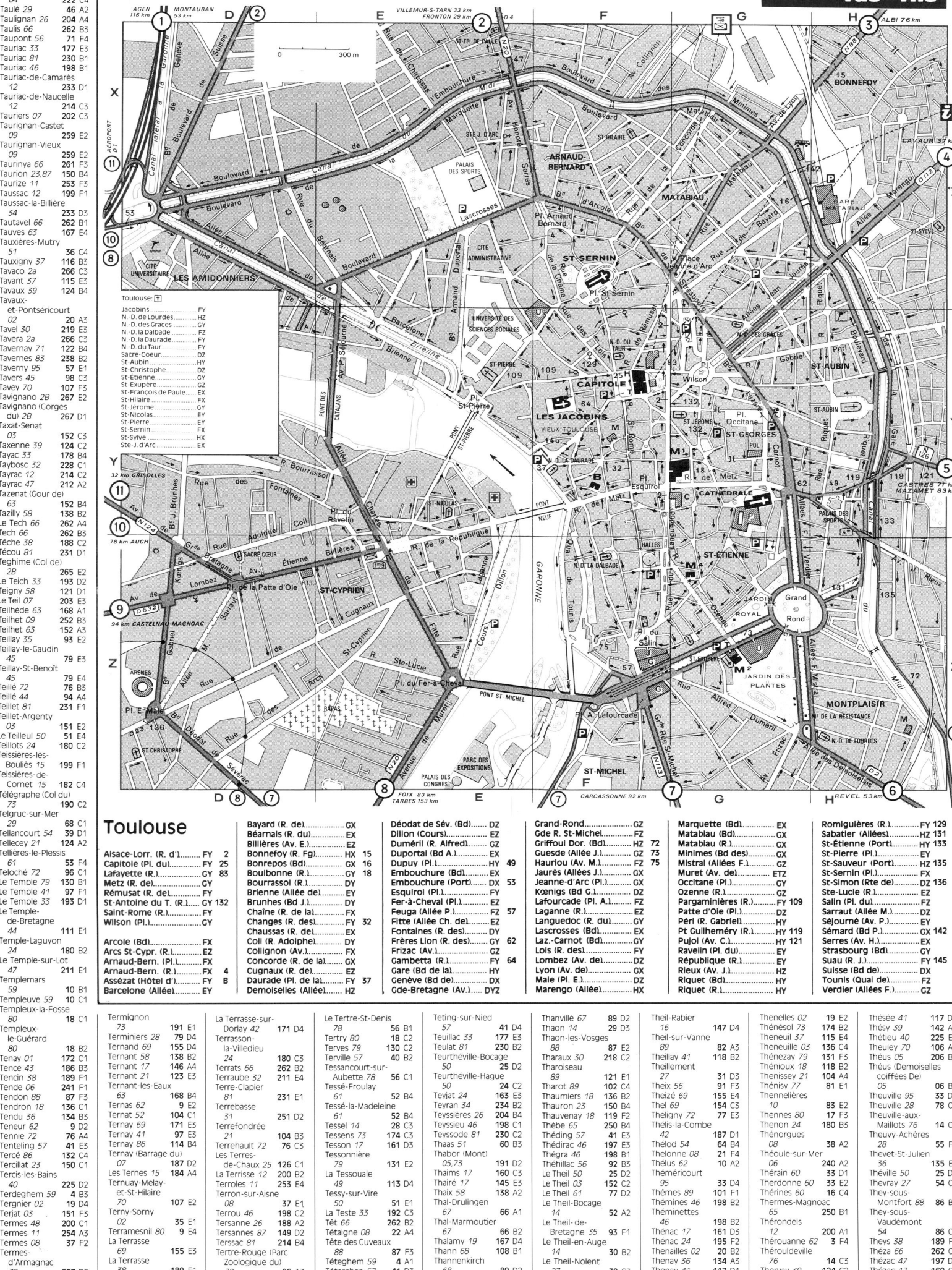

Toulouse

Alsace-Lorr. (R. d') FY 2
Capitole (Pl. du) FY 25
Lafayette (R.) GY 83
Metz (R. de) GY
Rémusat (R. de) FY
St-Antoine du T. (R.) GY 132
Saint-Rome (R.) FY
Wilson (Pl.) GY

Arcole (Bd) FX
Arcs St-Cypr. (R.) EZ
Arnaud-Bern. (Pl.) FX
Arnaud-Bern. (R.) FX 4
Assézat (Hôtel d') FY B
Barcelone (Allée) EY

Bayard (R. de) GX
Béarnais (R. du) EX
Billières (Av. E.) EZ
Bonnefoy (R. Fg) HX 15
Bonrepos (Bd) EZ
Boulbonne (R.) GY 18
Bourrassol (R.) DY
Brienne (Allée de) DY
Brunhes (Bd J.) FX
Chaîne (R. de la) FX
Changes (R. des) FY 32
Chaussas (R. de) DY
Coll (R. Adolphe) DY
Collignon (Av.) EX
Concorde (R. de la) GX
Cugnaux (R. de) EZ
Daurade (Pl. de la) FY 37
Demoiselles (Allée) HZ

Déodat de Sév. (Bd) DZ
Dillon (Cours) EZ
Duméril (R. Alfred) GZ
Duportal (Bd A.) EX
Dupuy (Pl.) HY 49
Embouchure (Bd) DY
Embouchure (Port) DX 53
Esquirol (Pl.) GY
Fer-à-Cheval (Pl.) EZ
Feuga (Allée P.) FZ 57
Fitte (Allée Ch. de) EZ
Fontaines (R. des) DY
Frères Lion (R. des) GY 62
Frizac (Av.) FZ
Gambetta (R.) FY 64
Gare (Bd de la) HY
Genève (Bd de) DX
Gde-Bretagne (Av.) DYZ

Grand-Rond GZ
Matabiau (Bd) EX
Matabiau (R.) GX
Griffoul Dor. (Bd) HZ 72
Guesde (Allée J.) GZ 73
Hauriou (Av. M.) FZ 75
Jaurès (Allées J.) GX
Jeanne-d'Arc (Pl.) GX
Koenigs (Bd G.) DZ
Lafourcade (Pl. A.) FZ
Laganne (R. de) EZ
Languedoc (R. du) GY
Lascrosses (Bd) EX
Laz.-Carnot (Bd) GY
Lois (R. des) FY
Lombez (Av. de) DZ
Lyon (Av. de) GX
Male (Pl. E.) DZ
Marengo (Allée) HX

Marquette (Bd) EX
Minimes (Bd des) GX
Mistral (Allées F.) GZ
Muret (Av. de) ETZ
Occitane (R.) GY
Ozenne (R.) GZ
Pargaminières (R.) FY 109
Patte d'Oie (Pl.) DZ
Péri (Av. G.) EY
Pt Guilhemery (R.) HY 119
Pujol (Av. C.) HY 121
Ravelin (Pl. du) EY
République (R.) EY
Rieux (Av. J.) HZ
Riquet (Bd) HY
Riquet (R.) HY

Romiguières (R.) FY 129
Sabatier (Allées) HZ 131
St-Étienne (Port) HY 133
St-Pierre (Pl.) EY
St-Sauveur (Port) HZ 135
St-Sernin (Pl.) FX
St-Simon (Rte de) DZ 136
Ste-Lucie (R.) EZ
Salin (Pl. du) FZ
Sarraut (Allée M.) DZ
Séjourné (Av. P.) EY
Sémard (Bd P.) GX 142
Serres (Av. H.) EX
Strasbourg (Bd de) GY
Suau (R. J.) FY 145
Suisse (Bd de) DX
Tounis (Quai de) FZ
Verdier (Allées F.) GZ

Termignon 73 191 E1
Terminiers 28 79 D4
Ternand 69 155 D4
Ternant 58 138 B2
Ternant 17 146 A4
Ternant 21 123 E3
Ternant-les-Eaux 63 168 B4
Ternas 62 9 E2
Ternat 52 104 C1
Ternay 69 171 E3
Ternay 41 97 E3
Ternay 86 114 B4
Ternay (Barrage du) 07 187 D2
Les Ternes 15 184 A4
Ternuay-Melay-et-St-Hilaire 70 107 E2
Terny-Sorny 02 35 E1
Terramesnil 80 9 E4
La Terrasse 69 155 D3
La Terrasse 38 189 F1
La Terrasse-sur-Dorlay 42 171 D4
Terrasson-la-Villedieu 24 180 C3
Terrats 66 262 A4
Terraube 32 211 E4
Terre-Clapier 81 231 E1
Terrebasse 31 251 D2
Terrefondrée 21 104 B3
Terrehault 72 76 C3
Les Terres-de-Chaux 25 126 C1
La Terrisse 12 200 B2
Terroles 11 253 E4
Terron-sur-Aisne 08 37 E1
Terrou 46 198 C2
Tersanne 26 188 A2
Tersannes 87 149 E2
Terssac 81 214 B4
Tertenoz 08 22 A4
Le Tertre-St-Denis 78 56 B1
Tertry 80 18 C2
Terves 79 130 C2
Terville 57 40 B2
Tessancourt-sur-Aubette 78 56 C1
Tessé-Froulay 61 52 B4
Tessé-la-Madeleine 61 52 B4
Tessel 14 28 C3
Tessens 73 174 C3
Tesson 17 161 D3
Tessonnière 79 131 E2
La Tessoualle 49 113 D4
Tessy-sur-Vire 50 51 E1
La Teste 33 192 C3
Tét 66 262 B2
Tétaigne 08 22 A4
Téte des Cuveaux 88 87 F3
Tétéghem 59 4 A1
Téterchen 57 41 D4

Teting-sur-Nied 57 41 D4
Thaon 14 29 D3
Thaon-les-Vosges 88 82 A3
Tharaux 30 218 C2
Tharoiseau 89 121 E1
Tharot 89 102 C4
Thaumiers 18 136 B2
Thauron 23 150 B4
Thauvenay 18 119 F1
Thèbe 65 250 B4
Théding 57 41 E3
Thédirac 46 197 E3
Thégra 46 198 B1
Théhillac 56 92 B3
Thaims 17 160 C3
Thairé 17 145 E3
Thaix 58 138 A2
Thal-Drulingen 67 66 A1
Thal-Marmoutier 67 66 B2
Thalamy 19 167 D4
Thann 68 108 B1
Thannenkirch 68 89 D2
Thanvillé 67 89 D2
Thaon 14 29 D3

Theil-Rabier 16 147 D4
Theil-sur-Vanne 89 89 A3
Theuville-Bocage 50 25 D2
Teurthéville-Hague 50 24 C2
Teyjat 24 163 E3
Teyran 34 234 B3
Teyssières 26 204 B4
Teyssieu 46 198 C1
Teyssode 81 230 C2
Thaas 51 60 B3
Thabor (Mont) 05,73 191 D2
Thaims 17 160 C3
Thairé 17 145 E3
Thaix 58 138 A2
Thal-Bocage 14 52 A2
Le Theil-de-Bretagne 35 93 F1
Le Theil-en-Auge 14 30 B1
Le Theil-Nolent 27 30 C3
Le Theil 50 25 D2
Le Theil 61 77 D2
Théméricourt 95 33 D4
Thèmes 89 101 F1
Thémines 46 198 B2
Théminettes 46 198 B2
Thénac 17 161 D3
Thénac 24 195 F2
Thenailles 02 20 B2
Thenay 36 134 A3
Thenay 41 117 D1

Thenelles 02 19 E2
Thénésol 73 174 B2
Theneuil 37 115 E4
Theneuille 03 136 C4
Thénezay 79 131 F3
Thénioux 18 118 B2
Thenissey 21 104 A4
Theix 56 91 F3
Theizé 69 155 E4
Thel 69 154 C3
Théligny 72 77 E3
Thélis-la-Combe 42 187 D1
Thélod 54 64 B4
Thelonne 08 21 F4
Thélus 62 10 A2
Théméricourt 95 33 D4
Thénac 17 161 D3
Thérain 60 33 D1
Therdonne 60 33 D2
Thérines 60 16 C4
Thermes-Magnoac 65 250 B1
Thérondels 12 200 A1
Thérouanne 62 3 F4
Thérouldeville 76 14 C3
Thervay 39 124 C2

Thésée 41 117 D2
Thésy 39 142 A1
Thétieu 40 225 E1
Theuley 70 106 A3
Théus 05 206 B3
Theuville 95 33 D4
Theuville 28 78 C2
Theuville-aux-Maillots 76 14 C3
Theuvy-Achères 28 55 F4
Thevet-St-Julien 36 135 D3
Théville 50 25 D2
Thevray 27 54 C1
They-sous-Montfort 88 86 B2
They-sous-Vaudémont 54 86 C1
Theys 38 189 F1
Théza 66 262 C2
Thézac 47 197 D4
Thézac 17 160 C2

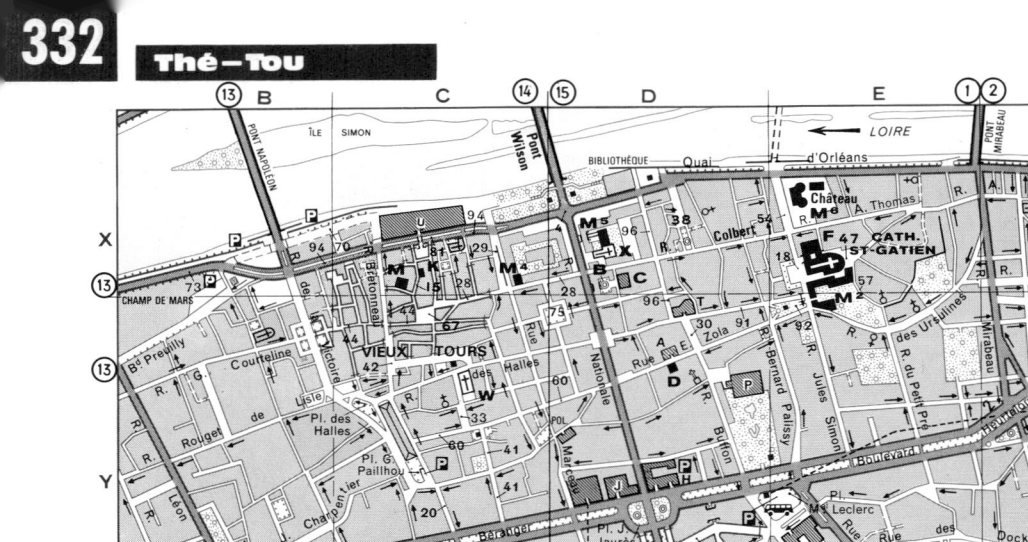

LOIRE

VIEUX TOURS

CATH. ST-GATIEN

CHAMP DE MARS

Tours

La Tour-du-Meix 39 141 E4
Le Tour-du-Parc 56 91 F3
La Tour-du-Pin 38 172 C3
Tour-en-Bessin 14 28 B2
La Tour-de-Jarez 42 170 C4
Tour-en-Sologne 41 98 D4
La Tour-St-Gelin 37 115 E4
La Tour-sur-Orb 34 233 D2
Les Touraches 61 52 B3
Tourailles 41 98 A3
Tourailles-sous-Bois 55 85 E1
Tourbes 34 233 E4
Tourcelles-Chaumont 08 37 E2
Tourch 29 69 E3
Tourcoing 59 5 E5
Tourdun 32 227 E3
La Tourette 42 186 A1
La Tourette 19 166 C3
La Tourette-Cabardès 11 231 E4
Tourette-du-Château 06 223 F4
Tourgéville 14 29 F2
La Tourlandry 49 113 E3
Tourlaville 50 25 D2
Tourliac 47 196 C2
Tourly 60 33 D3
Tourmalet (Col du) 65 257 F3
Tourmignies 59 10 B1
Tourmont 39 141 E1
Tournai-sur-Dive 61 53 D2
Tournan 32 228 C4
Tournan-en-Brie 77 58 B3
Tournans 25 125 F1
Tournavaux 08 21 E2
Tournay 65 249 F2
Tournay-sur-Odon 14 28 C4
Le Tourne 33 194 B2
Tournebu 14 52 C1
Tournecoupe 32 228 C1
Tournedos-Bois-Hubert 27 31 E4
Tournedos-sur-Seine 27 31 F3
Tournedoz 25 126 B1
Tournefeuille 31 229 F3
Tournefort 06 223 F4
Tournehem-sur-la-Hem 62 3 E1
Tournemire 12 216 B4
Tournemire 15 183 D3
Tournes 08 21 E3
Le Tourneur 14 51 E1
Tourneville 27 31 F4
Tourniac 15 182 C2
Tournières 14 28 A3
Tourniol (Col de) 26 188 B4
Tournissan 11 254 A1
Tournoël (Château de) 63 168 A1
Tournoisis 45 98 C1
Tournon 07 187 E3
Tournon 73 174 B2
Tournon-St-Martin 36 133 E2
Tournon-St-Pierre 37 133 E2
Tournon-d'Agenais 47 197 D4
Tournous-Darré 65 249 F1
Tournous-Devant 65 250 A1
Tournus 71 140 B4
Tourny 27 32 B3
Tourouvre 61 54 B4
Tourouzelle 11 254 A2
Les Tourreilles 31 250 B3
Tourreilles 11 253 F3
Tourrenquets 32 228 C2
Tourrette (Château de la) 07 203 E1
Tourrette-Levens 06 241 D4
Tourrettes 83 239 F2
Tourriers 16 162 C2
Tours 37 115 F1
Tours-en-Savoie 73 174 C2
Tours-en-Vimeu 80 16 B1
Tours-sur-Marne 51 36 C4
Tours-sur-Meymont 63 169 D3

Tourtenay 79 114 B4
Tourteron 08 37 E1
Tourtoirac 24 180 B2
Tourtour 83 239 D2
Tourtouse 09 259 E2
Tourtrès 47 196 A4
Tourtrol 09 252 B3
Tourves 83 238 B4
Tourville-la-Campagne 27 31 E3
Tourville-la-Chapelle 76 15 F2
Tourville-les-Ifs 76 14 B3
Tourville-en-Auge 14 30 A2
Tourville-sur-Arques 76 15 E2
Tourville-sur-Odon 14 28 C3
Tourville-sur-Pont-Audemer 27 30 C2
Tourville-sur-Sienne 50 26 C4
Tourville-la-Rivière 76 31 F2
Toury 03 138 A4
Toury 28 79 E3
Toury-Lurcy 58 137 E2
Toury-sur-Jour 58 137 E3
Tourzel-Ronzières 63 168 B4
Toussaint 76 14 B3
Toussieu 69 171 F3
Toussieux 01 155 F4
Tousson 77 80 B2
Toussus-le-Noble 78 57 D3
Toutainville 27 30 C2
Toutenant 71 140 B1
Toutencourt 80 17 F1
Toutens 31 233 E4
Toutes Aures (Col de) 04 223 D4
Toutlemonde 49 113 E4
Toutry 21 103 E3
Touvérac 16 178 A1
Le Touvet 38 189 F1
Touville 27 31 D2
Touvois 44 128 C1
Touvre 16 162 C3
Touzac 46 197 D4
Touzac 16 162 A3
Tox 2b 267 F1
Toy-Viam 19 166 A3
Trabuc (Grotte de) 30 218 A3
Traconne (Forêt de la) 51 59 F3
Tracy-Bocage 14 28 B4
Tracy-le-Mont 60 34 C1
Tracy-sur-Loire 58 119 F2
Tracy-sur-Mer 14 28 C2
Tracy-le-Val 60 34 C1
Trades 69 155 D2
Traenheim 67 66 C3
Tragny 57 64 C1
Traînel 10 82 A1
Traînou 45 99 F1
Le Trait 76 31 E1
Traitiéfontaine 70 125 E1
Traize 73 173 D2
Tralaigues 63 167 D1
Tralonca 2b 265 D4
Tramain 22 72 A1
Tramayes 71 155 D2
Tramecourt 62 9 D2
Tramery 51 36 A3
Tramezaïgues 65 258 A4
Tramolé 38 172 B4
Tramont-Émy 54 86 B1
Tramont-Lassus 54 86 B1
Tramont-St-André 54 86 B1
Tramoyes 01 171 F1
Trampot 88 85 E2
Trancault 10 82 A2
La Tranche-sur-Mer 85 144 B1
La Tranclière 01 156 B3
Trancrainville 28 79 E3
Trangé 72 76 A4
Le Tranger 36 133 F1
Trannes 10 84 A2
Tranqueville-Graux 88 86 B1
Trans 53 75 E2
Trans 35 50 B4
Trans-en-Provence 83 239 E3
Trans-sur-Erdre 44 93 E4
Le Translay 80 16 B1
Le Transloy 62 18 B1
Tranzault 36 124 B3
Trappe (Abbaye de la) 61 54 B4
Trappes 78 57 D3
Trassanel 11 253 F1
Traubach-le-Bas 68 108 B3
Traubach-le-Haut 68 108 B3
Trausse 11 254 A1
Travaillan 84 219 F2
Travecy 02 19 E3

Traversères 32 228 B3
Traves 70 106 B3
Le Travet 81 231 F1
Trayes 79 130 C3
Tréal 56 92 B1
Tréauville 50 24 B2
Trébabu 29 44 C3
Tréban 81 215 D3
Tréban 03 152 C1
Trébas 81 215 D4
Trébédan 22 72 B1
Trèbes 11 253 F2
Trébeurden 22 46 C1
Trébons 65 249 E3
Trébons-de-Luchon 31 258 B4
Trébons-sur-la-Grasse 31 230 B4
Tréboul (Pont de) 15 200 B1
Trébrivan 22 70 A1
Trébry 22 71 F1
Tréclun 21 124 A3
Trécon 51 60 C2
Trédaniel 22 71 F1
Trédarzec 22 47 E1
Trédias 22 72 B1
Trédion 56 91 F2
Trédrez 22 46 C2
Tréduder 22 46 C2
Trefcon 02 18 C2
Treffendel 35 72 C4
Treffiagat 29 68 C4
Treffieux 44 93 E3
Treffléan 56 91 F2
Treffort 01 156 C2
Treffort 38 189 D4
Treffrin 22 70 A1
Tréflaouénan 29 45 F1
Tréflévénez 29 45 E3
Tréflez 29 45 E1
Tréfols 51 59 F3
Tréfumel 22 72 B1
Trégarantec 29 45 E2
Trégarvan 29 45 E4
Trégastel 22 46 C1
Tréglamus 22 47 D3
Tréglonou 29 45 D2
Trégomar 22 48 C4
Trégomeur 22 47 F3
Trégon 22 49 D3
Trégonneau 22 47 E3
Trégourez 29 69 E2
Trégrom 22 47 D3
Tréguennec 29 68 C3
Trégueux 22 48 B4
Tréguidel 22 47 F3
Tréguier 22 47 D1
Trégunc 29 69 E4
Tréhet 41 97 D3
Tréhorenteuc 56 72 A4
Le Tréhou 29 45 F3
Treignac 19 165 F4
Treignat 03 151 D2
Treigny 89 101 E4
Treilles 11 254 C4
Treilles-en-Gâtinais 45 80 C4
Treillières 44 111 F1
Treix 52 85 D3
Les Treize-Arbres 74 158 B3
Treize-Septiers 85 112 C4
Treize-Vents 85 130 B1
Tréjouls 82 212 C2
Trélans 48 200 A4
Trélazé 49 114 A1
Trélechamp 74 159 E3
Trélévern 22 47 D1
Trélissac 24 179 F2
Trélivan 22 49 E4
Trelly 50 50 C1
Trélon 59 20 B1
Trélou-sur-Marne 02 35 F4
Trémaouézan 29 45 E2
Trémargat 22 70 B1
Trémauville 76 14 C4
Trémazan 22 44 C2
La Tremblade 17 160 A2
Le Tremblay 49 94 B3
Tremblay 35 73 E1
Tremblay-lès-Gonesse 93 58 A1
Le Tremblay-Omonville 27 31 E4
Tremblay-sur-Mauldre 78 56 C3
Tremblay-le-Vicomte 28 55 F4
Tremblecourt 54 64 A2
Le Tremblois 70 124 B1
Tremblois-lès-Carignan 08 22 B3
Tremblois-lès-Rocroi 08 21 D2
Trémeheuc 35 73 D1
Trémel 22 46 B2
Tréméloir 22 47 F3
Trémentines 49 113 E3
Tréméoc 29 68 C3
Trémereuc 22 49 E3

Trémery 57 40 B3
Trémeur 22 72 A1
Tréméven 29 70 A4
Tréméven 22 47 E2
Trémilly 52 84 B2
Tréminis 38 205 E2
Trémoins 70 107 E3
Trémolat 24 196 C1
Trémons 47 196 C4
Trémont 61 53 E4
Trémont 49 114 A3
Trémont-sur-Saulx 55 62 B3
Trémonzey 88 87 D4
Trémorel 22 72 A2
Trémouille 15 183 E1
Trémouille-St-Loup 63 167 D3
Trémouilles 12 215 E2
Trémoulet 09 252 B2
Trémuson 22 47 F3
Trenal 39 141 D3
Trensacq 40 209 D2
Trentels 47 196 C4
Tréogan 22 70 A2
Tréogat 29 68 C3
Tréon 28 55 F3
Tréouergat 29 44 C2
Le Trépail 51 36 C4
Le Tréport 76 16 A1
Trépot 25 125 E3
Tréprel 14 52 C1
Trept 38 172 B2
Trésauvaux 55 39 D4
Tresbœuf 35 93 E1
Trescault 62 10 C4
Treschenu-Creyers 26 205 D2
Trescléoux 05 221 D1
Trésilley 70 125 E1
Treslon 51 36 A3
Tresnay 58 137 D3
Trespoux-Rassiels 46 197 E4
Tresques 30 219 D3
Tressaint 22 49 E4
Tressan 34 233 E3
Tressandans 25 107 D4
Tressange 57 39 F1
Tressé 35 49 F4
Tresserre 66 262 B3
Tresserve 73 173 E2
Tresses 33 194 B1
Tressignaux 22 47 F3
Tressin 59 5 E4
Tresson 72 97 D1
Treteau 03 153 D2
La Trétoire 77 59 D2
Trets 13 237 F4
Treux 80 18 A2
Treuzy-Levelay 77 80 C3
Trévé 22 71 E2
Trévenans 90 108 A3
Tréveneuc 22 47 F2
Tréveray 55 63 D4
Tréverec 22 47 E2
Trévérien 35 72 C1
Trèves 30 217 D3
Trèves 69 171 E4
Trèves-Cunault 49 114 B2
Trévien 81 214 B3
Trévières 14 28 B2
Trévignin 73 173 E2
Trévillach 66 262 A2
Tréville 11 231 D4
Trévillers 25 126 C2
Trévilly 89 103 D4
Trévol 03 137 E3
Trévou-Tréguignec 22 47 D1
Le Trévoux 29 69 F4
Trévoux 01 155 E4
Trévron 22 72 B1
Trézelles 03 153 E2
Trézény 22 47 D1
Trézien (Phare de) 29 44 B3
Tréziers 11 252 C3
Trézilidé 29 45 F2
Trézioux 63 169 D2
Triac-Lautrait 16 162 A3
Triaucourt-en-Argonne 55 62 B1
Le Triadou 34 234 B2
Triaize 85 145 D1
Tribehou 50 27 D3
Trichey 89 102 B1
Triconville 55 63 D3
Tricot 60 34 A1
Trie-sur-Baïse 65 249 F1
Trie-la-Ville 60 33 F2
Triel-sur-Seine 78 57 F2
Triembach-au-Val 67 89 D1
Trieux 54 39 F3
Trigance 83 239 D1
Trigavou 22 49 E4
Trignac 44 110 C1
Trigny 51 36 B2
Triguères 89 101 D1
Trilbardou 77 58 B1
Trilla 66 262 A1
Trilport 77 58 C1
La Trimouille 86 149 D1

Trimouns (Carrière de Talc de) 09 260 C1
Trinay 45 79 E4
La Trinitat 15 200 B2
La Trinité 73 174 A4
La Trinité 06 241 E4
La Trinité 50 51 D2
La Trinité 27 55 E1
La Trinité-de-Réville 27 54 B1
La Trinité-de-Thouberville 27 31 E2
La Trinité-des-Laitiers 61 54 A1
La Trinité-du-Mont 76 14 C4
Trinité (Ermitage de la) 2A 69 D4
La Trinité-Langonnet 56 70 A2
La Trinité-Porhoët 56 71 F3
La Trinité-sur-Mer 56 91 D3
La Trinité-Surzur 56 91 F3
Triors 26 188 A3
Le Trioulou 15 199 D3
Tripleville 41 98 C1
Triqueville 27 30 C2
Trith-St-Léger 59 11 D3
Tritteling 57 41 D4
Trivy 71 155 D1
Trizac 15 183 D2
Trizay 17 160 C1
Trizay-lès-Bonneval 28 83 B3
Trizay-Coutretot-St-Serge 28 77 E2
Troarn 14 29 E3
Troche 19 181 D1
Trochères 21 124 A2
Trocy-en-Multien 77 34 C4
Troësnes 02 35 D3
Troguéry 22 47 D1
Trogues 37 115 E3
Les Trois Becs 26 204 B2
Les Trois-Épis 68 88 C3
Trois-Fonds 23 151 D2
Trois-Fontaines 51 62 B3
Trois-Monts 14 28 C4
Les Trois-Moutiers 86 114 C4
Trois-Palis 16 162 B3
Les Trois-Pierres 76 30 B1
Trois-Puits 51 36 B3
Trois-Vèvres 58 137 E1
Trois-Villes 64 247 E2
Troischamps 52 105 E1
Troisfontaines 52 62 B4
Troisfontaines 57 66 A3
Troisgots 50 27 E4
Troisgots-la-Chapelle-sur-Vire 50 27 E4
Troissereux 60 33 D1
Troissy 51 36 A4
Troisvaux 62 9 E2
Troisvilles 59 10 C4
Tromarey 70 124 C2
Tromborn 57 42 A3
Tronçais (Forêt de) 03 136 B3
Troncens 32 227 F4
La Tronche 38 189 E2
Le Tronchet 35 76 A3
Le Tronchet 72 76 A4
Tronchoy 89 102 C1
Tronchoy 80 16 C2
Tronchy 52 105 D1
Tronchy 71 140 B2
Le Tronquay 14 28 B3
Le Tronquay 27 32 B2
Tronsanges 58 120 A4
Tronville 54 39 F4
Tronville-en-Barrois 55 63 E4
Troo 41 97 E2
Trosly-Breuil 60 34 C2
Trosly-Loire 02 35 D1
Trou de la Bombe 2A 69 F4
Trouans 10 60 C4
Troubat 65 250 B4
Trouhans 21 123 F4
Trouhaut 21 123 D1
Trouillas 66 262 C2
Trouley-Labarthe 65 249 E1
Troumouse (Cirque de) 65 257 E4
Troussencourt 60 17 E4
Troussey 55 63 E3
Troussures 60 33 D2
Trouvans 25 125 F1

Trouville-la-Haule 27 30 C2
Trouville 76 14 C4
Trouville-sur-Mer 14 29 F2
Trouy 18 119 D4
Troye-d'Ariège 09 252 C3
Troyes 10 83 D2
Troyon 55 63 D1
La Truchère 71 140 B4
Truchtersheim 67 67 D3
Trucy 02 35 F1
Trucy-l'Orgueilleux 58 120 C1
Trucy-sur-Yonne 89 102 B3
Le Truel 12 215 F3
Trugny 21 123 F4
Truinas 26 204 B3
Trumilly 60 34 B3
Trun 61 53 D2
Trungy 14 28 B3
Truttemer-le-Grand 14 51 F2
Truttemer-le-Petit 14 51 F2
Truyes 37 116 B2
Tubersent 62 8 B1
Tuchan 11 254 A4
Tucquegnieux 54 39 F4
Tudeils 19 181 F4
Tudelle 32 227 F2
Tudy (Île) 29 68 C4
Tuffé 72 76 C4
Tugéras-St-Maurice 17 177 E1
Tugny-et-Pont 02 18 C3
La Tuilière 42 169 E1
Tulette 26 219 F1
Tulle 19 181 E2
Tullins 38 188 C1
Tully 80 8 A4
Tupigny 02 19 F1
Tupin-et-Semons 69 171 E4
La Turballe 44 110 A1
La Turbie 06 241 D4
Turcey 21 123 D1
Turckheim 68 88 C3
Turenne 19 181 F4
Turgon 16 162 C1
Turgy 10 83 D4
Turini (Col de) 06 241 E2
Turini (Forêt de) 06 241 E2
Turny 89 82 B4
Turquant 49 114 C2
Turquestein-Blancrupt 57 66 A4
Turqueville 50 25 E3
Turretot 76 14 A4
Turriers 04 206 B4
Tursac 24 180 B4
Tusson 16 162 B1

Tuzaguet 65 250 A3
Le Tuzan 33 193 F4
Tuzie 16 147 F4

U
u) 17,85,86 145 E1
Ubaye 4 206 C4
Uberach 67 67 D1
Ubexy 88 87 D2
Ubraye 04 223 E4
Ucciani 2a 266 C3
Ucel 07 203 E1
Uchacq-et-Parentis 40 209 E4
Uchaud 30 235 D2
Uchaux 84 219 E2
Uchentein 09 259 D3
Uchizy 71 140 A4
Uchon 71 139 D2
Uchon (Signal d') 71 139 D2
Uckange 57 40 B2
Ueberstrass 68 108 B3
Uffheim 68 109 D3
Uffholtz 68 108 B1
Ugine 73 174 B2
Uglas 65 250 A2
Ugnouas 65 249 E1
Ugny 54 39 D1
Ugny-l'Équipée 80 18 C3
Ugny-le-Gay 02 19 D4
Ugny-sur-Meuse 55 63 E3
Uhart-Cize 64 246 C2
Uhart-Mixe 64 247 D1
Uhlwiller 67 67 D1
Uhrwiller 67 67 D1
Ulcot 79 114 A4
Les Ulis 91 57 D3
Ully-St-Georges 60 33 F3
Les Ulmes 49 114 B3
Umpeau 28 79 D1
Unac 09 260 C1
Uncey-le-Franc 21 122 C2
Unchair 51 36 A3
Ungersheim 68 108 C1
Unias 42 170 B3
Unienville 10 83 F2
Unieux 42 186 A4
L'Union 31 230 A2
Unverre 28 77 F3
Unzent 09 252 A2
Upaix 05 221 E1
Upie 26 204 B1
Ur 66 261 D4
Urau 31 259 D2
Urbalacone 2a 266 C4
Urbanya 66 261 F2
Urbeis 67 89 D1
Urbès 68 108 A1
Urbise 42 154 A2
Urcay 03 136 A3
Urcel 02 35 F1
Urcerey 90 107 F3

Urciers 36 135 E4
Urcuit 64 224 C3
Urcy 21 123 E2
Urdens 32 228 C1
Urdès 64 226 A1
Urdos 64 256 B3
Urepel 64 246 B2
Urgons 40 209 E4
Urgosse 32 227 D2
Uriménil 88 87 E3
Urmatt 67 66 B4
Urost 64 249 D1
Urou-et-Crennes 61 53 D3
Urrugne 64 246 A1
Urs 09 260 C1
Urschenheim 68 89 E3
Urt 64 224 C3
Urtaca 2b 265 D3
Urtière 25 127 D2
Uruffe 54 86 B1
Urval 24 196 C1
Urville 10 84 B3
Urville 88 86 A3
Urville 50 25 D3
Urville 14 29 E4
Urville-Nacqueville 50 24 C1
Urvillers 02 19 D3
Ury 77 80 B2
Urzy 58 120 B4
Us 95 33 D4

Uxegney 88 87 D3
Uxelles 39 141 F3
Uxem 59 4 B1
Uz 65 257 D2
Uza 40 208 B3
Uzan 64 226 B3
Uzay-le-Venon 18 136 A2
Uzech 46 197 F3
Uzein 64 226 B4
Uzel 22 71 D2
Uzelle 25 107 D4
Uzemain 88 87 D3
Uzer 07 203 D1
Uzer 65 257 F1
Uzerche 19 181 D1
Uzès 30 218 C3
Uzeste 33 194 C4
Uzos 64 248 C1

V
Vaas 72 96 C3
Vabre 81 231 F2
Vabre-Tizac 12 214 C2
Vabres 30 217 F3
Vabres 15 183 B4
Vabres-l'Abbaye 12 215 F4
Vaccarès (Étang de) 13 235 F3
Vacherauville 55 38 C4
Vachères 04 221 D3
Vachères-en-Quint 26 204 C1
Vacheresse 74 159 D1
La Vacheresse-et-la-Rouillie 88 86 B3
Vacheresses-les-Basses 28 56 A4
Vacognes-Neuilly 14 28 C4
Vacon 55 63 E3
La Vacquerie 14 28 B4
Vacquerie 80 17 D1
La Vacquerie-et-St-Martin-de-Castries 34 233 F1
Vacqueriette-Erquières 62 9 D3
Vacqueville 54 95 A4
Vacqueyras 84 219 F2
Vacquières 34 234 B1
Vacquiers 31 230 A1
Vadans 70 124 B3
Vadans 39 141 E3
Vadelaincourt 55 38 B4
Vadenay 51 37 D4
Vadencourt 80 17 E1
Vadencourt 02 19 E2

Troyes

Champeaux (R.) .... BZ 12
Clemenceau (R. G.) ...... BCY 15
Driant (R. Col.) .... BZ 20
Jaurès (Pl. Jean) .... BZ 31
République (R. de la) ... BZ 51
Zola (R. Émile) .... BCZ

Belgique (Bd de) .... BZ 3
Boucherat (R.) .... CY 4
Charbonnet (R.) .... BZ 13

Comtes de Champagne (Q. des) .. CY 16
Dampierre (Quai) .... BY 17
Foch (Pl. Mar.) .... BZ 22
Huez (R. Claude) .... BYZ 28
Jaillant-Desch. (R.) .... BZ 29
Joffre (Av. Mar.) .... BZ 33
Langevin (Pl. du Prof.) . BZ 35
Libération (Pl. de la) .. CZ 39
Molé (R.) .... BZ 44
Paillot de Montabert (R.) BZ 46
Palais-de-Justice (R.) .. BZ 47

St-Pantaléon (†) .... BZ E
St-Pierre (Pl.) .... CY 52
St-Rémy (Pl.) .... BY 53
St-Urbain (†) .... BYZ B
Ste-Madeleine (†) .... BZ D
Salengro (R. Roger) ..... BZ 54
Tour-Boileau (R. de la) . BZ 59
Trinité (R. de la) ...... BZ 60
Turenne (R. de) .... BZ 61
Vanier (Av. Major. Gén.) BY
Voltaire (R.) .... BZ 64

Vadonville 55 63 D2
Vagnas 07 218 C1
Vagney 88 88 A4
Vahl-lès-Bénestroff 57 65 E1
Vahl-Ebersing 57 41 E4
Vahl-lès-Faulquemont 57 41 D4
Vaiges 53 75 E4
Vailhan 34 233 E3
Vailhauquès 34 234 A2
Vailhourles 12 214 A1
Vaillac 46 198 A2
Vaillant 52 105 D3
Vailly 74 158 C1
Vailly 10 83 D2
Vailly-sur-Aisne 02 35 F2
Vailly-sur-Sauldre 18 119 E1
Vains 50 50 C3
Vairé 85 128 C3
Vaire-Arcier 25 125 E2
Vaire-le-Petit 25 125 E2
Vaire-sous-Corbie 80 18 A2
Vaires-sur-Marne 77 58 A2
Vaison-la-Romaine 84 220 A4
Vaissac 82 213 E3
Vaite 70 105 F3
La Vaivre 70 107 D1
Vaivre-et-Montoille 70 106 B3
Le Val 83 238 B4
Val 15 183 D1
Le Val-André 22 48 B3
Le Val-d'Ajol 88 107 D1
Val-d'Auzon 10 83 E1
Le Val-David 27 55 E1
Val-de-Bride 57 65 E2
Val-de-Fier 74 157 F4
Le Val-de-Gouhenans 70 107 D3
Le Val-de-Guéblange 57 41 F4
Val-de-la-Haye 76 31 E2
Val-de-Mercy 89 102 B3
Val-de-Roulans 25 125 F1
Val-de-Saâne 76 15 E3
Val-de-Vesle 51 36 C3
Val-de-Vière 51 61 F2
Val-des-Prés 05 191 D4
Val-d'Isère 73 175 E4
Val-d'Izé 35 73 F3
Val-et-Châtillon 54 66 A4
Le Val Gallerand 27 54 C1
Val Joly (Lac du) 59 12 C4
Val-Maravel 26 205 D3
Le Val-St-Éloi 70 106 C2
Le Val-St-Germain 91 57 D4
Le Val-St-Père 50 50 C3
Val-Suzon 21 123 E1
Valady 12 199 E4
Valailles 27 30 C4
Valaire 41 117 D1
Valanjou 49 113 F3
Valaurie 26 203 F4
Valay 70 124 C3
Valbeleix 63 168 A4
Valbelle 04 221 E2
Valberg 06 223 E2
Valbonnais 38 189 E4
Valbonne 06 240 D2
Valbonne (Ancienne Chartreuse de) 30 219 D2
Valcabrère 31 250 A3
Valcanville 50 25 D2
Valcebollère 66 261 D4
Valcivières 63 169 E3
Valcourt 52 62 A4
Valdahon 25 126 A3
Valdampierre 60 33 D3
Valdeblore 06 241 D2
Le Valdécie 50 12 C4
Valdelancourt 52 84 B4
Valderiès 81 214 C4
Valderoure 06 239 F1
Valdieu-Lutran 68 108 B3
Valdivienne 86 132 C4

Valdoie 90 107 F3
Valdrôme 26 205 D3
Valdurenque 81 231 E3
Valeille 42 170 C2
Valeilles 82 212 B1
Valeins 01 155 F3
Valempoulières 39 141 F2
Valençay 36 117 D1
Valence 16 163 D1
Valence 26 187 E4
Valence 82 213 B3
Valence-d'Albigeois 81 215 D4
Valence-en-Brie 77 58 D1
Valence-sur-Baïse 32 228 A1
Valenciennes 59 11 E2
Valencin 38 171 F3
Valencogne 38 172 C4
Valennes 72 97 E1
Valensole 04 221 F4
Valentigney 25 107 F4
Valentin 25 125 E2
Valentine 31 258 C4
Valenton 94 57 F3
Valergues 34 234 C2
Valernes 04 221 F1
Valescourt 60 33 F1
La Valette 38 189 E4
Valette 15 183 D2
Valette (Barrage de la) 19 182 A2
La Valette-du-Var 83 244 B3
Valeuil 24 179 E1
Valeyrac 33 176 C1
Valezan 73 175 D3
Valff 67 89 E1
Valfin-sur-Valouse 39 156 C1
Valflaunès 34 234 B1
Valfleury 42 171 D4
Valframbert 61 76 B1
Valfroicourt 88 86 C3
Valgaudemar 05 206 A1
Valgorge 07 202 C3
Valhey 54 65 D3
Valhuon 62 9 E2
Valiergues 19 166 C4
Valignat 03 152 C3
Valigny 03 136 B3
Valines 80 8 A4
Valjouffrey 38 206 A1
Valjouze 15 184 A3
La Valla 42 169 E2
La Valla-en-Gier 42 186 C1
Vallabrégues 30 235 F1
Vallabrix 30 218 C3
Vallan 89 102 A3
Vallangoujard 95 33 E4
Vallans 79 146 A2
Vallant-St-Georges 10 82 C1
Vallauris 06 240 B2
Valle-d'Alesani 2b 267 E1
Valle-di-Campoloro 2b 267 F1
Valle-di-Mezzana 2a 266 B3
Valle-di-Rostino 2b 265 E4
Valle-d'Orezza 2b 265 E4
Vallecalle 2b 265 E3
La Vallée 17 160 C1
La Vallée-au-Blé 02 20 A2
Vallée (Étang de la) 45 100 A1
La Vallée-Mulâtre 02 19 E1
Vallègue 31 230 C4
Valleiry 74 157 F3
Vallenay 18 135 F2
Vallentigny 10 84 B1
Vallerange 57 65 E1
Vallérargues 30 218 C3
Valleraugue 30 217 E3
Vallères 37 115 E2
Valleret 52 84 C1
Vallerois-le-Bois 70 106 C4
Vallerois-Lorioz 70 106 C4
Valleroy 54 59 F3
Valleroy 52 105 F3
Valleroy 25 125 F1
Valleroy-aux-Saules 88 86 C2
Valleroy-le-Sec 88 86 C3
Vallery 89 81 F3
Vallesvilles 31 230 B3
Vallet 17 177 F2
Vallet 44 112 B3
Valletot 27 30 C2
La Vallette 42 170 C2
Vallica 2b 264 C3
Vallières 74 173 E1
Vallières 10 103 D1
Vallières 23 166 B1

Vallières-les-Grandes 41 116 C1
Valliguières 30 219 D3
Valliquerville 76 14 C4
Valloire 73 190 C2
Valloires (Anc. abbaye de) 80 8 B2
Les Vallois 88 86 C3
Vallois 54 87 E1
Vallon-en-Sully 03 136 A4
Vallon-Pont-d'Arc 07 203 D4
Vallon-sur-Gée 72 96 A1
Vallorcine 74 159 E3
Vallouise 05 206 C1
Valmagne (Abbaye de) 34 33 F4
Valmanya 66 262 A3
Valmascle 34 233 E4
Valmeinier 73 190 C2
Valmestroff 57 40 B2
Valmigère 11 253 F4
Valmondois 95 33 E4
Valmont 57 41 D4
Valmont 76 14 C3
Valmunster 57 40 C3
Valmy 51 37 F4
Valognes 50 25 D3
Valojoulx 24 180 B4
Valonne 25 126 B1
Valoreille 25 126 C2
Valouse 26 204 B4
Valprionde 46 212 C1
Valprivas 43 186 A2
Valpuiseaux 91 80 A2
Valras-Plage 34 255 E2
Valréas 84 219 F1
Valros 34 233 E4
Valroufié 46 197 F4
Vals 09 252 B3
Vals-les-Bains 07 203 D2
Vals-le-Chastel 43 185 D2
Vals-près-le-Puy 43 185 F4
Valsaintes 04 221 D4
Valsemé 14 30 A3
Valserine 01, 74 157 E2
Valserres 05 206 B3
Valsonne 69 170 C1
Le Valtin 88 88 B3
Valuéjols 15 184 F4
Valvignères 07 203 E4
Valz-sous-Châteauneuf 63 184 C1
Valzergues 12 199 D4
Van (Pointe du) 29 68 A2
Vanault-le-Châtel 51 61 F2
Vanault-les-Dames 51 61 F2
Vançais 79 147 D2
Vancé 72 97 E2
La Vancelle 67 89 D2
Vanclans 25 126 A3
Vançon 04 222 A1
Vandeins 01 156 A2
Vandelainville 54 39 F4
Vandelans 70 125 E1
Vandeléville 54 86 B1
Vandélicourt 60 34 B1
Vandenesse 58 138 A1
Vandenesse-en-Auxois 21 122 C3
Vandeuil 51 36 A3
Vandières 51 36 A4
Vandières 54 64 A1
Vandœuvre-lès-Nancy 54 64 B3
Vandoncourt 25 108 A4
Vandré 17 145 F3
Vandrimare 27 32 A2
Vandy 08 37 F1
Vanlay 10 83 D4
Vannaire 21 104 A1
Vanne 70 106 A3
Le Vanneau 79 146 A2
Vannecourt 57 65 D1
Vannecrocq 27 30 C2
Vannes 56 91 E3
Vannes-le-Châtel 54 63 F4
Vannes-sur-Cosson 45 99 F3
Vannoz 39 142 A2
Vanoise (Parc National de la) 73 174 E4
Vanosc 07 187 D2
Les Vans 07 218 B1
Vantoux 57 40 B3
Vantoux-et-Longevelle 21 123 E1
Vanves 92 57 E2
Vanvey 21 104 A2

Vanville 77 59 D4
Vanxains 24 178 C2
Vany 57 40 B3
Vanzac 17 177 F1
Vanzay 79 147 E2
Vanzy 74 157 E3
Vaour 81 213 F3
Var 6 223 E3
Varacieux 38 188 C2
Varades 44 112 C1
Varages 83 238 B2
Varaignes 24 163 E3
Varaire 46 213 F1
Varaize 17 161 E1
Varambon 01 156 B4
Varanges 21 123 F2
Varangéville 54 64 C3
Varaville 14 29 E3
Varces-Allières-et-Risset 38 189 D3
Vareilles 89 82 A3
Vareilles 71 154 C3
Vareilles 23 149 F2
Varen 82 214 A2
Varengeville-sur-Mer 76 15 E2
Varenguebec 50 26 C2
La Varenne 49 112 B2
Varenne-l'Arconce 71 154 B2
Varenne-St-Germain 71 154 B1
Varenne-sur-le-Doubs 71 140 C1
Varennes 80 17 F1
Varennes 89 102 C1
Varennes 24 196 B1
Varennes 31 230 B4
Varennes 86 132 A2
Varennes 82 213 E4
Varennes 37 116 B4
Varennes-Changy 45 100 C2
Varennes-en-Argonne 55 38 A3
Varennes-le-Grand 71 140 A2
Varennes-Jarcy 91 58 A3
Varennes-lès-Mâcon 71 155 F2
Varennes-lès-Narcy 58 120 A3
Varennes-St-Honorat 43 185 D3
Varennes-Sts-Sauveur 71 140 C4
Varennes-sous-Dun 71 154 C2
Varennes-sur-Allier 03 153 D2
Varennes-sur-Amance 52 105 F1
Varennes-sur-Fouzon 36 117 E3
Varennes-sur-Loire 49 114 C2
Varennes-sur-Morge 63 168 B1
Varennes-sur-Seine 77 81 D2
Varennes-sur-Tèche 03 153 E2
Varennes-sur-Usson 63 168 C4
Varennes-Vauzelles 58 120 B4
Varès 47 195 F4
Varesnes 60 18 C4
Varessia 39 141 E4
Varetz 19 181 D2
Varilhes 09 252 A3
Varinfroy 60 34 C4
Variscourt 02 36 B1
Varize 57 40 C3
Varize 28 78 C4
Varmonzey 88 87 D2
Varnéville 55 63 E2
Varneville-Bretteville 76 15 E4
Varney 55 62 B2
Varogne 70 106 C2
Varois-et-Chaignot 21 123 F2
Varouville 50 25 E1
Varrains 49 114 C2
Varreddes 77 58 C1
Vars 70 105 E4
Vars 05 207 D2
Vars 16 162 C2
Vars (Col de) 04,05 207 E3
Vars-sur-Roseix 19 180 C2
Varsberg 57 41 D3
Varvinay 55 63 E1
Varzay 17 161 D2
Varzy 58 120 C2
Vascœuil 27 32 A1
Vasles 79 131 E4
Vasouy 14 30 A2
Vasperviller 57 66 A3
Vassel 63 168 C2
Vasselay 18 119 D3
Vasselin 38 172 C3
Vassens 02 35 D1
Vasseny 02 35 E2
Vassieux-en-Vercors 26 188 C4
Vassimont-et-Chapelaine 51 60 C3
Vassincourt 55 62 B2

Vassivière (Lac de) 87 165 F2
Vassogne 02 36 A2
Vassonville 76 15 E3
Vassy 14 52 A2
Vassy 89 103 D4
Le Vast 50 25 D2
Vasterival 50 24 C2
Les Vastres 43 186 B4
Vatan 36 118 A4
Vathiménil 54 65 D4
Vatierville 76 16 B3
Vatilieu 38 189 E3
Vatimont 57 40 C4
Vatry 51 61 D2
Vattetot-sous-Beaumont 76 14 B4
Vattetot-sur-Mer 76 14 A3
Vatteville 27 32 A3
Vatteville-la-Rue 76 31 D1
Vaubadon 14 28 B3
Vauban 71 154 B2
Vaubecourt 55 62 B1
Vaubexy 88 87 D2
Vaucé 53 74 C1
Vaucelles (Ancienne Abbaye de) 59 10 C4
Vaucelles 14 28 B2
Vaucelles-et-Beffecourt 02 35 F1
La Vaupalière 76 31 E1
Vauchamps 51 59 F2
Vauchassis 10 82 C3
Vauchelles-lès-Authie 80 9 E4
Vauchelles-lès-Domart 80 17 D1
Vauchelles 60 18 C4
Vauchelles-les-Quesnoy 80 8 C4
Vauchignon 21 122 C4
Vauchonvilliers 10 84 A2
Vauchoux 70 106 B3
Vauchrétien 49 113 F2
Vauciennes 51 36 B4
Vauciennes 60 35 D3
Vauclaix 58 136 A1
Vauclerc 51 61 F3
Vaucluse 25 126 B2
Vaucluse (Plateau de) 84 220 C3
Vauclusotte 25 126 C2
Vaucogne 10 61 D4
Vauconcourt-Nervezain 70 106 A3
Vaucouleurs 55 63 E4
Vaucourt 54 65 E3
Vaucourtois 77 58 C2
Vaucresson 92 57 D2
Vaudancourt 60 32 C2
Vaudebarrier 71 154 C1
Vaudelnay 49 114 B3
Vaudeloges 14 53 D1
Vaudemanges 51 36 C4
Vaudémont 54 86 C1
Vaudes 10 83 F3
Vaudesincourt 51 37 D3
Vaudesson 02 35 E1
Vaudeurs 89 82 A4
Vaudevant 07 187 D3
Vaudeville-le-Haut 55 85 F1
Vaudeville 54 86 C1
Vaudeville 88 87 E2
Vaudherland 95 57 F1
Le Vaudioux 39 142 A2
Vaudoncourt 57 40 C3
Vaudoncourt 55 39 D2
Vaudoncourt 88 86 B2
Le Vaudoué 77 80 B2
Vaudoy-en-Brie 77 59 D2
Vaudreching 57 40 C2
Vaudrecourt 52 86 A2
Vaudrémont 52 84 C3
Le Vaudreuil 27 31 F2
Vaudreuille 31 231 D4
Vaudreville 50 25 D3
Vaudrey 39 141 E2
Vaudricourt 80 8 A4
Vaudricourt 62 9 F1
Vaudrimesnil 50 26 C3
Vaudringhem 62 3 E4
Vaudrivillers 25 126 A2

Vaudry 14 51 F2
Vaufrey 25 127 D1
Vaugines 84 221 F4
Vaugneray 69 171 D2
Vaugrigneuse 91 57 D4
Vauhallan 91 57 E3
Vaujany 38 190 A2
Vaujours 93 58 A1
Le Vaulmier 15 183 F3
Vaulnaveys-le-Bas 38 189 E3
Vaulnaveys-le-Haut 38 189 E3
Vaulry 87 149 D4
Vault-de-Lugny 89 121 E1
Vaulx 74 157 F4
Vaulx 62 9 D3
Vaulx-en-Velin 69 171 F2
Vaulx-Milieu 38 172 A3
Vaulx-Vraucourt 62 10 B4
Le Vaumain 60 33 D3
Vaumas 03 153 E1
Vaumeilh 04 221 F1
Vaumoise 60 34 C3
Vaumort 89 82 A3
Vaunac 24 180 A1
Vaunaveys-la-Rochette 26 204 B2
Vaunoise 61 76 C2
La Vaupalière 76 31 E1
Vaupillon 28 77 F1
Vauquois 55 38 B3
Vauréal 95 33 E4
Vaureilles 12 199 D4
Le Vauroux 60 33 D2
Vausse (Prieuré de) 89 103 D3
Vausseroux 79 131 E4
Vautebis 79 131 E4
Vauthiermont 90 108 A2
Vautorte 53 74 C2
Vauvenargues 13 237 F3
Vauvert 30 235 D2
Vauville 14 29 F2
Vauville 50 24 B2
Vauvillers 70 106 B1
Vauvillers 80 18 A2
Vaux 31 230 C4
Vaux 03 151 F1
Vaux 89 102 B3
Vaux 86 147 E2
Vaux 57 40 A4
Vaux-Andigny 02 19 E1
Vaux (Belvédère de) 80 18 B1
Vaux-Champagne 08 37 E1
Vaux (Culée de) 39 141 E2
Les Vaux de Cernay 78 56 C3
Vaux-devant-Damloup 55 38 C3
Vaux-la-Douce 52 105 F2
Vaux-en-Amiénois 80 17 F1
Vaux-en-Beaujolais 69 155 D4
Vaux-en-Bugey 01 172 B1
Vaux-en-Pré 71 139 F3
Vaux-en-Vermandois 02 18 C2
Vaux-en-Dieulet 08 38 A1
Vaux-et-Chantegrue-Malpas 25 142 C1
Vaux-la-Grande 55 63 D3
Vaux-Lavalette 16 178 C1
Vaux-le-Pénil 77 58 A3
Vaux-la-Petite 55 63 D3
Vaux-lès-Prés 25 125 D2
Vaux-Rouillac 16 162 A2
Vaux-Rubigny 08 20 C3
Vaux-St-Claude 39 157 D1
Vaux-Saules 21 123 D1
Vaux-sous-Aubigny 52 105 D3
Vaux-sur-Aure 14 28 B2
Vaux-sur-Blaise 52 84 C1

Vaux-sur-Eure 27 55 F1
Vaux-sur-Lunain 77 81 D3
Vaux-sur-Mer 17 160 B3
Vaux-sur-Poligny 39 141 E2
Vaux-St-Urbain 52 85 D2
Vaux-sur-Seine 78 56 C1
Vaux-sur-Seulles 14 28 C3
Vaux-sur-Somme 80 18 A2
Vaux-sur-Vienne 86 132 C1
Vaux-Villaine 08 21 D3
Vauxaillon 02 35 E1
Vauxbons 52 104 C1
Vauxbuin 02 35 D2
Vauxcéré 02 35 F2
Vauxrenard 69 155 E2
Vauxtin 02 35 F2
Vavincourt 55 62 C2
Vavray-le-Grand 51 61 F2
Vavray-le-Petit 51 61 F2
Vaxainville 54 65 E4
Vaxoncourt 88 87 E2
Vaxy 57 65 D2
Vay 44 93 D4
Vaychis 09 260 C2
Vaylats 46 213 E1
Vayrac 46 181 E4
Vayres 33 194 C1
Vayres 87 163 F2
Vayres-sur-Essonne 91 80 B2
Vazeilles-Limandre 43 185 E3
Vazeilles-près-Saugues 43 201 E1
Vazerac 82 213 D2
Veauce 03 152 B3
Veauche 42 170 C3
Veauchette 42 170 B3
Veaugues 18 119 F2
Veaunes 26 187 F3
Veauville-lès-Baons 76 15 D4
Veauville-lès-Quelles 76 15 D3
Vèbre 09 260 C1
Vebret 15 183 D1
Vébron 48 217 D2
Veckersviller 57 66 B1
Veckring 57 40 C2
Vecoux 88 87 F4
Vecquemont 80 17 F2
Vecqueville 52 85 D1
Vedène 84 219 F4
Védrines-St-Loup 15 184 C3
Véel 55 62 B2
Végennes 19 181 E4
Vého 54 65 E3
Veigné 37 116 A2
Veigy-Foncenex 74 158 B2
Veilhes 81 230 C3
Veilleins 41 117 F1
Veilly 21 122 C3
Veix 19 165 F4
Velaine-en-Haye 54 64 B3
Velaine-sous-Amance 54 64 C3
Velaines 55 62 C3
Velanne 38 173 D4
Velars-sur-Ouche 21 123 E2
Velaux 13 237 D3
Velle-le-Châtel 70 106 B3
Velennes 60 33 E1
Velennes 80 17 D3
Velesmes-Essarts 25 125 D3
Velet 70 124 B1
Vélieux 34 232 B4
Vélines 24 195 E1
Vélizy-Villacoublay 78 57 D2
Velle-sur-Moselle 54 64 C4
Velleches 86 132 C1
Vellechevreux-et-Courbenans 70 107 E4
Velleclaire 70 125 D1
Vellefaux 70 106 C4
Vellefrey-et-Vellefrange 70 125 D1
Vellefrie 70 106 C3
Velleguindry-et-Levrecey 70 106 C4
Velleminfroy 70 106 C3
Vellemoz 70 106 A4
Vellerot-lès-Belvoir 25 126 B1
Vellerot-lès-Vercel 25 126 A2
Velles 52 105 F2
Velles 36 134 B3
Vellescot 90 108 A3
Vellevans 25 126 A2
Vellexon-Queutrey-et-Vaudey 70 106 A4

Velloreille-lès-Choye 70 124 C1
Velluire 85 145 E1
Velogny 21 122 C1
Velone-Orneto 2b 265 F4
Velorcey 70 106 C2
Velosnes 55 38 C1
Velotte-et-Tatignécourt 88 86 C2
Vélu 62 10 B4
Velving 57 41 D2
Velye 51 60 C2
Velzic 15 183 D4
Vémars 95 34 A4
Venables 27 31 F2
Venaco 2b 267 D2
Venansault 85 129 D2
Venanson 2b 265 E3
Venarey-les-Laumes 21 103 F4
Venarsal 19 181 E2
Venas 03 136 B4
Venasque 84 220 A3
Vence 06 240 B1
Vence (Col de) 06 240 B1
Vendargues 34 234 C2
Vendat 03 153 D3
Vendays-Montalivet 33 176 B1
Vendée 17, 85 145 E1
Vendegies-au-Bois 59 11 E4
Vendegies-sur-Écaillon 59 11 E3
Vendeix (Roche) 63 167 E4
Vendel 35 73 F2
La Vendelée 50 26 C4
Vendelles 02 19 D2
Vendémian 34 233 F3
Vendenesse-lès-Charolles 71 154 C1
Vendenesse-sur-Arroux 71 138 C3
Vendenheim 67 67 D3
Vendes 14 28 C3
Vendeuil 02 19 E3
Vendeuil-Caply 60 17 E4
Vendeuvre 14 53 D1
Vendeuvre-du-Poitou 86 132 B2
Vendeuvre-sur-Barse 10 83 F3
Vendeville 59 10 C1
Vendhuile 02 19 D1
Vendières 02 59 E2
Vendin-lès-Béthune 62 9 F1
Vendin-le-Vieil 62 10 A1
Vendine 31 230 C3
Vendœuvres 36 134 A2
Vendoire 24 178 C1
Vendôme 41 98 A2
Vendranges 42 170 B1
Vendrennes 85 129 F2
Vendres 34 255 D1
Vendresse 08 21 F4
Vendresse-Beaulne 02 35 F2
La Vendue-Mignot 10 83 D3
Vénéjan 30 219 D2
Venelles 13 237 E2
Vénérand 17 161 E2
Venère 70 124 C1
Vénérieu 38 172 B3
Vénérolles 02 19 F1
Venerque 31 230 A4
Vénès 81 231 E2
Venesmes 18 135 F2
Vénestanville 76 15 D3
Venette 60 34 B2
Veneux-les-Sablons 77 80 C2
Vénévelles 72 96 B3
Veney 54 65 E4
Vengeons 50 51 E2
Venise 25 125 E1
Vénissieux 69 171 E2
Venizel 02 35 E2
Venizy 89 82 B4
Vennans 25 125 F2
Vennecy 45 99 F1
Vennes 25 126 B2
Vennezey 54 87 E1
Venon 38 189 E2
Venon 27 31 E3
Venosc 38 190 A3
Venouse 89 102 B2
Venoy 89 102 B2
Vensac 33 176 B1
Vensat 63 152 C4
Ventabren 13 237 D3
Ventadour (Château de) 19 182 B1
Ventavon 05 206 A4
Ventelay 51 36 A2
Ventenac 09 260 C1
Ventenac-Cabardès 11 231 E4
Ventenac-en-Minervois 11 254 B2
Venterol 04 206 A4

Venterol 26 204 B3
Les Ventes 27 55 D1
Les Ventes-de-Bourse 61 76 B1
Ventes-St Rémy 76 16 A3
Venteuges 43 185 D4
Venteuil 51 36 A4
Venthon 73 174 B2
Ventiseri 2b 267 E4
Ventouse 16 163 D1
Ventoux (Mont) 84 220 B2
Ventron 88 107 F1
La Ventrouze 61 54 C4
Venzolasca 2b 265 E3
Ver 50 50 C1
Ver-lès-Chartres 28 78 C2
Ver-sur-Launette 60 34 B4
Ver-sur-Mer 14 28 C2
Vérac 33 177 F4
Véranne 42 187 D1
Vérargues 34 234 C2
Véraza 11 253 E4
Verberie 60 34 B2
Verbiesles 52 85 D4
Vercel-Villedieu-le-Camp 25 126 A2
Verchain-Maugré 59 11 D3
Verchaix 74 159 D3
Vercheny 26 204 C2
Les Verchers-sur-Layon 49 114 A3
Verchin 62 9 D1
Verchocq 62 8 C1
Vercia 39 141 E4
Verclause 26 205 D4
Vercoiran 26 220 B3
Vercours (Parc Régional du) 26, 38 188 C4
Vercourt 80 8 B3
Verdaches 04 222 B1
Verdalle 81 231 E3
Verde (Col de) 2A, 2B 267 D3
Verdelais 33 194 C3
Verdelot 77 59 E2
Verdenal 54 65 E3
Verderel-Bois-Sauqueuse 60 33 E1
Verderonne 60 34 A2
Verdes 41 98 C1
Verdèse 2b 265 E4
Verdets 64 248 A1
Le Verdier 81 214 A4
La Verdière 83 238 B2
Verdigny 18 119 F2
Verdille 16 162 A1
Verdilly 02 35 E4
Verdon 24 196 B1
Verdon 4,83 222 C3
Verdon 51 59 F1
Verdon (Grand Canyon du) 04 239 D1
Le Verdon-sur-Mer 33 160 B3
Verdonnet 21 103 E3
Verdun 09 260 B1
Verdun 55 38 C3
Verdun-en-Lauragais 11 253 D1
Verdun-sur-le-Doubs 71 140 A1
Verdun-sur-Garonne 82 229 E1
Vereaux 18 136 C1
Verel-de-Montbel 73 173 E1
Verel-Pragondran 73 173 E3
Véretz 37 116 A2
Vereux 70 105 F4
Verfeil 31 230 B2
Verfeil 82 214 A2
Verfeuil 30 218 C2
Vergaville 57 65 E2
Vergéal 35 73 F4
La Vergenne 70 107 D3
Le Verger 49 95 E3
Le Verger 35 72 C3
Verger-sur-Dive 86 131 F2
Vergeroux 17 145 E4
Verges 39 141 F4
Vergetot 76 14 A4
Vergezac 43 185 E4
Vergèze 30 235 D2
Vergheas 63 151 F4
Vergies 80 16 C2
Vergigny 89 102 B1
Vergio (Col de) 2A,2B 266 B1
Vergisson 71 155 E2
La Vergne 17 146 B4
Vergné 17 146 A3
Vergoignan 32 227 D2
Vergoncey 50 50 C4
Vergongheon 43 184 C1
Vergonnes 49 94 B2
Vergons 04 239 E1
Vergranne 25 126 A1
Vergt 24 179 E4
Vergt-de-Biron 24 196 C3

Le Verguier 02 19 D2
Véria 39 141 D4
Vérignon 83 238 C2
Vérigny 28 78 B1
Vérin 42 171 E4
Vérines 17 145 C4
Vérissey 71 140 B3
Verjon 01 156 C1
Verjux 71 140 B1
Verlans 70 107 E3
Verlhac-Tescou 82 213 E4
Verlin 89 101 F1
Verlincthun 62 2 C4
Verlinghem 59 5 D4
Verlus 32 227 D3
Vermand 02 18 C2
Vermandovillers 80 18 B2
Vermelles 62 10 A1
Vermenton 89 102 B3
Vermondans 25 126 C1
Le Vermont 88 88 B1
Vern-sur-Seiche 35 73 D4
Vernais 18 136 B2
Vernaison 69 171 E3
Vernajoul 09 252 A4
Vernancourt 51 62 A2
Vernantes 49 114 C1
Vernantois 39 141 E3
La Vernarède 30 218 A1
Vernas 38 172 B2
Vernassal 43 185 E3
Vernaux 09 260 C1
Vernay 69 155 D3
La Vernaz 74 159 D1
Verne 25 125 F1
Verne (Chartreuse de la) 83 245 D2
Vernègues 13 236 C2
Verneiges 23 151 D2
Le Verneil 73 174 A4
Verneil-le-Chétif 72 96 C3
Verneix 03 151 F1
La Vernelle 36 117 E2
Le Vernet 09 252 A2
Le Vernet 04 222 B1
Le Vernet 03 153 E3
Le Vernet 43 185 E4
Vernet 31 229 F4
Vernet-les-Bains 66 261 F3
Le Vernet-Ste-Marguerite 63 167 F3
Vernet-la-Varenne 63 168 C4
Verneugheol 63 167 D2
Verneuil 58 137 F2
Verneuil 18 136 A2
Verneuil 16 163 E2
Verneuil 51 36 A4
Verneuil-le-Château 37 115 E4
Verneuil-en-Bourbonnais 03 152 C2
Verneuil-en-Halatte 60 34 A3
Verneuil-l'Étang 77 58 B4
Verneuil-Grand 55 22 C4
Verneuil-Moustiers 87 149 D2
Verneuil-Petit 55 22 C4
Verneuil-sous-Coucy 02 35 E1
Verneuil-sur-Avre 27 55 D3
Verneuil-sur-Igneraie 36 135 D3
Verneuil-sur-Indre 37 116 C4
Verneuil-sur-Seine 78 56 C1
Verneuil-sur-Serre 02 19 F4
Verneuil-sur-Vienne 87 164 B1
Verneusses 27 54 B2
Vernéville 57 39 F3
Vernie 72 76 A3
Vernierfontaine 25 125 F3
Vernines 63 167 F3
Verniolle 09 252 B3
Vernioz 38 171 F4
Vernix 50 51 D3
Vernoil 49 114 C1
Le Vernois 39 141 E3
Vernois-lès-Belvoir 25 126 B1
Vernois-le-Fol 25 127 D1
Vernois-sur-Mance 70 106 A2
Vernois-lès-Vesvres 21 104 C3
Vernols 15 183 F2
Vernon 86 148 B4
Vernon 07 202 C4
Vernon 27 32 B4
Vernonvilliers 10 84 B2
Vernosc-lès-Annonay 07 187 E2
Vernot 21 104 C4
Vern-d'Anjou 49 94 C3
La Vernotte 70 106 A4

Vernou-en-Sologne 41 117 F1
Vernou-sur-Brenne 37 116 B1
Vernou-sur-Seine 77 81 D2
Vernouillet 28 55 F3
Vernouillet 78 56 C1
Vernoux 01 140 B4
Vernoux-en-Gâtine 79 130 C3
Vernoux-en-Vivarais 07 203 E1
Vernoux-sur-Boutonne 79 146 C3
Le Vernoy 25 107 E4
Vernoy 89 81 E4
Vernusse 03 152 B2
Verny 57 40 B4
Véron 89 81 F4
Véronne 26 204 C2
Véronnes 21 105 D4
Verosvres 71 155 D1
Verpel 08 38 A2
La Verpillière 38 172 A3
Verpillières 80 18 B4
Verpillières-sur-Ource 10 84 A4
Verquières 13 236 B1
Verquigneul 62 9 F1
Verquin 62 9 F1
Verrens-Arvey 73 174 B2
La Verrerie 18 119 D1
Verreries-de-Moussans 34 232 A4
Verrey-sous-Drée 21 123 D1
Verrey-sous-Salmaise 21 123 D1
Verricourt 10 83 E1
La Verrie 85 113 D4
Verrie 49 114 B2
La Verrière 78 56 C3
Verrières 12 216 B2
Verrières 08 37 E1
Verrières 86 148 A1
Verrières 51 38 A4
Verrières 61 77 E2
Verrières 16 161 F3
Verrières 10 83 D3
Verrières 63 168 A4
Verrières-le-Buisson 91 57 E3
Verrières-de-Joux 25 142 C1
Verrières-du-Grosbois 25 125 F2
Verrières-en-Forez 42 170 A3
Verrines-sous-Celles 79 146 C2
Verrue 86 132 A1
Verruyes 79 131 D4
Vers 74 157 F3
Vers 46 198 A4
Vers 71 140 A3
Vers-en-Montagne 39 142 A2
Vers-Pont-du-Gard 30 219 D4
Vers-sous-Sellières 39 141 D2
Vers-sur-Méouge 26 220 C2
Vers-sur-Selles 80 17 E2
Versailles 78 57 D2
Versailleux 01 156 A4
Versainville 14 53 D1
La Versanne 42 187 D1
Versaugues 71 154 B1
Verseilles-le-Bas 52 105 D2
Verseilles-le-Haut 52 105 D2
Versigny 60 34 B4
Versigny 02 19 E4
Versols-et-Lapeyre 12 216 A4
Verson 14 29 D3
Versonnex 01 158 A2
Versonnex 74 157 F4
Le Versoud 38 189 E2
Le Vert 79 146 B3
Vert 78 56 B1
Vert 40 209 E3
Vert-en-Drouais 28 55 F3
Vert-le-Grand 91 57 E4
Vert-la-Gravelle 51 60 B2
Vert (Lac) 74 159 D4
Vert-le-Petit 91 57 E4
Vert-St-Denis 77 58 A4
Vertain 59 11 E3
Vertaizon 63 168 C2
Vertamboz 39 141 F3
Vertault 21 103 E1
Verteillac 24 179 D1
Verteuil-d'Agenais 47 195 F4
Verteuil-sur-Charente 16 147 E4
Verthemex 73 173 E3
Vertheuil 33 176 C2

Vertolaye 63 169 E3
Verton 62 8 B2
Vertou 44 112 A3
Vertrieu 38 172 B1
Vertus 51 60 B2
Vertuzey 55 63 E3
Vervant 17 146 B4
Vervant 16 162 C1
Vervezelle 88 87 E2
Vervins 02 20 A2
Véry 55 38 B3
Verzé 71 155 E1
Verzeille 11 253 E4
Verzenay 51 36 C3
Verzy 51 36 C4
Vesaignes-sous-Lafauche 52 85 E2
Vesaignes-sur-Marne 52 85 E4
Vesancy 01 158 A1
Vesc 26 204 B3
Vescemont 90 107 F2
Vescheim 57 66 B2
Vescles 39 157 D1
Vescours 01 140 B4
Vescovato 2b 265 E3
Vesdun 18 135 F4
Vésigneul-sur-Marne 51 61 D2
Vésines 01 155 F1
Le Vésinet 78 57 D2
Vesle 2,51 36 A2
Vesles-et-Caumont 02 20 A4
Veslud 02 36 A1
Vesly 50 26 C2
Vesly 27 32 B3
Vesoul 70 106 C3
La Vespière 14 54 A1
Vesseaux 07 203 D1
Vessey 50 50 C4
Vestric-et-Candiac 30 235 D2
Vésubie 06 241 D2
Vesvres 21 122 C1
Vesvres-sous-Chalancey 52 104 C3
Vétheuil 95 32 C4
Vétraz-Monthoux 74 158 B2
Vétrigne 90 107 F3
Veuil 36 117 E3
Veuilly-la-Poterie 02 35 D4
Veulettes-sur-Mer 76 14 C2
Le Veurdre 03 136 C2
Veurey-Voroize 38 189 D2
Veules-les-Roses 76 15 D2
La Veuve 51 61 D1
Veuves 41 116 C1
Veuvey-sur-Ouche 21 123 D3
Veuxhaulles-sur-Aube 21 104 B1
Vevy 39 141 E3
Vexaincourt 88 66 A4
Le Vey 14 52 B1
Veynes 05 205 F3
Veyrac 87 164 B1
Veyras 07 203 E2
Veyre-Monton 63 168 B3
Veyreau 12 216 C2
Veyrier-du-Lac 74 174 A1
Veyrier (Mont) 74 174 A1
Veyrières 15 182 C1
Veyrières 19 166 C4
Veyrignac 24 197 E1
Veyrine 07 187 D3
Veyrines-de-Domme 24 197 D2
Veyrines-de-Vergt 24 179 F4
Veyrins 38 172 B2
Les Veys 50 27 E2
Veyssilieu 38 172 B2
Veyziat 01 157 D2
Vez 60 34 C3
Vézac 24 197 E1
Vézac 15 199 F1
Vézannes 89 102 C2
Vézaponin 02 35 D1
La Vèze 25 125 E2
Vèze 15 184 A2
Vézelay 89 121 E1
Vézelise 54 64 B4
Vézelois 90 108 A3
Vezels-Roussy 15 199 F2
Vézénobres 30 218 B3
Vézère 19,24 196 C1
Vézeronce-Curtin 38 172 C3
Vezet 70 106 A4
Vézézoux 43 184 C1
Vézilly 02 36 A3
Vezin-le-Coquet 35 73 D3
Vézinnes 89 102 C2
Vézins 49 113 E3
Vézins 50 51 D4
Vézins (Barrage de) 50 51 D4
Vézins-de-Lévezou 12 216 A2
Vezot 72 76 B2
Vezzani 2b 267 E2
Viabon 28 79 D3
Viala-du-Pas-de-Jaux 12 216 B4

Viala-du-Tarn 12 216 A3
Vialas 48 217 F1
Vialer 64 227 D3
Viam 19 165 F3
Viane 81 232 A2
Vianne 47 211 D2
Viâpres-le-Petit 10 60 C4
Viarmes 95 33 F4
Vias 34 255 E1
Viaur 12,81 215 D2
Viaur (Viaduc du) 12,81 215 D3
Viazac 46 199 D3
Le Vibal 12 215 F1
Vibersviller 57 65 F1
Vibeuf 76 15 E3
Vibrac 16 162 B3
Vibrac 17 177 F1
Vibraye 72 77 E4
Vic 36 135 D3
Vic-le-Comte 63 168 B3
Vic-de-Chassenay 21 122 B1
Vic-des-Prés 21 123 D3
Vic-en-Bigorre 65 227 E4
Vic-le-Fesq 30 234 C1
Vic-Fezensac 32 227 F1
Vic-la-Gardiole 34 234 B4
Vic (Roche de) 19 181 F3
Vic-sous-Thil 21 122 B2
Vic-sur-Aisne 02 35 D2
Vic-sur-Cère 15 183 D4
Vic-sur-Seille 57 65 D2
Vicdessos 09 260 A1
Le Vicel 50 25 E2
Vichel 63 184 B1
Vichel-Nanteuil 02 35 E3
Vichères 28 77 E3
Vicherey 88 86 B1
Vichy 03 153 D3
Vico 2a 266 B2
La Vicogne 80 17 E1
La Vicomté-sur-Rance 22 49 E4
Vicq 52 105 F1
Vicq 03 152 C3
Vicq 59 11 E2
Vicq 78 56 C3
Vicq-d'Auribat 40 225 F1
Vicq-Exemplet 36 135 E3
Vicq-sur-Breuilh 87 165 D3
Vicq-sur-Gartempe 86 133 D3
Vicq-sur-Nahon 36 117 E4
Vicques 14 53 D1
Victot-Pontfol 14 29 F3
Vidai 61 76 C1
Vidaillac 46 214 A1
Vidaillat 23 166 A1
Vidauban 83 239 D4
Videcosville 50 25 D2
Videix 87 163 F3
Videlles 91 80 A1
Vidou 65 249 F1
Vidouville 50 28 B4
Vidouze 65 227 D4
Viefvillers 60 17 E4
Vieil-Armand 68 108 B1
Vieil-Baugé 49 96 A4
Le Vieil-Dampierre 51 62 A1
Le Vieil-Évreux 27 55 E3
Vieil-Hesdin 62 9 D2
Vieil-Moutier 62 3 D4
Vieille-Brioude 43 184 C2
Vieille-Chapelle 62 4 B4
Vieille-Église 62 3 E2
Vieille-Église-en-Yvelines 78 56 C3
La Vieille-Loye 39 124 C4
La Vieille-Lyre 27 54 C2
Vieille-Toulouse 31 230 A3
Vieilles-Maisons-sur-Joudry 45 100 B2
Vieillespesse 15 184 B3
Vieillevie 15 199 E3
Vieillevigne 44 112 A4
Vieillevigne 31 230 B4
Vieilmoulin 21 123 D2
Viel-Arcy 02 35 F2
Viel-St-Remy 08 21 D4
Viella 65 257 E3
Viella 32 227 D3
Vielle-Adour 65 249 E2
Vielle-Aure 65 258 A3

Vielle-Louron 65 258 A3
Vielle-St-Girons 40 208 A4
Vielle-Soubiran 40 210 A3
Vielle-Tursan 40 226 B2
Viellenave-d'Arthez 64 226 B4
Viellenave-de-Navarrenx 64 225 F4
Viellenave-de-Bidouze 64 225 E4
Viellesègure 64 226 A4
Vielmanay 58 120 B2
Vielmur-sur-Agout 81 231 D2
Vielprat 43 202 B1
Viels-Maisons 02 59 E2
Vielverge 21 124 B2
Viennay 79 131 D3
Vienne 38 171 F3
Vienne 37,16, 86 115 D3
Vienne-le-Château 51 37 F3
Vienne-en-Arthies 95 32 C4
Vienne-en-Bessin 14 28 C2
Vienne-en-Val 45 99 F2
Vienne-la-Ville 51 37 F3
Viens 84 221 D4
Vienville 88 88 A3
Vier-Bordes 65 249 D3
Viersat 23 151 E2
Vierville 28 79 E2
Vierville 50 28 C2
Vierville-sur-Mer 14 27 F2
Vierzon 18 118 B3
Vierzy 02 35 D3
Viesly 59 11 D4
Viessoix 14 51 F2
Viéthorey 25 126 A1
Vieu 01 173 D1
Vieu-d'Izenave 01 157 D3
Vico 03 136 C4
Vieugy 74 174 A1
Vieure 03 136 A4
Vieussan 34 232 C3
Vieuvicq 28 78 A3
Vieuvy 53 74 C1
Vieux 81 214 A4
Vieux 14 29 D4
Vieux-lès-Asfeld 08 36 C1
Vieux-Berquin 59 4 B4
Vieux-Boucau-les-Bains 40 224 C1
Le Vieux-Bourg 22 71 D1
Vieux-Bourg 14 30 B2
Le Vieux-Cérier 16 147 F4
Vieux-Chambord 03 153 E1
Vieux-Champagne 77 59 D4
Vieux-Charmont 25 107 F4
Vieux-Château 21 122 A1
Vieux-Condé 59 11 E2
Vieux-Ferrette 68 108 C4
Vieux-Fumé 14 29 E4
Vieux-Lixheim 57 66 A2
Vieux-Maisons 77 59 E3
Vieux-Manoir 76 15 F4
Le Vieux-Marché 22 46 C2
Vieux-Mareuil 24 179 D1
Vieux-Mesnil 59 12 B3
Vieux-Moulin 60 34 C2
Vieux-Moulin 88 88 B1
Vieux-Moulins 52 105 D2
Vieux-Pont 61 53 D3
Vieux-Pont 14 29 F4
Vieux-Port 27 30 C1
Vieux-Reng 12 12 B2
Vieux-Rouen-sur-Bresle 76 16 C2
La Vieux-Rue 76 32 A1
Vieux-Ruffec 16 147 F4
Vieux-Thann 68 108 B2
Vieux-Vernègue 13 236 C2
Vieux-Viel 35 50 B4
Vieux-Villez 27 32 A3
Vieux-Vy-sur-Couesnon 35 73 E2
Vieuzos 65 250 A1
Viévigne 21 124 A1
Viéville 52 85 D3
Viéville-en-Haye 54 64 A1
Viévy 21 122 C4
Viévy-le-Rayé 41 98 B2

Viey 65 257 E3
Vif 38 189 D3
Viffort 02 59 E1
Le Vigan 46 197 F2
Le Vigan 30 217 E4
Le Vigean 15 182 C2
Le Vigeant 86 148 A2
Le Vigen 87 201 D4
Vigeois 19 181 D1
Vigeville 23 150 C3
Viggianello 2a 268 C2
Viglain 45 100 A3
Vignacourt 80 17 E1
Vignage (Rochers du) 61 53 D4
Vignale 2b 265 E3
Vignats 14 53 D2
Le Vignau 40 226 C1
Les Vigneaux 05 207 D1
Vignec 65 258 A3
Vignely 58 58 B1
Vignemale 65 257 F4
Les Vignes 48 216 C2
Vignes 64 226 B3
Vignes 89 103 D4
Vignes-la-Côte 52 85 E2
Vigneul-sous-Montmédy 55 38 C1
Vigneulles 54 64 C4
Vigneulles-lès-Hattonchâtel 55 63 E1
Vigneux-de-Bretagne 44 111 E1
Vigneux-Hocquet 02 20 B3
Vigneux-sur-Seine 91 57 F3
Vignevieille 11 253 F3
Vignieu 38 172 C3
Vignoc 35 73 D2
Vignol 58 121 E3
Vignoles 21 123 E4
Vignolles 16 162 A4
Vignols 19 181 D2
Vignonet 33 194 C1
Vignory 52 85 D2
Vignot 55 63 E2
Vignoux-sous-les-Aix 18 119 D3
Vignoux-sur-Barangeon 18 118 C3
Vigny 95 33 D4
Vigny 57 64 C1
Vigoulant 36 150 C1
Vigoulet-Auzil 31 230 A3
Vigoux 36 134 A4
Vigueron 82 229 D1
Vigy 57 40 B3
Vihiers 49 113 F3
Vijon 36 150 C1
Vilaine 35,44, 56 73 E3
Vilbert 77 58 C3
Vilcey-sur-Trey 54 64 A1
Vildé-Guingalan 22 49 D4
Ville-la-Grand 74 158 B2
Le Vilhain 03 136 B4
Vilhonneur 16 163 D2
Vilhosc 04 221 F2
Villabé 91 57 F4
Villabon 18 119 E4
Villac 24 180 C2
Villacerf 10 83 D2
Villacourt 54 87 D1
Villadin 10 82 B2
Villafans 70 107 D3
Village-Neuf 68 109 D3
Villaines-la-Carelle 72 76 C2
Villaines-en-Duesmois 21 103 F3
Villaines-la-Gonais 72 77 D3
Villaines-la-Juhel 53 75 E2
Villaines-les-Prévôtes 21 103 E4
Villaines-les-Rochers 37 115 E3
Villaines-sous-Bois 95 33 F4
Villaines-sous-Lucé 72 97 D2
Villaines-sous-Malicorne 72 96 A2
Villainville 76 14 A4
Villalet 27 55 D1
Villalier 11 253 F2
Villamblain 45 98 C1
Villamblard 24 179 E4
Villampuy 28 78 C4
Villandraut 33 194 B4
Villandry 37 115 E2
Villanova 2a 266 B4
Villapourçon 58 138 B1
Villar-d'Arène 05 190 B3
Villar-en-Val 11 253 E3

Villar-Loubière 05 206 B1
Villar-St-Anselme 11 253 E3
Villar-St-Pancrace 05 191 D4
Villarceaux 95 32 C4
Villard 74 158 C2
Villard 23 150 A2
Villard-Bonnot 38 189 E2
Villard-de-Lans 38 189 D3
Villard-d'Héry 73 174 A3
Villard-Léger 73 174 A3
Villard-Notre-Dame 38 189 F3
Villard-Reculas 38 189 F3
Villard-Reymond 38 189 F3
Villard-St-Christophe 38 189 E4
Villard-St-Sauveur 39 157 E1
Villard-Sallet 73 174 A4
Villard-sur-Bienne 39 142 A4
Villard-sur-Doron 73 174 C2
Villardebelle 11 253 F3
Villardonnel 11 253 E1
Villards-d'Héria 39 157 E1
Les Villards-sur-Thônes 74 158 B4
Villarembert 73 190 B2
Villargent 70 107 D4
Villargoix 21 122 B2
Villargondran 73 190 B3
Villariès 31 230 A2
Villarlurin 73 174 C4
Villarodin-Bourget 73 191 D2
Villaroger 73 175 E3
Villaroux 73 173 F4
Le Villars 71 140 B2
Villars 42 170 C4
Villars 28 78 C3
Villars 24 179 F1
Villars-et-Villenotte 21 103 F4
Villars-Fontaine 21 123 E3
Villars (Grottes de) 24 179 F1
Villars-le-Pautel 70 106 B3
Villars-St-Georges 25 125 D3
Villars-St-Marcellin 52 106 A2
Villars-Santenoge 5.3 104 C1
Villars-ie-Sec 90 108 A4
Villars-sous-Dampjoux 25 126 C1
Villars-sous-Écot 25 126 B1
Villars-sur-Var 06 223 F3
Villarzel-Cabardès 11 253 F1
Villarzel-du-Razès 11 253 D2
Villasavary 11 253 D2
Villate 31 229 F4
Villaudric 31 230 A1
Villautou 11 252 C2
Villavard 41 97 F3
Villaz 74 158 B4
La Ville 54 154 C3
Ville 60 34 C1
Villé 67 89 D1
Ville-au-Montois 54 39 E1
Ville-au-Val 54 64 B2
La Ville-aux-Bois 10 84 B1
La Ville-aux-Bois-lès-Dizy 02 20 B4
La Ville-aux-Bois-lès-Pontavert 02 36 B1
La Ville-aux-Clercs 41 98 A1
La Ville-aux-Dames 37 116 A2
La Ville-aux-Nonains 28 55 D4
Ville-d'Avray 92 57 D3
Ville-devant-Belrain 55 62 C2
Ville-devant-Chaumont 55 38 C3
Ville-di-Paraso 2b 264 C3

Ville-di-Pietrabugno 2b 265 E2
La Ville-Dieu-du-Temple 82 212 C3
Ville-Dommange 51 36 B3
La Ville-du-Bois 91 57 E3
Ville-du-Pont 25 126 A4
Ville-en-Blaisois 52 84 C1
Ville-en-Sallaz 74 158 C3
Ville-en-Selve 51 36 C4
Ville-en-Tardenois 51 36 A3
Ville-en-Vermois 54 64 C3
Ville-en-Woëvre 55 39 D3
La Ville-ès-Nonais 35 49 E3
Ville-Houdlémont 54 23 D4
Ville-Issey 55 63 E3
Ville-Langy 58 137 F1
Ville-St-Jacques 77 81 D2
Ville-Savoye 02 35 F3
Ville-sous-Anjou 38 187 E1
Ville-sous-la-Ferté 10 84 B3
La Ville-sous-Orbais 51 60 A1
Ville-sur-Ancre 80 18 A1
Ville-sur-Arce 10 83 F4
Ville-sur-Cousances 55 38 B4
Ville-sur-Illon 88 87 D3
Ville-sur-Jarnioux 69 155 E4
Ville-sur-Lumes 08 21 F3
Ville-sur-Retourne 08 37 D2
Ville-sur-Saulx 55 62 B3
Ville-sur-Terre 10 84 B2
Ville-sur-Tourbe 51 37 F3
Ville-sur-Yron 54 39 E4
Villeau 28 78 C3
Villebadin 61 53 E2
Villebarou 41 98 B4
Villebaudon 50 50 C1
Villebazy 11 253 E3
Villebéon 77 81 D3
Villebernier 49 114 C2
Villeberny 21 122 C1
Villebichot 21 123 F3
Villeblevin 89 81 E2
Villebois 01 172 C1
Villebois-Lavalette 16 162 C4
Villebois-les-Pins 26 221 D1
Villebon 28 78 A2
Villebon-sur-Yvette 91 57 E3
Villebougis 89 81 E3
Villebourg 37 97 D3
Villebout 41 98 B1
Villebramar 47 196 A3
Villebret 03 151 F2
Villebrumier 82 213 E4
Villecelin 18 135 E2
Villecerf 77 81 D3
Villecey-sur-Mad 54 39 F4
Villechantria 39 156 C1
Villechauve 41 97 F3
Villechenève 69 170 C2
Villéchétif 10 83 E2
Villechétive 89 82 A4
Villechien 50 51 E4
Villecien 89 101 F1
Villécloye 55 38 C1
Villecomtal 12 199 F4
Villecomtal-sur-Arros 32 227 F4
Villecomte 21 104 A4
Villeconin 91 79 F1
Villecourt 80 18 C3
Villecresnes 94 58 A3
Villecroze 83 239 D2
Villedaigne 11 254 B2
La Villedieu 17 146 B3
La Villedieu 48 201 E2
La Villedieu 23 166 A2
Les Villedieu 25 142 C2
Villedieu 21 103 E1
Villedieu 15 184 B3
Villedieu 84 205 D3
Villedieu-lès-Bailleul 61 53 E2
Villedieu-la-Blouère 49 112 C3

Villedieu-le-Château 41 97 E3
La Villedieu-du-Clain 86 147 F1
La Villedieu-en-Fontenette 70 106 C2
Villedieu-les-Poêles 50 51 D2
Villedieu-sur-Indre 36 134 B2
Villedômain 37 117 D4
Villedômer 37 97 F4
Villedoux 17 145 C3
Villedubert 11 253 F2
Villefagnan 16 147 E4
Villefargeau 89 102 A2
Villefavard 87 164 D3
Villeferry 21 122 C1
Villefloure 11 253 E2
Villefollet 79 146 C3
Villefontaine 38 172 A3
Villefort 11 253 D4
Villefort 48 202 B4
Villefranche 06 241 E4
Villefranche 32 228 C4
Villefranche 89 101 E1
Villefranche-le-Château 26 220 C2
Villefranche-d'Albigeois 81 231 F1
Villefranche-d'Allier 03 152 B1
Villefranche-de-Conflent 66 261 F3
Villefranche-de-Lauragais 31 230 B4
Villefranche-de-Lonchat 24 178 B4
Villefranche-de-Panat 12 215 E3
Villefranche-de-Panat (Lac de) 12 215 F3
Villefranche-de-Rouergue 12 214 B1
Villefranche-du-Périgord 24 197 D3
Villefranche-du-Queyran 47 210 C1
Villefranche-sur-Cher 41 117 F2
Villefranche-sur-Saône 69 155 E4
Villefrancœur 41 98 B3
Villefrancon 70 124 C1
Villefranque 65 227 D3
Villefranque 64 224 C4
Villegagnon 77 59 D3
Villegailhenc 11 253 E1
Villegats 27 56 A1
Villegats 16 147 E4
Villegaudin 71 140 B2
Villegenon 18 119 E1
Villegly 11 253 F1
Villegongis 36 134 B1
Villegouge 33 177 F4
Villegouin 36 134 A1
Villegusien 52 105 D3
Villeherviers 41 118 A2
Villejésus 16 162 B1
Villejoubert 16 162 C2
Villejuif 94 57 E3
Villejust 91 57 E3
Villelaure 84 237 E2
Villeloin-Coulangé 37 117 D3
Villelongue 65 257 E2
Villelongue-d'Aude 11 253 D3
Villelongue-de-la-Salanque 66 262 D3
Villelongue-dels-Monts 66 262 C3
Villeloup 10 82 C2
Villemade 82 213 D3
Villemagne 11 253 D1
Villemagne 34 233 D2
Villemain 79 147 D3
Villemandeur 45 100 C1
Villemanoche 89 81 E2
Villemardy 41 98 A3
Villemaréchal 77 80 C3
Villemareuil 77 58 C1
Villematier 31 230 A1

Villemaur-sur-Vanne 10 82 B3
Villembits 65 249 F1
Villembray 60 33 D1
Villemer 77 80 C2
Villemer 89 102 A1
Villemereuil 10 83 D3
Villemervry 52 104 C3
Villemeux-sur-Eure 28 56 A3
Villemoirieu 38 172 B2
Villemoiron-en-Othe 10 82 C3
Villemoisan 49 113 D1
Villemoisson-sur-Orge 91 57 E3
Villemolaque 66 262 C3
Villemomble 93 58 A2
Villemontais 42 154 A4
Villemontoire 02 35 E3
Villemorien 10 83 E4
Villemorin 17 146 C4
Villemoron 52 104 C3
Villemort 86 133 E4
Villemotier 01 156 B1
Villemoustaussou 11 253 E2
Villemoutiers 45 100 B1
Villemoyenne 10 83 E3
Villemur 65 250 A1
Villemur-sur-Tarn 31 230 B1
Villemurlin 45 100 A3
Villemus 04 221 D4
Villenauxe-la-Grande 10 59 F4
Villenauxe-la-Petite 77 81 F1
Villenave 40 209 D4
Villenave-de-Rions 33 194 B2
Villenave-d'Ornon 33 194 B2
Villenave-près-Béarn 65 227 D4
Villenave-près-Marsac 65 249 E1
Villenavotte 89 81 E3
La Villeneuve 71 140 C1
La Villeneuve 23 167 D1
Villeneuve 09 259 D3
Villeneuve 33 177 D3
Villeneuve 12 198 C4
Villeneuve 04 221 E4
Villeneuve 63 168 B4
Villeneuve 01 155 F4
Villeneuve-l'Archevêque 89 82 A3
La Villeneuve-au-Châtelot 10 59 F4
Villeneuve-au-Chemin 10 82 C4
La Villeneuve-au-Chêne 10 83 E3
Villeneuve-lès-Avignon 30 219 E4
La Villeneuve-Bellenoye-et-la-Maize 70 106 C2
Villeneuve-lès-Béziers 34 255 D3
Villeneuve-les-Bordes 77 81 D1
Villeneuve-lès-Bouloc 31 230 A2
Villeneuve-les-Cerfs 63 153 D2
Villeneuve-lès-Charleville 51 60 A2
Villeneuve-lès-Charnod 39 156 C1
Villeneuve-la-Comptal 11 252 C1
Villeneuve-la-Comtesse 17 146 B3
La Villeneuve-les-Convers 21 104 A4
Villeneuve-les-Corbières 11 254 B4
Villeneuve-d'Allier 43 184 C2
Villeneuve-d'Amont 25 142 A1
Villeneuve-d'Ascq 59 5 E4
Villeneuve-d'Aval 39 124 C4
Villeneuve-de-Berg 07 203 E2
Villeneuve-de-Duras 47 195 E2
Villeneuve-de-Marc 38 172 A4

Villeneuve-de-Marsan 40 209 F4
Villeneuve-de-Mézin 47 211 D3
Villeneuve-de-la-Raho 66 262 C2
Villeneuve-de-Rivière 31 250 B2
Villeneuve-d'Entraunes 06 223 E2
Villeneuve-des-Escaldes 66 261 D3
Villeneuve-d'Olmes 09 252 A4
Villeneuve-la-Dondagre 89 81 E3
Villeneuve-du-Latou 09 251 F2
Villeneuve-du-Paréage 09 252 B2
La Villeneuve-en-Chevrie 78 56 A1
Villeneuve-en-Montagne 71 139 F3
Villeneuve-Frouville 41 98 B2
Villeneuve-la-Garenne 92 57 E1
Villeneuve-les-Genêts 89 101 E3
Villeneuve-la-Guyard 89 81 E2
Villeneuve-lès-Lavaur 81 230 C3
Villeneuve-Lécussan 31 250 A2
Villeneuve-la-Lionne 51 59 E3
Villeneuve-Loubet 06 240 D2
Villeneuve-lès-Maguelonne 34 234 B3
Villeneuve-Minervois 11 253 F1
Villeneuve-lès-Montréal 11 253 D2
Villeneuve-Renneville-Chevigny 51 60 C1
Villeneuve-la-Rivière 66 262 C2
Villeneuve-le-Roi 94 57 F3
Villeneuve-les-Sablons 60 33 E3
Villeneuve-St-Denis 77 58 B2
Villeneuve-St-Georges 94 58 A3
Villeneuve-St-Germain 02 35 E2
Villeneuve-St-Nicolas 28 78 C2
Villeneuve-St-Salves 89 102 B2
Villeneuve-St-Vistre-et-Villevotte 51 60 A4
Villeneuve-sous-Charigny 21 122 B1
Villeneuve-sous-Dammartin 77 58 B1
Villeneuve-sous-Pymont 39 141 D3
La Villeneuve-sous-Thury 60 34 C4
Villeneuve-sur-Allier 03 137 E3
Villeneuve-sur-Auvers 91 79 F1
Villeneuve-sur-Bellot 77 59 E2
Villeneuve-sur-Cher 18 118 C4
Villeneuve-sur-Conie 45 78 C4
Villeneuve-sur-Fère 02 35 E3
Villeneuve-sur-Lot 47 211 F1
Villeneuve-sur-Verberie 60 34 B3
Villeneuve-sur-Vère 81 214 B4
La Villeneuve-sur-Vingeanne 21 105 E4
Villeneuve-sur-Yonne 89 81 F4
Villeneuve-Tolosane 31 229 F3
Villenevette 34 233 F3
Villennes-sur-Seine 78 57 D1
Villenouvelle 17 146 B3
Villenouvelle 31 230 B1

Villenoy 77 58 B1
Villentrois 36 117 E3
Villeny 41 99 D4
Villepail 53 75 F1
Villeparisis 77 58 B1
Villeparois 70 106 C3
Villeperdrix 26 204 C4
Villeperdue 37 115 F3
Villeperrot 89 81 E3
Villepinte 93 58 A1
Villepinte 11 253 D1
Villeporcher 41 97 F3
Villepot 44 94 A2
Villepreux 78 57 D2
Villequier 76 31 D1
Villequier-Aumont 02 19 D4
Villequiers 18 119 F4
Villerable 41 97 F3
Villerbon 41 98 B3
Villeréal 47 196 B3
Villereau 45 79 E4
Villereau 59 11 E3
Villerest 42 154 B4
Villeret 02 19 D2
Villeret 10 84 A1
Villereversure 01 156 C3
Villermain 41 98 C2
Villeromain 41 98 A3
Villeron 95 34 A4
Villerouge-Termenès 11 254 A3
Villeroy 80 16 C2
Villeroy 77 58 B1
Villeroy 89 81 E3
Villeroy-sur-Méholle 55 63 D3
Villers 88 86 C2
Villers 42 154 C3
Villers-Agron-Aiguizy 02 36 A4
Villers-Allerand 51 36 B3
Villers-au-Bois 62 10 A2
Villers-au-Flos 62 18 B1
Villers-au-Tertre 59 10 C3
Villers-aux-Bois 51 60 B1
Villers-aux-Érables 80 17 F3
Villers-aux-Nœuds 51 36 B3
Villers-aux-Vents 55 62 B2
Villers-Bocage 80 17 E1
Villers-Bocage 14 28 C4
Villers-les-Bois 39 141 E1
Villers-Bouton 70 125 D1
Villers-Bretonneux 80 17 F2
Villers-Brûlin 62 9 F2
Villers-Buzon 25 125 D2
Villers-lès-Cagnicourt 62 10 B3
Villers-Campsart 80 16 C2
Villers-Canivet 14 52 C1
Villers-Carbonnel 80 18 B2
Villers-Cernay 08 22 A3
Villers-le-Château 51 61 D1
Villers-Châtel 62 9 F2
Villers-Chemin-et-Mont-lès-Étrelles 70 125 D1
Villers-la-Chèvre 54 39 D1
Villers-Chief 25 126 A2
Villers-la-Combe 25 126 A2
Villers-Cotterêts 02 35 D3
Villers-devant-Dun 55 38 B2
Villers-devant-Mouzon 08 22 A4
Villers-devant-le-Thour 08 36 B2
Villers-Écalles 76 31 E1
Villers-en-Argonne 51 62 A1
Villers-en-Arthies 95 32 C4
Villers-en-Cauchies 59 11 D3
Villers-en-Haye 54 64 B2
Villers-en-Ouche 61 54 A2
Villers-en-Prayères 02 35 F2
Villers-en-Vexin 27 32 B3
Villers-Farlay 39 124 C4
Villers-Faucon 80 18 B2
Villers-la-Faye 21 123 E3
Villers-Franqueux 51 36 B2
Villers-Grélot 25 125 F1

Villers-lès-Guise 02 19 F2
Villers-Guislain 59 18 C1
Villers-Hélon 02 35 D3
Villers-l'Hôpital 62 9 D3
Villers-le-Lac 25 126 B3
Villers-lès-Luxeuil 70 106 C2
Villers-lès-Mangiennes 55 39 D2
Villers-Marmery 51 36 C4
Villers-lès-Moivrons 54 64 C2
Villers-la-Montagne 54 39 E1
Villers-lès-Nancy 54 64 B3
Villers-lès-Ormes 36 134 B2
Villers-Outréaux 59 19 D1
Villers-Pater 70 106 C4
Villers-Patras 21 103 F1
Villers-Plouich 59 10 C4
Villers-Pol 59 11 E3
Villers-les-Pots 21 124 A3
Villers-Robert 39 124 B4
Villers-le-Rond 54 39 D1
Villers-Rotin 21 124 B3
Villers-lès-Roye 80 18 A3
Villers-St-Barthélemy 60 33 D2
Villers-St-Christophe 02 18 C3
Villers-St-Frambourg 60 34 A3
Villers-St-Genest 60 34 C4
Villers-St-Martin 25 126 A1
Villers-St-Paul 60 34 A3
Villers-St-Sépulcre 60 33 E2
Villers-le-Sec 51 62 A2
Villers-le-Sec 02 19 E3
Villers-le-Sec 55 62 C3
Villers-le-Sec 70 106 C3
Villers-Semeuse 08 21 E3
Villers-Sir-Simon 62 9 F3
Villers-Sire-Nicole 59 12 B2
Villers-sous-Ailly 80 17 D1
Villers-sous-Chalamont 25 142 A1
Villers-sous-Châtillon 51 36 A4
Villers-sous-Foucarmont 76 16 B2
Villers-sous-Montrond 25 125 E3
Villers-sous-Pareid 55 39 E3
Villers-sous-Prény 54 64 A1
Villers-sous-St-Leu 60 33 F3
Villers-Stoncourt 57 40 C4
Villers-sur-Auchy 60 32 C1
Villers-sur-Authie 80 8 B3
Villers-sur-Bar 08 21 F3
Villers-sur-Bonnières 60 33 D1
Villers-sur-Coudun 60 34 B1
Villers-sur-Fère 02 35 F3
Villers-sur-Mer 14 29 F2
Villers-sur-Meuse 55 38 C4
Villers-sur-le-Mont 08 21 E2
Villers-sur-Nied 57 65 D1
Villers-sur-Port 70 106 B2
Villers-sur-le-Roule 27 32 A3
Villers-sur-Saulnot 70 107 E4
Villers-sur-Trie 60 32 C2
Villers-le-Tilleul 08 21 E4
Villers-Tournelle 80 17 F4
Villers-Tourneur 08 21 D4
Villers-Vaudey 70 106 A3

Villers-Vermont 60 16 C4
Villers-Vicomte 60 17 E4
Villers-la-Ville 70 107 D4
Villerserine 39 141 E1
Villersexel 70 107 E4
Villerupt 54 39 E1
Villerville 14 30 A2
Villery 10 83 D3
Villes 01 157 E3
Villes-sur-Auzon 84 220 B3
Villesalem 86 133 E4
Villesavin 41 98 C4
Villeselve 60 18 C3
Villeseneux 51 60 C1
Villesèque 46 213 D1
Villesèque-des-Corbières 11 254 B3
Villeséquelande 11 253 E2
Villespassans 34 254 C1
Villespy 11 253 D1
Villetaneuse 93 57 E1
La Villetelle 23 166 C1
Villetelle 34 235 D2
Villethierry 89 81 E3
Villeton 47 211 D1
Villetoureix 24 179 D2
Villetritouls 11 253 F3
Villetrun 41 98 A2
La Villette 14 52 B1
Villette 10 156 B4
Villette 54 39 D1
Villette 73 174 C3
Villette 78 56 B2
Villette-lès-Arbois 39 141 E1
Villette-d'Anthon 38 172 A2
Villette-de-Vienne 38 171 F3
Villette-lès-Dole 39 124 B4
Villette-sur-Aube 10 60 C4
Villettes 27 31 E4
Les Villettes 43 186 B2
Villeurbanne 69 171 E2
Villevallier 89 81 F4
Villevaudé 77 58 B2
Villevenard 51 60 A2
Villevêque 49 95 F1
Villeveyrac 34 234 A3
Villevieille 30 234 C1
Villevieux 39 141 D2
Villevocance 07 187 D2
Villevoques 45 80 B4
Villexanton 41 98 B3
Villexavier 17 177 E1
Le Villey 39 141 D1
Villey-St-Étienne 54 64 A3
Villey-le-Sec 54 64 A3
Villey-sur-Tille 21 104 C4
Villez-Champ-Dominel 27 32 A4
Villez-sur-le-Neubourg 27 31 D4
Villié-Morgon 69 155 E3
Villiers 86 132 A3
Villiers 36 133 F1
Villiers-Adam 95 33 E4
Villiers-lès-Aprey 52 105 D2
Villiers-au-Bouin 37 96 C4
Villiers-aux-Bois 52 62 B4
Villiers-aux-Chênes 52 84 C2
Villiers-aux-Corneilles 51 60 A4
Villiers-le-Bâcle 91 57 D3
Villiers-le-Bel 95 57 E1
Villiers-le-Bois 10 103 E1
Villiers-Charlemagne 53 95 D1
Villiers-Couture 17 146 C4
Villiers-le-Duc 21 104 A2
Villiers-en-Bière 77 80 B1
Villiers-en-Bois 79 146 B3
Villiers-en-Lieu 52 62 A4
Villiers-en-Morvan 21 122 B3
Villiers-en-Plaine 79 146 A1
Villiers-en-Désœuvre 27 56 A1
Villiers-Fossard 50 27 E3
Villiers-les-Hauts 89 103 D3
Villiers-Herbisse 10 60 C4

Villiers-Louis 89 81 F3
Villiers-le-Mahieu 78 56 B2
Villiers-le-Morhier 28 56 B4
Villiers-le-Pré 50 50 C4
Villiers-le-Roux 16 147 E4
Villiers-St-Benoît 89 101 E2
Villiers-St-Denis 02 59 D1
Villiers-St-Frédéric 78 56 C2
Villiers-St-Georges 77 59 E4
Villiers-St-Orien 28 78 C4
Villiers-le-Sec 58 120 C2
Villiers-le-Sec 14 28 C2
Villiers-le-Sec 52 85 D4
Villiers-le-Sec 95 33 F4
Villiers-sous-Grez 77 80 C2
Villiers-sous-Mortagne 61 54 B4
Villiers-sous-Praslin 10 83 E4
Villiers-sur-Chizé 79 146 B3
Villiers-sur-Loir 41 97 F2
Villiers-sur-Marne 52 85 D2
Villiers-sur-Marne 94 58 A2
Villiers-sur-Morin 77 58 C2
Villiers-sur-Orge 91 57 E4
Villiers-sur-Seine 77 81 F1
Villiers-sur-Suize 52 105 D1
Villiers-sur-Tholon 89 101 F2
Villiers-sur-Vineux 58 121 D1
Villiers-Vineux 89 102 C1
Villiersfaux 41 97 F3
Villieu 01 172 B1
Villing 57 41 D2
Villognon 16 162 C1
Villon 89 103 E1
Villoncourt 88 87 E2
Villons-les-Buissons 14 29 D3
Villorceau 45 98 C2
Villosanges 63 167 E1
Villotran 60 33 D2
La Villotte 89 101 F2
Villotte 88 86 B3
Villotte-devant-Louppy 55 62 B2
Villotte-St-Seine 21 123 D1
Villotte-sur-Aire 55 62 C2
Villotte-sur-Ource 21 104 A2
Villouxel 88 85 F2
Villuis 77 81 F2
Villy 08 22 B4
Villy 89 102 B2
Villy-le-Bas 76 16 A2
Villy-Bocage 14 28 C4
Villy-le-Bois 10 83 D3
Villy-le-Bouveret 74 158 A3
Villy-en-Auxois 21 122 C1
Villy-en-Trodes 10 83 F3
Villy-lez-Falaise 14 53 D2
Villy-le-Maréchal 10 83 D3
Villy-le-Moutier 21 123 E4
Villy-le-Pelloux 74 158 A4
Ville-le-Marclet 80 17 D1
Vilory 70 106 C2
Vilosnes 55 38 B2
Vilsberg 57 66 B2
Vimarcé 53 75 F3
Vimenet 12 216 A1
Viménil 88 87 E2
Vimines 73 173 D3
Vimont 14 29 E4
Vimory 45 100 C1
Vimoutiers 61 53 E1
Vimpelles 77 81 E1
Vimy 62 10 A2
Vimy (Mémorial canadien de) 62 10 A2
Vinantes 77 58 B1
Vinassan 11 254 C2
Vinax 17 146 C4
Vinay 51 60 B1
Vinay 38 188 C2
Vinca 66 262 A2
Vincelles 51 35 F4
Vincelles 89 102 B2
Vincelles 39 141 D3
Vincelottes 89 102 B3
Vincennes 94 57 F2

Vincent 39 141 D2
Vincey 88 87 D2
Vincly 62 9 D1
Vincy-Manœuvre 77 34 C4
Vincy-Reuil-et-Magny 02 20 B3
Vindecy 71 154 A2
Vindefontaine 50 26 C2
Vindelle 16 162 C2
Vindey 51 60 A3
Vindrac-Alayrac 81 214 A3
Vinets 10 61 D4
Vineuil 36 134 B1
Vineuil 41 98 B4
Vineuil-St-Firmin 60 34 A3
La Vineuse 71 155 F1
Vinezac 07 203 D3
Vingrau 66 262 B1
Vingt-Hanaps 61 53 E4
Vinnemerville 76 14 C2
Vinneuf 89 81 E2
Vinon 18 119 F2
Vinon-sur-Verdon 83 238 A2
Vins-sur-Caramy 83 238 C4
Vinsobres 26 220 A1
Le Vintrou 81 231 F3
Vinzelles 71 155 E2
Vinzelles 63 168 C1
Vinzier 74 159 D1
Vinzieux 07 187 D1
Viocourt 88 86 B2
Viodos-Abense-de-Bas 64 247 E1
Violaines 62 10 A1
Violay 42 170 C1
Violès 84 219 F2
Violot 52 105 E2
Viols-en-Laval 34 234 A2
Viols-le-Fort 34 234 A2
Vioménil 88 86 C3
Vion 07 187 E3
Vion 72 95 F2
Vions 73 173 E1
Vionville 57 39 F4
Viozan 32 228 A4
Viplaix 03 151 E1
Vira 66 262 A2
Vira 09 252 B3
Virac 81 214 B3
Virandeville 50 24 C2
Virargues 15 183 F3
Virazeil 47 195 E4
Vire 14 51 E2
Vire 14,50 27 E1
Viré 71 155 F1
Viré-en-Champagne 72 95 F1
Vire-sur-Lot 46 197 D4
Vireaux 89 103 D2
Virecourt 54 87 D1
Virelade 33 194 B2
Viremont 39 157 D1
Vireux-Molhain 08 13 E4
Vireux-Wallerand 08 13 F4
Virey 71 140 A2
Virey 50 51 D4
Virey 70 124 C1
Virey-sous-Bar 10 83 E3
Virginy 51 37 F3
Viriat 01 156 B2
Viricelles 42 170 C3
Virieu 38 172 C4
Virieu-le-Grand 01 173 D1
Virieu-le-Petit 01 173 D1
Virigneux 42 170 C2
Virignin 01 173 D2
Viriville 38 188 B1
Virlet 63 151 F3
Virming 57 65 E1
Viroflay 78 57 D2
Virollet 17 161 D3
Vironchaux 80 8 B3
Vironvay 27 31 F3
Virsac 33 177 E3
Virson 17 145 E3
Virville 76 14 B4
Viry 39 157 E2
Viry 74 158 A3
Viry 71 139 D4
Viry-Châtillon 91 57 F3
Viry-Noureuil 02 19 D4
Vis 30,34 234 A1
Vis (Gorges de la) 30,34 233 F1
Visan 84 219 F1
Viscomtat 63 169 E2
Viscos 65 257 D3
Le Viseney 39 141 E1
Viserny 21 103 E4
Visker 65 249 E2
Vismes 80 16 B1
Visoncourt 70 106 C2
Vissac-Autreyrac 43 185 D3
Vissec 30 217 D4
Visseiche 35 94 A1
Viterbe 81 230 C2
Viterne 54 64 B3
Vitot 27 31 E3
Vitrac 63 152 B4

Vitrac 15 199 E1
Vitrac 24 197 E1
Vitrac-en-Viadène 12 200 B2
Vitrac-St-Vincent 16 163 D2
Vitrac-sur-Montane 19 182 A1
Vitrai-sous-Laigle 61 54 C3
Vitray 03 136 B3
Vitray-en-Beauce 28 78 B3
Vitray-sous-Brézolles 28 55 E3
Vitré 79 146 C2
Vitré 35 74 A3
Vitreux 39 124 C2
Vitrey 54 64 B4
Vitrey-sur-Mance 70 106 A2
Vitrimont 54 65 D3
Vitrolles 13 237 F1
Vitrolles 05 205 F4
Vitry-aux-Loges 45 100 A1
Vitry-lès-Cluny 71 155 F1
Vitry-le-Croisé 10 84 A3
Vitry-en-Artois 62 10 B3
Vitry-en-Charollais 71 154 B1
Vitry-en-Montagne 52 104 C2
Vitry-en-Perthois 51 61 E3
Vitry-le-François 51 61 E3
Vitry-Laché 58 121 D3
Vitry-lès-Nogent 52 85 E4
Vitry-sur-Loire 71 138 A3
Vitry-sur-Orne 57 42 B3
Vitry-sur-Seine 94 57 F3
Vitry-la-Ville 51 61 D2
Vittarville 55 38 C2
Vitteaux 21 122 C1
Vittefleur 76 14 C2
Vittel 88 86 B3
Vittersbourg 57 65 F1
Vittoncourt 57 40 C4
Vittonville 54 64 B1
Vitz-sur-Authie 80 9 D3
Viuz-la-Chiésaz 74 173 F1
Viuz-en-Sallaz 74 158 C2
Vivaise 02 19 E4
Vivans 42 154 A3
Vivario 2b 267 D2
Viven 64 226 C4
Viverols 63 185 F1
Vivès 66 262 B3
Vivey 52 104 C3
Le Vivier 66 262 A1
Vivier-au-Court 08 21 F3
Le Vivier-sur-Mer 35 49 F3
Vivières 02 35 D3
Viviers 07 203 E4
Viviers 57 64 C1
Viviers 89 102 C2
Viviers-du-Lac 73 173 E2
Viviers-le-Gras 88 86 B3
Viviers-lès-Lavaur 81 230 C3
Viviers-lès-Montagres 81 231 E3
Viviers-lès-Offroicourt 88 86 C2
Viviers-sur-Artaut 10 84 A4
Viviers-sur-Chiers 54 39 D1
Viviès 09 252 B3
Viviez 12 199 D3
Viville 16 162 A4
Vivonne 86 147 E1
Vivy 49 114 C2
Vix 85 145 F1
Vix 21 103 F1
Vizille 38 189 E3
Vizos 65 257 D3
Vizzavona 2B 267 D2
Vizzavona (Forêt de) 2B 267 D2
Vocance 07 187 D2
Vodable 63 168 A2
Vœgtlinshfen 68 88 C4
Vœlfling-lès-Bouzonville 57 41 D2
Vœuil-et-Giget 16 162 C3
Vogelgrun 68 89 E4
Voglans 73 173 E3
Vogüé 07 203 D3
Voharies 02 20 A3
Void 55 63 E3
Le Voide 49 113 F3
Voie Sacrée 55 62 C1
Voigny 10 84 B3
Voilemont 51 37 F4

Voillans 25 126 A1
Voillecomte 52 84 C1
Voimhaut 57 40 C4
Voinémont 54 64 B4
Voingt 63 167 D2
Voinsles 77 58 C3
Voires 25 125 F3
Voiron 38 189 D1
Voiscreville 27 31 D3
Voise 28 79 D2
Voisenon 77 58 B4
Voisey 52 106 A1
Voisines 52 105 D2
Voisines 89 81 F3
Voisins-le-Bretonneux 78 57 D3
Voissant 38 173 D4
Voissay 17 146 A4
Voiteur 39 141 E2
La Voivre 70 107 E2
La Voivre 88 88 B1
Les Voivres 88 87 D4
Voivres-lès-le-Mans 72 96 B3
Volcans d'Auvergne (Parc Régional des) 63 168 A3
Volckerinckhove 59 3 F3
Volesvres 71 138 C4
Volgelsheim 68 89 E4
Volgré 89 101 F1
Volksberg 67 66 B1
Vollore-Montagne 63 169 D2
Vollore-Ville 63 169 D2
Volmerange-lès-Boulay 57 40 C3
Volmerange-les-Mines 57 40 A1
Volmunster 57 42 B1
Volnay 72 97 D1
Volnay 21 123 D4
Volon 70 106 A3
Volonne 04 221 F3
Volpajola 2b 265 E3
Volstroff 57 40 B2
Volvent 26 204 C4
Volvic 63 168 A1
Volx 04 221 E4
Voméécourt 88 87 E2
Voméécourt-sur-Madon 88 86 C1
Voncourt 52 105 F3
Voncq 08 37 E1
Vonges 21 124 B2
Vongnes 01 173 D1
Vonnas 01 156 A2
Voray-sur-l'Ognon 70 125 E1
Voreppe 38 189 D1
Vorey 43 185 F2
Vorges 02 35 F1
Vorges-les-Pins 25 125 D3
Vorly 18 136 A1
Vornay 18 136 A1
Vors 12 215 D2
Vosbles 39 157 D1
Vosges du Nord (Parc Régional des) 57,67 66 A1
Vosne-Romanée 21 123 E3
Vosnon 10 82 C4
Vou 37 116 B4
Vouarces 51 60 B4
Voudenay 21 122 B4
Voué 10 83 D1
Vouécourt 52 85 D2
Vouel 02 19 D4
Vougécourt 70 106 B1
Vougeot 21 123 E3
Vouglans (Lac de) 39 141 E4
Vougrey 10 83 E4
Vougy 74 158 C3
Vougy 42 154 B3
Vouhé 17 145 F2
Vouhé 79 131 D4
Vouhenans 70 107 D3
Vouillé 86 132 A3
Vouillé 79 146 B2
Vouillé-les-Marais 85 145 E1
Voujeaucourt 25 107 F4
Voulaines-les-Templiers 21 104 B2
Voulangis 77 58 C2
Voulême 86 147 E3
Voulgézac 16 162 B4
Voulon 86 147 E1
Voulpaix 02 A 2
La Voulte-sur-Rhône 07 203 F1
Voultegon 79 130 C1
Voulton 77 59 E4
Voulx 77 81 D3
Vouneuil-sous-Biard 86 132 A4
Vouneuil-sur-Vienne 86 132 C3
Vourey 38 189 D1
Vourles 69 171 D3
Voussac 03 152 B2
Voutenay-sur-Cure 89 102 C2
Voutezac 19 181 D2

Vouthon 16 163 D3
Vouthon-Bas 55 85 F1
Vouthon-Haut 55 85 F1
Voutré 53 75 E3
Vouvant 85 130 B4
Vouvray 01 157 E3
Vouvray 37 116 A1
Vouvray-sur-Huisne 72 77 D4
Vouvray-sur-Loir 72 97 D3
Vouxey 88 86 B2
Vouzailles 86 131 F3
Vouzan 16 163 D3
Vouzeron 18 118 C2
Vouziers 08 37 F2
Vouzon 41 99 F3
Vouzy 51 60 C1
La Vove 61 77 D1
Voves 28 78 C3
Vovray-en-Bornes 74 158 A3
Voyenne 02 19 E4
Voyennes 80 18 C3
Voyer 57 66 A3
La Vraie-Croix 56 91 F4
Vraignes-en-Vermandois 80 18 C2
Vraignes-lès-Hornoy 80 16 C2
Vraincourt 52 85 D3
Vraiville 27 31 E3
Vrasville 50 25 D1
Vraux 51 61 D1
Vrécourt 88 86 A3
Vred 59 10 C2
Vregille 70 125 D2
Vregny 02 35 E2
Vrély 80 18 A3
Le Vrétot 50 24 C3
Vriange 39 124 B3
Vrigne-aux-Bois 08 21 E3
Vrigne-Meuse 08 21 F3
Vrigny 61 53 D3
Vrigny 45 79 F4
Vrigny 51 36 B3
Vritz 44 94 B4
Vrizy 08 37 E1
Vrocourt 60 33 D1
Vroil 51 62 A2
Vroncourt 54 86 C1
Vroncourt-la-Côte 52 85 F3
Vroville 88 86 C2
Vry 57 40 C3
Vue 44 111 E2
Vuillafans 25 125 F3

Vuillecin 25 142 C1
Vuillery 02 35 E2
Vulaines 10 82 B3
Vulaines-lès-Provins 77 59 D4
Vulaines-sur-Seine 77 80 C1
Vulbens 74 157 F3
Vulmont 57 64 C1
Vulvoz 39 157 E1
Vy-le-Ferroux 70 106 B3
Vy-lès-Filain 70 106 C4
Vy-lès-Lure 70 107 D3
Vy-lès-Rupt 70 106 A3
Vyans-le-Val 70 107 F4
Vyt-lès-Belvoir 25 126 B1

W
Waben 62 8 B2
Wacquemoulin 60 34 A1
Wacquinghen 62 2 C3
Wadelincourt 08 21 F3
Wadimont 08 20 C3
Wadonville-en-Woëvre 55 39 D4
Wagnon 08 21 D4
Wahagnies 59 10 B1
Wahlbach 68 108 C3
Wahlenheim 67 67 D2
Wail 62 9 D2
Wailly 62 10 A3
Wailly 80 17 E3
Wailly-Beaucamp 62 8 B2
Walbach 68 88 C3
Walbourg 67 67 E1
La Walck 67 67 D1
Waldersbach 67 88 C1
Waldhambach 67 66 B1
Waldhouse 57 42 C3
Waldighofen 68 108 C3
Waldolwisheim 67 66 C2
Waldweistroff 57 40 C2
Waldwisse 57 40 C1
Walheim 68 108 C3

Walincourt-Selvigny 59 19 D1
Wallers 59 11 D2
Wallers-Trélon 59 12 C4
Wallon-Cappel 59 4 B3
Walschbronn 57 42 C3
Walscheid 57 66 B3
Waltembourg 57 66 B2
Waltenheim 68 108 C3
Waltenheim-sur-Zorn 67 67 D2
Waly 55 62 B1
Wambaix 59 11 D4
Wambercourt 62 8 C2
Wambez 60 32 C1
Wambrechies 59 5 D4
Wamin 62 9 D2
Wanchy-Capval 76 16 A2
Wancourt 62 10 B3
Wandignies-Hamage 59 11 D2
Wanel 80 16 C1
Wangen 67 66 C3
Wangenbourg 67 66 B3
Wannehain 59 10 C1
Wanquetin 62 9 F3
La Wantzenau 67 67 E3
Warcq 55 39 D3
Warcq 08 21 E3
Wardrecques 62 3 F4
Wargemoulin-Hurlus 51 37 F3
Wargnies 80 17 E1
Wargnies-le-Grand 59 11 E3
Wargnies-le-Petit 59 11 E3
Warhem 59 4 B2
Warlaing 59 11 D2
Warlencourt-Eaucourt 62 10 A4
Warlincourt-lès-Pas 62 9 F4
Warloy-Baillon 80 17 F1
Warluis 60 33 E2
Warlus 80 17 D2
Warlus 62 10 A3
Warluzel 62 9 E3
Warmeriville 51 36 C2
Warnécourt 08 21 E3

Warneton 59 5 D3
Warsy 80 18 A3
Warvillers 80 18 A3
Wasigny 08 21 D4
Wasnes-au-Bac 59 10 C3
Wasquehal 59 5 E4
Wasselonne 67 66 C3
Wasserbourg 68 88 C4
Wassigny 02 19 F1
Wassy 52 84 C1
Le Wast 62 2 C3
Watigny 02 20 C2
Watronville 55 39 D3
Watten 59 3 E3
Wattignies 59 5 D4
Wattignies-la-Victoire 59 12 B3
Wattrelos 59 5 E4
Wattwiller 68 108 B1
Wavignies 60 33 E1
Waville 54 39 F4
Wavrans-sur-l'Aa 62 3 E4
Wavrans-sur-Ternoise 62 9 E2
Wavrechain-sous-Denain 59 11 D2
Wavrechain-sous-Faulx 59 10 C3
Wavrille 55 38 C2
Wavrin 59 10 B1
Waziers 59 10 C2
Weckolsheim 68 89 E4
Wegscheid 68 108 A2
Weinbourg 67 66 C1
Weislingen 67 66 B1
Weitbruch 67 67 E2
Weiterswiller 67 66 C1
Welles-Pérennes 60 17 F4
Wemaers-Cappel 59 4 A3
Wentzwiller 68 109 D3
Werentzhouse 68 108 C4
Wervicq-Sud 59 5 D3
West-Cappel 59 4 B2
Westbécourt 62 3 E3
Westhalten 68 89 D4
Westhoffen 67 66 C3
Westhouse 67 89 E1
Westhouse-Marmoutier 67 66 C3
Westrehem 62 E 1

Wettolsheim 68 89 D3
Weyer 67 66 A1
Weyersheim 67 67 E2
Wickerschwihr 68 89 D3
Wickersheim 67 66 C2
Wicquinghem 62 8 C1
Wicres 59 10 B1
Widehem 62 2 C4
Widensolen 68 89 E3
Wiège-Faty 02 19 F2
Wiencourt-l'Équipée 80 18 A2
Wierre-au-Bois 62 2 C4
Wierre-Effroy 62 2 C3
Wiesviller 57 42 A4
Wignehies 59 20 B1
Wignicourt 08 21 D4
Wihr-au-Val 68 88 C3
Wihr-en-Plaine 68 89 D3
Wildenstein 68 88 B4
Wildersbach 67 88 C1
Willeman 62 9 D2
Willems 59 5 E4
Willencourt 62 9 D3
Willer 68 108 C3
Willer-sur-Thur 68 108 B1
Willeroncourt 55 62 C3
Willervald 57 41 F4
Willgottheim 67 66 C3
Williers 08 22 B3
Willies 59 12 C4
Wilshausen 67 66 C2
Wilwisheim 67 66 C2
Wimereux 62 2 C3
Wimille 62 2 C3
Wimmenau 67 66 C1
Wimy 02 20 B2
Windstein 67 43 D4
Wingen 67 43 D4
Wingen-sur-Moder 67 66 C1
Wingersheim 67 67 D2
Wingles 62 10 A1
Winkel 68 108 C4
Winnezeele 59 4 B3
Wintersbourg 57 66 B2

Wintershouse 67 67 D2
Wintzenbach 67 43 F4
Wintzenheim 68 89 D3
Wintzenheim-Kochersberg 67 66 C3
Wirwignes 62 2 C4
Wiry-au-Mont 80 16 D1
Wisembach 88 88 C2
Wiseppe 55 38B 1
Wismes 62 3 E4
Wisques 62 3 E3
Wisques (Abbaye St-Paul de) 62 3 E3
Wissant 62 2 C4
Wissembourg 67 43 E4
Wissignicourt 02 35 E1
Wissous 91 57 E3
Witry-lès-Reims 51 36 C2
Wittelsheim 68 108 C3
Wittenheim 68 108 C1
Wittersdorf 68 108 C3
Wittersheim 67 67 D2
Wittes 62 4 A4
Wittisheim 67 89 E2
Wittring 57 42 A4
Wiwersheim 67 67 D3
Wizernes 62 3 E3
Woël 55 63 E4
Wœlfling-lès-Sarreguemines 57 42 A3
Wœllenheim 67 66 C3
Woerth 67 43 D4
Woignarue 80 8 A4
Woimbey 55 63 D1
Woincourt 80 16 B1
Woinville 55 63 E1
Woippy 57 40 B3
Woirel 80 16 C2
Wolfersdorf 68 108 B3
Wolfgantzen 68 89 E4
Wolfisheim 67 67 D3
Wolfskirchen 67 66 A1

Wolschheim 67 66 C2
Wolschwiller 68 108 C4
Wolxheim 67 66 C3
Wormhout 59 4 B2
Woustviller 57 41 F4
Wuenheim 68 108 B1
Wuisse 57 65 E2
Wulverdinghe 59 3 F3
Wy-dit-Joli-Village 95 32 C4
Wylder 59 4 B2

X
Xaffévillers 88 87 F1
Xaintrailles 47 211 D2
Xaintray 79 130 C4
Xambes 16 162 C2
Xammes 54 63 F1
Xamontarupt 88 87 F3
Xanrey 57 65 D2
Xanton-Chassenon 85 130 B4
Xaronval 88 86 C1
Xermaménil 54 65 D4
Xertigny 88 87 E4
Xeuilley 54 64 B4
Xirocourt 54 86 C1
Xivray-et-Marvoisin 55 63 E2
Xivry-Circourt 54 39 E2
Xocourt 57 64 C1
Xonrupt-Longemer 88 88 B3
Xonville 54 39 E4
Xouaxange 57 66 A3
Xousse 54 65 E3
Xures 54 65 E3

Y
Y 80 18 D3
Yainville 76 31 D1
Yaucourt-Bussus 80 8 C4
Ychoux 40 208 C1
Ydes 15 183 D1
Yébleron 76 14 C4
Yèbles 77 58 B4
Yenne 73 173 D2
Yermenonville 28 56 B4
Yerres 91 58 A3
Yerville 76 15 D4

Yèvre 18 119 E4
Yèvre-le-Châtel 45 80 A3
Yèvre-la-Ville 45 80 A3
Yèvres 28 78 A3
Yèvres-le-Petit 10 83 F1
Yffiniac 22 48 B4
Ygos-St-Saturnin 40 209 D3
Ygrande 03 136 C4
Ymare 76 31 F2
Ymeray 28 79 D1
Ymonville 28 79 D3
Yolet 15 199 F1
Yoncq 08 22 A4
Yonne 58,77, 89 81 F3
Youx 63 152 A3
Yport 76 14 B3
Ypreville-Biville 76 14 C3
Yquebeuf 76 15 F4
Yquelon 50 50 B2
Yronde-et-Buron 63 168 B3
Yrouerre 89 102 C2
Yser 59 4 B2
Yssac-la-Tourette 63 168 B1
Yssandon 19 180 C2
Yssandon (Puy d') 19 180 C2
Yssingeaux 43 186 B3
Ysson (Puy d') 63 168 B4
Ytrac 15 199 E1
Ytres 62 18 C1
Yutz 57 40 B2
Yvecrique 76 15 D3
Yvernaumont 08 21 E3
Yversay 86 132 A3
Yves 17 145 D4
Les Yveteaux 61 52 C3
Yvetot 76 15 D4
Yvetot-Bocage 50 25 D3
Yvias 22 47 E2
Yviers 16 178 B2
Yvignac 22 72 B1
Yville-sur-Seine 76 31 E2
Yvoire 74 158 B1
Yvoy-le-Marron 41 99 E3
Yvrac 33 194 B1
Yvrac-et-Malleyrand 16 163 D2
Yvrandes 61 51 F3

Yvré-l'Évêque 72 76 B4
Yvré-le-Pôlin 72 96 B2
Yvrench 80 8 C4
Yvrencheux 80 8 C4
Yzengremer 80 16 B1
Yzernay 49 113 E4
Yzeron 69 171 D2
Yzeure 03 137 E4
Yzeures-sur-Creuse 37 133 D2
Yzeux 80 17 D1
Yzosse 40 225 E2

Z
Zaessingue 68 108 C3
Zalana 2b 267 E1
Zarbeling 57 65 E1
Zegerscappel 59 4 A2
Zehnacker 67 66 C3
Zeinheim 67 66 C3
Zellenberg 68 89 D3
Zellwiller 67 89 E1
Zermezeele 59 4 A3
Zérubia 2a 269 D2
Zetting 57 42 A4
Zévaco 2a 267 D4
Zigliara 2a 268 C1
Zilia 2b 264 C3
Zilling 57 66 B2
Zillisheim 68 108 C2
Zimmerbach 68 88 C3
Zimmersheim 68 108 C1
Zimming 57 41 D3
Zincourt 88 87 E2
Zinswiller 67 67 D1
Zittersheim 67 66 B1
Zœbersdorf 67 66 C2
Zollingen 67 66 A1
Zommange 57 65 E2
Zonza 2a 269 D2
Zorn 57 66 B3
Zoteux 62 3 D4
Zouafques 62 3 E3
Zoufftgen 57 40 B1
Zoza 2a 269 D2
Zuani 2b 267 E1
Zudausques 62 3 E3
Zutkerque 62 3 E2
Zutzendorf 67 66 C1
Zuydcoote 59 4 A1
Zuytpeene 59 4 A3

Distances in France

Calais
Lille
Cherbourg
le Havre
Amiens
Charleville-Mézières
Rouen
Reims
Metz
Caen
Paris
Châlons-sur-Marne
Strasbourg
Nancy
Brest
St-Brieuc
Quimper
le Mans
Orléans
Mulhouse
Rennes
Tours
Dijon
Besançon
Nantes
Poitiers
Chalon-sur-Saône
la Rochelle
Limoges
Clermont-Fd
Lyon
St-Etienne
Grenoble
Bordeaux
Nice
Toulouse
Montpellier
Marseille
Bayonne
Toulon
Pau
Perpignan

Distances between principal towns

Distances are shown in kilometres and are calculated from centres and along the best roads from a motoring point of view, not necessarily following the shortest routes. To obtain a round figure conversion from kilometres to miles multiply the kilometre figure by 5 and divide by 8; for a more precise conversion, multiply by 0.6214.

From a French town to a destination outside France

Calculate the distance from your starting point to the nearest red town located on your proposed itinerary. Add to this the distance from this town to your destination town, shown on the table opposite.

Example: **Bordeaux to Paris** 579 Km

Diagonal labels (in order): Amiens, Bayonne, Besançon, Bordeaux, Brest, Caen, Calais, Châlons-sur-Marne, Chalon-sur-Saône, Charleville-Mézières, Cherbourg, Clermont-Ferrand, Dijon, Grenoble, Le Havre, Lille, Limoges, Lyon, Le Mans, Marseille, Metz, Montpellier, Mulhouse, Nancy, Nantes, Nice, Orléans, Paris, Pau, Perpignan, Poitiers, Quimper, Reims, Rennes, La Rochelle, Rouen, St-Brieuc, St-Étienne, Strasbourg, Toulon, Toulouse, Tours

```
917
559  887
725  183  695
610  813  956  621
237  770  642  578  373
155 1061  605  869  715  342
201  894  278  702  752  400  327
484  764  124  572  880  567  628  307
192  989  381  797  814  462  268  103  410
356  819  761  627  392  119  461  519  686  581
534  555  337  371  751  544  678  405  214  508  665
459  832  103  640  855  542  603  239   68  341  661  282
711  814  287  656 1107  794  855  534  229  637  913  285  295
179  841  605  649  480  107  284  363  530  425  226  580  505  757
115  988  532  796  813  342  112  254  555  179  461  605  530  782  285
542  412  471  220  596  437  686  476  348  614  542  178  416  463  548  613
607  812  248  548 1003  690  751  430  125  533  809  177  191  104  653  678  355
349  619  562  427  402  151  413  358  487  421  266  381  462  714  222  420  286  610
922  682  564  648 1319 1005 1066  746  441  848 1124  457  507  282  968  993  635  315  925
345 1094  256  902  919  567  156  332  169  686  545  263  559  530  397  680  455  526  770
905  518  547  484 1091  988 1049  729  424  831 1107  364  490  300  951  976  432  298  718  168  753
527 1014  136  822 1082  769  652  325  250  399  888  463  230  438  732  579  598  375  689  690  242  673
362 1031  198  839  884  540  487  160  281  213  659  494  212  508  503  414  629  404  719   56  702  184
529  517  706  325  296  283  673  539  631  601  302  452  606  737  379  600  302  827  183  959  706  795  833  671
1077 837  719  803 1474 1160 1221  901  596 1003 1279  612  662  334 1123 1148  790  470 1080  187  925  323  845  874 1114
276  649  397  457  545  420  245  322  348  376  289  297  549  282  266  445  137  760  402  743  524  382  303  915  130
148  771  413  579  596  240  292  163  337  226  359  388  312  564  203  219  395  460  202  776  331  759  539  304  383  931  130
916  108  956  191  812  769 1060  893  833  988  818  511  899  709  840  987  362  707  618  577 1093  413 1082 1030  516  732  648  770
1053 482  695  448 1055  971 1197  877  572  979 1061  465  638  448 1099 1124  513  446  898  316  901  152  821  850  759  471  779  907  377
480  439  615  247  477  333  624  457  417  552  423  274  515  559  404  551  119  430  182  731  657  551  742  594  178  886  212  334  438  638
589  743  913  551   72  351  693  709  838  772  370  681  813 1065  458  771  526  961  359 1185  877 1021 1040  841  226 1340  502  553  742  985  407
156  906  323  714  731  379  282   45  352   83  498  489  284  579  342  209  530  475  337  791  188  774  370  205  518  946  265  142  905  922  469  688
414  624  708  432  244  176  518  504  632  566  195  535  607  859  283  565  374  755  154 1071  671  902  834  636  107 1226  297  348  623  866  255  205  483
614  379  749  187  442  396  758  591  553  686  448  410  649  695  483  685  223  566  261  822  791  657  876  728  146  977  346  468  378  621  136  372  603  253
113  814  541  622  497  124  218  275  466  317  243  516  441  693   87  218  484  589  195  904  419  887  668  439  378 1059  218  139  813 1035  377  475  230  300  511
466  724  811  532  143  288  570  607  736  670  247  639  711  963  335  669  477  859  257 1174  775 1002  938  739  207 1329  400  451  723  966  358  100  586  130  586  166  353
659  701  300  517  897  742  803  482  177  585  861  146  243  139  705  730  324   59  506  308  507  291  427  456  598  463  383  512  577  439  420  827  527  660  556  641  764
502 1119  242  927 1077  725  628  314  356  325  844  569  335  548  688  555  703  480  683  796  163  779  113  148  864  951  559  488 1188  927  815 1034  346  829  949  576  932  532
983  743  625  709 1380 1066 1127  807  502  909 1185  518  568  335 1029 1054  696  376  986   64  831  229  751  780 1020  153  821  837  638  377 1246  852 1132  883  965 1235  369  857
851  298  783  244  851  767  995  785  660  923  857  395  726  536  839  922  309  534  616  404  989  240  909  938  555  559  575  704  182  204  434  781  839  662  417  793  762  527 1015  465
380  537  515  345  484  233  524  357  440  452  299  415  533  304  451  204  429   82  736  557  636  642  494  198  891  112  234  536  738  100  418  369  236  234  277  339  424  715  797  534
```